George Shepherd, David Kruglinski

# Inside Visual C++ .NET

**Microsoft**®
*Press*

Dieses Buch ist eine deutsche Übersetzung von
George Shepherd, David Kruglinski: Programming with Microsoft Visual C++ .NET
Microsoft Press Deutschland, Konrad-Zuse-Str. 1, 85716 Unterschleißheim
Copyright 2003 by George Shepherd

Das in diesem Buch enthaltene Programmmaterial ist mit keiner Verpflichtung oder Garantie irgendeiner Art verbunden. Autor, Übersetzer und der Verlag übernehmen folglich keine Verantwortung und werden keine daraus folgende oder sonstige Haftung übernehmen, die auf irgendeine Art aus der Benutzung dieses Programmmaterials oder Teilen davon entsteht.

Das Werk einschließlich aller Teile ist urheberrechtlich geschützt. Jede Verwertung außerhalb der engen Grenzen des Urheberrechtsgesetzes ist ohne Zustimmung des Verlags unzulässig und strafbar. Das gilt insbesondere für Vervielfältigungen, Übersetzungen, Mikroverfilmungen und die Einspeicherung und Verarbeitung in elektronischen Systemen.

15 14 13 12 11 10 9 8 7 6 5 4 3 2 1
04 03

ISBN 3-86063-678-2

© Microsoft Press Deutschland
(ein Unternehmensbereich der Microsoft GmbH)
Konrad-Zuse-Str. 1, D-85716 Unterschleißheim
Alle Rechte vorbehalten

Übersetzung: Michael Ringel, Bonn
Fachlektorat und Satz: Günter Jürgensmeier, München
Korrektorat: Claudia Mantel-Rehbach, München
Umschlaggestaltung: Hommer Design GmbH, Haar (www.HommerDesign.com)
Layout und Gesamtherstellung: Kösel, Kempten (www.KoeselBuch.de)

*Sandy Daston und Ted Shepherd
gewidmet*

# Inhaltsverzeichnis

| | |
|---|---|
| **Danksagung** | XXVII |
| **Einführung** | XXIX |
| .NET, MFC und ATL | XXIX |
| Verwaltetes C++ und C# | XXX |
| .NET und Java | XXXI |
| Zielgruppe dieses Buchs | XXXI |
| Was hier nicht behandelt wird | XXXII |
| Verwendung dieses Buchs | XXXII |
| Aufbau dieses Buchs | XXXII |
| Teil I: Einführung in Windows, Visual C++ .NET und die Grundlagen des MFC-Anwendungsgerüsts | XXXII |
| Teil II: Die Ansichtsklassen der MFC-Bibliothek | XXXIII |
| Teil III: Die Dokument/Ansicht-Architektur | XXXIII |
| Teil IV: COM, Automatisierung, ActiveX und OLE | XXXIII |
| Teil V: Programmierung für das Internet | XXXIV |
| Teil VI: .NET und darüber hinaus | XXXIV |
| Anhänge | XXXIV |
| Win32 und Win16 | XXXIV |
| Anforderungen an das System | XXXIV |
| Beispielprogramme | XXXV |
| Windows Forms | XXXV |
| Support | XXXVI |

## Teil I
## Windows, Visual C++ .Net und die Grundlagen des Anwendungsgerüsts ... 1

### 1 Windows und Visual C++ .NET ... 3
| | |
|---|---|
| Das Windows-Programmiermodell | 3 |
| Meldungsbearbeitung | 3 |
| Graphics Device Interface (GDI) | 4 |
| Ressourcengestützte Programmierung | 5 |
| Speicherverwaltung | 5 |
| DLLs (Dynamic Link Libraries) | 5 |
| Die Win32-Programmierschnittstelle | 6 |
| Die Visual C++ .NET-Komponenten | 6 |
| Visual C++ .NET und der Erstellungsprozess | 7 |
| Das Ressourcenansichtsfenster und die Ressourcen-Editoren | 9 |

| | |
|---|---|
| C-/C++-Compiler | 10 |
| Quelltext-Editor | 10 |
| Ressourcencompiler | 10 |
| Linker | 10 |
| Debugger | 11 |
| MFC-Anwendungsassistent | 12 |
| Klassenansicht | 13 |
| Projektmappenexplorer | 13 |
| Objektbrowser | 13 |
| UML-Werkzeuge | 14 |
| Onlinehilfe | 14 |
| Windows-Diagnosewerkzeuge | 15 |
| MFC-Bibliothek Version 7 | 15 |
| ATL-Bibliothek Version 7.0 | 15 |
| .NET-Unterstützung | 16 |

## 2 Das MFC-Anwendungsgerüst   17
| | |
|---|---|
| Warum gibt es das Anwendungsgerüst? | 17 |
| Einarbeitungszeit | 21 |
| Was ist ein Anwendungsgerüst? | 22 |
| Anwendungsgerüst im Vergleich zu Klassenbibliothek | 22 |
| Beispiel für ein Anwendungsgerüst | 22 |
| MFC-Meldungszuordnung | 25 |
| Dokumente und Ansichten | 26 |

# Teil II
# MFC-Grundlagen   29

## 3 Einstieg mit dem MFC-Anwendungsassistenten: »Hello, world!«   31
| | |
|---|---|
| Was versteht man unter einer Ansicht? | 32 |
| MFC-Anwendungsarten | 32 |
| Benutzeroberflächen der MFC-Bibliothek | 33 |
| Ex03a: Die Minimalanwendung | 33 |
| Die Ansichtsklasse *CEx03aView* | 38 |
| Datenanzeige im Ansichtsfenster | 38 |
| Die Memberfunktion *OnDraw* | 38 |
| Der Windows-Gerätekontext | 39 |
| Anzeigecode in das Programm Ex03a einfügen | 39 |
| Vorschau auf die Ressourcen-Editoren | 40 |
| Der Inhalt von Ex03a.rc | 40 |
| Experimente mit den Ressourcen-Editoren | 41 |
| Konfigurationen »Win32 Debug« und »Win32 Release« | 42 |
| Vorkompilierte Headerdateien | 43 |
| Zwei Methoden der Programmausführung | 45 |

**4 Visual C++ .NET-Assistenten** . . . . . . . . . . . . . . . . . . . . . . . . . . . . . . . . . . . . . **47**
    Die verschiedenen Arten von Assistenten . . . . . . . . . . . . . . . . . . . . . . . . . . . . 47
    So funktionieren Assistenten . . . . . . . . . . . . . . . . . . . . . . . . . . . . . . . . . . . . 48
    Entwicklung eines Assistenten . . . . . . . . . . . . . . . . . . . . . . . . . . . . . . . . . . . 49
    Erstellung eines Assistenten zur Entwicklung von Webanwendungen
    mit verwaltetem C++ . . . . . . . . . . . . . . . . . . . . . . . . . . . . . . . . . . . . . . . . . 50

**5 Windows-Meldungen** . . . . . . . . . . . . . . . . . . . . . . . . . . . . . . . . . . . . . . . . . **57**
    Benutzereingaben verarbeiten: Meldungszuordnungen . . . . . . . . . . . . . . . . . . . 57
        Die Meldungszuordnung . . . . . . . . . . . . . . . . . . . . . . . . . . . . . . . . . . . . 58
        Den Zustand eines Ansichtsobjekts speichern: Datenelemente . . . . . . . . . . . 58
        Was sind ungültige Rechtecke? . . . . . . . . . . . . . . . . . . . . . . . . . . . . . . . 59
        Der Clientbereich eines Fensters . . . . . . . . . . . . . . . . . . . . . . . . . . . . . . 60
        Berechnungen mit CRect, CPoint und CSize . . . . . . . . . . . . . . . . . . . . . . 60
        Liegt ein Punkt in einem Rechteck? . . . . . . . . . . . . . . . . . . . . . . . . . . . . 60
        Der *CRect*-Operator *LPCRECT* . . . . . . . . . . . . . . . . . . . . . . . . . . . . . . . 61
        Liegt ein Punkt innerhalb einer bestimmten Ellipse? . . . . . . . . . . . . . . . . . . 61
        Das Beispielprogramm Ex05a . . . . . . . . . . . . . . . . . . . . . . . . . . . . . . . . 61
        Die Klassenansicht und Ex05a . . . . . . . . . . . . . . . . . . . . . . . . . . . . . . . 64
    Abbildungsmodi . . . . . . . . . . . . . . . . . . . . . . . . . . . . . . . . . . . . . . . . . . . . 67
        Der Abbildungsmodus *MM_TEXT* . . . . . . . . . . . . . . . . . . . . . . . . . . . . . 68
        Abbildungsmodi mit fester Skalierung . . . . . . . . . . . . . . . . . . . . . . . . . . 69
        Abbildungsmodi mit variabler Skalierung . . . . . . . . . . . . . . . . . . . . . . . . 69
        Koordinatenumwandlung . . . . . . . . . . . . . . . . . . . . . . . . . . . . . . . . . . 71
        Das Beispielprogramm Ex05b: Umwandlung in den
        Abbildungsmodus *MM_HIMETRIC* . . . . . . . . . . . . . . . . . . . . . . . . . . . . 73
    Ein bildlauffähiges Ansichtsfenster . . . . . . . . . . . . . . . . . . . . . . . . . . . . . . . . 74
        Größe von Fenster und Ausgabebereich . . . . . . . . . . . . . . . . . . . . . . . . . 74
        Bildlaufleisten . . . . . . . . . . . . . . . . . . . . . . . . . . . . . . . . . . . . . . . . . . 74
        Bildlaufalternativen . . . . . . . . . . . . . . . . . . . . . . . . . . . . . . . . . . . . . . 75
        Die Funktion *OnInitialUpdate* . . . . . . . . . . . . . . . . . . . . . . . . . . . . . . . 75
        Eingaben von der Tastatur annehmen . . . . . . . . . . . . . . . . . . . . . . . . . . 75
        Das Beispielprogramm Ex05c: Bildlauf . . . . . . . . . . . . . . . . . . . . . . . . . . 75
    Weitere Windows-Meldungen . . . . . . . . . . . . . . . . . . . . . . . . . . . . . . . . . . . 79
        Die Meldung *WM_CREATE* . . . . . . . . . . . . . . . . . . . . . . . . . . . . . . . . . 79
        Die Meldung *WM_CLOSE* . . . . . . . . . . . . . . . . . . . . . . . . . . . . . . . . . . 79
        Die Meldung *WM_QUERYENDSESSION* . . . . . . . . . . . . . . . . . . . . . . . . . 79
        Die Meldung *WM_DESTROY* . . . . . . . . . . . . . . . . . . . . . . . . . . . . . . . . 79
        Die Meldung *WM_NCDESTROY* . . . . . . . . . . . . . . . . . . . . . . . . . . . . . . 80

**6 GDI-Funktionen, Schriften und Bitmaps** . . . . . . . . . . . . . . . . . . . . . . . . . . . **81**
    Die Gerätekontextklassen . . . . . . . . . . . . . . . . . . . . . . . . . . . . . . . . . . . . . . 81
        Die Bildschirmkontextklassen *CClientDC* und *CWindowDC* . . . . . . . . . . . . 82
        *CDC*-Objekte anlegen und entsorgen . . . . . . . . . . . . . . . . . . . . . . . . . . 82
        Der Zustand des Gerätekontexts . . . . . . . . . . . . . . . . . . . . . . . . . . . . . . 83
        Die Klasse *CPaintDC* . . . . . . . . . . . . . . . . . . . . . . . . . . . . . . . . . . . . . 84

| | | |
|---|---|---|
| | GDI-Objekte . . . . . . . . . . . . . . . . . . . . . . . . . . . . . . . . . . . . . . . . . . . . . . . | 84 |
| |    GDI-Objekte anlegen und entsorgen . . . . . . . . . . . . . . . . . . . . . . . . . . . . | 85 |
| |    GDI-Objekte überwachen . . . . . . . . . . . . . . . . . . . . . . . . . . . . . . . . . . . . | 85 |
| |    Vordefinierte GDI-Objekte . . . . . . . . . . . . . . . . . . . . . . . . . . . . . . . . . . . | 86 |
| |    Wie lange gilt eine GDI-Auswahl? . . . . . . . . . . . . . . . . . . . . . . . . . . . . . . | 86 |
| | Schriften . . . . . . . . . . . . . . . . . . . . . . . . . . . . . . . . . . . . . . . . . . . . . . . . . . . | 87 |
| |    Schriften sind GDI-Objekte . . . . . . . . . . . . . . . . . . . . . . . . . . . . . . . . . . . | 87 |
| |    Eine Schrift auswählen . . . . . . . . . . . . . . . . . . . . . . . . . . . . . . . . . . . . . . | 88 |
| |    Schriften drucken . . . . . . . . . . . . . . . . . . . . . . . . . . . . . . . . . . . . . . . . . | 88 |
| |    Schriften anzeigen . . . . . . . . . . . . . . . . . . . . . . . . . . . . . . . . . . . . . . . . . | 88 |
| |    Logische und tatsächliche Bildschirmmaße . . . . . . . . . . . . . . . . . . . . . . . . | 89 |
| |    Die Zeichenhöhe berechnen . . . . . . . . . . . . . . . . . . . . . . . . . . . . . . . . . . . | 90 |
| | Das Beispielprogramm Ex06a . . . . . . . . . . . . . . . . . . . . . . . . . . . . . . . . . . . . . | 90 |
| |    Elemente des Programms Ex06a . . . . . . . . . . . . . . . . . . . . . . . . . . . . . . . | 93 |
| | Das Beispielprogramm Ex06b . . . . . . . . . . . . . . . . . . . . . . . . . . . . . . . . . . . . . | 94 |
| |    Die Elemente des Programms Ex06b . . . . . . . . . . . . . . . . . . . . . . . . . . . . | 96 |
| | Das Beispielprogramm Ex06c: Noch einmal *CScrollView* . . . . . . . . . . . . . . . . | 97 |
| |    Elemente des Programms Ex06c . . . . . . . . . . . . . . . . . . . . . . . . . . . . . . . . | 99 |
| |    *SetScaleToFitSize*-Modus in *CScrollView* . . . . . . . . . . . . . . . . . . . . . . . . | 101 |
| |    Den Abbildungsmodus für logische Twips in bildlauffähigen | |
| |    Ansichten verwenden . . . . . . . . . . . . . . . . . . . . . . . . . . . . . . . . . . . . . . . | 101 |
| | Bitmaps . . . . . . . . . . . . . . . . . . . . . . . . . . . . . . . . . . . . . . . . . . . . . . . . . . . . | 102 |
| |    GDI-Bitmaps und geräteunabhängige Bitmaps . . . . . . . . . . . . . . . . . . . . . | 102 |
| |    Farbige Bitmaps und monochrome Bitmaps . . . . . . . . . . . . . . . . . . . . . . . | 103 |
| | DIBs und die Klasse *CDib* . . . . . . . . . . . . . . . . . . . . . . . . . . . . . . . . . . . . . . | 103 |
| |    Anmerkungen zur Palettenprogrammierung . . . . . . . . . . . . . . . . . . . . . . . | 104 |
| |    DIBs, Pixel und Farbtabellen . . . . . . . . . . . . . . . . . . . . . . . . . . . . . . . . . . | 105 |
| |    Die Struktur einer DIB in einer BMP-Datei . . . . . . . . . . . . . . . . . . . . . . . . | 105 |
| |    Zugriffsfunktionen für DIBs . . . . . . . . . . . . . . . . . . . . . . . . . . . . . . . . . . . | 106 |
| |    Die Klasse *CDib* . . . . . . . . . . . . . . . . . . . . . . . . . . . . . . . . . . . . . . . . . . | 107 |
| |    Die Anzeigegeschwindigkeit von DIBs . . . . . . . . . . . . . . . . . . . . . . . . . . . | 112 |
| |    Das Beispielprogramm Ex06d . . . . . . . . . . . . . . . . . . . . . . . . . . . . . . . . . . | 113 |
| | Weitere Möglichkeiten zur DIB-Programmierung . . . . . . . . . . . . . . . . . . . . . | 115 |
| |    Die Funktion *LoadImage* . . . . . . . . . . . . . . . . . . . . . . . . . . . . . . . . . . . . | 115 |
| |    Die Funktion *DrawDibDraw* . . . . . . . . . . . . . . . . . . . . . . . . . . . . . . . . . | 116 |
| | Schaltflächen mit Bitmaps belegen . . . . . . . . . . . . . . . . . . . . . . . . . . . . . . . . | 117 |
| |    Das Beispielprogramm Ex06e . . . . . . . . . . . . . . . . . . . . . . . . . . . . . . . . . . | 118 |
| |    Weitere Möglichkeiten für Bitmap-Schaltflächen . . . . . . . . . . . . . . . . . . . . | 120 |

## 7 Dialogfelder . . . . . . . . . . . . . . . . . . . . . . . . . . . . . . . . . . . . . . . . . . . . . . . . . 121

| | | |
|---|---|---|
| | Modale und nichtmodale Dialogfelder . . . . . . . . . . . . . . . . . . . . . . . . . . . . . . | 121 |
| | Ressourcen und Steuerelemente . . . . . . . . . . . . . . . . . . . . . . . . . . . . . . . . . . | 122 |
| | Programmierung eines modalen Dialogfelds . . . . . . . . . . . . . . . . . . . . . . . . . | 122 |
| | Das Beispiel Ex07a: Der Dialog aller Dialoge . . . . . . . . . . . . . . . . . . . . . . . . | 124 |
| |    Das Dialogfeld entwickeln . . . . . . . . . . . . . . . . . . . . . . . . . . . . . . . . . . . . | 124 |
| |    Erstellung der Dialogklasse . . . . . . . . . . . . . . . . . . . . . . . . . . . . . . . . . . . | 130 |
| |    Das Dialogfeld mit der Ansicht verknüpfen . . . . . . . . . . . . . . . . . . . . . . . . | 134 |
| |    Erläuterungen zur Anwendung Ex07a . . . . . . . . . . . . . . . . . . . . . . . . . . . . | 136 |

Erweiterung des Programms Ex07a .................................................. 137
    Änderung von *OnOK* ........................................................... 137
    Verarbeitung von *OnCancel* ................................................... 139
    Einbindung der Bildlaufleisten ................................................ 139
Identifizierung von Steuerelementen: IDs und *CWnd*-Zeiger ........................ 140
Die Hintergrundfarbe für Dialogfelder und Steuerelemente festlegen ................ 141
Dialogsteuerelemente zur Laufzeit hinzufügen ...................................... 142
Andere Steuerelementfunktionen verwenden .......................................... 142
Die Standarddialogfelder von Windows .............................................. 142
    Direkter Einsatz der Klasse *CFileDialog* ..................................... 143
    Klassen von Standarddialogfeldklassen ableiten ................................ 143
    Verschachtelte Dialogfelder ................................................... 144
    Ein Beispiel mit *CFileDialog*: EX07B .......................................... 144
    Weitere Anpassungsmöglichkeiten von *CFileDialog* ............................. 149
Nichtmodale Dialogfelder .......................................................... 150
    Nichtmodale Dialogfelder erstellen ............................................ 150
    Benutzerdefinierte Meldungen .................................................. 150
    Besitzverhältnisse ............................................................ 151
    Das Beispiel Ex07c: Ein nichtmodales Dialogfeld ............................... 151

## 8 Allgemeine Steuerelemente ....................................................... **159**
Allgemeine Standardsteuerelemente ................................................. 159
    Das Steuerelement Statuskontrolle ............................................. 160
    Das Schieberegler-Steuerelement ............................................... 160
    Das Drehfeld .................................................................. 161
    Das Listensteuerelement ....................................................... 161
    Die Strukturansicht ........................................................... 161
    Die Meldung *WM_NOTIFY* ........................................................ 162
Das Beispiel Ex08a: Allgemeine Steuerelemente ..................................... 162
Weitere allgemeine Steuerelemente ................................................. 174
    Das Datums-/Zeitauswahl-Steuerelement ......................................... 174
    Das Monatskalender-Steuerelement .............................................. 175
    Das IP-Adressensteuerelement .................................................. 176
    Das erweiterte Kombinationsfeld ............................................... 176
Das Beispielprogramm Ex08b: Weitere allgemeine Steuerelemente ..................... 177

## 9 ActiveX-Steuerelemente verwenden ................................................ **189**
ActiveX-Steuerelemente im Vergleich zu normalen Windows-Steuerelementen ........... 190
    Normale Steuerelemente im Rückblick ........................................... 190
    Ähnlichkeiten zwischen ActiveX-Steuerelementen und
    normalen Steuerelementen ...................................................... 191
    Unterschiede zwischen ActiveX-Steuerelementen und
    normalen Steuerelementen: Eigenschaften und Methoden .......................... 191
ActiveX-Steuerelemente installieren ............................................... 192
Das Kalender-Steuerelement ........................................................ 193
Programmierung von ActiveX-Steuerelementcontainern ................................ 195
    Zugriff auf Eigenschaften ..................................................... 195
    C++-Klassen für ActiveX-Steuerelemente ........................................ 196

Unterstützung des MFC-Anwendungsassistenten für ActiveX-Steuerelemente .... 198
Der MFC-Klassenassistent und das Container-Dialogfeld ............ 198
ActiveX-Steuerelemente im Speicher halten .................... 199
Das Beispielprogramm Ex09a: Ein Dialogfeld als ActiveX-Steuerelementcontainer ... 200
ActiveX-Steuerelemente in HTML-Dateien ......................... 207
ActiveX-Steuerelemente zur Laufzeit erstellen ...................... 207
Das Beispielprogramm Ex09b: Das ActiveX-Webbrowser-Steuerelement ......... 208
Bildeigenschaften ............................................. 211
Bindbare Eigenschaften: Änderungsbenachrichtigungen .............. 212

## 10 Speicherverwaltung unter Win32 ........................... 215
Prozesse und Speicherbereiche ................................... 216
    Der Prozessadressraum unter Windows 95/98 ................... 217
    Der Prozessadressraum unter Windows NT/2000/XP ............... 217
Das Konzept des virtuellen Arbeitsspeichers ......................... 219
Die Funktion *VirtualAlloc*: reservierter und verfügbarer Speicher ......... 221
*Heap*-Funktionen und *GlobalAlloc*-Funktionen ..................... 222
Der Heap für kleine Blöcke, die Operatoren *new* und *delete*
und die Funktion *_heapmin* .................................... 223
Speicherbilddateien ............................................ 224
Zugriff auf Ressourcen ......................................... 225
Tipps zum Umgang mit dynamischem Speicher ...................... 226
Speicherstrategien für konstante Daten ............................ 226

## 11 Meldungsbearbeitung und Multithread-Programmierung unter Windows ....... 229
Meldungsbearbeitung unter Windows .............................. 229
    Wie ein Programm mit einem einzigen Thread Meldungen bearbeitet ........ 230
    Die Kontrolle abgeben ...................................... 230
    Zeitgeber ................................................. 231
    Das Programm Ex11a ....................................... 231
Leerlaufroutinen .............................................. 234
Multithread-Programmierung .................................... 235
    Einen Arbeitsthread schreiben und starten ....................... 235
    Wie der Hauptthread mit einem Arbeitsthread kommuniziert ........... 236
    Wie der Arbeitsthread mit dem Hauptthread kommuniziert ............ 237
    Das Programm Ex11b ...................................... 238
    Ereignisse zur Synchronisation von Threads einsetzen ............... 239
    Das Programm Ex011c ..................................... 240
    Threads blockieren ........................................ 241
    Kritische Abschnitte ....................................... 242
    Mutexe und Semaphore .................................... 244
    Benutzeroberflächenthreads .................................. 244

**Teil III**
**Die Dokument/Ansicht-Architektur** .............................................. **245**

**12 Menüs, Zugriffstasten, das Rich-Edit-Steuerelement und Eigenschaftsblätter** .... **247**
    Hauptrahmenfensterklassen und Dokumentklassen .......................... 248
    Windows-Menüs ........................................................ 249
    Zugriffstasten ......................................................... 250
    Befehlsausführung ..................................................... 250
        Befehlsausführung in abgeleiteten Klassen ........................ 251
        Befehle zur Aktualisierung der Benutzeroberfläche ................. 251
        Aus Dialogfeldern stammende Befehle ............................. 252
    Die Standardmenübefehle des Anwendungsgerüsts ........................ 253
        Menübefehle freischalten oder sperren ............................ 253
    MFC-Textverarbeitungsoptionen ......................................... 254
        Die Klasse *CEditView* .......................................... 254
        Die Klasse *CRichEditView* ...................................... 254
        Die Klasse *CRichEditCtrl* ....................................... 254
    Das Beispiel Ex12a .................................................... 255
    Eigenschaftsblätter .................................................... 260
        Eigenschaftsblätter erstellen ..................................... 260
        Datenaustausch in Eigenschaftsblättern ........................... 261
    Das Beispielprogramm Ex12a wird überarbeitet ........................... 262
        Die Schaltfläche *Übernehmen* ................................... 271
    Die Klasse *CMenu* .................................................... 272
    Kontextmenüs erstellen ................................................ 272
    Erweiterte Befehlsverarbeitung ......................................... 273

**13 Symbol- und Statusleisten** ............................................... **275**
    Steuerleisten und das Anwendungsgerüst ................................ 275
    Symbolleisten ......................................................... 276
        Symbolleisten-Bitmaps ........................................... 276
        Schaltflächenzustände ........................................... 277
        Symbolleisten und Befehlsmeldungen .............................. 277
        Aktualisierungshandler für Symbolleisten ......................... 278
    QuickInfos ............................................................ 279
    Die Suche nach dem Hauptrahmenfenster ................................. 279
    Das Beispielprogramm Ex13a: Symbolleisten ............................. 280
    Statusleisten ......................................................... 284
        Definition der Statusleiste ...................................... 284
        Die Meldungszeile ............................................... 285
        Die Statusanzeige ............................................... 285
        Steuerung der Statusleiste ...................................... 286
    Das Beispielprogramm Ex13b: Statusleiste .............................. 287
    Infoleisten ........................................................... 291
        Aufbau einer Infoleiste ......................................... 291
    Das Beispielprogramm Ex13c: Infoleiste ................................ 292

## 14 Eine wiederverwendbare Rahmenfensterklasse . . . . . . . . . . . . . . . . . . . . . . **297**
Warum wiederverwendbare Basisklassen schwer zu schreiben sind . . . . . . . . . . . . . . 298
Die Klasse *CPersistentFrame* . . . . . . . . . . . . . . . . . . . . . . . . . . . . . . . . . . . . . . . . . 298
Die Klasse *CFrameWnd* und die Funktion *ActivateFrame* . . . . . . . . . . . . . . . . . . . . 299
Die Funktion *PreCreateWindow* . . . . . . . . . . . . . . . . . . . . . . . . . . . . . . . . . . . . . . . 299
Die Windows-Registrierung . . . . . . . . . . . . . . . . . . . . . . . . . . . . . . . . . . . . . . . . . . . 300
Mit der Klasse *CString* arbeiten . . . . . . . . . . . . . . . . . . . . . . . . . . . . . . . . . . . . . . . 302
Die Position eines maximierten Fensters . . . . . . . . . . . . . . . . . . . . . . . . . . . . . . . . . 304
Der Zustand der Steuerleiste und die Registrierung . . . . . . . . . . . . . . . . . . . . . . . . . 305
Statische Datenelemente . . . . . . . . . . . . . . . . . . . . . . . . . . . . . . . . . . . . . . . . . . . . 305
Das Standard-Fensterrechteck . . . . . . . . . . . . . . . . . . . . . . . . . . . . . . . . . . . . . . . . 305
Das Beispielprogramm Ex14a: Eine persistente Rahmenfensterklasse . . . . . . . . . . . . 306
Persistente Rahmenfenster in MDI-Anwendungen . . . . . . . . . . . . . . . . . . . . . . . . . . 310

## 15 Trennung von Dokument und Ansicht . . . . . . . . . . . . . . . . . . . . . . . . . . . . . . . . **313**
Funktionen für die Interaktion zwischen Dokument und Ansicht . . . . . . . . . . . . . . . . 314
    Die Funktion *CView::GetDocument* . . . . . . . . . . . . . . . . . . . . . . . . . . . . . . . . . 314
    Die Funktion *CDocument::UpdateAllViews* . . . . . . . . . . . . . . . . . . . . . . . . . . . 315
    Die Funktion *CView::OnUpdate* . . . . . . . . . . . . . . . . . . . . . . . . . . . . . . . . . . . 315
    Die Funktion *CView::OnInitialUpdate* . . . . . . . . . . . . . . . . . . . . . . . . . . . . . . . 316
    Die Funktion *CDocument::OnNewDocument* . . . . . . . . . . . . . . . . . . . . . . . . . 316
Eine einfache Dokument/Ansicht-Anwendung . . . . . . . . . . . . . . . . . . . . . . . . . . . . 316
Die Klasse *CFormView* . . . . . . . . . . . . . . . . . . . . . . . . . . . . . . . . . . . . . . . . . . . . . 317
Die Klasse *CObject* . . . . . . . . . . . . . . . . . . . . . . . . . . . . . . . . . . . . . . . . . . . . . . . 318
Diagnosedumps . . . . . . . . . . . . . . . . . . . . . . . . . . . . . . . . . . . . . . . . . . . . . . . . . . 318
    Das Makro *TRACE* . . . . . . . . . . . . . . . . . . . . . . . . . . . . . . . . . . . . . . . . . . . . 319
    Das Objekt *afxDump* . . . . . . . . . . . . . . . . . . . . . . . . . . . . . . . . . . . . . . . . . . 319
    Der Dumpkontext und die Klasse *CObject* . . . . . . . . . . . . . . . . . . . . . . . . . . . 320
    Automatischer Dump von nicht gelöschten Objekten . . . . . . . . . . . . . . . . . . . . 321
Das Beispielprogramm Ex15a: Ein einfaches Dokument/Ansicht-Beispiel . . . . . . . . . . 323
Eine etwas komplexere Interaktion zwischen Dokument und Ansicht . . . . . . . . . . . . 329
Die Funktion *CDocument::DeleteContents* . . . . . . . . . . . . . . . . . . . . . . . . . . . . . . 330
Die Listenklasse *CObList* . . . . . . . . . . . . . . . . . . . . . . . . . . . . . . . . . . . . . . . . . . . 330
    Eine FIFO-Liste auf der Basis von *CObList* . . . . . . . . . . . . . . . . . . . . . . . . . . . 331
    Die Elemente von *CObList* durchlaufen: Die *POSITION*-Variable . . . . . . . . . . . 332
    *CTypedPtrList*: eine Listenklasse auf der Basis von Vorlagen . . . . . . . . . . . . . . 333
    Die Funktion *Dump* und die Listenklassen . . . . . . . . . . . . . . . . . . . . . . . . . . . 333
Das Beispielprogramm Ex15b: Eine SDI-Anwendung mit mehreren Ansichten . . . . . . 334
    Ressourcen . . . . . . . . . . . . . . . . . . . . . . . . . . . . . . . . . . . . . . . . . . . . . . . . . 335
    Quelltext . . . . . . . . . . . . . . . . . . . . . . . . . . . . . . . . . . . . . . . . . . . . . . . . . . . 336
    Geschützte virtuelle Funktionen . . . . . . . . . . . . . . . . . . . . . . . . . . . . . . . . . . 347
    Test der Anwendung Ex15b . . . . . . . . . . . . . . . . . . . . . . . . . . . . . . . . . . . . . 348
Zwei Übungen für den Leser . . . . . . . . . . . . . . . . . . . . . . . . . . . . . . . . . . . . . . . . . 348

## 16 Dokumente lesen und schreiben . . . . . . . . . . . . . . . . . . . . . . . . . . . . . . . . . . . **349**
Was ist Serialisierung? . . . . . . . . . . . . . . . . . . . . . . . . . . . . . . . . . . . . . . . . . . . . . . 350
    Dateien und Archive . . . . . . . . . . . . . . . . . . . . . . . . . . . . . . . . . . . . . . . . . . 350
    Eine Klasse serialisierbar machen . . . . . . . . . . . . . . . . . . . . . . . . . . . . . . . . . 351

| | |
|---|---|
| Eine *Serialize*-Funktion schreiben | 351 |
| Aus Archiven lesen: Eingebettete Objekte oder Zeiger? | 352 |
| Auflistungen serialisieren | 354 |
| Die Funktion *Serialize* und das Anwendungsgerüst | 354 |
| Die SDI-Anwendung | 355 |
| Das Windows-Anwendungsobjekt | 355 |
| Die Dokumentvorlagenklasse | 356 |
| Die Dokumentvorlagenressource | 358 |
| Mehrere Ansichten für ein SDI-Dokument | 358 |
| Ein leeres Dokument erstellen: die Funktion *CWinApp::OnFileNew* | 358 |
| Die Funktion *OnNewDocument* in der Dokumentklasse | 359 |
| Dateien öffnen: die Funktion *OnFileOpen* | 360 |
| Die Funktion *DeleteContents* der Dokumentklasse | 360 |
| Dateien speichern: *OnFileSave* und *OnFileSaveAs* | 360 |
| Das Änderungsflag des Dokuments | 361 |
| Das Beispielprogramm Ex16a: SDI mit Serialisierung | 362 |
| Die Klasse *CStudent* | 362 |
| *CEx16aApp* | 362 |
| *CMainFrame* | 366 |
| *CEx16aDoc* | 369 |
| *CEx16aView* | 370 |
| Die Anwendung Ex16a testen | 370 |
| Dokumente aus dem Windows-Explorer laden | 370 |
| Programmregistrierung | 371 |
| Doppelklick auf ein Dokument | 371 |
| Drag & Drop aktivieren | 372 |
| Startparameter von Programmen angeben | 372 |
| Start im Explorer und die Drag & Drop-Funktionen ausprobieren | 372 |
| MDI-Anwendungen | 373 |
| Eine typische MDI-Anwendung im MFC-Stil | 373 |
| Das MDI-Anwendungsobjekt | 374 |
| Die MDI-Dokumentvorlagenklasse | 374 |
| Das MDI-Rahmenfenster und die untergeordneten MDI-Fenster | 375 |
| Ressourcen für Hauptrahmenfenster und Dokumentvorlagen | 376 |
| Ein leeres Dokument erstellen | 377 |
| Eine zusätzliche Ansicht für ein vorhandenes Dokument erstellen | 378 |
| Dokumente öffnen und speichern | 378 |
| Mehrere Dokumentvorlagen | 378 |
| Dokumente aus dem Windows-Explorer laden und per Drag & Drop verschieben | 379 |
| Das Beispiel Ex16b: eine MDI-Anwendung | 380 |
| *CEx16bApp* | 380 |
| *CMainFrame* | 383 |
| *CChildFrame* | 386 |
| Die Anwendung Ex16b testen | 388 |
| MTI-Anwendungen | 388 |
| Das Beispiel Ex16c: Eine MTI-Anwendung | 388 |
| Test der Anwendung Ex16c | 390 |

## 17 Drucken und Seitenansicht — 391
- Drucken unter Windows — 391
  - Standarddialogfelder zur Druckersteuerung — 392
  - Druckseiten interaktiv auswählen — 393
  - Bildschirmseiten und Druckseiten — 393
- Seitenansicht — 394
- Druckausgaben programmieren — 394
  - Der Druckergerätekontext und die Funktion *CView::OnDraw* — 394
  - Die Funktion *CView::OnPrint* — 394
  - Den Gerätekontext vorbereiten: Die Funktion *CView::OnPrepareDC* — 395
  - Beginn und Ende eines Druckauftrags — 395
- Das Beispiel Ex17a: Ein WYSIWYG-Druckprogramm — 396
  - Den bedruckbaren Bereich ermitteln — 401
- Die Klasse *CArray* — 402
- Das Beispiel Ex17b: Mehrere Seiten drucken — 403

## 18 Teilbare Fenster und Mehrfachansichten — 409
- Teilbare Fenster — 410
- Ansichtsoptionen — 410
- Dynamische und statische Fensterteilung — 411
- Beispiel Ex18a: Eine SDI-Anwendung mit einer Ansichtsklasse und dynamisch teilbarem Fenster — 411
  - Ressourcen für die Fensterteilung — 412
  - *CMainFrame* — 412
  - Die Anwendung Ex18a testen — 413
- Das Beispiel Ex18b: Eine SDI-Anwendung mit zwei Ansichtsklassen und statisch geteiltem Fenster — 413
  - *CHexView* — 414
  - *CMainFrame* — 414
  - Die Anwendung Ex18b testen — 415
- Das Beispiel Ex18c: Verschiedene Ansichten ohne teilbares Fenster — 416
  - Ressourcen — 416
  - *CMainFrame* — 416
  - Die Anwendung Ex18c testen — 417
- Das Beispiel Ex18d: Eine MDI-Anwendung mit mehreren Ansichtsklassen — 418
  - Ressourcen — 419
  - *CEx18dApp* — 419
  - *CMainFrame* — 420
  - Die Anwendung Ex18d testen — 421

## 19 Kontextabhängige Hilfe — 423
- WinHelp oder HTML Help? — 423
- Das WinHelp-Programm — 425
  - Das Rich Text Format — 425
  - Eine einfache Hilfedatei verfassen — 426
  - Ein verbessertes Inhaltsverzeichnis — 431
- Das Anwendungsgerüst und WinHelp — 431
  - WinHelp aufrufen — 432

| | |
|---|---|
| Schlüsselwörter und Textsuche | 432 |
| WinHelp aus dem Anwendungsmenü aufrufen | 433 |
| Aliasbezeichner für Hilfekontext-IDs | 433 |
| Den Hilfekontext festlegen | 433 |
| Hilfe mit F1 | 434 |
| Hilfe mit Umschalt+F1 | 434 |
| Hilfe in Meldungsfeldern: Die Funktion *AfxMessageBox* | 435 |
| Generische Hilfe | 435 |
| Ein Hilfebeispiel ohne Programmierung | 436 |
| Hilfebefehle verarbeiten | 438 |
| Hilfeanforderungen mit F1 | 438 |
| Hilfeanforderungen mit Umschalt+F1 | 439 |
| Das Beispielprogramm Ex19b: Verarbeitung von Hilfebefehlen | 439 |
| Headerdateien | 439 |
| *CStringView* | 439 |
| *CHexView* | 440 |
| Ressourcen | 440 |
| Hilfedateien | 441 |
| Die Anwendung Ex19b testen | 441 |
| MFC und HTML Help | 442 |
| Beispiel Ex19c: HTML Help | 442 |

## 20 Dynamic Link Libraries (DLLs) ............ **445**

| | |
|---|---|
| DLL-Grundlagen | 445 |
| Wie Importe und Exporte abgeglichen werden | 446 |
| Implizite und explizite Bindung | 447 |
| Symbolische und ordinale Bindung | 448 |
| Der Eintrittspunkt in die DLL: *DllMain* | 448 |
| Instanzhandles und das Laden von Ressourcen | 449 |
| So findet das Clientprogramm eine DLL | 449 |
| Eine DLL testen | 450 |
| MFC: Normale und Erweiterungs-DLLs | 450 |
| Klassen aus Erweiterungs-MFC-DLLs exportieren | 451 |
| Die Suchreihenfolge für Ressourcen in Programmen mit Erweiterungs-MFC-DLLs | 452 |
| Beispiel Ex20a: Eine Erweiterungs-MFC-DLL | 452 |
| Beispiel Ex20b: Ein Testclient für DLLs | 454 |
| Normale MFC-DLLs: Die Struktur *AFX_EXTENSION_MODULE* | 455 |
| Das Makro *AFX_MANAGE_STATE* | 455 |
| Die Suchreihenfolge für Ressourcen in Programmen mit normalen MFC-DLLs | 455 |
| Beispiel Ex20c: Eine normale MFC-DLL | 455 |
| Eine Aktualisierung von Ex20b: Code zum Testen von Ex20c.dll | 457 |
| Eine DLL mit einem benutzerdefinierten Steuerelement | 459 |
| Was ist ein benutzerdefiniertes Steuerelement? | 459 |
| Die Fensterklasse eines benutzerdefinierten Steuerelements | 459 |
| Die MFC-Bibliothek und die Funktion *WndProc* | 460 |
| Benachrichtigungen von benutzerdefinierten Steuerelementen | 460 |

  Benutzerdefinierte Meldungen an das Steuerelement senden . . . . . . . . . . . . . . . . . . 461
  Das Beispielprogramm Ex20d: Ein benutzerdefiniertes Steuerelement . . . . . . . . . . 461
  Eine weitere Überarbeitung von Ex20b: Code zum Testen von Ex20d.dll . . . . . . . . 466

## 21 MFC-Anwendungen ohne Dokument- und Ansichtsklassen . . . . . . . . . . . . . . . . . . . 469
 Das Beispielprogramm Ex21a: Eine Anwendung auf Dialogfeldbasis . . . . . . . . . . . . . 469
  Die *InitInstance*-Funktion der Anwendungsklasse . . . . . . . . . . . . . . . . . . . . . . . . 471
  Die Dialogfeldklasse und das Programmsymbol . . . . . . . . . . . . . . . . . . . . . . 472
 Das Beispielprogramm Ex21b: Eine SDI-Anwendung . . . . . . . . . . . . . . . . . . . . . . . . 473
 Das Beispielprogramm Ex21c: Eine MDI-Anwendung . . . . . . . . . . . . . . . . . . . . . . . 475

## Teil IV
## COM, Automation, ActiveX und OLE . . . . . . . . . . . . . . . . . . . . . . . . . . . . . . . . . . . . . . 477

## 22 Das Komponentenobjektmodell COM . . . . . . . . . . . . . . . . . . . . . . . . . . . . . . . . . . . 479
 Die Grundlagen von ActiveX . . . . . . . . . . . . . . . . . . . . . . . . . . . . . . . . . . . . . . . . . . 479
 Was ist COM? . . . . . . . . . . . . . . . . . . . . . . . . . . . . . . . . . . . . . . . . . . . . . . . . . . . . . . 480
  Wesentliche Merkmale von COM . . . . . . . . . . . . . . . . . . . . . . . . . . . . . . . . . . . 480
  Was ist eine COM-Schnittstelle? . . . . . . . . . . . . . . . . . . . . . . . . . . . . . . . . . . . . 481
  Die Schnittstelle *IUnknown* und die Memberfunktion *QueryInterface* . . . . . . . . 486
  Referenzzählung: Die Funktionen *AddRef* und *Release* . . . . . . . . . . . . . . . . . . . 488
  Klassenfactory . . . . . . . . . . . . . . . . . . . . . . . . . . . . . . . . . . . . . . . . . . . . . . . . . . . 489
  Die Klasse *CCmdTarget* . . . . . . . . . . . . . . . . . . . . . . . . . . . . . . . . . . . . . . . . . . . 490
 Das Beispiel Ex22a: Eine simulierte COM-Anwendung . . . . . . . . . . . . . . . . . . . . . . . 491
 COM-Anwendungen mit der MFC-Bibliothek erstellen . . . . . . . . . . . . . . . . . . . . . . . 497
  Die COM-Funktion *CoGetClassObject* . . . . . . . . . . . . . . . . . . . . . . . . . . . . . . . . 498
  COM und die Windows-Registrierung . . . . . . . . . . . . . . . . . . . . . . . . . . . . . . . . 498
  Objektregistrierung zur Laufzeit . . . . . . . . . . . . . . . . . . . . . . . . . . . . . . . . . . . . 500
  Wie ein COM-Client prozessinterne Komponenten aufruft . . . . . . . . . . . . . . . . . 500
  Wie ein COM-Client eine prozessfremde Komponente aufruft . . . . . . . . . . . . . . 502
  Die MFC-Schnittstellenmakros . . . . . . . . . . . . . . . . . . . . . . . . . . . . . . . . . . . . . . 504
  Die MFC-Klasse *COleObjectFactory* . . . . . . . . . . . . . . . . . . . . . . . . . . . . . . . . . . 505
  Unterstützung für prozessinterne COM-Komponenten durch Assistenten . . . . . 506
  Clientprogramme für COM-MFC-Anwendungen . . . . . . . . . . . . . . . . . . . . . . . . 508
 Das Beispiel Ex22b: Eine MFC-gestützte prozessinterne COM-Komponente . . . . . . . 508
  Das Beispiel Ex22c: Ein MFC-gestützter COM-Client . . . . . . . . . . . . . . . . . . . . . . 512
 Einbettung und Aggregation im Vergleich zur Vererbung . . . . . . . . . . . . . . . . . . . . . 513

## 23 Automatisierung . . . . . . . . . . . . . . . . . . . . . . . . . . . . . . . . . . . . . . . . . . . . . . . . . . . . 517
 Entwicklung von C++-Komponenten für VBA . . . . . . . . . . . . . . . . . . . . . . . . . . . . . 518
 Automatisierungsclients und Komponenten . . . . . . . . . . . . . . . . . . . . . . . . . . . . . . . 518
  Microsoft Excel: Ein besseres Visual Basic als Visual Basic . . . . . . . . . . . . . . . . . . 519
  Eigenschaften, Methoden und Auflistungen . . . . . . . . . . . . . . . . . . . . . . . . . . . 521
 Automatisierungsschnittstellen . . . . . . . . . . . . . . . . . . . . . . . . . . . . . . . . . . . . . . . . . 522
  Die Schnittstelle *IDispatch* . . . . . . . . . . . . . . . . . . . . . . . . . . . . . . . . . . . . . . . . . 522
 Möglichkeiten der Programmierung . . . . . . . . . . . . . . . . . . . . . . . . . . . . . . . . . . . . . 523
  Die MFC-Implementierung von *IDispatch* . . . . . . . . . . . . . . . . . . . . . . . . . . . . . 525
 Eine MFC-Automatisierungskomponente . . . . . . . . . . . . . . . . . . . . . . . . . . . . . . . . . 525

| | |
|---|---|
| Ein MFC-Automatisierungsclient | 526 |
| Einen Automatisierungsclient mit der Compilerdirektive #*import* erstellen | 529 |
| Der Datentyp *VARIANT* | 530 |
| Die Klasse *COleVariant* | 531 |
|     Typumwandlungen für Parameter und Rückgabewerte von *Invoke* | 533 |
| Beispiele für die Automatisierung | 534 |
| Das Beispiel Ex23a: Automatisierungsserver ohne Benutzeroberfläche | 535 |
|     Das Beispiel Ex23b: Automatisierungskomponente als DLL | 543 |
|     Das Beispiel Ex23c: Automatisierungskomponente mit SDI-Benutzeroberfläche | 551 |
|     Das Beispiel Ex23d: Ein Automatisierungsclient | 557 |
|     Das Beispiel Ex23e: Ein weiterer Automatisierungsclient | 572 |
| Frühe Bindung unter VBA | 575 |
|     Eine Typbibliothek registrieren | 575 |
|     Wie eine Komponente ihre Typbibliothek registriert | 575 |
|     Die IDL-Datei | 576 |
|     Wie Excel eine Typbibliothek benutzt | 577 |
|     Warum frühe Bindung verwenden? | 578 |
|     Schnellere Verbindungen zwischen Client und Komponente | 578 |

## 24 Vereinheitlichter Datenaustausch: Zwischenablage und OLE-Drag & Drop — 579

| | |
|---|---|
| Die Schnittstelle *IDataObject* | 579 |
|     Verbesserte Nutzung der Zwischenablage durch *IDataObject* | 580 |
| Die Strukturen *FORMATETC* und *STGMEDIUM* | 581 |
|     *FORMATETC* | 581 |
|     Die Struktur *STGMEDIUM* | 581 |
|     Die Memberfunktionen der Schnittstelle *IDataObject* | 582 |
|     Andere Memberfunktionen der Schnittstelle *IDataObject*: Hinweisverbindungen | 583 |
| MFC-Unterstützung für den vereinheitlichten Datenaustausch (UDT) | 583 |
|     Die Klasse *COleDataSource* | 583 |
|     Die Klasse *COleDataObject* | 584 |
|     MFC-Datenaustausch über die Zwischenablage | 585 |
| Die MFC-Klasse *CRectTracker* | 587 |
|     Koordinaten eines *CRectTracker*-Objekts konvertieren | 588 |
| Das Beispiel Ex24a: Datentransfer über die Zwischenablage | 589 |
|     Die Klasse *CMainFrame* | 590 |
|     Die Klasse *CEx24aDoc* | 590 |
|     Die Klasse *CEx24aView* | 590 |
| MFC-Unterstützung für Drag & Drop | 596 |
|     Die Seite der Datenquelle | 597 |
|     Die Seite des Ziels | 597 |
|     Ablauf einer Drag & Drop-Operation | 598 |
| Das Beispiel Ex24b: OLE-Drag & Drop | 599 |
|     Die Klasse *CEx24bDoc* | 599 |
|     Die Klasse *CEx24bView* | 599 |

## 25 Einführung in die ATL-Bibliothek ... 603
### COM-Konzepte ... 603
#### Die zentrale Schnittstelle: *IUnknown* ... 605
### COM-Code schreiben ... 606
#### COM-Klassen, die Mehrfachvererbung verwenden ... 607
### Die COM-Infrastruktur ... 608
#### ActiveX, OLE und COM ... 609
#### ActiveX, MFC und COM ... 610
### Überblick über die ATL ... 610
#### AtlBase.H ... 610
#### AtlCom.H ... 611
#### AtlConv.cpp und AtlConv.h ... 611
#### AtlCtl.cpp und AtlCtl.h ... 611
#### AtlIFace.idl und AtlIFace.h ... 611
#### AtlImpl.cpp ... 611
#### AtlWin.cpp und AtlWin.h ... 611
#### StatReg.cpp und StatReg.h ... 612
### Clientseitige ATL-Programmierung ... 612
#### C++-Vorlagen ... 612
#### Smart Pointer ... 613
#### Intelligente C++-Zeiger ... 615
#### Smart Pointer verwenden ... 616
#### Smart Pointer und COM ... 617
#### Die Smart Pointer der ATL ... 618
#### Die Klasse *CComPtrBase* ... 618
#### Die Klasse *CComPtr* ... 621
#### Die Klasse *CComQIPtr* ... 623
#### Nachteile der Smart-Pointer-Klassen ... 625
### Serverseitige ATL-Programmierung ... 626
#### Die ATL und COM-Klassen ... 626
#### ATL-Projektoptionen ... 627
#### Entwicklung einer klassischen COM-Klasse ... 629
#### Apartments und Threadmodelle ... 630
#### Verbindungspunkte und *ISupportErrorInfo* ... 632
#### Der Freethreaded Marshaller ... 632
#### Implementierung der Klasse *CSpaceship* mit klassischem ATL-Code ... 632
#### Die grundlegende ATL-Architektur ... 634
#### VTBL-Verwaltung ... 635
#### Die ATL-Version von *IUnknown: CComObjectRootEx* ... 636
#### Die ATL und *QueryInterface* ... 638
#### Die Klasse *CSpaceship* erweitern ... 641
#### Methoden zu einer Schnittstelle hinzufügen ... 643
#### Duale Schnittstellen ... 644
#### Die ATL und IDispatch ... 645
#### Die Schnittstellen *IMotion* und *IVisual* ... 646
#### Mehrere duale Schnittstellen ... 648
### Programmieren mit Attributen ... 649

## 26 ATL und ActiveX-Steuerelemente ... **653**
    Was sind ActiveX-Steuerelemente? ... 654
    Steuerelemente mit der ATL entwickeln ... 655
        Ein Steuerelement erstellen ... 655
        Die Steuerelementarchitektur der ATL ... 659
        Entwicklung eines Steuerelements ... 665
    Ein attributiertes Steuerelement erstellen ... 692
        Ereignisse im attributierten ATL-Code ... 694

## 27 Die OLE DB-Vorlagen ... **695**
    Warum OLE DB? ... 695
    Grundlegende OLE DB-Architektur ... 697
    Grundlegende Architektur der OLE DB-Vorlagen ... 697
        Die Architektur der OLE DB-Consumervorlagen ... 698
        Aufbau der OLE DB-Vorlagen für Provider ... 700
    Einen OLE DB-Consumer erstellen ... 705
    Den Code des OLE DB-Consumers verwenden ... 709
    Einen OLE DB-Provider erstellen ... 710
        Den Providercode überarbeiten ... 715
        Den Provider verbessern ... 717
    OLE DB-Programmierung mit Attributen ... 718

## Teil V
## Programmierung für das Internet ... **721**

## 28 Internet-Grundlagen ... **723**
    Internet-Einführung ... 724
        Netzwerkprotokolle und das Schichtenmodell ... 724
        IP ... 725
        UDP ... 726
        IP-Adressenformat ... 727
        TCP ... 728
        DNS ... 729
        HTTP ... 731
        FTP ... 733
        Internet und Intranet ... 733
    Ein eigenes Mini-Intranet einrichten ... 734
        Das NT-Dateisystem und die Dateizuordnungstabelle (FAT) ... 734
        Netzwerk-Hardware ... 734
        Windows für den Netzwerkbetrieb konfigurieren ... 735
        Hostnamen für ein Intranet: Die Datei hosts ... 736
        Das Intranet testen: Ping ... 736
        Ein Intranet mit einem Computer: Die TCP/IP-Adresse für den Schleifenbetrieb ... 736
    Winsock-Programmierung ... 736
        Synchrone und asynchrone Winsock-Programmierung ... 736
        Die Winsock-Klassen der MFC-Bibliothek ... 737
        Die blockierenden Socketklassen ... 737

|   |   |
|---|---|
| Die Hilfsklasse *CSockAddr* | 737 |
| Die Klasse *CBlockingSocketException* | 739 |
| Ein vereinfachtes HTTP-Serverprogramm | 744 |
| Ein einfaches HTTP-Clientprogramm | 747 |
| Einen Webserver mit *CHttpBlockingSocket* erstellen | 748 |
|     Serverbeschränkungen im Beispiel Ex28a | 748 |
|     Architektur des Ex28a-Servers | 748 |
|     Die Win32-Funktion *TransmitFile* verwenden | 749 |
|     Die Anwendung Ex28a erstellen und testen | 750 |
| Einen Webclient mit *CHttpBlockingSocket* erstellen | 751 |
|     Der Winsock-Client Ex28a | 751 |
|     Ex28a-Unterstützung für Proxyserver | 751 |
|     Den Ex28a-Winsock-Client testen | 752 |
| WinInet | 752 |
|     Vorteile von WinInet gegenüber Winsock | 752 |
|     Die WinInet-Klassen der MFC | 753 |
|     Rückruffunktionen für Internet-Sitzungen | 754 |
|     Ein vereinfachtes WinInet-Clientprogramm | 756 |
| Mit den MFC-WinInet-Klassen einen Webclient entwickeln | 757 |
|     Ex28a: Erster WinInet-Client mit CHttpConnection | 757 |
|     Den WinInet-Client Nr. 1 testen | 757 |
|     Ex28a: Zweiter WinInet-Client mit OpenURL | 757 |
|     Den WinInet-Client Nr. 2 testen | 758 |
| Asynchrone Monikerdateien | 759 |
|     Moniker | 759 |
|     Die MFC-Klasse *CAsyncMonikerFile* | 759 |
|     Die Klasse *CAsyncMonikerFile* in einem Programm verwenden | 759 |
|     Asynchrone Monikerdateien im Vergleich mit WinInet-Programmierung | 760 |

## 29 Einführung in Dynamic HTML — 763

|   |   |
|---|---|
| Das DHTML-Objektmodell | 764 |
| Visual C++ .NET und DHTML | 768 |
| Das Beispiel Ex29a: MFC und DHTML | 769 |
| Das Beispiel Ex29b: DHTML und MFC | 770 |
| Das Beispiel Ex29c: ATL und DHTML | 773 |
|     Weitere Informationen | 776 |

## 30 ATL Server — 777

|   |   |
|---|---|
| IIS | 777 |
|     Internetdienste-Manager | 778 |
|     IIS-Sicherheit | 778 |
|     IIS-Verzeichnisse | 780 |
|     IIS-Protokolle | 781 |
|     Die IIS testen | 782 |
| ISAPI-Servererweiterungen | 782 |
|     CGI und ISAPI | 782 |
|     Eine einfache ISAPI-Servererweiterung | 783 |
|     HTML-Formulare: *GET* und *POST* | 783 |

| | |
|---|---|
| Auftritt ATL Server . . . . . . . . . . . . . . . . . . . . . . . . . . . . . . . . . . . . . . . . . | 785 |
|     ATL und ATL Server . . . . . . . . . . . . . . . . . . . . . . . . . . . . . . . . . . . . . . | 785 |
|     Wo passt ATL Server ins Bild? . . . . . . . . . . . . . . . . . . . . . . . . . . . . . . . | 786 |
|     Die Architektur von ATL Server . . . . . . . . . . . . . . . . . . . . . . . . . . . . . . | 786 |
|     SRF-Dateien . . . . . . . . . . . . . . . . . . . . . . . . . . . . . . . . . . . . . . . . . . . . | 788 |
| Das Beispiel Ex30a: Eine ATL Server-Website . . . . . . . . . . . . . . . . . . . . . . | 792 |

## Teil VI
## .NET . . . . . . . . . . . . . . . . . . . . . . . . . . . . . . . . . . . . . . . . . . . . . . . . . . . . . . . . . . 795

## 31 Microsoft .NET . . . . . . . . . . . . . . . . . . . . . . . . . . . . . . . . . . . . . . . . . . . . . 797

| | |
|---|---|
| Komponententechnik . . . . . . . . . . . . . . . . . . . . . . . . . . . . . . . . . . . . . . . . . . | 797 |
|     Zur Geschichte der Komponenten . . . . . . . . . . . . . . . . . . . . . . . . . . . . . | 797 |
|     Was stimmt mit den DLLs nicht? . . . . . . . . . . . . . . . . . . . . . . . . . . . . . | 798 |
|     COM . . . . . . . . . . . . . . . . . . . . . . . . . . . . . . . . . . . . . . . . . . . . . . . . . . | 799 |
|     Die Vorteile von COM . . . . . . . . . . . . . . . . . . . . . . . . . . . . . . . . . . . . . | 800 |
|     Die Nachteile von COM . . . . . . . . . . . . . . . . . . . . . . . . . . . . . . . . . . . . | 800 |
| Die Common Language Runtime . . . . . . . . . . . . . . . . . . . . . . . . . . . . . . . . | 801 |
|     Keine Grenzen . . . . . . . . . . . . . . . . . . . . . . . . . . . . . . . . . . . . . . . . . . . | 802 |
|     Es dreht sich alles um Typen . . . . . . . . . . . . . . . . . . . . . . . . . . . . . . . . | 803 |
|     Typen der Common Language Runtime . . . . . . . . . . . . . . . . . . . . . . . . | 804 |
|     Die Common Language Specification . . . . . . . . . . . . . . . . . . . . . . . . . . | 808 |
|     Assemblys . . . . . . . . . . . . . . . . . . . . . . . . . . . . . . . . . . . . . . . . . . . . . . | 808 |
|     .NET und das Versionsproblem . . . . . . . . . . . . . . . . . . . . . . . . . . . . . . | 811 |
|     Das (virtuelle) Leben in der Common Language Runtime . . . . . . . . . . . | 811 |
|     Threads und die Common Language Runtime . . . . . . . . . . . . . . . . . . . . | 814 |
|     Anwendungsdomänen . . . . . . . . . . . . . . . . . . . . . . . . . . . . . . . . . . . . . | 814 |
|     Interoperabilität . . . . . . . . . . . . . . . . . . . . . . . . . . . . . . . . . . . . . . . . . | 815 |

## 32 Managed C++ . . . . . . . . . . . . . . . . . . . . . . . . . . . . . . . . . . . . . . . . . . . . . . 817

| | |
|---|---|
| Die Common Language Runtime ist Ihre Verbündete . . . . . . . . . . . . . . . . | 817 |
| Warum C++ . . . . . . . . . . . . . . . . . . . . . . . . . . . . . . . . . . . . . . . . . . . . . . . . . | 818 |
| Verwaltete C++-Erweiterungen . . . . . . . . . . . . . . . . . . . . . . . . . . . . . . . . . | 820 |
| Visual C++ .NET und die Managed Extensions . . . . . . . . . . . . . . . . . . . . . | 821 |
| Das Beispiel Ex32a: Eine verwaltete C++-DLL . . . . . . . . . . . . . . . . . . . . . | 821 |
|     *DaysOfTheWeek* . . . . . . . . . . . . . . . . . . . . . . . . . . . . . . . . . . . . . . . . . . | 826 |
|     *AManagedValueStruct* und *AManagedGcStruct* . . . . . . . . . . . . . . . . . | 826 |
|     *IAManagedInterface* und *IPerson* . . . . . . . . . . . . . . . . . . . . . . . . . . . | 826 |
|     *DotCOMVP*, *SoftwareDeveloper* und *Bum* . . . . . . . . . . . . . . . . . . . . . | 826 |
|     *AManagedDelegate* . . . . . . . . . . . . . . . . . . . . . . . . . . . . . . . . . . . . . . | 826 |
|     *AManagedClass* . . . . . . . . . . . . . . . . . . . . . . . . . . . . . . . . . . . . . . . . . | 827 |
| So macht man die Assembly einsatzbereit . . . . . . . . . . . . . . . . . . . . . . . . . | 827 |
| Das Beispiel Ex32b: Ein eigenständiger verwalteter Client . . . . . . . . . . . . . | 828 |
| Umstellung vorhandenen Codes auf verwaltetes C++ . . . . . . . . . . . . . . . . | 830 |

## 33 Windows Forms-Programmierung mit verwaltetem C++ . . . . . . . . . . . . . . . . 833
Windows Forms . . . . . . . . . . . . . . . . . . . . . . . . . . . . . . . . . . . . . . . . . . . . . 833
    Hinter der Fassade . . . . . . . . . . . . . . . . . . . . . . . . . . . . . . . . . . . . . . . 834
    Die Struktur von Windows Forms . . . . . . . . . . . . . . . . . . . . . . . . . . . . 834
    Ein Windows Forms-Assistent . . . . . . . . . . . . . . . . . . . . . . . . . . . . . . 835
    Die *Form*-Klasse . . . . . . . . . . . . . . . . . . . . . . . . . . . . . . . . . . . . . . . . 838
    Ereignisse . . . . . . . . . . . . . . . . . . . . . . . . . . . . . . . . . . . . . . . . . . . . . 839
    Ausgaben auf dem Bildschirm . . . . . . . . . . . . . . . . . . . . . . . . . . . . . . 839
Was in Windows Forms noch fehlt . . . . . . . . . . . . . . . . . . . . . . . . . . . . . . . 854

## 34 ASP.NET-Programmierung mit verwaltetem C++ . . . . . . . . . . . . . . . . . . . . . 855
Das Internet als Entwicklungsplattform . . . . . . . . . . . . . . . . . . . . . . . . . . . 855
Die Entwicklung von ASP.NET . . . . . . . . . . . . . . . . . . . . . . . . . . . . . . . . . . 856
Die Rolle der IIS . . . . . . . . . . . . . . . . . . . . . . . . . . . . . . . . . . . . . . . . . . . . . 858
Das Kompilierungsmodell von ASP.NET . . . . . . . . . . . . . . . . . . . . . . . . . . 858
Die *Page*-Klasse . . . . . . . . . . . . . . . . . . . . . . . . . . . . . . . . . . . . . . . . . . . . 859
    Code-Behind . . . . . . . . . . . . . . . . . . . . . . . . . . . . . . . . . . . . . . . . . . . 860
    Web Forms . . . . . . . . . . . . . . . . . . . . . . . . . . . . . . . . . . . . . . . . . . . . 863
    Und wo bleibt ActiveX? . . . . . . . . . . . . . . . . . . . . . . . . . . . . . . . . . . . 868
Die HTTP-Pipeline . . . . . . . . . . . . . . . . . . . . . . . . . . . . . . . . . . . . . . . . . . 869
    Das *HttpContext*-Objekt . . . . . . . . . . . . . . . . . . . . . . . . . . . . . . . . . 869
    Das *HttpApplication*-Objekt . . . . . . . . . . . . . . . . . . . . . . . . . . . . . . . 870
    Das *HttpModule*-Objekt . . . . . . . . . . . . . . . . . . . . . . . . . . . . . . . . . . 870
    Das *HttpHandler*-Objekt . . . . . . . . . . . . . . . . . . . . . . . . . . . . . . . . . 872
Webdienste . . . . . . . . . . . . . . . . . . . . . . . . . . . . . . . . . . . . . . . . . . . . . . . 875
    Webdienste und verwaltetes C++ . . . . . . . . . . . . . . . . . . . . . . . . . . . 876
    WSDL und ASP.NET . . . . . . . . . . . . . . . . . . . . . . . . . . . . . . . . . . . . . 877
    Der Aufruf von Webmethoden . . . . . . . . . . . . . . . . . . . . . . . . . . . . . 878

## 35 ADO.NET-Programmierung mit verwaltetem C++ . . . . . . . . . . . . . . . . . . . . 879
Verwaltete Datenanbieter . . . . . . . . . . . . . . . . . . . . . . . . . . . . . . . . . . . . . 879
    Verwaltete Anbieter in .NET . . . . . . . . . . . . . . . . . . . . . . . . . . . . . . . 880
Mit den Datenanbietern arbeiten . . . . . . . . . . . . . . . . . . . . . . . . . . . . . . . 881
    Aufnahme einer Verbindung zur Datenbank . . . . . . . . . . . . . . . . . . . 881
    Datenbankabfrage . . . . . . . . . . . . . . . . . . . . . . . . . . . . . . . . . . . . . . 883
    Gespeicherte Prozeduren . . . . . . . . . . . . . . . . . . . . . . . . . . . . . . . . . 884
    Einlesen der Daten mit Datenlesern . . . . . . . . . . . . . . . . . . . . . . . . . 885
    Der Umgang mit Fehlern . . . . . . . . . . . . . . . . . . . . . . . . . . . . . . . . . 886
ADO.NET-Datasets . . . . . . . . . . . . . . . . . . . . . . . . . . . . . . . . . . . . . . . . . . 886
    Datasets und Datenadapter . . . . . . . . . . . . . . . . . . . . . . . . . . . . . . . 887
    Erstellung von Datasets im Speicher . . . . . . . . . . . . . . . . . . . . . . . . . 888
    Umwandlung von Datasets in XML . . . . . . . . . . . . . . . . . . . . . . . . . 890

## Anhänge

**A Meldungshandler der MFC-Bibliothek** .................................... **893**

**B MFC-Klassenidentifikation und dynamische Objekterstellung** ............. **899**
    Den Namen der Objektklasse zur Laufzeit ermitteln ...................... 899
    Die MFC-Struktur *CRuntimeClass* und das Makro *RUNTIME_CLASS* ......... 900
    Dynamische Erstellung ................................................ 901
    Ein Beispielprogramm ................................................. 902

**Stichwortverzeichnis** .................................................... **905**

**Der Autor** ............................................................... **924**

# Danksagung

Dieser Teil des Buchs ist für den Autoren immer der angenehmste – alle Beteiligten sind mit dem Manuskript nahezu fertig und es bleibt nur noch, allen zu danken. Da nur der Name des Autors auf der Titelseite erscheint, passiert es leider viel zu leicht, dass die anderen Leute vergessen werden, die an einem so großen Projekt beteiligt sind. Viele Menschen haben ihre Zeit und ihre Energie investiert und ich möchte allen danken.

Ich danke euch, Sandy Daston und Ted Shepherd – meine Familie, für eure Unterstützung, während ich an diesem Buch arbeitete.

Danke, Denise Bankaitis. Als Projektleiterin hast du mich ständig daran erinnert, wie wichtig dieses Projekt ist (eine C++-Schlüsselreferenz für .NET), und dich um die Koordination mit den anderen Teammitgliedern gekümmert – Julie Xiao, Ina Chang, Danielle Bird, Juliana Aldous, Joel Panchot, Carl Diltz, und Gina Cassill.

Danke, Julie Xiao, für die Beseitigung meiner Schreibfehler.

Danke, Ina Chang, für die unermüdlichen Versuche, meine Sätze lesbar zu machen.

Danke, Danielle Bird und Juliana Aldous. Als Lektoren habt ihr dafür gesorgt, dass das Projekt voranschritt und ergebnisorientiert blieb.

Danke, Joel Panchot, für die Grafiken in diesem Buch.

Danke, Carl Diltz und Gina Gassil, für den Satz des Manuskripts und dafür, dass es nun so gut aussieht.

Außerdem möchte ich den Leuten von DevelopMentor danken, die für eine angenehme und produktive Umgebung sorgen, in der man so kreativ über Computer in der heutigen Zeit nachdenken und eine Menge lernen kann. Ihr seid einfach klasse!

# Einführung

Die Veröffentlichung von Microsoft Studio .NET (und insbesondere von Visual C++ .NET) zeigt, dass sich Microsoft immer stärker auf Internet-Technologien konzentriert, die den Kern der Microsoft .NET-Architektur bilden. Neben der Unterstützung für die neue .NET-Technik weist Visual C++ .NET natürlich noch die bewährten produktivitätssteigernden Funktionen wie *Bearbeiten und Fortfahren*, IntelliSense, *Automatische Vervollständigung von Anweisungen* und Codetipps auf. Darüber hinaus bringt Visual C++ .NET auch viele neue Dinge mit sich, wie zum Beispiel die »verwalteten Erweiterungen« für die .NET-Programmierung, die Unterstützung von attributiertem Code und eine einheitlichere Entwicklungsumgebung. Damit erklimmt Visual C++ .NET sozusagen die nächste Stufe. Dieses Buch bietet Ihnen einen Einstieg in die neuste Technik, die mit Visual C++ .NET eingeführt wird.

## .NET, MFC und ATL

Die technische Entwicklung der letzten 20 Jahre ist beeindruckend. Vor gar nicht so langer Zeit gab es einfach keine Desktop-Computer, doch in den 80er Jahren des letzten Jahrhunderts hatte praktisch jeder, der einen Desktop-Computer brauchte, eine entsprechende MS-DOS-Maschine. Mitte der 90er Jahre des letzten Jahrhunderts hatte praktisch jeder einen Windows-Computer. Und nun dreht sich das Rad des Fortschritts schon wieder ein Stückchen weiter. Ende der 90er Jahre fand die Entwicklung von Websites noch weitgehend von Hand statt, mit Werkzeugen wie der direkten Hypertext Markup Language (HTML), dem Common Gateway Interface (CGI), dem Internet Server Application Programming Interface (ISAPI), DLLs, Java und Active Server Pages (ASP). Im Juli 2000 kündigte Microsoft an, das alles zu ändern und mit ganzer Kraft eine neue technische Richtung einzuschlagen, die .NET genannt wurde.

Die derzeitige Entwicklungsrichtung von Microsoft ist tatsächlich .NET. Einige Jahre lang war es möglich, eine Website so aufzuziehen, dass man irgendwo einen Server einrichtete, sich eine IP-Adresse beschaffte und irgendwie den gewünschten Inhalt zusammenstellte. Wer den URL der Site kannte, konnte via Internet vorbeischauen und sich den Inhalt ansehen. Für eine Firma bedeutete dies zum Beispiel, dass sie im Web Informationen für die Kunden zur Verfügung stellen konnte. Das Web wurde auch für die Forschung zum unverzichtbaren Medium – und natürlich für alle, die Meldungen verbreiten wollen. Das Web wird auch für die nähere Zukunft der Computer eine wichtige Rolle spielen. Nicht nur Menschen sehen sich die Inhalte von Websites an, auch die Computer selbst gehören schon zu den Besuchern. Anders gesagt, Websites werden durch Webdienste programmierbar. .NET verlagert auch die Verantwortung für die Bereitstellung einer umfangreichen Benutzerschnittstelle vom Client zum Server.

Bei dieser Betonung der Webdienste und der serverseitigen Benutzerschnittstelle sieht es ganz so aus, als blieben eigenständige Anwendungen und die üblichen clientseitigen Benutzerschnittstellen – normalerweise die Domäne von Entwicklungswerkzeugen wie der Microsoft Foundation Class Library (MFC) – im Regen stehen. Aber der Bedarf an umfangreichen clientseitigen Benutzerschnittstellen wird vermutlich nicht nachlassen. Viele dachten schon beim Erscheinen von PCs und verteilten Systemen, das Ende der Zentralrechner, der Mainframes und Minicomputer sei gekommen. Wie sich zeigte, haben PCs und verteilte Systeme aber nicht alles andere verdrängt, sondern in gewisser Weise »nur« die Palette der verfügbaren Lösungen ergänzt. Auch die .NET-Lösung mit Webdiensten und umfangreichen serverseitigen Benutzerschnittstellen ergänzen in diesem Sinne »nur« die Optionen, die einem Softwareentwickler zur Verfügung stehen. Für viele Anwendungsarten werden auch weiterhin umfangreiche clientseitige Benutzeroberflächen erforderlich sein, neben anderen Anwendungen, die andere Schnittstellen brauchen (zum Beispiel Benutzeroberflächen, die vom Server generiert werden).

Die MFC ist inzwischen eine ausgereifte und gut verstandene Bibliothek, für die es bereits eine ganze Reihe von Erweiterungen gibt, die von anderen Firmen entwickelt wurden. Die MFC wird also noch ein Weilchen länger die effizienteste Lösung sein, wenn es um die Entwicklung von umfangreichen eigenständigen Anwendungen geht. Daher wird sich ein beträchtlicher Teil dieses Buchs auch mit der MFC-Entwicklung beschäftigen. Aber wir gehen auch auf Windows Forms ein – die .NET-Art, clientseitige Benutzerschnittstellen zu schreiben.

Daraus ergibt sich natürlich die Frage: Was wird eigentlich aus COM? COM hat viele Probleme gelöst, die sich bei der Entwicklung verteilter Systeme ergaben. Aber es hat auch einige ernste Schwächen, und zwar im Bereich der Versionsverwaltung der Komponenten und im Bereich der Typinformationen. Microsofts .NET-Vision stützt sich auf die Common Language Runtime. Diese »gemeinsame Laufzeitschicht für alle Sprachen« nimmt in .NET als Interoperabilitätsstandard den Platz von COM ein. Wir gehen im Teil VI dieses Buchs näher auf .NET und die Common Language Runtime ein.

COM und die Common Language Runtime stellen zwar unterschiedliche Lösungsansätze für eine Komponentenarchitektur dar, aber Microsoft hat sich alle Mühe gegeben, eine nahtlose Zusammenarbeit zu ermöglichen. In den meisten Fällen läuft die Zusammenarbeit zwischen COM und Common Language Runtime problemlos. In der .NET-Welt werden Sie kaum noch auf COM zurückgreifen, wenn Sie ein neues System konzipieren. Viel eher werden Sie zur Active Template Library (ATL-Server) greifen, weil sich damit Websites sehr effizient entwickeln lassen.

Ich habe die Abschnitte über ATL und MFC in dieser Ausgabe des Buchs überarbeitet, weil ich sie immer noch für sehr nützlich halte. Wichtiger noch, ich möchte Ihnen auch zeigen, wie Sie Ihren derzeitigen Codebestand (klingt doch besser als »Altlasten«, oder?) in die .NET-Welt mitnehmen können.

## Verwaltetes C++ und C#

Die .NET-Plattform hat eine neue Sprache namens C# mit sich gebracht, die in gewisser Weise C++ ähnelt und wie dieses ein wenig »geschweifte-Klammern-orientiert« ist, aber so manche Schwierigkeit von C++ beseitigt. Zu den Vorteilen von C# gehört, dass es tatsächlich einige der schwierigeren Aspekte von C++ vermeidet (zum Beispiel den Umgang mit Zeigern), aber viele sinnvolle Dinge übernimmt (zum Beispiel virtuelle Funktionen). Der C#-Compiler gibt verwalteten Code aus – also die Art von Code, die auf der Common Language Runtime läuft.

Allerdings wird nicht die gesamte Welt über Nacht auf C# umsteigen. Es gibt einen viel zu großen Bestand an C++-Code, der konvertiert werden müsste. Außerdem wird es einige Zeit dauern, bis sich die Entwickler fließend in C# ausdrücken können. Für die Übergangszeit bietet .NET Erweiterungen an, mit denen man auch in C++-Programmen verwalteten Code einsetzen kann (also Code, der auf der Common Language Runtime läuft). Die Managed Extensions für C++ erleichtern Ihnen die Programmentwicklung für die .NET-Plattform, weil Sie damit den vorhandenen C++-Code sehr schnell in .NET lauffähig machen können. Die spezielle Art der Codeverwaltung in C++ auszunutzen bedeutet die Einführung neuer Schlüsselwörter in den Code. Letztlich ergeben C# und verwaltetes C++ beim Kompilieren denselben ausführbaren Code. In der .NET-Welt werden Sie neue Komponenten vermutlich mit C# entwickeln, während Sie verwaltetes C++ benutzen, um vorhandenen Code um .NET-Funktionen zu erweitern.

## .NET und Java

In den letzten Jahren ist das Interesse an der Programmiersprache und der Plattform Java stark gewachsen. Java bietet Internet-Entwicklern spezielle Vorteile, weil es die Verteilung von Clientbenutzerschnittstellen ermöglicht (durch Java-Applets) und in Form der Java Enterprise Edition auch die Entwicklung unternehmensweit einsetzbarer Lösungen erlaubt. Nun ist aber .NET die beste Entwicklungsplattform für das Internet, die derzeit zur Verfügung steht. Im Gegensatz zu Java, das für die Codeentwicklung die Java-Syntax voraussetzt, lässt Ihnen .NET die Wahl unter verschiedenen Syntaxen, die von den Compilern letztlich auf denselben Satz an Maschinenbefehlen umgesetzt werden. Sie können mit C++ arbeiten (der Schwerpunkt dieses Buchs) und dessen verwalteten Erweiterungen, mit Visual Basic .NET, mit C# und sogar mit einer der vielen anderen .NET-Sprachen von anderen Herstellern, die inzwischen verfügbar sind. Nachdem Sie den Quelltext geschrieben haben, wird er in eine Zwischensprache kompiliert und zu einem passenden Zeitpunkt in Maschinencode, bevor er dann auf der Zielmaschine läuft. Weil der .NET-Code von einer Laufzeitschicht verwaltet wird, profitieren Sie von deren zusätzlichen Leistungen, wie zum Beispiel von der Garbage Collection und höherer Codesicherheit.

## Zielgruppe dieses Buchs

Visual C++ .NET mit seinem ausgefeilten Anwendungsgerüst und seiner .NET-Unterstützung ist etwas für professionelle Programmierer, ebenso wie dieses Buch. Ich gehe davon aus, dass Sie in der Programmiersprache C bewandert sind – Sie können eine *if*-Anweisung schreiben, ohne im Handbuch nachschlagen zu müssen. Und ich gehe davon aus, dass Sie die Sprache C++ kennen – dass Sie zumindest einen Kurs in C++ belegt oder ein Buch darüber gelesen haben, auch wenn Sie noch nicht allzu viel in C++ programmiert haben. C++ zu lernen lässt sich mit dem Erlernen der Sprache Französisch vergleichen. Sie können in der Schule zwar Französisch lernen, aber fließend sprechen werden Sie es erst, wenn Sie nach Frankreich reisen und anfangen, sich mit Franzosen zu unterhalten.

Die Assistenten von Visual C++ .NET helfen zwar, Zeit zu sparen und Fehler zu vermeiden, aber der Programmierer muss den von den Assistenten generierten Quellcode verstehen und letztlich auch die Struktur der MFC-Bibliothek und der ATL-Bibliothek, die interne Funktionsweise des Betriebssystems Windows und die Arbeitsweise von .NET. Allerdings setze ich nicht voraus, dass Sie sich bereits mit der Windows- und .NET-Programmierung auskennen. Ich bin davon überzeugt, dass sich ein geübter C-Programmierer nach MFC-Art in Windows und .NET einarbeiten kann. Es ist wichtiger, C++ zu beherrschen, als die Win32-Programmierschnittstelle zu kennen. Allerdings sollten Sie wissen, wie man Windows und Windows-Anwendungen bedient.

Wenn Sie sich bereits mit der Win32-Programmierschnittstelle oder der MFC-Bibliothek auskennen, gibt es in diesem Buch trotzdem noch etwas für Sie. Sie erfahren etwas über Neuentwicklungen wie das Multiple Top-Level Interface (MTI) und die Visual C++ .NET-Assistenten. Falls Sie sich noch nicht mit dem Component Object Model (COM) auskennen, bietet Ihnen dieses Buch die wichtigen Grundlagen, die Ihnen beim Verständnis der ActiveX-Steuerelemente helfen. Außerdem erfahren Sie etwas über ATL Server und OLE DB-Vorlagen. Und Sie erfahren etwas über die C++-Programmierung für das Internet (einschließlich Dynamic HTML). Nicht zuletzt gibt es in diesem Buch auch sonst schwer zu findende Informationen über die neuen verwalteten C++-Erweiterungen.

# Was hier nicht behandelt wird

Es ist schlicht unmöglich, alle Aspekte der Windows- und .NET-Programmierung in einem einzigen Buch zu behandeln. Ich habe keine Themen aufgenommen, die von spezieller Hardware und Software abhängen, wie beispielsweise MAPI, TAPI und der Zugriff auf Kommunikationsanschlüsse. Ich gehe zwar auf die *Verwendung* von ActiveX-Steuerelementen in Anwendungen ein und auf die Entwicklung von ActiveX-Steuerelementen mit der ATL-Bibliothek, verweise aber, was eine umfassendere Beschreibung dieses Themas betrifft, auf Adam Denning und sein Buch *ActiveX-Steuerelemente* (Microsoft Press, 1997). Ich möchte Ihnen auch eine Einführung in die 32-Bit-Speicherverwaltung vermitteln, in die DLL-Theorie und in die Multithread-Programmierung, aber wenn Sie sich intensiver mit diesen Themen beschäftigen möchten, sollten sich die dritte Auflage von Jeffrey Richters *Windows: Programmierung für Experten* (Microsoft Press, 1997) besorgen. Ein weiteres hilfreiches Buch ist *MFC Internals* von George Shepherd und Scot Wingo (Addison-Wesley, 1996). Außerdem möchte ich Ihnen die ersten Schritte in den .NET-Raum erleichtern, verweise aber für eine ausführlichere Beschäftigung mit der Laufzeitschicht auf Jeffrey Richters *Microsoft .NET Framework-Programmierung* (Microsoft Press, 2002).

# Verwendung dieses Buchs

Wenn Sie beginnen, mit Visual C++ .NET zu arbeiten, können Sie dieses Buch wie ein Lehrbuch verwenden und Kapitel für Kapitel durcharbeiten. Später können Sie es dann als Referenzwerk benutzen und einzelne Themen im Inhaltsverzeichnis oder Index nachschlagen. Aufgrund der starken Abhängigkeiten zwischen vielen Elementen des Anwendungsgerüsts, war es nicht möglich, die einzelnen Konzepte sauber zu trennen und jeweils in einem eigenen Kapitel zu beschreiben, und daher ist dieses Buch eigentlich kein Nachschlagewerk. Während Sie dieses Buch durcharbeiten, sollten Sie auf jeden Fall die Onlinehilfe zur Verfügung haben, um darin Informationen über Klassen und Memberfunktionen nachschlagen zu können.

Wenn Sie bereits Erfahrung mit älteren Visual C++-Versionen gesammelt haben, können Sie Teil I überfliegen, um sich einen Überblick über die Neuentwicklungen zu verschaffen. Sie können dann die MFC-Grundlagen im Teil II überspringen, sollten aber die Kapitel mit den komplexeren Themen lesen. Versäumen Sie auch nicht, die .NET-Kapitel zu lesen. Ein großer Teil der Entwicklungsanstrengungen geht in diese Richtung und Visual C++ .NET unterstützt das gesamte .NET-Programmiermodell.

# Aufbau dieses Buchs

Wie aus dem Inhaltsverzeichnis hervorgeht, ist dieses Buch in sechs Textteile und einen Anhang gegliedert.

## Teil I: Einführung in Windows, Visual C++ .NET und das MFC-Anwendungsgerüst

Dieser Teil versucht, die Balance zwischen abstrakter Theorie und praktischer Anwendung zu halten. Nach einem kurzen Überblick über Win32 und die Komponenten von Visual C++ .NET werden Sie in das MFC-Anwendungsgerüst und die Dokument/Ansicht-Architektur eingeführt.

Sie werden auf das unvermeidliche »Hello, world!«-Programm stoßen, das mit den Klassen der MFC-Bibliothek erstellt wurde und lediglich 30 Zeilen umfasst.

## Teil II: Die Ansichtsklassen der MFC-Bibliothek

In der Dokumentation der MFC-Bibliothek werden alle Elemente des Anwendungsgerüsts in rascher Abfolge knapp beschrieben, wobei davon ausgegangen wird, dass der Leser die ursprüngliche Windows-Programmierschnittstelle kennt. In Teil II befassen wir uns mit einer einzigen wichtigen Komponente des Anwendungsgerüsts, nämlich mit der *Ansicht* (View), womit eigentlich ein Fenster gemeint ist. Sie erfahren hier, was erfahrene Windows-Programmierer bereits wissen – allerdings im Kontext von C++ und den Klassen der MFC-Bibliothek. Sie werden mit den Dienstprogrammen und Assistenten von Visual C++ .NET arbeiten, die Ihnen einen Großteil des Programmieraufwands ersparen, den Windows-Programmierer früher auf sich nehmen mussten.

Teil II geht auf vielfältige Themenbereiche ein, unter anderem auf die Grafikprogrammierung mit Bitmaps, den Austausch von Dialogdaten (DDX), die Verwendung von ActiveX-Steuerelementen, die 32-Bit-Speicherverwaltung und die Multithread-Programmierung. Diese Übungen helfen Ihnen, kompliziertere Windows-Programme zu schreiben. Allerdings nutzen diese Programme noch nicht die Vorzüge der erweiterten Funktionen des MFC-Anwendungsgerüsts.

## Teil III: Die Dokument/Ansicht-Architektur

In diesem Teil wird der echte Kern der MFC-Programmierung vorgestellt – die Dokument/Ansicht-Architektur. Sie erfahren, was ein *Dokument* ist (etwas viel allgemeineres als ein Textverarbeitungsdokument) und wie Sie ein Dokument mit der Ansicht verknüpfen, mit der Sie sich in Teil II vertraut gemacht haben. Sie werden sich wundern, wie die MFC-Bibliothek das Speichern und Laden des Dokuments und auch das Drucken vereinfacht, sobald Sie eine Dokumentklasse geschrieben haben.

Daneben erfahren Sie mehr über die Verarbeitung von Befehlsmeldungen, Symbolleisten und Statusleisten, teilbare Rahmen und kontextbezogene Hilfe. Sie werden zudem in die SDI-Schnittstelle (Single Document Interface) eingeführt, in die MDI-Schnittstelle (Multiple Document Interface) und in die MTI-Schnittstelle (Multiple Top-Level Interface), die gegenwärtig den Standard für Windows-Anwendungen bildet, wie zum Beispiel für Microsoft Word.

In Teil III wird auch beschrieben, wie man mit der MFC-Bibliothek eine DLL (Dynamic Link Library) erstellt. Sie erfahren hier, worin sich eine Erweiterungs-DLL von einer normalen DLL unterscheidet.

## Teil IV: COM, Automatisierung, ActiveX und OLE

COM allein könnte schon mehr als ein Buch füllen. Teil IV bietet Ihnen eine Einführung in die grundlegende COM-Theorie aus der Sicht der MFC-Bibliothek. Weiter geht es dann mit der Automatisierung, die das Bindeglied zwischen C++ und Visual Basic für Applikationen (VBA) darstellt. Sie werden mit dem vereinheitlichten Datenaustausch und dem strukturierten Speichermodell vertraut gemacht, und Sie lernen die Grundlagen von Verbunddokumenten und eingebetteten Objekten kennen. Außerdem erfahren Sie, was die ATL-Bibliothek für OLE DB zu bieten hat.

## Teil V: Programmierung für das Internet

Dieser Teil beginnt mit einer Einführung in die Technik des Internets, in der auf das TCP/IP-Protokoll und die Grundlagen der Internetprogrammierung eingegangen wird. Sie erfahren, wie Sie Server mit ATL-Server entwickeln und wie Sie mit Dynamic HTML arbeiten.

## Teil VI: .NET und darüber hinaus

Das Internet entwickelt sich immer stärker zu einem sehr wichtigen Bereich der Softwareentwicklung. Es geht nicht mehr nur um die Erstellung von Websites, auf denen sich die Leute umsehen können. Es geht um Websites, die von den Leuten programmiert werden können. Die Hardware ist schon länger verfügbar. Aber vor dem Erscheinen von XML konnten sich die Beteiligten nicht auf eine allgemein verbindliche Lösung für den Methodenaufruf via Internet einigen. Die beiden wichtigsten Entwicklungen in .NET betreffen die Webdienste und Benutzerstellen, die auf dem Server verwaltet werden. Beide Bereiche werden von .NET abgedeckt. Zudem bietet .NET einen neuen Weg zur Entwicklung der Clientoberflächen an: Windows Forms. Teil VI beschreibt, worum es in .NET geht und was man damit als Plattform machen kann. Dazu gehören Kapitel über die Common Language Runtime, über verwalteten Code und über die Programmierung von verwalteten Komponenten mit C++, ASP.NET und ADO.NET.

## Anhänge

Anhang A enthält eine Liste sämtlicher Meldungszuordnungsmakros und die Prototypen der zugehörigen Handler. Dieser Code wird in der Regel von den Assistenten generiert, die in der Klassenansicht verfügbar sind. Aber gelegentlich müssen Sie Einträge von Hand vornehmen. Anhang B beschreibt die Laufzeitinformationen für die MFC-Klassen und das System des MFC-Anwendungsgerüsts zur dynamischen Objekterstellung. Diese Laufzeitinformationen haben nichts mit den Runtime Type Information-Daten zu tun, die nun Bestandteil von ANSI C++ sind.

## Win32 und Win16

Auf einigen relativ alten Computern läuft immer noch Windows 3.1. Allerdings ist es nicht sinnvoll, Geld in die Entwicklung von neuen Programmen für veraltete Systeme zu stecken. Diese Ausgabe von *Inside Visual C++ .NET* beschreibt die 32-Bit-Programmierung für Microsoft Windows 98/Me und Microsoft Windows NT/2000/XP unter Verwendung der Win32-Programmierschnittstelle. Falls Sie wirklich 16-Bit-Programme schreiben müssen, suchen Sie am besten nach einem alten Exemplar der zweiten Auflage dieses Buchs.

## Anforderungen an das System

Wenn Sie dieses Buch durcharbeiten möchten, sollte Visual C++ .NET oder Visual Studio .NET auf Ihrem Computer installiert sein. Ein Computer, der die Mindestanforderungen für Visual C++ .NET erfüllt, dürfte mit den Beispielprogrammen dieses Buchs keine Schwierigkeiten haben.

Beachten Sie bitte, dass Windows XP Home Edition und Windows NT 4.0 keine ASP.NET-Webanwendungen fahren können. Sie können die entsprechenden Projekte zwar auf diesen Betriebssystemen kompilieren, müssen sie aber zur Ausführung auf einen entsprechend konfigurierten Host hochladen.

# Beispielprogramme

Sie finden die Beispielprogramme und weiteres Material auf der Begleit-CD des Buchs. Legen Sie die CD für den Zugriff auf die Dateien in ein CD-Laufwerk Ihres Computers ein und treffen Sie in dem Menü, das sich dann öffnet, Ihre Wahl. Falls das Menü nicht automatisch erscheint, nachdem Sie die CD eingelegt haben, starten Sie das Programm StartCD.exe aus dem Hauptverzeichnis der Begleit-CD. Für die Installation der Beispielprogramme auf Ihrer Festplatte sind ungefähr 60 MB freier Platz erforderlich. Sollten sich bei der Arbeit mit diesen Beispielprogrammen Schwierigkeiten ergeben, lesen Sie bitte die Abschnitte in diesem Buch nach, in denen die betreffenden Beispiele beschrieben werden.

Wenn ein konventionelles C-Programm die Windows-Programmierschnittstelle verwendet, erzählt der Quelltext sozusagen die ganze Geschichte. Bei Anwendungen, die mit dem MFC-Anwendungsgerüst entwickelt werden, sind die Verhältnisse nicht mehr so einfach. Ein Großteil des C++-Codes wird vom MFC-Anwendungsassistenten generiert und die Ressourcen werden in den Ressourcen-Editoren erstellt. Die Beispiele in den ersten Kapiteln werden noch mit einer Schritt-für-Schritt-Anleitung beschrieben, aus der hervorgeht, welche Werkzeuge Sie anwenden und was Sie tun müssen. Sie sollten in den ersten Beispielen diese Anleitung durchgehen, damit Sie den Ablauf kennen lernen. Außerdem gibt es nur wenig zu tippen. In den mittleren Kapiteln können Sie zwar den fertigen Code aus den Beispielprogrammen benutzen, aber Sie sollten trotzdem die Anleitungen genau durchlesen, damit Sie die Ressourcen-Editoren und die Assistenten kennen lernen. In den letzten Kapiteln wird nicht mehr der gesamte Quelltext abgedruckt. Bei diesen Beispielen sollten Sie sich die Dateien genauer ansehen.

Neben den Beispielprogrammen finden Sie auf der CD auch eine eBook-Version des englischsprachigen Originalbuchs.

# Windows Forms

Eines der wichtigsten Verkaufsargumente für die MFC waren während der 90er Jahre die ausgezeichneten Klassenbibliotheken, mit denen sich das Anwendungsgerüst erweitern ließ. Da die MFC anscheinend von Windows Forms abgelöst werden, wird es Zeit, auf Klassenbibliotheken zu achten, mit denen sich Windows Forms erweitern lässt.

Die MFC und ihre Erweiterungen waren naturgemäß auf C++ beschränkt. Windows Forms-Anwendungen lassen sich aber in einer ganzen Reihe von verschiedenen Programmiersprachen entwickeln, wie zum Beispiel C#, Visual Basic .NET und verwaltetes C++ (Managed C++). Syncfusion, eine Firma aus Cary, North Caroline, bietet eine Reihe von .NET-Werkzeugen zur Erleichterung der .NET-Programmierung an. Die »Essential Suite« von Syncfusion enthält Komponenten, mit denen Sie Ihre Windows Forms-Anwendungen aufpolieren und solide gestalten können. Eine Versuchsversion für 15 Tage können Sie von *http://www.syncfusion.com* herunterladen. Dort erhalten Sie auch den Essential Suite Interactive Showcase, eine Anwendung, die einige der Syncfusion-Komponenten vorführt. Die Komponenten laufen auf der CLR und lassen sich daher im verwalteten C++ ebenso einsetzen wie in C# oder Visual Basic .NET.

# Support

Es wurden große Anstrengungen unternommen, um die Genauigkeit dieses Buchs und der Begleit-CD sicherzustellen. Microsoft Press stellt unter der folgenden Internetadresse eventuell notwendige Korrekturen zu veröffentlichten Büchern zur Verfügung:

*http://www.microsoft.com/germany/mspress/*

Zusätzliche Informationen finden Sie auch in der Microsoft Press Knowledge Base, die unter folgender Adresse zur Verfügung steht:

*http://www.microsoft.com/germany/mspress/support/*

Sollten Sie Anmerkungen, Fragen oder Ideen zu diesem Buch haben, senden Sie diese bitte an eine der folgenden Adressen von Microsoft Press:

Postanschrift:

Microsoft Press
Betrifft: *Inside Visual C++ .NET*
Konrad-Zuse-Straße 1
85716 Unterschleißheim

E-Mail:

*presscd@microsoft.com/*

Beachten Sie bitte, dass unter den oben angegebenen Adressen kein Produktsupport geleistet wird. Supportinformationen zum .NET Framework, zu Visual C++ oder Visual Studio .NET finden Sie auf der Microsoft-Produktsupportsite unter:

*http://www.microsoft.com/germany/support/*

# Teil I
# Windows, Visual C++ .Net und die Grundlagen des Anwendungsgerüsts

# 1 Windows und Visual C++ .NET

3  Das Windows-Programmiermodell
6  Die Visual C++ .NET-Komponenten

Anfang der 90er Jahre stand noch nicht fest, welches Betriebssystem sich auf Desktop-Computern durchsetzen würde. Inzwischen ist diese Frage wohl geklärt, denn auf den meisten Desktop-Computern läuft Microsoft Windows. Dieses Kapitel gibt Ihnen einen Überblick über das Windows-Programmiermodell (insbesondere Win32) und zeigt, wie die verschiedenen Komponenten von Microsoft Visual C++ .NET zusammenarbeiten. Nebenbei erfahren Sie noch einige Dinge über Windows, die Ihnen vielleicht noch nicht bekannt sind.

## Das Windows-Programmiermodell

Unabhängig von der Art der benutzten Entwicklungswerkzeuge unterscheidet sich die Programmierung für Windows grundsätzlich von der älteren prozess- oder transaktionsorientierten Programmierung. Daher müssen Sie sich beim Einstieg auch mit den entsprechenden Grundlagen von Windows beschäftigen. Als Bezugsrahmen verwenden wir das einfache MS-DOS-Programmiermodell. Selbst wenn Sie keine MS-DOS-Programme mehr schreiben, werden Sie dieses Modell wahrscheinlich noch kennen.

### Meldungsbearbeitung

Wenn Sie in C eine MS-DOS-Anwendung schreiben, ist eine Funktion namens *main* die einzige unverzichtbare Voraussetzung. Das Betriebssystem ruft *main* auf, sobald der Anwender das Programm startet. Von diesem Punkt an können Sie jede beliebige Programmstruktur verwenden. Falls Ihr Programm Tastatureingaben vom Anwender braucht oder andere Dienstleistungen des Betriebssystems benötigt, rufen Sie die entsprechende C-Funktion auf, wie etwa *getchar*, oder Sie verwenden vielleicht eine Zusatzbibliothek mit textorientierten Fensterfunktionen.

Wenn das Betriebssystem Windows ein Programm startet, ruft es die Funktion *WinMain* auf. Ihre Anwendung muss an irgendeiner Stelle die Funktion *WinMain* enthalten, die für die Durchführung einiger spezieller Aufgaben zuständig ist. Ihre wichtigste Aufgabe ist die Erstellung des Hauptfensters für die Anwendung. Dieses Hauptfenster muss über eigenen Code verfügen, um die von Windows gesendeten Meldungen verarbeiten zu können. Ein wesentlicher Unterschied zwischen einem MS-DOS- und einem Windows-Programm besteht darin, dass ein MS-DOS-Programm das Betriebssystem aufruft, sobald es vom Benutzer Eingaben braucht, während ein Windows-Programm die Eingaben des Benutzers vom Betriebssystem zugesandt bekommt, und zwar in Form von Meldungen.

**HINWEIS:** Viele Entwicklungsumgebungen für Windows, einschließlich Visual C++ .NET mit der Microsoft Foundation Class Library Version 7.0 (MFC-Bibliothek), vereinfachen die Programmierung, indem sie die Funktion *WinMain* verbergen und den Meldungsverarbeitungsprozess übersichtlicher strukturieren. Wenn Sie die MFC-Bibliothek verwenden, brauchen Sie keine *WinMain*-Funktion zu schreiben. Es ist aber wichtig, dass Sie die Beziehung zwischen dem Betriebssystem und Ihren Programmen verstehen.

Die meisten Windows-Meldungen sind genau definiert und gelten für alle Programme. So wird zum Beispiel die Meldung *WM_CREATE* gesendet, wenn ein Fenster erstellt wird. Die Meldung *WM_LBUTTONDOWN* wird gesendet, sobald der Anwender die linke Maustaste drückt. Wenn der Anwender ein Zeichen eingibt, wird die Meldung *WM_CHAR* gesendet, und wenn er ein Fenster schließt, die Meldung *WM_CLOSE*. Sämtliche Meldungen haben zwei 32-Bit-Parameter, mit denen Informationen, wie etwa die Mauszeigerkoordinaten, Tastencodes usw., übermittelt werden. Als Reaktion auf die Auswahl bestimmter Menübefehle oder Dialogfeldelemente schickt Windows dem betreffenden Fenster die Meldung *WM_COMMAND*. Welche zusätzlichen Daten eine Befehlsmeldung enthält, hängt vom Menüaufbau des Fensters ab. Daneben können Sie auch Ihre eigenen Meldungen definieren, die Ihr Programm an jedes beliebige Fenster auf dem Desktop senden kann. Diese benutzerdefinierten Meldungen verleihen C++ tatsächlich eine gewisse Ähnlichkeit mit Smalltalk.

Sie brauchen sich aber nicht darum zu kümmern, wie diese Meldungen Ihren Code erreichen. Das ist nämlich die Aufgabe des Anwendungsgerüsts. Allerdings führt der Versand von Meldungen und deren Bearbeitung dazu, dass Ihr Programm unter Windows eine ganz bestimmte Struktur hat. Versuchen Sie bloß nicht, Ihre Windows-Programme so aussehen zu lassen wie Ihre alten MS-DOS-Programme. Studieren Sie die Beispiele in diesem Buch und lassen Sie sich darauf ein, praktisch noch einmal neu anzufangen.

## Graphics Device Interface (GDI)

Viele MS-DOS-Programme haben die Daten direkt in den Grafikspeicher oder an den Druckeranschluss ausgegeben. Diese Technik hatte den Nachteil, dass für jede Grafikkarte und jedes Druckermodell eine eigene Treibersoftware entwickelt werden musste. Mit Windows wurde eine spezielle Abstraktionsebene namens *Graphics Device Interface* (GDI, übersetzt Grafikschnittstelle) eingeführt. Windows stellt damit die erforderlichen Grafik- und Druckertreiber bereit, sodass Ihr Programm gar nicht zu wissen braucht, mit welcher Grafikkarte oder welchem Drucker Ihr System ausgerüstet ist. Statt die Hardware direkt anzusprechen, ruft Ihr Programm GDI-Funktionen auf. Die GDI-Funktionen wiederum greifen auf eine bestimmte Datenstruktur zu, die *Gerätekontext* (device context) genannt wird und Informationen über das zu benutzende Gerät enthält. Mit Hilfe dieser Struktur gibt Windows die entsprechenden Ein- oder Ausgabebefehle. Die GDI-Funktionen sind fast ebenso schnell wie der direkte Zugriff auf den Grafikspeicher und erlauben es verschiedenen Windows-Anwendungen, den Bildschirm gemeinsam zu benutzen.

Außerdem werden wir uns mit GDI+ beschäftigen. Wie Sie sicher schon ahnen, ist GDI+ der Nachfolger der GDI. Die GDI+-Dienste werden durch eine Reihe von C++-Klassen verfügbar gemacht, die als verwalteter Code (managed code) vorliegen. Das bedeutet, dass der Code unter der Aufsicht der Common Language Runtime läuft. GDI+ hat einige Erweiterungen gegenüber der klassischen GDI aufzuweisen, wie zum Beispiel Pinsel mit Farbgradienten, kardinale Splines, unabhängige Pfadobjekte, skalierbare Bereiche, Alpha-Überblendung und verschiedene Bildformate.

## Ressourcengestützte Programmierung

Zur datengestützten Programmierung unter MS-DOS müssen Sie die Daten entweder im Quelltext als Konstanten definieren oder eigene Datendateien bereitstellen, die vom Programm eingelesen werden. Wenn Sie für Windows programmieren, speichern Sie Ihre Daten in den dafür vorgesehenen Formaten in einer Ressourcendatei ab. Der Linker verbindet diese binäre Ressourcendatei mit den Objektdateien, die der C++-Compiler generiert hat, zum ausführbaren Programm. Ressourcendateien können Bitmaps, Symbole (Icons), Menüdefinitionen, Dialogfeldbeschreibungen und Zeichenfolgen (Strings) enthalten. Außerdem können Sie selbst eigene Ressourcenformate definieren.

Zur Bearbeitung eines Programms können Sie zwar einen Texteditor verwenden, aber Ressourcen lassen sich mit einem entsprechenden *WYSIWYG-Editor* leichter definieren (WYSIWYG steht für »What You See Is What You Get«, deutsch: »Sie erhalten, was Sie sehen«). Wenn Sie beispielsweise ein Dialogfeld entwerfen, wählen Sie die Steuerelemente (Schaltflächen, Listenfelder und so weiter) aus einer speziellen Steuerelementpalette aus, auf der die Elemente symbolisch dargestellt werden, und positionieren sie mit der Maus. Anschließend bringen Sie die Steuerelemente mit Hilfe der Maus auf die gewünschte Größe. Visual C++ .NET hat für alle Standardressourcenformate entsprechende grafische Ressourcen-Editoren.

## Speicherverwaltung

Mit jeder neuen Windows-Version wird die Speicherverwaltung einfacher. Falls Sie irgendwelche Horrorgeschichten über das Sperren von Speicherhandles, »Thunks« und »Burgermasters« gehört haben, machen Sie sich darüber keine Gedanken! Das alles gehört der Vergangenheit an. Heutzutage fordern Sie einfach den gewünschten Speicher an und Windows kümmert sich um die Details. Kapitel 10 beschreibt die aktuellen Methoden zur Speicherverwaltung unter Win32, einschließlich des virtuellen Speichers und der auf den Speicher abgebildeten Dateien (memory-mapped files).

## DLLs (Dynamic Link Libraries)

Unter MS-DOS wurden alle Objektmodule eines Programms während des Erstellungsprozesses statisch gelinkt. Windows ermöglicht dynamisches Linken, wobei in einem speziellen Format erstellte Bibliotheken während der Laufzeit geladen und eingebunden werden. Mehrere Anwendungen können solche DLLs (Dynamic Link Libraries) gemeinsam nutzen, wodurch im Arbeitsspeicher und auf der Festplatte Platz eingespart wird. Das dynamische Linken erhöht die Modularität, weil Sie DLLs unabhängig vom Programm kompilieren und testen können.

DLLs sind ursprünglich zur Verwendung mit der Programmiersprache C entwickelt worden und die Einführung von C++ hat einige Schwierigkeiten mit sich gebracht. Den MFC-Entwicklern ist es jedoch gelungen, alle Klassen des Anwendungsgerüsts in wenigen DLLs zusammenzufassen. Das bedeutet, dass Sie die MFC-Klassen sowohl statisch als auch dynamisch in Ihre Anwendungen einbinden können. Außerdem können Sie eigene, auf den MFC-DLLs aufbauende

DLLs erstellen. In Kapitel 22 finden Sie nähere Informationen über die Erstellung von normalen DLLs und von DLLs, die als Erweiterung der MFC dienen.

## Die Win32-Programmierschnittstelle

Die ersten Windows-Programmierer schrieben in C Anwendungen für das Win16-API (API, Application Programming Interface, übersetzt: Schnittstelle für die Anwendungsprogrammierung). Heutzutage entwickeln natürlich nicht mehr viele Leute 16-Bit-Anwendungen. Die meisten Entwickler halten sich inzwischen an die Win32-Programmierschnittstelle. Der wichtigste Unterschied zwischen Win16-Funktionen und Win32-Funktionen liegt darin, dass viele Parameter in der Win32-Version breiter sind. Während sich also das Windows-API im Lauf der Jahre geändert hat (und sich auch weiterhin ändern wird), blieben MFC-Entwickler beim Umstieg auf die 32-Bit-Version weitgehend von den negativen Auswirkungen solcher Änderungen verschont. Der MFC-Standard wurde nämlich so konzipiert, dass er mit Win16 und mit Win32 funktioniert.

# Die Visual C++ .NET-Komponenten

Visual C++ .NET setzt sich aus mehreren vollständigen Entwicklungsumgebungen für Windows-Anwendungen zusammen, die zu einem Produkt zusammengefasst wurden. Wenn Sie möchten, können Sie Windows-Programme in der Programmiersprache C entwickeln und sich dabei auf das Win32-API beschränken. Die Win32-Programmierung in C wird ausführlich in dem ausgezeichneten *Windows-Programmierung* von Charles Petzold (Microsoft Press, 1998) beschrieben. (Von Petzold gibt es auch ein neues Buch über die Windows-Programmierung mit C# und Windows Forms, das bei Microsoft Press erschienen ist und *Windows-Programmierung mit C#* heißt.) Auf die Windows-Programmierung mit Windows Forms und C++ gehen wir später noch detaillierter ein. Sie können sich die Win32-Programmierung mit vielen Visual C++ .NET-Tools erleichtern, zum Beispiel mit den Ressourcen-Editoren. Außerdem können Sie zur Beschleunigung der Entwicklung auf Anwendungsgerüste zurückgreifen, zum Beispiel auf die MFC-Bibliothek und Windows Forms.

Visual C++ .NET enthält außerdem die ActiveX Template Library (ATL), mit der Sie ActiveX-Steuerelemente entwickeln können. Die ATL-Programmierung unterscheidet sich so stark von der Win32-Programmierung in C oder von der MFC-Programmierung und ist zudem so komplex, dass man ihr ein ganzes Buch widmen könnte. Daher werden wir uns in diesem Buch nur kurz mit der ATL-Programmierung beschäftigen. Die größte Bedeutung hat die ATL wohl für Webserverumgebungen, in denen es auf eine möglichst hohe Leistung ankommt.

Der erste Abschnitt dieses Buchs handelt von der C++-Programmierung mit dem MFC-Anwendungsgerüst von Visual C++ .NET. Sie werden C++-Klassen verwenden, die in der *Microsoft Visual C++ MFC Library Reference* dokumentiert werden (diese Bibliotheksreferenz gehört zur Visual C++ .NET-Dokumentation), und mit den entsprechenden Visual C++ .NET-Tools arbeiten, wie zum Beispiel mit der Klassenansicht (ClassView).

**HINWEIS:** Auch wenn Sie mit der MFC-Bibliothek arbeiten, können Sie weiterhin Win32-Funktionen verwenden. Tatsächlich sind in MFC-Programmen fast immer einige direkte Win32-Aufrufe vonnöten.

Die folgenden Kurzbeschreibungen der Visual C++ .NET-Komponenten sollen Ihnen einen allgemeinen Überblick geben. Abbildung 1.1 enthält eine Übersicht über die Kompilierung und Bindung von MFC-Anwendungen mit Visual C++ .NET.

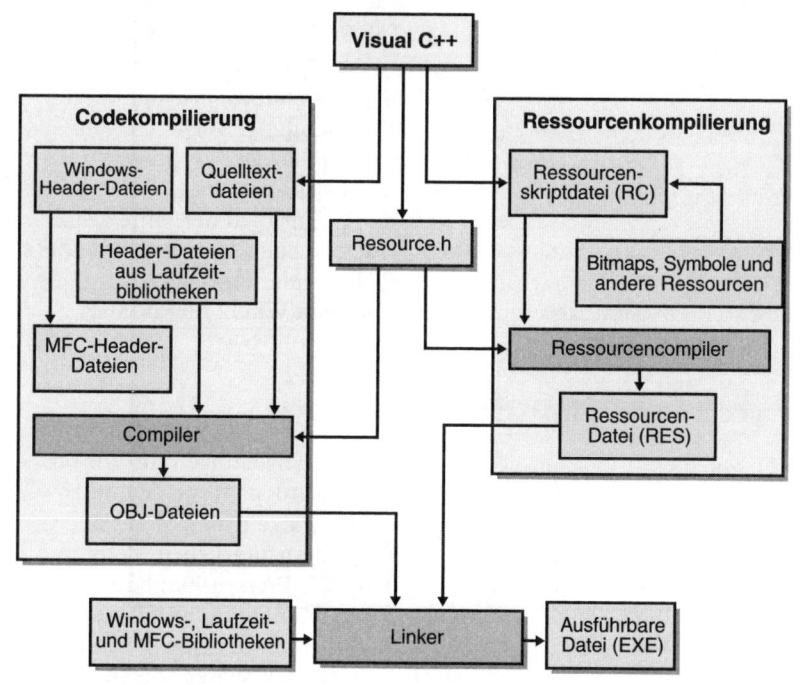

*Abbildung 1.1:* Der Erstellungsprozess in Visual C++ .NET

## Visual C++ .NET und der Erstellungsprozess

Visual Studio .NET setzt sich aus einigen Entwicklungswerkzeugen zusammen, zu denen auch Visual C++ .NET gehört. Die integrierte Entwicklungsumgebung (IDE, integrated development environment) wird von mehreren Entwicklungstools gemeinsam benutzt, nämlich von Visual C++ .NET, Microsoft Visual C# und Microsoft Visual Basic .NET. Seit ihren Anfangstagen als Visual Workbench, die auf QuickC für Windows beruhte, hat die IDE eine beträchtliche Entwicklung vollzogen.

Andockbare Fenster und konfigurierbare Symbolleisten sowie ein Editor, der vom Anwender angepasst werden kann und Makros ausführt, sind jetzt Teil von Visual Studio .NET. Das Online-Hilfesystem (das nun integrierter Bestandteil vom *MSDN Library Viewer* ist) funktioniert wie ein Webbrowser. Abbildung 1.2 zeigt Visual C++ .NET während der Ausführung.

Wenn Sie bereits mit älteren Versionen von Visual C++ gearbeitet haben, werden Sie sehr rasch verstehen, wie Visual Studio .NET funktioniert (auch wenn sich einige Menüs geändert haben). Falls Sie aber noch nicht mit integrierten Entwicklungsumgebungen gearbeitet haben, sollten Sie sich erst einmal mit dem Projektbegriff vertraut machen.

*Windows und Visual C++ .NET*

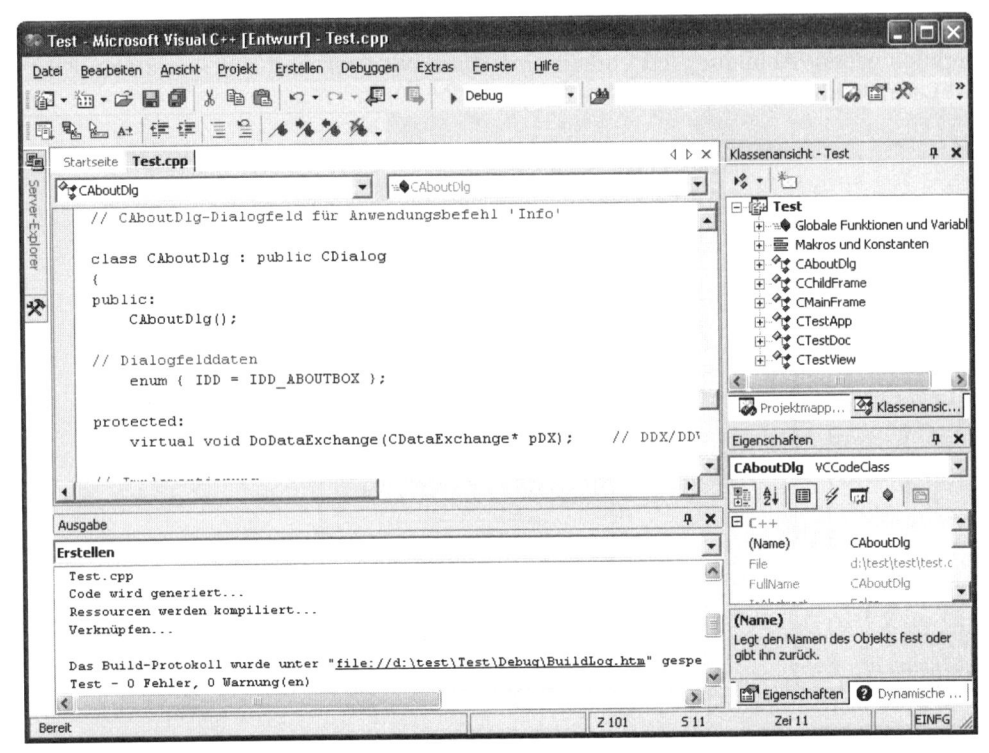

***Abbildung 1.2:*** *Visual C++ .NET-Fenster*

Ein *Projekt* ist eine Sammlung von miteinander verknüpften Quelldateien, die zu einem ausführbaren Windows-Programm oder einer DLL kompiliert und gelinkt werden. Die Quelldateien eines Projekts werden in der Regel in einem eigenen Unterverzeichnis gespeichert. Ein Projekt ist daneben aber auch auf eine Fülle anderer Dateien außerhalb dieses Projekt-Unterverzeichnisses angewiesen, wie beispielsweise Include- und Bibliotheksdateien.

Visual Studio .NET ermöglicht auch das Kompilieren der Projekte außerhalb der Entwicklungsumgebung. Sie können in Visual Studio .NET noch mit Makedateien arbeiten. (Eine *Makedatei* enthält Befehle für den Compiler und den Linker und beschreibt die Beziehungen zwischen den beteiligten Dateien. Eine Quellcodedatei braucht bestimmte Includedateien, zum Linken einer ausführbaren Datei müssen bestimmte Objektmodule und Bibliotheken vorliegen, und so weiter.) Anders gesagt, Sie können die Steuerdatei für NMAKE.EXE noch von Hand zusammenstellen und NMAKE damit starten. NMAKE liest die Makedatei ein und ruft dann nach Bedarf den Compiler, Assembler, Ressourcencompiler und Linker auf, um das gewünschte Ergebnis zu produzieren. Im Normalfall handelt es sich dabei um eine ausführbare Datei. Das Make-Programm erkennt zum Beispiel anhand der festgelegten Abhängigkeiten, ob der Compiler aufgerufen werden muss, um aus einer bestimmten CPP-Datei die entsprechende OBJ-Datei zu generieren. Beachten Sie bitte, dass es in Visual Studio .NET nicht mehr möglich ist, eine Makedatei für das aktive Projekt zu exportieren. Benutzen Sie die entsprechenden *Devenv*-Schalter, wenn Sie Visual Studio .NET-Projekte auf der Befehlszeile kompilieren möchten.

In einem Visual C++ .NET-Projekt werden die Abhängigkeiten zwischen den verschiedenen Teilen eines Projekts in einer speziellen Projektdatei mit der Dateinamenserweiterung VCPROJ erfasst, die im Textformat vorliegt. Eine gesonderte Projektmappendatei (mit der Erweiterung

SLN), die ebenfalls im Textformat vorliegt, enthält für jedes Projekt der Projektmappe einen Eintrag. Die Projektmappendatei fasst die Projekte, die Projektelemente und die Projektmappenelemente zur Projektmappe zusammen und versorgt die Umgebung mit den Angaben darüber, wo die einzelnen Teile auf dem Laufwerk zu finden sind. Es ist zwar durchaus möglich, in einer Projektmappe mehrere Projekte unterzubringen, aber die Beispiele aus diesem Buch beschränken sich auf jeweils ein Projekt pro Projektmappe. Wenn Sie an einem bestehenden Projekt arbeiten möchten, öffnen Sie die entsprechende SLN-Datei in Visual C++ .NET. Anschließend können Sie das Projekt bearbeiten und kompilieren.

Visual C++ .NET legt zudem einige Arbeitsdateien an. Die folgende Tabelle 1.1 enthält eine Aufstellung der Dateien, die Visual C++ .NET in der Projektmappe erstellt:

| Erweiterung | Beschreibung |
|---|---|
| APS | Zur Unterstützung der Ressourcenansicht |
| BSC | Browserinformatonsdatei |
| IDL | Schnittstellendefinitionsdatei |
| NCB | Zur Unterstützung der Klassenansicht |
| SLN | Projektmappendatei* |
| SUO | Enthält die Konfiguration der Projektmappe |
| VCPROJ | Projektdatei (Darf keinesfalls gelöscht oder in einem Texteditor bearbeitet werden!) |

*Tabelle 1.1: Diese Dateitypen werden in Visual C++ .NET-Projekten generiert*

## Das Ressourcenansichtsfenster und die Ressourcen-Editoren

Wenn Sie in der Visual C++ .NET-IDE das Ressourcenansichtsfenster öffnen (wählen Sie im Menü *Ansicht* den Punkt *Ressourcenansicht*), können Sie eine Ressource zur Bearbeitung auswählen. Im Hauptfenster wird daraufhin der für den Ressourcentyp passende *Ressourcen-Editor* angezeigt. In diesem Fenster kann auch ein WYSIWYG-Editor für Menüs oder ein leistungsfähiger grafischer Editor für Dialogfelder angezeigt werden. Es enthält außerdem Tools zur Bearbeitung von Symbolen, Bitmaps und Zeichenfolgen. Mit Hilfe des Dialogeditors können Sie neben den Standardsteuerelementen und den allgemeinen Steuerelementen von Windows auch ActiveX-Steuerelemente in Dialogfelder einfügen.

Jedes Projekt verfügt normalerweise über eine Ressourcenskriptdatei (RC), die im Textformat vorliegt und die Dialogfeld-, Zeichenfolgen- und Zugriffstasten-Ressourcen des Projekts beschreibt. Die RC-Datei enthält außerdem *#include*-Anweisungen, mit denen Ressourcen aus anderen Unterverzeichnissen eingebunden werden. Diese Ressourcen umfassen projektspezifische Elemente, wie etwa Bitmap- und Symboldateien (BMP- und ICO-Dateien), und Ressourcen, die von allen Visual C++ .NET-Programmen gemeinsam verwendet werden, wie zum Beispiel Fehlermeldungstexte. RC-Dateien außerhalb der Ressourcen-Editoren zu bearbeiten ist nicht empfehlenswert. Mit den Ressourcen-Editoren können darüber hinaus EXE- und DLL-Dateien bearbeitet werden, sodass Sie mit Hilfe der Zwischenablage Ressourcen aus anderen Windows-Anwendungen übernehmen können, wie etwa Bitmaps und Symbole.

## C-/C++-Compiler

Der Visual C++ .NET-Compiler kann sowohl C-Quelltext als auch C++-Quelltext verarbeiten. Er bestimmt die Sprache anhand der Dateinamenserweiterung. Die Erweiterung *C* zeigt an, dass es sich um einen C-Quelltext handelt. Die Erweiterungen *CPP* und *CXX* weisen auf C++-Quelltext hin. Der Compiler ist zu den entsprechenden ANSI-Standards konform, einschließlich der neuesten Empfehlungen einer Arbeitsgruppe, die sich mit der Erstellung von C++-Bibliotheken beschäftigt, und verfügt über zusätzliche Microsoft-Erweiterungen. Vorlagen (templates), Ausnahmen (exceptions) und RTTI (Runtime Type Identification) werden in Visual C++ Version .NET uneingeschränkt unterstützt. Auch die Standard Template Library (STL) gehört zum Lieferumfang. Allerdings wurde sie nicht in die MFC-Bibliothek integriert.

## Quelltext-Editor

Visual C++ .NET enthält einen leistungsfähigen Quelltext-Editor, der vielerlei Funktionen wie beispielsweise dynamische Syntaxfarbmarkierung, automatischer Einzug, Konfigurierung von Tastenkombinationen für eine Vielzahl verbreiteter Editoren (wie VI und EMACS) sowie formatierte Druckausgabe bietet. Schon für Visual C++ .6.0 ist der Editor so erweitert worden, dass er die automatische Vervollständigung von Anweisungen beherrscht. Wenn Sie mit einem Microsoft Office-Produkt oder mit Visual Basic gearbeitet haben, werden Sie das bereits kennen. Dank der automatischen Vervollständigung von Anweisungen brauchen Sie nur noch den Anfang eines Programmbefehls einzugeben und der Editor zeigt Ihnen dann eine Liste der möglichen Vervollständigungen an, aus denen Sie wählen können. Dieser Mechanismus erweist sich als sehr nützlich, wenn Sie beispielsweise mit C++-Objekten arbeiten und den genauen Namen einer Memberfunktion oder eines Datenelements vergessen haben, denn die Liste enthält sie alle. Sie brauchen sich nicht mehr Tausende von Win32-Funktionen zu merken und müssen nicht mehr so oft auf das Onlinehilfesystem zurückgreifen.

## Ressourcencompiler

Der Ressourcencompiler von Visual C++ .NET liest eine ASCII-Ressourcenskriptdatei (RC) ein, die mit den Ressourcen-Editoren erstellt wurde, und generiert daraus eine binäre RES-Datei, die der Linker verarbeiten kann.

## Linker

Der Linker liest die vom C/C++-Compiler und dem Ressourcencompiler erstellten OBJ- und RES-Dateien und greift auf die LIB-Dateien mit dem MFC-Code zu, auf die Laufzeitbibliothek und auf den Windows-Code. Daraus erstellt der Linker die EXE-Datei des Projekts. Die Option für inkrementelles Linken verkürzt den Vorgang, wenn nur geringfügige Änderungen an den Quelltextdateien vorgenommen wurden. Die in den MFC-Header-Dateien enthaltenen *#pragma*-Anweisungen (das sind spezielle Compileranweisungen) geben an, welche Bibliotheksdateien erforderlich sind. Sie brauchen dem Linker also nicht zusätzlich mitzuteilen, welche Bibliotheken er benutzen soll.

## Debugger

Falls Ihre Programme gleich beim ersten Versuch laufen, brauchen Sie keinen Debugger. Die meisten von uns werden aber sicherlich von Zeit zu Zeit auf die Dienste eines Debuggers zurückgreifen müssen. Visual Studio .NET enthält einen integrierten Debugger, der die Leistungsfähigkeit der Debugger von Visual C++ und Visual Basic in sich vereint und darüber hinaus noch erweitert wurde. Folgende Punkte sind besonders erwähnenswert:

- **Sprachübergreifendes Debuggen:** Visual Studio .NET ermöglicht auch dann das Debuggen von verschiedenen Projekten aus derselben Projektmappe, wenn diese Projekte in verschiedenen Sprachen entwickelt wurden.
- **Anbindung an ein laufendes Programm:** Visual Studio .NET ermöglicht das Debuggen von Programmen, die nicht unter der Kontrolle von Visual Studio .NET gestartet wurden.
- **Remotedebuggen:** Visual Studio .NET ermöglicht das Debuggen von Anwendungen, die auf anderen Maschinen laufen. Sie können zum Beispiel ein Programm debuggen, das auf einem anderen Server läuft.
- **Debuggen von ASP.NET-Webanwendungen:** ASP.NET-Dateien werden kompiliert und beim Debuggen so behandelt wie der Code, der in anderen Programmiersprachen entwickelt wurde. Dadurch lassen sich Fehler in Webanwendungen nun wesentlich leichter beseitigen.
- **.NET Framework-Klassen für Fehlersuche und Ablaufverfolgung:** Mit den Klassen aus dem .NET Framework ist es relativ einfach, den Code zu instrumentieren und Anweisungen zur Ablaufverfolgung in den Code aufzunehmen. Da es sich bei diesen Klassen um verwalteten Code (managed code) handelt, können Sie die Klasse im verwalteten C++-Code einsetzen.

In Abbildung 1.3 sehen Sie den Visual C++-Debugger in Aktion.

Beachten Sie, dass Sie die Objektzeiger in den Variablen- und Überwachungsfenstern erweitern können, um alle Datenelemente der abgeleiteten Klassen und der Basisklassen anzuzeigen. Wenn Sie den Mauszeiger über eine Variable bewegen, zeigt der Debugger den aktuellen Wert der Variablen in einem kleinen Fenster an. Um ein Programm mit dem Debugger bearbeiten zu können, müssen Sie bei der Erstellung des Projekts die Compiler- und Linkeroptionen so einstellen, dass Debuginformationen erzeugt werden.

In Visual C++ .NET ist die Fehlerbeseitigung durch die neue Funktion *Bearbeiten und Fortfahren* weiter vereinfacht worden. *Bearbeiten und Fortfahren* bedeutet, die Anwendung mit dem Debugger auszuführen, den Code an den fraglichen Stellen zu ändern und anschließend sofort mit dem Debuggen des geänderten Codes fortfahren zu können. Dadurch wird der Zeitaufwand für Fehlersuche und Fehlerbeseitigung wesentlich geringer, da es nun nicht mehr nötig ist, den Debugger zur Beseitigung eines Fehlers zu beenden, die Anwendung neu zu kompilieren und anschließend wieder in den Debugger zu gehen. Stattdessen bearbeiten Sie einfach die fragliche Stelle im Debugger und klicken dann auf die Schaltfläche *Weiter*. Visual C++ .NET kompiliert die Änderungen automatisch und startet dann wieder den Debugger.

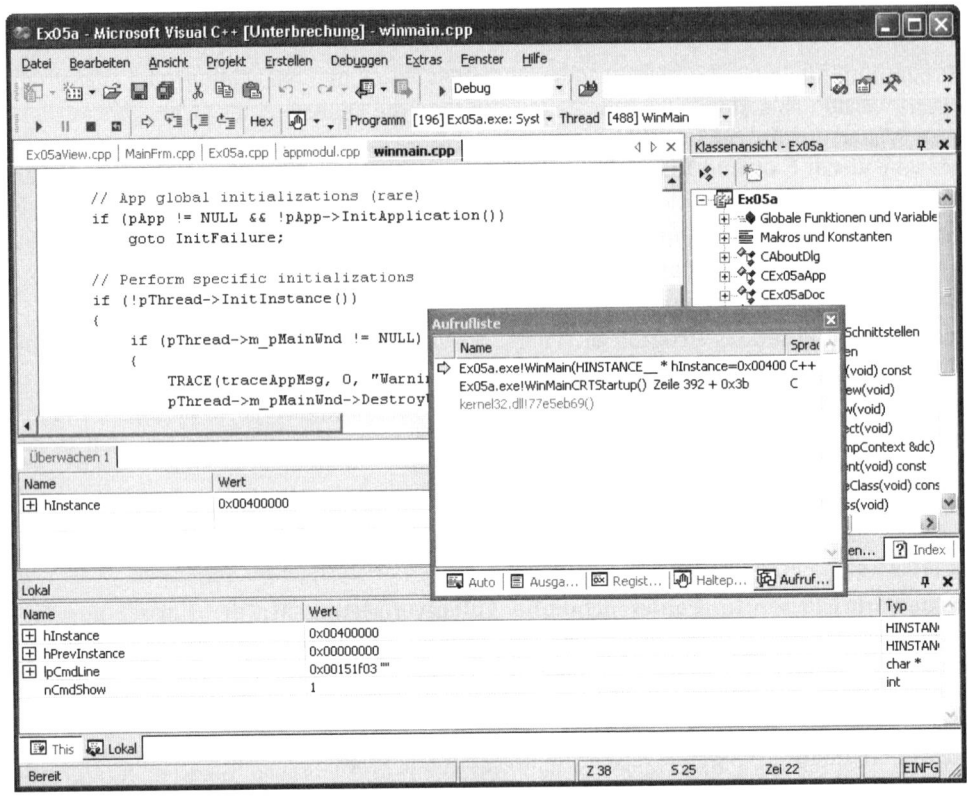

*Abbildung 1.3: So präsentiert sich der Visual C++ .NET-Debugger*

## MFC-Anwendungsassistent

Der MFC-Anwendungsassistent ist ein Codegenerator, der ein Grundgerüst für eine Windows-Anwendung mit den Grundfunktionen, Klassennamen und Quelltextdateinamen erstellt. Die genaue Zusammenstellung können Sie in den entsprechenden Dialogfeldern festlegen. Was die Programmbeispiele dieses Buchs betrifft, werden Sie noch intensiv mit dem MFC-Anwendungsassistenten arbeiten. Allerdings handelt es sich bei den Anwendungsassistenten nicht um umfassende Codegeneratoren, die den gesamten Quelltext für eine Anwendung generieren. Der vom MFC-Anwendungsassistenten erstellte Quelltext ist sehr knapp gehalten. Die eigentliche Funktionalität steckt in den Basisklassen des MFC-Anwendungsgerüsts.

Mit Hilfe des MFC-Anwendungsassistenten erhalten Sie sehr schnell ein kompilierbares und lauffähiges Grundgerüst der gewünschten neuen Anwendung. Außerdem ist der Assistent erweiterbar. Sie können Ihre eigenen Codegeneratoren entwickeln. Wenn sich zum Beispiel die Situation ergibt, dass Ihr Team mehrere Projekte mit einer Telekommunikationsschnittstelle erstellen muss, können Sie einen speziellen Assistenten zur Automatisierung dieses Prozesses entwickeln.

## Klassenansicht

Mit dem Menüpunkt *Klassenansicht* im Menü *Ansicht* können Sie die Klassenansicht öffnen. Sie erhalten eine Strukturdarstellung der Klassen, die im Projekt definiert werden, in der auch die Memberfunktionen und Datenelemente der Klassen angezeigt werden (siehe Abbildung 1.2). Ein Doppelklick auf ein Element bringt Sie direkt zum dazugehörigen Quelltext. Wenn Sie den Code ändern, aktualisiert die Klassenansicht automatisch ihre Darstellung und spiegelt dabei auch die Änderungen wider. In den älteren Versionen von Visual C++ gab es eine Komponente, die Klassen-Assistent (ClassWizard) genannt wurde und für die Arbeiten an den C++-Klassen zuständig war. Der Klassen-Assistent wurde durch mehrere neue Assistenten ersetzt, die auf einzelne Arbeiten spezialisiert sind, wie zum Beispiel die Definition neuer Klassen, den Einbau von virtuellen Funktionen in eine Klasse und die Aufnahme von Funktionen zur Meldungsbearbeitung. Die Definition von Klassen und Funktionen wird nun zum Beispiel in der Klassenansicht durchgeführt.

## Projektmappenexplorer

Der Projektmappenexplorer ermöglicht die strukturierte Darstellung der gesamten Projektmappe. Eine vollständige Visual C++ .NET-Anwendung kann sich aus vielen Bestandteilen zusammensetzen, zum Beispiel auch aus mehreren Projekten. Im Projektmappenexplorer (Solution Explorer) können Sie sich um alle Aspekte der Anwendung kümmern.

Der Projektmappenexplorer zeigt die Bestandteile der Projektmappe in einer Strukturansicht (tree view) an. Sie können die gewünschten Bestandteile im Projektmappenexplorer zur Überarbeitung öffnen oder andere Verwaltungsarbeiten durchführen. Die Strukturansicht zeigt den logischen Zusammenhang zwischen der Projektmappe, den Projekten und den einzelnen Bestandteilen an. Sie können Dateien in die Projektmappe aufnehmen, ohne sie an ein bestimmtes Objekt zu binden, indem Sie die Datei direkt in die Projektmappe eintragen.

## Objektbrowser

Wenn Sie eine Anwendung von Grund auf neu schreiben, haben Sie wahrscheinlich eine recht genaue Vorstellung von den erforderlichen Quelltextdateien, Klassen und Memberfunktionen. Wenn Sie dagegen die Anwendung eines anderen Entwicklers übernehmen, brauchen Sie Hilfestellung. Mit dem Objektbrowser von Visual C++ .NET (kurz: der Browser) können Sie eine Anwendung aus der Klassen- oder Funktionsperspektive statt aus der Dateiperspektive untersuchen und bearbeiten. Er funktioniert so ähnlich wie die »Inspektoren«, die es in manchen objektorientierten Systemen gibt, zum Beispiel in Smalltalk.

Zum Aufruf des Browsers wählen Sie im Menü *Ansicht* die Menüpunkte *Andere Fenster*, *Objektbrowser*. Im Browser sind folgende Anzeigemodi verfügbar:

- **Definitionen und Verweise:** Sie geben eine Funktion oder Variable, einen Typ, ein Makro oder eine Klasse an und sehen dann, wo das betreffende Element in Ihrem Projekt definiert und verwendet wird.

- **Sortieren:** Sie können Objekte und deren Bestandteile alphabetisch sortieren, nach dem Typ oder nach dem Zugriff.

- **Abgeleitete Klassen und Elemente/Basisklassen und Elemente:** Hierbei handelt es sich um grafische Darstellungen der Klassenhierarchie. Für die ausgewählte Klasse werden die abgeleiteten Klassen oder die Basisklassen sowie deren Elemente angezeigt. Sie können den Hierarchiebaum mit der Maus weiter aufschlagen oder zusammenfalten.

Abbildung 3.7 in Kapitel 3 zeigt ein typisches Projektmappenexplorer-Fenster.

**HINWEIS:** Falls Sie in einer beliebigen Quelltextdatei die Zeilen neu anordnen, erzeugt Visual C++ .NET eine neue Browserdatenbank, sobald Sie das Projekt neu erstellen. Dadurch nimmt die Erstellung mehr Zeit in Anspruch.

## UML-Werkzeuge

Visual C++ .NET bietet auch UML-Werkzeuge (Unified Modeling Language). UML ist eine Konvention zur Beschreibung eines Systems, die Regeln für die Erstellung von Diagrammen und für die Programmbeschreibung festlegt. Zu den UML-Diagrammarten gehören Klassendiagramme, Objektdiagramme, Aktivitätsdiagramme und Zustandsdiagramme. Viele Firmen verwenden UML zur Dokumentation ihrer Systeme.

Im Menü *Projekt* von Visual C++ .NET gibt es einen Befehl, mit dem sich aus einem Projekt ein UML-Diagramm ableiten lässt. Wenn Sie aus einem Projekt die dazugehörigen UML-Diagramme ableiten möchten, müssen Sie zuerst die Browserdatenbank für das Projekt erstellen. Dann wählen Sie im Menü *Projekt* den Punkt *Visio UML, Reverse Engineer*. Visual C++ .NET generiert ein UML-Paket (die UML-Diagramme) für Ihr Projekt, startet Visio und zeigt das Paket an. (Die UML-Diagramme werden im Visio-Format erstellt.)

**HINWEIS:** Damit die Onlinehilfe für ein Visio-UML-Projekt angezeigt werden kann, muss Visio laufen. Gegen Ende der Installation von Visual Studio .NET Enterprise Architect gibt es eine Option zur Installation von Visio.

## Onlinehilfe

Beginnend mit Visual C++ 6.0 liegt das Hilfesystem als eigenständige Anwendung vor, die in Visual C++ .NET nun *MSDN Document Explorer* genannt wird. Dieses Hilfesystem basiert auf dem HTML-Format. Jedes Thema wird in einem eigenen HTML-Dokument behandelt. Die Dokumente werden in Indexdateien erfasst. Der MSDN Document Explorer verwendet Code aus dem Internet Explorer und arbeitet daher so ähnlich wie der bekannte Webbrowser. Die MSDN Library kann auf die Hilfedateien zugreifen, die je nach der Art der Installation auf der Festplatte oder auf den Visual C++ .NET-CDs liegen, und sie kann zudem HTML-Dateien aus dem Internet laden.

Für den Zugriff auf die Onlinehilfe stehen Ihnen in Visual C++ .NET vier Auswahlmöglichkeiten zur Verfügung:

- **Buchtitel:** Wenn Sie im Hilfemenü von Visual C++ .NET den Befehl *Inhalt* geben, öffnet sich das Fenster *Inhalt* und bietet die Visual Studio .NET -Dokumentation und die MSDN Library an. Hier finden Sie die Dokumentationen von Visual Studio .NET, vom .NET Framework SDK, dem Platform SDK und anderen Produkten, hierarchisch nach Buchtitel und Kapiteln geordnet.

- **Thema:** Wenn Sie im Hilfemenü von Visual C++ .NET den Befehl *Index* geben, öffnet sich das Fenster *Index*. In diesem Fenster können Sie ein Schlüsselwort eingeben und sich anzeigen lassen, welche Informationen zum Thema vorliegen. Bei Bedarf können Sie die Informations-

- **Stichwort:** Wenn Sie im Hilfemenü von Visual C++ .NET den Befehl *Suchen* geben, öffnet sich das *Suchen*-Fenster. In diesem Fenster können Sie eine Volltextsuche nach einer Wortkombination durchführen und sich alle Artikel anzeigen lassen, die diese Wörter enthalten. Auch hier lässt sich das Suchgebiet durch einen entsprechenden Filter einschränken.
- **Dynamische Hilfe:** Die dynamische Hilfe liefert Hinweise auf Informationen, die mit dem gerade bearbeiteten Bereich zu tun haben. Hier versucht Visual Studio .NET also, möglichst intelligent zu raten, welche Informationen Sie brauchen.
- **F1:** Diese Taste ist des Programmierers bester Freund. Sie brauchen den Mauszeiger einfach nur über einen Funktions-, Makro- oder Klassennamen zu bewegen und dann die Taste **F1** zu drücken. Schon macht sich das Hilfesystem an die Arbeit. Falls der Name an mehreren Stellen gefunden wird, beispielsweise in der MFC- und in der Win32-Hilfedatei, zeigt das Indexfenster eine Liste an, aus der Sie die gewünschte Beschreibung auswählen können.

Auf welche Art und Weise Sie auch immer auf die Onlinehilfe zugreifen, Sie können jeden beliebigen Hilfetext in die Zwischenablage kopieren und in Ihr Programm einfügen.

## Windows-Diagnosewerkzeuge

Visual C++ .NET enthält eine Reihe nützlicher Diagnosewerkzeuge. SPY++ bietet Ihnen eine Strukturansicht der Prozesse, Threads und Fenster Ihres Systems. Dieses Programm ermöglicht Ihnen außerdem, Meldungen anzuzeigen und die Fenster von laufenden Anwendungen zu untersuchen. Außerdem wird Visual C++ .NET mit einem ganzen Sortiment von ActiveX-Dienstprogrammen ausgeliefert, wie z.B. ein Testprogramm für ActiveX-Steuerelemente und andere Dienstprogramme.

## MFC-Bibliothek Version 7

Die Microsoft Foundation Class-Bibliothek Version 7) ist das eigentliche Thema dieses Buchs. Sie definiert das Anwendungsgerüst, das Sie in den folgenden Kapiteln näher kennen lernen werden. In Kapitel 2 beginnen Sie bereits mit der Programmierung und werden mit einigen wichtigen Konzepten vertraut gemacht.

## ATL-Bibliothek Version 7.0

Die ActiveX Template Library (ATL) ist von der MFC unabhängig und dient zur Erstellung von ActiveX-Steuerelementen. Sie können ActiveX-Steuerelemente entweder mit der ATL- oder mit der MFC-Bibliothek entwickeln. ATL-Steuerelemente sind allerdings erheblich kleiner und lassen sich daher schneller aus dem Internet laden. Die Kapitel 27 und 28 enthalten eine kurze Übersicht über die ATL und das Erstellen von ActiveX-Steuerelementen mit der ATL. Außerdem werden wir uns in diesem Buch auch noch mit einem ATL-Server beschäftigen.

## .NET-Unterstützung

Visual Studio .NET unterstützt das .NET Framework. DLLs, C++, die MFC-Bibliothek, COM und ATL können zwar zur Entwicklung von Windows-Anwendungen kombiniert werden, aber das Gesamtsystem hat dann ein paar unschöne Stellen. Gelegentlich hat es den Anschein, als ob manche Teile einfach nicht zusammenpassen. Eine der wichtigste Aufgaben von .NET ist die Vereinheitlichung des Programmiermodells, damit die Windows-Plattform noch solider wird. So hat die Common Language Runtime (die »allen Sprachen gemeinsame Laufzeitschicht«) zum Beispiel die Aufgabe, den Programmiersprachen eine einheitliche und gemeinsame Menge an Datentypen zur Verfügung zu stellen. Auch ASP.NET läuft auf dieser Laufzeitschicht, sodass auch die Programmierung von Webanwendungen einheitlicher wird.

Neben Visual Basic hat Microsoft auch C++ aktualisiert, damit es die neue Umgebung nutzen kann. C++ hat zu diesem Zweck spezielle »verwaltete« Erweiterungen (managed extensions) erhalten. Es gibt weltweit einen riesigen Bestand an C++-Code. Das Konzept mit den verwalteten Erweiterungen verspricht, den Übergang zu .NET zu vereinfachen. Auf .NET und auf die Rolle von Visual C++ .NET bei der Entwicklung von .NET-Anwendungen werde ich in der zweiten Hälfte dieses Buchs näher eingehen.

# 2 Das MFC-Anwendungsgerüst

| | |
|---|---|
| 17 | Warum gibt es das Anwendungsgerüst? |
| 22 | Was ist ein Anwendungsgerüst? |
| 25 | MFC-Meldungszuordnung |
| 26 | Dokumente und Ansichten |

Dieses Kapitel gibt eine Einführung in die Version 7.0 des Microsoft Foundation Class-Anwendungsgerüsts, kurz MFC-Anwendungsgerüst genannt, und erläutert dessen Vorteile. Außerdem beschreibt es ein sehr simples, aber voll funktionstüchtiges Programm für Microsoft Windows, das mit der MFC-Bibliothek erstellt worden ist und Ihnen zeigen soll, worum es bei der Programmierung mit dem Anwendungsgerüst geht. Ich werde versuchen, die theoretischen Ausführungen auf ein Mindestmaß zu beschränken. Allerdings habe ich einen Abschnitt über die Meldungszuordnung (message mapping) und über Dokumente und Ansichten aufgenommen, damit Sie die Beispiele leichter nachvollziehen können.

## Warum gibt es das Anwendungsgerüst?

Wenn Sie Windows-Anwendungen entwickeln wollen, müssen Sie sich zunächst einmal für eine Entwicklungsumgebung entscheiden. Kommen andere Sprachen als C/C++ (wie etwa Microsoft Visual Basic oder Borlands Delphi) für Sie nicht in Frage, stehen unter anderem die folgenden Möglichkeiten zur Auswahl:

- Sie programmieren in C mit der Win32-API.
- Sie schreiben eine eigene Windows-Klassenbibliothek in C++, die auf Win32 basiert.
- Sie arbeiten mit dem MFC-Anwendungsgerüst.
- Sie verwenden ein anderes Anwendungsgerüst für Windows. (Viele sind allerdings nicht mehr auf dem aktuellen Stand der Dinge, wie beispielsweise die Object Windows Library (OWL) von Borland.)

   HINWEIS: .NET Windows Forms wird uns in Teil VI dieses Buchs beschäftigen.

Wenn Sie bei Null anfangen, erfordern alle vier Optionen eine relativ lange Einarbeitungszeit. Auch wenn Sie bereits Win16- oder Win32-Programmierer sind, ist für die MFC-Bibliothek eine gewisse Einarbeitungszeit vonnöten. Seit ihrer Veröffentlichung hat sich die MFC-Bibliothek zur wichtigsten Windows-Klassenbibliothek entwickelt. Aber selbst wenn Sie bereits mit der MFC vertraut sind, dürfte es sinnvoll sein, die wichtigsten Aspekte dieses Programmierwerkzeugs noch einmal zu wiederholen.

### Die MFC-Bibliothek ist die Windows-Programmierschnittstelle für C++

C++ ist für viele Entwickler schon seit einigen Jahren die Standardsprache für die Softwareentwicklung. Sie hat sich zu einem ausgereiften, gut verstandenen Werkzeug mit einer ausgezeichneten Unterstützung durch Drittanbieter entwickelt. Wenn Ihre Windows-Anwendungen eine möglichst hohe Leistung zeigen sollen, sollten sich die Anwendungen möglichst eng an die Windows-Programmierschnittstelle halten. Durch die Kombination von C++ und MFC sind Sie praktisch so nahe am Windows-API, wie es nur geht, ohne wieder auf die umfangreichen und unübersichtlichen *WndProc*-Funktionen zurückzugreifen.

### MFC-Anwendungen haben eine standardisierte Grundstruktur

Jeder Programmierer, der ein größeres Projekt beginnt, strukturiert seinen Quelltext in einer bestimmten Weise. Problematisch ist allerdings, dass jeder Programmierer eine andere Struktur bevorzugt. Für neue Teammitglieder ist es schwierig ist, diese Struktur zu erkennen und sich daran anzupassen. Das Anwendungsgerüst der MFC-Bibliothek bringt seine eigene Struktur mit sich, die sich in vielen Softwareumgebungen und in vielen Projekten bewährt hat. Wenn Sie Ihr Windows-Programm mit Hilfe der MFC-Bibliothek schreiben, können Sie sich beruhigt auf eine Insel in der Karibik zurückziehen, da Sie sicher sein können, dass Ihre Mitarbeiter in der fernen Heimat Ihren Code mühelos pflegen und erweitern können.

Denken Sie jetzt aber nicht, dass Ihr Code durch die Struktur der MFC-Bibliothek inflexibel werden würde. Auch wenn Sie mit der MFC-Bibliothek arbeiten, können Sie jederzeit Win32-Funktionen aufrufen und die Vorteile von Windows optimal nutzen.

### MFC-Anwendungen sind klein und schnell

In den alten 16-Bit-Zeiten konnten Sie eine eigenständige Windows-EXE-Datei mit einer Größe von weniger als 20 KB erstellen. Heutzutage sind Windows-Programme erheblich größer. Einer der Gründe hierfür liegt darin, dass für 32-Bit-Code einfach mehr Platz benötigt wird. Selbst im Speichermodell Large verwendet ein 16-Bit-Programm für Stapelvariablen und viele globale Variablen 16-Bit-Adressen. Win32-Programme verwenden für alles 32-Bit-Adressen und arbeiten mit 32-Bit-Integern, weil diese auf 32-Bit-Prozessoren effizienter sind als 16-Bit-Integer. Dazu kommt noch, dass der neue C++-Code für die Bearbeitung von Ausnahmen eine Menge Speicher beansprucht.

Das alte 20-KByte-Programm hatte weder andockbare Symbolleisten noch geteilte Fenster, keine Druckvorschau und keine Unterstützung für Steuerelementcontainer – alles Dinge, die Anwender heutzutage erwarten. MFC-Programme sind umfangreicher, weil sie mehr leisten und besser aussehen. Glücklicherweise ist es heute sehr einfach, Anwendungen zu erstellen, in die der MFC-Code (und der C/C++-Laufzeitcode) nicht mehr statisch, sondern dynamisch eingebunden wird, sodass sich die Programmgröße wieder reduziert – von 192 KB auf etwa 20 KB! Natürlich brauchen Sie zur Unterstützung einige große DLLs im Hintergrund, aber das dürfte bei den heutigen Festplattengrößen und der heute üblichen RAM-Ausstattung kein Problem sein.

Was die Geschwindigkeit betrifft, arbeiten Sie mit Maschinencode, der von einem optimierenden Compiler erzeugt worden ist. Die Programme werden zwar sehr schnell ausgeführt, aber Sie werden beim Starten unter Umständen eine kleine Verzögerung bemerken, die durch das Laden der erforderlichen DLLs verursacht wird.

**Durch die Werkzeuge von Visual C++ .NET ist das Schreiben des Programmcodes weniger mühselig**

Die Ressourcen-Editoren von Visual C++, der MFC-Anwendungsassistent und die Codeassistenten aus der Klassenansicht ersparen Ihnen beim Schreiben des Codes eine Menge Zeit. Der Ressourcen-Editor erstellt zum Beispiel eine Headerdatei, die bereits *#define*-Anweisungen mit den korrekten Werten für die symbolischen Konstanten enthält. Der Anwendungsassistent generiert das Codegerüst für Ihre gesamte Anwendung und Sie können im Eigenschaftenfenster die Funktionen für die Bearbeitung der Meldungen einbauen und mit den entsprechenden Meldungen verknüpfen.

**Das MFC-Bibliothek-Anwendungsgerüst enthält eine Fülle von Leistungsmerkmalen**

Die Klassen der MFC-Bibliothek Version 1.0, die zusammen mit Microsoft C/C++ Version 7.0 ausgeliefert wurden, verfügten über folgende Leistungsmerkmale:

- Eine C++-Schnittstelle für das Windows API
- Allgemeine (nicht Windows-spezifische) Klassen, wie unter anderem:
  - Auflistungsklassen (collection classes) für Listen, Datenfelder (arrays) und Zuordnungstabellen (maps)
  - Eine nützliche und effiziente Stringklasse
  - Zeit-, Zeitspannen- und Datumsklassen
  - Dateizugriffsklassen, die Unabhängigkeit vom Betriebssystem boten
  - Unterstützung für die systematische Speicherung von Objekten auf einem Datenträger und für deren spätere Rekonstruktion
- Eine Klassenhierarchie mit einem »gemeinsamen Stammobjekt«
- Unterstützung von MDI-Anwendungen (MDI, Multiple Document Interface)
- Beschränkte Unterstützung für OLE Version 1.0

Die Klassen der MFC-Bibliothek Version 2.0 (im Lieferumfang von Visual C++ Version 1.0 enthalten) bauten auf den Klassen der Version 1.0 auf und unterstützten viele Funktionen der Benutzeroberfläche, die sich in aktuellen Windows-Anwendungen finden. Außerdem wurde mit dieser Version die Architektur des Anwendungsgerüsts eingeführt. Die folgende Aufstellung gibt einen Überblick über die wichtigsten Erweiterungen:

- Uneingeschränkte Unterstützung der Befehle *Öffnen*, *Speichern* und *Speichern unter* und der Liste mit den zuletzt geöffneten Dateien im Menü *Datei*
- Seitenvorschau vor dem Druck und Druckerunterstützung
- Bildlaufleisten und geteilte Fenster
- Symbol- und Statusleisten
- Zugriff auf Visual Basic-Steuerelemente
- Kontextbezogene Hilfe
- Automatische Verarbeitung von Daten, die in Dialogfeldern eingegeben werden
- Verbesserte Schnittstelle für OLE Version 1.0
- DLL-Unterstützung

Mit den Klassen der MFC-Bibliothek Version 2.5 (in Visual C++ Version 1.5) kamen folgende Leistungsmerkmale hinzu:

- Unterstützung von ODBC (Open Database Connectivity), sodass Anwendungen Zugriff auf Daten erhalten, die in bekannten Datenbanken gespeichert sind, wie beispielsweise Microsoft Access, FoxPro und Microsoft SQL Server, und diese Daten auch aktualisieren können
- Eine Schnittstelle für OLE Version 2.01 mit direkter Bearbeitung, Drag & Drop und OLE-Automatisierung

Visual C++ Version 2.0 war die erste 32-Bit-Version des Produkts. Sie war auch unter Windows NT Version 3.5 einsetzbar. Außerdem enthielt dieses Produkt auch die MFC-Bibliothek Version 3.0, die über die folgenden neue Leistungsmerkmale verfügte:

- Unterstützung von mehrseitigen Dialogfeldern mit den entsprechenden Dialogseiten (Registerkarten). Dieses Leistungsmerkmal wurde auch in Visual C++ Version 1.51 aufgenommen, das auf der gleichen CD enthalten war.
- Innerhalb der MFC implementierte, andockbare Symbolleisten
- Unterstützung von Fenstern mit dünnem Rahmen
- Ein gesondertes Control Development Kit (CDK) zur Erstellung von 16-Bit- und 32-Bit-OLE-Steuerelementen (allerdings ohne Unterstützung für OLE-Steuerelementcontainer)

In der Subskriptionsausgabe Visual C++ 2.1 mit der MFC-Bibliothek Version 3.1 wurden die folgenden Merkmale hinzugefügt:

- Unterstützung der neuen allgemeinen Steuerelemente aus der Beta-Version von Windows 95
- Ein neuer, in das Access Jet-Datenbankmodul integrierter ODBC-Level-2-Treiber
- Winsock-Klassen für die TCP/IP-Datenkommunikation

Microsoft hat Visual C++ Version 3.0 übersprungen und brachte als Nächstes die Version 4.0 auf den Markt, um die Versionsnummern von C++ und der MFC-Bibliothek in Einklang zu bringen. Die MFC-Bibliothek Version 4.0 verfügt über die folgenden zusätzlichen Leistungsmerkmale:

- Neue OLE-gestützte DAO-Klassen (Data Access Objects) zur Verwendung mit der Jet-Engine
- Verwendung der andockbaren Symbolleisten von Windows 95 statt der MFC-Symbolleisten
- Vollständige Unterstützung der Standardsteuerelemente der Version 1.0 von Windows 95 mit der neuen Strukturansicht (tree view) und den Rich-Edit-Ansichtsklassen
- Neue Klassen zur Threadsynchronisation
- Unterstützung für OLE-Steuerelementcontainer

Visual C++ Version 4.2 enthielt die MFC-Bibliothek Version 4.2 mit den folgenden wichtigen neuen Leistungsmerkmalen:

- WinInet-Klassen
- ActiveX-Dokumentserverklassen
- Synchrone und asynchrone ActiveX-Monikerklassen
- Verbesserte MFC-ActiveX-Steuerelementklassen mit Funktionen wie zum Beispiel der fensterlosen Aktivierung, optimiertem Anzeigecode und so weiter
- Verbesserte ODBC-Unterstützung durch die MFC, wie Funktionen zum Abruf von Datensatzgruppen und zur Datenübertragung ohne Bindung

Die Version 5.0 von Visual C++ enthielt MFC Version 4.21, bei der einige Bugs der Version 4.2 eliminiert wurden. Visual C++ 5.0 bot allerdings auch einige sehr nützliche neue Funktionen:

- Eine neu entwickelte integrierte Entwicklungsumgebung, das Developer Studio 97, das ein auf HTML basierendes Onlinehilfesystem enthielt und die Integration anderer Sprachen wie Java ermöglichte
- Die Active Template Library (ATL), mit der Sie leistungsfähige ActiveX-Steuerelemente für das Internet erstellen können
- C++-Sprachunterstützung für COM-Clientprogramme (COM, Component Object Model) mit der neuen *#import*-Anweisung für Typbibliotheken, die in Kapitel 25 behandelt wird

Visual C++ Version 6.0 enthielt die MFC-Bibliothek 6.0. (Beachten Sie, dass die Versionsnummern nun wieder übereinstimmen.) Die MFC-Bibliothek Version 6.0 ermöglichte es dem Entwickler, die damals neue Active-Plattform von Microsoft zu unterstützen, welche unter anderem folgende Leistungsmerkmale beinhaltet:

- MFC-Klassen zur Kapselung der neuen Windows-Standardsteuerelemente, die als Bestandteil von Internet Explorer 4.0 eingeführt worden sind
- Unterstützung für Dynamic HTML (DHTML). Das ermöglicht die Erstellung von Anwendungen, die HTML-Seiten dynamisch generieren und ändern können
- Active-Dokument-Container für die Arbeit mit Active-Dokumenten in MFC-Anwendungen
- Unterstützung für OLE DB-Consumer- und -Providervorlagen sowie für die Datenbindung über ADO (Active Data Objects). Sehr nützlich für Datenbankentwickler, die mit der MFC oder mit ATL arbeiten

Visual C++ .NET, die neuste Ausgabe von Visual C++, enthält die MFC-Bibliothek 7.0. Die meisten Erweiterungen der MFC-Bibliothek 7.0 haben mit der Internet-Programmierung zu tun (und natürlich mit der neuen .NET-Plattform) und verbessern auch die Windows-Entwicklungsumgebung. Zu den neuen Leistungsmerkmalen gehören:

- Verbessertes HTML-Hilfesystem in MFC-Anwendungen
- Fensterlose Steuerelemente
- DHTML-Dialogfelder und Textbearbeitungskomponenten
- HTTP-Klassen
- Windows 2000-Druckdialogfeld
- Strengere Typüberprüfungen der Funktionen, die für die Bearbeitung von Meldungen vorgesehen sind
- Datumsberechnung über das Jahr 2038 hinaus

## Einarbeitungszeit

Die oben aufgeführten Vorteile hören sich gut an, nicht wahr? Sie fragen sich jetzt wahrscheinlich insgeheim, ob es da nicht irgendwo einen Haken gibt, da man in der Regel nichts umsonst bekommt. Und da haben Sie Recht! Wenn Sie das Anwendungsgerüst effizient nutzen wollen, müssen Sie es gründlich kennen lernen, und das braucht seine Zeit. Wenn Sie sich in C++, Windows und die MFC-Bibliothek (ohne OLE) einarbeiten müssen, brauchen Sie mindestens sechs Monate, bevor Sie wirklich produktiv arbeiten können. Unter dem Strich dürfte die Einarbeitungszeit in die reine Win32-Programmierschnittstelle ähnlich lange dauern.

*Das MFC-Anwendungsgerüst*

Wie ist das möglich, wo die MFC-Bibliothek doch so viel mehr bietet? Erstens können Sie viele Details übergehen, die C-Programmierer über Win32 lernen müssen. Aus eigener Erfahrung kann ich sagen, dass man die Windows-Programmierung mit einem objektorientierten Anwendungsgerüst leichter erlernen kann – vorausgesetzt, man hat die Prinzipien der objektorientierten Programmierung verstanden.

Die MFC-Bibliothek ist nicht darauf ausgelegt, dem durchschnittlichen Anwender echte Windows-Programmierung zu ermöglichen. Programmierer von Windows-Anwendungen beziehen üblicherweise höhere Gehälter als andere Programmierer, und an dieser Situation wird sich so schnell nichts ändern. Die Einarbeitungszeit für die MFC-Bibliothek und die Leistungsfähigkeit des Anwendungsgerüsts sollten eigentlich dazu führen, dass die Nachfrage nach MFC-Programmierern weiterhin hoch bleibt.

# Was ist ein Anwendungsgerüst?

Ein *Anwendungsgerüst* könnte man als integrierten Satz objektorientierter Softwarekomponenten bezeichnen, der alles bietet, was für eine typische Anwendung benötigt wird. Keine besonders nützliche Definition, nicht wahr? Wenn Sie genau wissen wollen, was ein Anwendungsgerüst ist, müssen Sie den Rest dieses Buchs lesen. Das Beispiel, das Sie weiter hinten kennen lernen werden, bietet einen guten Ausgangspunkt.

## Anwendungsgerüst im Vergleich zu Klassenbibliothek

Ein Grund für die Popularität der Programmiersprache C++ liegt darin, dass sie mit Hilfe von Klassenbibliotheken »erweitert« werden kann. Manche Klassenbibliotheken gehören zum Lieferumfang der betreffenden C++-Compiler, andere werden von unabhängigen Softwareanbietern vertrieben und wieder andere werden von den Programmierern selbst entwickelt. Eine Klassenbibliothek ist ein Satz zusammengehöriger C++-Klassen, die in einer Anwendung verwendet werden können. Eine Mathematik-Klassenbibliothek könnte zum Beispiel allgemeine mathematische Operationen durchführen, während eine Kommunikations-Klassenbibliothek für die Übertragung von Daten über eine serielle Schnittstelle sorgt. In manchen Fällen konstruieren Sie Objekte direkt aus den bereitgestellten Klassen, in anderen leiten Sie Ihre eigenen Klassen ab – es kommt immer darauf an, wie die spezielle Klassenbibliothek gestaltet ist.

Ein Anwendungsgerüst ist sozusagen die »Obermenge« einer Klassenbibliothek. Während eine gewöhnliche Klassenbibliothek eine bestimmte Menge von Klassen enthält, die darauf ausgelegt sind, in eine beliebige Anwendung eingebaut zu werden, liefert ein Anwendungsgerüst die Struktur des eigentlichen Programms. Microsoft hat das Konzept des Anwendungsgerüsts nicht selbst erfunden. Es tauchte zunächst in der akademischen Welt auf und die erste kommerzielle Version kam unter dem Namen *MacApp* für den Apple Macintosh auf den Markt. Seit der Einführung der MFC-Bibliothek Version 2.0 haben andere Unternehmen ähnliche Produkte auf den Markt gebracht, zum Beispiel auch Borland.

## Beispiel für ein Anwendungsgerüst

Genug der allgemeinen Ausführungen. Schauen wir uns lieber einen Quelltext an – keinen Pseudocode, sondern echten Quelltext, der tatsächlich kompiliert und ausgeführt wird. Einmal dürfen Sie nun raten, um welches Programm es sich wohl handeln wird. Natürlich um das gute alte

»Hello, world!«-Beispiel mit einigen Zusätzen. (Wenn Sie schon mit Version 1.0 der MFC-Bibliothek gearbeitet haben, sind Sie wahrscheinlich bis auf die Rahmenfenster-Basisklasse mit diesem Quelltext vertraut.) Das Programm hat ungefähr die Mindestgröße, die eine lauffähige MFC-Anwendung haben muss. (Vergleichen Sie es mit einer gleichwertigen reinen Win32-Anwendung, wie sie Charles Petzold in seinen Büchern beschreibt.) Sie brauchen jetzt noch nicht jede einzelne Codezeile zu verstehen. Machen Sie sich nicht die Mühe, diesen Quelltext einzugeben und zu testen, denn die Begleit-CD enthält ein ganz ähnliches Beispiel namens EX21B. Im nächsten Kapitel werden Sie bereits mit dem »richtigen« Anwendungsgerüst arbeiten.

**HINWEIS:** Die Namen der MFC-Klassen beginnen gemäß allgemeiner Konvention mit dem Buchstaben C.

Nun folgt der Quelltext für die Header- und Implementierungsdateien unserer Anwendung MYAPP. Die Klassen *CMyApp* und *CMyFrame* werden jeweils von den passenden Basisklassen aus der MFC-Bibliothek abgeleitet. Es folgt die Headerdatei *MyApp.h* des Beispielprogramms MYAPP.

```
// Anwendungsklasse
class CMyApp : public CWinApp
{
public:
    virtual BOOL InitInstance();
};

// Rahmenfensterklasse
class CMyFrame : public CFrameWnd
{
public:
    CMyFrame();
protected:
    // "afx_msg" bedeutet, dass die nächsten beiden Funktionen zum
    //  Meldungszustellungssystem der MFC-Bibliothek gehören.
    afx_msg void OnLButtonDown(UINT nFlags, CPoint point);
    afx_msg void OnPaint();
    DECLARE_MESSAGE_MAP()
};
```

Und das ist die Implementierungsdatei *MyApp.cpp* des Programms MYAPP.

```
#include <afxwin.h> // Diese MFC-Datei deklariert die Basisklassen.
#include "myapp.h"

CMyApp theApp; // das CMyApp-Objekt

BOOL CMyApp::InitInstance()
{
    m_pMainWnd = new CMyFrame();
    m_pMainWnd->ShowWindow(m_nCmdShow);

    m_pMainWnd->UpdateWindow();
    return TRUE;
}

BEGIN_MESSAGE_MAP(CMyFrame, CFrameWnd)
    ON_WM_LBUTTONDOWN()
    ON_WM_PAINT()
END_MESSAGE_MAP()
```

```
CMyFrame::CMyFrame()
{
    Create(NULL, "MYAPP Application");
}
void CMyFrame::OnLButtonDown(UINT nFlags, CPoint point)
{
    TRACE("Eintritt in CMyFrame::OnLButtonDown - %lx, %d, %d\n",
          (long) nFlags, point.x, point.y);
}
void CMyFrame::OnPaint()
{
    CPaintDC dc(this);
    dc.TextOut(0, 0, "Hello, world!");
}
```

Im Folgenden werden einige der Programmelemente beschrieben:

- **Die Funktion *WinMain*:** Wie Sie sicher wissen, verlangt Windows von einer Anwendung, dass sie die Funktion *WinMain* enthält. Das gilt auch für dieses Beispiel. Allerdings können Sie die Funktion *WinMain* hier nicht sehen, weil sie innerhalb des Anwendungsgerüsts verborgen ist.

- **Die Klasse *CMyApp*:** Ein Objekt der Klasse *CMyApp* repräsentiert eine Anwendung. Das Programm definiert ein einziges globales *CMyApp*-Objekt, nämlich *theApp*. Die Basisklasse *CWinApp* bestimmt den Großteil des Verhaltens von *theApp*.

- **Anwendungsstart:** Wenn der Benutzer die Anwendung startet, ruft Windows die im Anwendungsgerüst integrierte Funktion *WinMain* auf. *WinMain* wiederum sucht nach dem global definierten Anwendungsobjekt, das von *CWinApp* abgeleitet ist. Bedenken Sie, dass globale Objekte in einem C++-Programm vor der Ausführung des Hauptprogramms erstellt werden.

- **Die Memberfunktion *CMyApp::InitInstance*:** Wenn die Funktion *WinMain* das Anwendungsobjekt gefunden hat, ruft sie die virtuelle Memberfunktion *InitInstance* auf, die für den Aufbau und die Anzeige des Hauptrahmenfensters der Anwendung zuständig ist. Sie müssen *InitInstance* in Ihrer abgeleiteten Anwendungsklasse überschreiben, weil die Basisklasse *CWinApp* nicht weiß, welche Art von Hauptrahmenfenster erstellt werden soll.

- **Die Memberfunktion *CWinApp::Run*:** Die Memberfunktion *Run* liegt in der Basisklasse. Sie leitet die Meldungen an die betreffenden Fenster der Anwendung weiter und hält so die Anwendung am Laufen. *WinMain* ruft *Run* erst nach dem Aufruf von *InitInstance* auf.

- **Die Klasse *CMyFrame*:** Ein Objekt der Klasse *CMyFrame* repräsentiert das Hauptrahmenfenster der Anwendung. Wenn der Konstruktor die Memberfunktion *Create* der Basisklasse *CFrameWnd* aufruft, erstellt Windows das eigentliche Fensterobjekt und das Anwendungsgerüst verknüpft dieses Windows-Objekt mit dem C++-Objekt. Damit das Fenster sichtbar wird, müssen Sie die Memberfunktionen *ShowWindow* und *UpdateWindow* aufrufen, die ebenfalls zur Basisklasse gehören.

- **Die Memberfunktion *CMyFrame::OnLButtonDown*:** Diese Funktion ermöglicht einen kurzen Blick auf die Meldungsbearbeitung der MFC-Bibliothek. Ich habe mich dafür entschieden, das Ereignis »linke Maustaste gedrückt« einer Memberfunktion der Klasse *CMyFrame* zuzuordnen. Einzelheiten über die Meldungszuordnung der MFC-Bibliothek werden Sie in Kapitel 5 kennen lernen. Fürs Erste brauchen Sie nur zu wissen, dass diese Funktion aufgerufen wird, wenn der Anwender die linke Maustaste drückt. Die Funktion ruft das Makro *TRACE* der MFC-Bibliothek auf, um eine Meldung im Debuggerfenster anzuzeigen.

- **Die Memberfunktion *CMyFrame::OnPaint*:** Das Anwendungsgerüst ruft diese wichtige Memberfunktion der Klasse *CMyFrame* jedes Mal auf, wenn die Darstellung im Fenster aktualisiert werden muss: beim Start des Programms, wenn der Anwender die Größe des Fensters verändert und wenn das gesamte Fenster oder Teile davon verdeckt waren und wieder sichtbar geworden sind. Das *CPaintDC*-Objekt hat mit der GDI (Graphics Device Interface) zu tun und wird in einem späteren Kapitel erklärt. Die Memberfunktion *TextOut* zeigt den Text »Hello, world!« an.

- **Herunterfahren der Anwendung:** Der Anwender fährt die Anwendung herunter, indem er das Hauptrahmenfenster schließt. Diese Aktion löst eine Reihe von Ereignissen aus, die damit enden, dass das Objekt *CMyFrame* entsorgt wird, die Funktionen *Run* und *WinMain* beendet werden und das Objekt *CMyApp* ebenfalls entsorgt wird.

Sehen Sie sich das Codebeispiel noch einmal an. Achten Sie diesmal auf die Struktur des Beispiels. Der größte Teil der Funktionalität steckt in den MFC-Basisklassen *CWinApp* und *CFrameWnd*. Beim Schreiben von MYAPP bin ich einigen einfachen Strukturierungsregeln gefolgt und habe bestimmte Schlüsselfunktionen in meine abgeleiteten Klassen aufgenommen. C++ erlaubt Ihnen, eine Menge Quelltext zu »borgen«, ohne ihn kopieren zu müssen. Betrachten Sie diese Möglichkeit einfach als eine Art Partnerschaft zwischen Ihnen und dem Anwendungsgerüst. Das Anwendungsgerüst liefert die Struktur und Sie fügen den Quelltext hinzu, der Ihrer Anwendung ihren besonderen Charakter verleiht.

Inzwischen haben Sie wahrscheinlich erkannt, warum das Anwendungsgerüst nicht einfach nur eine Klassenbibliothek ist. Das Anwendungsgerüst enthält nicht nur die C++-Basisklassen, sondern definiert auch die Struktur der Anwendung. Wie Sie bereits erfahren haben, sorgt das Anwendungsgerüst für die Implementierung der Funktion *WinMain*, auch wenn diese Funktion nicht nach außen sichtbar wird. Andere Elemente unterstützen die Meldungsverarbeitung, die Diagnose, DLLs und so weiter.

# MFC-Meldungszuordnung

Sehen Sie sich die Memberfunktion *OnLButtonDown* in der vorigen Beispielanwendung noch einmal genauer an. Sie können sich wahrscheinlich gut vorstellen, dass *OnLButtonDown* ein idealer Kandidat für eine virtuelle Funktion wäre. Eine Fensterbasisklasse würde dann virtuelle Funktionen für Mausereignisse und andere Standardmeldungen definieren und abgeleitete Fensterklassen könnten diese Funktionen nach Bedarf überschreiben. Manche Windows-Klassenbibliotheken funktionieren tatsächlich so.

Das MFC-Anwendungsgerüst verwendet allerdings keine virtuellen Funktionen für die Windows-Meldungen, sondern Makros, mit deren Hilfe bestimmte Meldungen bestimmten Memberfunktionen aus den abgeleiteten Klassen zugeordnet werden. Warum werden keine virtuellen Funktionen verwendet? Nehmen wir einmal an, die MFC würde virtuelle Funktionen für Meldungen verwenden. Die Klasse *CWnd* würde dann für mehr als 100 Meldungen virtuelle Funktionen deklarieren. C++ benötigt für jede abgeleitete Klasse eine spezielle Zuordnungstabelle für die virtuellen Funktionen, die *vtable* genannt wird. Jede *vtable* enthält für jede einzelne virtuelle Funktion einen 4 Byte langen Eintrag, und zwar unabhängig davon, ob die Funktionen in der abgeleiteten Klasse tatsächlich überschrieben werden oder nicht. Die Anwendung würde daher für die virtuellen Meldungsfunktionen von jedem einzelnen Fenster- oder Steuerelementtyp eine mehr als 400 Bytes umfassende Tabelle benötigen.

Wie sehen die Funktionen aus, die für die Bearbeitung von Menübefehlsmeldungen und Mausmeldungen zuständig sind? Sie könnten diese Funktionen nicht in einer Basisklasse als virtuelle Funktionen definieren, weil jede Anwendung über eine andere Menge an Menübefehlen und Schaltflächen verfügen kann. Das MFC-Meldungszuordnungssystem vermeidet große *vtable*-Tabellen und ermöglicht neben den üblichen Windows-Meldungen auch die Verwendung von anwendungsspezifischen Befehlsmeldungen. Dieses System macht es außerdem möglich, dass bestimmte Klassen wie etwa Dokumentklassen und die Anwendungsklasse ebenfalls Befehlsmeldungen erhalten können, obwohl sie keine Fensterklassen sind. Die MFC-Bibliothek verwendet Makros, um Windows-Meldungen mit C++-Memberfunktionen zu verknüpfen (oder zuzuordnen). Erweiterungen der Sprache C++ sind dafür nicht erforderlich.

Ein MFC-Meldungshandler benötigt einen Funktionsprototyp, einen Funktionsrumpf und einen Eintrag in der Meldungszuordnungstabelle. Dieser Eintrag erfolgt, wie gerade beschrieben, mit Hilfe eines Makros. Die Klassenansicht hilft Ihnen dabei, Ihre Klassen mit Meldungshandlern auszustatten. Sie wählen einfach eine Windows-Meldungs-ID aus einem Listenfeld aus und der Assistent erstellt den Quelltext mit den korrekten Funktionsparametern und Rückgabewerten.

## Dokumente und Ansichten

Im vorhergehenden Beispiel wurde nur ein Anwendungs- und ein Rahmenfensterobjekt verwendet. Die meisten Ihrer MFC-Anwendungen werden sicherlich etwas komplexer ausfallen. Typischerweise werden sie Anwendungs- und Rahmenklassen sowie zwei andere Klassen enthalten, die das Dokument und die Ansicht repräsentieren. Diese so genannte *Dokument/Ansicht-Architektur* (document/view architecture) ist der Kern des Anwendungsgerüsts und hat eine gewisse Ähnlichkeit mit den Modell/Ansicht/Controller-Klassen von Smalltalk.

Einfach ausgedrückt: Die Dokument/Ansicht-Architektur trennt die Verwaltung der Daten im Programm von ihrer Darstellung auf dem Bildschirm. Einer der offensichtlichsten Vorteile ist die Möglichkeit, dieselben Daten auf verschiedene Weise darzustellen. Stellen Sie sich ein Dokument vor, das aus den gesammelten Börsenkursen eines Monats besteht. Stellen Sie sich weiterhin vor, dass sowohl eine Tabellen- als auch eine Diagrammansicht der Daten zur Verfügung steht. Der Anwender ändert alle Werte im Tabellenfenster. Das Diagrammfenster wird in diesem Fall automatisch aktualisiert, weil beide Fenster dieselben Daten zeigen, wenn auch in unterschiedlichen Darstellungsformen.

In einer MFC-Anwendung werden Dokumente und Ansichten durch Instanzen von C++-Klassen dargestellt. Abbildung 2.1 zeigt drei Objekte der Klasse *CStockDoc*, die den drei Unternehmen AT&T, IBM und GM entsprechen. Alle drei Objekte werden in der Tabellenansicht angezeigt. Ein Objekt wird darüber hinaus auch noch in einer Diagrammansicht dargestellt. Wie Sie sehen können, gibt es vier *View*-Objekte – drei Objekte der Klasse *CStockTableView* und ein Objekt der Klasse *CStockChartView*.

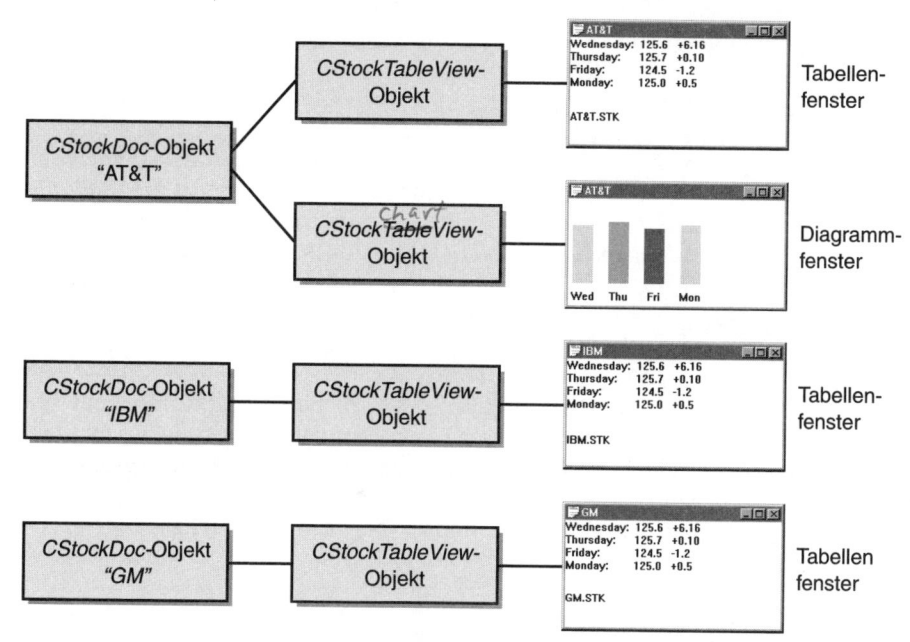

**Abbildung 2.1:** *Das Verhältnis zwischen Dokument und Ansicht*

Der Code der Dokumentbasisklassen bereitet die Menübefehle *Öffnen* und *Speichern* aus dem *Datei*-Menü vor, während die abgeleitete Dokumentklasse das eigentliche Lesen und Schreiben der Daten vom Dokumentobjekt erledigt. (Das Anwendungsgerüst sorgt für die Anzeige der Dialogfelder *Datei öffnen* und *Datei speichern* und für das Öffnen, Schließen, Lesen und Schreiben der Dateien.) Die Ansichtsbasisklasse repräsentiert ein Fenster, das innerhalb eines Rahmenfensters enthalten ist. Die abgeleitete Ansichtsklasse arbeitet mit der dazugehörigen Dokumentklasse zusammen und erledigt die Anzeige des Dokuments und die Ausgabe auf dem Drucker. Die abgeleitete Ansichtsklasse und ihre Basisklassen verarbeiten Windows-Meldungen. Die MFC-Bibliothek sorgt für die reibungslose Zusammenarbeit zwischen Dokumenten, Ansichten, Rahmenfenstern und dem Anwendungsobjekt – zum größten Teil mit Hilfe virtueller Funktionen.

Glauben Sie aber nicht, dass das Dokumentobjekt mit einer Datei verknüpft sein muss, die vollständig in den Speicher eingelesen wird. Falls es sich bei dem »Dokument« zum Beispiel um eine Datenbank handelt, könnten Sie die entsprechenden Memberfunktionen der Dokumentklasse überschreiben. Mit dem Menübefehl *Datei/Öffnen* ließe sich dann statt der üblichen Dateiliste zum Beispiel eine Liste der verfügbaren Datenbanken anzeigen.

# Teil II
# MFC-Grundlagen

# 3 Einstieg mit dem MFC-Anwendungsassistenten: »Hello, world!«

| | |
|---|---|
| 32 | Was versteht man unter einer Ansicht? |
| 32 | MFC-Anwendungsarten |
| 33 | Benutzeroberflächen der MFC-Bibliothek |
| 33 | Ex03a: Die Minimalanwendung |
| 38 | Die Ansichtsklasse *CEx03aView* |
| 38 | Datenanzeige im Ansichtsfenster |
| 40 | Vorschau auf die Ressourcen-Editoren |
| 42 | Konfigurationen »Win32 Debug« und »Win32 Release« |
| 43 | Vorkompilierte Headerdateien |
| 45 | Zwei Methoden der Programmausführung |

In Kapitel 2 wurde die Dokument/Ansicht-Architektur der MFC-Bibliothek kurz skizziert. Dieses praxisorientierte Kapitel zeigt, wie Sie eine funktionierende MFC-Anwendung erstellen. Es geht allerdings nicht auf die komplexen Details der Klassenhierarchie und der Objektbeziehungen ein. Sie werden hier lediglich mit einem Programmelement der Dokumentansicht arbeiten, nämlich mit der »Ansichtsklasse«, die eng mit Fenstern verknüpft ist. Für den Augenblick können Sie Elemente wie die Anwendungsklasse, das Hauptfenster und das Dokument außer Acht lassen. Natürlich wird die erstellte Anwendung nicht in der Lage sein, Daten auf der Festplatte zu speichern, und sie hat auch nicht mehrere Ansichten derselben Daten zu bieten. Aber in Teil III dieses Buchs werden Sie ausgiebig Gelegenheit erhalten, diese Funktionen einzusetzen.

Da Ressourcen in Windows-Anwendungen eine zentrale Bedeutung haben, können Sie sich die Ressourcen des neu erstellten Programms auf dem Bildschirm genauer ansehen, und zwar in der Ressourcenansicht. Sie werden auch ein paar Tipps zu der Frage erhalten, wie man die Windows-Umgebung so einrichtet, dass sich die Programme möglichst schnell kompilieren und möglichst effizient debuggen lassen.

**HINWEIS:** Um die Beispiele aus diesem und den nachfolgenden Kapiteln ausprobieren zu können, brauchen Sie einen Computer, auf dem Windows NT 4.0, Windows 2000 oder Windows XP sowie die Visual C++ .NET-Komponenten installiert sind. Vergewissern Sie sich, dass die Verzeichnisse für die ausführbaren Dateien, die Includedateien und die Bibliotheken korrekt angegeben sind. (Sie können die Verzeichnisse ändern, indem Sie im Menü *Extras* den Befehl *Optionen* geben und dann den Ordner *Projekte* öffnen.) Falls Sie die nachfolgenden Arbeitsschritte nicht wie beschrieben nachvollziehen können, lesen Sie bitte die Abschnitte mit Hinweisen zur Problembehebung in Ihrer Visual C++ .NET-Dokumentation und in den Readme-Dateien.

# Was versteht man unter einer Ansicht?

Aus der Sicht des Anwenders ist eine *Ansicht* ein gewöhnliches Fenster, das vom Anwender in der Größe verändert, verschoben und geschlossen werden kann, so wie andere Fenster auch. Aus der Sicht des Programmierers ist eine Ansicht ein C++-Objekt einer Objektklasse, die von der MFC-Klasse *CView* abgeleitet ist. Wie bei jedem C++-Objekt wird das Verhalten des Ansichtsobjekts durch die Memberfunktionen (und Datenelemente) der Klasse bestimmt – sowohl durch die anwendungsspezifischen Funktionen aus der abgeleiteten Klasse als auch durch die Standardfunktionen, die von der Basisklasse vererbt wurden.

Mit Visual C++ können Sie interessante Windows-Anwendungen erstellen, indem Sie einfach den erforderlichen zusätzlichen Code in die abgeleitete Klasse einfügen, die vom Codegenerator des MFC-Anwendungsassistenten erstellt wird. Während der Ausführung Ihres Programms legt das MFC-Anwendungsgerüst ein Objekt der abgeleiteten Ansichtsklasse an und zeigt ein Fenster an, das mit dem C++-Ansichtsobjekt verknüpft ist. Wie in der C++-Programmierung allgemein üblich, wird der Code der Ansichtsklasse in zwei Quelltextmodule aufgeteilt: die Headerdatei (H) und die Implementierungsdatei (CPP).

# MFC-Anwendungsarten

Die MFC-Bibliothek ermöglicht drei verschiedene Anwendungstypen: SDI (Single Document Interface), MDI (Multiple Document Interface) und MTI (Multiple Top-Level Windows Interface). Eine SDI-Anwendung hat aus der Sicht des Anwenders nur ein Fenster. Falls solch eine Anwendung »Dokumente« von der Festplatte lädt und bearbeitet, kann zu jedem Zeitpunkt immer nur ein Dokument geladen sein. Der Editor (früher Notizblock, engl. notepad) aus dem Windows-Zubehör ist beispielsweise eine SDI-Anwendung. Eine MDI-Anwendung verfügt bei Bedarf über mehrere Dokumentfenster, die jeweils einem einzelnen Dokument zugeordnet sind. Die älteren Versionen von Microsoft Office-Anwendungen (vor Office 2000) sind Beispiele für MDI-Anwendungen. Eine MTI-Anwendung schließlich kann mehrere Hauptfenster (top level windows) öffnen, auch wenn nur eine einzige Instanz der Anwendung läuft. Dieses Modell wird von den neuen Versionen der Office-Anwendungen benutzt.

Wenn Sie den MFC-Anwendungsassistenten aufrufen, um ein neues Projekt zu erstellen, wird MDI als Standardanwendungstyp vorgegeben. Für die ersten Beispiele dieses Buchs sind aber SDI-Anwendungen besser geeignet, weil dafür weniger Klassen und Funktionen erforderlich sind. Vergessen Sie also nicht, als Anwendungstyp für diese Beispiele *Einfaches Dokument* festzulegen (auf der Seite *Anwendungstyp* des MFC-Anwendungsassistenten).

Ab Kapitel 18 werden Sie MDI-Anwendungen erstellen. Die Architektur des MFC-Anwendungsgerüsts gewährleistet, dass die meisten SDI-Beispiele relativ leicht in MDI-Anwendungen umgewandelt werden können.

# Benutzeroberflächen der MFC-Bibliothek

Neben den Benutzeroberflächen nach SDI-, MDI- oder MTI-Art gibt Ihnen die MFC-Bibliothek noch die Wahl zwischen einer Standardbenutzeroberfläche (UI, engl. für user interface) und einer UI nach Art des Windows-Explorers. Beispiele für die klassische UI finden Sie in Microsoft Word und in Paintbrush. Zur Explorer-UI gehören zwei Anzeigeflächen (panes), die durch eine Leiste getrennt werden. Auf der linken Seite ist normalerweise eine Strukturansicht mit aufklappbaren Knoten zu finden und die rechte Seite zeigt normalerweise eine Listenansicht. Der Windows-Explorer ist ein Beispiel für diese UI-Art.

# Ex03a: Die Minimalanwendung

Der MFC-Anwendungsassistent generiert den Quelltext für eine funktionierende MFC-Anwendung. Diese Anwendung zeigt einfach ein leeres Fenster mit einem Menü an. Später werden Sie noch den Code für die Anzeige der Nutzdaten im Fenster einfügen. Führen Sie zur Erstellung der Anwendung folgende Arbeitsschritte aus:

1. **Generieren Sie mit dem MFC-Anwendungsassistenten den Quelltext der SDI-Anwendung.** Wählen Sie im Menü *Datei* von Visual C++ den Befehl *Neu* und dann *Projekt* und klicken Sie im Dialogfeld *Neu* auf das Register *Projekte* (siehe Abbildung 3.1). Wählen Sie dann den Projekttyp *Visual C++-Projekte* und aus der Vorlagenliste die *MFC-Anwendung*, wie in der folgenden Abbildung gezeigt.

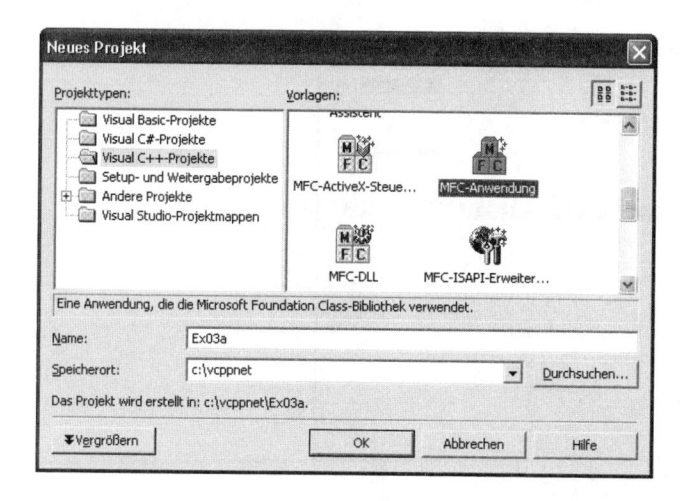

Geben Sie im Feld *Speicherort* **C:\vcppnet\** und im Feld *Name* **Ex03a** ein und klicken Sie auf *OK*. Auf der linken Seite des Dialogfelds können Sie dann die verschiedenen Seiten des Anwendungsassistenten aufschlagen und die gewünschten Optionen für das Projekt festlegen.

Wählen Sie auf der Seite *Anwendungstyp* die Option *Einfaches Dokument* und übernehmen Sie die restlichen vorgegebenen Werte ohne Änderung, wie in der folgenden Abbildung:

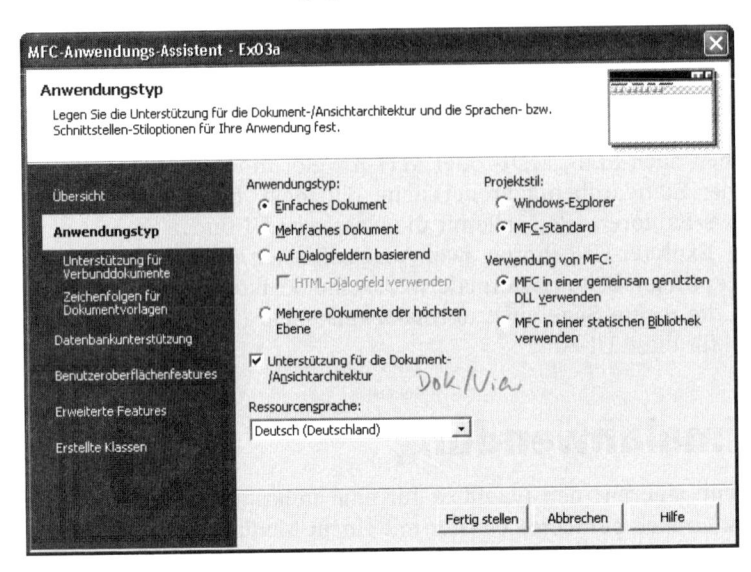

Wie Sie auf der Seite *Erstellte Klassen* feststellen können, die in der folgenden Abbildung zu sehen ist, hat der Assistent die Klassennamen und die Namen der Quelltextdateien vom Projektnamen Ex03a abgeleitet. Bei Bedarf können Sie diese Namen an dieser Stelle ändern. Klicken Sie auf die Schaltfläche *Fertig stellen*. Der Assistent legt das Unterverzeichnis für das Projekt an (Ex03a unter \vcppnet) und generiert in diesem Unterverzeichnis eine Reihe von Dateien. Werfen Sie einen Blick ins Unterverzeichnis, sobald der Assistent fertig ist.

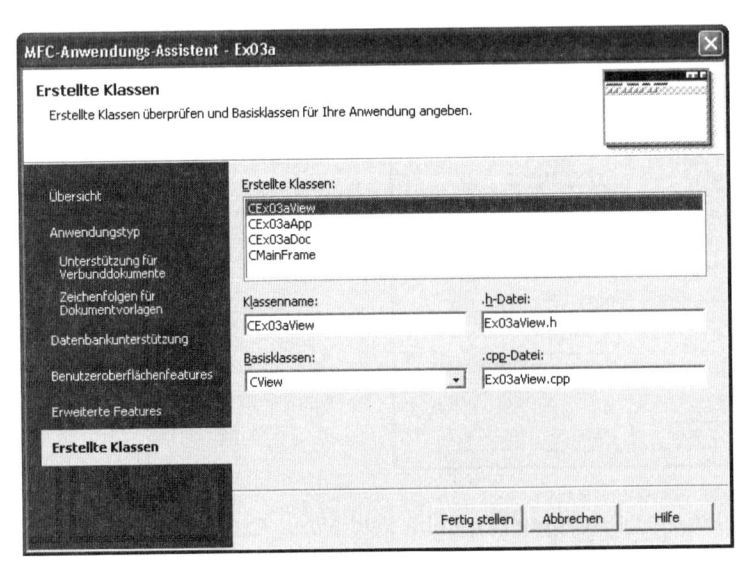

| Datei | Beschreibung |
|---|---|
| Ex03a.vcproj | Die Projektdatei ermöglicht es Visual C++ .NET, Ihre Anwendung zu kompilieren |
| Ex03a.sln | Eine Projektmappendatei (solution file) mit einem Eintrag für ex03a.vcproj |
| Ex03a.rc | Eine Ressourcenskriptdatei im ASCII-Format |
| Ex03aView.cpp | Die Implementierungsdatei der Klasse *CEx03aView* |
| Ex03aView.h | Eine Headerdatei mit der Deklaration der Viewklasse *CEx03aView* |
| ReadMe.txt | Eine Textdatei mit Beschreibungen der generierten Dateien |
| Resource.h | Eine Headerdatei mit Definitionen von symbolischen Konstanten (#*define*) |

***Tabelle 3.1:*** *Wichtige Dateien im Unterverzeichnis der Anwendung*

Öffnen Sie die Dateien ex03aView.cpp und ex03aView.h, und sehen Sie sich den Quelltext an. Mit diesen beiden Dateien wird die Klasse *CEx03aView* definiert, die für diese Anwendung von zentraler Bedeutung ist. Ein Objekt der Klasse *CEx03aView* repräsentiert das Ansichtsfenster der Anwendung. In ihm werden die Daten angezeigt und bearbeitet. Anders gesagt: hier spielt die Musik.

2. **Kompilieren und linken Sie den generierten Code.** Der MFC-Anwendungsassistent generiert nicht nur Code, sondern erstellt auch die erforderlichen Projekt- und Arbeitsbereichsdateien für Ihre Anwendung. Die Projektdatei ex03a.vcproj beschreibt alle Abhängigkeiten zwischen den Dateien und enthält auch die Compiler- und Linkereinstellungen. Da ein neues Projekt in Visual C++ .NET automatisch das aktuelle Projekt darstellt, können Sie Ihre Anwendung kompilieren, indem Sie im Menü *Erstellen* den Befehl *Ex03a erstellen* wählen oder in der Symbolleiste auf die Schaltfläche *Ex03a erstellen* klicken, die in der folgenden Abbildung zu sehen ist.

Sofern sich die Anwendung fehlerfrei kompilieren lässt, wird unter dem Projektverzeichnis \vcppnet\Ex03a ein neues Unterverzeichnis namens *Debug* erstellt, in dem das ausführbare Programm Ex03a.exe gespeichert wird. Die OBJ-Dateien und andere Arbeitsdateien werden ebenfalls im Verzeichnis *Debug* abgelegt. Vergleichen Sie die Verzeichnisstruktur der Festplatte mit der Darstellung im Projektmappenexplorer, die in der folgenden Abbildung zu sehen ist.

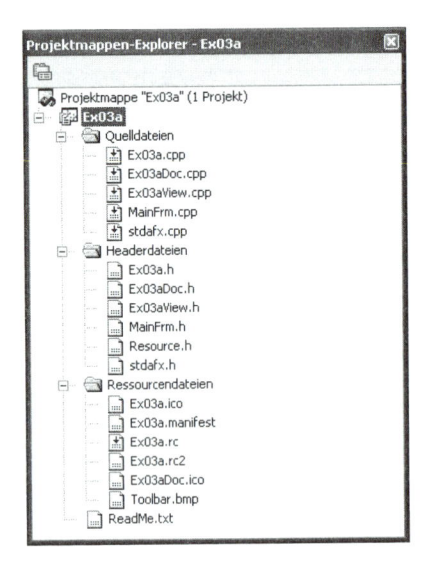

Der Projektmappenexplorer zeigt eine Darstellung der logischen Struktur Ihres Projekts auf Dateiebene. Die Headerdateien erscheinen separat unter der Überschrift *Headerdateien*, obwohl sie sich im gleichen Verzeichnis wie die CPP-Dateien befinden. Die Ressourcendateien liegen im Unterverzeichnis \res.

3. **Testen Sie die erstellte Anwendung.** Geben Sie im Menü *Debuggen* den Befehl *Starten ohne Debuggen*. Probieren Sie das Programm aus. Es kann nicht viel, nicht wahr? (Aber was kann man auch erwarten, wenn man keine einzige Zeile Code schreibt?) Im Prinzip verfügt das Programm aber über eine ganze Reihe von Funktionen – Sie haben sie bislang nur noch nicht aktiviert. Schließen Sie das Anwendungsfenster, wenn Sie vom Experimentieren genug haben.

4. **Untersuchen Sie die Anwendung.** Öffnen Sie mit **CTRL+ALT+J** den Objektbrowser. Falls Ihr Projekt nicht so konfiguriert ist, dass die Browserdatenbank erstellt wird, meldet sich Visual C++ .NET und bietet Ihnen an, die Konfiguration automatisch zu ändern und das Programm neu zu kompilieren. (Sie können diese Einstellungen selbst ändern, indem Sie im Menü *Ansicht* den Befehl *Eigenschaftenseiten* geben, dann den Ordner *C/C++* aufschlagen und auf der Eigenschaftenseite *Informationen durchsuchen* die Option *Browseinformationen aktivieren* auf *Alle Browseinformationen mit einschließen (/FR)* setzen.)

Nach der entsprechenden Erweiterung der hierarchischen Darstellung sieht der Objektbrowser folgendermaßen aus:

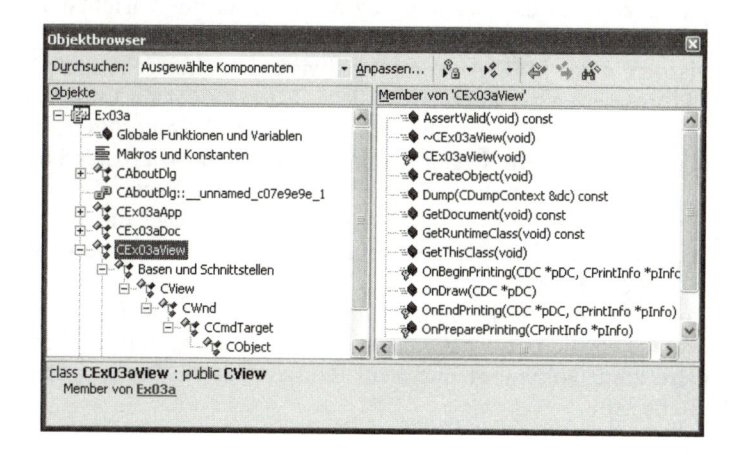

Vergleichen Sie das mit der Darstellung in der Klassenansicht:

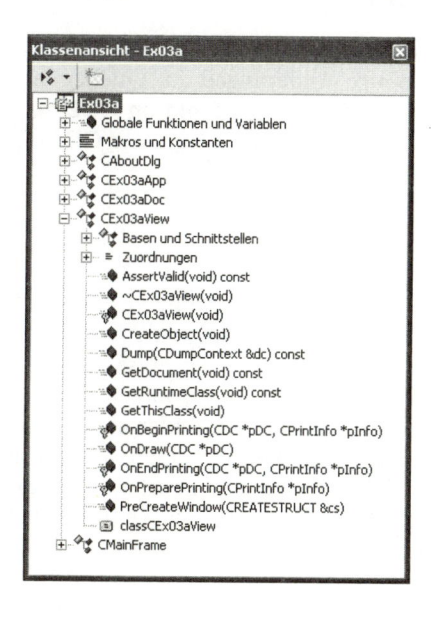

Die Klassenansicht zeigt die Klassenhierarchie, so ähnlich wie der Objektbrowser. Aber während der Objektbrowser alle Funktionen einer Klasse anzeigt, sind in der Klassenansicht nur die Funktionen zu sehen, die überschrieben wurden. Sofern Ihnen die Klassenansicht genügt, brauchen Sie keine Browserdatenbank.

# Die Ansichtsklasse *CEx03aView*

Der MFC-Anwendungsassistent hat speziell für das Beispielprogramm Ex03a die Ansichtsklasse *CEx03aView* generiert. (Der MFC-Anwendungsassistent leitet die Klassennamen aus dem Projektnamen ab, den Sie im ersten Dialogfeld des MFC-Anwendungsassistenten eingegeben haben.) Wie schon aus dem gezeigten Objektbrowserfenster hervorgeht, liegt *CEx03aView* am Ende einer langen Vererbungskette von MFC-Bibliotheksklassen. Diese Klasse erbt die Memberfunktionen und Datenelemente der Klassen, die in dieser Kette liegen. In der Referenz zur Microsoft Foundation Class Library (online oder in Buchform) erfahren Sie mehr über diese Klassen. Schlagen Sie auch unter den Basisklassen nach, da geerbte Memberfunktionen in der Regel nur bei den entsprechenden Basisklassen beschrieben werden. In den abgeleiteten Klassen werden diese Beschreibungen normalerweise nicht wiederholt.

Die wichtigsten Basisklassen von *CEx03aView* heißen *CWnd* und *CView*. *CWnd* ist für die »Fensternatur« von *CEx03aView* verantwortlich und *CView* stellt die Verbindung zum restlichen Anwendungsgerüst her, insbesondere zum Dokument und zum Rahmenfenster. Davon wird in Kapitel 12 noch ausführlicher die Rede sein.

# Datenanzeige im Ansichtsfenster

Sie können nun den Code schreiben, der für die Anzeige des gewünschten Textes oder der Grafik im Ansichtsfenster sorgt. Zu diesem Zweck nehmen Sie einige Änderungen am Quellcode des Beispielprogramms Ex03a vor. Genauer gesagt, Sie erweitern die Memberfunktion *OnDraw* in Ex03aView.cpp und arbeiten bei dieser Gelegenheit mit einem Gerätekontext und der GDI (Graphics Device Interface).

## Die Memberfunktion *OnDraw*

Vor allem geht es um die Funktion *OnDraw* in Ex03aView.cpp. *OnDraw* ist eine virtuelle Memberfunktion der Klasse *CView*, die vom Anwendungsgerüst immer dann aufgerufen wird, wenn das Ansichtsfenster neu angezeigt oder aktualisiert werden muss. Ein Fenster muss aktualisiert werden, wenn der Anwender die Fenstergröße verändert bzw. ein zuvor verborgener Teil des Fensters sichtbar wird oder wenn sich die im Fenster dargestellten Daten ändern. Sobald der Anwender die Fenstergröße ändert oder einen zuvor nicht sichtbaren Fensterbereich anzeigt, ruft das Anwendungsgerüst die Funktion *OnDraw* auf. Ändern sich jedoch die im Fenster angezeigten Daten, muss Windows durch einen Aufruf der geerbten Memberfunktion *Invalidate* (oder *InvalidateRect*) über die Änderungen informiert werden. Dieser Aufruf von *Invalidate* löst nachfolgend einen Aufruf von *OnDraw* aus.

Obwohl Sie innerhalb eines Fensters jederzeit Anzeigeoperationen ausführen können, ist es besser, die Änderungen in *OnDraw* zusammenzufassen und dann in einem Arbeitsgang durchzuführen. Auf diese Weise kann Ihr Programm sowohl auf vom Programm generierte Ereignisse als auch auf Windows-Ereignisse wie beispielsweise Größenänderungen reagieren.

## Der Windows-Gerätekontext

In Kapitel 1 haben Sie bereits erfahren, dass Windows keinen direkten Zugriff auf die Grafikkarte zulässt, sondern über eine dem Fenster zugeordnete Abstraktionsebene namens *Gerätekontext* (device context) mit der Grafikkarte kommuniziert. In der MFC-Bibliothek ist ein Gerätekontext als C++-Objekt der Klasse *CDC* definiert, das der Funktion *OnDraw* als Zeiger übergeben wird. Sobald Sie über einen Gerätekontextzeiger verfügen, können Sie zur Anzeige Ihrer Texte und Grafiken die zahlreiche Memberfunktionen der Klasse *CDC* aufrufen.

## Anzeigecode in das Programm Ex03a einfügen

Wir wollen jetzt den Quellcode schreiben, mit dem im Anzeigefenster etwas Text und ein Kreis dargestellt wird. Überprüfen Sie, ob das Projekt Ex03a in Visual C++ .NET geöffnet ist. Sie können den Code der Funktion zum Beispiel in der Klassenansicht suchen (mit einem Doppelklick auf *OnDraw*). Oder Sie öffnen vom Projektmappenexplorer aus die Quelldatei Ex03aView.cpp und suchen die Funktion im Editor selbst.

1. **Bearbeiten Sie die Funktion *OnDraw* in der Datei Ex03aView.cpp**. Suchen Sie in der Datei *Ex03aView.cpp* die vom MFC-Anwendungsassistenten generierte Funktion *OnDraw*:

```
void CEx03aView::OnDraw(CDC* /* pDC */)
{
    CEx03aDoc* pDoc = GetDocument();
    ASSERT_VALID(pDoc);
    // TODO: Code zum Zeichnen der systemeigenen Daten hinzufügen
}
```

Löschen Sie die Auskommentierung des Gerätekontextzeigers und ersetzen Sie den vorhandenen Funktionscode durch die folgenden fett gedruckten Zeilen (geben Sie diese Zeilen selbst von Hand ein):

```
void CEx03aView::OnDraw(CDC* pDC)
{
    pDC->TextOut(0, 0, "Hello, world!");     // Ausgabe in Standardschrift und Standardgröße
                                             // in der oberen linken Fensterecke.
    pDC->SelectStockObject(GRAY_BRUSH);      // Auswahl eines Pinsels zum Ausmalen
                                             // des Kreises.
    pDC->Ellipse(CRect(0, 20, 100, 120));    // Grauen Kreis mit einem Durchmesser von
                                             // 100 Einzeiten zeichnen.
}
```

Den Aufruf von *GetDocument* können Sie löschen, da wir uns hier noch nicht mit Dokumenten befassen. Bei den Funktionen *TextOut*, *SelectStockObject* und *Ellipse* handelt es sich um Memberfunktionen der Gerätekontextklasse *CDC* des Anwendungsgerüsts. Die Funktion *Ellipse* zeichnet eigentlich eine Ellipse. Handelt es sich beim Begrenzungsrechteck aber um ein Rechteck, ist das Ergebnis ein Kreis.

Die MFC-Bibliothek enthält eine praktische Hilfsklasse namens *CRect* für Windows-Rechtecke. Der Ellipsenfunktion wird zur Festlegung des Begrenzungsrechtecks ein temporäres *CRect*-Objekt als Argument übergeben. Die Klasse *CRect* wird Ihnen in diesem Buch noch in einer ganzen Reihe von Beispielen begegnen.

2. **Erstellen Sie Ex03a erneut, und testen Sie das Programm.** Geben Sie im Menü *Erstellen* den Befehl *Ex03a erstellen* und testen Sie die Anwendung. Nun verfügen Sie über ein Programm, bei dem sich tatsächlich etwas auf dem Bildschirm tut.

## Hinweis für Win32-Programmierer

Seien Sie versichert, dass es die Windows-Standardfunktion *WinMain* und die *WinProc*-Fensterfunktionen noch gibt. Sie sind im Anwendungsgerüst verborgen und werden uns später in diesem Buch noch begegnen, wenn die Rahmen- und Anwendungsklassen der MFC-Bibliothek besprochen werden. Außerdem haben Sie sich wahrscheinlich schon gefragt, was aus der Meldung *WM_PAINT* geworden ist. Man würde erwarten, dass die Anzeige des Fensters als Reaktion auf diese Windows-Meldung erfolgt und die Windows-Funktion *BeginPaint* eine *PAINTSTRUCT*-Struktur mit dem erforderlichen Gerätekontexthandle liefert.

Es ist nun aber so, dass das Anwendungsgerüst Ihnen diese mühselige Kleinarbeit abnimmt und in der virtuellen Funktion *OnDraw* einen Gerätekontext zur Verfügung stellt, und zwar in Form eines Objektzeigers. Wie bereits in Kapitel 2 angemerkt, sind in der MFC-Bibliothek virtuelle Funktionen in Fensterklassen eine echte Rarität. Die meisten Windows-Meldungen werden in der MFC-Bibliothek von spezialisierten Funktionen bearbeitet, die vom Anwendungsgerüst vorgegeben werden. Wer bereits mit der MFC Version 1.0 gearbeitet hat, ist es gewohnt, für die eigenen abgeleiteten Klassen eine *OnPaint*-Funktion zu definieren. Ab der Version 2.5 wurde *OnPaint* jedoch in die Klasse *CView* integriert. Die Funktion führt hier einen polymorphen Aufruf von *OnDraw* aus. Warum? Weil die Funktion *OnDraw* nicht nur für Ausgaben auf dem Bildschirm, sondern auch auf dem Drucker vorgesehen ist. Sowohl *OnPaint* als auch *OnPrint* rufen *OnDraw* auf, sodass mit demselben Ausgabecode sowohl Drucker- als auch Bildschirmausgaben durchgeführt werden können.

# Vorschau auf die Ressourcen-Editoren

Sie haben jetzt ein vollständiges kleines Beispielprogramm. Somit ist es an der Zeit, einen kurzen Blick auf die Ressourcen-Editoren zu werfen. Obwohl das Ressourcenskript Ex03a.rc der Anwendung als ASCII-Datei vorliegt, sollten Sie diese Datei nicht in einem Texteditor bearbeiten. Dafür ist der Ressourcen-Editor da.

## Der Inhalt von Ex03a.rc

Die Ressourcendatei bestimmt maßgeblich das Erscheinungsbild der Anwendung Ex03a. Die Datei Ex03a.rc enthält die in Tabelle 3.2 aufgeführten Windows-Ressourcen (oder bindet sie ein):

| Ressource | Beschreibung |
|---|---|
| Accelerator | Definitionen der Tasten, mit denen man dem Programm Befehle geben kann. |
| Dialog | Gestaltung und Inhalt der Dialogfelder. Ex03a enthält lediglich das Dialogfeld *Info*. |
| Icon | Symbole (in den Größen 16 × 16 und 32 × 32 Pixel), wie zum Beispiel das Anwendungssymbol, das im Windows-Explorer und im Dialogfeld *Info* angezeigt wird. Ex03a benutzt das MFC-Logo als Anwendungssymbol. |
| Manifest | Enthält Typinformationen für die Anwendung. |
| Menu | Das Hauptmenü der Anwendung und Kontextmenüs. |
| String Table | Zeichenfolgen, die nicht zum C++-Quellcode gehören. |
| Toolbar | Die Symbolleiste mit Schaltflächen, die sich unmittelbar unter dem Menü befindet. |
| Version | Programmbeschreibung, Versionsnummer, Sprache usw. |

*Tabelle 3.2: Ressourcen der Anwendung Ex03a*

Neben den oben aufgeführten Ressourcen enthält die Datei Ex03a.rc auch die folgende Anweisung:

```
#include "afxres.h"
```

Etwas später folgt diese Anweisung:

```
#include "afxres.rc"
```

Mit diesen Anweisungen werden einige MFC-Bibliotheksressourcen eingebunden, die von allen Anwendungen verwendet werden. Zu diesen Ressourcen gehören bestimmte Zeichenfolgen, grafische Schaltflächen und Komponenten, die für das Drucken und für OLE erforderlich sind.

**HINWEIS:** Falls Sie die DLL-Version der MFC-Bibliothek verwenden, sind diese gemeinsam benutzten Ressourcen in der MFC-DLL enthalten.

Die Datei Ex03a.rc enthält zudem folgende Anweisung:

```
#include "resource.h"
```

Mit dieser Anweisung werden die Definitionen von einigen symbolischen Konstanten eingebunden, darunter *IDR_MAINFRAME* (bezeichnet Menü, Symbol, Zeichenfolgentabelle und Zugriffstastentabelle), *IDR_EX03ATYPE* (bezeichnet das Standardsymbol für Dokumente, das in diesem Beispiel jedoch nicht verwendet wird) und *IDD_ABOUTBOX* (bezeichnet das Dialogfeld *Info*). Dieselbe Resource.h-Datei wird indirekt in die Quelltextdateien der Anwendung eingebunden. Wenn Sie mit einem Ressourcen-Editor weitere symbolische Konstanten hinzufügen, finden sich die Definitionen schließlich in der Datei Resource.h. Seien Sie vorsichtig, wenn Sie diese Datei im Textmodus bearbeiten, da Ihre Änderungen bei der nächsten Gelegenheit vom Ressourcen-Editor gelöscht werden könnten.

## Experimente mit den Ressourcen-Editoren

Der Dialogfeld-Editor ermöglicht die Erstellung und Bearbeitung von Dialogfeldressourcen. Das *Info*-Dialogfeld können Sie zum Beispiel folgendermaßen ändern:

1. **Öffnen Sie die RC-Datei des Projekts.** Geben Sie im Ansichtsmenü den Befehl *Ressourcenansicht*. Wenn Sie die einzelnen Einträge expandieren, präsentiert sich das Ressourcenansichtsfenster folgendermaßen:

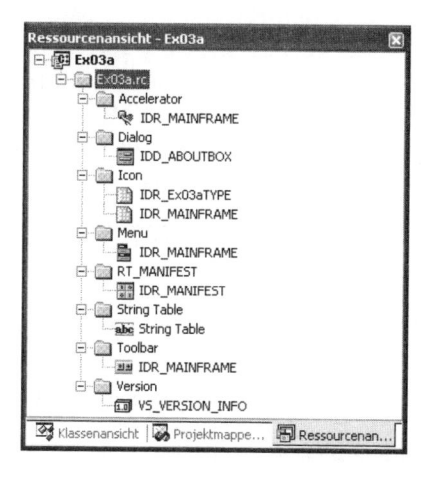

2. **Untersuchen Sie die einzelnen Ressourcen der Anwendung.** Nehmen Sie sich etwas Zeit für die Betrachtung der einzelnen Ressourcen. Wenn Sie eine Ressource durch Doppelklicken auswählen, wird ein weiteres Fenster eingeblendet, das die zur Bearbeitung der Ressource geeigneten Werkzeuge enthält. Wenn Sie auf eine Dialogressource doppelklicken, sollte daher eine Steuerelementpalette eingeblendet werden. Ist dies nicht der Fall, klicken Sie mit der rechten Maustaste auf die *Toolbox*-Schaltfläche auf der linken Seite von Visual Studio .NET.

3. **Ändern Sie das Dialogfeld IDD_ABOUTBOX.** Führen Sie einige Änderungen am *Info*-Dialog von Ex03a durch.

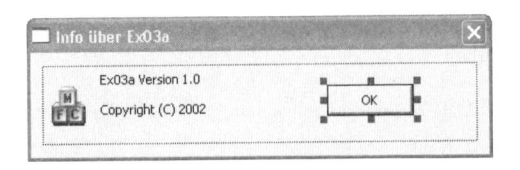

Sie können beispielsweise die Fenstergröße ändern, indem Sie die rechte oder untere Rahmenlinie mit der Maus verschieben. Sie können die *OK*-Schaltfläche verschieben, den Text ändern und so weiter. Klicken Sie einfach auf das gewünschte Element und klicken Sie es dann mit der rechten Maustaste an, um das dazugehörige Kontextmenü zu öffnen.

4. **Erstellen Sie das Projekt mit der veränderten Ressourcendatei.** Wählen Sie im Menü *Erstellen* von Visual C++ .NET den Befehl *Ex03a erstellen*. Beachten Sie bitte, dass hier eigentlich keine Neukompilierung des C++-Codes erforderlich ist. Visual C++ .NET speichert die veränderte Ressourcendatei und der Ressourcencompiler (rc.exe) verarbeitet die Datei Ex03a.rc dann zu der kompilierten Datei Ex03a.res, die an den Linker weitergegeben wird. Der Linker kann das Projekt inkrementell linken und ist daher sehr schnell.

5. **Testen Sie die neue Version der Anwendung.** Starten Sie das Programm Ex03a erneut und wählen Sie im *Hilfe*-Menü der Anwendung den Befehl *Info über Ex03a*. Vergewissern Sie sich, dass sich das Dialogfeld wie erwartet geändert hat.

# Konfigurationen »Win32 Debug« und »Win32 Release«

Beim Kompilieren der Anwendung können Sie eine von zwei Zielkonfigurationen auswählen: *Debug* und *Release*. Das sind die beiden Standardzielkonfigurationen, die der MFC-Anwendungsassistent generiert. Die folgende Tabelle 3.3 fasst die Konfigurationsunterschiede zusammen.

| Option | Releaseversion | Debugversion |
|---|---|---|
| Quellcode-Debugging | Deaktiviert | Sowohl für Compiler als auch Linker aktiviert |
| MFC-Diagnosemakros | Deaktiviert (NDEBUG definiert) | Aktiviert (_DEBUG definiert) |
| Einbindung von Bibliotheken | MFC-Releasebibliothek | MFC-Debugbibliotheken |
| Compileroptimierung | Geschwindigkeitsoptimierung (in der Einsteiger Edition nicht verfügbar) | Keine Optimierung (schnellere Kompilierung) |

*Tabelle 3.3: Die Unterschiede zwischen der Debug- und der Releasekonfiguration*

Sie entwickeln die Anwendungen im *Debug*-Modus und kompilieren sie vor der Auslieferung noch einmal, und zwar im *Release*-Modus. Die EXE-Datei der Releaseversion ist in der Regel schneller und kleiner, sofern Sie alle Fehler korrigiert haben. Sie wählen die gewünschte Konfiguration aus der Dropdownliste der Symbolleiste *Erstellen* (siehe Abbildung 1.2 in Kapitel 1). Normalerweise werden die Ausgabe- und Arbeitsdateien im Debugmodus im Unterverzeichnis *Debug* des Projektverzeichnisses gespeichert. Die Releasedateien werden im Unterverzeichnis *Release* abgelegt. Sie können diese Verzeichnisse auf der Eigenschaftenseite *Allgemein* im Ordner *Konfigurationseigenschaften* ändern, den Sie im Dialogfeld *Eigenschaftenseiten* des Projekts finden.

Im Konfigurations-Manager, den Sie über das Menü *Erstellen* von Visual C++ .NET erreichen, können Sie bei Bedarf eigene Konfigurationen zusammenstellen.

## Vorkompilierte Headerdateien

Der MFC-Anwendungsassistent legt die Vorgaben für ein Projekt so fest, dass *vorkompilierte Headerdateien* benutzt werden. Zur effizienten Verwaltung der Projekte müssen Sie verstehen, wie das Make-System vorkompilierte Headerdateien verarbeitet.

**HINWEIS:** Visual C++ .NET hat zwei »Systeme« zur Verwendung vorkompilierter Headerdateien: automatisch und manuell. Automatisch vorkompilierte Headerdateien, die mit der Compileroption */Yx* aktiviert werden, speichern die entsprechenden Compilerausgaben in einer Art Datenbankdatei. Manuell vorkompilierte Headerdateien werden mit den Optionen */Yc* und */Yu* aktiviert und sind bei allen vom MFC-Anwendungsassistenten generierten Projekten von zentraler Bedeutung.

Vorkompilierte Headerdateien kann man sich als eine Art »Schnappschuss« vorstellen, den der Compiler auf einer bestimmten Quelltextzeile anfertigt. In MFC-Anwendungen wird dieser Schnappschuss im Allgemeinen unmittelbar nach folgender Anweisung angefertigt:

```
#include "StdAfx.h"
```

Die Datei StdAfx.h enthält *#include*-Anweisungen für die MFC-Headerdateien. Der Inhalt dieser Datei hängt zwar von den Optionen ab, die Sie im MFC-Anwendungsassistenten gewählt haben, aber normalerweise enthält die Datei die folgenden Anweisungen:

```
#include <afxwin.h>
#include <afxext.h>
```

Wenn Sie mit Verbunddokumenten arbeiten, enthält die Datei StdAfx.h auch noch folgende Anweisung:

```
#include <afxole.h>
```

Werden Automatisierung oder ActiveX-Steuerelemente verwendet, enthält sie die Anweisung:

```
#include <afxdisp.h>
```

Wenn Sie mit den allgemeinen Steuerelementen von Internet Explorer 4.0 arbeiten, enthält die Datei StdAfx.h zudem die Anweisung:

```
#include <afxdtctl.h>
```

Gelegentlich benötigen Sie auch andere Headerdateien – beispielsweise wird mit der folgenden Anweisung auf die Headerdatei für auf Vorlagen basierende Auflistungsklassen zugegriffen:

```
#include <afxtempl.h>
```

Die Quelltextdatei StdAfx.cpp enthält lediglich die Anweisung

```
#include "StdAfx.h"
```

Sie dient zur Erstellung der vorkompilierten Headerdatei im Projektverzeichnis. Die MFC-Headerdateien, die mit dieser Anweisung eingebunden werden, ändern sich nie. Allerdings dauert ihre Kompilierung relativ lange. Die Compileroption /Yc, die nur bei der Datei StdAfx.cpp verwendet wird, bewirkt die Erstellung einer vorkompilierten Headerdatei (PCH). Mit der Option /Yu, die für alle übrigen Quelltextdateien verwendet wird, wird auf eine vorhandene PCH-Datei zugegriffen. Der Name der PCH-Datei wird normalerweise automatisch aus dem Projektnamen und der Dateinamenserweiterung PCH zusammengestellt. Mit der Option /Fp lässt sich ein anderer Name für die PCH-Datei festlegen. Abbildung 3.11 illustriert, wie vorkompilierte Headerdateien verarbeitet werden.

Der MFC-Anwendungsassistent stellt die Optionen /Yc und /Yu für Sie ein. Aber Sie können diese Vorgaben nach Bedarf ändern. Es ist möglich, die Compileroptionen für einzelne Quelltextdateien gesondert festzulegen. Wenn Sie im *Eigenschaftenseiten*-Dialogfeld des Projekts auf der Eigenschaftenseite *Vorkompilierte Header* des *C/C++*-Ordners nur die Datei StdAfx.cpp wählen, wird die Einstellung /Yc angezeigt. Sie hat Vorrang vor der Option /Yu, die für das Ziel definiert wurde.

Beachten Sie bitte, dass PCH-Dateien groß sind, 10 MB ist eine übliche Größe. Wenn Sie nicht aufpassen, sammeln sich die Dateien sehr schnell an. Daher sollten Sie regelmäßig die *Debug*-Verzeichnisse Ihrer Projekte aufräumen oder mit Hilfe der Compileroption /Fp dafür sorgen, dass die PCH-Dateien in einem gemeinsamen Verzeichnis abgelegt werden

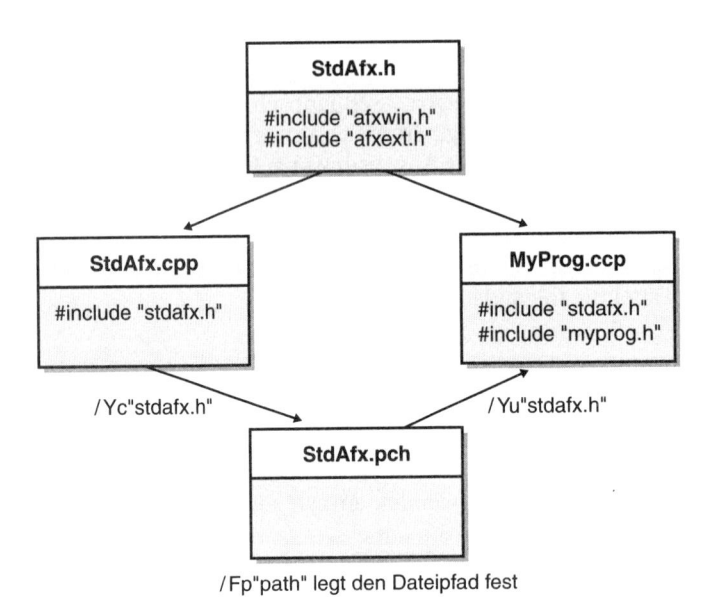

*Abbildung 3.11: Die Verwendung von vorkompilierten Headerdateien in Visual C++*

# Zwei Methoden der Programmausführung

Programme können Sie in Visual C++ .NET entweder direkt (indem Sie **Strg+F5** drücken) oder über den Debugger (mit **F5**) aufrufen. Der direkte Aufruf von Programmen ist sehr viel schneller, da Visual C++ .NET hierbei nicht zuerst den Debugger laden muss. Wenn Sie weder an Diagnosemeldungen noch am Einsatz von Haltepunkten interessiert sind, starten Sie Ihr Programm einfach mit der Tastenkombination **Strg+F5.**

# 4 Visual C++ .NET-Assistenten

| | |
|---|---|
| 47 | Die verschiedenen Arten von Assistenten |
| 48 | So funktionieren Assistenten |
| 49 | Entwicklung eines Assistenten |
| 50 | Erstellung eines Assistenten zur Entwicklung von Webanwendungen mit verwaltetem C++ |

Die Entwicklung für die Microsoft-Plattform bringt es mit sich, dass sich bestimmte Codestrukturen ständig wiederholen. In den Anfangstagen der Windows-Entwicklung stand den meisten Entwicklern nur das Buch *Programming Windows* von Charles Petzold und das Windows Software Development Kit (SDK) zur Verfügung. Selbst die Windows SDK-Dokumentation empfahl zur Anwendungsentwicklung die »Editor-Vererbungsmethode«.

Wenn Sie sich mit den Grundlagen einer bestimmten Technik vertraut machen möchten, ist es sinnvoll, den entsprechenden Code selbst zu schreiben. Irgendwann artet es aber in Routine oder reine Zeitverschwendung aus, immer wieder denselben Code mit derselben Grundstruktur zu schreiben. Zur Lösung dieses Problems gibt es in Visual Studio .NET eine Reihe von Codegeneratoren für verschiedene Projektarten, die Ihnen den Anfang erleichtern. Die verfügbaren Projektvorlagen erscheinen im Fenster *Neues Projekt*, sobald Sie im *Datei*-Menü den Punkt *Neu, Projekt* wählen. Sie suchen sich die gewünschte Projektvorlage aus, konfigurieren das Projekt in den dazugehörigen Dialogfeldern und klicken auf *Fertig stellen*. Voilà – schon haben Sie ein funktionsfähiges Grundgerüst der Anwendung.

Aber das ist noch längst nicht alles. Dieses System ist erweiterbar – Sie können Ihre eigenen Assistenten entwickeln. Dieses Kapitel gibt Ihnen einen Überblick über die Visual Studio .NET-Assistenten und beschreibt die Entwicklung eigener Assistenten.

## Die verschiedenen Arten von Assistenten

Die Visual Studio .NET-Assistenten lassen sich in zwei Grundtypen aufteilen, nämlich in Assistenten mit einer Benutzeroberfläche und in solche ohne Benutzeroberfläche. Je nach der Komplexität Ihres Assistenten müssen Sie vielleicht eine Benutzeroberfläche vorsehen. Die meisten in diesem Buch eingesetzten Assistenten haben eine. So zeigt der MFC-Anwendungsassistent zum

Beispiel mehrere Seiten an, auf denen sich die gewünschte Anwendung näher beschreiben lässt. Es geht zum Beispiel darum, welche Dokumentschnittstelle die Anwendung erhalten soll (SDI oder MDI), ob Druck und Druckvorschau gewünscht oder ActiveX-Steuerelemente eingesetzt werden. Bei einfachen Anwendungsarten können Sie vielleicht auf eine Benutzerschnittstelle verzichten.

Assistenten ohne Benutzerschnittstelle nehmen einfach den Projektnamen, den der Benutzer eingegeben hat, und generieren die gewünschten Projektdateien anhand der Vorlagen, die Sie dafür definiert haben. Assistenten mit Benutzerschnittstelle sind etwas aufwendiger und können mehrere Seiten mit Optionen haben.

Ihnen steht übrigens der Quellcode von allen Visual C++ .NET-Assistenten zur Verfügung. Sie finden die entsprechenden Dateien im Verzeichnis \Programme\Microsoft Visual Studio .NET\VC7\VCWizards.

## So funktionieren Assistenten

Lassen Sie uns einen Blick auf die Arbeitsweise der Assistenten werfen, bevor wir einen eigenen entwickeln. Wir werden uns die drei wichtigsten Bestandteile eines Assistenten ansehen, nämlich die zu standardisierende Codevorlage, die Benutzerschnittstelle und den Code, den der Assistent generiert.

Die Aufgabe eines Codegenerators besteht darin, das Grundgerüst der gewünschten Anwendung zu generieren. Dann brauchen Sie diesen Code, der sich routinemäßig immer wieder in fast identischer Form ergibt, nicht mehr von Hand einzutippen. Dieses Grundgerüst stellt im Prinzip eine funktionierende Anwendung oder Bibliothek dar, die sich kompilieren lässt. Selbstverständlich soll der Code der Projektart entsprechen. Wenn Sie zum Beispiel eine Lohnbuchhaltung (payroll application) entwickeln, dann brauchen Sie in der Anwendung Klassen mit Namen wie *CPayrollDoc*, *CPayrollView* und *CPayrollFrame*. Nun ist es Sache des Assistenten, die Namen aus der Vorlage durch die Namen zu ersetzen, die der Entwickler eingibt.

Außerdem soll der Assistent je nach der Auswahl des Entwicklers noch bestimmte Codeteile hinzufügen oder weglassen. Wenn Sie zum Beispiel aus einer Liste mit den verfügbaren Optionen das *Info*-Dialogfeld auswählen, dann fügt der Assistent den korrekten Code in die Anwendung ein, der für das *Info*-Dialogfeld erforderlich ist.

Die zur Auswahl stehenden Optionen bietet der Assistent auf der Benutzeroberfläche an. Wichtigster Bestandteil der Schnittstelle ist ein HTML-Steuerelement namens *VCWizCtrl*. Die Visual Studio .NET -Assistenten betreiben die Benutzerschnittstelle mit HTML: Wenn Sie den Assistenten starten, sucht das *VCWizCtrl*-Objekt nach einer Liste mit den Dateien, die für die Darstellung der Benutzerschnittstelle zuständig sind, und zeigt diese Seiten im Assistenten an. Der Assistent ist für die Navigation in den Seiten zuständig und muss nach dem Klick des Anwenders auf die Schaltfläche *Fertig stellen* natürlich auch den gewünschten Code generieren.

Ein Wizard kann beliebig viele Seiten haben, wobei jede Seite durch eine separate HTML-Datei definiert und gesteuert wird. Zur Navigation zeigt der Assistent die Schaltflächen *Weiter* und *Zurück* an (oder jedes andere Format, das Sie festlegen). Die HTML-Datei, in der die Implementierung der Schnittstelle des Assistenten liegt, enthält ein *SYMBOL*-Tag, das die Standardauswahl für die vom Entwickler definierten Optionen festlegt.

Der Assistent führt während seiner Laufzeit eine Symboltabelle. Die Symboltabelle ermöglicht es, die gewünschten Ersatzbegriffe wie in einem Wörterbuch nachzuschlagen. Die in der HTML-Datei deklarierten Symbole werden in die Symboltabelle eingetragen, sobald der Benutzer *Fertig stellen* anklickt. Nehmen Sie folgende HTML-Zeile aus der Benutzerschnittstelle eines Assistenten als Beispiel:

`<SYMBOL NAME='SOURCE_FILE' VALUE='MySource.cpp' TYPE=text></SYMBOL>`

Das *text*-Feld bietet dem Benutzer in der Benutzerschnittstelle die Möglichkeit zur Eingabe der erforderlichen Daten. Identifiziert wird die Textbox durch das Symbol *SOURCE_FILE*. Das ist der Schlüssel, nach dem der Assistent sucht, wenn er für die Quelldateien die erforderlichen Ersetzungen vornimmt. Wir das funktioniert, werden wir uns gleich noch etwas genauer ansehen. Im Prinzip ist jede HTML-Datei, die der Assistent einsetzt, selbst für die Eintragung der vom Benutzer gewählten Optionen in die Symboltabelle verantwortlich.

Die entscheidende Programmlogik der Assistenten wird normalerweise mit JScript implementiert. Wenn Sie das Verhalten des Assistenten ändern möchten, können Sie mit JScript-Funktionen auf das Assistentenmodell von Visual C++ .NET zugreifen. Diese Funktionen stehen in einem Abschnitt der HTML-Seite, der mit *<SCRIPT LANGUAGE='JSCRIPT'>* beginnt.

**HINWEIS:** Weitere Informationen über das Assistentenmodell von Visual C++ .NET und andere Objektmodelle, aus denen sich das Visual C++ Extensibility Object Model zusammensetzt, finden Sie in der MSDN Library.

## Entwicklung eines Assistenten

Der erste Schritt zur Erstellung eines Assistenten besteht darin, die Vorlage für das zu generierende Programmgerüst zu entwickeln und zu debuggen. Sobald Sie damit fertig sind, können Sie das Grundgerüst des entsprechenden Assistenten mit Visual Studio .NET generieren. Zur Entwicklung von Assistenten bietet Visual Studio .NET einen Assistenten namens *Benutzerdefinierter Assistent* an. Dieser Assistent generiert alle Dateien, die zur Implementierung eines Assistenten erforderlich sind.

Geben Sie zur Erstellung des Grundgerüsts im Menü *Datei* den Befehl *Neu, Projekt*. Wählen Sie *Visual C++ Projekte* und dann die Vorlage *Benutzerdefinierter Assistent*. Geben Sie im Feld *Name* einen Namen für den Assistenten ein. Der Assistent hat nur zwei Seiten, nämlich *Übersicht* und *Anwendungseinstellungen*. Auf der Seite *Anwendungseinstellungen* können Sie dem Assistenten einen Namen geben, sich für oder gegen eine Benutzerschnittstelle entscheiden und die Seitenanzahl festlegen. Tabelle 4.1 führt die Dateien auf, die der *Benutzerdefinierte Assistent* generiert.

| Dateien | Beschreibung |
|---|---|
| *Project*.vsz | Eine Textdatei mit der Angabe des zuständigen Assistentenmoduls, des Kontextes und optionaler Parameter. |
| *Project*.vsdir | Eine Textdatei für die Verknüpfung der Visual Studio-Shell mit den entsprechenden Bestandteilen des Assistentenprojekts. |
| HTML-Dateien (optional) | Das sind die Dateien mit der Implementierung der Benutzerschnittstelle. Die Benutzeroberfläche eines Assistenten wird in HTML implementiert. Assistenten ohne Benutzeroberfläche brauchen daher keine HTML-Dateien.<br><br>Die Datei default.htm legt die Eigenschaften der Benutzeroberfläche fest. Hat der Assistent mehrere Seiten, so werden auch mehrere HTML-Dateien generiert. Die Namensgebung der Dateien erfolgt nach dem Muster Page_*X*.htm, wobei *X* die Seitennummer ist. |
| Skriptdateien | Der Programmcode des Assistenten liegt als Skript vor. Ein Assistent hat für jedes Projekt eine JScript-Datei namens Default.js. Außerdem gehört noch die Datei Common.js dazu. ▶ |

| Dateien | Beschreibung |
|---|---|
| | Diese Dateien enthalten JScript-Funktionen, die auf die Visual C++ .NET-Assistenten-, Code-, Projekt- und Ressourcen-Editormodele zugreifen, damit der Assistent in der gewünschten Weise arbeitet. Sie können die Datei Default.js des Assistentenprojekts bearbeiten und zusätzliche Funktionen einfügen. |
| Vorlagendateien | Eine Auflistung von Textdateien, die im Verzeichnis Template liegen und Anweisungen enthalten. Diese Dateien werden analysiert und entsprechend der Auswahl, die der Benutzer getroffen hat, in die Symboltabellen eingefügt. Die Textdateien werden entsprechend den Vorgaben des Anwenders ausgegeben und ins Projekt aufgenommen. Die erforderlichen Informationen werden direkt aus der Symboltabelle des Assistenten ausgelesen. |
| Templates.inf | Eine Textdatei, die alle zum Projekt gehörigen Vorlagen auflistet. |
| default.vcproj | Eine XML-Datei mit Informationen über die Projektart. |
| Sample.txt | Zeigt, wie die Anweisungen für den Assistenten benutzt werden. |
| ReadMe.txt | Beschreibt die Dateien, die der *Benutzerdefinierte Assistent* generiert hat. |
| Bilddateien (optional) | Eine Datei mit Bildern wie Symbole (Icons), GIFs, BMPs und andere für HTML geeignete Bildformate, die zur Erweiterung der Benutzerschnittstelle des Assistenten dienen. Ein Assistent, der sowieso keine Benutzerschnittstelle hat, braucht natürlich auch keine Bilder. |
| Styles.css (optional) | Eine Datei mit Formatangaben für die Benutzeroberfläche. Sofern Ihr Assistent keine Benutzeroberfläche hat, generiert der *Benutzerdefinierte Assistent* auch keine CSS-Datei. |
| Common.js | Allgemeine JScript-Funktionen, die von allen Assistenten benutzt werden. Diese Datei wird aber nicht vom *Benutzerdefinierten Assistenten* generiert und ist daher auch nicht unter den generierten Dateien zu finden. |

*Tabelle 4.1: Diese Dateien generiert der* Benutzerdefinierte Assistent

# Erstellung eines Assistenten zur Entwicklung von Webanwendungen mit verwaltetem C++

Dieser Abschnitt handelt von der Erstellung eines benutzerdefinierten Anwendungsassistenten, der eine Webanwendung für ASP.NET und verwaltetes C++ generiert. Allerdings werden wir uns erst in der zweiten Hälfte dieses Buchs ausführlicher um die Details kümmern, die bei der Entwicklung einer Web Forms-Anwendung mit ASP.NET und verwaltetem C++ wichtig sind. Im Folgenden konzentrieren wir uns auf die Entwicklung des Anwendungsassistenten, der Web Forms-Anwendungen generieren kann. Für eine Web Forms-Anwendung müssen mehrere verschiedene Dateiarten generiert werden. Außerdem können wir noch verschiedene Optionen aufnehmen, zum Beispiel zur Ablaufverfolgung und zur Fehlersuche, und einige Steuerelemente einfügen, damit wir sehen, wie der Anwendungsassistent arbeitet. Zur Web Forms-Anwendung gehört der Quellcode für eine DLL, die mit verwaltetem C++ erstellt werden soll, sowie eine Webkonfigurationsdatei und eine Arbeitsmappendatei für Visual Studio .NET. In jeder dieser Dateien muss der Anwendungsassistent einige Ersetzungen vornehmen.

Wir beginnen die Entwicklung unseres Assistenten mit dem *Benutzerdefinierten Assistenten*. Wie bereits beschrieben, handelt es sich dabei um einen Assistenten aus Visual Studio .NET, der einen benutzerdefinierten Assistenten generiert. Der Name unseres Beispielassistenten lautet *ManagedCWebFormWizard*. Der Assistent erhält eine Benutzerschnittstelle mit einem Umfang von einer Seite. Für Ihren eigenen Assistenten können Sie natürlich so viele Seiten vorsehen, wie Sie für erforderlich halten. Wir beschränken uns in diesem Beispiel auf eine Seite, damit das Beispiel leichter zu verstehen ist.

Die Benutzerschnittstelle soll Kontrollkästchen für die Aufnahme von Steuerelementen und zum Einschalten der Debug- und Ablaufverfolgungsoptionen erhalten. Die HTML-Seite mit der Implementierung der Benutzerschnittstelle finden Sie im Projektmappenexplorer. Die Gestaltung dieser Seite verläuft weitgehend so, wie normale Dialogfelder erstellt werden. Sie können aus der Toolbox auf der linken Seite der Visual Studio .NET-IDE ein Steuerelement auswählen, es an die gewünschte Position ziehen und im Eigenschaftenfenster die gewünschten Eigenschaften festlegen. Der Assistent erhält für seine Schnittstellenseite sechs Kontrollkästen. Drei dienen zur Auswahl der Steuerelemente für die Zielanwendung. Es gibt jeweils eines zur Aufnahme eines *CheckBox*-Steuerelements in die Web Form-Anwendung, eines für die Aufnahme eines *Label*-Steuerelements und eines für ein *TextBox*-Steuerelement. Der *TextBox*-Kontrollkasten hat die ID *UseTextBox*, der *Label*-Kontrollkasten erhält die ID *UseLabel* und der *CheckBox*-Kontrollkasten erhält die ID *UseCheckBox*. Wenn der Assistent den Code generiert, sucht er nach diesen drei Symbolen, damit er sie in die ASPX-Seite und in die Codeseite einbauen kann.

Die drei anderen Kontrollkästen sind für die Debugoptionen: eines für die Überwachung der Seiten, eines für die Überwachung der Anfragen und eines zum Einschalten des Debugmodus. Diese Kontrollkästen erhalten die IDs *UsePageTracing*, *UseRequestTracing* und *UsePageDebugging*. Wie bei den Optionen für die Benutzerschnittstelle sucht der Assistent nach diesen Symbolen, damit er den gewünschten Code ins generierte Projekt einfügen kann.

Bild 4.1 zeigt, wie default.htm, die Seite mit der Benutzerschnittstelle, im fertigen Assistenten aussieht.

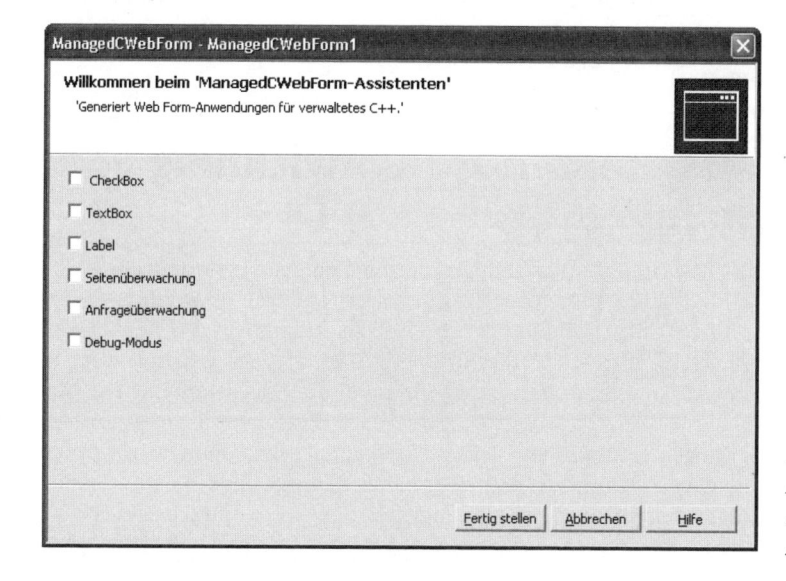

***Bild 4.1:*** *Default.htm der Anwendung ManagedCWebFormWizard im fertigen Assistenten*

Sobald die Steuerelemente ihren Platz auf der Seite gefunden haben, müssen Sie mit den entsprechenden Symbolen verknüpft werden, die der Assistent für seine Ersetzungen verwenden kann. Auf der Stammseite default.htm der Benutzerschnittstelle des Assistenten gibt es einen Block mit Symboleinträgen. Hier tragen Sie die Symbole für den Webanwendungsassistenten wie folgt ein:

```
<SYMBOL NAME="UseCheckBox" TYPE="checkbox" VALUE="false"></SYMBOL>
<SYMBOL NAME="UseTextBox" TYPE="checkbox" VALUE="false"></SYMBOL>
<SYMBOL NAME="UseLabel" TYPE="checkbox" VALUE="false"></SYMBOL>
<SYMBOL NAME="UsePageTracing" TYPE="checkbox" VALUE="false"></SYMBOL>
<SYMBOL NAME="UseRequestTracing" TYPE="checkbox" VALUE="false"></SYMBOL>
<SYMBOL NAME="UsePageDebugging" TYPE="checkbox" VALUE="false"></SYMBOL>
```

Beachten Sie bitte, dass jedes dieser Symbole mit einem Kontrollkasten der Benutzeroberfläche des Assistenten verknüpft ist.

Der nächste Schritt besteht darin, den Originalquellcode entsprechend zu kommentieren, damit der Assistent die Stellen findet, an denen er zusätzlichen Code einfügen kann. Der Code des Originalprogramms, das dem Assistenten als Vorlage zum Generieren der Zielanwendung dient, liegt im Unterverzeichnis Templates des Assistenten. Die fertige Anwendung ManagedCWebForm braucht drei Dateien: eine Headerdatei mit den C++-Klassen, eine ASPX-Datei mit der Beschreibung der Webseite und die Webkonfigurationsdatei mit den Einstellungen. Die Vorlagen für diese Dateien liegen im Template-Verzeichnis des Assistenten. Sehen wir uns die Vorlagen etwas genauer an, nach denen der Assistent den Code für die gewünschte Zielanwendung generiert. So sieht der Code für die C++-Headerdatei aus:

```
// ManagedCWebForm.h

#pragma once

using namespace System;
#using <System.dll>
#using <System.Web.dll>

using namespace System;
using namespace System::Web;
using namespace System::Web::UI;
using namespace System::Web::UI::WebControls;
using namespace System::Collections;
using namespace System::ComponentModel;

namespace ProgVSNET_ManagedCWebForm
{
    public __gc class ManagedCWebPage : public Page
    {
        public:
            Button* m_button;
[!if UseLabel]
            Label* m_label;
[!endif]
[!if UseTextBox]
            TextBox* m_text;
[!endif]
[!if UseCheckBox]
            CheckBox* m_check;
[!endif]
            ManagedCWebPage()
            {
                // To do: Hier Konstruktionscode einfügen...
            }
```

```
        void SubmitEntry(Object* o, EventArgs* e)
        {
            // Wird nach Klick auf die Schaltfläche Submit (Senden) aufgerufen
            // To do: Seitenladecode hier einfügen...
            String* str;

            str = new String("Hallo ");
            str = str->Concat(str, m_text->get_Text());
            str = str->Concat(str, new String(" Sie haben Submit gedrückt"));
[!if UseLabel]
            m_label->set_Text(str);
[!if UseLabel]
        }

        void Page_Load(Object* o, EventArgs* e)
        {
            // To do: Seitenladecode hier einfügen...
[!if UsePageTracing]
            Trace->Write("Custom", "In Page_Load");
[!endif]
            if(!IsPostBack) {
            }
        }
    };
}
```

Wenn der Assistent den Zielcode generiert, überprüft er, ob die Schlüsselsymbole aus den eckigen Klammern in der Symboltabelle zu finden sind. In unserem Beispiel handelt es sich bei den Ausdrücken um einfache boolesche Tests. Hat der Benutzer in den Kontrollkästen eine Auswahl getroffen, werden die entsprechenden Steuerelemente oder Debuganweisungen eingeschaltet (der entsprechende Code wird generiert). Andernfalls werden sie ausgeschaltet und der entsprechende Code fehlt im generierten Quellcode. Dieses Grundprinzip gilt für jede Datei, die generiert werden muss. So liest der Assistent zum Beispiel folgenden Vorlagencode für die ASP.NET-Seite ein und entscheidet anhand der Symbole *UseRequestTracing*, *UseTextBox*, *UseLabel* und *UseCheckBox*, welche Codeteile in den generierten Code übernommen werden sollen:

```
<%@ Page Language="C#"
[!if UseRequestTracing]
    Trace=true
[!endif]
    Inherits="ProgVSNET_ManagedCWebForm.ManagedCWebPage"
%>
<html>
<body>
<form runat=server>
<h2>ASP.NET Web Form</h2>

<br><br><br>

    <asp:Button Text="Sumit" id="m_button"
        OnClick="SubmitEntry" runat=server /><br/>

    <asp:Label Text="Geben Sie hier Ihren Namen ein" runat=server />
[!if UseTextBox]
    <asp:TextBox id="m_text" runat=server /><br/>
[!endif]
```

*Visual C++ .NET-Assistenten*

```
[!if UseCheckBox]
    <asp:CheckBox id="m_check" runat=server /> <br/>
[!end]
[!if UseLabel]
    <asp:Label id="m_label" runat=server />
[!endif]

</form>
</body>
</html>
```

Nun fehlt noch die Webkonfigurationsdatei. Dabei handelt es sich um eine XML-Datei, der ASP.NET entnimmt, wie die Webanwendung konfiguriert werden soll. In diesem Fall geht es darum, ob die Ablaufverfolgung (Tracing) und der Debugmechanismus auf Seitenebene eingeschaltet werden soll oder nicht, je nach den ursprünglichen Vorgaben in den Kontrollkästen:

```
<configuration>
    <system.web>
[!if UsePageDebugging]
    <compilation debug='true'></compilation>
[!endif]
[!if UsePageTracing]
    <trace enabled='true'></trace>
[!endif]
    </system.web>
</configuration>
```

Außerdem muss der Assistent in Erfahrung bringen, welche Dateien für die Zielanwendung generiert werden sollen. Im Template-Verzeichnis der Assistenten liegt eine Datei namens Templates.inf mit einer Liste der Dateien, die für die Zielanwendung generiert werden sollen. Aus der Datei Template.inf erfährt der Assistent, welche Dateien ins Zielprojekt aufgenommen werden. Für unser Beispiel tragen wir die Dateien ManagedCWebForm.cpp, ManagedCWebForm.h, ManagedCWebForm.aspx und Web.config in diese Datei ein. Die Datei funktioniert in derselben Weise wie die bereits beschriebenen anderen Dateien. Der Assistent überprüft, ob die in der Datei enthaltenen Symbole in der Symboltabelle zu finden sind, und generiert die Zieldateien nach den Vorgaben, die der Benutzer in der Benutzerschnittstelle festgelegt hat. Wenn der Skriptcode das Projekt generiert, ruft er die Funktion *GetTargetName* auf, damit er die Namen der Kerndateien (ManagedCWebForm.aspx, ManagedCWebForm.cpp und ManagedWebForm.h) auf den Projektnamen umstellen kann, den der Benutzer im Assistenten eingegeben hat. Die an diesen Assistenten angepasste *GetTargetName*-Funktion, die für die Änderung der Dateinamen zuständig ist, sieht so aus:

```
function GetTargetName(strName, strProjectName)
{
    try
    {
        var strTarget = strName;
        if (strName.substr(0, 15) == "ManagedCWebForm")
        {
            var strlen = strName.length;
            strTarget = strProjectName + strName.substr(15, strlen - 15);
        }
        return strTarget;
    }
```

```
    catch(e)
    {
        throw e;
    }
}
```

Nachdem der Assistent die Dateien generiert hat, stellt er sie zum Projekt zusammen. Die Skripts zur Erstellung des Projekts liegen im Unterverzeichnis Scripts des Assistentenprojekts. Im Standardskript, das der *Benutzerdefinierte Assistent* generiert, gibt es eine Methode namens *AddConfig*. Zu Visual Studio .NET gehört ein Projektobjektmodell, mit dem man die Projektkonfiguration des generierten Projekts ändern kann. Der folgende Code schaltet den DLL-Schalter ein und generiert eine verwaltete Assembly (was »verwalteter Code« ist, wird uns im letzten Teil dieses Buchs beschäftigen):

```
function AddConfig(proj, strProjectName)
{
    try
    {
        var config = proj.Object.Configurations('Debug');
        config.IntermediateDirectory = 'Debug';
        config.OutputDirectory = 'Debug';

        config.ConfigurationType = typeDynamicLibrary;

        var CLTool = config.Tools('VCCLCompilerTool');
        // TODO: Compilereinstellungen hinzufügen
        CLTool.CompileAsManaged = managedAssembly;

        var LinkTool = config.Tools('VCLinkerTool');
        // TODO: Linkereinstellungen hinzufügen

        config = proj.Object.Configurations('Release');
        config.IntermediateDirectory = 'Release';
        config.OutputDirectory = 'Release';

        var CLTool = config.Tools('VCCLCompilerTool');
        // TODO: Compilereinstellungen hinzufügen
        CLTool.CompileAsManaged = managedAssembly;

        var LinkTool = config.Tools('VCLinkerTool');
        // TODO: Linkereinstellungen hinzufügen
    }
    catch(e)
    {
        throw e;
    }
}
```

Sobald der Assistent fertig ist, müssen Sie Visual Studio .NET über seine Existenz informieren. Damit Visual Studio .NET mit dem Assistenten arbeiten kann, braucht der Assistent sein eigenes Verzeichnis unter \Programme\Microsoft Visual Studio .NET\VC7\VCWizards. Die Dateien für die Benutzeroberfläche gehören ins HTML-Verzeichnis unter dem Assistentenverzeichnis, die Dateien mit den Codevorlagen gehören ins Templates-Verzeichnis unter dem Assistentenverzeichnis und die Skripts werden in das Verzeichnis Scripts unter dem Assistentenverzeichnis kopiert.

Die Dateien für die Benutzeroberfläche und die Vorlagendateien lassen sich lokalisieren. Die VSDIR-Datei, die VSZ-Datei und die Symboldatei gehören ins Verzeichnis \Programme\Microsoft Visual Studio .NET\VC7\VCProjects. Wie bereits erwähnt, werden die VSDIR- und VSZ-Dateien vom *Benutzerdefinierten Assistenten* generiert.

Das Anwendungsassistentenmodell von Visual Studio .NET ist umfangreich und flexibel. Wir konnten uns aus Platzgründen aber nur mit Ersetzungen beschäftigen, bei denen die Zustände von Kontrollkästchen steuern, welche Codeteile eingefügt werden und welche nicht. Man kann für alle möglichen Anwendungsarten passende Assistenten entwickeln. Auch die anderen Assistenten von Visual Studio .NET wurden nach dieser Assistentenarchitektur entwickelt. So zum Beispiel der *ATL-Assistent für einfache Objekte*, der *Generische C++-Klassen-Assistent* und der *Assistent zum Hinzufügen von Membervariablen*.

Jeder dieser Assistenten hat Zugriff auf das gesamte Visual Studio .NET-Objektmodell. So entsteht der Eindruck, dass die Entwicklungsumgebung die Klassen und den anderen Code aus Ihrer Anwendung zu verstehen scheint.

Ein Blick in \Programme\Microsoft Visual Studio .NET\VC7\VCWizards lohnt sich – dort finden Sie alle Assistenten, die es in Visual Studio .NET gibt.

# 5 Windows-Meldungen

| | |
|---|---|
| 57 | Benutzereingaben verarbeiten: Meldungszuordnungen |
| 67 | Abbildungsmodi |
| 74 | Ein bildlauffähiges Ansichtsfenster |
| 79 | Weitere Windows-Meldungen |

In Kapitel 3 haben Sie gesehen, wie das mit der MFC-Bibliothek erstellte Anwendungsgerüst die virtuelle Funktion *OnDraw* der Ansichtsklasse aufruft. Sehen Sie jetzt einmal in die Onlinehilfe zur MFC-Bibliothek. In der Dokumentation der Klasse *CView* und ihrer Basisklasse, der Klasse *CWnd*, finden Sie mehrere Hundert Memberfunktionen. Bei den Funktionen, deren Namen mit *On* beginnen, beispielsweise *OnKeyDown* oder *OnLButtonUp*, handelt es sich um Memberfunktionen, die das Anwendungsgerüst als Reaktion auf Windows-Ereignisse aufruft, zum Beispiel nach Tastenanschlägen oder Mausklicks.

Die meisten dieser vom Anwendungsgerüst aufgerufenen Funktionen sind nicht virtuell und erfordern daher einen größeren Programmieraufwand. In diesem Kapitel wird erklärt, wie man mit dem Eigenschaftenfenster der Klassenansicht von Visual C++ .NET die *Meldungstabelle* einrichtet, mit deren Hilfe die Verbindung zwischen dem Anwendungsgerüst und Ihren Funktionen hergestellt wird.

Dieses Kapitel stellt Ihnen einige Beispielprogramme mit Meldungen vor. In den ersten beiden Beispielen wird eine gewöhnliche *CView*-Klasse eingesetzt. In Ex05a werden Sie etwas über den Zusammenhang zwischen der Funktion *Ondraw* und den Ereignissen erfahren, die der Benutzer auslöst. Ex05b illustriert die Wirkung der verschiedenen Abbildungsmodi von Windows. Bei den meisten Anwendungen sollen Ansichtsobjekte einen Bildlauf durchführen können (anders gesagt, man verschiebt den vom Dokument sichtbaren Ausschnitt mit einer Bildlaufleiste). Im letzten Beispiel Ex05c wird daher die Klasse *CScrollView* statt der Basisklasse *CView* verwendet. Mit dieser Klasse erstellte Ansichtsobjekte verfügen über funktionsfähige Bildlaufleisten.

## Benutzereingaben verarbeiten: Meldungszuordnungen

Die Anwendung Ex03a aus Kapitel 3 akzeptiert keine Benutzereingaben (abgesehen von den Windows-Standardbefehlen zur Größenänderung und zum Schließen von Fenstern). Das Anwendungsfenster enthält Menüs und eine Symbolleiste, die aber nicht mit dem Code des Ansichtsobjekts »verknüpft« sind. Auf Menüs und Symbolleisten möchte ich erst in Teil III dieses Buchs eingehen, weil diese Komponenten auf eine Rahmenklasse angewiesen sind, die wir noch nicht besprochen haben. Es gibt unter Windows aber noch genügend andere Eingabemöglichkeiten, die Sie bis dahin beschäftigen werden. Bevor Sie überhaupt ein Windows-Ereignis bearbeiten können, sei es auch nur ein simpler Mausklick, müssen Sie sich mit dem MFC-Meldungszuordnungssystem beschäftigen.

## Die Meldungszuordnung

Wenn der Anwender in einem Ansichtsfenster die linke Maustaste drückt, sendet Windows eine Meldung (in diesem Fall *WM_LBUTTONDOWN*) an dieses Fenster. Falls Ihr Programm auf die Meldung *WM_LBUTTONDOWN* reagieren soll, muss Ihre Ansichtsklasse eine Memberfunktion wie die folgende enthalten:

```
void CMyView::OnLButtonDown(UINT nFlags, CPoint point)
{
  // Anweisungen zur Verarbeitung der Meldung
}
```

Und der zugehörige Prototyp muss in der Headerdatei Ihrer Klasse deklariert sein:

```
afx_msg void OnLButtonDown(UINT nFlags, CPoint point);
```

Der Ausdruck *afx_msg* erfüllt lediglich den Zweck, Sie darauf aufmerksam zu machen, dass es sich um einen Prototyp für einen Meldungshandler handelt.

Des Weiteren muss der Code die Funktion *OnLButtonDown* mit dem vorgesehenen Makro mit dem Anwendungsgerüst verknüpfen:

```
BEGIN_MESSAGE_MAP(CMyView, CView)
  ON_WM_LBUTTONDOWN() // Meldungszuordnung für OnLButtonDown
  // andere Meldungstabelleneinträge
END_MESSAGE_MAP()
```

Außerdem muss die Headerdatei der Klasse noch die folgende Anweisung enthalten:

```
DECLARE_MESSAGE_MAP()
```

Woher wissen Sie, welche Funktion zu welcher Windows-Meldung gehört? In Anhang A (und in der Online-Dokumentation der MFC-Bibliothek) ) finden Sie eine Tabelle mit den vordefinierten Windows-Meldungen und den Prototypen der zugehörigen Memberfunktionen. Sie können die Meldungshandler auch von Hand schreiben – das ist für bestimmte Meldungen sogar erforderlich. Glücklicherweise erleichtern aber die Codeassistenten, die im Eigenschaftsfenster der Klassenansicht zugänglich sind, die Erstellung der meisten Meldungshandler.

## Den Zustand eines Ansichtsobjekts speichern: Datenelemente

Wenn ein Programm Eingaben des Benutzers annimmt, sollte der Benutzer dazu eine visuelle Rückmeldung bekommen. Die Funktion *OnDraw* des Ansichtsobjekts stellt die Daten so dar, wie es dem aktuellen Zustand des Objekts entspricht. Die Aktionen des Benutzers können diesen Zustand ändern. In einer vollständig ausgearbeiteten MFC-Anwendung speichert das Dokumentobjekt zwar wichtige Zustandsdaten, aber so weit sind wir noch nicht. Einstweilen verwenden wir zwei *Datenelemente* (class data members) der Ansichtsklasse namens *m_rectEllipse* und *m_nColor*. Das erste Datenelement ist ein *CRect*-Objekt und stellt das aktuelle Begrenzungsrechteck einer Ellipse dar. Das zweite ist ein Wert vom Typ *int*, der die aktuelle Farbe der Ellipse repräsentiert.

**HINWEIS:** Gemäß Konvention beginnen in der MFC-Bibliothek die Namen nichtstatischer Datenelemente mit *m_*.

Die Farbe der Ellipse (anders gesagt, der Zustand des Ansichtsobjekts) soll sich nun mit Hilfe eines Meldungshandlers zwischen Grau und Weiß umschalten lassen. (Die Farbänderung und somit die Umschaltung wird durch einen Druck auf die linke Maustaste ausgelöst.) Die Ausgangswerte von *m_rectEllipse* und *m_nColor* werden im Konstruktor des Ansichtsobjekts festgelegt, und die Farbe wird mit der Memberfunktion *OnLButtonDown* geändert.

**HINWEIS:** Warum speichern wir den Zustand des Ansichtsobjekts nicht in einer globalen Variablen? Würden wir das tun, kämen wir in Schwierigkeiten, sobald eine Anwendung mehrere Ansichten verwendet. Abgesehen davon ist die Kapselung von Daten in Objekten ein wesentlicher Teil der objektorientierten Programmierung.

### Ein Datenelement der Ansichtsklasse initialisieren

Der Konstruktor ist der beste Ort für die Initialisierung der Datenelemente einer Klasse.
```
CMyView::CMyView() : m_rectEllipse(0, 0, 200, 200) {...}
```

Mit derselben Syntax könnten wir auch *m_nColor* initialisieren. Weil es sich um einen Grundtyp handelt (einen Wert vom Typ *int*), wird hiermit derselbe Code generiert wie bei einer Zuweisung im Konstruktor.

## Was sind ungültige Rechtecke?

Die Funktion *OnLButtonDown* könnte den ganzen Tag lang ständig den Wert von *m_nColor* ändern, ohne dass die Funktion *OnDraw* jemals aufgerufen würde (es sei denn, der Benutzer änderte zum Beispiel die Größe des Ansichtsfensters). *OnLButtonDown* muss aus diesem Grund die Funktion *InvalidateRect* aufrufen (eine von *CWnd* geerbte Memberfunktion). *InvalidateRect* löst die Windows-Meldung *WM_PAINT* aus, die in der Klasse *CView* von der virtuellen Memberfunktion *OnDraw* bearbeitet wird. Bei Bedarf kann *OnDraw* auf einen Parameter von *InvalidateRect* zugreifen, der das ungültige Rechteck beschreibt.

Anzeigeoperationen lassen sich unter Windows auf zweierlei Weise optimieren. Zunächst müssen Sie wissen, dass Windows nur diejenigen Bereiche des Bildschirms aktualisiert, die innerhalb des ungültigen Rechtecks liegen. Je kleiner Sie also das ungültige Rechteck machen (beispielsweise in der Funktion *OnLButtonDown*), desto schneller kann es neu angezeigt werden. Zweitens ist es reine Zeitverschwendung, Zeichenbefehle außerhalb des ungültigen Rechtecks auszuführen. Ihre Version von *OnDraw* könnte die Memberfunktion *GetClipBox* der Klasse *CDC* aufrufen, um das ungültige Rechteck zu ermitteln, und dann dafür sorgen, dass keine Objekte angezeigt werden, die außerhalb dieses Bereichs liegen. Denken Sie daran, dass *OnDraw* nicht nur als Reaktion auf Ihren Aufruf von *InvalidateRect* aufgerufen wird, sondern auch, wenn der Benutzer die Fenstergröße ändert oder ein Fenster wiederherstellt. *OnDraw* ist also für sämtliche Anzeigeoperationen in einem Fenster zuständig und muss mit jedem Rechteck umgehen können, das einen ungültig gewordenen Ausschnitt des Fensters beschreibt.

## Hinweis für Win32-Programmierer

Die MFC-Bibliothek erleichtert es, einem Fenster in Form von C++-Datenelementen eigene *Zustandsvariablen* zuzuordnen. In der Win32-Programmierung stehen zu diesem Zweck die *WNDCLASS*-Elemente *cbClsExtra* und *cbWndExtra* zur Verfügung. Deren Verwendung ist allerdings so kompliziert, dass Entwickler eher dazu neigen, globale Variablen zu verwenden.

## Der Clientbereich eines Fensters

Die Arbeitsfläche eines Fensters wird Clientbereich genannt. Darunter versteht man die Fensterfläche ohne Rahmen, Titelleiste, Menüleiste und angedockte Symbolleisten. Die Memberfunktion *GetClientRect* von *CWnd* liefert die Größe des Clientbereichs. Normalerweise sind Anzeigeoperationen außerhalb des Clientbereichs nicht zulässig und die meisten Mausmeldungen können nur empfangen werden, wenn sich der Mauszeiger über dem Clientbereich befindet.

## Berechnungen mit CRect, CPoint und CSize

Die Klassen *CRect*, *CPoint* und *CSize* wurden von den Windows-Strukturen *RECT*, *POINT* und *SIZE* abgeleitet und haben somit die folgenden öffentlichen ganzzahligen Datenelemente geerbt:

*CRect*   left, top, right, bottom

*CPoint*   x, y

*CSize*   cx, cy

Wenn Sie in der Referenz zur *Microsoft Foundation Class Library* nachschlagen, sehen Sie, dass diese drei Klassen eine Reihe von überladenen Operatoren besitzen. Sie können unter anderem folgende Operationen ausführen:

- ein *CSize*-Objekt zu einem *CPoint*-Objekt addieren,
- ein *CSize*-Objekt von einem *CPoint*-Objekt subtrahieren,
- ein *CPoint*-Objekt von einem anderen *CPoint*-Objekt subtrahieren (ergibt ein *CSize*-Objekt),
- ein *CPoint*- oder *CSize*-Objekt zu einem *CRect*-Objekt addieren,
- ein *CPoint*- oder *CSize*-Objekt von einem *CRect*-Objekt subtrahieren.

Die Klasse *CRect* verfügt über Memberfunktionen, die sich auf die Klassen *CSize* und *CPoint* beziehen. Beispielsweise liefert die Memberfunktion *TopLeft* ein *CPoint*-Objekt, und *Size* liefert ein *CSize*-Objekt. Deshalb kann man ein *CSize*-Objekt auch als »Differenz zweiter *CPoint*-Objekte« auffassen und ein *CRect*-Objekt durch ein *CPoint*-Objekt verschieben.

## Liegt ein Punkt in einem Rechteck?

Die Klasse *CRect* verfügt über eine Memberfunktion namens *PtInRect*, die prüft, ob ein Punkt innerhalb eines Rechtecks liegt. Der zweite Parameter von *OnLButtonDown*, nämlich *point*, ist ein Objekt der Klasse *CPoint*, das die Position des Mauszeigers im Clientbereich des Fensters bezeichnet. Wenn Sie wissen möchten, ob sich dieser Punkt im Rechteck *m_rectEllipse* befindet, können Sie *PtInRect* auf folgende Weise benutzen:

```
if (m_rectEllipse.PtInRect(point)) {
    // Punkt liegt innerhalb des Rechtecks.
}
```

Wie Sie aber bald sehen werden, funktioniert dieser einfache Ansatz nur, solange Sie (wie bisher) mit Gerätekoordinaten arbeiten.

## Der *CRect*-Operator *LPCRECT*

Wenn Sie die Referenz zur *Microsoft Foundation Class Library* sorgfältig lesen, werden Sie bemerken, dass *CWnd:InvalidateRect* einen Parameter des Typs *LPCRECT* (einen Zeiger auf eine Struktur des Typs *RECT*) hat, also keinen *CRect*-Parameter. *CRect*-Parameter sind trotzdem zulässig, weil in der Klasse *CRect* der überladene Operator *LPCRECT()* definiert wird, der die Adresse eines *CRect*-Objekts zurückgibt, die der Adresse eines *RECT*-Objekts entspricht. Daher konvertiert der Compiler *CRect*-Argumente bei Bedarf in *LPCRECT*-Parameter. Sie rufen Funktionen so auf, als hätten sie *CRect*-Referenzparameter.

Mit den folgenden Zeilen werden die Koordinaten des Clientrechtecks ermittelt und in *rectClient* gespeichert:

```
CRect rectClient;
GetClientRect(rectClient);
```

## Liegt ein Punkt innerhalb einer bestimmten Ellipse?

Im Beispielprogramm Ex05a wird festgestellt, ob der Mausklick im Innern des Rechtecks erfolgt. Wenn Sie einen Test mit komplizierteren Umrissen durchführen möchten, können Sie zum Beispiel prüfen, ob das Innere der Ellipse angeklickt worden ist. Zu diesem Zweck müssen Sie ein Objekt des Typs *CRgn* erstellen, das der Ellipse entspricht, und statt der Funktion *PtInRect* die Funktion *PtInRegion* verwenden. Der entsprechende Code sieht wie folgt aus:

```
CRgn rgn;
rgn.CreateEllipticRgnIndirect(m_rectEllipse);
if (rgn.PtInRegion(point)) {
    // Punkt liegt in der Ellipse.
}
```

Auch die Funktion *CreateEllipticRgnIndirect* hat einen Parameter vom Typ *LPRECT*. Die Funktion erstellt eine spezielle interne Datenstruktur, die einen elliptischen Bereich aus dem Fenster repräsentiert. Diese Struktur wird anschließend mit dem C++-Objekt *CRgn* Ihres Programms verknüpft. Auf ähnliche Weise lassen sich auch beliebige Vielecke (Polygone) überprüfen.

## Das Beispielprogramm Ex05a

Im Beispielprogramm Ex05a wird die Farbe einer Ellipse (die hier zufällig ein Kreis ist) geändert, wenn der Benutzer die linke Maustaste drückt, während sich der Mauszeiger innerhalb des Begrenzungsrechtecks der Ellipse befindet. Sie speichern mit Hilfe der Datenelemente der Ansichtsklasse den Zustand der Ansicht und veranlassen durch einen Aufruf von *InvalidateRect* die Aktualisierung der Ansicht.

Im Beispiel von Kapitel 3 hingen alle Anzeigevorgänge im Fenster von einer einzigen Funktion ab, nämlich von *OnDraw*. In Ex05a werden hierfür drei angepasste Funktionen (darunter der Konstruktor) und zwei Datenelemente benötigt. Listing 4.1 zeigt die vollständigen Header-

und Quelltextdateien der Klasse CEx05aView. (Die Schritte, die zum Erstellen des Programms erforderlich sind, werden nach dem Code beschrieben.) Die Änderungen an dem vom MFC-Anwendungsassistenten generierten Quellcode und *OnLButtonDown* sind fett gedruckt dargestellt.

**Ex05aView.H**
```
// Ex05aView.h : Schnittstelle der Klasse CEx05aView
//
#pragma once
#include "atltypes.h"
class CEx05aView : public CView
{
protected: // Nur aus Serialisierung erstellen.
        CEx05aView();
        DECLARE_DYNCREATE(CEx05aView)
// Attribute
public:
        CEx05aDoc* GetDocument() const;
// Operationen
public:
// Überschreibungen
        public:
        virtual void OnDraw(CDC* pDC);  // Überladen, um diese Ansicht darzustellen.
virtual BOOL PreCreateWindow(CREATESTRUCT& cs);
protected:
        virtual BOOL OnPreparePrinting(CPrintInfo* pInfo);
        virtual void OnBeginPrinting(CDC* pDC, CPrintInfo* pInfo);
        virtual void OnEndPrinting(CDC* pDC, CPrintInfo* pInfo);
// Implementierung
public:
        virtual ~CEx05aView();
#ifdef _DEBUG
        virtual void AssertValid() const;
        virtual void Dump(CDumpContext& dc) const;
#endif
protected:
// Generierte Funktionen für die Meldungstabellen
protected:
        DECLARE_MESSAGE_MAP()
private:
        int m_nColor;
        CRect m_rectEllipse;
public:
        afx_msg void OnLButtonDown(UINT nFlags, CPoint point);
};
#ifndef _DEBUG  // Debugversion in Ex05aView.cpp
inline CEx05aDoc* CEx05aView::GetDocument() const
   { return reinterpret_cast<CEx05aDoc*>(m_pDocument); }
#endif
```

**Ex05aView.cpp**

```cpp
// Ex05aView.cpp : Implementierung der Klasse CEx05aView
//
#include "stdafx.h"
#include "Ex05a.h"

#include "Ex05aDoc.h"
#include "Ex05aView.h"

#ifdef _DEBUG
#define new DEBUG_NEW
#endif

// CEx05aView

IMPLEMENT_DYNCREATE(CEx05aView, CView)

BEGIN_MESSAGE_MAP(CEx05aView, CView)
        // Standarddruckbefehle
        ON_COMMAND(ID_FILE_PRINT, CView::OnFilePrint)
        ON_COMMAND(ID_FILE_PRINT_DIRECT, CView::OnFilePrint)
        ON_COMMAND(ID_FILE_PRINT_PREVIEW, CView::OnFilePrintPreview)
        ON_WM_LBUTTONDOWN()
END_MESSAGE_MAP()

// CEx05aView Erstellung/Zerstörung

CEx05aView::CEx05aView()
: m_rectEllipse(0, 0, 200, 200)
{
        // TODO: Hier Code zum Erstellen einfügen
    m_nColor = GRAY_BRUSH;
}

CEx05aView::~CEx05aView()
{
}

BOOL CEx05aView::PreCreateWindow(CREATESTRUCT& cs)
{
        // TODO: Ändern Sie hier die Fensterklasse oder die Darstellung, indem Sie
        //  CREATESTRUCT cs modifizieren.

        return CView::PreCreateWindow(cs);
}

// CEx05aView-Zeichnung

void CEx05aView::OnDraw(CDC* pDC)
{
        // TODO: Code zum Zeichnen der systemeigenen Daten hinzufügen
    pDC->SelectStockObject(m_nColor);
    pDC->Ellipse(m_rectEllipse);
}

// CEx05aView drucken

BOOL CEx05aView::OnPreparePrinting(CPrintInfo* pInfo)
{
        // Standardvorbereitung
        return DoPreparePrinting(pInfo);
}
```

```
void CEx05aView::OnBeginPrinting(CDC* /*pDC*/, CPrintInfo* /*pInfo*/)
{
        // TODO: Zusätzliche Initialisierung vor dem Drucken hier einfügen
}
void CEx05aView::OnEndPrinting(CDC* /*pDC*/, CPrintInfo* /*pInfo*/)
{
        // TODO: Bereinigung nach dem Drucken einfügen
}
// CEx05aView Diagnose
#ifdef _DEBUG
void CEx05aView::AssertValid() const
{
        CView::AssertValid();
}
void CEx05aView::Dump(CDumpContext& dc) const
{
        CView::Dump(dc);
}
CEx05aDoc* CEx05aView::GetDocument() const // Nicht-Debugversion ist inline
{
        ASSERT(m_pDocument->IsKindOf(RUNTIME_CLASS(CEx05aDoc)));
        return (CEx05aDoc*)m_pDocument;
}
#endif //_DEBUG
// CEx05aView Meldungshandler
void CEx05aView::OnLButtonDown(UINT nFlags, CPoint point)
{
        // TODO: Fügen Sie hier Ihren Meldungsbehandlungscode ein, und/oder benutzen Sie den Standard.
    if (m_rectEllipse.PtInRect(point)) {
        if (m_nColor == GRAY_BRUSH) {
            m_nColor = WHITE_BRUSH;
        }
        else {
            m_nColor = GRAY_BRUSH;
        }
        InvalidateRect(m_rectEllipse);
    }
}
```

## Die Klassenansicht und Ex05a

Sehen Sie sich die folgenden Anweisungen aus Ex05aView.h an:

```
//{{AFX_MSG(CEx05aView)
afx_msg void OnLButtonDown(UINT nFlags, CPoint point);
//}}AFX_MSG
```

Betrachten Sie nun den folgenden Ausschnitt aus Ex05View.cpp:

```
//{{AFX_MSG_MAP(CEx05aView)
ON_WM_LBUTTONDOWN()
//}}AFX_MSG_MAP
```

Die seltsam aussehenden Kommentarzeilen hat der MFC-Anwendungsassistent für den Klassenassistenten generiert. Zum Glück werden diese Kommentare nicht mehr gebraucht. Visual C++ .NET führt stets Buch über den gesamten Zustand des Codes, einschließlich der Meldungsfunktionen und Zuordnungen zu bestimmten Zeilen Ihres Codes. Die Codeassistenten, die im Kontextmenü der Klassenansicht verfügbar sind, tragen die erforderlichen Prototypen anhand dieser internen Informationen ein. Außerdem haben die Codeassistenten in Ex05aView.cpp ein Grundgerüst der *OnLButtonDown*-Memberfunktion generiert, einschließlich der korrekten Parameterdeklarationen und des Rückgabetyps.

Beachten Sie, dass sich diese Kombination aus MFC-Anwendungsassistent und Codeassistenten von einem herkömmlichen Codegenerator unterscheidet. Einen herkömmlichen Codegenerator starten Sie nur einmal und bearbeiten anschließend den resultierenden Quelltext. Den MFC-Anwendungsassistenten starten Sie ebenfalls nur einmal, um die Anwendung zu erstellen. Die Codeassistenten aus der Klassenansicht können Sie dagegen beliebig oft ausführen und den erzeugten Quelltext jederzeit bearbeiten.

### Der MFC-Anwendungsassistent und die Codeassistenten arbeiten Hand in Hand

Die folgende Anleitung zeigt, wie Sie das Beispielprogramm mit Hilfe des MFC-Anwendungsassistenten und der Codeassistenten aus der Klassenansicht erstellen:

1. **Starten Sie den MFC-Anwendungsassistenten und erstellen Sie die Anwendung Ex05a.**
   Legen Sie im Unterverzeichnis \vcpp32\Ex05a ein SDI-Projekt namens Ex05a an. Die resultierenden Klassennamen können Sie dem folgenden Bild entnehmen.

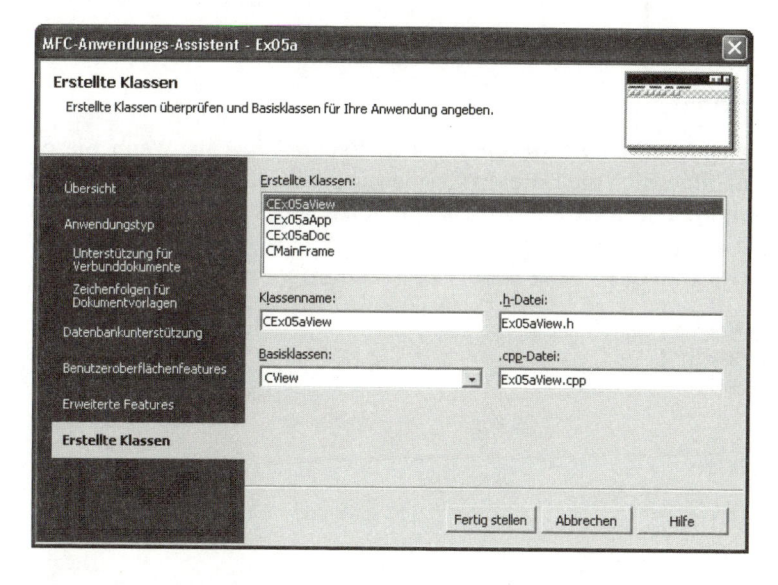

2. **Fügen Sie zur Klasse *CEx05aView* die Datenelemente *m_rectEllipse* und *m_nColor* hinzu.**
   Wählen Sie im Menü *Ansicht* den Punkt *Klassenansicht* und klicken Sie die Klasse *CEx05aView* mit der rechten Maustaste an. Wählen Sie den Menüpunkt *Variable hinzufügen* und fügen Sie die folgenden beiden Datenelemente ein:
   ```
   private:
       CRect m_rectEllipse;
       int m_nColor;
   ```

*Windows-Meldungen*

Wenn Sie es vorziehen, können Sie den obigen Code natürlich auch von Hand in die Klassendeklaration einfügen (in der Datei Ex05aView.h).

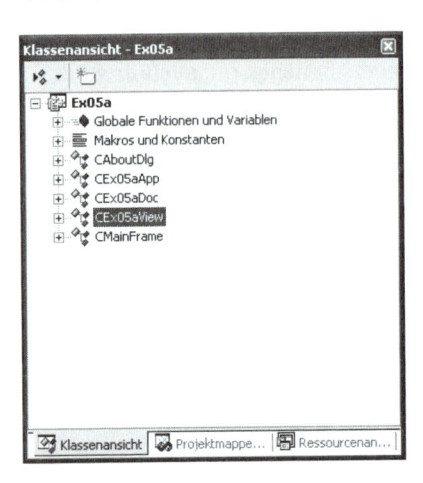

3. **Fügen Sie mit Hilfe des Klassenansichten einen Meldungshandler in die Klasse *CEx05a-View* ein.** Wählen Sie in der Klassenansicht die Klasse *CEx05aView* aus, wie in der folgenden Abbildung. Klicken Sie *CEx05aView* mit der rechten Maustaste an und wählen Sie *Eigenschaften*. Klicken Sie auf der Symbolleiste des Eigenschaftenfensters die Schaltfläche *Meldungen* an. Suchen Sie den Eintrag *WM_LBUTTONDOWN* und klicken Sie ihn an. Dann erscheint neben dem Eintrag ein Kombinationsfeld. Wählen Sie *<Hinzufügen> OnLButtonDown*. Die Funktion *OnLButtonDown* wird in den Code aufgenommen und erscheint im Codeeditor.

4. **Bearbeiten Sie den Quellcode von *OnLButtonDown* in Ex05aView.cpp.** Wenn Sie einen Meldungshandler einfügen, öffnet sich die Datei Ex05aView.cpp im Codeeditor und der Cursor steht in der neu generierten Memberfunktion *OnLButtonDown*. Ersetzen Sie den generierten Code durch den folgenden fett gedruckten Code:

```
void CEx05aView::OnLButtonDown(UINT nFlags, CPoint point)
{
    if (m_rectEllipse.PtInRect(point)) {
        if (m_nColor == GRAY_BRUSH) {
            m_nColor = WHITE_BRUSH;
        }
        else {
            m_nColor = GRAY_BRUSH;
        }
        InvalidateRect(m_rectEllipse);
    }
}
```

5. **Bearbeiten Sie in der Datei Ex05aView.cpp den Konstruktor und die Funktion *OnDraw*.** Ersetzen Sie den generierten Code durch den folgenden fett gedruckten Code:

```
CEx05aView::CEx05aView() : m_rectEllipse(0, 0, 200, 200)
{
    m_nColor = GRAY_BRUSH;
}
:
```

```
void CEx05aView::OnDraw(CDC* pDC)
{
    pDC->SelectStockObject(m_nColor);
    pDC->Ellipse(m_rectEllipse);
}
```

6. **Erstellen Sie das Programm Ex05a und starten Sie es.** Wählen Sie im Menü *Erstellen* den Befehl *Ex05a.exe erstellen* oder klicken Sie in der Symbolleiste *Erstellen* auf die Schaltfläche *Ex05a erstellen*, die in der folgenden Abbildung zu sehen ist.

Wählen Sie dann im Menü *Debuggen* den Befehl *Ausführen ohne Debuggen*. Das Programm reagiert auf Klicks mit der linken Maustaste, indem es die Farbe des Kreises im Ansichtsfenster ändert. (Drücken Sie die linke Maustaste nicht zu rasch hintereinander, weil Windows dies als Doppelklick und nicht als zwei einzelne Klicks interpretiert.)

### Hinweis für Win32-Programmierer

Eine herkömmliche Windows-Anwendung meldet eine Reihe von *Fensterklassen* beim System an, wobei es sich übrigens nicht um C++-Klassen handelt, und weist dabei jeder Klasse eine klassenspezifische Funktion zu, die in der Win32-Terminologie auch etwas nachlässig *Fensterprozedur* genannt wird. Jedes Mal, wenn die Anwendung *CreateWindow* aufruft, um ein Fenster zu erstellen, gibt sie eine Fensterklasse als Argument an. Windows verknüpft das neue Fenster dann mit dieser speziellen Funktion. Wenn Windows dem Fenster eine Meldung schickt, wird diese Funktion aufgerufen und erhält die Informationen aus der Meldung als Argumente. Die Funktion untersucht die übergebenen Informationen und sorgt dann für die Ausführung des Codes, der für die Bearbeitung der betreffenden Meldung zuständig ist.

Das MFC-Anwendungsgerüst verwendet für die meisten Fenstertypen eine einzige Fensterklasse mit einer bestimmten Fensterprozedur. Diese Fensterprozedur (eine Funktion) ermittelt aus dem übergebenen Fensterhandle und der *Handletabelle* der MFC einen Zeiger auf das dazugehörige C++-Fensterobjekt. Anschließend ermittelt die Fensterprozedur mit Hilfe der MFC-*Laufzeitklassen* (siehe Anhang B) die C++-Klasse des Fensterobjekts. Schließlich sucht sie in den statischen Tabellen, die von den Dispatchfunktionen generiert wurden, den zugehörigen Handler und ruft schließlich den Handler des zuständigen Fensterobjekts auf.

# Abbildungsmodi

Bisher haben Sie als Zeicheneinheit stets Bildschirmpixel verwendet, die so genannten *Gerätekoordinaten*. In Ex05a sind die Zeicheneinheiten Pixel, weil dem Gerätekontext der voreingestellte Abbildungsmodus MM_TEXT zugewiesen wurde. Mit der Anweisung

```
pDC->Rectangle(CRect(0, 0, 200, 200));
```

wird ein Quadrat mit einer Seitenlänge von 200 Pixel gezeichnet, dessen obere linke Ecke mit der oberen linken Ecke des Clientbereichs des Fensters zusammenfällt. (Die positiven y-Werte nehmen nach unten hin zu). Dieses Quadrat sieht auf einem hochauflösenden Bildschirm mit

1024 × 768 Pixeln kleiner aus als auf einem Standard-VGA-Bildschirm mit der Auflösung 640 × 480 Pixel, und wenn es auf einem Laserdrucker mit einer Auflösung von 600 dpi ausgedruckt würde, wäre es winzig. (Mit Hilfe des Befehls *Seitenansicht* der Anwendung Ex05a können Sie das nachprüfen.)

Nehmen wir an, Sie möchten, dass das Quadrat unabhängig vom Anzeigegerät immer eine Größe von 4 × 4 cm hat. Windows verfügt über eine Reihe weiterer Abbildungsmodi oder Koordinatensysteme, die dem Gerätekontext zugeordnet werden können. Die Koordinaten im aktuellen Abbildungsmodus werden als *logische Koordinaten* bezeichnet. Im Abbildungsmodus *MM_HIMETRIC* beispielsweise entspricht eine logische Einheit immer 1/100 Millimeter statt 1 Pixel. In diesem Abbildungsmodus weist die y-Achse nicht in die Richtung, die mit *MM_TEXT* üblich ist, sondern in die entgegengesetzte Richtung: Die y-Werte nehmen nach unten hin ab. Deshalb werden die logischen Einheiten für ein Quadrat mit einer Seitenlänge von 4 cm auf folgende Weise angegeben:

```
pDC->Rectangle(CRect(0, 0, 4000, -4000));
```

Das sieht ganz einfach aus, nicht wahr? In der Praxis ist es aber nicht ganz so einfach, weil Sie nicht immer mit logischen Koordinaten arbeiten können. Ihr Programm wechselt ständig zwischen Gerätekoordinaten und logischen Koordinaten und Sie müssen wissen, wie diese Werte umgerechnet werden. In diesem Abschnitt lernen Sie einige Regeln kennen, die Ihnen das Leben als Programmierer erleichtern sollen. Als Erstes müssen Sie wissen, welche Abbildungsmodi unter Windows zur Verfügung stehen.

## Der Abbildungsmodus *MM_TEXT*

Auf den ersten Blick könnte man meinen, *MM_TEXT* sei überhaupt kein Abbildungsmodus, sondern nur ein anderer Name für Gerätekoordinaten. Das ist beinahe richtig. In *MM_TEXT* entsprechen die Koordinaten Pixeln, x-Werte nehmen nach rechts und y-Werte nach unten zu. Sie haben jedoch die Möglichkeit, mit Hilfe der *CDC*-Funktionen *SetViewportOrg* und *SetWindowOrg* den Ursprung zu ändern.

Der folgende Code setzt den Ursprung des Fensters auf die logischen Koordinaten (100, 100). Anschließend zeigt er ein Quadrat mit der Größe 200 × 200 Pixel an, ausgehend vom Punkt (100, 100). Das Ergebnis sehen Sie in Abbildung 4.4. Der logische Punkt (100, 100) entspricht in Gerätekoordinaten dem Punkt (0, 0). Bildlauffähige Fenster verwenden diese Art von Transformation.

```
void CMyView::OnDraw(CDC* pDC)
{
    pDC->SetMapMode(MM_TEXT);
    pDC->SetWindowOrg(CPoint(100, 100));
    pDC->Rectangle(CRect(100, 100, 300, 300));
}
```

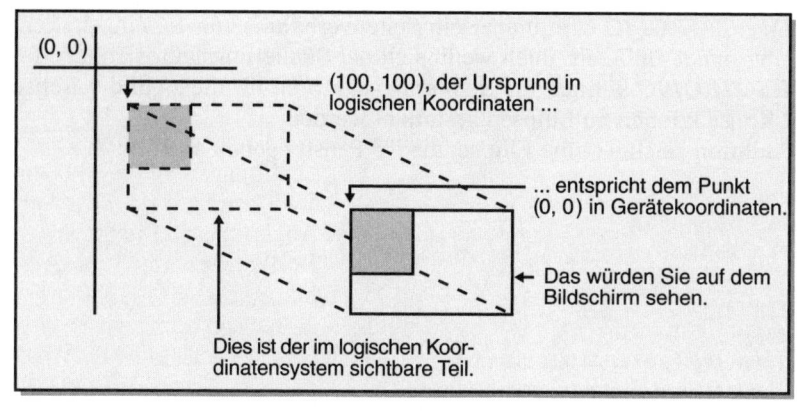

*Abbildung 5.4: Dieses Quadrat wurde gezeichnet, nachdem der Ursprung auf den Punkt (100, 100) verlegt worden ist*

## Abbildungsmodi mit fester Skalierung

Eine wichtige Gruppe von Windows-Abbildungsmodi arbeitet mit einer festen Skalierung. Wie Sie bereits wissen, nehmen im Abbildungsmodus *MM_HIMETRIC* die $x$-Werte nach rechts und die $y$-Werte nach oben zu. Alle festen Abbildungsmodi halten diese Konvention ein und Sie können daran nichts ändern. Der einzige Unterschied zwischen den einzelnen festen Abbildungsmodi besteht in den Skalierungsfaktoren, die Sie der folgenden Tabelle 5.1 entnehmen können.

| Abbildungsmodus | Logische Einheit |
| --- | --- |
| MM_LOENGLISH | 0,01 Zoll |
| MM_HIENGLISH | 0,001 Zoll |
| MM_LOMETRIC | 0,1 mm |
| MM_HIMETRIC | 0,01 mm |
| MM_TWIPS | 1/1440 Zoll |

*Tabelle 5.1: Skalierungsfaktoren der Abbildungsmodi mit fester Skalierung*

Der letzte Abbildungsmodus namens *MM_TWIPS* wird vor allem für Druckerausgaben verwendet. Ein *Twip* entspricht 1/20 Punkt. (*Punkt* ist eine Maßeinheit für Schriften. Unter Windows beträgt ein Punkt exakt 1/72 Zoll). Wenn Sie im Abbildungsmodus *MM_TWIPS* zum Beispiel die Schriftgröße 12 Punkt einstellen möchten, wählen Sie für die Zeichenhöhe 12 × 20 = 240 Twips.

## Abbildungsmodi mit variabler Skalierung

Windows verfügt über zwei Abbildungsmodi namens *MM_ISOTROPIC* und *MM_ANISOTROPIC*, bei denen es möglich ist, sowohl den Skalierungsfaktor als auch den Ursprung einzustellen. In diesen Abbildungsmodi können Sie die Größe einer Abbildung anpassen, wenn der Benutzer die Fenstergröße ändert. Wenn Sie die Skala der einen Achse invertieren, wird das Bild um die andere Achse gespiegelt, und es lassen sich beliebige feste Skalierungsfaktoren festlegen.

Im Abbildungsmodus *MM_ISOTROPIC* wird immer ein Seitenverhältnis von 1:1 eingehalten. Anders gesagt, ein Kreis bleibt immer ein Kreis, auch wenn sich der Skalierungsfaktor ändert. Im Abbildungsmodus *MM_ANISOTROPIC* können die Skalierungsfaktoren für die $x$- und $y$-Achse getrennt eingestellt werden. Kreise können zu Ellipsen gestaucht werden.

Die folgende *OnDraw*-Funktion zeichnet eine Ellipse, die ihr Fenster genau ausfüllt:

```
void CMyView::OnDraw(CDC* pDC)
{
    CRect rectClient;

    GetClientRect(rectClient);
    pDC->SetMapMode(MM_ANISOTROPIC);
    pDC->SetWindowExt(1000, 1000);
    pDC->SetViewportExt(rectClient.right, -rectClient.bottom);
    pDC->SetViewportOrg(rectClient.right / 2, rectClient.bottom / 2);

    pDC->Ellipse(CRect(-500, -500, 500, 500));
}
```

Was geschieht hier? Mit Hilfe der Funktionen *SetWindowExt* und *SetViewportExt* wird auf der Basis des aktuellen Clientbereichs des Fensters, der von *GetClientRect* geliefert wird, die Skalierung festgelegt. Die Fenstergröße beträgt anschließend exakt 1000 × 1000 logische Einheiten. Mit dem Aufruf von *SetViewportOrg* wird der Ursprung in die Mitte des Fensters gelegt. Daher füllt eine zentrierte Ellipse mit einem Radius von 500 logischen Einheiten das Fenster exakt aus, wie in Abbildung 5.5 zu sehen ist.

Für die Umrechnung von logischen Einheiten in Geräteeinheiten gelten folgende Formeln:

- Skalierungsfaktor der x-Achse = Breite des Ausgabebereichs / Fensterbreite
- Skalierungsfaktor der y-Achse = Höhe des Ausgabebereichs / Fensterhöhe
- x-Geräteeinheiten = logische Einheiten in x-Richtung × Skalierungsfaktor + Offset des Ursprungs in x-Richtung
- y-Geräteeinheiten = logische Einheiten in y-Richtung × Skalierungsfaktor + Offset des Ursprungs in y-Richtung

Nehmen wir an, das Fenster ist 448 Pixel breit (*rectClient.right*). Der rechte Rand des Clientrechtecks der Ellipse ist 500 logische Einheiten vom Ursprung entfernt. Der Skalierungsfaktor in x-Richtung beträgt 448/1000 und der Offset des Ursprungs in x-Richtung 448/2 Geräteeinheiten. Wenn Sie die oben angegebenen Formeln anwenden, ergibt sich, dass der rechte Rand des Clientrechtecks 448 Geräteeinheiten vom Ursprung entfernt ist, also mit dem Fensterrand zusammenfällt. Der Skalierungsfaktor der x-Achse wird als Quotient ausgedrückt (Breite des Ausgabebereichs / Fensterbreite), weil Gerätekoordinaten unter Windows keine Gleitkommawerte, sondern Ganzzahlen sind. Für sich genommen sind diese Größenangaben nicht aussagekräftig.

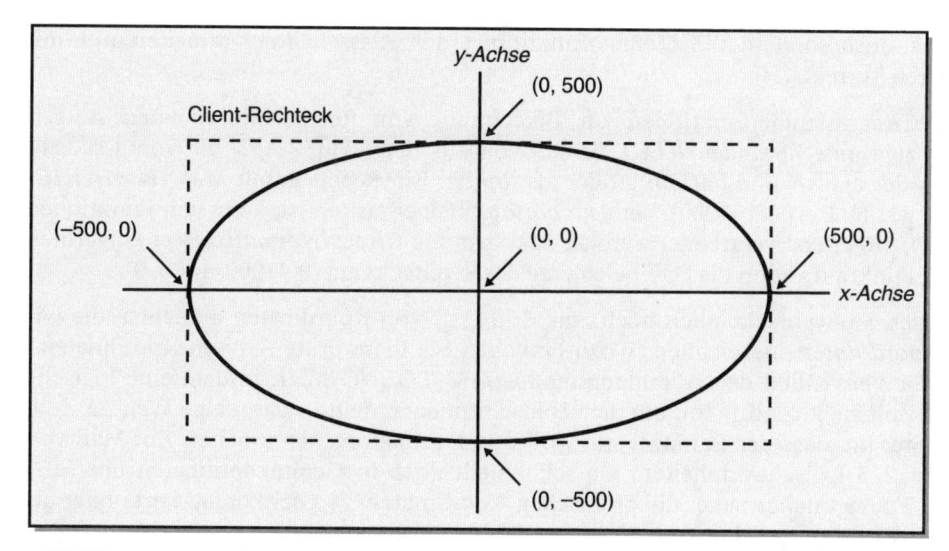

**Abbildung 5.5:** *Eine zentrierte Ellipse im Abbildungsmodus MM_ANISOTROPIC*

Wenn Sie im obigen Beispiel *MM_ANISOTROPIC* durch *MM_ISOTROPIC* ersetzen, ist die »Ellipse« stets ein Kreis, wie in Abbildung 5.6 zu sehen ist. Der Kreis passt sich an die jeweils kleinere Dimension des Fensterrechtecks an.

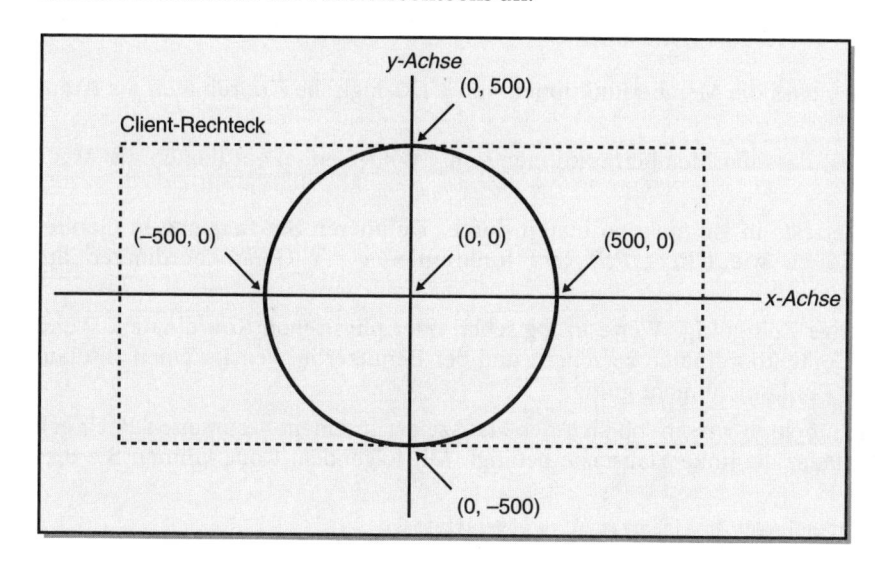

**Abbildung 5.6:** *Eine zentrierte Ellipse im Abbildungsmodus MM_ISOTROPIC*

# Koordinatenumwandlung

Wenn Sie den Abbildungsmodus (und den Ursprung) eines Gerätekontexts einmal festgelegt haben, können Sie den meisten Memberfunktionen der Klasse *CDC* logische Koordinaten übergeben. Wenn Sie die Mauszeigerkoordinaten über eine Windows-Meldung erhalten (den Parameter *point* von *OnLButtonDown*), haben Sie es mit Gerätekoordinaten zu tun. Viele andere

MFC-Funktionen, insbesondere die Memberfunktionen der Klasse *CRect*, arbeiten nur mit Gerätekoordinaten korrekt.

**HINWEIS:** Die *CRect*-Memberfunktionen zur Berechnung von Rechteckkoordinaten stützen sich auf die zugrunde liegenden *RECT*-Funktionen aus dem Win32-API, die voraussetzen, dass *right* größer als *left* und *bottom* größer als *top* ist. Ein Rechteck mit *MM_HIMETRIC*-Koordinaten wie (0, 0, 1000, -1000), bei dem *bottom* kleiner als *top* ist, kann von Funktionen wie *CRect::PtInRect* erst verarbeitet werden, nachdem Sie *CRect::NormalizeRect* aufgerufen haben. Diese Funktion ändert die Datenelemente des Rechtecks auf (0, -1000, 1000, 0).

Schließlich werden Sie wahrscheinlich noch eine dritte Art von Koordinaten brauchen, die wir als *physische Koordinaten* bezeichnen. Wozu brauchen Sie diese dritte Art von Koordinaten? Angenommen, Sie verwenden den Abbildungsmodus *MM_LOENGLISH*, in dem eine logische Einheit für 0,01 Zoll steht, und 1 Zoll auf dem Bildschirm entspricht in der realen Welt 12 Zoll. Nehmen wir weiter an, dass der Benutzer mit Zoll und Dezimalbrüchen arbeitet. Ein Maß von 26,75 Zoll ergibt 223 logische Einheiten, die schließlich noch in Gerätekoordinaten übersetzt werden müssen. Es liegt daher nahe, die physischen Koordinaten als Gleitkommawerte oder als skalierte *long int*-Werte zu speichern, um Rundungsfehler zu vermeiden.

Bei der Konvertierung von physischen in logische Einheiten sind Sie auf sich allein gestellt. Dagegen nimmt Ihnen die Windows-GDI die Umrechnung von logischen Einheiten in Geräteeinheiten ab. Die Memberfunktionen *LPtoDP* und *DPtoLP* übersetzen zwischen den beiden Systemen, vorausgesetzt, der Abbildungsmodus des Gerätekontexts und die zugehörigen Parameter wurden zuvor festgelegt. Es bleibt Ihrer Entscheidung überlassen, wann welches System zum Einsatz kommen soll. Dabei können Sie einige Faustregeln als Entscheidungshilfe heranziehen:

- Gehen Sie davon aus, dass die Memberfunktionen von *CDC* logische Koordinaten als Argumente erwarten.
- Gehen Sie davon aus, dass die Memberfunktionen von *CWnd* Gerätekoordinaten als Argumente erwarten.
- Führen Sie die Treffertests in Gerätekoordinaten durch. Definieren Sie Bereiche in Gerätekoordinaten. Funktionen wie *CRect::PtInRect* funktionieren mit Gerätekoordinaten am besten.
- Speichern Sie für lange Zeit gültige Werte in logischen oder physischen Koordinaten. Wenn Sie einen Punkt in Gerätekoordinaten speichern und der Benutzer im Fenster einen Bildlauf durchführt, ist dieser Punkt nicht mehr gültig.

Nehmen wir an, Sie möchten wissen, ob sich der Mauszeiger in einem bestimmten Rechteck befindet, wenn der Benutzer die linke Maustaste betätigt. Mit folgendem Code können Sie dies herausfinden:

```
// m_rect ist ein CRect-Datenelement in einer von CView abgeleiteten
// Klasse. Logische Koordinaten im Abbildungsmodus MM_LOENGLISH.
void CMyView::OnLButtonDown(UINT nFlags, CPoint point)
{
    CRect rect = m_rect; // rect ist eine temporäre Kopie von m_rect
    CClientDC dc(this);  // So erhalten wir einen Gerätekontext
                         // für SetMapMode und LPtoDP,
                         // mehr dazu im nächsten Kapitel
    dc.SetMapMode(MM_LOENGLISH);
    dc.LPtoDP(rect);     // rect enthält jetzt Gerätekoordinaten
```

```
    if (rect.PtInRect(point)) {
        TRACE("Mauszeiger befindet sich im Rechteck.\n");
    }
}
```

Beachten Sie, wie hier das in Kapitel 2 erwähnte Makro *TRACE* eingesetzt wird.

**HINWEIS:** Wie Sie noch sehen werden, ist es günstiger, den Abbildungsmodus in der virtuellen Memberfunktion *OnPrepareDC* von *CView* statt in der Funktion *OnDraw* festzulegen.

## Das Beispielprogramm Ex05b: Umwandlung in den Abbildungsmodus *MM_HIMETRIC*

Bis auf die Konvertierung in den Abbildungsmodus *MM_HIMETRIC* entspricht Ex05b dem Beispiel Ex05a. Im Projekt EX05B auf der Begleit-CD werden zwar andere Klassennamen und Dateinamen verwendet, aber die folgende Anleitung beschreibt, wie Sie den Quelltext von Ex05a ändern können. Wie das Beispielprogramm Ex05a führt auch Ex05b eine Trefferprüfung durch, sodass die Ellipse nur dann ihre Farbe ändert, wenn Sie einen Punkt innerhalb des Begrenzungsrechtecks anklicken.

1. **Überschreiben Sie mit Hilfe des Eigenschaftsfensters der Klassenansicht die virtuelle Funktion *OnPrepareDC*.** Sie können im Eigenschaftenfenster die virtuellen Funktionen von bestimmten MFC-Basisklassen überschreiben, zum Beispiel auch von *CView*. Die Codegeneratoren, die im Eigenschaftenfenster verfügbar sind, generieren in der Headerdatei der Klasse den korrekten Prototyp und in der CPP-Datei das dazugehörige Funktionsgerüst. Markieren Sie in der Klassenansicht den Klassennamen *CEx05aView*, klicken Sie ihn mit der rechten Maustaste an und wählen Sie *Eigenschaften*. Klicken Sie in der Symbolleiste des Eigenschaftenfensters auf die Schaltfläche *Überschreibungen* und wählen Sie aus der Liste *OnPrepareDC* aus. Fügen Sie diese Funktion hinzu. Visual C++ .NET lädt die Implementierungsdatei, sodass Sie die Funktion bearbeiten können, wie folgt:

```
void CEx05aView::OnPrepareDC(CDC* pDC, CPrintInfo* pInfo)
{
    pDC->SetMapMode(MM_HIMETRIC);
    CView::OnPrepareDC(pDC, pInfo);
}
```

Das Anwendungsgerüst ruft die virtuelle Funktion *OnPrepareDC* unmittelbar vor dem Aufruf von *OnDraw* auf.

2. **Bearbeiten Sie den Konstruktor der Ansichtsklasse.** Sie müssen die Koordinatenangaben für das Rechteck ändern, das die Ellipse umgibt. Das Rechteck ist jetzt 4 × 4 cm statt 200 × 200 Pixel groß. Beachten Sie, dass die *y*-Koordinate negativ sein muss, da die Ellipse sonst auf den »virtuellen Bildschirm« oberhalb Ihres Monitors gezeichnet wird. Ändern Sie die Werte wie folgt:

```
CEx05aView::CEx05aView() : m_rectEllipse(0, 0, 4000, -4000)
{
    m_nColor = GRAY_BRUSH;
}
```

3. **Bearbeiten Sie die Funktion *OnLButtonDown*.** Diese Funktion muss jetzt die Koordinaten des Rechtecks, das die Ellipse umgibt, für die Trefferprüfung in Gerätekoordinaten umwandeln. Ändern Sie die Funktion wie folgt:

```
void CEx05aView::OnLButtonDown(UINT nFlags, CPoint point)
{
    CClientDC dc(this);
    OnPrepareDC(&dc);
    CRect rectDevice = m_rectEllipse;
    dc.LPtoDP(rectDevice);
    if (rectDevice.PtInRect(point)) {
        if (m_nColor == GRAY_BRUSH) {
            m_nColor = WHITE_BRUSH;
        }
        else {
            m_nColor = GRAY_BRUSH;
        }
        InvalidateRect(rectDevice);
    }
}
```

4. **Erstellen Sie das Programm Ex05b, und führen Sie es aus.** Die Darstellung sollte so ähnlich aussehen wie in Ex05a. Allerdings hat die Ellipse nun eine andere Größe. Wenn Sie den Befehl *Seitenansicht* geben, sollte die Ellipse viel größer sein als in Ex05a.

# Ein bildlauffähiges Ansichtsfenster

Wie man aus dem Fehlen von Bildlaufleisten in Ex05a und Ex05b erkennen kann, ist die MFC-Klasse *CView*, die als Basisklasse für *CEx05bView* dient, nicht in der Lage, einen Bildlauf durchzuführen. Es gibt aber eine andere MFC-Klasse, die dies leistet, nämlich die von *CView* abgeleitete Klasse *CScrollView*. Wir erstellen nun ein neues Programm namens Ex05c, in dem wir *CScrollView* anstelle von *CView* verwenden. Der Programmcode zur Umrechnung von Koordinaten, den wir in Ex05b eingefügt haben, diente zur Vorbereitung von Bildlaufoperationen.

Die Klasse *CScrollView* beherrscht nur den Bildlauf über Bildlaufleisten und nicht über die Tastatur. Allerdings lassen sich die erforderlichen Tastaturbefehle für den Bildlauf sehr leicht implementieren. Deshalb erhält das Beispielprogramm nun auch diese Funktionalität.

## Größe von Fenster und Ausgabebereich

Wenn Sie ein normales Fenster mit Hilfe der Maus verkleinern, bleibt der Fensterinhalt in der oberen linken Ecke verankert, und die Objekte am unteren und rechten Rand verschwinden aus dem Blickfeld. Sobald Sie das Fensters wieder vergrößern, werden die Objekte wieder sichtbar. Daraus können Sie den richtigen Schluss ziehen, dass ein Fenster größer ist als der *Ausgabebereich*, den Sie auf dem Bildschirm sehen. Der Ausgabebereich muss allerdings nicht in der oberen linken Fensterecke verankert sein. Mit Hilfe der *CWnd*-Memberfunktionen *ScrollWindow* und *SetWindowOrg* können Sie in der Klasse *CScrollView* den Ausgabebereich beliebig im Fenster verschieben, auch in Bereiche oberhalb und links vom Ursprung.

## Bildlaufleisten

In Microsoft Windows ist es einfach, an den Rändern eines Fensters Bildlaufleisten anzuzeigen. Windows unternimmt aber von sich aus nichts, um diese Bildlaufleisten mit dem zugehörigen Fenster zu verknüpfen. Dies ist die Aufgabe der Klasse *CScrollView*. Die Memberfunktionen von

*CScrollView* verarbeiten die *WM_HSCROLL*- und *WM_VSCROLL*-Meldungen, die von Bildlaufleisten an das Ansichtsfenster gesendet werden. Die entsprechenden Funktionen verschieben den Ausgabebereich innerhalb des Fensters und erledigen die anfallenden Verwaltungsaufgaben.

## Bildlaufalternativen

Die Klasse *CScrollView* unterstützt eine bestimmte Art von Bildlaufoperationen, bei denen ein großes Fenster und ein kleiner Ausgabebereich kombiniert werden. Jedem Objekt wird eine eindeutige Position in diesem großen Fenster zugewiesen. Wenn Sie beispielsweise 10000 Zeilen mit Adressen anzeigen möchten, werden Sie wahrscheinlich anstelle eines Fensters mit 10000 Zeilen ein kleineres Fenster und einen Bildlaufalgorithmus verwenden, damit nur jeweils so viele Zeilen ausgewählt und angezeigt werden, wie auf den Bildschirm passen. In diesem Fall müssen Sie selbst eine von *CView* abgeleitete Klasse schreiben.

## Die Funktion *OnInitialUpdate*

Sie werden die Funktion *OnInitialUpdate* noch eingehender kennen lernen, sobald wir uns mit der Dokument/Ansicht-Architektur befassen (ab Kapitel 15). Die virtuelle Funktion *OnInitialUpdate* ist in diesem Zusammenhang deshalb wichtig, weil sie die erste Funktion ist, die vom Anwendungsgerüst aufgerufen wird, nachdem das Ansichtsfenster vollständig erstellt worden ist. Der Aufruf von *OnInitialUpdate* erfolgt vor dem ersten Aufruf von *OnDraw*, und deshalb bietet sich diese Funktion geradezu dafür an, die Größe und den Abbildungsmodus einer bildlauffähigen Ansicht festzulegen. Mit Hilfe der Funktion *CScrollView::SetScrollSizes* können Sie die gewünschten Werte vorgeben.

## Eingaben von der Tastatur annehmen

Die Verarbeitung von Tastatureingaben umfasst in Wirklichkeit zwei Schritte. Windows sendet *WM_KEYDOWN*- und *WM_KEYUP*-Meldungen mit *virtuellen Tastencodes* an ein Fenster. Bevor diese Meldungen zu dem Fenster gelangen, werden sie jedoch übersetzt. Wenn ein ANSI-Zeichen eingetippt wird (womit eine *WM_KEYDOWN*-Meldung ausgelöst wird), dann prüft die Übersetzungsfunktion den Zustand der Umschalttasten und sendet anschließend eine *WM_ CHAR*-Meldung mit dem entsprechenden Code, d.h. einen Großbuchstaben oder einen Kleinbuchstaben. Pfeiltasten und Funktionstasten werden nicht angezeigt und brauchen daher auch nicht übersetzt zu werden. Das Fenster erhält bei diesen Tasten nur *WM_KEYDOWN*- und *WM_ KEYUP*-Meldungen.

Mit dem Eigenschaftenfenster der Klassenansicht können Sie diese Meldungen Ihrem Ansichtsfenster zuordnen. Wenn Sie normale sichtbare Zeichen erwarten, kümmern Sie sich um *WM_CHAR*. Sofern Sie andere Tastatureingaben erwarten, halten Sie sich an *WM_KEYDOWN*. Die MFC-Bibliothek übergibt freundlicherweise den Zeichencode oder den virtuellen Tastencode als Argument an die Bearbeitungsfunktion.

## Das Beispielprogramm Ex05c: Bildlauf

Das Ziel für Ex05c ist, ein logisches Fenster mit einer Breite von 20 cm und einer Höhe von 30 cm zu erstellen. Das Programm zeichnet dieselbe Ellipse wie das Beispielprogramm Ex05b. Sie könnten zwar die Quelltextdateien von Ex05b überarbeiten und darin die Basisklasse *CView* durch *CScrollView* ersetzen, aber es ist einfacher, mit dem MFC-Anwendungsassistenten von vorn zu beginnen. Der MFC-Anwendungsassistent generiert die Funktion *OnInitialUpdate* für Sie. Gehen Sie folgendermaßen vor:

1. **Generieren Sie mit Hilfe des MFC-Anwendungsassistenten das Programm Ex05c.** Erstellen Sie mit dem MFC-Anwendungsassistenten ein Programm mit dem Namen Ex05c im Verzeichnis \vcpp32\Ex05c. Legen Sie als Basisklasse von *CEx05cView* die Klasse *CScrollView* fest, wie in der folgenden Abbildung.

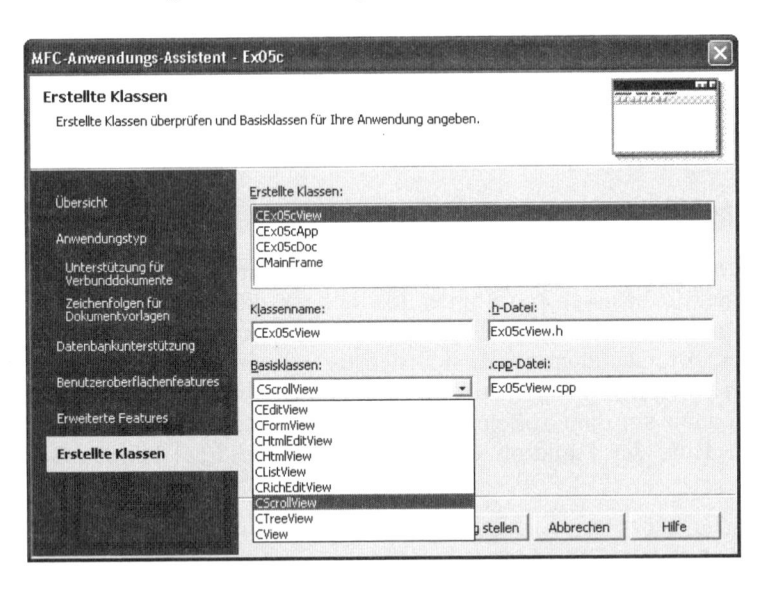

2. **Deklarieren Sie in Ex05cView.h die Datenelemente *m_rectEllipse* und *m_nColor*.** Fügen Sie die folgenden Anweisungen ein, indem Sie die Klasse *CEx05View* in der Klassenansicht mit der rechten Maustaste anklicken und den Befehl *Variable hinzufügen* geben. Sie können die Anweisungen auch direkt in die Klassendeklaration von *CEx05View* eingeben.
   ```
   private:
       CRect m_rectEllipse;
       int m_nColor;
   ```
   Das sind dieselben Datenelemente, die bereits in die Projekte Ex05a und Ex05b eingefügt wurden.

3. **Modifizieren Sie die vom MFC-Anwendungsassistenten erstellte Funktion *OnInitialUpdate*.** Ändern Sie die Funktion wie folgt:
   ```
   void CEx05cView::OnInitialUpdate()
   {
       CScrollView::OnInitialUpdate();
       CSize sizeTotal(20000, 30000); // 20 by 30 cm
       CSize sizePage(sizeTotal.cx / 2, sizeTotal.cy / 2);
       CSize sizeLine(sizeTotal.cx / 50, sizeTotal.cy / 50);
       SetScrollSizes(MM_HIMETRIC, sizeTotal, sizePage, sizeLine);
   }
   ```

4. **Definieren Sie mit Hilfe des Eigenschaftsfensters der Klassenansicht einen Meldungshandler für *WM_KEYDOWN*.** Der Codeassistent aus dem Eigenschaftenfenster generiert die Funktion *OnKeyDown* sowie die erforderlichen Meldungstabelleneinträge und die Prototypen. Bearbeiten Sie den Quelltext wie folgt:

```
void CEx05cView::OnKeyDown(UINT nChar, UINT nRepCnt, UINT nFlags)
{
    switch (nChar) {
    case VK_HOME:
        OnVScroll(SB_TOP, 0, NULL);
        OnHScroll(SB_LEFT, 0, NULL);
        break;
    case VK_END:
        OnVScroll(SB_BOTTOM, 0, NULL);
        OnHScroll(SB_RIGHT, 0, NULL);
        break;
    case VK_UP:
        OnVScroll(SB_LINEUP, 0, NULL);
        break;
    case VK_DOWN:
        OnVScroll(SB_LINEDOWN, 0, NULL);
        break;
    case VK_PRIOR:
        OnVScroll(SB_PAGEUP, 0, NULL);
        break;
    case VK_NEXT:
        OnVScroll(SB_PAGEDOWN, 0, NULL);
        break;
    case VK_LEFT:
        OnHScroll(SB_LINELEFT, 0, NULL);
        break;
    case VK_RIGHT:
        OnHScroll(SB_LINERIGHT, 0, NULL);
        break;
    default:
        break;
    }
}
```

5. **Bearbeiten Sie den Konstruktor und die Funktion *OnDraw*.** Ändern Sie den Konstruktor und die Funktion *OnDraw*, die vom MFC-Anwendungsassistenten erstellt wurden, wie folgt:

```
CEx05cView::CEx05cView() : m_rectEllipse(0, 0, 4000, -4000)
{
    m_nColor = GRAY_BRUSH;
}
⋮
void CEx05cView::OnDraw(CDC* pDC)
{
    pDC->SelectStockObject(m_nColor);
    pDC->Ellipse(m_rectEllipse);
}
```

Diese Funktionen unterscheiden sich nicht von denen, die in EX05A und EX05B verwendet wurden.

6. **Nehmen Sie *WM_LBUTTONDOWN* in die Meldungstabelle auf und bearbeiten Sie den Handler.** Führen Sie folgende Änderungen am generierten Code durch:

```
void CEx05cView::OnLButtonDown(UINT nFlags, CPoint point)
{
    CClientDC dc(this);
    OnPrepareDC(&dc);
    CRect rectDevice = m_rectEllipse;
    dc.LPtoDP(rectDevice);
    if (rectDevice.PtInRect(point)) {
        if (m_nColor == GRAY_BRUSH) {
            m_nColor = WHITE_BRUSH;
        }
        else {
            m_nColor = GRAY_BRUSH;
        }
        InvalidateRect(rectDevice);
    }
}
```

Diese Funktion ist mit der *OnLButtonDown*-Version aus dem Projekt Ex05b identisch. Sie ruft wie bisher *OnPrepareDC* auf, wobei sich allerdings die Umstände geändert haben. Die Funktion *OnPrepareDC* ist in der Klasse *CEx05cView* nicht überschrieben worden, sodass der Aufruf an *CScrollView::OnPrepareDC* weitergeleitet wird. Diese Funktion stellt den Abbildungsmodus ein, der im ersten Parameter von *SetScrollSize* übergeben worden ist, und legt basierend auf der aktuellen Bildlaufposition den Fensterursprung fest. Selbst wenn Sie für Ihre bildlauffähige Ansicht den Abbildungsmodus *MM_TEXT* verwenden, benötigen Sie einen Algorithmus zur Koordinatenumrechnung, damit die Verschiebung des Ursprungs berücksichtigt wird.

7. **Erstellen Sie das Programm Ex05c und starten Sie es.** Prüfen Sie, ob die Mausklicks auch dann korrekt verarbeitet werden, wenn der Kreis teilweise aus dem Fenster verschoben worden ist. Prüfen Sie auch, ob die Tastatureingaben korrekt verarbeitet werden. Auf dem Bildschirm präsentiert sich das Programm folgendermaßen:

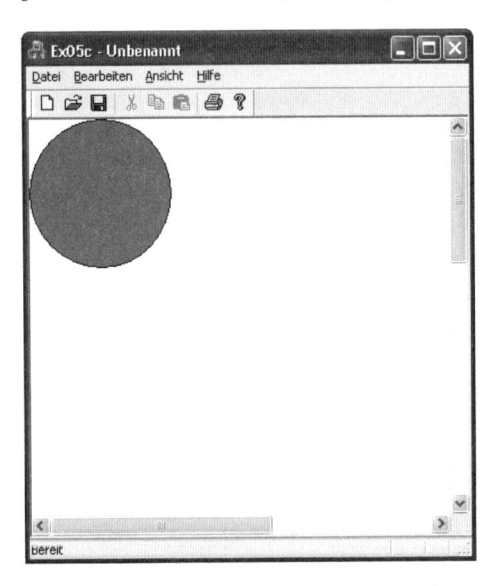

# Weitere Windows-Meldungen

Die MFC-Bibliothek umfasst Hunderte von Meldungshandlern. Außerdem können Sie eigene Meldungen definieren. Sie werden in den folgenden Kapiteln zahlreichen Beispielen zur Meldungsbearbeitung begegnen und unter anderem Handler für Menübefehle und Steuerelemente kennen lernen. Einstweilen verdienen fünf spezielle Windows-Meldungen unsere besondere Aufmerksamkeit: *WM_CREATE*, *WM_CLOSE*, *WM_QUERYENDSESSION*, *WM_DESTROY* und *WM_NCDESTROY*.

## Die Meldung *WM_CREATE*

Dies ist die erste Meldung, die Windows an ein Ansichtsfenster sendet. Sie wird gesendet, wenn das Anwendungsgerüst die *Create*-Funktion des Fensters aufruft. Zu diesem Zeitpunkt ist das Fenster noch nicht vollständig erstellt worden und noch nicht sichtbar. Aus diesem Grund kann Ihr *OnCreate*-Handler keine Windows-Funktionen aufrufen, die ein vollständig funktionsfähiges Fenster voraussetzen. Sie können solche Funktionen zwar aufrufen, wenn Sie *OnInitialUpdate* überschreiben, aber beachten Sie bitte, dass *OnInitialUpdate* in einer SDI-Anwendung während der Lebensdauer des Ansichtsobjekts mehrere Male aufgerufen werden kann.

## Die Meldung *WM_CLOSE*

Windows sendet eine *WM_CLOSE*-Meldung, sobald der Benutzer ein Fenster mit Hilfe des Systemmenüs schließt oder wenn ein übergeordnetes Fenster geschlossen wird. Wenn Sie in einer abgeleiteten Ansichtsklasse einen *OnClose*-Meldungshandler implementieren, können Sie den Schließvorgang kontrollieren. Falls Sie beispielsweise den Benutzer fragen möchten, ob seine Änderungen ein einer Datei gespeichert werden sollen, können Sie dies in *OnClose* tun. Erst wenn Sie sicher sind, dass das Fenster gefahrlos und ohne Datenverlust geschlossen werden kann, rufen Sie die *OnClose*-Funktion der Basisklasse auf, die den Schließvorgang fortsetzt. Das Ansichtsobjekt und das entsprechende Fenster sind zunächst noch aktiv.

**HINWEIS:** Wenn Sie mit dem vollständigen Anwendungsgerüst arbeiten, werden Sie wahrscheinlich nicht den *WM_CLOSE*-Handler verwenden. Sie können stattdessen die virtuelle Funktion *CDocument::SaveModified* überschreiben, die im Anwendungsgerüst ein Bestandteil der komplexen Prozedur zum Beenden von Programmen ist.

## Die Meldung *WM_QUERYENDSESSION*

Windows sendet eine *WM_QUERYENDSESSION*-Meldung an alle laufenden Anwendungen, wenn der Benutzer Windows beendet. Die Meldungstabellenfunktion *OnQueryEndSession* ist für die Bearbeitung dieser Meldung zuständig. Sofern Sie einen Handler für *WM_CLOSE* schreiben, sollten Sie auch einen für *WM_QUERYENDSESSION* implementieren.

## Die Meldung *WM_DESTROY*

Windows versendet diese Meldung nach der Meldung *WM_CLOSE* und die Meldungstabellenfunktion *OnDestroy* verarbeitet sie. Wenn Ihr Programm diese Meldung erhält, sollte es davon ausgehen, dass das Ansichtsfenster zwar nicht mehr sichtbar ist, dass es und seine untergeordneten Fenster aber noch aktiv sind. Verwenden Sie diesen Meldungshandler für Aufräumarbeiten, bei denen das zugrunde liegende Fenster noch vorhanden sein muss. Vergessen Sie nicht, die *OnDestroy*-Funktion der Basisklasse aufzurufen. Sie können die Entsorgung des Fensters nicht in der *OnDestroy*-Funktion der Ansichtsklasse abbrechen. Der richtige Ort hierfür wäre *OnClose*.

## Die Meldung *WM_NCDESTROY*

Dies ist die letzte Meldung, die Windows an ein zu entsorgendes Fenster sendet. Die untergeordneten Fenster sind zu diesem Zeitpunkt bereits verschwunden. Sie können in der Funktion *OnNcDestroy* letzte Verarbeitungsschritte ausführen, die kein aktives Fenster mehr voraussetzen. Vergessen Sie nicht, die *OnNcDestroy*-Funktion der Basisklasse aufzurufen.

**HINWEIS:** Versuchen Sie nicht, ein dynamisch angelegtes Fensterobjekt in *OnNcDestroy* zu löschen. Diese Aufgabe ist für die spezielle virtuelle Memberfunktion *PostNcDestroy* von *CWnd* reserviert, die von der Basisklassenversion von *OnNcDestroy* aufgerufen wird. Sie finden in der technischen Notiz Nr. 17 (MFC Technical Note #17) in der Onlinedokumentation Hinweise dazu, wann es sinnvoll ist, ein Fensterobjekt zu löschen.

# 6 GDI-Funktionen, Schriften und Bitmaps

| | |
|---|---|
| 81 | Die Gerätekontextklassen |
| 84 | GDI-Objekte |
| 87 | Schriften |
| 90 | Das Beispielprogramm Ex06a |
| 94 | Das Beispielprogramm Ex06b |
| 97 | Das Beispielprogramm Ex06c: Noch einmal *CScrollView* |
| 102 | Bitmaps |
| 103 | DIBs und die Klasse *CDib* |
| 115 | Weitere Möglichkeiten zur DIB-Programmierung |
| 117 | Schaltflächen mit Bitmaps belegen |

Sie haben bereits einige Elemente der Grafikgeräteschnittstelle oder GDI (für Graphics Device Interface) kennen gelernt. Jedes Programm, das etwas auf dem Bildschirm oder dem Drucker ausgibt, muss GDI- oder GDI+-Funktionen verwenden. In diesem Kapitel sehen wir uns die klassischen GDI-Funktionen an und und werden uns erst in Kapitel 33 näher mit GDI+-Funktionen beschäftigen, wenn es ums .NET geht.

Die GDI enthält Funktionen zum Zeichnen von Punkten, Linien, Rechtecken, Vielecken, Ellipsen, Bitmaps und Text. Kreise und Quadrate werden Sie praktisch sofort anzeigen können, nachdem Sie sich die entsprechenden Funktionen angesehen haben. Aber die Programmierung von Textausgaben ist schon schwieriger. Dieses Kapitel gibt Ihnen die Informationen, die Sie brauchen, um in der Microsoft Visual C++ .NET-Umgebung effizient mit der GDI arbeiten zu können. Außerdem erfahren Sie, wie man auf dem Bildschirm und dem Drucker mit Schriften und Bitmaps umgeht.

## Die Gerätekontextklassen

In den Kapiteln 3 und 5 wurde der Memberfunktion *OnDraw* der Ansichtsklasse ein Zeiger auf ein Gerätekontextobjekt übergeben. Mit der Funktion *OnDraw* wurde ein Pinsel ausgewählt und eine Ellipse gezeichnet. Das entscheidende GDI-Element ist der Windows-*Gerätekontext*. Er stellt ein Gerät dar, sei es nun real oder im RAM nachgebildet. Zu jedem C++-Gerätekontextobjekt gehört ein Windows-Gerätekontext, der durch ein 32-Bit-Handle des Typs *HDC* identifiziert wird.

Die MFC-Bibliothek enthält eine Reihe von Gerätekontextklassen. Die Basisklasse *CDC* umfasst alle zum Zeichnen erforderlichen Memberfunktionen. Darunter sind auch einige virtuelle Funktionen. Von dem Ausnahmefall *CMetaFileDC* abgesehen, unterscheiden sich die einzelnen Klassen nur hinsichtlich ihrer Konstruktoren und Destruktoren. Wenn Sie ein Objekt einer abgeleiteten Gerätekontextklasse erstellen (oder wenn das Anwendungsgerüst dies tut), können Sie Funktionen wie *OnDraw* einen *CDC*-Zeiger übergeben. Für Bildschirmausgaben werden für gewöhnlich von *CClientDC* und *CWindowDC* abgeleitete Klassen verwendet. Für andere Geräte wie beispielsweise Drucker erstellen Sie Objekte der Basisklasse *CDC*.

Der »virtuelle Charakter« der Klasse *CDC* zählt zu den wichtigsten Merkmalen des Anwendungsgerüsts. In Kapitel 17 werden Sie sehen, wie einfach es ist, den Code so zu konzipieren, dass er sich sowohl für Drucker- als auch für Bildschirmausgaben eignet. Eine Anweisung wie

```
pDC->TextOut(0, 0, "Hallo");
```

sendet den Text zum Bildschirm, zum Drucker oder zum Fenster *Seitenansicht*, je nachdem, welcher Objekttyp der Funktion *CView::OnDraw* im Parameter *pDC* übergeben wird.

Bei Bildschirm- und Druckergerätekontexten verknüpft das Anwendungsgerüst das Handle mit dem Gerätekontextobjekt. Bei anderen Gerätekontexten, beispielsweise dem Speichergerätekontext, den Sie in Kapitel 11 kennen lernen, müssen Sie nach dem Anlegen des Gerätekontextobjekts eine Memberfunktion aufrufen, um das Handle zu verknüpfen.

## Die Bildschirmkontextklassen *CClientDC* und *CWindowDC*

Wie erwähnt, gehören der Rahmen, die Titelleiste und die Menüleiste nicht zum Clientbereich des Fensters. Wenn Sie ein Objekt vom Typ *CClientDC* erstellen, erhalten Sie einen Gerätekontext, der exakt diesem Clientbereich entspricht. Ausgaben außerhalb des Bereichs sind nicht möglich. Der Punkt (0, 0) liegt normalerweise in der oberen linken Ecke des Clientbereichs. Wie Sie noch sehen werden, entspricht ein *CView*-Objekt in der MFC-Bibliothek einem *untergeordneten Fenster*, das in einem separaten Rahmenfenster dargestellt wird, meist zusammen mit einer Symbolleiste, einer Statusleiste und ein oder zwei Bildlaufleisten. Im Clientbereich der Ansicht (des *CView*-Objekts) sind diese anderen Fenster also nicht enthalten. Wenn das Fenster beispielsweise eine am oberen Rand angedockte Symbolleiste besitzt, dann beziehen sich die Koordinaten (0, 0) auf den Punkt, der unmittelbar *unter* der linken unteren Ecke der Symbolleiste liegt.

Wenn Sie ein Objekt der Klasse *CWindowDC* anlegen, befindet sich der Punkt (0, 0) in der oberen linken Ecke des Fensters (also nicht des Clientbereichs). Mit einem solchen, das ganze Fenster umfassenden Gerätekontext können Sie auf den Rahmen, in die Titelleiste und in andere Bereiche zeichnen. Wie Sie aber wissen, verfügen Ansichtsfenster lediglich über einen Clientbereich, sodass sich die Klasse *CWindowDC* eher für Rahmenfenster als für Ansichtsfenster eignet.

## *CDC*-Objekte anlegen und entsorgen

Es ist wichtig, dass Sie die von Ihnen erstellten *CDC*-Objekte sofort wieder entsorgen, sobald Sie die Objekte nicht mehr benötigen. Unter Windows ist die Anzahl der verfügbaren Gerätekontexte beschränkt und wenn Sie vergessen, einen Windows-Gerätekontext wieder ans System zurückzugeben, ist eine gewisse Speichermenge bis zur Beendigung Ihres Programms nicht mehr verfügbar. In den meisten Fällen werden Gerätekontextobjekte in Meldungshandlern wie *OnLButton-Down* erstellt. Am einfachsten lässt sich sicherstellen, dass das Gerätekontextobjekt beseitigt und der dazugehörige Windows-Gerätekontext ans System zurückgegeben wird, indem man das Objekt auf dem Stapel anlegt. Das geht folgendermaßen:

```
void CMyView::OnLButtonDown(UINT nFlags, CPoint point)
{
  CRect rect;

  CClientDC dc(this);    // dc wird auf dem Stapel angelegt
  dc.GetClipBox(rect);   // liefert das Begrenzungsrechteck
} // dc wird automatisch abgegeben
```

Beachten Sie bitte, dass der Konstruktor von *CClientDC* einen Fensterzeiger als Parameter hat. Der Destruktor für das *CClientDC*-Objekt wird automatisch aufgerufen, sobald die Funktion zurückkehrt. Einen Zeiger auf einen Gerätekontext erhalten Sie auch über die Memberfunktion *CWnd::GetDC*, wie der folgende Codeausschnitt zeigt. Hier dürfen Sie nicht vergessen, die Funktion *ReleaseDC* zur Rückgabe des Gerätekontexts aufzurufen.

```
void CMyView::OnLButtonDown(UINT nFlags, CPoint point)
{
  CRect rect;

  CDC* pDC = GetDC();        // Zeiger auf einen internen Gerätekontext
  pDC->GetClipBox(rect);     // ermittelt das Clipping-Rechteck
  ReleaseDC(pDC);            // nicht vergessen!
}
```

**WARNUNG:** Entsorgen Sie auf keinen Fall das *CDC*-Objekt, das der Funktion *OnDraw* als Zeiger übergeben wird. Dafür ist das Anwendungsgerüst zuständig.

## Der Zustand des Gerätekontexts

Wie bereits beschrieben, ist für Ausgabeoperationen ein Gerätekontext erforderlich. Wenn Sie zur Anzeige einer Ellipse ein *CDC*-Objekt verwenden, hängt es vom aktuellen Zustand des Gerätekontexts ab, was Sie auf dem Bildschirm (oder dem Ausdruck) zu sehen bekommen. Dieser Zustand umfasst folgende Aspekte:

- die zugeordneten GDI-Objekte wie Stifte, Pinsel oder Schriften,
- den Abbildungsmodus, der die Skalierung der darzustellenden Objekte bestimmt (mit dem Abbildungsmodus haben Sie bereits in Kapitel 5 experimentiert),
- verschiedene Einstellungen, wie die Parameter für die Textausrichtung und der Füllmodus von Vielecken.

Sie haben zum Beispiel schon selbst ausprobieren können, dass eine Ellipse grau ausgemalt wird, wenn Sie vor deren Anzeige einen grauen Pinsel auswählen. Jedes Gerätekontextobjekt, das Sie erstellen, verfügt über bestimmte voreingestellte Eigenschaften, zum Beispiel über einen blauen Stift zur Darstellung des Umrisses. Alle anderen Zustandswerte des Gerätekontexts werden mit den Memberfunktionen der Klasse *CDC* festgelegt. Die zu benutzenden GDI-Objekte werden mit Hilfe der überladenen Funktion *SelectObject* in den Gerätekontext eingetragen und somit für die nächste Zeichenoperation ausgewählt. Zu jedem gegebenen Zeitpunkt kann in einem Gerätekontext zum Beispiel immer nur jeweils ein Stift, ein Pinsel oder eine Schrift eingetragen sein.

## Die Klasse *CPaintDC*

Die Klasse *CPaintDC* benötigen Sie nur, wenn Sie die *OnPaint*-Funktion Ihrer Ansicht überschreiben. In der Standardversion ruft *OnPaint* die Funktion *OnDraw* mit dem korrekt konfigurierten Gerätekontext auf. Manchmal benötigt man aber bildschirmspezifischen Anzeigecode. Die Klasse *CPaintDC* ist ein Sonderfall, weil ihr Konstruktor und ihr Destruktor bestimmte, nur in Zusammenhang mit Bildschirmausgaben auftretende Verwaltungsaufgaben übernehmen. Sobald Sie jedoch über einen Zeiger auf ein *CDC*-Objekt verfügen, können Sie ihn wie jeden anderen Gerätekontextzeiger verwenden.

Hier ist eine Version von *OnPaint*, die ein *CPaintDC*-Objekt erstellt:

```
void CMyView::OnPaint()
{
  CPaintDC dc(this);
  OnPrepareDC(&dc);    // wird später erklärt
  dc.TextOut(0, 0, "für den Bildschirm, nicht für den Drucker");
  OnDraw(&dc);         // Anweisungen, die für Bildschirm und Drucker gelten
}
```

### Hinweis für Win32-Programmierer

Der Konstruktor von *CPaintDC* ruft *BeginPaint* auf, der Destruktor *EndPaint*. Wenn Sie das Gerätekontextobjekt auf dem Stapel erstellen, erfolgt der Aufruf von *EndPaint* später automatisch.

## GDI-Objekte

Jeder Windows-GDI-Objekttyp wird durch eine Klasse der MFC-Bibliothek repräsentiert. *CGdiObject* ist die abstrakte Basisklasse für alle GDI-Objektklassen. Jedes GDI-Objekt von Windows wird durch ein passendes C++-Objekt repräsentiert, dessen Klasse von *CGdiObject* abgeleitet wird. Die abgeleiteten GDI-Klassen sind nachfolgend aufgeführt:

- **CBitmap:** Eine Bitmap kann man sich als Array vorstellen, das Bits als Elemente hat und in dem ein oder mehrere Bits jeweils einen Punkt auf dem Bildschirm repräsentieren. Sie können Bitmaps zur Darstellung von Bildern und Grafiken oder zur Erstellung von Pinseln verwenden.
- **CBrush:** Ein Pinsel (englisch: *brush*) besteht aus einem Pixelmuster, das verwendet wird, um Flächen mit Farbe zu übermalen.
- **CFont:** Eine Schrift (font) ist eine vollständige Sammlung von Zeichen, die in einer bestimmten Gestaltung und in einer bestimmten Größe vorliegen. Schriften werden normalerweise in Form von Ressourcen auf der Festplatte gespeichert. Einige Schriften sind geräteabhängig.
- **CPalette:** Eine Palette ist eine Schnittstelle zur Zuordnung von Farben. Paletten ermöglichen es einer Anwendung, die bei einem Ausgabegerät gegebenen Möglichkeiten zur Farbdarstellung zu nutzen, ohne andere Anwendungen zu beeinträchtigen.
- **CPen:** Ein Stift (pen) ist ein Werkzeug zum Zeichnen von Linien und Umrissen. Sie können festlegen, welche Farbe, Linienstärke und Linienart der Stift haben soll.

- **CRgn:** Eine »Region« ist in diesem Zusammenhang ein Bereich in Form eines Vielecks, einer Ellipse oder einer Kombination aus Vielecken und Ellipsen. Sie können Regionen zum Beispiel zum Füllen von Flächen, für den Zuschnitt von Figuren oder für den Treffertest nach einem Mausklick verwenden.

## GDI-Objekte anlegen und entsorgen

*CGdiObject* dient nur als Basisklasse. Es ist nicht vorgesehen, von ihr Objekte anzulegen. Stattdessen werden die gewünschten GDI-Objekte von Klassen erstellt, die von *CGdiObject* abgeleitet wurden. Einige der abgeleiteten GDI-Klassen, zum Beispiel *CPen* und *CBrush*, haben Konstruktoren, denen Sie so viele Informationen übergeben können, dass das Objekt in einem Schritt erstellt wird. Bei anderen Klassen wie beispielsweise *CFont* und *CRgn* ist ein zweiter Schritt zur Erstellung des vollständigen funktionsfähigen Objekts erforderlich. Bei diesen Klassen erstellen Sie das C++-Objekt mit Hilfe des Standardkonstruktors und rufen anschließend eine Funktion wie *CreateFont* oder *CreatePolygonRgn* auf.

Die Klasse *CGdiObject* verfügt über einen virtuellen Destruktor. Die Destruktoren der abgeleiteten Klassen kümmern sich um die Entsorgung der Windows-GDI-Objekte, die mit den C++-Objekten verknüpft sind. Wenn Sie ein Objekt einer von *CGdiObject* abgeleiteten Klasse erstellen, müssen Sie vor dem Verlassen des Programms dafür sorgen, dass dieses Objekt wieder aus dem Speicher verschwindet. Vor der Entsorgung eines GDI-Objekts müssen Sie es aus dem Gerätekontext austragen, sofern es dort noch eingetragen ist. Im nächsten Abschnitt finden Sie ein Beispiel dafür.

### Hinweis für Win32-Programmierer

Unter Win32 dagegen ist der Prozess Besitzer des GDI-Speichers und der Speicher wird mit dem Beenden des Prozesses ans System zurückgegeben. Ein nicht freigegebenes GDI-Bitmapobjekt kann aber nach wie vor eine erhebliche Menge an Speicher blockieren.

## GDI-Objekte überwachen

GDI-Objekte müssen also nach Gebrauch wieder vom Gerätekontext getrennt und entsorgt werden. Wie erfolgt die Trennung? Die unter dem Namen *CDC::SelectObject* überladenen Funktionen erfüllen die Aufgabe, ein GDI-Objekt in den Gerätekontext einzutragen und somit für die nächste Zeichenoperation auszuwählen. Bei dieser Gelegenheit gibt sie einen Zeiger auf das zuvor eingetragene Objekt an den Aufrufer zurück. Durch die Eintragung des neuen Objekts wird also das alte Objekt aus dem Gerätekontext ausgetragen. Allerdings bedeutet dies auch, dass man kein Objekt aus dem Gerätekontext austragen kann, ohne ein neues einzutragen. Die einfachste Lösung besteht darin, das ursprüngliche Objekt zu speichern, wenn man ein neues Objekt in den Gerätekontext einträgt, und nach dem Ende der Arbeit das alte Objekt wieder einzutragen. Anschließend können Sie dafür sorgen, dass Ihre eigenen GDI-Objekte aus dem Speicher verschwinden. Ein Beispiel:

```
void CMyView::OnDraw(CDC* pDC)
{
    CPen newPen(PS_DASHDOTDOT, 2, (COLORREF) 0);   // schwarzer Stift, Breite 2 Pixel
    CPen* pOldPen = pDC->SelectObject(&newPen);
```

```
    pDC->MoveTo(10, 10);
    pDC->LineTo(110, 10);
    pDC->SelectObject(pOldPen);      // newPen ist nicht mehr ausgewählt
}       // newPen wird beim Verlassen der Funktion automatisch gelöscht
```

Beim Löschen eines Gerätekontextobjekts werden alle eingetragenen GDI-Objekte ausgetragen. Wenn Sie also wissen, dass ein Gerätekontext vor den eingetragenen GDI-Objekten gelöscht wird, brauchen Sie Objekte nicht zusätzlich auszutragen. Nehmen wir an, Sie deklarieren in einer Ansichtsklasse einen Stift als Datenelement. Der Stift wird gleichzeitig mit der Ansicht initialisiert. In *OnDraw* brauchen Sie den Stift dann nicht aus dem Gerätekontext auszutragen, weil der Gerätekontext, der von der *OnPaint*-Funktion der Basisklasse kontrolliert wird, zuerst entsorgt wird.

## Vordefinierte GDI-Objekte

Unter Windows steht eine Reihe *vordefinierter GDI-Objekte* zur Verfügung. Weil diese Objekte feste Bestandteile von Windows sind, brauchen Sie nicht entsorgt zu werden. (Windows ignoriert sowieso alle Aufforderungen, solche vordefinierten Objekte wegzuwerfen.) Die MFC-Funktion *CDC::SelectStockObject* trägt ein vordefiniertes Objekt in den Gerätekontext ein und gibt einen Zeiger auf das zuvor eingetragene Objekt zurück, dessen Auswahl damit aufgehoben wird. Vordefinierte Objekte sind praktisch, wenn Sie ein eigenes, nicht vordefiniertes GDI-Objekt austragen und dann entsorgen. Vordefinierte Objekte sind deshalb eine Alternative zum »ursprünglichen« Objekt aus dem obigen Beispiel:

```
void CMyView::OnDraw(CDC* pDC)
{
    CPen newPen(PS_DASHDOTDOT, 2, (COLORREF) 0);  // schwarzer Stift, Breite 2 Pixel

    pDC->SelectObject(&newPen);
    pDC->MoveTo(10, 10);
    pDC->LineTo(110, 10);
    pDC->SelectStockObject(BLACK_PEN);  // newPen ist nicht mehr ausgewählt
}       // newPen wird beim Verlassen der Funktion automatisch gelöscht
```

In der Referenz der *Microsoft Foundation Class Library* finden Sie in der Beschreibung von *CDC::SelectStockObject* eine Liste der vordefinierten Stifte, Pinsel, Schriften und Paletten.

## Wie lange gilt eine GDI-Auswahl?

Für den *Bildschirm* erhalten Sie zu Beginn eines Meldungshandlers einen »neuen« Gerätekontext. Nach der Rückkehr der Funktion zum Aufrufer ist kein GDI-Objekt mehr ausgewählt. Abbildungsmodi und andere Einstellungen des Gerätekontexts bestehen ebenfalls nicht mehr. Aus diesem Grund müssen Sie Ihren Gerätekontext vor Gebrauch jedes Mal neu einrichten. Die virtuelle Memberfunktion *OnPrepareDC* der Klasse *CView* unterstützt Sie beim Einstellen des Abbildungsmodus, aber Ihre GDI-Objekte müssen Sie selbst verwalten.

In anderen Gerätekontexten, etwa Drucker- und Speichergerätekontexten, haben Ihre Zuweisungen unter Umständen länger Bestand. Allerdings sind die Verhältnisse hier auch etwas komplizierter. Die zusätzliche Komplexität ergibt sich aus der temporären Natur bestimmter C++-Zeiger, und zwar der Zeiger auf die GDI-Objekte, die von der Funktion *SelectObject* zurückgegeben werden. (Das Anwendungsgerüst entsorgt derartige »Objekte« in der Leerlaufschleife der Anwendung einige Zeit nachdem der Handler zum Aufrufer zurückgekehrt ist. Genauere Angaben hierzu finden Sie in der *MFC Technical Note #3* in der Online-Dokumentation.) Sie können solche Zeiger nicht einfach in einem Datenelement speichern, sondern müssen die Zeiger zuvor mit Hilfe der Funktion *GetSafeHandle* in die einzigen dauerhaften GDI-Bezeichner umwandeln, nämlich in Windows-Handles. Ein Beispiel:

```
// m_pPrintFont zeigt auf ein CFont-Objekt, das im Konstruktor von CMyView erstellt wurde.
// m_hOldFont ist ein Datenelement von CMyView mit dem Typ HFONT das mit 0 initialisiert wird.

void CMyView::SwitchToCourier(CDC* pDC)
{
  m_pPrintFont->CreateFont(30, 10, 0, 0, 400, FALSE, FALSE,
                0, ANSI_CHARSET, OUT_DEFAULT_PRECIS,
                CLIP_DEFAULT_PRECIS, DEFAULT_QUALITY,
                DEFAULT_PITCH | FF_MODERN,
                "Courier New"); // TrueType
  CFont* pOldFont = pDC->SelectObject(m_pPrintFont);
  // m_hObject ist das öffentliche Datenelement vom Typ CGdiObjekt,
  // in dem das Handle gespeichert wird.
  m_hOldFont = (HFONT) pOldFont->GetSafeHandle();
}
void CMyView:SwitchToOriginalFont(CDC* pDC)
{
  // FromHandle ist eine statische Memberfunktion, die einen Zeiger auf ein Objekt zurückgibt.
  if (m_hOldFont) {
    pDC->SelectObject(CFont::FromHandle(m_hOldFont));
  }
}
// m_pPrintFont wird im Konstruktor von CMyView entsorgt.
```

**HINWEIS:** Seien Sie vorsichtig, wenn Sie ein Objekt mit Hilfe eines von *SelectObject* gelieferten Zeigers entsorgen. Wenn Sie das Objekt selbst angelegt haben, dürfen Sie es löschen. Wenn es sich um einen temporären Zeiger handelt, wie bei Objekten, die beim Initialisieren in den Gerätekontext eingetragen wurden, lässt sich das C++-Objekt nicht löschen.

# Schriften

Die altmodischen Textmodusanwendungen konnten nur die relativ langweilige Systemschrift auf dem Bildschirm anzeigen. Windows bietet viele geräteunabhängige Schriften in unterschiedlichen Größen. Geschickt eingesetzt, können diese Windows-Schriften bei minimalem Programmieraufwand eine Anwendung sehr aufpeppen. Die TrueType-Schriften, die mit Windows 3.1 eingeführt wurden, sind sogar noch eindrucksvoller und zudem leichter zu programmieren als die vorherigen geräteabhängigen Schriften. Im Verlauf dieses Kapitels werden Sie einige Beispielprogramme sehen, die verschiedene Schriften verwenden.

## Schriften sind GDI-Objekte

Schriften sind ein integraler Bestandteil der Windows-GDI. Das heißt, dass sich Schriften ebenso verhalten wie andere GDI-Objekte. Sie können skaliert werden und halten sich an Clipping-Operationen. Und man kann sie wie einen Stift oder einen Pinsel in einen Gerätekontext eintragen. Die GDI-Regeln für die Austragung aus einem Gerätekontext und für die Entsorgung gelten auch für Schriften.

## Eine Schrift auswählen

Sie können zwischen zwei Schriftarten wählen, nämlich zwischen geräteunabhängigen TrueType-Schriften und geräteabhängigen Schriften wie die Windows-Systemschrift oder die Schriftart *LinePrinter* auf dem HP LaserJet. Sie können aber auch eine Schriftkategorie und Größe angeben und die Auswahl der Schrift Windows überlassen. Wenn Windows die Schrift auswählt, fällt die Entscheidung auf eine TrueType-Schrift, wann immer das möglich ist. Die MFC-Bibliothek enthält ein Dialogfeld zur Schriftauswahl, das mit dem aktuell ausgewählten Drucker verknüpft ist, sodass man nicht zu raten braucht, welche Schriften der Drucker unterstützt. Sie lassen den Benutzer die Schriftart und -größe für die Druckerausgabe auswählen und passen die Bildschirmschrift so gut es geht daran an.

## Schriften drucken

In sehr textlastigen Anwendungen werden Sie die Größe der Druckerschriften wahrscheinlich in Punkt angeben (1 Punkt = 1/72 Zoll). Warum? Die meisten, wenn nicht alle Druckerschriften werden in Punkt definiert. Die Schrift LinePrinter des HP LaserJets beispielsweise steht nur in der Größe 8,5 Punkt zur Verfügung. Für TrueType-Schriften können Sie jede beliebige Punktgröße angeben. Wenn Sie mit Punktgrößen arbeiten, brauchen Sie einen Abbildungsmodus, der mit dieser Einheit harmoniert. Aus diesem Grund wurde der Abbildungsmodus *MM_TWIPS* entwickelt. Eine Schriftgröße von 8,5 Punkt entspricht 8,5 × 20 = 170 Twips, und das ist die Zeichenhöhe, die Sie in diesem Fall angeben müssen.

## Schriften anzeigen

Wenn Sie nicht dafür Sorge tragen müssen, dass die Bildschirmanzeige exakt mit den Ausdrucken übereinstimmt, stehen Ihnen viele Möglichkeiten offen. Sie können eine beliebige, skalierbare TrueType-Schrift auswählen oder sich für eine Systemschrift mit fester Größe (ein vordefiniertes GDI-Objekt) entscheiden. Wenn Sie mit TrueType-Schriften arbeiten, spielt der Abbildungsmodus keine allzu große Rolle. Sie wählen einfach eine Schrifthöhe aus und brauchen sich nicht weiter um die Punktgrößen zu kümmern.

Druckerschriften so zu wählen, dass die Ausgaben auf dem Drucker genauso aussehen wie auf dem Bildschirm, ist ziemlich schwierig. Aber auch mit TrueType-Schriften werden Sie nie erreichen, dass die Bildschirmausgaben mit den Druckerausgaben genau übereinstimmen. Warum? Die Zeichen werden letztlich in Pixeln (oder Punkten) dargestellt und die Breite einer Zeichenfolge ergibt sich aus der Summe der Pixelbreite der einzelnen Zeichen, eventuell abzüglich eines Korrekturfaktors für die Unterschneidung. Die Pixelbreite der Zeichen hängt von der Schrift, dem Abbildungsmodus und der Auflösung des Ausgabegeräts ab. Nur wenn Sie für Drucker und Bildschirm den Abbildungsmodus *MM_TEXT* einstellen (ein Pixel oder Punkt entspricht einer logischen Einheit), stimmen Bildschirmanzeige und Ausdruck überein. Wenn Sie die Zeilenumbrüche mit Hilfe der Funktion *CDC::GetTextExtent* berechnen, werden die Zeilen auf dem Bildschirm gelegentlich nicht an derselben Stelle wie auf dem Drucker umbrochen.

**HINWEIS:** Im Seitenansichtsmodus der MFC-Anwendungen, den wir in Kapitel 19 genauer untersuchen, werden die Zeilenumbrüche so angezeigt, wie sie im Ausdruck erscheinen. Dafür wird eine verminderte Anzeigequalität im Seitenansichtsfenster in Kauf genommen.

Auch wenn Sie für eine Druckerschrift eine passende Bildschirmschrift suchen, erleichtern Ihnen TrueType-Schriften die Arbeit. Windows ersetzt die Druckerschrift automatisch durch die ähnlichste TrueType-Schrift. Für die Schrift LinePrinter in der Größe 8,5 Punkt findet Windows in der Schrift Courier New eine recht gute Entsprechung.

## Logische und tatsächliche Bildschirmmaße

Die Memberfunktion *GetDeviceCaps* der Klasse *CDC* liefert verschiedene Bildschirmmaße, die für die Grafikprogrammierung wichtig sind. Die sechs in Tabelle 6.1 beschriebenen Rückgabewerte liefern Informationen über die Bildschirmgröße. Die Werte gelten für eine normale Grafikkarte, die unter Windows NT 2000 oder Windows XP mit einer Auflösung von 640 × 480 Pixel arbeitet.

| Index | Beschreibung | Wert |
|---|---|---|
| HORZSIZE | Breite in Millimetern | 320 |
| VERTSIZE | Höhe in Millimetern | 240 |
| HORZRES | Breite in Pixeln (Bildpunkten) | 640 |
| VERTRES | Höhe in Rasterlinien | 480 |
| LOGPIXELSX | Punkte pro logisches Zoll in Horizontalrichtung | 96 |
| LOGPIXELSY | Punkte pro logisches Zoll in Vertikalrichtung | 96 |

***Tabelle 6.1:*** *Logische und tatsächliche Maße*

Die Werte *HORZSIZE* und *VERTSIZE* stehen für die Bildschirmabmessungen. (Diese Werte müssen nicht unbedingt stimmen, weil Windows natürlich nicht weiß, welche Größe der an die Grafikkarte angeschlossene Bildschirm hat.) Außerdem können Sie die Bildschirmgröße auf andere Art ausdrücken, indem Sie *HORZRES* und *VERTRES* durch *LOGPIXELSX* und *LOGPIXELSY* dividieren. Die auf diese Weise errechnete Größe bezeichnet man als *logische Größe* des Bildschirms. Wenn wir von den obigen Werten ausgehen und berücksichtigen, dass 1 Zoll 25,4 Millimetern entspricht, können wir die beiden Größen für einen Bildschirm berechnen, der für eine Auflösung von 640 × 480 Pixel unter Windows 2000 oder Windows XP konfiguriert ist. Die tatsächliche Größe beträgt 12,60 × 9,45 Zoll, die logische Größe 6,67 × 5,00 Zoll. Tatsächliche (physische) und logische Größe müssen also nicht übereinstimmen.

Unter Windows 2000 und Windows XP sind *HORZSIZE* und *VERTSIZE* von der Bildschirmauflösung unabhängig, und *LOGPIXELSX* und *LOGPIXELSY* haben stets den Wert 96. Bei unterschiedlichen Bildschirmauflösungen ändert sich also nur die logische Größe, nicht die physische.

Wenn Sie einen festen Abbildungsmodus wie *MM_HIMETRIC* oder *MM_TWIPS* benutzen, berechnet der Grafiktreiber die Abbildung aufgrund der tatsächlichen (physischen) Bildschirmgröße. Unter Windows 2000 und Windows XP wird daher Text bei einem kleineren Bildschirm in einer kleineren Schriftgröße dargestellt, was wir aber nicht wollen. Die Schriftgrößen sollen auf die logische Bildschirmgröße bezogen sein, nicht auf die physische.

Sie können einen speziellen Abbildungsmodus einführen, der so genannte *logische Twips* verwendet und in dem jede logische Einheit 1/1440 eines logischen Zolls entspricht. Dieser Abbildungsmodus ist vom Betriebssystem und von der Bildschirmauflösung unabhängig. Er wird von Programmen wie Microsoft Word verwendet. Mit den folgenden Anweisungen können Sie diesen Abbildungsmodus einstellen:

```
pDC->SetMapMode(MM_ANISOTROPIC);
pDC->SetWindowExt(1440, 1440);
pDC->SetViewportExt(pDC->GetDeviceCaps(LOGPIXELSX), -pDC->GetDeviceCaps(LOGPIXELSY));
```

**HINWEIS:** In der Windows-Systemsteuerung können Sie sowohl die Größe der Bildschirmschrift als auch die Bildschirmauflösung einstellen. Wenn Sie die Größe der Bildschirmschrift von 100 Prozent auf 200 Prozent ändern, erhält *HORZSIZE* den Wert 160, *VERTSIZE* den Wert 120, und *LOGPIXELSX* und *LOGPIXELSY* erhalten jeweils den Wert 192. In diesem Fall wird die logische Größe durch 2 geteilt, und der Text, der im Abbildungsmodus für *logische Twips* gezeichnet wird, wird doppelt so groß dargestellt.

### Die Zeichenhöhe berechnen

Die *CDC*-Memberfunktion *GetTextMetrics* liefert fünf Parameter für die Schriftgröße, wovon allerdings nur drei von Belang sind. Abbildung 6.1 illustriert die wichtigsten Schriftmaße. Der Parameter *tmHeight* ist die gesamte Schrifthöhe einschließlich der Unterlängen (wie in g, j, p, q und y) und eventueller diakritischer Zeichen über den Großbuchstaben. Der Parameter *tmExternalLeading* (Durchschuss) beschreibt den Abstand zwischen zwei Zeilen, wenn sich in der oberen Zeile ein Zeichen mit Unterlänge und in der unteren Zeile ein diakritisches Zeichen befinden. Die Gesamtzeichenhöhe ergibt sich aus der Summe von *tmHeight* und *tmExternalLeading*. Der Wert von *tmExternalLeading* kann gleich 0 sein.

Man könnte annehmen, dass *tmHeight* den Schriftgrad in Punkt angibt. Aber diese Annahme ist falsch. Hier kommt ein anderer Parameter ins Spiel, nämlich *tmInternalLeading*. Die Punktgröße entspricht der Differenz zwischen *tmHeight* und *tmInternalLeading*.

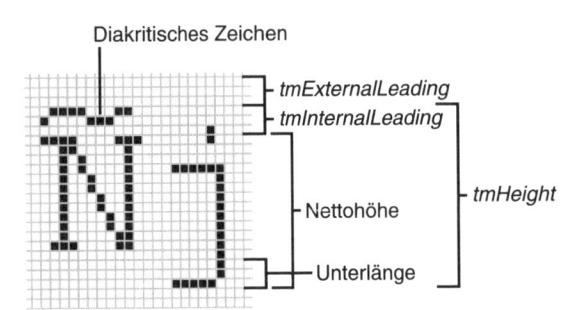

*Abbildung 6.1:* Maße für die Schrifthöhe

# Das Beispielprogramm Ex06a

Das Beispielprogramm richtet ein Ansichtsfenster mit dem Abbildungsmodus für logische Twips ein. Dann zeigt es einen kurzen Text in der TrueType-Schrift Arial an, und zwar in zehn verschiedenen Punktgrößen. Mit folgenden Arbeitsschritten erstellen Sie diese Anwendung:

1. **Generieren Sie mit dem MFC-Anwendungsassistenten das Projekt Ex06a.** Wählen Sie im Menü *Datei* den Befehl *Neu* und wählen Sie dann die *MFC-Anwendung*. Wählen Sie auf der Seite *Anwendungstyp* das *Einfache Dokument* und schalten Sie auf der Seite *Erweiterte Features* den Punkt *Drucken und Druckvorschau* aus (löschen Sie die Markierung). Alle anderen Vorgaben können Sie übernehmen.

2. **Wählen Sie in der Klassenansicht die Klasse *CEx06aView* und überschreiben Sie dann im Eigenschaftenfenster die Funktion *OnPrepareDC* der Klasse *CEx06aView*.** Bearbeiten Sie den Code in Ex06aView.cpp wie folgt.

    ```
    void CEx06aView::OnPrepareDC(CDC* pDC, CPrintInfo* pInfo)
    {
        pDC->SetMapMode(MM_ANISOTROPIC);
        pDC->SetWindowExt(1440, 1440);
        pDC->SetViewportExt(pDC->GetDeviceCaps(LOGPIXELSX),
                            pDC->GetDeviceCaps(LOGPIXELSY));
    }
    ```

3. **Fügen Sie die private Hilfsfunktion *ShowFont* zur Ansichtsklasse hinzu.** Fügen Sie diesen Prototyp in Ex06aView.h ein:

    ```
    private:
        void ShowFont(CDC* pDC, int& nPos, int nPoints);
    ```

    Bauen Sie dann die eigentliche Funktion in Ex06aView.cpp ein:

    ```
    void CEx06aView::ShowFont(CDC* pDC, int& nPos, int nPoints)
    {
        TEXTMETRIC tm;
        CFont      fontText;
        CString    strText;
        CSize      sizeText;

        fontText.CreateFont(-nPoints * 20, 0, 0, 0, 400,
                    FALSE, FALSE, 0,
                    ANSI_CHARSET, OUT_DEFAULT_PRECIS,
                    CLIP_DEFAULT_PRECIS, DEFAULT_QUALITY,
                    DEFAULT_PITCH | FF_SWISS, "Arial");
        CFont* pOldFont = (CFont*) pDC->SelectObject(&fontText);
        pDC->GetTextMetrics(&tm);
        TRACE("Punktgröße = %d, tmHeight = %d, tmInternalLeading = %d,"
              " tmExternalLeading = %d\n", nPoints, tm.tmHeight,
              tm.tmInternalLeading, tm.tmExternalLeading);
        strText.Format("Das ist Arial %d Punkt", nPoints);
        sizeText = pDC->GetTextExtent(strText);
        TRACE("Textlänge = %d, Texthöhe = %d\n", sizeText.cx,
              sizeText.cy);
        pDC->TextOut(0, nPos, strText);
        pDC->SelectObject(pOldFont);
        nPos += tm.tmHeight + tm.tmExternalLeading;
    }
    ```

4. **Bearbeiten Sie die Funktion *OnDraw* in der Datei Ex06aView.cpp.** Der MFC-Anwendungsassistent fügt eine rudimentäre Version von *OnDraw* in die Ansichtsklasse ein. Suchen Sie diese Funktion und ersetzen Sie die vorhandenen Anweisungen durch die folgenden:

    ```
    void CEx06aView::OnDraw(CDC* pDC)
    {
        int nPosition = 0;
    ```

```
        for (int i = 6; i <= 24; i += 2) {
            ShowFont(pDC, nPosition, i);
        }
        TRACE("LOGPIXELSX = %d, LOGPIXELSY = %d\n",
              pDC->GetDeviceCaps(LOGPIXELSX),
              pDC->GetDeviceCaps(LOGPIXELSY));
        TRACE("HORZSIZE = %d, VERTSIZE = %d\n",
              pDC->GetDeviceCaps(HORZSIZE),
              pDC->GetDeviceCaps(VERTSIZE));
        TRACE("HORZRES = %d, VERTRES = %d\n",
              pDC->GetDeviceCaps(HORZRES),
              pDC->GetDeviceCaps(VERTRES));
    }
```

5. **Erstellen Sie das Programm Ex06a und starten Sie es.** Wenn Sie die Ausgaben der *TRACE*-Anweisungen sehen möchten, müssen Sie das Programm im Debugger ausführen. Sie können dazu im Menü *Debuggen* von Visual C++ .NET den Befehl *Starten* wählen, die Taste **F5** drücken oder in der Symbolleiste *Debuggen* auf die Schaltfläche *Weiter* klicken (bei der Gelegenheit wird auch das Projekt kompiliert).

Bei Verwendung einer Standard-VGA-Karte sieht das Anwendungsfenster dann etwa so aus:

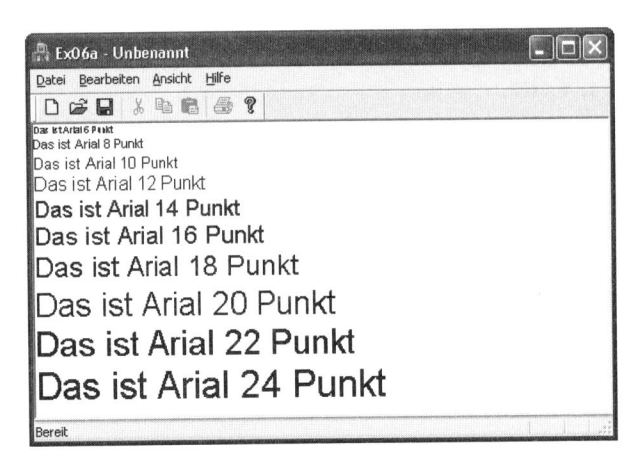

Beachten Sie bitte, dass die Größen der ausgegebenen Zeichenfolgen nicht ganz mit den Punktgrößen übereinstimmen. Diese Diskrepanz ergibt sich durch die Umwandlung von logischen Einheiten in Pixel. Die *TRACE*-Ausgaben des Programms, von denen Sie im Folgenden einen Auszug sehen, liefern die Schriftmaße. (Die genauen Werte hängen vom verwendeten Grafiktreiber ab.)

```
Punktgröße = 6, tmHeight = 150, tmInternalLeading = 30, tmExternalLeading = 4
Textlänge = 1020, Texthöhe = 150
Punktgröße = 8, tmHeight = 210, tmInternalLeading = 45, tmExternalLeading = 5
Textlänge = 1440, Texthöhe = 210
```

```
Punktgröße = 10, tmHeight = 240, tmInternalLeading = 45, tmExternalLeading = 6
Textlänge = 1905, Texthöhe = 240
Punktgröße = 12, tmHeight = 270, tmInternalLeading = 30, tmExternalLeading = 8
Textlänge = 2250, Texthöhe = 270
Punktgröße = 14, tmHeight = 330, tmInternalLeading = 45, tmExternalLeading = 9
Textlänge = 2685, Texthöhe = 330
```

## Elemente des Programms Ex06a

In den folgenden Abschnitten werden einige wichtige Bestandteile des Programms Ex06a beschrieben.

### Den Abbildungsmodus in der Funktion *OnPrepareDC* einstellen

Das Anwendungsgerüst ruft *OnPrepareDC* vor *OnDraw* auf, sodass sich *OnPrepareDC* dazu anbietet, den Gerätekontext vorzubereiten. Falls Sie auch in anderen Meldungshandlern den Abbildungsmodus einstellen müssen, rufen Sie innerhalb dieser Funktionen *OnPrepareDC* auf.

### Die private Memberfunktion *ShowFont*

Der Code von *ShowFont* wird in einer Schleife zehnmal ausgeführt. In C hätten Sie diese Funktion als global deklariert, aber in C++ deklarieren Sie die Funktion *ShowFont*, die man auch als *Hilfsfunktion* bezeichnen könnte, am besten als private Memberfunktion.

Die Funktion legt die Schrift an, trägt sie in den Gerätekontext ein, zeigt einen kurzen Text im Fenster an und trägt die Schrift wieder aus dem Gerätekontext aus. Wenn Sie bei der Kompilierung des Programms Debuginformationen generieren lassen, gibt *ShowFont* auch wichtige Schriftmaße aus, unter anderem die tatsächliche Länge des dargestellten Textes.

### Der Aufruf von *CFont::CreateFont*

Von den vielen Parametern dieses Aufrufs sind die ersten beiden am wichtigsten: die Höhe und Breite der Schrift. Wenn Sie für die Breite 0 angeben, wird für das Seitenverhältnis der Schrift ein vom Entwickler der Schrift festgelegter Wert verwendet. Wenn Sie wie im nächsten Beispielprogramm einen Wert ungleich 0 angeben, können Sie das Verhältnis zwischen Breite und Höhe ändern.

TIPP: Wenn Ihre Schrift eine bestimmte Punktgröße haben soll, müssen Sie für den ersten Parameter von *CreateFont*, die Schrifthöhe, einen *negativen* Wert angeben. Verwenden Sie beispielsweise für einen Drucker den Abbildungsmodus *MM_TWIPS*, dann ergibt der Wert –240 einen Schriftgrad von 12 Punkt, wobei *tmHeight* – *tmInternalLeading* = 240 gilt. Wenn Sie für diesen Parameter den Wert +240 einsetzen, erhalten Sie eine kleinere Schrift mit *tmHeight* = 240.

Im letzten Parameter von *CreateFont* wird der Name der Schrift angegeben, hier die TrueType-Schrift Arial. Falls Sie für diesen Parameter *NULL* übergeben hätten, dann hätte Windows aufgrund der Definition von *FF_SWISS* (für eine Proportionalschrift ohne Serifen) die passendste Schrift ermittelt, und das kann je nach angegebener Größe die Systemschrift oder die TrueType-Schrift Arial sein. Dabei hat der Schriftname Vorrang. Hätten Sie *FF_ROMAN* (für eine Proportionalschrift mit Serifen) und Arial angegeben, wäre die resultierende Schrift wieder Arial gewesen.

# Das Beispielprogramm Ex06b

Dieses Programm ähnelt dem Beispiel Ex06a, zeigt aber verschiedene Schriften an. Als Abbildungsmodus kommt *MM_ANISOTROPIC* zum Einsatz, wobei die Skalierung von der Fenstergröße abhängt. Die Größe der einzelnen Zeichen ändert sich mit der Fenstergröße. Das Programm führt eindrucksvoll einige TrueType-Schriften vor und stellt sie dem älteren Schrifttyp gegenüber. Mit folgenden Arbeitsschritten erstellen Sie diese Anwendung:

1. **Starten Sie den MFC-Anwendungsassistenten und generieren Sie das Projekt Ex06b.** Geben Sie eine SDI-Anwendung vor und löschen Sie auf der Seite *Erweiterte Features* die Markierung von *Drucken und Druckvorschau*.

2. **Wählen Sie in der Klassenansicht die Klasse *CEx06bView* und überschreiben Sie dann im Eigenschaftenfenster die Funktion *OnPrepareDC* in der Klasse *CEx06bView*.** Fügen Sie in der Datei Ex06bView.cpp folgende Anweisungen in die Methode ein:

   ```
   void CEx06bView::OnPrepareDC(CDC* pDC, CPrintInfo* pInfo)
   {
       CRect clientRect;
       GetClientRect(clientRect);
       pDC->SetMapMode(MM_ANISOTROPIC); // +y = down
       pDC->SetWindowExt(400, 450);
       pDC->SetViewportExt(clientRect.right, clientRect.bottom);
       pDC->SetViewportOrg(0, 0);
   }
   ```

3. **Fügen Sie die private Funktion *TraceMetrics* in die Ansichtsklasse ein.** Deklarieren Sie in Ex06bView.h den folgenden Prototyp:

   ```
   private:
       void TraceMetrics(CDC* pDC);
   ```

   Implementieren Sie dann die Funktion in Ex06bView.cpp:

   ```
   void CEx06bView::TraceMetrics(CDC* pDC)
   {
       TEXTMETRIC tm;
       char       szFaceName[100];

       pDC->GetTextMetrics(&tm);
       pDC->GetTextFace(99, szFaceName);
       TRACE("Schrift = %s, tmHeight = %d, tmInternalLeading = %d,"
             " tmExternalLeading = %d\n", szFaceName, tm.tmHeight,
             tm.tmInternalLeading, tm.tmExternalLeading);
   }
   ```

4. **Bearbeiten Sie die Funktion *OnDraw* in der Datei Ex06bView.cpp.** Der MFC-Anwendungsassistent fügt eine rudimentäre Version von *OnDraw* in die Ansichtsklasse ein. Suchen Sie die Funktion und bearbeiten Sie den Code wie folgt:

   ```
   void CEx06bView::OnDraw(CDC* pDC)
   {
       CFont fontTest1, fontTest2, fontTest3, fontTest4;

       fontTest1.CreateFont(50, 0, 0, 0, 400, FALSE, FALSE, 0,
                  ANSI_CHARSET, OUT_DEFAULT_PRECIS,
                  CLIP_DEFAULT_PRECIS, DEFAULT_QUALITY,
                  DEFAULT_PITCH | FF_SWISS, "Arial");
       CFont* pOldFont = pDC->SelectObject(&fontTest1);
   ```

```
        TraceMetrics(pDC);
        pDC->TextOut(0, 0, "Arial in Standardlaufweite");
        fontTest2.CreateFont(50, 0, 0, 0, 400, FALSE, FALSE, 0,
                             ANSI_CHARSET, OUT_DEFAULT_PRECIS,
                             CLIP_DEFAULT_PRECIS, DEFAULT_QUALITY,
                             DEFAULT_PITCH | FF_MODERN, "Courier");
                             // kein TrueType
        pDC->SelectObject(&fontTest2);
        TraceMetrics(pDC);
        pDC->TextOut(0, 100, "Courier in Standardlaufweite");
        fontTest3.CreateFont(50, 10, 0, 0, 400, FALSE, FALSE, 0,
                             ANSI_CHARSET, OUT_DEFAULT_PRECIS,
                             CLIP_DEFAULT_PRECIS, DEFAULT_QUALITY,
                             DEFAULT_PITCH | FF_ROMAN, NULL);
        pDC->SelectObject(&fontTest3);
        TraceMetrics(pDC);
        pDC->TextOut(0, 200, "Roman in variabler Laufweite");
        fontTest4.CreateFont(50, 0, 0, 0, 400, FALSE, FALSE, 0,
                             ANSI_CHARSET, OUT_DEFAULT_PRECIS,
                             CLIP_DEFAULT_PRECIS, DEFAULT_QUALITY,
                             DEFAULT_PITCH | FF_MODERN, "LinePrinter");
        pDC->SelectObject(&fontTest4);
        TraceMetrics(pDC);
        pDC->TextOut(0, 300, "LinePrinter in Standardlaufweite");
        pDC->SelectObject(pOldFont);
}
```

5. **Erstellen Sie das Programm Ex06b und starten Sie es.** Starten Sie das Programm im Debugger, damit Sie die *TRACE*-Ausgaben sehen. Das Programmfenster sollte etwa so aussehen:

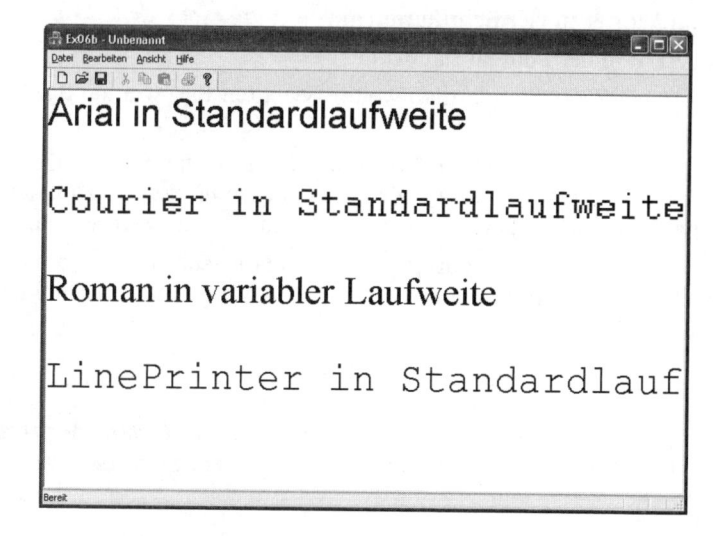

Verkleinern Sie nun das Fenster und beobachten Sie, wie sich die Schriftgrößen ändern. Vergleichen die folgende Darstellung mit der vorigen:

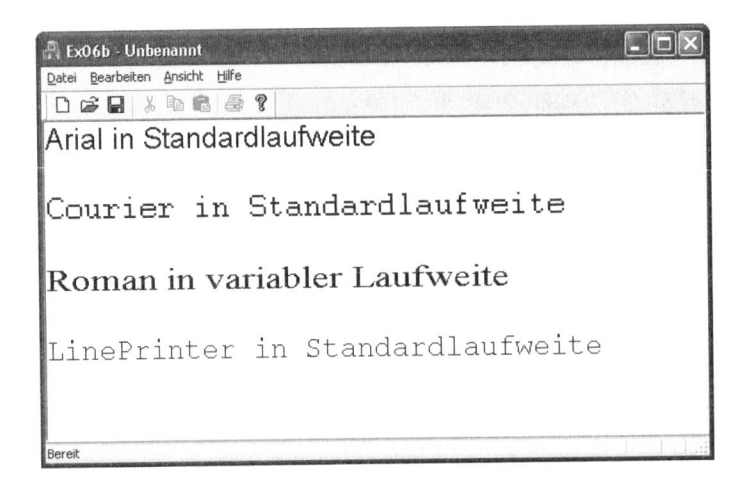

Wenn Sie die Fenstergröße weiter verringern, werden Sie feststellen, dass die Größe der Schrift Courier ab einem bestimmten Punkt nicht mehr abnimmt und dass sich die Breite der generischen Schrift Roman (*FF_ROMAN*) ändert.

## Die Elemente des Programms Ex06b

In den folgenden Abschnitten werden einige wichtige Bestandteile des Programms Ex06b besprochen.

### Die Memberfunktion *OnDraw*

Die Funktion *OnDraw* zeigt ein paar Wörter in vier Schriftarten an:

o **fontTest1:** Die TrueType-Schrift Arial in der Standardlaufweite.

o **fontTest2:** Die ältere Schrift Courier in der Standardlaufweite. Beachten Sie, wie kantig die Schrift in höheren Schriftgraden aussieht.

o **fontTest3:** Der generische Schrifttyp Roman, für den Windows die TrueType-Schrift Times New Roman mit der programmierten Laufweite einsetzt. Die Laufweite ist mit der horizontalen Fensterskalierung verknüpft. Die Schrift wird also breiter, wenn Sie das Fenster verbreitern.

o **fontTest4:** Die Schriftart LinePrinter wurde zwar angegeben, aber da es sich nicht um eine Bildschirmschrift handelt, weicht das Schriftmodul auf *FF_MODERN* aus und entscheidet sich für die TrueType-Schrift Courier New.

### Die Hilfsfunktion *TraceMetrics*

Die Hilfsfunktion *TraceMetrics* fragt die aktuellen Schriftparameter mit *CDC::GetTextMetrics* und *CDC::GetTextFace* ab und zeigt die Ergebnisse im Ausgabefenster des Debuggers an.

# Das Beispielprogramm Ex06c: Noch einmal *CScrollView*

Sie sind der Klasse *CScrollView* bereits in Kapitel 5 begegnet (in Ex05c). Das Programm Ex06c setzt ein bildlauffähiges Fenster im Abbildungsmodus *MM_LOENGLISH* ein und erlaubt es dem Anwender, mit der Maus eine Ellipse zu verschieben, indem es die Maus »einfängt« (dadurch erhält es die Mausmeldungen). Eine Steuerung mit der Tastatur ist zwar nicht vorgesehen, aber Sie können bei Bedarf leicht den *OnKeyDown*-Code aus Ex05c übernehmen.

Statt eines vordefinierten Pinsels verwenden wir eine Art Farbrolle mit Muster zum Ausmalen der Ellipse – ein echtes GDI-Objekt. Solche Farbrollen bringen allerdings eine Schwierigkeit mit sich. Sie müssen den Ursprung nachführen, sobald der Benutzer einen Bildlauf durchführt. Sonst ergeben sich Brüche im Muster und das Ergebnis sieht sehr seltsam aus.

Die Ansichtsklasse dieses Programms leitet sich wie in Ex05c von *CScrollView* ab. Erstellen Sie das Programm in folgenden Schritten:

1. **Beginnen Sie das Projekt Ex06c wie üblich mit dem MFC-Anwendungsassistenten.** Generieren Sie eine SDI-Anwendung ohne *Drucken und Druckvorschau* (wählen Sie diesen Punkt auf der Seite *Erweiterte Features* ab). Vergessen Sie nicht, *CScrollView* als Basisklasse für die Ansicht festzulegen.

2. **Bearbeiten Sie die Klassendeklaration von *CEx06cView* in der Datei Ex06cView.h.** Fügen Sie die folgenden Zeilen in die Klassendeklaration ein:

   ```
   private:
       const CSize m_sizeEllipse;   // logische Koordinaten
       CPoint m_pointTopLeft;       // logische Koordinaten, obere linke Ecke
                                    // des Begrenzungsrechtecks der Ellipse
       CSize  m_sizeOffset;         // Gerätekoordinaten, obere linke Ecke
                                    // bis Mausklick
       BOOL   m_bCaptured;
   ```

3. **Wählen Sie in der Klassenansicht die Klasse *CEx06cView* und bauen Sie im Eigenschaftenfenster drei Meldungshandler in die Klasse ein.** Fügen Sie Meldungshandler für folgende Meldungen ein:

   | Meldung | Memberfunktion |
   |---|---|
   | WM_LBUTTONDOWN | *OnLButtonDown* |
   | WM_LBUTTONUP | *OnLButtonUp* |
   | WM_MOUSEMOVE | *OnMouseMove* |

4. **Bearbeiten Sie die Meldungshandler.** Die Codeassistenten aus dem Eigenschaftenfenster haben für die Funktionen, die im vorigen Schritt implementiert wurden, die entsprechenden Grundgerüste generiert. Suchen Sie diese Funktionen in Ex06cView.cpp und ändern Sie die Funktionen folgendermaßen ab:

   ```
   void CEx06cView::OnLButtonDown(UINT nFlags, CPoint point)
   {
       // noch logisch
       CRect rectEllipse(m_pointTopLeft, m_sizeEllipse);
       CRgn  circle;

       CClientDC dc(this);
       OnPrepareDC(&dc);
       dc.LPtoDP(rectEllipse); // nun in Gerätekoordinaten
   ```

```
        circle.CreateEllipticRgnIndirect(rectEllipse);
        if (circle.PtInRegion(point)) {
            // Das "Einfangen" der Maus sorgt dafür, dass die nachfolgende
            // LButtonUp-Meldung eintrifft
            SetCapture();
            m_bCaptured = TRUE;
            CPoint pointTopLeft(m_pointTopLeft);
            dc.LPtoDP(&pointTopLeft);
            m_sizeOffset = point - pointTopLeft; // Gerätekoordinaten
            // New mouse cursor is active while mouse is captured
            // Der neue Mauscursor bleibt aktiv, solange die Maus
            // in ihrem "Käfig" sitzt.
            ::SetCursor(::LoadCursor(NULL, IDC_CROSS));
        }
    }
    void CEx06cView::OnLButtonUp(UINT nFlags, CPoint point)
    {
        if (m_bCaptured) {
            ::ReleaseCapture();
            m_bCaptured = FALSE;
        }
    }
    void CEx06cView::OnMouseMove(UINT nFlags, CPoint point)
    {
        if (m_bCaptured) {
            CClientDC dc(this);
            OnPrepareDC(&dc);
            CRect rectOld(m_pointTopLeft, m_sizeEllipse);
            dc.LPtoDP(rectOld);
            InvalidateRect(rectOld, TRUE);
            m_pointTopLeft = point - m_sizeOffset;
            dc.DPtoLP(&m_pointTopLeft);
            CRect rectNew(m_pointTopLeft, m_sizeEllipse);
            dc.LPtoDP(rectNew);
            InvalidateRect(rectNew, TRUE);
        }
    }
```

5. **Bearbeiten Sie den *CEx06cView*-Konstruktor, die Funktion *OnDraw* und die Funktion *OnInitialUpdate*.** Der MFC-Anwendungsassistent hat rudimentäre Versionen dieser Funktionen erzeugt. Suchen Sie die Funktionen in Ex06cView.cpp und bearbeiten Sie die Funktionen wie folgt:

```
CEx06cView::CEx06cView() : m_sizeEllipse(100, -100),
                           m_pointTopLeft(0, 0),
                           m_sizeOffset(0, 0)
{
    m_bCaptured = FALSE;
}
void CEx06cView::OnDraw(CDC* pDC)
{
    CBrush brushHatch(HS_DIAGCROSS, RGB(255, 0, 0));
    CPoint point(0, 0);                  // logische Koordinaten (0, 0)

    pDC->LPtoDP(&point);                 // in Gerätekoordinaten
    pDC->SetBrushOrg(point);             // Pinsel am Ursprung ausrichten
```

```
        pDC->SelectObject(&brushHatch);
        pDC->Ellipse(CRect(m_pointTopLeft, m_sizeEllipse));
        pDC->SelectStockObject(BLACK_BRUSH); // brushHatch austragen
                                             // ungültiges Rechteck testen
        pDC->Rectangle(CRect(100, -100, 200, -200));
    }
    void CEx06cView::OnInitialUpdate()
    {
        CScrollView::OnInitialUpdate();

        CSize sizeTotal(800, 1050); // 8-by-10.5 inches
        CSize sizePage(sizeTotal.cx / 2, sizeTotal.cy / 2);
        CSize sizeLine(sizeTotal.cx / 50, sizeTotal.cy / 50);
        SetScrollSizes(MM_LOENGLISH, sizeTotal, sizePage, sizeLine);
    }
```

6. **Erstellen Sie das Programm Ex06c und starten Sie das Programm.** In diesem Programm kann der Benutzer mit der Maus eine Ellipse an eine andere Position ziehen. Das Programmfenster ist bildlauffähig. Es müsste etwa so aussehen, wie hier gezeigt. Achten Sie auf das schwarze Quadrat, wenn Sie die Ellipse ziehen. Sie sollten daraus ersehen können, was passiert, wenn man das Rechteck für ungültig erklärt.

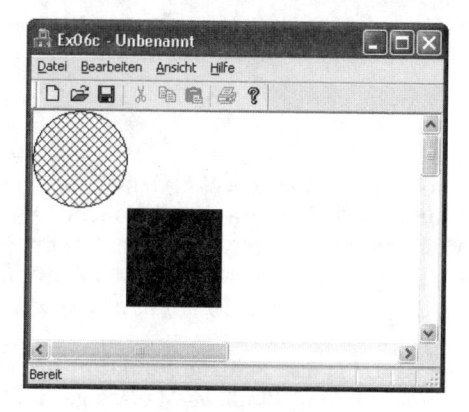

## Elemente des Programms Ex06c

In den folgenden Abschnitten werden einige wichtige Bestandteile des Programms Ex06c besprochen.

### Die Datenelemente *m_sizeEllipse* und *m_pointTopLeft*

Statt das Begrenzungsrechteck der Ellipse in einem einzigen *CRect*-Objekt zu speichern, verwendet das Programm zwei separate Variablen, eine für die Größe (*m_sizeEllipse*) und eine für die obere linke Ecke (*m_pointTopLeft*). Zur Verschiebung der Ellipse berechnet das Programm lediglich *m_pointTopLeft* neu, sodass die Größe der Ellipse nicht von Rundungsfehlern beeinflusst wird.

### Das Datenelement *m_sizeOffset*

Wenn die Ellipse in der Funktion *OnMouseMove* verschoben wird, muss die relative Position des Mauszeigers in der Ellipse stets so bleiben, wie sie beim Druck auf die linke Maustaste war. Dieser ursprüngliche Abstand des Mauszeigers von der oberen linken Ecke des umgebenden Rechtecks wird in *m_sizeOffset* gespeichert.

### Das Datenelement *m_bCaptured*

Während die Mausbewegungen überwacht werden, hat die boolesche Variable *m_bCaptured* den Wert *TRUE*.

### Die Funktionen *SetCapture* und *ReleaseCapture*

*SetCapture* ist die Memberfunktion von *CWnd*, mit der die Maus »eingefangen« wird. Natürlich ist das nur eine Redewendung. Es geschieht nicht wirklich. Aber der Vorgang bewirkt, dass die Mausmeldungen auch dann an das gewünschte Zielfenster weitergeleitet werden, wenn sich der Mauszeiger außerhalb des Fensters befindet. Allerdings werden die Verhältnisse dadurch etwas komplizierter, weil man die Ellipse nun auch aus dem Fenster herausziehen kann. Die erwünschte und notwendige Wirkung von *SetCapture* besteht darin, dass alle in der Folge generierten Mausmeldungen an das Fenster gesendet werden, einschließlich der *WM_LBUTTONUP*-Meldung, die sonst verloren ginge. Mit der Win32-Funktion *ReleaseCapture* wird die Maus wieder freigelassen. Anders gesagt, die Mausmeldungen werden anschließend wieder so zugestellt, wie im Normalfall üblich.

### Die Win32-Funktionen *SetCursor* und *LoadCursor*

Einige Win32-Funktionen werden durch die MFC-Bibliothek nicht abgedeckt. Gemäß Konvention verwenden wir beim direkten Aufruf von Win32-Funktionen den C++-Zugriffsoperator (::). In diesem Fall liegt ohnehin kein Konflikt mit einer Memberfunktion von *CView* vor. Wenn Sie jedoch eine Win32-Funktion aufrufen möchten, die den gleichen Namen wie eine Memberfunktion hat, sorgt der Operator :: dafür, dass tatsächlich die globale Win32-Funktion aufgerufen wird.

Wenn der erste Parameter von *LoadCursor* den Wert *NULL* hat, lädt die Funktion die gewünschte *Mauszeigerressource* aus dem Bestand an vordefinierten Windows-Mauszeigern. Die Funktion *SetCursor* aktiviert die angegebene Mauszeigerressource. Dieser Mauszeiger bleibt aktiv, solange die Maus »gefangen« ist (anders gesagt, solange der Capture-Mechanismus aktiv ist).

### Die Memberfunktion *CScrollView::OnPrepareDC*

Die Klasse *CView* verfügt über eine virtuelle Memberfunktion namens *OnPrepareDC*, die nichts tut. In der Klasse *CScrollView* wird diese Funktion zur Festlegung des Abbildungsmodus und Ursprungs der Ansicht implementiert. Sie verwendet hierzu die Werte, die Sie in *OnInitialUpdate* an *SetScrollSizes* übergeben haben. Das Anwendungsgerüst ruft *OnPrepareDC* automatisch vor *OnDraw* auf, sodass Sie sich darum nicht zu kümmern brauchen. In allen anderen Meldungshandlern, die mit dem Gerätekontext der Ansicht arbeiten, müssen Sie *OnPrepareDC* selbst aufrufen, beispielsweise in *OnLButtonDown* und *OnMouseMove*.

**Die Koordinatentransformationen in *OnMouseMove***

Wie Sie sehen, enthält diese Funktion mehrere Anweisungen zur Umrechnung der Koordinaten. Der zugrunde liegende Algorithmus lässt sich folgendermaßen zusammenfassen:

1. Erstelle das alte Begrenzungsrechteck der Ellipse und konvertiere es von logischen Koordinaten in Gerätekoordinaten.
2. Erkläre das, was im alten Rechteck zu sehen ist, für ungültig.
3. Aktualisiere die Koordinaten der oberen linken Ecke des Begrenzungsrechtecks.
4. Erstelle das neue Rechteck und konvertiere es in Gerätekoordinaten.
5. Erkläre das, was im neuen Rechteck bisher zu sehen ist, für ungültig.

Diese Funktion ruft zweimal *InvalidateRect* auf. Windows »merkt« sich die beiden ungültigen Rechtecke und berechnet ein neues ungültiges Rechteck, das sich aus der Schnittmenge des Client-Rechtecks mit der Vereinigung der beiden ungültigen Rechtecke ergibt.

**Die Funktion *OnDraw***

Der Aufruf von *SetBrushOrg* ist notwendig, um sicherzustellen, dass das Füllmuster der Ellipse nach einem vom Benutzer durchgeführten Bildlauf sauber ausgerichtet bleibt. Der Pinsel wird an einem Referenzpunkt ausgerichtet, der sich an der oberen linken Ecke des logischen Fensters befindet und in Gerätekoordinaten übersetzt wird. Dies ist eine beachtenswerte Ausnahme von der Regel, dass die Memberfunktionen von *CDC* logische Koordinaten erfordern.

## *SetScaleToFitSize*-Modus in *CScrollView*

Die Klasse *CScrollView* beherrscht einen Darstellungsmodus, bei dem der gesamte bildlauffähige Bereich im Ansichtsfenster angezeigt wird. Der Windows-Abbildungsmodus *MM_ANISOTROPIC* spielt hierbei eine Rolle, mit der Einschränkung, dass die y-Werte nach unten hin zunehmen und positiv sind, wie im *MM_TEXT*-Modus.

Wenn Sie diesen Modus nutzen wollen, rufen Sie in der entsprechenden Funktion Ihrer Ansicht die Funktion *SetScaleToFitSize* anstelle von *SetScrollSizes* auf:

```
SetScaleToFitSize(sizeTotal);
```

Mit diesem Aufruf könnte die Anwendung beispielsweise auf einen Menübefehl wie *An Inhalt anpassen* reagieren. Auf diese Weise lässt sich die Anzeige zwischen dem Gesamtansichtsmodus und dem Bildlaufmodus umschalten.

## Den Abbildungsmodus für logische Twips in bildlauffähigen Ansichten verwenden

Die MFC-Klasse *CScrollView* beherrscht nur die Standardabbildungsmodi. Das Beispielprogramm Ex17a in Kapitel 17 stellt eine neue Klasse namens *CLogScrollView* vor, die mit dem Abbildungsmodus für logische Twips umgehen kann.

# Bitmaps

Ohne Bilder würden Windows-Anwendungen recht langweilig aussehen. Manche Anwendungen sind ohne die Fähigkeit zur Darstellung von Bildern und Grafiken völlig sinnlos. Fast alle Programme lassen sich jedoch mit dekorativen Grafiken aus unterschiedlichen Quellen attraktiver gestalten. Unter einer Windows-*Bitmap* kann man sich ein Bitarray vorstellen, dessen Bits Pixeln zugeordnet werden. Das klingt recht einfach, aber um Bitmaps kreativ in professionellen Windows-Anwendungen einsetzen zu können, muss man einiges über Bitmaps wissen.

In den folgenden Abschnitten geht es um die Erstellung von geräteunabhängigen Bitmaps (DIBs, Device Independent Bitmaps). DIBs erleichtern die Arbeit mit Farben, und zwar nicht nur auf dem Bildschirm, sondern auch auf dem Drucker. Gelegentlich tragen Sie auch zur Steigerung der Ausführungsgeschwindigkeit bei. Die Win32-Funktion *CreateDIBSection* vereint die Vorteile von DIBs mit sämtlichen Möglichkeiten von GDI-Bitmaps.

Schließlich erfahren Sie noch etwas über die MFC-Klasse *CBitmapButton*, mit der Sie Schaltflächen mit Bildern ausstatten können. Dieses Thema hat zwar eigentlich nichts mit DIBs zu tun, aber die Technik gehört einfach in die Trickkiste des Programmierers und sie lässt sich ohne Beispiel nur schwer erarbeiten.

## GDI-Bitmaps und geräteunabhängige Bitmaps

In diesem Abschnitt sehen wir uns die DIBs etwas näher an. Weitere Informationen finden Sie in der Dokumentation des Plattform-SDKs, die im MSDN-Hilfesystem verfügbar ist. Unter Windows gibt es zwei Arten von Bitmaps, nämlich GDI-Bitmaps und DIBs. GDI-Bitmaps gibt es schon lange. Daher gibt es auch viele Quellen, in denen man sich darüber informieren kann.

GDI-Bitmaps werden in der MFC-Bibliothek durch die Klasse *CBitmap* repräsentiert. Zu einem GDI-Bitmapobjekt gehört eine geräteabhängige Windows-Datenstruktur, die innerhalb des GDI-Moduls von Windows verwaltet wird. Ihr Programm kann zwar eine Kopie der Bitmapdaten anfordern, aber die Anordnung der Bits hängt von der jeweiligen Grafikhardware ab. GDI-Bitmaps können zwar beliebig zwischen Programmen ausgetauscht werden, die auf derselben Maschine laufen, aber wegen ihrer Geräteabhängigkeit ist es nicht sinnvoll, geräteabhängige Bitmaps über Disketten oder Modems auszutauschen.

Eine GDI-Bitmap ist einfach nur ein GDI-Objekt, wie ein Stift oder eine Schrift. Sie müssen die Bitmap irgendwie anlegen und dann in einen Gerätekontext eintragen. Sobald Sie das Objekt nicht mehr brauchen, tragen Sie es wieder aus dem Kontext aus und entsorgen das Objekt. Sie kennen das Spiel.

Allerdings gibt es eine Besonderheit. Die »Bitmap« eines Anzeigegeräts oder Druckers entspricht der sichtbaren Oberfläche oder der ausgedruckten Seite. Daher können Sie keine Bitmap in einen Anzeigekontext oder einen Druckerkontext eintragen. Für Ihre Bitmaps brauchen Sie einen speziellen Speichergerätekontext, den Sie von der Funktion *CDC::CreateCompatibleDC* erhalten. Mit der *CDC*-Memberfunktion *StretchBlt* oder *BitBlt* kopieren Sie die Bits aus dem Speichergerätekontext auf den »richtigen« Gerätekontext. Diese Bitkopierfunktionen werden normalerweise in der *OnDraw*-Funktion der Ansichtsklasse aufgerufen. Natürlich darf man beim Aufräumen nach der Arbeit auch den Speichergerätekontext nicht vergessen.

### Hinweis für Win32-Programmierer

Unter Win32 ist es möglich, ein GDI-Bitmaphandle in der Zwischenablage zu deponieren und auf diesem Weg an einen anderen Prozess zu übertragen. Hinter den Kulissen wandelt Windows aber die geräteabhängige Bitmap in eine DIB um und kopiert die Bitmap in einen gemeinsam genutzten Teil des Arbeitsspeichers. Deshalb sollte man sich überlegen, ob man nicht von vornherein DIBs verwendet.

Hinsichtlich der Programmierung bieten DIBs gegenüber GDI-Bitmaps viele Vorteile. Weil eine DIB eigene Farbinformationen enthält, ist die Verwaltung von Farbpaletten einfacher. Mit DIBs lässt sich auch die Ausgabe der Graustufen beim Drucken leichter steuern. Jeder unter Windows betriebene Computer kann DIBs verarbeiten. Normalerweise werden DIBs als BMP-Dateien oder als Ressourcen in EXE- oder DLL-Dateien gespeichert. Das Hintergrundbild auf Ihrem Bildschirm wird beim Start von Windows ebenfalls aus einer BMP-Datei gelesen. BMP-Dateien sind das wichtigste Speicherformat von Microsoft Paint, und Visual C++ .NET verwendet BMP-Dateien für die Schaltflächen von Symbolleisten und für andere Grafiken. Es gibt auch andere Formate für den Austausch von Grafikdaten, beispielsweise TIFF, GIF und JPEG, aber nur das DIB-Format wird vom Win32-API direkt unterstützt.

## Farbige Bitmaps und monochrome Bitmaps

Windows verarbeitet farbige Bitmaps anders als Pinselfarben. Viele farbige Bitmaps verwenden 16 Farben. Eine Standard-VGA-Karte verfügt über vier zusammenhängende Farbebenen. Ein Pixel wird durch je ein Bit aus diesen vier Ebenen repräsentiert. Die 4-Bit-Farbwerte werden beim Erstellen der Bitmap festgelegt. Eine Standard-VGA-Karte kann Bitmaps somit nur mit 16 Farben darstellen. Windows arbeitet in Bitmaps nicht mit gerasterten Farben.

Eine monochrome Bitmap hat nur eine Ebene. Jeder Pixel wird durch ein einzelnes Bit dargestellt, das entweder nicht gesetzt (0) oder gesetzt (1) ist. Die Funktion *CDC::SetTextColor* legt die Farbe fest, in der die nicht gesetzten Bits dargestellt werden, *SetBkColor* definiert die Farbe der gesetzten Bits. Sie können diese reinen Farben mit Hilfe des Windows-Makros *RGB* auch individuell festlegen.

# DIBs und die Klasse *CDib*

Es gibt eine MFC-Klasse für GDI-Bitmaps (*CBitmap*), aber keine für geräteunabhängige Bitmaps. Machen Sie sich nichts daraus, für Ersatz ist gesorgt, und zwar in Form der Klasse *CDib*. Diese Klasse, die es schon in den ersten Auflagen dieses Buchs gab, wurde gründlich überarbeitet. Sie nutzt jetzt die Möglichkeiten von Win32, beispielsweise Speicherbilddateien (memory-mapped files), die bessere Speicherverwaltung und DIB-Abschnitte. Außerdem kann sie mit Paletten umgehen. Bevor wir uns aber näher mit der Klasse *CDib* befassen, brauchen Sie etwas Hintergrundwissen über geräteunabhängige Bitmaps (DIBs).

## Anmerkungen zur Palettenprogrammierung

Die Palettenprogrammierung unter Windows ist ziemlich kompliziert. Trotzdem müssen Sie sich damit auseinander setzen, wenn Sie davon ausgehen, dass die Benutzer Ihrer Programme Grafikmodi mit 8 Bit Farbtiefe verwenden – und das trifft auf alle Benutzer zu, deren Grafikkarten mit nicht mehr als 1 MB Speicher ausgestattet sind.

Nehmen wir an, Sie möchten eine einzelne DIB in einem Fenster anzeigen. Als Erstes müssen Sie eine *logische Palette* anlegen. Das ist ein GDI-Objekt, das die in der Bitmap vorkommenden Farben enthält. Dann müssen Sie die logische Palette auf die *Systempalette* der Hardware umsetzen. Die Systempalette ist eine Tabelle mit den 256 Farben, die eine Grafikkarte mit geringer Speicherausstattung zu einem bestimmten Zeitpunkt darstellen kann. Wenn Ihr Programm gerade im Vordergrund ausgeführt wird, versucht Windows, alle Farben der DIB in die Systempalette zu kopieren. Dabei werden aber die 20 Standardfarben von Windows grundsätzlich nicht angetastet. Die geräteunabhängige Bitmap sieht nun im Großen und Ganzen so aus, wie Sie es sich vorgestellt haben.

Was geschieht, wenn ein anderes Programm in den Vordergrund wechselt und dieses Programm eine Waldszene mit 236 verschiedenen Grünschattierungen anzeigt? Ihr Programm setzt auch dann seine Palette um, aber die Wirkung ist anders. Die Systempalette wird nicht geändert. Stattdessen definiert Windows eine neue Zuordnung zwischen Ihrer logischen Palette und der Systempalette. Wenn die geräteunabhängige Bitmap beispielsweise die Farbe »Neonpink« enthält, bildet Windows diese Farbe auf das Standardrot ab. Falls Ihr Programm seine Palette nicht umgesetzt hat, werden die neonpinken Bildanteile in Grün angezeigt, sobald das andere Programm aktiv wird.

Unsere Waldszene ist ein Extrembeispiel, weil wir angenommen haben, dass das andere Programm 236 Farben in Beschlag nimmt. Hätte sich das andere Programm mit einer logischen Palette von 200 Farben begnügt, könnte Ihr Programm 36 Farben laden, darunter vielleicht auch Neonpink.

Wann soll ein Programm seine Palette umsetzen? Sobald irgendein Programm (auch Ihr eigenes) seine Palette umsetzt, wird die Windows-Meldung *WM_PALETTECHANGED* an das Hauptfenster Ihres Programms gesendet. Eine andere Meldung namens *WM_QUERYNEWPALETTE* wird verschickt, sobald eines der Fenster Ihres Programms den Eingabefokus erhält. Ihr Programm sollte seine Palette beim Empfang dieser beiden Meldungen umsetzen (sofern das Programm die Meldung nicht selbst generiert hat). Die Palettenmeldungen werden jedoch nicht an das Ansichtsfenster gesendet. Sie müssen sie im Hauptrahmenfenster Ihrer Anwendung bearbeiten und anschließend das Ansichtsfenster informieren. Die Beziehungen zwischen dem Rahmenfenster und der Ansicht werden in Kapitel 14 besprochen.

Zur eigentlichen Umsetzung der Palette rufen Sie die Win32-Funktion *RealizePalette* auf. Zuvor müssen Sie allerdings die logische Palette der geräteunabhängigen Bitmap mit Hilfe der Funktion *SelectPalette* in den Gerätekontext eintragen. *SelectPalette* hat einen Flag-Parameter, den Sie in Ihren Handlern für *WM_PALETTECHANGED* und *WM_QUERYNEWPALETTE* normalerweise auf *FALSE* setzen. Dieses Flag stellt sicher, dass Ihre Palette tatsächlich als Vordergrundpalette umgesetzt wird, wenn Ihr Programm im Vordergrund läuft. Wenn Sie für den Flag-Parameter *TRUE* übergeben, wird die Palette so umgesetzt, als liefe das Programm im Hintergrund.

Außerdem müssen Sie *SelectPalette* für jede DIB aufrufen, die Sie in Ihrer *OnDraw*-Funktion anzeigen. Dieses Mal übergeben Sie für den Flag-Parameter den Wert *TRUE*. Die Angelegenheit wird kompliziert, wenn Sie mehrere geräteunabhängige Bitmaps mit separaten Paletten anzeigen. Im Prinzip müssen Sie in den Palettenmeldungshandlern eine Palette für eine Bitmap auswählen und sie umsetzen (indem Sie *SelectPalette* mit *FALSE* aufrufen). Die ausgewählte DIB wird letztlich besser aussehen als die anderen Bitmaps. Es gibt zwar die Möglichkeit, die einzelnen Paletten zu einer Art bestmöglichen Kompromiss zusammenzulegen, aber vermutlich ist es einfacher, in den nächsten Laden zu gehen und zusätzlichen Speicher zu kaufen.

## DIBs, Pixel und Farbtabellen

Eine DIB besteht aus einem zweidimensionalen Datenfeld, dessen Elemente man als *Pixel* bezeichnet. In vielen Fällen entspricht ein DIB-Pixel auch einem Bildschirmpunkt, aber der DIB-Pixel kann auch einem davon abweichenden logischen Bildschirmbereich zugeordnet werden, je nach Abbildungsmodus und Dehnungsfaktor.

Ein Pixel besteht je nach Farbtiefe der DIB aus 1, 4, 8, 16, 24 oder 32 aufeinander folgenden Bits. In DIBs mit 16 Bit, 24 Bit oder 32 Bit Farbtiefe repräsentiert jeder Pixel eine RGB-Farbe. Bei 16 Bit Farbtiefe enthält ein Pixel normalerweise je 5 Bits für Rot, Grün und Blau, bei 24 Bit Farbtiefe stehen je 8 Bits für jeden Farbwert zur Verfügung. DIBs mit 16 oder 24 Bit Farbtiefe sind für Grafikkarten optimiert, die 65.536 oder 16,7 Millionen Farben darstellen können.

Eine DIB mit einem Bit pro Pixel bezeichnet man als monochrom. Solche Bitmaps sind nicht zwangsläufig schwarzweiß. Sie können in die Farbtabelle, die zu jeder DIB gehört, zwei beliebige Farben eintragen. Monochrome Bitmaps enthalten zwei 32-Bit-Farbtabelleneinträge mit je 8 Bits für Rot, Grün und Blau sowie weiteren 8 Bits für Flags. Für Nullpixel gilt der erste Eintrag, für Pixel mit dem Wert 1 der zweite. Wenn die Grafikkarte 65.536 oder 16,7 Millionen Farben unterstützt, kann Windows die beiden Farben direkt anzeigen. (Bei einer Auflösung mit 65.536 Farben kürzt Windows die 8-Bit-Farbwerte auf 5 Bit.) Wird die Grafikkarte im Palettenmodus mit 256 Farben betrieben, kann Ihr Programm die Systempalette ändern und auf diese Weise die beiden angegebenen Farben laden.

DIBs mit 8 Bits pro Pixel sind recht verbreitet. Wie monochrome DIBs enthalten auch 8-Bit-DIBs eine Farbtabelle, wobei die Farbtabelle aber bis zu 256 32-Bit-Einträge enthalten kann. Jedes Pixel stellt einen Index für diese Farbtabelle dar. Wenn Ihre Grafikkarte im Palettenmodus arbeitet, kann Ihr Programm aus den 256 Einträgen eine logische Tabelle generieren. Falls gerade ein anderes Programm (das im Vordergrund ausgeführt wird) die Kontrolle über die Systempalette hat, versucht Windows, die Farben der logischen Palette auf bestmögliche Weise auf die Farben der Systempalette abzubilden.

Was machen Sie, wenn Sie eine DIB mit 24 Bit pro Pixel mit einer im Palettenmodus betriebenen Grafikkarte mit 256 Farben darstellen müssen? Wenn der Autor der DIB nett war, hat er eine Farbtabelle mit den wichtigsten Farben der Bitmap beigefügt. Aus dieser Tabelle kann Ihr Programm eine logische Palette generieren und die DIB sieht dann ordentlich aus. Falls die DIB keine Farbtabelle enthält, verwenden Sie die Palette, die von der Win32-Funktion *CreateHalftonePalette* geliefert wird. Sie erhalten so bessere Ergebnisse als mit den 20 Standardfarben, die eingesetzt werden, wenn Sie gar keine Palette verwenden. Eine andere Möglichkeit bestünde darin, die DIB auf die wichtigsten Farben zu untersuchen. Entsprechende Programme kann man kaufen.

## Die Struktur einer DIB in einer BMP-Datei

Wie bereits erwähnt, ist das DIB-Format unter Windows das Standardformat für Bitmaps. DIBs (Device-Independent Bitmaps) werden in BMP-Dateien gespeichert. Sehen wir uns also den Inhalt einer BMP-Datei einmal näher an. Abbildung 6.2 zeigt, wie eine BMP-Datei aufgebaut ist.

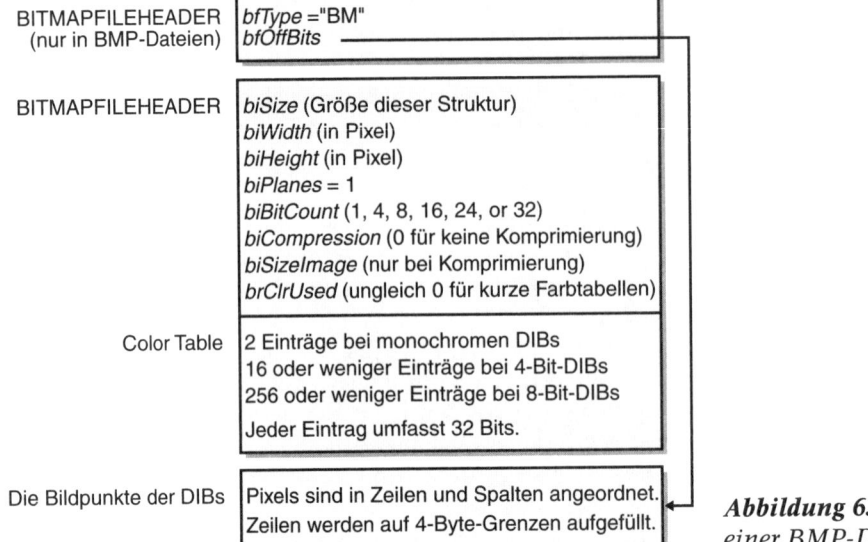

| | |
|---|---|
| BITMAPFILEHEADER (nur in BMP-Dateien) | bfType ="BM"<br>bfOffBits |
| BITMAPFILEHEADER | biSize (Größe dieser Struktur)<br>biWidth (in Pixel)<br>biHeight (in Pixel)<br>biPlanes = 1<br>biBitCount (1, 4, 8, 16, 24, or 32)<br>biCompression (0 für keine Komprimierung)<br>biSizeImage (nur bei Komprimierung)<br>brClrUsed (ungleich 0 für kurze Farbtabellen) |
| Color Table | 2 Einträge bei monochromen DIBs<br>16 oder weniger Einträge bei 4-Bit-DIBs<br>256 oder weniger Einträge bei 8-Bit-DIBs<br>Jeder Eintrag umfasst 32 Bits. |
| Die Bildpunkte der DIBs | Pixels sind in Zeilen und Spalten angeordnet.<br>Zeilen werden auf 4-Byte-Grenzen aufgefüllt. |

**Abbildung 6.2:** *Die Struktur einer BMP-Datei*

Die Struktur *BITMAPFILEHEADER* enthält die Position der Bilddaten. Daraus können Sie die Gesamtgröße berechnen, die sich aus der *BITMAPINFOHEADER*-Struktur und der darauf folgenden Farbtabelle ergibt. Die *BITMAPFILEHEADER*-Struktur enthält auch ein Datenelement, das die Dateigröße angibt. Zuverlässig ist die Angabe aber nicht, weil man nicht weiß, ob die Größe in 8-Bit-, in 16-Bit- oder in 32-Bit-Einheiten berechnet worden ist.

Die Struktur *BITMAPINFOHEADER* enthält die Größe der Bitmap, die Bits pro Pixel, Komprimierungsinformationen für Bitmaps mit 4 Bit und 8 Bit pro Pixel und die Zahl der Farbtabelleneinträge. Bei komprimierten DIBs enthält dieser Header die Größe des Pixeldatenfelds. Andernfalls können Sie die Größe aus Breite und Höhe der Bitmap und den Bits pro Pixel berechnen. Unmittelbar hinter dem Header folgt die Farbtabelle (sofern die DIB eine Farbtabelle enthält). Die eigentliche DIB-Grafik folgt danach. Die DIB-Grafik besteht aus Pixeln, die in Zeilen und Spalten angeordnet sind, wobei die unterste Zeile zuerst angegeben wird. Die Zeilen werden so aufgefüllt, dass sie auf 4-Byte-Grenzen liegen.

*BITMAPFILEHEADER*-Strukturen kommen dagegen nur in BMP-Dateien vor. Wenn Sie eine DIB beispielsweise aus der Zwischenablage übernehmen, gibt es keinen Dateiheader. Sie können sich immer darauf verlassen, dass die Farbtabelle unmittelbar auf die *BITMAPINFO-HEADER*-Struktur folgt, aber nicht darauf, dass die Grafik auf die Farbtabelle folgt. Falls Sie etwa die Funktion *CreateDIBSection* verwenden, müssen Sie für die *BITMAPINFOHEADER*-Struktur und die Farbtabelle Speicher bereitstellen und zulassen, dass Windows für die Grafik an einer anderen Stelle Speicher belegt.

## Zugriffsfunktionen für DIBs

Windows verfügt über einige wichtige Funktionen für den Zugriff auf DIBs. Allerdings gibt es in der MFC-Bibliothek keine Hüllklassen für diese Funktionen, sodass Sie auf die Online-Dokumentation zum Win32-API zurückgreifen müssen. Hier ist ein Überblick:

- **SetDIBitsToDevice:** Diese Funktion gibt eine DIB direkt auf dem Bildschirm oder Drucker aus. Es wird keine Skalierung vorgenommen. Ein Bitmapbit entspricht einem Pixel auf dem Bildschirm oder auf der Druckseite. Diese Einschränkung vermindert allerdings den Gebrauchswert der Funktion. Die Funktion arbeitet anders als *BitBlt*, weil *BitBlt* logische Koordinaten verwendet.
- **StretchDIBits:** Diese Funktion gibt eine DIB auf dem Bildschirm oder Drucker aus. Sie arbeitet so ähnlich wie *StretchBlt*.
- **GetDIBits**: Diese Funktion erstellt aus einer GDI-Bitmap eine DIB und verwendet dafür den von Ihnen bereitgestellten Speicher. Sie können das Format der DIB in einem gewissen Rahmen steuern, indem Sie die Zahl der Farbbits pro Pixel und die Komprimierung festlegen. Wenn Sie mit Komprimierung arbeiten, müssen Sie *GetDIBits* zweimal aufrufen – einmal, um den Speicherbedarf zu berechnen, und einmal, um die DIB-Daten zu generieren.
- **CreateDIBitmap:** Diese Funktion erstellt aus einer DIB eine GDI-Bitmap. Wie bei allen diesen DIB-Funktionen müssen Sie einen Zeiger auf einen Gerätekontext als Argument übergeben. Ein Bildschirmgerätekontext genügt. Sie müssen keinen Speichergerätekontext anlegen.
- **CreateDIBSection:** Diese Win32-Funktion erstellt DIBs in einer speziellen Weise, nämlich als *DIB-Abschnitte*. Sie liefert ein Handle für eine GDI-Bitmap. Die Funktion verbindet die Vorteile von GDI- und DIB-Bitmaps. Sie haben direkten Zugriff auf den Speicher der DIB, und mit dem Bitmaphandle und einem Speichergerätekontext können Sie die DIB-Grafik mit den üblichen GDI-Funktionen aufbauen.

## Die Klasse *CDib*

Auch wenn der Umgang mit DIBs recht schwierig zu sein scheint, ist die Programmierung von DIBs dank der Klasse *CDib* einfach. Am besten lernen Sie diese Klasse kennen, indem Sie sich die öffentlichen Memberfunktionen und Datenelemente ansehen. Die folgenden Zeilen zeigen die Headerdatei von *CDib*. Die Implementierungsdatei finden Sie auf der Begleit-CD im Unterverzeichnis Ex06d.

```
CDib.h
#ifndef _INSIDE_VISUAL_CPP_CDIB
#define _INSIDE_VISUAL_CPP_CDIB
class CDib : public CObject
{
    enum Alloc {noAlloc, crtAlloc,
                heapAlloc};         // für BITMAPINFOHEADER
    DECLARE_SERIAL(CDib)
public:
    LPVOID  m_lpvColorTable;
    HBITMAP m_hBitmap;
    LPBYTE  m_lpImage;              // Startadresse der DIB-Bits
    LPBITMAPINFOHEADER m_lpBMIH;    // Puffer für BITMAPINFOHEADER
private:
    HGLOBAL m_hGlobal;              // Für externe Fenster, die wir freigeben müssen,
                                    // kann in dieser Klasse oder extern
                                    // zugewiesen werden
```

```cpp
    Alloc m_nBmihAlloc;
    Alloc m_nImageAlloc;
    DWORD m_dwSizeImage;        // Größe ohne BITMAPINFOHEADER
                                // und BITMAPFILEHEADER
    int m_nColorTableEntries;
    HANDLE m_hFile;
    HANDLE m_hMap;
    LPVOID m_lpvFile;
    HPALETTE m_hPalette;
public:
    CDib();
    CDib(CSize size, int nBitCount);  // erstellt BITMAPINFOHEADER
    ~CDib();
    int GetSizeImage() {return m_dwSizeImage;}
    int GetSizeHeader()
        {return sizeof(BITMAPINFOHEADER) +
            sizeof(RGBQUAD) * m_nColorTableEntries;}
    CSize GetDimensions();
    BOOL AttachMapFile(const char* strPathname, BOOL bShare = FALSE);
    BOOL CopyToMapFile(const char* strPathname);
    BOOL AttachMemory(LPVOID lpvMem, BOOL bMustDelete = FALSE,
        HGLOBAL hGlobal = NULL);
    BOOL Draw(CDC* pDC, CPoint origin,
        CSize size); // bis wir CreateDIBSection implementieren
    HBITMAP CreateSection(CDC* pDC = NULL);
    UINT UsePalette(CDC* pDC, BOOL bBackground = FALSE);
    BOOL MakePalette();
    BOOL SetSystemPalette(CDC* pDC);
    BOOL Compress(CDC* pDC,
        BOOL bCompress = TRUE); // FALSE bedeutet Dekomprimieren
    HBITMAP CreateBitmap(CDC* pDC);
    BOOL Read(CFile* pFile);
    BOOL ReadSection(CFile* pFile, CDC* pDC = NULL);
    BOOL Write(CFile* pFile);
    void Serialize(CArchive& ar);
    void Empty();
private:
    void DetachMapFile();
    void ComputePaletteSize(int nBitCount);
    void ComputeMetrics();
};
#endif // _INSIDE_VISUAL_CPP_CDIB
```

Es folgt eine Übersicht über die Memberfunktionen von *CDib*, beginnend mit dem Konstruktor und dem Destruktor:

- **Standardkonstruktor:** Mit diesem Konstruktor wird die Anwendung darauf vorbereitet, eine DIB-Grafik aus einer Datei zu laden oder die Zuordnung zu einem DIB-Objekt im Arbeitsspeicher herzustellen. Der Standardkonstruktor erstellt ein leeres DIB-Objekt.

- **Konstruktor für DIB-Abschnitt:** Wenn Sie einen DIB-Abschnitt benötigen, wie er von der Funktion *CreateDIBSection* erstellt wird, verwenden Sie diesen Konstruktor. Seine Parameter bestimmen die Größe der DIB und die Anzahl der Farben. Der Konstruktor reserviert zwar den Speicher für die *BITMAPINFOHEADER*-Struktur, aber nicht für die eigentlichen Bilddaten. Sie können diesen Konstruktor auch einsetzen, wenn Sie den Bildspeicher selbst anfordern müssen.

| Parameter | Beschreibung |
|---|---|
| size | *CSize*-Objekt mit der Breite und Höhe der DIB |
| nBitCount | Bits pro Pixel; mögliche Werte sind 1, 4, 8, 16, 24 und 32. |

- **Destruktor:** Der Destruktor von *CDib* gibt sämtlichen für die DIB reservierten Speicher frei.
- *AttachMapFile:* Diese Funktion öffnet eine Speicherbilddatei für den Lesezugriff und verknüpft sie mit dem *CDib*-Objekt. Die Funktion kehrt sofort zurück, weil die Datei erst dann in den Speicher gelesen wird, wenn der erste Zugriff stattfindet. Wenn Sie auf die DIB zugreifen, kann also eine Verzögerung auftreten, da die Datei seitenweise in den Arbeitsspeicher eingelesen wird. Die Funktion *AttachMapFile* gibt zuvor reservierten Speicher wieder frei und schließt eventuell bereits zugeordnete Dateien.

| Parameter | Beschreibung |
|---|---|
| strPathName | Pfadname der zu öffnenden Datei |
| bShare | Hat den Wert *TRUE*, wenn die Datei für den gemeinsamen Zugriff geöffnet werden soll. Standardwert ist *FALSE*. |
| Rückgabewert | Ist bei erfolgreicher Ausführung *TRUE*. |

- *AttachMemory:* Diese Funktion verknüpft ein vorhandenes *CDib*-Objekt mit einer DIB im Arbeitsspeicher. Dieser Speicherbereich kann sich unter den Programmressourcen befinden oder zur Zwischenablage oder einem OLE-Datenobjekt gehören. Der Speicher kann mit dem Operator *new* oder mit *GlobalAlloc* reserviert worden sein und somit zum CRT-Heap oder Windows-Heap gehören.

| Parameter | Beschreibung |
|---|---|
| lpvMem | Die Adresse des zuzuordnenden Speicherbereichs |
| bMustDelete | *TRUE*, wenn der Klasse *CDib* die Aufgabe zufällt, diesen Speicher freizugeben. |
| hGlobal | Wenn der Speicher mit der Win32-Funktion *GlobalAlloc* reserviert worden ist und *bMustDelete* den Wert *TRUE* hat, benötigt das *CDib*-Objekt dieses Handle, um den Speicher später freigeben zu können. |
| Rückgabewert | Ist bei erfolgreicher Ausführung *TRUE*. |

- *Compress:* Diese Funktion generiert die DIB neu und erzeugt eine komprimierte oder unkomprimierte Bitmap. Sie konvertiert dazu die DIB intern in eine GDI-Bitmap und erzeugt daraus eine komprimierte bzw. unkomprimierte DIB. Die Komprimierung wird nur für DIBs mit 4 oder 8 Bit pro Pixel angeboten. DIB-Abschnitte lassen sich nicht komprimieren.

| Parameter | Beschreibung |
|---|---|
| pDC | Zeiger auf den Bildschirmgerätekontext |
| bCompress | *TRUE* (Standardwert), wenn die DIB komprimiert werden soll, *FALSE*, wenn sie dekomprimiert werden soll. |
| Rückgabewert | Ist bei erfolgreicher Ausführung *TRUE*. |

- *CopyToMapFile:* Diese Funktion erzeugt eine neue Speicherbilddatei und kopiert die vorhandenen *CDib*-Daten in den Speicherbereich dieser Datei. Sie gibt allen zuvor reservierten Speicher frei und schließt gegebenenfalls eine vorhandene Speicherbilddatei. Die Daten werden erst dann auf die Festplatte geschrieben, wenn die Datei geschlossen wird. Das geschieht, sobald das *CDib*-Objekt neu verwendet oder entsorgt wird.

| Parameter | Beschreibung |
| --- | --- |
| strPathName | Pfadname der zu öffnenden Datei |
| Rückgabewert | Ist bei erfolgreicher Ausführung *TRUE*. |

- *CreateBitmap:* Diese Funktion erstellt aus einer vorhandenen DIB eine GDI-Bitmap. Sie wird von der Funktion *Compress* aufgerufen. Verwechseln Sie diese Funktion nicht mit der Funktion *CreateSection*, die eine DIB generiert und das Handle speichert.

| Parameter | Beschreibung |
| --- | --- |
| pDC | Ein Zeiger auf den Bildschirm- oder Druckergerätekontext |
| Rückgabewert | Ein Handle für eine GDI-Bitmap oder *NULL*, wenn die Funktion nicht erfolgreich ausgeführt wurde. Dieses Handle wird *nicht* als öffentliches Datenelement gespeichert. |

- *CreateSection:* Diese Funktion erzeugt einen DIB-Abschnitt, indem sie die Win32-Funktion *CreateDIBSection* aufruft. Der Bildspeicher wird nicht initialisiert.

| Parameter | Beschreibung |
| --- | --- |
| pDC | Ein Zeiger auf den Bildschirm- oder Druckergerätekontext |
| Rückgabewert | Ein Handle für eine GDI-Bitmap oder *NULL*, wenn die Funktion nicht erfolgreich ausgeführt wurde. Dieses Handle wird außerdem in einem öffentlichen Datenelement gespeichert. |

- *Draw:* Diese Funktion gibt das *CDib*-Objekt auf dem Bildschirm (oder dem Drucker) aus. Sie ruft dazu die Win32-Funktion *StretchDIBits* auf. Die Bitmap wird gegebenenfalls so vergrößert, dass sie in das angegebene Rechteck passt.

| Parameter | Beschreibung |
| --- | --- |
| pDC | Ein Zeiger auf den Bildschirm- oder Druckergerätekontext, auf dem die DIB-Grafik ausgegeben wird |
| origin | Ein *CPoint*-Objekt mit den logischen Koordinaten der Stelle, an der die DIB ausgegeben wird |
| size | Ein *CSize*-Objekt mit der Breite und Höhe des Anzeigerechtecks in logischen Koordinaten |
| Rückgabewert | Ist bei erfolgreicher Ausführung *TRUE*. |

- *Empty:* Diese Funktion löscht das DIB-Objekt und gibt gegebenenfalls den zugewiesenen Speicher frei oder schließt die Speicherbilddatei.
- *GetDimensions:* Diese Funktion liefert die Breite und Höhe einer DIB in Pixel.

| Parameter | Beschreibung |
| --- | --- |
| Rückgabewert | Ein *CSize*-Objekt |

o **GetSizeHeader:** Diese Funktion liefert die Summe der Größen von *BITMAPINFOHEADER*-Struktur und Farbtabelle in Bytes.

| Parameter | Beschreibung |
|---|---|
| Rückgabewert | Ein 32 Bit umfassender Integerwert |

o **GetSizeImage:** Diese Funktion liefert die Größe der DIB-Grafik in Bytes (ohne *BITMAPINFOHEADER*-Struktur und Farbtabelle).

| Parameter | Beschreibung |
|---|---|
| Rückgabewert | Ein 32 Bit umfassender Integerwert |

o **MakePalette:** Die Funktion liest eine Farbtabelle, sofern vorhanden, und erstellt eine Windows-Palette. Das *HPALETTE*-Handle wird in einem Datenelement gespeichert.

| Parameter | Beschreibung |
|---|---|
| Rückgabewert | Ist bei erfolgreicher Ausführung *TRUE*. |

o **Read:** Diese Funktion liest eine DIB aus einer Datei in ein *CDib*-Objekt ein. Die Datei muss zuvor erfolgreich geöffnet worden sein. Wenn es sich um eine BMP-Datei handelt, beginnt der Lesevorgang am Anfang der Datei. Handelt es sich um ein Dokument, beginnt der Lesevorgang an der aktuellen Position des Dateizeigers.

| Parameter | Beschreibung |
|---|---|
| *pFile* | Ein Zeiger auf ein *CFile*-Objekt. Die entsprechende Datei enthält die DIB. |
| Rückgabewert | Ist bei erfolgreicher Ausführung TRUE. |

o **ReadSection:** Diese Funktion liest die *BITMAPINFOHEADER*-Struktur aus einer BMP-Datei, ruft *CreateDIBSection* auf, um Speicher für das Bild zu reservieren, und lädt dann die Bilddaten aus der Datei in diesen Speicherbereich. Verwenden Sie diese Funktion, wenn Sie eine DIB von der Festplatte einlesen und sie anschließend mit GDI-Funktionen bearbeiten möchten. Mit *Write* oder *CopyToMapFile* können Sie das Bild wieder auf die Festplatte zurückschreiben.

| Parameter | Beschreibung |
|---|---|
| *pFile* | Ein Zeiger auf ein *CFile*-Objekt. Die entsprechende Datei enthält die DIB |
| *pDC* | Ein Zeiger auf den Bildschirm- oder Druckergerätekontext |
| Rückgabewert | Ist bei erfolgreicher Ausführung *TRUE*. |

o **Serialize:** Die Serialisierung wird in Kapitel 16 behandelt. Die Funktion *CDib::Serialize*, die Vorrang vor der MFC-Funktion *CObject::Serialize* hat, ruft die Memberfunktionen *Read* und *Write* auf. Eine Beschreibung der Parameter finden Sie in der MSDN-Bibliothek.

o **SetSystemPalette:** Wenn Sie es mit einer DIB mit 16, 24 oder 32 Bits pro Pixel zu tun haben, für die keine Farbtabelle vorhanden ist, können Sie diese Funktion aufrufen, um eine logische Palette für das *CDib*-Objekt zu erstellen. Diese Palette entspricht der Palette, die von der Funktion *CreateHalftonePalette* zurückgegeben wird. Wenn Ihr Programm im Palettenmodus mit 256 Farben ausgeführt wird und Sie die Funktion *SetSystemPalette* nicht aufrufen, haben Sie gar keine Palette und die DIB wird nur mit den 20 Standardfarben von Windows angezeigt.

| Parameter | Beschreibung |
|---|---|
| *pDC* | Ein Zeiger auf den Bildschirmkontext |
| Rückgabewert | Ist bei erfolgreicher Ausführung *TRUE*. |

○ *UsePalette:* Diese Funktion trägt die logische Palette des *CDib*-Objekts in den Gerätekontext ein und aktiviert sie dann für das System. *UsePalette* wird von der Memberfunktion *Draw* vor der Anzeige der DIB aufgerufen.

| Parameter | Beschreibung |
|---|---|
| *pDC* | Ein Zeiger auf den Bildschirmkontext, in dem die Palette umgesetzt wird |
| *BBackground* | Wenn dieses Flag den Standardwert *FALSE* hat und die Anwendung im Vordergrund läuft, wird die Palette als Vordergrundpalette umgesetzt (es werden so viele Farben wie möglich in die Systempalette kopiert). Wenn das Flag *TRUE* ist, wird die Palette als Hintergrundpalette umgesetzt (die logische Palette wird bestmöglich auf die Systempalette abgebildet). |
| Rückgabewert | Die Anzahl der Einträge aus der logischen Palette, die auf die Systempalette abgebildet wurden. Wenn die Funktion nicht erfolgreich ausgeführt werden konnte, ist der Rückgabewert *GDI_ERROR*. |

○ *Write:* Diese Funktion schreibt die im *CDib*-Objekt enthaltene DIB-Grafik in eine Datei. Die Datei muss zuvor angelegt oder geöffnet worden sein.

| Parameter | Beschreibung |
|---|---|
| *pFile* | Ein Zeiger auf ein *CFile*-Objekt. Die entsprechende Datei enthält die DIB. |
| Rückgabewert | Ist bei erfolgreicher Ausführung *TRUE*. |

Um Ihnen den Zugriff zu erleichtern, gibt es vier öffentliche Datenelemente für den DIB-Speicherbereich und das Handle des DIB-Abschnitts. Diese Datenelemente sollten Ihnen eine Vorstellung davon geben, wie *CDib*-Objekte aufgebaut sind. Im Wesentlichen handelt es sich bei einem *CDib*-Objekt nur um eine Menge Zeiger auf den Arbeitsspeicher. Besitzer der entsprechenden Speicherabschnitte kann die DIB oder ein anderes Objekt sein. Zusätzliche private Datenelemente entscheiden darüber, ob die Klasse *CDib* den Speicher freigibt.

## Die Anzeigegeschwindigkeit von DIBs

Die optimierte Verarbeitung von geräteunabhängigen Bitmaps gehört inzwischen zu den wichtigsten Eigenschaften von Windows. Moderne Grafikkarten verfügen über Bildspeicher, die dem Standardgrafikformat der DIBs entsprechen. Wenn Sie eine solche Grafikkarte besitzen, können Sie in Ihren Programmen die neue *DIB-Engine* von Windows nutzen, die DIBs schneller anzeigen kann. Sofern Sie immer noch im VGA-Modus arbeiten, haben Sie allerdings Pech. Ihre Programme laufen zwar, aber nicht so schnell.

Wenn Sie Windows im 256-Farben-Modus betreiben, können die Funktionen *StretchBlt* und *StretchDIBits* Bitmaps mit 8 Bits pro Pixel sehr schnell anzeigen. Zur Darstellung von Bitmaps mit 16 oder 24 Bits pro Pixel sind diese Zeichenfunktionen allerdings zu langsam. Ihre Bitmaps werden dann schneller dargestellt, wenn Sie eine eigene GDI-Bitmap mit 8 Bits pro Pixel erstellen und dann *StretchBlt* aufrufen. Natürlich müssen Sie sorgfältig darauf achten, die richtige Palette umzusetzen, bevor Sie die Bitmap erstellen und zeichnen.

Die folgenden Anweisungen können Sie nach dem Laden des *CDib*-Objekts von einer BMP-Datei einfügen:

```
// m_hBitmap ist ein Datenelement des Typs HBITMAP
// m_dcMem ist ein Speichergerätekontext der Klasse CDC
m_pDib->UsePalette(&dc);
m_hBitmap = m_pDib->CreateBitmap(&dc); // eventuell langsam
::SelectObject(m_dcMem.GetSafeHdc(), m_hBitmap);
```

Die folgenden Anweisungen verwenden Sie anstelle von *CDib::Draw* in der *OnDraw*-Memberfunktion Ihrer Ansichtsklasse:

```
m_pDib->UsePalette(pDC); // Könnte auch in einem Palettenhandler stehen
CSize sizeDib = m_pDib->GetDimensions();
pDC->StretchBlt(0, 0, sizeDib.cx, sizeDib.cy, &m_dcMem,
                0, 0, sizeToDraw.cx, sizeToDraw.cy, SRCCOPY);
```

Vergessen Sie nicht, *DeleteObject* für *m_hBitmap* aufzurufen, sobald Sie das Objekt nicht mehr benötigen.

## Das Beispielprogramm Ex06d

Probieren Sie die Klasse *CDib* in einem praktischen Beispiel aus. Das Programm Ex06d zeigt zwei DIBs an, von denen die eine aus einer Ressource stammt und die andere aus einer BMP-Datei, die der Benutzer zur Laufzeit auswählt. Das Programm verwaltet die Systempalette und gibt die DIBs korrekt auf dem Drucker aus.

Es folgt die Anleitung zum Erstellen von Ex06d. Am besten überarbeiten Sie den Quelltext der Ansichtsklasse von Hand und kopieren die Dateien cdib.h und cdip.cpp von der Begleit-CD.

1. **Starten Sie den MFC-Anwendungsassistenten und generieren Sie das Projekt Ex06d.** Übernehmen Sie alle Standardeinstellungen bis auf zwei Ausnahmen: Wählen Sie *Einfaches Dokument* und als Basisklasse für *CEx06dView* die Klasse *CScrollView*.

2. **Importieren Sie die Bitmap Red Blocks.** Wählen Sie im *Projekt*-Menü von Visual C++ .NET den Befehl *Ressource hinzufügen*. Klicken Sie im Dialogfeld *Ressource hinzufügen* die Schaltfläche *Importieren* an. Importieren Sie dann die Bitmap Red Blocks.bmp aus dem Verzeichnis vcppnet\Bitmaps von der Begleit-CD. Visual C++ .NET kopiert diese Bitmap in das Unterverzeichnis \res Ihres Projektverzeichnisses. Geben Sie der Ressource die ID *IDB_REDBLOCKS* und speichern Sie die Änderungen.

3. **Nehmen Sie die Klasse *CDib* in das Projekt auf.** Wenn Sie das Projekt ganz neu erstellen, kopieren Sie die Dateien cdib.h und cdip.cpp aus dem Verzeichnis vcppnet\Ex06d. Es genügt allerdings nicht, die Dateien auf die Festplatte zu kopieren. Sie müssen sie auch in das Projekt einbinden. Wählen Sie im Menü *Projekt* von Visual C++ .NET den Befehl *Vorhandenes Element hinzufügen*. Markieren Sie cdib.h und cdib.cpp, und klicken Sie auf *OK*. Wenn Sie nun in die Klassenansicht oder den Projektmappenexplorer gehen, sehen Sie die Klasse *CDib* mit ihren Datenelementen und Memberfunktionen.

4. **Deklarieren Sie zwei private Datenelemente für die Klasse *CEx06dView*.** Klicken Sie in der Klassenansicht mit der rechten Maustaste auf die Klasse *CEx06dView*. Wählen Sie im Kontextmenü den Punkt *Variable hinzufügen* und bauen Sie *m_dibResource* in die Klasse ein. Gehen Sie für die Variable *m_dibFile* genauso vor. Anschließend sollten sich am Ende der Headerdatei die Deklarationen zweier neuer Datenelemente befinden:

```
private:
   CDib m_dibFile;
   CDib m_dibResource;
```

Die Klassenansicht fügt am Anfang der Datei Ex06dView.h außerdem folgende Zeile ein:

```
#include "cdib.h"    // von der Klassenansicht hinzugefügt
```

5. **Bearbeiten Sie in der Datei Ex06dView.cpp die Memberfunktion *OnInitialUpdate*.** Diese Funktion stellt den Abbildungsmodus *MM_HIMETRIC* ein und lädt das Objekt *m_dibResource* direkt aus der Ressource *IDB_REDBLOCKS*. Die Funktion *CDib::AttachMemory* verknüpft das Objekt mit der Ressource aus der EXE-Datei. Fügen Sie den im Folgenden fett gedruckten Code hinzu:

```
void CEx06dView::OnInitialUpdate()
{
    CScrollView::OnInitialUpdate();
    CSize sizeTotal(30000, 40000); // 30 x 40 cm
    CSize sizeLine = CSize(sizeTotal.cx / 100, sizeTotal.cy / 100);
    SetScrollSizes(MM_HIMETRIC, sizeTotal, sizeTotal, sizeLine);
    LPVOID lpvResource = (LPVOID) ::LoadResource(NULL,
        ::FindResource(NULL, MAKEINTRESOURCE(IDB_REDBLOCKS),
        RT_BITMAP));
    m_dibResource.AttachMemory(lpvResource); // ::LockResource ist
                                             // nicht erforderlich
    CClientDC dc(this);
    TRACE("Bits pro Pixel = %d\n", dc.GetDeviceCaps(BITSPIXEL));
}
```

6. **Bearbeiten Sie in der Datei Ex06dView.cpp die Memberfunktion *OnDraw*.** Diese Funktion ruft für jede der DIBs die Funktion *CDib::Draw* auf. Die Aufrufe von *UsePalette* sollten eigentlich in den Meldungshandlern für *WM_QUERYNEWPALETTE* und *WM_PALETTECHANGED* erfolgen. Allerdings erfordern diese Meldungen einen größeren Aufwand, weil sie nicht direkt an die Ansicht gerichtet sind. Also machen wir uns das Leben in diesem Beispiel etwas einfacher. Fügen Sie den im Folgenden fett gedruckten Code hinzu:

```
void CEx06dView::OnDraw(CDC* pDC)
{
    BeginWaitCursor();
    m_dibResource.UsePalette(pDC); // Sollte eigentlich nicht hier geschehen,
    m_dibFile.UsePalette(pDC);     // sondern in den Palettenhandlern
    pDC->TextOut(0, 0,
        "Laden Sie die Datei durch einen Klick mit der linken Maustaste.");
    CSize sizeResourceDib = m_dibResource.GetDimensions();
    sizeResourceDib.cx *= 30;
    sizeResourceDib.cy *= -30;
    m_dibResource.Draw(pDC, CPoint(0, -800), sizeResourceDib);
    CSize sizeFileDib = m_dibFile.GetDimensions();
    sizeFileDib.cx *= 30;
    sizeFileDib.cy *= -30;
    m_dibFile.Draw(pDC, CPoint(1800, -800), sizeFileDib);
    EndWaitCursor();
}
```

7. **Definieren Sie in der Klasse CEx06dView einen Meldungshandler für *WM_LBUTTONDOWN*.** Bearbeiten Sie die Datei Ex06dView.cpp. Die Funktion *OnLButtonDown* enthält Anweisungen, um eine DIB auf zwei unterschiedliche Weisen zu lesen. Wenn Sie die Defini-

tion von *MEMORY_MAPPED_FILES* intakt lassen, wird die Bitmap mit Hilfe der Funktion *AttachMapFile* aus einer Speicherbilddatei geladen. Wenn Sie die erste Zeile auskommentieren (anders gesagt, die Kommentarzeichen davor schreiben), werden die Anweisungen mit dem Aufruf von *Read* aktiviert. Für DIBs ohne Farbtabelle wird die Funktion *SetSystemPalette* aufgerufen. Fügen Sie den im Folgenden fett gedruckten Code hinzu:

```
#define MEMORY_MAPPED_FILES
void CEx06dView::OnLButtonDown(UINT nFlags, CPoint point)
{
    CFileDialog dlg(TRUE, "bmp", "*.bmp");
    if (dlg.DoModal() != IDOK) {
        return;
    }
#ifdef MEMORY_MAPPED_FILES
    if (m_dibFile.AttachMapFile(dlg.GetPathName(),
            TRUE) == TRUE) { // gemeinsamer Zugriff
        Invalidate();
    }
 #else
    CFile file;
    file.Open(dlg.GetPathName(), CFile::modeRead);
    if (m_dibFile.Read(&file) == TRUE) {
        Invalidate();
    }
#endif // MEMORY_MAPPED_FILES
    CClientDC dc(this);
    m_dibFile.SetSystemPalette(&dc);
}
```

8. **Erstellen Sie das Programm und starten Sie es.** Das Verzeichnis \bitmaps auf der Begleit-CD enthält mehrere interessante Bitmaps. Die Datei Chicago enthält eine DIB mit 8 Bits pro Pixel und Farbtabelleneinträgen für 256 Farben. Die Bitmaps Forest und Clouds haben ebenfalls 8 Bit Farbtiefe, verwenden aber Farbtabellen mit weniger Einträgen. Balloons enthält eine DIB mit 24 Bit Farbtiefe, die keine Farbtabelle hat. Experimentieren Sie auch mit anderen BMP-Dateien, sofern Sie welche haben. Red Blocks.bmp ist übrigens eine DIB mit 16 Farben und beschränkt sich auf Standardfarben, die immer in der Systempalette enthalten sind.

# Weitere Möglichkeiten zur DIB-Programmierung

Mit jeder neuen Version von Windows kommen weitere Möglichkeiten zur DIB-Programmierung hinzu. Windows 2000 bietet zum Beispiel die Funktionen *LoadImage* und *DrawDibDraw* an, die nützliche Alternativen zu den bereits beschriebenen DIB-Funktionen darstellen. Experimentieren Sie mit diesen Funktionen und finden Sie heraus, ob Sie sie in Ihren Anwendungen einsetzen können.

## Die Funktion *LoadImage*

Die Funktion *LoadImage* liest eine Bitmap direkt aus einer Datei und gibt ein Handle für einen DIB-Abschnitt zurück. Nehmen wir an, Sie möchten eine Memberfunktion namens *ImageLoad* zu *CDib* hinzufügen, die sich in etwa so wie *ReadSection* verhält. Nehmen Sie folgenden Code in cdib.cpp auf:

```cpp
BOOL CDib::ImageLoad(const char* lpszPathName, CDC* pDC)
{
    Empty();
    m_hBitmap = (HBITMAP) ::LoadImage(NULL, lpszPathName,
        IMAGE_BITMAP, 0, 0,
        LR_LOADFROMFILE | LR_CREATEDIBSECTION | LR_DEFAULTSIZE);
    DIBSECTION ds;
    VERIFY(::GetObject(m_hBitmap, sizeof(ds), &ds) == sizeof(ds));
    // Speicher für BITMAPINFOHEADER und größtmöglicher
    // Farbtabelle anfordern
    m_lpBMIH = (LPBITMAPINFOHEADER) new
        char[sizeof(BITMAPINFOHEADER) + 256 * sizeof(RGBQUAD)];
    memcpy(m_lpBMIH, &ds.dsBmih, sizeof(BITMAPINFOHEADER));
    TRACE("CDib::LoadImage, biClrUsed = %d, biClrImportant = %d\n",
        m_lpBMIH->biClrUsed, m_lpBMIH->biClrImportant);
    ComputeMetrics(); // setzt m_lpvColorTable
    m_nBmihAlloc = crtAlloc;
    m_lpImage = (LPBYTE) ds.dsBm.bmBits;
    m_nImageAlloc = noAlloc;
    // Farbtabelle des DIB-Abschnitts ermitteln
    // und daraus eine Palette ableiten
    CDC memdc;
    memdc.CreateCompatibleDC(pDC);
    ::SelectObject(memdc.GetSafeHdc(), m_hBitmap);
    UINT nColors = ::GetDIBColorTable(memdc.GetSafeHdc(), 0, 256,
        (RGBQUAD*) m_lpvColorTable);
    if (nColors != 0) {
        ComputePaletteSize(m_lpBMIH->biBitCount);
        MakePalette();
    }
    // memdc entsorgt und Bitmap ausgetragen
    return TRUE;
}
```

Diese Funktion liest die *BITMAPINFOHEADER*-Struktur ein, kopiert sie und setzt die Zeiger von *CDib* entsprechend. Die Palette aus dem DIB-Abschnitt zu isolieren ist zwar mit einiger Arbeit verbunden, aber die Win32-Funktion *GetDIBColorTable* ist immerhin ein Anfang. Übrigens scheint *GetDIBColorTable* nicht zu erkennen, wie viele Paletteneinträge eine bestimmte DIB verwendet. Wenn die Bitmap beispielsweise nur 60 Einträge verwendet, generiert *GetDIB-ColorTable* eine Farbtabelle mit 256 Einträgen, wovon die letzten 196 Einträge den Wert 0 erhalten.

## Die Funktion *DrawDibDraw*

Zu Windows gehört auch die Komponente Video für Windows (VFW), die von Visual C++ .NET unterstützt wird. Die VFW-Funktion *DrawDibDraw* stellt eine Alternative zur Funktion *StretchDIBits* dar. Ein Vorteil von *DrawDibDraw* besteht darin, dass diese Funktion mit gerasterten Farben umgehen kann, und ein weiterer Vorteil ist die erhöhte Geschwindigkeit bei der Anzeige solcher DIBs, deren Farbtiefe nicht mit dem aktuellen Grafikmodus übereinstimmt. Der wichtigste Nachteil dieser Funktion ist jedoch, dass der VFW-Code zur Laufzeit eingebunden werden muss.

Es folgt eine *CDib*-Memberfunktion namens *DrawDib*, in der *DrawDibDraw* eingesetzt wird:

```
BOOL CDib::DrawDib(CDC* pDC, CPoint origin, CSize size)
{
    if (m_lpBMIH == NULL) return FALSE;
    if (m_hPalette != NULL) {
        ::SelectPalette(pDC->GetSafeHdc(), m_hPalette, TRUE);
    }
    HDRAWDIB hdd = ::DrawDibOpen();
    CRect rect(origin, size);
    pDC->LPtoDP(rect);  // DIB-Rechteck in MM_TEXT-Koordinaten
                        // umrechnen
    rect -= pDC->GetViewportOrg();
    int nMapModeOld = pDC->SetMapMode(MM_TEXT);
    ::DrawDibDraw(hdd, pDC->GetSafeHdc(), rect.left, rect.top,
        rect.Width(), rect.Height(), m_lpBMIH, m_lpImage, 0, 0,
        m_lpBMIH->biWidth, m_lpBMIH->biHeight, 0);
    pDC->SetMapMode(nMapModeOld);
    VERIFY(::DrawDibClose(hdd));
    return TRUE;
}
```

Die Funktion *DrawDibDraw* setzt *MM_TEXT*-Koordinaten und den Abbildungsmodus *MM_TEXT* voraus. Daher müssen die logischen Koordinaten nicht in Gerätekoordinaten umgewandelt werden, sondern in Pixel, und der Ursprung befindet sich in der oberen linken Ecke des bildlauffähigen Fensters.

Damit Sie die Funktion *DrawDibDraw* verwenden können, muss Ihr Programm die Anweisung #include <vfw.h> enthalten, und Sie müssen vfw32.lib in die Liste der Linker-Eingabedateien aufnehmen. Unter Umständen muss die Bitmap, die *DrawDibDraw* anzeigt, in einem Speicherbereich liegen, in dem Schreibzugriffe möglich sind. Sie sollten daran denken, wenn Sie der BMP-Datei Speicher zuweisen.

## Schaltflächen mit Bitmaps belegen

Die MFC-Bibliothek macht es Ihnen leicht, eine Bitmap anstelle von Text auf einer Schaltfläche anzuzeigen. Wenn Sie diese Möglichkeit selbst implementieren wollten, müssten Sie die Eigenschaft *Benutzerdarstellung* (owner draw) der Schaltfläche aktivieren und in die Dialogklasse einen Meldungshandler einfügen, der die Bitmap auf der Schaltfläche anzeigt. Wenn Sie stattdessen die MFC-Klasse *CBitmapButton* verwenden, haben Sie zwar weniger Arbeit, müssen sich aber an ein bestimmtes Rezept halten. Machen Sie sich nicht allzu viele Gedanken darüber, wie das alles funktioniert. Seien Sie einfach froh, dass Sie nicht so viel Quelltext zu schreiben brauchen.

Der langen Rede kurzer Sinn: Sie gestalten Ihre Dialogressource wie bisher. Allerdings müssen Sie darauf achten, dass die Beschriftungen der betreffenden Schaltflächen eindeutig sind. Dann nehmen Sie die gewünschten Bilder ins Projekt auf, und zwar als Bitmapressourcen. Wichtig ist, dass die Ressourcen keine numerischen IDs erhalten, sondern die Namen der Schaltflächen, auf denen sie erscheinen sollen. Schließlich erweitern Sie Ihre Dialogklasse um einige Datenelemente des Typs *CBitmapButton* und rufen dafür jeweils die Memberfunktion *AutoLoad* auf. Sie lädt die gewünschten Bitmaps, wobei sie sich an der Beschriftung der jeweiligen Schaltfläche und an den Namen der Bitmaps orientiert. Wenn die Beschriftung der Schaltfläche zum Beispiel *Kopieren* lautet, müssen Sie zwei Bitmaps bereitstellen, nämlich KOPIERENU für den Zustand »nicht gedrückt« (up) und KOPIEREND für den Zustand »gedrückt« (down) der Schaltfläche.

Außerdem müssen Sie nach wie vor die Eigenschaft *Benutzerdarstellung* der Schaltfläche aktivieren. Das alles wird etwas verständlicher werden, wenn Sie es in einem Programm ausprobieren.

**HINWEIS:** Wenn Sie sich den MFC-Quelltext für die Klasse *CBitmapButton* ansehen, werden Sie feststellen, dass die Bitmap der Schaltfläche eine gewöhnliche GDI-Bitmap ist, die mit der Funktion *BitBlt* angezeigt wird. Sie können also keine Palettenunterstützung erwarten. Meistens stellt das kein Problem dar, weil man für Schaltflächen in der Regel 16-Farben-Bitmaps verwendet, die mit den Standard-VGA-Farben auskommen.

## Das Beispielprogramm Ex06e

Ex06e zeigt, wie man verschiedene Bitmaps auf einer Schaltfläche abbilden kann. Mit den folgenden Schritten erstellen Sie Ex06e:

1. **Starten Sie den MFC-Anwendungsassistenten und generieren Sie das Projekt Ex06e.** Übernehmen Sie alle Standardeinstellungen bis auf folgende zwei Ausnahmen: Wählen Sie *Einfaches Dokument* und löschen Sie die Markierung von *Drucken und Druckvorschau*.

2. **Bearbeiten Sie die Dialogressource IDD_ABOUTBOX in der Ressourcenansicht.** Der Einfachheit halber bringen wir die Testschaltflächen im Infodialog unter, den der MFC-Anwendungsassistent generiert hat. Setzen Sie drei Schaltflächen ins Dialogfeld ein und beschriften Sie die Schaltflächen wie in der folgenden Abbildung. Übernehmen Sie die vorgeschlagenen IDs *IDC_BUTTON1*, *IDC_BUTTON2* und *IDC_BUTTON3*. Die Größe der Schaltflächen ist unwichtig, weil das Anwendungsgerüst sie zur Laufzeit an die Größe der Bitmaps anpasst.

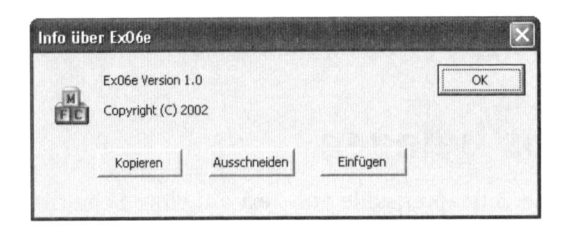

Setzen Sie die Eigenschaft *Benutzerdarstellung* für alle drei Schaltflächen auf *True*.

3. **Importieren Sie die Bitmaps EditCopy.bmp, EditPast.bmp und EditCut.bmp aus dem Verzeichnis \vcppnet\Ex06e der Begleit-CD.** Wählen Sie im *Projekt*-Menü den Punkt *Ressource hinzufügen* und klicken Sie die Schaltfläche *Importieren* an. Importieren Sie dann die Bitmaps ins Projekt. Beginnen Sie mit EditCopy.bmp. Geben Sie der Bitmap die ID *KOPIERENU*.

Setzen Sie den als ID benutzten Namen unbedingt in Anführungszeichen, damit die Ressource einen Namen und nicht eine numerische ID als Bezeichner erhält. Dies ist jetzt die Bitmap für die Schaltfläche im Zustand »nicht gedrückt«. Schließen Sie nun das Bitmapfenster und erstellen Sie in der Ressourcenansicht mit Hilfe der Zwischenablage eine Kopie der Bitmap. Benennen Sie die Kopie in **KOPIEREND** um und bearbeiten Sie die Bitmap. Wählen Sie im Menü *Bild* den Befehl *Farben umkehren*. Es gibt auch andere Möglichkeiten, um eine Variation der Grafik für den Zustand »nicht gedrückt« zu erstellen, aber das Invertieren geht am schnellsten.

Wiederholen Sie die oben genannten Schritte für die Bitmaps *EditCut* und *EditPast*. Wenn Sie die Arbeit abgeschlossen haben, sollte Ihr Projekt die folgenden Bitmapressourcen enthalten:

| Ressourcenname | Datei | Invertierte Farben |
|---|---|---|
| "KOPIERENU" | EditCopy.bmp | Nein |
| "KOPIEREND" | EditCopy.bmp | Ja |
| "AUSSCHNEIDENU" | EditCut.bmp | Nein |
| "AUSSCHNEIDEND" | EditCut.bmp | Ja |
| "EINFÜGENU" | EditPast.bmp | Nein |
| "EINFÜGEND" | EditPast.bmp | Ja |

4. **Bearbeiten Sie den Quelltext der Klasse *CAboutDlg*.** Sowohl die Deklaration als auch die Implementierung dieser Klasse befinden sich in der Datei Ex06e.cpp. Nehmen Sie als Erstes die folgenden drei privaten Datenelemente in die Klassendeklaration auf:

```
CBitmapButton m_editCopy;
CBitmapButton m_editCut;
CBitmapButton m_editPaste;
```

Überschreiben Sie dann mit Hilfe der Codeassistenten aus dem Eigenschaftsfenster die virtuelle Funktion *OnInitDialog*. Die Funktion wird folgendermaßen codiert:

```
BOOL CAboutDlg::OnInitDialog()
{
    CDialog::OnInitDialog();
    VERIFY(m_editCopy.AutoLoad(IDC_BUTTON1, this));
    VERIFY(m_editCut.AutoLoad(IDC_BUTTON2, this));
    VERIFY(m_editPaste.AutoLoad(IDC_BUTTON3, this));
    return TRUE;
    // TRUE zurückgeben, sofern nicht ein Steuerelement den Fokus
    // erhält
    // Ausnahme: OCX-Eigenschaftenseite muss FALSE zurückgeben.
}
```

Die Funktion *AutoLoad* lädt die beiden Bitmaps für die betreffende Schaltfläche. Das Makro *VERIFY* ist ein Diagnoseinstrument der MFC-Bibliothek. Es zeigt ein Meldungsfeld an, wenn Sie bei der Vergabe der Bitmapnamen einen Fehler gemacht haben.

5. **Bearbeiten Sie die Funktion *OnDraw* in der Datei Ex06eView.cpp.** Ersetzen Sie den vom MFC-Anwendungsassistenten generierten Quelltext durch die folgende Zeile:

```
pDC->TextOut(0, 0, "Geben Sie im Hilfe-Menü den Befehl Info über Ex06e.");
```

6. **Erstellen und testen Sie die Anwendung.** Wenn das Programm gestartet wird, wählen Sie im Menü *Hilfe* den Befehl *Info*. Untersuchen Sie das Verhalten der Schaltflächen. Das folgende Bild zeigt die Schaltfläche *Ausschneiden* im gedrückten Zustand:

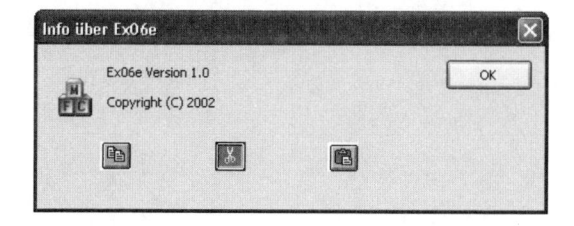

Wie gewöhnliche Schaltflächen versenden auch die Bitmapschaltflächen *BN_CLICKED*-Meldungen. Natürlich können Sie auch diese Meldungen mit Hilfe der Codeassistenten aus dem Eigenschaftenfenster in den Dialogklassen bearbeiten.

## Weitere Möglichkeiten für Bitmap-Schaltflächen

Sie haben Bitmaps gesehen, die den Zustand »gedrückt« und »nicht gedrückt« von Schaltflächen darstellen. Die Klasse *CBitmapButton* kann zusätzlich auch Bitmaps für Schaltflächen verarbeiten, die im Fokus liegen oder gesperrt sind. Für die Schaltfläche *Kopieren* müsste die Bitmap für den fokussierten Zustand *KOPIERENF* heißen, für den gesperrten Zustand *KOPIERENX*. Wenn Sie die letztgenannte Option testen möchten, erstellen Sie eine Bitmap mit dem Namen "KOPIERENX", vielleicht mit einer diagonalen roten Linie, und fügen die folgende Anweisung in Ihr Programm ein:

```
m_editCopy.EnableWindow(FALSE);
```

# 7 Dialogfelder

| | |
|---|---|
| 121 | Modale und nichtmodale Dialogfelder |
| 122 | Ressourcen und Steuerelemente |
| 122 | Programmierung eines modalen Dialogfelds |
| 124 | Das Beispiel Ex07a: Der Dialog aller Dialoge |
| 137 | Erweiterung des Programms Ex07a |
| 140 | Identifizierung von Steuerelementen: IDs und *CWnd*-Zeiger |
| 141 | Die Hintergrundfarbe für Dialogfelder und Steuerelemente festlegen |
| 142 | Dialogsteuerelemente zur Laufzeit hinzufügen |
| 142 | Andere Steuerelementfunktionen verwenden |
| 142 | Die Standarddialogfelder von Windows |
| 150 | Nichtmodale Dialogfelder |

Fast jedes Windows-Programm verwendet für die Kommunikation mit dem Benutzer *Dialogfelder*. Bei solch einem Dialogfeld kann es sich um ein einfaches Meldungsfeld mit der Schaltfläche OK oder ein komplexes Dateneingabeformular handeln. Dieses leistungsfähige Element ein Dialogfeld zu nennen (oder *Schachtel*, wie die Amerikaner es mit *dialog box* tun), ist ungerecht. Denn was hier Dialogfeld genannt wird, ist eigentlich ein Fenster, das Meldungen empfängt, verschoben und geschlossen werden kann und das in seinem Clientbereich sogar Anweisungen zum Malen und Zeichnen ausführen kann.

Man unterscheidet zwei Arten von Dialogfeldern: *modale* und *nichtmodale*. In diesem Kapitel werden beide Arten besprochen. Außerdem werden wir uns die speziellen Dialogfelder ansehen, die Windows zum Öffnen von Dateien, zur Auswahl von Schriften und für andere Arbeiten bereitstellt.

## Modale und nichtmodale Dialogfelder

Die Basisklasse *CDialog* unterstützt sowohl modale als auch nichtmodale Dialogfelder. Modale Dialogfelder wie das Dialogfeld *Öffnen* zeichnen sich dadurch aus, dass der Benutzer nicht in einem anderen Fenster derselben Anwendung (genauer gesagt, desselben Benutzeroberflächenthreads) weiterarbeiten kann, solange das Dialogfeld geöffnet ist. Bei einem nichtmodalen Dialogfeld kann der Benutzer in einem anderen Fenster der Anwendung arbeiten, während das Dialogfeld angezeigt wird. Das Dialogfeld *Suchen und Ersetzen* von Microsoft Word ist ein gutes Beispiel für ein nichtmodales Dialogfeld. Sie können Ihren Text bearbeiten, während das Dialogfeld angezeigt wird.

Ob Sie ein modales oder ein nichtmodales Dialogfeld verwenden sollen, hängt von der Anwendung ab. Vielleicht wird Ihre Entscheidung auch dadurch beeinflusst, dass modale Dialoge wesentlich einfacher zu programmieren sind.

## Ressourcen und Steuerelemente

Wenn ein Dialogfeld einfach nur ein spezielles Fenster ist, was unterscheidet es dann von den *CView*-Fenstern, von denen bereits die Rede war? Zum einen ist ein Dialogfeld fast immer mit einer Windows-Ressource verknüpft. Diese Ressource legt fest, welche Steuerelemente das Dialogfeld erhält und wie die Steuerelemente angeordnet werden. Da zur Gestaltung und Bearbeitung von Dialogfeldern ein spezieller Dialogeditor zur Verfügung steht, lassen sich auch die Dialogressourcen sehr rasch und effizient mit einem grafischen Werkzeug entwickeln.

Ein Dialogfeld enthält eine Reihe von Elementen, die man *Steuerelemente* (controls) nennt. Dazu gehören zum Beispiel Eingabefelder, Schaltflächen, Listenfelder, Kombinationsfelder, Textfelder (auch Beschriftungen genannt), Strukturansichten, Statusanzeigen, Regler und so weiter. Windows verwaltet diese Steuerelemente mit Hilfe einer speziellen Gruppierungs- und Tabulatorlogik, wodurch Ihnen eine der aufwendigsten Programmieraufgaben erspart bleibt. Auf die Steuerelemente eines Dialogfelds kann man entweder über einen *CWnd*-Zeiger zugreifen (da auch sie eigentlich Fenster sind) oder über eine Indexnummer (mit einer dazugehörigen *#define*-Konstanten), die in der Ressourcendatei zugewiesen wird. Ein Steuerelement sendet an sein übergeordnetes Dialogfeld eine Meldung, sobald der Benutzer etwas tut und zum Beispiel Text eingibt oder eine Schaltfläche anklickt.

Mit Hilfe der MFC-Bibliothek und von Visual Studio .NET können Sie die von Windows bereitgestellte Logik für Dialogfelder erweitern. Visual Studio .NET generiert für Ihr Dialogfeld eine passende Klasse, die von *CDialog* abgeleitet wird. Die Datenelemente dieser Klasse können Sie den Steuerelementen des Dialogfelds zuordnen. Sie können die Bearbeitungsparameter festlegen, wie beispielsweise die maximale Textlänge oder Grenzwerte für numerische Eingaben. Für den Datenaustausch zwischen Bildschirm und Dialogklasse und zur Überprüfung der Daten generiert Visual Studio .NET die erforderlichen Aufrufe der zuständigen MFC-Funktionen.

## Programmierung eines modalen Dialogfelds

Modale Dialogfelder sind die am häufigsten verwendeten Dialogfelder. Eine Aktion des Benutzers (zum Beispiel eine Menüauswahl) bewirkt die Anzeige eines Dialogfelds. Der Benutzer gibt Daten ein und schließt das Dialogfeld, sobald er fertig ist. Im Folgenden werden die Arbeitsschritte beschrieben, mit denen Sie ein modales Dialogfeld in ein bestehendes Projekt einfügen können:

1. Gestalten Sie mit dem Dialogeditor ein Dialogfeld, das die gewünschten Steuerelemente enthält. Der Dialogeditor aktualisiert die Ressourcenskriptdatei (RC-Datei) des Projekts und fügt die neue Dialogressource dort ein. Außerdem ergänzt er die Datei resource.h des Projekts durch die zugehörigen *#define*-Konstanten.

2. Generieren Sie mit dem MFC-Klassenassistenten eine von *CDialog* abgeleitete Dialogklasse für die Dialogressource, die Sie im Schritt 1 erstellt haben. Visual Studio nimmt die entsprechenden Code- und Headerdateien ins Visual C++-Projekt auf.

   **HINWEIS:** Visual Studio .NET generiert für die abgeleitete Dialogklasse einen Konstruktor, der einen (modalen) *CDialog*-Konstruktor mit einer Ressource-ID aufruft. Die generierte Headerdatei für die Dialogklasse definiert die *enum*-Konstante *IDD* mit der Dialogressource-ID. In der CPP-Datei ist der Konstruktor wie folgt implementiert:

   ```
   IMPLEMENT_DYNAMIC(CMyDialog, CDialog)
   CMyDialog::CMyDialog(CWnd* pParent /*=NULL*/)
       : CDialog(CMyDialog::IDD, pParent)
   {
       // hier den Initialisierungscode einfügen
   }
   ```

   Die Verwendung von *enum IDD* entkoppelt die CPP-Datei von den Ressourcen-IDs, die in der Datei resource.h des Projekts definiert werden.

3. Fügen Sie in Visual Studio die erforderlichen Datenelemente, die Austauschfunktionen und die Überprüfungsfunktionen in die Dialogklasse ein.

4. Fügen Sie mit Hilfe des Eigenschaftenfensters der Klassenansicht die Meldungshandler ein, die für Schaltflächen und andere Steuerelemente, die Ereignisse melden, erforderlich sind.

5. Schreiben Sie den Code zur Initialisierung spezieller Steuerelemente (in *OnInitDialog*) und für die Meldungshandler. Stellen Sie sicher, dass die virtuelle Memberfunktion *OnOK* der Klasse *CDialog* aufgerufen wird, wenn der Benutzer das Dialogfeld schließt (sofern der Benutzer das Dialogfeld nicht mit der Schaltfläche *Abbrechen* oder Taste Esc schließt). (Hinweis: *OnOK* wird standardmäßig aufgerufen.)

6. Fügen Sie den Code zur Aktivierung des Dialogfelds in Ihre Ansichtsklasse ein. Dazu muss der Konstruktor der Dialogklasse und anschließend die Memberfunktion *DoModal* der Dialogklasse aufgerufen werden. *DoModal* kehrt erst zum Aufrufer zurück, wenn der Benutzer das Dialogfeld schließt.

Sehen wir uns das nun Schritt für Schritt an einem praktischen Beispiel an.

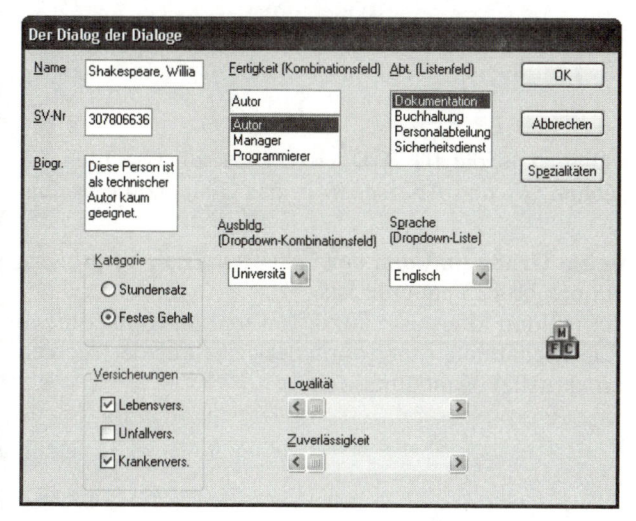

***Abbildung 7.1:*** *So sieht das fertige Dialogfeld aus*

# Das Beispiel Ex07a: Der Dialog aller Dialoge

Halten wir uns doch gar nicht erst mit Kleinigkeiten auf und bauen gleich ein Dialogfeld, das fast alle verfügbaren Steuerelemente enthält. Schwer wird das nicht, weil uns der Dialogeditor von Visual Studio dabei hilft. Abbildung 7.1 zeigt, wie das Ergebnis aussieht.

Wie Sie sehen, dient das Dialogfeld zur Verwaltung von Mitarbeiterdaten. Das Programm wird durch die Verwendung der Bildlaufleisten für »Loyalität« und »Zuverlässigkeit« etwas belebt, aber ernst gemeint ist das natürlich nicht. Sie haben hier ein klassisches Beispiel für das Zusammenspiel zwischen Eingabe und Datendarstellung! Allerdings beschränken wir uns auf die üblichen Standardsteuerelemente von Windows. Wenn Sie ActiveX-Steuerelemente einsetzen möchten, müssen Sie sich noch bis Kapitel 9 gedulden.

## Das Dialogfeld entwickeln

Mit folgenden Arbeitsschritten wird das Dialogfeld gestaltet und die Dialogressource erstellt.

1. **Starten Sie den MFC-Anwendungsassistenten und generieren Sie das Projekt Ex07a.** Wählen Sie im Menü *Datei* von Visual C++ .NET den Befehl *Neu, Projekt*. Wählen Sie im Dialogfeld *Neues Projekt* die *MFC-Anwendung*, geben Sie den Namen **Ex07a** ein und klicken Sie auf *OK*. Im MFC-Anwendungsassistenten übernehmen Sie alle Vorgaben mit den folgenden beiden Ausnahmen: Auf der Seite *Anwendungstyp* wählen Sie *Einfaches Dokument* und auf der Seite *Erweiterte Features* heben Sie die Wahl von *Drucken und Druckvorschau* auf.

2. **Erstellen Sie eine neue Dialogressource mit der ID *IDD_DIALOG1*.** Wählen Sie im Menü *Projekt* von Visual C++ .NET den Befehl *Ressource hinzufügen*. Klicken Sie im Dialogfeld *Ressource hinzufügen* auf *Dialog* und dann auf *Neu*. Visual C++ .NET legt eine neue Dialogressource an. Das dazugehörige Dialogfeld sieht noch wie in der folgenden Abbildung aus:

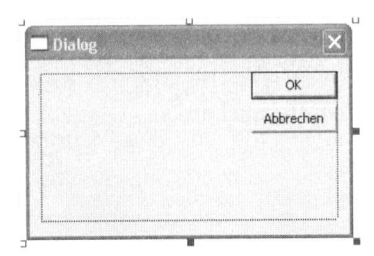

   Der Dialogeditor weist dem neuen Dialogfeld die ID *IDD_DIALOG1* zu. Beachten Sie bitte, dass der Dialogeditor die Schaltflächen *OK* und *Abbrechen* in das Dialogfeld eingefügt hat.

3. **Geben Sie dem Dialogfeld die gewünschte Größe und den gewünschten Titel.** Vergrößern Sie das Dialogfeld, sodass es etwa 13 cm hoch und 15 cm breit ist.

   Wenn Sie das neue Dialogfeld mit der rechten Maustaste anklicken und im Kontextmenü *Eigenschaften* wählen, erscheint das Eigenschaftenfenster (normalerweise auf der rechten Seite, aber die genaue Position hängt von aktuellen Konfiguration ab):

Der Zustand der »Stecknadel« (die Schaltfläche *Automatisch im Hintergrund*) in der oberen rechten Ecke des Dialogfelds *Eigenschaften* bestimmt, ob das Eigenschaftenfenster sichtbar bleibt oder nicht. (Ist die Stecknadel eingesteckt, bleibt das Dialogfeld sichtbar und gleitet nicht aus dem Blickfeld, wenn es nicht mehr benutzt wird.) Geben Sie im Eigenschaftenfenster als *Beschriftung* den Text **Der Dialog der Dialoge** ein. Ändern Sie die Eigenschaft *Systemmenü* auf *False*, damit die Schaltfläche *Schließen* aus der Titelleiste des Dialogfelds verschwindet.

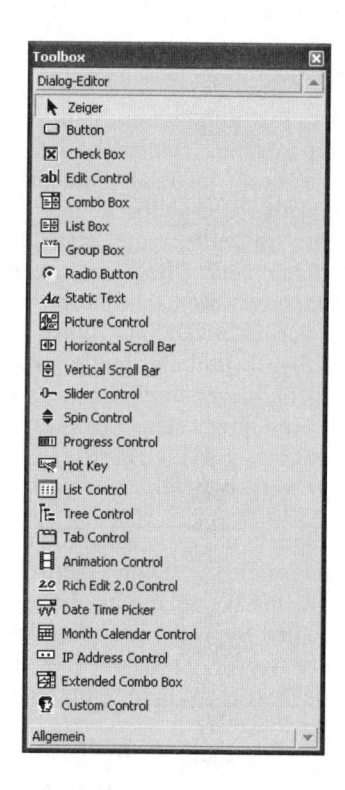

4. **Fügen Sie die Steuerelemente in das Dialogfeld ein.** Verwenden Sie die Toolbox, um die einzelnen Steuerelemente hinzuzufügen. (Falls die Toolbox nicht sichtbar ist, geben Sie im

Menü *Ansicht* den Befehl *Toolbox*.) Ziehen Sie die Steuerelemente aus der Toolbox ins neue Dialogfeld und geben Sie den Steuerelementen dann die Größen und Positionen aus Abbildung 7.1. Die Toolbox sehen Sie auf der vorigen Seite.

**HINWEIS:** Der Dialogeditor zeigt die Position und die Größe der einzelnen Steuerelemente in der unteren rechten Ecke auf der Statusleiste an. Die Position wird in speziellen »Dialogeinheiten« oder DLUs (Dialog Units) angezeigt, also *nicht* in Geräteeinheiten oder Zentimetern. Eine horizontale Dialogeinheit (DLU) entspricht einem Viertel der durchschnittlichen Breite der Dialogfeldschrift. Eine vertikale DLU entspricht einem Achtel der durchschnittlichen Höhe der Dialogfeldschrift. Als Dialogfeldschrift wird normalerweise MS Sans Serif in der Größe 8 Punkt verwendet.

Im Folgenden werden die Steuerelemente dieses Dialogfelds kurz beschrieben.

- **Das statische Textfeld für die Beschriftung *Name*.** Die Steuerelementart *statisches Textfeld* (*Static Text*) zeigt einfach eine Beschriftung auf dem Bildschirm an. Es findet keine Interaktion mit dem Benutzer statt. Sie können den Text im Dialogeditor eingeben, nachdem Sie das Begrenzungsrechteck positioniert haben, und die Größe des Rechtecks nach Bedarf ändern. Der eingegebene Text ändert die Eigenschaft *Beschriftung*, die im Eigenschaftenfenster angezeigt wird. Fügen Sie ein statisches Textfeld für die Beschriftung *Name* ins Dialogfeld ein und setzen Sie dessen Eigenschaft *Beschriftung* auf **&Name**. Nach demselben Schema können Sie auch die anderen statischen Textfelder ins Dialogfeld einsetzen. Die statischen Textfelder haben zwar alle dieselbe ID, aber daraus ergibt sich kein Problem, weil das Programm auf keines dieser Textfelder zugreifen muss.

  **HINWEIS:** Wenn Sie ein »kaufmännisches Und« (&) in den Text aufnehmen, den Sie in der Eigenschaft *Beschriftung* eintragen, wird der darauf folgende Buchstabe bei der Anzeige auf dem Bildschirm unterstrichen. Der Benutzer kann im Dialogfeld direkt zum gewünschten Steuerelement springen, indem er die **Alt**-Taste gedrückt hält und die Taste mit dem unterstrichenen Buchstaben drückt. Im Falle eines statischen Textfelds geht der Eingabefokus dann auf das Steuerelement über, das in der Tabulatorreihenfolge auf das statische Textfeld folgt. (Auf die Tabulator- oder Aktivierungsreihenfolge komme ich später noch zurück.) Daher führt die Tastenkombination **Alt+N** zum Eingabefeld *Name* und die Tastenkombination **Alt+F** zum Kombinationsfeld *Fertigkeit* (siehe Abbildung 7.1). Selbstverständlich muss die sich ergebende Tastenkombination im Dialogfeld eindeutig sein, damit alle Steuerelemente über die Tastatur erreichbar sind. Deswegen gilt für *Ausbldg.* zum Beispiel die Kombination **Alt+U**, weil **Alt+A** schon an *Abt.* vergeben ist.

- **Das Eingabefeld *Name*.** Eingabefelder (edit controls) ermöglichen Texteingaben. Fügen Sie ein Eingabefeld für den Namen ins Dialogfeld ein und ändern Sie die ID im Eigenschaftenfenster von *IDC_EDIT1* auf *IDC_NAME*. Übernehmen Sie die Werte, die für die anderen Eigenschaften vorgegeben werden, ohne Änderung. Beachten Sie bitte, dass die Eigenschaft *Automatischer horizontaler Bildlauf* auf *True* gesetzt wurde. Das bedeutet, dass der Text horizontal verschoben wird, sobald der eingegebene Text nicht mehr ganz in den sichtbaren Teil des Eingabefelds passt.

- **Das Eingabefeld *SV-Nr* (Sozialversicherungsnummer).** Das Eingabefeld *SV-Nr* unterscheidet sich, was die Einstellungen im Dialogeditor betrifft, nicht vom Eingabefeld *Name*. Sie weisen ihm lediglich die ID *IDC_SSN* zu. Später werden Sie dieses Eingabefeld mit dem *Assistenten zum Hinzufügen von Membervariablen* in ein numerisches Feld umwandeln.

> **HINWEIS:** Wenn Sie zwei oder mehr Steuerelemente ausrichten möchten, wählen Sie zuerst die betreffenden Steuerelemente aus, indem Sie die Maus bei gedrückter linker Maustaste über die entsprechende Fläche ziehen oder indem Sie das erste Steuerelement anklicken und dann die anderen Steuerelemente, die Sie ausrichten wollen, mit **Umschalttaste**+Mausklick markieren. Wählen Sie dann im Untermenü *Ausrichten* des *Format*-Menüs den gewünschten Ausrichtungsbefehl (*Links*, *Zentriert*, *Rechts*, *Oben*, *Mitte* oder *Unten*).

- **Das Eingabefeld *Bio* (Biographie).** Es handelt sich hier um ein mehrzeiliges Eingabefeld. Sie können ein Eingabefeld zum mehrzeiligen Eingabefeld machen, indem Sie die Eigenschaft *Mehrfachzeile* auf *True* setzen. Setzen Sie außerdem *Automatischer horizontaler Bildlauf* auf *False* und ändern Sie die ID in *IDC_BIO*.

- **Das Gruppenfeld *Kategorie*.** Dieses Steuerelement dient lediglich zur optischen Gruppierung der beiden Optionsfelder. Geben Sie als Beschriftung *&Kategorie* ein und übernehmen Sie die vorgegebene ID.

- **Die Optionsfelder *Stundensatz* und *Festes Gehalt*.** Fügen Sie diese Optionsfelder in das Gruppenfeld *Kategorie* ein. Ändern Sie die ID des Optionsfelds *Stundensatz* in *IDC_CAT* und die *Beschriftung* in *Stundensatz*. Setzen Sie *Gruppe* auf *True* und *Tabstopp* auf *True*. Was das Optionsfeld *Festes Gehalt* betrifft, setzen Sie die *Beschriftung* auf *Festes Gehalt* und *Tabstopp* auf *True*.

    Bei beiden Optionsfeldern muss die Eigenschaft *Auto* auf *True* gesetzt sein (die Standardeinstellung). Die Eigenschaft *Gruppe* darf nur beim Optionsfeld *Stundensatz* auf *True* gesetzt sein. Sie bedeutet, dass *Stundensatz* das erste Steuerelement der Gruppe *Kategorie* ist. Wenn die Eigenschaften korrekt vergeben wurden, sorgt Windows dafür, dass zu jedem Zeitpunkt immer nur eines dieser beiden Optionsfelder ausgewählt sein kann. Das Gruppenfeld *Kategorie* beeinflusst die Funktionsweise der Optionsfelder nicht.

- **Das Gruppenfeld *Versicherungen*.** Dieses Steuerelement nimmt drei Kontrollkästchen auf. Geben Sie die Beschriftung *&Versicherungen* ein und setzen Sie die Eigenschaft *Gruppe* auf *True*.

    > **HINWEIS:** Wenn Sie später die Tabulatorreihenfolge des Dialogfelds festlegen, überprüfen Sie nochmals, ob das Gruppenfeld *Versicherungen* auch tatsächlich nach dem letzten Optionsfeld der Gruppe *Kategorie* folgt. Indem Sie die Eigenschaft *Gruppe* auf *True* setzen, beginnen Sie eine neue Gruppe und kennzeichnen das Ende der vorigen Gruppe. Falls Sie dies übersehen, erhalten Sie mehrere Warnungen, wenn Sie das Programm im Debugger ausführen.

- **Die Kontrollkästchen *Lebensvers.*, *Unfallvers.* und *Krankenvers.*** Fügen Sie diese Steuerelemente in das Gruppenfeld *Versicherungen* ein. Ändern Sie die Beschriftungen in *Lebensvers.*, *Unfallvers.* und *Krankenvers.* und die entsprechenden IDs auf *IDC_LIFE*, *IDC_DIS* und *IDC_MED*. Im Gegensatz zu Optionsfeldern sind Kontrollkästchen voneinander unabhängig; der Benutzer kann sie in beliebiger Kombination markieren.

- **Das Kombinationsfeld *Fertigkeiten*.** Dies ist das erste von drei unterschiedlich gearteten Kombinationsfeldern. Ändern Sie die ID in *IDC_SKILL* und setzen Sie die Eigenschaft *Typ* auf *Einfach*. Ändern Sie die Höhe des Steuerelements so ab, dass mehrere Zeilen sichtbar werden. Tragen Sie in die Eigenschaft *Daten* die drei Fertigkeiten *Programmierer*, *Manager* und *Autor* ein (die Zeilen werden jeweils durch ein Semikolon voneinander getrennt).

Es handelt sich hier um ein Kombinationsfeld vom Typ *Einfach*. Der Benutzer kann etwas ins obere Eingabefeld eingeben oder den gewünschten Eintrag mit der Maus oder mit den Pfeiltasten **Nach-Oben** und **Nach-Unten** aus dem Listenfeld auswählen.

- **Das Kombinationsfeld *Ausbldg* (Ausbildung).** Ändern Sie die ID in *IDC_EDUC* und setzen Sie die Eigenschaft *Sortieren* auf *False*. Tragen Sie in der Eigenschaft *Daten* die drei Ausbildungskategorien *Universität*, *Fachhochschule* und *Gymnasium* ein, jeweils durch ein Semikolon voneinander getrennt. In diesem Dropdown-Kombinationsfeld kann der Benutzer den gewünschten Text ins Eingabefeld eingeben oder auf den Pfeil klicken und mit der Maus einen Eintrag aus der Liste auswählen. Er kann auch mit den Pfeiltasten **Nach-Oben** und **Nach-Unten** einen Eintrag aus der Liste auswählen.

HINWEIS: Wenn Sie die Größe des Dropdownteils eines Kombinationsfelds ändern möchten, klicken Sie auf den Pfeil und ziehen die Mitte der Unterkante des Rechtecks.

- **Das Listenfeld *Abt*. (Abteilung).** Ändern Sie die ID in *IDC_DEPT* und übernehmen Sie die übrigen Standardeinstellungen. In diesem Listenfeld kann der Benutzer nur einen einzigen Eintrag auswählen, indem er auf den Eintrag klickt, ihn mit den Pfeiltasten **Nach-Oben** und **Nach-Unten** auswählt oder den Anfangsbuchstaben des Eintrags eingibt. Beachten Sie bitte, dass das Listenfeld keine *Daten*-Eigenschaft hat. Daher können Sie auch noch keine Listeneinträge festlegen. Wie man die Listenelemente im laufenden Programm festlegt, wird uns später noch beschäftigen.

- **Das Kombinationsfeld *Sprache*.** Ändern Sie die ID in *IDC_LANG* und setzen Sie die *Typ*-Eigenschaft auf *Dropdown-Listenfeld*. Tragen Sie in der *Daten*-Eigenschaft die Sprachen *Englisch*, *Französisch* und *Spanisch* ein, jeweils durch ein Semikolon voneinander getrennt. Bei diesem Kombinationsfeld vom Typ *Dropdown-Listenfeld* kann der Benutzer lediglich einen Eintrag aus dem zugehörigen Listenfeld wählen. Zur Auswahl kann der Benutzer auf den Pfeil und dann auf ein Element der Dropdownliste klicken oder den Anfangsbuchstaben eines Listeneintrags eingeben und den gewünschten Eintrag dann mit den Pfeiltasten **Nach-Oben** und **Nach-Unten** auswählen.

- **Die »Schieberegler« *Loyalität* und *Zuverlässigkeit*.** Verwechseln Sie diese Steuerelemente nicht mit den Bildlaufleisten, die in bildlauffähigen Ansichtsfenstern angezeigt werden. Eine Bildlaufleiste verhält sich wie andere Steuerelemente und ihre Größe kann im Dialogeditor verändert werden. Ordnen Sie die horizontalen Bildlaufleisten so wie in Abbildung 7.1 an und geben Sie ihnen die gewünschten Größen und die IDs *IDC_LOYAL* und *IDC_RELY*.

- **Die Schaltflächen *OK*, *Abbrechen* und *Spezialitäten*.** Fügen Sie unter den vorhandenen Schaltflächen *OK* und *Abbrechen* noch eine weitere Schaltfläche ein. Setzen Sie die Eigenschaft *Beschriftung* auf *Sp&ezialitäten* und die ID auf *IDC_SPECIAL*. Sie werden später noch erfahren, welche besondere Bedeutung die Standard-IDs *IDOK* und *IDCANCEL* haben.

- **Ein Bildfeld mit einem Symbol.** (Das MFC-Symbol wird hier als Beispiel verwendet.) Sie können das Bild-Steuerelement zur Darstellung beliebiger Symbole und Bitmaps in Dialogfeldern verwenden, sofern Sie auch die entsprechende Definition des Symbols oder der Bitmap in das Ressourcenskript einfügen. Wir verwenden das MFC-Programmsymbol, das die

ID *IDR_MAINFRAME* hat. Setzen Sie die *Typ*-Eigenschaft auf *Symbol* und die *Bild*-Eigenschaft auf *IDR_MAINFRAME*. Übernehmen Sie als ID *IDC_STATIC*.

5. **Überprüfen Sie die Tabulatorreihenfolge des Dialogfelds.** Wählen Sie im Menü *Format* den Befehl *Tabulator-Reihenfolge*. Legen Sie mit der Maus die Tabulatorreihenfolge so fest, wie es das folgende Bild zeigt. Klicken Sie die Steuerelemente in der gezeigten Reihenfolge nacheinander an und drücken Sie dann die Eingabetaste.

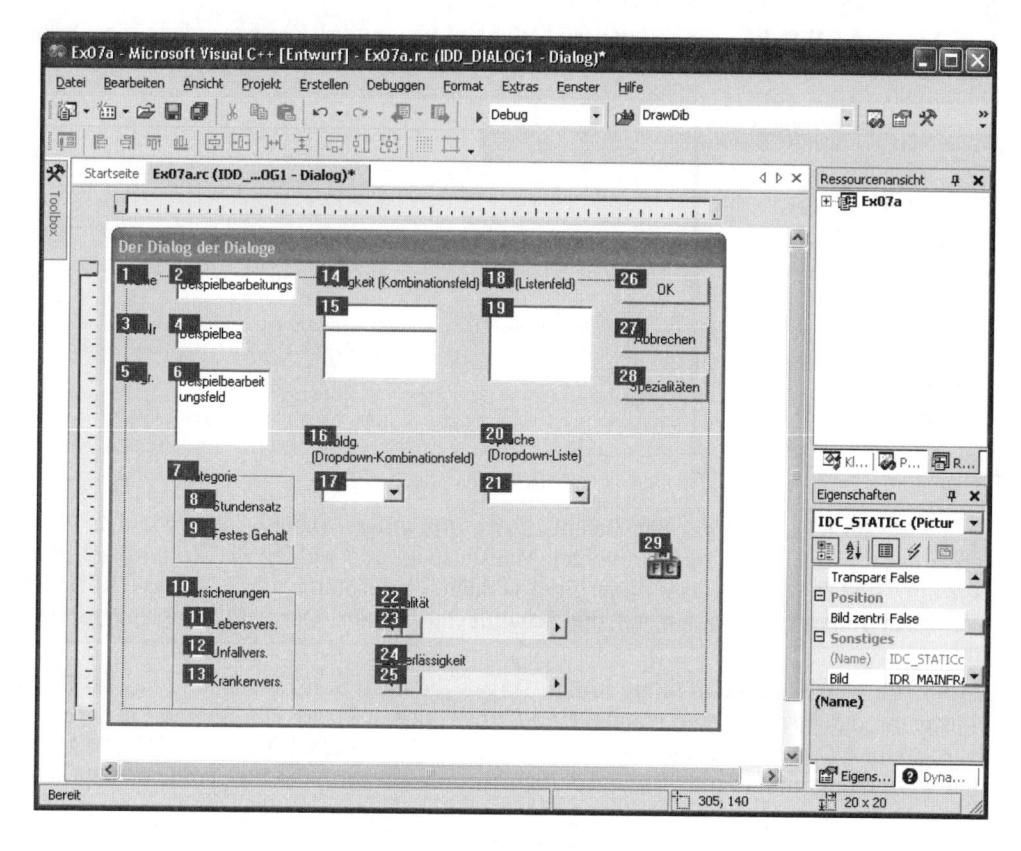

**TIPP:** Wenn Sie während der Festlegung der Tabulatorreihenfolge das falsche Steuerelement anklicken, können Sie den Fehler korrigieren, indem Sie mit **Strg**+linker Maustaste das letzte richtig eingeordnete Steuerelement anklicken. Der nächste Mausklick vergibt dann wieder die nächste fortlaufende Nummer.

6. **Speichern Sie die Ressourcendatei auf der Festplatte.** Wählen Sie sicherheitshalber im Menü *Datei* den Befehl *Speichern* oder klicken Sie in der Symbolleiste auf die Schaltfläche *Ex07a.rc speichern*, um die Datei Ex06a.rc zu speichern. Lassen Sie den Dialogeditor und das neu erstellte Dialogfeld geöffnet.

## Erstellung der Dialogklasse

Sie haben nun ein Dialogfeld gestaltet. Ohne eine entsprechende Dialogklasse lässt sich das Dialogfeld aber noch nicht verwenden. (Im nachfolgenden Abschnitt »Aufbau der Anwendung Ex07a« wird die Beziehung zwischen Dialogfeld und den zugrunde liegenden Dialogklassen erläutert.) Bei der Entwicklung der Klasse helfen Ihnen die Klassenansicht und der Dialogeditor. Erstellen Sie die Klasse in folgenden Schritten:

1. **Starten Sie den MFC-Klassenassistenten.** Wählen Sie in der Klassenansicht das Projekt Ex07a, wie in der folgenden Abbildung.

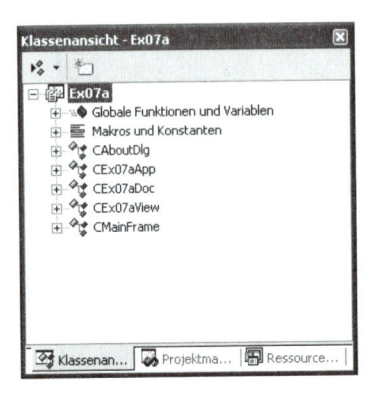

    Geben Sie im Menü *Projekt* den Befehl *Klasse hinzufügen* (oder klicken Sie den Projektnamen in der Klassenansicht mit der rechten Maustaste an und wählen Sie *Hinzufügen, Klasse hinzufügen*). Im Dialogfeld *Klasse hinzufügen* wählen Sie die Vorlage *MFC-Klasse*. Klicken Sie im Dialogfeld *Klasse hinzufügen* auf die Schaltfläche *Öffnen*. Der MFC-Klassenassistent erscheint.

2. **Fügen Sie die Klasse CEx07aDialog hinzu.** Tragen Sie im ersten Eingabefeld des MFC-Klassenassistenten den gewünschten Namen *CEx07aDialog* der Klasse ein. Sorgen Sie dafür, dass die Klasse von *CDialog* abgeleitet wird und dass als *Dialogfeld-ID* die ID *IDD_DIALOG1* benutzt wird, damit eine Klasse für die Dialogressource entsteht, die Sie gerade erstellt haben.

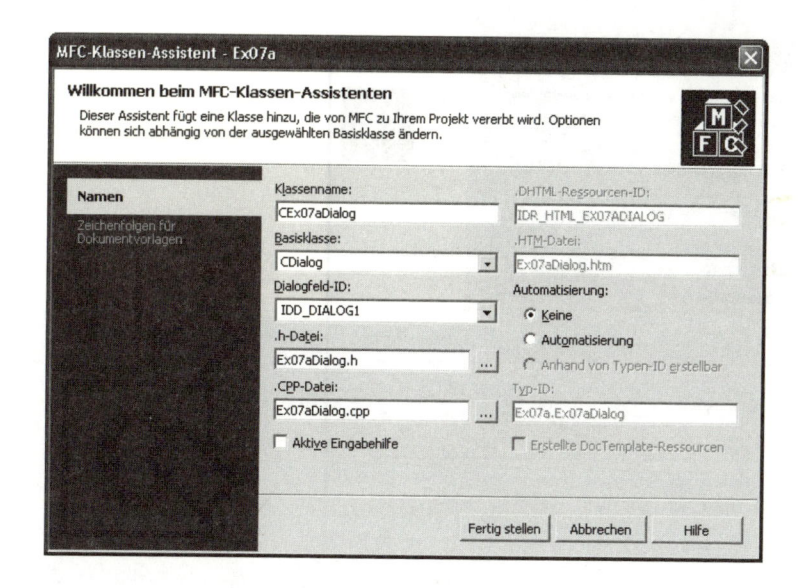

Wenn Sie *Fertig stellen* anklicken, erscheint die Klasse *CEx07aDialog* in der Klassenansicht und die entsprechende CPP-Datei wird im Editor geöffnet.

3. **Fügen Sie die Membervariablen für CEx07aDialog hinzu.** Nachdem der MFC-Klassenassistent die Klasse *CEx07aDialog* generiert hat, können Sie die gewünschten Membervariablen mit dem *Assistenten zum Hinzufügen von Membervariablen* hinzufügen, der in der folgenden Abbildung zu sehen ist. Zum Start des Assistenten klicken Sie in der Klassenansicht mit der rechten Maustaste auf die Klasse *CEx07aDialog* und geben im Kontextmenü dann den Befehl *Hinzufügen, Variable hinzufügen*.

Sie müssen jedem Steuerelement des Dialogfelds ein passendes Datenelement zuweisen. Markieren Sie dazu das Kontrollkästchen *Steuerelementvariable*. Wählen Sie aus der Dropdownliste des Felds *Steuerelement-ID* ein Steuerelement aus und wählen Sie in der *Kategorie*-Dropdownliste *Value*. Geben Sie den gewünschten Namen im Feld *Variablenname* ein und tragen Sie alle zusätzlich erforderlichen Angaben in den entsprechenden Feldern ein. In der folgenden Abbildung sehen Sie die Werte für die Aufnahme einer *CString*-Membervariablen *m_strBio* für das Eingabefeld *Biogr*:

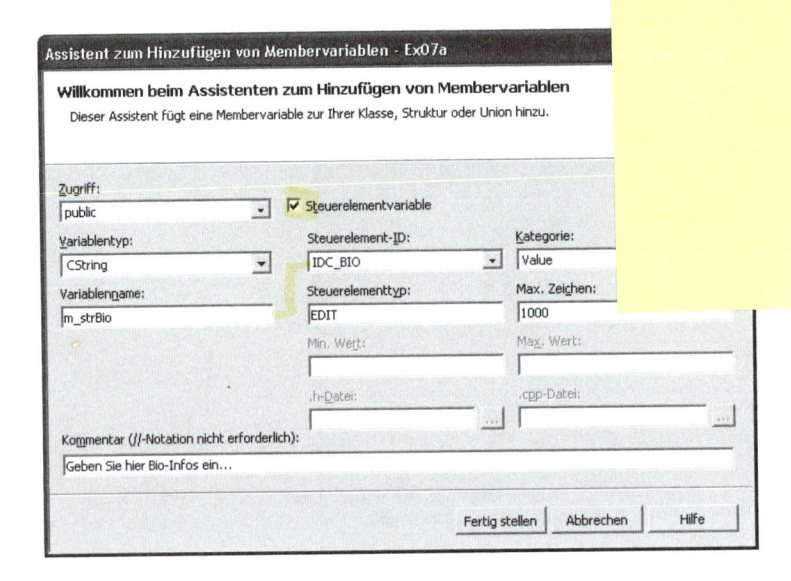

[Screenshot: Assistent zum Hinzufügen von Membervariablen - Ex07a]

Wenn Sie fertig sind, klicken Sie auf *Fertig stellen* und wiederholen diesen Vorgang für alle Steuerelemente, die in der folgenden Liste aufgeführt werden.

Im *Assistenten zum Hinzufügen von Membervariablen* können Sie auch solche Dinge wie die Höchstlänge des einzugebenden Textes oder den gültigen Wertebereich für die einzugebende Zahl festlegen. Wenn Sie eine *CString*-Variable definieren, können Sie eine Höchstzahl für die Zeichen vorgeben, die diese Variable aufnehmen muss. Für numerische Variablen können Sie Mindest- und Höchstwerte festlegen. Geben Sie als Mindestwert von *IDC_SSN* 0 vor und als Höchstwert 999999999.

Die Beziehungen zwischen den Steuerelementarten und den Variablentypen sind in den meisten Fällen einfach. Der Zusammenhang zwischen Optionsfeldern und dem erforderlichen Variablentyp ist allerdings weniger offensichtlich. Geben Sie jeder Optionsfeldgruppe eine *int*-Variable. Das erste Optionsfeld entspricht dem Wert 0, das zweite dem Wert 1 usw.

| Steuerelement-ID | Datenelement | Typ | Parameter |
|---|---|---|---|
| IDC_BIO | m_strBio | CString | Max Zeichen = 1000 |
| IDC_CAT | m_bCat | int | |
| IDC_DEPT | m_strDept | CString | |
| IDC_DIS | m_bInsDis | BOOL | |
| IDC_EDUC | m_strEduc | CString | |
| IDC_LANG | m_strLang | CString | |
| IDC_LIFE | m_bInsLife | BOOL | |
| IDC_LOYAL | m_nLoyal | int | |
| IDC_MED | m_bInsMed | BOOL | |
| IDC_NAME | m_strName | CString | |
| IDC_RELY | m_nRely | int | |
| IDC_SKILL | m_strSkill | CString | |
| IDC_SSN | m_nSsn | int | Min. Wert = 0<br>Max. Wert = 999999999 |

4. **Fügen Sie eine Meldungshandler für die Schaltfläche *Spezialitäten* ein.** *Ex07aDialog* benötigt keine Meldungshandler, da die Basisklasse *CDialog* zusammen mit Windows einen Großteil der Dialogverwaltung erledigt. Wenn Sie beispielsweise der Schaltfläche OK die ID IDOK zuweisen, wird die virtuelle *CDialog*-Funktion *OnOK* aufgerufen, sobald der Benutzer diese Schaltfläche anklickt. Für andere Schaltflächen müssen Sie allerdings Meldungshandler schreiben.

Sorgen Sie dafür, dass die Klasse *CEx07aDialog* in der Klassenansicht markiert ist. Klicken Sie dann in der Steuerleiste des Eigenschaftenfensters auf die Schaltfläche *Ereignisse*. Nun können Sie den Ereignishandler generieren. Im Eigenschaftenfenster sollte ein Eintrag für *IDC_SPECIAL* zu finden sein. Blenden Sie den *IDC_SPECIAL*-Baum ein und klicken Sie auf die Meldung *BN_CLICKED*. Klicken Sie auf den abwärts gerichteten Pfeil, der (wie in der folgenden Abbildung) für die Meldung *BN_CLICKED* angezeigt wird.

Visual Studio .NET erfindet einen Meldungshandler namens *OnBnClickedSpecial*. Fügen Sie den Meldungshandler mit einem Klick auf *<Hinzufügen> OnBnClickedSpecial* ein. Visual Studio .NET öffnet die Datei Ex07aDialog.cpp und zeigt die Funktion *OnBnClickedSpecial* an. Ersetzen Sie den in der Funktion *OnBnclickedSpecial* vorhandenen Code durch folgende fett gedruckte *TRACE*-Anweisung:

```
void CEx07aDialog:: OnBnClickedSpecial ()
{
    TRACE("CEx07aDialog::OnBnClickedSpecial\n");
}
```

5. **Fügen Sie einen Meldungshandler für *OnInitDialog* hinzu.** Wie Sie gleich sehen werden, generiert Visual Studio .NET einige Codezeilen zur Initialisierung der Steuerelemente des Dialogfelds. Mit diesem DDX-Code (DDX, Dialog Data Exchange) werden die Listenelemente allerdings nicht initialisiert. Deshalb müssen Sie die Funktion *CDialog::OnInitDialog* überschreiben. Obwohl *OnInitDialog* eine virtuelle Memberfunktion ist, generiert Visual Studio .NET einen Prototyp und das Funktionsgerüst, wenn Sie die Meldung WM_INITDIALOG mit der abgeleiteten Klasse verknüpfen. Wählen Sie in der Klassenansicht die Klasse *CEx07aDialog* aus und klicken Sie im Eigenschaftenfenster die Schaltfläche *Überschreibungen* an. Wählen Sie in der angezeigten Liste die Funktion *OnInitDialog* aus und klicken Sie auf den nach unten gerichteten Pfeil, der neben dem Funktionsnamen angezeigt wird.

*Dialogfelder*

Klicken Sie auf *<Hinzufügen> OnInitDialog*. Visual Studio .NET setzt die Funktion *OnInitDialog* in die Datei Ex07aDialog.cpp ein und öffnet die Datei, damit Sie die Funktion bearbeiten können. Ersetzen Sie den vorhandenen Code durch die folgenden fettgedruckten Zeilen:

```
BOOL CEx07aDialog::OnInitDialog()
{
    // Beachten Sie, dass CDialog::OnInitDialog in dieser
    // Funktion nur einmal aufgerufen werden darf
    CListBox* pLB = (CListBox*) GetDlgItem(IDC_DEPT);
    pLB->InsertString(-1, "Dokumentation");
    pLB->InsertString(-1, "Buchhaltung");
    pLB->InsertString(-1, "Personalabteilung");
    pLB->InsertString(-1, "Sicherheitsdienst");

    // Aufruf nach Initialisierung
    return CDialog::OnInitDialog();
}
```

Der Code initialisiert die Abteilungsliste mit vier Werten. Diese Art der Initialisierung eignet sich auch für Kombinationsfelder. Sie sind also nicht darauf angewiesen, die Werte schon im Dialogeditor eintragen zu müssen (in der Eigenschaft *Daten*).

## Das Dialogfeld mit der Ansicht verknüpfen

Wir haben nun zwar eine Ressource und den Code für ein Dialogfeld, aber noch keine Verknüpfung mit der Ansicht. In den meisten Anwendungen werden Sie Dialogfelder wahrscheinlich über Menübefehle anzeigen. Menüs haben wir aber noch nicht besprochen. Daher verwenden wir hier die vertraute Mausklickmeldung *WM_LBUTTONDOWN* zum Aufruf des Dialogfelds. Führen Sie folgende Arbeitsschritte aus.

1. **Fügen Sie die Memberfunktion *OnLButtonDown* hinzu.** Das haben Sie bereits in einigen Kapiteln dieses Buchs getan. Markieren Sie in der Klassenansicht einfach den Klassennamen *CEx07aView* und klicken Sie im Eigenschaftenfenster die Schaltfläche *Meldungen* an. Dann erscheint eine Liste mit den Meldungen, die an die Klasse *CEx07aView* verschickt werden können. Wählen Sie den Eintrag *WM_LBUTTONDOWN*, klicken Sie auf den Abwärtspfeil und dann auf *<Hinzufügen> OnLButtonDown*. Dadurch wird die Funktion *OnLButtonDown* in die Datei Ex07aView.cpp eingefügt.

2. **Schreiben Sie in Ex07aView.cpp den Code für OnLButtonDown.** Fügen Sie den unten fett gedruckten Code ein. Dieser Code besteht größtenteils aus *TRACE*-Anweisungen, mit denen die Datenelemente des Dialogfelds angezeigt werden, nachdem der Benutzer das Dialogfeld

geschlossen hat. Der Aufruf von *CEx07aDialog* und der *DoModal*-Aufruf sind hier jedoch am wichtigsten.

```
void CEx07aView::OnLButtonDown(UINT nFlags, CPoint point)
{
    CEx07aDialog dlg;
    dlg.m_strName  = "Shakespeare, William";
    dlg.m_nSsn     = 307806636;
    dlg.m_nCat     = 1;  // 0 = Stundensatz, 1 = Festes Gehalt
    dlg.m_strBio   = "Diese Person ist als technischer Autor kaum geeignet.";
    dlg.m_bInsLife = TRUE;
    dlg.m_bInsDis  = FALSE;
    dlg.m_bInsMed  = TRUE;
    dlg.m_strDept  = "Dokumentation";
    dlg.m_strSkill = "Autor";
    dlg.m_strLang  = "Englisch";
    dlg.m_strEduc  = "Universität";
    dlg.m_nLoyal   = dlg.m_nRely = 50;
    int ret = dlg.DoModal();
    TRACE("DoModal-Rückgabe= %d\n", ret);
    TRACE("Name = %s, ssn = %d, Kat = %d\n",
        dlg.m_strName, dlg.m_nSsn, dlg.m_nCat);
    TRACE("Abt. = %s, Fert = %s, Spr = %d, Ausb = %s\n",
        dlg.m_strDept, dlg.m_strSkill, dlg.m_strLang, dlg.m_strEduc);
    TRACE("Leben = %d, Unfall = %d, Krankheit = %d, Bio = %s\n",
        dlg.m_bInsLife, dlg.m_bInsDis, dlg.m_bInsMed, dlg.m_strBio);
    TRACE("Loyalität = %d, Zuverlässigkeit = %d\n",
        dlg.m_nLoyal, dlg.m_nRely);
}
```

3. **Bauen Sie in der Datei Ex07aView.cpp die virtuelle Funktion *OnDraw* aus.** Ändern Sie die Funktion *CEx07aView::OnDraw* so ab, dass der Benutzer zum Druck auf die linke Maustaste aufgefordert wird. (Das Funktionsgerüst wurde bereits vom MFC-Anwendungsassistenten generiert.) Ersetzen Sie den vorhandenen Code zwischen den geschweiften Klammern durch den fett gedruckten Code:

```
void CEx07aView::OnDraw(CDC* pDC)
{
    CEx07aDoc* pDoc = GetDocument();
    ASSERT_VALID(pDoc);

    pDC->TextOut(0, 0, "Drücken Sie hier die linke Maustaste.");
}
```

4. **Fügen Sie die *include*-Anweisung für die Dialogklasse in Ex07aView.cpp ein.** Die oben definierte Funktion *OnLButtonDown* hängt von der Deklaration der Klasse *CEx07aDialog* ab. Fügen Sie in der Implementierungsdatei von *CEx07aView* (Ex07aView.cpp) folgende Anweisung ein:

```
#include "Ex07aDialog.h"
```

Fügen Sie diese Anweisung am Anfang der Datei Ex07aView.cpp ein, und zwar hinter folgender Anweisung:

```
#include "Ex07aView.h"
```

5. **Erstellen und testen Sie die Anwendung.** Wenn Sie diese Arbeitsschritte korrekt ausgeführt haben, sollten Sie die Anwendung Ex07a mit Visual C++ .NET erstellen und ausführen können. Versuchen Sie, in jedem Steuerelement Daten einzugeben, und klicken Sie dann auf die

Schaltfläche *OK*. Daraufhin werden die *TRACE*-Ergebnisse im Ausgabefenster des Debuggers. Beachten Sie, dass die Bildlaufleisten eigentlich noch keine Funktion haben. Wir werden uns später um sie kümmern. Beachten Sie auch, was passiert, wenn Sie die Eingabetaste drücken, während Sie Text in ein Steuerelement eingeben. Das Dialogfeld wird sofort geschlossen. Das folgende Bild zeigt ein Beispiel für die *TRACE*-Ausgaben:

```
Ausgabe
Debuggen
DoModal-Rückgabe= 2
Name = Shakespeare, William, ssn = 307806636, Kat = 1
Abt. = Dokumentation, Fert = Autor, Spr = 2083454756, Ausb = Universität
Leben = 1, Unfall = 0, Krankheit = 1, Bio = Diese Person ist als technischer Autor kaum geeignet.
Loyalität = 50, Zuverlässigkeit = 50
Das Programm "[1260] Ex07a.exe: Systemeigen" wurde mit Code 0 (0x0) beendet.
```

## Erläuterungen zur Anwendung Ex07a

Wenn Ihr Programm die Funktion *DoModal* aufruft, wird die Steuerung erst dann an das Programm zurückgegeben, wenn der Benutzer das Dialogfeld schließt. Sobald Sie das verstanden haben, verstehen Sie modale Dialogfelder. Wenn Sie mit der Erstellung nichtmodaler Dialogfelder beginnen, werden Sie die Einfachheit der Programmierung modaler Dialogfelder zu schätzen lernen. Es läuft bei einem *DoModal*-Aufruf jedoch viel »hinter den Kulissen«. Es folgt ein Überblick über die Aufruffolge:

*CDialog::DoModal*
 *CEx07aDialog::OnInitDialog*
  ...zusätzliche Initialisierung...
  *CDialog::OnInitDialog*
   *CWnd::UpdateData(FALSE)*
    *CEx07aDialog::DoDataExchange*
 Benutzer gibt Daten ein...
 Benutzer klickt auf *OK*
 *CEx07aDialog::OnOK*
  ...zusätzliche Überprüfung...
  *CDialog::OnOK*
   *CWnd::UpdateData(TRUE)*
    *CEx07aDialog::DoDataExchange*
   *CDialog::EndDialog(IDOK)*

*OnInitDialog* und *DoDataExchange* sind virtuelle Funktionen, die in der Klasse *CEx07aDialog* überschrieben werden. Windows ruft *OnInitDialog* im Rahmen der Initialisierung des Dialogfelds auf, und dieser Aufruf resultiert in einem Aufruf von *DoDataExchange*, einer virtuellen Funktion von *CWnd*, die von Visual Studio .NET überschrieben wurde. Nachfolgend ist der Quellcode dieser Funktion abgedruckt.

```
void CEx07aDialog::DoDataExchange(CDataExchange* pDX)
{
    CDialog::DoDataExchange(pDX);
    DDX_Text(pDX, IDC_BIO, m_strBio);
    DDV_MaxChars(pDX, m_strBio, 1000);
```

```
    DDX_Radio(pDX, IDC_CAT, m_nCat);
    DDX_LBString(pDX, IDC_DEPT, m_strDept);
    DDX_Check(pDX, IDC_DIS, m_bInsDis);
    DDX_CBString(pDX, IDC_EDUC, m_strEduc);
    DDX_CBIndex(pDX, IDC_LANG, m_strLang);
    DDX_Check(pDX, IDC_LIFE, m_bInsLife);
    DDX_Scroll(pDX, IDC_LOYAL, m_nLoyal);
    DDX_Check(pDX, IDC_MED, m_bInsMed);
    DDX_Text(pDX, IDC_NAME, m_strName);
    DDX_Scroll(pDX, IDC_RELY, m_nRely);
    DDX_CBString(pDX, IDC_SKILL, m_strSkill);
    DDX_Text(pDX, IDC_SSN, m_nSsn);
    DDV_MinMaxInt(pDX, m_nSsn, 0, 999999999);
}
```

Die Funktion *DoDataExchange* sowie die *DDX_*- (Austausch-) und *DDV_*-Funktionen (Überprüfung) sind »bidirektional«. Wenn *UpdateData* mit dem Argument *FALSE* aufgerufen wird, übertragen die Funktionen Daten von den Datenelementen an die Steuerelemente des Dialogfelds. Wird das Argument *TRUE* übergeben, übertragen die Funktionen Daten von den Steuerelementen des Dialogfelds an die Datenelemente. *DDX_Text* wurde überladen, damit verschiedene Datentypen verarbeitet werden können.

Die Funktion *EndDialog* wird beim Schließen des modalen Dialogfelds wichtig. *DoModal* gibt den Wert an den Aufrufer zurück, der an *EndDialog* übergeben wurde. Bei der Übergabe von *IDOK* werden die Dialogfelddaten übernommen und mit *IDCANCEL* wird der Dialog abgebrochen.

**TIPP:** Sie können Ihre eigenen »benutzerdefinierten« DDX-Funktionen schreiben und sie in Visual C++ .NET einbinden. Diese Möglichkeit ist besonders hilfreich, wenn Sie in der gesamten Anwendung einen besonderen Datentyp verwenden. Genauere Angaben hierzu finden Sie in der *MFC Technical Note #26* in der Onlinedokumentation.)

# Erweiterung des Programms Ex07a

Das Programm Ex07a hat für seine umfangreiche Funktionalität nur relativ wenig zusätzlichen Code erfordert. Lassen sie uns dieses Programm nun etwas erweitern. Wir sorgen dafür, dass Ex07a sich etwas höflicher verhält und den Benutzer nicht hinauswirft, sobald dieser die Eingabetaste drückt. Außerdem wollen die Bildlaufleisten noch ins Dialogfeld eingebunden werden.

## Änderung von *OnOK*

Im ursprünglichen Beispielprogramm Ex07a ist die virtuelle Funktion *CDialog::OnOK* für die Schaltfläche OK zuständig. Sie veranlasst den erforderlichen Datenaustausch und schließt das Dialogfeld. Die Eingabetaste hat dieselbe Wirkung, und das ist nicht immer wünschenswert. Wenn der Benutzer zum Beispiel die Eingabetaste drückt, während er etwas ins Eingabefeld *Name* eingibt, wird das Dialogfeld sofort geschlossen.

Was geschieht hier? Wenn der Benutzer die Eingabetaste drückt, prüft Windows, welche Schaltfläche den Eingabefokus besitzt. Auf dem Bildschirm wird diese Schaltfläche durch ein gepunktetes Rechteck hervorgehoben. Falls keine Schaltfläche den Eingabefokus besitzt, sucht Windows nach der Schaltfläche, die das Programm oder die Dialogressource als Standardschaltfläche vorsieht. (Die Standardschaltfläche hat einen etwas dickeren Rand.) Ist im Dialogfeld keine Standardschaltfläche definiert, wird die virtuelle Funktion *OnOK* aufgerufen, und zwar auch dann, wenn es gar keine *OK*-Schaltfläche im Dialogfeld gibt.

Sie können diese Wirkung der Eingabetaste aufheben, indem Sie eine leere *CEx07aDialog:: OnOK* schreiben, die gar nichts tut, und dann eine neue Funktion einfügen, die das Dialogfeld schließt, sobald die Schaltfläche *OK* angeklickt wird. Gehen Sie dazu wie folgt vor:

1. **Legen Sie *IDOK* auf eine leere *OnOK*-Funktion.** Wählen Sie in der Klassenansicht die Klasse *CEx07aDialog*. Klicken Sie am oberen Rand des Eigenschaftenfensters die Schaltfläche *Überschreibungen* an. Dann werden die überschreibbaren Funktionen in einer Liste aufgeführt. Klicken Sie in dieser Liste auf die Funktion *OnOK*, klicken Sie dann auf den Abwärtspfeil und anschließend auf *<Hinzufügen> OnOK*. Dadurch entsteht der Prototyp und das Gerüst von *OnOK*. Ändern Sie vorläufig nichts an der Funktion *OnOK*.

2. **Ändern Sie mit Hilfe des Dialogeditors die ID der Schaltfläche *OK*.** Zeigen Sie die Ressource *IDD_DIALOG1* an und wählen Sie die Schaltfläche *OK*. Ändern Sie die ID der Schaltfläche im Eigenschaftenfenster von *IDOK* auf *IDC_OK* und setzen Sie die Eigenschaft *Standardschaltfläche* auf *False*.

3. **Erstellen Sie eine Memberfunktion namens *OnClickedOk*.** Wählen Sie in der Klassenansicht die Klasse *CEx07aDialog*. Klicken Sie im oberen Teil des Eigenschaftenfensters die Schaltfläche *Ereignisse* an. Expandieren Sie den Eintrag *IDC_OK*. Wählen Sie die Meldung *BN_CLICKED* und fügen Sie den Meldungshandler *OnBnClicked* für das umbenannte Steuerelement *IDC_OK* mit einem Klick auf *<Hinzufügen> OnBnClickedOk* ein.

4. **Bearbeiten Sie die Funktion *OnBnClickedOk* in der Datei Ex07aDialog.cpp.** Diese Funktion ruft wie die ursprüngliche Funktion *CEx07aDialog::OnOK* die *OnOK*-Funktion der Basisklasse auf. Fügen Sie folgenden Code ein:

   ```
   void CEx07aDialog::OnBnClickedOk()
   {
       TRACE("CEx07aDialog::OnBnClickedOk\n");
       CDialog::OnOK();
   }
   ```

5. **Bearbeiten Sie die Funktion *OnOK* in der Datei Ex07aDialog.cpp.** Diese Funktion ist ein »Überbleibsel« der alten Schaltfläche *IDOK*. Bearbeiten Sie die Funktion wie folgt:

   ```
   void CEx07aDialog::OnOK()
   {
       // Platzhalter für OnOK-Funktion
       // Rufen Sie NICHT CDialog::OnOK() auf!
       TRACE("CEx07aDialog::OnOK\n");
   }
   ```

6. **Erstellen und testen Sie die Anwendung.** Drücken Sie jetzt die Eingabetaste. Das Dialogfeld sollte sich nicht verändern. Im Ausgabefenster des Debuggers sollten jedoch *TRACE*-Ausgaben erscheinen. Wenn Sie auf die Schaltfläche *OK* klicken, sollte das Dialogfeld aber wie zuvor geschlossen werden.

## Verarbeitung von *OnCancel*

So wie durch die Betätigung der Eingabetaste ein *OnOK*-Aufruf ausgelöst wird, so führt die Taste **Esc** zu einem *OnCancel*-Aufruf. Dieser Aufruf bewirkt, dass das Dialogfeld geschlossen wird und die Funktion *DoModal* den Wert *IDCANCEL* zurückgibt. Ex07a führt keine besonderen Arbeiten für *IDCANCEL* durch. Daher schließt ein Druck auf die **Esc**-Taste (oder ein Klick auf die Schaltfläche *Schließen*) das Dialogfeld. Dieses Standardverhalten können Sie mit einer leeren *OnCancel*-Funktion ändern. Orientieren Sie sich daran, wie Sie bei der Funktion *OnOK* vorgegangen sind.

## Einbindung der Bildlaufleisten

Im Dialogeditor können Sie Ihr Dialogfeld mit Bildlaufleisten ausrüsten und der *Assistent zum Hinzufügen von Membervariablen* erlaubt den Einbau von ganzzahligen Datenelementen. Es fehlt noch der Code zur Einbindung der Bildlaufleisten *Loyalität* und *Zuverlässigkeit*.

Bildlaufleisten verfügen über Positions- und Wertebereichsangaben, die gelesen und geändert werden können. Wenn Sie beispielsweise den Wertebereich mit (0, 100) definieren, wird mit einem entsprechenden Datenelement, das den Wert 50 hat, das Bildlauffeld (der Schieber) in die Mitte der Bildlaufleiste gesetzt. (Die Funktion *CScrollBar::SetScrollPos* kann ebenfalls die Position des Bildlauffelds ändern.) Die Bildlaufleiste sendet die Meldungen *WM_HSCROLL* und *WM_VSCROLL* ans Dialogfeld, wenn der Benutzer das Bildlauffeld zieht oder auf die Bildlaufpfeile klickt. Die Meldungshandler des Dialogfelds müssen diese Meldungen auswerten und das Bildlauffeld entsprechend positionieren.

Die Steuerelemente, die Sie bislang kennen gelernt haben, verfügten alle über ihre eigenen Meldungshandler. Bildlaufleisten weichen von diesem Schema ab, da alle horizontalen Bildlaufleisten eines Dialogfelds mit einem einzigen *WM_HSCROLL*-Meldungshandler und alle vertikalen Bildlaufleisten mit einem einzigen *WM_VSCROLL*-Meldungshandler verknüpft sind. Da unser Dialogfeld zwei horizontale Bildlaufleisten enthält, muss dieser *WM_HSCROLL*-Meldungshandler irgendwie herausfinden, von welcher Bildlaufleiste die *WM_HSCROLL*-Meldung stammt.

Mit den folgenden Arbeitsschritten können Sie die Logik für die Bildlaufleisten in Ex07a einbauen:

1. **Fügen Sie die folgenden *enum*-Anweisungen zur Definition des Wertebereichs der Bildlaufleisten ein.** Fügen Sie die folgenden Zeilen am Beginn der Klassendeklaration in die Datei Ex07aDialog.h ein:

   ```
   enum { nMin = 0 };
   enum { nMax = 100 };
   ```

2. **Initialisieren Sie die Wertebereiche der Bildlaufleisten in der Funktion *OnInitDialog*.** In der Funktion *OnInitDialog* legen wir die Minimal- und Maximalwerte der Bildlaufleisten so fest, dass die Datenelemente von *CEx07aDialog* Prozentwerte darstellen. Der Wert 100 bedeutet infolgedessen: »Bildlauffeld ganz nach rechts verschieben« und der Wert 0 bedeutet »Bildlauffeld ganz nach links verschieben«.

   Fügen Sie in der Datei Ex07aDialog.cpp den folgenden Code in die Memberfunktion *OnInitDialog* der Klasse *CEx07aDialog* ein:

   ```
   CScrollBar* pSB = (CScrollBar*) GetDlgItem(IDC_LOYAL);
   pSB->SetScrollRange(nMin, nMax);
   pSB = (CScrollBar*) GetDlgItem(IDC_RELY);
   pSB->SetScrollRange(nMin, nMax);
   ```

3. **Fügen Sie einen Meldungshandler für die Bildlaufleisten in *CEx07aDialog* ein.** Wählen Sie in der Klassenansicht die Klasse *CEx07aDialog* und klicken Sie auf die Schaltfläche *Meldungen* im oberen Teil des Eigenschaftenfensters. Wählen Sie die Meldung WM_HSCROLL aus und setzen Sie die Memberfunktion *OnHScroll* in die Klasse ein. Geben Sie den folgenden fett gedruckten Code ins Funktionsgerüst ein:

```
void CEx07aDialog::OnHScroll(UINT nSBCode, UINT nPos, CScrollBar* pScrollBar)
{
    int nTemp1, nTemp2;
    nTemp1 = pScrollBar->GetScrollPos();
    switch(nSBCode) {
    case SB_THUMBPOSITION:
        pScrollBar->SetScrollPos(nPos);
        break;
    case SB_LINELEFT: // Pfeil nach links
        nTemp2 = (nMax - nMin) / 10;
        if ((nTemp1 - nTemp2) > nMin) {
            nTemp1 -= nTemp2;
        }
        else {
            nTemp1 = nMin;
        }
        pScrollBar->SetScrollPos(nTemp1);
        break;
    case SB_LINERIGHT: // Pfeil nach rechts
        nTemp2 = (nMax - nMin) / 10;
        if ((nTemp1 + nTemp2) < nMax) {
            nTemp1 += nTemp2;
        }
        else {
            nTemp1 = nMax;
        }
        pScrollBar->SetScrollPos(nTemp1);
        break;
    }
}
```

4. **Erstellen und testen Sie die Anwendung.** Erstellen Sie das Programm Ex07a erneut und starten Sie es. Funktionieren die Bildlaufleisten jetzt? Die Bildlauffelder sollten nun die Position beibehalten, an die sie mit der Maus gezogen werden. Außerdem sollte die Steuerung mit den Bildlaufpfeilen funktionieren. (Beachten Sie bitte, dass wir bislang noch keine Funktionen definiert haben, um Mausklicks auf die eigentliche Bildlaufleiste zu verarbeiten.)

# Identifizierung von Steuerelementen: IDs und *CWnd*-Zeiger

Wenn Sie Im Dialogeditor ein Dialogfeld gestalten, vergeben Sie an jedes Steuerelement eine eindeutige ID, wie beispielsweise *IDC_SSN*. Im Programmcode müssen Sie allerdings häufig das dazugehörige C++-Fensterobjekt ansprechen. Die MFC-Bibliothek bietet die Funktion *CWnd:: GetDlgItem* zur Umwandlung einer ID in einen CWnd-Zeiger. Sie haben diese Funktion bereits in der Memberfunktion *OnInitDialog* der Klasse *CEx07aDialog* kennen gelernt. Das Anwendungsgerüst hat diesen *CWnd*-Zeiger »hervorgezaubert«, da nirgendwo ein sichtbarer Konstruktoraufruf für die Steuerelementobjekte vorhanden war. Dieser Zeiger ist temporär und sollte nicht für eine spätere Verwendung gespeichert werden.

**TIPP:** Wenn Sie einen *CWnd*-Zeiger in eine Steuerelement-ID umwandeln müssen, verwenden Sie die MFC-Memberfunktion *GetDlgCtrlID* der Klasse *CWnd*.

# Die Hintergrundfarbe für Dialogfelder und Steuerelemente festlegen

Sie können die Hintergrundfarbe von einzelnen Dialogfeldern und von bestimmten Steuerelementen innerhalb eines Dialogfelds ändern, müssen dazu aber etwas zusätzliche Programmierarbeit leisten. An das übergeordnete Dialogfeld wird für jedes Steuerelement eine *WM_CTLCOLOR*-Meldung gesendet, bevor das Steuerelement angezeigt wird. Es wird auch für das Dialogfeld eine *WM_CTLCOLOR*-Meldung gesendet. Wenn Sie die Meldung in Ihrer abgeleiteten Dialogklasse bearbeiten, können Sie die Hintergrund- und Vordergrundfarben des Textes ändern und einen Pinsel für die Bereiche des Steuerelements oder Dialogfelds auswählen, die keinen Text enthalten.

Der folgende Code ist ein Beispiel für eine *OnCtlColor*-Funktion, die sämtlichen Eingabefeldern die Hintergrundfarbe Gelb und dem Dialogfeld die Hintergrundfarbe Rot zuweist. Bei den Variablen *m_hYellowBrush* und *m_hRedBrush* handelt es sich um Datenelemente vom Typ *HBRUSH*, die in der Funktion *OnInitDialog* der Dialogklasse initialisiert werden. Der Parameter *nCtlColor* gibt den Steuerelementtyp an und der Parameter *pWnd* verweist auf ein bestimmtes Steuerelement. Wenn Sie die Farbe eines einzelnen Eingabefelds festlegen möchten, können Sie *pWnd* in die entsprechende ID umwandeln und das fragliche Steuerelement anhand dieser ID erkennen.

```
HBRUSH CMyDialog::OnCtlColor(CDC* pDC, CWnd* pWnd, UINT nCtlColor)
{
    if (nCtlColor == CTLCOLOR_EDIT) {
        pDC->SetBkColor(RGB(255, 255, 0));   // gelb
        return m_hYellowBrush;
    }
    if (nCtlColor == CTLCOLOR_DLG) {
        pDC->SetBkColor(RGB(255, 0, 0));     // rot
        return m_hRedBrush;
    }
    return CDialog::OnCtlColor(pDC, pWnd, nCtlColor);
}
```

**HINWEIS:** Das Dialogfeld stellt die *WM_CTLCOLOR*-Meldung nicht in die Meldungswarteschlange, sondern ruft die Win32-Funktion *SendMessage* auf, damit die Meldung sofort den Empfänger erreicht. Daher kann der Meldungshandler einen Parameter zurückgeben – in diesem Fall ein Handle für einen Pinsel. Es handelt sich hierbei aber nicht um ein MFC-Objekt vom Typ *CBrush*, sondern um ein Win32-Objekt vom Typ *HBRUSH*. Sie können den Pinsel durch den Aufruf einer Win32-Funktion wie *CreateSolidBrush*, *CreateHatchBrush* usw. erstellen.

# Dialogsteuerelemente zur Laufzeit hinzufügen

Sie haben bereits gesehen, wie man ein Dialogfeld im Dialogeditor mit Steuerelementen ausrüsten kann. Sofern Sie zur Laufzeit weitere Steuerelemente einbauen möchten, können Sie das mit folgenden Arbeitsschritten tun:

1. **Fügen Sie in Ihre Dialogklasse ein Datenelement für ein eingebettetes Steuerelement ein.** Zu den MFC-Steuerelementklassen zählen unter anderem *CButton*, *CEdit*, *CListBox* und *CComboBox*. Das C++-Objekt für das eingebettete Steuerelement wird zusammen mit dem Dialogklassenobjekt erstellt und beseitigt.
2. **Geben Sie dem neuen Steuerelement eine ID.** Klicken Sie die Dialogklasse in der Ressourcenansicht mit der rechten Maustaste an und öffnen Sie mit *Ressourcensymbole* das Dialogfeld *Ressourcensymbole*. Fügen Sie die neue Konstante ein.
3. **Überschreiben Sie *CDialog::OnInitDialog* im Eigenschaftenfenster der Klassenansicht.** Diese Funktion sollte die Memberfunktion *Create* des eingebetteten Steuerelementfensters aufrufen. Der Aufruf bewirkt, dass das neue Steuerelement im Dialogfeld angezeigt wird. Windows beseitigt das Steuerelementfenster, wenn es das Dialogfeld entsorgt.
4. **Fügen Sie in Ihre abgeleitete Dialogklasse von Hand die notwendigen Meldungshandler für das neue Steuerelement ein.**

   In Kapitel 12 werden Sie ein Rich-Edit-Steuerelement zur Laufzeit in eine Ansicht einfügen.

# Andere Steuerelementfunktionen verwenden

Wie Sie gesehen haben, haben wir die Steuerelementklasse *CScrollBar* angepasst, indem wir etwas Code in die Memberfunktion *OnInitDialog* der Dialogklasse eingefügt haben. Andere Steuerelemente können Sie auf ähnliche Weise programmieren. Sehen Sie sich in der Visual Studio .NET-Dokumentation die Steuerelementklassen an, insbesondere *CListBox* und *CComboBox*. Jede dieser Klassen verfügt über eine Reihe von Leistungsmerkmalen, die in der Klassenansicht nicht zugänglich sind. Einige Kombinationsfelder bieten beispielsweise eine Mehrfachauswahl, wenn man ihnen das Format *LBS_MULTIPLESEL* gibt. Falls Sie damit arbeiten möchten, versuchen Sie nicht, in der Klassenansicht neue Datenelemente einzufügen. Definieren Sie die Datenelemente stattdessen selbst und sorgen Sie in *OnInitDialog* und *OnBnClickedOK* für die Aufrufe der entsprechenden Datenaustauschfunktionen.

# Die Standarddialogfelder von Windows

Windows stellt (in COMDLG32.DLL) eine Reihe von Standarddialogfeldern zur Verfügung, und diese werden auch von den MFC-Bibliotheksklassen angeboten. Sie werden mit den meisten dieser Dialogfelder vertraut sein, da sie in vielen Windows-Anwendungen, einschließlich Visual C++ .NET, bereits verwendet werden. Alle Standarddialogklassen sind von der gemeinsamen Basisklasse *CCommonDialog* angeleitet. Tabelle 7.1 enthält eine Übersicht über die *CCommonDialog*-Klassen.

| Klasse | Zweck |
|---|---|
| *CColorDialog* | Ermöglicht die Auswahl oder Definition einer Farbe. |
| *CFileDialog* | Ermöglicht das Öffnen und Speichern von Dateien. |
| *CFindReplaceDialog* | Ermöglicht es, eine Zeichenfolge durch eine andere zu ersetzen. |
| *CFontDialog* | Ermöglicht die Auswahl einer Schrift aus einer Liste der verfügbaren Schriften. |
| *COleDialog* | Zum Einfügen von OLE-Objekten. |
| *CPageSetupDialog* | Ermöglicht die Festlegung von Seitengrößen. |
| *CPrintDialog* | Ermöglicht die Druckereinrichtung und den Druck von Dokumenten. |
| *CPrintDialogEx* | Druck und Druckvorschau für Windows 2000 |

*Tabelle 7.1: Die Klassen der Windows-Standarddialogfelder*

Ein Merkmal ist allen Standarddialogfeldern eigen: Sie sammeln zwar Eingaben vom Benutzer, aber sie verarbeiten sie nicht. Das Standarddialogfeld zum Öffnen von Dateien erleichtert es dem Anwender, eine Datei auszuwählen. Es gibt Ihrem Programm allerdings nur den Pfadnamen der ausgewählten Datei. Ihr Programm muss dann selbst die notwendigen Aufrufe zum Öffnen der Datei durchführen. Ebenso erstellt das Standarddialogfeld zur Schriftauswahl zwar eine Struktur, die eine Schrift beschreibt, aber es baut nicht das beschriebene Schriftobjekt zusammen.

## Direkter Einsatz der Klasse *CFileDialog*

Es ist einfach, die Klasse *CFileDialog* zum Öffnen einer Datei zu verwenden. Mit den folgenden Anweisungen wird eine Datei geöffnet, die der Benutzer in einem Dialogfeld ausgewählt hat:

```
CFileDialog dlg(TRUE, "bmp", "*.bmp");
if (dlg.DoModal() == IDOK) {
    CFile file;
    VERIFY(file.Open(dlg.GetPathName(), CFile::modeRead));
}
```

Das erste Argument des Konstruktoraufrufs (*TRUE*) bedeutet, dass es sich bei diesem Objekt um das Dialogfeld *Datei öffnen* und nicht um das Dialogfeld *Datei speichern* handelt. Als Dateinamenerweiterung wird *bmp* vorgegeben, und *\*.bmp* wird im Dialogfeld im Eingabefeld *Dateiname* angezeigt. Die Funktion *CFileDialog::GetPathName* gibt ein *CString*-Objekt zurück, das den vollständigen Pfadnamen der gewählten Datei enthält.

## Klassen von Standarddialogfeldklassen ableiten

In den meisten Fällen können Sie die Standarddialogfeldklassen direkt verwenden. Die Ableitung eigener Klassen ermöglicht Ihnen, den Funktionsumfang zu erweitern, ohne den vorhandenen Code duplizieren zu müssen. Die Funktionsweise der einzelnen *COMDLG32*-Dialogfelder unterscheidet sich allerdings, und daher ist das nächste Beispiel speziell auf das Standarddialogfeld für Dateioperationen zugeschnitten.

## Verschachtelte Dialogfelder

Unter Win32 können Dialogfelder so ineinander verschachtelt werden, dass mehrere Dialogfelder wie eine Einheit erscheinen. Sie müssen zuerst eine Dialogressourcenvorlage mit einer »Öffnung« erstellen – normalerweise ein Gruppenfeld – und ihr die spezielle, für untergeordnete Fenster reservierte Fenster-ID *stc32 (=0x045f)* geben. Ihr Programm gibt einige Parameter an, die *COM-DLG32* mitteilen, wie Ihre Vorlage zu verwenden ist. Zudem muss Ihr Programm eine Verbindung zur *COMDLG32*-Meldungsschleife herstellen, damit es die gewünschten Benachrichtigungen zuerst empfängt. Sie werden nach der Ausführung dieser Schritte schließlich feststellen, dass Sie ein Dialogfeld erstellt haben, das ein untergeordnetes Fenster des *COMDLG32*-Dialogfelds ist, obwohl Ihre Vorlage die *COMDLG32*-Vorlage einschließt.

Das hört sich nicht nur verwirrend an, es ist auch verwirrend. Es sei denn, Sie greifen zur MFC. Wenn Sie die MFC-Bibliothek verwenden, erstellen Sie die Dialogressourcenvorlage so wie oben beschrieben, leiten eine Klasse von der Standarddialogfeldklasse ab, fügen den klassenspezifischen Verbindungscode in *OnInitDialog* ein und gehen dann ins Eigenschaftenfenster, um die Meldungen, die von den neuen Steuerelementen aus Ihrer Vorlage stammen, einzubinden.

## Ein Beispiel mit *CFileDialog:* EX07B

In diesem Beispiel leiten wir eine Klasse *CEx07bDialog* ab, die eine Schaltfläche *Alle entsprechenden Dateien löschen* in das Standarddialogfeld für Dateioperationen einfügt. Sie ändert auch den Dialogfeldtitel und die Beschriftung der Schaltfläche *Öffnen* in *Löschen* (zum Löschen einzelner Dateien). Dieses Beispiel illustriert, wie Sie mit Hilfe verschachtelter Dialogfelder die verfügbaren Standarddialogfelder mit neuen Steuerelementen ausstatten können. Das Dialogfeld wird in diesem Beispiel so aktiviert, wie Sie es vom vorigen Beispiel her kennen – durch Drücken der linken Maustaste, während sich der Mauszeiger im Ansichtsfenster befindet. Da Sie inzwischen einige Erfahrung im Umgang mit Visual C++ .NET haben, sind die Arbeitsschritte zur Erstellung dieses Beispiels nicht so ausführlich beschrieben wie bei den vorangegangenen Beispielen. Abbildung 7.2 zeigt, wie das fertige Dialogfeld aussieht.

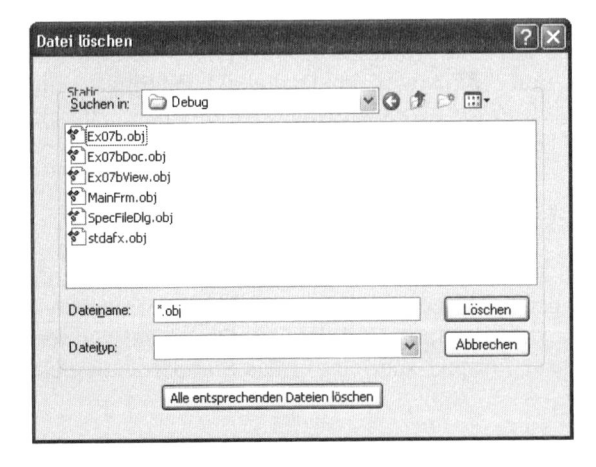

***Abbildung 7.2:*** *Das Dialogfeld* Datei löschen *während der Ausführung*

Erstellen Sie die Anwendung Ex07b in folgenden Arbeitsschritten:

1. **Generieren Sie ein neues MFC-Projekt namens Ex07b.** Übernehmen Sie im MFC-Assistenten alle Vorgaben mit den folgenden beiden Ausnahmen: Auf der Seite *Anwendungstyp* wählen Sie *Einfaches Dokument* und auf der Seite *Erweiterte Features* löschen Sie die Markierung von *Drucken und Druckvorschau*.

2. **Gestalten Sie ein neues Dialogfeld und legen Sie dessen Eigenschaften fest.** Geben Sie im *Projekt*-Menü den Befehl *Ressource hinzufügen* und nehmen Sie ein neues Dialogfeld ins Projekt auf. Es sollte etwa 12 cm breit und 8 cm hoch sein. Ändern Sie im Eigenschaftenfenster die Eigenschaft *ID* auf *IDD_FILESPECIAL*, setzen Sie die Eigenschaft *Stil* auf *Untergeordnet*, setzen Sie *Rahmen* auf *None* und die Eigenschaften *Nebengeordnete Fenster abschneiden* und *Sichtbar* auf *True*.

3. **Statten Sie das Dialogfeld mit Steuerelementen aus.** Löschen Sie die Schaltflächen *OK* und *Abbrechen* aus dem Dialogfeld. Setzen Sie eine neue Schaltfläche an den unteren Rand des Dialogfelds. Geben Sie der Schaltfläche die ID *IDC_DELETE* und die Beschriftung *Alle entsprechenden Dateien löschen*. Bauen Sie außerdem ein Gruppenfeld ein und geben Sie ihm die ID *stc32=0x045f*. Setzen Sie die Eigenschaft *Sichtbar* des Gruppenfelds auf *False*.

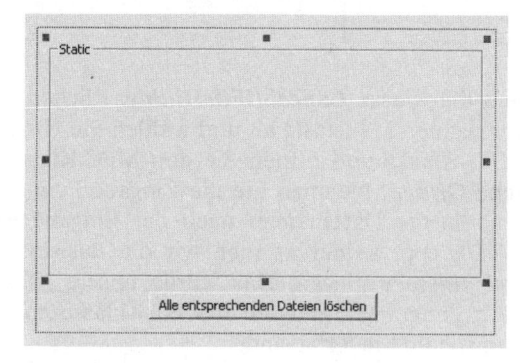

Überprüfen Sie Ihre Eingaben, indem Sie in der Ressourcenansicht die Dialogressource *IDD_FILESPECIAL* anklicken und den Befehl *Ressourcensymbole* geben. Daraufhin sollte eine Symbolliste wie die folgende angezeigt werden.

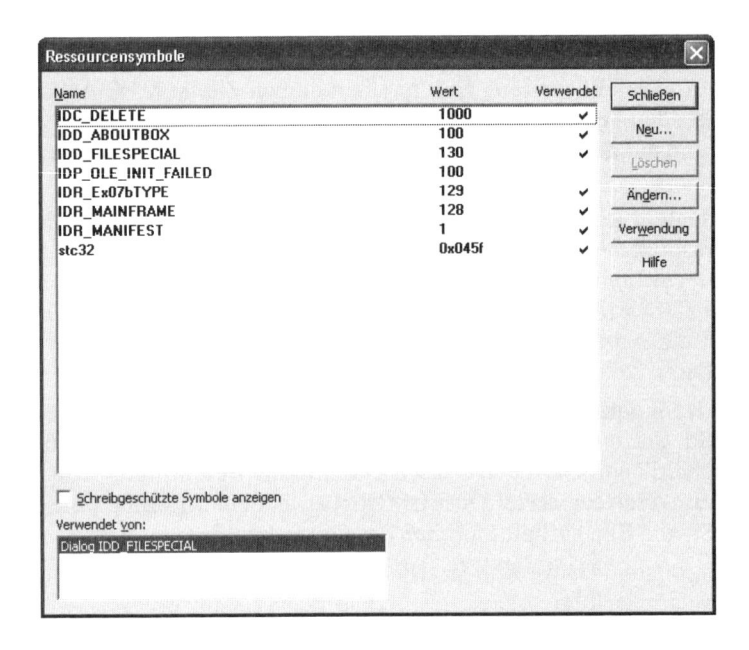

4. **Erstellen Sie mit dem MFC-Klassenassistenten die Klasse *CSpecialFileDialog*.** Klicken Sie in der Klassenansicht das Projekt Ex07b mit der rechten Maustaste an und wählen Sie *Hinzufügen, Klasse hinzufügen*. Wählen Sie die *MFC-Klasse* und öffnen Sie den MFC-Klassenassistenten mit einem Klick auf die Schaltfläche *Öffnen*. Nehmen Sie die Eingaben vor, die aus dem folgenden Bild hervorgehen. Ändern Sie die Dateinamen nach der Eingabe des Klassennamens in SpecFileDlg.h und SpecFileDlg.cpp. Leider können wir die Basisklasse *CFileDialog* nicht in der Dropdownliste *Basisklasse* festlegen. Das würde unsere Klasse nämlich von der Vorlage *IDD_FILESPECIAL* trennen. Wir müssen die Basisklasse später von Hand ändern. Klicken Sie auf *Fertig stellen*, sobald Sie fertig sind.

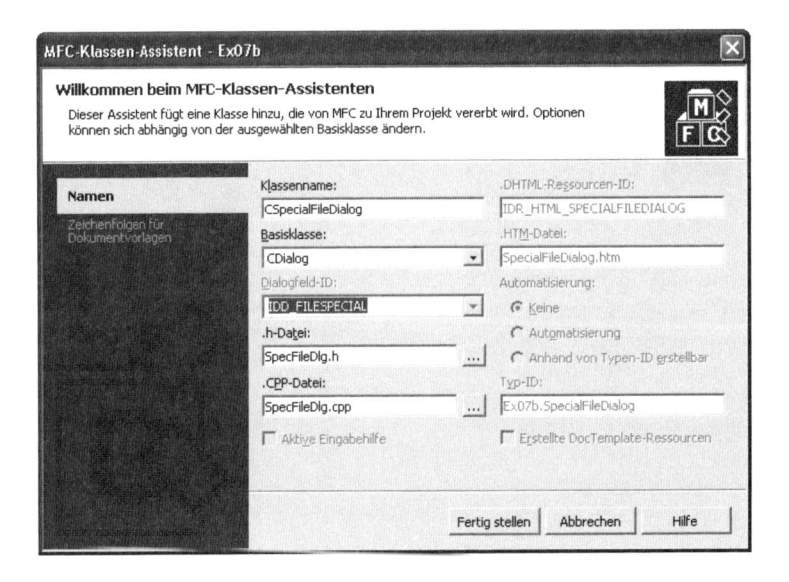

5. **Bearbeiten Sie die Datei SpecFileDlg.h.** Ändern Sie die Zeile

    ```
    class CSpecialFileDialog : public CDialog
    ```

    in

    ```
    class CSpecialFileDialog : public CFileDialog
    ```

    Fügen Sie die folgenden beiden öffentlichen Datenelemente ein:

    ```
    CString m_strFilename;
    BOOL m_bDeleteAll;
    ```

    Ändern Sie schließlich noch die Konstruktordeklaration:

    ```
    CSpecialFileDialog(BOOL bOpenFileDialog,
        LPCTSTR lpszDefExt = NULL,
        LPCTSTR lpszFileName = NULL,
        DWORD dwFlags = OFN_HIDEREADONLY | OFN_OVERWRITEPROMPT,
        LPCTSTR lpszFilter = NULL,
        CWnd* pParentWnd = NULL);
    ```

6. **Ersetzen Sie in SpecFileDlg.cpp CDialog durch CFileDialog.** Geben Sie im Menü *Bearbeiten* den Befehl *Suchen und Ersetzen, Ersetzen* und tauschen Sie diesen Namen global aus.

7. **Bearbeiten Sie den Konstruktor der Klasse *CSpecialFileDialog* in der Datei SpecFileDlg.cpp.** Der Konstruktor der abgeleiteten Klasse muss den Konstruktor der Basisklasse aufrufen und das Datenelement *m_bDeleteAll* initialisieren. Zudem muss er einigen Elementen des Datenelements *m_ofn* der Basisklasse *CFileDialog* Werte zuweisen. Dieses Datenelement ist eine Instanz der Win32-Struktur *OPENFILENAME*. Über die Elemente *Flags* und *lpTemplateName* wird die Verbindung zu der Vorlage *IDD_FILESPECIAL* hergestellt, und das Element *lpstrTitle* ändert den Dialogfeldtitel. Bearbeiten Sie den Konstruktor wie folgt:

    ```
    CSpecialFileDialog::CSpecialFileDialog(BOOL bOpenFileDialog,
          LPCTSTR lpszDefExt, LPCTSTR lpszFileName, DWORD dwFlags,
          LPCTSTR lpszFilter, CWnd* pParentWnd)
        : CFileDialog(bOpenFileDialog, lpszDefExt, lpszFileName,
          dwFlags, lpszFilter, pParentWnd)
    {
        m_ofn.Flags |= OFN_ENABLETEMPLATE;
        m_ofn.lpTemplateName = MAKEINTRESOURCE(IDD_FILESPECIAL);
        m_ofn.lpstrTitle = "Datei löschen";
        m_bDeleteAll = FALSE;
    }
    ```

8. **Überschreiben Sie in der Klasse *CSpecialDialog* die Funktion *OnInitDialog*.** Wählen Sie in der Klassenansicht die Klasse *CSpecialFileDialog*, klicken Sie im Eigenschaftenfenster die Schaltfläche *Überschreibungen* an und fügen Sie die Funktion *OnInitDialog* ein. Die Memberfunktion *OnInitDialog* muss die Beschriftung der Schaltfläche *Öffnen* in *Löschen* ändern. Die ID der Schaltfläche lautet *IDOK*. Bearbeiten Sie den Code wie folgt:

    ```
    BOOL CSpecialFileDialog::OnInitDialog()
        BOOL bRet = CFileDialog::OnInitDialog();
        if (bRet == TRUE) {
            GetParent()->GetDlgItem(IDOK)->SetWindowText("Löschen");
        }
        return bRet;
    }
    ```

9. **Fügen Sie einen BN_CLICKED-Meldungshandler für die Schaltfläche *IDC_DELETE* (*Alle entsprechenden Dateien löschen*) in die Klasse *CSpecialDialog* ein.** Wählen Sie in der Klas-

senansicht die Klasse *CSpecialFileDialog*, klicken Sie im Eigenschaftenfenster die Schaltfläche *Ereignisse* an und fügen Sie den Meldungshandler *OnBnClickedDelete* ein. Die Memberfunktion *OnBnClickedDelete* setzt das Flag *m_bDeleteAll* und sorgt für die Schließung des Hauptdialogfelds, so als sei die Schaltfläche *Abbrechen* angeklickt worden. Das Clientprogramm (in diesem Fall die Ansicht) erhält von der Funktion *DoModal* den Rückgabewert *IDCANCEL* und liest die Flags, um herauszufinden, ob alle Dateien gelöscht werden sollen. Bearbeiten Sie den Code wie folgt:

```
void CSpecialFileDialog::OnBnClickedDelete()
{
    m_bDeleteAll = TRUE;
    // 0x480 ist die Fenster-ID des Eingabefelds Dateiname
    // (gemäß Anzeige von SPYXX)
    GetParent()->GetDlgItem(0x480)->GetWindowText(m_strFilename);
    GetParent()->SendMessage(WM_COMMAND, IDCANCEL);
}
```

10. **Bearbeiten Sie die virtuelle Funktion *OnDraw* in der Datei Ex07bView.cpp.** Die *OnDraw*-Funktion von *CEx07bView* (deren Funktionsrumpf vom Anwendungsassistenten generiert worden ist) sollte folgende Anweisungen enthalten, damit der Benutzer aufgefordert wird, die linke Maustaste zu drücken:

```
void CEx07bView::OnDraw(CDC* pDC)
{
    pDC->TextOut(0, 0, "Drücken Sie hier die linke Maustaste.");
}
```

11. **Fügen Sie den Meldungshandler *OnLButtonDown* in die Klasse *CEx07bView* ein.** Wählen Sie in der Klassenansicht die Klasse *CEx07bView*, klicken Sie im Eigenschaftenfenster die Schaltfläche *Meldungen* an und fügen Sie den Meldungshandler *OnLButtonDown* ein. Bearbeiten Sie den Code wie folgt:

```
void CEx07bView::OnLButtonDown(UINT nFlags, CPoint point)
{
  CSpecialFileDialog dlgFile(TRUE, NULL, "*.obj");
  CString strMessage;
  int nModal = dlgFile.DoModal();
  if ((nModal == IDCANCEL) && (dlgFile.m_bDeleteAll)) {
    strMessage.Format("Sollen wirklich alle %s-Dateien gelöscht werden?",
      dlgFile.m_strFilename);
      if (AfxMessageBox(strMessage, MB_YESNO) == IDYES) {
        HANDLE h;
        WIN32_FIND_DATA fData;
        while((h = ::FindFirstFile(dlgFile.m_strFilename, &fData))
            != (HANDLE) 0xFFFFFFFF) { // kein MFC-Äquivalent
          if (::DeleteFile(fData.cFileName) == FALSE) {
            strMessage.Format("Löschen der Datei %s nicht möglich\n", fData.cFileName);
            AfxMessageBox(strMessage);
            break;
          }
        }
      }
  }
  else if (nModal == IDOK) {
    CString strSingleFilename = dlgFile.GetPathName();
```

```
        strMessage.Format(
            "Soll die Datei %s wirklich gelöscht werden?", strSingleFilename);'
        if (AfxMessageBox(strMessage, MB_YESNO) == IDYES) {
            CFile::Remove(strSingleFilename);
        }
    }
}
```

Vergessen Sie bitte nicht, dass Standarddialogfelder nur Daten erfassen. Da die Ansicht der Client des Dialogfelds ist, muss die Ansicht für dieses Dialogobjekt *DoModal* aufrufen und dann entscheiden, was mit den zurückgegebenen Daten geschehen soll. Hier stehen der Ansicht der Rückgabewert von *DoModal* (*IDOK* oder *IDCANCEL*) und der Wert des öffentlichen Datenelements *m_bDeleteAll* sowie verschiedene Memberfunktionen von *CFileDialog* zur Verfügung, wie beispielsweise *GetPathName*. Wenn *DoModal* den Wert *IDCANCEL* zurückgibt und das Flag *TRUE* ist, führt die Funktion *OnLButtonDown* die notwendigen Win32-Dateisystemaufrufe durch, um alle entsprechenden Dateien zu löschen. Gibt *DoModal* den Wert *IDOK* zurück, kann die Funktion die MFC-Funktionen der Klasse *CFile* zum Löschen einzelner Dateien aufrufen.

Mit Hilfe der globalen Funktion *AfxMessageBox* kann man recht komfortabel ein einfaches Dialogfeld öffnen, das etwas Text enthält und vom Benutzer eine Ja/Nein-Antwort fordert. Die Funktion wird in der Visual Studio .NET-Dokumentation ausführlich beschrieben.

12. **Binden Sie die Datei SpecFileDlg.h in Ex07bView.cpp ein.** Natürlich müssen Sie noch die folgende Anweisung

    `#include "SpecFileDlg.h"`

    einfügen, und zwar nach der Zeile

    `#include "Ex07bView.h"`

13. **Erstellen und testen Sie die Anwendung.** Erstellen Sie das Programm Ex07b und starten Sie es. Wenn Sie die linke Maustaste drücken, sollte das Dialogfeld *Datei löschen* angezeigt werden, und Sie sollten das Verzeichnis durchsuchen und Dateien löschen können. Passen Sie auf, dass Sie keine wichtigen Quelldateien löschen!

## Weitere Anpassungsmöglichkeiten von *CFileDialog*

Im Beispiel Ex07b haben Sie eine Schaltfläche in das Dialogfeld eingefügt. Es ist genauso einfach, andere Steuerelemente einzufügen. Sie fügen sie einfach in die Ressourcenvorlage ein, und falls es sich um Windows-Standardsteuerelemente handelt, wie Eingabefelder oder Listenfelder, können Sie mit dem *Assistenten zum Hinzufügen von Membervariablen* die erforderlichen Datenelemente und DDX/DDV-Funktionen in Ihre abgeleitete Klasse einfügen. Das Clientprogramm kann den Datenelementen vor dem Aufruf von *DoModal* einen Wert zuweisen, und es kann die aktualisierten Werte nach Beendigung des *DoModal*-Aufrufs auslesen.

**HINWEIS:** Auch wenn Sie nicht mit verschachtelten Dialogfeldern arbeiten, sind zwei Fenster mit einem *CFileDialog*-Objekt verknüpft. Angenommen, Sie haben die Funktion *OnInitDialog* in einer abgeleiteten Klasse überschrieben und möchten dem Dialogfeld für Dateioperationen ein Symbol zuweisen. Sie müssen dazu wie im Beispielprogramm Ex7b *CWnd::GetParent* aufrufen, um das Fenster der obersten Ebene zu ermitteln. Der entsprechende Code sieht wie folgt aus:

```
HICON hIcon = AfxGetApp()->LoadIcon(IDI_MYICON);
GetParent()->SetIcon(hIcon, TRUE);      // großes Symbol
GetParent()->SetIcon(hIcon, FALSE);     // kleines Symbol
```

# Nichtmodale Dialogfelder

In der MFC-Bibliothek haben modale und nichtmodale Dialogfelder die gleiche Basisklasse namens *CDialog*, und beide verwenden eine Dialogressource, die Sie mit dem Dialogeditor erstellen können. Wenn Sie ein nichtmodales Dialogfeld mit einer Ansicht verwenden, müssen Sie einige spezielle Programmiertechniken beherrschen.

## Nichtmodale Dialogfelder erstellen

Sie haben bereits erfahren, wie man ein modales Dialogfeld erstellt. Sie konstruieren mit Hilfe eines *CDialog*-Konstruktors, dem eine Dialogressourcen-ID als Argument übergeben wird, ein Dialogobjekt und zeigen das modale Dialogfeld durch den Aufruf der Memberfunktion *DoModal* an. Das Fenster wird geschlossen, sobald *DoModal* zum Aufrufer zurückkehrt. Daher können Sie ein modales Dialogobjekt auch auf dem Stapel anlegen. Das Dialogfeldfenster ist mit Sicherheit schon verschwunden, wenn das C++-Dialogobjekt ungültig wird.

Nichtmodale Dialogfelder sind etwas komplizierter. Sie legen das Dialogobjekt zwar wieder mit dem Standardkonstruktor von *CDialog* an, aber zum Aufbau des Dialogfeldfensters müssen Sie die Memberfunktion *CDialog::Create* statt *DoModal* aufrufen. Die Funktion *Create* wird mit der Ressourcen-ID als Argument aufgerufen und kehrt sofort zum Aufrufer zurück, obwohl das Dialogfeld noch auf dem Bildschirm zu sehen ist. Entscheidend sind hierbei die Zeitpunkte für die Erstellung und die spätere Beseitigung des Dialogobjekts und des Dialogfeld und für die Bearbeitung der Eingaben vom Benutzer.

Tabelle 7.2 fasst die Unterschiede in der Erstellung modaler und nichtmodaler Dialogfelder zusammen:

|   | **Modales Dialogfeld** | **Nichtmodales Dialogfeld** |
|---|---|---|
| Konstruktor | Konstruktor mit Ressourcen-ID als Parameter | Standardkonstruktor (keine Parameter) |
| Funktion zur Erstellung des Fensters | *DoModal* | *Create* mit Ressourcen-ID als Parameter |

*Tabelle 7.2: Modale und nichtmodale Dialogfelder*

## Benutzerdefinierte Meldungen

Nehmen wir an, das nichtmodale Dialogfeld soll geschlossen werden, sobald der Benutzer im Dialogfeld auf die Schaltfläche *OK* klickt. Daraus ergibt sich ein kleines Problem. Wie erfährt die Ansicht, dass der Benutzer die Schaltfläche *OK* angeklickt hat? Das Dialogfeld könnte eine Memberfunktion der Ansicht direkt aufrufen, aber dann wäre das Dialogfeld fest an die betreffende Ansichtsklasse gebunden, sozusagen mit ihr »verheiratet«. Wesentlich besser wäre es, wenn das Dialogfeld der Ansicht nacht dem Klick auf die *OK*-Schaltfläche eine spezielle benutzerdefinierte Nachricht schickt. Sobald die Ansicht diese Meldung erhält, kann sie das Dialogfeld löschen (aber nicht das Objekt, denn die eingegebenen Daten müssen vorerst erhalten bleiben). Damit haben wir alles für die Entwicklung eines neuen Dialogfelds vorbereitet.

Es stehen Ihnen zwei Funktionen zum Verschicken von Windows-Meldungen zur Verfügung: die Funktion *CWnd::SendMessage* und die Funktion *PostMessage*. Die erste bewirkt einen sofortigen Aufruf der Meldungshandler und die zweite stellt die Meldungen in die Windows-Meldungswarteschlange ein. Da beim Einsatz von *PostMessage* eine leichte Verzögerung in der Meldungsverarbeitung auftritt, kann man davon ausgehen, dass die Meldungsbearbeitungsfunktion die Kontrolle bereits zurückgegeben hat, wenn die Ansicht die Meldung empfängt.

## Besitzverhältnisse

Nehmen wir an, Sie haben im Eigenschaftendialogfeld die Standardeinstellung *Kontextmenü* für die Eigenschaft *Stil* übernommen, sodass das Dialogfeld nicht auf den Clientbereich der Ansicht beschränkt ist. Was Windows betrifft, ist das Hauptrahmenfenster der Anwendung (das in Kapitel 12 besprochen wird) der »Besitzer« des Dialogfelds, und nicht die Ansicht. Sie müssen aber wissen, zu welcher Ansicht das Dialogfeld gehört, damit Sie dieser Ansicht Meldungen senden können. Daher muss sich die Dialogklasse die zuständige Ansicht in einem Datenelement merken, das im Konstruktor seinen Wert erhält. Da der Parameter *pParent* des *CDialog*-Konstruktors hier nicht benutzt wird, brauchen Sie sich nicht weiter um ihn zu kümmern.

## Das Beispiel Ex07c: Ein nichtmodales Dialogfeld

Wir könnten das Riesendialogfeld aus dem Programmbeispiel Ex07a in ein nichtmodales Dialogfeld umwandeln, aber es ist wesentlich leichter, mit einem einfacheren Dialogfeld neu zu beginnen. Das Beispielprogramm Ex07c hat ein Dialogfeld, das nur ein Eingabefeld, die Schaltfläche *OK* und die Schaltfläche *Abbrechen* enthält. Wie im Beispiel Ex07a wird das Dialogfeld angezeigt, wenn man die linke Maustaste drückt, solange sich der Mauszeiger innerhalb des Ansichtsfensters befindet. Wir haben jetzt aber die Möglichkeit, ein anderes Ereignis zum Schließen des Dialogfelds zu nutzen, nämlich den Klick mit der *rechten* Maustaste ins Ansichtsfenster. Wir wollen nicht zulassen, dass mehrere Dialogfelder gleichzeitig geöffnet sind. Also müssen wir dafür sorgen, dass bei einem zweiten Druck auf die linke Maustaste kein zweites Dialogfeld geöffnet wird.

Die Ansichtsklasse von Ex07c arbeitet nur mit einem einzigen Dialogobjekt, das bei der Erstellung der Ansicht auf dem Heap angelegt wird. Das Dialogfeld wird als Reaktion auf Benutzeraktionen erstellt und gelöscht. Aber das Dialogobjekt wird erst entsorgt, wenn die Anwendung beendet wird.

Mit folgenden Arbeitsschritten erstellen Sie das Beispielprogramm Ex07c:

1. **Generieren Sie mit dem MFC-Anwendungsassistenten das Projekt Ex07a.** Übernehmen Sie alle Vorgaben mit den folgenden beiden Ausnahmen: Wählen Sie auf der Seite *Anwendungstyp* ein *Einfaches Dokument* und löschen Sie auf der Seite *Erweiterte Features* die Markierung von *Drucken und Druckvorschau*.

2. **Gestalten Sie im Dialogeditor ein neues Dialogfeld.** Wählen Sie im Menü *Projekt* von Visual C++ .NET den Befehl *Ressource hinzufügen* und nehmen Sie ein neues Dialogfeld ins Projekt auf. Der Dialogeditor weist dem neuen Dialog die ID *IDD_DIALOG1* zu. Ändern Sie die Beschriftung des Dialogfelds im Eigenschaftenfenster in *Nichtmodales Dialogfeld* und setzen Sie die Eigenschaft *Sichtbar* auf *True*. Übernehmen Sie die Standardschaltflächen *OK* und *Abbrechen* mit den IDs *IDOK* und *IDCANCEL*.

3. **Setzen Sie die gewünschten Steuerelemente ins Dialogfeld.** Fügen Sie ein Textfeld und ein Eingabefeld ein. Das Eingabefeld behält die vorgegebene ID *IDC_EDIT1*. Ändern Sie die Beschriftung des Textfelds in *Bearbeiten 1*. Und so sieht das Dialogfeld jetzt aus:

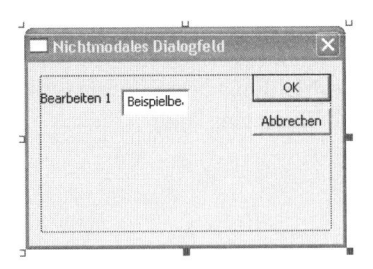

4. **Erstellen Sie mit dem MFC-Klassenassistenten die Klasse *CEx07cDialog*.** Klicken Sie das Projekt Ex07c in der Klassenansicht mit der rechten Maustaste an. Wählen Sie *Hinzufügen* und dann *Klasse hinzufügen*. Wählen Sie die Vorlage *MFC-Klasse* und öffnen Sie den MFC-Klassenassistenten mit einem Klick auf *Öffnen*. Geben Sie der Klasse den Namen *CEx07cDialog*. Sorgen Sie dafür, dass die Klasse von *CDialog* abgeleitet wird, und setzen Sie die *Dialogfeld-ID* auf *IDD_DIALOG1*, wie in der folgenden Abbildung. Wenn Sie fertig sind, klicken Sie *Fertig stellen* an.

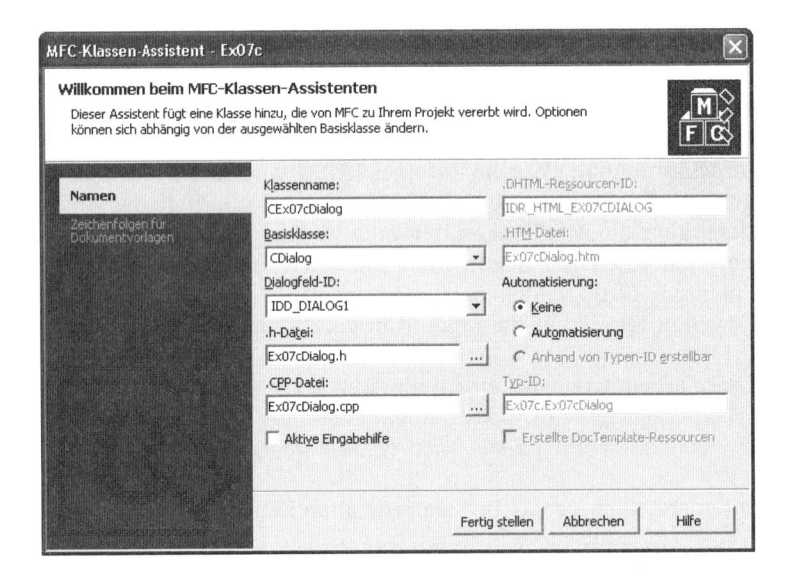

5. **Fügen Sie die Meldungshandler für *IDCANCEL* und *IDOK* hinzu.** Wählen Sie in der Klassenansicht die Klasse *CEx07cDialog*, klicken Sie im Eigenschaftenfenster die Schaltfläche *Ereignisse* an und fügen Sie die Meldungshandler *OnBnClickedCancel* und *OnBnClickedOk* ein, die in der folgenden Tabelle aufgelistet sind.

| Objekt-ID | Nachricht | Memberfunktion |
|---|---|---|
| IDCANCEL | BN_CLICKED | OnBnClickedCancel |
| IDOK | BN_CLICKED | OnBnClickedOK |

*Kapitel 7*

6. **Nehmen Sie eine Variable in die Klasse *CEx07aDialog* auf.** Wählen Sie in der Klassenansicht die Klasse *CEx07cDialog*. Wählen Sie im *Projekt*-Menü *Variable hinzufügen* und bauen Sie mit dem *Assistenten zum Hinzufügen von Membervariablen* ein Datenelement für das Steuerelement *IDC_EDIT1* in die Dialogklasse ein. Geben Sie ihr den Typ *CString* und den Namen *m_strEdit1*, wie in der folgenden Abbildung:

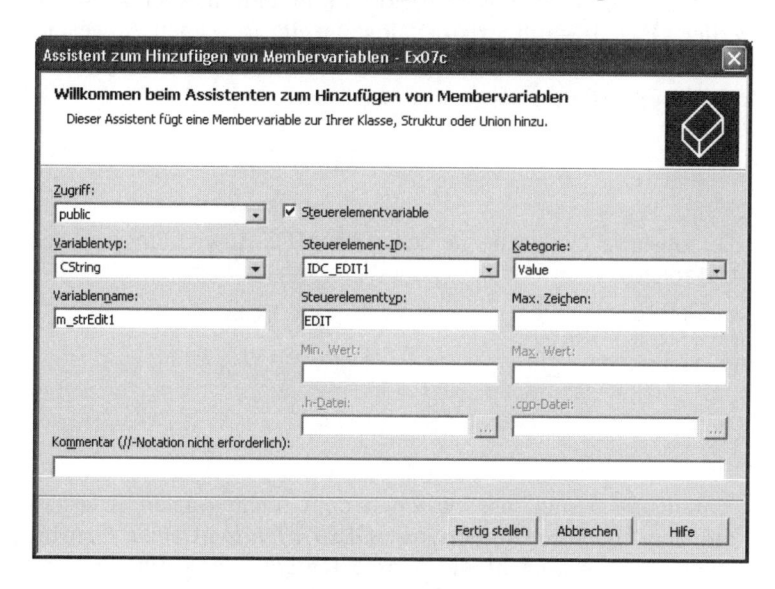

7. **Fügen Sie in die Datei Ex07aDialog.h einen Zeiger für die Ansicht und zwei Funktionsprototypen ein.** Geben Sie in der Klassendeklaration von *CEx07aDialog* den nachfolgend fett dargestellten Code ein:

```
private:
    CView* m_pView;
```

Geben Sie außerdem die folgenden Funktionsprototypen ein:

```
public:
    CEx07cDialog(CView* pView);
    BOOL Create();
```

**HINWEIS:** Wenn man die Klasse *CView* statt der Klasse *CEx07aView* angibt, lässt sich die Dialogklasse mit jeder beliebigen Ansichtsklasse verwenden.

8. **Definieren Sie in der Datei Ex07aDialog.h die Meldungen-ID für WM_GOODBYE.** Fügen Sie am Anfang von Ex07cDialog.h folgende Zeile ein:

```
#define WM_GOODBYE    WM_USER + 5
```

Die Windows-Konstante *WM_USER* ist die erste für benutzerdefinierte Meldungen verfügbare Meldungs-ID. Das Anwendungsgerüst verwendet einige solcher Meldungen, und daher überspringen wir die ersten fünf Meldungen.

**HINWEIS:** Visual C++ .NET verwaltet zwar eine Liste mit den Symboldefinitionen, die in der Datei resource.h ihres Projekts enthalten sind, aber der Ressourcen-Editor kann keine Konstanten interpretieren, die unter Verwendung von anderen Konstanten definiert wer-

*Dialogfelder*

den. Fügen Sie die Konstantendefinition *WM_GOODBYE* nicht von Hand in die Datei resource.h ein, da sie sonst vielleicht von Visual C++ .NET gelöscht wird.

9. **Fügen Sie den nichtmodalen Konstruktor in die Datei Ex07aDialog.cpp ein.** Sie könnten den vorhandenen *CEx07aDialog*-Konstruktor modifizieren. Wenn Sie jedoch einen zusätzlichen Konstruktor einfügen, kann diese Dialogklasse sowohl für modale als auch nichtmodale Dialogfelder verwendet werden. Fügen Sie in Ex07cDialog.cpp die folgenden Anweisungen hinzu:

```
CEx07cDialog::CEx07cDialog(CView* pView)  // nichtmodaler Konstruktor
 : m_strEdit1(_T(""))
{
    m_pView = pView;
}
```

Fügen Sie außerdem die folgende Codezeile in den vom MFC-Anwendungsassistenten generierten modalen Konstruktor ein:

```
IMPLEMENT_DYNAMIC(CEx07cDialog, CDialog)
CEx07cDialog::CEx07cDialog(CWnd* pParent /*=NULL*/)
    : CDialog(CEx07cDialog::IDD, pParent)
    , m_strEdit1(_T(""))
{
    m_pView = NULL;
}
```

Der C++-Compiler ist intelligent genug, um zwischen dem nichtmodalen Konstruktor *CEx07aDialog(CView\*)* und dem modalen Konstruktor *CEx07aDialog(CWnd\*)* zu unterscheiden. Wenn der Compiler einen Argument der Klasse *CView* oder einer abgeleiteten *CView*-Klasse sieht, generiert er einen Aufruf des nichtmodalen Konstruktors. Findet er einen Parameter der Klasse *CWnd* oder einer abgeleiteten *CWnd*-Klasse, generiert er einen Aufruf des modalen Konstruktors.

10. **Fügen Sie die Funktion *Create* in die Datei Ex07aDialog.cpp ein.** Diese *Create*-Funktion der abgeleiteten Dialogklasse ruft die Funktion der Basisklasse auf und übergibt ihr die Dialogressourcen-ID als Argument. Fügen Sie die folgenden Codezeilen ein:

```
BOOL CEx07cDialog::Create()
{
    return CDialog::Create(CEx07cDialog::IDD);
}
```

**HINWEIS:** *Create* ist keine virtuelle Funktion. Wenn Sie möchten, können Sie dieser Funktion auch einen anderen Namen geben.

11. **Bearbeiten Sie die Funktionen *OnBnClickedOK* und *OnBnClickedCancel* in der Datei Ex07aDialog.cpp.** Diese in einem früheren Arbeitsschritt generierten virtuellen Funktionen werden aufgerufen, sobald die Schaltflächen des Dialogfelds angeklickt werden. Fügen Sie den im Folgenden fett gedruckten Code hinzu:

```
void CEx07cDialog::OnBnClickedCancel()
{
    if (m_pView != NULL) {
        // nichtmodal, nicht die OnCancel-Version der Basisklasse aufrufen
        m_pView->PostMessage(WM_GOODBYE, IDCANCEL);
    }
    else {
```

```
            CDialog::OnCancel(); // modal
        }
    }
    void CEx07cDialog::OnBnClickedOk()
    {
        if (m_pView != NULL) {
            // nichtmodal, nicht die OnOK-Version der Basisklasse aufrufen
            UpdateData(TRUE);
            m_pView->PostMessage(WM_GOODBYE, IDOK);
        }
        else {
            CDialog::OnOK(); // modal
        }
    }
```

Falls die Dialogklasse für ein nichtmodales Dialogfeld verwendet wird, sendet sie die benutzerdefinierte Meldung *WM_GOODBYE* an die zugehörige Ansicht. Wir kümmern uns später um die Bearbeitung der Meldung.

**WICHTIG:** Bei nichtmodalen Dialogfeldern dürfen Sie nicht die Funktionen *CDialog::OnOK* und *CDialog::OnCancel* aufrufen. Sie müssen daher diese virtuellen Funktionen in Ihrer abgeleiteten Klasse überschreiben, da ansonsten die Basisklassenfunktionen aufgerufen würden, sobald der Benutzer **Esc** oder die Eingabetaste drückt oder auf eine Schaltfläche klickt. Diese Basisklassenfunktionen würden dann die Windows-Funktion *EndDialog* aufrufen. *EndDialog* eignet sich nur für modale Dialoge. Bei einem nichtmodalen Dialogfeld müssen Sie stattdessen die Funktion *DestroyWindow* aufrufen und, falls erforderlich, mit einem Aufruf der Funktion *UpdateData* die Daten aus den Steuerelementen des Dialogfelds in die Datenelemente übertragen.

12. **Bearbeiten Sie die Headerdatei Ex07aView.h.** Sie müssen ein Datenelement für den Zeiger auf die Dialogklasse definieren:

```
private:
    CEx07cDialog* m_pDlg;
```

Außerdem ist am Anfang von Ex07cView.h noch eine Vorwärtsdeklaration erforderlich:

```
class CEx07cDialog;
```

Allerdings brauchen Sie Ex07cDialog.h nicht in jedes Modul einzubinden, das Ex07cView.h einbindet.

13. **Bearbeiten Sie Konstruktor und Destruktor von *CEx07aView* in der Datei Ex07aView.cpp.** Die Klasse *CEx07aView* hat ein Datenelement namens *m_pDlg*, das einen Zeiger auf das *CEx07aDialog*-Objekt der Ansicht enthält. Der Konstruktor der Ansichtsklasse legt das Dialogobjekt auf dem Heap an und der Destruktor der Ansichtsklasse beseitigt es wieder. Fügen Sie den im Folgenden fett gedruckten Code hinzu:

```
CEx07cView::CEx07cView()
{
    m_pDlg = new CEx07cDialog(this);
}
CEx07cView::~CEx07cView()
{
    delete m_pDlg; // beseitigt das Fenster, sofern noch vorhanden
}
```

14. **Bearbeiten Sie die virtuelle Funktion *OnDraw* in der Datei Ex07aView.cpp.** Die Funktion *CEx07aView::OnDraw* (deren Funktionsrumpf vom MFC-Anwendungsassistenten generiert wurde) muss den Benutzer wieder auffordern, die linke Maustaste zu drücken:

    ```
    void CEx07cView::OnDraw(CDC* pDC)
    {
        CEx07cDoc* pDoc = GetDocument();
        ASSERT_VALID(pDoc);
        pDC->TextOut(0, 0, "Drücken Sie hier die linke Maustaste.");
    }
    ```

15. **Statten Sie *CEx07cView* mit Meldungshandlern für *WM_LBUTTONDOWN* und *WM_RBUTTONDOWN* aus.** Wählen Sie in der Klassenansicht die Klasse *CEx07cView*, klicken Sie im Eigenschaftenfenster auf die Schaltfläche *Meldungen* und fügen Sie die Funktionen *OnLButtonDown* und *OnRButtonDown* ein. Bearbeiten Sie den Code in der Datei Ex07cView.cpp dann folgendermaßen:

    ```
    void CEx07cView::OnLButtonDown(UINT nFlags, CPoint point)
    {
        // Dialogfeld erstellen, sofern nicht vorhanden
        if (m_pDlg->GetSafeHwnd() == 0) {
            m_pDlg->Create(); // zeige das Dialogfenster an
        }
    }
    void CEx07cView::OnRButtonDown(UINT nFlags, CPoint point)
    {
        m_pDlg->DestroyWindow();
        // kein Problem, falls das Fenster bereits gelöscht worden ist
    }
    ```

    Bei den meisten Fenstertypen, mit Ausnahme von Rahmenfenstern, beseitigt die Funktion *DestroyWindow* nicht das C++-Objekt. Genau dieses Verhalten brauchen wir auch, da wir uns im Destruktor der Ansicht um die Entsorgung des Dialogobjekts kümmern.

16. **Fügen Sie die *include*-Anweisung für die Headerdatei der Dialogklasse in die Datei Ex07aView.cpp ein.** Die Datei Ex07aView.cpp sollte noch geöffnet sein. Fügen Sie die unten fett dargestellte *include*-Anweisung nach der *include*-Anweisung für die Headerdatei der Ansichtsklasse ein:

    ```
    #include "Ex07cView.h"
    #include "Ex07cDialog.h"
    ```

17. **Definieren Sie eine Bearbeitungsfunktion für die Meldung *WM_GOODBYE*.** Da die Klassenansicht keine benutzerdefinierten Meldungen versteht, müssen Sie den entsprechenden Code selbst schreiben. Bei diesem kleinen »Rückfall in die Handarbeit« lernen Sie sicher die Leistungen der Codegeneratoren zu schätzen, die Sie bei anderen Meldungen verwenden.

    Fügen Sie in der Datei Ex07cView.cpp zwischen den Anweisungen *BEGIN_MESSAGE_MAP* und *END_MESSAGE_MAP* folgende Zeile ein:

    ```
    ON_MESSAGE(WM_GOODBYE, OnGoodbye)
    ```

    Fügen Sie außerdem den Meldungshandler in Ex07cView.cpp ein:

    ```
    LRESULT CEx07cView::OnGoodbye(WPARAM wParam, LPARAM lParam)
    {
        // Meldung werden durch Schaltflächen OK und Abbrechen
        // des nichtmodalen Dialogfelds ausgelöst
        TRACE("CEx07cView::OnGoodbye %x, %lx\n", wParam, lParam);
    ```

```
    TRACE("Inhalt des Eingabefelds = %s\n",
        (const char*) m_pDlg->m_strEdit1);
    m_pDlg->DestroyWindow();
    return 0L;
}
```

Nehmen Sie den folgenden Funktionsprototyp in die Datei Ex07aView.h auf, und zwar hinter den *afx_msg*-Prototypen für *OnLButtonDown* und *OnRButtonDown*:

```
afx_msg LRESULT OnGoodbye(WPARAM wParam, LPARAM lParam);
```

Unter Win32 werden die Parameter *wParam* und *lParam* für gewöhnlich zur Übergabe zusätzlicher Informationen verwendet. Zum Beispiel enthält der Parameter *lParam* bei einer Meldung über einen linken Mausklick die *x*- und *y*-Koordinaten der Mauszeigerposition. Bei den MFC-Bibliotheksfunktionen werden die Meldungsdaten in etwas aussagekräftigeren Parametern übergeben. Die Mauszeigerposition wird als *CPoint*-Objekt übergeben. Benutzerdefinierte Meldungen müssen *wParam* und *lParam* verwenden. Sie können diesen beiden Variablen jedoch nach Belieben Werte zuordnen. In diesem Beispiel haben wir die Schaltflächen-ID in *wParam* untergebracht.

18. **Erstellen und testen Sie die Anwendung.** Erstellen Sie das Programm Ex07c und starten Sie es. Drücken Sie die linke Maustaste und dann die rechte Maustaste. (Der Mauszeiger soll sich außerhalb des Dialogfelds befinden, wenn Sie die rechte Maustaste drücken.) Drücken Sie erneut die linke Maustaste, geben Sie Daten ein und klicken Sie dann auf die Schaltfläche *OK* des Dialogfelds. Wird der Inhalt des Eingabefelds von der *TRACE*-Anweisung der Ansicht korrekt ausgegeben?

**HINWEIS:** Wenn Sie die Ansichts- und Dialogklassen von Ex07c in einer MDI-Anwendung verwenden, kann jedes untergeordnete MDI-Fenster über ein nichtmodales Dialogfeld verfügen. Wenn der Benutzer ein untergeordnetes MDI-Fenster schließt, verschwindet auch das Dialogfeld dieses untergeordneten Fensters, da der Destruktor der Ansicht den Destruktor der Dialogklasse aufruft, der wiederum das Dialogfenster entfernt.

# 8 Allgemeine Steuerelemente

| | |
|---|---|
| 159 | Allgemeine Standardsteuerelemente |
| 162 | Das Beispiel Ex08a: Allgemeine Steuerelemente |
| 174 | Weitere allgemeine Steuerelemente |
| 177 | Das Beispielprogramm Ex08b: Weitere allgemeine Steuerelemente |

In Kapitel 7 haben wir uns mit einigen Standardsteuerelementen von Windows beschäftigt, zum Beispiel Schaltfläche, Kontrollkasten, Optionsfeld, Textfeld, Listenfeld und Kombinationsfeld. In diesem Kapitel geht es um einige andere Steuerelemente, nämlich um »allgemeine Steuerelemente« (common controls). Sie wurden in einer DLL namens COMCTL32.DLL untergebracht, die derzeit in der Version 6.0 vorliegt. Die allgemeinen Steuerelemente aktualisieren die vorhandenen Steuerelemente und umfassen außerdem einige neue Steuerelemente, die von Visual C++ .NET und der MFC-Bibliothek weit gehend unterstützt werden.

**HINWEIS:** Welche Version der Datei COMCTL32.DLL auf einem System verfügbar ist, hängt von der Windows-Version und von der Version des installierten Internet Explorers ab. Die COMCTL32.DLL gab es bereits unter Windows 95, aber nicht unter Windows NT 4.0. Spätere Windows-Versionen (wie Windows 2000 und Windows XP) umfassten auch eine jeweils aktuelle Version der COMCTL32.DLL. Auch der Internet Explorer 3.0 (und höher) wurde bereits mit einer COMCTL32.DLL ausgeliefert.
Damit Ihre Anwendungen auch auf älteren Systemen lauffähig sind, sollten Sie eine aktuelle Version der COMCTL32.DLL mitliefern und bei Bedarf installieren. Sie können die COMCTL32.DLL relativ einfach aktualisieren, indem Sie die neuste Version des Internet Explorers installieren. Vielleicht ist auch ein Komponentenpaket verfügbar, das die COMCTL32.DLL aktualisiert. Die neusten Informationen zu diesem Thema finden Sie im Knowledge Base-Artikel »Redistribution of COMCTL32.DLL« (Q186176) und unter *http://msdn.microsoft.com*.

## Allgemeine Standardsteuerelemente

Zu den häufiger benutzten allgemeinen Steuerelementen gehören die Statuskontrolle, der Schieberegler, das Drehfeld, das Listensteuerelement und die Strukturansicht. Abbildung 8.1 zeigt die allgemeinen Steuerelemente in einem Dialogfeld von einem Programmbeispiel dieses Kapitels.

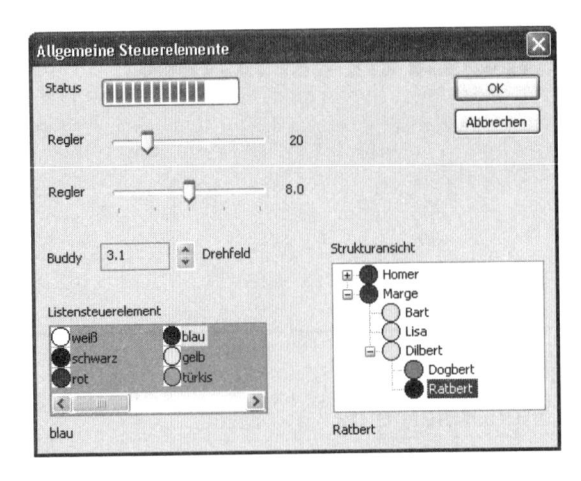

**Abbildung 8.1:** *Ein Dialogfeld mit allgemeinen Steuerelementen*

## Das Steuerelement Statuskontrolle

Das Steuerelement Statuskontrolle ist das am einfachsten zu programmierende allgemeine Steuerelement. Es wird durch die MFC-Klasse *CProgressCtrl* repräsentiert und im Allgemeinen nur für Ausgaben verwendet. Zur Initialisierung der Statuskontrolle rufen Sie in der *OnInitDialog*-Funktion Ihrer Anwendung die Memberfunktionen *SetRange* und *SetPos* auf. Danach können Sie *SetPos* jederzeit in Ihrem Meldungshandler aufrufen. Die in Abbildung 8.1 gezeigte Statuskontrolle verfügt über einen Wertebereich von 0 bis 100, was dem Standardwertebereich entspricht.

## Das Schieberegler-Steuerelement

Das Schieberegler-Steuerelement (Klasse *CSliderCtrl*) ermöglicht es dem Anwender, einen Wert »analog« einzustellen. (Normale Schieberegler hätten sich im Beispiel Ex07a aus Kapitel 7 besser zur Angabe von Loyalität und Zuverlässigkeit geeignet als die horizontalen Bildlaufleisten.) Wenn Sie diesem Steuerelement einen großen Wertebereich zuweisen (beispielsweise 0 bis 100 oder mehr), scheint sich der Schieber ohne Sprünge zu bewegen. Definieren Sie einen kleinen Wertebereich wie 0 bis 5, macht der Schieber größere Sprünge. Sie können eine passende sichtbare Skala programmieren, die dem Wertebereich entspricht. Mit einer relativ groben Skala können Sie arbeiten, wenn nur wenige verschiedene Werte zulässig sind, wie zum Beispiel bei der Bildschirmauflösung oder bei den Werten, die man normalerweise für die Blende eines Fotoapparats einstellt. Schieberegler-Steuerelemente haben keinen vordefinierten Wertebereich.

Schieberegler-Steuerelemente sind einfacher zu programmieren als Bildlaufleisten, da man in der Dialogklasse keine Bearbeitungsfunktion für *WM_HSCROLL*- oder *WM_VSCROLL*-Meldungen zu implementieren braucht. Sofern Sie den Wertebereich festgelegt haben, bewegt sich der Schieber, sobald der Benutzer auf den Schieberegler klickt. Natürlich können Sie auch die entsprechenden Handler für die Meldungen vorsehen, falls Sie zum Beispiel in einem anderen Steuerelement den Wert der aktuellen Schieberposition anzeigen möchten. Die Memberfunktion *GetPos* liefert den Wert der aktuellen Position. Der obere Regler aus Abbildung 8.1 lässt sich fließend im Wertebereich 0 bis 100 einstellen. Der untere Regler hat den Wertebereich 0 bis 4, und diese Indexwerte sind bestimmten *double*-Werten zugeordnet (4.0, 5.6, 8.0, 11.0 und 16.0).

## Das Drehfeld

Das Steuerelement Drehfeld (Klasse *CSpinButtonCtrl*) ist eigentlich eine winzig kleine Bildlaufleiste, die meistens in Kombination mit einem Eingabefeld verwendet wird. Das Eingabefeld, das in der Tabulatorreihenfolge des Dialogfelds direkt vor dem Drehfeld liegt, wird auch als sein »Buddy« (Kumpel) bezeichnet. Mit dieser Kombination wird es dem Benutzer ermöglicht, über das Drehfeld mit der Maus den Wert des Eingabefelds zu erhöhen und zu reduzieren. Wenn der Benutzer die Maustaste über dem Drehfeld gedrückt hält, steigt die Drehgeschwindigkeit.

Falls im zugehörigen Eingabefeld nur ganzzahlige Werte zulässig sind, brauchen Sie fast überhaupt keinen C++-Code zu schreiben. Sie verknüpfen das Eingabefeld einfach mit einem Integer-Datenelement und legen den Wertebereich des Drehfelds in der Funktion *OnInitDialog* fest. (In der Regel werden Sie den vorgegebenen Wertebereich des Drehfelds ändern, weil er mit dem Minimalwert 100 und dem Maximalwert 0 definiert ist.) Vergessen Sie nicht, die Eigenschaften *Buddy-Integer festlegen* und *Auto-Buddy* festzulegen. Sie können die Memberfunktionen *SetRange* und *SetAccel* in der Funktion *OnInitDialog* aufrufen, um den Wertebereich und den Wertezuwachs festzulegen.

Falls das Eingabefeld keine ganzzahligen Werte anzeigen soll, sondern beispielsweise Zeitangaben oder Gleitkommazahlen, müssen Sie einen entsprechenden Meldungshandler für die WM_VSCROLL-Meldungen (oder WM_HSCROLL-Meldungen) des Drehfelds schreiben, um die ganzzahligen Drehfeldwerte in die Werte des Eingabefelds zu konvertieren.

## Das Listensteuerelement

Verwenden Sie das Listensteuerelement (Klasse *CListCtrl*), wenn Sie eine Liste brauchen, die Text oder Bilder enthalten kann. Abbildung 8.1 zeigt ein Listensteuerelement in der »Listendarstellung«, das auch kleine Symbole anzeigt. Die Elemente sind tabellarisch angeordnet und das Steuerelement hat eine horizontale Bildlaufleiste. Wenn der Benutzer einen Listeneintrag auswählt, sendet das Steuerelement eine Benachrichtigung, für die Sie in Ihrer Dialogklasse einen entsprechenden Meldungshandler vorsehen müssen. Dieser Meldungshandler kann ermitteln, welches Element vom Benutzer ausgewählt worden ist. Listeneinträge werden durch einen ganzzahligen Indexwert (beginnend mit 0) bezeichnet.

Das Listensteuerelement und die Strukturansicht beziehen ihre Bilder von einem Steuerelementobjekt, das Bildliste genannt wird (Klasse *CImageList*). Ihr Programm muss diese Bildliste aus Symbolen oder Bitmaps zusammenstellen und dem Listensteuerelement einen Zeiger auf die Bildliste übergeben. Anweisungen zur Erstellung und Zuordnung der Bildliste und zum Eintrag von Texten in die Liste werden am besten in der Funktion *OnInitDialog* untergebracht. Die Memberfunktion *InsertItem* erfüllt diesen Zweck.

Die Programmierung von Listenelementen ist einfach, wenn Sie lediglich Texteinträge und Symbole verwenden. Falls Sie Drag&Drop implementieren oder die Bildelemente in der Liste selbst anzeigen wollen, ist die Programmierung aufwendiger.

## Die Strukturansicht

Sie sind mit Strukturansicht-Steuerelementen bereits vertraut, wenn Sie mit dem Windows-Explorer oder dem Projektmappenexplorer von Visual C++ .NET gearbeitet haben. Die MFC-Klasse *CTreeCtrl* erleichtert es, diese spezielle Art der Darstellung in die eigenen Programme aufzunehmen. Abbildung 8.1 zeigt eine Strukturansicht mit dem Stammbaum einer modernen amerikani-

*Allgemeine Steuerelemente*

schen Familie. Der Benutzer kann die Elemente ein- und ausblenden (aufschlagen und zuklappen), indem er auf die Schaltflächen + und – klickt oder die Elemente mit einem Doppelklick anklickt. Die Symbole, die neben den Einträgen angezeigt werden, ändern sich, sobald der Benutzer einen Eintrag anklickt.

Das Listensteuerelement und die Strukturansicht haben einige Dinge gemein: Sie können die gleiche Bildliste verwenden und sie senden teilweise dieselben Benachrichtigungen. Allerdings werden die Elemente auf unterschiedliche Weise identifiziert. Das Strukturansicht-Steuerelement verwendet ein *HTREEITEM*-Handle statt eines ganzzahligen Indexwerts. Sie fügen neue Elemente mit einem Aufruf der Memberfunktion *InsertItem* ein, müssen dazu jedoch zuerst eine *TVINSERTSTRUCT*-Struktur ausfüllen, die (unter anderem) den einzutragenden Text, den Bildlistenindex und das Handle des übergeordneten Elements (bei Elementen der obersten Ebene ist es null) enthält.

Wie bei Listensteuerelementen sind für die Strukturansicht zahllose Anpassungsmöglichkeiten gegeben. Sie können dem Benutzer beispielsweise erlauben, Elemente zu bearbeiten und Elemente einzufügen und zu löschen.

## Die Meldung *WM_NOTIFY*

Die ursprünglichen Windows-Steuerelemente senden ihre Benachrichtigungen in Form von *WM_COMMAND*-Meldungen. Allerdings reichen die regulären 32-Bit-Meldungsparameter *wParam* und *lParam* nicht für die Daten aus, die ein Standardsteuerelement an sein übergeordnetes Fenster senden muss. Microsoft hat dieses »Bandbreitenproblem« durch die Definition einer neuen Meldung namens *WM_NOTIFY* gelöst. Bei der *WM_NOTIFY*-Meldung enthält *wParam* die Steuerelement-ID und *lParam* einen Zeiger auf eine *NMHDR*-Struktur, die vom Steuerelement verwaltet wird. Diese C-Struktur ist folgendermaßen definiert:

```
typedef struct tagNMHDR {
    HWND hwndFrom; // Handle des Steuerelements, das die Meldung sendet
    UINT idFrom;   // ID des Steuerelements, das die Meldung sendet
    UINT code;     // steuerelementspezifischer Benachrichtigungscode
} NMHDR;
```

Allerdings verschicken viele Steuerelemente *WM_NOTIFY*-Meldungen mit Zeigern auf Strukturen, die größer als *NMHDR* sind. Diese Strukturen enthalten die drei oben genannten Felder sowie zusätzliche steuerelementspezifische Felder. Viele Benachrichtigungen der Strukturansicht übergeben beispielsweise einen Zeiger auf eine *NMTREEVIEW*-Struktur, die *TVITEM*-Strukturen enthält, einen Drag-Punkt usw. Wenn Visual Studio .NET eine *WM_NOTIFY*-Meldung zuordnet, generiert es einen Zeiger auf die entsprechende Struktur.

# Das Beispiel Ex08a: Allgemeine Steuerelemente

Damit Sie eine Vorstellung davon erhalten, wie diese allgemeinen Steuerelemente funktionieren, werden wir sie einfach in ein modales Dialogfeld einbauen. Gehen Sie folgendermaßen vor:

1. **Generieren Sie mit dem MFC-Anwendungsassistenten das Projekt Ex08a.** Wählen Sie im *Datei*-Menü von Visual Studio .NET *Neu, Projekt*. Wählen Sie im Dialogfeld *Neues Projekt* die Vorlage *MFC-Anwendung*. Geben Sie den Namen **Ex08a** ein und klicken Sie auf *OK*. Übernehmen Sie im MFC-Anwendungsassistenten alle Vorgaben mit folgenden beiden Ausnahmen: Wählen Sie auf der Seite *Anwendungstyp* ein *Einfaches Dokument* und löschen Sie

auf der Seite *Erweiterte Features* die Markierung von *Drucken und Druckvorschau*. Klicken Sie auf *Fertig stellen*, sobald Sie fertig sind.

2. **Erstellen Sie eine neue Dialogressource mit der ID *IDD_DIALOG1*.** Geben Sie im *Projekt*-Menü den Befehl *Ressource hinzufügen* und nehmen Sie eine neue Dialogressource ins Projekt auf. Setzen Sie mit Hilfe der Toolbox die gewünschten Steuerelemente ins Dialogfeld ein. Die folgende Liste nennt die Steuerelemente in der Tabulatorreihenfolge mit ihren *IDs*. Sobald Sie die Beschriftungen der statischen Textfelder festgelegt haben (mit der Eigenschaft *Beschriftung*), sollte das Dialogfeld ungefähr so wie im nächsten Bild aussehen und die angegebene Tabulatorreihenfolge aufweisen.

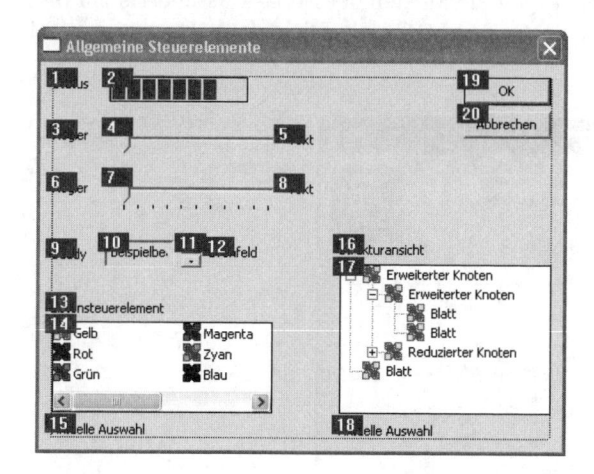

Machen Sie sich noch keine Gedanken über die übrigen Eigenschaften. Wir werden diese in den nachfolgenden Arbeitsschritten festlegen. (Einige Steuerelemente sehen erst dann genauso aus wie in Abbildung 8.1, wenn Sie sämtliche Eigenschaften definiert haben.)

| Steuerelementtyp | ID | Tabulatorreihenfolge |
|---|---|---|
| Textfeld (statisch) | IDC_STATIC | 1 |
| Statuskontrolle | IDC_PROGRESS1 | 2 |
| Textfeld (statisch) | IDC_STATIC | 3 |
| Schieberegler | IDC_SLIDER1 | 4 |
| Textfeld (statisch) | IDC_STATIC_SLIDER1 | 5 |
| Textfeld (statisch) | IDC_STATIC | 6 |
| Schieberegler | IDC_SLIDER2 | 7 |
| Textfeld (statisch) | IDC_STATIC_SLIDER2 | 8 |
| Textfeld (statisch) | IDC_STATIC | 9 |
| Eingabefeld | IDC_BUDDY_SPIN1 | 10 |
| Drehfeld | IDC_SPIN1 | 11 |
| Textfeld (statisch) | IDC_STATIC | 12 |
| Textfeld (statisch) | IDC_STATIC | 13 |
| Listensteuerelement | IDC_LISTVIEW1 | 14 |
| Textfeld (statisch) | IDC_STATIC_LISTVIEW1 | 15 |

*Allgemeine Steuerelemente*

| Steuerelementtyp | ID | Tabulatorreihenfolge |
|---|---|---|
| Textfeld (statisch) | IDC_STATIC | 16 |
| Strukturansicht | IDC_TREEVIEW1 | 17 |
| Textfeld (statisch) | IDC_STATIC_TREEVIEW1 | 18 |
| Schaltfläche | IDOK | 19 |
| Schaltfläche | IDCANCEL | 20 |

3. **Leiten Sie mit dem MFC-Klassenassistenten die Klasse *CEx08aDialog* von *CDialog* ab.** Wählen Sie im *Projekt*-Menü *Klasse hinzufügen*, damit sich der MFC-Klassenassistent öffnet. Wählen Sie *CDialog* als Basisklasse und *IDD_DIALOG1* als Dialogfeld-ID, wie in der folgenden Abbildung.

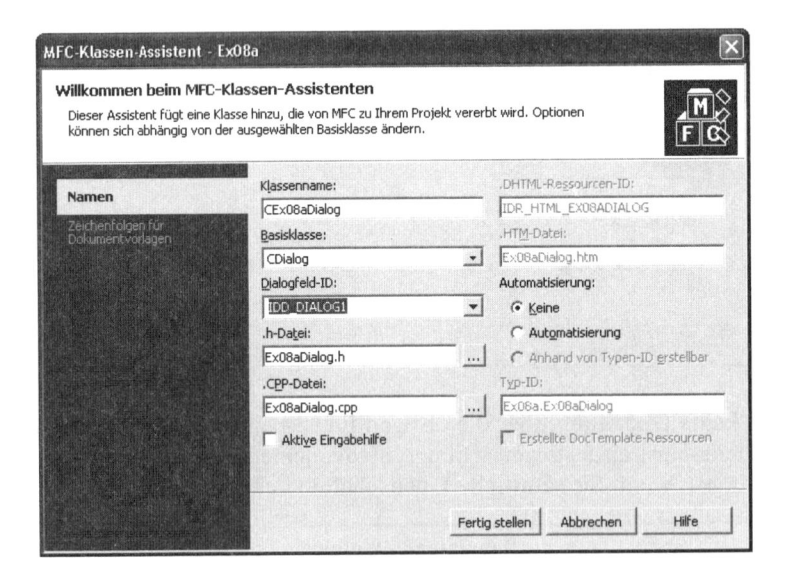

4. **Überschreiben Sie die Funktion *OnInitDialog* und kümmern Sie sich um die Meldungen *WM_HSCROLL* und *WM_VSCROLL*.** Wählen Sie in der Klassenansicht die Klasse *CEx08a-Dialog*. Klicken Sie im Eigenschaftenfenster auf die Schaltfläche *Überschreibungen* und fügen Sie die Funktion *OnInitDialog* ein. Klicken Sie im Eigenschaftenfenster auf die Schaltfläche *Meldungen* und fügen Sie die Funktionen *OnHScroll* und *OnVScroll* für die Meldungen *WM_HSCROLL* und *WM_VSCROLL* ein.

5. **Programmieren Sie die Statuskontrolle.** Visual Studio .NET generiert das erforderliche Datenelement nicht automatisch. Also müssen Sie dies selbst tun. Fügen Sie ein öffentliches *int*-Datenelement namens *m_nProgress* in die Klassendeklaration von *CEx08aDialog* ein und initialisieren Sie es im Konstruktor mit 0. Fügen Sie zudem die folgenden Codezeilen in die Memberfunktion *OnInitDialog* ein:

```
// Statuskontrolle
CProgressCtrl* pProg = (CProgressCtrl*) GetDlgItem(IDC_PROGRESS1);
pProg->SetRange(0, 100);
pProg->SetPos(m_nProgress);
```

6. **Programmieren Sie den »gleitenden« Schieberegler.** Fügen Sie ein öffentliches *int*-Datenelement namens *m_nSlider1* in die Klassendeklaration von *CEx08aDialog* ein und initialisieren Sie es im Konstruktor mit 0. Fügen Sie dann die folgenden Codezeilen in die Memberfunktion *OnInitDialog* ein. Damit legen Sie den Wertebereich des Schiebereglers fest, schieben den Schieber auf die Position, die das Datenelement *m_nSlider1* vorgibt, und weisen dem benachbarten Textfeld den aktuellen Reglerwert zu.

```
// Schieberegler-Steuerelement
CString strText1;
CSliderCtrl* pSlide1 = (CSliderCtrl*) GetDlgItem(IDC_SLIDER1);
pSlide1->SetRange(0, 100);
pSlide1->SetPos(m_nSlider1);
strText1.Format("%d", pSlide1->GetPos());
SetDlgItemText(IDC_STATIC_SLIDER1, strText1);
```

Zur Aktualisierung des Textfelds müssen Sie die Meldung *WM_HSCROLL* bearbeiten, die der Schieberegler an das Dialogfeld sendet. Ersetzen Sie den Code in *OnHScroll* durch folgende fett gedruckte Zeilen:

```
void CEx08aDialog::OnHScroll(UINT nSBCode, UINT nPos, CScrollBar* pScrollBar)
{
    CSliderCtrl* pSlide = (CSliderCtrl*) pScrollBar;
    CString strText;
    strText.Format("%d", pSlide->GetPos());
    SetDlgItemText(IDC_STATIC_SLIDER1, strText);
}
```

Außerdem müssen Sie das Datenelement *m_nSlider1* des Reglers aktualisieren, sobald der Benutzer auf *OK* klickt. Sie vermuten wahrscheinlich, dass dieser Code in die *OnOK*-Funktion der Schaltfläche gehört. Sie kämen dann allerdings in Schwierigkeiten, wenn sich bei der Überprüfung der Daten in irgendeinem Steuerelement des Dialogfelds ein Fehler ergibt. Ihr Meldungshandler würde *m_nSlider1* auch dann aktualisieren, wenn der Benutzer das Dialogfeld mit *Abbrechen* oder **Esc** verlässt. Um dies zu vermeiden, fügen Sie den unten angegebenen Code in die Funktion *DoDataExchange* ein. Falls Sie Ihre eigene Datenüberprüfung durchführen und einen Fehler entdecken, rufen Sie die Funktion *CDataExchange::Fail* auf, die den Benutzer durch ein Meldungsfeld auf den Fehler aufmerksam macht.

```
void CEx08aDialog::DoDataExchange(CDataExchange* pDX)
{
    if (pDX->m_bSaveAndValidate) {
        TRACE("Reglerdaten werden aktualisiert\n");
        CSliderCtrl* pSlide1 = (CSliderCtrl*) GetDlgItem(IDC_SLIDER1);
        m_nSlider1 = pSlide1->GetPos();
    }
    CDialog::DoDataExchange(pDX);
}
```

7. **Programmieren Sie den Schieberegler, bei dem die Werte »springen«.** Fügen Sie ein öffentliches *int*-Datenelement namens *m_nSlider2* in die Klassendeklaration von *CEx08aDialog* ein und initialisieren Sie es im Konstruktor mit 0. Bei diesem Datenelement handelt es sich um einen Indexwert für das Array *dValue*, der von null an gezählt wird. *dValue* ist ein Array mit den Zahlen (4.0, 5.6, 8.0, 11.0 und 16.0), die mit dem Regler eingestellt werden können. Definieren Sie die Member-Variable *dValue* in der Datei Ex08aDialog.h als öffentliches statisches *double*-Array:

```
static double dValue[5];
```

*Allgemeine Steuerelemente*

Initialisieren Sie *dValue* am Anfang von Ex08aDialog.cpp mit folgender Zeile:
```
double CEx08aDialog::dValue[5] = {4.0, 5.6, 8.0, 11.0, 16.0};
```

Fügen Sie dann folgenden Code in die Memberfunktion *OnInitDialog* ein. Damit legen Sie den Wertebereich und die Ausgangsposition des Reglers fest.
```
CString strText2;
CSliderCtrl* pSlide2 = (CSliderCtrl*) GetDlgItem(IDC_SLIDER2);
pSlide2->SetRange(0, 4);
pSlide2->SetPos(m_nSlider2);
strText2.Format("%3.1f", dValue[pSlide2->GetPos()]);
SetDlgItemText(IDC_STATIC_SLIDER2, strText2);
```

Falls nur ein Schieberegler vorhanden wäre, würde der *WM_HSCROLL*-Meldungshandler aus Schritt 6 genügen. Da es aber zwei Regler gibt, die *WM_HSCROLL*-Meldungen senden, muss der Handler diese Meldungen unterscheiden können. So sieht der neue Code aus:
```
void CEx08aDialog::OnHScroll(UINT nSBCode, UINT nPos, CScrollBar* pScrollBar)
{
    CSliderCtrl* pSlide = (CSliderCtrl*) pScrollBar;
    CString strText;
    // Zwei Schieberegler senden hier HSCROLL-Meldungen.
    // Die Bearbeitung ist unterschiedlich.
    switch(pScrollBar->GetDlgCtrlID()) {
    case IDC_SLIDER1:
        strText.Format("%d", pSlide->GetPos());
        SetDlgItemText(IDC_STATIC_SLIDER1, strText);
        break;
    case IDC_SLIDER2:
        strText.Format("%3.1f", dValue[pSlide->GetPos()]);
        SetDlgItemText(IDC_STATIC_SLIDER2, strText);
        break;
    }
}
```

Da bei diesem Schieberegler eine Skala angezeigt werden soll, müssen Sie im Eigenschaftenfenster die Eigenschaften *Teilstriche* und *Autom. Teilstriche* auf *True* setzen. Wenn die Eigenschaft *Autom. Teilstriche* auf *True* steht, werden die Abstufungen des Reglerwertebereichs jeweils durch Teilstriche dargestellt. Falls auch nach der entsprechenden Änderung dieser Eigenschaften keine Skala angezeigt wird, müssen Sie die Höhe des Steuerelements vergrößern.

Dieselben Überlegungen, die wir hinsichtlich des Datenaustauschs für den ersten Schieberegler angestellt haben, gelten auch für diesen Schieberegler. Fügen Sie die folgenden Codezeilen in die Memberfunktion *DoDataExchange* der Dialogklasse ein, und zwar in den *if*-Block, den Sie im vorigen Schritt hinzugefügt haben:
```
CSliderCtrl* pSlide2 = (CSliderCtrl*) GetDlgItem(IDC_SLIDER2);
m_nSlider2 = pSlide2->GetPos();
```

Wechseln Sie zum Dialogeditor und setzen Sie die *Punkt*-Eigenschaft beider Schieberegler auf *Unten/Rechts*. Wählen Sie für die Eigenschaft *Text ausrichten* bei den Textfeldern *IDC_STATIC_SLIDER1* und *IDC_STATIC_SLIDER2* die Einstellung *Rechtsbündig* (*Right*).

8. **Programmieren Sie das Drehfeld.** Das Drehfeld hängt von seinem Buddy-Eingabefeld ab, das ihm in der Tabulatorreihenfolge unmittelbar vorangeht. Fügen Sie für das Eingabefeld *IDC_BUDDY_SPIN1* mit dem *Assistenten zum Hinzufügen von Membervariablen* ein

*double*-Datenelement namens *m_dSpin* in die Klasse *CEx08aDialog* ein. Wir verwenden den Typ *double* anstelle von *int*, da wir für ein Datenelement vom Typ *int* kaum etwas programmieren müssten, und das wäre zu einfach. Wir möchten für das Eingabefeld den Wertebereich 0,0 bis 10,0 definieren. Das Drehfeld erfordert jedoch einen ganzzahligen Wertebereich. Sie können den *Assistent zum Hinzufügen von Membervariablen* starten, indem Sie in der Klassenansicht die Klasse *CEx08aDialog* wählen und dann im Menü *Projekt* den Punkt *Variable hinzufügen*. Die Eingaben für den Assistenten gehen aus dem folgenden Bild hervor.

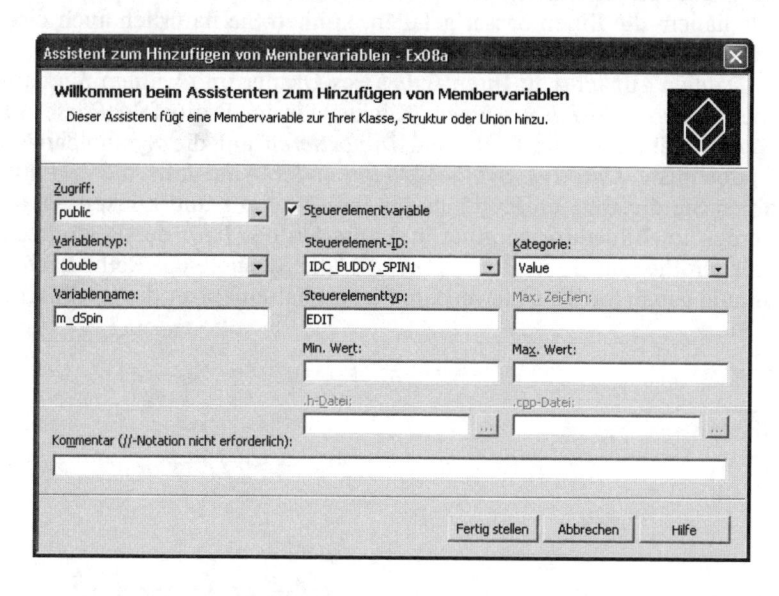

Fügen Sie den folgenden Code in *OnInitDialog* ein. Damit legen Sie einen Wertebereich von 0 bis 100 fest und geben den Anfangswert *m_dSpin * 10.0* vor:

```
// Drehfeld (Spin control)
CSpinButtonCtrl* pSpin = (CSpinButtonCtrl*) GetDlgItem(IDC_SPIN1);
pSpin->SetRange(0, 100);
pSpin->SetPos((int) (m_dSpin * 10.0));
```

Damit der aktuelle Wert im zugehörigen Eingabefelds angezeigt wird, müssen Sie die *WM_VSCROLL*-Meldungen bearbeiten, die das Drehfeld verschickt. Fügen Sie den fett gedruckten Code in *OnVScroll* ein:

```
void CEx08aDialog::OnVScroll(UINT nSBCode, UINT nPos, CScrollBar* pScrollBar)
{
    if (nSBCode == SB_ENDSCROLL) {
        return; // falsche Meldungen zurückweisen
    }
    // Nur Bildlaufmeldungen von IDC_SPIN1 bearbeiten
    if (pScrollBar->GetDlgCtrlID() == IDC_SPIN1) {
        CString strValue;
        strValue.Format("%3.1f", (double) nPos / 10.0);
        ((CSpinButtonCtrl*) pScrollBar)->GetBuddy()->SetWindowText(strValue);
    }
    CDialog::OnVScroll(nSBCode, nPos, pScrollBar);
}
```

Es ist nicht erforderlich, in *OnOK* oder *DoDataExchange* Code einzufügen, da die Datenaustauschfunktionen der Dialogklasse den Inhalt des Eingabefelds verarbeiten.

Setzen Sie im Dialogeditor die Eigenschaft *Auto-Buddy* des Drehfelds auf *True*, ebenso die Eigenschaft *Schreibgeschützt* des dazugehörigen Eingabefelds.

9. **Stellen Sie eine Bildliste zusammen.** Sowohl das Listenelement als auch die Strukturansicht benötigen eine Bildliste und die Bildliste erfordert Symbole. Die Symbole liegen auf der Begleit-CD im Verzeichnis Ex08a\res. Sie stellen farbige Kreise mit schwarzen Umrissen dar. Wenn Sie andere Symbole haben, die Ihnen besser gefallen, können Sie natürlich auch diese Symbole benutzen.

    Kopieren Sie die .ico-Dateien zunächst in Ihren Ex08a\res-Ordner und wählen Sie dann im Menü *Projekt* den Befehl *Ressource hinzufügen*. Klicken Sie im Dialogfeld *Ressource hinzufügen* auf *Importieren*. Gehen Sie im Dialogfeld *Importieren* auf die Symboldateien. Wählen Sie in der Dropdownliste *Dateityp Symboldateien* (oder *Alle*, falls dieser Punkt nicht verfügbar ist). Wählen Sie die Dateien Icon0.ico bis Icon7.ico aus und klicken Sie auf *Öffnen*. Die Symbole werden im Bildeditor geöffnet und zum Ordner *Icon* der Ressourcenansicht hinzugefügt. Schließen Sie den Bildeditor, klicken Sie die Symbole der Reihe nach in der Ressourcenansicht an und geben Sie ihnen jeweils im Eigenschaftenfenster die gewünschte ID.

    | Symboldatei | ID |
    | --- | --- |
    | Icon0.ico | *IDI_WHITE* |
    | Icon1.ico | *IDI_BLACK* |
    | Icon2.ico | *IDI_RED* |
    | Icon3.ico | *IDI_BLUE* |
    | Icon4.ico | *IDI_YELLOW* |
    | Icon5.ico | *IDI_CYAN* |
    | Icon6.ico | *IDI_PURPLE* |
    | Icon7.ico | *IDI_GREEN* |

    Wenn Sie fertig sind, sieht der Ordner *Icon* in der Ressourcenansicht so aus:

# Über Symbole

Sie wissen sicherlich, dass eine Bitmap ein Bitarray ist, das Bildschirmpunkte darstellt. (Bitmaps wurden in Kapitel 6 besprochen.) In Microsoft Windows ist ein Symbol ein kleines »Bündel« mit mehreren Bitmaps. In erster Linie verfügt ein Symbol über verschiedene Bitmaps in unterschiedlichen Größen. Normalerweise messen kleine Symbole 16 × 16 Pixel und große Symbole 32 × 32 Pixel. Für jede Größe sind jeweils eine Bitmap für die Farbdarstellung (mit 4 Bits pro Pixel) und eine Bitmap für die monochrome »Maske« vorhanden (mit einem Bit pro Pixel). Wenn ein Bit der Maske den Wert 0 hat, wird der zugehörige Bildpunkt mit einer deckenden Farbe dargestellt. Hat das Maskenbit den Wert 1, bewirkt die Bildfarbe Schwarz (0), dass der Bildpunkt transparent ist, und die Bildfarbe Weiß (0xF), dass die Hintergrundfarbe des Pixels invertiert wird.

Kleine Symbole wurden mit Windows 95 eingeführt. Sie werden in der Taskleiste, im Windows-Explorer, im Listensteuerelement und in der Strukturansicht verwendet. Wenn für ein Symbol keine Bitmap der Größe 16 × 16 Pixel verfügbar ist, produziert Windows aus der 32 × 32 Pixel großen Bitmap ein kleines Symbol, das allerdings nicht ganz so ansehnlich ausfällt wie ein speziell für diese Größe gemaltes Symbol. Sie können mit dem Bildeditor Symbole erstellen und bearbeiten. Das folgende Bild zeigt den Bildeditor und die Farbpalette.

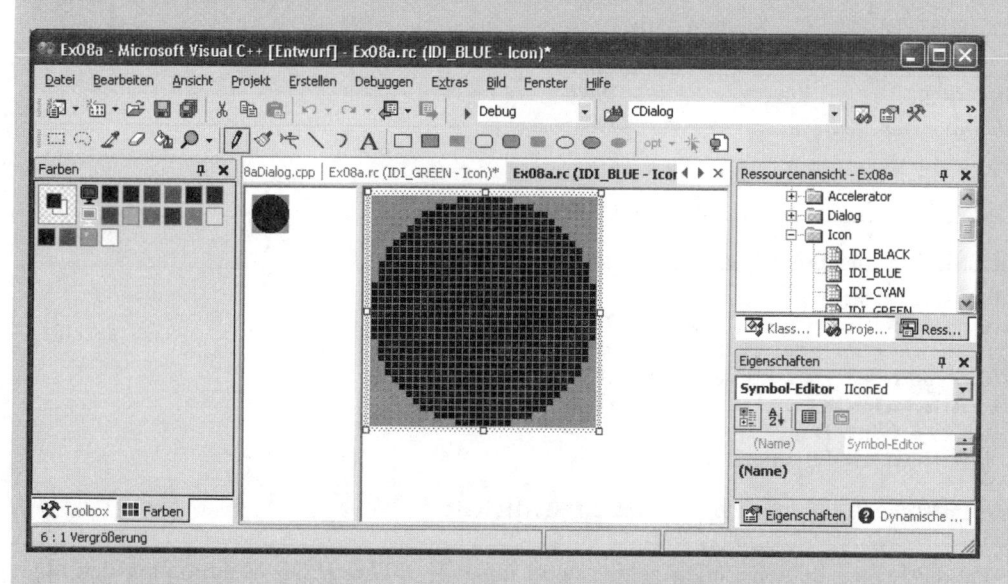

Das obere Quadrat im oberen linken Bereich dieser Farbpalette zeigt die Hauptfarbe für Pinsel, Innenflächen von Formen usw. Das darunter liegende Quadrat zeigt die Rahmenfarbe für Umrisslinien. Sie wählen die Hauptfarbe, indem Sie mit der linken Maustaste auf ein Farbfeld klicken, und die Rahmenfarbe, indem Sie mit der rechten Maustaste auf ein Farbfeld klicken. Sehen Sie sich nun die beiden »Monitore« neben dem oberen linken Quadrat der Farbpalette an. Sie klicken auf das obere Monitorsymbol, um transparente Pixel zu zeichnen, die in dunklem Zyan dargestellt werden. Um invertierte Pixel zu zeichnen, die in Rot dargestellt werden, klicken Sie auf das untere Monitorsymbol.

Nehmen Sie dann ein öffentliches *CImageList*-Datenelement namens *m_imageList* in die Klassendeklaration von *CEx08aDialog* auf und fügen Sie die folgenden Codezeilen in die Funktion *OnInitDialog* ein:

```
// Symbole
HICON hIcon[8];
int n;
m_imageList.Create(16, 16, 0, 8, 8); // 32, 32 für große Symbole
hIcon[0] = AfxGetApp()->LoadIcon(IDI_WHITE);
hIcon[1] = AfxGetApp()->LoadIcon(IDI_BLACK);
hIcon[2] = AfxGetApp()->LoadIcon(IDI_RED);
hIcon[3] = AfxGetApp()->LoadIcon(IDI_BLUE);
hIcon[4] = AfxGetApp()->LoadIcon(IDI_YELLOW);
hIcon[5] = AfxGetApp()->LoadIcon(IDI_CYAN);
hIcon[6] = AfxGetApp()->LoadIcon(IDI_PURPLE);
hIcon[7] = AfxGetApp()->LoadIcon(IDI_GREEN);
for (n = 0; n < 8; n++) {
    m_imageList.Add(hIcon[n]);
}
```

10. **Programmieren Sie das Listensteuerelement.** Legen Sie im Dialogeditor die folgenden Eigenschaften für das Listensteuerelement fest.

| Eigenschaften des Listensteuerelements | Wert |
|---|---|
| Ausrichtung | Oben |
| Auswahl immer anzeigen | True |
| Einfache Auswahl | True |
| Ansicht | Liste |

Fügen Sie den folgenden Code in *OnInitDialog* ein:

```
// Listensteuerelement
static char* color[] = {"weiß", "schwarz", "rot", "blau",
                        "gelb", "türkis", "lila", "grün"};
CListCtrl* pList = (CListCtrl*) GetDlgItem(IDC_LISTVIEW1);
pList->SetImageList(&m_imageList, LVSIL_SMALL);
for (n = 0; n < 8; n++) {
    pList->InsertItem(n, color[n], n);
}
pList->SetBkColor(RGB(0, 255, 255)); // Mut zur Hässlichkeit...
pList->SetTextBkColor(RGB(0, 255, 255));
```

Wie die letzten beiden Zeilen zeigen, wird die *WM_CTLCOLOR*-Meldung bei den allgemeinen Steuerelementen nicht verwendet. Sie rufen einfach eine Funktion auf, um die Hintergrundfarbe einzustellen. Bei der Ausführung des Programms werden Sie allerdings bemerken, dass die Pixel mit invertierten Farben ziemlich schäbig aussehen.

Wenn Sie die *LVN_ITEMCHANGED*-Benachrichtigungen des Listensteuerelements auswerten, können Sie herausfinden, was der Benutzer ausgewählt hat. Wählen Sie in der Klassenansicht die Klasse *CEx08aDialog*. Klicken Sie im Eigenschaftenfenster die Schaltfläche *Ereignisse* an, blenden Sie den Eintrag *IDC_LISTVIEW1* ein, wählen Sie *LVN_ITEMCHANGED* und fügen Sie den *OnLvnItemchangedListview1*-Handler ein. Fügen Sie den folgenden Code in *OnLvnItemchangedListview1* ein, damit der Text des ausgewählten Listeneintrags im statischen Textfeld erscheint.

```
void CEx08aDialog::OnLvnItemchangedListview1(NMHDR* pNMHDR, LRESULT* pResult)
{
    LPNMLISTVIEW pNMLV = reinterpret_cast<LPNMLISTVIEW>(pNMHDR);
    CListCtrl* pList = (CListCtrl*) GetDlgItem(IDC_LISTVIEW1);
    int nSelected = pNMLV->iItem;
    if (nSelected >= 0) {
        CString strItem = pList->GetItemText(nSelected, 0);
        SetDlgItemText(IDC_STATIC_LISTVIEW1, strItem);
    }
    *pResult = 0;
}
```

Die Struktur *NMLISTVIEW* enthält ein Datenelement namens *iItem*, in dem der Indexwert des gewählten Elements gespeichert wird.

11. **Programmieren Sie die Strukturansicht.** Legen Sie im Dialogeditor die folgenden Eigenschaften der Strukturansicht fest:

| Eigenschaft der Strukturansicht | Wert |
|---|---|
| Enthält Schaltflächen | True |
| Enthält Linien | True |
| Zeilen am Stamm | True |
| Bildlauf | True |

Fügen Sie folgende Zeilen in *OnInitDialog* ein:

```
// Strukturansicht (Tree control)
CTreeCtrl* pTree = (CTreeCtrl*) GetDlgItem(IDC_TREEVIEW1);
pTree->SetImageList(&m_imageList, TVSIL_NORMAL);
// allgemeine Werte
TVINSERTSTRUCT tvinsert;
tvinsert.hParent = NULL;
tvinsert.hInsertAfter = TVI_LAST;
tvinsert.item.mask = TVIF_IMAGE | TVIF_SELECTEDIMAGE | TVIF_TEXT;
tvinsert.item.hItem = NULL;
tvinsert.item.state = 0;
tvinsert.item.stateMask = 0;
tvinsert.item.cchTextMax = 6;
tvinsert.item.iSelectedImage = 1;
tvinsert.item.cChildren = 0;
tvinsert.item.lParam = 0;
// oberste Ebene
tvinsert.item.pszText = "Homer";
tvinsert.item.iImage = 2;
HTREEITEM hDad = pTree->InsertItem(&tvinsert);
tvinsert.item.pszText = "Marge";
HTREEITEM hMom = pTree->InsertItem(&tvinsert);
// zweite Ebene
tvinsert.hParent = hDad;
tvinsert.item.pszText = "Bart";
tvinsert.item.iImage = 3;
pTree->InsertItem(&tvinsert);
tvinsert.item.pszText = "Lisa";
pTree->InsertItem(&tvinsert);
```

```
// zweite Ebene
tvinsert.hParent = hMom;
tvinsert.item.pszText = "Bart";
tvinsert.item.iImage = 4;
pTree->InsertItem(&tvinsert);
tvinsert.item.pszText = "Lisa";
pTree->InsertItem(&tvinsert);
tvinsert.item.pszText = "Dilbert";
HTREEITEM hOther = pTree->InsertItem(&tvinsert);
// dritte Ebene
tvinsert.hParent = hOther;
tvinsert.item.pszText = "Dogbert";
tvinsert.item.iImage = 7;
pTree->InsertItem(&tvinsert);
tvinsert.item.pszText = "Ratbert";
pTree->InsertItem(&tvinsert);
```

Wie Sie sehen, werden hier Text- und Bildindexwerte in die Struktur *TVINSERTSTRUCT* eingetragen. Außerdem erhält der Hierarchiebaum mit *InsertItem* neue Knoten.

Fügen Sie schließlich noch einen Meldungshandler für die *TVN_SELCHANGED*-Benachrichtigungen der Strukturansicht ein. Wählen Sie in der Klassenansicht die Klasse *CEx08aDialog*. Klicken Sie im Eigenschaftenfenster auf die Schaltfläche *Ereignisse*, blenden Sie den Eintrag *IDC_TREEVIEW1* ein, wählen Sie das Ereignis *TVN_SELCHANGED* und fügen Sie den *OnTvnSelchangedTreeview1*-Handler ein. Fügen Sie den folgenden Code ein, damit der ausgewählte Text im statischen Textfeld erscheint.

```
void CEx08aDialog::OnTvnSelchangedTreeview1 (NMHDR* pNMHDR, LRESULT* pResult)
{
    LPNMTREEVIEW pNMTreeView = reinterpret_cast<LPNMTREEVIEW>(pNMHDR);
    CTreeCtrl* pTree = (CTreeCtrl*) GetDlgItem(IDC_TREEVIEW1);
    HTREEITEM hSelected = pNMTreeView->itemNew.hItem;
    if (hSelected != NULL) {
        char text[31];
        TVITEM item;
        item.mask = TVIF_HANDLE | TVIF_TEXT;
        item.hItem = hSelected;
        item.pszText = text;
        item.cchTextMax = 30;
        VERIFY(pTree->GetItem(&item));
        SetDlgItemText(IDC_STATIC_TREEVIEW1, text);
    }
    *pResult = 0;
}
```

Die Struktur *NMTREEVIEW* verfügt über ein Datenelement namens *itemNew*, das Daten über den gewählten Knoten enthält. *itemNew.hItem* ist das Handle dieses Knotens. Die Funktion *GetItem* ermittelt die Daten dieses Knotens und speichert den Text mit Hilfe eines in der *TVITEM*-Struktur übergebenen Zeigers. Die Variable *mask* teilt Windows mit, dass *hItem* ein gültiges Handle enthält und dass eine Textausgabe erwartet wird.

12. **Fügen Sie in der Datei Ex08aView.cpp den folgenden Code in die virtuelle Funktion *OnDraw* ein.** Fügen Sie den folgenden fett gedruckten Code ein:
    ```
    void CEx08aView::OnDraw(CDC* pDC)
    {
        CEx08aDoc* pDoc = GetDocument();
        ASSERT_VALID(pDoc);
        pDC->TextOut(0, 0, "Drücken Sie hier die linke Maustaste.");
    }
    ```

13. **Fügen Sie die Memberfunktion *OnLButtonDown* ein.** Wählen Sie in der Klassenansicht die Klasse *CEx08aView*. Klicken Sie im Eigenschaftenfenster auf die Schaltfläche *Meldungen*. Wählen Sie die Meldung *WM_LBUTTONDOWN* aus und fügen Sie die Funktion *OnLButton-Down* ein. Fügen Sie den folgenden fett gedruckten Code in die Funktion ein:
    ```
    void CEx08aView::OnLButtonDown(UINT nFlags, CPoint point)
    {
        CEx08aDialog dlg;
        dlg.m_nSlider1 = 20;
        dlg.m_nSlider2 = 2; // Index für 8.0
        dlg.m_nProgress = 70; // nur schreiben
        dlg.m_dSpin = 3.2;
        dlg.DoModal();
        CView::OnLButtonDown(nFlags, point);
    }
    ```
    Binden Sie in Ex08aView.cpp die Datei Ex08aDialog.h mit folgender Zeile ein:
    ```
    #include "Ex08aDialog.h"
    ```

14. **Erstellen und starten Sie das Programm.** Probieren Sie die Steuerelemente aus und sehen Sie sich an, wie die Steuerelemente funktionieren. Wir haben noch keinen Code für die Statuskontrolle eingefügt. Darauf gehen wir erst in Kapitel 13 ein.

# Weitere allgemeine Steuerelemente

Neben den gebräuchlichen allgemeinen Steuerelementen bietet Windows auch noch eine Reihe weiterer sehr leistungsfähiger allgemeiner Steuerelemente an. Dazu gehören die Datums-/Zeitauswahl, der Monatskalender, die IP-Adresse und das erweiterte Kombinationsfeld. Beispiel Ex08b setzt einige dieser Steuerelemente ein. Abbildung 8.2 zeigt das Dialogfeld aus dem Beispielprogramm. In der folgenden Beschreibung können Sie sich an diesem Bild orientieren.

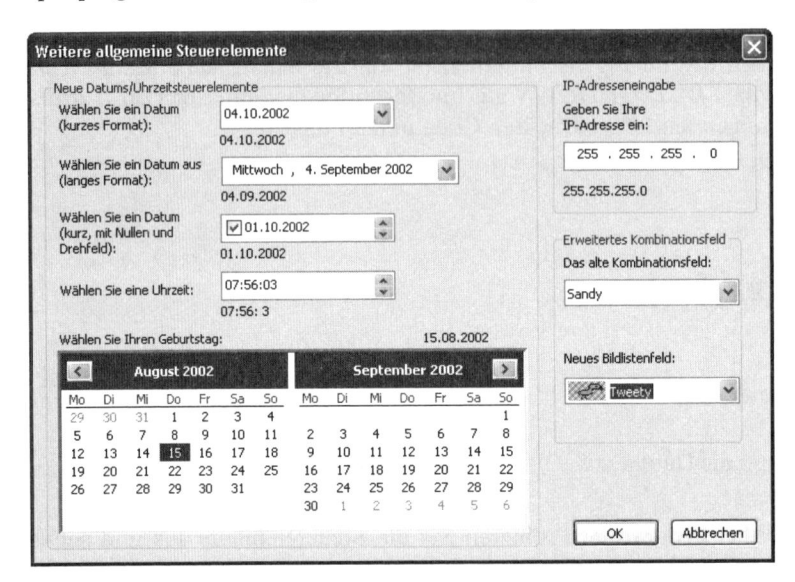

*Abbildung 8.2:* Weitere allgemeine Steuerelemente in einem Dialogfeld

## Das Datums-/Zeitauswahl-Steuerelement

In den üblichen Dialogfeldern findet man relativ häufig ein Feld, in dem der Benutzer Datum und Zeit eingeben kann. Bevor es ein Datums-/Zeitauswahl-Steuerelement gab, musste man als Programmierer entweder ein Steuerelement von einem Fremdhersteller verwenden oder eine Klasse von einem MFC-Eingabefeld ableiten und komplizierte Funktionen zur Überprüfung der eingegebenen Datums- und Zeitangaben schreiben. Das Datums-/Zeitauswahl-Steuerelement dient zur Eingabe eines Datums oder einer Zeit und ist so leistungsfähig, dass es dem Entwickler eine ganze Reihe verschiedener Formate und Optionen bietet. Beispielsweise können Datumsangaben im kurzen Datumsformat (14.8.68) und im langen Datumsformat (14. August 1968) erfolgen. Zudem steht ein Uhrzeitmodus zur Verfügung, sodass der Benutzer die Uhrzeit in einem vertrauten Format eingeben kann, zum Beispiel Stunden/Minuten/Sekunden.

Darüber hinaus können Sie festlegen, ob die Datumseingabe durch die direkte Eingabe, über einen Pulldown-Kalender oder über ein Drehfeld erfolgen soll. Es sind verschiedene Möglichkeiten zur Datumswahl verfügbar, wie z.B. die Auswahl einzelner oder mehrerer Daten (für einen Datumsbereich) und die Kennzeichnung des aktuellen Datums mit einem kleinen roten Kreis, als hätte man es im Kalender markiert. Das Steuerelement hat sogar einen Modus, in dem der Benutzer über einen Kontrollkasten »kein Datum« wählen kann. In Abbildung 8.2 zeigen die ersten vier Steuerelemente in der linken Fensterhälfte die Vielfalt der Konfigurationsmöglichkeiten, die beim Datums-/Zeitauswahl-Steuerelement zur Verfügung stehen.

Die MFC-Klasse *CDateTimeCtrl* ist die MFC-Schnittstelle für das Datums-/Zeitauswahl-Steuerelement. Diese Klasse enthält verschiedene Benachrichtigungsmechanismen, mit denen sich die Programmierbarkeit des Steuerelements verbessern lässt. Die Memberfunktionen von *CDateTimeCtrl* arbeiten unter anderem mit Variablen des Typs *CTime* bzw. *COleDateTime*.

Mit der Memberfunktion *SetTime* können Sie ein *CDateTimeCtrl*-Objekt mit Datum und Uhrzeit versorgen. Mit der Funktion *GetTime* lesen Sie Datum und Uhrzeit ab. Mit der Memberfunktion *SetFormat* lassen sich benutzerdefinierte Formate definieren und mit der restlichen Programmierschnittstelle von *CDateTimeCtrl* lässt sich die Konfiguration auch noch auf andere Weise verändern.

## *CTime* und *COleDateTime*

Die meisten »alten Hasen« unter den MFC-Entwicklern sind daran gewöhnt, die Klasse *CTime* zu verwenden. Da die Klasse *CTime* jedoch nur Daten zwischen dem 1. Januar 1970 und dem 18. Januar 2038 als gültige Daten zulässt, suchen viele Entwickler nach einer Alternative. Eine beliebte Alternative ist die Klasse *COleDateTime*, die zur Unterstützung der OLE-Automatisierung dient und Datumsangaben zwischen dem 1. Januar 100 und dem 31. Dezember 9999 verarbeiten kann. Beide Klassen haben verschiedene Vor- und Nachteile. Die Klasse *CTime* kann beispielsweise die Umstellung auf die Sommerzeit berücksichtigen, *COleDateTime* dagegen nicht.

Viele Entwickler greifen wegen des wesentlich größeren Wertebereichs zu *COleDateTime*. Jede Anwendung, die *CTime* verwendet, muss in etwa 35 Jahren überarbeitet werden, da der obere Grenzwert dieser Klasse das Jahr 2038 ist. Für welche Klasse Sie sich entscheiden werden, wird von den besonderen Anforderungen und der potentiellen Lebensdauer Ihrer Anwendung abhängen.

## Das Monatskalender-Steuerelement

Das große Anzeigefeld im linken unteren Bereich von Abbildung 8.2 ist ein Monatskalender. Wie das Steuerelement zur Datums- und Zeitauswahl gibt das Monatskalender-Steuerelement dem Benutzer die Möglichkeit, ein Datum auszuwählen. Sie können dieses Steuerelement aber auch dazu verwenden, um einen kleinen Personal Information Manager in Ihre Anwendungen einzubinden. Sie können so viele Monate anzeigen, wie der Platz erlaubt – von einem Monat bis zu zwölf Monaten gleichzeitig. Im Beispielprogramm Ex08b zeigt der Monatskalender aber nur zwei Monate an.

Der Monatskalender lässt neben der Auswahl einzelner Tage auch die Mehrfachauswahl von Tagen zu und beherrscht verschiedene Anzeigevarianten, wie z.B. die Nummerierung von Monaten und die Markierung des aktuellen Tagesdatums mit einem kleinen Kreis. Mit Hilfe entsprechender Benachrichtigungen kann der Programmierer festlegen, welche Daten in Fettschrift angezeigt werden. Es liegt ganz im Ermessen des Programmierers, was die fettgedruckten Daten bedeuten. Sie können beispielsweise Fettdruck einsetzen, um Urlaubstage, Termine oder nicht verplanbare Tage zu kennzeichnen. Die MFC-Klasse *CMonthCalCtrl* implementiert dieses Steuerelement.

Zur Initialisierung der Klasse *CMonthCalCtrl* können Sie die Memberfunktion *SetToday* aufrufen. *CMonthCalCtrl* stellt Memberfunktionen zur Verfügung, die sowohl *CTime* als auch *COleDateTime* verarbeiten können, wie z.B. *SetToday*.

*Allgemeine Steuerelemente*

## Das IP-Adressensteuerelement

Wenn Sie eine Anwendung schreiben, die auf irgendeine Weise Internet- oder TCP/IP-Funktionalität verwendet, wollen Sie dem Benutzer vielleicht die Eingabe einer IP-Adresse (IP, Internet Protocol) ermöglichen. Zu den allgemeinen Steuerelementen gehört ein spezielles Steuerelement zur Bearbeitung von IP-Adressen, das Sie oben rechts in Abbildung 8.2 sehen. Dieses Steuerelement erlaubt dem Benutzer nicht nur die Eingabe einer 4 Byte lange IP-Adresse, sondern es überprüft auch automatisch, ob die eingegebene IP-Adresse formal gültig ist. Die MFC bietet dieses Steuerelement in Form der Klasse *CIPAddressCtrl* an.

Eine IP-Adresse besteht aus vier »Feldern«, die in Abbildung 8.3 dargestellt sind. Die Felder sind von links nach rechts nummeriert.

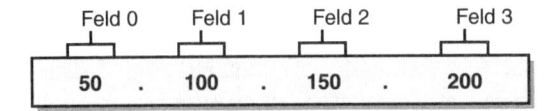

*Abbildung 8.3:* Die Felder eines IP-Adressensteuerelements

Zur Initialisierung des IP-Adressensteuerelements wird die Memberfunktion *SetAddress* in der *OnInitDialog*-Funktion der Anwendung aufgerufen. *SetAddress* erwartet ein Argument vom Typ *DWORD*, wobei jedes Byte dieses *DWORD*-Werts eines der Felder repräsentiert. Die aktuelle Adresse können Sie mit der Memberfunktion *GetAddress* aus dem Steuerelement auslesen, und zwar entweder als *DWORD* oder als Viererpack von *BYTE*-Werten.

## Das erweiterte Kombinationsfeld

Das »altmodische« Kombinationsfeld wurde in den Anfangstagen von Windows entwickelt. Sein Alter und seine unflexible Konzeption haben wohl dazu geführt, dass es nun eine wesentlich flexiblere Version gibt, die schlicht »erweitertes Kombinationsfeld« genannt wird.

Das erweiterte Kombinationsfeld gibt dem Programmierer einen wesentlich leichteren Zugriff auf das Eingabefeld und eine bessere Steuerungsmöglichkeit. Darüber hinaus können Sie die Einträge im erweiterten Kombinationsfeld mit einer Bildliste verknüpfen. Auch Grafiken lassen sich im erweiterten Kombinationsfeld leicht anzeigen. Vergleicht man es mit den alten Verfahren, geht es nun geradezu »mühelos«. Jedem Eintrag können in einem erweiterten Kombinationsfeld drei Bilder zugeordnet werden: ein Bild für den ausgewählten Zustand, ein Bild für den nicht ausgewählten Zustand und ein Überlagerungsbild. Mit Hilfe dieser drei Bilder lassen sich im Kombinationsfeld verschiedene grafische Darstellungen erzeugen, wie Sie im Beispiel Ex08b noch sehen werden. Die beiden Kombinationsfelder auf der rechten Seite von Abbildung 8.2 sind beides erweiterte Kombinationsfelder. Die MFC-Klasse *CComboBoxEx* bietet eine umfassende Unterstützung für erweiterte Kombinationsfelder.

Wie das Listensteuerelement, von dem in diesem Kapitel bereits die Rede war, kann ein Objekt vom Typ *CComboBoxEx* mit einem *CImageList*-Objekt verknüpft werden. Dann erscheinen neben dem Text automatisch kleine Bilder im erweiterten Kombinationsfeld. Wenn Sie bereits mit der Klasse *CComboBox* vertraut sind, kann die Klasse *CComboBoxEx* etwas verwirrend sein. Statt kurzer Zeichenfolgen enthält das erweiterte Kombinationsfeld Elemente vom Typ *COMBOBOXEXITEM*, einer Struktur, die sich aus folgenden Feldern zusammensetzt:

- **UINT mask:** Eine Gruppe von Bitflags, die angibt, welche Operationen unter Verwendung der Struktur ausgeführt werden sollen. Beispielsweise wird das Flag *CBEIF_IMAGE* gesetzt, wenn dem Bildfeld in einer Operation ein Wert zugewiesen oder daraus ausgelesen werden soll.

- **INT_PTR iItem:** Die Nummer des Elements im erweiterten Kombinationsfeld. Wie beim alten Kombinationsfeld beginnt der Index auch im erweiterten Kombinationsfeld mit null.
- **LPSTR pszText:** Der Text des Elements.
- **int cchTextMax:** Die Länge des Puffers, der in *pszText* verfügbar ist.
- **int iImage:** Mit Null beginnender Index der zugehörigen Bildliste.
- **int iSelectedImage:** Index des Bilds aus der Bildliste, das zur Repräsentation des Zustands »ausgewählt« verwendet werden soll.
- **int iOverlay:** Index des Bilds aus der Bildliste, das zur Überlagerung des aktuellen Bilds verwendet werden soll.
- **int iIndent:** Anzahl der 10 Pixel umfassenden Einrückungsstellen.
- **LPARAM lParam:** 32-Bit-Parameter für das Element.

Das Beispielprogramm Ex08b demonstriert, wie man diese Struktur verwendet.

# Das Beispielprogramm Ex08b: Weitere allgemeine Steuerelemente

In diesem Beispiel bauen wir ein Dialogfeld auf, das den Umgang mit den verwendeten allgemeinen Steuerelementen und deren Programmierung zeigen soll. Erstellen Sie das Dialogfeld in folgenden Schritten:

1. **Generieren Sie mit dem MFC-Anwendungsassistenten das Projekt Ex08b.** Wählen Sie im *Datei*-Menü von Visual Studio .NET *Neu, Projekt*. Wählen Sie im Dialogfeld *Neues Projekt* die Vorlage *MFC-Anwendung*. Geben Sie den Namen *Ex08b* ein und klicken Sie auf *OK*. Übernehmen Sie im MFC-Anwendungsassistenten alle Vorgaben mit einer Ausnahme: Wählen Sie auf der Seite *Anwendungstyp* ein *Einfaches Dokument*.

2. **Erstellen Sie eine neue Dialogressource mit der ID *IDD_DIALOG1*.** Geben Sie im *Projekt*-Menü den Befehl *Ressource hinzufügen* und nehmen Sie eine neue Dialogressource ins Projekt auf. Setzen Sie mit Hilfe der Toolbox die gewünschten Steuerelemente ins Dialogfeld ein. Die folgende Liste nennt die Steuerelemente in der Tabulatorreihenfolge mit ihren *IDs*. Sobald Sie die Beschriftungen der statischen Textfelder festgelegt haben, sollte das Dialogfeld ungefähr so wie im nächsten Bild aussehen und die angegebene Tabulatorreihenfolge aufweisen.

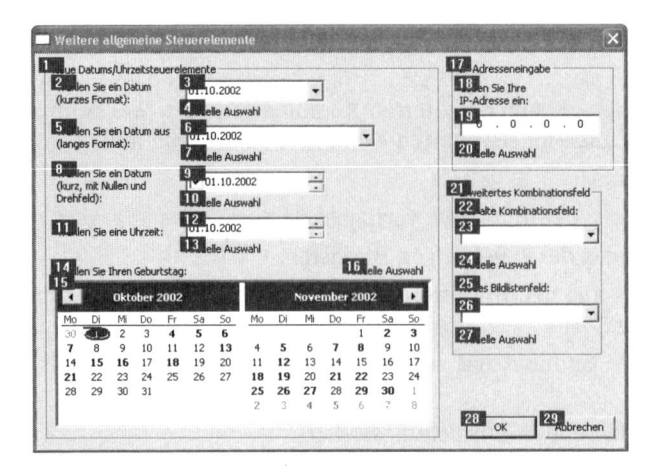

Solange Sie nicht alle erforderlichen Änderungen an den Eigenschaften vorgenommen haben, sieht Ihr Dialogfeld noch nicht so aus wie in Abbildung 8.2.

| Steuerelementtyp | ID | Tabulatorreihenfolge |
|---|---|---|
| Gruppenfeld | IDC_STATIC | 1 |
| Textfeld (statisch) | IDC_STATIC | 2 |
| Datums-/Zeitauswahl | IDC_DATETIMEPICKER1 | 3 |
| Textfeld (statisch) | IDC_STATIC1 | 4 |
| Textfeld (statisch) | IDC_STATIC | 5 |
| Datums-/Zeitauswahl | IDC_DATETIMEPICKER2 | 6 |
| Textfeld (statisch) | IDC_STATIC2 | 7 |
| Textfeld (statisch) | IDC_STATIC | 8 |
| Datums-/Zeitauswahl | IDC_DATETIMEPICKER3 | 9 |
| Textfeld (statisch) | IDC_STATIC3 | 10 |
| Textfeld (statisch) | IDC_STATIC | 11 |
| Datums-/Zeitauswahl | IDC_DATETIMEPICKER4 | 12 |
| Textfeld (statisch) | IDC_STATIC4 | 13 |
| Textfeld (statisch) | IDC_STATIC | 14 |
| Monatskalender | IDC_MONTHCALENDAR1 | 15 |
| Textfeld (statisch) | IDC_STATIC5 | 16 |
| Gruppenfeld | IDC_STATIC | 17 |
| Textfeld (statisch) | IDC_STATIC | 18 |
| IP-Address | IDC_IPADDRESS1 | 19 |
| Textfeld (statisch) | IDC_STATIC6 | 20 |
| Gruppenfeld | IDC_STATIC | 21 |
| Textfeld (statisch) | IDC_STATIC | 22 |
| erweitertes Kombinationsfeld | IDC_COMBOBOXEX1 | 23 |
| Textfeld (statisch) | IDC_STATIC7 | 24 |
| Textfeld (statisch) | IDC_STATIC | 25 | ▶ |

| Steuerelementtyp | ID | Tabulatorreihenfolge |
|---|---|---|
| erweitertes Kombinationsfeld | IDC_COMBOBOXEX2 | 26 |
| Textfeld (statisch) | IDC_STATIC8 | 27 |
| Schaltfläche | IDOK | 28 |
| Schaltfläche | IDCANCEL | 29 |

3. **Leiten Sie mit dem MFC-Klassenassistenten die Klasse *CEx08bDialog* von *CDialog* ab.** Wählen Sie im *Projekt*-Menü *Klasse hinzufügen*, damit sich der MFC-Klassenassistent öffnet. Wählen Sie *CDialog* als Basisklasse und *IDD_DIALOG1* als Dialogfeld-ID, wie in der folgenden Abbildung.

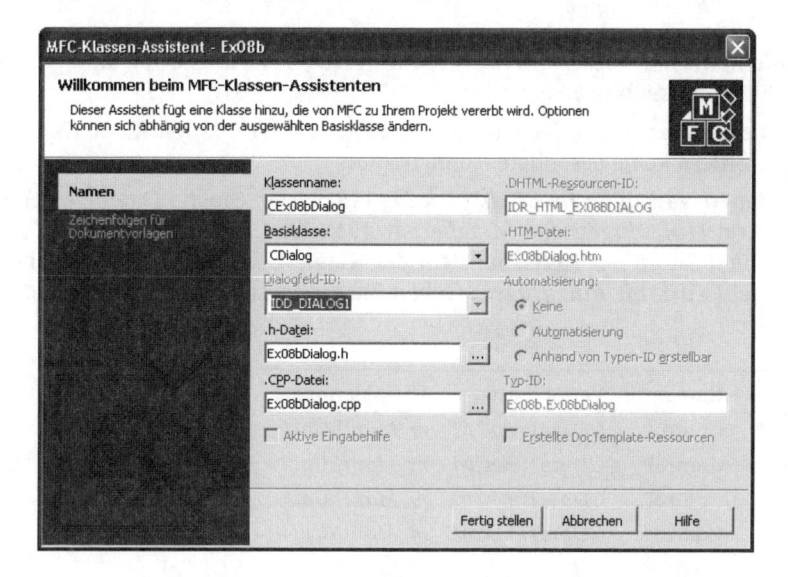

Überschreiben Sie die Funktion *OnInitDialog*. Wählen Sie in der Klassenansicht die Klasse *CEx08bDialog*. Klicken Sie im Eigenschaftenfenster die Schaltfläche *Überschreibungen* an und fügen Sie die Funktion *OnInitDialog* ein.

4. **Geben Sie den Steuerelementen des Dialogfelds die gewünschten Eigenschaften.** Damit die Vielfalt dieser Steuerelemente deutlich wird, müssen wir bei den Steuerelementen verschiedene Eigenschaften ändern. Es folgt eine Übersicht über die Eigenschaften, die bei den verschiedenen Steuerelementen festzulegen sind.

- **Datums- und Zeitauswahl im kurzen Format.** Damit beim ersten Datums-/Zeitauswahl-Steuerelement (*IDC_DATETIMEPICKER1*) das kurze Datumsformat verwendet wird, belassen Sie die Eigenschaft *Format* beim vorgegebenen *Datum (Kurzformat)*.

- **Datums- und Zeitauswahl im langen Format.** Nun geben Sie dem zweiten Datums-/Zeitauswahl-Steuerelement (*IDC_DATETIMEPICKER2*) die *Format*-Eigenschaft *Datum (Langformat)*.

- **Datums- und Zeitauswahl mit kurzem Format und Nullanzeige.** Beim dritten Datums-/Zeitauswahl-Steuerelement (*IDC_DATETIMEPICKER3*) stellen Sie die Eigenschaft *For-*

mat auf *Datum (Kurzformat)* und die Eigenschaften *Bearbeiten zulassen, Keines anzeigen* und *Drehfeld-Steuerelement verwenden* auf *True*.

- **Zeitauswahl.** Das vierte Datums-/Zeitauswahl-Steuerelement (*IDC_DATETIMEPICKER4*) wird so konfiguriert, dass der Benutzer eine Uhrzeit auswählen kann. Setzen Sie die *Format*-Eigenschaft auf *Zeit* und die Eigenschaft *Drehfeld-Steuerelement verwenden* auf *True*.
- **Der Monatskalender.** Zur Konfiguration des Monatskalender-Steuerelements sind verschiedene Formateinstellungen erforderlich. Setzen Sie zuerst die Eigenschaft *Tageszustand* auf *True*. Mit den Standardeigenschaften präsentiert sich der Monatskalender im Dialogfeld eigentlich nicht wie ein Steuerelement. Es wird kein Rand angezeigt. Damit er zu den anderen Steuerelementen passt, setzen Sie die Eigenschaften *Clientkante* und *Statische Kante* auf *True*.
- **IP-Adressensteuerelement.** Für dieses Steuerelement (*IDC_IPADDRESS1*) sind keine besonderen Eigenschaftseinstellungen erforderlich.
- **Erweiterte Kombinationsfelder.** Diese Steuerelemente (*IDC_COMBOBOXEX1* und *IDC_COMBOBOXEX2*) erfordern keine besondere Konfiguration.

5. **Fügen Sie die erforderlichen Variablen in *CEx08bDialog* ein.** Fügen Sie die Datenelemente mit Hilfe des *Assistent zum Hinzufügen von Membervariablen* in *CEx08bDialog* ein. Zum Start des Assistenten wählen Sie in der Klassenansicht die Klasse *CEx08bDialog* und geben im Menü *Projekt* den Befehl *Variable hinzufügen*. Geben Sie die Variablen aus der folgenden Liste ein.

| Steuerelement-ID | Kategorie | Variablentyp | Variablenname |
|---|---|---|---|
| *IDC_DATETIMEPICKER1* | Control | *CDateTimeCtrl* | *m_MonthCal1* |
| *IDC_DATETIMEPICKER2* | Control | *CDateTimeCtrl* | *m_MonthCal2* |
| *IDC_DATETIMEPICKER3* | Control | *CDateTimeCtrl* | *m_MonthCal3* |
| *IDC_DATETIMEPICKER4* | Control | *CDateTimeCtrl* | *m_MonthCal4* |
| *IDC_IPADDRESS1* | Control | *CIPAddressCtrl* | *m_ptrIPCtrl* |
| *IDC_MONTHCALENDAR1* | Control | *CMonthCalCtrl* | *m_MonthCal5* |
| *IDC_STATIC1* | Value | *CString* | *m_strDate1* |
| *IDC_STATIC2* | Value | *CString* | *m_strDate2* |
| *IDC_STATIC3* | Value | *CString* | *m_strDate3* |
| *IDC_STATIC4* | Value | *CString* | *m_strDate4* |
| *IDC_STATIC5* | Value | *CString* | *m_strDate5* |
| *IDC_STATIC6* | Value | *CString* | *m_strIPValue* |
| *IDC_STATIC7* | Value | *CString* | *m_strComboEx1* |
| *IDC_STATIC8* | Value | *CString* | *m_strComboEx2* |

6. **Programmieren Sie die kurze Datums-/Zeitauswahl.** In diesem Beispiel stört es uns nicht, dass im ersten Steuerelement zur Datums-/Zeitauswahl anfangs das aktuelle Datum ausgewählt ist, und daher brauchen wir uns in *OnInitdialog* auch nicht um dieses Steuerelement zu kümmern. Wenn wir jedoch das Datum ändern wollten, könnten wir in der *OnInitDialog*-Funktion *SetTime* aufrufen. Zur Laufzeit soll das zugehörige Textfeld automatisch aktualisiert werden, sobald der Benutzer im ersten Datums-/Zeitauswahl Steuerelement ein anderes

Datum auswählt. Wir erreichen dies, indem wir einen passenden Handler für die Meldung *DTN_DATETIMECHANGE* hinzufügen. Wählen Sie in der Klassenansicht die Klasse *CEx-08bDialog*, klicken Sie im Eigenschaftenfenster die Schaltfläche *Ereignisse* an, erweitern Sie den Eintrag *IDC_DATETIMEPICKER1*, wählen Sie die Nachricht *DTN_DATETIME-CHANGE* und fügen Sie den Handler *OnDtnDatetimechangeDatetimepicker1* ein. Wiederholen Sie diesen Schritt für jede der übrigen drei *IDC_DATETIMEPICKER*-IDs. Fügen Sie dann den fett gedruckten Code in den *Datetimepicker1*-Handler ein, den Visual Studio .NET generiert hat.

```
void CEx08bDialog::OnDtnDatetimechangeDatetimepicker1 (NMHDR* pNMHDR, LRESULT* pResult)
{
    LPNMDATETIMECHANGE pDTChange = reinterpret_cast<LPNMDATETIMECHANGE>(pNMHDR);
    CTime ct;
    m_MonthCal1.GetTime(ct);
    m_strDate1.Format(_T("%02d.%02d.%2d"), ct.GetDay(),ct.GetMonth(),ct.GetYear());
    UpdateData(FALSE);
    *pResult = 0;
}
```

Hier wird mit Hilfe des Datenelements *m_MonthCal1*, das dem ersten Datums-/Zeitauswahl-Steuerelement zugeordnet ist, die Uhrzeit abgefragt und in der *CTime*-Objektvariablen *ct* gespeichert. Zur Formatierung der Zeitangabe für das zuständige Textfeld wird anschließend die Memberfunktion *CString::Format* aufgerufen. Schließlich wird durch den Aufruf von *UpdateData(FALSE)* der DDX-Mechanismus der MFC ausgelöst, sodass das Textfeld den aktuellen Wert aus *m_strDate1* übernimmt.

7. **Programmieren Sie die Datums-/Zeitauswahl mit dem langen Datumsformat.** Wir müssen nun einen ähnlichen Handler für das zweite Datums-/Zeitauswahl-Steuerelement bereitstellen.

```
void CEx08bDialog::OnDtnDatetimechangeDatetimepicker2(NMHDR* pNMHDR, LRESULT* pResult)
{
    LPNMDATETIMECHANGE pDTChange = reinterpret_cast<LPNMDATETIMECHANGE>(pNMHDR);
    CTime ct;
    m_MonthCal2.GetTime(ct);
    m_strDate2.Format(_T("%02d.%02d.%2d"), ct.GetDay(),ct.GetMonth(),ct.GetYear());
    UpdateData(FALSE);
    *pResult = 0;
}
```

8. **Programmieren Sie die dritte Datums-/Zeitauswahl.** Das dritte Datums-/Zeitauswahl-Steuerelement erfordert einen ähnlichen Handler. Da wir im Eigenschaftenfenster auch das Format *Keines anzeigen* ausgewählt haben, kann der Benutzer ein leeres Datum (*NULL*) angeben, indem er das innere Kontrollkästchen auswählt. Statt *GetTime* einfach unbesehen aufzurufen, müssen wir den Rückgabewert überprüfen. Falls die Funktion *GetTime* einen Wert ungleich null zurückgibt, hat der Benutzer ein *NULL*-Datum gewählt. Ist der Rückgabewert gleich null, wurde ein gültiges Datum ausgewählt. Wie bei den vorigen beiden Handlern wird die Zeitangabe aus dem benutzten *CTime*-Objekt in eine Zeichenfolge umgewandelt und im zugehörigen Textfeld angezeigt.

```
void CEx08bDialog::OnDtnDatetimechangeDatetimepicker3(NMHDR* pNMHDR, LRESULT* pResult)
{
    LPNMDATETIMECHANGE pDTChange = reinterpret_cast<LPNMDATETIMECHANGE>(pNMHDR);
    //HINWEIS: Dieses Feld kann einen Leerwert enthalten!
    CTime ct;
    int nRetVal = m_MonthCal3.GetTime(ct);
```

```
    if (nRetVal) // Wenn ungleich Null, dann ist Datum leer; andernfalls
    {            // Angabe formatieren und Textfeld aktualisieren.
        m_strDate3 = "ES WURDE KEIN DATUM ANGEGEBEN!";
    }
    else
    {
        m_strDate3.Format(_T("%02d.%02d.%2d"),ct.GetDay(), ct.GetMonth(),ct.GetYear());
    }
    UpdateData(FALSE);
    *pResult = 0;
}
```

9. **Programmieren Sie die Zeitauswahl.** Dieses Steuerelement erfordert einen ähnlichen Handler. Hier muss die Zeit jedoch im Format Stunden/Minuten/Sekunden angezeigt werden, also nicht im Format Monate/Tage/Jahre:

```
void CEx08bDialog::OnDtnDatetimechangeDatetimepicker4(NMHDR* pNMHDR, LRESULT* pResult)
{
    LPNMDATETIMECHANGE pDTChange = reinterpret_cast<LPNMDATETIMECHANGE>(pNMHDR);
    CTime ct;
    m_MonthCal4.GetTime(ct);
    m_strDate4.Format(_T("%02d:%02d:%2d"), ct.GetHour(),ct.GetMinute(),ct.GetSecond());
    UpdateData(FALSE);
    *pResult = 0;
}
```

10. **Programmieren Sie den Monatskalender.** Sie nehmen wahrscheinlich an, dass der Meldungsbearbeiter für das Monatskalender-Steuerelement den Routinen für die Datums-/Zeitauswahl-Steuerelemente ähnelt. Dem ist aber nicht so. Zum einen müssen Sie die Meldung *MCN_SELCHANGE* auswerten, wenn Sie herausfinden wollen, ob der Benutzer ein anderes Datum gewählt hat. Wählen Sie in der Klassenansicht die Klasse *CEx08bDialog*, klicken Sie im Eigenschaftenfenster die Schaltfläche *Ereignisse* an, erweitern Sie den Eintrag *IDC_MONTHCALENDAR1*, wählen Sie die Meldung *MCN_SELCHANGE* und fügen Sie den Handler *OnMcnSelchangeMonthcalendar1* ein. Dieses Steuerelement hat nicht nur einen anderen Meldungshandler, sondern mit *GetCurSel* auch eine andere Methode zur Datumsabfrage als *GetTime*. Der folgende Code zeigt den *MCN_SELCHANGE*-Handler für das Monatskalender-Steuerelement.

```
void CEx08bDialog::OnMcnSelchangeMonthcalendar1(NMHDR* pNMHDR, LRESULT* pResult)
{
    LPNMSELCHANGE pSelChange = reinterpret_cast<LPNMSELCHANGE>(pNMHDR);
    CTime ct;
    m_MonthCal5.GetCurSel(ct);
    m_strDate5.Format(_T("%02d.%02d.%2d"), ct.GetDay(),ct.GetMonth(),ct.GetYear());
    UpdateData(FALSE);
    *pResult = 0;
}
```

11. **Programmieren Sie das IP-Adressensteuerelement.** Wir müssen zuerst sicherstellen, dass das Steuerelement initialisiert wird. In diesem Beispiel initialisieren wir das Steuerelement mit 0, indem wir ihm den *DWORD*-Wert 0 übergeben. Falls Sie das Steuerelement nicht initialisieren, bleibt jedes Segment leer. Zur Initialisierung des Steuerelements fügen Sie diesen Aufruf in die Funktion *CEx08bDialog::OnInitDialog* ein:

```
// initialisiere das IP-Steuerelement
m_ptrIPCtrl.SetAddress(0L);
```

Nun müssen wir einen Handler hinzufügen, damit das zugehörige Textfeld aktualisiert wird, sobald sich der Wert im IP-Adressensteuerelement ändert. Zuerst bauen wir einen Handler für die Benachrichtigung *IPN_FIELDCHANGED* ein. Wählen Sie in der Klassenansicht die Klasse *CEx08bDialog*, klicken Sie im Eigenschaftenfenster die Schaltfläche *Ereignisse* an, blenden Sie den Eintrag *IDC_IPADDRESS1* ein, wählen Sie die Meldung *IPN_FIELDCHANGED* und fügen Sie den Handler *OnIpnFieldchangedIpaddress1* ein.

Fügen Sie nun den fett gedruckten Code in den Handler ein:

```
void CEx08bDialog::OnIpnFieldchangedIpaddress1(NMHDR* pNMHDR, LRESULT* pResult)
{
    LPNMIPADDRESS pIPAddr = reinterpret_cast<LPNMIADDRESS>(pNMHDR);
    DWORD dwIPAddress;
    m_ptrIPCtrl.GetAddress(dwIPAddress);
    m_strIPValue.Format("%d.%d.%d.%d    %x.%x.%x.%x",
        HIBYTE(HIWORD(dwIPAddress)),
        LOBYTE(HIWORD(dwIPAddress)),
        HIBYTE(LOWORD(dwIPAddress)),
        LOBYTE(LOWORD(dwIPAddress)),
        HIBYTE(HIWORD(dwIPAddress)),
        LOBYTE(HIWORD(dwIPAddress)),
        HIBYTE(LOWORD(dwIPAddress)),
        LOBYTE(LOWORD(dwIPAddress)));
    UpdateData(FALSE);
    *pResult = 0;
}
```

Mit dem ersten Aufruf von *CIPAddressCtrl::GetAddress* wird die aktuelle IP-Adresse in die lokale *DWORD*-Variable *dwIPAddress* geladen. Anschließend erfolgt ein recht komplizierter Aufruf von *CString::Format*, bei dem der *DWORD*-Wert auf die verschiedenen Felder aufgeteilt wird. In diesem Aufruf wird zuerst mit Hilfe des Makros *LOWORD* das untere Wort des *DWORD*-Werts ermittelt, und die *DWORD*-Komponenten werden dann mit den Makros *HIBYTE/LOBYTE* den Feldern in der Reihenfolge von Feld 0 bis Feld 3 zugeordnet.

12. **Tragen Sie etwas ins erste erweiterte Kombinationsfeld ein.** Fügen Sie den folgenden Code in *OnInitdialog* ein. Damit tragen Sie die drei Namen George, Sandy und Teddy ins erste erweiterte Kombinationsfeld ein. Erkennen Sie, in welcher Weise sich dieser Code von dem eines »normalen« Kombinationsfelds unterscheidet?

```
// Initialisiere IDC_COMBOBOXEX1
CComboBoxEx* pCombo1 = (CComboBoxEx*) GetDlgItem(IDC_COMBOBOXEX1);
CString rgstrTemp1[3];
rgstrTemp1[0] = "George";
rgstrTemp1[1] = "Sandy";
rgstrTemp1[2] = "Teddy";
COMBOBOXEXITEM cbi1;
cbi1.mask = CBEIF_TEXT;
for (int nCount = 0; nCount < 3; nCount++)
{
    cbi1.iItem = nCount;
    cbi1.pszText = (LPTSTR)(LPCTSTR)rgstrTemp1[nCount];
    cbi1.cchTextMax = 256;
    pCombo1->InsertItem(&cbi1);
}
```

Als Erstes wird Ihnen wahrscheinlich aufgefallen sein, dass die Listeneinträge bei dem erweiterten Kombinationsfeld mit Hilfe der Struktur *COMBOBOXEXITEM* indiziert werden, statt einfach durch Ganzzahlen wie bei den einfachen Kombinationsfeldern.

13. **Geben Sie dem ersten erweiterten Kombinationsfeld einen Meldungshandler.** Wir müssen uns um die Meldung *CBN_SELCHANGE* des ersten erweiterten Kombinationsfelds kümmern. Wählen Sie in der Klassenansicht die Klasse *CEx08bDialog*, klicken Sie im Eigenschaftenfenster die Schaltfläche *Ereignisse* an, erweitern Sie den Eintrag *IDC_COMBOBOX1*, wählen Sie die Meldung *CBN_SELHANGE* und fügen Sie den Handler *OnCbnSelchangeComboboxex1* ein.

```
void CEx08bDialog::OnCbnSelchangeComboboxex1 ()
{
    COMBOBOXEXITEM cbi;
    CString str ("Platzhalter");
    CComboBoxEx * pCombo = (CComboBoxEx *)GetDlgItem(IDC_COMBOBOXEX1);
    int nSel = pCombo->GetCurSel();
    cbi.iItem = nSel;
    cbi.pszText = (LPTSTR)(LPCTSTR)str;
    cbi.mask = CBEIF_TEXT;
    cbi.cchTextMax = str.GetLength();
    pCombo->GetItem(&cbi);
    SetDlgItemText(IDC_STATIC7,str);
    return;
}
```

Der Code ermittelt die aktuelle Auswahl, extrahiert den Text und ruft dann *SetDlgItemText* auf, um das zugehörige Textfeld zu aktualisieren.

14. **Statten Sie die Einträge des zweiten erweiterten Kombinationsfelds mit Bildern aus.** Für das erste erweiterte Kombinationsfeld ist keine spezielle Programmierung erforderlich. Es soll lediglich zeigen, wie man ein einfaches erweitertes Kombinationsfeld anlegt, das dem alten Kombinationsfeld sehr ähnlich sieht. Das zweite Kombinationsfeld erfordert dagegen etwas Programmieraufwand. Zuerst haben wir sechs Bitmaps und acht Symbole (.ico-Dateien) erstellt, die wir als Ressourcen ins Projekt aufnehmen wollen. Natürlich können Sie die Bilder von der Begleit-CD verwenden, statt sie von Hand zu erstellen. Es steht Ihnen natürlich auch frei, beliebige andere Bitmap- und Symboldateien zu verwenden. Fügen Sie diese Bitmaps und Symbole in die Ressourcenansicht auf und vergeben Sie die IDs so, wie es das folgende Bild zeigt:

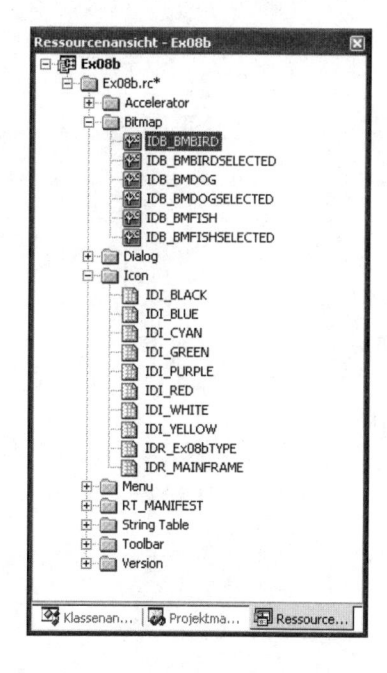

```
Ressourcenansicht - Ex08b
 Ex08b
   Ex08b.rc*
     Accelerator
     Bitmap
       IDB_BMBIRD
       IDB_BMBIRDSELECTED
       IDB_BMDOG
       IDB_BMDOGSELECTED
       IDB_BMFISH
       IDB_BMFISHSELECTED
     Dialog
     Icon
       IDI_BLACK
       IDI_BLUE
       IDI_CYAN
       IDI_GREEN
       IDI_PURPLE
       IDI_RED
       IDI_WHITE
       IDI_YELLOW
       IDR_Ex08bTYPE
       IDR_MAINFRAME
     Menu
     RT_MANIFEST
     String Table
     Toolbar
     Version
```

Bevor wir damit beginnen, das erweiterte Kombinationsfeld mit Bildern auszustatten, deklarieren wir in der Klasse *CEx08bDialog* ein öffentliches *CImageList*-Datenelement namens *m_imageList*. Fügen Sie also in Ex08bDialog.h folgende Zeile ein:

```
CImageList m_imageList;
```

Nun können wir einige der Bitmap-Bilder in die Bildliste aufnehmen und die Bilder dann mit den drei bereits vorhandenen Einträgen des erweiterten Kombinationsfelds »verknüpfen«. Fügen Sie zu diesem Zweck die folgenden Anweisungen in die Methode *OnInitDialog* der Klasse *CEx08bDialog* ein:

```
// Initialisiere IDC_COMBOBOXEX2
CComboBoxEx* pCombo2 = (CComboBoxEx*) GetDlgItem(IDC_COMBOBOXEX2);
//Zuerst wollen wir Bilder zu den vorhandenen Einträgen hinzufügen.
//Wir haben sechs Bilder in Bitmaps, die wir den Zeichenfolgen zuordnen können:
m_imageList.Create(32,16,ILC_MASK,12,4);

CBitmap bitmap;

bitmap.LoadBitmap(IDB_BMBIRD);
m_imageList.Add(&bitmap, (COLORREF)0xFFFFFF);
bitmap.DeleteObject();

bitmap.LoadBitmap(IDB_BMBIRDSELECTED);
m_imageList.Add(&bitmap, (COLORREF)0xFFFFFF);
bitmap.DeleteObject();

bitmap.LoadBitmap(IDB_BMDOG);
m_imageList.Add(&bitmap, (COLORREF)0xFFFFFF);
bitmap.DeleteObject();

bitmap.LoadBitmap(IDB_BMDOGSELECTED);
m_imageList.Add(&bitmap, (COLORREF)0xFFFFFF);
bitmap.DeleteObject();
```

```
bitmap.LoadBitmap(IDB_BMFISH);
m_imageList.Add(&bitmap, (COLORREF)0xFFFFFF);
bitmap.DeleteObject();

bitmap.LoadBitmap(IDB_BMFISHSELECTED);
m_imageList.Add(&bitmap, (COLORREF)0xFFFFFF);
bitmap.DeleteObject();

// Bildliste eintragen
pCombo2->SetImageList(&m_imageList);
CString rgstrTemp2[3];
rgstrTemp2[0] = "Tweety";
rgstrTemp2[1] = "Mack";
rgstrTemp2[2] = "Jaws";
COMBOBOXEXITEM cbi2;
cbi2.mask = CBEIF_TEXT|CBEIF_IMAGE|CBEIF_SELECTEDIMAGE|CBEIF_INDENT;
int nBitmapCount = 0;
for (int nCount = 0; nCount < 3; nCount++)
{
    cbi2.iItem = nCount;
    cbi2.pszText = (LPTSTR)(LPCTSTR)rgstrTemp2[nCount];
    cbi2.cchTextMax = 256;
    cbi2.iImage = nBitmapCount++;
    cbi2.iSelectedImage = nBitmapCount++;
    cbi2.iIndent = (nCount & 0x03);
    pCombo2->InsertItem(&cbi2);
}
```

Zuerst beschafft sich der Initialisierungscode mit *GetDlgItem* einen Zeiger auf das Steuerelement. Dann initialisiert er mit *Create* die Bildliste und reserviert den für die Bilder erforderlichen Speicher. Mit den nachfolgenden Aufrufen werden die einzelnen Bitmaps geladen und in die Bildliste eingefügt. Außerdem werden die Windows-Bitmapobjekte wieder beseitigt, die durch das Laden der Ressourcen entstehen.

Mit dem Aufruf *CComboBoxEx::SetImageList* wird die Bildliste aus *m_imageList* ins erweiterte Kombinationsfeld eingetragen. Anschließend wird eine Struktur vom Typ *COMBOBOXEXITEM* mit einer Maske initialisiert. Dann läuft die *for*-Schleife von 0 bis 2 und trägt bei jedem Schleifendurchlauf die Bilder für die Zustände »gewählt« und »nicht gewählt« in die Datenstruktur ein. Es gibt ein Array namens *rgstrTemp*, das die Namen »Tweety«, »Mack« und »Jaws« enthält. Diese Namen werden ebenfalls in die Datenstruktur eingetragen. Die Variable *nBitmapCount* dient zur Orientierung in der Bildliste, damit die richtigen Bild-IDs in die *COMBOBOXEXITEM*-Struktur eingetragen werden. Dann übergibt der Code die Struktur mit *CComboBoxEx::SetItem* wieder ans erweiterte Kombinationsfeld. Anschließend hat der betreffende Listeneintrag das passende Bild.

15. **Fügen Sie weitere Elemente ins zweite erweiterte Kombinationsfeld ein.** Die zweite Möglichkeit, Bilder in ein erweitertes Kombinationsfeld einzufügen, besteht darin, sie dynamisch einzutragen. Der folgende Code, den Sie in die Methode *OnInitDialog* einfügen müssen, illustriert diese Technik:

```
HICON hIcon[8];
int n;
// Fügen wir nun einige bunte Symbole ein
hIcon[0] = AfxGetApp()->LoadIcon(IDI_WHITE);
hIcon[1] = AfxGetApp()->LoadIcon(IDI_BLACK);
hIcon[2] = AfxGetApp()->LoadIcon(IDI_RED);
```

```
hIcon[3] = AfxGetApp()->LoadIcon(IDI_BLUE);
hIcon[4] = AfxGetApp()->LoadIcon(IDI_YELLOW);
hIcon[5] = AfxGetApp()->LoadIcon(IDI_CYAN);
hIcon[6] = AfxGetApp()->LoadIcon(IDI_PURPLE);
hIcon[7] = AfxGetApp()->LoadIcon(IDI_GREEN);
for (n = 0; n < 8; n++) {
    m_imageList.Add(hIcon[n]);
}
static char* color[] = {"weiß", "schwarz", "rot",  "blau",
                        "gelb", "türkis", "lila", "grün"};
cbi2.mask = CBEIF_IMAGE|CBEIF_TEXT|CBEIF_OVERLAY|CBEIF_SELECTEDIMAGE;
for (n = 0; n < 8; n++) {
    cbi2.iItem = n;
    cbi2.pszText = color[n];
    cbi2.iImage = n+6; // Da wir bereits 6 Bilder aus der Bildliste eingefügt
    cbi2.iSelectedImage = n+6; // haben, müssen wir bei n+6 weitermachen
    cbi2.iOverlay = n+6;
    int nItem = pCombo2->InsertItem(&cbi2);
    ASSERT(nItem == n);
}
```

Die Symbole werden hier auf ähnliche Weise hinzugefügt wie im Listenfeldbeispiel Ex08a. Die *for*-Schleife füllt die COMBOBOXEXITEM-Struktur und trägt dann jedes neue Element mit *CComboBoxEx::InsertItem* in die Liste ein.

16. **Fügen Sie einen Meldungshandler für das zweite erweiterte Kombinationsfeld ein.** Wählen Sie in der Klassenansicht die Klasse *CEx08bDialog*, klicken Sie im Eigenschaftenfenster die Schaltfläche *Ereignisse* an, blenden Sie den Eintrag *IDC_COMBOBOX2* ein, wählen Sie die Meldung *CBN_SELCHANGE* und fügen Sie den Handler *OnCbnSelchangeComboboxex2* ein. Im Prinzip ist es derselbe Handler wie beim ersten Kombinationsfeld.

```
void CEx08bDialog::OnCbnSelchangeComboboxex2()
{
    COMBOBOXEXITEM cbi;
    CString str ("Platzhalter");
    CComboBoxEx * pCombo = (CComboBoxEx *)GetDlgItem(IDC_COMBOBOXEX2);
    int nSel = pCombo->GetCurSel();
    cbi.iItem = nSel;
    cbi.pszText = (LPTSTR)(LPCTSTR)str;
    cbi.mask = CBEIF_TEXT;
    cbi.cchTextMax = str.GetLength();
    pCombo->GetItem(&cbi);
    SetDlgItemText(IDC_STATIC8,str);
    return;
}
```

17. **Verknüpfen Sie Ansicht und Dialogfeld.** Fügen Sie in der Datei Ex08bView.cpp die folgende fett gedruckte Zeile in die virtuelle Funktion *OnDraw* ein:

```
void CEx08bView::OnDraw(CDC* pDC)
{
    CEx08vDoc* pDoc = GetDocument();
    ASSERT_VALID(pDoc);

    pDC->TextOut(0, 0, "Drücken Sie hier die linke Maustaste.");
}
```

18. **Fügen Sie die Memberfunktion *OnLButtonDown* in die Klasse *CEx08bView* ein.** Wählen Sie in der Klassenansicht die Klasse *CEx08bView*, klicken Sie im Eigenschaftenfenster die Schaltfläche *Meldungen* an, wählen Sie die Meldung *WM_LBUTTONDOWN* und fügen Sie den Handler *OnLButtonDown* ein.

    ```
    void CEx08aView::OnLButtonDown(UINT nFlags, CPoint point)
    {
        CEx08bDialog dlg;
        dlg.DoModal();
        CView::OnLButtonDown(nFlags, point);
    }
    ```

    Binden Sie außerdem die Datei Ex08bDialog.h in Ex08aView.cpp ein.

    ```
    #include "Ex08bDialog.h"
    ```

19. **Erstellen Sie das Programm und starten Sie es.** Nun können Sie mit den verschiedenen allgemeinen Steuerelementen experimentieren und sich deren Arbeitsweise ansehen.

# 9 ActiveX-Steuerelemente verwenden

| | |
|---|---|
| 190 | ActiveX-Steuerelemente im Vergleich zu normalen Windows-Steuerelementen |
| 192 | ActiveX-Steuerelemente installieren |
| 193 | Das Kalender-Steuerelement |
| 195 | Programmierung von ActiveX-Steuerelementcontainern |
| 200 | Das Beispielprogramm Ex09a: Ein Dialogfeld als ActiveX-Steuerelementcontainer |
| 207 | ActiveX-Steuerelemente in HTML-Dateien |
| 207 | ActiveX-Steuerelemente zur Laufzeit erstellen |
| 208 | Das Beispielprogramm Ex09b: Das ActiveX-Webbrowser-Steuerelement |
| 211 | Bildeigenschaften |
| 212 | Bindbare Eigenschaften: Änderungsbenachrichtigungen |

Viele Entwickler haben lange auf die Möglichkeit gewartet, die Elemente der Benutzerschnittstelle in handliche Komponenten aufzuteilen. Obwohl Windows schon eine ganze Reihe von Schnittstellenelementen anbietet, wie zum Beispiel Schaltflächen und Eingabefelder, ergibt sich immer wieder ein Bedarf an anderen Steuerelementen, zum Beispiel für spezielle grafische Darstellungen oder Tabellen. In der klassischen Windows-Entwicklung heißt die Lösung dieses Problems ActiveX-Steuerelemente (früher als OLE-Steuerelemente oder OCXe bekannt). ActiveX-Steuerelemente lassen sich nicht nur in Visual C++ einsetzen, sondern auch in Visual Basic.

Auch nach der Markteinführung von Microsoft .NET sind ActiveX-Steuerelemente immer noch von Nutzen und es gibt sie in erstaunlicher Vielfalt. Dieses Kapitel handelt vom Einsatz von ActiveX-Steuerelementen in einer Visual C++ .NET-Anwendung. Der entscheidende Punkt ist, dass man ActiveX-Steuerelemente benutzen kann, ohne viel über das Component Object Model (COM) zu wissen, auf dem sie beruhen. Microsoft verlangt auch von Visual Basic-Programmierern nicht, dass sie COM-Experten sein müssen. Zur Entwicklung von ActiveX-Steuerelementen muss man natürlich etwas mehr über COM wissen. COM und die Entwicklung von ActiveX-Steuerelementen mit der ATL wird uns in den Kapiteln 22 bis 28 näher beschäftigen. Falls Sie sich noch ausführlicher mit der Entwicklung von ActiveX-Steuerelementen beschäftigen möchten, sollten Sie sich vielleicht eine Ausgabe von Adam Dennings Buch *ActiveX-Steuerelemente* besorgen (Microsoft Press, 1997). Natürlich schadet es auch nicht, wenn man als normaler Benutzer von ActiveX-Steuerelementen etwas mehr über die Grundlagen der ActiveX-Steuerelemente weiß. Die Kapitel 24, 25 und 30 dieses Buchs eignen sich für den Einstieg. Auch in der .NET-Welt spielt ActiveX eine wichtige Rolle, wenn es um die Entwicklung von maßgeschneiderten, flexiblen Benutzerschnittstellen geht.

# ActiveX-Steuerelemente im Vergleich zu normalen Windows-Steuerelementen

Ein ActiveX-Steuerelement ist ein Softwaremodul, das sich auf die gleiche Weise in einem C++-Programm einsetzen lässt wie ein Windows-Steuerelement. Wenigstens sieht es auf den ersten Blick so aus. Es lohnt sich, die Ähnlichkeiten und Unterschiede zwischen ActiveX-Steuerelementen und den Steuerelementen, die Sie bereits kennen, zu untersuchen.

## Normale Steuerelemente im Rückblick

In Kapitel 8 haben Sie gewöhnliche Windows-Steuerelemente wie das Eingabefeld und das Listenfeld verwendet. Außerdem haben Sie die allgemeinen Steuerelemente von Windows kennen gelernt und erfahren, dass diese eigentlich genauso arbeiten. Bei all diesen Steuerelementen handelt es sich um untergeordnete Fenster, die Sie normalerweise in Dialogfeldern verwenden. In der MFC-Bibliothek sind die Steuerelemente in Form von speziellen Klassen wie *CEdit* und *CTreeCtrl* verfügbar. Das Clientprogramm ist hier immer für die Erstellung des (untergeordneten) Steuerelementfensters verantwortlich.

Normale Steuerelemente senden Benachrichtigungen (gewöhnliche Windows-Meldungen), wie z.B. *BN_CLICKED*, an das Dialogfeld. Wenn ein Steuerelement irgendeine Operation ausführen soll, können Sie eine passende Memberfunktion der C++-Klasse des Steuerelements aufrufen. Sie wird die entsprechende Windows-Meldung an das Steuerelement senden. Sämtliche Steuerelemente sind selbst eigenständige Fenster. Alle MFC-Steuerelementklassen sind von der Fensterklasse *CWnd* abgeleitet. Sie rufen daher die Funktion *CWnd::GetWindowText* auf, wenn Sie den Text aus einem Eingabefeld auslesen möchten. Aber sogar diese Funktion basiert darauf, dass eine entsprechende Meldung an das Steuerelement gesendet wird.

Windows-Steuerelemente sind ein integraler Bestandteil von Windows, obwohl die allgemeinen Steuerelemente in einer separaten DLL untergebracht sind. Eine andere Gattung von Steuerelementen, die so genannten »benutzerdefinierten Steuerelemente«, sind vom Programmierer erstellte Steuerelemente, die wie normale Steuerelemente *WM_COMMAND*-Benachrichtigungen an ihr übergeordnetes Fenster senden und benutzerdefinierte Meldungen empfangen. Sie werden in Kapitel 22 einem Exemplar dieser Gattung begegnen.

## Ähnlichkeiten zwischen ActiveX-Steuerelementen und normalen Steuerelementen

Sie können ein ActiveX-Steuerelement wie ein normales Steuerelement als untergeordnetes Fenster betrachten. Wenn Sie ein ActiveX-Steuerelement in ein Dialogfeld einfügen möchten, können Sie den Dialogeditor hierzu verwenden. Der Bezeichner (ID) des Steuerelements wird auch hier in die Ressourcenvorlage aufgenommen. Wenn Sie ein ActiveX-Steuerelement zur Laufzeit erstellen, rufen Sie die *Create*-Memberfunktion der betreffenden Steuerelementklasse auf. Normalerweise erfolgt dieser Aufruf im *WM_CREATE*-Handler des übergeordneten Fensters. Wenn Sie mit einem ActiveX-Steuerelement arbeiten möchten, können Sie wie bei den Windows-Steuerelementen eine entsprechende C++-Memberfunktion aufrufen. Das Fenster, in dem das Steuerelement eingebettet wurde, nennt man *Container*.

## Unterschiede zwischen ActiveX-Steuerelementen und normalen Steuerelementen: Eigenschaften und Methoden

Die wichtigsten Merkmale von ActiveX-Steuerelementen sind ihre Eigenschaften und Methoden. Sämtliche C++-Memberfunktionen, die Sie zur Bearbeitung eines Steuerelements aufrufen, haben mit Eigenschaften und Methoden zu tun. Eigenschaften haben symbolische Namen, denen ganzzahlige Indizes zugeordnet sind. (Eigentlich sind es *DISPIDs*, aber darauf gehen wir erst in Kapitel 23 genauer ein). Der Entwickler eines Steuerelements gibt jeder Eigenschaft einen Namen, wie beispielsweise *BackColor* oder *GridCellEffect*, und einen bestimmten Typ, wie *CString*, *int* oder *double*. Es gibt sogar einen Bildtyp für Bitmaps und Symbole. Das Clientprogramm kann einzelne Eigenschaften von ActiveX-Steuerelementen ändern, wobei es den ganzzahligen Index der Eigenschaft und den gewünschten neuen Wert angibt, und es kann Eigenschaftswerte ablesen, indem es wieder den Index angibt und den entsprechenden Rückgabewert annimmt. In bestimmten Fällen können Sie in Visual Studio .NET Datenelemente für das Clientfenster definieren, die mit den Eigenschaften der in der Clientklasse enthaltenen Steuerelemente verknüpft sind. Der generierte DDX-Code (Dialog Data Exchange) sorgt dann für den Datenaustausch zwischen den Eigenschaften des Steuerelements und den Datenelementen der Clientklasse.

Die Methoden von ActiveX-Steuerelementen entsprechen Funktionen. Eine Methode hat einen symbolischen Namen, eine definierte Menge von Parametern und einen Rückgabewert. Sie können Methoden aufrufen, indem Sie eine C++-Memberfunktion der Klasse aufrufen, die das Steuerelement repräsentiert. Entwickler von Steuerelementen können nach Bedarf beliebige Methoden definieren, wie zum Beispiel *PreviousYear*, *LowerControlRods* usw.

ActiveX-Steuerelemente senden keine *WM_*-Benachrichtigungen wie die normalen Steuerelemente, sondern sie »lösen Ereignisse aus«. Ein Ereignis hat einen symbolischen Namen und es kann eine beliebige Folge von Parametern haben. Eigentlich ist es eine Funktion des Containers, die vom Steuerelement aufgerufen wird. Wie die Benachrichtigungen normaler Steuerelemente geben Ereignisse keinen Wert an das ActiveX-Steuerelement zurück. Beispiele für Ereignisse sind *Click*, *KeyDown* und *NewMonth*. Ereignisse werden ebenso auf die Clientklasse abgebildet wie die normalen Benachrichtigungen der Steuerelemente.

Aus der Perspektive der MFC-Bibliothek verhalten sich ActiveX-Steuerelemente genauso wie untergeordnete Fenster: Allerdings befindet sich zwischen dem Containerfenster und dem Steuerelementfenster eine beträchtliche Menge an Code. Steuerelemente müssen nicht einmal ein Fenster besitzen. Wenn Sie *Create* aufrufen, wird das Fenster nicht sofort erstellt, sondern der Steuerelementcode wird geladen und erhält den Befehl zur »direkten Aktivierung«. Das ActiveX-

Steuerelement erstellt dann selbst sein Fenster, auf das Sie mit MFC-Funktionen über einen *CWnd*-Zeiger zugreifen können. Es empfiehlt sich für den Client allerdings nicht, das *hWnd*-Fensterhandle des Steuerelements direkt zu verwenden.

ActiveX-Steuerelemente werden in DLLs gespeichert, wobei die DLL ein oder mehrere ActiveX-Steuerelemente enthalten und statt der Dateinamenserweiterung DLL die Erweiterung OCX haben kann. Ihr Containerprogramm lädt die DLLs nach Bedarf mit Hilfe komplizierter COM-Techniken, bei denen die Windows-Registrierung eine zentrale Rolle spielt. Geben Sie sich vorerst mit der Aussage zufrieden, dass im Entwurfsmodus angegebene ActiveX-Steuerelemente während der Programmausführung für Sie geladen werden. Es liegt auf der Hand, dass Sie die DLL- bzw. OCX-Dateien und ein entsprechendes Installationsprogramm mitliefern müssen, wenn Sie ein Programm anbieten, das spezielle ActiveX-Steuerelemente verwendet.

## ActiveX-Steuerelemente installieren

Angenommen, Sie sind auf ein tolles ActiveX-Steuerelement gestoßen, das Sie in Ihrem Projekt verwenden möchten. Dazu müssen Sie zuerst einmal die DLL auf Ihre Festplatte kopieren. Natürlich können Sie die DLL in ein beliebiges Verzeichnis kopieren, aber Sie behalten leichter den Überblick über Ihre ActiveX-Steuerelemente, wenn Sie die DLLs an einem speziellen Ort sammeln, wie etwa dem Systemverzeichnis (normalerweise \Windows\System bei Microsoft Windows 95 oder \Winnt\ System32 bei Microsoft Windows NT). Kopieren Sie die zugehörigen Dateien, wie Hilfedateien (HLP) oder Lizenzierungsdateien (LIC), in dasselbe Verzeichnis.

Als Nächstes müssen Sie die ActiveX-Steuerelemente in der Windows-Registrierung registrieren. Eigentlich registrieren sich ActiveX-Steuerelemente selbst, sobald ein Clientprogramm eine spezielle exportierte Funktion aufruft. Das Windows-Dienstprogramm Regsvr32 ist ein Dienstprogramm, das mit dem Steuerelementnamen auf der Befehlszeile aufgerufen werden kann. Regsvr32 eignet sich daher besonders für Installationsskripte. Mit einem anderen Programm namens RegComp, das im Verzeichnis REGCOMP der Begleit-CD dieses Buch enthalten ist, können Sie die Steuerelemente, die Sie registrieren möchten, sogar mit Hilfe eines Dialogfelds auf der Festplatte suchen. Für einige Steuerelemente gelten bestimmte Lizenzierungsbedingungen, die unter Umständen zusätzliche Einträge in der Registrierung erfordern. (Nähere Informationen über die Windows-Registrierung finden Sie in den Kapiteln 15, 17, 24 und 25.) Lizenzierte Steuerelemente werden in der Regel mit einem eigenen Installationsprogramm ausgeliefert, das sich um diese Dinge kümmert.

Nachdem Sie Ihr ActiveX-Steuerelement registriert haben, müssen Sie es in jedem Projekt installieren, in dem es verwendet wird. Die OCX-Datei wird hierbei nicht kopiert, sondern die Installation bewirkt, dass Visual Studio .NET eine Kopie der C++-Klasse für das Steuerelement generiert, mit der sich das Steuerelement programmieren lässt.

Zur Aufnahme eines ActiveX-Steuerelements in ein Projekt wählen Sie im *Projekt*-Menü *Klasse hinzufügen* und dann *MFC-Klasse von ActiveX-Steuerelement*, wie in der folgenden Abbildung:

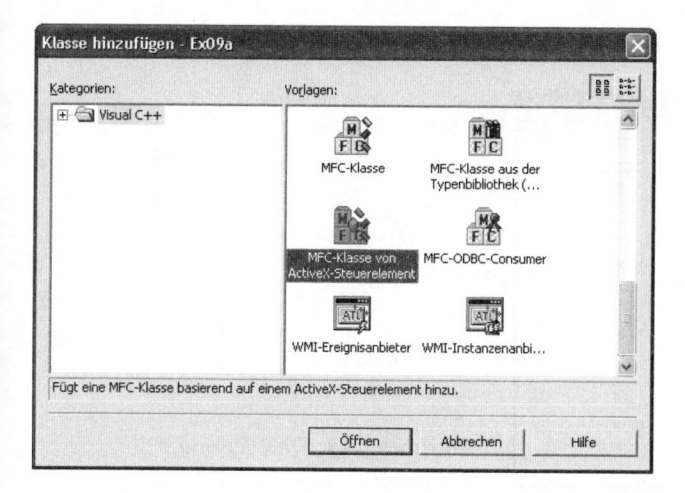

Wählen Sie im *Assistenten zum Hinzufügen von Klassen aus ActiveX-Steuerelementen* ein ActiveX-Steuerelement. Dieser Assistent zeigt eine Liste aller ActiveX-Steuerelemente an, die derzeit auf Ihrem System registriert sind. Eine typische Liste sieht zum Beispiel so aus:

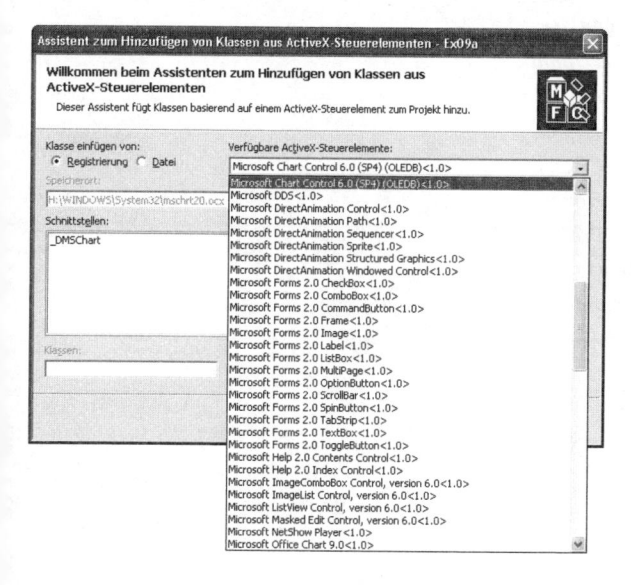

# Das Kalender-Steuerelement

Das in der Datei MSCal.ocx enthaltene Kalender-Steuerelement ist ein so verbreitetes ActiveX-Steuerelement, dass es wahrscheinlich bereits auf Ihrem Computer installiert und registriert ist. Machen Sie sich keine Gedanken, falls dem nicht so ist. Sie finden es auf der Begleit-CD zu diesem Buch.

Abbildung 9.1 zeigt das Kalender-Steuerelement in einem modalen Dialogfeld.

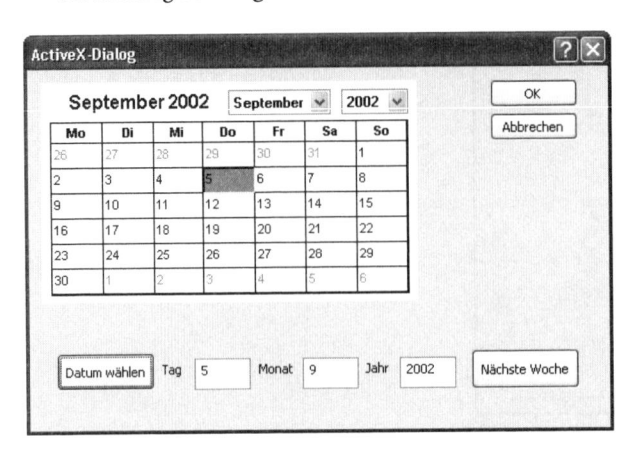

**Abbildung 9.1:** *Das Kalender-Steuerelement im Einsatz*

Das Kalender-Steuerelement wird zusammen mit einer Hilfedatei ausgeliefert, in der die in Tabelle 9.1 aufgeführten Eigenschaften, Methoden und Ereignisse beschrieben werden.

| Eigenschaften | Methoden | Ereignisse |
|---|---|---|
| BackColor | AboutBox | AfterUpdate |
| Day | NextDay | BeforeUpdate |
| DayFont | NextMonth | Click |
| DayFontColor | NextWeek | DblClick |
| DayLength | NextYear | KeyDown |
| FirstDay | PreviousDay | KeyPress |
| GridCellEffect | PreviousMonth | KeyUp |
| GridFont | PreviousWeek | NewMonth |
| GridFontColor | PreviousYear | NewYear |
| GridLinesColor | Refresh | |
| Month | Today | |
| MonthLength | | |
| ShowDateSelectors | | |
| ShowDays | | |
| ShowHorizontalGridlines | | |
| ShowTitle | | |
| ShowVerticalGridlines | | |
| TitleFont | | |
| TitleFontColor | | |
| Value | | |
| ValueIsNull | | |
| Year | | |

***Tabelle 9.1:*** *Eigenschaften, Methoden und Ereignisse des Kalender-Steuerelements*

Sie werden später in diesem Kapitel (Beispiel Ex09a) mit den Eigenschaften *BackColor*, *Day*, *Month*, *Year* und *Value* arbeiten. *BackColor* hat den Datentyp *unsigned long*, wird aber wie eine *OLE_COLOR*-Struktur behandelt, und diese Struktur ist fast identisch mit *COLORREF*. *Day*, *Month* und *Year* sind short Integer. *Value* hat den besonderen Datentyp *VARIANT*, der in Kapitel 23 beschrieben wird. Das gesamte Datum wird hier in einem 64-Bit-Wert gespeichert.

Für die oben aufgeführten Eigenschaften, Methoden und Ereignisse gibt es eine entsprechende Integerkennung. Informationen über Namen, Typen, Parameter und Integer-IDs werden im Steuerelement gespeichert und sind während der Entwicklung in Visual Studio .NET zugänglich.

# Programmierung von ActiveX-Steuerelementcontainern

MFC und Visual Studio .NET helfen Ihnen beim Einsatz von ActiveX-Steuerelementen in Dialogfeldern und in »untergeordneten Fenstern«. Um ActiveX-Steuerelemente einsetzen zu können, müssen Sie verstehen, wie man auf die Eigenschaften eines Steuerelements zugreift und wie der Datenaustausch zwischen der Anwendung und diesen Eigenschaften funktioniert.

## Zugriff auf Eigenschaften

Entwickler von ActiveX-Steuerelementen legen bestimmte Eigenschaften fest, auf die im Entwurfsmodus zugegriffen werden kann. Diese Eigenschaften werden im Fenster *Eigenschaften* von Visual Studio .NET festgelegt. Sie werden dort sichtbar, sobald Sie das Steuerelement im Dialogeditor anklicken. Beim Kalender-Steuerelement sieht das Eigenschaftenfenster zum Beispiel so aus:

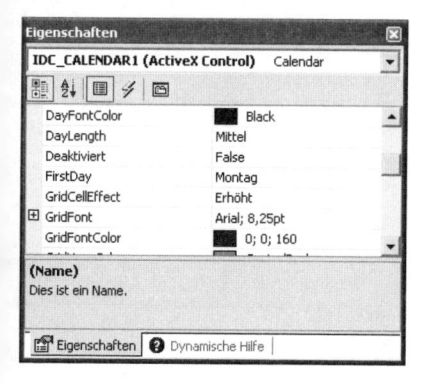

Auf sämtliche Eigenschaften des Steuerelements, auch die im Entwurfsmodus verfügbaren Eigenschaften, kann während der Ausführung zugegriffen werden. Einige Eigenschaften sind dann aber unter Umständen schreibgeschützt.

# C++-Klassen für ActiveX-Steuerelemente

Wenn Sie ein ActiveX-Steuerelement in ein Projekt einfügen, generiert Visual Studio .NET eine von *CWnd* abgeleitete C++-Wrapperklasse, die auf die Methoden und Eigenschaften dieses Steuerelements zugeschnitten ist. Diese Klasse weist Memberfunktionen für alle Eigenschaften und Methoden auf und bietet Konstruktoren, die Sie zur dynamischen Erstellung einer Steuerelementinstanz verwenden können. (Visual Studio .NET generiert auch Klassen für Objekte, die vom Steuerelement verwendet werden.) Nachfolgend sind einige typische Memberfunktionen aus der Datei Calendar.cpp abgedruckt, die der Klassenassistent für das Kalender-Steuerelement erstellt hat.

```cpp
unsigned long get_Hintergrundfarbe()
{
    unsigned long result;
    InvokeHelper(DISPID_BACKCOLOR, DISPATCH_PROPERTYGET, VT_UI4, (void*)&result, NULL);
    return result;
}
void put_Hintergrundfarbe(unsigned long newValue)
{
    static BYTE parms[] = VTS_UI4 ;
    InvokeHelper(DISPID_BACKCOLOR, DISPATCH_PROPERTYPUT, VT_EMPTY, NULL, parms, newValue);
}
short get_Tag()
{
    short result;
    InvokeHelper(0x11, DISPATCH_PROPERTYGET, VT_I2, (void*)&result, NULL);
    return result;
}
void put_Tag(short newValue)
{
    static BYTE parms[] = VTS_I2 ;
    InvokeHelper(0x11, DISPATCH_PROPERTYPUT, VT_EMPTY, NULL, parms, newValue);
}
LPDISPATCH get_TagSchriftart()
{
    LPDISPATCH result;
    InvokeHelper(0x1, DISPATCH_PROPERTYGET, VT_DISPATCH, (void*)&result, NULL);
    return result;
}
void put_TagSchriftart(LPDISPATCH newValue)
{
    static BYTE parms[] = VTS_DISPATCH ;
    InvokeHelper(0x1, DISPATCH_PROPERTYPUT, VT_EMPTY, NULL, parms, newValue);
}
unsigned long get_TagSchriftfarbe()
{
    unsigned long result;
    InvokeHelper(0x2, DISPATCH_PROPERTYGET, VT_UI4, (void*)&result, NULL);
    return result;
}
void put_TagSchriftfarbe(unsigned long newValue)
{
    static BYTE parms[] = VTS_UI4 ;
    InvokeHelper(0x2, DISPATCH_PROPERTYPUT, VT_EMPTY, NULL, parms, newValue);
}
```

```
short get_LängeDesTages()
{
    short result;
    InvokeHelper(0x12, DISPATCH_PROPERTYGET, VT_I2, (void*)&result, NULL);
    return result;
}
void put_LängeDesTages(short newValue)
{
    static BYTE parms[] = VTS_I2 ;
    InvokeHelper(0x12, DISPATCH_PROPERTYPUT, VT_EMPTY, NULL, parms, newValue);
}
short get_ErsterTag()
{
    short result;
    InvokeHelper(0x13, DISPATCH_PROPERTYGET, VT_I2, (void*)&result, NULL);
    return result;
}
void put_ErsterTag(short newValue)
{
    static BYTE parms[] = VTS_I2 ;
    InvokeHelper(0x13, DISPATCH_PROPERTYPUT, VT_EMPTY, NULL, parms, newValue);
}
void NextDay()
{
    InvokeHelper(0x16, DISPATCH_METHOD, VT_EMPTY, NULL, NULL);
}
void NextMonth()
{
    InvokeHelper(0x17, DISPATCH_METHOD, VT_EMPTY, NULL, NULL);
}
void NextWeek()
{
    InvokeHelper(0x18, DISPATCH_METHOD, VT_EMPTY, NULL, NULL);
}
void NextYear()
{
    InvokeHelper(0x19, DISPATCH_METHOD, VT_EMPTY, NULL, NULL);
}
void Today()
{
    InvokeHelper(0x1e, DISPATCH_METHOD, VT_EMPTY, NULL, NULL);
}
void AboutBox()
{
    InvokeHelper(DISPID_ABOUTBOX, DISPATCH_METHOD, VT_EMPTY, NULL, NULL);
}
```

Sie brauchen sich kaum mit den Anweisungen innerhalb dieser Funktionen zu beschäftigen. Im ersten Argument der *InvokeHelper*-Aufrufe finden Sie die Dispatch-ID für die entsprechende Eigenschaft oder Methode aus der Eigenschaftenliste des Kalender-Steuerelements. Wie Sie sehen, verfügen alle Eigenschaften über separate *put_*- und *get_*-Funktionen. Zum Aufruf einer Methode rufen Sie einfach die entsprechende Funktion auf. Wenn Sie beispielsweise die Methode *NextDay* über eine Funktion der Dialogklasse aufrufen möchten, formulieren Sie dies wie folgt:

```
m_calendar.NextDay();
```

In diesem Fall ist *m_calendar* ein Objekt der Klasse *CCalendar*, der Wrapperklasse für das Kalender-Steuerelement.

## Unterstützung des MFC-Anwendungsassistenten für ActiveX-Steuerelemente

Wenn im MFC-Anwendungsassistenten die Option *ActiveX-Steuerelemente* aktiviert ist (Standardeinstellung), fügt der Anwendungsassistent folgende Zeile in die Memberfunktion *InitInstance* Ihrer Anwendungsklasse ein:

```
AfxEnableControlContainer();
```

Er fügt zudem folgende Zeile in die Datei StdAfx.h des Projekts ein:

```
#include <afxdisp.h>
```

Wenn Sie ActiveX-Steuerelemente in ein bestehendes Projekt aufnehmen, das die obigen beiden Zeilen nicht enthält, können Sie die Zeilen einfach von Hand nachtragen.

## Der MFC-Klassenassistent und das Container-Dialogfeld

Wenn Sie schon einmal mit dem Dialogeditor eine Dialogressource erstellt haben, dann wissen Sie, dass Sie mit dem MFC-Klassenassistenten eine C++-Klasse für das Dialogfenster generieren können. Falls Ihre Dialogfeldvorlage ein oder mehrere ActiveX-Steuerelemente enthält, können Sie mit dem *Assistenten zum Hinzufügen von Membervariablen* Datenelemente hinzufügen und im Eigenschaftenfenster der Klassenansicht die erforderlichen Ereignishandler einfügen.

### Datenelemente der Dialogklasse oder Steuerelementklasse verwenden

Welche Art von Datenelementen können Sie zur Dialogklasse für ein ActiveX-Steuerelement hinzufügen? Wenn Sie eine Steuerelementeigenschaft festlegen wollen, bevor Sie die Funktion *DoModal* für das Dialogfeld aufrufen, dann können Sie ein entsprechendes Datenelement für diese Eigenschaft in die Dialogklasse aufnehmen. Falls Sie Eigenschaften innerhalb der Memberfunktionen der Dialogklasse ändern möchten, müssen Sie einen anderen Ansatz wählen: Sie fügen ein Datenelement ein, das ein Objekt der Wrapperklasse des ActiveX-Steuerelements ist.

An dieser Stelle sollten wir uns die MFC-Mechanismen zum Dialogdatenaustausch (DDX) ansehen. Denken Sie zurück an das große Dialogfeld aus Kapitel 8. Die Funktion *CDialog::OnInitDialog* ruft *CWnd::UpdateData(FALSE)* auf, um die Datenelemente der Dialogklasse einzulesen, und die Funktion *CDialog::OnOK* ruft *UpdateData(TRUE)* auf, um die Datenelemente zu schreiben. Angenommen, Sie würden für jede ActiveX-Steuerelementeigenschaft ein Datenelement definieren und bräuchten den Wert der Eigenschaft *Value* in einem Schaltflächenhandler. Wenn Sie in diesem Schaltflächenhandler *UpdateData(FALSE)* aufrufen, liest die Funktion alle Eigenschaftswerte von allen Steuerelementen des Dialogfelds ein. Und das ist eindeutig Zeitverschwendung. Es ist effizienter, die Verwendung eines Datenelements zu vermeiden und stattdessen die *get_*-Funktion der Wrapperklasse zu verwenden. Damit Sie diese Funktion aufrufen können, müssen Sie Visual Studio .NET erst sagen, dass es ein Objekt der Wrapperklasse als Datenelement hinzufügen soll.

Nehmen wir an, Sie haben eine Kalender-Wrapperklasse *CCalendar* und das Datenelement *m_calendar* in Ihrer Dialogklasse definiert. Mit folgender Anweisung würden Sie dann den Wert der Eigenschaft *Value* erhalten:

```
COleVariant var = m_calendar.get_Value();
```

**HINWEIS:** Der Typ *VARIANT* und die Klasse *COleVariant* werden in Kapitel 23 beschrieben.

Betrachten wir nun einen anderen Fall: Angenommen, Sie möchten als Tag den 5. des Monats einstellen, bevor das Steuerelement angezeigt wird. Sie definieren dazu in der Dialogklasse das Datenelement *m_sCalDay* für die Eigenschaft *Day* (Typ *short*). Dann fügen Sie die folgende Codezeile in die Funktion *DoDataExchange* ein:

```
DDX_OCShort(pDX, IDC_CALENDAR1, 0x11, m_sCalDay);
```

Das dritte Argument ist der Indexwert (der DispID-Wert) aus der Eigenschaft *Day*, den Sie in den Funktionen *get_Tag* und *put_Tag* finden, die Visual Studio .NET für das Steuerelement generiert hat. Mit folgenden Anweisungen können Sie das Dialogfeld aufbauen und anzeigen:

```
CMyDialog dlg;
dlg.m_sCalDay = 5;
dlg.DoModal();
```

Die DDX-Funktion weist der Eigenschaft den im Datenelement angegebenen Wert zu, bevor das Steuerelement angezeigt wird. Es sind hierzu keine weiteren Anweisungen erforderlich. Wie zu erwarten ist, weist die DDX-Routine dem Datenelement den aktuellen Wert der Eigenschaft zu, sobald der Benutzer die Schaltfläche OK anklickt.

**HINWEIS:** Auch wenn Visual Studio .NET die Eigenschaften eines Steuerelements korrekt einliest, kann es nicht immer für sämtliche Eigenschaften Datenelemente generieren. Insbesondere gibt es keine DDX-Funktionen für Eigenschaften vom Typ *VARIANT*, wie zum Beispiel die Eigenschaft *Value* des Kalender-Steuerelements. Verwenden Sie für solche Eigenschaften die C++-Wrapperklasse.

## ActiveX-Steuerelementereignisse verarbeiten

Im Eigenschaftenfenster der Klassenansicht können Sie für ActiveX-Steuerelementereignisse auf die gleiche Weise Handler definieren wie für die Windows-Meldungen und Befehlsmeldungen von anderen Steuerelementen. Wenn eine Dialogklasse ein oder mehrere ActiveX-Steuerelemente enthält, definiert und verwaltet der Codeassistent aus dem Eigenschaftenfenster eine Ereignisempfängertabelle, mit der Ereignisse den zugehörigen Handlern zugeordnet werden. Den entsprechenden Code finden Sie in den Dateien ActiveXDialog.h und ActiveXDialog.cpp (dazu später mehr).

**HINWEIS:** ActiveX-Steuerelemente haben die unschöne Angewohnheit, Ereignisse auszulösen, bevor Ihr Programm sie verarbeiten kann. Wenn Ihr Ereignishandler mit Fenstern oder Zeigern auf C++-Objekten arbeitet, sollten Sie die Gültigkeit dieser Elemente überprüfen, bevor Sie sie verwenden.

## ActiveX-Steuerelemente im Speicher halten

Normalerweise bleibt ein ActiveX-Steuerelement so lange einem Prozess zugeordnet, wie das zugehörige übergeordnete Dialogfeld aktiv ist. Dies bedeutet, dass es jedes Mal wieder erneut geladen werden muss, wenn der Benutzer ein modales Dialogfeld öffnet. Da ein Plattencache benutzt wird, dauern nachfolgende Ladevorgänge normalerweise nicht so lange wie der erste Ladevorgang. Sie können die Ausführungsgeschwindigkeit jedoch weiter beschleunigen, indem Sie das Steuerelement im Speicher halten. Fügen Sie dazu in der überschriebenen *OnInitDialog*-Funktion nach dem Basisklassenaufruf die folgende Codezeile ein:

```
AfxOleLockControl(m_calendar.GetClsid());
```

---

*ActiveX-Steuerelemente verwenden* **199**

Das ActiveX-Steuerelement bleibt dem Prozess zugeordnet, bis Sie Ihr Programm beenden oder die Funktion *AfxOleUnlockControl* aufrufen.

## Das Beispielprogramm Ex09a: Ein Dialogfeld als ActiveX-Steuerelementcontainer

Es wird Zeit, eine Anwendung zu schreiben, in der das Kalender-Steuerelement in einem Dialogfeld verwendet wird. Mit folgenden Schritten erstellen Sie das Beispielprogramm Ex09a:

1. **Überprüfen Sie, ob das Kalender-Steuerelement registriert ist.** Falls das Steuerelement nicht in Ihrem Systemordner erscheint, kopieren Sie die Dateien MSCal.ocx, MSCal.hlp und MSCal.cnt in den Systemordner und registrieren das Steuerelement mit dem Programm REGCOMP.
2. **Generieren Sie das Projekt Ex09a mit dem MFC-Anwendungsassistenten.** Übernehmen Sie alle Standardeinstellungen bis auf die beiden folgenden Ausnahmen: Wählen Sie *Einfaches Dokument* und löschen Sie die Markierung von *Drucken und Druckvorschau*. Sorgen Sie dafür, dass die Option *ActiveX-Steuerelemente* auf der Seite *Erweiterte Features* markiert ist.

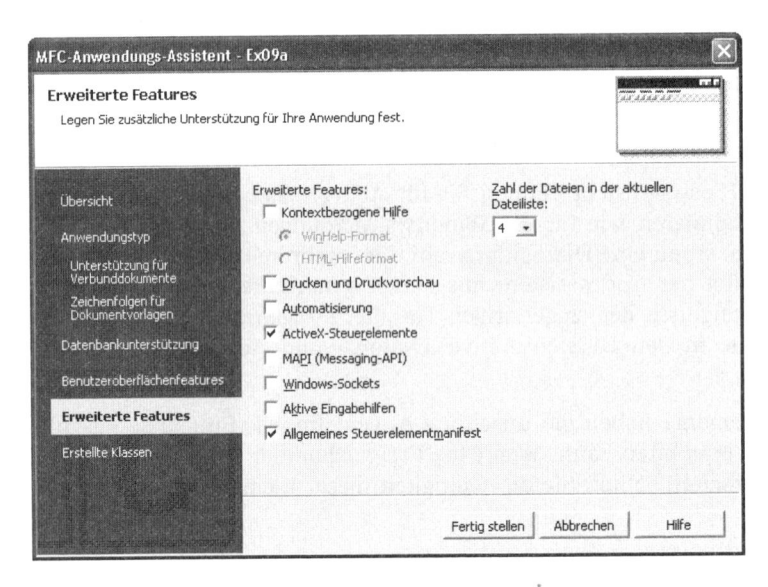

3. **Nehmen Sie das Kalender-Steuerelement ins Projekt Ex09a auf.** Wählen Sie im *Projekt*-Menü von Visual C++ .NET *Klasse hinzufügen*. Wählen Sie *MFC-Klasse von ActiveX-Steuerelement* und klicken Sie auf *Öffnen*. Wählen Sie *Kalender-Steuerelement 9.0* aus der Liste der verfügbaren Steuerelemente aus, die der *Assistent zum Hinzufügen von Klassen aus ActiveX-Steuerelementen* anzeigt. Visual Studio .NET generiert im Verzeichnis von Ex09a die passende Klasse. Der *Assistent zum Hinzufügen von Klassen aus ActiveX-Steuerelementen* sieht so aus:

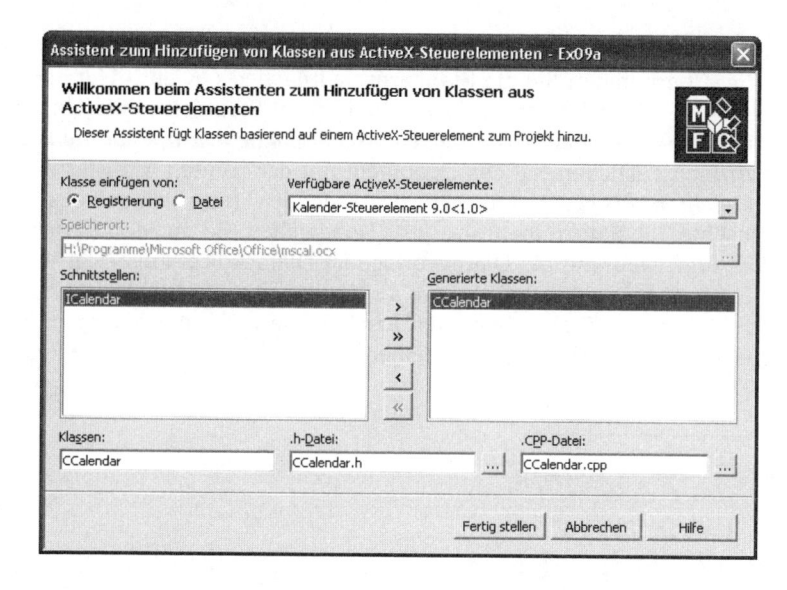

4. **Bearbeiten Sie die Kalender-Steuerelementklasse, damit Meldungen des Hilfesystems verarbeitet werden.** Fügen Sie folgenden Meldungstabelleneintrag in die Datei Calendar.cpp ein:

```
BEGIN_MESSAGE_MAP(CCalendar, CWnd)
    ON_WM_HELPINFO()
END_MESSAGE_MAP()
```

Fügen Sie in diese Datei auch die Funktion *OnHelpInfo* ein:

```
BOOL CCalendar::OnHelpInfo(HELPINFO* pHelpInfo)
{
    // Bearbeiten Sie die Pfadangabe so, dass sie zu Ihrem System passt
    ::WinHelp(GetSafeHwnd(), "c:\\winnt\\system32\\mscal.hlp",
              HELP_FINDER, 0);
    return FALSE;
}
```

Fügen Sie den Funktionsprototyp in Calendar.h ein und deklarieren Sie die Meldungstabelle:

```
protected:
    afx_msg BOOL OnHelpInfo(HELPINFO* pHelpInfo);
    DECLARE_MESSAGE_MAP()
```

Die Funktion *OnHelpInfo* wird aufgerufen, wenn der Benutzer die Taste **F1** drückt, solange das Kalender-Steuerelement den Eingabefokus besitzt. Wir müssen den Eintrag für die Meldungstabelle von Hand einfügen, da Visual Studio .NET die generierten ActiveX-Klassen nicht mehr ändert.

**HINWEIS:** Das Makro *ON_WM_HELPINFO* ist für die Abbildung der Meldung *WM_HELP* zuständig. Sie können *ON_WM_HELPINFO* in jeder Ansichts- oder Dialogklasse einsetzen. Dann brauchen Sie nur noch einen Handler zu schreiben, der das gewünschte Hilfesystem aktiviert.

5. **Erstellen Sie mit dem Dialogeditor eine neue Dialogressource.** Wählen Sie im Menü *Projekt* von Visual C++ .NET den Befehl *Ressource hinzufügen* und dann *Dialog*. Der Dialogeditor weist dem neuen Dialog die ID *IDD_DIALOG1* zu. Ändern Sie diese ID in *IDD_ACTIVEX-*

*DIALOG*, ändern Sie den Dialogfeldtitel in *ActiveX-Dialog* und aktivieren Sie die Dialogfeldeigenschaft *Kontexthilfe*. Übernehmen Sie die Standardschaltflächen *OK* und *Abbrechen* mit den IDs *IDOK* und *IDCANCEL* und fügen Sie dann die übrigen Steuerelemente ein, die in Abbildung 9.1 dargestellt sind. Aktivieren Sie bei der Schaltfläche *Datum wählen* die Eigenschaft *Standardschaltfläche*. Klicken Sie das Dialogfeld mit der rechten Maustaste an, wählen Sie *ActiveX-Steuerelement einfügen* und dann das Kalender-Steuerelement aus der Liste. Legen Sie die gewünschte Tabulatorreihenfolge fest. Dazu geben Sie im Menü *Format* den Befehl *Tabulatorreihenfolge*, während die Dialogvorlage im Dialogeditor angezeigt wird. Dann klicken Sie die Steuerelemente in der Reihenfolge an, in der sie mit der Tabulatortaste angesteuert werden sollen. Neben den Steuerelementen erscheint jeweils eine Nummer. Sie gibt die Position des Steuerelements in der Tabulatorreihenfolge an. Geben Sie den Steuerelementen die folgenden IDs.

| Steuerelement | ID |
|---|---|
| Kalender-Steuerelement | IDC_CALENDAR1 |
| Schaltfläche Datum wählen | IDC_SELECTDATE |
| Eingabefeld | IDC_DAY |
| Eingabefeld | IDC_MONTH |
| Eingabefeld | IDC_YEAR |
| Schaltfläche Nächste Woche | IDC_NEXTWEEK |

6. **Erstellen Sie mit Visual Studio .NET die Klasse *CActiveXDialog*.** Wählen Sie im *Projekt*-Menü von Visual C++ .NET *Klasse hinzufügen*. Wählen Sie die *MFC-Klasse* und klicken Sie auf *Öffnen*. Leiten Sie im MFC-Klassenassistenten für die Vorlage *IDD_ACTIVEXDIALOG* eine Klasse von *CDialog* ab. Achten Sie darauf, dass Sie tatsächlich *CDialog* als Basisklasse benutzen. Geben Sie der Klasse den Namen *CActiveXDialog*.

Klicken Sie die Klasse *CActiveXDialog* in der Klassenansicht mit der rechten Maustaste an und wählen Sie *Eigenschaften*. Klicken Sie in der Symbolleiste des Eigenschaftenfensters die Schaltfläche *Überschreibungen* an, damit das Fenster die virtuellen Funktionen von *CActiveXDialog* anzeigt. Fügen Sie die Überschreibungen für *OnInitDialog* und *OnOK* ein.

Klicken Sie auf der Symbolleiste des Eigenschaftenfensters die Schaltfläche *Ereignisse* an und fügen Sie die Meldungshandler ein, die in der folgenden Tabelle aufgelistet werden. Zum Einfügen eines Meldungshandlers klicken Sie eine Objekt-ID an, klicken auf das betreffende Ereignis, klicken das Dropdown-Kombinationsfeld an, das neben dem Eintrag erscheint, und wählen *<Hinzufügen>*. Die Funktion wird in den Code eingefügt und im Codeeditor angezeigt.

| Objekt-ID | Ereignis | Memberfunktion |
|---|---|---|
| IDC_CALENDAR1 | NewMonth | NewMonthCalendar1 |
| IDC_SELECTDATE | BN_CLICKED | OnBnClickedSelectdate |
| IDC_NEXTWEEK | BN_CLICKED | OnBnClickedNextweek |

7. **Fügen Sie mit dem *Assistenten zum Hinzufügen von Membervariablen* Datenelemente in die Klasse *CActiveXDialog* ein.** Klicken Sie *CActiveXDialog* in der Klassenansicht mit der rechten Maustaste an, wählen Sie im Kontextmenü *Variable hinzufügen* und fügen Sie die Datenelemente *m_calendar*, *m_sDay*, *m_sMonth* und *m_sYear* ein, wie hier gezeigt.

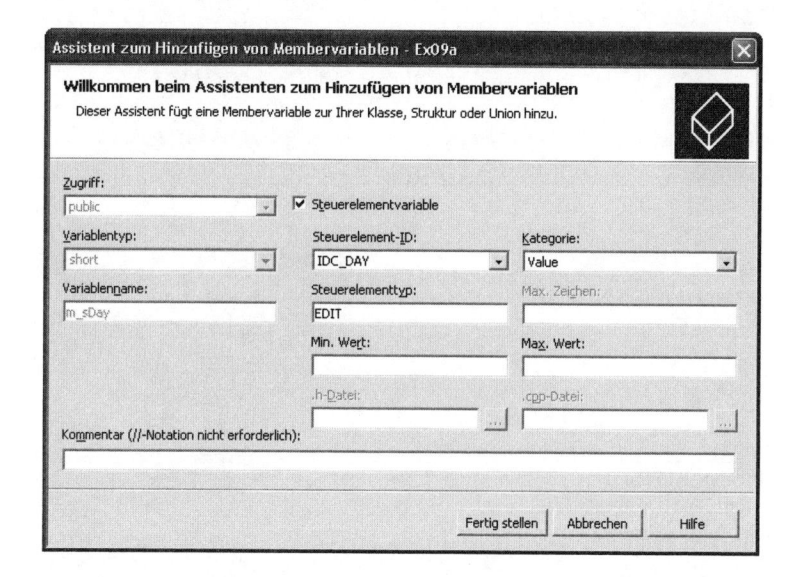

8. **Bearbeiten Sie die Klasse *CActiveXDialog*.** Fügen Sie die Datenelemente *m_varValue* und *m_BackColor* hinzu, und bearbeiten Sie dann die beiden Überschreibungsfunktionen und die drei Handler (*OnInitDialog, NewMonthCalendar1, OnBnClickedSelectdate, OnBnClicked-Nextweek* und *OnOK*). Die folgenden Zeilen stellen den Code der Dialogklasse dar, wobei der neue Code fett gedruckt ist.

**ActiveXDialog.h**

```
#pragma once
#include "ccalendar.h"
// CActiveXDialog-Dialogfeld

class CActiveXDialog : public CDialog
{   DECLARE_DYNAMIC(CActiveXDialog)
public:
    CActiveXDialog(CWnd* pParent = NULL);   // Standardkonstruktor
    virtual ~CActiveXDialog();
// Dialogfelddaten
    enum { IDD = IDD_ACTIVEXDIALOG };
protected:
    virtual void DoDataExchange(CDataExchange* pDX);    // DDX/DDV-Unterstützung
    DECLARE_MESSAGE_MAP()
    virtual void OnOK();
public:
    virtual BOOL OnInitDialog();
    DECLARE_EVENTSINK_MAP()
    void NewMonthCalendar1();
    afx_msg void OnBnClickedSelectdate();
    afx_msg void OnBnClickedNextweek();

    CCalendar m_calendar;
    short m_sDay;
    short m_sMonth;
```

```
    short m_sYear;
public:
    COleVariant m_varValue;
    unsigned long m_BackColor;
};
```

## ActiveXDialog.cpp

```
// ActiveXDialog.cpp : Implementierungsdatei
//
#include "stdafx.h"
#include "Ex09a.h"
#include "ActiveXDialog.h"

// CActiveXDialog-Dialogfeld
IMPLEMENT_DYNAMIC(CActiveXDialog, CDialog)
CActiveXDialog::CActiveXDialog(CWnd* pParent /*=NULL*/)
    : CDialog(CActiveXDialog::IDD, pParent)
    , m_sDay(0)
    , m_sMonth(0)
    , m_sYear(0)
{
    m_BackColor = 0x8000000F;
}
CActiveXDialog::~CActiveXDialog()
{
}
void CActiveXDialog::DoDataExchange(CDataExchange* pDX)
{
    CDialog::DoDataExchange(pDX);
    DDX_Control(pDX, IDC_CALENDAR1, m_calendar);
    DDX_Text(pDX, IDC_DAY, m_sDay);
    DDX_Text(pDX, IDC_MONTH, m_sMonth);
    DDX_Text(pDX, IDC_YEAR, m_sYear);
    DDX_OCColor(pDX, IDC_CALENDAR1, DISPID_BACKCOLOR, m_BackColor);
}
BEGIN_MESSAGE_MAP(CActiveXDialog, CDialog)
    ON_BN_CLICKED(IDC_SELECTDATE, OnBnClickedSelectdate)
    ON_BN_CLICKED(IDC_NEXTWEEK, OnBnClickedNextweek)
END_MESSAGE_MAP()
// CActiveXDialog-Meldungshandler
void CActiveXDialog::OnOK()
{
    CDialog::OnOK();
    m_varValue = m_calendar.get_Wert(); // kein DDX für VARIANTs
}
BOOL CActiveXDialog::OnInitDialog()
{
    CDialog::OnInitDialog();
    m_calendar.put_Wert(m_varValue); // kein DDX für VARIANTs
    return TRUE;  // return TRUE unless you set the focus to a control
```

```
    // AUSNAHME: OCX-Eigenschaftenseite muss FALSE zurückgeben.
}
BEGIN_EVENTSINK_MAP(CActiveXDialog, CDialog)
    ON_EVENT(CActiveXDialog, IDC_CALENDAR1, 3, NewMonthCalendar1, VTS_NONE)
END_EVENTSINK_MAP()
void CActiveXDialog::NewMonthCalendar1()
{
    AfxMessageBox("Ereignis: CActiveXDialog::NewMonthCalendar1");
}
void CActiveXDialog::OnBnClickedSelectdate()
{
    CDataExchange dx(this, TRUE);
    DDX_Text(&dx, IDC_DAY, m_sDay);
    DDX_Text(&dx, IDC_MONTH, m_sMonth);
    DDX_Text(&dx, IDC_YEAR, m_sYear);
    m_calendar.put_Tag(m_sDay);
    m_calendar.put_Monat(m_sMonth);
    m_calendar.put_Jahr(m_sYear);
}
void CActiveXDialog::OnBnClickedNextweek()
{
    m_calendar.NextWeek();
}
```

Die Funktion *OnBnClickedSelectDate* wird aufgerufen, sobald der Benutzer auf die Schaltfläche *Datum auswählen* klickt. Die Funktion übernimmt die Werte der Eingabefelder *Tag*, *Monat* und *Jahr* und überträgt sie in die zugehörigen Steuerelementeigenschaften. Der *Assistent zum Hinzufügen von Membervariablen* kann keine DDX-Routine für die Eigenschaft *BackColor* generieren, daher müssen Sie diese von Hand einfügen. Es sind auch keine DDX-Anweisungen für die Eigenschaften vom Typ *VARIANT* vorhanden. Deshalb müssen Sie das Datum in den Funktionen *OnInitDialog* und *OnOK* mit ganz normalem Programmcode aus der Eigenschaft *Value* auslesen.

9. **Verknüpfen Sie das Dialogfeld mit der Ansicht.** Fügen Sie im Eigenschaftenfenster der Klassenansicht einen Meldungshandler für *WM_LBUTTONDOWN* in die Klasse *CEx09aView* ein und bearbeiten Sie ihn wie folgt:

```
void CEx09aView::OnLButtonDown(UINT nFlags, CPoint point)
{
    CActiveXDialog dlg;
    dlg.m_BackColor = RGB(255, 251, 240); // helles Gelb
    COleDateTime today = COleDateTime::GetCurrentTime();
    dlg.m_varValue = COleDateTime(today.GetYear(), today.GetMonth(), today.GetDay(), 0, 0, 0);
    if (dlg.DoModal() == IDOK) {
        COleDateTime date(dlg.m_varValue);
        AfxMessageBox(date.Format("%B %d, %Y"));
    }
}
```

Damit wird als Hintergrundfarbe Hellgelb festgelegt, das aktuelle Tagesdatum eingesetzt, das modale Dialogfeld angezeigt und das vom Kalender-Steuerelement zurückgegebene Datum angezeigt. Sie müssen natürlich auch noch die Datei ActiveXDialog.h in die Datei Ex09aView.cpp einbinden.

10. **Bearbeiten Sie die virtuelle Funktion** *OnDraw* **in der Datei Ex09aView.cpp.** Damit der Benutzer aufgefordert wird, die linke Maustaste zu drücken, ersetzen Sie den Code in der *OnDraw*-Funktion der Ansichtsklasse durch folgende Zeile:
    ```
    pDC->TextOut(0, 0, "Drücken Sie hier die linke Maustaste.");
    ```
11. **Erstellen und testen Sie die Anwendung Ex09a.** Öffnen Sie das Dialogfeld, geben Sie in die drei Eingabefelder Daten ein und klicken Sie dann auf die Schaltfläche *Datum wählen*. Klicken Sie auf die Schaltfläche *Nächste Woche*. Versuchen Sie, das gewählte Datum in einen anderen Monat zu verschieben, und beachten Sie die Anzeige des Meldungsfelds, die durch das Ereignis *NewMonth* ausgelöst wird. Klicken Sie auf *OK*. Ein anderes Meldungsfeld sollte dann das zuletzt eingestellte Datum anzeigen. Drücken Sie die Taste **F1**, um Hilfeinformationen zum Kalender-Steuerelement einzublenden.

## Hinweis für Win32-Programmierer

Wenn Sie sich die Datei Ex09a.rc in einem Texteditor näher ansehen, werden Sie sich wahrscheinlich über einige Dinge wundern. Der Eintrag für das Kalender-Steuerelement aus unserem ActiveX-Dialogfeld sieht beispielsweise so aus:

```
CONTROL         "",IDC_CALENDAR1, "{8E27C92B-1264-101C-8A2F-040224009C02}",
                WS_TABSTOP,7,7,217,113
```

Statt des Namens einer Fensterklasse wird eine 32-stellige Zahlenfolge angegeben. Was hat es damit auf sich? Die Ressourcenvorlage wird nicht direkt Windows übergeben, sondern von der Funktion *CDialog::DoModal* »vorverarbeitet«, bevor sie an die Dialogfeldprozedur von Windows weitergereicht wird. Diese Funktion entfernt zuerst alle ActiveX-Steuerelemente aus der Vorlage und erstellt das Dialogfeldfenster ohne ActiveX-Steuerelemente. Dann lädt sie die ActiveX-Steuerelemente (anhand ihrer 32-stelligen Bezeichner, den so genannten CLSIDs) und aktiviert sie vor Ort, sodass die Steuerelemente ihre Fenster selbst an den richtigen Stellen anzeigen. Die Anfangswerte der Eigenschaften, die Sie im Dialogeditor festgelegt haben, werden in binärem Format in der *DLGINIT*-Ressource des Projekts gespeichert.

Wenn das modale Dialogfeld aktiv ist, kümmert sich der MFC-Code um die Meldungen, die von den normalen Steuerelementen und den ActiveX-Steuerelementen ans Dialogfeldfenster geschickt werden. Er sorgt auch dafür, dass der Benutzer mit der Tabulatortaste sämtliche Steuerelemente des Dialogfelds auswählen kann, obwohl die ActiveX-Steuerelemente nicht zur eigentlichen Dialogfeldvorlage gehören.

Sie nehmen wahrscheinlich an, dass Aufrufe von Memberfunktionen des Steuerelementobjekts im Grunde genommen Aufrufe von Funktionen eines untergeordneten Fensters sind. Das Steuerelementfenster ist dem Dialogfeldfenster aber nicht direkt untergeordnet. Allerdings lässt es die MFC-Bibliothek so aussehen, als hätten Sie es mit einem echten untergeordneten Fenster zu tun. In der ActiveX-Terminologie besitzt der Container eine *Site* (eine Art Stellvertreter), welche aber kein Fenster ist. Sie rufen Funktionen für die Site auf, und ActiveX und MFC stellen die Verbindung zum Fenster des ActiveX-Steuerelements her.

Das Containerfenster ist ein Objekt einer von *CWnd* abgeleiteten Klasse. Auch die Steuerelement-Site ist ein Objekt einer von *CWnd* abgeleiteten Klasse, nämlich der ActiveX-Steuerelementklasse. Daraus ergibt sich, dass die Klasse *CWnd* sowohl Container als auch Sites unterstützt.

# ActiveX-Steuerelemente in HTML-Dateien

Sie haben das ActiveX-Kalender-Steuerelement in einem modalen Dialogfeld kennen gelernt. Sie können dasselbe Steuerelement auch in eine HTML-Seite einfügen. Mit dem folgenden HTML-Code wird das Kalender-Steuerelement in eine HTML-Seite eingefügt und in einem Webbrowser angezeigt, sofern der Benutzer, der die HTML-Seite liest, das Kalender-Steuerelement auf seinem Rechner installiert und registriert hat:

```
<OBJECT
    CLASSID="clsid:8E27C92B-1264-101C-8A2F-040224009C02"
    WIDTH=300 HEIGHT=200 BORDER=1 HSPACE=5 ID=calendar>
    <PARAM NAME="Day" VALUE=7>
    <PARAM NAME="Month" VALUE=11>
    <PARAM NAME="Year" VALUE=1998>
</OBJECT>
```

Der Eintrag *CLASSID* (die gleiche Zahlenfolge, die wir in der Dialogressource des Beispiels Ex09a gefunden haben) gibt den Registrierungseintrag des Kalender-Steuerelements an. Ein Browser kann ActiveX-Steuerelemente laden.

# ActiveX-Steuerelemente zur Laufzeit erstellen

Sie haben bereits gesehen, wie man mit dem Dialogeditor im Entwurfsmodus ActiveX-Steuerelemente in ein Dialogfeld einfügt. Falls Sie ein ActiveX-Steuerelement während der Laufzeit ohne Ressourcenvorlage erstellen wollen, können Sie das mit folgenden Programmierschritten tun:

1. Fügen Sie die Komponente in Ihr Projekt ein. Visual Studio .NET erstellt daraufhin die Dateien für eine Wrapperklasse.

2. Fügen Sie ein Datenelement vom Typ der ActiveX-Wrapperklasse in Ihre Dialog- oder eine andere C++-Fensterklasse ein. Das eingebettete C++-Objekt wird dann zusammen mit dem Fensterobjekt erzeugt und beseitigt.

3. Wählen Sie im Menü *Ansicht* von Visual C++ .NET den Befehl *Ressourcenansicht*. Klicken Sie Ihre RC-Datei in der Ressourcenansicht mit der rechten Maustaste an und wählen Sie im Kontextmenü *Ressourcensymbole*. Definieren Sie eine ID-Konstante für das neue Steuerelement.

4. Falls es sich bei dem übergeordneten Fenster um ein Dialogfeld handelt, überschreiben Sie im Eigenschaftenfenster der Klassenansicht *CDialog::OnInitDialog*. Im Falle eines anderen Fensters fügen Sie im Eigenschaftenfenster der Klassenansicht einen Handler für die Meldung *WM_CREATE* ein. Die neue Funktion sollte die *Create*-Memberfunktion des eingebetteten Steuerelements aufrufen. Dieser Aufruf führt indirekt dazu, dass das neue Steuerelement im Dialogfeld sichtbar wird. Das Steuerelement wird ordnungsgemäß beseitigt, sobald das übergeordnete Fenster entsorgt wird.

5. Fügen Sie in die Klasse des übergeordneten Fensters von Hand die erforderlichen Ereignishandler und Prototypen für das neue Steuerelement ein. Vergessen Sie nicht, die entsprechenden *EVENTSINK*-Makros hinzuzufügen.

> **TIPP:** Die Codeassistenten aus der Klassenansicht erstellen keine Ereignisempfängertabellen für Sie, wenn Sie ein ActiveX-Steuerelement zur Laufzeit dynamisch anlegen. Sie können sich behelfen, indem Sie das gewünschte Steuerelement in ein anderes temporäres Projekt

einfügen, dort den Ereignissen passende Handler zuordnen und den entsprechenden Code in die Fensterklasse Ihres Hauptprojekts kopieren.

# Das Beispielprogramm Ex09b: Das ActiveX-Webbrowser-Steuerelement

Ein Großteil der Funktionalität des Internet Explorers ist in einem großen ActiveX-Steuerelement (Shdocvw.dll) verfügbar. Wenn Sie den Internet Explorer starten, starten Sie ein kleines Shell-Programm, das dieses Webbrowser-Steuerelement in sein Hauptfenster lädt.

**HINWEIS:** Die Eigenschaften, Methoden und Ereignisse des Webbrowser-Steuerelements sind in der MSDN-Bibliothek dokumentiert, die zum Lieferumfang von Visual Studio .NET gehört.

Aufgrund dieser modularen Struktur können Sie mühelos selbst ein Webbrowser-Programm schreiben. Ex09b stellt einen Webbrowser mit zwei nebeneinander liegenden Fenstern dar, der in einem Fenster das Suchmodul und im anderen das Suchergebnis anzeigt, wie in der folgenden Abbildung.

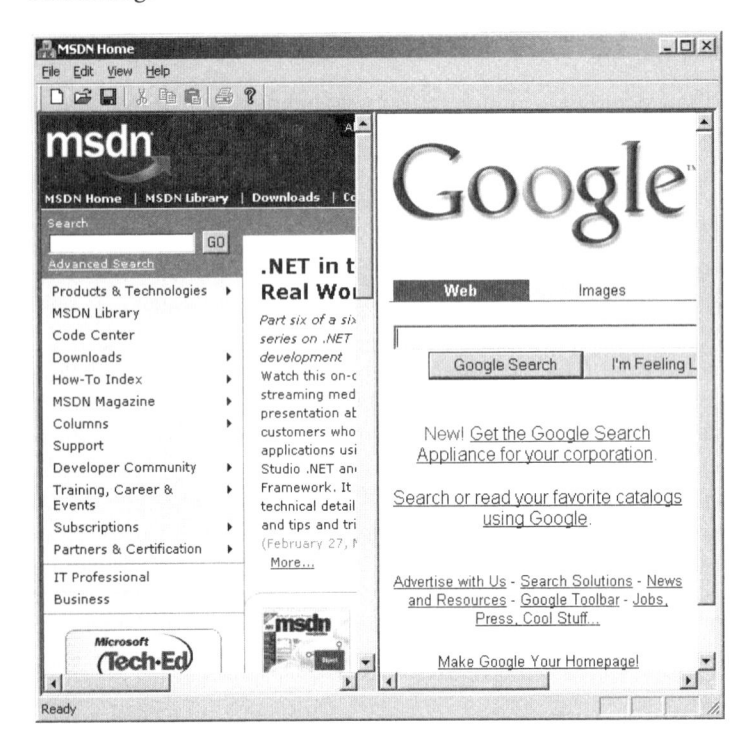

Die Ansicht enthält zwei Webbrowser-Steuerelemente, deren Größe so gewählt wurde, dass sie den gesamten Clientbereich ausfüllen. Wenn der Benutzer im Suchmodul (im rechten Fenster) auf einen Eintrag klickt, fängt das Programm diesen Befehl ab und leitet ihn an das Ergebnis-Steuerelement (im linken Fenster) weiter.

So erstellen Sie das Beispielprogramm:

1. **Vergewissern Sie sich, dass das Webbrowser-Steuerelement registriert ist.** Sie haben wahrscheinlich sowieso die derzeit neuste Version des Internet Explorers installiert, da Visual C++ .NET dieses Programm benötigt. Also sollte auch das Webbrowser-Steuerelement auf Ihrem System registriert sein. Bei Bedarf können Sie den Internet Explorer auch von der Website *http://www.microsoft.com* herunterladen.

2. **Starten Sie den MFC-Anwendungsassistenten und generieren Sie das Projekt Ex09b.** Übernehmen Sie alle Standardeinstellungen bis auf folgende beiden Ausnahmen: Wählen Sie ein *Einfaches Dokument* und löschen Sie die Markierung von *Drucken und Druckvorschau*. Vergewissern Sie sich, dass wie beim Beispiel Ex09a die Option *ActiveX-Steuerelemente* markiert ist.

3. **Installieren Sie das Webbrowser-Steuerelement im Projekt Ex09b.** Wählen Sie im Menü *Projekt* den Befehl *Klasse hinzufügen* und wählen Sie die Vorlage *MFC-Klasse von ActiveX-Steuerelement*. Wählen Sie dann den *Microsoft Webbrowser*. Visual C++ .NET bietet daraufhin zwei Schnittstellen für die Erstellung der Wrapperklassen an, nämlich *IWebBrowser* und *IWebBrowser2*. Wählen Sie *IWebBrowser2*. Visual Studio .NET generiert die Wrapperklasse *CWebBrowser2* und fügt die Dateien ins Projekt ein.

4. **Fügen Sie zwei Datenelemente vom Typ *CWebBrowser2* in die Klasse *CEx09bView* ein.** Es ist am einfachsten, diese Datenelemente von Hand in die Headerdatei einzutragen:
```
private:
    CWebBrowser2 m_target;
    CWebBrowser2 m_search;
```
Vergessen Sie nicht die *#include*-Anweisung für die Datei cwebbrowser2.h.

5. **Definieren Sie die Ressourcensymbole für die beiden Steuerelemente.** Klicken Sie die Ressourcendatei in der Ressourcenansicht mit der rechten Maustaste an und wählen Sie im Kontextmenü *Ressourcensymbole*. Fügen Sie die Symbole *ID_BROWSER_SEARCH* und *ID_BROWSER_TARGET* ein.

6. **Deklarieren Sie ein statisches Zeichenarray für den URL von Google.** Fügen Sie die folgende Deklaration für das statische Datenelement in Ex09bView.h ein:
```
private:
    static const char s_engineGoogle[];
```
Fügen Sie dann folgende Definition in die Datei Ex09bView.cpp ein. Diese Definition darf nicht innerhalb einer Funktion stehen:
```
const char CEx09bView::s_engineGoogle[] = "http://www.google.com/";
```

7. **Generieren Sie im Eigenschaftenfenster der Klassenansicht Handler für die Meldungen *WM_CREATE* und *WM_SIZE* der Ansicht.** Bearbeiten Sie die Handler in Ex09bView.cpp wie folgt:
```
int CEx09bView::OnCreate(LPCREATESTRUCT lpCreateStruct)
{
    if (CView::OnCreate(lpCreateStruct) == -1)
        return -1;
    DWORD dwStyle = WS_VISIBLE | WS_CHILD;
    if (m_search.Create(NULL, dwStyle, CRect(0, 0, 100, 100), this, ID_BROWSER_SEARCH) == 0) {
        AfxMessageBox("Suchsteuerelement kann nicht erstellt werden!\n");
        return -1;
    }
```

```
        m_search.Navigate(s_engineGoogle, NULL, NULL, NULL, NULL);
        if (m_target.Create(NULL, dwStyle, CRect(0, 0, 100, 100),
                          this, ID_BROWSER_TARGET) == 0) {
            AfxMessageBox("Zielsteuerelement kann nicht erstellt werden!\n");
            return -1;
        }
        m_target.GoHome(); // wie in der Konfiguration des Internet Explorers vorgegeben
        return 0;
}
void CEx09bView::OnSize(UINT nType, int cx, int cy)
{
        CView::OnSize(nType, cx, cy);
        CRect rectClient;
        GetClientRect(rectClient);
        CRect rectBrowse(rectClient);
        rectBrowse.right = rectClient.right / 2;
        CRect rectSearch(rectClient);
        rectSearch.left = rectClient.right / 2;
        m_target.put_Width(rectBrowse.right - rectBrowse.left);
        m_target.put_Height(rectBrowse.bottom - rectBrowse.top);
        m_target.UpdateWindow();
        m_search.put_Left(rectSearch.left);
        m_search.put_Width(rectSearch.right - rectSearch.left);
        m_search.put_Height(rectSearch.bottom - rectSearch.top);
        m_search.UpdateWindow();
}
```

Die Funktion *OnCreate* erstellt zwei Browserfenster innerhalb des Ansichtsfensters. Im rechten Browserfenster wird die Google-Startseite angezeigt und im linken die »Homepage« bzw. Standardseite, die in der Systemsteuerung in den Internetoptionen angegeben ist. Die Funktion *OnSize*, die aufgerufen wird, sobald sich die Größe eines Ansichtsfensters ändert, sorgt dafür, dass die Browserfenster das Ansichtsfenster stets vollständig ausfüllen. Die *CWebBrowser2*-Memberfunktionen *put_Width* und *put_Height* stellen die Browsereigenschaften *Width* und *Height* ein.

8. **Fügen Sie die Ereignisempfängermakros in die Datei CEx09bView ein.** Die Codeassistenten aus dem Eigenschaftenfenster der Klassenansicht können diese Eintragungen nicht für Sie vornehmen. Daher müssen Sie die Ereignisse von Hand in die Tabelle eintragen. Geben Sie in der Datei Ex09View.h die folgenden Codezeilen in die Klassendeklaration ein:

```
protected:
    afx_msg void OnBeforeNavigateExplorer1(LPCTSTR URL,
        long Flags, LPCTSTR TargetFrameName,
        VARIANT FAR* PostData, LPCTSTR Headers, BOOL FAR* Cancel);
    afx_msg void OnTitleChangeExplorer2(LPCTSTR Text);
    DECLARE_EVENTSINK_MAP()
```

Fügen Sie dann den folgenden Code in die Datei Ex09bView.cpp ein:

```
BEGIN_EVENTSINK_MAP(CEx09bView, CView)
    ON_EVENT(CEx09bView, ID_BROWSER_SEARCH, 100,
        OnBeforeNavigateExplorer1, VTS_BSTR VTS_I4 VTS_BSTR
        VTS_PVARIANT VTS_BSTR VTS_PBOOL)
    ON_EVENT(CEx09bView, ID_BROWSER_TARGET, 113,
        OnTitleChangeExplorer2, VTS_BSTR)
END_EVENTSINK_MAP()
```

9. **Fügen Sie zwei Ereignishandler hinzu.** Fügen Sie die folgenden Memberfunktionen in die Datei Ex09bView.cpp ein:

```
void CEx09bView::OnBeforeNavigateExplorer1(LPCTSTR URL,
    long Flags, LPCTSTR TargetFrameName,
    VARIANT FAR* PostData, LPCTSTR Headers, BOOL FAR* Cancel)
{
    TRACE("CEx09bView::OnBeforeNavigateExplorer1 -URL = %s\n", URL);
    if (!strnicmp(URL, s_engineGoogle, strlen(s_engineGoogle))) {
        return;
    }
    m_target.Navigate(URL, NULL, NULL, PostData, NULL);
    *Cancel = TRUE;
}
void CEx09bView::OnTitleChangeExplorer2(LPCTSTR Text)
{
    // Vorsicht!  Ereignis kann ausgelöst werden, bevor wir darauf reagieren können.
    CWnd* pWnd = AfxGetApp()->m_pMainWnd;
    if (pWnd != NULL) {
        if (::IsWindow(pWnd->m_hWnd)) {
            pWnd->SetWindowText(Text);
        }
    }
}
```

Der Handler *OnBeforeNavigateExplorer1* wird aufgerufen, wenn der Benutzer in der Suchseite auf einen Hyperlink klickt. Die Funktion vergleicht den angeklickten URL (aus dem *LPCTSTR*-Parameter *URL*) mit dem URL des Suchmoduls. Stimmen die URLs überein, wird der Suchvorgang im Suchfenster fortgesetzt. Andernfalls wird die Suche abgebrochen und die Methode *Navigate* für das Ausgabefenster aufgerufen. Der Handler *OnTitleChangeExplorer2* aktualisiert den Fenstertitel von Ex09b mit dem Titel der Zielseite.

10. **Erstellen und testen Sie die Anwendung Ex09b.** Suchen Sie auf der Google-Seite nach irgendetwas. Die gesuchten Informationen sollten dann links im Ausgabefenster angezeigt werden.

# Bildeigenschaften

Einige ActiveX-Steuerelemente haben eine Eigenschaft, der man Bitmaps, Metadateien und Symbole zuweisen kann. Wenn ein ActiveX-Steuerelement mindestens eine *Picture*-Eigenschaft aufweist, generiert Visual Studio .NET während der Installation des Steuerelements in Ihrem Projekt eine *CPicture*-Klasse. Diese Klasse brauchen Sie nicht zu verwenden, die MFC-Klasse *CPictureHolder* müssen Sie allerdings verwenden. Um auf die Klassendeklaration und den Code der

Klasse *CPictureHolder* zugreifen zu können, fügen Sie die folgende Zeile in die Datei StdAfx.h ein:

```
#include <afxctl.h>
```

Angenommen, Sie haben ein ActiveX-Steuerelement mit einer Bildeigenschaft namens *Picture*. Mit folgenden Anweisungen können Sie dieser Eigenschaft eine Bitmap aus den Ressourcen Ihres Programms zuweisen:

```
CPictureHolder pict;
pict.CreateFromBitmap(IDB_MYBITMAP); // aus den Ressourcen des Projekts
m_control.SetPicture(pict.GetPictureDispatch());
```

**HINWEIS:** Wenn Sie die Datei AfxCtl.h mit einer *include*-Anweisung einbinden, können Sie das Programm nicht statisch mit der MFC-Bibliothek linken. Falls Sie ein eigenständiges Programm schreiben möchten, das Bildeigenschaften unterstützt und keine DLLs benötigt, müssen Sie Quellcode aus der Klasse *CPictureHolder* in Ihr Programm übernehmen. Sie finden die Klasse in der Datei \Programme\\Microsoft Visual Studio .NET\VC7\atlmfc\src\mfc\ctlpict.cpp.

# Bindbare Eigenschaften: Änderungsbenachrichtigungen

Sofern ein ActiveX-Steuerelement über eine Eigenschaft verfügt, die als *bindbar* ausgewiesen wird, sendet es eine *OnChanged*-Benachrichtigung an seinen Container, sobald sich der Wert dieser Eigenschaft ändert. Zudem kann das Steuerelement eine *OnRequestEdit*-Benachrichtigung für eine Eigenschaft senden, deren Wert sich noch nicht geändert hat. Falls der *OnRequestEdit*-Handler des Containers *FALSE* zurückgibt, darf das Steuerelement den Eigenschaftswert nicht ändern.

Die MFC-Bibliothek unterstützt die Bearbeitung von Änderungsbenachrichtigungen von Eigenschaften in ActiveX-Steuerelementcontainern. Was Visual C++ .NET betrifft, ist kein passender Assistent verfügbar. Das bedeutet, dass Sie die Einträge in die Empfängertabelle Ihrer Containerklasse von Hand vornehmen müssen.

Nehmen wir an, Sie haben ein ActiveX-Steuerelement mit einer bindbaren Eigenschaft namens *Note* mit der DispID 4. Fügen Sie wie folgt das Makro ON_PROPNOTIFY in die Ereignisempfängertabelle ein:

```
BEGIN_EVENTSINK_MAP(CAboutDlg, CDialog)
    ON_PROPNOTIFY(CAboutDlg, IDC_MYCTRL1, 4, OnNoteRequestEdit, OnNoteChanged)
END_EVENTSINK_MAP()
```

Sie müssen dann die Funktionen *OnNoteRequestEdit* und *OnNoteChanged* mit den unten angegebenen Rückgabe- und Parametertypen definieren:

```
BOOL CMyDlg::OnNoteRequestEdit(BOOL* pb)
{
    TRACE("CMyDlg::OnNoteRequestEdit\n");
    *pb = TRUE; // TRUE heißt, dass Änderung durchgeführt werden kann
    return TRUE;
}
```

```
BOOL CMyDlg::OnNoteChanged()
{
    TRACE("CMyDlg::OnNoteChanged\n");
    return TRUE;
}
```

Außerdem definieren Sie die entsprechenden Prototypen in der Headerdatei der Klasse:

```
afx_msg BOOL OnNoteRequestEdit(BOOL* pb);
afx_msg BOOL OnNoteChanged();
```

# 10 Speicherverwaltung unter Win32

| | |
|---|---|
| 216 | Prozesse und Speicherbereiche |
| 219 | Das Konzept des virtuellen Arbeitsspeichers |
| 221 | Die Funktion *VirtualAlloc*: reservierter und verfügbarer Speicher |
| 222 | *Heap*-Funktionen und *GlobalAlloc*-Funktionen |
| 223 | Der Heap für kleine Blöcke, die Operatoren *new* und *delete* und die Funktion *_heapmin* |
| 224 | Speicherbilddateien |
| 225 | Zugriff auf Ressourcen |
| 226 | Tipps zum Umgang mit dynamischem Speicher |
| 226 | Speicherstrategien für konstante Daten |

Windows hat im Lauf der Jahre eine große Zahl von Änderungen erfahren. In den späten 80er Jahren war Systemspeicher knapp und teuer. Die einzige Abhilfe bestand darin, den installierten Speicher der Maschine möglichst geschickt auszunutzen. Seit es eine 32-Bit-Version von Windows gibt und Speicher im Vergleich zu früheren Zeiten sehr viel billiger geworden ist, haben sich die Verhältnisse grundlegend geändert. Im 16-Bit-Windows musste man sich noch intensiv selbst um die Speicherverwaltung kümmern. Zu diesem Zweck gab es Win16-Funktionen wie *GlobalAlloc* und *GlobalLock*. Diese Funktionen haben zwar auch ihren Weg ins Win32 gefunden, aber im Wesentlichen nur wegen der Abwärtskompatibilität. Unter der Haube arbeiten diese Funktionen nun ganz anders. Außerdem kamen viele neue Speicherverwaltungsfunktionen hinzu.

Dieses Kapitel beginnt mit einem kurzen Überblick über die Speicherverwaltung von Win32 und ihren grundlegenden Funktionen. Anschließend erfahren Sie, in welcher Beziehung die C++-Operatoren *new* und *delete* zu den Speicherverwaltungsfunktionen stehen. Dann erfahren Sie noch etwas über den Umgang mit Dateien, die auf den Speicher abgebildet werden (memory-mapped files, im Folgenden auch »Speicherbilddateien«), und Sie erhalten einige praktische Hinweise für den Umgang mit dynamischem Speicher. Eine ausführlichere Beschreibung der Speicherverwaltung finden Sie in Jeffrey Richters Buch *Windows: Programmierung für Experten* (Microsoft Press 1997) [*Programming Applications for Microsoft Windows*, Fourth Edition (Microsoft Press, 1999)].

# Prozesse und Speicherbereiche

Bevor Sie sich mit der Speicherverwaltung von Microsoft Windows beschäftigen, sollten wir klären, was ein *Prozess* ist. Wenn Sie bereits wissen, was ein *Programm* ist, befinden Sie sich auf dem richtigen Weg. Ein Programm ist eine EXE-Datei, die Sie unter Windows auf unterschiedliche Weise starten können. Wenn das Programm in den Speicher geladen und ausgeführt wird, bezeichnet man es als *Prozess*. Ein Prozess besitzt Arbeitsspeicher, Dateihandles und andere Systemressourcen. Wenn Sie ein und dasselbe Programm zweimal hintereinander starten, erhalten Sie zwei getrennte Prozesse, die praktisch gleichzeitig ausgeführt werden. Im Task-Manager (klicken Sie die Taskleiste mit der rechten Maustaste an) erhalten Sie eine detaillierte Liste der gerade ausgeführten Prozesse. Außerdem können Sie nicht mehr reagierende Prozesse abbrechen. Das Programm SPYXX (es gehört zum Lieferumfang von Visual Studio .NET ) zeigt die Beziehungen zwischen Prozessen, Threads und Fenstern auf.

**HINWEIS:** Die Windows-Taskleiste zeigt Hauptfenster an, keine Prozesse. Die Prozessseite des Task-Managers zeigt aktive Prozesse. Ein einzelner Prozess wie der Windows-Explorer kann mehrere Hauptfenster haben, die jeweils durch einen eigenen Thread bedient werden, und manche Prozesse besitzen gar keine Fenster. (In Kapitel 11 finden Sie weitere Informationen über Threads.) Das Microsoft .NET Framework bietet noch eine neue Abstraktionsebene an, nämlich die AppDomain.

Das Wichtigste, was Sie über Prozesse wissen müssen, ist die Tatsache, dass jeder Prozess über einen »privaten«, vier Gigabyte großen virtuellen Adressraum verfügt (darauf gehen wir im nächsten Abschnitt ausführlicher ein). Einstweilen stellen Sie sich am besten vor, Ihr Computer hätte hunderte Gigabyte Arbeitsspeicher und jeder einzelne Prozess erhält vier Gigabyte davon. Ihr Programm kann jedes Byte aus diesem Adressraum mit einer einzigen linearen 32-Bit-Adresse ansprechen. Der Speicherbereich eines Prozesses enthält eine ganze Reihe von Objekten, darunter folgende:

- das EXE-Bild der Datei,
- alle nicht zum Betriebssystem gehörenden DLLs, die Ihr Programm lädt, einschließlich der MFC-DLLs,
- die globalen Daten Ihres Programms (sowohl schreibgeschützte Daten als auch Daten, die überschrieben werden dürfen),
- den Stapel (stack) des Programms (er lässt sich in Visual Studio .NET als Aufrufliste darstellen),
- dynamisch reservierten Speicher, darunter die Heaps von Windows und der C-Laufzeitbibliothek (CRT, C runtime library),
- auf den Speicher abgebildete Dateien,
- Speicherblöcke, die von verschiedenen Prozessen gemeinsam genutzt werden,
- Speicherbereiche, die nur dem jeweils zuständigen Thread zur Verfügung stehen,
- spezielle Systemspeicherblöcke, beispielsweise die Tabellen zur Verwaltung des virtuellen Speichers,
- Windows-Systemkern und Windows-Erweiterungen sowie die zu Windows gehörenden DLLs.

# Der Prozessadressraum unter Windows 95/98

Unter Windows 95/98 sind nur die unteren zwei Gigabyte (0 bis 0x7FFFFFFF) des Adressraums wirklich privat, und die unteren vier Megabyte dieses Bereichs sind nicht zugänglich. Der Stack, die diversen Heaps und der nicht schreibgeschützte globale Speicher werden zusammen mit den EXE- und DLL-Dateien der Anwendung in diese unteren zwei Gigabyte eingeblendet.

Die oberen zwei Gigabyte des Adressraums sind für alle Prozesse gleich und werden von diesen gemeinsam genutzt. Systemkernerweiterungen, virtuelle Gerätetreiber (VxDs) und der Code des Dateisystems von Windows 95 werden in das oberste Gigabyte des Adressraums (0xC0000000 bis 0xFFFFFFFF) eingeblendet. Die Windows-DLLs und Dateien, die auf den Speicher abgebildet werden, liegen im Bereich von 0x80000000 bis 0xBFFFFFFF.

Abbildung 10.1 zeigt die Speicheraufteilung für zwei Prozesse, in denen dasselbe Programm läuft.

Wie sicher ist dieses Konzept? Es ist so gut wie unmöglich, dass ein Prozess den Stapel, den globalen oder den lokalen Heap eines anderen Prozesses überschreibt, weil die betreffenden Speicherbereiche, die sich in den unteren zwei Gigabyte des Adressraums befinden, ausschließlich für diesen einen Prozess zugänglich sind. EXE- und DLL-Code ist ausnahmslos schreibgeschützt, sodass es kein Problem darstellt, wenn dieser Code in mehrere Prozesse eingeblendet wird.

Das oberste Gigabyte des Adressraums ist dagegen verwundbar, weil in diesen Bereich wichtige, nicht schreibgeschützte Windows-Daten eingeblendet werden. Ein fehlerhaftes Programm könnte in diesem Gebiet wichtige Systemtabellen löschen. Außerdem könnte ein Prozess auf den Speicher abgebildete Dateien eines anderen Prozesses beschädigen, weil der Bereich zwischen 0x80000000 und 0xBFFFFFFF von allen Prozessen gemeinsam genutzt wird.

# Der Prozessadressraum unter Windows NT/2000/XP

Unter Windows NT/2000/XP kann ein Prozess nur auf die unteren zwei Gigabyte seines Adressraums zugreifen, wobei die untersten und obersten 64 Kilobyte davon unzugänglich bleiben. Der EXE-Code, die DLLs der Anwendung, die Windows-DLLs und die auf den Speicher abgebildeten Dateien befinden sich alle in diesem Bereich zwischen 0x00010000 und 0x7FFEFFFF. Systemkern, Executive und Gerätetreiber von Windows NT befinden sich in den oberen zwei Gigabyte. Dort sind sie vor Zugriffen fehlerhafter Programme absolut sicher. Auf den Speicher abgebildete Dateien (memory-mapped files) sind ebenfalls besser geschützt. Ein Prozess kann auf solch eine Speicherbilddatei von einem anderen Prozess nur dann zugreifen, wenn er den Dateinamen kennt und die Dateiabbildung explizit in seinen Adressraum einblendet.

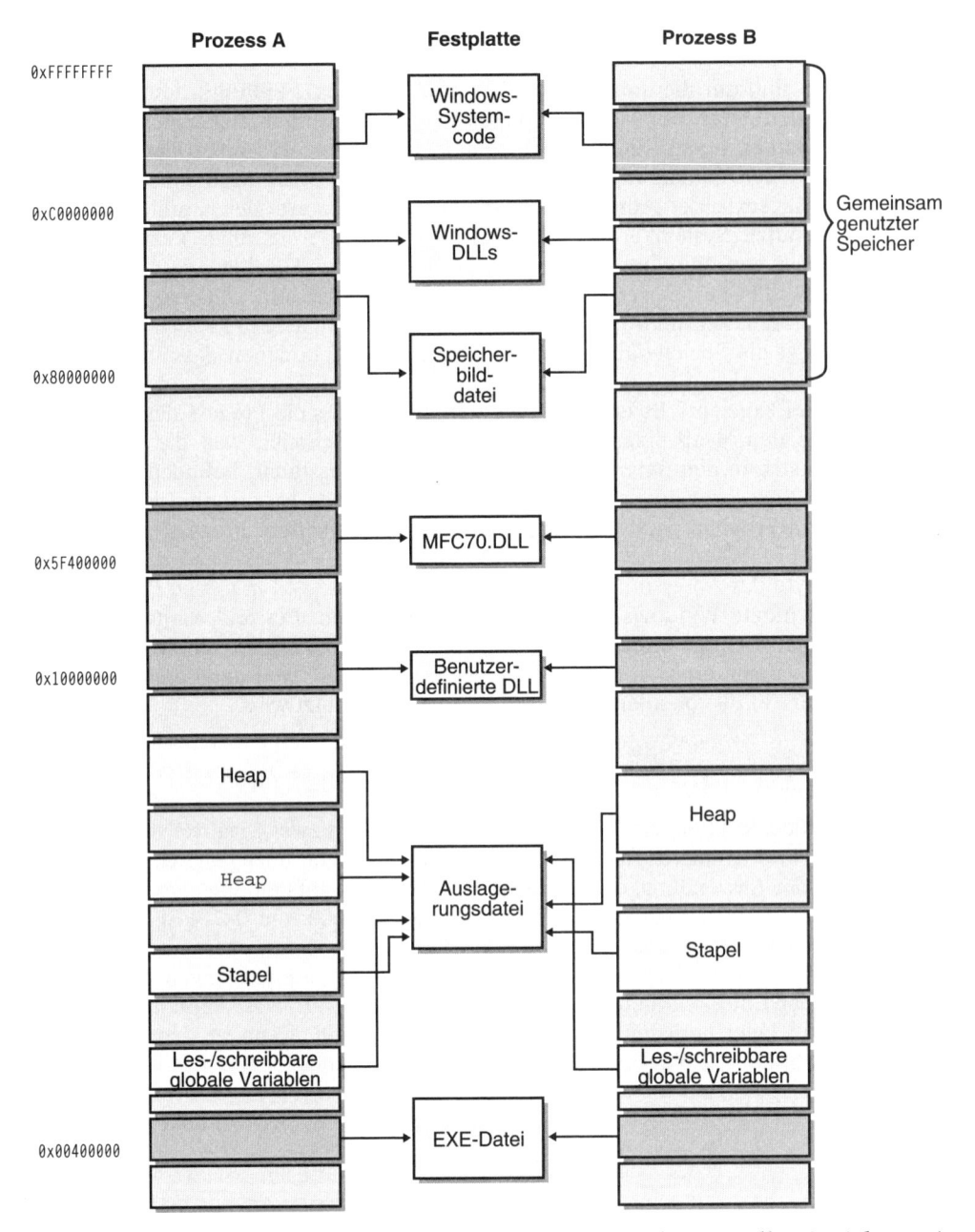

**Abbildung 10.1:** *Eine für Windows 95 typische Aufteilung des virtuellen Speichers mit zwei Prozessen, die mit derselben EXE-Datei verknüpft sind*

# Das Konzept des virtuellen Arbeitsspeichers

Wie Sie wissen, verfügt Ihr Computer nicht wirklich über Hunderte von Gigabyte Arbeitsspeicher. (Bei den »Hunderten von Gigabytes an Festplattenkapazität« ist die Entwicklung allerdings gerade im Umbruch. In einigen Jahren könnte das die Standardausstattung sein.) Windows arbeitet also mit Tricks.

Erstens ist der vier Gigabyte große Prozessadressraum nicht lückenlos belegt. Eine Reihe von Programmen und Datenobjekten sind mehr oder weniger willkürlich über den Adressraum verteilt. Der erforderliche Speicherplatz wird in 4 Kilobyte großen Einheiten zugewiesen, die jeweils an einer 4-Kilobyte-Grenze beginnen. Diese 4 Kilobyte großen Einheiten werden *Seiten* genannt und können sowohl Code als auch Daten aufnehmen. Wird eine Seite benutzt, beansprucht sie auch den entsprechenden Platz in den RAM-Bausteinen des Computers. Die tatsächliche Speicheradresse, die für die RAM-Bausteine gilt, bekommen Sie allerdings nie zu Gesicht. Mit Hilfe der in Abbildung 10.2 gezeigten zweistufigen Seitentabellen können die Intel-Mikroprozessoren virtuelle 32-Bit-Adressen effizient auf eine reale Seite und die entsprechende Position in der Seite abbilden. Ein Flag gibt an, ob eine Seite nur gelesen oder gelesen und beschrieben werden kann. Beachten Sie, dass jeder Prozess über eigene Seitentabellen verfügt. Das Prozessorregister CR3 enthält einen Zeiger auf die Verzeichnisseite, sodass Windows beim Umschalten auf einen anderen Prozess nur dieses Register zu aktualisieren braucht.

Ihr Prozess benötigt also keine 4 Gigabyte RAM, sondern beispielsweise nur 5 Megabyte – ein klarer Fortschritt. Wenn Sie aber neben Windows selbst mehrere andere Programme ausführen, ist der Speicher trotzdem bald vollständig belegt. Wie aus Abbildung 10.2 hervorgeht, enthält ein Seitentabelleneintrag ein »Anwesenheitsbit«, das angibt, ob sich die 4-Kilobyte-Seite derzeit im Arbeitsspeicher befindet. Wenn Sie versuchen, auf eine Seite zuzugreifen, die sich nicht im RAM befindet, kommt es zu einer Unterbrechung. Windows analysiert die aktuelle Situation, indem es seine internen Tabellen auswertet. Wenn die Speicheradresse ungültig war, erhalten Sie die gefürchtete Meldung über einen »Seitenfehler« und das Programm wird beendet. Andernfalls lädt Windows die benötigte Seite von der Festplatte in den Arbeitsspeicher und aktualisiert die Seitentabelle, indem es die RAM-Adresse einträgt und das Anwesenheitsbit setzt. Das ist das Kernstück der virtuellen Speicherverwaltung von Win32. Unter dem Strich sieht ein Prozess bei vergleichsweise geringer Ausstattung mit *realem* Speicher (in Form von RAM-Bausteinen) einen wesentlich größeren »simulierten« oder *virtuellen* Speicher.

Die virtuelle Speicherverwaltung von Windows optimiert das Lesen und Schreiben der 4-Kilobyte-Seiten und damit die Ausführungsgeschwindigkeit. Wenn ein Prozess eine bestimme Seite längere Zeit nicht benutzt hat und ein anderer Prozess Speicher benötigt, wird die erste Seite ausgelagert oder verworfen und der frei werdende Platz für eine Speicherseite des anderen Prozesses verwendet. Ihr Programm bemerkt davon normalerweise nichts. Je mehr Festplattenzugriffe aber auftreten, desto schlechter wird es um die Ausführungsgeschwindigkeit Ihres Programms bestellt sein. Sollte sich das zu stark auf die Gesamtleistung auswirken, ließe sich das Problem durch zusätzlichen Speicher beheben.

Ich habe zwar schon von der Festplatte gesprochen, aber noch nicht über die dazugehörige Datei. Alle Prozesse teilen sich in eine große systemweite *Auslagerungsdatei*, die für alle nicht schreibgeschützten sowie für einige schreibgeschützte Daten verwendet wird. (Windows NT/2000/XP können auch mehrere Auslagerungsdateien einsetzen.) Windows berechnet die Größe der Auslagerungsdatei auf der Grundlage des verfügbaren Arbeitsspeichers und des freien Festplattenspeichers. Es gibt aber die Möglichkeit zur Feinabstimmung der Größe der Auslagerungsdatei und zur Angabe ihrer Lage auf der Festplatte.

*Speicherverwaltung unter Win32*

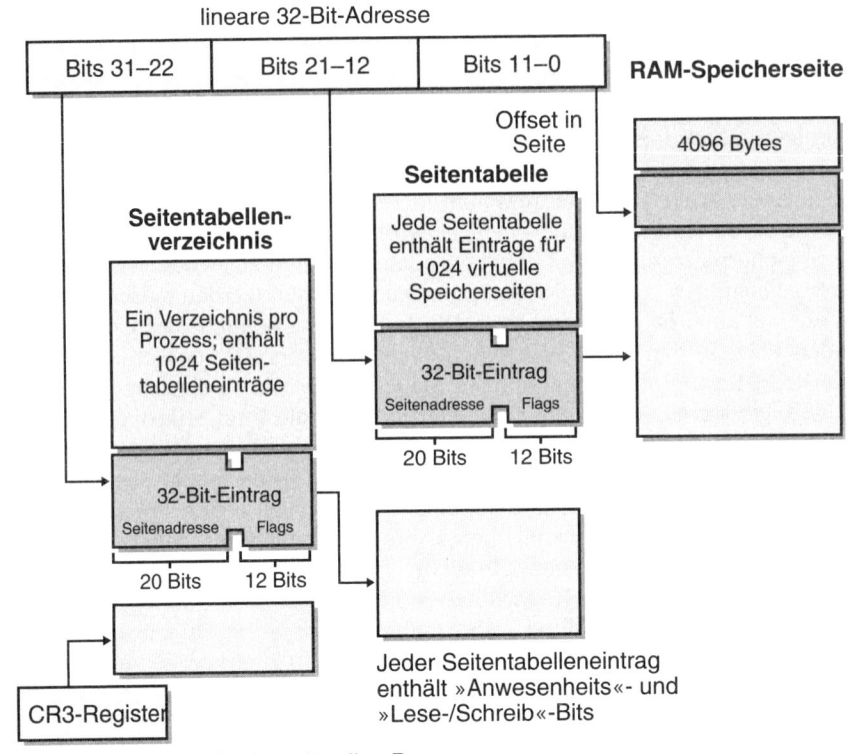

```
                    lineare 32-Bit-Adresse
    ┌─────────────┬──────────────┬───────────┐
    │ Bits 31–22  │  Bits 21–12  │ Bits 11–0 │   RAM-Speicherseite
    └─────────────┴──────────────┴───────────┘
```

*Abbildung 10.2:* Die virtuelle Speicherverwaltung unter Win32 (Intel-Plattformen)

Die Auslagerungsdatei ist allerdings nicht die einzige Datei, die von der virtuellen Speicherverwaltung benutzt wird. Es wäre nicht sinnvoll, normale Codeseiten in die Auslagerungsdatei zu schreiben. Windows verwendet deshalb nicht die Auslagerungsdatei, sondern bildet EXE- und DLL-Code direkt auf die entsprechenden Dateien auf der Festplatte ab. Weil Speicherseiten mit Code schreibgeschützt sind, ist es nie erforderlich, sie auf die Festplatte zurückzuschreiben.

Wenn zwei Prozesse dieselbe EXE-Datei verwenden, wird ein Abbild dieser Datei in den Adressraum beider Prozesse eingeblendet. Der Code und die Konstanten ändern sich während der Programmausführung niemals, sodass für beide Prozesse derselbe RAM-Speicherbereich verwendet werden kann. Globalen Daten können die beiden Prozesse jedoch nicht gemeinsam nutzen und Windows 95/98 und Windows NT/2000/XP lösen diese Situation auf unterschiedliche Weise. Windows 95/98 blendet in jeden Prozess eine eigene Kopie der globalen Daten ein. Unter Windows NT/2000/XP verwenden beide Prozesse von jeder Seite mit globalen Daten dieselbe Kopie, bis ein Prozess versucht, auf eine dieser Seiten zu schreiben. An diesem Punkt wird die Seite kopiert und anschließend verfügen beide Prozesse unter derselben virtuellen Adresse über eine eigene Kopie der Daten.

**HINWEIS:** Eine DLL kann nur dann direkt auf ihre DLL-Datei abgebildet werden, wenn die DLL an der vorgesehenen Basisadresse geladen werden kann. Wenn eine DLL statisch an eine bestimmte Adresse gebunden ist, beispielsweise 0x10000000, und der betreffende Adressbereich bereits von einer anderen DLL belegt wird, muss Windows die Adressen im DLL-

Code berichtigen. Windows NT/2000/XP kopiert die geänderten Seiten beim ersten Laden der DLL in die Auslagerungsdatei. Dagegen kann Windows 95/98 die Änderungen gleich ausführen, wenn die betreffenden Seiten in den Arbeitsspeicher geladen werden. Es muss wohl kaum betont werden, wie wichtig es ist, dass sich die Adressbereiche Ihrer DLLs nicht überlappen. Wenn Sie die MFC-DLLs verwenden, sollte die Basisadresse Ihrer eigenen DLLs außerhalb des Bereichs von 0x5F400000 bis 0x5FFFFFFF liegen. Weitere Informationen über die Entwicklung von DLLs finden Sie in Kapitel 20.

Auch Speicherbilddateien (memory-mapped files) werden direkt auf den Speicher abgebildet. Sie können Lese- und Schreibzugriffe zulassen und verschiedenen Prozessen zur gemeinsamen Nutzung zur Verfügung gestellt werden.

## Hinweis für Win32-Programmierer

Wenn Sie unter Win32 mit dem Debugger gearbeitet haben, kennen Sie sicher die Segmentregister, insbesondere CS, DS und SS. (Zur Anzeige der Segmentregister in Visual Studio .NET klicken Sie das Fenster *Register* mit der rechten Maustaste an und markieren die Gruppe *CPU-Segmente*.) Diese 16-Bit-Relikte sind zwar noch nicht verschwunden, können aber meistens ignoriert werden. Die Intel-Prozessoren verwenden im 32-Bit-Modus nach wie vor die 16 Bit breiten Segmentregister, um Adressen vor der Weitergabe an die virtuelle Speicherverwaltung zu übersetzen. Im Arbeitsspeicher befindet sich die so genannte *Deskriptortabelle*, die für Code-, Daten- und Stack-Segmente die Basisadressen und die Blockgrößen enthält. Im 32-Bit-Modus können diese Segmente bis zu 4 Gigabyte groß sein und bei Bedarf auch schreibgeschützt werden. Bei jedem Speicherzugriff verwendet der Prozessor den *Selektor*, den Inhalt eines Segmentregisters, um den entsprechenden Eintrag in der Deskriptortabelle nachzuschlagen und damit die Adresse zu übersetzen.

Unter Win32 verfügt jeder Prozess über zwei Segmente – eines für den Code und eines für die Daten und den Stapel (Stack). Sie können davon ausgehen, dass beide Segmente die Basisadresse 0 und die Größe 4 Gigabyte haben, sodass sie sich überlappen. Unter dem Strich findet auf diese Weise also keinerlei Übersetzung statt, aber Windows stellt mit Hilfe einiger Tricks sicher, dass die unteren 16 Kilobyte des Datensegments ausgeschlossen werden. Wenn Sie versuchen, auf diesen Speicherbereich zuzugreifen, erhalten Sie anstelle eines Seitenfehlers eine Schutzverletzung, was beim Test auf Nullzeiger hilfreich ist.

Ein zukünftiges Betriebssystem könnte die Segmentregister eines Tages verwenden, um die 4-Gigabyte-Grenze zu überwinden.

# Die Funktion *VirtualAlloc*: reservierter und verfügbarer Speicher

Wenn Ihr Programm dynamischen Speicher anfordert, resultiert dies früher oder später in einem Aufruf der Win32-Funktion *VirtualAlloc*. Vermutlich wird Ihr Programm *VirtualAlloc* niemals selbst aufrufen. Stattdessen wird es auf andere Speicherverwaltungsfunktionen zurückgreifen, die wiederum *VirtualAlloc* aufrufen. Wenn Sie aber wissen, wie *VirtualAlloc* funktioniert, werden Sie auch die Funktionen besser verstehen, die diese Funktion verwenden.

Als Erstes müssen Sie den Unterschied zwischen reserviertem und verfügbarem Speicher kennen. Bei der Reservierung von Arbeitsspeicher wird ein zusammenhängender, virtueller Adressbereich für den Aufrufer reserviert. Wenn Sie beispielsweise wissen, dass Ihr Programm einen einzelnen, 5 Megabyte umfassenden Speicherblock verwenden wird (auch *Region* genannt), den es aber nicht sofort benötigt, können Sie *VirtualAlloc* aufrufen und dabei den Speicherbelegungstyp *MEM_RESERVE* sowie die Größe 5 Megabyte angeben. Windows rundet die Startadresse des entsprechenden Speicherbereichs auf einen Wert, der auf einer 64-Kilobyte-Grenze liegt, und verhindert, dass Ihr Prozess weiteren Speicher in diesem Bereich reserviert. Sie können eine Startadresse für die Region festlegen, aber meist überlässt man dies Windows. Weiter geschieht nichts. Es wird kein Arbeitsspeicher in den Adressraum eingeblendet und in der Auslagerungsdatei wird kein Platz für den Speicherabschnitt reserviert.

Wenn Sie mit Ihrer Speicheranforderung ernst machen möchten, rufen Sie nochmals *VirtualAlloc* auf und übergeben *MEM_COMMIT* als Speicherbelegungstyp. Nun werden die Start- und Endadresse so gerundet, dass sie auf 4-Kilobyte-Grenzen zu liegen kommen, und die Seitentabelle sowie die entsprechenden Seiten in der Auslagerungsdatei werden vorbereitet. Der Block wird als schreibgeschützt bzw. als nicht schreibgeschützt gekennzeichnet. Es wird jedoch noch immer kein Arbeitsspeicher zugeordnet. Die Speicherzuordnung findet erst dann statt, wenn Sie versuchen, auf den Speicher zuzugreifen. Es spielt keine Rolle, ob der Speicher zuvor reserviert worden ist. Es spielt ebenfalls keine Rolle, ob den Adressen bereits Speicher zugeordnet worden ist. Als Regel gilt, dass den Adressen Arbeitsspeicher zugeordnet werden muss, bevor der Speicher verwendet werden kann.

Mit der Funktion *VirtualFree* wird die Belegung wieder aufgehoben, sodass die angegebenen Seiten anschließend wieder Reservierungsstatus haben. Sie können mit *VirtualFree* auch eine reservierte Speicherregion an die Speicherverwaltung zurückgeben, aber Sie müssen dabei die Basisadresse angeben, die Sie beim vorangegangenen Aufruf von *VirtualAlloc* erhalten haben.

## *Heap*-Funktionen und *GlobalAlloc*-Funktionen

Unter einem *Heap* versteht man eine gewisse Speichermenge, die für einen bestimmten Prozess vorgesehen ist. Sobald ein Programm einen Speicherblock benötigt, fordert es diesen Block mit einer speziellen Funktion vom Heap-Manager an. Wird der Speicherblock nicht mehr gebraucht, gibt das Programm ihn mit der entsprechenden Funktion wieder an den Manager zurück. 4-Kilobyte-Seitengrenzen brauchen nicht berücksichtigt zu werden. Der Heap-Manager sucht in den bereits benutzten Seiten nach einem entsprechenden freien Platz oder fordert mit *VirtualAlloc* zusätzliche Seiten an. Wir beginnen mit den Windows-Heaps. Anschließend befassen wir uns mit den Heaps, die von Funktionen wie *malloc* und *new* aus der CRT-Bibliothek verwaltet werden.

Windows stattet jeden Prozess mit einem Standardheap aus. Der Prozess kann daneben eine beliebige Anzahl zusätzlicher Windows-Heaps anlegen. Die Funktion *HeapAlloc* besorgt den gewünschten Speicherblock von einem Windows-Heap und *HeapFree* legt ihn wieder zurück.

Vielleicht brauchen Sie *HeapAlloc* nie selbst aufzurufen, weil dies die Funktion *GlobalAlloc*, ein Überbleibsel aus Win16, für Sie erledigt. In einer idealen 32-Bit-Welt müssten Sie *GlobalAlloc* nie aufrufen. In der Realität haben wir es dagegen nur zu oft mit Quelltexten zu tun, die aus Win16 portiert worden sind und in denen statt mit »Speicherhandles« (*HGLOBAL*-Werte) mit 32-Bit-Adressen gearbeitet wird.

*GlobalAlloc* verwendet den Standard-Windows-Heap. Die Funktion erfüllt zwei verschiedene Aufgaben, je nachdem, welchen Wert der Attributparameter hat. Wenn Sie *GMEM_FIXED* angeben, ruft *GlobalAlloc* einfach *HeapAlloc* auf und gibt eine Adresse zurück, deren Typ in einen 32 Bit umfassenden *HGLOBAL*-Wert umgewandelt wurde. Wenn Sie *GMEM_MOVABLE* angeben (*movable*: verschiebbar), ist der zurückgegebene *HGLOBAL*-Wert ein Zeiger auf einen Eintrag in einer Handletabelle Ihres Prozesses. Dieser Eintrag enthält die eigentliche Adresse des über *HeapAlloc* zugewiesenen Speichers.

Warum sollte man sich mit »verschiebbarem« Speicher« abgeben, wenn dieser lediglich eine weitere Umlenkungsebene einführt? Wir haben hier ein Win16-Artefakt aus grauer Vorzeit vor uns, als das Betriebssystem tatsächlich noch Speicherblöcke verschob. In Win32 gibt es verschiebbare Blöcke nur noch wegen der Funktion *GlobalReAlloc*. Diese Funktion besorgt einen neuen Speicherblock, kopiert den Inhalt des alten Blocks in den neuen, gibt den alten Block frei und schreibt die Adresse des neuen Blocks in den vorhandenen Handletabelleneintrag. Würde niemand *GlobalReAlloc* aufrufen, könnten wir statt *GlobalAlloc* stets *HeapAlloc* verwenden.

Leider verwenden viele Bibliotheksfunktionen anstelle von Speicheradressen *HGLOBAL*-Werte als Parameter und Rückgabewert. Wenn eine Funktion einen *HGLOBAL*-Wert zurückgibt, sollten Sie sicherheitshalber davon ausgehen, dass der Speicher unter Verwendung des Attributs *GMEM_MOVABLE* angefordert worden ist, und das heißt, dass Sie *GlobalLock* aufrufen müssen, um die Speicheradresse zu erhalten. (Wenn der Speicher mit *GMEM_FIXED* angefordert wurde, gibt *GlobalLock* einfach das Handle als Adresse zurück.) Rufen Sie *GlobalUnlock* auf, sobald Sie nicht mehr auf den Speicherblock zugreifen. Wenn Sie einen *HGLOBAL*-Wert übergeben müssen, sollten Sie ihn sicherheitshalber mit *GlobalAlloc (GMEM_MOVABLE, ...)* erzeugen, um für den Fall gewappnet zu sein, dass die aufgerufene Funktion *GlobalReAlloc* aufruft und davon ausgeht, dass das Speicherhandle unverändert bleibt.

# Der Heap für kleine Blöcke, die Operatoren *new* und *delete* und die Funktion *_heapmin*

Sie können in Ihren Programmen zwar die Win32-Funktion *HeapAlloc* aufrufen, aber in den meisten Fällen werden Sie stattdessen auf *malloc* und *free* aus der C-Laufzeitbibliothek (CRT, C Runtime Library) zurückgreifen. Wenn Sie in C++ programmieren, rufen Sie diese Funktionen normalerweise nicht direkt auf, sondern benutzen stattdessen die Operatoren *new* und *delete*, die den Funktionen *malloc* und *free* entsprechen. Wenn Sie mit *new* einen Speicherblock anfordern, dessen Größe einen bestimmten Grenzwert übersteigt, reicht die CRT den Aufruf direkt an *HeapAlloc* weiter, um Speicher aus einem speziell für die CRT angelegten Windows-Heap anzufordern. Für Blöcke, deren Größe den Grenzwert nicht erreichen, verwaltet die CRT einen speziellen Heap und ruft dafür nach Bedarf die Funktionen *VirtualAlloc* und *VirtualFree* auf. Dabei wird der folgende Algorithmus angewendet:

1. Der Arbeitsspeicher wird in Regionen zu 4 Megabyte reserviert.
2. Der Arbeitsspeicher wird in Blöcken zu 64 Kilobyte (entspricht 16 Seiten) belegt.
3. Beim Aufheben der Belegung wird immer nur jeweils ein 64-Kilobyte-Block freigegeben. Wenn 128 Kilobyte frei werden, werden die letzten 64 Kilobyte freigegeben.
4. Eine 4 Megabyte große Region wird freigegeben, sobald in dieser Region keine Seite mehr belegt ist.

Wie Sie sehen, erledigt dieser Heap für kleine Speicherblöcke die notwendigen Aufräumarbeiten selbst. Der Windows-Heap der CRT dagegen macht die Reservierung und Belegung nicht automatisch rückgängig. Zur Beseitigung größerer Blöcke müssen Sie die CRT-Funktion *_heapmin* aufrufen, die ihrerseits die Windows-Funktion *HeapCompact* aufruft. (Leider tut die Win-

*Speicherverwaltung unter Win32*

dows 95/98-Version von *HeapCompact* überhaupt nichts – ein Grund mehr, Windows NT zu verwenden.) Sobald eine belegte Seite freigegeben wird, steht der entsprechende Platz in der Auslagerungsdatei anderen Programmen zur Verfügung.

**HINWEIS:** In älteren Versionen der CRT wurden die Zeiger auf freie Blöcke in den Heapseiten gespeichert. Bei dieser Vorgehensweise musste die Funktion *malloc* auf der Suche nach freiem Speicher auf viele Seiten zugreifen und bei Bedarf aus der Auslagerungsdatei einlesen, was die Ausführungsgeschwindigkeit beeinträchtigte. Das aktuelle Verfahren, bei dem die Liste freier Blöcke in einem eigenen Speicherbereich verwaltet wird, ist schneller und ermöglicht in vielen Fällen den Verzicht auf zusätzliche Heap-Verwaltungssoftware von anderen Herstellern.

Mit Hilfe der CRT-Funktionen *_set_sbh_threshold* und *_get_sbh_threshold* können Sie den Grenzwert für die Blockgröße ändern und abfragen.

Für Testzwecke gibt es von *malloc* eine spezielle Version namens *_malloc_dbg*, die Debuginformationen über die angeforderten Speicherblöcke erfasst. Der Operator *new* ruft *_malloc_dbg* auf, wenn Sie in einem MFC-Projekt *_DEBUG* definiert haben. Ihr Programm kann damit Speicherblöcke aufspüren, die Sie nicht an die Speicherverwaltung zurückgegeben oder versehentlich überschrieben haben.

# Speicherbilddateien

Für den Fall, dass Ihr Appetit auf Speicherverwaltungsvarianten noch nicht gestillt ist, möchte ich Ihnen eine weitere Option vorstellen. Nehmen wir, an, Ihr Programm benötigt eine Datei mit einer geräteunabhängigen Bitmap, eine DIB-Datei (DIB, Device Independent Bitmap). Intuitiv würden Sie wahrscheinlich einen Puffer in der erforderlichen Größe anfordern, die Datei öffnen und die gesamte Datei mit der entsprechenden Funktion in den Puffer einlesen. Speicherbilddateien (memory-mapped files) bieten jedoch eine elegantere Lösung. Sie weisen einfach einer Datei einen bestimmten Adressbereich zu. Sobald der Prozess auf eine Speicherseite aus diesem Bereich zugreift, sorgt Windows für den erforderlichen Arbeitsspeicher und liest die Daten von der Festplatte.

Der Quelltext sieht in etwa wie folgt aus:

```
HANDLE hFile = ::CreateFile(strPathname, GENERIC_READ,
    FILE_SHARE_READ, NULL, OPEN_EXISTING, FILE_ATTRIBUTE_NORMAL, NULL);
ASSERT(hFile != NULL);
HANDLE hMap = ::CreateFileMapping(hFile, NULL, PAGE_READONLY, 0, 0, NULL);
ASSERT(hMap != NULL);
LPVOID lpvFile = ::MapViewOfFile(hMap, FILE_MAP_READ, 0, 0, 0); // Bilde die gesamte Datei ab
DWORD dwFileSize = ::GetFileSize(hFile, NULL);  // nützliche Informationen
// benutze die Datei
::UnmapViewOfFile(lpvFile);
::CloseHandle(hMap);
::CloseHandle(hFile);
```

Sie verwenden virtuellen Speicher, dessen Inhalt aus der DIB-Datei geladen wird. Windows ermittelt die Dateigröße, reserviert einen entsprechenden Adressbereich und ordnet diesem Adressbereich die Datei als Speichermedium zu. In diesem Fall befindet sich die Startadresse in *lpvFile*. Die Variable *hMap* enthält das Handle des Dateizuordnungsobjekts, das bei Bedarf prozessübergreifend genutzt werden kann.

Die DIB-Datei aus diesem Beispiel ist eine kleine Datei, die Sie auch als Ganzes in einen Puffer einlesen könnten. Stellen Sie sich aber eine größere Datei vor, auf die Sie normalerweise über *seek*-Operationen zugreifen. Wegen der zugrunde liegenden virtuellen Speicherverwaltung lassen sich Speicherbilddateien in solchen Fällen ebenso gut einsetzen. Der Arbeitsspeicher wird zugewiesen und die Seiten werden gelesen, sobald Sie darauf zugreifen, und nicht vorher.

**HINWEIS:** Gemäß Voreinstellung wird für die gesamte Datei Arbeitsspeicher belegt. Es ist aber auch möglich, nur einem Teil der Datei Speicher zuzuordnen.

Wenn zwei Prozesse dasselbe Dateizuordnungsobjekt nutzen (beispielsweise *hMap* im obigen Quelltext), stellt die Datei letztlich einen gemeinsam genutzten Speicherbereich dar, wobei sich aber die virtuellen Adressen, die *MapViewOfFile* zurückgibt, unterscheiden können. Tatsächlich ist dies unter Win32 die bevorzugte Methode zur gemeinsamen Nutzung eines Speicherblocks durch mehrere Prozesse. (Es nicht mehr wie unter Win16 möglich, einen gemeinsam genutzten Speicherbereich einzurichten, indem man *GlobalAlloc* mit dem Flag *GMEM_SHARE* aufruft.) Wenn es Ihnen nur auf die gemeinsame Nutzung des Arbeitsspeichers ankommt und Sie keine permanente Festplattendatei benötigen, können Sie den Aufruf von *CreateFile* weglassen und für den Parameter *hFile* von *CreateFileMapping* 0xFFFFFFFF angeben. Dann basiert der gemeinsam genutzte Speicherbereich auf Seiten aus der Auslagerungsdatei. Weitere Einzelheiten über Speicherbilddateien finden Sie in Jeffrey Richters Buch *Windows: Programmierung für Experten*.

**HINWEIS:** Wenn Sie vorhaben, nur auf einige wenige, zufällig verteilte Seiten eines Dateizuordnungsobjekts zuzugreifen, können Sie auf eine Technik zurückgreifen, die Jeffrey Richter in seinem Buch *Windows: Programmierung für Experten* beschreibt. In diesem Fall rufen Sie *CreateFileMapping* mit einem speziellen Flag auf und belegen anschließend die gewünschten Adressbereiche mit der Funktion *VirtualAlloc*.

**HINWEIS:** Sehen Sie sich einmal die Windows-Meldung *WM_COPYDATA* näher an. Mit Hilfe dieser Meldung können Sie über gemeinsam genutzten Speicher Daten zwischen verschiedenen Prozessen austauschen, ohne sich mit der Programmierung von Speicherbilddateien auseinander setzen zu müssen. Sie müssen diese Meldung allerdings mit *SendMessage* (nicht mit *PostMessage*) senden. Das bedeutet, dass der sendende Prozess warten muss, bis der empfangende Prozess die Daten kopiert und verarbeitet hat.

Leider fehlt in der MFC-Bibliothek eine direkte Unterstützung für Speicherbilddateien und gemeinsam genutzten Speicher. Die Klasse *CSharedFile* unterstützt lediglich Speichertransfers über die Zwischenablage und mit *HGLOBAL*-Handles, sodass der Name mehr verspricht, als die Klasse hält.

# Zugriff auf Ressourcen

Ressourcen befinden sich innerhalb von EXE-Dateien und DLLs und belegen somit virtuellen Adressraum, der sich während der Lebensdauer des Prozesses nicht ändert. Aufgrund dieser Tatsache ist es einfach, eine Ressource direkt zu lesen. Wenn Sie beispielsweise auf eine Bitmap zugreifen müssen, können Sie mit der folgenden Anweisung die DIB-Adresse ermitteln:

```
LPVOID lpvResource = (LPVOID) ::LoadResource(NULL,
    ::FindResource(NULL, MAKEINTRESOURCE(IDB_REDBLOCKS),
    RT_BITMAP));
```

Die Funktion *LoadResource* liefert einen *HGLOBAL*-Wert, den Sie aber gefahrlos in einen Zeiger umwandeln können.

## Tipps zum Umgang mit dynamischem Speicher

Je intensiver Sie den Heap benutzen, desto stärker wird er fragmentiert und desto langsamer wird Ihr Programm ausgeführt. Falls Ihr Programm stunden- oder tagelang laufen soll, müssen Sie besonders sorgfältig vorgehen. Am besten ist es, den gesamten Speicher, den ein Programm benötigt, beim Start anzufordern und beim Beenden freizugeben, aber das ist nicht immer möglich. Ein besonderes Ärgernis ist die Klasse *CString*, die ständig kleine Speicherblöcke anfordert und freigibt. Glücklicherweise haben die Entwickler der MFC neuerdings einige Verbesserungen vorgenommen.

Vergessen Sie nicht, ab und zu in Ihrem Programm *_heapmin* aufzurufen, falls Ihr Programm Blöcke anfordert, deren Größe den Grenzwert für den Heap mit den kleinen Speicherblöcken übersteigt. Und vergessen Sie nicht, woher der Heap-Speicher stammt. Sie kämen zum Beispiel in große Schwierigkeiten, wenn Sie mit einem Zeiger, den Sie von *new* erhalten haben, *HeapFree* aufrufen würden.

Denken Sie daran, dass der Stapel nicht mehr auf 64 Kilobyte beschränkt ist. Sie können also auch große Objekte auf dem Stapel ablegen und sich somit viele Heap-Operationen ersparen.

Wie reagiert Ihr Programm, wenn Windows der Speicherplatz für die Auslagerungsdatei ausgeht? Es ist keineswegs so, dass Ihr Programm mit voller Geschwindigkeit ausgeführt wird und dann plötzlich eine Ausnahme auslöst, nur weil der Speicher knapp wird. Es kommt vielmehr, zum Leidwesen Ihrer Kunden, langsam zum Stillstand. Und Sie können nur versuchen herauszufinden, welches Programm den Speicher verschlingt und warum es dies tut. Weil die Module USER und GDI von Windows 95/98 nach wie vor 16-Bit-Komponenten enthalten, besteht die entfernte Möglichkeit, dass die 64-Kilobyte-Heaps für GDI-Objekte und Windows-Strukturen ausgeschöpft wurden. Wenn eine solche Situation eintritt, ist das wahrscheinlich ein Hinweis auf einen Fehler in Ihrem Programm.

## Speicherstrategien für konstante Daten

Denken Sie daran, dass der Code Ihres Programms nicht aus der Auslagerungsdatei geladen wird, sondern direkt aus den EXE- und DLL-Dateien. Wenn mehrere Instanzen Ihres Programms ausgeführt werden, werden dieselben EXE- und DLL-Dateien in die virtuellen Adressräume der einzelnen Prozesse eingeblendet. Was geschieht dann mit den konstanten Daten? Am besten wäre es doch, wenn die Daten in das Programm integriert werden könnten. Andernfalls müssten sie in einen anderen Block im Adressraum kopiert und gegebenenfalls aus der Auslagerungsdatei geladen werden.

Um sicherzustellen, dass konstante Daten mit dem Programmcode gespeichert werden, müssen Sie etwas Aufwand betreiben. Betrachten wir als Erstes konstante Zeichenfolgen, von denen viele Programme durchsetzt sind. Auf den ersten Blick möchte man meinen, dass solche Daten nur Lesezugriffe zulassen. Andererseits sind folgende Anweisungen zulässig (der Compiler verarbeitet den Code zwar, aber Sie erhalten einen Speicherzugriffsfehler, falls Sie ihn tatsächlich ausprobieren):

```
char* pch = "test";
*pch = 'x';
```

Offensichtlich kann »test« kein konstantes Datum sein und ist es auch nicht. Wenn »test« eine Konstante werden soll, müssen Sie den Text als initialisierte *const static*-Variable definieren. So sieht die globale Definition aus:

```
const char g_pch[] = "test";
```

Nun wird *g_pch* zwar mit dem Code gespeichert, aber wo genau? Um diese Frage zu beantworten, müssen Sie etwas über die »Datenabschnitte« (data sections) wissen, die der Linker von Visual C++ .NET erzeugt. Wenn Sie in den Linkeroptionen festlegen, dass eine Map-Datei generiert werden soll, erhalten Sie eine lange Liste mit den verschiedenen Bereichen (oder Speicherblöcken) Ihres Programms. Es gibt Bereiche für Code oder Daten sowie schreibgeschützte Bereiche und Bereiche mit Lese- und Schreibzugriff. Die wichtigen Abschnitte und ihre Eigenschaften können Sie der folgenden Tabelle 10.1 entnehmen:

| Name | Typ | Zugriff | Inhalt |
| --- | --- | --- | --- |
| .text | Code | Nur Lesen | Programmcode |
| .rdata | Daten | Nur Lesen | Konstante initialisierte Daten |
| .data | Daten | Lesen/Schreiben | Nicht konstante initialisierte Daten |
| .bss | Daten | Lesen/Schreiben | Nicht konstante, nicht initialisierte Daten |

***Tabelle 10.1:*** *Abschnitte eines Programms*

Der Bereich *.rdata* ist Bestandteil der EXE-Datei, und in diesem Bereich speichert der Linker die Variable *g_pch*. Je mehr Daten Sie in *.rdata* unterbringen, desto besser. Verwenden Sie zu diesem Zweck den Modifizierer *const*.

Sie können vordefinierte Typen und sogar Datenstrukturen im *.rdata*-Bereich speichern, aber keine C++-Objekte mit Konstruktoren. Wenn Sie eine Anweisung wie die folgende schreiben,

```
const CRect g_rect(0, 0, 100, 100);
```

fügt der Linker das Objekt in den Abschnitt *.bss* ein. Als Folge wird das Objekt für jeden Prozess separat in die Auslagerungsdatei geschrieben. Das ist durchaus sinnvoll, weil der Compiler den Konstruktor nach dem Laden des Programms aufrufen muss.

Nehmen wir jetzt einmal an, Sie möchten sich so ungeschickt wie möglich anstellen. Zu diesem Zweck deklarieren Sie eine globale Variable (oder ein statisches Datenelement) des Typs *CString* wie folgt:

```
const CString g_str("Nicht unbedingt geschickt, diese Lösung.");
```

Nun befindet sich das (recht kleine) *CString*-Objekt im *.bss*-Abschnitt und im *.data*-Abschnitt haben Sie außerdem ein Zeichenarray. Schlimmer noch, die Klasse *CString* muss beim Programmstart Heap-Speicher für eine Kopie der Zeichen anfordern. Viel besser wäre es, Sie würden statt des *CString*-Objekts ein mit dem Schlüsselwort *const* deklariertes Zeichenarray verwenden.

*Speicherverwaltung unter Win32*

# 11 Meldungsbearbeitung und Multithread-Programmierung unter Windows

| | |
|---|---|
| 229 | Meldungsbearbeitung unter Windows |
| 234 | Leerlaufroutinen |
| 235 | Multithread-Programmierung |

Mit Multitasking und Multithreading hat das Win32-API die Programmierung für Microsoft Windows nahezu revolutioniert. Sofern Sie sich bereits Zeitschriftenartikel und anspruchsvollere Bücher zu diesen Themen angesehen haben, schrecken Sie vielleicht vor der Komplexität der Multithread-Programmierung zurück. Win32-Anwendungen können auch mit einem einzigen Thread sehr leistungsfähig und nützlich sein. Wenn Sie sich aber mit den Grundlagen von Threads vertraut machen, werden Sie imstande sein, bei Bedarf effizientere und leistungsfähigere Programme zu schreiben. Und Sie werden das Programmiermodell von Win32 besser verstehen.

## Meldungsbearbeitung unter Windows

Um Threads zu verstehen, müssen Sie wissen, wie im 32-Bit-Windows Meldungen bearbeitet werden. Der beste Ausgangspunkt ist ein Programm mit einem einzigen Thread, das die Bedeutung der Übersetzung und Zustellung der Meldungen aufzeigt. Dieses Programm werden Sie anschließend durch einen zweiten Thread erweitern, der mit Hilfe einer globalen Variablen und einer einfachen Meldung gesteuert wird. Dann werden Sie mit Ereignissen und kritischen Abschnitten experimentieren. Wenn Sie noch tiefer in die Materie einsteigen möchten und sich zum Beispiel für Mutexe und Semaphore interessieren, müssen Sie auf andere Bücher zurückgreifen, beispielsweise auf Jeffrey Richters *Windows: Programmierung für Experten*, 3. Auflage (Microsoft Press, 1997).

# Wie ein Programm mit einem einzigen Thread Meldungen bearbeitet

Bisher hatten alle Programme in diesem Buch nur einen Thread. Das bedeutet, dass der Code nur einen Ausführungspfad hat. Mit Hilfe von Visual Studio .NET haben Sie für einige Windows-Meldungen passende Bearbeitungsfunktionen generiert und Sie haben eine Funktion *OnDraw* entwickelt, die beim Eintreffen einer *WM_PAINT*-Meldung aufgerufen wird. Es sieht vielleicht so aus, als ob Windows die Handler auf geheimnisvolle Weise beim Eintreffen der Meldung aufrufen würde, aber dem ist nicht so. Tief im Innern des MFC-Codes, der zu Ihrem Programm gelinkt wird, befinden sich Befehle wie die folgenden:

```
MSG message;
while (::GetMessage(&message, NULL, 0, 0)) {
    ::TranslateMessage(&message);
    ::DispatchMessage(&message);
}
```

Windows stellt fest, welche Meldungen zu Ihrem Programm gehören, und die Funktion *GetMessage* kehrt zurück, sobald eine Meldung eingetroffen ist, die bearbeitet werden muss. Wenn keine Meldungen vorliegen, hat das Programm nichts zu tun und das Programm »schläft«. Trifft schließlich eine Meldung ein, »erwacht« Ihr Programm wieder. Die Funktion *TranslateMessage* übersetzt *WM_KEYDOWN*-Meldungen in *WM_CHAR*-Meldungen, die ASCII-Zeichen enthalten, und die Funktion *DispatchMessage* übergibt die Kontrolle (über die Fensterklasse) an die MFC-Meldungspumpe, die mit Hilfe der Meldungstabelle für den Aufruf Ihrer Funktion sorgt. Wenn der Handler fertig ist, geht die Kontrolle an den MFC-Code zurück. Irgendwann kehrt dann auch die Funktion *DispatchMessage* zum Aufrufer zurück.

## Die Kontrolle abgeben

Was geschieht, wenn Sie eine Funktion schreiben, die nicht nur *Nichtsnutz* heißt, sondern sich auch so verhält und entgegen allen Regeln der Kooperation ungerührt 10 Sekunden CPU-Zeit konsumiert? In der 16-Bit-Ära hätte eine solche Funktion den Rechner blockiert. Nur die Aktualisierung der Mauszeigerposition und einige andere Arbeiten auf Interruptbasis wären noch ausgeführt worden. Mit der Einführung von Win32 wurde das Multitasking entscheidend verbessert. Aufgrund des zeitscheibengesteuerten Multitaskings erhalten auch die anderen Programme ihren Anteil an der Laufzeit – Windows unterbricht die Funktion *Nichtsnutz* einfach, sobald es nötig ist. Ihr eigenes Programm würde jedoch auch unter Win32 10 Sekunden lang blockiert werden. Es könnte keine Meldungen bearbeiten, weil *DispatchMessage* erst dann zurückkehren kann, wenn der *Nichtsnutz* fertig ist.

Es gibt jedoch eine Lösung für diese Situation, die mit Win16 und Win32 funktioniert. Sie bringen der Funktion *Nichtsnutz* einfach bei, sich ein wenig zivilisierter zu benehmen und gelegentlich die Kontrolle abzugeben.

```
MSG message;
if (::PeekMessage(&message, NULL, 0, 0, PM_REMOVE)) {
    ::TranslateMessage(&message);
    ::DispatchMessage(&message);
}
```

Die Funktion *PeekMessage* arbeitet wie *GetMessage*, kehrt aber sofort zurück, auch wenn keine Meldung für Ihr Programm vorliegt. In diesem Fall kann *Nichtsnutz* seine Aktivitäten ungestört fortsetzen. Wenn aber tatsächlich eine Meldung vorliegt, wird *Nichtsnutz* angehalten, der entsprechende Handler wird aufgerufen und *Nichtsnutz* wird fortgesetzt, sobald der Handler zurückgekehrt ist.

## Zeitgeber

Ein Windows-Zeitgeber oder *Timer* ist eine nützliche Programmkomponente, mit deren Hilfe man manchmal auf Multithread-Programmierung verzichten kann. Wenn Sie beispielsweise einen Kommunikationspuffer lesen müssen, können Sie einen Zeitgeber einrichten, der die anfallenden Zeichen alle 100 Millisekunden abruft. Mit Zeitgebern können Sie auch Animationen steuern, weil Zeitgeber vom CPU-Takt unabhängig sind.

Zeitgeber sind einfach zu verwenden. Sie rufen einfach die *CWnd*-Memberfunktion *SetTimer* auf und stellen einen Meldungshandler für die entsprechenden WM_TIMER-Meldungen bereit. Sobald Sie den Zeitgeber mit dem in Millisekunden angegebenen Intervall gestartet haben, werden in regelmäßigen Abständen so lange WM_TIMER-Meldungen an das Fenster gesendet, bis Sie *CWnd::KillTimer* aufrufen oder das Fenster des Zeitgebers entsorgt wird. Wenn Sie möchten, können Sie mehrere, durch ganzzahlige Werte unterscheidbare Zeitgeber verwenden. Weil Windows kein Echtzeitbetriebssystem ist, dürfen Sie aber keine besonders hohe Genauigkeit hinsichtlich der zeitlichen Abstände zwischen Ereignismeldungen erwarten, wenn Sie ein wesentlich kürzeres Intervall als 100 Millisekunden angeben.

Wie alle anderen Windows-Meldungen können auch Zeitgebermeldungen durch andere Handler blockiert werden. Allerdings werden Zeitgebermeldungen nicht gesammelt. Wenn bereits eine Meldung eines bestimmten Zeitgebers in der Warteschlange vorhanden ist, fügt Windows keine weiteren Meldungen dieses Zeitgebers hinzu.

## Das Programm Ex11a

Wir schreiben nun ein Programm mit einem einzigen Thread, das eine Schleife mit CPU-intensiven Berechnungen enthält. Das Programm soll auch nach dem Start der Berechnung durch den Benutzer noch Meldungen verarbeiten, da der Benutzer die Ausführung sonst nicht abbrechen kann. Außerdem soll das Programm mit Hilfe einer Statuskontrolle eine Rückmeldung darüber geben, bis zu welchem Prozentsatz die Berechnung durchgeführt worden ist (siehe Abbildung 11.1). Das Programm ermöglicht die Bearbeitung von Meldungen, indem es in der Berechnungsschleife die Kontrolle abgibt. Ein Zeitgeberhandler aktualisiert die Statuskontrolle anhand der Berechnungsdaten. Würde die Berechnungsschleife die Kontrolle nicht abgeben, könnten die WM_TIMER-Meldungen nicht verarbeitet werden.

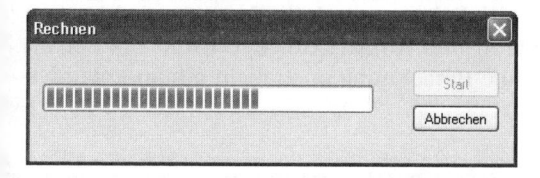

***Abbildung 11.1:*** *Das Dialogfeld* Rechnen

So erstellen Sie die Anwendung Ex11a:

1. **Generieren Sie mit dem MFC-Anwendungsassistenten das Projekt Ex11a.** Wählen Sie im *Datei*-Menü *Neu, Projekt*. Wählen Sie im Dialogfeld *Neues Projekt* die Vorlage MFC-Anwendung, geben Sie den Namen *Ex11a* ein und klicken Sie auf *OK*. Im MFC-Anwendungsassistenten übernehmen Sie alle Vorgaben mit zwei Ausnahmen: Auf der Seite *Anwendungstyp*

wählen Sie *Einfaches Dokument* und auf der Seite *Erweiterte Features* löschen Sie die Markierung von *Drucken und Druckvorschau*.

2. **Erstellen Sie die Dialogressource *IDD_COMPUTE*.** Wählen Sie im *Projekt*-Menü *Ressource hinzufügen* und fügen Sie eine neue Dialogressource ein. Ändern Sie die Eigenschaft *ID* des Dialogfelds auf *IDD_COMPUTE* und die Eigenschaft *Beschriftung* auf *Rechnen*. Ändern Sie die Eigenschaft *ID* der OK-Schaltfläche auf *IDC_START* und die Eigenschaft *Beschriftung* auf *Start*. Ändern Sie die Eigenschaft *ID* der Schaltfläche *Abbrechen* auf *IDC_CANCEL*. Fügen Sie mit der Toolbox eine Statuskontrolle ein. Belassen Sie deren ID bei *IDC_PROGRESS1*. Wenn Sie fertig sind, sieht das Dialogfeld ungefähr so aus:

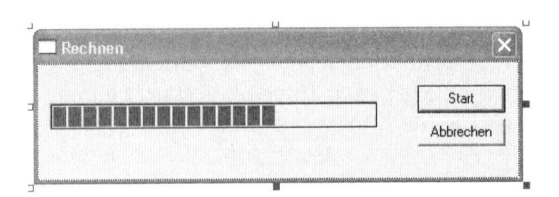

3. **Erstellen Sie mit dem MFC-Klassenassistenten die Klasse *CComputeDlg* class.** Wählen Sie im *Projekt*-Menü *Klasse hinzufügen*. Dadurch öffnet sich der *MFC-Klassen-Assistent*. Geben Sie als Klassennamen *CComputeDlg* ein, wählen Sie *CDialog* als Basisklasse und *IDD_COMPUTE* als *Dialogfeld-ID*, damit die neue Klasse für das gerade erstellte Dialogfeld generiert wird.

4. **Fügen Sie Meldungshandler für *WM_TIMER* und *BN_CLICKED* ein.** Wählen Sie in der Klassenansicht die Klasse *CComputeDlg*. Klicken Sie im Eigenschaftenfenster die Schaltfläche *Meldungen* an und fügen Sie die Funktion *OnTimer* für die Meldung *WM_TIMER* ein. Klicken Sie im Eigenschaftenfenster die Schaltfläche *Ereignisse* an und fügen Sie für *IDC_START* und *IDC_CANCEL* die Funktionen *OnBnClickedStart* und *OnBnClickedCancel* ein.

5. **Fügen Sie drei Datenelemente in die Klasse *CComputeDlg* ein.** Fügen Sie in der Datei ComputeDlg.h die folgenden drei geschützten Datenelemente ein:
```
UINT_PTR m_nTimer;
int m_nCount;
enum { nMaxCount = 50000 };
```
Das Datenelement *m_nCount* der Klasse *CComputeDlg* wird während der Berechnung inkrementiert. Mit der Division durch die »Konstante« *nMaxCount* wird daraus der Prozentwert berechnet, der den Zustand der Berechnung angibt.

6. **Fügen Sie in der Datei ComputeDlg.cpp den Initialisierungscode in den Konstruktor von *CComputeDlg* ein.** Fügen Sie die folgende Zeile in den Konstruktor ein, damit die Schaltfläche *Abbrechen* auch dann funktioniert, wenn die Berechnung noch nicht gestartet worden ist.
```
m_nCount = 0;
```

7. **Codieren Sie die *OnBnClickedStart*-Funktion in ComputeDlg.cpp.** Dieser Code wird ausgeführt, wenn der Benutzer auf die Schaltfläche *Start* klickt. Fügen Sie den folgenden fett gedruckten Code hinzu:

```
void CComputeDlg::OnBnClickedStart()
{   MSG message;
    m_nTimer = SetTimer(1, 100, NULL); // 1/10 Sekunde
    ASSERT(m_nTimer != 0);
    GetDlgItem(IDC_START)->EnableWindow(FALSE);
    volatile int nTemp;
    for (m_nCount = 0; m_nCount < nMaxCount; m_nCount++) {
        for (nTemp = 0; nTemp < 10000; nTemp++) {
            // verbraucht Rechenzeit
        }
        if (::PeekMessage(&message, NULL, 0, 0, PM_REMOVE)) {
            ::TranslateMessage(&message);
            ::DispatchMessage(&message);
        }
    }
    GetDlgItem(IDC_START)->EnableWindow(TRUE);
    CDialog::OnOK();
}
```

Die übergeordnete *for*-Schleife wird vom Wert von *m_nCount* gesteuert. Der Aufruf von *PeekMessage* am Ende der äußeren Schleife bewirkt, dass auch andere Meldungen verarbeitet werden können, wie zum Beispiel *WM_TIMER*. *EnableWindow(False)* sperrt die Schaltfläche *Start* für die Zeit der Berechnung. Ohne diese Vorsichtsmaßnahme könnte die Funktion *OnBnClickedStart* während ihrer Ausführung erneut aufgerufen werden. Der zweite Aufruf von *EnableWindow(TRUE)* schaltet die Schaltfläche *Start* wieder frei, sodass der Benutzer den Zeitgeber erneut starten kann.

8. **Fügen Sie die Funktion *OnTimer* in die Datei ComputeDlg.cpp ein.** Wenn der Zeitgeber seine Meldung sendet, wird die Statuskontrolle entsprechend dem Wert von *m_nCount* aktualisiert. Fügen Sie den folgenden fett gedruckten Code hinzu:

```
void CComputeDlg::OnTimer(UINT nIDEvent)
{
    CProgressCtrl* pBar = (CProgressCtrl*) GetDlgItem(IDC_PROGRESS1);
    pBar->SetPos(m_nCount * 100 / nMaxCount);
    CDialog::OnTimer(nIDEvent);
}
```

9. **Aktualisieren Sie die Funktion *OnBnClickedCancel* in ComputeDlg.cpp.** Wenn der Benutzer während der Berechnung auf die Schaltfläche *Abbrechen* klickt, schließen wir das Dialogfeld nicht direkt. Stattdessen setzen wir *m_nCount* auf den Maximalwert, was die Funktion *OnBnClickedStart* veranlasst, das Dialogfeld zu schließen. Sofern die Berechnung noch nicht begonnen hat, kann das Dialogfeld sofort verlassen werden. Fügen Sie den folgenden fett gedruckten Code ein:

```
void CComputeDlg::OnBnClickedCancel()
{
    TRACE("Aufruf von CComputeDlg::OnBnClickedCancel\n");
    if (m_nCount == 0) {       // vor dem Drücken der Schaltfläche Start
        CDialog::OnCancel();
    }
    else {                     // Berechnung ist im Gange
        m_nCount = nMaxCount;  // Beendigung von OnBnClickedStart erzwingen
    }
}
```

10. **Bearbeiten Sie die Klasse *Ex11aView* class in Ex11aView.cpp.** Ändern Sie zuerst die virtuelle Funktion *OnDraw* wie folgt, sodass sie eine Meldung ausgibt:

```
void CEx11aView::OnDraw(CDC* pDC)
{
    CEx11aDoc* pDoc = GetDocument();
    ASSERT_VALID(pDoc);
    pDC->TextOut(0, 0, "Drücken Sie hier die linke Maustaste.");
}
```

Fügen Sie dann die Memberfunktion *OnLButtonDown* hinzu. Wählen Sie in der Klassenansicht *CEx11aView*. Klicken Sie im Eigenschaftenfenster auf die Schaltfläche *Meldungen*, wählen Sie die Meldung *WM_LBUTTONDOWN* und fügen Sie die Funktion *OnLButtonDown* ein. Fügen Sie den folgenden fett gedruckten Code ein:

```
void Cex11aView::OnLButtonDown(UINT nFlags, CPoint point)
{
    CComputeDlg dlg;
    dlg.DoModal();
    CView::OnLButtonDown(nFlags, point);
}
```

Damit wird ein modales Dialogfeld eingeblendet, wenn der Benutzer die linke Maustaste betätigt, während sich der Mauszeiger im Ansichtsfenster befindet.

Fügen Sie in Ex11aView.cpp auch noch die folgende *#include*-Anweisung ein:

```
#include "ComputeDlg.h"
```

11. **Erstellen Sie das Programm und starten Sie es.** Klicken Sie mit der linken Maustaste in das Ansichtsfenster, um das Dialogfeld anzuzeigen. Klicken Sie auf die Schaltfläche *Start* und anschließend auf die Schaltfläche *Abbrechen*. Die Statuskontrolle sollte den Zustand der Berechnung wiedergeben.

# Leerlaufroutinen

Vor der Einführung der Multithread-Programmierung benutzten Windows-Programmierer Leerlaufroutinen zur Durchführung von »Hintergrundarbeiten«, wie zum Beispiel den Seitenumbruch. Nun sind die Leerlaufroutinen nicht mehr so wichtig, aber immer noch nützlich. Das Anwendungsgerüst ruft die virtuelle Memberfunktion *OnIdle* der Klasse *CWinApp* auf und Sie können diese Funktion überschreiben, um Hintergrundarbeiten zu erledigen. *OnIdle* wird in der Meldungsschleife des Anwendungsgerüsts aufgerufen, die in Wirklichkeit etwas komplizierter ist als die gezeigte Folge von *GetMessage/TranslateMessage/DispatchMessage*.

Nach ihrer Rückkehr wird die Funktion *OnIdle* grundsätzlich erst dann wieder aufgerufen, wenn die Meldungswarteschlange der Anwendung das nächste Mal geleert worden ist. Wenn Sie diese Funktion überschreiben, wird Ihr Code aufgerufen. Er wird aber nur dann fortlaufend aufgerufen, wenn eine kontinuierliche Folge von Meldungen eintrifft. Die Basisklassenversion von *OnIdle* aktualisiert Symbolleistenschaltflächen und Statusindikatoren und beseitigt verschiedene temporäre Objektzeiger. Es ist sinnvoll, *OnIdle* zu überschreiben, um die Benutzeroberfläche zu aktualisieren. Die Tatsache, dass Ihre Version von *OnIdle* nicht aufgerufen wird, wenn keine Meldungen eintreffen, hat keine Bedeutung, weil sich in diesem Fall auch die Benutzeroberfläche nicht ändern dürfte.

**HINWEIS:** Wenn Sie *CWinApp::OnIdle* überschreiben, dürfen Sie nicht vergessen, auch die Basisklassenversion von *OnIdle* aufzurufen. Andernfalls werden Ihre Symbolleistenschaltflächen nicht aktualisiert und temporäre Objekte nicht gelöscht.

*OnIdle* wird überhaupt nicht aufgerufen, wenn der Benutzer ein modales Dialogfeld bearbeitet oder ein Menü verwendet. Wenn Sie auch in modalen Dialogen und Menüs Arbeiten im Hintergrund durchführen möchten, müssen Sie einen Meldungshandler für die Meldung *WM_ENTERIDLE* definieren, allerdings für die Rahmenklasse und nicht für die Ansichtsklasse. Popup-Fenster gehören immer dem Hauptfenster der Anwendung und nicht dem Ansichtsfenster. In Kapitel 14 wird die Beziehung zwischen Rahmenfenster und Ansichtsfenster näher beschrieben.

# Multithread-Programmierung

Wie Sie aus Kapitel 10 noch wissen, versteht man unter einem *Prozess* ein ausgeführtes Programm, das Arbeitsspeicher, Dateihandles und andere Systemressourcen besitzt. Ein einzelner Prozess kann verschiedene Ausführungspfade enthalten, die so genannten *Threads*. Fangen Sie jetzt aber nicht an, nach separatem Code für separate Threads zu suchen, denn eine gegebene Funktion kann aus vielen Threads heraus aufgerufen werden. Im Allgemeinen ist der gesamte Adressraum mit Code- und Datenbereichen allen Threads zugänglich. Zwei Threads können beispielsweise dieselben globalen Variablen benutzen. Threads werden vom Betriebssystem verwaltet und verfügen jeweils über einen eigenen Stapel.

Windows bietet zwei Arten von Threads an, nämlich *Arbeitsthreads* und *Benutzeroberflächenthreads*. Die MFC-Bibliothek unterstützt beide Arten. Ein Benutzeroberflächenthread verfügt über Fenster und somit über eine eigene Meldungsschleife. Arbeitsthreads haben kein Fenster und müssen daher keine Meldungen verarbeiten. Arbeitsthreads sind leichter zu programmieren und normalerweise nützlicher als Benutzeroberflächenthreads. Die restlichen Beispiele in diesem Kapitel zeigen Arbeitsthreads. Am Ende des Kapitels wird jedoch eine Anwendung für einen Benutzeroberflächenthread beschrieben.

Vergessen Sie nicht, dass jede Anwendung mindestens einen Thread hat, den Hauptthread. In der MFC-Hierarchie wird *CWinApp* von *CWinThread* abgeleitet. In den Beispielen aus Kapitel 2 wurden eine Methode namens *InitInstance* und ein Datenelement namens *m_pMainWindow* erwähnt, die scheinbar zu *CWinApp* gehören. Genau genommen werden sie in *CWinThread* deklariert, aber natürlich von *CWinApp* geerbt. Wichtig ist, dass eine Anwendung tatsächlich ein Thread ist.

## Einen Arbeitsthread schreiben und starten

Wie Sie vielleicht schon vermutet haben, ist es wesentlich effizienter, lange Berechnungen in einem Arbeitsthread auszuführen und nicht in einem Meldungshandler, der *PeekMessage* aufruft. Um jedoch einen Arbeitsthread starten zu können, müssen Sie eine globale Funktion mit dem Hauptprogramm des Threads schreiben. Diese globale Funktion muss einen *UINT*-Wert zurückgeben und einen als *LPVOID* deklarierten 32-Bit-Wert als einzigen Parameter haben. Mit Hilfe dieses Parameters können Sie dem Thread beim Starten einen beliebigen Wert übergeben. Der Thread führt seine Berechnungen durch und wenn die globale Funktion zum Aufrufer zurückkehrt, wird auch der Thread beendet. Der Thread würde auch beim Verlassen des Prozesses beendet werden. Zur Vermeidung von Speicherlecks ist es aber besser, dafür zu sorgen, dass der Arbeitsthread zuerst beendet wird.

Um den Thread mit der Funktion *ComputeThreadProc* zu starten, führen Sie in Ihrem Programm den folgenden Aufruf aus:

```
CWinThread* pThread = AfxBeginThread(ComputeThreadProc, GetSafeHwnd(),
                    THREAD_PRIORITY_NORMAL);
```

Der Rechenthread sieht so aus:

```
UINT ComputeThreadProc(LPVOID pParam)
{
    // Erledige die gewünschte Arbeit.
    return 0;
}
```

Die Funktion *AfxBeginThread* kehrt sofort zurück; der Rückgabewert ist ein Zeiger auf das neu erstellte Threadobjekt. Mit Hilfe dieses Zeigers können Sie den Thread anhalten und weiterlaufen lassen (*CWinThread::SuspendThread* und *ResumeThread*). Dem Threadobjekt fehlt aber eine Memberfunktion zum Beenden des Threads. Der zweite Parameter ist der 32-Bit-Wert, der an die globale Funktion übergeben wird, und der dritte Parameter repräsentiert den Prioritätscode des Threads. Sobald der Arbeitsthread gestartet worden ist, werden beide Threads unabhängig voneinander ausgeführt. Windows teilt die Rechenzeit zwischen diesen beiden Threads und den Threads aus anderen Prozessen gemäß ihrer Priorität auf. Wenn der Hauptthread auf eine Meldung wartet, kann der Arbeitsthread weiterhin ausgeführt werden.

## Wie der Hauptthread mit einem Arbeitsthread kommuniziert

Der Hauptthread (Ihr Anwendungsprogramm) kann mit seinem untergeordneten Arbeitsthread auf unterschiedlichste Weise kommunizieren. Windows-Meldungen sind allerdings für diesen Zweck untauglich, denn der Arbeitsthread hat keine Meldungsschleife. Das einfachste Kommunikationsmittel sind globale Variablen, weil alle Threads eines Prozesses auf alle globalen Objekte zugreifen können.

Angenommen, der Arbeitsthread inkrementiert und prüft im Verlauf seiner Berechnungen eine globale ganzzahlige Variable. Sobald die Variable den Wert 100 erreicht, kehrt die Threadfunktion zum Aufrufer zurück. Der Hauptthread könnte die Beendigung des Arbeitsthreads erzwingen, indem er die globale Variable auf einen Wert von 100 oder mehr setzt. Der folgende Code sollte in diesem Sinne funktionieren:

```
UINT ComputeThreadProc(LPVOID pParam)
{
    g_nCount = 0;
    while (g_nCount++ < 100) {
        // Führe die erforderlichen Berechnungen durch.
    }
    return 0;
}
```

Es tritt hier jedoch ein Problem auf, das im Prinzip schon aus dem generierten Assemblercode abzulesen ist. Der Wert von *g_nCount* wird in ein Register geladen, das Register wird inkrementiert und dann der Registerinhalt nach *g_nCount* zurückgeschrieben. Nehmen wir an, *g_nCount* hat den Wert 40 und Windows unterbricht den Arbeitsthread in dem Augenblick, nachdem dieser den Wert 40 in das Register geladen hat. Nun erhält der Hauptthread die Ablaufkontrolle und weist der Variablen *g_nCount* den Wert 100 zu. Sobald der Arbeitsthread fortgesetzt wird, inkrementiert dieser das Register und speichert den Wert 41 in *g_nCount*, wobei er den vorhandenen Wert 100 überschreibt. Die Schleife des Threads wird also nicht beendet!

Wenn Sie die Compileroptimierungen einschalten, stoßen Sie auf ein weiteres Problem. Der Compiler verwendet für *g_nCount* ein Register, in dem die Variable für die gesamte Dauer der Schleife verbleibt. Wenn der Hauptthread den Wert von *g_nCount* im Arbeitsspeicher ändert, hat dies keine Auswirkungen auf die Berechnungsschleife des Arbeitsthreads. (Sie können allerdings dafür sorgen, dass die Zählervariable *g_nCount* nicht in einem Register gespeichert wird, indem Sie die Variable als *volatile* deklarieren.)

Aber nehmen wir an, Sie würden die Threadfunktion wie folgt umschreiben:

```
UINT ComputeThreadProc(LPVOID pParam)
{
    g_nCount = 0;
    while (g_nCount < 100) {
        // Führe hier die gewünschten Arbeiten durch.
        ::InterlockedIncrement((long*) &g_nCount);
    }
    return 0;
}
```

Die Funktion *InterlockedIncrement* verhindert, dass andere Threads während der Inkrementierung auf die Variable zugreifen können. Der Hauptthread kann deshalb gefahrlos den Arbeitsthread anhalten.

Nun haben Sie einige der Fallstricke gesehen, die mit der Verwendung globaler Variablen als Kommunikationsmedium einhergehen. Globale Variablen sind manchmal eine brauchbare Lösung, wie das nächste Beispiel zeigt. Aber wie Sie im Verlauf dieses Kapitels noch sehen werden, sind auch flexiblere Alternativen gegeben.

## Wie der Arbeitsthread mit dem Hauptthread kommuniziert

Für den Arbeitsthread mag es sinnvoll sein, dass er eine globale Variable in einer Schleife testet. Wie ist das aber beim Hauptthread? Erinnern Sie sich noch an das Beispiel mit der Funktion, die viel Rechenzeit verbraucht? Ihr Hauptthread sollte auf keinen Fall in eine Schleife eintreten, weil dabei CPU-Zyklen verschwendet werden und das Programm in dieser Zeit keine Meldungen verarbeiten kann. Für den Arbeitsthread sind Windows-Meldungen das einfachste Mittel zur Kommunikation mit dem Hauptthread, weil der Hauptthread immer eine Meldungsschleife hat. Voraussetzung für diese Art der Kommunikation ist, dass der Hauptthread ein (sichtbares oder auch unsichtbares) Fenster hat und der Arbeitsthread über ein Handle für dieses Fenster verfügt.

Wie kommt der Arbeitsthread zu diesem Handle? Genau aus diesem Grund gibt es den 32-Bit-Parameter der Threadfunktion, der weiter oben beschrieben wurde. Sie übergeben das Handle einfach an *AfxBeginThread*. Warum nicht stattdessen einen C++-Zeiger auf das Fenster übergeben? Das wäre gefährlich, weil Sie nicht davon ausgehen können, dass das Objekt immer vorhanden ist, und weil Sie MFC-Objekte nicht threadübergreifend nutzen dürfen. (Diese Regel gilt nicht für Objekte, die direkt von *CObject* oder von einfachen Klassen wie *CRect* oder *CString* abgeleitet sind.)

Verschicken Sie die Meldungen mit *SendMessage* oder mit *PostMessage*? Die zweite Alternative ist besser, weil *SendMessage* zu einem Wiedereintritt in die MFC-Meldungsschleife führen könnte, und das würde modalen Dialogfeldern Probleme bereiten. Zum Versenden eignet sich jede beliebige benutzerdefinierte Meldung.

## Das Programm Ex11b

Während der Ausführung unterscheidet sich das Programm Ex011b kaum von Ex11a. Wenn Sie sich jedoch den Quelltext ansehen, werden Ihnen einige wichtige Unterschiede auffallen. Die Berechnung wird nicht im Hauptthread, sondern in einem Arbeitsthread ausgeführt. Der Zähler wird in einer globalen Variablen namens *g_nCount* gespeichert, die im Handler für die Schaltfläche *Abbrechen* des Dialogfelds auf den Maximalwert gesetzt wird. Wenn der Thread beendet wird, sendet er mit *PostMessage* eine Meldung an das Dialogfeld, was *DoModal* zur Rückkehr veranlasst.

Die Dokument-, Ansichts-, Rahmen- und Anwendungsklassen sind bis auf die Namen identisch und die Dialogressource bleibt ebenfalls dieselbe. Die Klasse des modalen Dialogfelds heißt nach wie vor *CComputeDialog*, der darin enthaltene Quelltext hat sich dagegen sehr geändert. Der Konstruktor, der Zeitgeberhandler und die Funktionen zum Datenaustausch ähneln weitgehend den alten Versionen.

Das folgende Quelltextfragment zeigt die Definition der globalen Variablen und der globalen Threadfunktion aus der Datei \ex11b\ComputeDlg.cpp von der Begleit-CD. Beachten Sie, dass die Funktion zurückkehrt (und der Thread beendet wird), sobald *g_nCount* einen konstanten Maximalwert überschreitet. Vor der Rückkehr sendet die Funktion aber noch über *PostMessage* eine benutzerdefinierte Meldung an das Dialogfeld.

```
int g_nCount = 0;

UINT ComputeThreadProc(LPVOID pParam)
{
    volatile int nTemp; // volatile, weil sonst der Compiler zu sehr optimiert

    for (g_nCount = 0; g_nCount < CComputeDlg::nMaxCount;
                ::InterlockedIncrement((long*) &g_nCount)) {
        for (nTemp = 0; nTemp < 50000; nTemp++) {
            // verbrauche Rechenzeit
        }
    }
    // WM_THREADFINISHED ist eine benutzerdefinierte Meldung
    ::PostMessage((HWND) pParam, WM_THREADFINISHED, 0, 0);
    g_nCount = 0;
    return 0; // beendet den Thread
}
```

Die Funktion *OnBnClickedStart* ist der Schaltfläche *Start* des Dialogfelds zugeordnet. Ihre Aufgabe besteht darin, den Zeitgeber und den Arbeitsthread zu starten. Mit dem dritten Parameter von *AfxBeginThread* können Sie die Priorität des Arbeitsthreads festlegen. Die Berechnung wird beispielsweise etwas langsamer ausgeführt, wenn Sie für die Priorität *THREAD_PRIORITY_LOWEST* angeben.

```
void CComputeDlg::OnBnClickedStart()
{
    m_nTimer = SetTimer(1, 100, NULL); // 1/10 Sekunde
    ASSERT(m_nTimer != 0);
    GetDlgItem(IDC_START)->EnableWindow(FALSE);
    AfxBeginThread(ComputeThreadProc, GetSafeHwnd(),
                THREAD_PRIORITY_NORMAL);
}
```

Die Funktion *OnBnClickedCancel* ist der Schaltfläche *Abbrechen* des Dialogfelds zugeordnet. Sie weist der Variablen *g_nCount* den Maximalwert zu und bewirkt damit die Beendigung des Threads.

```
void CComputeDlg::OnBnClickedCancel()
{
    if (g_nCount == 0) { // Start noch nicht angeklickt?
        CDialog::OnCancel();
    }
    else { // Berechnung läuft
        g_nCount = nMaxCount; // Thread beenden
    }
}
```

*OnThreadFinished* ist der Handler für die benutzerdefinierte Meldung *WM_THREAD-FINISHED* des Dialogfelds. Er bewirkt, dass die Funktion *DoModal* beendet wird.

```
LRESULT CComputeDlg::OnThreadFinished(WPARAM wParam, LPARAM lParam)
{
    GetDlgItem(IDC_START)->EnableWindow(TRUE);

    CDialog::OnOK();
    return 0;
}
```

## Ereignisse zur Synchronisation von Threads einsetzen

Globale Variablen sind ein primitives, aber effektives Mittel zur Kommunikation zwischen Threads. Wir wollen nun einen etwas raffinierteren Ansatz versuchen, der in der *Synchronisation* statt in einfacher Kommunikation von Threads besteht. Unsere Threads sollen ihre Interaktionen sorgfältig aufeinander abstimmen.

Unter einem *Ereignis* versteht man in diesem Zusammenhang eine bestimmte Objektart, die vom Systemkern verwaltet wird und zur Synchronisation von Threads dient (andere Kernobjekte sind zum Beispiel Prozesse und Threads). Ein Ereignisobjekt wird innerhalb eines Prozesses durch ein eindeutiges 32-Bit-Handle identifiziert. Zur gemeinsamen Nutzung in verschiedenen Prozessen kann es auch durch einen Namen bezeichnet werden und sein Handle kann dupliziert werden. Ein Ereignis kann zwei Zustände annehmen: »gesetzt« (»signalisiert« oder *True*) oder »nicht gesetzt« (*False*). Es gibt zwei Arten von Ereignisobjekten, nämlich mit manueller Rücksetzung oder mit automatischer Rücksetzung. Wir werden uns hier mit Ereignisobjekten mit automatischer Rücksetzung befassen, weil diese sich ideal für die Synchronisation zweier Prozesse eignen.

Kommen wir nochmals auf unser Beispiel mit dem Arbeitsthread zurück. Wir möchten, dass der Hauptthread (der Benutzeroberflächenthread) den Arbeitsthread startet oder beendet. Also brauchen wir ein Ereignisobjekt für den Start und eines für das Ende. Die MFC verfügt praktischerweise über eine Klasse namens *CEvent*, die von *CSyncObject* abgeleitet wurde. Ohne anderweitige Angaben erzeugt der Konstruktor ein automatisch rücksetzendes Win32-Ereignisobjekt im nicht gesetzten Zustand. Wenn Sie Ihre Ereignisobjekte als globale Objekte deklarieren, kann jeder Thread problemlos darauf zugreifen. Wenn der Hauptthread den Arbeitsthread starten oder beenden möchte, versetzt er das entsprechende Ereignisobjekt in den Zustand »signalisiert«, indem er *CEvent::SetEvent* aufruft.

Nun muss der Arbeitsthread beide Ereignisobjekte überwachen und reagieren, wenn eines davon gesetzt wird. Zu diesem Zweck stellt die MFC die Klasse *CSingleLock* bereit, aber es ist einfacher, die Win32-Funktion *WaitForSingleObject* zu verwenden. Diese Funktion hält den Thread an, bis das angegebene Objekt gesetzt wird. Solange der Thread angehalten wird, verbraucht er keine CPU-Zeit – ein Vorteil. Der erste Parameter von *WaitForSingleObject* ist das Ereignishandle. Sie können dafür ein *CEvent*-Objekt verwenden. *CEvent* erbt von *CSyncObject* einen Operator namens *HANDLE*, der das in einem öffentlichen Datenelement gespeicherte Ereignishandle liefert. Der zweite Parameter ist die vorgesehene maximale Wartezeit. Wenn Sie für diesen Parameter *INFINITE* angeben, wartet die Funktion eben solange, bis das Ereignisobjekt gesetzt wird. Wenn Sie 0 angeben, kehrt *WaitForSingleObject* sofort zum Aufrufer zurück und gibt den Wert *WAIT_OBJECT_0* zurück, falls das Ereignisobjekt gesetzt wurde.

## Das Programm Ex011c

Das Programm Ex011c verwendet zur Synchronisation des Arbeitsthreads mit dem Hauptthread zwei Ereignisobjekte. Der Großteil des Quelltextes von Ex011c stimmt mit Ex011b überein, aber die Klasse *CComputeDlg* hat sich stark geändert. Die Datei StdAfx.h enthält die folgende Zeile für die Klasse *CEvent*:

```
#include <afxmt.h>
```

Wie im Folgenden gezeigt, gibt es zwei globale Ereignisobjekte. Beachten Sie, dass die Konstruktoren diese Windows-Ereignisobjekte bereits erstellen, noch bevor die Ausführung des Hauptprogramms beginnt.

```
CEvent g_eventStart; // ein automatisch rücksetzendes Ereignisobjekt
CEvent g_eventKill;
```

Am besten betrachten wir zunächst die globale Threadfunktion für den Arbeitsthread. Die Funktion inkrementiert *g_nCount*, wie sie es auch in Ex011b getan hat. Der Arbeitsthread wird nicht mehr vom Handler der Schaltfläche *Start* gestartet, sondern von der Funktion *OnInitDialog*. Der erste Aufruf von *WaitForSingleObject* dient dem Warten auf das Starterignis, das vom Handler der Schaltfläche *Start* gemeldet wird. Das Argument *INFINTTE* bewirkt, dass der Thread so lange wie nötig wartet. Im Gegensatz dazu wird im zweiten Aufruf von *WaitForSingleObject* als maximale Wartezeit 0 angegeben. Dieser Aufruf befindet sich in der Berechnungsschleife und dient als schneller Test, ob der Handler der Schaltfläche *Abbrechen* das Ereignisobjekt *g_eventKill* gesetzt hat. Wenn das Ereignisobjekt gesetzt wurde, wird der Thread beendet.

```
UINT ComputeThreadProc(LPVOID pParam)
{
    volatile int nTemp;
    ::WaitForSingleObject(g_eventStart, INFINITE);
    TRACE("Die Berechnung beginnt\n");
    for (g_nCount = 0; g_nCount < CComputeDlg::nMaxCount; g_nCount++) {
        for (nTemp = 0; nTemp < 10000; nTemp++) {
            // simuliere die Berechnung
        }
        if (::WaitForSingleObject(g_eventKill, 0) == WAIT_OBJECT_0) {
            break;
        }
    }
    // Sage dem Besitzer des Fensters, dass wir fertig sind.
    ::PostMessage((HWND) pParam, WM_THREADFINISHED, 0, 0);
    g_nCount = 0;
    return 0; // beende den Thread
}
```

Es folgt die Funktion *OnInitDialog*, die bei der Initialisierung des Dialogfelds aufgerufen wird. Beachten Sie, dass die Funktion den Arbeitsthread startet, der wiederum inaktiv bleibt, bis das Ereignisobjekt *g_eventStart* gesetzt wird.

```
BOOL CComputeDlg::OnInitDialog()
{
    CDialog::OnInitDialog();
    AfxBeginThread(ComputeThreadProc, GetSafeHwnd());
    return TRUE;   // Gibt TRUE zurück, sofern Sie keinem Steuerelement den Fokus geben.
                   // AUSNAHME: OCX-Eigenschaftenseiten sollten FALSE zurückgeben.
}
```

Der folgende Handler für die Schaltfläche *Start* versetzt das Ereignisobjekt *g_eventStart* in den Zustand »gesetzt« und aktiviert damit die Berechnungsschleife des Arbeitsthreads:

```
void CComputeDlg::OnBnClickedStart()
{
    m_nTimer = SetTimer(1, 100, NULL); // 1/10 Sekunde
    ASSERT(m_nTimer != 0);
    GetDlgItem(IDC_START)->EnableWindow(FALSE);
    g_eventStart.SetEvent();
}
```

Der folgende Handler für die Schaltfläche *Abbrechen* versetzt das *g_eventKill*-Objekt in den Zustand »gesetzt« und bewirkt damit, dass die Berechnungsschleife des Arbeitsthreads beendet wird:

```
void CComputeDlg::OnBnClickedCancel()
{
    if (g_nCount == 0) { // noch nicht gestartet?
        // muss gestartet worden sein, um beendet zu werden
        g_eventStart.SetEvent();
    }
    g_eventKill.SetEvent();
}
```

Beachten Sie die etwas seltsame Anwendung des Startereignisobjekts, wenn der Benutzer die Schaltfläche *Abbrechen* auswählt, ohne zuvor auf *Start* geklickt zu haben. Es wäre vielleicht sauberer, ein zusätzliches Abbruchereignis zu definieren und dann den ersten Aufruf von *WaitForSingleObject* in *ComputeThreadProc* durch einen Aufruf von *WaitForMultipleObjects* zu ersetzen. Sobald *WaitForMultipleObjects* ein Abbruchereignis erkennt, kann die Funktion die sofortige Beendigung des Threads veranlassen.

## Threads blockieren

Der erste Aufruf von *WaitForSingleObject* in der oben gezeigten Funktion *ComputeThreadProc* stellt ein Beispiel für das Blockieren von Threads dar. Der Thread wird einfach so lange angehalten, bis ein bestimmtes Ereignisobjekt gesetzt wird. Daneben können Threads noch auf viele andere Weisen blockiert werden. Sie könnten beispielsweise die Win32-Funktion *Sleep* aufrufen, um Ihren Thread 500 Millisekunden »schlafen« zu lassen. Viele Funktionen blockieren Threads, insbesondere solche, die auf Hardware oder auf Internet-Hosts zugreifen. Zu Zeiten von Win16 nahmen solche Funktionen die CPU so lange in Besitz, bis sie abgearbeitet waren. Unter Win32 können andere Prozesse und Threads parallel ausgeführt werden.

Sie sollten blockierende Aufrufe im Hauptthread der Benutzeroberfläche vermeiden. Denken Sie daran, dass Ihr Hauptthread keine Meldungen verarbeiten kann, wenn er blockiert ist, und dass das Programm dadurch träge wirkt. Wenn Sie beispielsweise eine Aufgabe erledigen müssen, die mit sehr viel Datei-E/A verbunden ist, verlagern Sie den entsprechenden Code am besten in einen Arbeitsthread, den Sie mit dem Hauptthread synchronisieren.

Achten Sie genau auf Aufrufe in Ihrem Arbeitsthread, die diesen auf unbestimmte Zeit blockieren könnten. Schlagen Sie in der Online-Dokumentation nach, ob die Möglichkeit besteht, für die Ausführung einer bestimmten E/A-Operation eine maximale Zeitspanne festzulegen. Wenn ein Aufruf einen Thread tatsächlich dauerhaft blockiert, wird der Thread zwar zusammen mit dem Hauptprozess beendet, gibt aber nicht allen belegten Arbeitsspeicher frei. Sie könnten auch die Win32-Funktion *TerminateThread* im Hauptthread aufrufen, aber dies löst nicht das Problem der Speicherlecks.

## Kritische Abschnitte

Erinnern Sie sich noch an die Probleme mit der globalen Variablen *g_nCount*? Wenn Sie globale Daten threadübergreifend nutzen möchten und mehr Flexibilität benötigen, als einfache Anweisungen wie *InterlockedIncrement* bieten, dann sind vielleicht *kritische Abschnitte* (das sind spezielle Objekte, die den Zugang zu bestimmten Codeabschnitten steuern können) das Synchronisationswerkzeug, das Sie brauchen. Ereignisobjekte taugen als Signalgeber, kritische Abschnitte dagegen eignen sich zur Steuerung des Datenzugriffs.

Die MFC enthält eine Klasse namens *CCriticalSection*, die als Hülle für das entsprechende Windows-Objekt dient. Der Konstruktor ruft die Win32-Funktion *InitializeCriticalSection* auf, die Memberfunktionen *Lock* und *Unlock* die Funktionen *EnterCrititicalSection* und *LeaveCriticalSection* und der Destruktor *DeleteCriticalSection*. Die folgenden Anweisungen zeigen, wie Sie mit Hilfe dieser Klasse globale Daten schützen:

```
CCriticalSection g_cs;     // globale Variablen, die für alle Threads zugänglich sind
int g_nCount;

void func()
{
    g_cs.Lock();
    g_nCount++;
    g_cs.Unlock();
}
```

Nehmen wir an, Sie zeichnen in einem Programm Zeitangaben in Stunden, Minuten und Sekunden auf, wofür jeweils ein Integerwert zur Verfügung steht, und zwei Threads greifen gemeinsam auf die Zeitangaben zu. Thread A ändert eine Zeitangabe und wird nach dem Aktualisieren der Stunden, aber vor dem Aktualisieren der Minuten und Sekunden von Thread B unterbrochen. Thread B arbeitet dann mit einer ungültigen Zeitangabe.

Wenn Sie Ihr Zeitformat als C++-Klasse implementieren, können Sie den Datenzugriff auf einfache Weise kontrollieren, indem Sie die Datenelemente als *private* deklarieren und öffentliche Memberfunktionen bereitstellen. Die Klasse *CHMS* aus dem folgenden Beispiel erfüllt genau diesen Zweck. Beachten Sie bitte das Datenelement des Typs *CCriticalSection* in dieser Klasse. Dadurch wird jedem *CHMS*-Objekt ein kritischer Abschnitt zugeordnet.

Sie sehen, dass die anderen Memberfunktionen die Memberfunktionen *Lock* und *Unlock* aufrufen. Wenn Thread A mit der Ausführung von *SetTime* beschäftigt ist, wird Thread B durch den Aufruf von *Lock* in *GetTotalSecs* so lange blockiert, bis Thread A *Unlock* aufruft. Die Funktion *IncrementSecs* ruft *SetTime* auf, sodass der kritische Abschnitt mehrfach gesperrt wird. Das ist zulässig, weil Windows über die Schachtelungstiefe der Sperren Protokoll führt.

Die Klasse *CHMS* arbeitet zufrieden stellend, wenn Sie damit globale Objekte anlegen. Wenn Sie Zeiger auf Heapobjekte threadübergreifend nutzen, werden Sie mit einer Reihe weiterer Probleme konfrontiert. Jeder Thread muss prüfen, ob vielleicht ein anderer Thread das fragliche Objekt bereits beseitigt hat. Und das bedeutet, dass Sie den Zugriff auf die Zeiger synchronisieren müssen.

**HMS.h**
```cpp
#include "StdAfx.h"
class CHMS
{
private:
    int m_nHr, m_nMn, m_nSc;
    CCriticalSection m_cs;
public:
    CHMS() : m_nHr(0), m_nMn(0), m_nSc(0) {}
    ~CHMS() {}
    void SetTime(int nSecs)
    {
        m_cs.Lock();
        m_nSc = nSecs % 60;
        m_nMn = (nSecs / 60) % 60;
        m_nHr = nSecs / 3600;
        m_cs.Unlock();
    }
    int GetTotalSecs()
    {
        int nTotalSecs;
        m_cs.Lock();
        nTotalSecs = m_nHr * 3600 + m_nMn * 60 + m_nSc;
        m_cs.Unlock();
        return nTotalSecs;
    }
    void IncrementSecs()
    {
        m_cs.Lock();
        SetTime(GetTotalSecs() + 1);
        m_cs.Unlock();
    }
};
```

Es gibt kein Beispielprogramm, das die Verwendung der Klasse *CHMS* illustriert. Sie finden aber die Datei hms.h im Verzeichnis \vcppnet\ex12c auf der Begleit-CD. Wenn Sie ein Multithreading-Programm schreiben, können Sie globale Objekte dieser Klasse threadübergreifend nutzen. Sie brauchen dazu keine anderen Threadfunktionen aufzurufen.

## Mutexe und Semaphore

Wie ich schon gesagt habe, überlasse ich die Besprechung dieser Synchronisationsobjekte Jeffrey Richter und seinem Buch *Windows: Programmierung für Experten*. Mutexobjekte und Semaphore werden benötigt, wenn der Zugriff auf Daten in verschiedenen Prozessen gesteuert werden soll, weil ein kritischer Abschnitt nur innerhalb desselben Prozesses zugänglich ist. Der gemeinsame Zugriff auf Mutexobjekte und Semaphore (und Ereignisobjekte) erfolgt über deren Namen.

## Benutzeroberflächenthreads

Die MFC-Bibliothek bietet eine gute Unterstützung für Benutzeroberflächenthreads. Sie leiten eine Klasse von *CWinThread* ab und starten den Thread mit einer überladenen Version von *AfxBeginThread*. Die von *CWinThread* abgeleitete Klasse verfügt über eine eigene Version von *InitInstance* und, was besonders wichtig ist, über eine eigene Meldungsschleife. Sie können wie gewünscht Fenster erstellen und Meldungen zuordnen.

Warum sollte man einen Benutzeroberflächenthread einrichten? Wenn Sie auf Hauptprogrammebene mehrere Fenster verwenden, können Sie diese im Hauptthread erstellen und verwalten. Angenommen, Sie möchten es dem Benutzer ermöglichen, mehrere Instanzen Ihrer Anwendung auszuführen, wobei alle Instanzen den Arbeitsspeicher gemeinsam nutzen sollen. Sie können einen einzelnen Prozess so konfigurieren, dass er mehrere Benutzeroberflächen bedient. Dem Benutzer wird so der Eindruck vermittelt, dass mehrere separate Prozesse ausgeführt werden. Der Windows-Explorer wendet dieses Verfahren an, wie Sie mit SPYXX nachprüfen können.

Der Start des zweiten und der nachfolgenden Threads ist etwas kompliziert, weil der Benutzer zunächst für jede Kopie des Windows-Explorers einen neuen Prozess initiiert. Wenn der zweite Prozess die Ausführung beginnt, signalisiert er dem ersten Prozess, einen neuen Thread zu starten, und wird dann beendet. Der zweite Prozess findet den ersten Prozess, indem er entweder die Win32-Funktion *FindWindow* aufruft oder indem er einen gemeinsam genutzten Datenbereich deklariert. Gemeinsam genutzte Datenbereiche werden bei Jeffrey Richter ausführlich beschrieben.

# Teil III
# Die Dokument/Ansicht-Architektur

# 12 Menüs, Zugriffstasten, das Rich-Edit-Steuerelement und Eigenschaftsblätter

| | |
|---|---|
| 248 | Hauptrahmenfensterklassen und Dokumentklassen |
| 249 | Windows-Menüs |
| 250 | Zugriffstasten |
| 250 | Befehlsausführung |
| 253 | Die Standardmenübefehle des Anwendungsgerüsts |
| 254 | MFC-Textverarbeitungsoptionen |
| 255 | Das Beispiel Ex12a |
| 260 | Eigenschaftsblätter |
| 262 | Das Beispielprogramm Ex12a wird überarbeitet |
| 272 | Die Klasse *CMenu* |
| 272 | Kontextmenüs erstellen |
| 273 | Erweiterte Befehlsverarbeitung |

Bis jetzt wurden die Programmaktivitäten in den Beispielen dieses Buchs meistens durch Mausklicks ausgelöst. Obwohl Menübefehle vielleicht die geeignetere Lösung gewesen wären, haben wir Mausklicks verwendet, weil sich Meldungen von der Maus einfach und direkt im Ansichtsfenster der MFC-Bibliothek bearbeiten lassen. Auch wenn man die Programmaktivität durch Menübefehle steuern möchte, muss man sich zunächst mit den Grundlagen des Anwendungsgerüsts vertraut machen. Aber nun sind wir so weit, uns mit Menüs zu beschäftigen.

Dieses Kapitel konzentriert sich auf Menüs und auf die Architektur, mit der Befehle im Programm weitergeleitet werden. Außerdem werde ich etwas über Rahmen und Dokumente erzählen und die Beziehungen zwischen diesen neuen Elementen des Anwendungsgerüsts und der Ansicht erläutern, die Ihnen aus den bisherigen Kapiteln bekannt ist. Mit Hilfe des Menü-Editors werden Sie ein Menü am Bildschirm gestalten und mit Hilfe der Codeassistenten aus der Klassenansicht werden Sie die Memberfunktionen von Dokument und Ansicht mit Menübefehlen verknüpfen.

Sie erfahren weiterhin, wie man spezielle Memberfunktionen zur Aktualisierung der Befehle in der Benutzeroberfläche verwendet. Damit lassen sich zum Beispiel Menübefehle sperren oder freischalten. Und Sie erfahren, wie man Zugriffstasten für bestimmte Menübefehle definiert.

Da Sie von Kreisen und Dialogfeldern inzwischen wohl genug haben, werden wir uns zunächst zwei neue Bausteine aus der MFC ansehen. Mit dem *Rich-Edit*-Steuerelement können Sie Ihre Anwendung mit einem leistungsfähigen Texteditor ausstatten, während sich ein passendes *Eigenschaftsblatt* hervorragend zur Konfiguration des Editors eignet.

## Hauptrahmenfensterklassen und Dokumentklassen

Bis jetzt haben Sie das Ansichtsfenster verwendet, als sei es das einzige Fenster der Anwendung. In einer SDI-Anwendung liegt das Ansichtsfenster innerhalb eines anderen Fensters, nämlich innerhalb des Hauptrahmenfensters der Anwendung. Das Hauptrahmenfenster enthält die Titel- und die Menüleiste. Verschiedene untergeordnete Fenster einschließlich des Symbolleistenfensters, des Ansichtsfensters und des Statusleistenfensters belegen den Raum im Clientbereich des Hauptfensters, wie Sie in Abbildung 12.1 sehen. Das Anwendungsgerüst steuert die Interaktionen zwischen dem Rahmen und der Ansicht, indem es Meldungen vom Rahmen zur Ansicht weiterleitet.

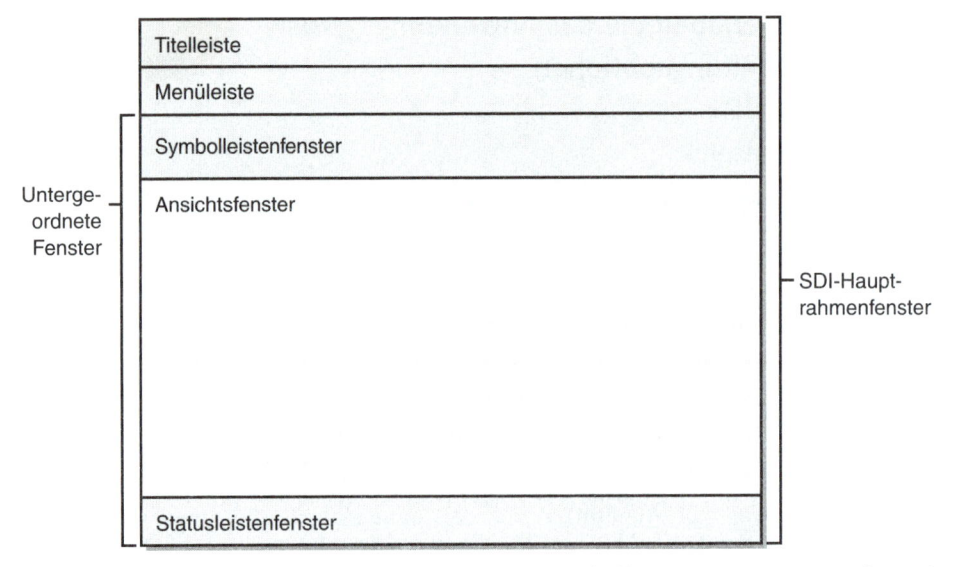

*Abbildung 12.1:* Die untergeordneten Fenster innerhalb eines SDI-Hauptrahmenfensters

Sehen Sie sich noch einmal eine vom MFC-Anwendungsassistenten erzeugte Projektdatei an. Die Dateien MainFrm.h und MainFrm.cpp enthalten den Quelltext der Hauptfensterklasse der Anwendung, die von der Klasse *CFrameWnd* abgeleitet wurde. Andere Dateien mit Namen wie etwa Ex12aDoc.h und Ex12aDoc.cpp enthalten den Quelltext für die Dokumentklasse der Anwendung, die von *CDocument* abstammt. In diesem Kapitel beginnen Sie, mit der MFC-Dokumentklasse zu arbeiten. Wir steigen Schritt für Schritt ein. Sie erfahren daher zunächst nur, dass mit jedem Ansichtsobjekt genau ein Dokumentobjekt verbunden ist und dass die geerbte Memberfunktion *GetDocument* der Ansicht einen Zeiger auf dieses Objekt zurückgibt. In Kapitel 15 erfahren Sie mehr über die Zusammenarbeit von Dokument und Ansicht.

# Windows-Menüs

Ein Microsoft Windows-Menü ist ein bekanntes Anwendungselement, das aus einer horizontalen Liste von Einträgen in der obersten Ebene und den damit verbundenen Popup-Menüs besteht, die angezeigt werden, wenn der Benutzer einen der Einträge aus der obersten Ebene auswählt. Meistens definiert man für ein Rahmenfenster eine Standardmenüressource, die beim Aufbau des Fensters geladen wird. Sie können aber auch eine vom Rahmenfenster unabhängige Menüressource definieren. In diesem Fall muss Ihr Programm die zum Laden und Aktivieren des Menüs notwendigen Funktionen selbst aufrufen.

Eine Menüressource definiert exakt, wie das Menü zu Beginn aussieht. Menübefehle können grau dargestellt oder mit einem Häkchen versehen werden. Gruppen von Menübefehlen können durch Striche voneinander getrennt werden. Es sind mehrere Ebenen von Popup-Menüs möglich. Wenn ein Menübefehl der ersten Ebene mit einem untergeordneten Popup-Menü verbunden ist, wird neben dem Menübefehl ein nach rechts weisender Pfeil angezeigt, wie Sie am Beispiel des Menübefehls *Andere Fenster* in Abbildung 12.2 sehen können.

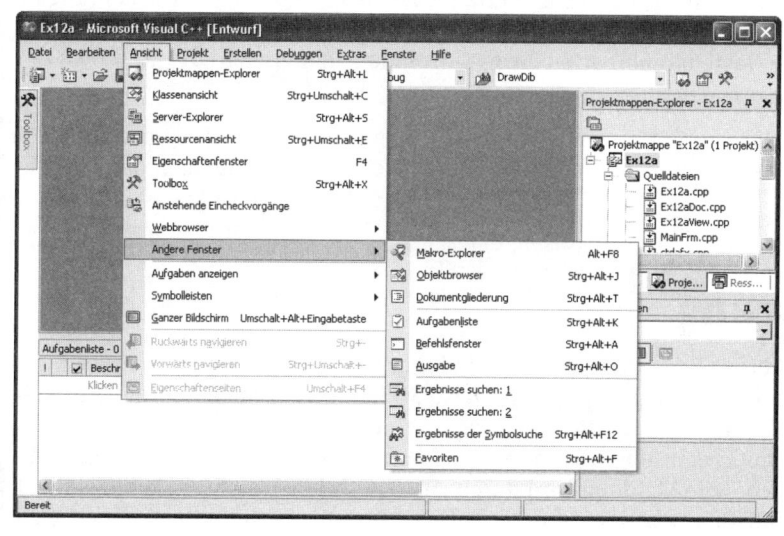

**Abbildung 12.2:** *Untermenüs (in Microsoft Visual C++ .NET)*

Visual C++ .NET enthält ein leicht zu verwendendes Werkzeug zur Bearbeitung von Menüressourcen, mit dem Sie Menüs in einer WYSIWYG-Umgebung gestalten können. Zu jedem Menübefehl gehört ein Dialogfeld, in dem alle Eigenschaften dieses Befehls definiert werden. Die resultierende Ressourcendefinition wird in der Ressourcenskriptdatei (RC) der Anwendung gespeichert. Jeder Menübefehl ist mit einer ID (wie ID_FILE_OPEN) verbunden, die in der Datei Resource.h definiert ist.

Die MFC-Bibliothek erweitert die Funktionalität der Windows-Standardmenüs. Jedem Menübefehl kann eine kurze Beschreibung zugeordnet werden, die in der Statusleiste des Fensters angezeigt wird, wenn der Befehl markiert ist. Diese Beschreibungen sind eigentlich Windows-Zeichenfolgeressourcen, die durch eine gemeinsame ID mit dem Menübefehl verknüpft sind. Aus der Perspektive des Menü-Editors und Ihres Programms scheinen sie aber ein fester Bestandteil der Menübefehlsdefinition zu sein.

## Zugriffstasten

Sie haben wahrscheinlich schon bemerkt, dass die meisten Menübefehle einen unterstrichenen Buchstaben enthalten. In Visual C++ .NET (und in den meisten anderen Anwendungen) wird mit einem Druck auf **Alt+D**, gefolgt vom Buchstaben **S**, der Befehl *Speichern* aus dem Menü *Datei* aktiviert. Das System dieser *Zugriffstasten* ist unter Windows die Standardmethode, mit der Menübefehle über die Tastatur gegeben werden. Wenn Sie sich einmal das Menüressourcenskript einer Anwendung (oder das Dialogfeld *Eigenschaften* des Menü-Editors) anschauen, werden Sie feststellen, dass vor jedem unterstrichenen Buchstaben in den Menübefehlen Ihrer Anwendung ein kaufmännisches Und (&) steht.

Windows bietet eine Alternative zur Verknüpfung von Tastenkombinationen mit Menübefehlen. Die *Zugriffstastenressource* besteht aus einer Tabelle mit Tastenkombinationen und den damit verbundenen Befehls-IDs. Der Befehl *Kopieren* aus dem Menü *Bearbeiten* (mit der Befehls-ID *ID_EDIT_COPY*) könnte zum Beispiel mit der Tastenkombination **Strg+C** über einen Zugriffstasteneintrag verknüpft werden. Ein Zugriffstasteneintrag muss nicht unbedingt mit einem Menübefehl verbunden sein. Falls im Menü *Bearbeiten* der Befehl *Kopieren* nicht vorhanden sein sollte, könnte man mit der Tastenkombination **Strg+C** trotzdem den Befehl *ID_EDIT_COPY* geben.

**HINWEIS:** Falls eine Zugriffstaste mit einem Menübefehl oder einer Symbolleistenschaltfläche verbunden ist, wird mit dem Menübefehl oder der Schaltfläche gleichzeitig auch die Zugriffstaste gesperrt.

## Befehlsausführung

Wie Sie in Kapitel 2 gesehen haben, stellt das Anwendungsgerüst ein raffiniertes System zur Weiterleitung von Befehlsmeldungen zur Verfügung. Diese Meldungen können von der Auswahl eines Menübefehls, von Zugriffstasten, Symbolleisten- und Schaltflächenklicks stammen. Befehlsmeldungen können außerdem durch Aufrufe der Funktionen *CWnd::SendMessage* oder *PostMessage* gesendet werden. Jede Meldung wird durch eine *#define*-Konstante gekennzeichnet, die meistens vom *Ressourcen-Editor* zugewiesen wird. Das Anwendungsgerüst hat seinen eigenen Satz interner IDs für Befehlsmeldungen, wie etwa *ID_FILE_PRINT* oder *ID_FILE_OPEN*. Die Datei Resource.h Ihres Projekts enthält IDs, die nur für Ihre Anwendung gelten.

Die meisten Befehlsmeldungen stammen aus dem Rahmenfenster der Anwendung. Wenn Sie das Anwendungsgerüst nicht hätten, würden Sie dort auch die Meldungshandler unterbringen. Durch die spezielle Art, wie die MFC Befehle weiterleitet, ist es jedoch möglich, Meldungen an fast jeder beliebigen Stelle zu bearbeiten. Wenn das Anwendungsgerüst die Befehlsmeldung eines Rahmenfensters erhält, sucht es in einer bestimmten Reihenfolge nach einem geeigneten Meldungshandler.

| SDI-Anwendung | MDI-Anwendung |
|---|---|
| Ansicht | Ansicht |
| Dokument | Dokument |
| SDI-Hauptrahmenfenster | Untergeordnetes MDI-Rahmenfenster |
| Anwendung | MDI-Hauptrahmenfenster |

Meist kommt ein bestimmter Befehlshandler innerhalb einer Anwendung nur in einer Klasse vor. Stellen Sie sich jetzt aber vor, dass eine Anwendung, die nur über eine Ansicht verfügt, in der Ansichts- und in der Dokumentklasse identische Befehlshandler aufweist. Da die Ansicht bei der Weiterleitung der Befehle die höhere Priorität hat, wird nur der Befehlshandler der Ansichtsklasse aufgerufen.

Was ist zur Installation eines Befehlshandlers nötig? Es gelten ähnliche Installationsvoraussetzungen wie für die Meldungshandler, die Sie schon kennen. Sie brauchen die eigentliche Funktion, einen entsprechenden Eintrag in der Meldungstabelle und den Funktionsprototypen. Nehmen wir an, Sie hätten einen Menübefehl namens *Zoom* (mit der ID *IDM_ZOOM*), der von Ihrer Ansichtsklasse bearbeitet werden soll. Als Erstes fügen Sie die folgenden Anweisungen in die Implementierungsdatei Ihrer Ansicht ein:

```
BEGIN_MESSAGE_MAP(CMyView, CView)
    ON_COMMAND(IDM_ZOOM, OnZoom)
END_MESSAGE_MAP()
void CMyView::OnZoom()
{
    // Code zur Bearbeitung der Befehlsmeldung
}
```

Danach nehmen Sie den folgenden Funktionsprototyp in die Headerdatei der Klasse *CMyView* auf (vor dem Makro *DECLARE_MESSAGE_MAP*):

```
afx_msg void OnZoom();
```

Natürlich automatisiert Visual Studio .NET das Einfügen von Befehlshandlern in derselben Weise wie das Einfügen der bisher besprochenen Meldungshandler. Wie das funktioniert, erfahren Sie im Beispiel Ex12a weiter unten.

## Befehlsausführung in abgeleiteten Klassen

Das Befehlsweiterleitungssystem ist die eine Seite bei der Bearbeitung von Befehlsmeldungen, die Klassenhierarchie ist die andere Seite. Wenn Sie sich den Quelltext für die MFC-Klassen näher anschauen, werden Sie in den Meldungstabellen eine Menge Einträge finden, die mit *ON_COMMAND* beginnen. Wenn Sie von einer dieser Basisklassen – beispielsweise von *CView* – eine neue Klasse ableiten, erbt die abgeleitete Klasse alle Meldungshandler von *CView*, einschließlich der Befehlshandler. Um einen Meldungshandler der Basisklasse zu überschreiben, müssen Sie sowohl eine Funktion als auch einen Meldungstabelleneintrag in Ihre abgeleitete Klasse einfügen.

## Befehle zur Aktualisierung der Benutzeroberfläche

Es geschieht häufig, dass Sie die Darstellung eines Menübefehls ändern müssen, um ihn an den internen Zustand Ihrer Anwendung anzupassen. Falls das Menü *Bearbeiten* Ihrer Anwendung zum Beispiel den Befehl *Alles löschen* enthält, sollten Sie diesen Befehl sperren, wenn es überhaupt nichts zu löschen gibt. Sie haben zweifellos schon solche grau dargestellten Menübefehle in Windows-Anwendungen gesehen. Wahrscheinlich haben Sie auch schon Häkchen neben Menüelementen gesehen.

In der Win32-Programmierung ist es schwierig, die Menübefehle mit dem internen Zustand der Anwendung synchron zu halten. Jeder Quelltextabschnitt, der den internen Zustand der Anwendung verändert, muss auch Anweisungen zur Aktualisierung des Menüs enthalten. Die MFC-Bibliothek bietet einen anderen Lösungsansatz: Wenn ein Popup-Menü zum ersten Mal angezeigt wird, ruft sie einen speziellen Aktualisierungshandler zur Aktualisierung der Befehle auf. Das Argument des Aktualisierungshandlers ist ein *CCmdUI*-Objekt, das einen Zeiger auf den entsprechenden Menübefehl enthält. Mit Hilfe dieses Zeigers kann der Aktualisierungshandler das Aussehen des Menübefehls verändern. Solche Aktualisierungshandler gibt es nur für Befehle in Popup-Menüs, nicht für die Menübefehle der obersten Ebene, die ständig angezeigt werden. Es ist zum Beispiel nicht möglich, mit Hilfe eines Aktualisierungshandlers das Menü *Datei* zu sperren.

Für die Implementierung von Aktualisierungshandlern gelten ähnliche Bedingungen wie für die Codierung anderer Befehle. Sie brauchen die eigentliche Funktion, einen speziellen Meldungstabelleneintrag und natürlich den Prototyp. Die damit verbundene ID – in diesem Fall *IDM_ZOOM* – ist dieselbe Konstante, die auch für den Befehl verwendet wird. Im folgenden Beispiel werden die notwendigen Zusätze zum Quelltext der Ansichtsklasse dargestellt:

```
BEGIN_MESSAGE_MAP(CMyView, CView)
    ON_UPDATE_COMMAND_UI(IDM_ZOOM, OnUpdateZoom)
END_MESSAGE_MAP()

void CMyView::OnUpdateZoom(CCmdUI* pCmdUI)
{
    pCmdUI->SetCheck(m_bZoomed); // m_bZoomed ist ein Datenelement der Klasse.
}
```

Die folgende Zeile enthält den Funktionsprototyp, den Sie in die Headerdatei der Klasse (vor dem Makro *DECLARE_MESSAGE_MAP*) einfügen müssen:

```
afx_msg void OnUpdateZoom(CCmdUI* pCmdUI);
```

Natürlich können auch die Codeassistenten aus dem Eigenschaftenfenster der Klassenansicht das Einfügen von Befehlshandlern zur Aktualisierung der Benutzeroberfläche übernehmen.

## Aus Dialogfeldern stammende Befehle

Nehmen wir einmal an, Sie haben ein Popup-Dialogfeld mit verschiedenen Schaltflächen und wollen jetzt, dass eine bestimmte Schaltfläche eine Befehlsmeldung sendet. Befehls-IDs müssen im Bereich 0x8000 bis 0xDFFF liegen – also im selben ID-Bereich, den der Ressourcen-Editor für Ihre Menübefehle verwendet. Wenn Sie einer Dialogfeldschaltfläche eine ID in diesem Bereich zuweisen, erzeugt die Schaltfläche einen weiterleitbaren Befehl. Das Anwendungsgerüst leitet diesen Befehl zuerst an das Hauptrahmenfenster der Anwendung weiter, weil dem Rahmenfenster alle Popup-Dialoge gehören. Danach nimmt die Befehlsweiterleitung den üblichen Verlauf. Falls Ihre Ansicht einen Handler für den Schaltflächenbefehl hat, wird er von ihr bearbeitet. Um sicherzustellen, dass die ID im Bereich 0x8000 bis 0xDFFF liegt, geben Sie die ID im Symboleditor von Visual C++ .NET ein, bevor Sie sie einer Schaltfläche zuweisen.

# Die Standardmenübefehle des Anwendungsgerüsts

Sie brauchen nicht jedes Rahmenmenü von Grund auf neu anlegen. Die MFC-Bibliothek definiert einige nützliche Menübefehle und stellt die dazugehörigen Befehlshandler bereit (siehe Abbildung 12.3).

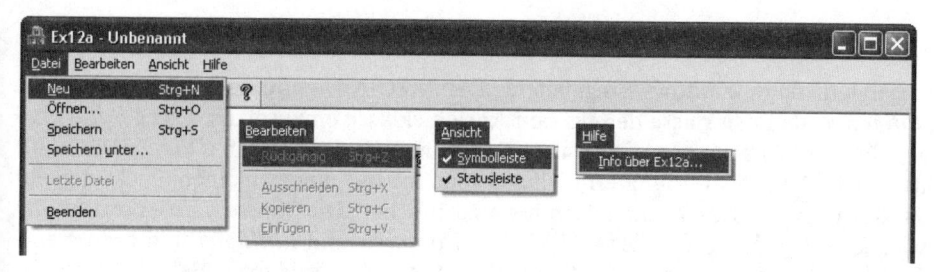

*Abbildung 12.3: Die Standardmenüs eines SDI-Rahmenfensters*

Welche Menübefehle und Befehlshandler Sie erhalten, hängt von den Optionen ab, die Sie im MFC-Anwendungsassistenten wählen. Wenn Sie zum Beispiel die Auswahl der Option *Drucken und Druckvorschau* aufheben, werden die Menübefehle *Drucken* und *Seitenansicht* nicht angezeigt. Da der Befehl *Drucken* optional ist, werden die Meldungstabelleneinträge nicht in die Klasse *CView* eingefügt, sondern in Ihre abgeleitete Ansichtsklasse. Aus diesem Grund werden Einträge wie die folgenden in der Klasse *CMyView* anstatt in *CView* definiert:

```
ON_COMMAND(ID_FILE_PRINT, CView::OnFilePrint)
ON_COMMAND(ID_FILE_PRINT_PREVIEW, CView::OnFilePrintPreview)
```

## Menübefehle freischalten oder sperren

Das Anwendungsgerüst kann einen Menübefehl sperren, wenn es in der aktuellen Befehlsroute keine Befehlshandler findet. Daher brauchen Sie keine Befehlshandler für ON_UPDATE_COMMAND_UI zu schreiben. Sie können diesen Mechanismus abschalten, indem Sie dem Datenelement *m_bAutoMenuEnable* von *CFrameWnd* den Wert *FALSE* zuweisen.

Nehmen wir einmal an, Sie hätten zwei Ansichten für ein Dokument, aber nur die erste Ansichtsklasse hätte einen Meldungshandler für den Befehl *IDM_ZOOM*. Der im Rahmenmenü enthaltene Befehl *Zoom* ist nur zugänglich, wenn die erste Ansicht aktiv ist. Betrachten Sie auch einmal die vom Anwendungsgerüst implementierten Befehle *Kopieren*, *Ausschneiden* und *Einfügen* aus dem Menü *Bearbeiten*. Diese Befehle werden gesperrt, wenn Sie in Ihrer abgeleiteten Ansichts- oder Dokumentklasse keine passenden Meldungshandler zur Verfügung stellen.

# MFC-Textverarbeitungsoptionen

Windows selbst bietet zwei Werkzeuge zur Textverarbeitung an: das altbekannte Eingabefeld und das Rich-Edit-Steuerelement. Beide können in Dialogfeldern verwendet werden. Beide können außerdem so gestaltet werden, dass sie wie Ansichtsfenster aussehen. Die MFC-Bibliothek unterstützt diese Vielseitigkeit mit den Klassen *CEditView* und *CRichEditView*.

## Die Klasse *CEditView*

Diese Klasse basiert auf dem Windows-Eingabefeld. Der MFC-Anwendungsassistent bietet die Möglichkeit, *CEditView* als Basisklasse der eigenen Ansichtsklasse einzusetzen. Das *CEditView*-Objekt des Anwendungsgerüsts umfasst die gesamte Funktionalität der Klassen *CView* und *CEdit*. Dies wird nicht über Mehrfachvererbung ermöglicht, sondern mit einem kleinen Trick, der mit der Bildung von Fensterunterklassen unter Windows zu tun hat. Die Klasse *CEditView* implementiert die Zwischenablagefunktionen *Ausschneiden*, *Kopieren* und *Einfügen* und ordnet entsprechende Befehlshandler zu, sodass sie im Menü *Bearbeiten* als verfügbare Befehle angezeigt werden. Die Zeichenmenge ist in *CEditView* auf 1.048.575 Zeichen beschränkt. Sie können die Grenze ändern, indem Sie dem zugrunde liegenden Eingabefeld eine entsprechende *EM_LIMITTEXT*-Meldung schicken. Allerdings hängt die Größe des Textspeichers auch vom Betriebssystem und von der Art des Eingabefelds ab (einzeilig oder mehrzeilig). In der MSDN-Bibliothek finden Sie nähere Informationen über diese Grenzwerte.

## Die Klasse *CRichEditView*

Diese Klasse verwendet das Rich-Edit-Steuerelement und unterstützt deshalb gemischte Formate und große Textmengen. Die Klasse *CRichEditView* ist für die Kombination mit den Klassen *CRichEditDoc* und *CRichEditCntrItem* ausgelegt. Das Ergebnis ist eine vollständige ActiveX-Containeranwendung.

## Die Klasse *CRichEditCtrl*

Diese Klasse dient als Hülle für das Rich-Edit-Steuerelement. Sie können mit ihr einen recht brauchbaren Texteditor erstellen, und genau das werden wir im Beispiel Ex12a tun. Wir verwenden eine gewöhnliche, von *CView* abgeleitete Ansichtsklasse und nutzen den Clientbereich der Ansicht für ein großes Rich-Edit-Steuerelement, das sich an die jeweilige Größe der Ansicht anpasst. Die Klasse *CRichEditCtrl* enthält Dutzende nützlicher Memberfunktionen und übernimmt auch andere Funktionen aus der Basisklasse *CWnd*. Tabelle 12.1 zeigt die Funktionen, die in diesem Kapitel verwendet werden.

| Funktion | Beschreibung |
| --- | --- |
| *Create* | Erstellt das Rich-Edit-Steuerelementfenster (wird vom *WM_CREATE*-Handler des übergeordneten Fensters aufgerufen). |
| *SetWindowPos* | Bestimmt die Größe und Position des Bearbeitungsfensters. (Verändert die Größe des Steuerelements so, dass es den Clientbereich der Ansicht ausfüllt.) |
| *GetWindowText* | Ruft unformatierten Text vom Steuerelement ab. (Es stehen noch andere Funktionen zur Verfügung, mit denen der Text mit Rich-Text-Formatierungscodes abgerufen werden kann.) |
| *SetWindowText* | Speichert unformatierten Text im Steuerelement. |
| *GetModify* | Liefert den Wert *TRUE*, falls der Text geändert wurde. (Der Text gilt als geändert, wenn der Benutzer etwas ins Steuerelement eingibt oder wenn das Programm *SetModify(TRUE)* aufruft.) |
| *SetModify* | Setzt das Änderungsflag auf *TRUE* oder *FALSE*. |
| *GetSel* | Liefert den Wert eines Flags, das angibt, ob der Benutzer Text markiert hat. |
| *SetDefaultCharFormat* | Bestimmt das Standardformat des Textes im Steuerelement. |
| *SetSelectionCharFormat* | Bestimmt das Format des markierten Textes. |

***Tabelle 12.1:*** *Memberfunktionen der Klasse* CRichEditCtrl

**HINWEIS:** Wenn Sie mit dem Dialogeditor ein Rich-Edit-Steuerelement in eine Dialogfeldressource einfügen, muss die *InitInstance*-Funktion Ihrer Ansichtsklasse die Funktion *AfxInitRichEdit* aufrufen.

# Das Beispiel Ex12a

Dieses Beispiel illustriert die Weiterleitung von Menü- und Zugriffstastenbefehlen an Dokumente und Ansichten. Die Ansichtsklasse der Anwendung ist von *CView* abgeleitet und enthält ein Rich-Edit-Steuerelement. Menübefehle, die aus einem neuen Popup-Menü mit dem Namen *Transfer* stammen und an die Ansicht gerichtet sind, übertragen die Daten zwischen dem Ansichtsobjekt und dem Dokumentobjekt. Ein Menübefehl mit dem Namen *Dokument löschen* löscht den Inhalt des Dokuments. Der Befehl *Dokumentdaten speichern* ist im Menü *Transfer* gesperrt, sofern die Ansicht seit der letzten Datenübertragung nicht geändert wurde. Der Befehl *Dokument löschen* aus dem Menü *Bearbeiten* ist nicht verfügbar, wenn das Dokument leer ist. Abbildung 12.4 zeigt die erste Version des Programms Ex12a.

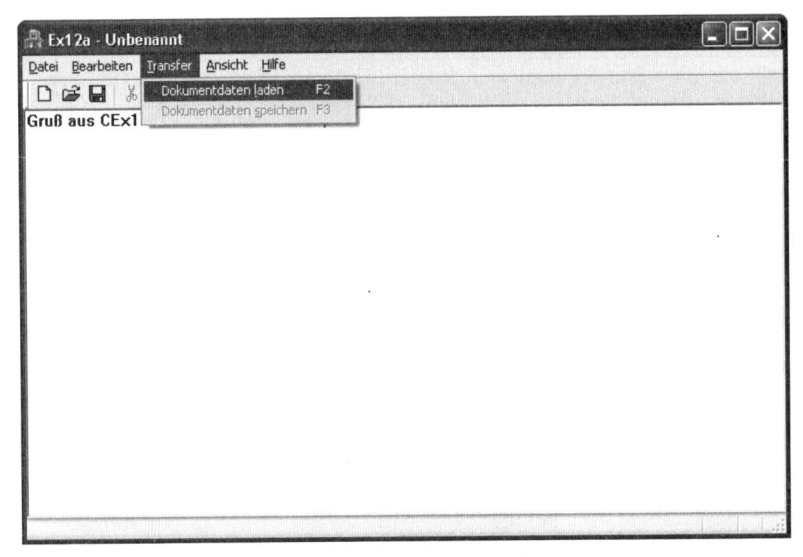

**Abbildung 12.4:** *Das Beispielprogramm Ex12a*

Wollten wir die Dokument/Ansicht-Architektur vollständig nutzen, würden wir dem Rich-Edit-Steuerelement mitteilen, dass es seinen Text im Dokumentobjekt verwalten soll. Aber das ist nicht so einfach. Stattdessen definieren wir in der Dokumentklasse ein *CString*-Datenelement namens *m_strText*, dessen Inhalt vom Benutzer an das Steuerelement übertragen werden kann, und umgekehrt. Zunächst enthält *m_strText* eine Begrüßungsmeldung. Mit dem Befehl *Dokument löschen* aus dem Menü *Bearbeiten* wird der Inhalt des Datenelements gelöscht. Wenn Sie mit diesem Beispiel experimentieren, werden Sie die Trennung von Dokument und Ansicht etwas besser verstehen.

Im ersten Teil von Ex12a werden der WYSIWYG-Menü-Editor und der Zugriffstasten-Editor von Visual C++ .NET zusammen mit den Codeassistenten verwendet, die im Eigenschaftenfenster der Klassenansicht verfügbar sind. Sie brauchen nur sehr wenig Code selbst zu schreiben. Führen Sie einfach die folgenden Schritte aus.

1. **Generieren Sie mit dem MFC-Anwendungsassistenten das Projekt Ex12a.** Übernehmen Sie alle Standardeinstellungen bis auf die folgenden beiden Ausnahmen: Wählen Sie *Einfaches Dokument* und löschen Sie die Markierung von Drucken und Druckvorschau.
2. **Bearbeiten Sie das Hauptmenü der Anwendung im Ressourcen-Editor.** Wählen Sie in der Ressourcenansicht die Menüressource IDR_MAINFRAME zur Bearbeitung und fügen Sie ins Menü *Bearbeiten* den Befehl *Dokument löschen* und eine Trennlinie ein, wie hier gezeigt:

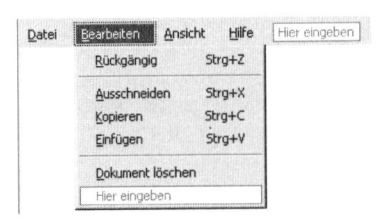

**TIPP:** Obwohl der Menüressourcen-Editor einfach zu bedienen ist, werden Sie wahrscheinlich Hilfe brauchen, wenn Sie zum ersten Mal einen Befehl mitten in ein Menü einfügen wollen. Klicken Sie einfach die Stelle, an der ein neuer Eintrag eingefügt werden soll, mit der rechten Maustaste an und wählen Sie im Kontextmenü *Neue einfügen* an. Sie werden sehr schnell herausfinden, wie man den neuen Befehl an die gewünschte Position zieht. Zum Einfügen einer Trennlinie geben Sie im Kontextmenü den Befehl *Trennzeichen einfügen*. In jedem Menü steht am unteren Ende ein leerer Eintrag zur Verfügung. Ziehen Sie diesen Eintrag mit Hilfe der Maus an die Stelle, wo der neue Befehl eingefügt werden soll. Wenn Sie fertig sind, erscheint im unteren Teil des Menüs ein neuer leerer Eintrag.

Fügen Sie nun das Menü *Transfer* ein und definieren Sie die zu diesem Menü gehörigen Befehle:

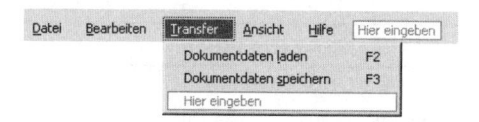

Der Menü-Editor hat die folgenden Befehls-IDs für Ihre neuen Befehle definiert, die Sie sich im Dialogfeld *Ressourcensymbole* ansehen können. (Beachten Sie bitte, dass \t für das Tabulatorzeichen steht – aber geben Sie \t ein, drücken Sie nicht auf die Tabulatortaste.)

| Menü | Beschriftung | Befehls-ID |
| --- | --- | --- |
| Bearbeiten | &Dokument löschen | ID_BEARBEITEN_DOKUMENTL |
| Transfer | Dokumentdaten &laden\tF2 | ID_TRANSFER_DOKUMENTDATENLADEN |
| Transfer | Dokumentdaten &speichern\tF3 | ID_TRANSFER_DOKUMENTDATENSPEICHERN |

Klicken Sie nach dem Einfügen der Befehle jeden einzelnen Befehl mit der rechten Maustaste an und wählen Sie im Kontextmenü *Eigenschaften*. Geben Sie im Eigenschaftenfenster jeweils eine passende Beschreibung an. Diese Beschreibung erscheint später in der Statusleiste der Anwendung, wenn der Menübefehl markiert ist.

3. **Definieren Sie mit dem Ressourcen-Editor die gewünschten Zugriffstasten.** Öffnen Sie die Zugriffstastentabelle mit der ID *IDR_MAINFRAME* durch einen Doppelklick auf das Symbol in der Ressourcenansicht und klicken Sie dann den leeren Eintrag am unteren Ende der Tabelle an. Fügen Sie die folgenden Einträge ein:

| Zugriffstasten-ID | Taste |
| --- | --- |
| ID_TRANSFER_DOKUMENTDATENLADEN | VK_F2 |
| ID_TRANSFER_DOKUMENTDATENSPEICHERN | VK_F3 |

Achten Sie darauf, dass Sie in der Dropdownliste des Felds *Modifizierer* den Eintrag *Keine* wählen, damit keiner der Modifizierer *Ctrl*, *Alt* oder *Shift* wirksam wird.

4. **Fügen Sie im Eigenschaftenfenster der Klassenansicht die Handler für die Aktualisierung der Benutzeroberfläche und für die Befehle ein, die an die Klasse *CEx12aView* gerichtet werden.** Wählen Sie die Klasse *CEx12aView* und fügen Sie folgende Memberfunktionen ein:

| Objekt-ID | Ereignis | Memberfunktion |
|---|---|---|
| ID_TRANSFER_DOKUMENT DATENLADEN | COMMAND | OnTransferDokumentdatenladen |
| ID_TRANSFER_DOKUMENT DATENSPEICHERN | COMMAND | OnTransferDokumentdatenspeichern |
| ID_TRANSFER_DOKUMENT DATENSPEICHERN | UPDATE_ COMMAND_UI | OnUpdateTransferDokumentdatenspeichern |

5. **Fügen Sie im Eigenschaftenfenster der Klassenansicht die Handler für die Aktualisierung der Benutzeroberfläche und für die Befehle ein, die an die Klasse *CEx12aDoc* gerichtet werden.** Wählen Sie die Klasse *CEx12aDoc* und fügen Sie folgende Memberfunktionen ein:

| Objekt-ID | Ereignis | Memberfunktion |
|---|---|---|
| ID_BEARBEITEN_DOKUMENTL | COMMAND | OnBearbeitenDokumentl |
| ID_BEARBEITEN_DOKUMENTL | UPDATE_COMMAND_UI | OnUpdateBearbeitenDokumentl |

6. **Fügen Sie die folgende Zeile in die Datei Ex12aDoc.cpp ein:**
   ```
   #include "Ex12aView.h"
   ```

7. **Fügen Sie ein *CString*-Datenelement in die Klasse *CEx12aDoc* ein.** Bearbeiten Sie die Datei Ex12aDoc.h direkt oder gehen Sie über die Klassenansicht:
   ```
   public:
       CString m_strText;
   ```

8. **Bearbeiten Sie die Memberfunktionen der Dokumentklasse in der Datei Ex13aDoc.cpp.** Die Funktion *OnNewDocument* ist von Visual Studio .NET generiert worden. Das Anwendungsgerüst ruft diese Funktion auf, nachdem es das Dokument erstellt und der Benutzer im Menü *Datei* den Befehl *Neu* gewählt hat. In Ihrer Version enthält das *CString*-Datenelement einen kurzen Text. Fügen Sie den folgenden fett gedruckten Code ein:

   ```
   BOOL CEx12aDoc::OnNewDocument()
   {
       if (!CDocument::OnNewDocument())
           return FALSE;
       m_strText = "Gruß aus CEx12aDoc::OnNewDocument";
       return TRUE;
   }
   ```

   Der Meldungshandler für den Befehl *Dokument löschen* aus dem Menü *Bearbeiten* löscht den Inhalt von *m_strText*. Der Aktualisierungshandler für die Benutzeroberfläche sperrt den Befehl, sofern das *CString*-Datenelement leer ist. Denken Sie daran, dass das Anwendungsgerüst die Funktion *OnUpdateBearbeitenDokumentl* aufruft, sobald das Menü *Bearbeiten* geöffnet wird. Fügen Sie den folgenden fett gedruckten Code hinzu:

   ```
   void CEx12aDoc::OnBearbeitenDokumentl()
   {
       m_strText.Empty();
       // Berücksichtige Änderungen in den Ansichten
       POSITION pos = GetFirstViewPosition();
       while (pos != NULL)
       {
           CEx12aView* pView = (CEx12aView*) GetNextView(pos);
   ```

```
            pView->m_rich.SetWindowText(m_strText);
    }
}
void CEx12aDoc::OnUpdateBearbeitenDokument1(CCmdUI *pCmdUI)
{
    pCmdUI->Enable(!m_strText.IsEmpty());
}
```

9. **Fügen Sie ein *CRichEditCtrl*-Datenelement in die Klasse *CEx12aView* ein.** Bearbeiten Sie die Datei Ex12aView.h oder gehen Sie über die Klassenansicht.

```
public:
    CRichEditCtrl m_rich;
```

10. **Fügen Sie im Eigenschaftenfenster der Klassenansicht Handler für die Meldungen *WM_CREATE* und *WM_SIZE* die Klasse *CEx12aView* ein.** Die Funktion *OnCreate* erstellt das Rich-Edit-Steuerelement. Die Größe des Steuerelements beträgt in diesem Fall 0, weil die Größe des Ansichtsfensters noch nicht feststeht. Fügen Sie den folgenden fett gedruckten Code ein:

```
int CEx12aView::OnCreate(LPCREATESTRUCT lpCreateStruct)
{
    CRect rect(0, 0, 0, 0);
    if (CView::OnCreate(lpCreateStruct) == -1)
        return -1;
    m_rich.Create(ES_AUTOVSCROLL | ES_MULTILINE | ES_WANTRETURN |
        WS_CHILD | WS_VISIBLE | WS_VSCROLL, rect, this, 1);
    return 0;
}
```

Windows sendet die Meldung *WM_SIZE* an die Ansicht, wenn die Anfangsgröße der Ansicht ermittelt wird. Später wird diese Meldung immer dann gesendet, wenn der Benutzer die Größe des Rahmenfensters ändert. Dieser Meldungshandler passt die Größe des Rich-Edit-Steuerelements so an, dass es den Clientbereich der Ansicht immer vollständig überdeckt. Fügen Sie den folgenden fett gedruckten Code ein:

```
void CEx12aView::OnSize(UINT nType, int cx, int cy)
{
    CRect rect;
    CView::OnSize(nType, cx, cy);
    GetClientRect(rect);
    m_rich.SetWindowPos(&wndTop, 0, 0, rect.right - rect.left,
                       rect.bottom - rect.top, SWP_SHOWWINDOW);
}
```

11. **Bearbeiten Sie die Menübefehlshandler in Ex12aView.cpp.** Visual Studio .NET hat die Grundgerüste dieser Funktionen generiert, als Sie im Schritt 4 die Menübefehle mit der Klasse verknüpften. Die Funktion *OnTransferDokumentdatenladen* kopiert den Text vom Datenelement des Dokuments ins Rich-Edit-Steuerelement. Danach löscht die Funktion das Änderungsflag des Steuerelements. Für den Oberflächenaktualisierungsbefehl ist kein Handler vorhanden. Fügen Sie den folgenden fett gedruckten Code ein:

```
void CEx12aView::OnTransferDokumentdatenladen()
{
    CEx12aDoc* pDoc = GetDocument();
    m_rich.SetWindowText(pDoc->m_strText);
    m_rich.SetModify(FALSE);
}
```

*Menüs, Zugriffstasten, das Rich-Edit-Steuerelement und Eigenschaftsblätter*

Die Funktion *OnTransferDokumentdatenspeichern* kopiert den Text aus dem Rich-Edit-Steuerelement der Ansicht ins Dokument und setzt das Änderungsflag des Steuerelements wieder zurück. Der Handler für den Oberflächenaktualisierungsbefehl sperrt den Menübefehl, falls der Text nicht verändert wurde, seit er zuletzt ins Dokument übertragen oder aus dem Dokument übernommen wurde. Fügen Sie den folgenden fett gedruckten Code ein:

```
void CEx12aView::OnTransferDokumentdatenspeichern()
{
    CEx12aDoc* pDoc = GetDocument();
    m_rich.GetWindowText(pDoc->m_strText);
    m_rich.SetModify(FALSE);
}
void CEx12aView::OnUpdateTransferDokumentdatenspeichern(CCmdUI* pCmdUI)
{
    pCmdUI->Enable(m_rich.GetModify());
}
```

12. **Erstellen und testen Sie die Anwendung Ex12a.** Nach dem Start der Anwendung sollte der Befehl *Dokument löschen* aus dem Menü *Bearbeiten* zugänglich sein. Wählen Sie im Menü *Transfer* den Befehl *Dokumentdaten laden*. Jetzt sollte ein kurzer Text angezeigt werden. Bearbeiten Sie den Text und wählen Sie danach den Befehl *Dokumentdaten speichern*. Dieser Menübefehl müsste anschließend gesperrt sein und grau dargestellt werden. Versuchen Sie, den Befehl *Dokument löschen* auszuführen, und wählen Sie anschließend nochmals *Dokumentdaten laden*.

# Eigenschaftsblätter

Sie kennen Eigenschaftsblätter aus Visual C++ .NET und vielen anderen modernen Windows-Programmen. Ein Eigenschaftsblatt ist ein praktisches Oberflächenelement, mit dessen Hilfe Sie eine Menge kategorisierbarer Informationen in einem einzigen kleinen Dialogfeld unterbringen können. Der Benutzer wählt mit einem Klick auf eine der Registerkarten eine bestimmte Seite aus. Windows bietet ein Registerkartensteuerelement an, das Sie in ein Dialogfeld einfügen können. Aber wahrscheinlich werden Sie eher Dialogfelder in Registerkarten einfügen wollen. Die MFC-Bibliothek hilft Ihnen dabei und das Ergebnis ist ein *Eigenschaftsblatt*. Die einzelnen Dialogfelder werden *Eigenschaftenseiten* genannt.

## Eigenschaftsblätter erstellen

Um mit Hilfe der Visual C++ .NET-Werkzeuge ein Eigenschaftsblatt zu erstellen, gehen Sie wie folgt vor:

1. Erstellen Sie mit dem Ressourcen-Editor eine Reihe von Dialogfeldvorlagen, die alle ungefähr dieselbe Größe haben. Als Titel geben Sie die Beschriftungen an, die auf den Registerkarten angezeigt werden sollen.

2. Erstellen Sie mit Hilfe des MFC-Klassenassistenten für jede Vorlage eine Klasse. Wählen Sie *CPropertyPage* als Basisklasse. Fügen Sie Datenelemente für die Steuerelemente hinzu.

3. Erstellen Sie mit Hilfe des MFC-Klassenassistenten eine von *CPropertySheet* abgeleitete Klasse.

4. Nehmen Sie für jede von *CPropertyPage* abgeleitete Klasse ein Datenelement in die Dialogfeldklasse auf.
5. Rufen Sie im Konstruktor der Dialogfeldklasse für jede Seite die Memberfunktion *AddPage* auf und geben Sie dabei die Adresse des eingebetteten Seitenobjekts an.
6. Erstellen Sie in Ihrer Anwendung ein Objekt der von *CPropertySheet* abgeleiteten Klasse und rufen Sie dann *DoModal* auf. Sie müssen im Aufruf des Konstruktors einen Titel angeben, den Sie aber später durch einen Aufruf von *CPropertySheet::SetTitle* wieder ändern können.
7. Programmieren Sie jetzt die Schaltfläche *Übernehmen*.

## Datenaustausch in Eigenschaftsblättern

Das Anwendungsgerüst setzt drei Schaltflächen in ein Eigenschaftsblatt (siehe Abbildung 12.5 im nächsten Abschnitt). Sie müssen sich darüber im Klaren sein, dass das Anwendungsgerüst den DDX-Code (Dialog Data Exchange) für den Datenaustausch mit dem Dialogfeld aufruft, wenn der Benutzer eine neue Seite aufschlägt. Wie Sie wahrscheinlich schon vermutet haben, ruft das Anwendungsgerüst den DDX-Code für eine Seite auf, wenn der Benutzer auf *OK* klickt. Dadurch werden die zuständigen Datenelemente aktualisiert. Nun ist es aber so, dass *alle* Datenelemente für *alle* Seiten aktualisiert werden, wenn der Benutzer das Dialogfeld mit *OK* verlässt. Dies geschieht, ohne dass Sie dafür eine Zeile C++-Code schreiben müssen.

**HINWEIS:** Wenn der Benutzer in einem normalen modalen Dialogfeld auf *Abbrechen* klickt, werden alle Änderungen gelöscht und die Datenelemente der Dialogfeldklasse bleiben unverändert. Bei einem Eigenschaftsblatt werden die Datenelemente jedoch aktualisiert, sobald der Benutzer eine Seite ändert und dann zu einer anderen wechselt – selbst wenn er das Dialogfeld mit einem Klick auf die Schaltfläche *Abbrechen* verlässt.

Welche Aufgabe erfüllt die Schaltfläche *Übernehmen*? Wenn Sie keinen entsprechenden Quelltext schreiben, gar keine! Sie würde nicht einmal freigeschaltet werden. Um sie für eine bestimmte Seite zugänglich zu machen, müssen Sie das Änderungsflag der Seite durch den Aufruf von *SetModified(TRUE)* setzen, sobald Sie feststellen, dass der Benutzer Änderungen an der Seite vorgenommen hat.

Wenn Sie die Schaltfläche *Übernehmen* benutzen möchten, können Sie dafür einen Handler in die Seitenklasse aufnehmen, indem Sie die virtuelle Funktion *CPropertyPage::OnApply* überschreiben. Versuchen Sie nicht, die Meldungsbearbeitung einer Eigenschaftenseite nach den Maßstäben normaler modaler Dialogfelder zu verstehen – sie funktioniert völlig anders. Das Anwendungsgerüst erhält bei jedem Schaltflächenklick eine *WM_NOTIFY*-Meldung. Es ruft den DDX-Code für die Seite auf, falls die Schaltflächen *OK* oder *Übernehmen* angeklickt wurden. Danach ruft es für alle Seiten die virtuelle Funktion *OnApply* auf und setzt das Änderungsflag wieder zurück, wodurch die Schaltfläche *Übernehmen* gesperrt wird. Vergessen Sie nicht, dass der DDX-Code sämtliche Seiten aktualisiert. Daher brauchen Sie die Funktion *OnApply* nur in einer Seitenklasse zu überschreiben.

Was Sie in Ihrer Version von *OnApply* unterbringen, können Sie selber bestimmen. Sie könnten zum Beispiel dem Objekt, welches das Eigenschaftsblatt erstellt hat, eine benutzerdefinierte Meldung schicken. Die Meldungshandler kann dann die Datenelemente des Eigenschaftsblatts abfragen und bearbeiten. Das Eigenschaftsblatt bleibt dabei weiterhin auf dem Bildschirm.

# Das Beispielprogramm Ex12a wird überarbeitet

Wir wollen jetzt ein Eigenschaftsblatt in das Beispielprogramm Ex12a aufnehmen, mit dessen Hilfe der Benutzer die Schrift wählen kann, die im Rich-Edit-Steuerelement benutzt wird. Natürlich könnten wir dafür auch zur MFC-Standardklasse *CFontDialog* greifen. Aber hier geht es nicht nur um die Auswahl, sondern auch um die genaue Einstellung von Schriftgröße, Auszeichnung, Farbe und so weiter. Abbildung 12.5 zeigt das neue Eigenschaftsblatt für das Beispiel Ex12a.

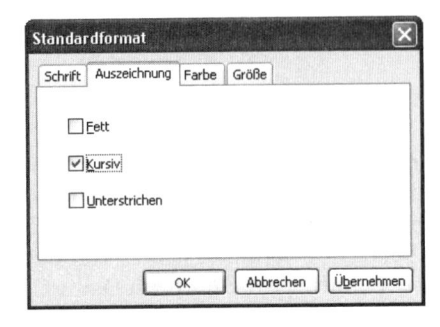

***Abbildung 12.5:*** *Das Eigenschaftsblatt aus dem Beispielprogramm Ex12a*

Falls Sie die Anwendung Ex12a noch nicht erstellt haben, folgen Sie den Anweisungen weiter oben. Wenn Sie schon eine funktionstüchtige Version von Ex12a mit dem Menü *Transfer* haben, fahren Sie mit den folgenden Schritten fort:

1. **Erweitern Sie das Hauptmenü der Anwendung im Ressourcen-Editor.** Klicken Sie in der Ressourcenansicht die Menüressource *IDR_MAINFRAME* mit einem Doppelklick an und fügen Sie das Menü *Format* ein, das wie folgt aussieht:

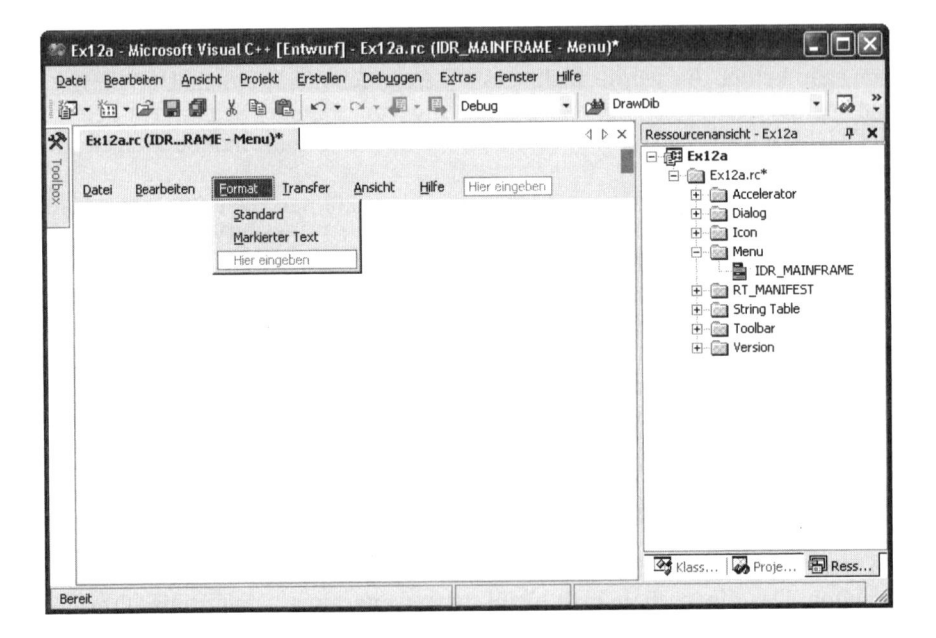

Der Menü-Editor hat folgende Befehls-IDs für die neuen Befehle des *Format*-Menüs definiert.

| Beschriftung | Befehls-ID |
|---|---|
| &Standard | *ID_FORMAT_DEFAULT* |
| &Markierter Text | *ID_FORMAT_SELECTION* |

Geben Sie im Eigenschaftenfenster für die beiden Menübefehle einen passenden Statuszeilentext ein.

2. **Fügen Sie im Eigenschaftenfenster der Klassenansicht die Befehls- und Aktualisierungshandler ein.** Wählen Sie die Klasse *CEx12aView* in der Klassenansicht und fügen Sie die folgenden Memberfunktionen ein.

| Objekt-ID | Ereignis | Memberfunktion |
|---|---|---|
| ID_FORMAT_STANDARD | COMMAND | OnFormatStandard |
| ID_FORMAT_MARKIERTERTEXT | COMMAND | OnFormatMarkiertertext |
| ID_FORMAT_MARKIERTERTEXT | UPDATE_COMMAND_UI | OnUpdateFormatMarkiertertext |

3. **Fügen Sie mit dem Ressourcen-Editor vier Vorlagen für die Eigenschaftenseiten ein.** Klicken Sie die RC-Datei in der Ressourcenansicht mit der rechten Maustaste an und wählen Sie im Kontextmenü *Ressource hinzufügen*. Wählen Sie im Dialogfeld *Ressource hinzufügen* die Vorlage für kleine Eigenschaftenseiten. Das nächste Bild zeigt die Vorlagen mit den dazugehörigen IDs.

*IDD_PAGE1*

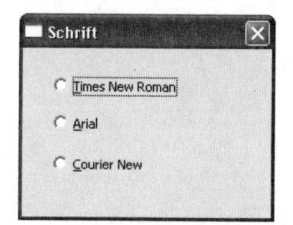

*IDD_PAGE2*

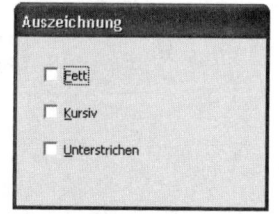

*IDD_PAGE3*

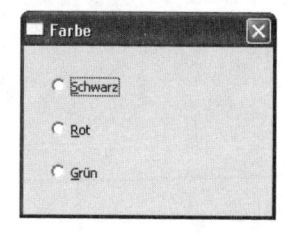

*IDD_PAGE4*

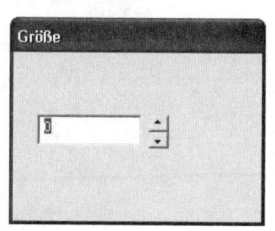

Verwenden Sie für die Steuerelemente in den Dialogfeldern die IDs aus der folgenden Tabelle. Aktivieren Sie die Eigenschaften *Auto Buddy* und *Buddy-Integer festlegen* für das Drehfeld, und aktivieren Sie die Eigenschaft *Gruppe* der Optionsfelder *IDC_FONT* und

*IDC_COLOR*. Setzen Sie den Minimalwert für *IDC_FONTSIZE* auf 8 und den Maximalwert auf 24.

Erstellen Sie mit dem MFC-Klassenassistenten die Klassen *CPage1*, *CPage2*, *CPage3* und *CPage4*. Wählen Sie in jedem Fall *CPropertyPage* als Basisklasse. Sorgen Sie dafür, dass der MFC-Klassenassistent den generierten Code in den Dateien Property.h und Property.cpp ablegt. Dazu ändern Sie jeweils die Dateinamen in den Eingabefeldern für die Headerdatei und die CPP-Datei entsprechend ab. Wenn Visual Studio .NET die Frage stellt, ob der Code mit den vorhandenen Dateien zusammengeführt werden soll, antworten Sie mit *Ja*. Fügen Sie danach die folgenden Datenelemente hinzu:

| Dialogfeld | Steuerelement | ID | Typ | Datenelement |
|---|---|---|---|---|
| IDD_PAGE1 | Erstes Optionsfeld | IDC_FONT | int | m_nFont |
| IDD_PAGE2 | Kontrollkästchen *Fett* | IDC_BOLD | BOOL | m_bBold |
| IDD_PAGE2 | Kontrollkästchen *Kursiv* | IDC_ITALIC | BOOL | m_bItalic |
| IDD_PAGE2 | Kontrollkästchen *Unterstrichen* | IDC_UNDERLINE | BOOL | m_bUnderline |
| IDD_PAGE3 | Erstes Optionsfeld | IDC_COLOR | int | m_nColor |
| IDD_PAGE4 | Eingabefeld | IDC_FONTSIZE | int | m_nFontSize |
| IDD_PAGE4 | Drehfeld | IDC_SPIN1 | | |

Zuletzt überschreiben Sie im Eigenschaftenfenster der Klassenansicht noch die virtuelle Funktion *OnInitDialog* der Klasse *CPage4*.

4. **Leiten Sie mit dem MFC-Klassenassistenten eine neue Klasse von *CPropertySheet* ab.** Geben Sie der Klasse den Namen *CFontSheet*. Der Quelltext soll in den Dateien Property.h und Property.cpp gespeichert werden – denselben Dateien, die Sie für die Klassen der Eigenschaftenseiten verwendet haben. Der folgende Quelltext stammt aus diesen Dateien. Der Quelltext, der von Hand hinzugefügt wurde, ist fett dargestellt:

**Property.h**
```
#pragma once
#define WM_USERAPPLY WM_USER + 5
extern CView* g_pView;
// CPage1-Dialogfeld
class CPage1 : public CPropertyPage
{
    DECLARE_DYNCREATE(CPage1)
public:
    CPage1();
    virtual ~CPage1();
// Dialogfelddaten
    enum { IDD = IDD_PAGE1 };
protected:
    virtual void DoDataExchange(CDataExchange* pDX);    // DDX/DDV-Unterstützung
    virtual BOOL OnApply();
    virtual BOOL OnCommand(WPARAM wParam, LPARAM lParam);
    DECLARE_MESSAGE_MAP()
```

```cpp
public:
    int m_nFont;
};
#pragma once
// CPage2-Dialogfeld

class CPage2 : public CPropertyPage
{
    DECLARE_DYNCREATE(CPage2)

public:
    CPage2();
    virtual ~CPage2();

// Dialogfelddaten
    enum { IDD = IDD_PAGE2 };

protected:
    virtual void DoDataExchange(CDataExchange* pDX);    // DDX/DDV-Unterstützung
    virtual BOOL OnCommand(WPARAM wParam, LPARAM lParam);

    DECLARE_MESSAGE_MAP()
public:
    BOOL m_bBold;
    BOOL m_bItalic;
    BOOL m_bUnderline;
};
#pragma once
// CPage3-Dialogfeld

class CPage3 : public CPropertyPage
{
    DECLARE_DYNCREATE(CPage3)

public:
    CPage3();
    virtual ~CPage3();

// Dialogfelddaten
    enum { IDD = IDD_PAGE3 };

protected:
    virtual void DoDataExchange(CDataExchange* pDX);    // DDX/DDV-Unterstützung
    virtual BOOL OnCommand(WPARAM wParam, LPARAM lParam);
    DECLARE_MESSAGE_MAP()
public:
    int m_nColor;
};
#pragma once
// CPage4-Dialogfeld

class CPage4 : public CPropertyPage
{
    DECLARE_DYNCREATE(CPage4)

public:
    CPage4();
    virtual ~CPage4();

// Dialogfelddaten
    enum { IDD = IDD_PAGE4 };
```

```
protected:
    virtual void DoDataExchange(CDataExchange* pDX);    // DDX/DDV-Unterstützung
    virtual BOOL OnCommand(WPARAM wParam, LPARAM lParam);
    DECLARE_MESSAGE_MAP()
public:
    int m_nFontSize;
    virtual BOOL OnInitDialog();
};
// CFontSheet
class CFontSheet : public CPropertySheet
{
    DECLARE_DYNCREATE(CFontSheet)
public:
    CPage1 m_page1;
    CPage2 m_page2;
    CPage3 m_page3;
    CPage4 m_page4;
public:
    CFontSheet(UINT nIDCaption, CWnd* pParentWnd = NULL, UINT iSelectPage = 0);
    CFontSheet(LPCTSTR pszCaption, CWnd* pParentWnd = NULL, UINT iSelectPage = 0);
    virtual ~CFontSheet();
protected:
    DECLARE_MESSAGE_MAP()
};
```

**Property.cpp**

```
// Property.cpp : Implementierungsdatei
//
#include "stdafx.h"
#include "Ex12a.h"
#include "Property.h"
CView* g_pView;
// CPage1-Dialogfeld
IMPLEMENT_DYNCREATE(CPage1, CPropertyPage)
CPage1::CPage1()
    : CPropertyPage(CPage1::IDD)
    , m_nFont(0)
{
    m_nFont = -1;
}
CPage1::~CPage1()
{
}
BOOL CPage1::OnApply()
{
    TRACE("CPage1::OnApply\n");
    g_pView->SendMessage(WM_USERAPPLY);
    return TRUE;
}
```

```cpp
BOOL CPage1::OnCommand(WPARAM wParam, LPARAM lParam)
{
    SetModified(TRUE);
    return CPropertyPage::OnCommand(wParam, lParam);
}
void CPage1::DoDataExchange(CDataExchange* pDX)
{
    TRACE("Eintritt in CPage1::DoDataExchange -- %d\n",
        pDX->m_bSaveAndValidate);

    CPropertyPage::DoDataExchange(pDX);
    DDX_Radio(pDX, IDC_FONT, m_nFont);
}
BEGIN_MESSAGE_MAP(CPage1, CPropertyPage)
END_MESSAGE_MAP()
// CPage2-Dialogfeld
IMPLEMENT_DYNCREATE(CPage2, CPropertyPage)
CPage2::CPage2()
    : CPropertyPage(CPage2::IDD)
    , m_bBold(FALSE)
    , m_bItalic(FALSE)
    , m_bUnderline(FALSE)
{
}
CPage2::~CPage2()
{
}
BOOL CPage2::OnCommand(WPARAM wParam, LPARAM lParam)
{
    SetModified(TRUE);
    return CPropertyPage::OnCommand(wParam, lParam);
}
void CPage2::DoDataExchange(CDataExchange* pDX)
{
    TRACE("Eintritt in CPage2::DoDataExchange -- %d\n",
        pDX->m_bSaveAndValidate);

    CPropertyPage::DoDataExchange(pDX);
    DDX_Check(pDX, IDC_BOLD, m_bBold);
    DDX_Check(pDX, IDC_ITALIC, m_bItalic);
    DDX_Check(pDX, IDC_UNDERLINE, m_bUnderline);
}
BEGIN_MESSAGE_MAP(CPage2, CPropertyPage)
END_MESSAGE_MAP()
// CPage3-Dialogfeld
IMPLEMENT_DYNCREATE(CPage3, CPropertyPage)
CPage3::CPage3()
    : CPropertyPage(CPage3::IDD)
    , m_nColor(0)
{
}
```

```
CPage3::~CPage3()
{
}
BOOL CPage3::OnCommand(WPARAM wParam, LPARAM lParam)
{
    SetModified(TRUE);
    return CPropertyPage::OnCommand(wParam, lParam);
}
void CPage3::DoDataExchange(CDataExchange* pDX)
{
    TRACE("Eintritt in CPage3::DoDataExchange -- %d\n",
          pDX->m_bSaveAndValidate);
    CPropertyPage::DoDataExchange(pDX);
    DDX_Radio(pDX, IDC_COLOR, m_nColor);
}
BEGIN_MESSAGE_MAP(CPage3, CPropertyPage)
END_MESSAGE_MAP()
// CPage4-Dialogfeld
IMPLEMENT_DYNCREATE(CPage4, CPropertyPage)
CPage4::CPage4()
    : CPropertyPage(CPage4::IDD)
    , m_nFontSize(0)
{
}
CPage4::~CPage4()
{
}
BOOL CPage4::OnCommand(WPARAM wParam, LPARAM lParam)
{
    SetModified(TRUE);
    return CPropertyPage::OnCommand(wParam, lParam);
}
void CPage4::DoDataExchange(CDataExchange* pDX)
{
    TRACE("Eintritt in CPage4::DoDataExchange -- %d\n",
          pDX->m_bSaveAndValidate);
    CPropertyPage::DoDataExchange(pDX);
    DDX_Text(pDX, IDC_FONTSIZE, m_nFontSize);
    DDV_MinMaxInt(pDX, m_nFontSize, 8, 24);
}
BEGIN_MESSAGE_MAP(CPage4, CPropertyPage)
END_MESSAGE_MAP()
// CPage4-Meldungshandler
BOOL CPage4::OnInitDialog()
{
    CPropertyPage::OnInitDialog();

    ((CSpinButtonCtrl*) GetDlgItem(IDC_SPIN1))->SetRange(8, 24);

    return TRUE;  // return TRUE unless you set the focus to a control
    // AUSNAHME: OCX-Eigenschaftenseite muss FALSE zurückgeben.
}
```

```
// CFontSheet
IMPLEMENT_DYNAMIC(CFontSheet, CPropertySheet)
CFontSheet::CFontSheet(UINT nIDCaption, CWnd* pParentWnd, UINT iSelectPage)
    :CPropertySheet(nIDCaption, pParentWnd, iSelectPage)
{
}
CFontSheet::CFontSheet(LPCTSTR pszCaption, CWnd* pParentWnd, UINT iSelectPage)
    :CPropertySheet(pszCaption, pParentWnd, iSelectPage)
{
    AddPage(&m_page1);
    AddPage(&m_page2);
    AddPage(&m_page3);
    AddPage(&m_page4);
}
CFontSheet::~CFontSheet()
{
}
BEGIN_MESSAGE_MAP(CFontSheet, CPropertySheet)
END_MESSAGE_MAP()
```

5. **Fügen Sie die folgende Zeile in die Datei Ex12aView.h ein:**

   ```
   #include "Property.h"
   ```

6. **Fügen Sie zwei Datenelemente und zwei Prototypen in die Klasse *CEx12aView* ein.**

   ```
   private:
       CFontSheet m_sh;
       BOOL m_bDefault; // TRUE Standardformat, FALSE markierter Text
   ```

   Fügen Sie nun den Prototyp der privaten Funktion *Format* ein.

   ```
   void Format(CHARFORMAT &cf);
   ```

   Fügen Sie den Prototyp der geschützten Funktion *OnUserApply* ein, und zwar vor dem Makro *DECLARE_MESSAGE_MAP*.

   ```
   afx_msg LRESULT OnUserApply(WPARAM wParam, LPARAM lParam);
   ```

7. **Bearbeiten Sie die Datei Ex12aView.cpp.** Ordnen Sie der benutzerdefinierten Meldung *WM_USERAPPLY* einen Handler zu:

   ```
   ON_MESSAGE(WM_USERAPPLY, OnUserApply)
   ```

   Fügen Sie die folgenden Zeilen unmittelbar vor der Anweisung *return 0* in die Funktion *OnCreate* ein:

   ```
   CHARFORMAT cf;
   Format(cf);
   m_rich.SetDefaultCharFormat(cf);
   ```

   Bearbeiten Sie den neuen Konstruktor so, dass er Standardwerte für die Datenelemente des Eigenschaftsblatts festlegt, wie im folgenden Quelltext fett dargestellt:

   ```
   CEx12aView::CEx12aView() : m_sh("")
   {
       m_sh.m_page1.m_nFont = 0;
       m_sh.m_page2.m_bBold = FALSE;
       m_sh.m_page2.m_bItalic = FALSE;
       m_sh.m_page2.m_bUnderline = FALSE;
   ```

```
    m_sh.m_page3.m_nColor = 0;
    m_sh.m_page4.m_nFontSize = 12;
    g_pView = this;
    m_bDefault = TRUE;
}
```

Bearbeiten Sie die Funktionen für die *Format*-Befehle folgendermaßen:

```
void CEx12aView::OnFormatStandard()
{
    m_sh.SetTitle("Standardformat");
    m_bDefault = TRUE;
    m_sh.DoModal();
}
void CEx12aView::OnFormatMarkiertertext()
{
    m_sh.SetTitle("Format für markierten Text");
    m_bDefault = FALSE;
    m_sh.DoModal();
}
void CEx12aView::OnUpdateFormatMarkiertertext(CCmdUI* pCmdUI)
{
    long nStart, nEnd;
    m_rich.GetSel(nStart, nEnd);
    pCmdUI->Enable(nStart != nEnd);
}
```

Implementieren Sie den folgenden Handler für die benutzerdefinierte Meldung *WM_USERAPPLY*:

```
LRESULT CEx12aView::OnUserApply(WPARAM wParam, LPARAM lParam)
{
    TRACE("CEx12aView::OnUserApply -- wParam = %x\n", wParam);
    CHARFORMAT cf;
    Format(cf);
    if (m_bDefault) {
        m_rich.SetDefaultCharFormat(cf);
    }
    else {
        m_rich.SetSelectionCharFormat(cf);
    }
    return 0;
}
```

Fügen Sie die folgende Hilfsfunktion *Format* ein. Diese Funktion initialisiert eine *CHARFORMAT*-Struktur mit den Werten der Datenelemente aus dem Eigenschaftsblatt:

```
void CEx12aView::Format(CHARFORMAT& cf)
{
    cf.cbSize = sizeof(CHARFORMAT);
    cf.dwMask = CFM_BOLD | CFM_COLOR | CFM_FACE |
                CFM_ITALIC | CFM_SIZE | CFM_UNDERLINE;
    cf.dwEffects = (m_sh.m_page2.m_bBold ? CFE_BOLD : 0) |
                   (m_sh.m_page2.m_bItalic ? CFE_ITALIC : 0) |
                   (m_sh.m_page2.m_bUnderline ? CFE_UNDERLINE : 0);
    cf.yHeight = m_sh.m_page4.m_nFontSize * 20;
```

```
    switch(m_sh.m_page3.m_nColor) {
    case -1:
    case 0:
        cf.crTextColor = RGB(0, 0, 0);
        break;
    case 1:
        cf.crTextColor = RGB(255, 0, 0);
        break;
    case 2:
        cf.crTextColor = RGB(0, 255, 0);
        break;
    }
    switch(m_sh.m_page1.m_nFont) {
    case -1:
    case 0:
        strncpy(cf.szFaceName, "Times New Roman" ,LF_FACESIZE);
        break;
    case 1:
        strncpy(cf.szFaceName, "Arial" ,LF_FACESIZE);
        break;
    case 2:
        strncpy(cf.szFaceName, "Courier New" ,LF_FACESIZE);
        break;
    }
    cf.bCharSet = 0;
    cf.bPitchAndFamily = 0;
}
```

8. **Erstellen und testen Sie die verbesserte Version der Anwendung Ex12a.** Geben Sie einen kurzen Text ein und wählen Sie danach den Befehl *Standard* aus dem Menü *Format*. Beobachten Sie die *TRACE*-Meldungen im Debugfenster, wenn Sie auf die Registerkarten des Eigenschaftsblatts und auf die Schaltfläche *Übernehmen* klicken. Versuchen Sie auch einmal, einen Textabschnitt zu markieren und die Auswahl zu formatieren.

## Die Schaltfläche *Übernehmen*

Wahrscheinlich sind Sie schon neugierig darauf, wie die Klassen für die Eigenschaftsblätter auf das Anklicken der Schaltfläche *Übernehmen* reagieren. In den Seitenklassen schalten die überschriebenen *OnCommand*-Funktionen die Schaltfläche *Übernehmen* frei, sobald ein Steuerelement eine Meldung an die Seite sendet. Das funktioniert im Beispiel Ex12a bei den Seiten 1 bis 3 recht ordentlich. Bei Seite 4 wird jedoch *OnCommand* schon während der ersten Kommunikation zwischen dem Drehfeld-Steuerelement und seinem Partner aufgerufen.

Die überschriebene virtuelle Memberfunktion *OnApply* der Klasse *CPage1* sendet eine benutzerdefinierte Meldung an die Ansicht. Die Funktion findet die Ansicht auf eine recht pragmatische Art und Weise, nämlich mit Hilfe einer globalen Variablen, die von der Ansichtsklasse initialisiert wird. Eine bessere Lösung wäre, einen Zeiger auf das Ansichtsobjekt an den Dialogfeldkonstruktor und danach an den Seitenkonstruktor zu übergeben.

Zur Formatierung des markierten oder unmarkierten Textes ruft die Ansichtsklasse die Funktion *DoModal* des Eigenschaftsblatts auf. Das Flag *m_bDefault* gibt den Modus an. Wir brauchen den Rückgabewert von *DoModal* nicht zu kontrollieren, weil die Schaltflächen *OK* und

*Übernehmen* dieselbe benutzerdefinierte Meldung senden. Wenn der Benutzer auf *Abbrechen* klickt, wird keine Meldung gesendet.

# Die Klasse *CMenu*

Bis jetzt haben das Anwendungsgerüst und der Menü-Editor Sie von der Menüklasse *CMenu* abgeschirmt. Ein *CMenu*-Objekt kann jedes beliebige Windows-Menü darstellen, einschließlich der Menübefehle der obersten Ebene und der damit verbundenen Popup-Menüs. Meistens wird die Menüressource direkt mit dem Rahmenfenster verbunden, wenn die Funktionen *Create* oder *LoadFrame* des Fensters aufgerufen werden. Das *CMenu*-Objekt wird dabei nicht explizit erstellt. Die Memberfunktion *GetMenu* von *CWnd* gibt einen temporären *CMenu*-Zeiger zurück. Sobald Sie diesen Zeiger haben, können Sie auf das Menüobjekt zugreifen und es aktualisieren.

Nehmen wir einmal an, Sie wollen nach dem Start der Anwendung das Menü austauschen. Im Ressourcenskript bezeichnet *IDR_MAINFRAME* immer das Anfangsmenü. Wenn Sie ein zweites Menü wollen, können Sie mit dem Menü-Editor eine Menüressource mit einer eigenen ID erstellen. Danach erstellen Sie in Ihrem Programm ein Objekt der Klasse *CMenu*, laden das Menü mit Hilfe der Funktion *CMenu::LoadMenu* aus der Ressource und rufen dann die Funktion *CWnd::SetMenu* auf, um das neue Menü mit dem Rahmenfenster zu verknüpfen. Danach müssen Sie die Memberfunktion *Detach* aufrufen, um das *HMENU*-Handle des Objekts abzutrennen, damit das Menü nicht gelöscht wird, wenn das *CMenu*-Objekt aus dem Gültigkeitsbereich verschwindet.

Sie können eine Ressource zur Definition eines Menüs verwenden und das Programm kann die Menübefehle dann zur Laufzeit ändern. Wenn nötig, können Sie jedoch auch das ganze Menü zur Laufzeit erstellen, ohne die Vorteile auszunutzen, die eine Ressource Ihnen bietet. In beiden Fällen können Sie *CMenu*-Memberfunktionen wie *ModifyMenu*, *InsertMenu* und *DeleteMenu* verwenden. Jede dieser Funktionen wirkt jeweils auf einen einzelnen Menübefehl, der durch eine ID oder einen Index auf seine relative Position bezeichnet wird.

Ein Menüobjekt ist eigentlich eine etwas kompliziertere Datenstruktur, die aus einzelnen Untermenüs besteht. Mit Hilfe der Memberfunktion *GetSubMenu* können Sie einen *CMenu*-Zeiger auf ein Popup-Menü anfordern, das im *CMenu*-Objekt enthalten ist. Die Funktion *CMenu::GetMenuString* liefert den Menübefehl (als Zeichenfolge), der entweder einer bei Null beginnenden Indexzahl oder einer Befehls-ID entspricht. Wenn Sie eine Befehls-ID verwenden, wird das Menü mit allen Untermenüs durchsucht.

# Kontextmenüs erstellen

Kontextmenüs gehören zu den neusten Trends in der Entwicklung von Benutzeroberflächen: Der Benutzer drückt die rechte Maustaste und ein unverankertes Popup-Menü bietet daraufhin Befehle an, die sich auf die aktuelle Auswahl beziehen. Mit dem Ressourcen-Editor und der MFC-Bibliotheksfunktion *CMenu::TrackPopupMenu* können Sie solche Menüs relativ leicht erstellen. Führen Sie einfach die folgenden Schritte aus.

1. Fügen Sie mit dem Menü-Editor ein neues leeres Menü in die Ressourcendatei Ihres Projekts ein.
2. Geben Sie einige Zeichen in das linke Element der obersten Ebene ein. Fügen Sie danach Ihre Menübefehle in das neu entstandene Popup-Menü ein.

3. Fügen Sie im Eigenschaftenfenster der Klassenansicht einen Handler für die Meldung *WM_CONTEXTMENU* in Ihre Ansichtsklasse oder in eine andere Fensterklasse ein, die Mausklickmeldungen empfängt. Schreiben Sie den Handler nach folgendem Muster:

```
void CMyView::OnContextMenu(CWnd *pWnd, CPoint point)
{
    CMenu menu;
    menu.LoadMenu(IDR_MYFLOATINGMENU);
    menu.GetSubMenu(0)
        ->TrackPopupMenu(TPM_LEFTALIGN | TPM_RIGHTBUTTON,
            point.x, point.y, this);
}
```

Sie können die Befehls-IDs des unverankerten Menüs im Eigenschaftenfenster der Klassenansicht festlegen, wie Sie es von den normalen Menüs her kennen.

## Erweiterte Befehlsverarbeitung

Neben dem normalen Meldungszuordnungsmakro *ON_COMMAND* bietet die MFC-Bibliothek eine erweiterte Version, nämlich *ON_COMMAND_EX*. Das erweiterte Meldungszuordnungsmakro verfügt über zwei Merkmale, die das normale Makro nicht hat: einen Befehls-ID-Parameter und die Fähigkeit zur Ablehnung eines Befehls zur Laufzeit. Der Befehl wird in einem solchen Fall an das nächste Objekt auf der Befehlsroute weitergegeben. Wenn der erweiterte Befehlshandler den Wert *TRUE* zurückgibt, wird der Befehl nicht weitergeleitet. Wenn er den Wert *FALSE* zurückgibt, sucht das Anwendungsgerüst nach dem nächsten passenden Handler.

Der Befehls-ID-Parameter ist sehr nützlich, wenn es darum geht, dass eine einzige Funktion mehrere verwandte Befehlsmeldungen bearbeiten soll. Vielleicht fallen Ihnen ja auch noch einige Anwendungsmöglichkeiten für die Fähigkeit des Makros ein, Befehlsmeldungen abzulehnen.

Die Codeassistenten aus dem Eigenschaftenfenster der Klassenansicht können Ihnen aber bei den erweiterten Befehlshandlern nicht helfen. Sie müssen die erforderliche Programmierung außerhalb der *AFX_MSG_MAP*-Klammern also selbst übernehmen. Nehmen wir einmal an, *IDM_ZOOM_1* und *IDM_ZOOM_2* seien zwei verwandte, in der Datei Resource.h definierte Befehls-IDs. Der folgende Code zeigt, wie man diese beiden Meldungen mit demselben Handler bearbeiten kann, nämlich mit *OnZoom*.

```
BEGIN_MESSAGE_MAP(CMyView, CView)
    ON_COMMAND_EX(IDM_ZOOM_1, OnZoom)
    ON_COMMAND_EX(IDM_ZOOM_2, OnZoom)
END_MESSAGE_MAP()
BOOL CMyView::OnZoom(UINT nID)
{
    if (nID == IDM_ZOOM_1) {
        // Anweisungen für den ersten Zoom-Befehl
    }
    else {
        // Anweisungen für den zweiten Zoom-Befehl
    }
    // Gemeinsame Anweisungen für beide Befehle
    return TRUE; // Befehlsbearbeitung abgeschlossen
}
```

Hier ist der Funktionsprototyp:

```
afx_msg BOOL OnZoom(UINT nID);
```

Für die Bearbeitung von Befehlsbereichen, wie sie in Anwendungen mit dynamischen Menüs vorkommen können, gibt es weitere MFC-Meldungszuordnungsmakros. Zu diesen Makros gehören:

- ON_COMMAND_RANGE
- ON_COMMAND_EX_RANGE
- ON_UPDATE_COMMAND_UI_RANGE

Sofern die Werte von *IDM_ZOOM_1* und *IDM_ZOOM_2* direkt aufeinander folgen, können Sie die Meldungszuordnung in *CMyView* folgendermaßen formulieren:

```
BEGIN_MESSAGE_MAP(CMyView, CView)
  ON_COMMAND_EX_RANGE (IDM_ZOOM_1, IDM_ZOOM_2, OnZoom)
END_MESSAGE_MAP()
```

*OnZoom* wird für beide Menübefehle aufgerufen. Der Handler erkennt anhand des Integer-Parameters, welcher Befehl gegeben wurde.

# 13 Symbol- und Statusleisten

| | |
|---|---|
| 275 | Steuerleisten und das Anwendungsgerüst |
| 276 | Symbolleisten |
| 279 | QuickInfos |
| 279 | Die Suche nach dem Hauptrahmenfenster |
| 280 | Das Beispielprogramm Ex13a: Symbolleisten |
| 284 | Statusleisten |
| 287 | Das Beispielprogramm Ex13b: Statusleiste |
| 291 | Infoleisten |
| 292 | Das Beispielprogramm Ex13c: Infoleiste |

Sämtliche Microsoft Visual C++ .NET-Beispiele, von denen bisher die Rede war, haben Symbol- und Statusleisten enthalten. Der MFC-Anwendungsassistent erzeugt den Quelltext zur Initialisierung dieser Elemente des Anwendungsgerüsts, wenn Sie die Symbolleistenoption *Andockbar (Standard)* und die vorgewählte *Statusleiste* übernehmen. Die Standardsymbolleiste enthält sozusagen die Schaltflächenversionen von vielen Menübefehlen des Anwendungsgerüsts. Und die Standardstatusleiste zeigt jeweils eine Beschreibung des ausgewählten Menübefehls und den Zustand der Feststelltaste sowie der Tasten **Num** und **Rollen** an.

Dieses Kapitel zeigt Ihnen, wie Sie die Symbol- und Statusleisten Ihrer Anwendung anpassen können. Sie können eigene grafische Schaltflächen in die Symbolleiste aufnehmen und deren Erscheinungsbild steuern. Außerdem können Sie die normale Anzeige der Menübeschreibungen und des Tastaturzustands in der Statusleiste abschalten und die Statusleiste für eigene Zwecke verwenden.

## Steuerleisten und das Anwendungsgerüst

Die Symbolleiste ist ein Objekt der Klasse *CToolBar*, die Statusleiste ist ein Objekt der Klasse *CStatusBar*. Beide Klassen sind von der Klasse *CControlBar* abgeleitet, die ihrerseits wiederum von der Klasse *CWnd* abstammt. Die Klasse *CControlBar* ist für Steuerleistenfenster vorgesehen, die in Rahmenfenster eingefügt werden. Diese Steuerleistenfenster ändern ihre Größe und Position zusammen mit dem übergeordneten Fenster. Das Anwendungsgerüst kümmert sich um die

Erstellung und Beseitigung der Steuerleistenobjekte und um die Fenstererstellung. Der MFC-Anwendungsassistent erzeugt den Steuerleistencode für die abgeleitete Rahmenklasse, die in den Dateien MainFrm.h und MainFrm.cpp liegt.

In einer typischen SDI-Anwendung belegt ein *CToolBar*-Objekt den oberen Teil des Clientbereichs des *CMainFrame*-Objekts. Ein *CStatusBar*-Objekt bedeckt den unteren Fensterabschnitt. Die Ansicht nimmt den übrigen (mittleren) Bereich des Fensters ein.

Seit der Version 4.0 der MFC-Bibliothek basieren die Symbolleisten auf einem Symbolleistensteuerelement, das mit Windows 95 eingeführt wurde. Seither sind Symbolleisten andockbar. Die Programmierschnittstelle hat sich allerdings gegenüber früheren Versionen der MFC-Bibliothek kaum geändert. Die Schaltflächenbilder lassen sich sehr leicht bearbeiten, weil der Ressourcen-Editor dafür einen speziellen Ressourcentyp anbietet.

Sofern der Anwendungsassistent den Quelltext für die Steuerleiste Ihrer Anwendung erzeugt hat, kann der Benutzer die Symbolleiste und die Statusleiste über Befehle aus dem Anwendungsmenü *Ansicht* einzeln ein- oder ausschalten. Wenn eine Steuerleiste abgeschaltet wird, verschwindet sie vom Bildschirm und die Größe der Ansicht wird neu berechnet. Abgesehen von dem gerade beschriebenen gemeinsamen Verhalten arbeiten Symbolleisten- und Statusleistenobjekte recht unterschiedlich und haben auch sehr verschiedene Eigenschaften.

In Visual C++ .NET wurde eine neue MFC-Symbolleiste namens *Infoleiste* eingeführt. Die Infoleiste basiert auf den allgemeinen Steuerelementen und stellt eine Art »gleitender Symbolleiste« dar, wie es sie im Microsoft Internet Explorer gibt. Wir werden am Ende dieses Kapitels noch auf die Infoleiste zurückkommen.

# Symbolleisten

Eine Symbolleiste besteht aus einer Anzahl horizontal (oder vertikal) angeordneter Schaltflächen, die auch in verschiedene Gruppen unterteilt sein können. Die Gruppierung lässt sich über die Programmierschnittstelle steuern. Die Bilder für die Schaltflächen sind in einer einzigen Bitmapdatei gespeichert, die in die Ressourcendatei der Anwendung eingebunden wird. Wenn eine Schaltfläche angeklickt wird, sendet sie eine Befehlsmeldung – sie wirkt also wie ein Menü oder eine Zugriffstaste. Ein Handler für den Oberflächenaktualisierungsbefehl sorgt für den korrekten Zustand der Schaltfläche, und dieser Zustand veranlasst das Anwendungsgerüst wiederum, das richtige Bild für die Schaltfläche auszuwählen.

## Symbolleisten-Bitmaps

Es sieht so aus, als wäre für jede Schaltfläche der Symbolleiste eine eigene Bitmapdatei vorhanden. Tatsächlich enthält jedoch eine einzige Bitmapdatei die Bilder für die gesamte Symbolleiste. Die Symbolleisten-Bitmap umfasst mehrere Felder mit 16 Pixel Breite und 15 Pixel Höhe, die jeweils ein Bild enthalten. Das Anwendungsgerüst sorgt für die Schaltflächenumrandung und die Schaltflächenfarbe und modifiziert sie entsprechend, um den jeweils aktuellen Zustand der Schaltfläche wiederzugeben. Abbildung 13.1 zeigt eine Symbolleisten-Bitmap und die dazugehörige Symbolleiste.

Die Symbolleisten-Bitmap ist in der Datei Toolbar.bmp im Unterverzeichnis \res der Anwendung gespeichert. In der Ressourcenskriptdatei (RC) trägt die Bitmap die Bezeichnung *IDR_MAINFRAME*. Die Symbolleisten-Bitmap lässt sich nur schlecht direkt bearbeiten. Für diesen Zweck sollten Sie den Symbolleisteneditor von Visual Studio .NET verwenden.

**Abbildung 13.1:** *Eine Symbolleisten-Bitmap und die entsprechende Symbolleiste*

## Schaltflächenzustände

Jede Schaltfläche kann einen der folgenden Zustände annehmen. (Im Lauf der Zeit sind noch einige zusätzliche Zustände hinzugekommen.)

| Zustand | Beschreibung |
|---|---|
| 0 | Normalzustand, nicht gedrückt. |
| TBSTATE_CHECKED | Gedrückt. |
| TBSTATE_ENABLED | Verfügbar. Die Schaltfläche ist gesperrt und inaktiv, wenn dieser Zustand nicht gesetzt ist. |
| TBSTATE_HIDDEN | Nicht sichtbar. |
| TBSTATE_INDETERMINATE | Grau dargestellt. |
| TBSTATE_PRESSED | Aktuell mit der Maus ausgewählt (gedrückt). |
| TBSTATE_WRAP | Zeilenwechsel folgt hinter der Schaltfläche. |

*Tabelle 13.1: Mögliche Zustände von Schaltflächen*

Eine Schaltfläche kann eine der folgenden beiden Verhaltensweisen zeigen: Als normale Schaltfläche liegt sie nur in dem Moment im Zustand »gedrückt« vor, in dem sie mit der Maus angeklickt wird. Sie funktioniert also wie ein Drucktaster. Als Schalter kann sie durch Mausklicks abwechselnd den Zustand »gedrückt« und »nicht gedrückt« annehmen und funktioniert dann wie ein Druckschalter. Sämtliche Schaltflächen der Standardsymbolleiste aus dem Anwendungsgerüst verhalten sich wie Drucktaster, sie gehen also wieder in den Ruhezustand über, sobald die Maus verschwindet.

## Symbolleisten und Befehlsmeldungen

Wenn der Benutzer eine Symbolleistenschaltfläche anklickt, wird eine entsprechende Befehlsmeldung abgeschickt. Diese Meldung wird genau wie die Menübefehlsmeldungen weitergeleitet, die Sie schon aus Kapitel 12 kennen. Meistens entsprechen Symbolleistenschaltflächen einem Menübefehl. Die Schaltfläche *Speichern* aus der Standardsymbolleiste des Anwendungsgerüsts entspricht zum Beispiel dem Befehl *Speichern* aus dem Menü *Datei*, weil beide den Befehl ID_FILE_SAVE senden. Das Objekt, das die Befehlsmeldung empfängt, braucht nicht zu wissen, ob die Befehlsmeldung durch einen Klick auf die Symbolleiste oder durch die Auswahl eines Menübefehls ausgelöst wurde.

Symbolleistenschaltflächen müssen aber nicht unbedingt Menübefehle repräsentieren. Wenn Sie keinen entsprechenden Menübefehl zur Verfügung stellen wollen, sind Sie jedoch gut beraten, eine Zugriffstaste für die Schaltfläche zu definieren, damit der Benutzer den Befehl über die Tastatur oder durch eine passende Makrosoftware für Microsoft Windows geben kann. Befehlshandler und Aktualisierungshandler für Symbolleistenschaltflächen können Sie wie üblich im Eigenschaftenfenster der Klassenansicht definieren. Dabei spielt es keine Rolle, ob zur jeweiligen Schaltfläche ein passender Menübefehl vorhanden ist.

Zu jeder Symbolleiste gehört eine Bitmapressource und (in der RC-Datei) eine Symbolleistenressource, die definiert, welche Menübefehle den Schaltflächen zugeordnet sind. Bitmap und Symbolleistenressource haben dieselbe ID, und zwar normalerweise *IDR_MAINFRAME*. Die folgenden Zeilen stellen den Code für die Symbolleistenressource dar, den der MFC-Anwendungsassistent generiert hat.

```
IDR_MAINFRAME TOOLBAR   16, 15
BEGIN
    BUTTON      ID_FILE_NEW
    BUTTON      ID_FILE_OPEN
    BUTTON      ID_FILE_SAVE
        SEPARATOR
    BUTTON      ID_EDIT_CUT
    BUTTON      ID_EDIT_COPY
    BUTTON      ID_EDIT_PASTE
        SEPARATOR
    BUTTON      ID_FILE_PRINT
    BUTTON      ID_APP_ABOUT
END
```

Die Konstante *SEPARATOR* bewirkt, dass ein Zwischenraum in die Symbolleiste eingefügt wird. Auf diese Weise lassen sich Schaltflächen in Gruppen unterteilen. Sollte die Anzahl der Bitmapfelder die Anzahl der Ressourcenelemente (ohne Separatoren) übersteigen, werden die überzähligen Bilder nicht angezeigt.

Wenn Sie eine Symbolleiste mit dem Ressourcen-Editor bearbeiten, ändern Sie damit gleichzeitig die Bitmap- und die Symbolleistenressource. Wählen Sie dazu ein Schaltflächenbild aus. Dann können Sie im Eigenschaftenfenster dessen Eigenschaften bearbeiten, zum Beispiel auch die ID.

## Aktualisierungshandler für Symbolleisten

Wie Sie aus Kapitel 12 wissen, gibt es spezielle Handler für Oberflächenaktualisierungsbefehle, die dazu dienen, die Menüeinträge vor der Anzeige des fraglichen Menüs auf den aktuellen Stand zu bringen und sie zum Beispiel mit Häkchen zu versehen oder zu sperren. Dieselben Aktualisierungshandler gelten auch für die entsprechenden Schaltflächen einer Symbolleiste. Wenn Ihr Aktualisierungshandler die Memberfunktion *CCmdUI::Enable* mit dem Parameter *FALSE* aufruft, wird die entsprechende Schaltfläche gesperrt (grau dargestellt) und reagiert nicht mehr auf Mausklicks.

Im Falle eines Menübefehls zeigt die Memberfunktion *CCmdUI::SetCheck* neben dem Menüpunkt ein Häkchen an. Bei Symbolleisten sorgt *SetCheck* für die Anzeige eines »Druckschalters«. Wenn der Aktualisierungshandler *SetCheck* mit dem Argument 1 aufruft, wird der Schaltfläche der Zustand »gedrückt« (markiert) zugewiesen. Ist das Argument 0, wird die Schaltfläche in den Normalzustand »nicht gedrückt« (nicht markiert) versetzt.

**HINWEIS:** Wenn das *SetCheck*-Argument den Wert 2 hat, wird die Schaltfläche in den *unbestimmten* Zustand gesetzt. Dieser Zustand hat Ähnlichkeit mit dem Zustand *gesperrt*. Allerdings bleibt die Schaltfläche weiterhin aktiv und ihre Farbe ist etwas heller.

Die Aktualisierungshandler für Popup-Menüs werden nur dann aufgerufen, wenn das Menü angezeigt werden soll. Symbolleisten werden aber ständig angezeigt. Wann also werden deren Aktualisierungshandler aufgerufen? Sie werden in der Leerlaufschleife der Anwendung aufgerufen. Folglich werden die Schaltflächen laufend aktualisiert. Falls ein und derselbe Handler sowohl für einen Menübefehl als auch für eine Symbolleistenschaltfläche zuständig ist, wird er eben in der Leerlaufschleife und bei der Anzeige des Popup-Menüs aufgerufen.

# QuickInfos

Sie kennen QuickInfos aus vielen Windows-Anwendungen, unter anderem auch aus Visual C++ .NET. Wenn der Benutzer den Mauszeiger einige Sekunden lang auf einer Symbolleistenschaltfläche stehen lässt, wird in einem kleinen QuickInfo-Feld neben der Schaltfläche ein Text angezeigt. In Kapitel 12 haben Sie erfahren, dass man einem Menübefehl eine Beschreibung zuordnen kann, die in der Statusleiste angezeigt wird. Diese Beschreibungen werden als Zeichenfolgenressourcen gespeichert und haben dieselben IDs wie die Menübefehle. Um eine QuickInfo zu erstellen, müssen Sie nur ein Zeilenschaltungszeichen (\n) und den entsprechenden Text an das Ende des Statuszeilentexts anfügen. Wenn Sie im Ressourcen-Editor Symbolleistenbilder bearbeiten, können Sie auch den Statuszeilentext ändern. Wählen Sie einfach das gewünschte Bild aus und bearbeiten Sie im Eigenschaftenfenster die Eigenschaft *Auffordern* (Prompt).

# Die Suche nach dem Hauptrahmenfenster

Die Symbolleisten- und Statusleistenobjekte, mit denen Sie arbeiten werden, sind mit dem Hauptrahmenfenster und nicht mit dem Ansichtsfenster der Anwendung verknüpft. Wie aber findet Ihre Ansicht das Hauptrahmenfenster? In einer SDI-Anwendung können Sie dazu die Funktion *CWnd::GetParentFrame* verwenden. Leider liefert diese Funktion in einer MDI-Anwendung nicht die gewünschte Information, weil das übergeordnete Fenster der Ansicht der untergeordnete MDI-Rahmen und nicht das MDI-Rahmenfenster ist.

Wenn Sie wollen, dass Ihre Ansichtsklasse sowohl in SDI- als auch in MDI-Anwendungen funktioniert, müssen Sie das Hauptrahmenfenster mit Hilfe des Anwendungsobjekts suchen. Die globale Funktion *AfxGetApp* liefert einen Zeiger auf das Anwendungsobjekt. Mit diesem Zeiger können Sie dann das *CWinApp*-Datenelement *m_pMainWnd* auslesen. Bei einer MDI-Anwendung generiert der MFC-Anwendungsassistent Code, mit dem die Variable *m_pMainWnd* initialisiert wird. Bei einer SDI-Anwendung initialisiert das Anwendungsgerüst diese Variable beim Erstellen der Ansicht. Sobald *m_pMainWnd* initialisiert worden ist, können Sie damit die Symbolleiste des Rahmens finden, zum Beispiel mit folgenden Befehlen:

```
CMainFrame* pFrame = (CMainFrame*) AfxGetApp()->m_pMainWnd;
CToolBar* pToolBar = &pFrame->m_wndToolBar;
```

**HINWEIS:** Sie müssen für *m_pMainWnd* eine Typumwandlung von *CFrameWnd\** nach *CMainFrame\** durchführen, weil *m_wndToolBar* ein Element dieser abgeleiteten Klasse ist. Außerdem muss entweder *m_wndToolBar* eine *public*-Variable oder Ihre Klasse ein *friend* von *CMainFrame* sein.

Ein ähnliches Verfahren können Sie auch zum Auffinden von Menü-, Statusleisten- und Dialogfeldobjekten verwenden.

**HINWEIS:** In SDI-Anwendungen ist *m_pMainWnd* beim Aufruf der *OnCreate*-Funktion der Ansicht noch nicht initialisiert. Falls Sie in der Funktion *OnCreate* auf das Hauptrahmenfenster zugreifen möchten, sind Sie auf die Funktion *GetParentFrame* angewiesen.

# Das Beispielprogramm Ex13a: Symbolleisten

In diesem Beispiel fügen wir drei spezielle Schaltflächen in die Symbolleiste ein, mit denen man einfache geometrische Figuren im Ansichtsfenster anzeigen kann. Außerdem werden wir ein Menü *Zeichnen* mit den folgenden drei Einträgen erstellen:

| Befehl | Beschreibung |
|---|---|
| Kreis | Zeichnet einen Kreis in das Ansichtsfenster. |
| Quadrat | Zeichnet ein Quadrat in das Ansichtsfenster. |
| Muster | Schaltet das Füllmuster für neue Quadrate und Kreise ein und aus. |

Die Menü- und Symbolleistenoptionen werden so ausgelegt, dass der Benutzer nur abwechselnd Quadrate und Kreise zeichnen kann. Nachdem der Benutzer einen Kreis gezeichnet hat, werden der Menübefehl *Kreis* und die entsprechende Symbolleistenschaltfläche gesperrt. Und wenn der Benutzer ein Quadrat gezeichnet hat, werden der Menübefehl *Quadrat* und die dazugehörige Symbolleistenschaltfläche gesperrt.

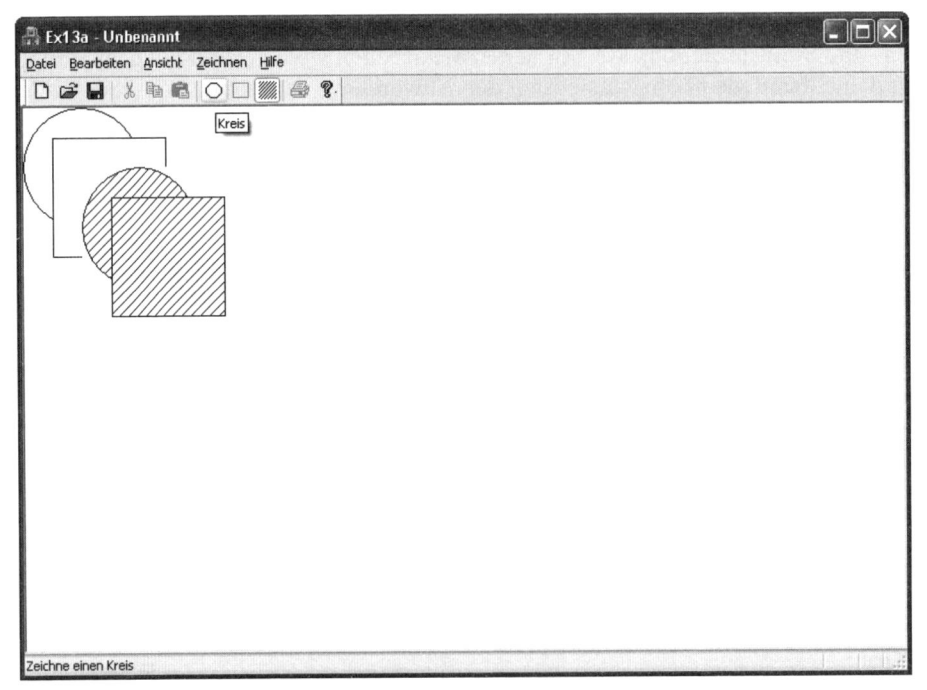

*Abbildung 13.2:* Das Beispielprogramm Ex13a während der Ausführung

Der Menübefehl *Muster* im Menü *Zeichnen* wird mit einem Häkchen versehen, wenn der Flächenfüllmodus eingeschaltet wird. Die entsprechende Schaltfläche auf der Symbolleiste funktioniert wie ein Druckschalter. Wenn der Schalter gedrückt ist, ist der Füllmodus eingeschaltet. Ist er nicht gedrückt, bleibt der Füllmodus ausgeschaltet.

In Abbildung 13.2 sehen Sie die Anwendung in Aktion. Der Benutzer hat gerade ein Quadrat mit einem Füllmuster gezeichnet. Beachten Sie den Zustand der drei Schaltflächen, mit denen die Zeichenoperationen gesteuert werden.

Das Beispielprogramm Ex13a führt Sie zum Ressourcen-Editor für Symbolleisten. Sie brauchen hier nur sehr wenig Code selbst zu schreiben. Führen Sie einfach die folgenden Schritte aus.

1. **Generieren Sie mit dem MFC-Anwendungsassistenten das Projekt Ex13a.** Wählen Sie im *Datei*-Menü von Visual Studio .NET *Neu, Projekt*. Wählen Sie im Dialogfeld *Neues Projekt* die Vorlage *MFC-Anwendung*, geben Sie den Namen **Ex13a** ein und klicken Sie auf *OK*. Im MFC-Anwendungsassistenten übernehmen Sie alle Vorgaben mit den folgenden beiden Ausnahmen: Auf der Seite *Anwendungstyp* wählen Sie *Einfaches Dokument* und auf der Seite *Erweiterte Features* löschen Sie die Markierung von *Drucken und Druckvorschau*.

2. **Bearbeiten Sie das Hauptmenü der Anwendung im Ressourcen-Editor.** Klicken Sie in der Ressourcenansicht den *IDR_MAINFRAME*-Eintrag unter *Menu* mit einem Doppelklick an. Bearbeiten Sie diese Menüressource so, dass sie wie in der folgenden Abbildung aussieht. (Zur Änderung einer Menüposition im Hauptmenü ziehen Sie das Menü einfach an die gewünschte Stelle.)

Sorgen Sie im Eigenschaftenfenster dafür, dass die neuen Menübefehle die erforderlichen Eigenschaften erhalten.

| Beschriftung | Befehls-ID | Eingabeaufforderung |
|---|---|---|
| &Kreis | ID_DRAW_CIRCLE | Zeichne einen Kreis\nKreis |
| &Quadrat | ID_DRAW_SQUARE | Zeichne ein Quadrat\nQuadrat |
| &Muster | ID_DRAW_PATTERN | Ändere das Füllmuster\nFüllmuster |

3. **Bearbeiten Sie die Symbolleiste der Anwendung im Ressourcen-Editor.** Bearbeiten Sie die Symbolleistenressource *IDR_MAINFRAME* und fügen Sie die erforderlichen drei zusätzlichen Bilder ein, wie in der folgenden Abbildung:

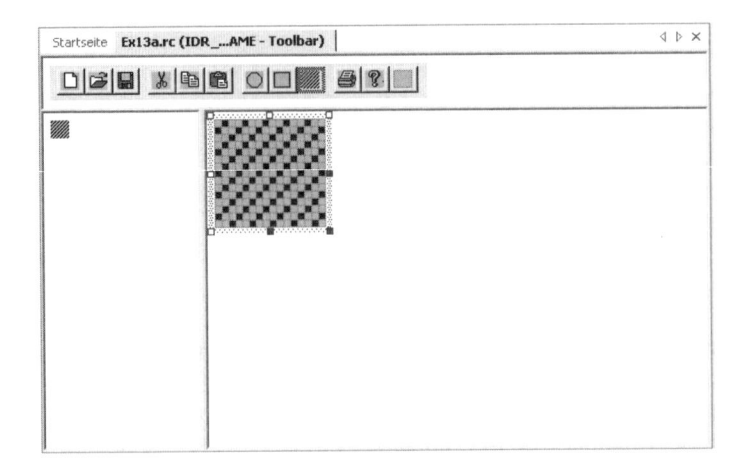

Die Bedienung des Symbolleisten-Editors ist relativ einfach. Neue Schaltflächen fügen Sie ein, indem Sie die leere Schaltfläche am rechten Ende der Symbolleiste bearbeiten. Bemalen Sie die neue Schaltfläche nach Bedarf mit den Werkzeugen *Ellipse*, *Rechteck* und *Linie* des Bildeditors. Sie können die Schaltflächen einfach mit der Maus verschieben. Wenn der Abstand zwischen zwei bestimmten Schaltflächen etwas größer werden soll, damit die zusammengehörigen Gruppen leichter erkennbar sind, ziehen Sie die rechte Schaltfläche etwas nach rechts. Mit einem Druck auf **Entf** lässt sich die Bitmap einer Schaltfläche löschen. Wenn Sie eine Schaltfläche vollständig entfernen möchten, ziehen Sie die Schaltfläche einfach von der Symbolleiste.

Weisen Sie den drei neuen Schaltflächen im Eigenschaftenfenster die IDs *ID_DRAW_CIRCLE*, *ID_DRAW_SQUARE* und *ID_DRAW_PATTERN* zu.

4. **Fügen Sie die erforderlichen Meldungshandler in die Klasse *CEx13aView* ein.** Wählen Sie in der Klassenansicht die Klasse *CEx13aView*, klicken Sie im Eigenschaftenfenster die Schaltfläche *Ereignisse* an und fügen Sie die Handler für die folgenden Befehle und Aktualisierungsbefehle ein:

| Objekt-ID | Nachricht | Memberfunktion |
|---|---|---|
| *ID_DRAW_CIRCLE* | *COMMAND* | *OnDrawCircle* |
| *ID_DRAW_CIRCLE* | *UPDATE_COMMAND_UI* | *OnUpdateDrawCircle* |
| *ID_DRAW_PATTERN* | *COMMAND* | *OnDrawPattern* |
| *ID_DRAW_PATTERN* | *UPDATE_COMMAND_UI* | *OnUpdateDrawPattern* |
| *ID_DRAW_SQUARE* | *COMMAND* | *OnDrawSquare* |
| *ID_DRAW_SQUARE* | *UPDATE_COMMAND_UI* | *OnUpdateDrawSquare* |

5. **Fügen Sie drei Datenelemente in die Klasse *CEx13aView* ein.** Fügen Sie den folgenden Code in Ex13aView.h ein:

```
protected:
    CRect m_rect;
    BOOL m_bCircle;
    BOOL m_bPattern;
```

6. **Bearbeiten Sie die Datei Ex13aView.cpp.** Der Konstruktor von *CEx13aView* initialisiert einfach nur die Datenelemente des neuen Objekts. Fügen Sie den folgenden fett gedruckten Code ein:

```
CEx13aView::CEx13aView() : m_rect(0, 0, 100, 100)
{
    m_bCircle = TRUE;
    m_bPattern = FALSE;
}
```

Ob die Funktion *OnDraw* eine Ellipse oder ein Quadrat zeichnet, hängt vom Wert des Flags *m_bCircle* ab. Je nach dem Wert von *m_bPattern* ist der verwendete Pinsel weiß oder er hat ein diagonales Muster.

```
void CEx13aView::OnDraw(CDC* pDC)
{
    Cex13aDoc* pDoc = GetDocument();
    ASSERT_VALID(pDoc);
    CBrush brush(HS_BDIAGONAL, 0L); // Pinsel mit diagonalem Muster
    if (m_bPattern) {
        pDC->SelectObject(&brush);
    }
    else {
        pDC->SelectStockObject(WHITE_BRUSH);
    }
    if (m_bCircle) {
        pDC->Ellipse(m_rect);
    }
    else {
        pDC->Rectangle(m_rect);
    }
    pDC->SelectStockObject(WHITE_BRUSH); // Pinsel austragen
}
```

Die Funktion *OnDrawCircle* bearbeitet die Befehlsmeldung *ID_DRAW_CIRCLE* und die Funktion *OnDrawSquare* die Befehlsmeldung *ID_DRAW_SQUARE*. Diese beiden Funktionen verschieben das Zeichenrechteck nach unten und nach rechts. Danach machen sie das Rechteck ungültig und veranlassen dadurch die Funktion *OnDraw*, es neu zu zeichnen. Das Ergebnis ist eine diagonale Folge von einander überlappenden Quadraten und Kreisen. Außerdem wird die Anzeige nicht zwischengespeichert, sodass nach dem Minimieren oder Verbergen des Fensters die zuvor gezeichneten Figuren nicht neu angezeigt werden können.

```
void CEx13aView::OnDrawCircle()
{
    m_bCircle = TRUE;
    m_rect += CPoint(25, 25);
    InvalidateRect(m_rect);
}
void CEx13aView::OnDrawSquare()
{
    m_bCircle = FALSE;
    m_rect += CPoint(25, 25);
    InvalidateRect(m_rect);
}
```

Die folgenden Aktualisierungshandler sperren abwechselnd die Schaltflächen zur Auswahl von Kreis und Quadrat sowie die entsprechenden Menübefehle. Es soll immer nur jeweils ein Befehl zugänglich sein.

```
void CEx13aView::OnUpdateDrawCircle(CCmdUI* pCmdUI)
{
    pCmdUI->Enable(!m_bCircle);
}
void CEx13aView::OnUpdateDrawSquare(CCmdUI* pCmdUI)
{
    pCmdUI->Enable(m_bCircle);
}
```

Die Funktion *OnDrawPattern* schaltet das Flag *m_bPattern* um.

```
void CEx13aView::OnDrawPattern()
{
    m_bPattern ^= 1;
}
```

Die Funktion *OnUpdateDrawPattern* aktualisiert je nach dem Zustand des Flags *m_bPattern* die Schaltfläche zur Auswahl des Füllmusters und den entsprechenden Menübefehl. Die Symbolleistenschaltfläche scheint nach unten und oben bewegt zu werden, das Häkchen neben dem Menübefehl wird ein- und ausgeblendet.

```
void CEx13aView::OnUpdateDrawPattern(CCmdUI* pCmdUI)
{
    pCmdUI->SetCheck(m_bPattern);
}
```

7. **Erstellen und testen Sie die Anwendung Ex13a.** Beobachten Sie das Verhalten der Symbolleistenschaltflächen. Testen Sie auch die entsprechenden Menübefehle und beachten Sie, dass sie je nach dem Zustand der Anwendung zugänglich oder gesperrt sind oder mit Häkchen versehen werden. Beachten Sie auch die QuickInfo-Texte, die angezeigt werden, wenn Sie den Mauszeiger auf eine der neuen Symbolleistenschaltflächen bewegen.

# Statusleisten

Das Statusleistenfenster kann weder Benutzereingaben annehmen noch Befehlsmeldungen erzeugen. Seine Aufgabe besteht einfach nur darin, programmgesteuert kurze Texte anzuzeigen. Die Statusleiste bietet zwei Arten von Anzeigebereichen, nämlich Abschnitte für kurze Meldungen und Abschnitte für Statusindikatoren. Um die Statusleiste für anwendungsspezifische Daten verwenden zu können, müssen Sie zuerst die übliche Anzeige der Eingabeaufforderung und des Tastaturstatus abschalten.

## Definition der Statusleiste

Das statische Array *indicators*, das der MFC-Anwendungsassistent in der Datei MainFrm.cpp erzeugt, definiert die Felder für die Statusleiste einer Anwendung. Die Konstante *ID_SEPARATOR* kennzeichnet eine Meldungszeile. Die übrigen Konstanten bezeichnen die Abschnitte für Statusindikatoren. In Abbildung 13.3 sehen Sie das Datenfeld *indicators* und seine Beziehung zur Standardstatusleiste des Anwendungsgerüsts.

```
static UINT indicators[] =
{
    ID_SEPARATOR,
    ID_INDICATOR_CAPS,
    ID_INDICATOR_NUM,
    ID_INDICATOR_SCRL,
};
```

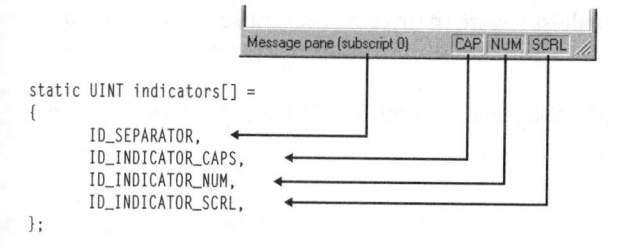

**Abbildung 13.3:** *Die Statusleiste und das Array* indicators

Die Memberfunktion *CStatusBar::SetIndicators*, die in der abgeleiteten Rahmenklasse der Anwendung aufgerufen wird, konfiguriert die Statusleiste entsprechend dem Inhalt des Arrays *indicators*.

## Die Meldungszeile

Im Abschnitt für die Meldungszeile wird ein vom Programm dynamisch festgelegter kurzer Text angezeigt. Zur Anzeige des Textes greifen Sie zunächst auf das Statusleistenobjekt zu und rufen dann die Memberfunktion *CStatusBar::SetPaneText* mit dem Indexwert der gewünschten Anzeigefläche auf. Abschnitt 0 ist der Bereich ganz links, Abschnitt 1 ist der Bereich rechts daneben, und so weiter.

Der folgende Quelltextabschnitt gehört zu einer Ansichtsklassen-Memberfunktion. Beachten Sie bitte, dass Sie zuerst das Anwendungsobjekt und anschließend das Hauptrahmenfenster ermitteln müssen.

```
CMainFrame* pFrame = (CMainFrame*) AfxGetApp()->m_pMainWnd;
CStatusBar* pStatus = &pFrame->m_wndStatusBar;
pStatus->SetPaneText(0, "Meldung für das erste Feld");
```

Normalerweise umfasst der Meldungszeilenabschnitt genau ein Viertel der Bildschirmbreite. Wird der Meldungszeile jedoch der erste Abschnitt (Index 0) zugewiesen, dann ist dieser Bereich dehnbar und hat keine vertieften Ränder. Die Minimallänge beträgt ein Viertel der Bildschirmbreite. Dieser Abschnitt kann verbreitert werden, wenn in der Statusleiste genügend Raum vorhanden ist.

## Die Statusanzeige

Der Abschnitt für die Statusindikatoren ist mit einer einzelnen, in einer Ressource bereitgestellten Zeichenfolge verknüpft, die vom zuständigen Aktualisierungshandler aus- bzw. eingeblendet wird. Ein Statusindikator wird durch eine Zeichenfolgenressourcen-ID beschrieben. Dieselbe ID wird in den Aktualisierungsbefehlen benutzt. Der Statusindikator für die Feststelltaste wird in der Rahmenklasse gesetzt. Dafür gibt es einen entsprechenden Meldungstabelleneintrag samt passendem Handler, wie im folgenden Beispielcode gezeigt. Die Funktion *Enable* aktiviert den Statusindikator, wenn die Feststelltaste (für Großschreibung) gedrückt wird.

```
ON_UPDATE_COMMAND_UI(ID_INDICATOR_CAPS, OnUpdateKeyCapsLock)
void CMainFrame::OnUpdateKeyCapsLock(CCmdUI* pCmdUI)
{
    pCmdUI->Enable(::GetKeyState(VK_CAPITAL) & 1);
}
```

*Symbol- und Statusleisten*

Die Aktualisierungshandler für die Statusleiste werden in der Leerlaufschleife aufgerufen, sodass die Statusleiste immer dann aktualisiert wird, wenn die Anwendung gerade keine neuen Meldungen empfängt.

Die Länge eines Statusindikatorabschnitts entspricht genau der Länge der entsprechenden Ressourcenzeichenfolge.

## Steuerung der Statusleiste

In der Standardimplementierung des Anwendungsgerüsts ist der Statusleiste die ID *AFX_IDW_STATUS_BAR* eines untergeordneten Fensters zugeordnet. Das Anwendungsgerüst sucht diese ID, wenn es die Beschreibung eines Menübefehls anzeigen will. Die Aktualisierungshandler für die Tastaturstatusindikatoren sind in die Rahmenfensterbasisklasse eingebettet und werden mit den folgenden Zeichenfolgen-IDs verknüpft: *ID_INDICATOR_CAPS*, *ID_INDICATOR_NUM* und *ID_INDICATOR_SCRL*. Wenn Sie die Kontrolle über die Statusleiste übernehmen möchten, müssen Sie eine andere Fenster-ID und andere Indikator-ID-Konstanten verwenden.

**HINWEIS:** Der einzige Grund zur Änderung der Fenster-ID der Statusleiste ist im Normalfall der Wunsch, das Anwendungsgerüst daran zu hindern, die Beschreibung des jeweils markierten Menübefehls im Abschnitt 0 anzuzeigen. Wenn Sie die Anzeige der Befehlsbeschreibungen nicht stört, können Sie die folgenden Anweisungen außer Acht lassen.

Die Fenster-ID der Statusleiste wird in der Funktion *CStatusBar::Create* zugewiesen, die von der Memberfunktion *OnCreate* der abgeleiteten Rahmenklasse aufgerufen wird. Diese Funktion liegt in der vom MFC-Anwendungsassistenten erzeugten Datei MainFrm.cpp. Die Fenster-ID ist der dritte Parameter von *Create* und hat den Standardwert *AFX_IDW_STATUS_BAR*.

Wenn Sie eine eigene ID zuweisen möchten, müssen Sie den Aufruf

```
m_wndStatusBar.Create(this);
```

durch folgenden Aufruf ersetzen:

```
m_wndStatusBar.Create(this, WS_CHILD | WS_VISIBLE | CBRS_BOTTOM, ID_MY_STATUS_BAR);
```

Sie müssen natürlich auch in der Datei resource.h die Konstante *ID_MY_STATUS_BAR* definieren (mit dem Symbol-Editor von Visual C++ .NET).

Einen Punkt haben wir noch nicht besprochen. Mit dem Standardmenü *Ansicht* des Anwendungsgerüsts ist es dem Benutzer möglich, die Statusleiste ein- und auszublenden. Die dazu gehörende Logik knüpft an die Fenster-ID *AFX_IDW_STATUS_BAR* an. Sie müssen deshalb auch die Menülogik ändern. In Ihrer abgeleiteten Rahmenklasse müssen Sie Meldungszuordnungseinträge und Handler für den Befehl *ID_VIEW_STATUS_BAR* und die Oberflächenaktualisierungsbefehle implementieren. *ID_VIEW_STATUS_BAR* ist die ID des Menübefehls, der die Statusleistenanzeige steuert. Die Handler der abgeleiteten Klasse überschreiben die Standardhandler der Basisklasse *CFrameWnd*. Die Einzelheiten können Sie dem Quelltext von Ex13b entnehmen.

# Das Beispielprogramm Ex13b: Statusleiste

Im Beispielprogramm Ex13b wird die Standardstatusleiste des Anwendungsgerüsts durch eine neue Statusleiste mit den folgenden Textfeldern ersetzt:

| Feldindex | Zeichenfolgen-ID | Typ | Beschreibung |
|---|---|---|---|
| 0 | ID_SEPARATOR (0) | Meldungszeile | X-Mauszeigerkoordinate |
| 1 | ID_SEPARATOR (0) | Meldungszeile | Y-Mauszeigerkoordinate |
| 2 | ID_INDICATOR_LEFT | Statusanzeige | Status der linken Maustaste |
| 3 | ID_INDICATOR_RIGHT | Statusanzeige | Status der rechten Maustaste |

Die sich aus diesen Angaben ergebende Statusleiste sehen Sie in Abbildung 13.4. Beachten Sie, dass der linke Abschnitt mehr als die übliche Bildschirmbreite einnimmt, wenn das angezeigte Rahmenfenster vergrößert wird.

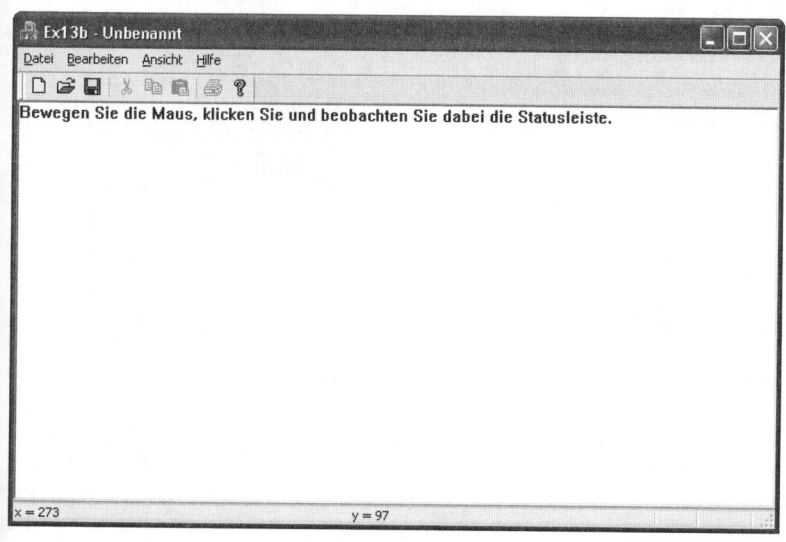

**Abbildung 13.4:** *Die Statusleiste des Beispielprogramms Ex13b*

Erstellen Sie das Beispiel Ex13b in folgenden Arbeitsschritten:

1. **Generieren Sie mit dem MFC-Anwendungsassistenten das Projekt Ex13b.** Wählen Sie im *Datei*-Menü von Visual Studio .NET *Neu, Projekt*. Wählen Sie im Dialogfeld *Neues Projekt* die Vorlage *MFC-Anwendung*, geben Sie den Namen **Ex13b** ein und klicken Sie auf *OK*. Im MFC-Anwendungsassistenten übernehmen Sie alle Vorgaben mit den folgenden beiden Ausnahmen: Auf der Seite *Anwendungstyp* wählen Sie *Einfaches Dokument* und auf der Seite *Erweiterte Features* löschen Sie die Markierung von *Drucken und Druckvorschau*.

2. **Bearbeiten Sie die Zeichenfolgentabelle der Anwendung.** Die Anwendung hat eine einzige Zeichenfolgentabelle mit einer künstlichen Unterteilung in Segmente, die aus der 16-Bit-Ära übrig geblieben ist. Klicken Sie das Symbol im Ordner *String Table* der Ressourcenansicht mit einem Doppelklick an. Dann öffnet sich der Zeichenfolgeneditor. Wählen Sie dann den leeren Eintrag am Ende der Liste und nehmen Sie die beiden folgenden Einträge vor:

| Zeichenfolgen-ID | Beschriftung |
|---|---|
| ID_INDICATOR_LEFT | LINKS |
| ID_INDICATOR_RIGHT | RECHTS |

Wenn Sie fertig sind, sieht die Tabelle so aus:

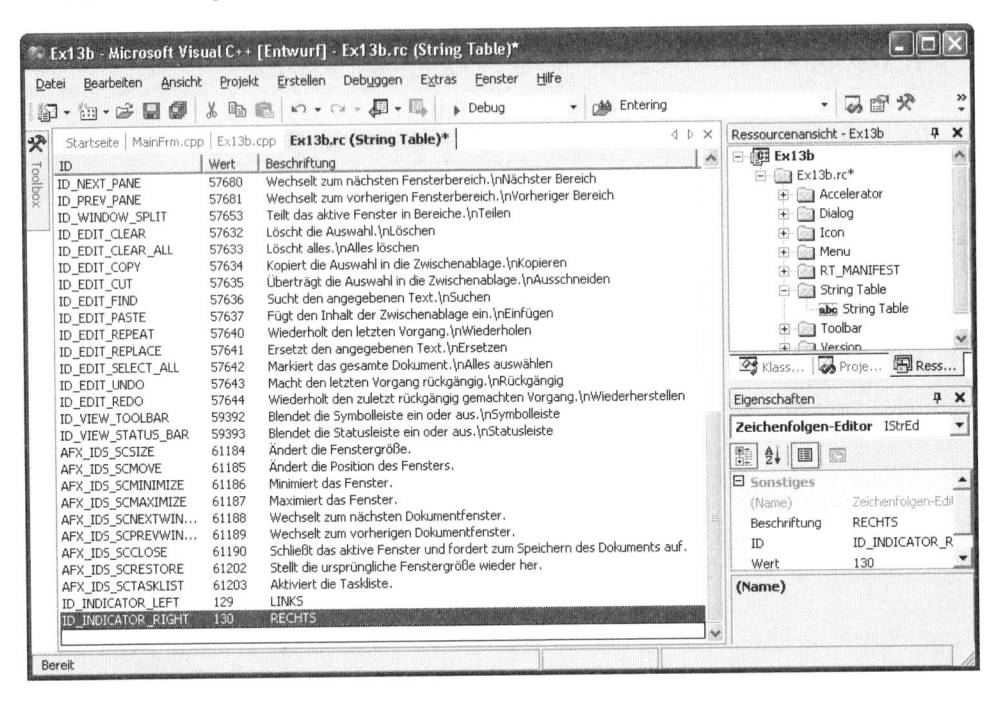

3. **Bearbeiten Sie die Symbole der Anwendung.** Wählen Sie im Menü *Bearbeiten Ressourcensymbole*. Fügen Sie den neuen Statusleistenbezeichner *ID_MY_STATUS_BAR* hinzu, und übernehmen Sie den Standardwert.

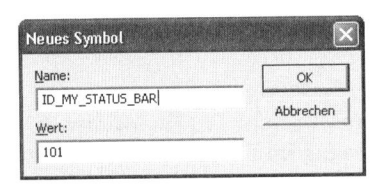

4. **Fügen Sie Befehlshandler für das Menü *Ansicht* in die Klasse *CMainFrame* ein.** Wählen Sie in der Klassenansicht die Klasse *CMainFrame*, klicken Sie im Eigenschaftenfenster die Schaltfläche *Ereignisse* an und fügen Sie die folgenden Meldungshandler ein:

| Objekt-ID | Meldung | Memberfunktion |
|---|---|---|
| ID_VIEW_STATUS_BAR | COMMAND | OnViewStatusBar |
| ID_VIEW_STATUS_BAR | UPDATE_COMMAND_UI | OnUpdateViewStatusBar |

5. **Nehmen Sie die folgenden Funktionsprototypen in die Datei MainFrm.h auf.** Sie müssen die Prototypen der Handler manuell in *CMainFrm* einfügen, weil Visual Studio .NET die zugeordneten Befehlsmeldungs-IDs nicht erkennt.
   ```
   afx_msg void OnUpdateLeft(CCmdUI* pCmdUI);
   afx_msg void OnUpdateRight(CCmdUI* pCmdUI);
   ```
   Da MainFrm.h nun geöffnet ist, ändern Sie bei der Gelegenheit die Deklaration von *m_wndStatusBar* von *protected* auf *public* ab.

6. **Bearbeiten Sie die Datei MainFrm.cpp.** Ersetzen Sie das ursprüngliche Array *indicators* durch die fett dargestellten Anweisungen:
   ```
   static UINT indicators[] =
   {
       ID_SEPARATOR,       // Abschnitt für erste Meldung
       ID_SEPARATOR,       // Abschnitt für zweite Meldung
       ID_INDICATOR_LEFT,
       ID_INDICATOR_RIGHT,
   };
   ```
   Bearbeiten Sie als Nächstes die Memberfunktion *OnCreate*. Ersetzen Sie die Anweisung
   ```
   if (!m_wndStatusBar.Create(this) ||
       !m_wndStatusBar.SetIndicators(indicators,
         sizeof(indicators)/sizeof(UINT)))
   {
       TRACE0("Statusleiste konnte nicht erstellt werden\n");
       return -1;      // Fehler bei Erstellung
   }
   ```
   durch die folgende Anweisung:
   ```
   if (!m_wndStatusBar.Create(this,
         WS_CHILD | WS_VISIBLE | CBRS_BOTTOM, ID_MY_STATUS_BAR) ||
       !m_wndStatusBar.SetIndicators(indicators,
         sizeof(indicators)/sizeof(UINT)))
   {
       TRACE0("Statusleiste konnte nicht erstellt werden\n");
       return -1;      // Fehler bei Erstellung
   }
   ```
   *Create* wird nunmehr mit einer anderen Statusleisten-ID aufgerufen, nämlich mit *ID_MY_STATUS_BAR* an Stelle von *AFX_IDW_STATUS_BAR* (das Statusleistenobjekt des Anwendungsgerüsts).

   Fügen Sie jetzt die folgenden Meldungszuordnungseinträge für die Klasse *CMainFrame* hinzu. Visual Studio .NET kann diese Einträge nicht einfügen, weil es die Zeichenfolgentabellen-IDs nicht als Objekt-IDs erkennen kann.
   ```
   ON_UPDATE_COMMAND_UI(ID_INDICATOR_LEFT, OnUpdateLeft)
   ON_UPDATE_COMMAND_UI(ID_INDICATOR_RIGHT, OnUpdateRight)
   ```
   Fügen Sie anschließend die folgenden *CMainFrame*-Funktionen hinzu. Sie aktualisieren die beiden Statusindikatoren.
   ```
   void CMainFrame::OnUpdateLeft(CCmdUI* pCmdUI)
   {
       pCmdUI->Enable(::GetKeyState(VK_LBUTTON) < 0);
   }
   ```

```
void CMainFrame::OnUpdateRight(CCmdUI* pCmdUI)
{
    pCmdUI->Enable(::GetKeyState(VK_RBUTTON) < 0);
}
```

Beachten Sie, dass die linke und die rechte Maustaste wie die Tasten der Tastatur virtuelle Tastencodes haben. Sie sind deshalb nicht auf Mausklickmeldungen angewiesen, um den Zustand der Maustasten zu bestimmen.

Bearbeiten Sie zum Abschluss die folgenden Handler für Befehle aus dem Menü *Ansicht* in MainFrm.cpp:

```
void CMainFrame::OnViewStatusBar()
{
    m_wndStatusBar.ShowWindow((m_wndStatusBar.GetStyle() &
                              WS_VISIBLE) == 0);
    RecalcLayout();
}
void CMainFrame::OnUpdateViewStatusBar(CCmdUI* pCmdUI)
{
    pCmdUI->SetCheck((m_wndStatusBar.GetStyle() & WS_VISIBLE) != 0);
}
```

Diese Funktionen sorgen dafür, dass der Befehl *Statusleiste* des Menüs *Ansicht* ordnungsgemäß mit der neuen Statusleiste verknüpft wird.

7. **Bearbeiten Sie die Funktion *OnDraw* in der Datei Ex13bView.cpp.** Die Funktion *OnDraw* zeigt eine Meldung im Ansichtsfenster an. Fügen Sie den folgenden fett gedruckten Code ein:

```
void CEx13bView::OnDraw(CDC* pDC)
{
    CEx13bDoc* pDoc = GetDocument();
    ASSERT_VALID(pDoc);
    pDC->TextOut(0, 0, "Bewegen Sie die Maus, klicken Sie und beobachten Sie dabei die Statusleiste.");
}
```

8. **Fügen Sie einen *WM_MOUSEMOVE*-Handler in die Klasse *CEx13bView* ein.** Wählen Sie in der Klassenansicht die Klasse *CEx13bView*. Klicken Sie im Eigenschaftenfenster auf die Schaltfläche *Meldungen* und fügen Sie die Funktion *OnMouseMove* ein. Fügen Sie den folgenden fett gedruckten Code ein. Diese Funktion holt sich einen Zeiger auf das Statusleistenobjekt und aktualisiert dann das erste und zweite Meldungsfeld jeweils mit *SetPaneText*.

```
void CEx13bView::OnMouseMove(UINT nFlags, CPoint point)
{
    CString str;
    CMainFrame* pFrame = (CMainFrame*) AfxGetApp()->m_pMainWnd;
    CStatusBar* pStatus = &pFrame->m_wndStatusBar;
    if (pStatus) {
        str.Format("x = %d", point.x);
        pStatus->SetPaneText(0, str);
        str.Format("y = %d", point.y);
        pStatus->SetPaneText(1, str);
    }
}
```

Fügen Sie zum Abschluss folgende Anweisung am Anfang der Datei Ex13bView.cpp ein:

```
#include "MainFrm.h"
```

9. **Erstellen und testen Sie die Anwendung Ex13b.** Bewegen Sie die Maus und überprüfen Sie, ob die beiden linken Statusfelder die Position des Mauszeigers genau wiedergeben. Testen Sie auch die linke und die rechte Maustaste. Versuchen Sie außerdem, die Statusleiste im Menü *Ansicht* aus- und einzublenden.

**HINWEIS:** Wenn der erste Statusleistenabschnitt (Indexwert 0) wie die übrigen Abschnitte einen vertieften Rand haben und die Statusleiste sich an die Größe des angezeigten Inhalts anpassen soll, fügen Sie die folgenden beiden Zeilen in die Funktion *CMainFrame::OnCreate* ein, und zwar direkt nach dem *Create*-Aufruf für die Statusleiste.

```
m_wndStatusBar.SetPaneInfo(0, 0, 0, 50);
m_wndStatusBar.SetPaneInfo(1, 0, SBPS_STRETCH, 50);
```

Diese Anweisungen ändern die Breiten der ersten beiden Abschnitte und machen die zweite (Index 1) zu der, deren Größe sich anpasst.

# Infoleisten

Wie Sie in Kapitel 8 erfahren haben, gibt es in Visual C++ .NET Steuerelemente, die erstmals im Internet Explorer eingeführt wurden, nämlich die allgemeinen Steuerelemente. Dazu gehört auch eine neue Art von Steuerleiste, die Infoleiste genannt wird. Wenn Sie bereits mit dem Internet Explorer gearbeitet haben, werden Sie die Infoleiste schon kennen. Die Infoleiste unterscheidet sich von der üblichen MFC-Symbolleiste durch zusätzliche Schiebegriffe und durch ihre horizontale oder vertikale Verschiebbarkeit. Im Gegensatz dazu ändert man die Position einer MFC-Symbolleiste durch Abkoppeln, Ziehen und Andocken. Infoleisten erlauben zudem den Einsatz von wesentlich mehr internen Steuerelementarten wie zum Beispiel Dropdown-Menüs, als in *CToolbar* verfügbar sind.

## Aufbau einer Infoleiste

Abbildung 13.5 zeigt die verschiedenen Begriffe, die im Zusammenhang mit Infoleisten benutzt werden. Jede in einer Infoleiste enthaltene innere Symbolleiste wird als *Band* bezeichnet. Der scheinbar etwas hervorstehende Randbereich, mit dessen Hilfe der Benutzer das Band verschiebt, ist ein *Schiebegriff*. Außerdem kann jedes Band eine Beschriftung enthalten.

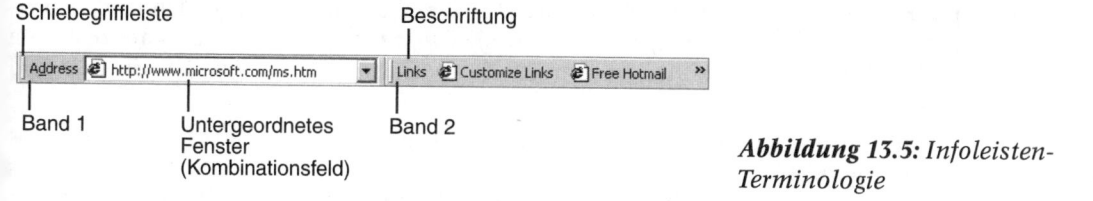

**Abbildung 13.5:** *Infoleisten-Terminologie*

Die MFC-Bibliothek stellt für die Arbeit mit Infoleisten zwei Klassen zur Verfügung:

o  **CReBar:** Eine Klasse auf hoher Abstraktionsebene, mit deren Memberfunktionen Infoleisten durch Bandobjekte der Klasse *CToolBar* und *CDialogBar* erweitert werden können. *CReBar* steuert auch die Kommunikation (beispielsweise das Versenden von Benachrichtigungen) zwischen dem zugrunde liegenden Steuerelement und dem MFC-Anwendungsgerüst.

- **CReBarCtrl:** Eine Steuerelementklasse mit Basisfunktionen, welche das Infoleisten-Steuerelement kapselt. Diese Klasse umfasst zahlreiche Funktionen zum Erstellen und Manipulieren von Infoleisten, bietet aber nicht den Komfort der Klasse *CReBar*.

Die meisten MFC-Anwendungen verwenden *CReBar* und verschaffen sich gegebenenfalls mit *GetReBarCtrl* einen Zeiger auf ein Objekt vom Typ *CReBarCtrl*, um auf dessen Basisfunktionen zuzugreifen.

## Das Beispielprogramm Ex13c: Infoleiste

Versuchen wir uns direkt an einem Beispiel. Bei diesem Beispiel handelt es sich um eine SDI-Anwendung mit einer Infoleiste, die zwei Bänder enthält, nämlich ein Symbolleistenband sowie ein Dialogleistenband. In Abbildung 13.6 sehen Sie das Hauptfenster des Programms.

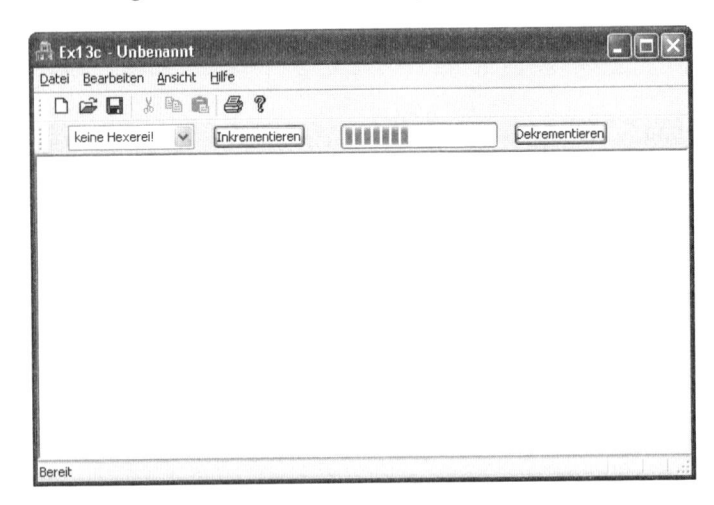

***Abbildung 13.6:*** *Das Beispielprogramm Ex13c*

Mit folgenden Arbeitsschritten erstellen Sie das Beispielprogramm Ex13c:

1. **Generieren Sie mit dem MFC-Anwendungsassistenten das Projekt Ex13c.** Wählen Sie im *Datei*-Menü von Visual Studio .NET *Neu, Projekt*. Wählen Sie im Dialogfeld *Neues Projekt* die Vorlage *MFC-Anwendung*, geben Sie den Namen **Ex13c** ein und klicken Sie auf *OK*. Im MFC-Anwendungsassistenten übernehmen Sie alle Vorgaben mit den folgenden beiden Ausnahmen: Auf der Seite *Anwendungstyp* wählen Sie *Einfaches Dokument* und auf der Seite *Benutzeroberflächenfeatures* unter wählen Sie *Symbolleisten Andockbar (Standard)* und *Browser-Stil*.
2. **Erstellen und starten Sie die Anwendung.** Bei Ausführung der Anwendung sehen Sie, dass der MFC-Anwendungsassistent automatisch eine Infoleiste mit zwei Bändern erstellt hat. Das eine Band enthält eine einfache Symbolleiste und das andere den Text »TODO: Layout der Dialogleiste«.

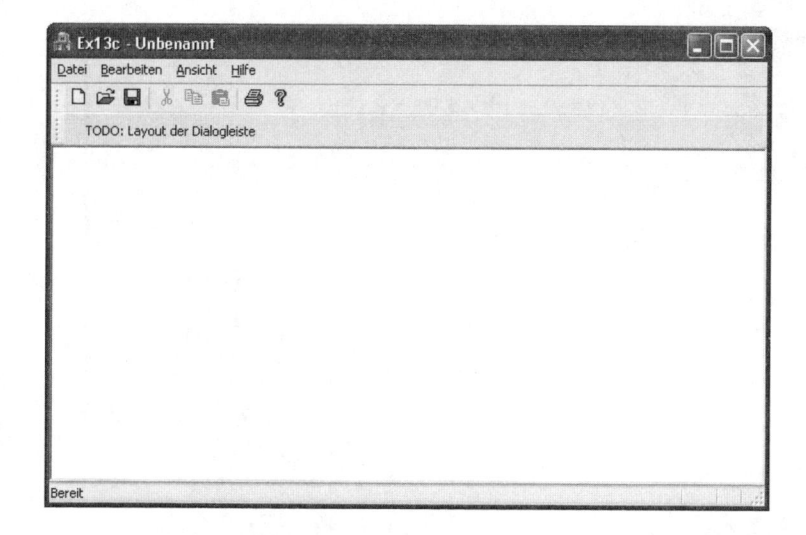

Öffnen Sie die Headerdatei MainFrm.h und sehen Sie sich den Code genauer an. Hier wird ein *CReBar*-Datenelement namens *m_ndReBar* deklariert.

```
protected:   // Eingebettete Elemente der Steuerleiste
    CStatusBar   m_wndStatusBar;
    CToolBar     m_wndToolBar;
    CReBar       m_wndReBar;
    CDialogBar   m_wndDlgBar;
```

In der Datei MainFrm.cpp finden Sie den Code, der die Symbolleiste und die Dialogleiste dem *CReBar*-Objekt hinzufügt.

```
if (!m_wndReBar.Create(this) ||
    !m_wndReBar.AddBar(&m_wndToolBar) ||
    !m_wndReBar.AddBar(&m_wndDlgBar))
{
    TRACE0("Infoleiste konnte nicht erstellt werden\n");
    return -1;      // Fehler bei Erstellung
}
```

3. **Gestalten Sie die Dialogleiste.** In der Ressourcenansicht finden Sie unter dem Ordner *Dialog* eine Dialogressource für die Dialogleiste mit der ID *IDR_MAINFRAME*. Öffnen Sie *IDR_MAINFRAME*. Anschließend wird die Dialogleiste mit dem Text »TODO: Layout der Dialogleiste« angezeigt. Fügen wir also einige Steuerelemente in die Dialogleiste ein. Zuerst löschen Sie das statische Textfeld mit dem Text »TODO«. Als Nächstes fügen Sie ein Kombinationsfeld in die Dialogleiste ein und geben im Eigenschaftenfenster ein paar Standarddaten für die Eigenschaft *Daten* ein, zum Beispiel »eins;zwei;drei; keine Hexerei!«. Setzen Sie dann eine Schaltfläche in die Dialogleiste ein und ändern Sie die Beschriftung der Schaltfläche in *Inkrementieren*. Fügen Sie daneben eine Statuskontrolle in die Dialogleiste ein und setzen Sie deren Eigenschaft *Optimieren* auf *True*. Nun fehlt nur noch eine Schaltfläche mit der Beschriftung *Dekrementieren*. Wenn Sie fertig sind, sollte die Dialogleiste ungefähr so aussehen, wie im nächsten Bild gezeigt.

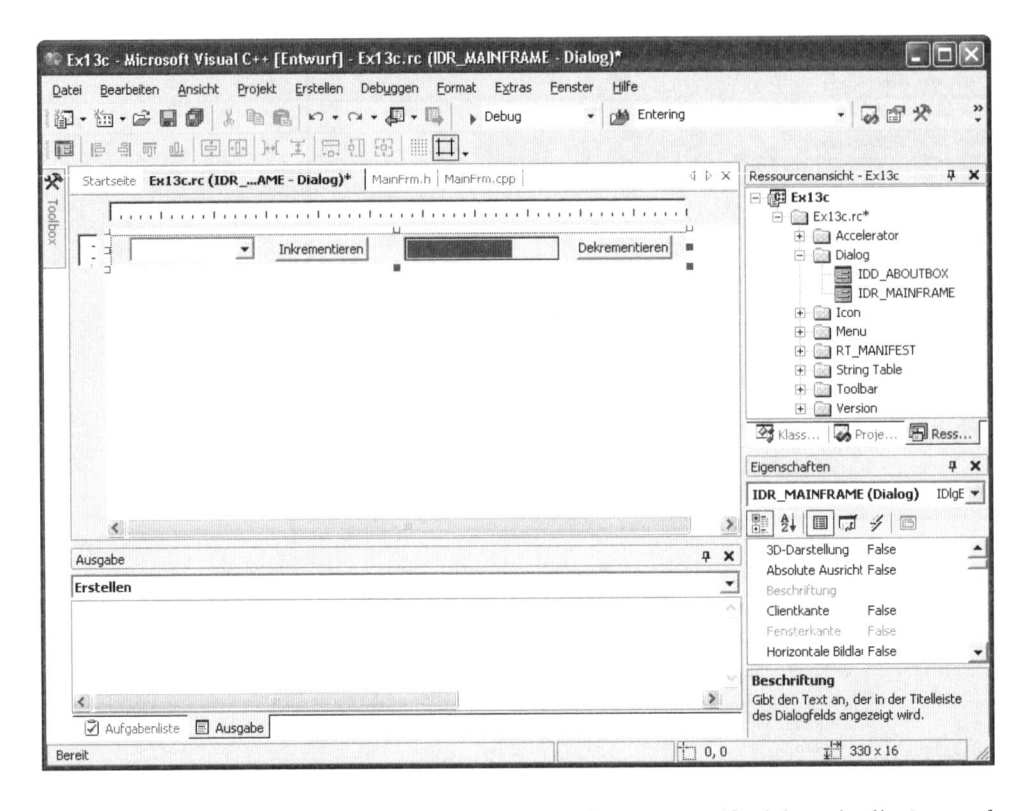

4. **Bearbeiten Sie die Datei MainFrm.h.** Visual Studio .NET weiß nicht, wie die Steuerelemente auf der Dialogleiste mit den Handlern in der Klasse *CMainFrame* zu verknüpfen sind. Also müssen wir den erforderlichen Code von Hand einfügen. Öffnen Sie die Datei MainFrm.h und fügen Sie folgende Prototypen in *CMainFrame* ein.

```
afx_msg void OnButton1();
afx_msg void OnButton2();
```

5. **Bearbeiten Sie die Datei MainFrm.cpp.** Öffnen Sie die Datei MainFrm.cpp und fügen Sie die folgenden Einträge für Button1 und Button2 ein.

```
BEGIN_MESSAGE_MAP(CMainFrame, CFrameWnd)
    ON_WM_CREATE()
    ON_BN_CLICKED(IDC_BUTTON1, OnButton1)
    ON_BN_CLICKED(IDC_BUTTON2, OnButton2)
END_MESSAGE_MAP()
```

Fügen Sie die folgenden Methoden *OnButton1* und *OnButton2* in CMainFrame.cpp ein:

```
void CMainFrame::OnButton1()
{
    CProgressCtrl * pProgress = (CProgressCtrl*)m_wndDlgBar.GetDlgItem(IDC_PROGRESS1);
    pProgress->StepIt();
}
```

```
void CMainFrame::OnButton2()
{
    CProgressCtrl * pProgress = (CProgressCtrl*)m_wndDlgBar.GetDlgItem(IDC_PROGRESS1);
    int nCurrentPos = pProgress->GetPos();
    pProgress->SetPos(nCurrentPos-10);
}
```

Der Handler *OnButton1* beschafft sich einen Zeiger auf die Statuskontrolle und stellt sie mit *StepIt* etwas höher. *OnButton2* dekrementiert die aktuelle Position der Statuskontrolle um 10 Einheiten.

6. **Kompilieren und testen Sie das Programm Ex13c.** Sie können nun das Programm Ex13c kompilieren und das Verhalten der selbst programmierten Infoleiste untersuchen. Die Schaltfläche *Inkrementieren* verlängert die Fortschrittsanzeige, während die Schaltfläche *Dekrementieren* sie verkürzt.

# 14 Eine wiederverwendbare Rahmenfensterklasse

| | |
|---|---|
| 298 | Warum wiederverwendbare Basisklassen schwer zu schreiben sind |
| 298 | Die Klasse *CPersistentFrame* |
| 299 | Die Klasse *CFrameWnd* und die Funktion *ActivateFrame* |
| 299 | Die Funktion *PreCreateWindow* |
| 300 | Die Windows-Registrierung |
| 302 | Mit der Klasse *CString* arbeiten |
| 304 | Die Position eines maximierten Fensters |
| 305 | Der Zustand der Steuerleiste und die Registrierung |
| 305 | Statische Datenelemente |
| 305 | Das Standard-Fensterrechteck |
| 306 | Das Beispielprogramm Ex14a: Eine persistente Rahmenfensterklasse |
| 310 | Persistente Rahmenfenster in MDI-Anwendungen |

C++ verspricht Programmierern, »Softwarebausteine« produzieren zu können, die einfach aus dem Baukasten genommen und ebenso einfach in eine Anwendung eingefügt werden. Die Klassen der Microsoft Foundation Class-Bibliothek (MFC) sind ein gutes Beispiel für diese Art wiederverwendbarer Software. Dieses Kapitel zeigt Ihnen, wie Sie eine eigene wiederverwendbare Basisklasse auf der Grundlage der MFC-Bibliothek erstellen.

Während Sie sich in diesem Kapitel mit der Entwicklung von wiederverwendbaren Klassen beschäftigen, werden Sie mit neuen Aspekten von Microsoft Windows und der MFC-Bibliothek Bekanntschaft machen. Insbesondere werden Sie erfahren, wie Sie mit dem Anwendungsgerüst auf die Windows-Registrierung zugreifen. Außerdem werden Sie eine Menge neuer Details über die Funktionsweise der Klassen *CFrameWnd* und *CString* erfahren und mit statischen Klassenvariablen arbeiten.

# Warum wiederverwendbare Basisklassen schwer zu schreiben sind

Bei einer normalen Anwendung entwickeln Sie Quelltext für Softwarekomponenten, die ein bestimmtes Problem bearbeiten. Meistens geht es darum, die vorgegebenen Projektspezifikationen zu erfüllen. Bei wiederverwendbaren Basisklassen müssen Sie jedoch auch zukünftige Anforderungen berücksichtigen – nicht nur Ihre eigenen, sondern auch die Anforderungen anderer Programmierer. Sie müssen eine Klasse entwickeln, die hinreichend allgemein und trotzdem effizient und leicht anwendbar ist.

Das Beispielprogramm dieses Kapitels demonstriert, wie schwierig es ist, wiederverwendbare Software zu schreiben. Ausgangspunkt war die Absicht, eine Rahmenklasse zu schreiben, die sich an ihre Fenstergröße und -position »erinnern« kann. Viele gängige Windows-Anwendungen merken sich zudem, ob sie auf ein Symbol in der Taskleiste minimiert oder auf volle Bildschirmgröße maximiert wurden. Dann gab es da noch den merkwürdigen Fall eines Fensters, das gleichzeitig sowohl maximiert als auch in Symbolgröße vorhanden war. Außerdem muss sich die Rahmenklasse um die Symbolleiste und die Statusleiste kümmern und sie soll auch in einer DLL (Dynamic Link Library) funktionieren. Kurz gesagt, es ist erstaunlich schwierig, eine Rahmenklasse zu schreiben, die alles leistet, was ein Programmierer normalerweise von ihr erwartet.

In einer Produktionsumgebung fällt die Entwicklung wiederverwendbarer Klassen möglicherweise aus dem normalen Softwareentwicklungszyklus heraus. Eine für ein bestimmtes Projekt geschriebene Klasse könnte extrahiert und für ein neues Projekt weiter verallgemeinert werden. Dabei erliegt man häufig der Versuchung, vorhandene Klassen einfach zu kopieren und einzufügen, ohne zu fragen, welche Funktionen man in eine Basisklasse auslagern könnte. Wenn Sie sich für längere Zeit im Softwaregeschäft einrichten wollen, ist es vorteilhaft, im Lauf der Zeit eine eigene Bibliothek mit wirklich wiederverwendbaren Komponenten anzulegen.

# Die Klasse *CPersistentFrame*

In diesem Kapitel werden wir mit einer Klasse namens *CPersistentFrame* arbeiten, die von der Klasse *CFrameWnd* abgeleitet ist. Die Klasse *CPersistentFrame* bietet ein persistentes SDI-Rahmenfenster (Single Document Interface), das sich die folgenden Eigenschaften merken kann:

- Fenstergröße
- Fensterposition
- Status *Maximiert*
- Status *Minimiert*
- Aktivierung und Positionierung von Symbol- und Statusleiste

Wenn Sie eine Anwendung beenden, die mit der Klasse *CPersistentFrame* erstellt wurde, werden die gerade genannten Informationen in der Windows-Registrierung gespeichert. Sobald die Anwendung erneut gestartet wird, liest sie die Registrierung und stellt den Zustand des Rahmenfensters wieder her, den das Fenster beim vorhergehenden Beenden der Anwendung hatte.

Sie können die Klasse *CPersistentFrame* in jeder SDI-Anwendung verwenden, natürlich auch in den Beispielen dieses Buchs. Dazu brauchen Sie lediglich in den Dateien, in denen die abgeleiteten Rahmenklassen liegen, *CFrameWnd* durch *CPersistentFrame* zu ersetzen.

# Die Klasse *CFrameWnd* und die Funktion *ActivateFrame*

Warum sollten Sie ausgerechnet *CFrameWnd* als Basisklasse für ein persistentes Fenster wählen? Warum verwenden Sie nicht einfach eine persistente Ansicht? In einer mit der MFC-Bibliothek erstellten SDI-Anwendung ist das Hauptrahmenfenster stets das übergeordnete Fenster des Ansichtsfensters. Das Rahmenfenster wird zuerst erstellt; danach werden die Steuerleisten und die Ansicht als untergeordnete Fenster generiert. Das Anwendungsgerüst sorgt dafür, dass die untergeordneten Fenster entsprechend verkleinert oder vergrößert werden, wenn der Benutzer die Größe des Rahmenfensters ändert. Es hätte deshalb keinen Sinn, die Ansichtsgröße nach der Erstellung des Rahmens zu ändern.

Für die Steuerung der Rahmengröße ist die virtuelle Funktion *CFrameWnd::ActivateFrame* zuständig. Das Anwendungsgerüst ruft diese Funktion während der Erstellung des SDI-Hauptrahmenfensters (und als Reaktion auf die Befehle *Datei/Neu* und *Datei/Öffnen*) auf. Die Aufgabe des Anwendungsgerüsts besteht darin, die Funktion *CWnd::ShowWindow* mit dem Parameter *nCmdShow* aufzurufen. *ShowWindow* macht das Rahmenfenster zusammen mit seinem Menü, dem Ansichtsfenster und der Steuerleiste sichtbar. Der Parameter *nCmdShow* bestimmt, ob das Fenster maximiert oder minimiert ist.

Wenn Sie die Funktion *ActivateFrame* in Ihrer abgeleiteten Rahmenklasse überschreiben, können Sie den Wert von *nCmdShow* ändern, bevor er an *CFrameWnd::ActivateFrame* übergeben wird. Sie können außerdem die Funktion *CWnd::SetWindowPlacement* aufrufen, mit der sich die Größe und Position des Rahmenfensters ändern lässt, und festlegen, ob die Steuerleisten sichtbar sind. Da diese Änderungen alle vorgenommen werden, bevor das Rahmenfenster sichtbar wird, entsteht kein störendes Bildschirmflackern.

Sie müssen dafür sorgen, dass die Position und Größe des Rahmenfensters nicht jedes Mal zurückgesetzt werden, wenn der Benutzer den Befehl *Datei/Neu* oder *Datei/Öffnen* wählt. Mit einem speziellen Datenelement, das den ersten Aufruf protokolliert, können Sie erreichen, dass *CPersistentFrame::ActivateFrame* nur beim Start der Anwendung ausgeführt wird.

# Die Funktion *PreCreateWindow*

Die Funktion *CWnd::PreCreateWindow* ist eine weitere virtuelle Funktion, die Sie überschreiben können, um die Eigenschaften Ihres Fensters vor der Anzeige zu ändern. Das Anwendungsgerüst ruft diese Funktion vor *ActivateFrame* auf. Der MFC-Anwendungsassistent überschreibt die Funktion *PreCreateWindow* in den Ansichts- und Rahmenfensterklassen Ihrer Anwendung.

Diese Funktion hat eine CREATESTRUCT-Struktur als Parameter, die unter anderem die Datenelemente *style* und *dwExStyle* enthält. Sie können diese Datenelemente ändern, bevor Sie die Struktur an die Basisklassenversion von *PreCreateWindow* weitergeben. Das Flag *style* bestimmt zum Beispiel, ob das Fenster einen Rand, Bildlaufleisten und Schaltflächen zum Minimieren und Maximieren hat. Das Flag *dwExStyle* ist für andere Eigenschaften zuständig, wie beispielsweise für den Zustand »immer im Vordergrund«. Nähere Einzelheiten finden Sie in der Online-Dokumentation der MFC-Bibliothek unter Stichwörtern wie »Fensterstile« und »Fensterformate«.

Das CREATESTRUCT-Element *lpszClass* ist von Nutzen, wenn Sie den Hintergrundpinsel, den Mauszeiger oder das Symbol Ihrer Anwendung ändern wollen. Es ist kaum sinnvoll, Pinsel oder Mauszeiger in einem Rahmenfenster zu ändern, weil dessen Clientbereich vom Ansichtsfenster überdeckt wird. Falls Sie aber zum Beispiel ein hässliches rotes Ansichtsfenster mit einem speziellen Mauszeiger wünschen, können Sie die Funktion *PreCreateWindow* in Ihrer Ansichtsklasse folgendermaßen überschreiben:

```
BOOL CMyView::PreCreateWindow(CREATESTRUCT& cs)
{
    if (!CView::PreCreateWindow(cs)) {
        return FALSE;
    }
    cs.lpszClass =
        AfxRegisterWndClass(CS_DBLCLKS | CS_HREDRAW | CS_VREDRAW,
                            AfxGetApp()->LoadCursor(IDC_MYCURSOR),
                            ::CreateSolidBrush(RGB(255, 0, 0)));
    if (cs.lpszClass != NULL) {
        return TRUE;
    }
    else {
        return FALSE;
    }
}
```

Wenn Sie die Funktion *PreCreateWindow* in Ihrem persistenten Rahmenfenster überschreiben, haben auch die Fenster aller abgeleiteten Klassen die Eigenschaften, die in der Basisklasse vorgegeben werden. Natürlich können auch abgeleitete Klassen eigene Versionen von *PreCreateWindow* haben. Sie müssen dann aber genau auf das reibungslose Zusammenspiel von Basisklasse und abgeleiteter Klasse achten.

## Die Windows-Registrierung

Wenn Sie bereits mit Win16-Anwendungen gearbeitet haben, sind Ihnen INI-Dateien wahrscheinlich nicht ganz unbekannt. Sie können in Win32-Anwendungen zwar immer noch INI-Dateien verwenden, aber Microsoft empfiehlt, stattdessen die Windows-Registrierung zu benutzen. Die Registrierung ist eine von Windows verwaltete Sammlung von Systemdateien, in der Windows und einzelne Anwendungen Informationen dauerhaft speichern und abrufen können. Die Registrierung ist wie eine hierarchische Datenbank aufgebaut, auf deren Informationen mit einem mehrteiligen Schlüssel zugegriffen wird.

Betrachten wir beispielsweise eine Textverarbeitung namens TEXTPROC. Sie könnte die zuletzt verwendete Schriftart und Punktgröße in der Registrierung speichern. Nehmen wir weiter an, dass der Programmname den Stamm des Schlüssels bildet (eine Vereinfachung) und die Anwendung zwei Hierarchieebenen unter dem Namen einrichtet. Die Struktur würde dann ungefähr so aussehen:

```
TEXTPROC
    Textformatierung
        Schriftart = Times Roman
        Punkt = 10
```

## Unicode

Europäische Sprachen verwenden Zeichen, die mit 8 Bit kodiert werden können (auch die diakritischen Zeichen). Die meisten asiatischen Sprachen benötigen für ihre Zeichen 16 Bit. Viele Programmierer verwenden den *Doppelbyte-Zeichensatz* DBCS (DBCS = Double Byte Character Set). Dabei sind einige Zeichen 8 Bit breit, andere belegen 16 Bit, je nach dem Wert der ersten 8 Bit. Der DBCS-Standard wird derzeit durch den Unicode-Standard ersetzt, in dem alle Zeichen 16 Bit breit sind. Für die einzelnen Sprachen sind keine besonderen Zeichenbereiche eingerichtet: Wenn ein Zeichen zum Beispiel sowohl im Chinesischen als auch im Japanischen verwendet wird, erscheint dieses Zeichen nur einmal im Unicode-Zeichensatz.

Wenn Sie sich den MFC-Quellcode und den vom MFC-Anwendungsassistenten erzeugten Code anschauen, finden Sie dort die Typen *TCHAR*, *LPTSTR* und *LPCTSTR* sowie Literal-Zeichenfolgen wie etwa *_T("string")*. Was Sie da sehen, sind Unicode-Makros. Wenn beim Kompilieren eines Projekts das Symbol *_UNICODE* nicht definiert ist, generiert der Compiler Code für gewöhnliche ANSI-Zeichen von 8 Bit Breite (*CHAR*) und Zeiger auf 8-Bit-Zeichenarrays (*LPSTR* und *LPCRSTR*). Ist das Symbol *_UNICODE* definiert, generiert der Compiler Code für 16-Bit Unicode-Zeichen (*WCHAR*), Zeiger (*LPWSTR*) und Literale (*L"breite Buchstaben"*).

Das Präprozessorsymbol *_UNICODE* bestimmt auch, welche Windows-Funktionen Ihr Programm aufruft. Viele Win32-Funktionen liegen in zwei Versionen vor. Wenn Ihr Programm zum Beispiel *CreateWindowEx* aufruft, generiert der Compiler entweder Code zum Aufruf von *CreateWindowExA* (mit ANSI-Parametern) oder zum Aufruf von *CreateWindowExW* (mit Unicode-Parametern). Unter Windows NT, Windows 2000 und Windows XP, die intern mit Unicode arbeiten, kann *CreateWindowExW* die übergebenen Werte einfach weitergeben, *CreateWindowExA* muss hingegen ANSI-Zeichenfolgen und ANSI-Zeichen zuvor nach Unicode konvertieren. Unter Windows 95, Windows 98 und Windows ME, die intern den ANSI-Zeichensatz verwenden, ist *CreateWindowExW* nur ein Platzhalter, der einen Fehlercode zurückgibt. *CreateWindowExA* dagegen gibt die Parameter einfach weiter.

(Wenn Sie eine Unicode-Anwendung erstellen wollen, sollten Sie Windows NT/2000/XP als Zielplattform wählen und durchgehend Makros verwenden. Sie können zwar auch Unicode-Anwendungen für Windows 95/98/Me schreiben, müssen dann allerdings die Mühe auf sich nehmen, die »A«-Versionen der Win32-Funktionen aufzurufen. Wie Sie in den Kapiteln 24 bis 30 noch sehen werden, verwenden automatisierungsfähige COM-Funktionen immer den 16-Bit-Zeichensatz. Es gibt zwar Win32-Funktionen zur Konvertierung von ANSI und Unicode, aber wenn Sie die Klasse *CString* verwenden, können Sie auf einen Konstruktor für den 16-Bit-Zeichensatz zurückgreifen und haben für Konvertierungen die Memberfunktion *AllocSysString* zur Verfügung.

Der Einfachheit halber verwende ich in den Beispielprogrammen dieses Buchs nur den ANSI-Zeichensatz. Der von den Anwendungsassistenten erzeugte Code enthält Unicode-Makros, während ich in dem Code, den ich zusätzlich geschrieben habe, 8-Bit-Zeichenfolgen und die Typen *char*, *char\** und *const char\** benutze.

In der MFC-Bibliothek gibt es vier *CWinApp*-Funktionen – Überbleibsel aus der Zeit der INI-Dateien – für den Zugriff auf die Registrierung. Der MFC-Anwendungsassistent schreibt folgenden *CWinApp::SetRegistryKey*-Aufruf in die *InitInstance*-Funktion Ihrer Anwendung:

```
SetRegistryKey(_T("Vom lokalen Anwendungs-Assistenten generierte Anwendungen"));
```

Wenn Sie diesen Aufruf löschen, verwendet Ihre Anwendung nicht die Registrierung, sondern eine INI-Datei im Windows-Verzeichnis. Der Zeichenfolgenparameter der Funktion *SetRegistryKey* bildet die Spitze der Hierarchie. Die folgenden Registrierungsfunktionen definieren die beiden unteren Ebenen, die als Überschriftenname und Eintragsname bezeichnet werden:

- *GetProfileInt*
- *WriteProfileInt*
- *GetProfileString*
- *WriteProfileString*

Diese Funktionen behandeln Registrierungsdaten entweder als *CString*-Objekte oder als Ganzzahlen ohne Vorzeichen. Sollten Sie Gleitkommawerte als Einträge brauchen, müssen Sie die *String*-Funktionen verwenden und die Umwandlung selbst vornehmen. Alle Funktionen haben den Überschriftennamen und den Eintragsnamen als Parameter. Im obigen TEXTPROC-Beispiel lautet der Überschriftenname *Textformatierung*, und die Eintragsnamen sind *Schriftart* und *Punkt*.

Für die Registrierungsfunktionen braucht man einen Zeiger auf das Anwendungsobjekt. Die globale Funktion *AfxGetApp* liefert ihn. In unserem Registrierungsbeispiel würden die Einträge *Schriftart* und *Punkt* mit folgendem Quelltext festgelegt:

```
AfxGetApp()->WriteProfileString("Textformatierung", "Schriftart", "Times Roman");
AfxGetApp()->WriteProfileInt("Textformatierung", "Punkt", 10);
```

Im Programm Ex14a finden Sie ein Beispiel für einen Registrierungseintrag. Außerdem wird in diesem Kapitel noch von der Bearbeitung der Registrierung mit dem Windows-Programm Regedit die Rede sein.

**HINWEIS:** Das Anwendungsgerüst speichert die Liste der zuletzt verwendeten Dateien in der Registrierung unter der Überschrift *Recent File List*.

# Mit der Klasse *CString* arbeiten

Die MFC-Klasse *CString* kann man als wichtige Spracherweiterung von C++ ansehen. Die Klasse *CString* hat zwar viele nützliche Operatoren und Memberfunktionen, aber am wichtigsten dürfte ihre Fähigkeit zur dynamischen Speicheranforderung sein. Sie brauchen sich nie mehr um die Größe eines *CString*-Objekts zu kümmern. Die folgenden Zeilen zeigen typische Anwendungen von *CString*-Objekten:

```
CString strFirstName("Elvis");
CString strLastName("Presley");
CString strTruth = strFirstName + " " + strLastName; // Verkettung
strTruth += " lebt";
ASSERT(strTruth == "Elvis Presley lebt");
ASSERT(strTruth.Left(5) == strFirstName);
ASSERT(strTruth[2] == 'v'); // Indexoperator
```

Im Idealfall würden C++-Programme durchweg *CString*-Objekte und keine gewöhnlichen, mit Null abgeschlossenen Zeichenarrays mehr enthalten. Leider verwenden aber viele Funktionen der Laufzeitbibliothek immer noch Zeichenarrays, sodass Programme unterschiedliche Darstellungen für Zeichenfolgen aufeinander abstimmen müssen. Zu diesem Zweck verfügt die Klasse *CString* über den Operator *const char\*()*, der ein *CString*-Objekt in einen Zeiger auf Zeichen umwandelt. Viele Funktionen der MFC-Bibliothek haben *const char\**-Parameter. Betrachten wir zum Beispiel die globale Funktion *AfxMessageBox*. Einer der Funktionsprototypen sieht so aus:

```
int AFXAPI AfxMessageBox(LPCTSTR lpszText, UINT nType = MB_OK, UINT nIDHelp = 0);
```

Beachten Sie bitte, dass *LPCTSTR* kein Zeiger auf ein *CString*-Objekt ist, sondern ein Unicode-fähiger Ersatz für *const char\**.

Sie können *AfxMessageBox* folgendermaßen aufrufen:

```
char szMessageText[] = "Unbekannter Fehler";
AfxMessageBox(szMessageText);
```

Es geht aber auch so:

```
CString strMessageText("Unbekannter Fehler");
AfxMessageBox(strMessageText);
```

Nehmen wir jetzt einmal an, Sie wollen eine formatierte Zeichenfolge erzeugen. Dazu können Sie *CString::Format* verwenden.

```
int nError = 23;
CString strMessageText;
strMessageText.Format("Fehlernummer %d", nError);
AfxMessageBox(strMessageText);
```

**HINWEIS:** Nehmen wir an, Sie möchten direkt auf die Zeichen eines *CString*-Objekts zugreifen. Sie könnten Folgendes versuchen:

```
CString strTest("test");
strncpy(strTest, "T", 1);
```

In diesem Fall erhalten Sie jedoch eine Fehlermeldung vom Compiler, weil der erste Parameter von *strncpy* als *char\** und nicht als *const char\** deklariert ist. Es gibt aber die Funktion *CString::GetBuffer*, die den Zeichenpuffer im Speicher fixiert und einen Zeiger auf diesen Puffer liefert. Sie müssen später die Memberfunktion *ReleaseBuffer* aufrufen, um die Fixierung des Zeichenpuffers wieder aufzuheben. Das folgende Beispiel zeigt, wie man nun ein großes »T« einsetzen kann:

```
CString strTest("test");
strncpy(strTest.GetBuffer(5), "T", 1);
strTest.ReleaseBuffer();
ASSERT(strTest == "Test");
```

Der Operator *const char\** sorgt für die Konvertierung eines *CString*-Objekts in einen Zeiger auf ein konstantes Zeichenarray. Wie aber funktioniert die Umwandlung in die andere Richtung? In der Klasse *CString* gibt es einen Konstruktor, der einen Zeiger auf eine konstante Zeichenfolge in ein *CString*-Objekt umwandeln kann. Außerdem verfügt die Klasse über eine Reihe von überladenen Operatoren für diese Zeiger. Deswegen funktionieren Anweisungen wie die folgende:

```
strTruth += " lebt";
```

Der spezielle Konstruktor funktioniert bei Funktionen, die einen *CString*-Verweisparameter haben, wie etwa *CDC::TextOut*. In der folgenden Anweisung wird auf dem Stapel des aufrufen-

*Eine wiederverwendbare Rahmenfensterklasse*

den Programms ein temporäres *CString*-Objekt erstellt. Danach wird die Adresse des Objekts an *TextOut* übergeben.

```
pDC->TextOut(0, 0, "Hello, world!");
```

Es ist allerdings effizienter, eine andere überladene Version von *CDC::TextOut* zu verwenden, sofern Sie bereit sind, die Zeichen des *CString*-Objekts zu zählen:

```
pDC->TextOut(0, 0, "Hello, world!", 13);
```

Wenn Sie eine Funktion mit einem Zeichenfolgenparameter schreiben, haben Sie mehrere Gestaltungsmöglichkeiten. Hier sind einige Faustregeln:

- Falls die Funktion den Inhalt der Zeichenfolge nicht ändert und Sie beabsichtigen, auch Funktionen der C-Laufzeitbibliothek wie *strncpy* einzusetzen, verwenden Sie einen Parameter des Typs *const char\**.
- Falls die Funktion den Inhalt der Zeichenfolge nicht ändert, Sie aber *CString*-Funktionen innerhalb der Funktion verwenden wollen, verwenden Sie einen Parameter des Typs *const CString&*.
- Falls die Funktion den Inhalt der Zeichenfolge ändert, verwenden Sie einen Parameter des Typs *CString&*.

# Die Position eines maximierten Fensters

Als Windows-Anwender wissen Sie, dass Sie ein Fenster mit Hilfe des Systemmenüs oder mit einem Klick auf die entsprechende Schaltfläche in der oberen rechten Fensterecke maximieren können. Auf die gleiche Art und Weise können Sie ein maximiertes Fenster auch wieder auf seine Originalgröße zurücksetzen. Offenbar merkt sich ein maximiertes Fenster seine Originalgröße und -position.

Die *CWnd*-Funktion *GetWindowRect* liefert die Bildschirmkoordinaten eines Fensters. Ist ein Fenster maximiert, gibt *GetWindowRect* die Koordinaten des Bildschirms und nicht die Koordinaten des nicht maximierten Fensters zurück. Wenn eine Klasse für persistente Rahmenfenster auch bei einem maximierten Fenster funktionieren soll, muss sie die Koordinaten des nicht maximierten Fensters kennen. *CWnd::GetWindowPlacement* liefert diese Koordinaten zusammen mit einigen Attributen, aus denen hervorgeht, ob das Fenster gegenwärtig maximiert oder minimiert ist.

Mit der dazugehörigen Funktion *SetWindowPlacement* können Sie den Zustand und die Position des Fensters festlegen. Bei der Berechnung der Position der oberen linken Ecke eines maximierten Fensters müssen Sie die Rahmengröße des Fensters berücksichtigen. Die entsprechenden Werte erhalten Sie von der Win32-Funktion *GetSystemMetrics*. Im Verlauf dieses Kapitels wird noch von der Datei Persist.cpp die Rede sein, in der Sie ein Beispiel für die Anwendung von *SetWindowPlacement* finden.

# Der Zustand der Steuerleiste und die Registrierung

Die MFC-Bibliothek stellt in *CFrameWnd* zwei Memberfunktionen bereit, *SaveBarState* und *LoadBarState*, die den Zustand der Steuerleiste in der Registrierung speichern oder daraus abrufen. Diese Funktionen verarbeiten die Größe und Position der Statusleiste und der angedockten Symbolleisten. Sie berücksichtigen jedoch nicht die Position von unverankerten Symbolleisten.

# Statische Datenelemente

Die Klasse *CPersistentFrame* speichert die Namen ihrer Registrierungsschlüssel in Datenelementen, die als statische konstante Zeichenarrays deklariert sind. Welche anderen Möglichkeiten gäbe es sonst? Der Aufwand für Zeichenfolgenressourceneinträge war mir einfach zu groß. (Vielleicht wären Ressourcen aber sinnvoll, wenn *CPersistentFrame* in einer DLL implementiert wird.) Globale Variablen sind im Allgemeinen nicht zu empfehlen, weil sie das Prinzip der Kapselung unterlaufen. Statische *CString*-Objekte sind auch widersinnig, weil die Zeichen beim Start des Programms in den Heap-Speicher kopiert werden müssten.

Eine nahe liegende Lösung wären normale Datenelemente. Statische Datenelemente sind jedoch besser, weil sie wie Konstanten in den schreibgeschützten Datenbereich des Programms verlagert werden und mehreren Instanzen desselben Programms zugeordnet werden können. Ist die Klasse *CPersistentFrame* Teil einer DLL, so können alle Programme, die diese DLL verwenden, auf dieselbe Kopie der Zeichenarrays zugreifen. Statische Datenelemente sind eigentlich globale Variablen, aber ihr Gültigkeitsbereich ist auf ihre Klasse beschränkt, sodass keine Namenskonflikte zu befürchten sind.

# Das Standard-Fensterrechteck

Sie sind daran gewöhnt, Rechtecke mit Hilfe von Gerätekoordinaten oder logischen Koordinaten zu definieren. Ein mit der Anweisung

```
CRect rect(CW_USEDEFAULT, CW_USEDEFAULT, 0, 0);
```

konstruiertes *CRect*-Objekt hat eine besondere Bedeutung. Wenn Windows ein neues Fenster mit diesem besonderen Rechteck erstellt, positioniert es das Fenster so, dass die obere linke Ecke unterhalb und rechts der oberen linken Ecke des zuletzt erstellten Fensters liegt. Damit ergibt sich eine überlappende Anordnung. Rechter und unterer Fensterrand liegen immer innerhalb des Bildschirmbereichs.

Das statische Datenelement *rectDefault* der Klasse *CFrameWnd* wird mit Hilfe von *CW_USEDEFAULT* auf diese Art und Weise konstruiert und enthält deshalb dieses spezielle Rechteck. Die Klasse *CPersistentFrame* definiert ein eigenes statisches *rectDefault*-Datenelement mit einer festen Größe und Position, das bei Bedarf den Anfangswert liefert.

# Das Beispielprogramm Ex14a: Eine persistente Rahmenfensterklasse

Das Beispielprogramm Ex14a illustriert die Verwendung eines persistenten Rahmenfensters in Gestalt der Klasse *CPersistentFrame*. Der folgende Code stammt aus den Dateien Persist.h und Persist.cpp, die sich im Projektverzeichnis zu Ex14a auf der Begleit-CD befinden. In diesem Beispiel geben Sie einer Rahmenklasse, die vom MFC-Anwendungsassistenten generiert wurde, eine neue Basisklasse. Das Programmbeispiel Ex14a tut eigentlich nichts Besonderes. Aber es zeigt, wie Sie auch Ihre eigenen, sinnvolleren SDI-Anwendungen mit einem Rahmenfenster ausstatten können, das sich seine Position und Größe bis zum nächsten Start der Anwendung merkt.

**Persist.h**

```cpp
// Persist.h
#ifndef _INSIDE_VISUAL_CPP_PERSISTENT_FRAME
#define _INSIDE_VISUAL_CPP_PERSISTENT_FRAME

class CPersistentFrame : public CFrameWnd
{ // merkt sich die Position auf dem Desktop
  DECLARE_DYNAMIC(CPersistentFrame)
private:
  static const CRect s_rectDefault;
  static const char s_profileHeading[];
  static const char s_profileRect[];
  static const char s_profileIcon[];
  static const char s_profileMax[];
  static const char s_profileTool[];
  static const char s_profileStatus[];
  BOOL m_bFirstTime;
protected: // Nur aus Serialisierung erstellen
  CPersistentFrame();
  ~CPersistentFrame();
public:
  virtual void ActivateFrame(int nCmdShow = -1);
protected:
  afx_msg void OnDestroy();
  DECLARE_MESSAGE_MAP()
};
#endif // _INSIDE_VISUAL_CPP_PERSISTENT_FRAME
```

**Persist.cpp**

```cpp
// Persist.cpp: Persistentes Rahmenfenster für SDI-Anwendungen

#include "stdafx.h"
#include "persist.h"

#ifdef _DEBUG
#undef THIS_FILE
static char BASED_CODE THIS_FILE[] = __FILE__;
#endif
```

```cpp
///////////////////////////////////////////////////////////
// CPersistentFrame
const CRect CPersistentFrame::s_rectDefault(10,  10,
                        500, 400);  // statisch
const char CPersistentFrame::s_profileHeading[] = "Window size";
const char CPersistentFrame::s_profileRect[] = "Rect";
const char CPersistentFrame::s_profileIcon[] = "icon";
const char CPersistentFrame::s_profileMax[] = "max";
const char CPersistentFrame::s_profileTool[] = "tool";
const char CPersistentFrame::s_profileStatus[] = "status";
IMPLEMENT_DYNAMIC(CPersistentFrame, CFrameWnd)
BEGIN_MESSAGE_MAP(CPersistentFrame, CFrameWnd)
  ON_WM_DESTROY()
END_MESSAGE_MAP()
///////////////////////////////////////////////////////////
CPersistentFrame::CPersistentFrame()
{
  m_bFirstTime = TRUE;
}


///////////////////////////////////////////////////////////
CPersistentFrame::~CPersistentFrame()
{
}
///////////////////////////////////////////////////////////
void CPersistentFrame::OnDestroy()
{
  CString strText;
  BOOL bIconic, bMaximized;

  WINDOWPLACEMENT wndpl;
  wndpl.length = sizeof(WINDOWPLACEMENT);
  // ermittelt aktuelle Fenstergröße
  //  und ob das Fenster minimiert bzw maximiert ist
  BOOL bRet = GetWindowPlacement(&wndpl);
  if (wndpl.showCmd == SW_SHOWNORMAL) {
    bIconic = FALSE;
    bMaximized = FALSE;
  }
  else if (wndpl.showCmd == SW_SHOWMAXIMIZED) {
    bIconic = FALSE;
    bMaximized = TRUE;
  }
  else if (wndpl.showCmd == SW_SHOWMINIMIZED) {
    bIconic = TRUE;
    if (wndpl.flags) {
      bMaximized = TRUE;
    }
    else {
      bMaximized = FALSE;
    }
  }
```

*Eine wiederverwendbare Rahmenfensterklasse*

```
    strText.Format("%04d %04d %04d %04d",
                   wndpl.rcNormalPosition.left,
                   wndpl.rcNormalPosition.top,
                   wndpl.rcNormalPosition.right,
                   wndpl.rcNormalPosition.bottom);
    AfxGetApp()->WriteProfileString(s_profileHeading,
                                    s_profileRect, strText);
    AfxGetApp()->WriteProfileInt(s_profileHeading,
                                 s_profileIcon, bIconic);
    AfxGetApp()->WriteProfileInt(s_profileHeading,
                                 s_profileMax, bMaximized);
    SaveBarState(AfxGetApp()->m_pszProfileName);
    CFrameWnd::OnDestroy();
}

///////////////////////////////////////////////////////////
void CPersistentFrame::ActivateFrame(int nCmdShow)
{
    CString strText;
    BOOL bIconic, bMaximized;
    UINT flags;
    WINDOWPLACEMENT wndpl;
    CRect rect;
    if (m_bFirstTime) {
        m_bFirstTime = FALSE;
        strText = AfxGetApp()->GetProfileString(s_profileHeading,
                                                s_profileRect);
        if (!strText.IsEmpty()) {
            rect.left = atoi((const char*) strText);
            rect.top = atoi((const char*) strText + 5);
            rect.right = atoi((const char*) strText + 10);
            rect.bottom = atoi((const char*) strText + 15);
        }
        else {
            rect = s_rectDefault;
        }
        bIconic = AfxGetApp()->GetProfileInt(s_profileHeading,
                                             s_profileIcon, 0);
        bMaximized = AfxGetApp()->GetProfileInt(s_profileHeading,
                                                s_profileMax, 0);
        if (bIconic) {
            nCmdShow = SW_SHOWMINNOACTIVE;
            if (bMaximized) {
                flags = WPF_RESTORETOMAXIMIZED;
            }
            else {
                flags = WPF_SETMINPOSITION;
            }
        }
        else {
```

```
    if (bMaximized) {
        nCmdShow = SW_SHOWMAXIMIZED;
        flags = WPF_RESTORETOMAXIMIZED;
    }
    else {
        nCmdShow = SW_NORMAL;
        flags = WPF_SETMINPOSITION;
    }
}
wndpl.length = sizeof(WINDOWPLACEMENT);
wndpl.showCmd = nCmdShow;
wndpl.flags = flags;
wndpl.ptMinPosition = CPoint(0, 0);
wndpl.ptMaxPosition =
    CPoint(-::GetSystemMetrics(SM_CXBORDER),
          -::GetSystemMetrics(SM_CYBORDER));
wndpl.rcNormalPosition = rect;
LoadBarState(AfxGetApp()->m_pszProfileName);
// legt die Größe des Fensters fest, und ob es minimiert
// bzw. maximiert ist
BOOL bRet = SetWindowPlacement(&wndpl);
}
CFrameWnd::ActivateFrame(nCmdShow);
}
```

Mit den folgenden Schritten erstellen Sie das Beispielprogramm Ex14a:

1. **Generieren Sie das Projekt Ex14a mit dem MFC-Anwendungsassistenten.** Übernehmen Sie mit zwei Ausnahmen alle Vorgaben: Wählen Sie *Einfaches Dokument* und löschen Sie die Markierung von *Drucken und Druckvorschau*.

2. **Bearbeiten Sie MainFrm.h.** Sie müssen die Basisklasse von *CMainFrame* ändern. Dazu ändern Sie einfach die folgende Zeile von

   `class CMainFrame : public CFrameWnd`

   in

   `class CMainFrame : public CPersistentFrame`

   Fügen Sie außerdem folgende Zeile ein:

   `#include "persist.h"`

3. **Bearbeiten Sie MainFrm.cpp.** Ersetzen Sie alle Vorkommen von *CFrameWnd* durch *CPersistentFrame*.

4. **Bearbeiten Sie Ex14a.cpp.** Ersetzen Sie die Zeile

   `SetRegistryKey(_T("Vom lokalen Anwendungs-Assistenten generierte Anwendungen"));`

   durch folgende Zeile:

   `SetRegistryKey("Programming Visual C++ .NET");`

5. **Nehmen Sie die Dateien Persist.h und Persist.cpp ins Projekt auf.** Sie können die Dateien Persist.h und Persist.cpp aus diesem Kapitel abtippen oder sie einfach von der Begleit-CD kopieren. Es genügt aber nicht, die Dateien lediglich im Verzeichnis Ex14a zu speichern. Sie müssen die Dateien auch in die Projektmappe aufnehmen. Wählen Sie im Menü *Projekt* von

Visual C++ .NET den Befehl *Vorhandenes Element hinzufügen* und wählen Sie in der Liste die Dateien Persist.h und Persist.cpp.

6. **Erstellen und testen Sie die Anwendung Ex14a.** Ändern Sie die Größe des Anwendungsfensters und verschieben Sie es auf dem Bildschirm. Schließen Sie anschließend die Anwendung. Wenn Sie die Anwendung neu starten, wird dann das Fenster an derselben Stelle geöffnet, an der es vorher geschlossen wurde? Experimentieren Sie mit den Maximierungs- und Minimierungsfunktionen und ändern Sie dann den Zustand und die Position der Steuerleisten. Erinnert sich das persistente Rahmenfenster an seine Konfiguration?

7. **Überprüfen Sie die Windows-Registrierung.** Starten Sie das Windows-Programm Regedit.exe. Suchen Sie den Schlüssel *HKEY_CURRENT_USER\Software\Programming Visual C++ .NET\ex14a*. Die dort angezeigten Daten sollten ungefähr so aussehen wie in der folgenden Abbildung.

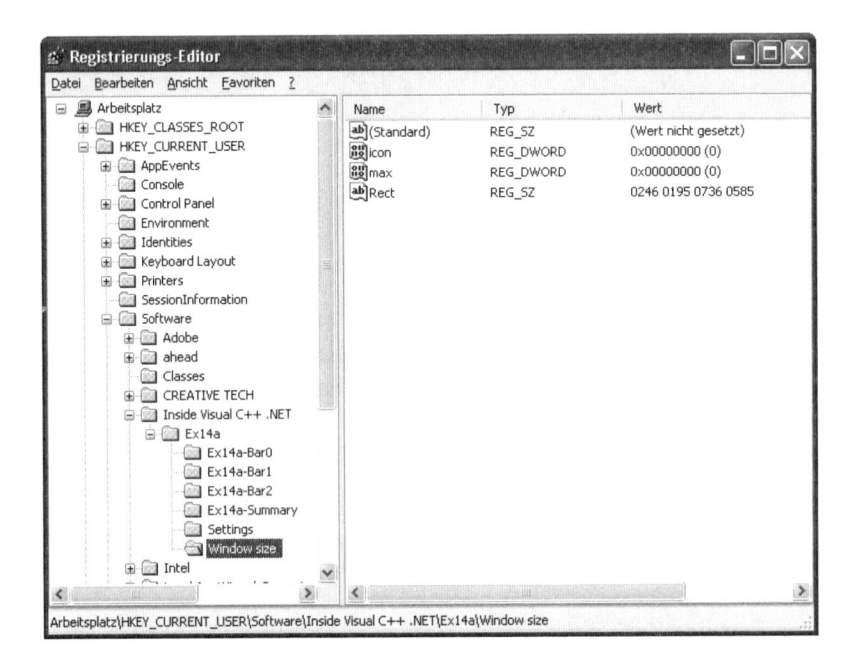

Beachten Sie die Beziehung zwischen dem Registrierungsschlüssel und dem *SetRegistryKey*-Argument "*Inside Visual C++ .NET*". Wenn Sie der Funktion *SetRegistryKey* stattdessen eine leere Zeichenfolge übergeben, erscheint der Programmname (in diesem Fall Ex14a) direkt unter dem Schlüssel *Software*.

# Persistente Rahmenfenster in MDI-Anwendungen

Eigentlich kommen wir erst in Kapitel 16 auf MDI-Anwendungen (Multiple Document Interface) zu sprechen. Wenn Sie dieses Buch jedoch als Referenzhandbuch verwenden, können Sie auch schon an dieser Stelle die Technik zur Erstellung von persistenten Rahmenfenstern auf MDI-Anwendungen anwenden.

In der Form, in der die Klasse *CPersistentFrame* in diesem Kapitel vorgestellt wurde, kann sie in einer MDI-Anwendung nicht funktionieren, weil die Funktion *ShowWindow* des MDI-Hauptrahmenfensters nicht von einer virtuellen *ActivateFrame*-Funktion aufgerufen wird, sondern direkt von der Memberfunktion *InitInstance* der Anwendungsklasse. Wenn Sie die Eigenschaften eines MDI-Hauptrahmenfensters steuern wollen, fügen Sie erforderlichen Code in die Funktion *InitInstance* ein.

Die Funktion *ActivateFrame* wird jedoch für *CMDIChildWnd*-Objekte aufgerufen. Das bedeutet, dass Ihre MDI-Anwendung sich die Größen und Positionen der untergeordneten Fenster merken könnte. Sie könnten die Informationen in der Registrierung speichern, müssten dann allerdings mehrere Fenster verwalten. Das würde jedoch auch bedeuten, dass Sie für diesen Zweck die Klasse *CPersistentFrame* verändern müssten.

# 15 Trennung von Dokument und Ansicht

| | |
|---|---|
| 314 | Funktionen für die Interaktion zwischen Dokument und Ansicht |
| 316 | Eine einfache Dokument/Ansicht-Anwendung |
| 317 | Die Klasse *CFormView* |
| 318 | Die Klasse *CObject* |
| 318 | Diagnosedumps |
| 323 | Das Beispielprogramm Ex15a: Ein einfaches Dokument/Ansicht-Beispiel |
| 329 | Eine etwas komplexere Interaktion zwischen Dokument und Ansicht |
| 330 | Die Funktion *CDocument::DeleteContents* |
| 330 | Die Listenklasse *CObList* |
| 334 | Das Beispielprogramm Ex15b: Eine SDI-Anwendung mit mehreren Ansichten |
| 348 | Zwei Übungen für den Leser |

In diesem Kapitel erfahren Sie endlich etwas über die Interaktion zwischen Dokumenten und Ansichten. In Kapitel 12 haben Sie bei der Beschreibung der Weiterleitung von Befehlsmeldungen an Ansichts- und Dokumentobjekte einen ersten Einblick in dieser Interaktion erhalten. In diesem Kapitel erfahren Sie, wie das Dokument die enthaltenen Daten verwaltet und wie die Ansicht diese Daten dem Benutzer präsentiert. Sie erfahren außerdem, wie Dokument- und Ansichtsobjekte miteinander kommunizieren, während die Anwendung ausgeführt wird.

In den beiden Beispielen dieses Kapitels wird die Klasse *CFormView* als Basisklasse der Ansicht verwendet. Das erste Beispiel wurde so einfach wie möglich gestaltet. Das Dokument enthält lediglich ein Objekt der Klasse *CStudent*, das den Datensatz eines Studenten repräsentiert. Die Ansicht zeigt den Namen und die Punktzahl des Studenten und ermöglicht auch die Bearbeitung dieser Daten. Mit der Klasse *CStudent* erhalten Sie ein wenig Übung in der Entwicklung von Klassen, die einen bestimmten Teil der Realität modellieren. Außerdem werden Sie mit den Diagnosefunktionen der MFC-Bibliothek (Microsoft Foundation Classes) arbeiten.

Das zweite Beispiel geht einen Schritt weiter und führt Sie in die Arbeit mit Auflistungsklassen ein, wobei die Klassen *CObList* und *CTypedPtrList* besonders eingehend besprochen werden. Das Dokument enthält hier eine Liste mit Studentendaten. In der Ansicht können Sie die Datensätze nacheinander abrufen, neu einfügen und löschen.

# Funktionen für die Interaktion zwischen Dokument und Ansicht

Sie wissen mittlerweile, dass das Dokumentobjekt die Daten enthält und das Ansichtsobjekt die Daten anzeigt und ihre Bearbeitung ermöglicht. Eine SDI-Anwendung (Single Document Interface) enthält eine von *CDocument* abgeleitete Dokumentklasse und mehrere Ansichtsklassen, die alle von *CView* abstammen. Das Dokument, die Ansicht und das übrige Anwendungsgerüst kommunizieren über ein sehr komplexes Protokoll.

Um es zu verstehen, müssen Sie fünf wichtige Memberfunktionen der Dokument- und Ansichtsklasse kennen. Zwei dieser Funktionen sind nichtvirtuelle Basisklassenfunktionen, die in den abgeleiteten Klassen aufgerufen werden. Die übrigen drei sind virtuelle Funktionen, die in den abgeleiteten Klassen häufig überschrieben werden. Im Folgenden wollen wir diese Funktionen der Reihe nach untersuchen.

## Die Funktion *CView::GetDocument*

Mit jedem Ansichtsobjekt ist genau ein und nur ein Dokumentobjekt verbunden. Die Funktion *GetDocument* ermöglicht es der Anwendung, auf das zu einer Ansicht gehörende Dokument zuzugreifen. Nehmen wir an, ein Ansichtsobjekt erhält eine Nachricht, dass der Benutzer neue Daten in ein Eingabefeld eingegeben hat. Die Ansicht muss jetzt das Dokumentobjekt auffordern, seine internen Daten entsprechend zu aktualisieren. Die Funktion *GetDocument* liefert einen Zeiger auf das Dokument, der den Zugriff auf die Memberfunktionen der Dokumentklasse oder deren öffentliche Datenelemente ermöglicht.

**HINWEIS:** Die Funktion *CDocument::GetNextView* liefert die zum Dokument gehörende Ansicht. Weil ein Dokument aber mehr als eine Ansicht haben kann, ist es erforderlich, diese Memberfunktion in einer Schleife mehrmals aufzurufen. Sie werden *GetNextView* selten verwenden, weil das Anwendungsgerüst eine bessere Methode zur Aufzählung der Dokumentansichten bietet.

Wenn der MFC-Anwendungsassistent eine von *CView* abgeleitete Klasse erzeugt, erstellt er zwei spezielle Versionen der Funktion *GetDocument* (eine Debugversion und eine Nicht-Debugversion). Diese Funktion liefert keinen *CDocument*-Zeiger, sondern einen Zeiger auf ein Objekt der abgeleiteten Klasse. Die Nicht-Debugversion steht in der Headerdatei der Ansicht und sieht so aus:

```
inline CMyDoc* CMyView::GetDocument() const
   { return reinterpret_cast<CMyDoc*>(m_pDocument); }
```

Die Debugversion steht in der Implementierungsdatei der Ansicht und wird kompiliert, wenn die Debugversion der Anwendung erstellt wird. Sie sieht so aus:

```
CMyDoc* CMyView::GetDocument() const // Nicht-Debugversion ist inline
{
    ASSERT(m_pDocument->IsKindOf(RUNTIME_CLASS(CMyDoc)));
    return (CMyDoc*)m_pDocument;
}
```

Wenn der Compiler im Quelltext der Ansichtsklasse auf einen Aufruf von *GetDocument* stößt, verwendet er die Version *CMyView::GetDocument* der abgeleiteten Klasse, die ein *CMyDocument** liefert, und nicht die Basisklassenversion *CView::GetDocument*. Daher brauchen Sie keine Typumwandlung des zurückgegebenen Zeigers auf Ihre abgeleitete Dokumentklasse durchzuführen. Ohne eine derartige Hilfsfunktion würde der Compiler die *GetDocument*-Version der Basisklasse aufrufen, die einen Zeiger auf ein *CDocument*-Objekt liefert.

Beachten Sie bitte, dass eine Anweisung wie die folgende immer zum Aufruf der Basisklassenversion von *GetDocument* führt, und zwar unabhängig davon, ob Sie nun die genannte Hilfsfunktion definiert haben oder nicht:

```
pView->GetDocument(); // pView ist als CView* deklariert
```

Der Grund dafür ist einfach: *CView::GetDocument* ist keine virtuelle Funktion.

## Die Funktion *CDocument::UpdateAllViews*

Falls sich die Daten des Dokuments aus irgendeinem Grund ändern, müssen alle Ansichten davon benachrichtigt werden, damit sie ihre Darstellung dieser Daten aktualisieren können. Wenn *UpdateAllViews* von der Memberfunktion einer abgeleiteten Dokumentklasse aufgerufen wird, ist ihr erster Parameter *pSender* gleich *NULL*. Wenn Sie *UpdateAllViews* in der Memberfunktion einer abgeleiteten Ansichtsklasse aufrufen, setzen Sie *pSender* auf die aktuelle Ansicht, wie in der folgenden Zeile:

```
GetDocument()->UpdateAllViews(this);
```

Ein von *NULL* verschiedener Parameter hindert das Anwendungsgerüst daran, die aktuelle Ansicht zu benachrichtigen. Man geht einfach von der Annahme aus, dass die aktuelle Ansicht sich schon selbst aktualisiert hat.

Die Funktion hat optionale Parameter, mit denen ansichtsspezifische und anwendungsbezogene Hinweise dazu gegeben werden können, welche Teile der Ansicht aktualisiert werden sollen. Diese Aufrufvariante stellt höhere Anforderungen an den Programmierer und erfordert natürlich auch einen höheren Zeitaufwand bei der Entwicklung.

Wie wird eine Ansicht eigentlich informiert, wenn *UpdateAllViews* aufgerufen wird? Schauen Sie sich dazu die folgende Funktion *OnUpdate* an.

## Die Funktion *CView::OnUpdate*

Diese virtuelle Funktion wird vom Anwendungsgerüst aufgerufen, nachdem Ihre Anwendung *CDocument::UpdateAllViews* aufgerufen hat. Natürlich ist auch ein direkter Aufruf in einer von *CView* abgeleiteten Klasse möglich. Normalerweise greift die *OnUpdate*-Funktion Ihrer abgeleiteten Klasse auf das Dokument zu, ruft dessen Daten ab und aktualisiert dann die Datenelemente oder Steuerelemente der Ansicht, um die Änderungen wiederzugeben. Als Alternative könnte *OnUpdate* auch einen Teil der Ansicht für ungültig erklären und dadurch die *OnDraw*-Funktion der Ansicht veranlassen, das Fenster mit den Dokumentdaten neu zu zeichnen. Die Funktion *OnUpdate* könnte etwa folgendermaßen aussehen:

```
void CMyView::OnUpdate(CView* pSender, LPARAM lHint, CObject* pHint)
{
    CMyDocument* pMyDoc = GetDocument();
    CString lastName = pMyDoc->GetLastName();
    m_pNameStatic->SetWindowText(lastName); // m_pNameStatic ist ein Datenelement von CMyView
}
```

Die Informationen in den Parametern *lHint* und *pHint* werden direkt an *UpdateAllViews* weitergereicht. Die Standardimplementierung von *OnUpdate* erklärt das gesamte Fensterrechteck für ungültig. In einer überschriebenen Version der Funktion können Sie in diesen Parametern einen kleineren ungültigen Bereich definieren.

Wenn die *CDocument*-Funktion *UpdateAllViews* mit einem bestimmten Ansichtsobjekt als Argument für *pSender* aufgerufen wird, so wird *OnUpdate* für alle anderen Ansichten des Dokuments aufgerufen, aber nicht für die in *pSender* angegebene Ansicht.

### Die Funktion *CView::OnInitialUpdate*

Diese virtuelle Memberfunktion von *CView* wird entweder beim Start der Anwendung aufgerufen oder wenn der Benutzer den Befehl *Neu* oder *Öffnen* aus dem Menü *Datei* auswählt. Die *CView*-Version von *OnInitialUpdate* tut nichts anderes, als *OnUpdate* aufzurufen. Wenn Sie *OnInitialUpdate* in Ihrer abgeleiteten Ansichtsklasse überschreiben, müssen Sie aber dafür sorgen, dass die Ansichtsklasse die Basisklassenversion von *OnInitialUpdate* oder die *OnUpdate*-Funktion der abgeleiteten Klasse aufruft.

Sie können mit der *OnInitialUpdate*-Funktion Ihrer abgeleiteten Klasse das Ansichtsobjekt initialisieren. Beim Start der Anwendung ruft das Anwendungsgerüst *OnInitialUpdate* unmittelbar nach *OnCreate* auf (sofern Sie den Handler *OnCreate* in Ihrer Fensterklasse definiert haben). Während *OnCreate* nur einmal aufgerufen wird, kann *OnInitialUpdate* mehrmals aufgerufen werden.

### Die Funktion *CDocument::OnNewDocument*

Das Anwendungsgerüst ruft diese virtuelle Funktion auf, nachdem ein Dokumentobjekt erstellt worden ist und wenn der Benutzer in einer SDI-Anwendung den Befehl *Neu* aus dem Menü *Datei* ausgewählt hat. In dieser Funktion können Sie gut die Anfangswerte der Datenelemente des Dokumentobjekts festlegen. Der MFC-Anwendungsassistent überschreibt die Funktion *OnNewDocument* in Ihrer abgeleiteten Dokumentklasse. Behalten Sie aber auf jeden Fall den Aufruf der Basisklassenversion bei.

## Eine einfache Dokument/Ansicht-Anwendung

Nehmen wir an, Sie brauchen von Ihrem Dokument nicht mehrere Ansichten und wollen das Angebot des Anwendungsgerüsts für Dateioperationen nutzen. In diesem Fall können Sie die Funktionen *UpdateAllViews* und *OnUpdate* vergessen. Führen Sie einfach die folgenden Arbeitsschritte aus:

1. Deklarieren Sie die Datenelemente Ihres Dokuments in der Headerdatei der abgeleiteten Dokumentklasse (die vom MFC-Anwendungsassistenten erstellt wird). Diese Datenelemente

bilden den primären Datenspeicher für die Anwendung. Sie können diese Datenelemente als *public* definieren oder die abgeleitete Ansichtsklasse zum *friend* der Dokumentklasse machen.

2. Überschreiben Sie in der abgeleiteten Klasse die virtuelle Memberfunktion *OnInitialUpdate*. Das Anwendungsgerüst ruft diese Funktion auf, nachdem die Dokumentdaten initialisiert oder von einem Datenträger eingelesen wurden. (In Kapitel 16 werden Ein- und Ausgabeoperationen mit Datenträgern besprochen.) *OnInitialUpdate* sollte die Ansicht aktualisieren, damit die aktuellen Daten des Dokuments korrekt wiedergegeben werden.

3. Richten Sie Ihre abgeleitete Ansichtsklasse so ein, dass die Handler für Fenster- und Befehlsmeldungen sowie die Funktion *OnDraw* die Datenelemente des Dokuments direkt auslesen und aktualisieren. Den Zeiger auf das Dokumentobjekt erhalten Sie von *GetDocument*.

Die Reihenfolge der Ereignisse sieht in dieser vereinfachten Dokument/Ansicht-Umgebung folgendermaßen aus:

| | |
|---|---|
| Start der Anwendung | Ein *CMyDocument*-Objekt wird erstellt. |
| | Ein *CMyView*-Objekt wird erstellt. |
| | Das Ansichtsfenster wird erstellt. |
| | *CMyView::OnCreate* wird auf gerufen (falls vorhanden). |
| | *CMyDocument::OnNewDocument* wird aufgerufen. |
| | *CMyView::OnInitialUpdate* wird aufgerufen. |
| |     Das Ansichtsobjekt wird initialisiert. |
| |     Das Ansichtsfenster wird für ungültig erklärt. |
| | *CMyView::OnDraw* wird aufgerufen. |
| Der Benutzer bearbeitet Daten | Die Memberfunktionen von *CMyView* aktualisieren die Datenelemente von *CMyDocument*. |
| Der Benutzer beendet die Anwendung | *CMyView*-Objekt wird entsorgt. |
| | *CMyDocument*-Objekt wird entsorgt. |

# Die Klasse *CFormView*

*CFormView* ist eine nützliche Ansichtsklasse, die viele Eigenschaften mit einem nichtmodalen Dialogfeld gemein hat. Wie die von *CDialog* abgeleiteten Klassen sind auch die von *CFormView* abgeleiteten Klassen mit einer Dialogfeldressource verknüpft, die wieder als Beschreibung des Dialogfelds und seiner Steuerelemente dient. Für *CFormView* werden dieselben Funktionen zum Austausch und zur Überprüfung benutzt (DDX- und DDV-Funktionen), die Sie schon von den *CDialog*-Beispielen aus Kapitel 7 kennen.

Ein *CFormView*-Objekt erhält von seinen Steuerelementen Benachrichtigungen und vom Anwendungsgerüst Befehlsmeldungen. Die Art und Weise, wie Befehle hier vom Anwendungsgerüst verarbeitet werden, unterscheidet *CFormView* deutlich von *CDialog* und erleichtert es, die Ansicht über das Hauptmenü des Rahmenfensters oder die Symbolleiste zu steuern.

**WARNUNG:** Wenn der MFC-Anwendungsassistent ein *CFormView*-Dialogfeld (eine Formularansicht) generiert, legt er die Eigenschaften korrekt fest. Falls Sie aber mit dem Dialogfeld-Editor selbst ein Dialogfeld für eine Formularansicht erstellen, *müssen* Sie im Eigenschaftenfenster des Dialogeditors folgende Eigenschaften festlegen:

*Stil = Untergeordnet*
*Rahmen = None*
*Sichtbar = False*

Die Klasse *CFormView* stammt von *CView* (genau genommen von *CScrollView*) und nicht von *CDialog* ab. Sie können deshalb nicht davon ausgehen, dass Memberfunktionen von *CDialog* vorhanden sind. In *CFormView* sind die virtuellen Funktionen *OnInitDialog*, *OnOK* und *OnCancel* nicht enthalten. *UpdateData* und die DDX-Funktionen werden von den *CFormView*-Funktionen nicht aufgerufen. Sie müssen deshalb *UpdateData* bei Bedarf selbst aufrufen (normalerweise, wenn Steuerelement- oder Befehlsmeldungen eintreffen).

Obwohl nicht von *CDialog* abgeleitet, wurde die Klasse *CFormView* für die Steuerung von Dialogfeldern entwickelt. Aus diesem Grund können Sie viele Memberfunktionen der Klasse *CDialog* verwenden, beispielsweise *GotoDlgCtrl* und *NextDlgCtrl*. Sie müssen dazu nur den *CFormView*-Zeiger in einen *CDialog*-Zeiger umwandeln. Die folgende Anweisung stammt aus einer Memberfunktion einer von *CFormView* abgeleiteten Klasse und weist einem bestimmten Steuerelement den Eingabefokus zu. *GetDlgItem* ist eine Memberfunktion von *CWnd* und wird daher von der abgeleiteten *CFormView*-Klasse geerbt.

```
((CDialog*) this)->GotoDlgCtrl(GetDlgItem(IDC_NAME));
```

Der MFC-Anwendungsassistent gibt Ihnen die Möglichkeit, *CFormView* als Basisklasse für Ihre Ansicht zu verwenden. Wenn Sie *CFormView* auswählen, erzeugt der Anwendungsassistent ein leeres Dialogfeld mit den korrekten Werten für die Eigenschaft *Stil*. Im nächsten Schritt müssen Sie mit Hilfe des Eigenschaftenfensters der Klassenansicht die entsprechenden Handler für Benachrichtigungen, Befehle und Aktualisierungen der Benutzeroberfläche einfügen. (Bei der Erstellung des Beispielprogramms erfahren Sie, was zu tun ist.) Sie können außerdem Datenelemente definieren und die Kriterien festlegen, die bei der Überprüfung der Eingaben anzuwenden sind.

# Die Klasse *CObject*

Wenn Sie sich die Hierarchie der MFC-Bibliothek ansehen, werden Sie feststellen, dass die Klasse *CObject* ganz an der Spitze steht. Die meisten anderen Klassen sind von *CObject* abgeleitet. Diese Klassen erben eine Reihe wichtiger Eigenschaften. Die vielen Vorteile einer Ableitung von *CObject* werden im Verlauf des Kapitels noch deutlich werden.

In diesem Kapitel erfahren Sie, welche Diagnosemöglichkeiten durch die Ableitung von *CObject* zur Verfügung stehen. Außerdem werden wir uns mit Auflistungsklassen beschäftigen.

# Diagnosedumps

Die MFC-Bibliothek stellt Ihnen einige sehr nützliche Werkzeuge zur Verfügung, mit denen Sie Diagnosedumps erstellen können. Sie aktivieren diese Werkzeuge, wenn Sie als Projektkonfiguration eine *Debug*-Option wählen. Wenn Sie dagegen *Release* auswählen, werden die Diagnosefunktionen abgeschaltet und der entsprechende Code wird gar nicht erst ins Programm aufgenommen. Diagnoseausgaben werden im Ausgabefenster des Debuggers angezeigt.

**TIPP:** Um die Diagnoseausgaben aus dem Ausgabefenster des Debuggers zu löschen, klicken Sie mit der rechten Maustaste in das Ausgabefenster und wählen im Kontextmenü den Befehl *Alle löschen*.

## Das Makro *TRACE*

Das Makro *TRACE* ist in den vorangegangenen Beispielen schon verschiedentlich eingesetzt worden. *TRACE*-Anweisungen sind immer dann aktiv, wenn beim Kompilieren die Konstante *_DEBUG* definiert ist (das heißt, wenn Sie die *Debug*-Konfiguration ausgewählt haben und die Variable *afxTraceEnabled* den Wert *TRUE* hat). *TRACE*-Anweisungen funktionieren wie die *printf*-Anweisungen von C, werden jedoch in der endgültigen Programmversion unwirksam. Hier ist eine typische *TRACE*-Anweisung:

```
int nCount = 9;
CString strDesc("Summe");
TRACE("Anzahl = %d, Beschreibung = %s\n", nCount, strDesc);
```

Obwohl die Tage des *TRACE*-Makros anscheinend gezählt sind (die Dokumentation empfiehlt *ATLTRACE*), ist es immer noch verfügbar und funktioniert tadellos.

## Das Objekt *afxDump*

Es gibt eine Alternative zur *TRACE*-Anweisung, die besser zur Sprache C++ passt. Das MFC-Objekt *afxDump* übernimmt Programmvariablen mit einer Syntax, die der vom C++-Ausgabestreamobjekt *cout* ähnelt. Man braucht hier keine komplexen Formatzeichenfolgen. Stattdessen übernehmen überladene Operatoren die Formatierung der Ausgabe. Die *afxDump*-Ausgabe geht an dasselbe Ziel wie die *TRACE*-Ausgabe. Allerdings ist das *afxDump*-Objekt ausschließlich in der Debugversion der MFC-Bibliothek definiert.

Die folgenden Zeilen zeigen eine streamorientierte Diagnoseanweisung, die dasselbe Ergebnis wie die obige *TRACE*-Anweisung liefert:

```
int nCount = 9;
CString strDesc("Summe");
#ifdef _DEBUG
  afxDump << "Anzahl = " << nCount
      << ", Beschreibung= " << strDesc << "\n";
#endif // _DEBUG
```

Obwohl *afxDump* und *cout* beide denselben Schreiboperator (<<) verwenden, haben sie keinen gemeinsamen Code. Das *cout*-Objekt ist Teil der Iostream-Bibliothek von Microsoft Visual C++ .NET, während *afxDump* zur MFC-Bibliothek gehört. Sie sollten besser nicht davon ausgehen, dass *afxDump* dieselben Formatierungsfähigkeiten wie *cout* hat.

Klassen wie *CString*, *CTime* oder *CRect*, die nicht von *CObject* abstammen, haben eigene überladene Schreiboperatoren für *CDumpContext*-Objekte. Die Klasse *CDumpContext*, von der *afxDump* eine Instanz ist, enthält die überladenen Schreiboperatoren für die Standarddatentypen von C++ (*int*, *double*, *char\** und so weiter). Außerdem enthält *CDumpContext* Schreiboperatoren für *CObject*-Verweise und -Zeiger. Und genau hier wird es interessant.

## Der Dumpkontext und die Klasse *CObject*

Wenn der *CDumpContext*-Schreiboperator Zeiger und Verweise auf *CObject* verarbeiten kann, kann er auch Zeiger und Verweise auf abgeleitete Klassen verarbeiten. Betrachten Sie die folgende triviale Klasse *CAction*, die von *CObject* abgeleitet ist:

```
class CAction : public CObject
{
public:
    int m_nTime;
};
```

Was geschieht, wenn die folgende Anweisung ausgeführt wird?

```
#ifdef _DEBUG
    afxDump << action; // action ist ein Objekt der Klasse CAction
#endif // _DEBUG
```

Die virtuelle Funktion *CObject::Dump* wird aufgerufen. Wenn Sie *Dump* nicht in *CAction* überschrieben haben, erhalten Sie nicht viel mehr als die Adresse des Objekts. Überschreiben Sie aber *Dump*, dann können Sie sich den internen Zustand des Objekts anzeigen lassen. *CAction::Dump* könnte so aussehen:

```
#ifdef _DEBUG
void CAction::Dump(CDumpContext& dc) const
{
    CObject::Dump(dc); // Immer die Basisklassenfunktion aufrufen
    dc << "time = " << m_nTime << "\n";
}
#endif // _DEBUG
```

Die *Dump*-Version aus der Basisklasse (*CObject*) gibt eine Zeile wie die folgende aus:

```
a CObject at $4115D4
```

Wenn Sie in der Deklaration von *CAction* das Makro DECLARE_DYNAMIC und in Ihrer Definition von *CAction* das Makro IMPLEMENT_DYNAMIC aufrufen, wird der Klassenname im Dump angezeigt.

```
a CAction at $4115D4
```

Der Name erscheint selbst dann, wenn die Dumpanweisung so aussieht:

```
#ifdef _DEBUG
    afxDump << (CObject&) action;
#endif // _DEBUG
```

Die beiden Makros arbeiten zusammen, um den Code für die MFC-Laufzeitklassen in Ihre von *CObject* abgeleitete Klasse einzubinden. Mit diesem Code kann Ihr Programm zur Laufzeit den Klassennamen eines Objekts bestimmen (zum Beispiel für einen Dump) und Informationen über die Klassenhierarchie abrufen.

**HINWEIS:** Die Makropaare (*DECLARE_SERIAL, IMPLEMENT_SERIAL*) und (*DECLARE_DYNCREATE, IMPLEMENT_DYNCREATE*) ermöglichen wie das Makropaar (*DECLARE_DYNAMIC, IMPLEMENT_DYNAMIC*) ebenfalls zur Laufzeit die Bestimmung der Klasse.

## Automatischer Dump von nicht gelöschten Objekten

Wenn die *Debug*-Konfiguration ausgewählt ist, erstellt das Anwendungsgerüst einen Dump aller bei Programmende nicht gelöschten Objekte. Dieser Dump ist zwar eine praktische Diagnosehilfe, aber erst dann wirklich von Nutzen, wenn Sie dafür sorgen, dass *alle* Objekte entsorgt werden – auch diejenigen, die normalerweise nach Beendigung des Programms automatisch verschwinden. Zu einem guten Programmierstil gehört ohnehin, dass man nicht mehr benötigte Objekte beseitigt.

Der Code, der die angeforderten Speicherblöcke mit Debuginformationen versieht, liegt jetzt in der Debugversion der C-Laufzeitbibliothek (CRT) und nicht mehr in der MFC-Bibliothek. Wenn Sie sich dafür entscheiden, die MFC dynamisch zu linken, wird die MSVCRTD.DLL zusammen mit den erforderlichen MFC-DLLs geladen. Wenn Sie die Zeile

```
#define new DEBUG_NEW
```

am Anfang einer CPP-Datei einfügen, protokolliert die C-Laufzeitbibliothek jeweils den Dateinamen und die Zeilennummer, an der die Speicherreservierungen vorgenommen werden.

Der MFC-Anwendungsassistent schreibt diese Zeile in alle von ihm generierten CPP-Dateien.

## Ableitung von Windows-Fensterklassen zur Verbesserung der Dateneingabe

Was müssen Sie tun, damit ein Eingabefeld (in einem Dialogfeld oder einer Formularansicht) nur numerische Zeichen akzeptiert? Die Lösung ist einfach. Setzen Sie die Eigenschaft *Zahl* des Eingabefelds auf *True*. Wenn Sie aber Ziffern ausschließen oder die Groß- und Kleinschreibung von Buchstaben beeinflussen wollen, müssen Sie ein wenig programmieren.

Die MFC-Bibliothek bietet eine bequeme Möglichkeit, das Verhalten eines beliebigen Standardsteuerelements zu ändern, einschließlich des Eingabefelds. Tatsächlich gibt es noch zwei andere Wege. Sie können eigene Klassen von *CEdit*, *CListBox* usw. ableiten (mit eigenen Meldungshandlern) und die entsprechenden Steuerelementobjekte zur Laufzeit anlegen. Sie könnten aber auch eine spezielle Fensterklasse entwickeln und beim System anmelden (Win32-Programmierer würden so vorgehen) und sie mit einem Texteditor in der Ressourcendatei des Projekts einsetzen. Keine dieser Methoden erlaubt es Ihnen jedoch, Steuerelemente mit dem Dialogfeld-Editor in die Dialogfeldressource einzufügen.

Das einfachste Verfahren, das Verhalten eines Steuerelements zu verändern, ist die Ableitung einer passenden Windows-Unterklasse (ungefähr in dem Sinn, wie man es auch in Win32 kennt). Sie fügen mit dem Dialogfeld-Editor ein normales Steuerelement in eine Dialogfeldressource ein. Anschließend schreiben Sie eine neue C++-Klasse mit Handlern für die Ereignisse, die Sie selbst bearbeiten wollen. Mit den folgenden Schritten können Sie zum Beispiel eine Unterklasse von einem Eingabefeld ableiten:

1. Fügen Sie mit dem Dialogfeld-Editor ein Eingabefeld in Ihre Dialogfeldressource ein. Nehmen wir an, die ID dieses untergeordneten Fensters wäre *IDC_EDIT1*.
2. Leiten Sie eine neue Klasse von *CEdit* ab – zum Beispiel *CNonNumericEdit*. Definieren Sie einen Handler für die Meldung *WM_CHAR* und implementieren Sie ihn wie folgt:

```
void CNonNumericEdit::OnChar(UINT nChar, UINT nRepCnt, UINT nFlags)
{
    if (!isdigit(nChar)) {
        CEdit::OnChar(nChar, nRepCnt, nFlags);
    }
}
```

▶

*Trennung von Dokument und Ansicht*

3. Deklarieren Sie in der Headerdatei Ihrer abgeleiteten Dialogfeld- oder Formularansichtsklasse ein Datenelement vom Typ *CNonNumericEdit*:
   ```
   private:
       CNonNumericEdit m_nonNumericEdit;
   ```
4. Wenn Sie mit einer Dialogfeldklasse arbeiten, fügen Sie die folgende Zeile in Ihre überschriebene Version von *OnInitDialog* ein:
   ```
   m_nonNumericEdit.SubclassDlgItem(IDC_EDIT1, this);
   ```
5. Wenn Sie mit einer Formularansichtsklasse arbeiten, fügen Sie den folgenden Quelltext in Ihre überschriebene Version von *OnInitUpdate* ein:
   ```
   if (m_nonNumericEdit.m_hWnd == NULL) {
       m_nonNumericEdit.SubclassDlgItem(IDC_EDIT1, this);
   }
   ```

Die Memberfunktion *CWnd::SubclassDlgItem* sorgt dafür, dass alle Meldungen über das Meldungssystem des Anwendungsgerüsts weitergeleitet werden, bevor sie an die Fensterprozedur des Steuerelements geschickt werden. Die Technik wird als *Dynamische Ableitung von Unterklassen* bezeichnet und in der *MFC Technical Note #14* der Online-Dokumentation näher beschrieben.

Der Code aus den obigen Schritten nimmt das eingegebene Zeichen an oder verwirft es. Falls Sie den Wert eines Zeichens ändern wollen, muss Ihr Handler die Funktion *CWnd::DefWindowProc* aufrufen, die einen Teil des üblichen MFC-Codes umgeht. Das folgende Listing zeigt einen Handler, der Kleinbuchstaben in Großbuchstaben umwandelt (er funktioniert natürlich nicht bei Umlauten).

```
void CUpperEdit::OnChar(UINT nChar, UINT nRepCnt, UINT nFlags)
{
    if (islower(nChar)) {
        nChar = toupper(nChar);
    }
    DefWindowProc(WM_CHAR, (WPARAM) nChar, (LPARAM) (nRepCnt | (nFlags << 16)));
}
```

Auch zur Bearbeitung von reflektierten Meldungen, die in Kapitel 7 schon einmal erwähnt wurden, kann man die Technik der Unterklassenableitung verwenden. Falls eine MFC-Fensterklasse für eine Meldung von einem untergeordneten Steuerelement keinen Handler hat, gibt das Anwendungsgerüst die Meldung an das Steuerelement zurück. Einzelheiten dazu finden Sie in der *Technical Note #62* in der Onlinehilfe.

Wenn Sie zum Beispiel ein Eingabefeld mit einem gelben Hintergrund brauchen, können Sie die Klasse *CYellowEdit* von der Klasse *CEdit* ableiten und mit Hilfe des Eigenschaftenfensters der Klassenansicht in *CYellowEdit* einen Handler für *WM_CTLCOLOR* definieren. (Das Eigenschaftenfenster listet die Meldungsnamen mit einem vorangestellten Gleichheitszeichen auf, um darauf hinzuweisen, dass die betreffenden Meldungen reflektiert werden.) Der unten gezeigte Handler unterscheidet sich kaum vom Handler für die nicht reflektierte Meldung *WM_CTLCOLOR*. (Die Member-Variable *m_hYellowBrush* wird im Konstruktor der Steuerelementklasse initialisiert.)

```
HBRUSH CYellowEdit::CtlColor(CDC* pDC, UINT nCtlColor)
{
    pDC->SetBkColor(RGB(255, 255, 0)); // Gelb
    return m_hYellowBrush;
}
```

# Das Beispielprogramm Ex15a: Ein einfaches Dokument/Ansicht-Beispiel

Das erste der beiden Beispiele in diesem Kapitel illustriert eine sehr einfache Interaktion zwischen Dokument und Ansicht. Die von *CDocument* abgeleitete Dokumentklasse *CEx15aDoc* begnügt sich mit einem einzigen eingebetteten *CStudent*-Objekt. Die Klasse *CStudent* repräsentiert den Datensatz eines Studenten, der aus einem Namen (*CString*) und der Punktzahl (*int*) besteht. Die Ansichtsklasse *CEx15aView* ist von *CFormView* abgeleitet. Sie sorgt für die visuelle Darstellung des genannten Studentendatensatzes und hat Eingabefelder für den Namen und die Punktzahl. Die Standardschaltfläche *Eingabe* aktualisiert das Dokument mit den Daten aus den Eingabefeldern. Abbildung 15.1 zeigt das Programmfenster von Ex15a.

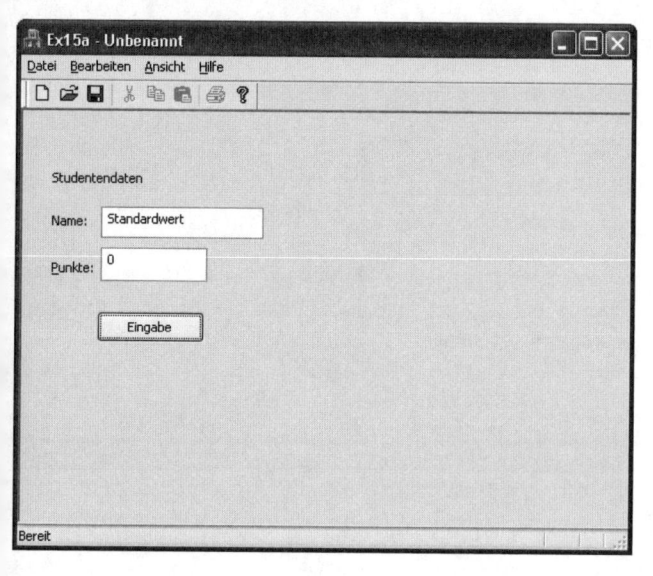

***Abbildung 15.1:*** *Das Beispielprogramm Ex15a während der Ausführung*

Der folgende Code zeigt die Klasse *CStudent*. Die meisten Eigenschaften dieser Klasse sind natürlich auf das einfache Beispiel Ex15a zugeschnitten. Bei einigen Elementen wurde aber schon das Beispiel Ex15b und die in Kapitel 17 besprochenen Programme berücksichtigt. Wir wollen uns zunächst nur mit den beiden Datenelementen beschäftigen, mit dem Standardkonstruktor, den Operatoren und der Deklaration der Funktion *Dump*. Die Makros *DECLARE_DYNAMIC* und *IMPLEMENT_DYNAMIC* stellen sicher, dass der Klassenname für die Diagnose zur Verfügung steht.

**Student.h**
```
// student.h
#ifndef _INSIDE_VISUAL_CPP_STUDENT
#define _INSIDE_VISUAL_CPP_STUDENT
class CStudent : public CObject
{
    DECLARE_DYNAMIC(CStudent)
```

```
public:
    CString m_strName;
    int m_nGrade;
    CStudent()
    {
        m_nGrade = 0;
    }
    CStudent(const char* szName, int nGrade) : m_strName(szName)
    {
        m_nGrade = nGrade;
    }
    CStudent(const CStudent& s) : m_strName(s.m_strName)
    {
        // Kopierkonstruktor
        m_nGrade = s.m_nGrade;
    }
    const CStudent& operator =(const CStudent& s)
    {
        m_strName = s.m_strName;
        m_nGrade = s.m_nGrade;
        return *this;
    }
    BOOL operator ==(const CStudent& s) const
    {
        if ((m_strName == s.m_strName) && (m_nGrade == s.m_nGrade)) {
            return TRUE;
        }
        else {
            return FALSE;
        }
    }
    BOOL operator !=(const CStudent& s) const
    {
        // Benutzen wir den gerade definierten Operator!
        return !(*this == s);
    }
#ifdef _DEBUG
    void Dump(CDumpContext& dc) const;
#endif // _DEBUG
};
#endif // _INSIDE_VISUAL_CPP_STUDENT
```

**Student.cpp**

```
#include "stdafx.h"
#include "student.h"
IMPLEMENT_DYNAMIC(CStudent, CObject)
#ifdef _DEBUG
void CStudent::Dump(CDumpContext& dc) const
{
    CObject::Dump(dc);
    dc << "m_strName = " << m_strName << "\nm_nGrade = " << m_nGrade;
}
#endif // _DEBUG
```

Erstellen Sie das Beispiel Ex15a in folgenden Schritten:

1. **Generieren Sie das Projekt Ex15a mit dem MFC-Anwendungsassistenten.** Wählen Sie wieder eine SDI-Anwendung. Auf der Seite *Erstellte Klassen* legen Sie *CFormView* als Basisklasse für die Ansicht fest, wie in der folgenden Abbildung.

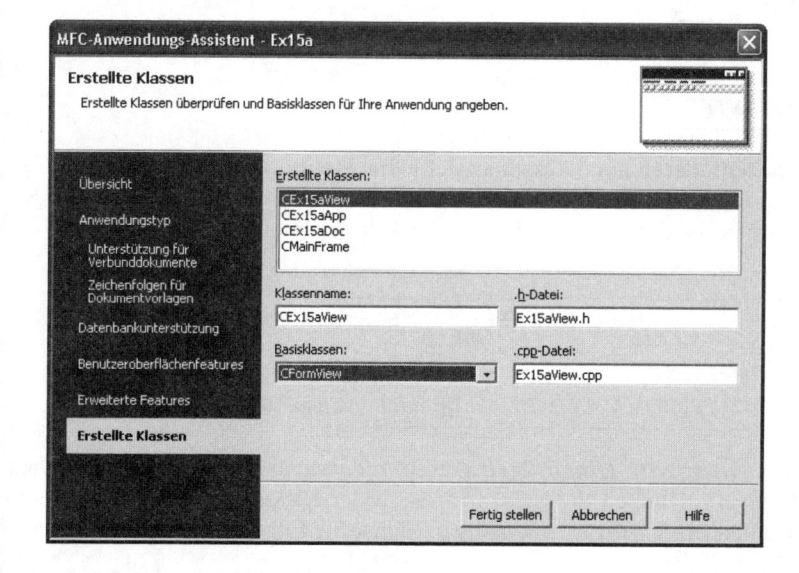

2. **Ersetzen Sie im Menüeditor die aktuellen Befehle des Menüs *Bearbeiten*.** Löschen Sie die vorhandenen Befehle aus dem Menü und ersetzen Sie sie durch den Befehl *Alles löschen*. Ändern Sie die ID *ID_BEARBEITEN_ALLESL*, die vom Menüeditor vergeben wird, in *ID_EDIT_CLEARALL*. (Damit erreichen Sie, dass es bei den Funktionsnamen kein deutschenglisches Gemisch gibt, wie Sie es in früheren Kapiteln schon gesehen haben.)

3. **Ändern Sie mit Hilfe des Dialogfeld-Editors das Dialogfeld *IDD_Ex15a_FORM*.** Öffnen Sie das vom MFC-Anwendungsassistenten erstellte Dialogfeld *IDD_Ex15a_FORM* und fügen Sie die Steuerelemente ein, die in der folgenden Abbildung zu sehen sind.

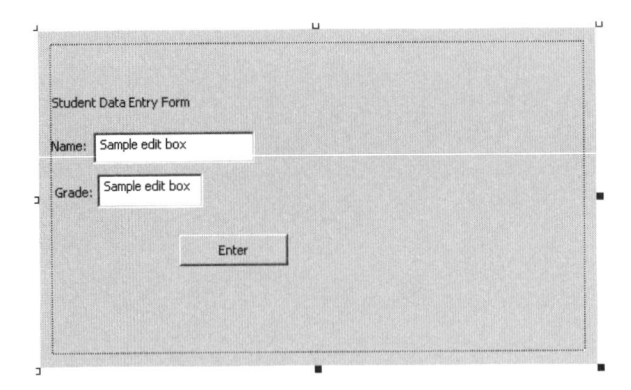

[Abbildung: Student Data Entry Form mit Feldern Name, Grade und Enter-Schaltfläche]

Vergewissern Sie sich, dass die folgenden Dialogfeldeigenschaften eingestellt wurden: *Stil*: *Untergeordnet*, *Rahmen*: *None*, *Sichtbar*: *False*. Geben Sie den Steuerelementen die folgenden IDs.

| Steuerelement | ID |
|---|---|
| Eingabefeld *Name* | IDC_NAME |
| Eingabefeld *Punkte* | IDC_GRADE |
| Schaltfläche *Eingabe* | IDC_ENTER |

4. **Fügen Sie im Eigenschaftenfenster der Klassenansicht die Meldungshandler für *CEx15a-View* ein.** Wählen Sie die Klasse *CEx15aView* und fügen Sie dann Handler für die folgenden Meldungen ein. Übernehmen Sie die vorgeschlagenen Funktionsnamen.

| Objekt-ID | Ereignis | Memberfunktion |
|---|---|---|
| IDC_ENTER | BN_CLICKED | OnEnter |
| ID_EDIT_CLEAR_ALL | COMMAND | OnEditClearAll |
| ID_EDIT_CLEAR_ALL | UPDATE_COMMAND_UI | OnUpdateEditClearAll |

5. **Fügen Sie mit dem *Assistenten zum Hinzufügen von Membervariablen* die erforderlichen Variablen in *CEx15aView* ein.** Klicken Sie *CEx15aView* in der Klassenansicht mit der rechten Maustaste an und wählen Sie *Variable hinzufügen*. Fügen Sie folgende Variablen ein:

| Steuerelement-ID | Variable | Kategorie | Variablentyp |
|---|---|---|---|
| IDC_GRADE | m_nGrade | Wert | int |
| IDC_NAME | m_strName | Wert | CString |

Geben Sie für *m_nGrade* als kleinsten Wert 0 und als größten Wert 100 an. Beachten Sie bitte, dass der *Assistent zum Hinzufügen von Membervariablen* den Code generiert, der zur Überprüfung der Eingaben des Benutzers erforderlich ist.

6. **Deklarieren Sie einen Prototyp für die Hilfsfunktion *UpdateControlsFromDoc*.** Klicken Sie *CEx15aView* in der Klassenansicht mit der rechten Maustaste an und wählen Sie *Funktion hinzufügen*. Nehmen Sie die Eintragungen vor, die für die folgende Funktion erforderlich sind.

```
private:
    void UpdateControlsFromDoc(void);
```

7. **Bearbeiten Sie die Datei Ex15aView.cpp.** Der MFC-Anwendungsassistent hat ein Funktionsgerüst für *OnInitialUpdate* erzeugt und der *Assistent zum Hinzufügen von Memberfunktionen*, der über die Klassenansicht zugänglich ist, hat das Grundgerüst von *UpdateControlsFromDoc* generiert. *UpdateControlsFromDoc* ist eine private Hilfsfunktion, die Daten vom Dokument an die Datenelemente von *CEx15aView* und danach an die Eingabefelder des Dialogfelds überträgt. Bearbeiten Sie den Code wie folgt:

```
void CEx15aView::OnInitialUpdate()
{   // wird beim Start aufgerufen
    CFormView::OnInitialUpdate();
    UpdateControlsFromDoc();
}
void CEx15aView::UpdateControlsFromDoc(void)
{   // wird in OnInitialUpdate und OnEditClearAll aufgerufen
    CEx15aDoc* pDoc = GetDocument();
    m_nGrade = pDoc->m_student.m_nGrade;
    m_strName = pDoc->m_student.m_strName;
    UpdateData(FALSE); // führt zum DDX-Aufruf
}
```

Die Funktion *OnBnClickedEnter* ersetzt die Funktion *OnOK*, die Sie in einer Dialogfeldklasse erwarten würden. Die Funktion überträgt Daten von den Eingabefeldern zu den Datenelementen der Ansicht und danach an das Dokument. Fügen Sie den unten fett gedruckten Code hinzu.

```
void CEx15aView::OnBnClickedEnter()
{
    CEx15aDoc* pDoc = GetDocument();
    UpdateData(TRUE);
    pDoc->m_student.m_nGrade = m_nGrade;
    pDoc->m_student.m_strName = m_strName;
}
```

In einer komplexen Anwendung mit mehreren Ansichten würde der Befehl *Alles löschen* aus dem Menü *Bearbeiten* direkt an das Dokument weitergeleitet werden. In diesem einfachen Beispiel wird er an die Ansicht weitergeleitet. Der Handler für die Oberflächenaktualisierung sperrt den Menübefehl, falls das *CStudent*-Objekt des Dokuments ohnehin leer ist. Fügen Sie den folgenden fett gedruckten Code hinzu:

```
void CEx15aView::OnEditClearall()
{
    GetDocument()->m_student = CStudent(); // "leeres" Studentenobjekt
    UpdateControlsFromDoc();
}
void CEx15aView::OnUpdateEditClearall(CCmdUI* pCmdUI)
{
    pCmdUI->Enable(GetDocument()->m_student != CStudent()); // leer?
}
```

8. **Nehmen Sie die Dateien für CStudent in das Projekt Ex15a auf.** Sorgen Sie dafür, dass Student.h und Student.cpp im Projektverzeichnis liegen. Wählen Sie im Menü *Projekt* den Befehl *Vorhandenes Element hinzufügen* und wählen Sie die Dateien Student.h und Student.cpp. Visual C++ .NET trägt die Dateinamen in die Projektdatei ein, damit die Dateien bei der Erstellung des Projekts ebenfalls kompiliert werden.

9. **Fügen Sie ein *CStudent*-Datenelement in die Klasse *CEx15aDoc* ein.** Bearbeiten Sie den Code in Ex15aDoc.h und vergessen Sie nicht, per *#include* Student.h in die Datei CEx15aDoc.h einzubinden.

   ```
   public:
       CStudent m_student;
   ```

   Der Konstruktor von *CStudent* wird aufgerufen, wenn das Dokumentobjekt angelegt wird. Der Destruktor von *CStudent* wird aufgerufen, wenn das Dokumentobjekt entsorgt wird.

10. **Bearbeiten Sie die Datei Ex15aDoc.cpp.** Initialisieren Sie das Studentenobjekt im Konstruktor von *CEx15aDoc*, wie hier gezeigt:

    ```
    CEx15aDoc::CEx15aDoc() : m_student("Standardwert", 0)
    {
        TRACE("Das Dokumentobjekt wird angelegt\n");
    }
    ```

    Wir wissen nur dann, ob das Programm Ex15a ordnungsgemäß arbeitet, wenn wir beim Beenden des Programms einen Dump des Dokuments erstellen. Zu diesem Zweck rufen wir im Destruktor die *Dump*-Funktion des Dokuments auf, die wiederum die im Folgenden gezeigte Funktion *CStudent::Dump* aufruft.

    ```
    CEx15aDoc::~CEx15aDoc()
    {
    #ifdef _DEBUG
        Dump(afxDump);
    #endif // _DEBUG
    }
    void CEx15aDoc::Dump(CDumpContext& dc) const
    {
        CDocument::Dump(dc);
        dc << "\n" << m_student << "\n";
    }
    ```

11. **Erstellen und testen Sie die Anwendung Ex15a.** Geben Sie einen Namen und eine Punktzahl ein und klicken Sie auf *Eingabe*. Beenden Sie danach die Anwendung. Ihr Debugfenster sollte jetzt Meldungen enthalten, die ungefähr wie die folgenden aussehen:

    ```
    a CEx15aDoc at $411580
    m_strTitle = Untitled
    m_strPathName =
    m_bModified = 0
    m_pDocTemplate = $4113A0
     a CStudent at $4115D4
     m_strName = Sullivan, Walter
     m_nGrade = 78
    ```

    **HINWEIS:** Damit diese Meldungen angezeigt werden, müssen Sie die Anwendung mit der Konfiguration *Debug* kompilieren. Außerdem müssen Sie die Anwendung aus dem Debugger heraus ausführen.

# Eine etwas komplexere Interaktion zwischen Dokument und Ansicht

Wenn Sie das Fundament für eine Anwendung mit mehreren Ansichten legen, wird das Zusammenspiel von Dokument und Ansicht komplizierter als im einfachen Beispiel Ex15a. Hier liegt folgendes grundsätzliche Problem vor: Wenn der Benutzer in Ansicht 1 Daten bearbeitet, müssen Ansicht 2 (und alle anderen Ansichten) aktualisiert werden, um die Änderungen wiederzugeben. Jetzt brauchen Sie die Funktionen *UpdateAllViews* und *OnUpdate*, weil nun alle Aktualisierungen der Ansicht über das Dokument laufen. Die erforderlichen Entwicklungsschritte sind nachfolgend zusammengestellt.

1. Deklarieren Sie die Datenelemente Ihres Dokuments in der Headerdatei der abgeleiteten Dokumentklasse (die vom MFC-Anwendungsassistenten erstellt wurde). Wenn Sie wollen, können Sie diese Datenelemente als *private* deklarieren und Memberfunktionen für den Zugriff auf diese Elemente definieren oder die Ansichtsklasse als *friend* der Dokumentklasse deklarieren.
2. Überschreiben Sie mit Hilfe des Eigenschaftenfensters der Klassenansicht in Ihrer abgeleiteten Ansichtsklasse die virtuelle Memberfunktion *OnUpdate*. Das Anwendungsgerüst ruft diese Funktion immer dann auf, wenn die Dokumentdaten aus irgendeinem Grund geändert wurden. *OnUpdate* soll die Ansicht mit den aktuellen Dokumentdaten aktualisieren.
3. Überprüfen Sie alle Befehlsmeldungen der Anwendung. Entscheiden Sie bei jeder Nachricht, ob sie dokumentbezogen oder ansichtsbezogen ist. (Ein gutes Beispiel für einen dokumentbezogenen Befehl ist *Alles löschen* aus dem Menü *Bearbeiten*.) Ordnen Sie anschließend die Befehle den entsprechenden Klassen zu.
4. Aktualisieren Sie die Dokumentdaten in den Befehlshandlern Ihrer abgeleiteten Ansichtsklasse. Stellen Sie sicher, dass diese Meldungshandler die Funktion *CDocument::UpdateAllViews* aufrufen. Verwenden Sie für den Zugriff auf das zur Ansicht gehörende Dokument die typsichere Version der Memberfunktion *CView::GetDocument*.
5. Aktualisieren Sie die Dokumentdaten in den Befehlshandlern Ihrer abgeleiteten Dokumentklasse. Stellen Sie sicher, dass diese Meldungshandler die Funktion *CDocument::UpdateAllViews* aufrufen.

Die Reihenfolge der Ereignisse für diese komplexe Interaktion zwischen Dokument und Ansicht geht aus folgender Aufstellung hervor:

| Anwendungsstart | Ein *CMyDocument*-Objekt wird erstellt. |
|---|---|
| | Ein *CMyView*-Objekt wird erstellt. |
| | Weitere Ansichtsobjekte werden erstellt. |
| | Ansichtsfenster werden erstellt. |
| | *CMyView::OnCreate* wird aufgerufen (falls definiert). |
| | *CDocument::OnNewDocument* wird aufgerufen. |
| | *CView::OnInitialUpdate* wird aufgerufen. |
| |    *CMyView::OnUpdate* wird aufgerufen. |
| |    Die Ansicht wird initialisiert. ▶ |

| | |
|---|---|
| Der Benutzer gibt einen Ansichtsbefehl | Die Memberfunktionen von *CMyView* aktualisieren die Datenelemente von *CMyDocument*. |
| | *CDocument::UpdateAllViews* wird aufgerufen. |
| | *OnUpdate*-Funktionen weiterer Ansichten werden aufgerufen. |
| Der Benutzer gibt einen Dokumentbefehl | Die Memberfunktionen von *CMyDocument* aktualisieren Datenelemente. |
| | *CDocument::UpdateAllViews* wird aufgerufen. |
| | *CMyView::OnUpdate* wird aufgerufen. |
| | *OnUpdate*-Funktionen weiterer Ansichten werden aufgerufen. |
| Der Benutzer beendet die Anwendung | Ansichtsobjekte werden beseitigt. |
| | *CMyDocument*-Objekt wird beseitigt. |

## Die Funktion *CDocument::DeleteContents*

Irgendwann brauchen Sie eine Funktion, mit der Sie den Inhalt Ihres Dokuments löschen können. Sie könnten dazu Ihre eigene Memberfunktion schreiben, aber das Anwendungsgerüst deklariert in der Klasse *CDocument* schon eine virtuelle Memberfunktion namens *DeleteContents*. Das Anwendungsgerüst ruft Ihre überschriebene *DeleteContents*-Funktion beim Schließen des Dokuments und bei einigen anderen Gelegenheiten auf, über die Sie im nächsten Kapitel mehr erfahren.

## Die Listenklasse *CObList*

Wenn man Listenklassen erst einmal kennt, fragt man sich, wie man jemals ohne sie ausgekommen ist. Die Klasse *CObList* ist ein recht nützliches Exemplar dieser Gattung. Wenn Sie mit dieser Klasse vertraut sind, werden Sie auch andere Listenklassen, Arrayklassen und Zuordnungsklassen schnell durchschauen.

Vielleicht halten Sie »Listen« für etwas Neues. Aber tatsächlich hat die Sprache C immer schon eine bestimmte Art von »Auflistung« unterstützt: das Array. C-Arrays haben eine feste Größe und sind etwas umständlich in der Handhabung, wenn ein neuer Eintrag an einer bestimmten Position eingefügt werden soll, ohne die bereits vorhandenen Einträge zu überschreiben. Viele C-Programmierer haben Funktionsbibliotheken für andere Listenkonstruktionen geschrieben, einschließlich verketteter Listen, dynamischer Arrays und indizierter Wörterbücher. Zur Implementierung von Listen sind C++-Klassen offensichtlich besser geeignet als eine C-Funktionsbibliothek. Ein Listenobjekt kann zum Beispiel die interne Datenstruktur fein säuberlich kapseln.

Die Klasse *CObList* stellt eine geordnete Liste mit Zeigern auf Objekte dar, die von *CObject* abgeleitet werden. Eine weitere MFC-Listenklasse namens *CPtrList* speichert *void*-Zeiger anstelle von *CObject*-Zeigern. Warum also sollte man nicht *CPtrList* verwenden? Die Klasse *CObList* hat gewisse Vorteile bei Diagnosedumps und bei der Serialisierung. Eines der wichtigsten Merkmale von *CObList* ist, dass die Klasse *gemischte* Zeiger speichern kann. Mit anderen Worten: Eine *CObList*-Liste kann sowohl Zeiger auf *CStudent*-Objekte als auch Zeiger auf *CLehrer*-Objekte enthalten – vorausgesetzt, *CStudent* und *CLehrer* wurden beide von *CObject* abgeleitet.

# Eine FIFO-Liste auf der Basis von *CObList*

Eine der einfachsten Anwendungen für ein *CObList*-Objekt besteht darin, Elemente an das Ende der Liste anzuhängen und vom Anfang einer Liste zu entfernen. Das erste Element, das in die Liste eingefügt wird, ist auch das erste Element, das auch wieder entnommen wird (daher FIFO-Liste, für *First In, First Out*). Angenommen, Sie arbeiten mit Objekten der Klasse *CAction*, einer benutzerdefinierten Klasse, die von *CObject* abgeleitet wurde. Die folgenden Zeilen stellen ein kleines Befehlszeilenprogramm dar, das fünf Elemente in eine Liste einfügt und sie danach in derselben Reihenfolge wieder der Liste entnimmt.

```
#include <afx.h>
#include <afxcoll.h>

class CAction : public CObject
{
private:
    int m_nTime;
public:
    CAction(int nTime) { m_nTime = nTime; } // Konstruktor speichert Integer-Zeitwert
    void PrintTime() { TRACE("time = %d\n", m_nTime); }
};

int main()
{
    CAction* pAction;
    CObList actionList; // Listenobjekt wird auf dem Stapel angelegt
    int i;

    // Action-Objekte werden in der Reihenfolge {0, 1, 2, 3, 4} eingefügt
    for (i = 0; i < 5; i++) {
        pAction = new CAction(i);
        actionList.AddTail(pAction); // keine Typumwandlung für pAction erforderlich
    }

    // Action-Objekte werden in der Reihenfolge {0, 1, 2, 3, 4} entnommen
    while (!actionList.IsEmpty()) {
        pAction = (CAction*) actionList.RemoveHead(); // Typumwandlung für Rückgabewert erforderlich
        pAction->PrintTime();
        delete pAction;
    }

    return 0;
}
```

In diesem Programm geschieht Folgendes: Als Erstes wird das *CObList*-Objekt *actionList* angelegt. Danach fügt die Memberfunktion *CObList::AddTail* Zeiger auf neu erstellte *CAction*-Objekte ein. *pAction* braucht keiner Typumwandlung unterzogen zu werden, weil *AddTail* einen *CObject*-Zeigerparameter übernimmt und *pAction* ein Zeiger auf eine abgeleitete Klasse ist.

Als Nächstes werden die *CAction*-Objektzeiger aus der Liste der Objekte entfernt. Für den Rückgabewert von *RemoveHead* ist eine Typumwandlung erforderlich, weil *RemoveHead* einen *CObject*-Zeiger liefert, der in der Klassenhierarchie höher als *CAction* angesiedelt ist.

Wenn Sie einen Objektzeiger aus der Auflistung entfernen, wird das zugehörige Objekt nicht automatisch beseitigt. Um die *CAction*-Objekte zu entsorgen, muss *delete* aufgerufen werden.

# Die Elemente von *CObList* durchlaufen: Die *POSITION*-Variable

Angenommen, Sie möchten etwas mit den Elementen einer Liste tun. Die Klasse *CObList* enthält die Memberfunktion *GetNext*, die einen Zeiger auf das »nächste« Element der Liste zurückgibt. Allerdings ist die Arbeit mit dieser Funktion etwas komplizierter. *GetNext* hat einen Parameter vom Typ *POSITION*, eine 32-Bit-Variable. Die *POSITION*-Variable ist eine interne Darstellung der Position des ermittelten Elements in der Liste. Da der *POSITION*-Parameter als Verweis (&) deklariert wird, kann die Funktion seinen Wert ändern.

Die Funktion *GetNext* arbeitet folgendermaßen:

1. Die Funktion gibt einen Zeiger auf das »aktuelle« Element in der Liste zurück, das durch den Wert des *POSITION*-Parameters beschrieben wird.
2. Sie erhöht danach den Wert des *POSITION*-Parameters, sodass er auf das nächste Listenelement zeigt.

Eine *GetNext*-Schleife für die Liste aus dem obigen Beispiel könnte folgendermaßen aussehen:

```
CAction* pAction;
POSITION pos = actionList.GetHeadPosition();
while (pos != NULL) {
    pAction = (CAction*) actionList.GetNext(pos);
    pAction->PrintTime();
}
```

Nehmen Sie jetzt weiter an, Sie haben eine interaktive Windows-Anwendung, die mit Hilfe von Symbolleistenschaltflächen elementweise vorwärts und rückwärts durch die Liste navigiert. Zum Abrufen des aktuellen Eintrags können Sie nicht *GetNext* verwenden, weil *GetNext* die *POSITION*-Variable immer inkrementiert und Sie nicht vorher wissen können, ob der Benutzer das nächste oder das vorherige Element sucht. Im folgenden Listing sehen Sie einen Befehlshandler aus der Ansichtsklasse, der den nächsten Listeneintrag ermittelt. Die Variable *m_actionList* ist ein in die Klasse *CMyView* eingebettetes *CObList*-Objekt und die *POSITION*-Variable *m_position* gibt die aktuelle Listenposition an.

```
CMyView::OnCommandNext()
{
    POSITION pos;
    CAction* pAction;

    if ((pos = m_position) != NULL) {
        m_actionList.GetNext(pos);
        if (pos != NULL) { // pos ist am Listenende NULL
            pAction = (CAction*) m_actionList.GetAt(pos);
            pAction->PrintTime();
            m_position = pos;
        }
        else {
            AfxMessageBox("Listenende erreicht");
        }
    }
}
```

*GetNext* wird zuerst aufgerufen, um die *pos* auf das nächste Listenelement zu setzen. Dann wird das aktuelle Element mit *CObList::GetAt* ausgelesen. Die Variable *m_position* wird nur dann aktualisiert, wenn wir sicher sein können, dass das Ende der Liste noch nicht erreicht ist.

## *CTypedPtrList:* eine Listenklasse auf der Basis von Vorlagen

Die Klasse *CObList* erfüllt ihren Zweck, wenn Sie eine Liste mit gemischten Zeigern benötigen. Wenn Sie aber eine typsichere Liste mit Objektzeigern eines bestimmten Typs brauchen, sollten Sie sich die auf Vorlagen basierenden Auflistungsklassen der MFC-Bibliothek ansehen. *CTypedPtrList* ist ein gutes Beispiel. Vorlagen (templates) wurden in der Visual C++-Version 2.0 eingeführt. *CTypedPtrList* ist eine Vorlagenklasse, mit der Sie eine Liste mit Zeigern auf Objekte einer bestimmten Klasse erzeugen können. Um es kurz zu machen: Sie erstellen mit Hilfe der Vorlage eine benutzerdefinierte abgeleitete Listenklasse, wobei Sie *CPtrList* oder *CObList* als Basisklasse verwenden können.

Um ein Objekt für *CAction*-Zeiger zu erstellen, reicht folgende Codezeile aus:

```
CTypedPtrList<CObList, CAction*> m_actionList;
```

Der erste Parameter gibt die Basisklasse der Liste an, der zweite Parameter den Typ der Parameter und Rückgabewerte. Als Basisklasse kommen nur *CPtrList* und *CObList* in Frage, weil diese beiden Klassen die einzigen Zeigerlisten der MFC-Bibliothek sind. Wenn Sie Objekte einer Klasse speichern, die von *CObject* abgeleitet wurde, sollten Sie *CObList* als Basisklasse verwenden, ansonsten nehmen Sie *CPtrList*.

Wenn Sie die oben gezeigte Vorlage verwenden, sorgt der Compiler dafür, dass alle Memberfunktionen der Listenklasse einen *CAction*-Zeiger zurückgeben. Deshalb ist folgende Anweisung zulässig:

```
pAction = m_actionList.GetAt(pos); // keine Typumwandlung erforderlich
```

Wenn Sie eine etwas klarere Notation vorziehen, können Sie mit der Anweisung *typedef* etwas erzeugen, das wie eine ganz normale Klasse aussieht:

```
typedef CTypedPtrList<CObList, CAction*> CActionList;
```

Nun lässt sich *m_actionList* folgendermaßen deklarieren:

```
CActionList m_actionList;
```

## Die Funktion *Dump* und die Listenklassen

Die *Dump*-Funktion der Klasse *CObList* und andere Listenklassen hat eine nützliche Eigenschaft: Wenn Sie *Dump* für ein Listenobjekt aufrufen, werden die einzelnen Elemente der Liste angezeigt. Wenn für die Elementobjekte die Makros *DECLARE_DYNAMIC* und *IMPLEMENT_DYNAMIC* verwendet wurden, zeigt der Dump auch die Klassennamen aller Objekte.

Das normale Verhalten der *Dump*-Funktionen von Auflistungen besteht darin, nur die Klassennamen und die Adressen der Elementobjekte anzuzeigen. Wenn auch die *Dump*-Funktionen der eingetragenen Elementobjekte aufgerufen werden sollen, müssen Sie am Anfang des Programms an einer geeigneten Stelle die *CDumpContext*-Funktion *SetDepth* aufrufen.

```
#ifdef _DEBUG
    afxDump.SetDepth(1);
#endif
```

Nun liefert die Zeile

```
#ifdef _DEBUG
    afxDump << actionList;
#endif
```

ein Ergebnis wie das folgende:

```
a CObList at $411832
with 4 elements
    a CAction at $412CD6
time = 0
    a CAction at $412632
time = 1
    a CAction at $41268E
time = 2
    a CAction at $4126EA
time = 3
```

Wenn die Liste gemischte Zeiger enthält, wird bei jedem einzelnen Objekt die virtuelle *Dump*-Funktion der betreffenden Objektklasse aufgerufen und liefert den korrekten Klassennamen.

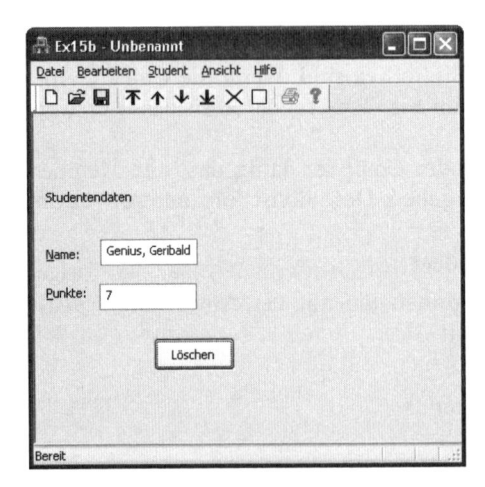

*Abbildung 15.2:* Das Beispielprogramm Ex15b während der Ausführung

# Das Beispielprogramm Ex15b: Eine SDI-Anwendung mit mehreren Ansichten

Dieses zweite SDI-Beispiel weist gegenüber Ex15a folgende Verbesserungen auf:

- Anstelle eines einzigen eingebetteten *CStudent*-Objekts enthält das Dokument jetzt eine Liste mit *CStudent*-Objekten. (Aus diesem Grund haben wir im vorigen Beispiel auch die Klasse *CStudent* eingeführt, statt *m_strName* und *m_nGrade* als Datenelemente des Dokuments zu definieren.)
- Symbolleistenschaltflächen ermöglichen es dem Anwender, die Liste schrittweise zu durchlaufen.
- Die Anwendung ist so strukturiert, dass die Aufnahme weiterer Ansichten möglich ist. Der Befehl *Alles löschen* aus dem Menü *Bearbeiten* wird jetzt an das Dokumentobjekt weitergeleitet. Deshalb kommen jetzt die Funktion *UpdateAllViews* des Dokuments und die Funktion *OnUpdate* der Ansicht ins Spiel.
- Der studentenspezifische Ansichtsquelltext ist isoliert, damit die Klasse *CEx15bView* später in eine Basisklasse umgewandelt werden kann. In einer davon abgeleiteten Klasse können

ausgewählte Funktionen zur Berücksichtigung von Listen mit anwendungsspezifischen Objekten überschrieben werden.

Das in Abbildung 15.2 dargestellte Fenster der Anwendung Ex15b sieht etwas anders aus als das Fenster von Ex15a aus Abbildung 15.1. Die Schaltflächen auf der Symbolleiste sind nur dann nicht gesperrt, wenn die entsprechende Operation sinnvoll ist. Die Schaltfläche *Weiter* (mit dem nach unten weisenden Pfeil) ist zum Beispiel gesperrt, wenn wir uns am Ende der Liste befinden.

Die Symbolleistenschaltflächen funktionieren folgendermaßen:

| Schaltfläche | Funktion |
| --- | --- |
| ⤒ | Ruft den ersten Studentendatensatz ab. |
| ⤓ | Ruft den letzten Studentendatensatz ab. |
| ↑ | Ruft den vorigen Studentendatensatz ab. |
| ↓ | Ruft den nächsten Studentendatensatz ab. |
| ☐ | Fügt einen neuen Studentendatensatz ein. |
| ✕ | Löscht den aktuellen Studentendatensatz. |

Die Schaltfläche *Löschen* im Ansichtsfenster löscht den Inhalt der Eingabefelder *Name* und *Punkte*. Der Befehl *Alles löschen* aus dem Menü *Bearbeiten* löscht alle Studentendatensätze aus der Liste und auch die Eingabefelder der Ansicht.

Die Beschreibung dieses Beispiels weicht von dem Schritt-für-Schritt-Format der vorigen Beispiele ab. Weil es mehr Quelltext umfasst, werden nur bestimmte Quelltextteile und die erforderlichen Ressourcen besprochen. Die fett gesetzten Codezeilen weisen auf Änderungen hin, die Sie an dem Quelltext vornehmen müssen, der vom MFC-Anwendungsassistenten und von den Codeassistenten aus dem Eigenschaftenfenster der Klassenansicht generiert wurde. Dank des häufigen Einsatzes von *TRACE*-Anweisungen können Sie die Programmausführung im Debuggerfenster überwachen.

## Ressourcen

In der Datei Ex15b.rc sind folgende Anwendungsressourcen definiert:

### Die Symbolleiste

Zur Erstellung der Symbolleiste aus Abbildung 15.2 wurden die Schaltflächen *Ausschneiden*, *Kopieren* und *Einfügen* (viertes, fünftes und sechstes Feld von links) gelöscht und durch sechs neue Bilder ersetzt. Einige der Schaltflächen wurden mit Hilfe des Befehls *Vertikal kippen* (aus dem Menü *Bild*) dupliziert. Die Datei Ex15b.rc definiert die Verknüpfung zwischen den Befehls-IDs und den Symbolleistenschaltflächen.

### Das Menü *Student*

Zu den neuen Symbolleistenschaltflächen muss es nicht unbedingt entsprechende Menübefehle geben. (Mit dem Eigenschaftenfenster der Klassenansicht können Sie Befehle der Symbolleistenschaltflächen so einfach zuordnen wie Menübefehle.) Allerdings gibt es in den meisten Windows-Anwendungen zu allen Befehlen der Symbolleiste entsprechende Menüeinträge. Deshalb werden diese von den Anwendern auch erwartet.

### Das Menü *Bearbeiten*

Im Menü *Bearbeiten* werden die Befehle für die Zwischenablage durch den Befehl *Alles löschen* ersetzt. In Schritt 2 der Anleitung zu Ex15a finden Sie eine Abbildung des Menüs *Bearbeiten*.

### Die Dialogfeldvorlage *IDD_EX15B_FORM*

Die Dialogfeldvorlage *IDD_EX15B_FORM* ähnelt dem Dialogfeld von Ex15a, das in Abbildung 15.1 zu sehen ist. Allerdings wurde die Schaltfläche *Eingabe* durch die Schaltfläche *Löschen* ersetzt.

Die folgenden IDs bezeichnen die Steuerelemente:

| Steuerelement | ID |
|---|---|
| Eingabefeld *Name* | IDC_NAME |
| Eingabefeld *Punkte* | IDC_GRADE |
| Schaltfläche *Löschen* | IDC_CLEAR |

Die Steuerelementeigenschaften belassen wir bei den Einstellungen von Beispiel Ex15a.

## Quelltext

Die folgende Tabelle nennt die Dateien und Klassen aus dem Beispiel Ex15b:

| Headerdatei | Quelltextdatei | Klassen | Beschreibung |
|---|---|---|---|
| Ex15b.h | Ex15b.cpp | *CEx15bApp* | Anwendungsklasse (vom MFC-Anwendungsassistenten angelegt) |
| | | *CAboutDlg* | Dialogfeld *Info* |
| MainFrm.h | MainFrm.cpp | *CMainFrame* | SDI-Hauptrahmen |
| Ex15bDoc.h | Ex15bDoc.cpp | *Ex15bDoc* | Student-Dokument |
| Ex15b.h | Ex15b.cpp | *Ex15bView* | Student-Formularansicht (von *CFormView* abgeleitet) |
| Student.h | Student.cpp | *Cstudent* | Studentendatensatz (ähnlich wie in Ex15a) |
| StdAfx.h | StdAfx.cpp | | Für die vorkompilierten Standard-Headerdateien. |

### *CEx15bApp*

Die Dateien Ex15b.cpp und Ex15b.h wurden vollständig vom MFC-Anwendungsassistenten generiert.

### *CMainFrame*

Der Quelltext für die Klasse *CMainFrame* in MainFrm.cpp wurde vollständig vom MFC-Anwendungsassistenten generiert.

### *CStudent*

Bei dieser Klasse handelt es sich um Quelltext aus dem Beispiel Ex15a, zu dem am Ende von Student.h folgende Zeile hinzugefügt wurde:

```
typedef CTypedPtrList<CObList, CStudent*> CStudentList;
```

**HINWEIS:** Wenn Sie mit MFC-Listenklassen auf Vorlagenbasis arbeiten, müssen Sie die folgende Anweisung in StdAfx.h einfügen:

```
#include <afxtempl.h>
```

## CEx15bDoc

Der MFC-Anwendungsassistent hat die Klasse *CEx15bDoc* generiert. Der Code, der im Beispiel Ex15b benutzt wird, sieht so aus:

**Ex15bDoc.h**

```cpp
// Ex15bDoc.h : Schnittstelle der Klasse CEx15bDoc
//
#pragma once
#include "student.h"
class CEx15bDoc : public CDocument
{
protected: // Nur aus Serialisierung erstellen
    CEx15bDoc();
    DECLARE_DYNCREATE(CEx15bDoc)
// Attribute
public:
    CStudentList* GetList() {
        return &m_studentList;
    }
// Operationen
public:
// Überschreibungen
    public:
    virtual BOOL OnNewDocument();
    virtual void Serialize(CArchive& ar);
// Implementierung
public:
    virtual ~CEx15bDoc();
#ifdef _DEBUG
    virtual void AssertValid() const;
    virtual void Dump(CDumpContext& dc) const;
#endif
protected:
// Generierte Funktionen für die Meldungstabellen
protected:
    DECLARE_MESSAGE_MAP()
private:
    CStudentList m_studentList;
public:
    virtual void DeleteContents();
    afx_msg void OnEditClearall();
    afx_msg void OnUpdateEditClearall(CCmdUI *pCmdUI);
};
```

**Ex15bDoc.cpp**

```cpp
// Ex15bDoc.cpp : Implementierung der Klasse CEx15bDoc
//
#include "stdafx.h"
#include "Ex15b.h"

#include "Ex15bDoc.h"

#ifdef _DEBUG
#define new DEBUG_NEW
#endif

// CEx15bDoc

IMPLEMENT_DYNCREATE(CEx15bDoc, CDocument)

BEGIN_MESSAGE_MAP(CEx15bDoc, CDocument)
    ON_COMMAND(ID_EDIT_CLEARALL, OnEditClearall)
    ON_UPDATE_COMMAND_UI(ID_EDIT_CLEARALL, OnUpdateEditClearall)
END_MESSAGE_MAP()

// CEx15bDoc Erstellung/Zerstörung

CEx15bDoc::CEx15bDoc()
{
    TRACE("Eintritt in den CEx15bDoc-Konstruktor\n");
#ifdef _DEBUG
    afxDump.SetDepth(1); // Sorge für die Anzeige der Listenelemente
#endif // _DEBUG
}

CEx15bDoc::~CEx15bDoc()
{
}

BOOL CEx15bDoc::OnNewDocument()
{
   TRACE("Eintritt in CEx15bDoc::OnNewDocument\n");
    if (!CDocument::OnNewDocument())
        return FALSE;

    // TODO: Hier Code zur Reinitialisierung einfügen
    // (SDI-Dokumente verwenden dieses Dokument)

    return TRUE;
}

// CEx15bDoc Serialisierung

void CEx15bDoc::Serialize(CArchive& ar)
{
    if (ar.IsStoring())
    {
        // TODO: Hier Code zum Speichern einfügen
    }
    else
    {
        // TODO: Hier Code zum Laden einfügen
    }
}
```

```
// CEx15bDoc Diagnose
#ifdef _DEBUG
void CEx15bDoc::AssertValid() const
{
    CDocument::AssertValid();
}
void CEx15bDoc::Dump(CDumpContext& dc) const
{
    CDocument::Dump(dc);
    dc << "\n" << m_studentList << "\n";
}
#endif //_DEBUG
// CEx15bDoc-Befehle
void CEx15bDoc::DeleteContents()
{
#ifdef _DEBUG
    Dump(afxDump);
#endif
    while (m_studentList.GetHeadPosition()) {
        delete m_studentList.RemoveHead();
    }
}
void CEx15bDoc::OnEditClearall()
{
    DeleteContents();
    UpdateAllViews(NULL);
}
void CEx15bDoc::OnUpdateEditClearall(CCmdUI *pCmdUI)
{
    pCmdUI->Enable(!m_studentList.IsEmpty());
}
```

## Meldungshandler für *CEx15bDoc*

Der Befehl *Alles löschen* aus dem Menü *Bearbeiten* wird in der Dokumentklasse ausgeführt. Die folgenden Meldungshandler sind mit Hilfe des Eigenschaftenfensters der Klassenansicht eingefügt worden.

| Objekt-ID | Ereignis | Memberfunktion |
|---|---|---|
| ID_EDIT_CLEAR_ALL | COMMAND | OnEditClearAll |
| ID_EDIT_CLEAR_ALL | ON_UPDATE_COMMAND_UI | OnUpdateEditClearAll |

## Datenelemente

Die Dokumentklasse enthält ein eingebettetes *CStudentList*-Objekt namens *m_studentList*, das Zeiger auf *CStudent*-Objekte enthält. Das Listenobjekt wird erstellt, wenn das *CEx15bDoc*-Objekt angelegt wird. Beim Beenden des Programms wird es wieder beseitigt. *CStudentList* wurde per *typedef* als *CTypedPtrList* mit *CStudent*-Zeigern definiert.

### Konstruktor

Der Dokumentkonstruktor legt die Tiefe des Dumpkontextes so fest, dass zusammen mit dem Dump der Liste auch Dumps der einzelnen Listenelemente ausgegeben werden.

### GetList

Die Inlinefunktion *GetList* hilft bei der Trennung von Ansicht und Dokument. Die Dokumentklasse muss auf den Objekttyp in der Liste abgestimmt sein, in diesem Fall auf *CStudent*. Eine generische Basisklasse für Listenansichten kann aber auch mit Hilfe einer Memberfunktion einen Zeiger auf die Liste abrufen, ohne den Namen des Listenobjekts zu kennen.

### DeleteContents

*DeleteContents* ist eine virtuelle, überschriebene Funktion, die von anderen Dokumentfunktionen und vom Anwendungsgerüst aufgerufen wird. Ihre Aufgabe besteht darin, alle Zeiger auf *CStudent*-Objekte aus der Liste des Dokuments zu entfernen und die *CStudent*-Objekte zu löschen. An dieser Stelle sollten Sie daran denken, dass SDI-Dokumentobjekte nach dem Schließen wiederverwendet werden. *DeleteContents* erstellt außerdem einen Dump der *CStudent*-Liste.

### Dump

Der MFC-Anwendungsassistent fügt das Gerüst der Funktion *Dump* zwischen die Zeilen *#ifdef _DEBUG* und *#endif* ein. Da die Dumptiefe von *afxDump* im Dokumentkonstruktor auf 1 eingestellt wurde, erscheinen alle in der Liste enthaltenen *CStudent*-Objekte auch im Dump.

### CEx15bView

Das folgende Listing zeigt den Code der Klasse *CEx15bView*.

**Ex15bView.h**
```
// Ex15bView.h : Schnittstelle der Klasse CEx15bView
//
#pragma once
class CEx15bView : public CFormView
{
protected:
    POSITION    m_position; // aktuelle Position in Dokumentliste
    CStudentList* m_pList;  // vom Dokument übernommen
protected: // Nur aus Serialisierung erstellen
    CEx15bView();
    DECLARE_DYNCREATE(CEx15bView)
public:
    enum{ IDD = IDD_EX15B_FORM };
// Attribute
public:
    CEx15bDoc* GetDocument() const;
// Operationen
public:
```

```
// Überschreibungen
    public:
    virtual BOOL PreCreateWindow(CREATESTRUCT& cs);
    protected:
    virtual void DoDataExchange(CDataExchange* pDX);    // DDX/DDV-Unterstützung
    virtual void OnInitialUpdate(); // Erster Aufruf nach Erstellung
// Implementierung
public:
    virtual ~CEx15bView();
#ifdef _DEBUG
    virtual void AssertValid() const;
    virtual void Dump(CDumpContext& dc) const;
#endif
protected:
    virtual void ClearEntry();
    virtual void InsertEntry(POSITION position);
    virtual void GetEntry(POSITION position);
// Generierte Funktionen für die Meldungstabellen
protected:
    DECLARE_MESSAGE_MAP()
public:
    afx_msg void OnStudentHome();
    afx_msg void OnStudentDelete();
    afx_msg void OnStudentEnd();
    afx_msg void OnStudentInsert();
    afx_msg void OnStudentNext();
    afx_msg void OnStudentPrevious();
    afx_msg void OnUpdateStudentHome(CCmdUI *pCmdUI);
    afx_msg void OnUpdateStudentDelete(CCmdUI *pCmdUI);
    afx_msg void OnUpdateStudentEnd(CCmdUI *pCmdUI);
    afx_msg void OnUpdateStudentNext(CCmdUI *pCmdUI);
    afx_msg void OnUpdateStudentPrevious(CCmdUI *pCmdUI);
    int m_nGrade;
    CString m_strName;
protected:
    virtual void OnUpdate(CView* /*pSender*/,
                          LPARAM /*lHint*/, CObject* /*pHint*/);
public:
    afx_msg void OnBnClickedClear();
};
#ifndef _DEBUG  // debug version in Ex15bView.cpp
inline CEx15bDoc* CEx15bView::GetDocument() const
  { return reinterpret_cast<CEx15bDoc*>(m_pDocument); }
#endif
```

### Ex15bView.cpp

```cpp
// Ex15bView.cpp : Implementierung der Klasse CEx15bView
//
#include "stdafx.h"
#include "Ex15b.h"

#include "Ex15bDoc.h"
#include "Ex15bView.h"

#ifdef _DEBUG
#define new DEBUG_NEW
#endif

// CEx15bView

IMPLEMENT_DYNCREATE(CEx15bView, CFormView)

BEGIN_MESSAGE_MAP(CEx15bView, CFormView)
    ON_COMMAND(ID_STUDENT_HOME, OnStudentHome)
    ON_COMMAND(ID_STUDENT_DELETE, OnStudentDelete)
    ON_COMMAND(ID_STUDENT_END, OnStudentEnd)
    ON_COMMAND(ID_STUDENT_INSERT, OnStudentInsert)
    ON_COMMAND(ID_STUDENT_NEXT, OnStudentNext)
    ON_COMMAND(ID_STUDENT_PREVIOUS, OnStudentPrevious)
    ON_UPDATE_COMMAND_UI(ID_STUDENT_HOME, OnUpdateStudentHome)
    ON_UPDATE_COMMAND_UI(ID_STUDENT_DELETE, OnUpdateStudentDelete)
    ON_UPDATE_COMMAND_UI(ID_STUDENT_END, OnUpdateStudentEnd)
    ON_UPDATE_COMMAND_UI(ID_STUDENT_NEXT, OnUpdateStudentNext)
    ON_UPDATE_COMMAND_UI(ID_STUDENT_PREVIOUS, OnUpdateStudentPrevious)
    ON_BN_CLICKED(IDC_CLEAR, OnBnClickedClear)
END_MESSAGE_MAP()

// CEx15bView Erstellung/Zerstörung

CEx15bView::CEx15bView()
    : CFormView(CEx15bView::IDD)
    , m_nGrade(0)
    , m_strName(_T(""))
    , m_position(NULL)
{
    TRACE("Eintritt in  CEx15bView-Konstruktor\n");
}

CEx15bView::~CEx15bView()
{
}

void CEx15bView::DoDataExchange(CDataExchange* pDX)
{
    CFormView::DoDataExchange(pDX);
    DDX_Text(pDX, IDC_GRADE, m_nGrade);
    DDX_Text(pDX, IDC_NAME, m_strName);
}

BOOL CEx15bView::PreCreateWindow(CREATESTRUCT& cs)
{
    // TODO: Ändern Sie hier die Fensterklasse oder die Darstellung, indem Sie
    //  CREATESTRUCT cs modifizieren.

    return CFormView::PreCreateWindow(cs);
}
```

```cpp
void CEx15bView::OnInitialUpdate()
{
    TRACE("Eintritt in CEx15bView::OnInitialUpdate\n");
    m_pList = GetDocument()->GetList();
    CFormView::OnInitialUpdate();
}
// CEx15bView Diagnose
#ifdef _DEBUG
void CEx15bView::AssertValid() const
{
    CFormView::AssertValid();
}
void CEx15bView::Dump(CDumpContext& dc) const
{
    CFormView::Dump(dc);
}
CEx15bDoc* CEx15bView::GetDocument() const // Nicht-Debugversion ist inline
{
    ASSERT(m_pDocument->IsKindOf(RUNTIME_CLASS(CEx15bDoc)));
    return (CEx15bDoc*)m_pDocument;
}
#endif //_DEBUG
// CEx15bView Meldungshandler
void CEx15bView::OnStudentHome()
{
    TRACE("Eintritt in CEx15bView::OnStudentHome\n");
    // die Liste kann auch leer sein
    if (!m_pList->IsEmpty()) {
        m_position = m_pList->GetHeadPosition();
        GetEntry(m_position);
    }
}
void CEx15bView::OnUpdateStudentHome(CCmdUI *pCmdUI)
{
    // wird in der Leerlaufschleife und beim Öffnen des Menüs Student aufgerufen
    POSITION pos;
    // die Schaltfläche ist zugänglich, wenn die Liste nicht leer ist
    // und nicht bereits am Anfang steht
    pos = m_pList->GetHeadPosition();
    pCmdUI->Enable((m_position != NULL) && (pos != m_position));
}
void CEx15bView::OnStudentDelete()
{
    // löscht den aktuellen Eintrag und positioniert auf den nächsten
    // Eintrag oder auf den Kopf
    POSITION pos;
    TRACE("Eintritt in CEx15bView::OnStudentDelete\n");
    if ((pos = m_position) != NULL) {
        m_pList->GetNext(pos);
        if (pos == NULL) {
            pos = m_pList->GetHeadPosition();
            TRACE("GetHeadPos = %ld\n", pos);
```

```
            if (pos == m_position) {
                pos = NULL;
            }
        }
        GetEntry(pos);
        CStudent* ps = m_pList->GetAt(m_position);
        m_pList->RemoveAt(m_position);
        delete ps;
        m_position = pos;
        GetDocument()->SetModifiedFlag();
        GetDocument()->UpdateAllViews(this);
    }
}
void CEx15bView::OnUpdateStudentDelete(CCmdUI *pCmdUI)
{
    // wird in der Leerlaufschleife und beim Öffnen des Menüs Student aufgerufen
    pCmdUI->Enable(m_position != NULL);
}
void CEx15bView::OnStudentEnd()
{
    TRACE("Eintritt in CEx15bView::OnStudentEnd\n");
    if (!m_pList->IsEmpty()) {
        m_position = m_pList->GetTailPosition();
        GetEntry(m_position);
    }
}
void CEx15bView::OnUpdateStudentEnd(CCmdUI *pCmdUI)
{
    POSITION pos;        // wird in der Leerlaufschleife und beim Öffnen des Menüs Student aufgerufen
    // die Schaltfläche ist zugänglich, wenn die Liste nicht leer ist
    // und nicht bereits am Ende steht
    pos = m_pList->GetTailPosition();
    pCmdUI->Enable((m_position != NULL) && (pos != m_position));
}
void CEx15bView::OnStudentInsert()
{
    TRACE("Eintritt in CEx15bView::OnStudentInsert\n");
    InsertEntry(m_position);
    GetDocument()->SetModifiedFlag();
    GetDocument()->UpdateAllViews(this);
}
void CEx15bView::OnStudentNext()
{
    POSITION pos;
    TRACE("Eintritt in CEx15bView::OnStudentNext\n");
    if ((pos = m_position) != NULL) {
        m_pList->GetNext(pos);
        if (pos) {
            GetEntry(pos);
            m_position = pos;
        }
    }
}
```

```
void CEx15bView::OnUpdateStudentNext(CCmdUI *pCmdUI)
{
    OnUpdateStudentEnd(pCmdUI);
}
void CEx15bView::OnStudentPrevious()
{
    POSITION pos;
    TRACE("Eintritt in CEx15bView::OnStudentPrevious\n");
    if ((pos = m_position) != NULL) {
        m_pList->GetPrev(pos);
        if (pos) {
            GetEntry(pos);
            m_position = pos;
        }
    }
}
void CEx15bView::OnUpdateStudentPrevious(CCmdUI *pCmdUI)
{
    OnUpdateStudentHome(pCmdUI);
}
void CEx15bView::OnUpdate(CView* /*pSender*/,
    LPARAM /*lHint*/, CObject* /*pHint*/)
{
    // wird von OnInitialUpdate und UpdateAllViews aufgerufen
    TRACE("Eintritt in CEx15bView::OnUpdate\n");
    m_position = m_pList->GetHeadPosition();
    GetEntry(m_position); // Anfangsdaten der Ansicht
}
void CEx15bView::ClearEntry()
{
    m_strName = "";
    m_nGrade = 0;
    UpdateData(FALSE);
    ((CDialog*) this)->GotoDlgCtrl(GetDlgItem(IDC_NAME));
}
void CEx15bView::GetEntry(POSITION position)
{
    if (position) {
        CStudent* pStudent = m_pList->GetAt(position);
        m_strName = pStudent->m_strName;
        m_nGrade = pStudent->m_nGrade;
    }
    else {
        ClearEntry();
    }
    UpdateData(FALSE);
}
```

```
void CEx15bView::InsertEntry(POSITION position)
{
    if (UpdateData(TRUE)) {
        // UpdateData gibt beim Eingabefehler FALSE zurück
        CStudent* pStudent = new CStudent;
        pStudent->m_strName = m_strName;
        pStudent->m_nGrade = m_nGrade;
        m_position = m_pList->InsertAfter(m_position, pStudent);
    }
}
void CEx15bView::OnBnClickedClear()
{
    TRACE("Eintritt in CEx15bView::OnBnClickedClear\n");
    ClearEntry();
}
```

**Meldungshandler für *CEx15bView***

Mit dem Eigenschaftenfenster der Klassenansicht haben wir die Benachrichtigungen der Schaltfläche *Löschen* in der Klasse *CEx15bView* folgendermaßen zugeordnet:

| Objekt-ID | Nachricht | Memberfunktion |
|---|---|---|
| IDC_CLEAR | BN_CLICKED | OnBnClickedClear |

Da *CEx15bView* von *CFormView* abgeleitet wird, kann Ihnen die Klassenansicht bei der Definition der Datenelemente für das Dialogfeld helfen. Die folgenden Variablen wurden mit dem *Assistenten zum Hinzufügen von Membervariablen* hinzugefügt:

| Steuerelement-ID | Datenelement | Kategorie | Variablentyp |
|---|---|---|---|
| IDC_GRADE | m_nGrade | Wert | int |
| IDC_NAME | m_strName | Wert | CString |

Sie können die Schaltflächen der Symbolleiste auch mit dem Eigenschaftenfenster der Klassenansicht mit ihren Handlern verknüpfen. Die nächste Tabelle zeigt die Befehle und die entsprechenden Handler, auf denen die Befehle abgebildet werden:

| Objekt ID | Ereignis | Memberfunktion |
|---|---|---|
| ID_STUDENT_HOME | COMMAND | OnStudentHome |
| ID_STUDENT_END | COMMAND | OnStudentEnd |
| ID_STUDENT_PREVIOUS | COMMAND | OnStudentPrevious |
| ID_STUDENT_NEXT | COMMAND | OnStudentNext |
| ID_STUDENT_INSERT | COMMAND | OnStudentInsert |
| ID_STUDENT_DELETE | COMMAND | OnStudentDelete |

Jeder Befehlshandler führt seine eigenen Fehlerüberprüfungen durch.

Die folgenden Handler für Oberflächenaktualisierung werden in der Leerlaufschleife oder beim Öffnen des Menüs *Student* aufgerufen, um den Zustand der Symbolleistenschaltflächen zu aktualisieren.

| Objekt-ID | Ereignis | Memberfunktion |
|---|---|---|
| ID_STUDENT_HOME | UPDATE_COMMAND_UI | OnUpdateStudentHome |
| ID_STUDENT_END | UPDATE_COMMAND_UI | OnUpdateStudentEnd |
| ID_STUDENT_PREVIOUS | UPDATE_COMMAND_UI | OnUpdateStudentPrevious |
| ID_STUDENT_NEXT | UPDATE_COMMAND_UI | OnUpdateStudentNext |
| ID_STUDENT_DELETE | UPDATE_COMMAND_UI | OnUpdateCommandDelete |

Die nächste Schaltfläche ruft beispielsweise den ersten Studentendatensatz ab. Sie wird gesperrt, wenn die Liste leer ist oder wenn die Variable *m_position* schon auf den Anfang der Liste zeigt.

木

Die Schaltfläche *Vorheriger* wird in derselben Situation gesperrt und verwendet deshalb denselben Aktualisierungshandler. Die Schaltflächen *Letzter* und *Nächster* teilen sich ebenfalls einen Handler. Da beim Aufruf der Oberflächenaktualisierungsfunktionen häufig eine Verzögerung auftritt, müssen die Meldungshandler eine Überprüfung auf Fehlerbedingungen durchführen.

### Datenelemente

Das Datenelement *m_position* ist eine Art Cursor für die Auflistung des Dokuments. Es enthält die Position des aktuell angezeigten *CStudent*-Objekts. Die Variable *m_pList* bietet die Möglichkeit, schnell an die Studentenliste des Dokuments heranzukommen.

### Die Funktion *OnInitialUpdate*

Die virtuelle Funktion *OnInitialUpdate* wird beim Start der Anwendung aufgerufen. Sie initialisiert das Ansichtsdatenelement *m_pList* für die nachfolgenden Zugriffe auf das Listenobjekt des Dokuments.

### Die Funktion *OnUpdate*

Die virtuelle Funktion *OnUpdate* wird von *OnInitialUpdate* und von *CDocument::UpdateAllViews* aufgerufen. Sie setzt die aktuelle Position auf den Anfang der Liste zurück und zeigt den ersten Eintrag an. In diesem Beispiel wird die Funktion *UpdateAllViews* ausschließlich als Reaktion auf den Befehl *Alles löschen* aus dem Menü *Bearbeiten* aufgerufen. Bei einer Anwendung mit mehreren Ansichten brauchen Sie unter Umständen eine andere Strategie zur Aktualisierung der *CEx15bView*-Variablen *m_position*, wenn das Dokument von verschiedenen Ansichten aus aktualisiert werden kann.

## Geschützte virtuelle Funktionen

Die folgenden drei Funktionen sind geschützte virtuelle Funktionen, die speziell *CStudent*-Objekte bearbeiten: *GetEntry*, *InsertEntry* und *ClearEntry*. Sie können diese Funktionen in eine abgeleitete Klasse auslagern, wenn Sie die Funktionalität zur Bearbeitung beliebiger Listen in einer Basisklasse isolieren wollen.

## Test der Anwendung Ex15b

Füllen Sie die Felder *Name* und *Punkte* aus, und klicken Sie anschließend auf die folgende Schaltfläche, um den Eintrag in die Liste einzufügen.

☐

Wiederholen Sie die Aktion mehrmals und löschen Sie mit der Schaltfläche *Löschen* die Daten des jeweils vorhergehenden Eintrags. Wenn Sie die Anwendung beenden, sollte Ihre Debugausgabe etwa folgendermaßen aussehen:

```
a CEx15bDoc at $4116D0
m_strTitle = Untitled
m_strPathName =
m_bModified = 1
m_pDocTemplate = $4113F1

a CObList at $411624
with 4 elements
    a CStudent at $412770
m_strName = Fisher, Lon
m_nGrade = 67
    a CStudent at $412E80
m_strName = Meyers, Lisa
m_nGrade = 80
    a CStudent at $412880
m_strName = Seghers, John
m_nGrade = 92
    a CStudent at $4128F0
m_strName = Anderson, Bob
m_nGrade = 87
```

# Zwei Übungen für den Leser

Sie haben vielleicht bemerkt, dass die Symbolleiste keine Schaltfläche *Bearbeiten* enthält. Ohne eine solche Schaltfläche lässt sich ein vorhandener Studentendatensatz aber nicht verändern. Können Sie die benötigte Symbolleistenschaltfläche und die Meldungshandler in die Anwendung einfügen? Die schwierigste Aufgabe bei dieser Übung ist wahrscheinlich der Entwurf einer Grafik für die Schaltfläche.

Sie wissen, dass wir die Klasse *CEx15bView* schon auf ihre künftige Verwendung als Basisklasse vorbereitet haben. Versuchen Sie, die *CStudent*-spezifischen virtuellen Funktionen in eine abgeleitete Klasse auszulagern. Erstellen Sie anschließend eine weitere abgeleitete Klasse, die eine andere Elementklasse als *CStudent* verwendet.

# 16 Dokumente lesen und schreiben

| | |
|---|---|
| 350 | Was ist Serialisierung? |
| 355 | Die SDI-Anwendung |
| 362 | Das Beispielprogramm Ex16a: SDI mit Serialisierung |
| 370 | Dokumente aus dem Windows-Explorer laden |
| 373 | MDI-Anwendungen |
| 380 | Das Beispiel Ex16b: eine MDI-Anwendung |
| 388 | MTI-Anwendungen |
| 388 | Das Beispiel Ex16c: Eine MTI-Anwendung |

Wie Sie wahrscheinlich bereits bemerkt haben, enthält jedes vom MFC-Anwendungsassistenten erstellte Programm das Menü *Datei* mit den üblichen Befehlen *Neu, Öffnen, Speichern* und *Speichern unter*. In diesem Kapitel erfahren Sie, wie Sie Ihre Anwendung dazu bringen, diesen Befehlen zu gehorchen.

Wir werden uns mit SDI-Anwendungen (Single Document Interface) und mit MDI-Anwendungen (Multiple Document Interface) beschäftigen. Zum besseren Verständnis liefert Ihnen dieses Kapitel relativ umfangreiche Informationen über die Arbeitsweise des Anwendungsgerüsts, insbesondere über verschiedene Hilfsklassen, die Ihnen bisher verborgen geblieben sind. Je mehr Sie über das Anwendungsgerüst wissen, desto besser können Sie es nutzen.

Zu diesem Kapitel gehören drei Beispielprogramme: eine SDI-Anwendung, eine MDI-Anwendung auf der Basis des Beispiels Ex15b aus dem vorigen Kapitel und eine MTI-Anwendung (Multiple Top-Level Interface). Alle drei Beispiele verwenden eine von *CFormView* abgeleitete Ansichtsklasse und als Dokument eine Liste mit Studentendaten. Die Studentenliste lässt sich auf der Festplatte sichern und später wieder einlesen durch einen Vorgang, der *Serialisierung* genannt wird.

# Was ist Serialisierung?

In der Welt der objektorientierten Programmierung können Objekte »persistent« sein. Das bedeutet, dass sie beim Programmende auf der Festplatte gespeichert und beim nächsten Start des Programms wieder rekonstruiert werden. Dieser Prozess des Speicherns und Rekonstruierens von Objekten wird als *Serialisierung* bezeichnet. In der MFC-Bibliothek verfügen bestimmte Klassen über eine Memberfunktion namens *Serialize*. Wenn das Anwendungsgerüst *Serialize* für ein bestimmtes Objekt aufruft (beispielsweise für ein Objekt der Klasse *CStudent*), werden die Daten des Studenten entweder auf dem Datenträger gespeichert oder vom Datenträger gelesen.

Die von der MFC-Bibliothek zur Verfügung gestellten Serialisierungsfunktionen sind kein Ersatz für ein Datenbanksystem. Alle mit einem Dokument verknüpften Objekte werden stets der Reihe nach vom Datenträger gelesen oder auf den Datenträger geschrieben. Es ist nicht möglich, über bestimmte Positionen in der Datei auf einzelne Objekte zuzugreifen. Falls Sie eine Datenbank benutzen müssen, helfen Ihnen die MFC- und ATL-Bibliotheken (Active Template Library) mit ihren Funktionen zur Datenbankeinbindung weiter.

## Dateien und Archive

Wie finden Sie heraus, ob die Funktion *Serialize* Daten lesen oder schreiben soll? Welche Verbindung besteht zwischen *Serialize* und der Datei auf dem Datenträger? Innerhalb der MFC-Bibliothek werden Dateien durch Objekte der Klasse *CFile* dargestellt. Ein *CFile*-Objekt kapselt das Handle der Binärdatei, das Sie von der Win32-Funktion *CreateFile* erhalten. Es handelt sich dabei *nicht* um den *FILE*-Zeiger, den Sie beim Aufruf der Funktion *fopen* aus der C-Laufzeitbibliothek erhalten, sondern um ein Handle für eine binäre Datei. Das Anwendungsgerüst verwendet dieses Handle für Aufrufe der Win32-Funktionen *ReadFile*, *WriteFile* und *SetFilePointer*.

Wenn Ihre Anwendung keine direkten E/A-Operationen auf dem Datenträger ausführt, sondern stattdessen auf den Serialisierungsprozess zurückgreift, können Sie die direkte Arbeit mit *CFile*-Objekten vermeiden. Wie Sie in Abbildung 16.1 sehen können, befindet sich zwischen der Funktion *Serialize* und dem *CFile*-Objekt nämlich noch ein Archivobjekt der Klasse *CArchive*.

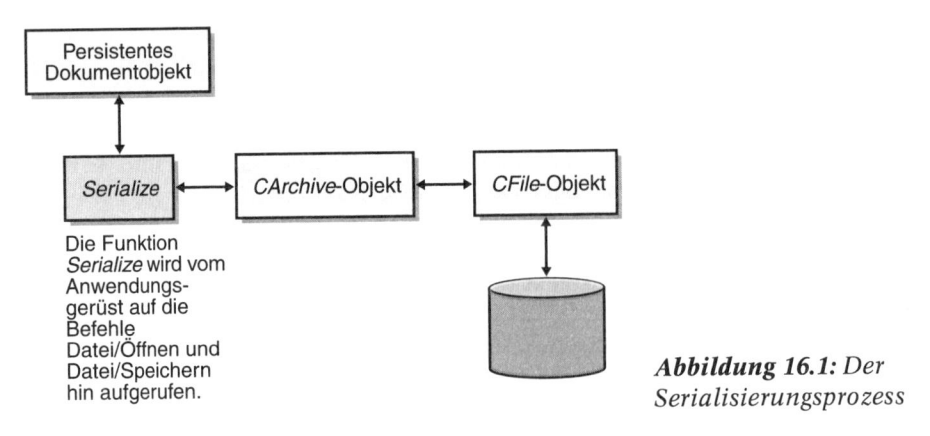

**Abbildung 16.1:** Der Serialisierungsprozess

Das *CArchive*-Objekt puffert die Daten des *CFile*-Objekts und setzt ein internes Flag, das anzeigt, ob das Archiv Daten speichert (auf den Datenträger schreibt) oder Daten lädt (vom Datenträger liest). Es kann immer nur ein aktives Archiv mit einer Datei verknüpft sein. Das Anwendungsgerüst erstellt die *CFile*- und *CArchive*-Objekte, öffnet die Datei für das *CFile*-

Objekt und verknüpft das Archiv mit der Datei. Sie brauchen in Ihrer *Serialize*-Funktion nur Daten vom Archivobjekt zu laden oder im Archivobjekt zu speichern. Das Anwendungsgerüst ruft die *Serialize*-Funktion des Dokuments bei der Ausführung der Befehle *Öffnen* und *Speichern* aus dem *Datei*-Menü auf.

## Eine Klasse serialisierbar machen

Eine serialisierbare Klasse muss direkt oder indirekt von *CObject* abstammen. Außerdem muss die Klassendeklarationsdatei in der Regel den Makroaufruf *DECLARE_SERIAL* und die Klassenimplementierungsdatei den Makroaufruf *IMPLEMENT_SERIAL* enthalten. (Eine Beschreibung dieser Makros finden Sie in der *Microsoft Foundation Class Reference*.) Die im Beispiel dieses Kapitels verwendete Klasse *CStudent* wurde gegenüber der entsprechenden Klasse aus Kapitel 15 so geändert, dass sie jetzt diese Makros enthält.

## Eine *Serialize*-Funktion schreiben

In Kapitel 15 haben Sie die von *CObject* abgeleitete Klasse *CStudent* mit folgenden Datenelementen verwendet:

```
public:
    CString m_strName;
    int     m_nGrade;
```

Nun geht es darum, eine *Serialize*-Funktion für *CStudent* zu entwickeln. Da *Serialize* eine virtuelle Memberfunktion der Klasse *CObject* ist, müssen Sie sicherstellen, dass der Rückgabewert und die Parametertypen mit der Deklaration in *CObject* übereinstimmen. Die *Serialize*-Funktion für die Klasse *CStudent* sieht folgendermaßen aus:

```
void CStudent::Serialize(CArchive& ar)
{
    TRACE("Eintritt in CStudent::Serialize\n");
    if (ar.IsStoring()) {
        ar << m_strName << m_nGrade;
    }
    else {
        ar >> m_strName >> m_nGrade;
    }
}
```

Die meisten Serialisierungsfunktionen rufen die *Serialize*-Funktion ihrer Basisklasse auf. Wenn Sie *CStudent* beispielsweise von der Klasse *CPerson* abgeleitet hätten, würde die erste Zeile der *Serialize*-Funktion so aussehen:

```
CPerson::Serialize(ar);
```

Die *Serialize*-Funktion von *CObject* (und von der Klasse *CDocument*, für die keine eigene Version erstellt wird) tut eigentlich nichts und muss deshalb nicht aufgerufen werden.

Der Verweisparameter *ar* vom Typ *CArchive* enthält das zu benutzende Archivobjekt. Über die Memberfunktion *CArchive::IsStoring* können Sie feststellen, ob das Archiv geschrieben oder gelesen wird. Die Klasse *CArchive* verfügt über überladene Schreib- (<<) und Leseoperatoren (>>) für viele Standarddatentypen von C++, die in der folgenden Tabelle 16.1 aufgeführt sind.

| Typ | Beschreibung |
|---|---|
| BYTE | 8 Bit ohne Vorzeichen |
| WORD | 16 Bit ohne Vorzeichen |
| LONG | 32 Bit mit Vorzeichen |
| DWORD | 32 Bit ohne Vorzeichen |
| float | 32 Bit |
| double | 64 Bit IEEE-Standard |
| int | 32 Bit mit Vorzeichen |
| short | 16 Bit mit Vorzeichen |
| char | 8 Bit mit Vorzeichen |
| unsigned | 32 Bits ohne Vorzeichen |

*Tabelle 16.1: Die Klasse* CArchive *verfügt über überladene Schreib- und Leseoperatoren für viele Standardtypen*

Die Schreiboperatoren wurden für Werte überladen, die Leseoperatoren für Verweise. Gelegentlich müssen Sie eine Typumwandlung vornehmen, um den Compiler zufrieden zu stellen. Wenn Sie beispielsweise ein *enum*-Datenelement *m_nType* haben, verwenden Sie die folgenden Programmzeilen:

```
ar << (int) m_nType;
ar >> (int&) m_nType;
```

MFC-Klassen, die nicht von *CObject* abgeleitet wurden, wie *CString* und *CRect*, verfügen über eigene überladene Schreib- und Leseoperatoren für *CArchive*.

## Aus Archiven lesen: Eingebettete Objekte oder Zeiger?

Nehmen wir an, das Objekt *CStudent* enthalte auch eingebettete Objekte, die keine Instanzen von Standardklassen wie *CString*, *CSize* und *CRect* sind. Fügen wir nun ein neues Datenelement zur Klasse *CStudent* hinzu:

```
public:
    CTranscript m_transcript;
```

Dabei soll *CTranscript* eine benutzerdefinierte, von *CObject* abgeleitete Klasse sein, die über eine eigene *Serialize*-Funktion verfügt. Da die Operatoren << und >> nicht in *CObject* überladen wurden, sieht die Funktion *CStudent::Serialize* jetzt folgendermaßen aus:

```
void CStudent::Serialize(CArchive& ar)
{
    if (ar.IsStoring()) {
        ar << m_strName << m_nGrade;
    }
    else {
        ar >> m_strName >> m_nGrade;
    }
    m_transcript.Serialize(ar);
}
```

Bevor Sie die Funktion *CStudent::Serialize* aufrufen können, um einen Studentendatensatz aus dem Archiv zu lesen, müssen Sie über ein *CStudent*-Objekt verfügen. Das eingebettete

*CTranscript*-Objekt *m_transcript* wird gleichzeitig mit dem *CStudent*-Objekt erstellt, noch vor dem Aufruf der Funktion *CTranscript::Serialize*. Wenn die virtuelle Funktion *CTranscript::Serialize* aufgerufen wird, kann sie die im Archiv gespeicherten *CTranscript*-Daten in das eingebettete Objekt *m_transcript* laden. Als Faustregel gilt dabei, dass Sie für eingebettete Objekte oder Klassen, die von *CObject* abgeleitet wurden, *Serialize* immer direkt aufrufen müssen.

Nehmen wir nun an, dass das *CStudent*-Objekt statt eines eingebetteten Objekts einen *Zeiger* auf ein *CTranscript*-Objekt enthält:

```
public:
    CTranscript* m_pTranscript;
```

Wie nachfolgend gezeigt wird, können Sie die Funktion *Serialize* verwenden, müssen dabei aber selbst ein neues *CTranscript*-Objekt erstellen:

```
void CStudent::Serialize(CArchive& ar)
{
    if (ar.IsStoring())
        ar << m_strName << m_nGrade;
    else {
        m_pTranscript = new CTranscript;
        ar >> m_strName >> m_nGrade;
    }
    m_pTranscript->Serialize(ar);
}
```

Da die Schreib- und Leseoperatoren von *CArchive* bereits für *CObject*-Zeiger überladen wurden, könnten Sie die *Serialize*-Funktion auch folgendermaßen schreiben:

```
void CStudent::Serialize(CArchive& ar)
{
    if (ar.IsStoring())
        ar << m_strName << m_nGrade << m_pTranscript;
    else
        ar >> m_strName >> m_nGrade >> m_pTranscript;
}
```

Aber wie wird das *CTranscript*-Objekt erstellt, wenn die Daten aus dem Archiv geladen werden? An dieser Stelle kommen die Makros *DECLARE_SERIAL* und *IMPLEMENT_SERIAL* aus der Klasse *CTranscript* ins Spiel.

Wenn das *CTranscript*-Objekt in das Archiv geschrieben wird, sorgen die Makros dafür, dass außer den Daten auch der Klassenname gespeichert wird. Wenn das Archiv gelesen wird, wird der Klassenname eingelesen und dynamisch ein Objekt der entsprechenden Klasse erstellt. Für den entsprechenden Code haben die Makros gesorgt. Nachdem das *CTranscript*-Objekt angelegt worden ist, kann die überschriebene *Serialize*-Funktion von *CTranscript* aufgerufen werden, um die Studentendaten aus der Datenträgerdatei zu lesen. Abschließend wird der *CTranscript*-Zeiger im Datenelement *m_pTranscript* gespeichert. Um ein Speicherleck zu vermeiden, müssen Sie sicherstellen, dass *m_pTranscript* nicht bereits einen Zeiger auf ein *CTranscript*-Objekt enthält. Wenn das *CStudent*-Objekt gerade frisch erstellt wurde, also nicht aus einem Archiv stammt, hat der *CTranscript*-Zeiger den Wert *NULL*.

Eingebettete Objekte, die von *CObject* abstammen, können mit den Schreib- und Leseoperatoren *nicht* verarbeitet werden:

```
ar >> m_strName >> m_nGrade >> &m_transcript; // Versuchen Sie's nicht...
```

## Auflistungen serialisieren

Da alle Auflistungsklassen von der Klasse *CObject* abgeleitet sind und ihre Deklarationen den Makroaufruf *DECLARE_SERIAL* enthalten, können Sie Auflistungen einfach durch einen Aufruf der *Serialize*-Funktion serialisieren. Wenn Sie beispielsweise die *Serialize*-Funktion einer *CObList*-Liste aufrufen, die *CStudent*-Objekte enthält, wird die *Serialize*-Funktion jedes einzelnen in der Liste enthaltenen *CStudent*-Objekts aufgerufen. Sie sollten jedoch beim Laden von Auflistungen aus einem Archiv folgende Besonderheiten beachten:

- Wenn eine Auflistung Zeiger auf Objekte unterschiedlicher Klassen enthält (die alle von *CObject* abstammen), werden die betreffenden Klassennamen im Archiv gespeichert, sodass die Objekte beim Laden mit dem passenden Konstruktor rekonstruiert werden.
- Wenn ein Container-Objekt (zum Beispiel ein Dokument) eine eingebettete Auflistung enthält, werden die geladenen Daten an die vorhandene Auflistung angehängt. Es kann deshalb erforderlich sein, zuvor den Inhalt der Auflistung zu löschen. Dies geschieht normalerweise mit der virtuellen Funktion *DeleteContents* des Dokuments, die vom Anwendungsgerüst aufgerufen wird.
- Wenn eine Auflistung von *CObject*-Zeigern aus einem Archiv geladen wird, werden die folgenden Verarbeitungsschritte für jedes Objekt der Auflistung durchgeführt:

1. Die Klasse des Objekts wird identifiziert.
2. Für das Objekt wird Heapspeicher angefordert.
3. Die Daten des Objekts werden in den angeforderten Speicherblock geladen.
4. Ein Zeiger auf das neue Objekt wird in der Auflistung gespeichert.

Das Beispielprogramm Ex16a weiter hinten in diesem Kapitel zeigt, wie eine eingebettete Liste mit *CStudent*-Datensätzen serialisiert wird.

## Die Funktion *Serialize* und das Anwendungsgerüst

Mittlerweile haben Sie erfahren, wie *Serialize*-Funktionen geschrieben werden und dass diese Funktionsaufrufe geschachtelt werden können. Aber wissen Sie auch, wann der erste *Serialize*-Aufruf erfolgt und den Serialisierungsprozess einleitet? Innerhalb des Anwendungsgerüsts beziehen sich alle Vorgänge auf das Dokument (das Objekt einer Klasse, die von *CDocument* abgeleitet wurde). Wenn Sie im Menü *Datei* die Optionen *Speichern* oder *Öffnen* wählen, legt das Anwendungsgerüst ein *CArchive*-Objekt an (sowie das zugrunde liegende *CFile*-Objekt) und ruft dann die *Serialize*-Funktion der Dokumentklasse mit einem Verweis auf das *CArchive*-Objekt auf. Die *Serialize*-Funktion der abgeleiteten Dokumentklasse serialisiert anschließend alle Datenelemente, die nicht temporärer Natur sind.

> **HINWEIS:** Wenn Sie sich die vom MFC-Anwendungsassistenten erzeugte Dokumentklasse genauer ansehen, werden Sie feststellen, dass die Klasse anstelle der Makros *DECLARE_SERIAL* und *IMPLEMENT_SERIAL* die Makros *DECLARE_DYNCREATE* und *IMPLEMENT_DYNCREATE* enthält. Die *SERIAL*-Makros sind nicht erforderlich, weil Dokumentobjekte niemals zusammen mit dem *CArchive*-Leseoperator verwendet werden und auch nicht in Auflistungen enthalten sind. Das Anwendungsgerüst ruft die *Serialize*-Funktion des Dokuments direkt auf. In alle anderen serialisierbaren Klassen sollten Sie jedoch die Makros *DECLARE_SERIAL* und *IMPLEMENT_SERIAL* verwenden.

# Die SDI-Anwendung

Sie haben bereits einige SDI-Anwendungen erstellt, die eine Dokumentklasse und eine Ansichtsklasse enthalten. Auch in diesem Kapitel verwenden wir nur eine Ansichtsklasse, aber wir werden uns die Beziehungen zwischen dem Anwendungsobjekt, dem Hauptrahmenfenster, dem Dokument, der Ansicht, dem Dokumentvorlageobjekt und den dazugehörigen Zeichenfolgen- und Menüressourcen etwas genauer ansehen.

## Das Windows-Anwendungsobjekt

In jeder Ihrer Anwendungen hat der MFC-Anwendungsassistent in aller Stille eine Klasse von *CWinApp* abgeleitet. Er hat auch eine Zeile wie die folgende eingefügt:

CMyApp theApp;

Was Sie hier sehen, ist der Mechanismus, mit dem eine MFC-Anwendung gestartet wird. Die Klasse *CMyApp* ist von der Klasse *CWinApp* abgeleitet und *theApp* ist eine global deklarierte Instanz der Klasse. Dieses globale Objekt wird als Windows-Anwendungsobjekt bezeichnet.

Nachfolgend finden Sie eine Zusammenfassung der Schritte, die beim Start einer MFC-Anwendung durchgeführt werden.

1. Windows lädt das Programm in den Speicher.
2. Das globale Objekt *theApp* wird angelegt. (Alle global deklarierten Objekte werden unmittelbar nach dem Laden des Programms angelegt.)
3. Windows ruft die globale Funktion *WinMain* auf, die ein Bestandteil der MFC-Bibliothek ist. (Die Funktion *WinMain* entspricht der Funktion *main* bei Nicht-Windows-Programmen. Sie bildet den Eintrittspunkt in das Hauptprogramm.)
4. *WinMain* sucht nach der einzigen Instanz einer Klasse, die von *CWinApp* abgeleitet ist.
5. *WinMain* ruft die Memberfunktion *InitInstance* von *theApp* auf, die in der abgeleiteten Anwendungsklasse überschrieben wurde.
6. Die von Ihnen erstellte Version der Funktion *InitInstance* beginnt damit, ein Dokument zu laden, und zeigt den Hauptrahmen und die Ansichtsfenster an.
7. *WinMain* ruft die Memberfunktion *Run* von *theApp* auf, wodurch der Verteilungsprozess für Fenster- und Befehlsmeldungen gestartet wird.

Sie können auch eine weitere wichtige *CWinApp*-Funktion überschreiben. Die Memberfunktion *ExitInstance* wird beim Ende der Anwendung aufgerufen, wenn bereits alle ihre Fenster geschlossen wurden.

**HINWEIS:** Unter Windows ist es möglich, mehrere Instanzen einer Anwendung auszuführen. Bei jedem Start einer Instanz wird die Funktion *InitInstance* aufgerufen. Unter Win32 wird jede Instanz als unabhängiger Prozess ausgeführt. Dass dabei derselbe Code in den virtuellen Adressraum der verschiedenen Prozesse eingeblendet wird, ist nebensächlich. Wenn Sie nach weiteren Instanzen Ihres Programms suchen möchten, müssen Sie entweder die Win32-Funktion *FindWindow* aufrufen oder für die Kommunikation einen gemeinsamen Datenbereich oder eine auf den Speicher abgebildete Datei einrichten.

## Die Dokumentvorlagenklasse

Wenn Sie sich die *InitInstance*-Funktion ansehen, die der MFC-Anwendungsassistent für Ihre abgeleitete Anwendungsklasse erstellt hat, werden Sie folgende Zeilen in ihr finden:

```
CSingleDocTemplate* pDocTemplate;
pDocTemplate = new CSingleDocTemplate(
    IDR_MAINFRAME,
    RUNTIME_CLASS(CEx16aDoc),
    RUNTIME_CLASS(CMainFrame),      // Haupt-SDI-Rahmenfenster
    RUNTIME_CLASS(CEx16aView));
AddDocTemplate(pDocTemplate);
```

Sofern Sie nicht spezielle Funktionen wie teilbare Fenster oder Mehrfachansichten verwenden, dürfte dies das einzige Mal sein, dass Sie einem Dokumentvorlagenobjekt begegnen. In diesem Fall handelt es sich um ein Objekt der Klasse *CSingleDocTemplate*, die von der Klasse *CDocTemplate* abgeleitet ist. Die Klasse *CSingleDocTemplate* wird nur in SDI-Anwendungen eingesetzt, da SDI-Anwendungen auf ein einziges Dokumentobjekt beschränkt sind. *AddDocTemplate* ist eine Memberfunktion der Klasse *CWinApp*.

Über den Aufruf von *AddDocTemplate* und den Aufruf des Dokumentvorlagenkonstruktors wird eine Beziehung zwischen der Anwendungsklasse, der Dokumentklasse, der Ansichtsfensterklasse und der Hauptrahmenfensterklasse hergestellt. Das Anwendungsobjekt existiert natürlich schon vor der Erstellung der Vorlage, aber Dokument-, Ansichts- und Rahmenobjekte werden erst später angelegt. Das Anwendungsgerüst generiert diese Objekte dynamisch, sobald sie benötigt werden.

Diese Art der dynamischen Erstellung von Objekten gehört schon zu den anspruchsvollen Bereichen der C++-Programmierung. Wenn die Makros *DECLARE_DYNCREATE* und *IMPLEMENT_DYNCREATE* in die Klassendeklaration und -implementierung aufgenommen werden, kann die MFC-Bibliothek die Objekte der betreffenden Klasse dynamisch erstellen. Gäbe es diese Möglichkeit zur dynamischen Objekterstellung nicht, müssten Sie mehr Beziehungen zwischen den Klassen der Anwendung fest in den Programmcode aufnehmen. Beispielsweise würde die abgeleitete Anwendungsklasse mehr Code zur Erstellung von Dokument-, Ansichts- und Rahmenobjekten der anwendungsspezifischen abgeleiteten Klassen erfordern. Dies würde aber der objektorientierten Ausrichtung Ihres Programms zuwiderlaufen.

Dank des Vorlagensystems braucht in der Anwendungsklasse lediglich das Makro *RUNTIME_CLASS* aufgerufen zu werden. Beachten Sie bitte, dass Sie auch die Deklaration der Zielklasse hinzufügen müssen, damit dieses Makro funktioniert.

Abbildung 16.2 verdeutlicht die Beziehungen zwischen den verschiedenen Klassen, während Abbildung 16.3 die Beziehungen zwischen den Objekten aufzeigt. Eine SDI-Anwendung kann nur eine Vorlage (und die dazugehörigen Klassen) enthalten. Und wenn das SDI-Programm ausgeführt wird, kann es nur ein Dokument- und ein Hauptrahmenobjekt geben.

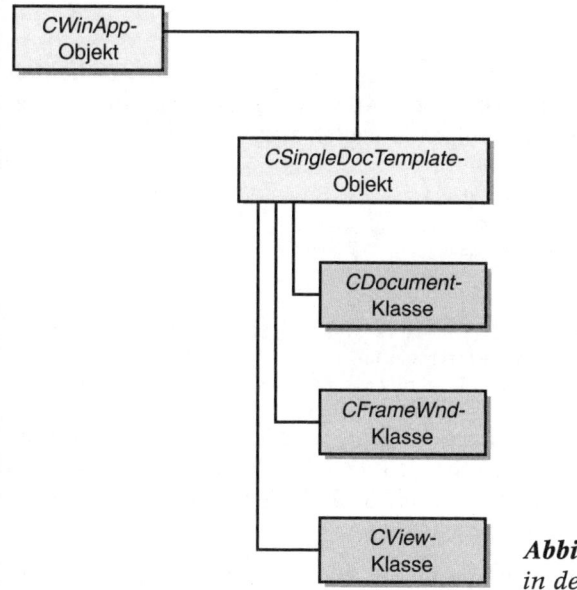

**Abbildung 16.2:** *Beziehungen zwischen Klassen in der Dokument/Ansicht-Architektur*

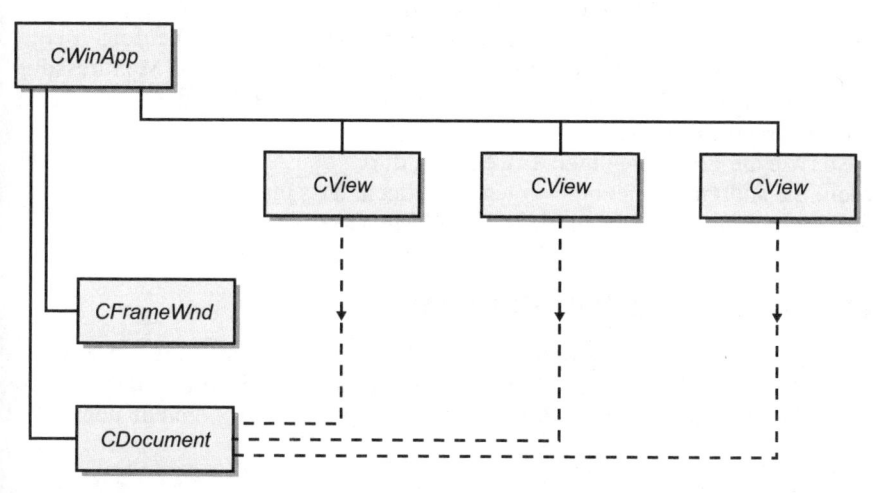

**Abbildung 16.3:** *Objektbeziehungen in der Dokument/Ansicht-Architektur*

**HINWEIS:** Die Möglichkeit der dynamischen Objekterstellung in der MFC-Bibliothek wurde entwickelt, bevor die Laufzeittypinformationen (RTTI, für Runtime Type Identification) in die Sprache C++ eingeführt wurden. Die ursprüngliche MFC-Implementierung geht über die Möglichkeiten von RTTI hinaus und wird deshalb auch weiterhin verwendet.

## Die Dokumentvorlagenressource

Der erste Parameter von *AddDocTemplate* ist *IDR_MAINFRAME*, eine ID für eine Zeichenfolgentabellenressource. Die entsprechende Zeichenfolge, die der MFC-Anwendungsassistent in der Ressourcendatei der Anwendung Ex16a erstellt, sieht folgendermaßen aus:

```
IDR_MAINFRAME
    "Ex16a\n"                   // Titel des Anwendungsfensters
    "\n"                        // Kern des Standard-Dokumentnamens
                                // ("Unbenannt", wenn nicht angegeben)
    "Ex16a\n"                   // Name des Dokumenttyps
    "Ex16a Files (*.16a)\n"     // Beschreibung des Dokumenttyps und Filter
    ".16A\n"                    // Dateinamenserweiterung für Dokumente dieses Typs
    "Ex16a.Document\n"          // ID des Dateityps in der Registrierung
    "Ex16a Document"            // Beschreibung des Dateityps in der Registrierung
```

**HINWEIS:** Der Ressourcencompiler ist nicht in der Lage, einzelne Zeichenfolgen wie im obigen Beispiel automatisch aneinander zu hängen. Wenn Sie sich die Datei Ex16a.rc ansehen, werden Sie feststellen, dass alle Teilzeichenfolgen zu einem einzigen, langen String zusammengefügt wurden.

*IDR_MAINFRAME* definiert eine Zeichenfolge, die durch das Zeilenvorschubzeichen (\n) in mehrere Teilzeichenfolgen unterteilt ist. Diese Teilzeichenfolgen tauchen während der Programmausführung an verschiedenen Stellen auf. Die Zeichenfolge *16a* ist die vom MFC-Anwendungsassistenten festgelegte Standarddateinamenserweiterung.

Die Ressourcen-ID *IDR_MAINFRAME* bezeichnet nicht nur bestimmte Zeichenfolgen einer Anwendung, sondern auch das Anwendungssymbol sowie die Symbolleisten- und Menüressourcen. Diese Ressourcen werden vom MFC-Anwendungsassistenten generiert und lassen sich in den entsprechenden Ressourcen-Editoren bearbeiten.

Jetzt wissen Sie also, wie die Elemente einer Anwendung durch den Aufruf von *AddDocTemplate* verknüpft werden. Sie sollten sich jedoch vergegenwärtigen, dass bis jetzt noch keine Fenster erstellt wurden und deshalb noch nichts auf dem Bildschirm zu sehen ist.

## Mehrere Ansichten für ein SDI-Dokument

Die Bereitstellung mehrerer Ansichten eines SDI-Dokuments ist etwas komplizierter. Sie könnten einen Menübefehl definieren, über den der Benutzer eine Ansicht auswählen oder mehrere Ansichten in einem geteilten Fenster anzeigen kann. In Kapitel 18 erfahren Sie mehr über diese beiden Methoden.

## Ein leeres Dokument erstellen: die Funktion *CWinApp::OnFileNew*

Nachdem die *InitInstance*-Funktion Ihrer Anwendungsklasse die Memberfunktion *AddDocTemplate* aufgerufen hat, ruft sie (indirekt über *CWinApp::ProcessShellCommand*) *OnFileNew* auf – eine weitere wichtige Memberfunktion von *CWinApp*. Die Funktion *OnFileNew* durchsucht die miteinander verknüpften Klassennamen und führt die folgenden Schritte aus:

1. Sie erstellt das Dokumentobjekt, versucht jedoch nicht, Daten vom Datenträger zu lesen.

2. Sie erstellt das Hauptrahmenobjekt (Klasse *CMainFrame*) sowie das Hauptrahmenfenster, zeigt es jedoch nicht an. Das Hauptrahmenfenster enthält das Menü *IDR_MAINFRAME*, die Symbolleiste und die Statusleiste.
3. Sie erstellt das Ansichtsobjekt sowie das Ansichtsfenster, zeigt es jedoch nicht an.
4. Sie stellt Verbindungen zwischen den Dokument-, Hauptrahmen- und Ansichtsobjekten her. Verwechseln Sie diese Verbindungen nicht mit den Verbindungen zwischen den Klassen, die durch den Aufruf von *AddDocTemplate* hergestellt werden.
5. Sie ruft die virtuelle Funktion *CDocument::OnNewDocument* des Dokumentobjekts auf, die wiederum die virtuelle Funktion *DeleteContents* aufruft.
6. Sie ruft die virtuelle Funktion *CView::OnInitialUpdate* des Ansichtsobjekts auf.
7. Sie ruft die virtuelle Funktion *CFrameWnd::ActivateFrame* des Rahmenobjekts auf, um das Hauptrahmenfenster mit den Menüs, dem Ansichtsfenster und den Steuerleisten anzuzeigen.

**HINWEIS:** Einige der genannten Funktionen werden nicht direkt in *OnFileNew* aufgerufen, sondern indirekt über das Anwendungsgerüst.

Bei einer SDI-Anwendung werden Dokument-, Hauptrahmen- und Ansichtsobjekte nur einmal erstellt und bleiben erhalten, solange das Programm ausgeführt wird. Die Funktion *CWinApp::OnFileNew* wird von *InitInstance* aufgerufen. Sie wird auch aufgerufen, wenn der Benutzer im *Datei*-Menü den Befehl *Neu* gibt. In diesem Fall muss sich die Funktion *OnFileNew* jedoch anders verhalten. Sie kann keine Dokument-, Rahmen- und Ansichtsobjekte erstellen, weil diese Objekte bereits angelegt sind. Stattdessen verwendet sie die vorhandenen Objekte und führt die Schritte 5, 6 und 7 aus. Beachten Sie, dass *OnFileNew* stets (indirekt) *DeleteContents* aufruft, um den Inhalt des Dokuments zu löschen.

## Die Funktion *OnNewDocument* in der Dokumentklasse

Sie sind der Ansichtsklassenfunktion *OnInitialUpdate* und der Dokumentklassenfunktion *OnNewDocument* bereits in Kapitel 15 begegnet. Würden SDI-Anwendungen Dokumentobjekte nicht wiederverwenden, bräuchten Sie *OnNewDocument* nicht, da Sie die gesamte Initialisierung des Dokuments über den Klassenkonstruktor des Dokuments durchführen könnten. Sie müssen *OnNewDocument* aber überschreiben, damit die Funktion das Dokumentobjekt jedes Mal initialisiert, wenn der Benutzer im *Datei*-Menü den Befehl *Neu* oder *Öffnen* gibt. Der MFC-Anwendungsassistent unterstützt Sie dabei, indem er ein Funktionsgerüst in die von ihm erzeugte Klasse einfügt.

**HINWEIS:** Es empfiehlt sich, die Arbeit, die im Konstruktor ausgeführt wird, auf ein Mindestmaß zu beschränken. Je weniger der Konstruktor tun muss, desto geringer ist das Risiko, dass er versagt und dadurch erhebliche Probleme verursacht. Geeignete Stellen für die Initialisierung sind Funktionen wie *CDocument::OnNewDocument* und *CView::OnInitialUpdate*. Wenn dennoch Fehler bei der Objekterstellung auftreten, können Sie ein Meldungsfeld anzeigen lassen oder *OnNewDocument* kann *FALSE* zurückgeben. Beachten Sie bitte, dass beide Funktionen mehrmals für dasselbe Objekt aufgerufen werden können. Wenn bestimmte Anweisungen nur einmal ausgeführt werden sollen, können Sie ein entsprechendes Flag als Datenelement definieren und zur Steuerung benutzen.

## Dateien öffnen: die Funktion *OnFileOpen*

Wenn der MFC-Anwendungsassistent eine Anwendung erstellt, ordnet er den Befehl *Öffnen* des *Datei*-Menüs der Memberfunktion *CWinApp::OnFileOpen* zu. Diese Funktion führt nach ihrem Aufruf folgende Arbeitsschritte durch:

1. Sie fordert den Benutzer zur Auswahl einer Datei auf.
2. Sie ruft die virtuelle Funktion *CDocument::OnOpenDocument* des bereits vorhandenen Dokumentobjekts auf. Diese Funktion öffnet die Datei, ruft *CDocument::DeleteContents* auf und erstellt ein *CArchive*-Objekt für den Lesezugriff. Anschließend ruft sie die *Serialize*-Funktion des Dokumentobjekts auf, um die Daten aus dem Archiv einzulesen.
3. Sie ruft die *OnInitialUpdate*-Funktion der Anwendung auf.

Die Liste der zuletzt benutzten Dokumente ist eine komfortable Alternative zum Befehl *Öffnen* des *Datei*-Menüs. Das Anwendungsgerüst speichert die Namen der vier zuletzt verwendeten Dateien und zeigt sie im Menü *Datei* an. Diese Dateinamen werden zwischen den Programmläufen in der Windows-Registrierung gespeichert.

**HINWEIS:** Sie können die Anzahl der zuletzt verwendeten Dateien, die im Menü *Datei* angezeigt werden, in der *InitInstance*-Funktion der Anwendung ändern, indem Sie *LoadStdProfileSettings* mit der gewünschten Anzahl aufrufen.

## Die Funktion *DeleteContents* der Dokumentklasse

Wenn Sie ein vorhandenes SDI-Dokumentobjekt aus einer Datei laden, müssen Sie den aktuellen Inhalt des Dokumentobjekts auf geeignete Weise löschen. Am besten überschreiben Sie dazu die virtuelle Funktion *CDocument::DeleteContents* in der abgeleiteten Dokumentklasse. Die überschriebene Version kann dann, wie in Kapitel 15 beschrieben, alle erforderlichen Schritte durchführen, um die Datenelemente der Dokumentklasse neu zu initialisieren. Als Reaktion auf die Befehle *Neu* oder *Öffnen* des *Datei*-Menüs rufen sowohl *OnNewDocument* als auch *OnOpenDocument* (beides Memberfunktionen von *CDocument*) die Funktion *DeleteContents* auf. *DeleteContents* wird also auch unmittelbar nach der Erstellung des Dokumentobjekts aufgerufen. Die Funktion wird erneut aufgerufen, wenn Sie ein Dokument schließen.

Wenn Sie möchten, dass Ihre Dokumentklassen auch in SDI-Anwendungen funktionieren, sollten Sie den Inhalt des Dokuments in der Memberfunktion *DeleteContents* löschen und nicht direkt im Destruktor. Verwenden Sie den Destruktor nur zur Beseitigung von solchen Dingen, die während der gesamten Lebensdauer des Objekts erhalten bleiben.

## Dateien speichern: *OnFileSave* und *OnFileSaveAs*

Wenn der MFC-Anwendungsassistent eine Anwendung generiert, ordnet er den Befehl *Speichern* aus dem *Datei*-Menü der Memberfunktion *CDocument::OnFileSave* zu. *OnFileSave* ruft *CDocument::OnSaveDocument* auf, die wiederum die *Serialize*-Funktion des Dokuments aufruft und ihr ein *CArchive*-Objekt mit Schreibzugriff übergibt. Der *Datei*-Befehl *Speichern unter* wird in ähnlicher Weise ausgeführt. Er wird der Memberfunktion *OnFileSaveAs* der Klasse *CDocument* zugeordnet, die wiederum die Funktion *OnSaveDocument* aufruft. In diesem Fall übernimmt das Anwendungsgerüst sämtliche Aufgaben, die beim Speichern des Dokuments auf dem Datenträger anfallen.

**HINWEIS:** Den Befehlen *Neu* und *Öffnen* aus dem *Datei*-Menü sind Memberfunktionen der Anwendungsklasse zugeordnet und den Befehlen *Speichern* und *Speichern unter* aus demselben *Datei*-Menü Memberfunktionen der Dokumentklasse. Der Handler für den Befehl *Neu* ist *OnFileNew*. Die SDI-Version von *InitInstance* ruft ebenfalls (indirekt) *OnFileNew* auf. Wenn das Anwendungsgerüst *InitInstance* aufruft, existiert noch kein Dokumentobjekt, sodass *OnFileNew* keine Memberfunktion von *CDocument* sein kann. Beim Speichern eines Dokuments existiert dagegen mit Sicherheit ein Dokumentobjekt.

## Das Änderungsflag des Dokuments

Viele dokumentorientierte Windows-Anwendungen achten darauf, ob der Benutzer ein Dokument ändert. Wenn der Benutzer versucht, das Dokument zu schließen oder das Programm zu beenden, wird in diesem Fall ein Meldungsfeld angezeigt, in dem der Benutzer gefragt wird, ob er das Dokument speichern möchte. Das MFC-Anwendungsgerüst unterstützt dieses Konzept direkt durch das *CDocument*-Datenelement *m_bModified*. Diese boolesche Variable hat den Wert *TRUE*, wenn das Dokument geändert wurde, und andernfalls den Wert *FALSE*.

Der Zugriff auf das geschützte Flag *m_bModified* erfolgt über die *CDocument*-Funktionen *SetModifiedFlag* und *IsModified*. Das Anwendungsgerüst weist dem Flag des Dokumentobjekts den Wert *FALSE* zu, wenn das Dokument erstellt oder vom Datenträger gelesen wird und wenn das Dokument auf dem Datenträger gespeichert wird. Sie als Programmierer müssen das Flag mit Hilfe der Funktion *SetModifiedFlag* auf *TRUE* setzen, wenn die Daten des Dokuments geändert wurden. Die virtuelle Funktion *CDocument::SaveModified*, die das Anwendungsgerüst aufruft, wenn der Benutzer das Dokument zu schließen versucht, zeigt ein Meldungsfeld an, wenn das Flag *m_bModified* den Wert *TRUE* hat. Sie können diese Funktion überschreiben, wenn sie noch andere Dinge tun soll.

Im Beispielprogramm Ex16a wird gezeigt, wie Sie mit einer einzeiligen Oberflächenaktualisierungsfunktion die Funktion *IsModified* zur Abfrage des Zustands der Schaltfläche *Speichern* und des entsprechenden Menübefehls verwenden können. Wenn der Benutzer die Datei bearbeitet, wird die Schaltfläche *Speichern* zugänglich. Sobald er die Datei gespeichert hat, wird die Schaltfläche wieder gesperrt.

**HINWEIS:** In einer Hinsicht unterscheiden sich MFC-SDI-Anwendungen geringfügig von anderen Windows-SDI-Anwendungen, wie zum Beispiel dem Windows-Editor (NOTEPAD.EXE). Ein typischer Arbeitsablauf könnte so aussehen:

1. Der Benutzer erstellt ein Dokument und speichert es beispielsweise unter dem Namen test.dat auf dem Datenträger.
2. Er bearbeitet das Dokument.
3. Er wählt den Befehl *Öffnen* des *Datei*-Menüs und gibt test.dat als zu öffnende Datei an.

Wenn der Benutzer den Befehl *Öffnen* aus dem *Datei*-Menü wählt, fragt der Windows Editor, ob die an der Datei (in Schritt 2) vorgenommenen Änderungen gespeichert werden sollen. Wenn der Benutzer auf *Nein* klickt, liest das Programm die Datei erneut vom Datenträger ein. Eine MFC-Anwendung geht dagegen davon aus, dass die Änderungen erwünscht und endgültig sind, und liest die Datei nicht neu ein.

# Das Beispielprogramm Ex16a: SDI mit Serialisierung

Das Beispielprogramm Ex16a ähnelt dem Beispiel Ex15b. Das Dialogfeld *Studentendaten*, die Symbolleiste und auch die Ansichtsklasse sind identisch. Neu hinzugekommen sind Serialisierungsfunktionen sowie eine Oberflächenaktualisierungsfunktion für den Befehl *Speichern* aus dem *Datei*-Menü. Die Header- und Implementierungsdateien für die Ansichts- und Dokumentklassen werden im Beispiel Ex16b wiederverwendet.

Soweit sich der Quelltext gegenüber Beispiel Ex15b verändert hat, wird er hier aufgeführt. Änderungen und Ergänzungen an dem Code, der von den Assistenten generiert wurde, werden durch Fettdruck hervorgehoben. Tabelle 16.2 listet die Dateien und Klassen auf, die im Beispiel Ex16a verwendet werden.

| Headerdatei | Quelltextdatei | Klasse | Beschreibung |
|---|---|---|---|
| Ex16a.h | Ex16a.cpp | CEx16aApp | Anwendungsklasse (vom MFC-Anwendungsassistenten angelegt) |
|  |  | CAboutDlg | Dialogfeld *Info* |
| MainFrm.h | MainFrm.cpp | CMainFrame | SDI-Hauptrahmen |
| Ex16aDoc.h | Ex16aDoc.cpp | CEx16aDoc | *Student*-Dokument |
| Ex16aView.h | Ex16aView.cpp | CEx16aView | Formularansicht für Studentendaten (aus Ex15b) |
| Student.h | Student.cpp | CStudent | Studentendatensatz |
| StdAfx.h | StdAfx.cpp |  | Vorkompilierte Header (mit afxtempl.h) |

*Tabelle 16.2: Komponenten der Beispielanwendung Ex16a*

## Die Klasse *CStudent*

Die Datei *Student.h* von Ex16a ist nahezu identisch mit der entsprechenden Datei des Projekts Ex15a. Die Headerdatei enthält das Makro

`DECLARE_SERIAL(CStudent)`

anstelle von

`DECLARE_DYNAMIC(CStudent)`

und die Implementierungsdatei enthält das Makro

`IMPLEMENT_SERIAL(CStudent, CObject, 0)`

anstelle von

`IMPLEMENT_DYNAMIC(CStudent, CObject)`

Außerdem wurde die virtuelle Funktion *Serialize* hinzugefügt, die Sie im Abschnitt »Eine Serialize-Funktion schreiben« weiter vorne in diesem Kapitel finden.

## *CEx16aApp*

Die Dateien der Anwendungsklasse enthalten, wie Sie den folgenden Zeilen entnehmen können, nur Code, der vom MFC-Anwendungsassistenten erzeugt wurde. Die Anwendung wurde mit einer Standarddateinamenserweiterung erzeugt und unterstützt die Start- und Drag & Drop-Funktionen des Windows-Explorers. Diese Funktionen werden später in diesem Kapitel noch genauer beschrieben.

Damit der zusätzliche Code generiert wird, gehen Sie bei der ersten Ausführung des MFC-Anwendungsassistenten auch auf die Seite *Zeichenfolgen für Dokumentvorlagen* und geben im Feld *Dateierweiterung* die Dateinamenserweiterung ein, wie in der folgenden Abbildung:

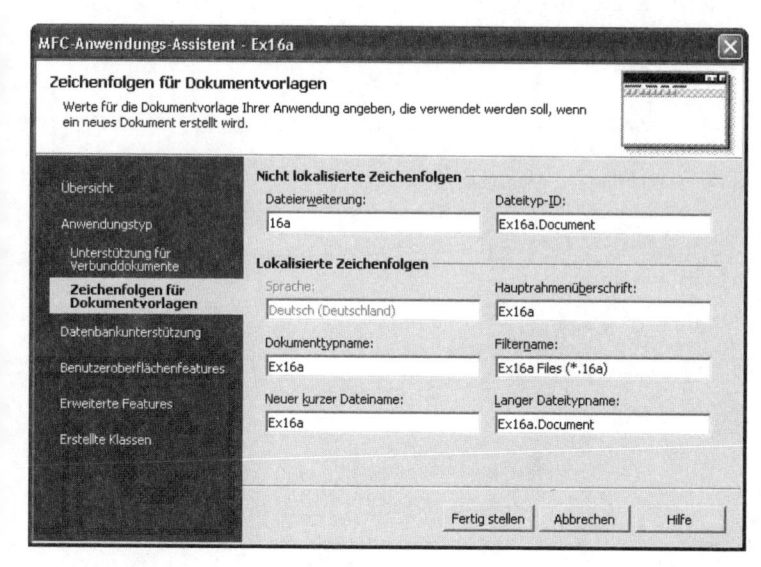

Dadurch wird sichergestellt, dass die Ressourcenzeichenfolge der Dokumentvorlage die richtige Standarddateinamenserweiterung erhält und dass die Anweisungen zur Unterstützung der Windows-Explorer-Funktionen in die *InitInstance*-Funktion der Anwendungsklasse eingefügt werden. Sie können auch einige der anderen Ressourcen-Teilzeichenfolgen ändern, wenn Sie dies möchten.

**Ex16a.h**
```
// Ex16a.h : Hauptheaderdatei für die Ex16a-Anwendung
//
#pragma once
#ifndef __AFXWIN_H__
    #error include 'stdafx.h' before including this file for PCH
#endif
#include "resource.h"       // Hauptsymbole
// CEx16aApp:
// Siehe Ex16a.cpp für die Implementierung dieser Klasse
//
class CEx16aApp : public CWinApp
{
public:
    CEx16aApp();
```

*Dokumente lesen und schreiben*

```
// Überschreibungen
public:
    virtual BOOL InitInstance();
// Implementierung
    afx_msg void OnAppAbout();
    DECLARE_MESSAGE_MAP()
};
extern CEx16aApp theApp;
```

**Ex16a.cpp**

```
// Ex16a.cpp : Definiert das Klassenverhalten für die Anwendung.
//
#include "stdafx.h"
#include "Ex16a.h"
#include "MainFrm.h"

#include "Ex16aDoc.h"
#include "Ex16aView.h"

#ifdef _DEBUG
#define new DEBUG_NEW
#endif

// CEx16aApp

BEGIN_MESSAGE_MAP(CEx16aApp, CWinApp)
    ON_COMMAND(ID_APP_ABOUT, OnAppAbout)
    // Dateibasierte Standarddokumentbefehle
    ON_COMMAND(ID_FILE_NEW, CWinApp::OnFileNew)
    ON_COMMAND(ID_FILE_OPEN, CWinApp::OnFileOpen)
END_MESSAGE_MAP()

// CEx16aApp-Erstellung

CEx16aApp::CEx16aApp()
{
    // TODO: Hier Code zur Konstruktion einfügen
    // Alle wichtigen Initialisierungen in InitInstance positionieren
}

// Das einzige CEx16aApp-Objekt

CEx16aApp theApp;

// CEx16aApp Initialisierung

BOOL CEx16aApp::InitInstance()
{
    // InitCommonControls() ist für Windows XP erforderlich, wenn ein Anwendungsmanifest
    // die Verwendung von ComCtl32.dll Version 6 oder höher zum Aktivieren
    // von visuellen Stilen angibt. Ansonsten treten beim Erstellen von Fenstern Fehler auf.
    InitCommonControls();

    CWinApp::InitInstance();

    // OLE-Bibliotheken initialisieren
    if (!AfxOleInit())
    {   AfxMessageBox(IDP_OLE_INIT_FAILED);
        return FALSE;
    }
```

```cpp
    AfxEnableControlContainer();
    // Standardinitialisierung
    // Wenn Sie diese Features nicht verwenden und die Größe
    // der ausführbaren Datei verringern möchten, entfernen Sie
    // die nicht erforderlichen Initialisierungsroutinen.
    // Ändern Sie den Registrierungsschlüssel unter dem Ihre Einstellungen gespeichert sind.
    // TODO: Ändern Sie diese Zeichenfolge entsprechend,
    // z.B. zum Namen Ihrer Firma oder Organisation.
    SetRegistryKey(_T("Vom lokalen Anwendungs-Assistenten generierte Anwendungen"));
    LoadStdProfileSettings(4);  // Standard INI-Dateioptionen laden (einschließlich MRU)
    // Dokumentvorlagen der Anwendung registrieren. Dokumentvorlagen
    //   dienen als Verbindung zwischen Dokumenten, Rahmenfenstern und Ansichten.
    CSingleDocTemplate* pDocTemplate;
    pDocTemplate = new CSingleDocTemplate(
        IDR_MAINFRAME,
        RUNTIME_CLASS(CEx16aDoc),
        RUNTIME_CLASS(CMainFrame),       // Haupt-SDI-Rahmenfenster
        RUNTIME_CLASS(CEx16aView));
    AddDocTemplate(pDocTemplate);
    // DDE-Execute-Open aktivieren
    EnableShellOpen();
    RegisterShellFileTypes(TRUE);
    // Befehlszeile parsen, um zu prüfen auf Standardumgebungsbefehle DDE, Datei offen
    CCommandLineInfo cmdInfo;
    ParseCommandLine(cmdInfo);
    // Verteilung der in der Befehlszeile angegebenen Befehle. Es wird FALSE zurückgegeben,
    // wenn die Anwendung mit /RegServer, /Register, /Unregserver oder /Unregister gestartet
    // wurde.
    if (!ProcessShellCommand(cmdInfo))
        return FALSE;
    // Das einzige Fenster ist initialisiert und kann jetzt angezeigt und aktualisiert
    // werden.
    m_pMainWnd->ShowWindow(SW_SHOW);
    m_pMainWnd->UpdateWindow();
    // Rufen Sie DragAcceptFiles nur auf, wenn eine Suffix vorhanden ist.
    //   In einer SDI-Anwendung ist dies nach ProcessShellCommand erforderlich
    // Öffnen mit Drag Drop aktivieren
    m_pMainWnd->DragAcceptFiles();
    return TRUE;
}
// CAboutDlg-Dialogfeld für Anwendungsbefehl 'Info'
class CAboutDlg : public CDialog
{
public:
    CAboutDlg();
// Dialogfelddaten
    enum { IDD = IDD_ABOUTBOX };
protected:
    virtual void DoDataExchange(CDataExchange* pDX);    // DDX/DDV-Unterstützung
// Implementierung
protected:
    DECLARE_MESSAGE_MAP()
};
```

*Dokumente lesen und schreiben*

```
CAboutDlg::CAboutDlg() : CDialog(CAboutDlg::IDD)
{
}
void CAboutDlg::DoDataExchange(CDataExchange* pDX)
{
    CDialog::DoDataExchange(pDX);
}
BEGIN_MESSAGE_MAP(CAboutDlg, CDialog)
END_MESSAGE_MAP()
// Anwendungsbefehl zum Ausführen des Dialogfelds
void CEx16aApp::OnAppAbout()
{
    CAboutDlg aboutDlg;
    aboutDlg.DoModal();
}
// CEx16aApp Meldungshandler
```

## CMainFrame

Der Quelltext der Hauptrahmenfensterklasse, der nun folgt, ist praktisch der unveränderte Quelltext, den der MFC-Anwendungsassistent generiert hat. Zu Diagnosezwecken wurden lediglich die Funktion *ActivateFrame* überschrieben und ein Handler für die Meldung *WM_DROPFILES* implementiert.

### MainFrm.h

```
// MainFrm.h : Schnittstelle der Klasse CMainFrame
//
#pragma once
class CMainFrame : public CFrameWnd
{
protected: // Nur aus Serialisierung erstellen
    CMainFrame();
    DECLARE_DYNCREATE(CMainFrame)
// Attribute
public:
// Operationen
public:
// Überschreibungen
public:
    virtual BOOL PreCreateWindow(CREATESTRUCT& cs);
// Implementierung
public:
    virtual ~CMainFrame();
#ifdef _DEBUG
    virtual void AssertValid() const;
    virtual void Dump(CDumpContext& dc) const;
#endif
```

```cpp
protected:    // Eingebundene Elemente der Steuerleiste
    CStatusBar  m_wndStatusBar;
    CToolBar    m_wndToolBar;
// Generierte Funktionen für die Meldungstabellen
protected:
    afx_msg int OnCreate(LPCREATESTRUCT lpCreateStruct);
    DECLARE_MESSAGE_MAP()
public:
    afx_msg void OnDropFiles(HDROP hDropInfo);
    virtual void ActivateFrame(int nCmdShow = -1);
};
```

## MainFrm.cpp

```cpp
// MainFrm.cpp : Implementierung der Klasse CMainFrame
//
#include "stdafx.h"
#include "Ex16a.h"

#include "MainFrm.h"

#ifdef _DEBUG
#define new DEBUG_NEW
#endif
// CMainFrame

IMPLEMENT_DYNCREATE(CMainFrame, CFrameWnd)

BEGIN_MESSAGE_MAP(CMainFrame, CFrameWnd)
    ON_WM_CREATE()
    ON_WM_DROPFILES()
END_MESSAGE_MAP()

static UINT indicators[] =
{
    ID_SEPARATOR,           // Statusleistenanzeige
    ID_INDICATOR_CAPS,
    ID_INDICATOR_NUM,
    ID_INDICATOR_SCRL,
};
// CMainFrame Erstellung/Zerstörung

CMainFrame::CMainFrame()
{
    // TODO: Hier Code für die Memberinitialisierung einfügen
}

CMainFrame::~CMainFrame()
{
}

int CMainFrame::OnCreate(LPCREATESTRUCT lpCreateStruct)
{
    if (CFrameWnd::OnCreate(lpCreateStruct) == -1)
        return -1;
```

```cpp
    if (!m_wndToolBar.CreateEx(this, TBSTYLE_FLAT, WS_CHILD | WS_VISIBLE | CBRS_TOP
        | CBRS_GRIPPER | CBRS_TOOLTIPS | CBRS_FLYBY | CBRS_SIZE_DYNAMIC) ||
        !m_wndToolBar.LoadToolBar(IDR_MAINFRAME))
    {
        TRACE0("Symbolleiste konnte nicht erstellt werden\n");
        return -1;      // Fehler bei Erstellung
    }

    if (!m_wndStatusBar.Create(this) ||
        !m_wndStatusBar.SetIndicators(indicators,
          sizeof(indicators)/sizeof(UINT)))
    {
        TRACE0("Statusleiste konnte nicht erstellt werden\n");
        return -1;      // Fehler bei Erstellung
    }
    // TODO: Löschen Sie diese drei Zeilen, wenn Sie nicht möchten, dass die Systemleiste andockbar ist
    m_wndToolBar.EnableDocking(CBRS_ALIGN_ANY);
    EnableDocking(CBRS_ALIGN_ANY);
    DockControlBar(&m_wndToolBar);

    return 0;
}
BOOL CMainFrame::PreCreateWindow(CREATESTRUCT& cs)
{
    if( !CFrameWnd::PreCreateWindow(cs) )
        return FALSE;
    // TODO: Ändern Sie hier die Fensterklasse oder die Darstellung, indem Sie
    //  CREATESTRUCT cs modifizieren.
    return TRUE;
}
// CMainFrame Diagnose
#ifdef _DEBUG
void CMainFrame::AssertValid() const
{
    CFrameWnd::AssertValid();
}
void CMainFrame::Dump(CDumpContext& dc) const
{
    CFrameWnd::Dump(dc);
}
#endif //_DEBUG
// CMainFrame Meldungshandler
void CMainFrame::OnDropFiles(HDROP hDropInfo)
{
    TRACE("Eintritt in CMainFrame::OnDropFiles\n");
    CFrameWnd::OnDropFiles(hDropInfo);
}
void CMainFrame::ActivateFrame(int nCmdShow)
{
    TRACE("Eintritt in CMainFrame::ActivateFrame\n");
    CFrameWnd::ActivateFrame(nCmdShow);
}
```

## CEx16aDoc

Die Klasse *CEx16aDoc* entspricht der Klasse *CEx15bDoc* aus dem letzten Kapitel, mit Ausnahme der folgenden vier Funktionen: *Serialize*, *DeleteContents*, *OnOpenDocument* und *OnUpdateFileSave*.

### Die Funktion *Serialize*

Zu der vom MFC-Anwendungsassistenten erzeugten Funktion wurde eine Zeile hinzugefügt, um die Serialisierung der Studentenliste des Dokuments zu ermöglichen:

```
/////////////////////////////////////////////////////////////////
// CEx16aDoc Serialisierung
void CEx16aDoc::Serialize(CArchive& ar)
{
    TRACE("Eintritt in CEx16aDoc::Serialize\n");
    if (ar.IsStoring())
    {
        // TODO: Hier Code zum Speichern einfügen
    }
    else
    {
        // TODO: Hier Code zum Laden einfügen
    }
    m_studentList.Serialize(ar);
}
```

### DeleteContents

Der Aufruf von *Dump* wurde durch eine einfache *TRACE*-Anweisung ersetzt. Der geänderte Quelltext sieht folgendermaßen aus:

```
void CEx16aDoc::DeleteContents()
{
    TRACE("Eintritt in CEx16aDoc::DeleteContents\n");
    while (m_studentList.GetHeadPosition()) {
        delete m_studentList.RemoveHead();
    }
}
```

### OnOpenDocument

Diese virtuelle Funktion wurde nur überschrieben, um eine *TRACE*-Meldung anzeigen zu können:

```
BOOL CEx16aDoc::OnOpenDocument(LPCTSTR lpszPathName)
{
    TRACE("Eintritt in CEx16aDoc::OnOpenDocument\n");
    if (!CDocument::OnOpenDocument(lpszPathName))
        return FALSE;

    // TODO: Fügen Sie Ihren spezialisierten Erstellcode hier ein.

    return TRUE;
}
```

*OnUpdateFileSave*

Dieser Meldungshandler sperrt die Symbolleistenschaltfläche *Speichern*, wenn das Dokument nicht geändert wurde. Die Ansicht steuert diesen Zustand, indem sie die Funktion *SetModifiedFlag* des Dokuments aufruft:

```
void CEx16aDoc::OnUpdateFileSave(CCmdUI* pCmdUI)
{
    // Sperre die Schaltfläche auf der Symbolleiste,
    // wenn das Dokument nicht geändert wurde
    pCmdUI->Enable(IsModified());
}
```

## CEx16aView

Der Code für die Klasse *CEx16aView* wurde aus der Klasse *CEx15bView* aus dem vorigen Kapitel übernommen.

### Die Anwendung Ex16a testen

Kompilieren Sie das Programm, starten Sie es im Debugger und testen Sie es, indem Sie einige Daten eingeben und die Daten unter dem Dateinamen Test.16a auf der Festplatte speichern. (Sie brauchen die Dateinamenserweiterung .16a nicht einzugeben.)

Beenden Sie das Programm, starten Sie es erneut und öffnen Sie die Datei, die Sie gespeichert haben. Werden die von Ihnen eingegebenen Daten angezeigt? Sehen Sie sich das Debugfenster an und beobachten Sie die Anzeige der Funktionsaufrufe. Aus der Aufrufsequenz sollte hervorgehen, was geschieht, wenn Sie das Dokument laden und speichern.

# Dokumente aus dem Windows-Explorer laden

Früher waren PC-Anwender daran gewöhnt, erst ein Programm zu starten und anschließend eine Datei (gelegentlich auch als Dokument bezeichnet) zu öffnen. Diese Datei enthielt die Nutzdaten, die das Programm verarbeiten konnte. Viele MS-DOS-Programme funktionierten auf diese Weise. Der alte Windows-Programm-Manager brachte insofern eine Verbesserung, als man ein Programm mit einem Doppelklick auf ein Symbol öffnen konnte, anstatt den Namen des Programms einzugeben. Auf dem Apple Macintosh reichte schon damals ein Doppelklick auf ein Dokumentsymbol aus. Das Betriebssystem des Apple Macintosh kümmerte sich dann darum, das dazugehörige Programm zu starten.

Im Windows-Explorer können die Benutzer noch immer auf ein Programm doppelklicken. Sie können aber auch auf ein Dokumentsymbol klicken, um das Programm auszuführen, mit dem das Dokument erstellt wurde. Woher weiß der Explorer, welches Programm er zu starten hat? Der Explorer stellt die Verbindung zwischen dem Dokument und dem Programm mit Hilfe der Windows-Registrierung her. Ausgangspunkt ist die Dateinamenserweiterung, die Sie im MFC-Anwendungsassistenten eingegeben haben. Das ist aber noch längst nicht alles. Nachdem die Verknüpfung hergestellt wurde, können die Benutzer Ihr Programm starten, indem sie auf das Dokumentsymbol doppelklicken oder das Symbol im Windows-Explorer auf eine laufende Programminstanz ziehen. Außerdem können die Benutzer das Dokumentsymbol auf ein Druckersymbol ziehen, um das Dokument vom Programm drucken zu lassen.

## Programmregistrierung

In Kapitel 14 haben Sie erfahren, wie MFC-Anwendungen Daten in der Windows-Registrierung speichern können, indem sie in *InitInstance* die Funktion *SetRegistryKey* aufrufen. Unabhängig von diesem Aufruf kann Ihr Programm beim Start Informationen über die Verbindung zwischen der Dateinamenserweiterung und dem Programm in einen anderen Bereich der Registrierung schreiben. Damit das funktioniert, müssen Sie bei der Erstellung des Programmgerüsts im MFC-Anwendungsassistenten die gewünschte Dateinamenserweiterung eingeben. Nachdem Sie dies getan haben, fügt der MFC-Anwendungsassistent die Dateinamenserweiterung in Ihre Vorlagenzeichenfolge ein und ergänzt die Funktion *InitInstance* um die folgende Zeile:

```
RegisterShellFileTypes(TRUE);
```

Ihr Programm schreibt jetzt zwei Einträge in die Registrierung. Unterhalb des Hauptschlüssels *HKEY_CLASSES_ROOT* fügt es einen Schlüssel und eine Zeichenfolge ein. Die folgende Zeile ist der Eintrag für das Beispiel Ex16a:

```
.16a = Ex16a.Document
```

Das ist die Dateityp-ID, die der MFC-Anwendungsassistent für Sie gewählt hat. *Ex16a.Document* ist wiederum der Schlüssel zum Auffinden des eigentlichen Programms. Im nächsten Bild sehen Sie die Registrierungseinträge für *Ex16a.Document*, die sich ebenfalls unterhalb von *HKEY_CLASSES_ROOT* befinden:

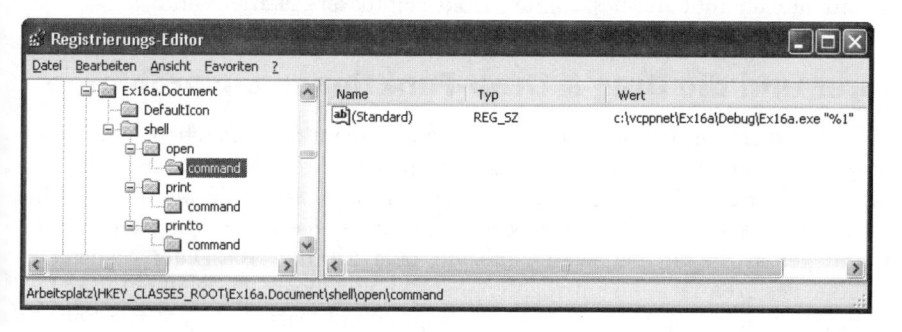

Beachten Sie bitte, dass die Registrierung den vollständigen Pfadnamen des Programms Ex16a enthält. Jetzt kann der Explorer in der Registrierung über die Dateinamenserweiterung die Dateityp-ID und schließlich das eigentliche Programm ermitteln. Nachdem die Erweiterung registriert wurde, kann der Explorer auch das Dokumentsymbol ermitteln und neben dem Dateinamen anzeigen.

## Doppelklick auf ein Dokument

Wenn der Benutzer ein Dokumentsymbol mit einem Doppelklick anklickt, startet der Windows-Explorer das damit verknüpfte SDI-Programm und übergibt den ausgewählten Dateinamen auf der Befehlszeile. Vermutlich ist Ihnen schon aufgefallen, dass der MFC-Anwendungsassistent einen Aufruf von *EnableShellOpen* in die *InitInstance*-Funktion der Anwendungsklasse einfügt. Dieser Aufruf unterstützt die Ausführung über DDE-Meldungen – eine Technik, die der Dateimanager von Windows NT 3.51 verwendet hat. Der Explorer hingegen kann Ihre SDI-Anwendung auch ohne diesen Aufruf starten.

## Drag & Drop aktivieren

Wenn Sie möchten, dass Ihr bereits laufendes Programm Dateien öffnet, die aus dem Windows-Explorer in das Anwendungsfenster gezogen werden, müssen Sie die *CWnd*-Funktion *DragAcceptFiles* des Hauptrahmenfensters der Anwendung aufrufen. Das öffentliche Datenelement *m_pMainWnd* des Anwendungsobjekts ist ein Zeiger auf ein Objekt des Typs *CFrameWnd* (oder *CMDIFrameWnd*). Wenn der Benutzer eine Datei irgendwo im Rahmenfenster ablegt, empfängt das Fenster eine *WM_DROPFILES*-Meldung, die einen Aufruf von *CFrameWnd::OnDropFiles* auslöst. Die folgende Zeile, die der MFC-Anwendungsassistent in *InitInstance* einfügt, aktiviert die Drag & Drop-Funktionalität:

```
m_pMainWnd->DragAcceptFiles();
```

## Startparameter von Programmen angeben

Wenn Sie den Befehl *Ausführen* aus dem Menü *Start* auswählen oder im Windows-Explorer auf das Programm selbst doppelklicken, wird kein Befehlszeilenparameter übergeben. Die Funktion *InitInstance* verarbeitet die Befehlszeile, indem sie *ParseCommandLine* und *ProcessShellCommand* aufruft. Falls die Befehlszeile einen Parameter enthält, der wie ein Dateiname aussieht, lädt das Programm die Datei sofort. So können Sie eine Verknüpfung herstellen, die dafür sorgt, dass Ihr Programm automatisch mit einer bestimmten Dokumentdatei gestartet wird.

## Start im Explorer und die Drag & Drop-Funktionen ausprobieren

Nachdem Sie das Beispielprogramm Ex16a kompiliert haben, können Sie versuchen, es im Windows-Explorer zu starten. Zuerst müssen Sie das Programm jedoch direkt starten, damit die entsprechenden Einträge in die Registrierung geschrieben werden. Speichern Sie mindestens eine Datei mit der Erweiterung 16a auf dem Datenträger und beenden Sie Ex16a. Starten Sie den Windows-Explorer und gehen Sie in das Verzeichnis, in dem Sie die .16a-Datei gespeichert haben. Klicken Sie eine der .16a-Dateien im rechten Fenster mit einem Doppelklick an. Das Programm sollte gestartet werden und automatisch die ausgewählte Datei laden. Versuchen Sie jetzt, da Ex16a und der Windows-Explorer beide auf dem Desktop geöffnet sind, eine weitere Datei vom Windows-Explorer in das Fenster von Ex16a zu ziehen. Das Programm sollte die neue Datei genauso öffnen, als ob Sie im *Datei*-Menü der Anwendung Ex16a den Befehl *Öffnen* gegeben hätten.

Sie sollten auch die Ex16a-Einträge in der Registrierung überprüfen. Führen Sie dazu das Programm Regedit aus (unter Windows NT und Windows XP kann das Programm auch Regedt32 heißen), und lassen Sie sich die Einträge unter dem Schlüssel *HKEY_CLASSES_ROOT* anzeigen. Überprüfen Sie die Einträge unter *.16a* und *Ex16a.Document*. Lassen Sie sich auch die Einträge unter dem Schlüssel *HKEY_CURRENT_USER* anzeigen und sehen Sie sich den Schlüssel *Vom lokalen Anwendungs-Assistenten generierte Anwendungen* unter dem Schlüssel *Software* an. Unter dem Unterschlüssel *Ex16a* sollte der Schlüssel *Recent File List* (Liste der zuletzt geöffneten Dateien) angezeigt werden. Das Programm Ex16a ruft *SetRegistryKey* mit der Zeichenfolge *Vom lokalen Anwendungs-Assistenten generierte Anwendungen* auf. Deshalb erscheint dort der Eintrag für Ex16a.

# MDI-Anwendungen

Neben SDI-Anwendungen lassen sich mit der MFC-Bibliothek auch MDI-Anwendungen entwickeln. In diesem Abschnitt werden wir uns mit MDI-Anwendungen beschäftigen und uns ansehen, wie sie ihre Dokumentdateien schreiben und lesen. Lange Zeit standen MDI-Anwendungen im Mittelpunkt der MFC-Programmierung. Im MFC-Anwendungsassistenten ist dieser Typ voreingestellt und die meisten Beispielprogramme, die mit Microsoft Visual C++ .NET ausgeliefert werden, sind MDI-Anwendungen. Sie werden erfahren, worin die Unterschiede und Gemeinsamkeiten von SDI- und MDI-Anwendungen bestehen und wie man eine SDI-Anwendung in eine MDI-Anwendung umwandelt. Allerdings sollten Sie mit der SDI-Anwendung Ex16a vertraut sein, bevor Sie sich mit dem MDI-Beispiel dieses Abschnitts beschäftigen.

Außerdem sollten Sie wissen, wie ein MDI-Programm unter Microsoft Windows funktioniert, bevor Sie sich mit den MFC-Quelltexten für MDI-Anwendungen befassen. Sehen Sie sich Visual C++ .NET jetzt einmal genauer an. Es handelt sich dabei um eine MDI-Anwendung, deren »Dokumente« aus den Quelltextdateien des Programms bestehen. Visual C++ .NET ist jedoch keine sehr typische MDI-Anwendung, weil es seine Dokumente zu Projekten zusammenfasst. Microsoft Word wäre wohl ein besseres Beispiel. Oder noch besser, eine mit der MFC-Bibliothek generierte MDI-Anwendung, wie sie der MFC-Anwendungsassistent erzeugt.

## Eine typische MDI-Anwendung im MFC-Stil

Ex16b ist eine MDI-Version von Ex16a. Abbildung 16.4 zeigt, wie sich das Programm Ex16b auf dem Bildschirm präsentiert.

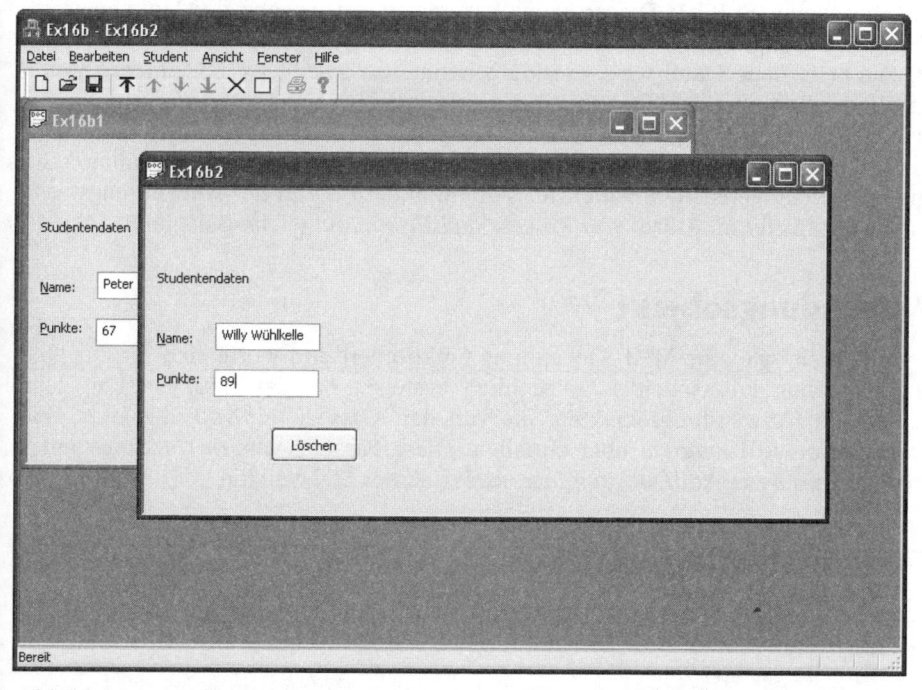

***Abbildung 16.4:*** *Das Beispielprogramm Ex16b mit zwei geöffneten Dateien*

Wie Sie sehen, wurden zwei Dokumente geöffnet, die sich in getrennten untergeordneten MDI-Fenstern befinden. Es ist immer nur ein Fenster aktiv. Die Anwendung hat nur ein Menü und eine Symbolleiste. Alle Befehle werden an das aktive untergeordnete Fenster weitergeleitet. In der Titelleiste des Hauptfensters steht der Name der Datei, die im aktiven untergeordneten Fenster zu sehen ist.

Mit Hilfe der Schaltfläche *Minimieren* kann das untergeordnete Fenster auf ein Symbol im Hauptfenster verkleinert werden. Im Anwendungsmenü *Fenster* (siehe Abbildung 16.4) kann der Benutzer die Anzeige mit folgenden Befehlen steuern.

| Menübefehl | Operation |
| --- | --- |
| *Neues Fenster* | Öffnet für das ausgewählte Dokument ein neues untergeordnetes Fenster. |
| *Überlappend* | Ordnet die vorhandenen Fenster überlappend an. |
| *Nebeneinander* | Ordnet die vorhandenen Fenster so an, dass sie sich nicht verdecken oder überlappen. |
| *Symbole anordnen* | Richtet die minimierten Fenster im Rahmenfenster aus. |
| (Dokumentnamen) | Wählt das entsprechende untergeordnete Fenster aus und bringt es in den Vordergrund. |

Die Menüs und Symbolleisten einer MDI-Anwendung sind dynamisch. Wenn alle Fenster der MDI-Anwendung geschlossen sind, ändert sich das Dateimenü, die meisten Schaltflächen auf der Symbolleiste sind gesperrt und in der Titelleiste des Fensters steht kein Dateiname mehr. Der Benutzer kann jetzt nur ein neues Dokument anlegen oder ein vorhandenes öffnen.

Wenn der Benutzer eine neue Datei anlegt, erhält das leere untergeordnete Fenster den vorgegebenen Dokumentnamen Ex16b1. Dieser Name basiert auf der Angabe des Dokumenttyps, die Sie im MFC-Anwendungsassistenten auf der Seite *Zeichenfolgen für Dokumentvorlage* gemacht haben. Die erste neue Datei wird Ex16b1 genannt, die zweite Ex16b2 und so weiter. Beim Speichern gibt der Benutzer dem Dokument normalerweise einen anderen Namen.

Wie viele andere kommerzielle MDI-Anwendungen zeigen auch MDI-Anwendungen auf MFC-Basis nach dem Start ein neues, leeres Dokument an. (Visual C++ .NET ist eine Ausnahme.) Soll Ihre Anwendung mit einem leeren Rahmenfenster starten, ändern Sie in der Anwendungsklasse den entsprechenden Parameter im Aufruf von *ProcessShellCommand* (siehe Beispiel Ex16b).

## Das MDI-Anwendungsobjekt

Sie fragen sich vermutlich, wie eine MDI-Anwendung funktioniert und worin sich ihr Quelltext von einer SDI-Anwendung unterscheidet. Tatsächlich bestehen bei der Initialisierung keine großen Unterschiede. In Anwendungsobjekten, die von der Klasse *CWinApp* abgeleitet sind, wird die Memberfunktion *InitInstance* überschrieben. Diese Fassung von *InitInstance* unterscheidet sich ab dem Aufruf von *AddDocTemplate* etwas von der SDI-Version.

## Die MDI-Dokumentvorlagenklasse

Wenn in *InitInstance* die MDI-Dokumentvorlage erstellt wird, sieht das wie folgt aus:

```
CMultiDocTemplate* pDocTemplate;
pDocTemplate = new CMultiDocTemplate(
    IDR_EX16BTYPE,
```

```
    RUNTIME_CLASS(CEx16bDoc),
    RUNTIME_CLASS(CChildFrame), // Benutzerspezifischer MDI-Child-Rahmen
    RUNTIME_CLASS(CEx16b));
AddDocTemplate(pDocTemplate);
```

Im Unterschied zu Ex16a kann eine MDI-Anwendung verschiedene Dokumenttypen bearbeiten. Außerdem darf es mehrere Dokumentobjekte nebeneinander geben. Das ist das wichtigste Merkmal einer MDI-Anwendung.

Der eine Aufruf von *AddDocTemplate* versetzt die MDI-Anwendung in die Lage, mehrere untergeordnete Fenster zu öffnen, von denen jedes mit einem Dokumentobjekt und einem Ansichtsobjekt verbunden ist. Es können aber auch mehrere untergeordnete Fenster (und die entsprechenden Ansichtsobjekte) mit demselben Dokumentobjekt verbunden sein. Wir beginnen in diesem Kapitel aber erst einmal mit nur einer Ansichtsklasse und einer Dokumentklasse. Eine Anwendung mit mehreren Ansichtsklassen und Dokumentklassen sehen Sie später in Kapitel 18.

**HINWEIS:** Während Ihre Anwendung ausgeführt wird, verwaltet das Dokumentvorlagenobjekt eine Liste der aktiven Dokumentobjekte, die mit dieser Vorlage erstellt worden sind. Mit Hilfe der Funktionen *GetFirstDocPosition* und *GetNextDoc* der Klasse *CMultiDocTemplate* können Sie diese Liste abfragen. Um die Vorlage eines Dokuments zu ermitteln, rufen Sie *CDocument::GetDocTemplate* auf.

## Das MDI-Rahmenfenster und die untergeordneten MDI-Fenster

In den bisherigen SDI-Beispielprogrammen gab es nur jeweils eine Rahmenfensterklasse und ein Rahmenfensterobjekt. Der MFC-Anwendungsassistent generiert bei SDI-Anwendungen eine Klasse namens *CMainFrame*, die von *CFrameWnd* abgeleitet ist. MDI-Anwendungen enthalten zwei Rahmenfensterklassen und viele Rahmenobjekte, wie Sie der folgenden Tabelle 16.4 entnehmen können. Die Beziehung zwischen MDI-Rahmen- und -Ansichtsfenstern wird in Abbildung 16.5 dargestellt.

| Basisklasse | Vom MFC-Anwendungs-assistenten generierte Klasse | Anzahl Objekte | Menü- und Symbol-leiste | Ansicht enthalten | Objekterstellung |
|---|---|---|---|---|---|
| CMDIFrameWnd | CMainFrame | nur eines | Ja | Nein | In der *InitInstance*-Funktion der Anwendungsklasse |
| CMDIChildWnd | CChildFrame | eines pro untergeordnetem Fenster | Nein | Ja | Durch das Anwendungsgerüst, wenn ein neues untergeordnetes Fenster geöffnet wird |

*Dokumente lesen und schreiben*

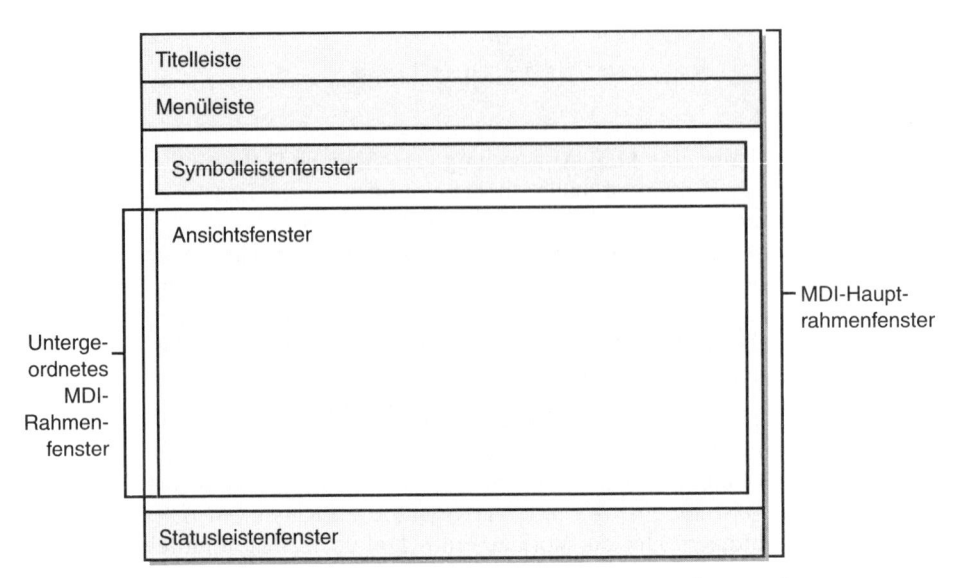

*Abbildung 16.5:* *Die Beziehung zwischen MDI-Rahmen und -Ansicht*

In einer SDI-Anwendung liefert das *CMainFrame*-Objekt den Rahmen für die Anwendung und beherbergt zugleich das Ansichtsobjekt. In einer MDI-Anwendung werden diese beiden Rollen getrennt. Nun wird das *CMainFrame*-Objekt in *InitInstance* explizit angelegt und das *CChildFrame*-Objekt nimmt die Ansicht auf. Der MFC-Anwendungsassistent generiert den folgenden Quelltext:

```
CMainFrame* pMainFrame = new CMainFrame;
if (!pMainFrame->LoadFrame(IDR_MAINFRAME))
    return FALSE;
m_pMainWnd = pMainFrame;
⋮
pMainFrame->ShowWindow(m_nCmdShow);
pMainFrame->UpdateWindow();
```

Das Anwendungsgerüst kann die *CChildFrame*-Objekte dynamisch erstellen, weil der Laufzeitklassenzeiger für *CChildFrame* an den Konstruktor von *CMultiDocTemplate* übergeben wird.

**HINWEIS:** Die MDI-Variante der Funktion *InitInstance* initialisiert das *CWinApp*-Datenelement *m_pMainWnd* mit einem Zeiger auf das Hauptfenster der Anwendung. Über die globale Funktion *AfxGetApp* können Sie jederzeit auf *m_pMainWnd* zugreifen und erhalten einen Zeiger auf das Hauptfenster Ihrer Anwendung.

## Ressourcen für Hauptrahmenfenster und Dokumentvorlagen

Eine MDI-Anwendung wie das Beispielprogramm Ex16b hat zwei getrennte Zeichenfolgen- und Menüressourcen mit den Bezeichnern *IDR_MAINFRAME* und (in diesem speziellen Beispiel) *IDR_EX16BTYPE*. Die erste Gruppe von Ressourcen ist für das leere Hauptrahmenfenster vorgesehen, die zweite für das besetzte Hauptrahmenfenster. Hier sind die beiden Zeichenfolgenressourcen, wobei die Teilzeichenfolgen herausgelöst wurden:

```
IDR_MAINFRAME
   "ex16b\n"                  // Titel des Anwendungsfensters
IDR_EX16BTYPE
   "\n"                       // (wird nicht benutzt)
   "Ex16b\n"                  // Stamm für Standarddokumentnamen
   "Ex16b\n"                  // Name des Dokumenttyps
   "Ex16b Files (*.16b)\n"    // Beschreibung des Dokumenttyps und Filter
   ".16b\n"                   // Dateinamenserweiterung für Dokumente dieses Typs
   "Ex16b.Document\n"         // ID des Dateityps in der Registrierung
   "Ex16b Document"           // Beschreibung des Dateityps in der Registrierung
```

**HINWEIS:** Der Ressourcencompiler ist nicht in der Lage, die einzelnen Zeichenfolgen aus der obigen Darstellung automatisch aneinander zu hängen. Wenn Sie sich die Datei Ex16b.rc ansehen, werden Sie feststellen, dass alle Teilzeichenfolgen bereits zu einer einzigen langen Zeichenfolge zusammengefügt wurden.

Der Text in der Titelleiste des Hauptfensters stammt aus der Zeichenfolge *IDR_MAINFRAME*. Ist ein Dokument geöffnet, wird der Dateiname des Dokuments angehängt. Die beiden letzten Teilzeichenfolgen in *IDR_EX16BTYPE* unterstützen Drag & Drop und den Start von Anwendungen, die zur Bearbeitung eingebetteter Objekte erforderlich sind.

## Ein leeres Dokument erstellen

Die Funktion *CWinApp::OnFileNew* ermöglicht die Erstellung eines leeren Dokuments. Die MDI-Variante von *InitInstance* ruft wie die SDI-Version die Funktion *OnFileNew* auf (über *ProcessShellCommand*). In diesem Fall ist das Hauptrahmenfenster allerdings bereits erstellt worden. *OnFileNew* ruft die *CMultiDocTemplate*-Memberfunktion *OpenDocumentFile* auf und erfüllt damit die folgenden Aufgaben:

1. Ein Dokumentobjekt wird erstellt, aber es werden keine Daten von der Festplatte gelesen.

2. Ein untergeordnetes Rahmenfensterobjekt (der Klasse *CChildFrame*) wird erstellt. Das untergeordnete Rahmenfenster wird ebenfalls erstellt, aber nicht angezeigt. Im Hauptfenster wird die Menüressource *IDR_MAINFRAME* durch *IDR_EX16BTYPE* ersetzt. *IDR_EX16BTYPE* enthält auch ein Symbol, das angezeigt wird, wenn das untergeordnete Fenster im Rahmenfenster minimiert wird.

3. Ein Ansichtsobjekt wird erstellt. Das Ansichtsfenster wird ebenfalls erstellt, aber nicht angezeigt.

4. Die Verbindungen zwischen dem Dokument, dem Hauptfenster und den Ansichtsobjekten werden hergestellt. Verwechseln Sie diese Verbindungen auf Objektebene nicht mit den Klassenzuordnungen, die mit *AddDocTemplate* vorgenommen werden.

5. Die virtuelle Memberfunktion *OnNewDocument* des Dokumentobjekts wird aufgerufen.

6. Die virtuelle Memberfunktion *OnInitialUpdate* des Ansichtsobjekts wird aufgerufen.

7. Die virtuelle Memberfunktion *ActivateFrame* des untergeordneten Rahmenobjekts wird aufgerufen, um das Rahmenfenster und das Ansichtsfenster anzuzeigen.

Die Funktion *OnFileNew* wird auch aufgerufen, wenn der Benutzer im *Datei*-Menü den Befehl *Neu* wählt. In einer MDI-Anwendung führt *OnFileNew* exakt dieselben Schritte aus wie bei einem Aufruf aus *InitInstance* heraus.

**HINWEIS:** Einige der oben genannten Funktionen werden nicht von *OnDocumentFile* direkt aufgerufen, sondern auf dem Umweg über das Anwendungsgerüst.

## Eine zusätzliche Ansicht für ein vorhandenes Dokument erstellen

Wenn Sie im Menü *Fenster* den Befehl *Neues Fenster* wählen, öffnet das Anwendungsgerüst ein neues untergeordnetes Fenster, das mit dem derzeit ausgewählten Dokument verknüpft wird. Die zugehörige *CMDIFrameWnd*-Memberfunktion *OnWindowNew* erfüllt folgende Aufgaben:

1. Es wird ein untergeordnetes Rahmenfensterobjekt der Klasse *CChildFrame* erstellt. Das untergeordnete Rahmenfenster wird ebenfalls erstellt, aber nicht angezeigt.
2. Ein Ansichtsobjekt wird erstellt. Das Ansichtsfenster wird ebenfalls erstellt, aber nicht angezeigt.
3. Die Verbindungen zwischen dem neuen Ansichtsobjekt und den vorhandenen Dokument- und Hauptfensterobjekten werden hergestellt.
4. Die virtuelle Memberfunktion *OnInitialUpdate* des Ansichtsobjekts wird aufgerufen.
5. Die virtuelle Memberfunktion *ActivateFrame* des untergeordneten Rahmenobjekts wird aufgerufen, um das Rahmenfenster und das Ansichtsfenster anzuzeigen.

## Dokumente öffnen und speichern

In MDI-Anwendungen werden Dokumente auf fast dieselbe Weise geöffnet und gespeichert wie in SDI-Anwendungen, mit zwei wichtigen Unterschieden: Wenn eine Dokumentdatei von der Festplatte eingelesen wird, wird jedes Mal ein neues Dokumentobjekt erstellt, und das Dokumentobjekt wird beim Schließen des Dokumentfensters beseitigt. Sie brauchen vor dem Laden eines neuen Dokuments also nicht den Inhalt des aktuellen Dokuments zu löschen, aber Sie sollten trotzdem die Funktion *CDocument::DeleteContents* überschreiben, damit die Klasse in eine SDI-Umgebung portiert werden kann.

## Mehrere Dokumentvorlagen

Eine MDI-Anwendung kann mit mehreren Dokumentvorlagen arbeiten. Dazu muss die Funktion *AddDocTemplate* mehrmals aufgerufen werden. Jede Vorlage kann eine andere Kombination von Dokument, Ansicht und untergeordnetem MDI-Rahmen definieren. Wenn der Benutzer in einer Anwendung, die mit mehreren Dokumentvorlagen arbeitet, im Menü *Datei* den Befehl *Neu* wählt, blendet das Anwendungsgerüst ein Listenfeld ein, in dem der Benutzer eine Vorlage auswählen kann (er sieht in der Liste die Dokumentbezeichnung aus der Zeichenfolgenressource). In SDI-Anwendungen sind mehrfache Aufrufe von *AddDocTemplate* nicht zulässig, weil die Dokument-, Ansichts- und Rahmenobjekte nur einmal erstellt werden und während der gesamten Laufzeit der Anwendung erhalten bleiben.

**HINWEIS:** Während der Programmausführung verwaltet das Anwendungsobjekt eine Liste der aktiven Dokumentvorlagenobjekte. Mit den Memberfunktionen *GetFirstDocTemplatePosition* und *GetNextDocTemplate* von *CWinApp* können Sie durch diese Liste gehen. Zusammen mit *GetFirstDocPosition* und *GetNextDoc*, zwei Memberfunktionen von *CDocTemplate*, ermöglichen Ihnen diese Funktionen den Zugriff auf alle Dokumentobjekte der Anwendung.

Wenn kein Listenfeld mit den verfügbaren Dokumentvorlagen anzeigt werden soll, können Sie im Menü *Datei* für jeden Dokumenttyp eine eigene Version des Befehls *Neu* vorsehen. Implementieren Sie die Handler für die Befehlsmeldungen wie folgt (verwenden Sie die Teilzeichenfolge für den Dokumenttyp aus den Zeichenfolgenressourcen der Vorlagen):

```
void CMyApp::OnFileNewStudent()
{
    OpenNewDocument("Studnt");
}
void CMyApp::OnFileNewTeacher()
{
    OpenNewDocument("Teachr");
}
```

Implementieren Sie anschließend die Hilfsfunktion *OpenNewDocument* wie folgt:

```
BOOL CMyApp::OpenNewDocument(const CString& strTarget)
{
    CString strDocName;
    CDocTemplate* pSelectedTemplate;
    POSITION pos = GetFirstDocTemplatePosition();
    while (pos != NULL) {
        pSelectedTemplate = (CDocTemplate*) GetNextDocTemplate(pos);
        ASSERT(pSelectedTemplate != NULL);
        ASSERT(pSelectedTemplate->IsKindOf(
            RUNTIME_CLASS(CDocTemplate)));
        pSelectedTemplate->GetDocString(strDocName,
            CDocTemplate::docName);
        if (strDocName == strTarget) { // aus der Zeichenfolgenressource der Vorlage
            pSelectedTemplate->OpenDocumentFile(NULL);
            return TRUE;
        }
    }
    return FALSE;
}
```

## Dokumente aus dem Windows-Explorer laden und per Drag & Drop verschieben

Wenn Sie im Microsoft Windows-Explorer ein Dokumentsymbol mit einem Doppelklick anklicken, wird die Anwendung nur dann gestartet, wenn sie nicht bereits in einer Instanz läuft. Andernfalls wird in der ausgeführten Instanz der Anwendung ein neues Fenster für das ausgewählte Dokument geöffnet. Voraussetzung dafür ist ein Aufruf von *EnableShellOpen* in der *InitInstance*-Funktion der Anwendungsklasse. Drag & Drop funktioniert in der MDI-Anwendung nicht viel anders als in einer SDI-Anwendung. Wenn Sie eine Datei aus dem Windows-Explorer ins Hauptfenster der MDI-Anwendung ziehen, wird ein neues untergeordnetes Rahmenfenster geöffnet (mitsamt Dokument und Ansicht), ganz so, als hätten Sie im *Datei*-Menü den Befehl *Öffnen* gegeben. Wie bei SDI-Anwendungen müssen Sie die Dateinamenserweiterung im MFC-Anwendungsassistenten auf der Seite *Zeichenfolgen für Dokumentvorlagen* angeben.

# Das Beispiel Ex16b: eine MDI-Anwendung

Dieses Beispiel ist die MDI-Version des Programms Ex16a. Der Quelltext für die Dokument- und Ansichtsklasse und die Ressourcen sind bis auf den Programmnamen identisch. Unterschiede bestehen dagegen beim Quelltext der Anwendungsklasse und der Rahmenfensterklasse. Der neue Quelltext wird im Folgenden vollständig abgedruckt, einschließlich des vom MFC-Anwendungsassistenten generierten Codes. Tabelle 16.3 nennt die Dateien und Klassen des Beispielprogramms Ex16b.

| Headerdatei | Quelltextdatei | Klasse | Beschreibung |
|---|---|---|---|
| Ex16b.h | Ex16b.cpp | *CEx16bApp* | Anwendungsklasse (vom MFC-Anwendungsassistenten angelegt) |
| | | *CAboutDlg* | Dialogfeld *Info* |
| MainFrm.h | MainFrm.cpp | *CMainFrame* | MDI-Hauptrahmen |
| ChildFrm.h | ChildFrm.cpp | *CChildFrame* | Untergeordneter MDI-Rahmen |
| CEx16bDoc.h | CEx16bDoc.cpp | *CEx16bDoc* | Dokument für Studentendaten (aus Ex16a) |
| CEx16bView.h | Ex16bView.cpp | *CEx16bView* | Formularansicht für Studentendaten (aus Ex16a) |
| Student.h | Student.cpp | *CStudent* | Studentendatensatz (aus Ex16a) |
| StdAfx.h | StdAfx.cpp | | Vorkompilierte Header (mit afxtempl.h) |

*Tabelle 16.3:* Die Quelltextdateien des Beispiels Ex16b

## CEx16bApp

Die Memberfunktion *OpenDocumentFile* wird in *CEx16bApp* nur deshalb überschrieben, um eine *TRACE*-Anweisung einfügen zu können. Außerdem kamen vor dem Aufruf von *ProcessShellCommand* in *InitInstance* einige Zeilen hinzu. Damit wird das Argument von *ProcessShellCommand* überprüft und gegebenenfalls geändert, um zu verhindern, dass beim Start der Anwendung ein leeres Dokumentfenster angelegt wird. Der Quelltext ist nachfolgend abgedruckt.

### Ex16b.h

```
// Ex16b.h : Hauptheaderdatei für die Ex16b-Anwendung
//
#pragma once

#ifndef __AFXWIN_H__
    #error include 'stdafx.h' before including this file for PCH
#endif

#include "resource.h"        // Hauptsymbole

// CEx16bApp:
// Siehe Ex16b.cpp für die Implementierung dieser Klasse
//

class CEx16bApp : public CWinApp
{
public:
    CEx16bApp();
```

```cpp
// Überschreibungen
public:
    virtual BOOL InitInstance();

// Implementierung
    afx_msg void OnAppAbout();
    DECLARE_MESSAGE_MAP()
    virtual CDocument* OpenDocumentFile(LPCTSTR lpszFileName);
};
extern CEx16bApp theApp;
```

## Ex16b.cpp

```cpp
// Ex16b.cpp : Definiert das Klassenverhalten für die Anwendung.
//
#include "stdafx.h"
#include "Ex16b.h"
#include "MainFrm.h"

#include "ChildFrm.h"
#include "Ex16bDoc.h"
#include "Ex16bView.h"

#ifdef _DEBUG
#define new DEBUG_NEW
#endif

// CEx16bApp

BEGIN_MESSAGE_MAP(CEx16bApp, CWinApp)
    ON_COMMAND(ID_APP_ABOUT, OnAppAbout)
    // Dateibasierte Standarddokumentbefehle
    ON_COMMAND(ID_FILE_NEW, CWinApp::OnFileNew)
    ON_COMMAND(ID_FILE_OPEN, CWinApp::OnFileOpen)
END_MESSAGE_MAP()

// CEx16bApp-Erstellung

CEx16bApp::CEx16bApp()
{
    // TODO: Hier Code zur Konstruktion einfügen
    // Alle wichtigen Initialisierungen in InitInstance positionieren
}
// Das einzige CEx16bApp-Objekt

CEx16bApp theApp;

// CEx16bApp Initialisierung

BOOL CEx16bApp::InitInstance()
{
    // InitCommonControls() ist für Windows XP erforderlich, wenn ein Anwendungsmanifest
    // die Verwendung von ComCtl32.dll Version 6 oder höher zum Aktivieren
    // von visuellen Stilen angibt. Ansonsten treten beim Erstellen von Fenstern Fehler auf.
    InitCommonControls();

    CWinApp::InitInstance();
```

```cpp
    // OLE-Bibliotheken initialisieren
    if (!AfxOleInit())
    {
        AfxMessageBox(IDP_OLE_INIT_FAILED);
        return FALSE;
    }
    AfxEnableControlContainer();
    // Standardinitialisierung
    // Wenn Sie diese Features nicht verwenden und die Größe
    // der ausführbaren Datei verringern möchten, entfernen Sie
    // die nicht erforderlichen Initialisierungsroutinen.
    // Ändern Sie den Registrierungsschlüssel unter dem Ihre Einstellungen gespeichert sind.
    // TODO: Ändern Sie diese Zeichenfolge entsprechend,
    // z.B. zum Namen Ihrer Firma oder Organisation.
    SetRegistryKey(_T("Vom lokalen Anwendungs-Assistenten generierte Anwendungen"));
    LoadStdProfileSettings(4);  // Standard INI-Dateioptionen laden (einschließlich MRU)
    // Dokumentvorlagen der Anwendung registrieren. Dokumentvorlagen
    //   dienen als Verbindung zwischen Dokumenten, Rahmenfenstern und Ansichten.
    CMultiDocTemplate* pDocTemplate;
    pDocTemplate = new CMultiDocTemplate(IDR_Ex16bTYPE,
        RUNTIME_CLASS(CEx16bDoc),
        RUNTIME_CLASS(CChildFrame), // Benutzerspezifischer MDI-Child-Rahmen
        RUNTIME_CLASS(CEx16bView));
    AddDocTemplate(pDocTemplate);
    // Haupt-MDI-Rahmenfenster erstellen
    CMainFrame* pMainFrame = new CMainFrame;
    if (!pMainFrame->LoadFrame(IDR_MAINFRAME))
        return FALSE;
    m_pMainWnd = pMainFrame;
    // Rufen Sie DragAcceptFiles nur auf, wenn eine Suffix vorhanden ist.
    //  In einer MDI-Anwendung ist dies unmittelbar nach dem Festlegen von m_pMainWnd erforderlich
    // Öffnen mit Drag  Drop aktivieren
    m_pMainWnd->DragAcceptFiles();
    // DDE-Execute-Open aktivieren
    EnableShellOpen();
    RegisterShellFileTypes(TRUE);
    // Befehlszeile parsen, um zu prüfen auf Standardumgebungsbefehle DDE, Datei offen
    CCommandLineInfo cmdInfo;
    ParseCommandLine(cmdInfo);

    // kein leeres Dokumentfenster beim Programmstart
    if(cmdInfo.m_nShellCommand == CCommandLineInfo::FileNew) {
        cmdInfo.m_nShellCommand = CCommandLineInfo::FileNothing;
    }
    // Verteilung der in der Befehlszeile angegebenen Befehle. Es wird FALSE zurückgegeben, wenn
    // die Anwendung mit /RegServer, /Register, /Unregserver oder /Unregister gestartet wurde.
    if (!ProcessShellCommand(cmdInfo))
        return FALSE;
    // Das Hauptfenster ist initialisiert und kann jetzt angezeigt und aktualisiert werden.
    pMainFrame->ShowWindow(m_nCmdShow);
    pMainFrame->UpdateWindow();
    return TRUE;
}
```

```cpp
// CAboutDlg-Dialogfeld für Anwendungsbefehl 'Info'
class CAboutDlg : public CDialog
{
public:
    CAboutDlg();
// Dialogfelddaten
    enum { IDD = IDD_ABOUTBOX };
protected:
    virtual void DoDataExchange(CDataExchange* pDX);    // DDX/DDV-Unterstützung
// Implementierung
protected:
    DECLARE_MESSAGE_MAP()
};
CAboutDlg::CAboutDlg() : CDialog(CAboutDlg::IDD)
{
}
void CAboutDlg::DoDataExchange(CDataExchange* pDX)
{
    CDialog::DoDataExchange(pDX);
}
BEGIN_MESSAGE_MAP(CAboutDlg, CDialog)
END_MESSAGE_MAP()
// Anwendungsbefehl zum Ausführen des Dialogfelds
void CEx16bApp::OnAppAbout()
{
    CAboutDlg aboutDlg;
    aboutDlg.DoModal();
}
// CEx16bApp Meldungshandler
CDocument* CEx16bApp::OpenDocumentFile(LPCTSTR lpszFileName)
{
    TRACE("CEx16bApp::OpenDocumentFile\n");
    return CWinApp::OpenDocumentFile(lpszFileName);
}
```

## CMainFrame

Der Quelltext der Hauptrahmenklasse, der im Folgenden abgedruckt wird, unterscheidet sich kaum von der SDI-Version. Der wichtigste Unterschied besteht darin, dass die Klasse jetzt von *CMDIFrameWnd* statt von *CFrameWnd* abgeleitet wird.

## MainFrm.h

```cpp
// MainFrm.h : Schnittstelle der Klasse CMainFrame
//
#pragma once
class CMainFrame : public CMDIFrameWnd
{
    DECLARE_DYNAMIC(CMainFrame)
public:
    CMainFrame();

// Attribute
public:

// Operationen
public:

// Überschreibungen
public:
    virtual BOOL PreCreateWindow(CREATESTRUCT& cs);

// Implementierung
public:
    virtual ~CMainFrame();
#ifdef _DEBUG
    virtual void AssertValid() const;
    virtual void Dump(CDumpContext& dc) const;
#endif

protected:  // Eingebundene Elemente der Steuerleiste
    CStatusBar  m_wndStatusBar;
    CToolBar    m_wndToolBar;

// Generierte Funktionen für die Meldungstabellen
protected:
    afx_msg int OnCreate(LPCREATESTRUCT lpCreateStruct);
    DECLARE_MESSAGE_MAP()
};
```

## MainFrm.cpp

```cpp
// MainFrm.cpp : Implementierung der Klasse CMainFrame
//
#include "stdafx.h"
#include "Ex16b.h"

#include "MainFrm.h"

#ifdef _DEBUG
#define new DEBUG_NEW
#endif

// CMainFrame

IMPLEMENT_DYNAMIC(CMainFrame, CMDIFrameWnd)

BEGIN_MESSAGE_MAP(CMainFrame, CMDIFrameWnd)
    ON_WM_CREATE()
END_MESSAGE_MAP()
```

```cpp
static UINT indicators[] =
{
    ID_SEPARATOR,           // Statusleistenanzeige
    ID_INDICATOR_CAPS,
    ID_INDICATOR_NUM,
    ID_INDICATOR_SCRL,
};
// CMainFrame Erstellung/Zerstörung
CMainFrame::CMainFrame()
{
    // TODO: Hier Code für die Memberinitialisierung einfügen
}
CMainFrame::~CMainFrame()
{
}
int CMainFrame::OnCreate(LPCREATESTRUCT lpCreateStruct)
{
    if (CMDIFrameWnd::OnCreate(lpCreateStruct) == -1)
        return -1;

    if (!m_wndToolBar.CreateEx(this, TBSTYLE_FLAT, WS_CHILD | WS_VISIBLE | CBRS_TOP
        | CBRS_GRIPPER | CBRS_TOOLTIPS | CBRS_FLYBY | CBRS_SIZE_DYNAMIC) ||
        !m_wndToolBar.LoadToolBar(IDR_MAINFRAME))
    {
        TRACE0("Symbolleiste konnte nicht erstellt werden\n");
        return -1;      // Fehler bei Erstellung
    }

    if (!m_wndStatusBar.Create(this) ||
        !m_wndStatusBar.SetIndicators(indicators,
          sizeof(indicators)/sizeof(UINT)))
    {
        TRACE0("Statusleiste konnte nicht erstellt werden\n");
        return -1;      // Fehler bei Erstellung
    }
    // TODO: Löschen Sie diese drei Zeilen, wenn Sie nicht möchten, dass die Systemleiste andockbar ist
    m_wndToolBar.EnableDocking(CBRS_ALIGN_ANY);
    EnableDocking(CBRS_ALIGN_ANY);
    DockControlBar(&m_wndToolBar);

    return 0;
}
BOOL CMainFrame::PreCreateWindow(CREATESTRUCT& cs)
{
    if( !CMDIFrameWnd::PreCreateWindow(cs) )
        return FALSE;
    // TODO: Ändern Sie hier die Fensterklasse oder die Darstellung, indem Sie
    //  CREATESTRUCT cs modifizieren.
    return TRUE;
}
```

```
// CMainFrame Diagnose
#ifdef _DEBUG
void CMainFrame::AssertValid() const
{
    CMDIFrameWnd::AssertValid();
}
void CMainFrame::Dump(CDumpContext& dc) const
{
    CMDIFrameWnd::Dump(dc);
}
#endif //_DEBUG
// CMainFrame Meldungshandler
```

## CChildFrame

Die Klasse des untergeordneten Rahmenfensters, deren Quelltext im Folgenden abgedruckt wird, gibt Ihnen die komfortable Möglichkeit, die Eigenschaften dieses Fensters zu ändern, indem Sie weitere Anweisungen in die Funktion *PreCreateWindow* einfügen. Sie können außerdem Meldungen verarbeiten und andere virtuelle Funktionen überschreiben.

**ChildFrm.h**
```
// ChildFrm.h : Schnittstelle der Klasse CChildFrame
//
#pragma once
class CChildFrame : public CMDIChildWnd
{   DECLARE_DYNCREATE(CChildFrame)
public:
    CChildFrame();
// Attribute
public:
// Operationen
public:
// Überschreibungen
    virtual BOOL PreCreateWindow(CREATESTRUCT& cs);
// Implementierung
public:
    virtual ~CChildFrame();
#ifdef _DEBUG
    virtual void AssertValid() const;
    virtual void Dump(CDumpContext& dc) const;
#endif
// Generierte Funktionen für die Meldungstabellen
protected:
    DECLARE_MESSAGE_MAP()
public:
    virtual void ActivateFrame(int nCmdShow = -1);
};
```

## ChildFrm.cpp

```cpp
// ChildFrm.cpp : Implementierung der Klasse CChildFrame
//
#include "stdafx.h"
#include "Ex16b.h"

#include "ChildFrm.h"

#ifdef _DEBUG
#define new DEBUG_NEW
#endif

// CChildFrame

IMPLEMENT_DYNCREATE(CChildFrame, CMDIChildWnd)

BEGIN_MESSAGE_MAP(CChildFrame, CMDIChildWnd)
END_MESSAGE_MAP()

// CChildFrame Erstellung/Zerstörung

CChildFrame::CChildFrame()
{
    // TODO: Hier Code für die Memberinitialisierung einfügen
}

CChildFrame::~CChildFrame()
{
}

BOOL CChildFrame::PreCreateWindow(CREATESTRUCT& cs)
{
    // TODO: Ändern Sie die Fensterklasse oder die Stile hier, indem Sie CREATESTRUCT ändern
    if( !CMDIChildWnd::PreCreateWindow(cs) )
        return FALSE;
    return TRUE;
}

// CChildFrame Diagnose

#ifdef _DEBUG
void CChildFrame::AssertValid() const
{
    CMDIChildWnd::AssertValid();
}

void CChildFrame::Dump(CDumpContext& dc) const
{
    CMDIChildWnd::Dump(dc);
}

#endif //_DEBUG

// CChildFrame Meldungshandler
void CChildFrame::ActivateFrame(int nCmdShow)
{
    TRACE("Eintritt in CChildFrame::ActivateFrame\n");
    CMDIChildWnd::ActivateFrame(nCmdShow);
}
```

### Die Anwendung Ex16b testen

Erstellen Sie das Programm, starten Sie es aus Visual C++ .NET heraus und legen Sie einige Dokumente an. Speichern Sie die Dokumente auf der Festplatte, schließen Sie die Dokumentfenster und laden Sie die Dokumente wieder. Testen Sie auch den Befehl *Neues Fenster* aus dem Menü *Fenster*. In diesem Fall sind demselben Dokument zwei Ansichten (und untergeordnete Rahmenfenster) zugeordnet. Beenden Sie nun das Programm, und starten Sie den Windows-Explorer. Die Dateien, die Sie erstellt haben, werden mit Dokumentsymbolen angezeigt. Klicken Sie ein Dokumentsymbol mit einem Doppelklick an und überprüfen Sie, ob die Anwendung Ex16b tatsächlich gestartet wird. Versuchen Sie dann, während sich der Windows-Explorer und Ex16b beide auf dem Desktop befinden, ein Dokument aus dem Windows-Explorer in das Programmfenster von Ex16b zu ziehen. Wird die Datei geöffnet?

## MTI-Anwendungen

Windows 2000 hat eine dritte Anwendungsart ins Repertoire aufgenommen, nämlich MTI-Anwendungen (Multiple Top-Level Interface). Sie haben die Art von Schnittstelle, die in Microsoft Office 2000 und Office XP benutzt wird. MTI-Anwendungen ähneln SDI-Anwendungen. Während die verschiedenen Instanzen einer SDI-Anwendung aber jeweils in eigenen Prozessen laufen, begnügt sich eine MTI-Anwendung mit einer Instanz, die für alle geöffneten Fenster zuständig ist. Wenn der Benutzer eine neue Datei anlegt, öffnet die Anwendung ein neues unabhängiges Hauptfenster und legt das dazugehörige Dokument an. Beide bleiben aber an dieselbe laufende Programminstanz gebunden.

## Das Beispiel Ex16c: Eine MTI-Anwendung

Dieses Beispiel ist die MTI-Version des Beispiels Ex16a, von der am Anfang des Kapitels die Rede war. Wenn Sie es nachbauen möchten, wählen Sie im MFC-Anwendungsassistenten auf der Seite *Anwendungstyp* den Punkt *Mehrere Dokumente der höchsten Ebene* und löschen auf der Seite *Erweiterte Features* die Markierung von *Drucken und Druckvorschau*. Auf der Seite *Erstellte Klassen* geben Sie der Ansichtsklasse die Basisklasse *CFormView*.

Ex16c benutzt wieder denselben Code für Dokument- und Ansichtsklasse und dieselben Ressourcen (mit etwas geänderten Namen). Allerdings gibt es in der Anwendungsklasse und in der Hauptrahmenklasse Unterschiede. Sie können sich den neuen Code der Anwendung Ex16c auf der Begleit-CD ansehen. Tabelle 16.4 führt die Dateien und Klassen des Beispiels Ex16c auf.

| Headerdatei | Quelltextdatei | Klasse | Beschreibung |
|---|---|---|---|
| Ex16c.h | Ex16c.cpp | *CEx16cApp* | Anwendungsklasse (vom MFC-Anwendungsassistenten angelegt) |
| | | *CAboutDlg* | Dialogfeld *Info* |
| MainFrm.h | MainFrm.cpp | *CMainFrame* | MTI-Hauptrahmen |
| CEx16cDoc.h | CEx16cDoc.cpp | *CEx16cDoc* | Dokument für Studentendaten (aus Ex16a) |
| CEx16cView.h | Ex16cView.cpp | *CEx16cView* | Formularansicht für Studentendaten (aus Ex16a) |
| Student.h | Student.cpp | *CStudent* | Studentendatensatz (aus Ex16a) |
| StdAfx.h | StdAfx.cpp | | Vorkompilierte Header (mit afxtempl.h) |

*Tabelle 16.4: Dateien und Classes von Ex16c*

Gegenüber den MDI- und SDI-Anwendungen weist eine MTI-Anwendung im *Datei*-Menü den zusätzlichen Befehl *Neuer Rahmen* auf. Dieser Befehl weist die Anwendung an, ein neues Hauptfenster zu öffnen. Der folgende Codeauszug zeigt, wie der Befehl *Neuer Rahmen* bearbeitet wird:

```
void CEx16cApp::OnFileNewFrame()
{
    ASSERT(m_pDocTemplate != NULL);

    CDocument* pDoc = NULL;
    CFrameWnd* pFrame = NULL;

    // Eine neue Instanz des Dokuments erstellen,
    // auf das vom m_pDocTemplate-Member verwiesen wird.
    pDoc = m_pDocTemplate->CreateNewDocument();
    if (pDoc != NULL)
    {
        // Wenn das Erstellen funktioniert hat, erstellen Sie einen
        // neuen Rahmen für das Dokument.
        pFrame = m_pDocTemplate->CreateNewFrame(pDoc, NULL);
        if (pFrame != NULL)
        {
            // Legen Sie den Titel fest und initialisieren Sie das Dokument.
            // Wenn die Initialisierung fehlschlägt, bereinigen
            // Sie das Fenster und das Dokument.

            m_pDocTemplate->SetDefaultTitle(pDoc);
            if (!pDoc->OnNewDocument())
            {
                pFrame->DestroyWindow();
                pFrame = NULL;
            }
            else
            {
                // Ansonsten den Rahmen aktualisieren
                m_pDocTemplate->InitialUpdateFrame(pFrame, pDoc, TRUE);
            }
        }
    }

    // Wenn dies fehlschlägt, bereinigen Sie das Dokument
    // und zeigen eine Meldung für den Benutzer an.

    if (pFrame == NULL || pDoc == NULL)
    {
        delete pDoc;
        AfxMessageBox(AFX_IDP_FAILED_TO_CREATE_DOC);
    }
}
```

MTI-Anwendungen verwalten das Dokument, den Rahmen und die Ansicht mit der Klasse *CMultiDocTemplate*. Beachten Sie bitte, dass *OnFileNewFrame* erst ein neues Dokument und dann ein neues Hauptrahmenfenster anlegt, statt die Erstellung der Dokument-, Rahmen- und Ansichtsobjekte dem Anwendungsgerüst zu überlassen. Im Übrigen verwalten MTI-Anwendungen ihre Dokumente und Ansichten so, wie es SDI- und MDI-Anwendungen tun.

## Test der Anwendung Ex16c

Starten Sie die Anwendung Ex16c und geben Sie im *Datei*-Menü den Befehl *Neuer Rahmen*. Beachten Sie bitte, dass in der Nähe des bereits vorhandenen Rahmens ein neuer Rahmen erscheint. Zum neuen Hauptrahmen gehört auch eine neue Dokumentinstanz. Aber das Dokument ist mit dem neuen Hauptrahmen verknüpft und nicht wie in Ex16b mit einem neuen untergeordneten Rahmen.

# 17 Drucken und Seitenansicht

| | |
|---|---|
| 391 | Drucken unter Windows |
| 394 | Seitenansicht |
| 394 | Druckausgaben programmieren |
| 396 | Das Beispiel Ex17a: Ein WYSIWYG-Druckprogramm |
| 402 | Die Klasse *CArray* |
| 403 | Das Beispiel Ex17b: Mehrere Seiten drucken |

Wenn Sie sich nur auf das Win32-API stützen, gehört das Drucken eindeutig nicht mehr zu den leichten Aufgaben. Die MFC-Bibliothek (Microsoft Foundation Classes) erleichtert den Druck ungemein und bietet sogar eine Druckvorschau, die sich so ähnlich wie die in kommerziellen Windows-Anwendungen (zum Beispiel Microsoft Word oder Microsoft Excel) verhält.

In diesem Kapitel erfahren Sie, wie man Druck und Druckvorschau in MFC-Anwendungen implementiert. Sie werden einen Eindruck davon bekommen, wie das Drucken unter Windows vonstatten geht und wie es sich vom Drucken unter DOS unterscheidet. Zuerst versuchen wir uns an einer Art WYSIWYG-Druck, bei dem der ausgedruckte Text so aussehen soll, wie er auf dem Bildschirm dargestellt wird (WYSIWYG steht für »What You See Is What You Get« – was Sie sehen, wird gedruckt). Diese Anwendung erfordert eine sorgfältige Abstimmung der Abbildungsmodi. Anschließend geht es um die Ausgabe von Berichten, die sich über mehrere Seiten erstrecken und sich nicht mehr an der Darstellung der Daten orientieren, wie sie auf dem Bildschirm üblich ist. In diesem Beispiel strukturieren wir unser Dokument mit einem Vorlagenarray, damit das Programm die ausgewählten Seiten nach Bedarf drucken kann.

## Drucken unter Windows

Früher mussten Programmierer ihre Anwendungen für Dutzende von Druckern konfigurieren. Mit der Einführung von Microsoft Windows wurde die Programmierung einfacher, weil darin schon alle erdenklichen Druckertreiber enthalten sind. Außerdem steht für die Druckfunktionen eine einheitliche Benutzeroberfläche zur Verfügung.

## Standarddialogfelder zur Druckersteuerung

Wenn der Benutzer einer Windows-Anwendung im Menü *Datei* den Befehl *Drucken* wählt, wird das Standarddialogfeld *Drucken* aus Abbildung 17.1 angezeigt.

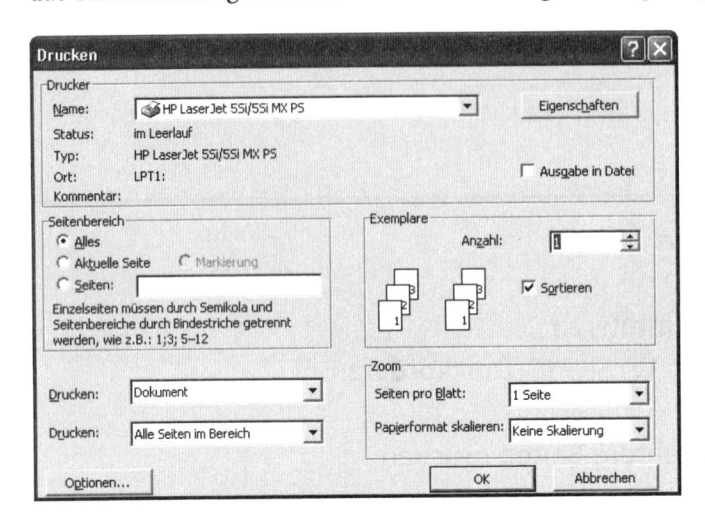

***Abbildung 17.1:*** Das *Standarddialogfeld* Drucken

Klickt der Benutzer im Dialogfeld *Drucken* die Schaltfläche *Eigenschaften* an, erscheint das Dialogfeld *Eigenschaften von Dokument*, wie in Abbildung 17.2.

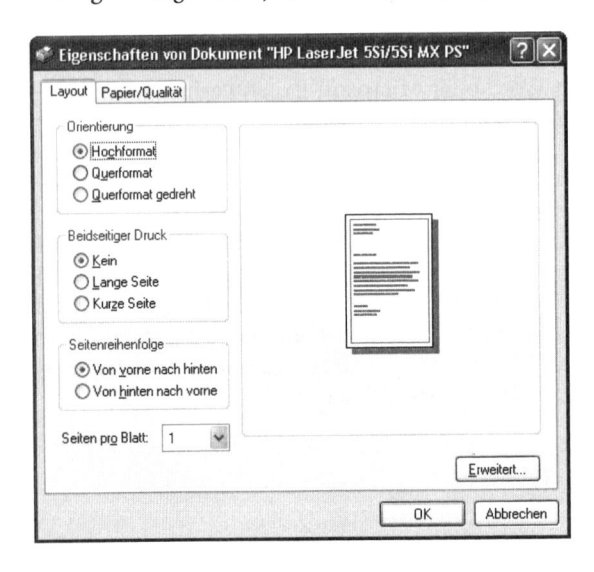

***Abbildung 19.2:*** *Das Dialogfeld* Eigenschaften von Dokument

Während des Druckvorgangs zeigt die Anwendung ein Standarddialogfeld für die Überwachung des Ablaufs an.

# Druckseiten interaktiv auswählen

Wenn Sie aus dem klassischen EDV-Bereich kommen, kennen Sie vermutlich das Drucken im Stapelverarbeitungsmodus. Ein Programm liest einen Datensatz ein, formatiert ihn und druckt die gewünschten Informationen als Zeile in einem Bericht. Sobald dann beispielsweise 50 Zeilen gedruckt worden sind, erzeugt das Programm einen Seitenvorschub und druckt eine neue Seitenüberschrift. Der Programmierer nimmt an, dass der gesamte Bericht auf einmal ausgedruckt wird, und sieht für den Benutzer keine Möglichkeit zur Auswahl bestimmter Seiten vor.

Wie aus Abbildung 17.1 hervorgeht, sind Seitenzahlen beim Drucken unter Windows wichtig. Der Benutzer kann die zu druckenden Seiten auswählen und die Programme müssen den Inhalt der ausgewählten Seiten ermitteln und sie drucken. Wenn Sie diese Seitenauswahl berücksichtigen möchten, müssen Sie die Datenstrukturen Ihrer Anwendung entsprechend konzipieren.

Erinnern Sie sich an die Studentenliste aus Kapitel 16? Was geschieht, wenn die Liste 1000 Namen enthält und der Benutzer die Seite 5 des entsprechenden Berichts drucken möchte? Nehmen wir an, dass jeder Datensatz in eine Druckzeile passt und dass jede Seite 50 Zeilen aufnehmen kann. Auf Seite 5 befinden sich dann die Datensätze 201 bis 250. Wenn Sie eine MFC-Listenklasse verwenden, müssen Sie sich durch die ersten 200 Listeneinträge arbeiten, bevor Sie mit dem Druck beginnen können. Eine Liste scheint für diese Aufgabe nicht die ideale Datenstruktur zu sein. Wie steht es mit einem Array? Wenn Sie die Klasse *CObArray* (oder eine der Vorlagenklassen für Arrays) verwenden, können Sie direkt auf den 201. Datensatz zugreifen.

Nicht in jeder Anwendung stehen die Datenelemente in einem festen Verhältnis zu den benötigten Druckzeilen. Nehmen wir an, dass jeder Studentendatensatz ein mehrzeiliges Textfeld für den Lebenslauf enthält. Weil Sie nicht wissen können, wie viele Zeilen die einzelnen Lebensläufe enthalten, müssen Sie zur Berechnung der Seitenumbrüche die gesamte Datei lesen. Wenn Ihr Programm die einmal berechneten Seitenumbrüche speichern kann, arbeitet es effizienter.

# Bildschirmseiten und Druckseiten

In vielen Fällen sollen die Druckseiten genau den Bildschirmseiten entsprechen. Allerdings kann man nicht garantieren, dass die Objekte genauso gedruckt werden, wie Sie auf dem Bildschirm erscheinen. Allerdings wird das Druckbild der Bildschirmanzeige recht nahe kommen, wenn Sie TrueType-Schriften verwenden. Wenn Sie mit üblichen Papiergrößen arbeiten und möchten, dass die entsprechende Anzeige auf dem Bildschirm lesbar ist, benötigen Sie ein Anzeigefenster, das größer als der Bildschirm ist. Für solche Zwecke eignen sich bildlauffähige Ansichten, wie sie beispielsweise mit der Klasse *CScrollView* zur Verfügung stehen, besonders gut.

In manchen Situationen spielen Bildschirmseiten keine Rolle, zum Beispiel wenn Ihre Ansicht sämtliche Daten in einem Listenfeld verwaltet oder wenn Sie die Daten gar nicht anzuzeigen brauchen. In diesen Fällen können Sie in Ihrem Programm reine Druckalgorithmen verwenden, die einfach Daten aus dem Dokument aufbereiten und an den Drucker senden. Natürlich muss das Programm korrekt auf die Auswahl der Druckseiten durch den Benutzer reagieren. Wenn Sie die Papiergröße und -ausrichtung (Hochformat oder Querformat) vom Drucker abfragen, können Sie den Seitenumbruch entsprechend festlegen.

# Seitenansicht

Die Seitenansichtsfunktion der MFC-Bibliothek zeigt die genauen Zeilen- und Seitenumbrüche auf dem Bildschirm an, die Sie beim Drucken Ihres Dokuments auf dem ausgewählten Drucker erhalten. Die Schriften sehen unter Umständen etwas seltsam aus, besonders bei Verwendung kleiner Schriftgrößen, aber das spielt keine Rolle. (Sehen Sie sich doch einmal das Seitenansichtsfenster in Abbildung 17.6 weiter unten an.)

Die Seitenansicht ist ein Feature der MFC-Bibliothek, keine Windows-Funktion. Unterschätzen Sie nicht den Programmieraufwand, der dahinter steckt. (Sehen Sie sich einfach den entsprechenden Quelltext an.) Jedes einzelne Zeichen wird überprüft und seine Position anhand des Druckergerätekontexts berechnet. Anschließend wird eine möglichst ähnliche Schrift ausgewählt und das Zeichen im Seitenansichtsfenster an der korrekten Position angezeigt.

# Druckausgaben programmieren

Das Anwendungsgerüst übernimmt einen Großteil der Programmieraufgaben, die für das Drucken und die Seitenansicht anfallen. Um den Drucker effizient einsetzen zu können, müssen Sie die Abfolge der Funktionsaufrufe verstehen und wissen, welche Funktionen Sie überschreiben müssen.

## Der Druckergerätekontext und die Funktion *CView::OnDraw*

Wenn Ihr Programm etwas auf dem Drucker ausgibt, verwendet es ein Gerätekontextobjekt der Klasse *CDC*. Woher das Objekt kommt, braucht Sie nicht zu kümmern. Das Anwendungsgerüst erstellt es und übergibt es als Argument an die *OnDraw*-Funktion Ihrer Ansicht. Falls die Druckausgaben Ihrer Anwendung mit dem Bildschirminhalt identisch sind, kann die Funktion *OnDraw* gleich zwei Aufgaben übernehmen. Bei Bildschirmausgaben ruft *OnPaint* die Funktion *OnDraw* auf, und als Gerätekontext ist der Bildschirmkontext ausgewählt. Bei Druckausgaben wird *OnDraw* von einer anderen virtuellen Memberfunktion von *CView* aufgerufen, nämlich der Funktion *OnPrint*, die einen Druckergerätekontext übergibt. Die Funktion *OnPrint* wird einmal pro Druckseite aufgerufen.

Im Seitenansichtsmodus ist der Parameter von *OnDraw* in Wirklichkeit ein Zeiger auf ein *CPreviewDC*-Objekt. Die Funktionen *OnPrint* und *OnDraw* arbeiten stets auf dieselbe Weise, ob Sie nun drucken oder die Seitenansicht aktivieren.

## Die Funktion *CView::OnPrint*

Sie haben gesehen, dass die Basisklassenversion von *OnPrint* die Funktion *OnDraw* aufruft und dass *OnDraw* sowohl einen Bildschirmgerätekontext als auch einen Druckergerätekontext verwenden kann. Der Abbildungsmodus muss vor dem Aufruf von *OnPrint* eingestellt werden. Sie können die Funktion *OnPrint* überschreiben, um Elemente zu drucken, die auf dem Bildschirm überflüssig wären, beispielsweise Titelseiten, Kopf- und Fußzeilen. Als Parameter hat *OnPrint* einen Zeiger auf den Gerätekontext und einen Zeiger auf ein *CPrintInfo*-Objekt, das Informationen über die Seitenmaße, die aktuelle Seitenzahl und die höchste Seitennummer enthält.

In Ihrer überschriebenen Version von *OnPrint* können Sie ganz darauf verzichten, *OnDraw* aufzurufen. So können Sie einen Druckalgorithmus implementieren, der von der Bildschirmausgabe völlig unabhängig ist. Das Anwendungsgerüst ruft die Funktion *OnPrint* einmal für jede zu druckende Seite auf und die aktuelle Seitennummer wird in der *CPrintInfo*-Struktur übergeben. (Wie das Anwendungsgerüst die Seitennummer bestimmt, wird uns gleich noch beschäftigen.)

## Den Gerätekontext vorbereiten: Die Funktion *CView::OnPrepareDC*

Wenn Sie (wie meistens) einen anderen Abbildungsmodus als *MM_TEXT* benötigen, stellen Sie ihn normalerweise in der Funktion *OnPrepareDC* Ihrer Ansicht ein. Sie müssen diese Funktion selbst überschreiben, wenn Ihre Klasse unmittelbar von *CView* abstammt. Die Funktion wurde aber bereits einmal überschrieben, wenn *CScrollView* die Basisklasse Ihrer Ansicht ist. In *OnPaint* wird *OnPrepareDC* unmittelbar vor *OnDraw* aufgerufen. Bei Druckausgaben wird auch wieder *OnPrepareDC* aufgerufen, diesmal aber vor dem *OnPrint*-Aufruf. Auf diese Weise wird der Abbildungsmodus vor der Anzeige der Ansicht und vor dem Ausdruck der Seite festgelegt.

Der zweite Parameter der Funktion *OnPrepareDC* ist ein Zeiger auf eine Struktur des Typs *CPrintInfo*. Dieser Zeiger ist nur dann gültig, wenn *OnPrepareDC* zur Vorbereitung von Druckausgaben aufgerufen worden ist. Sie können prüfen, ob diese Situation vorliegt, indem Sie die Memberfunktion *IsPrinting* von *CDC* aufrufen. Die Funktion *IsPrinting* ist besonders hilfreich, wenn Sie die Funktion *OnPrepareDC* verwenden, um unterschiedliche Abbildungsmodi für den Bildschirm und den Drucker einzustellen.

Falls Sie nicht im Voraus wissen, über wie viele Seiten sich Ihr Druckauftrag erstrecken wird, können Sie in Ihrer überschriebenen Version von *OnPrepareDC* das Ende des Dokuments ermitteln und das Flag *m_bContinuePrinting* in der *CPrintInfo*-Struktur zurücksetzen. Wenn dieses Flag auf *FALSE* steht, wird die Funktion *OnPrint* nicht nochmals aufgerufen und das Programm verlässt die Druckschleife.

## Beginn und Ende eines Druckauftrags

Zu Beginn eines neuen Druckauftrags ruft das Anwendungsgerüst zwei Memberfunktionen von *CView* auf: *OnPreparePrinting* und *OnBeginPrinting*. (Der MFC-Anwendungsassistent generiert die Funktionen *OnPreparePrinting*, *OnBeginPrinting* und *OnEndPrinting*, wenn Sie die Option *Drucken* und *Druckvorschau* aktivieren.) *OnPreparePrinting* wird unmittelbar vor der Anzeige des Dialogfelds *Drucken* aufgerufen. Wenn Sie die Nummer der ersten und der letzten Seite kennen, rufen Sie in *OnPreparePrinting* die Funktionen *CPrintInfo::SetMinPage* und *CPrintInfo::SetMaxPage* auf. Die Seitennummern, die Sie diesen Funktionen übergeben, werden im Dialogfeld *Drucken* als Voreinstellung angezeigt.

Die zweite Funktion namens *OnBeginPrinting* wird nach dem Schließen des Dialogfelds *Drucken* aufgerufen. Überschreiben Sie diese Funktion, wenn Sie GDI-Objekte (zum Beispiel Schriften) erstellen möchten, die Sie für den gesamten Druckauftrag benötigen. Das Programm wird schneller ausgeführt, wenn Sie eine Schrift nur einmal erstellen, anstatt dies für jede Seite gesondert zu wiederholen.

*CView::OnEndPrinting* wird bei der Beendigung des Druckauftrags aufgerufen, nachdem die letzte Seite gedruckt worden ist. Überschreiben Sie diese Funktion, wenn Sie GDI-Objekte beseitigen müssen, die Sie in *OnBeginPrinting* erzeugt haben.

Die folgende Tabelle 17.1 gibt einen Überblick über die wichtigsten Memberfunktionen von *CView*, die überschrieben werden können und in der Druckschleife aufgerufen werden:

| Funktion | Übliches Verhalten beim Überschreiben |
|---|---|
| OnPreparePrinting | Legt die Nummer der ersten und der letzten Seite fest. |
| OnBeginPrinting | Erstellt GDI-Objekte. |
| OnPrepareDC (einmal pro Seite) | Legt den Abbildungsmodus fest und kann das Ende des Druckauftrags ermitteln. |
| OnPrint (einmal pro Seite) | Erzeugt Ausgaben, die nur bei Druckaufträgen relevant sind, und ruft anschließend OnDraw auf. |
| OnEndPrinting | Löscht GDI-Objekte. |

*Tabelle 17.1: Überschreibbare Druckfunktionen der Klasse* CView

# Das Beispiel Ex17a: Ein WYSIWYG-Druckprogramm

Dieses Beispielprogramm zeigt eine einzelne Seite eines Textdokuments an und druckt sie aus. Der Ausdruck sollte mit der Bildschirmausgabe übereinstimmen. Für Drucker und Bildschirm wird der Abbildungsmodus *MM_TWIPS* eingesetzt. Wir verwenden zunächst ein festes Zeichenrechteck. Später werden wir das Zeichenrechteck auf der Basis des bedruckbaren Bereichs festlegen, den der Druckertreiber angibt.

Mit den folgenden Schritten erstellen Sie das Beispielprogramm:

1. **Generieren Sie das Projekt Ex17a mit dem MFC-Anwendungsassistenten.** Übernehmen Sie die Standardvorgaben. Geben Sie der Dokumentklasse auf der Seite *Erstellte Klassen* den Namen *CPoemDoc*. Nennen Sie die Ansichtsklasse *CStringView*. Leiten Sie *CStringView* von *CScrollView* ab. Beachten Sie bitte, dass es sich um eine MDI-Anwendung handelt.

2. **Fügen Sie ein *CStringArray*-Datenelement in die Klasse *CPoemDoc* ein.** Bearbeiten Sie die Headerdatei PoemDoc.h folgendermaßen:
   ```
   public:
       CStringArray m_stringArray;
   ```
   Der Text des Dokuments wird in einem Array gespeichert. Die MFC-Klasse *CStringArray* enthält ein Array aus *CString*-Objekten, die über einen bei Null beginnenden Index zugänglich sind. Sie können bei der Deklaration keine maximale Größe angeben, weil es sich um ein dynamisches Array handelt.

3. **Fügen Sie ein *CRect*-Datenelement in die Klasse *CStringView* ein.** Bearbeiten Sie die Headerdatei StringView.h folgendermaßen:
   ```
   private:
       CRect m_rectPrint;
   ```

4. **Bearbeiten Sie drei Memberfunktionen von *CPoemDoc* in der Datei PoemDoc.cpp.** Der MFC-Anwendungsassistent hat die Grundgerüste der Funktionen *OnNewDocument* und *Serialize* erstellt. Außerdem müssen wir im Eigenschaftenfenster der Klassenansicht noch die Funktion *DeleteContents* überschreiben. Wir initialisieren das Gedichtdokument in der überschriebenen Version von *OnNewDocument*. *DeleteContents* wird in *CDocument::OnNewDocument* aufgerufen. Wenn wir also die Basisklassenfunktion zuerst aufrufen, können wir sicher sein, dass das Dokument nicht gelöscht wird. (Es ist übrigens ein Auszug aus dem

zwanzigsten Gedicht in Lawrence Ferlinghettis Buch *A Coney Island of the Mind*.) Geben Sie zehn Zeilen Ihrer Wahl ein. Natürlich können Sie auch ein anderes Gedicht verwenden oder die Beschreibung Ihrer Win32-Lieblingsfunktion. Fügen Sie den im Folgenden fett gedruckten Code ein:

```
BOOL CPoemDoc::OnNewDocument()
{
    if (!CDocument::OnNewDocument())
        return FALSE;

    m_stringArray.SetSize(10);
    m_stringArray[0] = "The pennycandystore beyond the El";
    m_stringArray[1] = "is where I first";
    m_stringArray[2] = "            fell in love";
    m_stringArray[3] = "                with unreality";
    m_stringArray[4] = "Jellybeans glowed in the semi-gloom";
    m_stringArray[5] = "of that september afternoon";
    m_stringArray[6] = "A cat upon the counter moved among";
    m_stringArray[7] = "               the licorice sticks";
    m_stringArray[8] = "               and tootsie rolls";
    m_stringArray[9] = "         and Oh Boy Gum";
    return TRUE;
}
```

**HINWEIS:** Die Klasse *CStringArray* bietet dynamische Arrays. Wir verwenden das Objekt *m_stringArray* hier jedoch so, als wäre es ein statisches Array mit zehn Elementen.

Das Anwendungsgerüst ruft beim Schließen des Dokuments dessen virtuelle Memberfunktion *DeleteContents* auf. Dabei werden die Texte aus dem Array gelöscht. Eine Instanz von *CStringArray* enthält wirkliche Objekte, eine Instanz von *CObArray* dagegen Zeiger auf Objekte. Diese Unterscheidung ist wichtig, wenn das Löschen der Arrayelemente ansteht. Hier beseitigt die Funktion *RemoveAll* tatsächlich die *CString*-Objekte.

```
void CPoemDoc::DeleteContents()
{
    // Aufruf vor OnNewDocument und beim Schließen des Dokuments
    m_stringArray.RemoveAll();
}
```

Das Thema Serialisierung spielt in diesem Beispiel eigentlich keine Rolle. Die folgende Funktion zeigt aber, wie einfach es ist, Zeichenfolgen zu serialisieren. Das Anwendungsgerüst ruft vor dem Laden der Daten aus einem Archiv die Funktion *DeleteContents* auf, sodass Sie sich um das Löschen des Datenfelds nicht zu kümmern brauchen. Fügen Sie den im Folgenden fett gedruckten Code hinzu:

```
void CPoemDoc::Serialize(CArchive& ar)
{
    m_stringArray.Serialize(ar);
}
```

5. **Bearbeiten Sie die Funktion *OnInitialUpdate* in der Datei StringView.cpp.** Sie müssen diese Funktion in allen von *CScrollView* abgeleiteten Klassen überschreiben. Die Funktion hat die Aufgabe, die Größe des logischen Fensters und den Abbildungsmodus festzulegen. Fügen Sie den im Folgenden fett gedruckten Code hinzu:

```
void CStringView::OnInitialUpdate()
{
    CScrollView::OnInitialUpdate();
    CSize sizeTotal(m_rectPrint.Width(), -m_rectPrint.Height());
    CSize sizePage(sizeTotal.cx / 2,
                   sizeTotal.cy / 2);   // Seitenbildlauf
    CSize sizeLine(sizeTotal.cx / 100,
                   sizeTotal.cy / 100); // Zeilenbildlauf
    SetScrollSizes(MM_TWIPS, sizeTotal, sizePage, sizeLine);
}
```

6. **Bearbeiten Sie die Funktion *OnDraw* in der Datei StringView.cpp.** Die Memberfunktion *OnDraw* der Klasse *CStringView* formatiert die Daten für die Bildschirmanzeige und für die Druckerausgabe. Sie zeigt die Gedichtzeilen in der Schrift Times New Roman 10 Punkt an, zeichnet einen Rahmen um den bedruckbaren Bereich und ein grobes Lineal am oberen und linken Rand. *OnDraw* setzt den Abbildungsmodus *MM_TWIPS* voraus, bei dem 1 Zoll 1440 Einheiten entspricht. Fügen Sie die fett dargestellten Anweisungen hinzu:

```
void CStringView::OnDraw(CDC* pDC)
{
    int        i, j, nHeight;
    CString    str;
    CFont      font;
    TEXTMETRIC tm;

    CPoemDoc* pDoc = GetDocument();
    // Rahmen zeichnen - etwas kleiner, damit nichts
    // abgeschnitten wird
    pDC->Rectangle(m_rectPrint + CRect(0, 0, -20, 20));
    // horizontales und vertikales Lineal zeichnen
    j = m_rectPrint.Width() / 1440;
    for (i = 0; i <= j; i++) {
        str.Format("%02d", i);
        pDC->TextOut(i * 1440, 0, str);
    }
    j = -(m_rectPrint.Height() / 1440);
    for (i = 0; i <= j; i++) {
        str.Format("%02d", i);
        pDC->TextOut(0, -i * 1440, str);
    }
    // Das Gedicht um 0.5 Zoll nach unten und rechts versetzt drucken
    // Schrift: Roman 10 Punkt
    font.CreateFont(-200, 0, 0, 0, 400, FALSE,
                    FALSE, 0, ANSI_CHARSET,
                    OUT_DEFAULT_PRECIS, CLIP_DEFAULT_PRECIS,
                    DEFAULT_QUALITY, DEFAULT_PITCH | FF_ROMAN,
                    "Times New Roman");
    CFont* pOldFont = (CFont*) pDC->SelectObject(&font);
    pDC->GetTextMetrics(&tm);
    nHeight = tm.tmHeight + tm.tmExternalLeading;
    TRACE("Schrifthöhe = %d, tmInternalLeading = %d\n",
          nHeight, tm.tmInternalLeading);
    j = pDoc->m_stringArray.GetSize();
    for (i = 0; i < j; i++) {
        pDC->TextOut(720, -i * nHeight - 720, pDoc->m_stringArray[i]);
    }
}
```

```
    pDC->SelectObject(pOldFont);
    TRACE("LOGPIXELSX = %d, LOGPIXELSY = %d\n",
        pDC->GetDeviceCaps(LOGPIXELSX),
        pDC->GetDeviceCaps(LOGPIXELSY));
    TRACE("HORZSIZE = %d, VERTSIZE = %d\n",
        pDC->GetDeviceCaps(HORZSIZE),
        pDC->GetDeviceCaps(VERTSIZE));
}
```

7. **Bearbeiten Sie die Funktion *OnPreparePrinting* in der Datei StringView.cpp.** Diese Funktion legt die maximale Anzahl der Seiten im Druckauftrag fest. In unserem Beispiel wird nur eine Seite gedruckt. Sie müssen in Ihrer überschriebenen Version von *OnPreparePrinting* unbedingt die Funktion *DoPreparePrinting* aus der Basisklasse aufrufen. Fügen Sie den im Folgenden fett gedruckten Code hinzu:

```
BOOL CStringView::OnPreparePrinting(CPrintInfo* pInfo)
{
    pInfo->SetMaxPage(1);
    return DoPreparePrinting(pInfo);
}
```

8. **Bearbeiten Sie den Konstruktor in der Datei StringView.cpp.** Der Ausgangswert für das Rechteck zur Darstellung des Druckbereichs sollte 20 × 28,7 cm betragen (1 cm weniger als DIN A4). Die Koordinaten müssen in Twips umgerechnet werden (1 cm = 567 Twips). Fügen Sie den im Folgenden fett gedruckten Code hinzu:

```
CStringView::CStringView() : m_rectPrint(0, 0, 11520, -21600)
{
}
```

9. **Erstellen und testen Sie die Anwendung.** Wenn Sie das Programm Ex17a unter Windows NT, Windows 2000 oder Windows XP mit der kleinstmöglichen Bildschirmauflösung ausführen, wird das untergeordnete MDI-Fenster wie in der folgenden Abbildung aussehen. (Bei Verwendung höherer Auflösungen wird der Text größer dargestellt.)

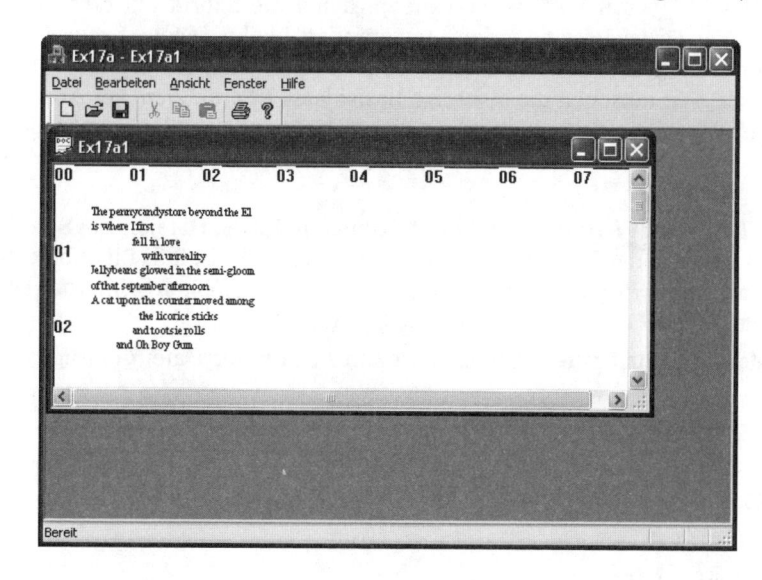

Der Text im Fenster ist zu klein, nicht wahr? Wählen Sie im Menü *Datei* den Befehl *Seitenansicht*, und klicken Sie mit der Lupe zweimal auf das Dokument. Die Seitenvorschau produziert dann eine Ausgabe wie in der nächsten Abbildung.

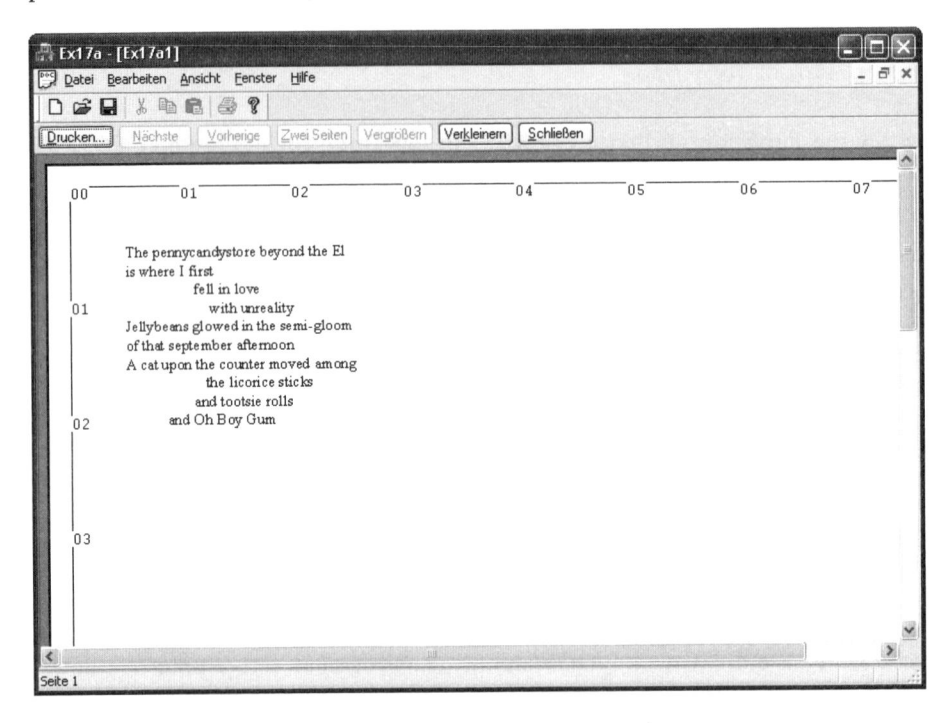

Erinnern Sie sich an den Abschnitt über logische Twips in Kapitel 6? Wir werden nunmehr den Abbildungsmodus für logische Twips verwenden, damit die Schrift auf dem Bildschirm vergrößert wird, in der Druckausgabe jedoch unverändert bleibt. Dazu ist etwas zusätzlicher Programmieraufwand nötig, weil die Klasse *CScrollView* nicht für diesen Abbildungsmodus ausgelegt wurde. Wir tauschen die bisherige Basisklasse *CScrollView* der Ansicht gegen *CLogScrollView* aus. Wir haben den Quelltext für diese Klasse aus ViewScrl.cpp kopiert und bearbeitet. Die Dateien LogScrollView.h und LogScrollView.cpp befinden sich im Verzeichnis Ex17a auf der Begleit-CD.

10. **Nehmen Sie die Klasse *CLogScrollView* ins Projekt auf.** Kopieren Sie die Dateien LogScrollView.h und LogScrollView.cpp von der Begleit-CD in Ihr Projektverzeichnis, falls nicht bereits geschehen. Wählen Sie im Menü *Projekt* den Eintrag *Vorhandenes Element hinzufügen*. Wählen Sie die beiden neuen Dateien aus und klicken Sie *OK* an.

11. **Bearbeiten Sie die Headerdatei StringView.h.** Fügen Sie am Beginn der Datei die folgende Zeile ein:

```
#include "LogScrollView.h"
```

Ändern Sie dann die Zeile

```
class CStringView : public CScrollView
```

in

```
class CStringView : public CLogScrollView
```

12. **Bearbeiten Sie die Datei StringView.cpp.** Ersetzen Sie alle Vorkommen von *CScrollView* durch *CLogScrollView*. Bearbeiten Sie dann die Funktion *OnInitialUpdate*. Die viel kürzere, überarbeitete Version sehen Sie hier:

```
void CStringView::OnInitialUpdate()
{
    CLogScrollView::OnInitialUpdate();
    CSize sizeTotal(m_rectPrint.Width(), -m_rectPrint.Height());
    SetLogScrollSizes(sizeTotal);
}
```

13. **Erstellen und testen Sie die Anwendung erneut.** Nun sollte der Bildschirm so aussehen:

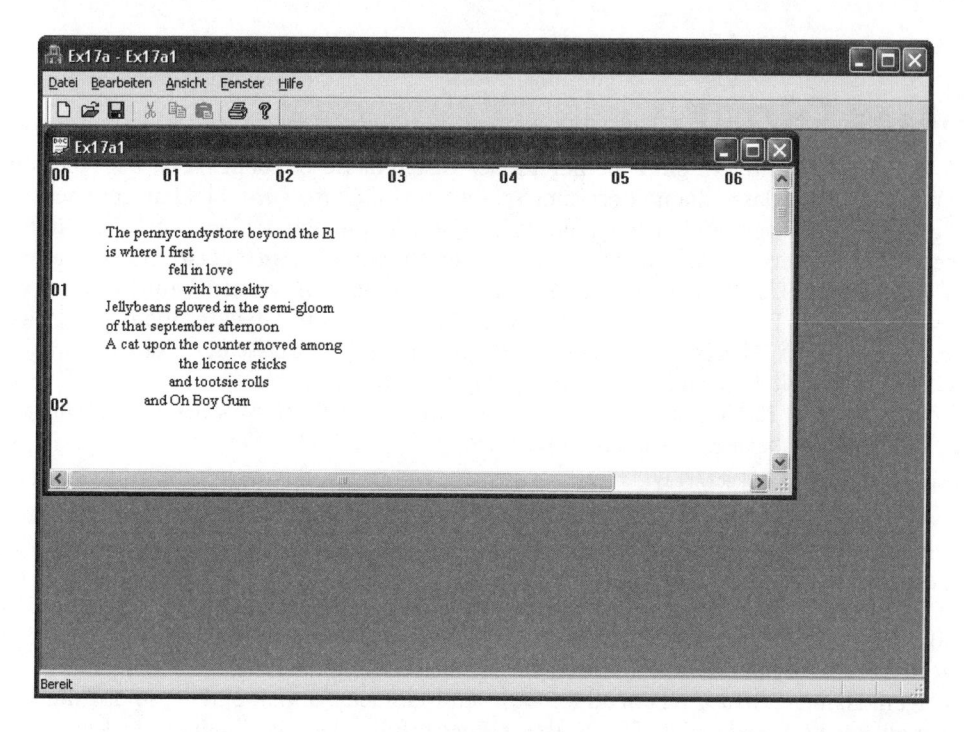

## Den bedruckbaren Bereich ermitteln

Das Programm Ex17a druckt in ein Rechteck mit fester Größe, das auf einen Laserdrucker abgestimmt ist, der das Papierformat DIN A4 (210 × 297 Millimeter) im Hochformat bedruckt. Was aber, wenn Sie ein anderes Papierformat verwenden oder im Querformat drucken möchten? Das Programm sollte sich auf diese Bedingungen einstellen können.

Es ist relativ einfach, die Koordinaten des bedruckbaren Bereichs zu ermitteln. Erinnern Sie sich noch an den *CPrintInfo*-Zeiger, der an *OnPrint* übergeben wird? Diese Struktur enthält ein Datenelement namens *m_rectDraw*, das die logischen Koordinaten des entsprechenden Rechtecks enthält. In Ihrer überschriebenen Version von *OnPaint* kopieren Sie dieses Rechteck einfach in ein Datenelement der Ansicht, und *OnDraw* greift darauf zu. Die Sache hat nur einen Haken: Sie können das Rechteck erst ermitteln, wenn Sie mit dem Drucken beginnen, und deshalb muss der Konstruktor nach wie vor einen Standardwert für *OnDraw* vorgeben, der vor Beginn des Druckvorgangs benutzt werden kann.

Wenn Sie im Beispielprogramm Ex17a den bedruckbaren Bereich ermitteln und die Größe der bildlauffähigen Ansicht entsprechend berichtigen möchten, überschreiben Sie im Eigenschaftenfenster der Klassenansicht die Funktion *OnPrint* und implementieren die Funktion wie folgt:

```
void CStringView::OnPrint(CDC* pDC, CPrintInfo* pInfo)
{
    m_rectPrint = pInfo->m_rectDraw;
    SetLogScrollSizes(CSize(m_rectPrint.Width(), -m_rectPrint.Height()));
    CLogScrollView::OnPrint(pDC, pInfo);
}
```

## Die Klasse *CArray*

In Beispiel Ex15b aus Kapitel 15 sind Sie bereits der Listenklasse *CTypedPtrList* begegnet, die auf Vorlagen beruht. Die Klasse diente dort zum Speichern von *CStudent*-Objekten. Im nächsten Beispielprogramm Ex17b verwenden wir eine weitere Klasse auf Basis einer Vorlage, nämlich *CArray*. Diese Klasse unterscheidet sich in zweierlei Hinsicht von *CTypedPtrList*. Erstens handelt es sich um ein Array, auf dessen Elemente über Indizes zugegriffen werden kann, wie bei der Klasse *CStringArray* aus Ex17a. Zweitens enthält dieses Array echte Objekte, nicht nur Zeiger auf Objekte. In Beispiel Ex17b sind die Elemente *CRect*-Objekte. Die Klasse der Elemente braucht nicht von *CObject* abgeleitet zu sein und *CRect* ist dies auch nicht.

Wie schon in Beispiel Ex15b zu sehen war, erleichtert eine *typedef*-Anweisung den Umgang Klassen, die auf Vorlagen basieren. Mit der Anweisung

```
typedef CArray<CRect, CRect&> CRectArray;
```

definieren wir eine Arrayklasse, die *CRect*-Objekte speichert und deren Memberfunktionen *CRect*-Objekte als Verweisparameter haben. (Es ist weniger Aufwand, einen 32-Bit-Zeiger zu übergeben, als ein 128-Bit-Objekt zu kopieren.)

Um das Vorlagenfeld einzusetzen, deklarieren Sie eine Instanz von *CRectArray* und rufen Memberfunktionen von *CArray* auf, beispielsweise *SetSize*. Sie können Elemente auch mit dem Indexoperator von *CArray* abrufen und schreiben.

Die Vorlagenklassen *CArray*, *CList* und *CMap* sind einfach zu verwenden, sofern die Elementklasse nicht zu kompliziert ist. Die Klasse *CRect* erfüllt diese Bedingung, weil sie keine Zeiger als Datenelemente enthält. In allen Vorlagenklassen wird eine globale Funktion namens *SerializeElements* zur Serialisierung der enthaltenen Elemente verwendet. Die Standardversion dieser Funktion kopiert die einzelnen Elemente bitweise ins Archiv.

Wenn die Elementklasse Zeiger enthält oder aus einem anderen Grund komplexer ist, müssen Sie eine eigene Version von *SerializeElements* schreiben. Wenn Sie diese Funktion für das *CRect*-Array implementieren würden (was nicht notwendig ist), sähe der Quelltext etwa wie folgt aus:

```
void AFXAPI SerializeElements(CArchive& ar, CRect* pNewRects,
    int nCount)
{
    for (int i = 0; i < nCount; i++, pNewRects++) {
        if (ar.IsStoring()) {
            ar << *pNewRects;
        }
```

```
    else {
        ar >> *pNewRects;
    }
}
}
```

Wenn der Compiler diese Funktion entdeckt, verwendet er sie innerhalb der Vorlage anstelle der Standardversion von *SerializeElements*. Das funktioniert allerdings nur, wenn der Compiler den Prototyp von *SerializeElements* vor der Deklaration der Vorlagenklasse zu sehen bekommt.

**HINWEIS:** Die Vorlagenklassen stützen sich auf zwei weitere globale Funktionen namens *ConstructElements* und *DestructElements*. Seit der Version 4.0 von Visual C++ .NET rufen diese Funktionen für jedes enthaltene Objekt den Konstruktor und Destruktor der Elementklasse auf. Deshalb gibt es keinen echten Grund, diese Funktionen zu ersetzen.

# Das Beispiel Ex17b: Mehrere Seiten drucken

Das Dokument in diesem Beispiel enthält ein Array mit 50 *CRect*-Objekten, die Kreise beschreiben. Die Kreise werden in einem Rechteck der Größe 6 × 6 Zoll zufällig verteilt, und für den Durchmesser wird ebenfalls ein Zufallswert von maximal 0,5 Zoll verwendet. Auf dem Bildschirm sehen die Kreise wie eine zweidimensionale Darstellung von Seifenblasen aus. Allerdings werden diese Kreise nicht gedruckt. Stattdessen gibt die Anwendung die entsprechenden *CRect*-Koordinaten in numerischer Form auf dem Drucker aus (jeweils 12 Werte pro Seite einschließlich Kopf- und Fußzeile).

1. **Generieren Sie mit dem MFC-Anwendungsassistenten das Projekt Ex17b.** Wählen Sie *Einfaches Dokument* und übernehmen Sie die anderen vorgegebenen Werte.
2. **Bearbeiten Sie die Headerdatei StdAfx.h.** Sie benötigen die Deklarationen der vorlagenbasierten MFC-Auflistungsklassen. Fügen Sie daher die folgende Anweisung ein:

    ```
    #include <afxtempl.h>
    ```
3. **Bearbeiten Sie die Headerdatei Ex17bDoc.h.** Im Beispielprogramm Ex17a bestehen die Daten des Dokuments aus einer Reihe von Zeichenfolgen, die in einem *CStringArray*-Objekt gespeichert sind. Da wir die Begrenzungsrechtecke der Ellipsen in einer Klasse auf Vorlagenbasis verwalten, können wir uns die Arbeit mit einer *typedef*-Anweisung vereinfachen. Fügen Sie diese Typdefinition ein paar Zeilen vor der Klassendeklaration in die Datei ein:

    ```
    typedef CArray<CRect, CRect&> CRectArray;
    ```

    Fügen Sie dann die folgenden öffentlichen Datenelemente in die Klasse *CEx17bDoc* ein:

    ```
    enum { nLinesPerPage = 12 };
    enum { nMaxEllipses = 50 };
    CRectArray m_ellipseArray;
    ```

    In der objektorientierten Programmierung dienen *enum*-Deklarationen wie diese hier als Ersatz für *#define*-Anweisungen.
4. **Bearbeiten Sie die Implementierungsdatei Ex17bDoc.cpp.** Die überschriebene Version von *OnNewDocument* initialisiert das Ellipsenarray mit Zufallswerten und die Funktion *Serialize* kümmert sich beim Speichern und Einlesen des Dokuments um das gesamte Array. Der MFC-Anwendungsassistent hat Grundgerüste beider Funktionen erstellt. Eine *DeleteContents*-

Funktion ist nicht nötig, weil der Indexoperator von *CArray* vorhandene *CRect*-Objekte einfach überschreibt. Fügen Sie den im Folgenden fett gedruckten Code hinzu:

```
BOOL CEx17bDoc::OnNewDocument()
{
    if (!CDocument::OnNewDocument())
        return FALSE;

    int n1, n2, n3;
    // generiere 50 Kreise mit Zufallswerten
    srand((unsigned) time(NULL));
    m_ellipseArray.SetSize(nMaxEllipses);
    for (int i = 0; i < nMaxEllipses; i++) {
        n1 = rand() * 600 / RAND_MAX;
        n2 = rand() * 600 / RAND_MAX;
        n3 = rand() * 50  / RAND_MAX;
        m_ellipseArray[i] = CRect(n1, -n2, n1 + n3, -(n2 + n3));
    }
    return TRUE;
}
void CEx17bDoc::Serialize(CArchive& ar)
{
    m_ellipseArray.Serialize(ar);
}
```

5. **Bearbeiten Sie die Headerdatei Ex17bView.h.** Fügen Sie mit dem *Assistenten zum Hinzufügen von Membervariablen* und dem *Assistenten zum Hinzufügen von Memberfunktionen*, die beide in der Klassenansicht verfügbar sind, das folgende Datenelement und die beiden Prototypen ein. Der *Assistent zum Hinzufügen von Memberfunktionen* generiert in der Datei Ex17bView.cpp auch die passenden Grundgerüste der Funktionen.

```
public:
    int m_nPage;
private:
    void PrintPageHeader(CDC *pDC);
    void PrintPageFooter(CDC *pDC);
```

Das Datenelement *m_nPage* enthält die Nummer der aktuellen Druckseite des Dokuments. Die beiden privaten Funktionen dienen zum Drucken der Kopf- und Fußzeilen.

6. **Bearbeiten Sie die Funktion *OnDraw* Ex17bView.cpp.** Die überschriebene Funktion *OnDraw* malt einfach die Blasen ins Ansichtsfenster. Fügen Sie den folgenden fett gedruckten Code ein:

```
void CEx17bView::OnDraw(CDC* pDC)
{
    int i, j;
    CEx17bDoc* pDoc = GetDocument();
    j = pDoc->m_ellipseArray.GetUpperBound();
    for (i = 0; i < j; i++) {
        pDC->Ellipse(pDoc->m_ellipseArray[i]);
    }
}
```

7. **Fügen Sie die Funktion *OnPrepareDC* in Ex17bView.cpp ein.** Die Ansichtsklasse ist nicht bildlauffähig, sodass der Abbildungsmodus in dieser Funktion festgelegt werden muss. Über-

schreiben Sie im Eigenschaftenfenster der Klassenansicht die Funktion *OnPrepareDC* und fügen Sie die fett dargestellte Anweisung ein:

```
void CEx17bView::OnPrepareDC(CDC* pDC, CPrintInfo* pInfo)
{
    pDC->SetMapMode(MM_LOENGLISH);
}
```

8. **Fügen Sie die Funktion *OnPrint* in Ex17bView.cpp ein.** Die Standardversion von *OnPrint* aus der Klasse *CView* ruft *OnDraw* auf. In diesem Beispiel sollen die Druckausgaben aber ganz anders aussehen als die Bildschirmdarstellung. Aus diesem Grund muss *OnPrint* die Druckausgabe ohne Zuhilfenahme von *OnDraw* bewältigen. Die Funktion stellt zunächst den Abbildungsmodus *MM_TWIPS* ein und erstellt anschließend eine Schrift mit festem Zeichenabstand. Dann druckt *OnPrint* die numerischen Werte von 12 *m_ellipseArray*-Elementen und trägt die Schrift wieder aus dem Gerätekontext aus. In der Funktion *OnBeginPrinting* müssten Sie die Schrift zwar nur einmal erstellen, aber der Unterschied macht sich in diesem einfachen Beispiel nicht bemerkbar. Überschreiben Sie die Funktion *OnPrint* im Eigenschaftenfenster der Klassenansicht und fügen Sie die fett dargestellte Anweisung ein:

```
void CEx17bView::OnPrint(CDC* pDC, CPrintInfo* pInfo)
{
    int         i, nStart, nEnd, nHeight;
    CString     str;
    CPoint      point(720, -1440);
    CFont       font;
    TEXTMETRIC  tm;

    pDC->SetMapMode(MM_TWIPS);
    CEx17bDoc* pDoc = GetDocument();
    m_nPage = pInfo->m_nCurPage; // für PrintPageFooter
    nStart = (m_nPage - 1) * CEx17bDoc::nLinesPerPage;
    nEnd = nStart + CEx17bDoc::nLinesPerPage;
    // 14-Punkt-Schrift mit festem Zeichenabstand
    font.CreateFont(-280, 0, 0, 0, 400, FALSE, FALSE,
                0, ANSI_CHARSET, OUT_DEFAULT_PRECIS,
                CLIP_DEFAULT_PRECIS, DEFAULT_QUALITY,
                DEFAULT_PITCH | FF_MODERN, "Courier New"); // Courier New ist eine TrueType-Schrift
    CFont* pOldFont = (CFont*) (pDC->SelectObject(&font));
    PrintPageHeader(pDC);
    pDC->GetTextMetrics(&tm);
    nHeight = tm.tmHeight + tm.tmExternalLeading;
    for (i = nStart; i < nEnd; i++) {
        if (i > pDoc->m_ellipseArray.GetUpperBound()) {
            break;
        }
        str.Format("%6d %6d %6d %6d %6d", i + 1,
                pDoc->m_ellipseArray[i].left,
                pDoc->m_ellipseArray[i].top,
                pDoc->m_ellipseArray[i].right,
                pDoc->m_ellipseArray[i].bottom);
        point.y -= nHeight;
        pDC->TextOut(point.x, point.y, str);
    }
    PrintPageFooter(pDC);
    pDC->SelectObject(pOldFont);
}
```

9. **Bearbeiten Sie die Funktion *OnPreparePrinting* in Ex17bView.cpp.** Die Funktion *OnPreparePrinting* (deren Grundgerüst vom MFC-Anwendungsassistenten erstellt wurde) berechnet die Anzahl der Seiten des Dokuments und gibt diesen Wert mit Hilfe der Funktion *SetMaxPage* an das Anwendungsgerüst weiter. Fügen Sie den im Folgenden fett gedruckten Code hinzu:

```
BOOL CEx17bView::OnPreparePrinting(CPrintInfo* pInfo)
{
    CEx17bDoc* pDoc = GetDocument();
    pInfo->SetMaxPage(pDoc->m_ellipseArray.GetUpperBound() / CEx17bDoc::nLinesPerPage + 1);
    return DoPreparePrinting(pInfo);
}
```

10. **Fügen Sie die Funktionen für Kopf- und Fußzeilen in Ex17bView.cpp ein.** Die privaten Funktionen *PrintPageHeader* und *PrintPageFooter*, die in *OnPrint* aufgerufen werden, drucken die Kopf- und Fußzeilen der Seiten. In der Fußzeile steht auch die Seitennummer, die von *OnPrint* im Datenelement *m_nPage* gespeichert wird. Die Funktion *CDC::GetTextExtent* liefert die Breite der Seitennummer, damit sie rechtsbündig ausgerichtet werden kann. Fügen Sie den unten fett gedruckten Code hinzu.

```
void CEx17bView::PrintPageHeader(CDC* pDC)
{
    CString str;
    CPoint point(0, 0);
    pDC->TextOut(point.x, point.y, "Seifenblasenbericht");
    point += CSize(720, -720);
    str.Format("%6.6s %6.6s %6.6s %6.6s %6.6s",
        "Index", "Links", "Oben", "Rechts", "Unten");
    pDC->TextOut(point.x, point.y, str);
}
void CEx17bView::PrintPageFooter(CDC* pDC)
{
    CString str;
    CPoint point(0, -14400); // Move 10 inches down
    CEx17bDoc* pDoc = GetDocument();
    str.Format("Dokument %s", (LPCSTR) pDoc->GetTitle());
    pDC->TextOut(point.x, point.y, str);
    str.Format("Seite %d", m_nPage);
    CSize size = pDC->GetTextExtent(str);
    point.x += 11520 - size.cx;
    pDC->TextOut(point.x, point.y, str); // rechtsbündig
}
```

11. **Erstellen und testen Sie die Anwendung.** Das Ansichtsfenster mit den zufällig verteilten Seifenblasen kann zum Beispiel so aussehen:

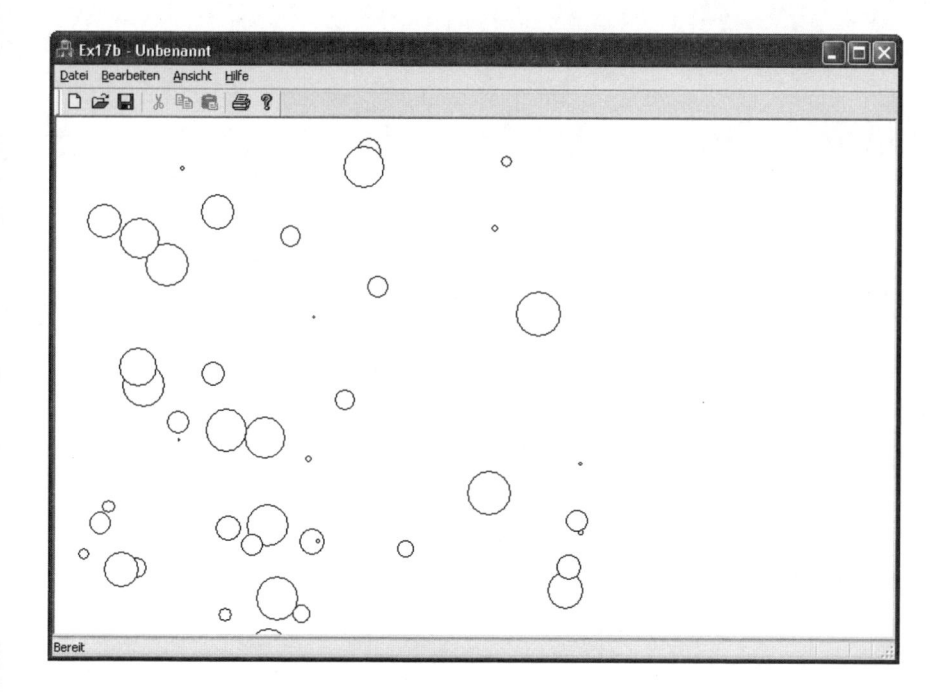

Jedes Mal, wenn Sie im Menü *Datei* den Befehl *Neu* wählen, erhalten Sie andere Ausgaben. In der Seitenansicht sieht die erste Druckseite ungefähr so aus:

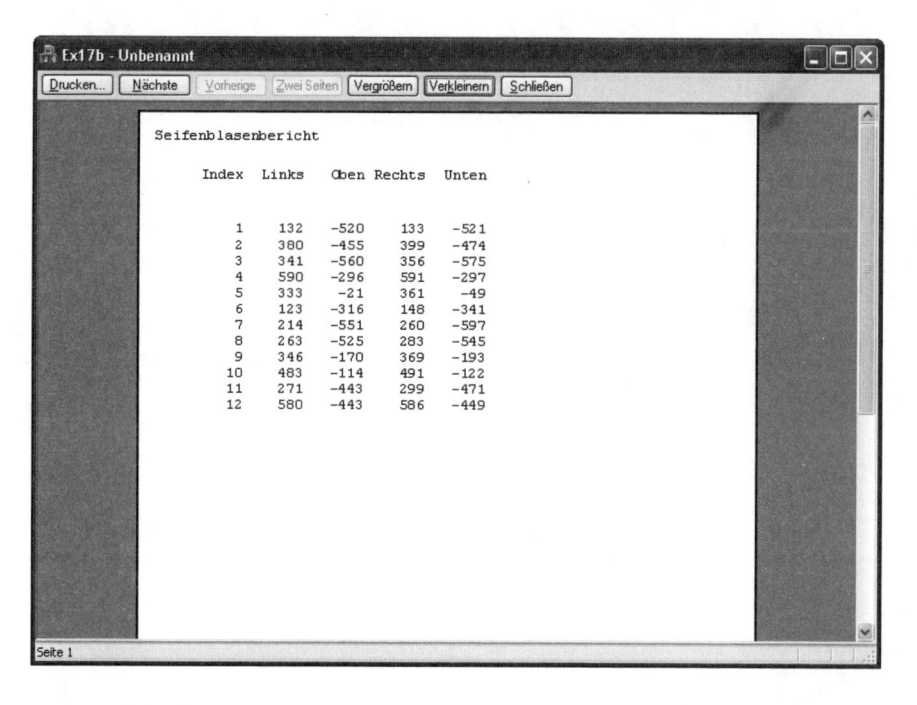

```
Seifenblasenbericht

    Index   Links   Oben    Rechts  Unten

    1       132     -520    133     -521
    2       380     -455    399     -474
    3       341     -560    356     -575
    4       590     -296    591     -297
    5       333     -21     361     -49
    6       123     -316    148     -341
    7       214     -551    260     -597
    8       263     -525    283     -545
    9       346     -170    369     -193
    10      483     -114    491     -122
    11      271     -443    299     -471
    12      580     -443    586     -449
```

Im Dialogfeld *Drucken* können Sie angeben, wie viele Seiten gedruckt werden sollen.

*Drucken und Seitenansicht*

# 18 Teilbare Fenster und Mehrfachansichten

| | |
|---|---|
| 410 | Teilbare Fenster |
| 410 | Ansichtsoptionen |
| 411 | Dynamische und statische Fensterteilung |
| 411 | Beispiel Ex18a: Eine SDI-Anwendung mit einer Ansichtsklasse und dynamisch teilbarem Fenster |
| 413 | Das Beispiel Ex18b: Eine SDI-Anwendung mit zwei Ansichtsklassen und statisch geteiltem Fenster |
| 416 | Das Beispiel Ex18c: Verschiedene Ansichten ohne teilbares Fenster |
| 418 | Das Beispiel Ex18d: Eine MDI-Anwendung mit mehreren Ansichtsklassen |

Von Beispiel Ex16b abgesehen, gab es in allen bisherigen Beispielen dieses Buchs immer nur jeweils eine Ansicht, die einem Dokument zugeordnet war. Wenn Sie schon einmal mit einer Textverarbeitung unter Microsoft Windows gearbeitet haben, wissen Sie, wie praktisch es ist, wenn man zwei verschiedene Abschnitte eines Dokuments in zwei Fenstern nebeneinander betrachten kann. Beide Fenster können eine normale Darstellung des Textes zeigen. Das eine Fenster kann aber zum Beispiel auch eine Seite im Seitenlayout zeigen und das andere die Gliederung.

Das Anwendungsgerüst bietet die Möglichkeit, teilbare Fenster zu verwenden oder in mehreren untergeordneten MDI-Fenstern verschiedene Darstellungen der Daten anzuzeigen. Beide Präsentationsmöglichkeiten werden in diesem Kapitel vorgestellt. Sie werden sehen, wie einfach es in beiden Fällen ist, von derselben Ansichtsklasse (der Standardansicht) mehrere Ansichtsobjekte zu erzeugen. Dagegen ist es schon etwas schwieriger, zwei oder mehr verschiedene Ansichtsklassen in derselben Anwendung zu verwenden (zum Beispiel eine Ansicht für die Gliederung und eine für das Seitenlayout).

Der Schwerpunkt dieses Kapitels liegt in der Auswahl und Darstellung mehrerer Ansichten. Die Beispiele beruhen auf einem Dokument, das in der Funktion *OnNewDocument* mit Daten initialisiert wird. Bei Bedarf können Sie sich noch einmal in Kapitel 15 darüber informieren, wie die Kommunikation zwischen Dokument und Ansicht funktioniert.

# Teilbare Fenster

Teilbare Fenster sind eine spezielle Art von Rahmenfenstern, die in verschiedenen Fensterausschnitten mehrere Ansichten zeigen. Die Anwendung kann das Fenster bereits bei seiner Erstellung aufteilen oder der Benutzer teilt es nach Bedarf mit dem entsprechenden Menübefehl oder indem er mit der Maus an einem Teilungsfeld in der Bildlaufleiste des Fensters zieht. Nachdem das Fenster geteilt worden ist, kann der Benutzer den Fensterteiler mit der Maus verschieben und so die relative Größe der Fensterausschnitte festlegen. Teilbare Fenster können sowohl in SDI- als auch in MDI-Anwendungen verwendet werden. Beispiele für geteilte Fenster finden Sie auf den folgenden Seiten.

Teilbare Fenster werden durch Objekte der Klasse *CSplitterWnd* gesteuert. Für Windows ist ein *CSplitterWnd*-Objekt ein echtes Fenster, das den Clientbereich seines Rahmenfensters (*CFrameWnd* oder *CMDIChildWnd*) vollständig ausfüllt. Die Ansichtsfenster füllen die Fensterausschnitte des teilbaren Fensters aus. Das teilbare Fenster ist an der Verteilung von Befehlsmeldungen nicht beteiligt. Das jeweils aktive Ansichtsfenster (im Fensterausschnitt) ist direkt mit seinem Rahmenfenster verbunden.

# Ansichtsoptionen

Wenn Sie die Methoden zur Darstellung mehrerer Ansichten mit den Anwendungsmodellen kombinieren, ergeben sich eine Reihe von Kombinationen. Einige davon sind im Folgenden aufgeführt:

- **SDI-Anwendung mit teilbarem Fenster, eine Ansichtsklasse.** Dieser Fall wird im ersten Beispiel Ex18a dieses Kapitels abgehandelt. Jeder Ausschnitt eines geteilten Fensters kann einen anderen Teil des Dokuments anzeigen (indem der Fensterinhalt verschoben wird). Der Programmierer bestimmt, wie viele horizontale und vertikale Ausschnitte maximal erlaubt sind. Der Benutzer teilt das Fenster zur Laufzeit nach Bedarf.
- **SDI-Anwendung mit teilbarem Fenster, mehrere Ansichtsklassen.** Dieser Fall wird im Beispielprogramm Ex18b vorgeführt. Der Programmierer legt die Anzahl der Ausschnitte und die Reihenfolge der Ansichten fest. Der Benutzer kann die Größe der Ausschnitte zur Laufzeit einstellen.
- **SDI-Anwendung ohne teilbare Fenster, mehrere Ansichtsklassen.** Dieser Fall wird im Beispielprogramm Ex18c vorgeführt. Der Benutzer schaltet mit Hilfe eines Menübefehls zwischen den verschiedenen Ansichtsklassen um.
- **MDI-Anwendung ohne teilbare Fenster, eine Ansichtsklasse.** Dies ist die Standard-MDI-Anwendung, die Sie bereits in Kapitel 16 gesehen haben. Mit Hilfe des Menübefehls *Neues Fenster* kann der Benutzer für ein bereits geöffnetes Dokument ein neues untergeordnetes Fenster öffnen.
- **MDI-Anwendung ohne teilbare Fenster, mehrere Ansichtsklassen.** Mit einer kleinen Änderung an der Standard-MDI-Anwendung können mehrere Ansichten gezeigt werden. Wie das Beispiel Ex18d zeigt, ist dazu nicht mehr nötig, als für jede weitere Ansichtsklasse einen Menübefehl und einen Befehlshandler zu implementieren.
- **MDI-Anwendung mit teilbaren untergeordneten Fenstern.** Dieser Fall wird in der Online-Dokumentation ausführlich beschrieben. Das MFC-Beispielprogramm SCRIBBLE zeigt, wie ein untergeordnetes MDI-Fenster geteilt wird.

# Dynamische und statische Fensterteilung

Bei einem dynamisch teilbaren Fenster kann der Benutzer das Fenster jederzeit teilen, indem er entweder den passenden Menübefehl auswählt oder an einem Teilungsfeld in der Bildlaufleiste zieht. Die Ausschnitte eines dynamisch teilbaren Fensters basieren in der Regel auf derselben Ansichtsklasse. Der obere linke Ausschnitt wird bei der Erstellung des dynamisch teilbaren Fensters mit einer bestimmten Ansicht initialisiert. Die Bildlaufleisten werden von den verschiedenen Ansichten gemeinsam genutzt. Beispielsweise werden in einem Fenster, das einmal in horizontaler Richtung geteilt ist, beide Ansichten über die untere Bildlaufleiste gesteuert. Anwendungen mit einem dynamisch teilbaren Fenster haben nach dem Start zunächst nur ein Ansichtsobjekt. Wenn der Benutzer das Rahmenfenster teilt, werden weitere Ansichtsobjekte angelegt. Hebt der Benutzer die Teilung wieder auf, werden die betreffenden Ansichtsobjekte beseitigt.

Die Ausschnitte eines statisch geteilten Fensters werden beim ersten Erstellen des Fensters festgelegt und können nicht mehr geändert werden. Der Benutzer kann den Rahmen verschieben, aber das Fenster nicht neu teilen oder eine Teilung aufheben. Statisch geteilte Fenster können von mehreren Ansichtsklassen benutzt werden, wobei die Konfiguration zum Zeitpunkt der Erstellung vorgenommen wird. In einem statisch geteilten Fenster verfügt jeder Ausschnitt über eigene Bildlaufleisten. In einer entsprechenden Anwendung werden die Ansichtsobjekte zusammen mit dem Rahmen erstellt und entsorgt.

# Beispiel Ex18a: Eine SDI-Anwendung mit einer Ansichtsklasse und dynamisch teilbarem Fenster

In diesem Beispielprogramm kann der Benutzer die Ansicht dynamisch in vier Ausschnitte mit vier getrennten Ansichtsobjekten teilen, die alle zur selben Ansichtsklasse gehören. Für Dokument und Ansicht verwenden wir den Quelltext aus Ex17a. Der Anwendungsassistent kann ein dynamisch teilbares Fenster in eine neue Anwendung einfügen. Erstellen Sie ein SDI-Projekt und wählen Sie auf der Seite *Benutzeroberflächenfeatures* die Option *Geteiltes Fenster*, wie in der folgenden Abbildung.

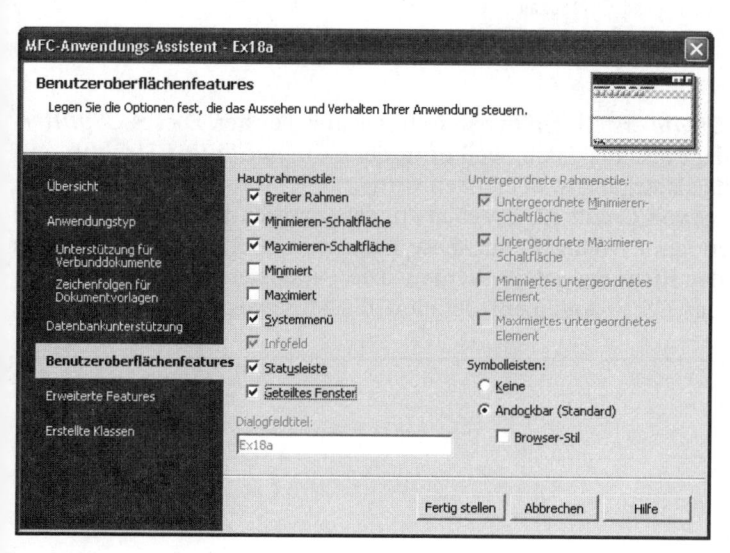

Wenn Sie den Kontrollkasten *Geteiltes Fenster* markieren, generiert der MFC-Anwendungsassistenten zusätzlichen Code für die Klasse *CMainFrame*. Natürlich können Sie denselben Code auch nachträglich in die *CMainFrame*-Klasse eines bestehenden Projekts einfügen, um das Programmfenster teilbar zu machen.

## Ressourcen für die Fensterteilung

Wenn der MFC-Anwendungsassistent eine Anwendung mit einem teilbaren Rahmenfenster generiert, fügt er in das Menü *Ansicht* des Projekts den Befehl *Teilen* ein. Der Befehls-ID *ID_WINDOW_SPLIT* wird ein Handler aus der MFC-Klasse *CView* zugeordnet.

## CMainFrame

Diese Klasse, in der das Hauptrahmenfenster der Anwendung implementiert wird, benötigt ein Datenelement für das teilbare Fenster und einen Prototyp der überschriebenen Funktion *OnCreateClient*. Zu diesem Zweck ergänzt der MFC-Anwendungsassistent die Datei MainFrm.h um folgende Zeilen:

```
protected:
    CSplitterWnd m_wndSplitter;
public:
    virtual BOOL OnCreateClient(LPCREATESTRUCT lpcs, CCreateContext* pContext);
```

Bei der Erstellung des Rahmenobjekts ruft das Anwendungsgerüst die virtuelle Funktion *CFrameWnd::OnCreateClient* auf. Die Basisklassenversion dieser Funktion erzeugt, wie in der Dokumentvorlage festgelegt, ein einziges Ansichtsfenster. Die neue Version der Funktion *OnCreateClient*, die der MFC-Anwendungsassistent in MainFrm.cpp generiert hat, legt stattdessen ein teilbares Fenster an, und dieses Fenster erstellt die erste Ansicht.

```
BOOL CMainFrame::OnCreateClient( LPCREATESTRUCT /*lpcs*/,
    CCreateContext* pContext)
{
    return m_wndSplitter.Create( this,
        2, 2,           // TODO: Spalten- und Zeilenzahl festlegen
        CSize(10, 10),  // TODO: Minimale Größe des Bearbeitungsbereichs festlegen
        pContext);
}
```

Die Funktion *CSplitterWnd::Create* erstellt ein dynamisch teilbares Fenster. Dieses *CSplitterWnd*-Objekt kennt den Namen der Ansichtsklasse, weil er in der *CCreateContext*-Struktur enthalten ist, die der Funktion *Create* als Argument übergeben wird.

Das zweite und dritte Argument von *Create* (2, 2) geben an, dass das Fenster maximal in zwei Spalten und Zeilen geteilt werden kann. Wenn Sie für diese Parameter (2, 1) angeben, darf das Fenster nur einmal in horizontaler Richtung geteilt werden. Die Parameterkombination (1, 2) lässt eine vertikale Teilung zu. Das *CSize*-Argument definiert die Minimalgröße der einzelnen Ausschnitte.

# Die Anwendung Ex18a testen

Nach dem Start der Anwendung können Sie das Fenster teilen, indem Sie im Menü *Ansicht* den Befehl *Teilen* geben oder indem Sie die Teilungsfelder am linken oder oberen Rand der Bildlaufleisten ziehen. Abbildung 18.1 zeigt ein typisches Fenster, das in vier Ausschnitte geteilt worden ist. Die Bildlaufleisten werden von allen Ansichten gemeinsam genutzt.

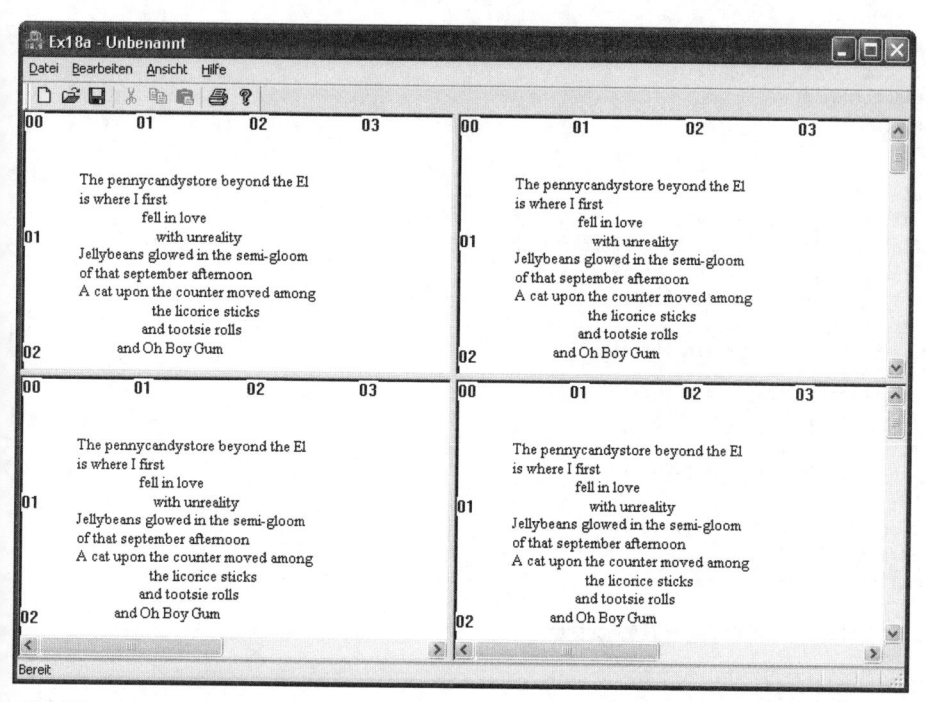

**Abbildung 18.1:** *Ein einfaches Ansichtsfenster, das in vier Ausschnitte geteilt wurde*

# Das Beispiel Ex18b: Eine SDI-Anwendung mit zwei Ansichtsklassen und statisch geteiltem Fenster

In Ex18b werden wir das Beispiel Ex18a ausbauen, indem wir eine zweite Ansichtsklasse definieren und diese beiden Ansichten in einem statisch geteilten Fenster zeigen. (Die H- und CPP-Dateien werden von der ursprünglichen Ansichtsklasse übernommen.) Diesmal funktioniert die Fensterteilung etwas anders. Beim Anwendungsstart wird das Fenster nicht mit einem, sondern mit zwei Ausschnitten geöffnet. Der Benutzer kann den Fensterteiler durch Ziehen mit der Maus oder über den Befehl *Teilen* aus dem Menü *Ansicht* verschieben.

Die einfachste Methode, eine Anwendung mit einem statisch geteilten Fenster zu erstellen, besteht darin, mit dem MFC-Anwendungsassistenten eine Anwendung mit dynamisch teilbarem Fenster zu generieren und anschließend die Funktion *CMainFrame::OnCreateClient* zu bearbeiten.

## CHexView

Die Klasse *CHexView* hat die Aufgabe, die Lyrik in eine zeitgemäße Form zu bringen. Der Quelltext entspricht im Wesentlichen dem der Klasse *CStringView*, mit Ausnahme der Memberfunktion *OnDraw*:

```
void CHexView::OnDraw(CDC* pDC)
{
    // Hexadezimaldarstellung des Textes
    int         i, j, k, l, n, nHeight;
    CString     outputLine, str;
    CFont       font;
    TEXTMETRIC  tm;

    CPoemDoc* pDoc = GetDocument();
    font.CreateFont(-160, 80, 0, 0, 400, FALSE, FALSE, 0,
        ANSI_CHARSET, OUT_DEFAULT_PRECIS, CLIP_DEFAULT_PRECIS,
        DEFAULT_QUALITY, DEFAULT_PITCH | FF_SWISS, "Arial");
    CFont* pOldFont = pDC->SelectObject(&font);
    pDC->GetTextMetrics(&tm);
    nHeight = tm.tmHeight + tm.tmExternalLeading;

    j = pDoc->m_stringArray.GetSize();
    for (i = 0; i < j; i++) {
        outputLine.Format("%02x    ", i);
        l = pDoc->m_stringArray[i].GetLength();
        for (k = 0; k < l; k++) {
            n = pDoc->m_stringArray[i][k] & 0x00ff;
            str.Format("%02x ", n);
            outputLine += str;
        }
        pDC->TextOut(720, -i * nHeight - 720, outputLine);
    }
    pDC->SelectObject(pOldFont);
}
```

Diese Funktion zeigt den Text aus *m_stringArray* in Hexadezimalform an. Der Zugriff auf die einzelnen, in den *CString*-Objekten enthaltenen Zeichen erfolgt dabei mit Hilfe des Indexoperators.

## CMainFrame

Wie im Beispiel Ex18a benötigt auch die Hauptfensterklasse der Anwendung Ex18b ein Datenelement für das teilbare Fenster und einen Prototyp für die überschriebene Funktion *OnCreateClient*. Sie können die entsprechenden Anweisungen vom MFC-Anwendungsassistenten generieren lassen, indem Sie wie in Ex18a die Option *Geteiltes Fenster* markieren. Die Headerdatei MainFrm.h brauchen Sie dann nicht weiter zu bearbeiten.

In die Implementierungsdatei MainFrm.cpp müssen die Headerdateien beider Ansichtsklassen (und natürlich die Headerdatei der Dokumentklasse) eingebunden werden:

```
#include "PoemDoc.h"
#include "StringView.h"
#include "HexView.h"
```

Der MFC-Anwendungsassistent generiert in der Funktion *OnCreateClient* Anweisungen zur Erstellung eines dynamisch teilbaren Fensters. Wenn Sie ein statisch geteiltes Fenster wünschen, müssen Sie diesen Teil des Quelltextes bearbeiten. Anstelle von *CSplitterWnd::Create* rufen Sie die Funktion *CSplitterWnd::CreateStatic* auf, die für den Einsatz mit mehreren Ansichtsklassen gedacht ist. Die folgenden Aufrufe von *CSplitterWnd::CreateView* stellen die Verbindung zu den beiden Ansichtsklassen her. Wie aus dem zweiten und dritten Argument (2, 1) von *CreateStatic* hervorgeht, enthält dieses geteilte Fenster nur zwei Ausschnitte. Die horizontale Teilung beginnt gemäß Voreinstellung 100 Geräteeinheiten unter dem oberen Fensterrand. Der obere Ausschnitt enthält die Ansicht mit dem normalen Text, der untere die Ansicht mit der Hexadezimaldarstellung. Der Benutzer kann den Fensterteiler verschieben, aber sonst nichts an der Konfiguration der Ansichten ändern.

```
BOOL CMainFrame::OnCreateClient( LPCREATESTRUCT /*lpcs*/,
    CCreateContext* pContext)
{
    VERIFY(m_wndSplitter.CreateStatic(this, 2, 1));
    VERIFY(m_wndSplitter.CreateView(0, 0, RUNTIME_CLASS(CStringView),
                          CSize(100, 100), pContext));
    VERIFY(m_wndSplitter.CreateView(1, 0, RUNTIME_CLASS(CHexView),
                          CSize(100, 100), pContext));
    return TRUE;
}
```

## Die Anwendung Ex18b testen

Nach dem Start sollte das Fenster der Anwendung Ex18b so aussehen wie im nächsten Bild. Beachten Sie, dass hier beide Ansichten über eine eigene horizontale Bildlaufleiste verfügen.

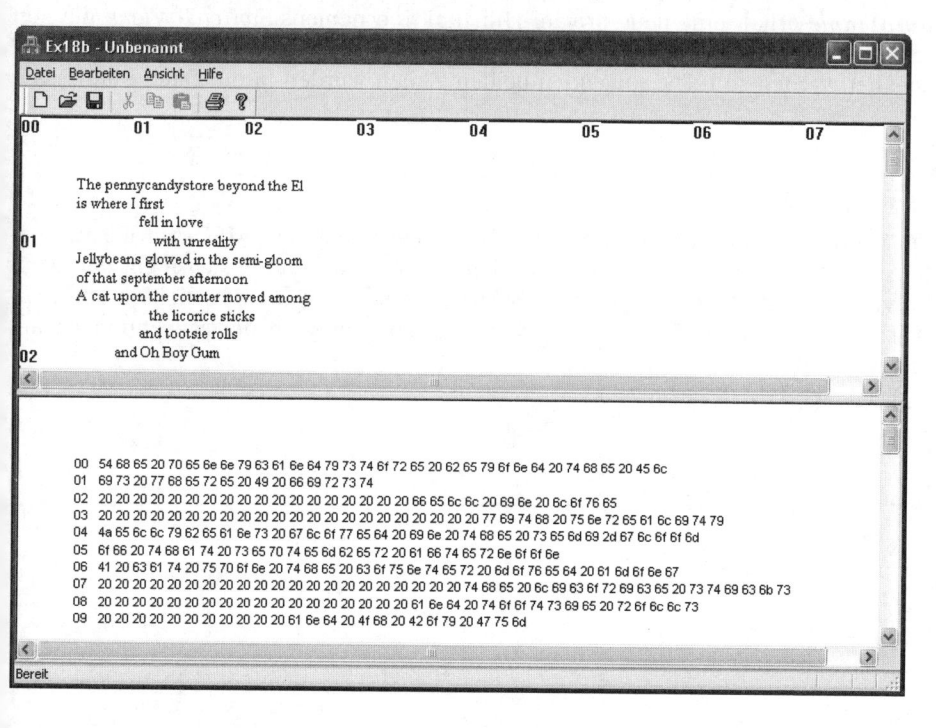

*Teilbare Fenster und Mehrfachansichten*

# Das Beispiel Ex18c: Verschiedene Ansichten ohne teilbares Fenster

Gelegentlich möchte man die Darstellungsart wechseln können, ohne sich mit teilbaren Fenstern herumzuschlagen. Das Beispiel Ex18c zeigt eine SDI-Anwendung, die menügesteuert zwischen den Klassen *CStringView* und *CHexView* umschalten kann. Sie brauchen nur den vom MFC-Anwendungsassistenten generierten Quelltext um zwei Menübefehle zu ergänzen und einige Anweisungen in die Klasse *CMainFrame* einzufügen. Außerdem ändern Sie die Deklaration der Konstruktoren von *CStringView* und *CHexView* von *protected* auf *public*.

## Ressourcen

Die folgenden beiden Befehle wurden in das Menü *Ansicht* der Menüressource *IDR_MAINFRAME* eingefügt:

| Beschriftung | Befehls-ID | Funktion in CMainFrame |
|---|---|---|
| T&extansicht | ID_VIEW_STRINGVIEW | OnViewStringview |
| &Hexansicht | ID_VIEW_HEXVIEW | OnViewHexview |

Die entsprechenden Befehls- und Aktualisierungshandler wurden im Eigenschaftenfenster der Klassenansicht in die Klasse *CMainFrame* eingefügt.

## CMainFrame

Die Klasse *CMainFrame* erhält eine neue private Hilfsfunktion namens *SwitchToView*, die von den Handlern der beiden Menübefehle aufgerufen wird. Ein *enum*-Parameter legt fest, zu welcher Ansicht umgeschaltet werden soll. Die folgenden beiden Zeilen wurden in die Datei MainFrm.h eingefügt:

```
private:
    enum eView { STRING = 1, HEX = 2 };
    void SwitchToView(eView nView);
```

Die Funktion *SwitchToView* (in MainFrm.cpp) führt einige systemnahe MFC-Aufrufe aus, um die gewünschte Ansicht zu identifizieren und zu aktivieren. Zerbrechen Sie sich nicht den Kopf darüber, wie das vor sich geht. Wenn Sie in Ihren eigenen Anwendungen die Ansichten umschalten möchten, passen Sie die Funktion bei Bedarf einfach ein wenig an die Anwendungen an. Fügen Sie den folgenden Code ein:

```
void CMainFrame::SwitchToView(eView nView)
{
    CView* pOldActiveView = GetActiveView();
    CView* pNewActiveView = (CView*) GetDlgItem(nView);
    if (pNewActiveView == NULL) {
        switch (nView) {
        case STRING:
            pNewActiveView = (CView*) new CStringView;
            break;
```

```
        case HEX:
            pNewActiveView = (CView*) new CHexView;
            break;
    }
    CCreateContext context;
    context.m_pCurrentDoc = pOldActiveView->GetDocument();
    pNewActiveView->Create(NULL, NULL, WS_BORDER,
        CFrameWnd::rectDefault, this, nView, &context);
    pNewActiveView->OnInitialUpdate();
}
SetActiveView(pNewActiveView);
pNewActiveView->ShowWindow(SW_SHOW);
pOldActiveView->ShowWindow(SW_HIDE);
pOldActiveView->SetDlgCtrlID(
    pOldActiveView->GetRuntimeClass() ==
    RUNTIME_CLASS(CStringView) ? STRING : HEX);
pNewActiveView->SetDlgCtrlID(AFX_IDW_PANE_FIRST);
RecalcLayout();
}
```

Jetzt fehlen nur noch die Handler für die neuen Menübefehle und die dazugehörigen Aktualisierungshandler für die Benutzeroberfläche. Die Grundgerüste dieser Funktionen generieren Sie mit dem Codeassistenten aus dem Eigenschaftenfenster der Klassenansicht, der auch für die erforderlichen Meldungstabelleneinträge und für die Prototypen sorgt. Die Aktualisierungshandler überprüfen, zu welcher Klasse die aktuelle Ansicht gehört.

```
void CMainFrame::OnViewStringview()
{
    SwitchToView(STRING);
}

void CMainFrame::OnUpdateViewStringview(CCmdUI* pCmdUI)
{
    pCmdUI->Enable(
        !GetActiveView()->IsKindOf(RUNTIME_CLASS(CStringView)));
}

void CMainFrame::OnViewHexview()
{
    SwitchToView(HEX);
}

void CMainFrame::OnUpdateViewHexview(CCmdUI* pCmdUI)
{
    pCmdUI->Enable(
        !GetActiveView()->IsKindOf(RUNTIME_CLASS(CHexView)));
}
```

## Die Anwendung Ex18c testen

Die Anwendung Ex18c zeigt nach dem Start die *CStringView*-Darstellung des Dokuments an. Mit dem entsprechenden Befehl aus dem Menü *Ansicht* können Sie zwischen der *CStringView*- und *CHexView*-Darstellung umschalten. In Abbildung 18.2 werden die beiden Ansichten des Dokuments nebeneinander gezeigt.

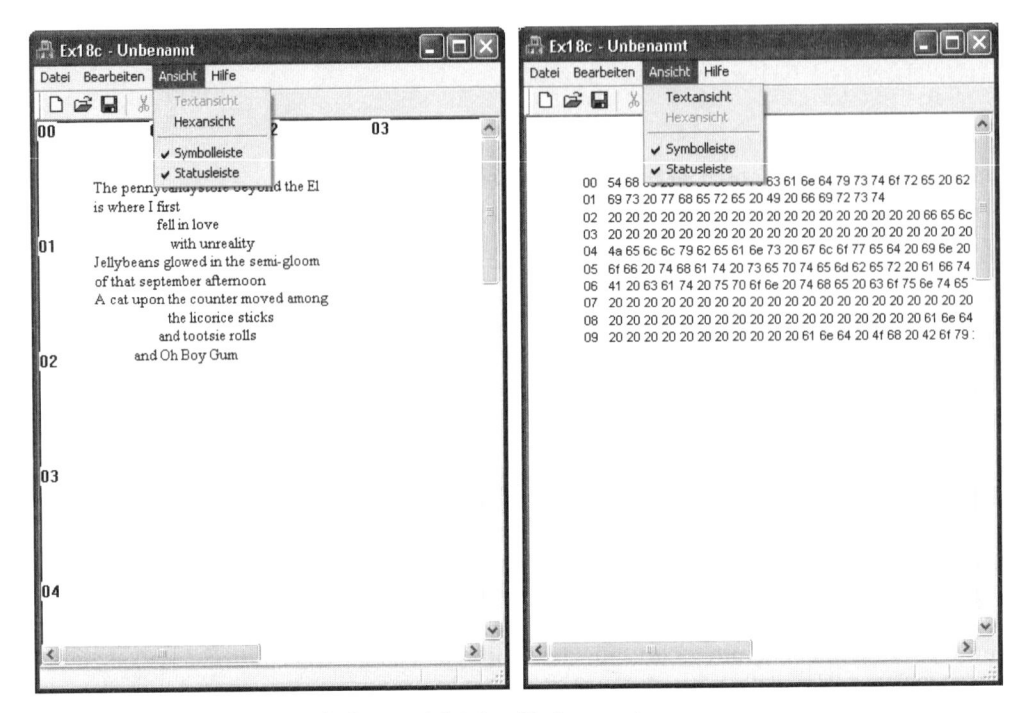

*Abbildung 18.2: Text- und Hexansicht des Dokuments*

# Das Beispiel Ex18d: Eine MDI-Anwendung mit mehreren Ansichtsklassen

Im letzten Beispiel haben wir die bereits bekannten Dokument- und Ansichtsklassen verwendet, um eine MDI-Anwendung zu erstellen, die zwar keine teilbaren Fenster hat, aber trotzdem mehrere Ansichtsklassen anbietet. Diesmal spielt die Musik nicht nur in der Hauptrahmenklasse, sondern auch in der Anwendungsklasse. Bei der Beschäftigung mit Ex18d erfahren Sie auch einiges über die Anwendung von *CDocTemplate*-Objekten.

Das Beispiel wurde bereits mit der Option *Kontextbezogene Hilfe* generiert, die Sie auf der Seite *Erweiterte Features* des MFC-Anwendungsassistenten finden. Wenn Sie das Projekt nachbauen möchten, generieren Sie mit dem MFC-Anwendungsassistenten eine normale MDI-Anwendung mit einer der Ansichtsklassen. Dann nehmen Sie die zweite Ansichtsklasse ins Projekt auf und ändern die Anwendungs- und Hauptrahmenklassen, wie in den folgenden Abschnitten beschrieben.

## Ressourcen

Die folgenden beiden Einträge wurden in der Menüressource *IDR_Ex18dTYPE* in das Menü *Fenster* eingefügt:

| Beschriftung | Befehls-ID | Funktion in CMainFrame |
|---|---|---|
| Neues T&extfenster (ersetzt den Befehl *Neues Fenster*) | ID_WINDOW_NEWSTRINGWINDOW | CMDIFramwWnd::OnWindowNew |
| Neues &Hexfenster | ID_WINDOW_NEWHEXWINDOW | OnWindowNewhexwindow |

Der Handler *OnWindowNewhexwindow* wurde im Eigenschaftenfenster der Klassenansicht in die Klasse *CMainFrame* eingefügt.

## CEx18dApp

In die Headerdatei der Anwendungsklasse (Ex18d.h) wurde ein Funktionsprototyp eingefügt:

```
public:
  CMultiDocTemplate* m_pTemplateHex;
```

Die Implementierungsdatei Ex18d.cpp erhielt folgende *#include*-Anweisung:

```
#include "PoemDoc.h"
#include "StringView.h"
#include "HexView.h"
```

In die Funktion *CEx18dApp::InitInstance* wurden unmittelbar nach dem Aufruf von *AddDocTemplate* die folgenden Zeilen eingefügt:

```
m_pTemplateHex = new CMultiDocTemplate(
    IDR_Ex18dTYPE,
    RUNTIME_CLASS(CPoemDoc),
    RUNTIME_CLASS(CChildFrame),
    RUNTIME_CLASS(CHexView));
```

Der Aufruf von *AddDocTemplate*, den der MFC-Anwendungsassistent generiert hat, richtet die primäre Kombination aus Dokument, Rahmen und Ansicht ein, die beim Anwendungsstart aktiv ist. Das obige Vorlagenobjekt ist eine sekundäre Vorlage, die bei Erteilung des Menübefehls *Neues Hexfenster* aktiviert werden kann.

Jetzt fehlt zur Entsorgung der sekundären Vorlage nur noch eine Überschreibung von *CWinApp::ExitInstance*.

```
int CEx18dApp::ExitInstance()
{
    delete m_pTemplateHex;
    return CWinApp::ExitInstance(); // speichert Profilwerte
}
```

## CMainFrame

In die Implementierungsdatei der Hauptrahmenklasse (MainFrm.cpp) werden die Headerdateien der Klasse *CHexView* und natürlich der Dokumentklasse eingebunden:

```
#include "PoemDoc.h"
#include "HexView.h"
```

Die Basisklasse *CMDIFrameWnd* des Rahmenfensters hat eine Memberfunktion namens *OnWindowNew*, die normalerweise dem Befehl *Neues Fenster* im Menü *Fenster* zugeordnet ist. In Ex18d wird dieser Funktion der Menübefehl *Neues Textfenster* zugeordnet. Für den Befehl *Neues Hexfenster* wird der unten gezeigte Befehlshandler eingerichtet. Diese Funktion ist im Kern eine Kopie von *OnNewWindow*. Sie wurde aber an die spezielle Vorlage angepasst, die in *InitInstance* für die Hexansicht definiert worden ist.

```
void CMainFrame::OnWindowNewhexwindow()
{
    CMDIChildWnd* pActiveChild = MDIGetActive();
    CDocument* pDocument;
    if (pActiveChild == NULL ||
            (pDocument = pActiveChild->GetActiveDocument()) == NULL) {
        TRACE("Warnung:  Kein aktives Dokument für WindowNew vorhanden\n");
        AfxMessageBox(AFX_IDP_COMMAND_FAILURE);
        return; // Befehl ist fehlgeschlagen
    }

    // Wir brauchen einen neuen Rahmen!
    CDocTemplate* pTemplate =
        ((CEx18dApp*) AfxGetApp())->m_pTemplateHex;
    ASSERT_VALID(pTemplate);
    CFrameWnd* pFrame =
        pTemplate->CreateNewFrame(pDocument, pActiveChild);
    if (pFrame == NULL) {
        TRACE("Warnung:  Neuer Rahmen konnte nicht erstellt werden\n");
        AfxMessageBox(AFX_IDP_COMMAND_FAILURE);
        return; // Befehl ist fehlgeschlagen
    }

    pTemplate->InitialUpdateFrame(pFrame, pDocument);
}
```

**HINWEIS:** Das oben beschriebene »Klonen« von Funktionen ist eine MFC-Programmiertechnik, die sich oft sinnvoll einsetzen lässt. Sie müssen zunächst eine Basisklassenfunktion finden, die fast das leistet, was Sie möchten. Kopieren Sie dann die Funktion aus dem Unterverzeichnis \Vc7\atlmfc\src\mfc in die abgeleitete Klasse und ändern Sie den Code nach den Erfordernissen ab. Allerdings besteht bei dieser Technik die Gefahr, dass die Originalfunktion in einer späteren Version der MFC-Bibliothek anders implementiert werden könnte.

# Die Anwendung Ex18d testen

Wenn Sie die Anwendung Ex18d starten, wird ein untergeordnetes Ansichtsfenster mit dem Text angezeigt. Wählen Sie im Menü *Fenster* den Befehl *Neues Hexfenster*. Die Anwendung sollte dann so aussehen:

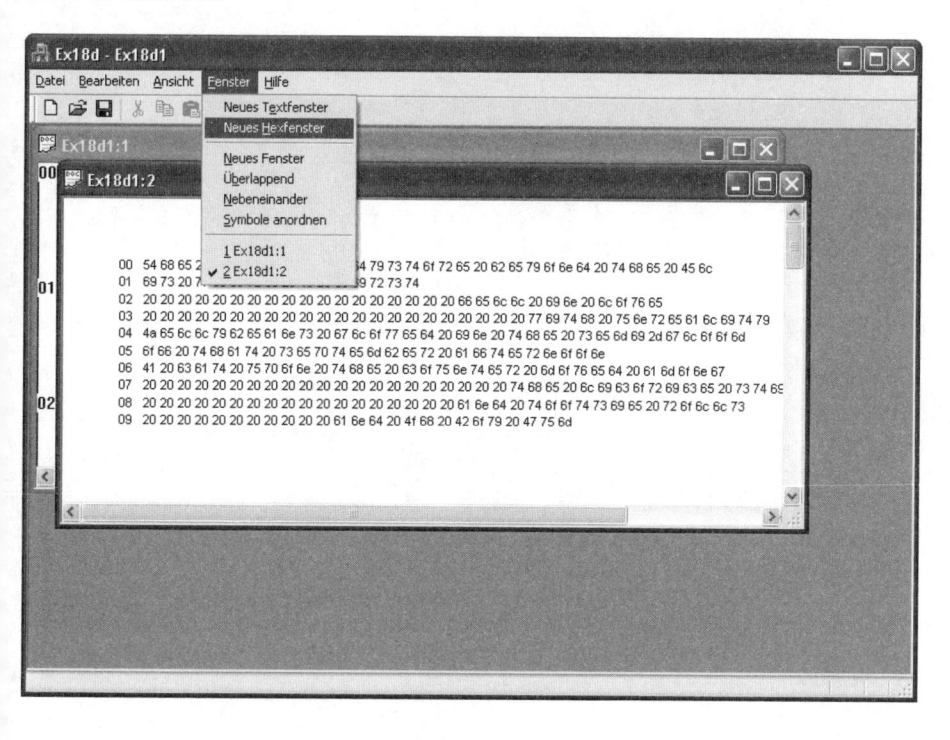

*Teilbare Fenster und Mehrfachansichten*

# 19 Kontextabhängige Hilfe

| | |
|---|---|
| 423 | WinHelp oder HTML Help? |
| 425 | Das WinHelp-Programm |
| 431 | Das Anwendungsgerüst und WinHelp |
| 436 | Ein Hilfebeispiel ohne Programmierung |
| 438 | Hilfebefehle verarbeiten |
| 439 | Das Beispielprogramm Ex19b: Verarbeitung von Hilfebefehlen |
| 442 | MFC und HTML Help |
| 442 | Beispiel Ex19c: HTML Help |

Die Onlinehilfe befindet sich derzeit im Umbruch. Es sieht so aus, als würde das HTML-Format das klassische WinHelp-Format ablösen. MFC-Anwendungen (Microsoft Foundation Classes) funktionieren zwar mit beidem, HTML-Hilfe und WinHelp, aber die Entwicklung geht wohl unaufhaltsam in Richtung HTML-Hilfe. In der Onlinehilfe von Microsoft Visual C++ .NET finden Sie ein Beispiel für die HTML-Hilfe.

In diesem Kapitel erstellen und verarbeiten Sie eine einfache, selbstständige Hilfedatei. Diese Datei enthält ein Inhaltsverzeichnis und ermöglicht dem Benutzer den schnellen Wechsel zwischen den Themen. Außerdem erfahren Sie, wie das MFC-Programm mit Hilfe der passenden Kontext-ID das Hilfesystem aktiviert. Zum Abschluss beschäftigen wir uns noch mit der Erweiterung des Hilfesystems.

## WinHelp oder HTML Help?

Die Wahl zwischen Winhelp und HTML Help ist in erster Linie eine Frage der persönlichen Vorlieben. Die MFC-Programmierschnittstelle zur Steuerung der beiden Hilfesysteme ist jedenfalls dieselbe. WinHelp arbeitet mit dem Rich Text Format (RTF), während HTML Help mit HTML arbeitet. In den letzten Jahren haben zahlreiche kommerzielle Werkzeuge wie RoboHELP von Blue Sky Software und ForeHelp von der Forefront Corporation die Entwicklung eines WinHelp-Systems vereinfacht, aber die WinHelp-Implementierungen werden wahrscheinlich nach und nach zugunsten der HTML Help-Hilfesysteme verschwinden.

Im herkömmlichen WinHelp-System erfolgt der Zugriff auf die Themen sequentiell. Das System präsentiert Ihnen einen Index oder ein Inhaltsverzeichnis, und wenn Sie ein Thema ausgewählt haben, führt Sie WinHelp auf eine andere Seite (oder zu einem anderen Fenster, je nach Betrachtungsweise). Der MFC-Anwendungsassistent generiert zum Beispiel folgendes WinHelp-Grundgerüst:

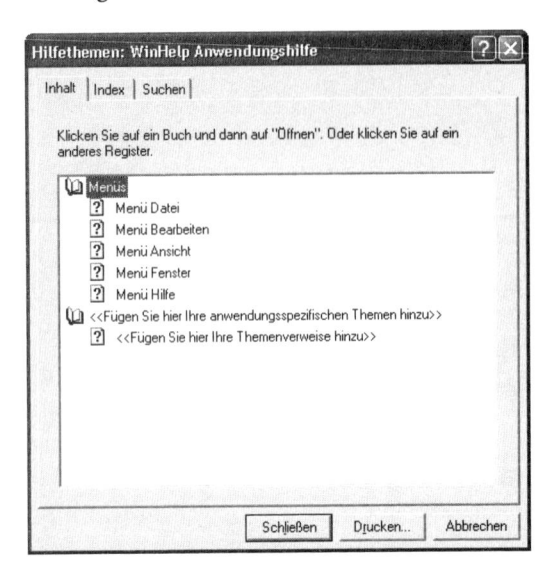

Und so sieht das Hilfesystem nach der Wahl des Themas »Menü Datei« aus. Durch einen Klick auf die entsprechende Schaltfläche gelangen Sie zum vorigen Thema zurück oder auf die Seite mit dem Inhaltsverzeichnis oder dem Index.

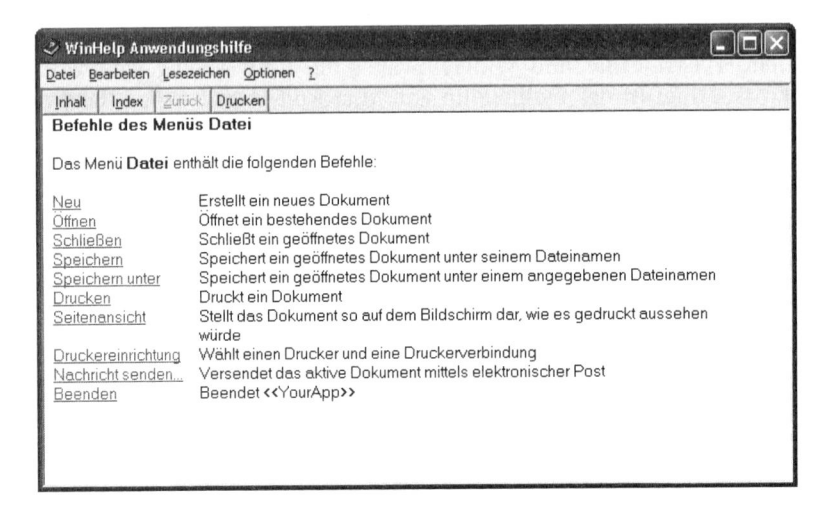

Das nächste Bild zeigt, wie das HTML-Hilfesystem aussieht, das der MFC-Anwendungsassistent generiert. Beachten Sie bitte, dass es auf der linken Seite des Fensters eine Registerkarte für den Index gibt, eine für das Inhaltsverzeichnis und eine für die Suche. Das angezeigte Thema erscheint auf der rechten Seite des Fensters.

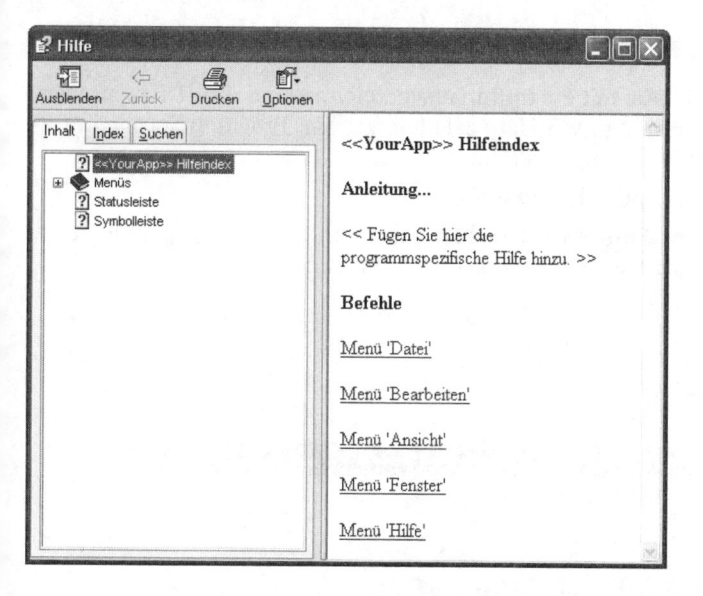

Das HTML-Hilfesystem wurde als ActiveX-Steuerelement namens HHCtrl.ocx implementiert. HHCtrl.ocx ermöglicht die Navigation im Hilfesystem und verwaltet sekundäre Fenster und Popup-Begriffsdefinitionen. HHCtrl.ocx ist flexibel und kann Themen aus einer vorkompilierten Hilfedatei und aus HTML-Seiten anzeigen.

Beginnen wir mit WinHelp in einer MFC-Anwendung.

# Das WinHelp-Programm

Wenn Sie bereits mit kommerziellen Windows-Anwendungen gearbeitet haben, kennen Sie die ausgefeilten Hilfebildschirme mit ihren Grafiken, Hypertext-Verweisen und Popup-Fenstern. Bei einigen Softwareherstellern, darunter auch Microsoft, wurde die Erstellung von Hilfedateien zu einem eigenen Berufsstand erhoben. Dieses Kapitel kann keinen Hilfe-Experten aus Ihnen machen, aber es bringt Sie auf den richtigen Weg, und zwar mit der Entwicklung einer einfachen, auf das Wesentliche beschränkten Hilfedatei.

## Das Rich Text Format

Die Originaldokumentation zum Windows-SDK beschreibt, wie man Hilfedateien mit einem speziellen ASCII-Format formatiert, das Rich Text Format (RTF) genannt wird. Auch wir werden das RTF-Format verwenden, aber wir arbeiten im WYSIWYG-Modus und brauchen daher keine umständlichen Escapesequenzen einzugeben. Sie schreiben die Datei mit denselben Schriftarten, -größen und -auszeichnungen, die der Benutzer auf seinem Hilfebildschirm sehen soll. Sie brauchen also auf jeden Fall eine entsprechende Textverarbeitung, die RTF speichern kann. Für dieses Beispiel habe ich Microsoft Word benutzt, aber es gibt auch viele andere Textverarbeitungsprogramme, die mit RTF umgehen können.

## Eine einfache Hilfedatei verfassen

Wir verfassen jetzt eine einfache Hilfedatei mit einem Inhaltsverzeichnis und drei Themen. Diese Datei soll schließlich unter Windows direkt in WinHelp geladen werden. Programmierung in C++ ist hierzu nicht erforderlich. Führen Sie die folgenden Schritte aus:

1. **Legen Sie das Unterverzeichnis \vcppnet\Ex19a an.**
2. **Schreiben Sie die Hauptseite des Hilfetextes.** Geben Sie in Microsoft Word (oder einer anderen RTF-kompatiblen Textverarbeitung) den folgenden Text ein:

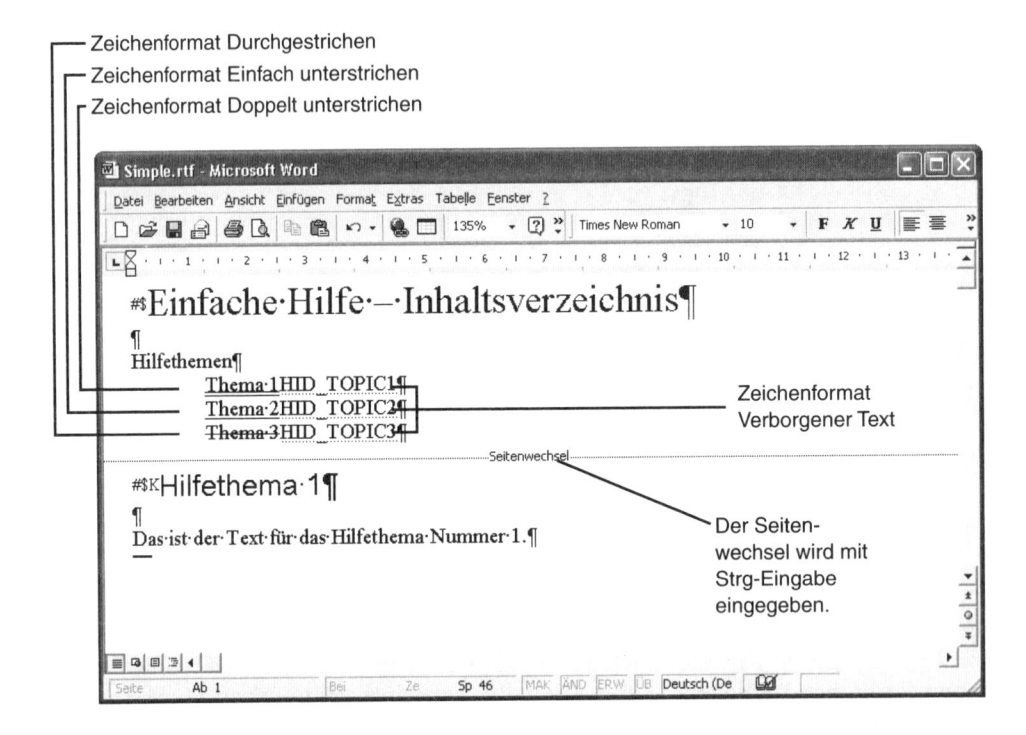

[Abbildung: Screenshot von Simple.rtf in Microsoft Word mit folgenden Elementen:
- Zeichenformat Durchgestrichen
- Zeichenformat Einfach unterstrichen
- Zeichenformat Doppelt unterstrichen
- Zeichenformat Verborgener Text
- Der Seitenwechsel wird mit Strg-Eingabe eingegeben.

Inhalt: #$Einfache Hilfe – Inhaltsverzeichnis¶
Hilfethemen¶
Thema 1 HID_TOPIC1¶
Thema 2 HID_TOPIC2¶
Thema 3 HID_TOPIC3¶
— Seitenwechsel —
#$KHilfethema 1¶
Das ist der Text für das Hilfethema Nummer 1.¶]

Achten Sie darauf, dass Sie die Formate *Doppelt unterstrichen* und *Verborgener Text* richtig anwenden und dass sich der Seitenwechsel an der richtigen Stelle befindet.

**HINWEIS:** Damit der verborgene Text angezeigt wird, müssen Sie die entsprechende Option in Ihrer Textverarbeitung aktivieren. In Microsoft Word wählen Sie dazu im Menü *Extras* den Befehl *Optionen*, klicken auf das Register *Ansicht*, und markieren im Abschnitt *Formatierungszeichen* die Option *Alle*.

3. **Fügen Sie Fußnoten für die Seite mit dem Inhaltsverzeichnis ein.** Das Inhaltsverzeichnis bildet das erste Thema unseres Hilfesystems. Fügen Sie vor der Themenüberschrift die folgenden Fußnoten ein, und verwenden Sie dabei die angegebenen benutzerdefinierten Fußnotenzeichen:

| Fußnotenzeichen | Text | Beschreibung |
|---|---|---|
| # | HID_CONTENTS | Hilfekontext-ID |
| $ | Einfache Hilfe – Inhalt | Themenüberschrift |

Wenn Sie diesen Schritt abgeschlossen haben, sollte Ihr Dokument so aussehen:

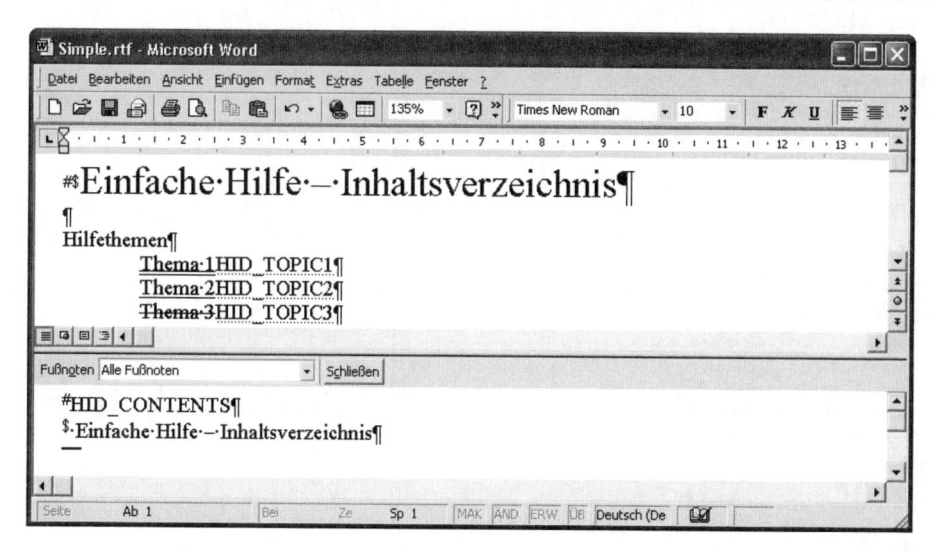

4. **Fügen Sie die Fußnoten für das erste Hilfethema ein.** Das erste Hilfethema ist der zweite Themenbildschirm des Hilfesystems. Fügen die folgenden Fußnoten ein, und verwenden Sie dabei die angegebenen benutzerdefinierten Fußnotenzeichen:

| Fußnotenzeichen | Text | Beschreibung |
| --- | --- | --- |
| # | HID_TOPIC1 | Hilfekontext-ID |
| $ | Einfache Hilfe – Thema 1 | Themenüberschrift |
| K | Einfache Hilfe – Themen | Schlüsselwort |

5. **Kopieren Sie das erste Hilfethema.** Kopieren Sie den gesamten Abschnitt, der zum ersten Hilfethema (Thema 1) gehört, einschließlich des Seitenwechsels, in die Zwischenablage und fügen Sie zwei weitere Kopien in den Text ein. Die Fußnoten werden dabei auch kopiert. Ändern Sie in der ersten Kopie alle Vorkommen von *1* in *2* und in der zweiten Kopie alle Vorkommen von *1* in *3*. Vergessen Sie die Fußnoten nicht! In Microsoft Word ist es relativ schwierig zu erkennen, welche Fußnote zu welchem Thema gehört; seien Sie also vorsichtig.

Wenn Sie diesen Schritt abgeschlossen haben, sollte Ihr Dokument (einschließlich der Fußnoten) so aussehen:

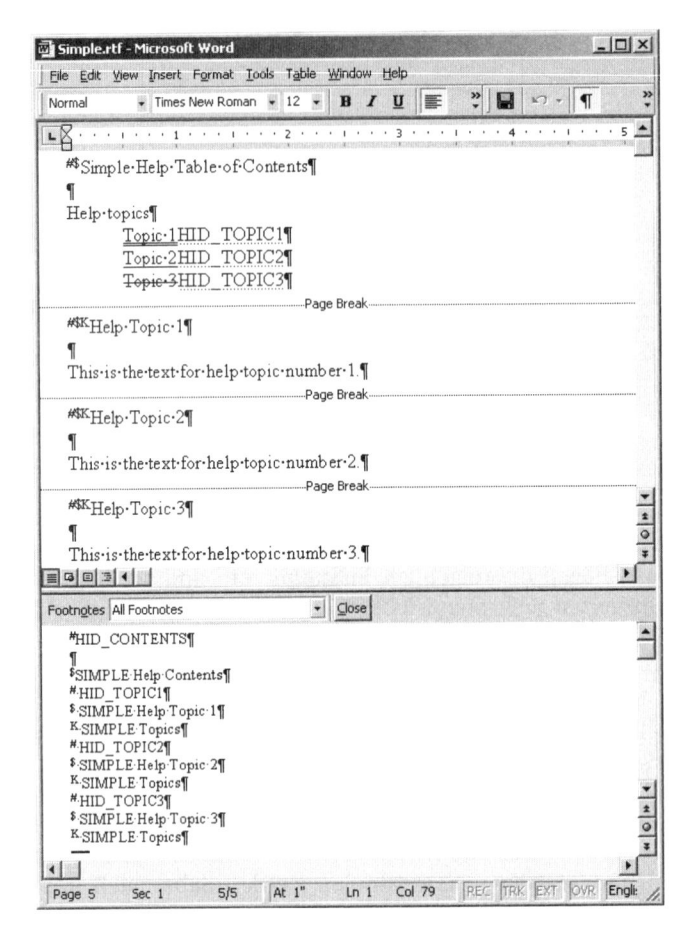

6. **Speichern Sie das Dokument.** Speichern Sie es unter dem Namen \vcppnet\ex19a\Simple.rtf. Geben Sie als Dateityp Rich Text Format (.rtf) an.

7. **Schreiben Sie eine Projektdatei für die Hilfe.** Erstellen Sie in Visual C++ .NET oder in einem anderen Texteditor die Datei vcppnet\ex19a\Simple.hpj:

```
[OPTIONS]
CONTENTS=HID_CONTENTS
TITLE=SIMPLE Application Help
COMPRESS=true
WARNING=2

[FILES]
Simple.rtf
```

In dieser Datei wird die Kontext-ID für das Inhaltsverzeichnis der Hilfe definiert und der Name der RTF-Datei angegeben, die den Hilfetext enthält. Beachten Sie, dass Sie die Datei als Textdatei (im ASCII-Format) speichern müssen.

8. **Erstellen Sie die Hilfedatei.** Starten Sie unter Windows das Dienstprogramm Microsoft Help Workshop (HCRTF), das sich normalerweise in Programme\Microsoft Visual Studio .NET\Common7\Tools befindet. Öffnen Sie die Datei \vcppnet\ex19a\Simple.hpj und geben Sie im Menü *File* den Befehl *Compile*.

   Der Windows-Hilfecompiler kompiliert das Projekt Simple.hpj. Das Ergebnis ist die Datei Simple.hlp, die im selben Verzeichnis abgelegt wird.

9. **Starten Sie WinHelp mit der neuen Hilfedatei.** Klicken Sie die Datei \vcppnet\Ex19a\Simple.hlp im Windows-Explorer mit einem Doppelklick an. Die Startseite mit dem Inhaltsverzeichnis sollte so aussehen:

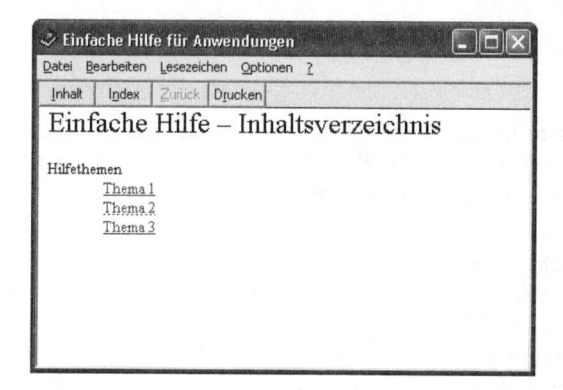

   Bewegen Sie jetzt den Mauszeiger auf *Thema 1* (die Zeigerdarstellung ändert sich von einem Pfeil in eine Hand). Wenn Sie die linke Maustaste drücken, sollte *Hilfethema 1* angezeigt werden:

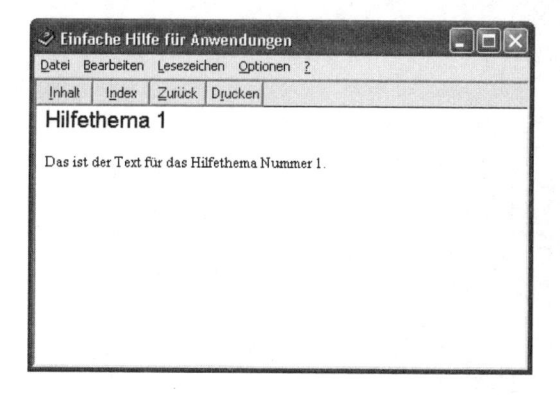

   Der Text mit der ID *HID_TOPIC1* aus dem Inhaltsverzeichnis ist über die entsprechende Kontext-ID in der #-Fußnote mit der Themenseite verknüpft. Eine solche Verknüpfung bezeichnet man als *Sprung*.

Die Verknüpfung zu *Hilfethema 2* wurde als Popup-Sprung codiert. Wenn Sie auf *Thema 2* klicken, sollte das Ergebnis so aussehen:

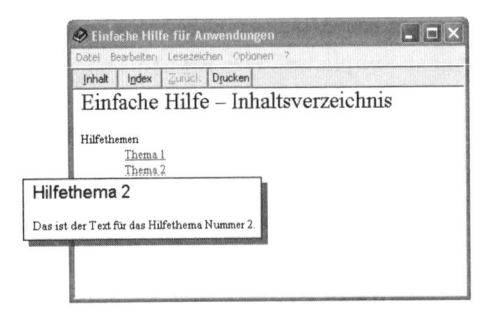

10. **Klicken Sie in WinHelp auf die Schaltfläche *Inhalt*.** Wenn Sie auf diese Schaltfläche klicken, sollte wieder das Inhaltsverzeichnis angezeigt werden, das Sie schon zu Beginn von Schritt 9 gesehen haben. WinHelp kennt die ID des Inhaltsverzeichnisses, weil Sie die ID in der HPJ-Datei angegeben haben.

11. **Klicken Sie in WinHelp auf die Schaltfläche *Index*.** Wenn Sie auf diese Schaltfläche klicken, öffnet WinHelp das Dialogfeld *Index*, in dem die Schlüsselwörter der Hilfedatei angezeigt werden. In Simple.hlp wurde allen Themen (mit Ausnahme des Inhaltsverzeichnisses) in den K-Fußnoten dasselbe Schlüsselwort zugewiesen, nämlich *Einfache Hilfe – Themen*. Wenn Sie auf dieses Schlüsselwort doppelklicken, werden die zugehörigen Themenüberschriften (die $-Fußnoten) angezeigt:

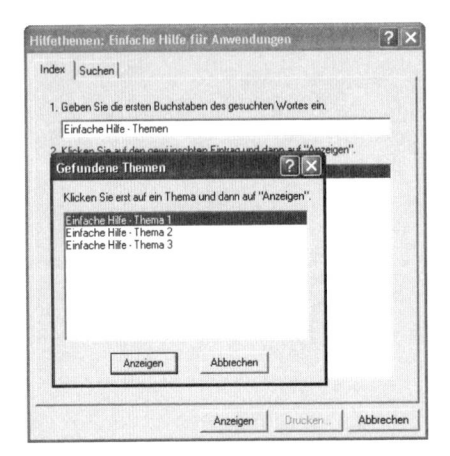

In der Hilfe wird also ein zweistufiger Suchalgorithmus angewendet. Der Benutzer gibt die ersten Buchstaben des Schlüsselworts ein und kann anschließend ein Thema aus einer Liste auswählen. Je sorgfältiger Sie Ihre Schlüsselwörter und Themenüberschriften vergeben, desto effizienter wird Ihr Hilfesystem sein.

# Ein verbessertes Inhaltsverzeichnis

Sie haben gerade die »alte« Form eines Inhaltsverzeichnisses gesehen. Die neuste Win32-Version von WinHelp kann das Inhaltsverzeichnis auch als moderne Strukturansicht darstellen. Dazu ist lediglich eine zusätzliche Textdatei mit der Namenserweiterung CNT erforderlich. Legen Sie im Verzeichnis \vcppnet\ex19a\ eine Textdatei mit dem Namen *Simple.cnt* an, die folgenden Text enthält:

```
:Base Simple.hlp
1 Hilfethemen
2 Thema 1=HID_TOPIC1
2 Thema 2=HID_TOPIC2
2 Thema 3=HID_TOPIC3
```

Beachten Sie, dass hier dieselben Kontext-IDs wie in der Hilfedatei benutzt werden. Wenn Sie Simple.hlp das nächste Mal in WinHelp öffnen, sehen Sie ein neues Inhaltsverzeichnis, das sich nun folgendermaßen präsentiert:

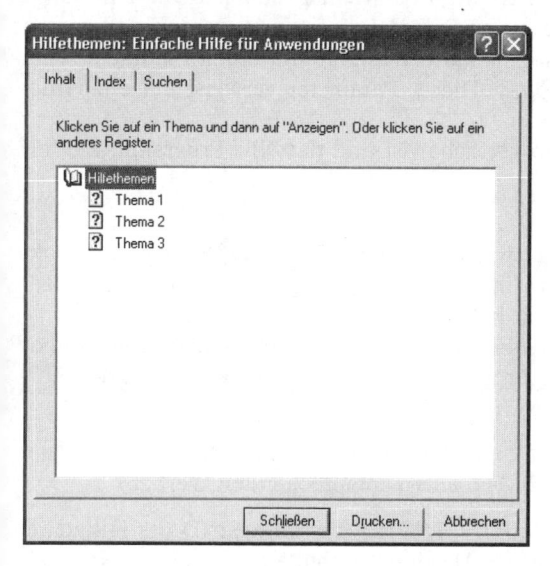

Sie können CNT-Dateien auch mit HCRTF bearbeiten. Die CNT-Datei ist von der HPJ-Datei und den RTF-Dateien unabhängig. Wenn Sie Ihre RTF-Dateien ändern, müssen Sie auch in der CNT-Datei entsprechende Änderungen vornehmen.

# Das Anwendungsgerüst und WinHelp

Bisher haben wir WinHelp als eigenständiges Programm ausgeführt. Das MFC-Anwendungsgerüst und WinHelp können aber auch kooperieren, um eine kontextabhängige Hilfe bereitzustellen. Hier sind die wichtigsten Schritte:

1. Markieren Sie im MFC-Anwendungsassistenten die Option *Kontextbezogene Hilfe*. Wählen Sie WinHelp als Hilfesystem (also nicht HTML).

2. Der MFC-Anwendungsassistent fügt in das Menü *Hilfe* den Befehl *Hilfethemen* ein und erstellt eine oder mehrere generische RTF-Dateien und eine HPJ-Datei.
3. Der MFC-Anwendungsassistent definiert **F1** als Zugriffstaste und er ordnet dieser Taste sowie dem Menübefehl *Hilfethemen* Memberfunktionen des Hauptrahmenfensters zu.
4. Wenn der Benutzer zur Laufzeit **F1** drückt oder den Menübefehl *Hilfethemen* wählt, ruft das Programm WinHelp auf. Dabei übergibt es eine Kontext-ID, aus der hervorgeht, welches Hilfethema angezeigt werden soll.

Sie müssen also verstehen, wie WinHelp von anderen Programmen aufgerufen wird und wie Sie in Ihrer Anwendung Kontext-IDs für WinHelp generieren können.

## WinHelp aufrufen

Die Funktion *CWinApp::WinHelp* ruft WinHelp aus der Anwendung heraus auf. Wenn Sie die Beschreibung dieser Funktion in der Onlinedokumentation nachschlagen, sehen Sie eine lange Liste von Operationen, die über den optionalen zweiten Parameter gesteuert werden. Ignorieren Sie den zweiten Parameter, und tun Sie einfach so, als hätte WinHelp nur einen Parameter vom Typ *DWORD_PTR*, nämlich den Parameter *dwData*. Dieser Parameter verweist auf ein Hilfethema.

Nehmen wir an, dass die Hilfedatei Simple.hlp verfügbar ist und dass Ihr Programm die folgende Anweisung enthält:

```
AfxGetApp()->WinHelp(HID_TOPIC1);
```

Wenn diese Anweisung ausgeführt wird, beispielsweise nach dem Druck auf **F1** oder als Reaktion auf irgendein anderes Ereignis, dann wird das Hilfethema 1 angezeigt, so als ob der Benutzer im Inhaltsverzeichnis der Hilfe auf *Thema 1* geklickt hätte.

»Moment mal«, denken Sie jetzt vielleicht. »Woher weiß WinHelp, um welche Hilfedatei es geht?« Der Name der Hilfedatei stimmt mit dem Programmnamen überein. Wenn das ausführbare Programm »Simple« heißt, heißt die Hilfedatei *Simple.hlp*.

**HINWEIS:** Wenn Sie möchten, dass WinHelp eine andere Hilfedatei verwendet, weisen Sie der Membervariablen *m_pszHelpFilePath* von *CWinApp* einen entsprechenden Wert zu.

Und wie kann WinHelp die Programmkonstante *HID_TOPIC1* der Kontext-ID der Hilfedatei zuordnen? Die Projektdatei der Hilfe muss einen MAP-Abschnitt enthalten, in dem den Kontext-IDs numerische Werte zugewiesen werden. Wenn die Datei Resource.h Ihrer Anwendung *HID_TOPIC1* als *101* definiert, sieht der MAP-Abschnitt von Simple.hpj wie folgt aus:

```
[MAP]
HID_TOPIC1      101
```

Der Name der #*define*-Konstante im Programm muss nicht mit der Kontext-ID der Hilfedatei übereinstimmen, nur die numerischen Werte müssen identisch sein. Allerdings empfiehlt es sich trotzdem, jeweils denselben Namen zu verwenden.

## Schlüsselwörter und Textsuche

In textorientierten Anwendungen kann Hilfestellung zu bestimmten Schlüsselwörtern erforderlich sein, sodass numerische Kontext-IDs nicht ausreichen. In diesem Fall verwenden Sie die WinHelp-Optionen *HELP_KEY* oder *HELP_PARTIALKEY*:

```
CString string("suche diesen Text");
AfxGetApp()->WinHelp((DWORD) (LPCSTR) string, HELP_KEY);
```

Die doppelte Typumwandlung für *string* ist notwendig, weil der erste Parameter von *WinHelp* ein Mehrzweckparameter ist: Seine Bedeutung hängt vom Wert des zweiten Parameters ab.

## WinHelp aus dem Anwendungsmenü aufrufen

Der MFC-Anwendungsassistent fügt in das Menü *Hilfe* den Befehl *Hilfethemen* ein und ordnet diesem Befehl die Funktion *CWnd::OnHelpFinder* des Hauptrahmenfensters zu. Diese Funktion ruft *WinHelp* in folgender Weise auf:

```
AfxGetApp()->WinHelp(0L, HELP_FINDER);
```

Bei dieser Aufrufvariante zeigt WinHelp das Inhaltsverzeichnis an und der Benutzer kann sich die gewünschten Themen aussuchen.

Wenn Sie das Inhaltsverzeichnis in der alten Form anzeigen möchten, rufen Sie *WinHelp* stattdessen so auf:

```
AfxGetApp()->WinHelp(0L, HELP_INDEX);
```

Und wenn Sie einen Befehl wie *Hilfe verwenden* anzeigen möchten, rufen Sie *WinHelp* wie folgt auf:

```
AfxGetApp()->WinHelp(0L, HELP_HELPONHELP);
```

*HELP_HELPONHELP* ist eine Standard-ID, mit der das Hilfesystem aufgefordert wird, die Hilfetexte für die Benutzung des Hilfesystems anzuzeigen. Das funktioniert aber nur, wenn die Datei Winhlp32.hlp verfügbar ist.

## Aliasbezeichner für Hilfekontext-IDs

Im Alias-Abschnitt einer HPJ-Datei können Sie eine Kontext-ID mit einer anderen gleichsetzen. Nehmen wir an, Ihre HPJ-Datei enthielte die folgenden Anweisungen:

```
[ALIAS]
HID_TOPIC1 = HID_GETTING_STARTED

[MAP]
HID_TOPIC1      101
```

In Ihren RTF-Dateien wären die Kontext-IDs *HID_TOPIC1* und *HID_GETTING_STARTED* gegeneinander austauschbar. Beide Bezeichner würden der Kontextnummer 101 der Anwendung zugeordnet.

## Den Hilfekontext festlegen

Nun verfügen Sie über genügend Informationen, um ein MFC-Programm mit einer einfachen kontextabhängigen Hilfe auszustatten. Sie definieren **F1** (die Standardtaste zum Aufruf der Hilfe in MFC-Bibliotheksroutinen) als Tastenkürzel, und dann schreiben Sie einen Befehlshandler, der aus dem Hilfekontext des Programms den entsprechenden *WinHelp*-Parameter generiert. Sie könnten sich natürlich eine eigene Methode ausdenken, um die Kontext-ID zum jeweiligen Programmzustand zu ermitteln. Aber was spricht dagegen, das System zu verwenden, das schon in das Anwendungsgerüst integriert ist?

Das Anwendungsgerüst bestimmt den Hilfekontext anhand der ID des aktiven Programmelements. Zu den identifizierbaren Programmelementen gehören Menübefehle, Rahmenfenster, Dialogfelder, Meldungsfelder und Symbolleisten. Ein Menübefehl kann beispielsweise die ID *ID_EDIT_CLEARALL* haben und das Hauptrahmenfenster hat für gewöhnlich den Bezeichner *IDR_MAINFRAME*. Vielleicht vermuten Sie jetzt, dass diese Bezeichner den Kontext-IDs der Hilfe direkt zugeordnet werden. Aber was geschieht dann, wenn eine Rahmenfenster-ID und eine Befehls-ID denselben numerischen Wert haben? Offensichtlich ist ein geeignetes Verfahren erforderlich, mit dem solche Überschneidungen vermieden werden können.

Das Anwendungsgerüst löst das Problem der Überschneidungen, indem es eine neue Gruppe von *#define*-Konstanten einführt, die von den IDs der Programmelemente abgeleitet werden. Diese Hilfekonstanten berechnen sich aus der Summe der Element-ID und eines Basiswerts, wie in der folgenden Tabelle gezeigt.

| Programmelement | Präfix der Element-ID | Präfix der Hilfekontext-ID | Basiswert (hexadezimal) |
|---|---|---|---|
| Menübefehl oder Symbolleistenschaltfläche | ID_, IDM | HID_, HIDM | 10000 |
| Rahmen oder Dialogfeld | IDR_, IDD_ | HIDR_, HIDD_ | 20000 |
| Meldungsfeld für Fehlermeldung | IDP_ | HIDP_ | 30000 |
| Nicht-Clientbereich | | H... | 40000 |
| Symbolleiste | IDW_ | HIDW_ | 50000 |
| Fehlermeldungen in Zusammenhang mit der Meldungsverteilung | | | 60000 |

*HID_EDIT_CLEARALL* (0x1E121) entspricht *ID_EDIT_CLEARALL* (0xE121), und *HIDR_MAINFRAME* (0x20080) entspricht *IDR_MAINFRAME* (0x80).

## Hilfe mit F1

Wenn Sie im MFC-Anwendungsassistenten die Option *Kontextbezogene Hilfe* markiert haben, verfügt Ihre MFC-Anwendung über zwei Zugriffsmöglichkeiten auf die kontextabhängige Hilfe. Der erste Weg führt über die Standardtaste **F1**. Wenn der Benutzer **F1** drückt, versucht das Programm, den Hilfekontext möglichst exakt zu bestimmen, und ruft dann WinHelp auf. In diesem Modus ist es möglich, den aktuell ausgewählten Menübefehl oder das aktuell ausgewählte Fenster (Rahmenfenster, Ansichtsfenster, Dialogfeld oder Meldungsfeld) zu ermitteln.

## Hilfe mit Umschalt+F1

Der zweite Modus der kontextabhängigen Hilfe ist leistungsfähiger als der **F1**-Modus. Wenn der Benutzer **Umschalt**+**F1** drückt, kann das Programm die folgenden Hilfekontexte identifizieren:

- den Menübefehl, der mit dem Mauszeiger hervorgehoben wird,
- die Symbolleistenschaltfläche,
- das Rahmenfenster,
- das Ansichtsfenster,

- ein spezielles grafisches Element innerhalb eines Ansichtsfensters,
- die Statusleiste,
- verschiedene Elemente außerhalb des Clientbereichs, wie beispielsweise das Systemmenü.

**HINWEIS: Umschalt+F1** funktioniert nicht in modalen Dialogfeldern und Meldungsfeldern.

Der Benutzer kann diese Form der Hilfe statt über die Tastenkombination **Umschalt+F1** auch über die Symbolleistenschaltfläche *Hilfe* aktivieren. In beiden Fällen erscheint neben dem Mauszeiger ein zusätzliches Fragezeichen. Beim nächsten Mausklick wird das Hilfethema angezeigt, wobei der Hilfekontext anhand der Position des Mauszeigers bestimmt wird.

## Hilfe in Meldungsfeldern: Die Funktion *AfxMessageBox*

Mit der globalen Funktion *AfxMessageBox* werden die Fehlermeldungen des Anwendungsgerüsts angezeigt. Diese Funktion ähnelt der Memberfunktion *CWnd::MessageBox*, hat aber im Unterschied zu jener auch eine Hilfekontext-ID als Parameter. Das Anwendungsgerüst ordnet dieser ID eine WinHelp-Kontext-ID zu und ruft WinHelp auf, sobald der Benutzer **F1** drückt. Wenn Sie den Hilfekontextparameter von *AfxMessageHelp* verwenden möchten, sollten Sie IDs benutzen, die mit *IDP_* beginnen. Die ersten Zeichen der entsprechenden Kontext-IDs in der RTF-Datei sollten auf *HIDP_* lauten.

Es gibt zwei Versionen von *AfxMessageBox*. Bei der ersten Version wird die Eingabeaufforderung in Form eines Zeigers auf ein Zeichenarray übergeben. In der zweiten Version wird die ID einer Zeichenfolgenressource übergeben. Wenn Sie die zweite Version verwenden, ist das ausführbare Programm etwas effizienter. Beide Versionen von *AfxMessageBox* haben außerdem einen Parameter, der bestimmt, welches grafische Symbol das Meldungsfeld anzeigt – ein Ausrufezeichen, ein Fragezeichen oder etwas anderes.

## Generische Hilfe

Wenn die kontextabhängige Hilfe aktiviert ist, generiert der MFC-Anwendungsassistent eine Reihe von Hilfethemen, die sich auf die Standardelemente eines MFC-Programms beziehen. Zu diesen Standardthemen gehören unter anderem:

- Menü- und Symbolleistenbefehle (*Datei*, *Bearbeiten* und so weiter)
- Fensterelemente außerhalb des Clientbereichs (das Feld *Maximieren*, die Titelleiste und so weiter)
- die Statusleiste
- Fehlermeldungsfelder

Diese Themen sind in den Dateien AfxCore.rtf und AfxPrint.rtf enthalten, die mit den zugehörigen Bitmapdateien in das Unterverzeichnis \hlp des Projekts kopiert werden. Es bleibt Ihnen überlassen, diese generischen Hilfedateien an Ihre Anwendung anzupassen.

**HINWEIS:** Der MFC-Anwendungsassistent generiert die Datei AfxPrint.rft nur dann, wenn Sie die Option *Drucken und Druckvorschau* gewählt haben.

# Ein Hilfebeispiel ohne Programmierung

Wenn Sie die Anleitung für Ex18d in Kapitel 18 befolgt haben, haben Sie im MFC-Anwendungsassistenten die Option *Kontextbezogene Hilfe* markiert. Wir kehren nun zu diesem Beispiel zurück und untersuchen die Fähigkeiten des Hilfesystems aus dem Anwendungsgerüst. Sie werden sehen, wie einfach es ist, Hilfethemen mit den IDs von Menübefehlen und Rahmenfenstern zu verknüpfen. Sie bearbeiten dazu RTF-Dateien, keine CPP-Dateien.

Mit den folgenden Schritten passen Sie die Hilfetexte von Ex18d an:

1. **Überprüfen Sie, ob die Hilfedatei korrekt erstellt worden ist.** Wenn Sie das Projekt Ex18d bereits erstellt haben, ist dabei wahrscheinlich auch die Hilfedatei korrekt kompiliert worden. Überprüfen Sie dies, indem Sie die Anwendung starten und dann die Taste **F1** drücken. Es sollte dann der generische Hilfebildschirm mit dem Titel *Ändern des Dokuments* angezeigt werden, wie in der folgenden Abbildung:

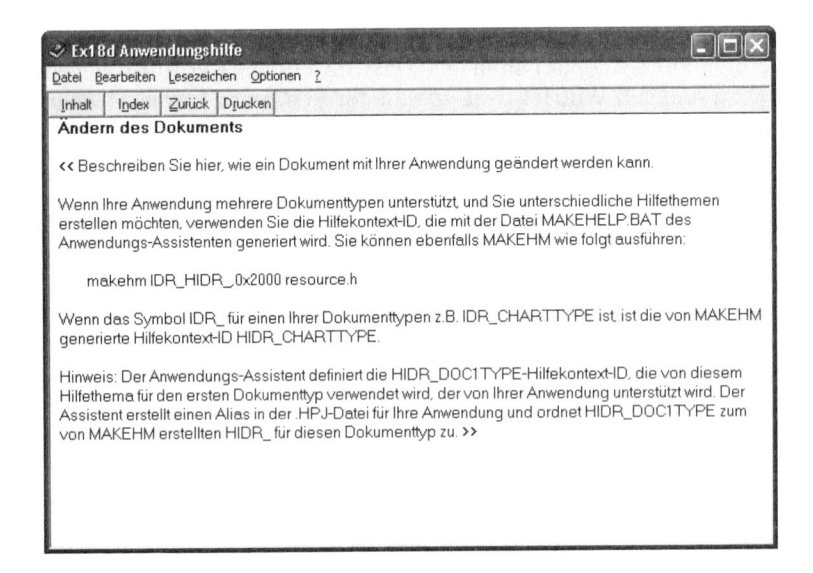

   ```
   Ex18d Anwendungshilfe
   Datei  Bearbeiten  Lesezeichen  Optionen  ?
   Inhalt | Index | Zurück | Drucken
   
   Ändern des Dokuments
   
   << Beschreiben Sie hier, wie ein Dokument mit Ihrer Anwendung geändert werden kann.
   
   Wenn Ihre Anwendung mehrere Dokumenttypen unterstützt, und Sie unterschiedliche Hilfethemen
   erstellen möchten, verwenden Sie die Hilfekontext-ID, die mit der Datei MAKEHELP.BAT des
   Anwendungs-Assistenten generiert wird. Sie können ebenfalls MAKEHM wie folgt ausführen:
   
      makehm IDR_HIDR_ 0x2000 resource.h
   
   Wenn das Symbol IDR_ für einen Ihrer Dokumenttypen z.B. IDR_CHARTTYPE ist, ist die von MAKEHM
   generierte Hilfekontext-ID HIDR_CHARTTYPE.
   
   Hinweis: Der Anwendungs-Assistent definiert die HIDR_DOC1TYPE-Hilfekontext-ID, die von diesem
   Hilfethema für den ersten Dokumenttyp verwendet wird, der von Ihrer Anwendung unterstützt wird. Der
   Assistent erstellt einen Alias in der .HPJ-Datei für Ihre Anwendung und ordnet HIDR_DOC1TYPE zum
   von MAKEHM erstellten HIDR_ für diesen Dokumenttyp zu. >>
   ```

   Wenn dieser Bildschirm nicht angezeigt wird, wurde die Hilfedatei nicht korrekt erstellt. Sie können die Datei neu erstellen, indem Sie das ganze Projekt neu erstellen (geben Sie im Menü *Erstellen* den Befehl *Ex18d neu erstellen*). Starten Sie das Programm Ex18d erneut und drücken Sie wieder auf F1.

2. **Testen Sie die generische Hilfedatei.** Versuchen Sie Folgendes:

   - Schließen Sie das Hilfefenster und drücken Sie anschließend **Alt**+**D** und **F1**. Jetzt sollte der Hilfetext für den Befehl *Neu* des Menüs *Datei* angezeigt werden. Sie können auch den Befehl *Neu* im Menü *Datei* mit der Maus markieren und bei gedrückter Maustaste **F1** drücken.

   - Schließen Sie das Hilfefenster, klicken Sie auf die Schaltfläche *Hilfe* in der Symbolleiste und wählen Sie dann im Menü *Datei* den Befehl *Speichern*. Wird das richtige Hilfethema angezeigt?

- Klicken Sie erneut auf die Schaltfläche *Hilfe* und anschließend auf die Titelleiste des Rahmenfensters. Es sollte eine Beschreibung der Fenstertitelleiste angezeigt werden.
- Schließen Sie alle untergeordneten Fenster und drücken Sie **F1**. Sie sollten jetzt eine Seite mit dem Index sehen, die gleichzeitig ein Inhaltsverzeichnis in der alten Form darstellt.

3. **Ändern Sie den Titel der Anwendung.** Die Datei AfxCore.rtf, die sich im Verzeichnis \vcppnet\Ex18d\hlp befindet, enthält durchgängig die Zeichenfolge <<*YourApp*>>. Ersetzen Sie alle Vorkommen durch *Ex18d*.

4. **Bearbeiten Sie die Seite mit dem Thema *Ändern des Dokuments*.** Die Datei AfxCore.rtf im Verzeichnis \vcppnet\Ex18d\hlp enthält den allgemeinen Hilfetext für eine Anwendung. Suchen Sie nach *Ändern des Dokuments* und bearbeiten Sie den Text so, dass er auf die Anwendung passt. Dieses Thema hat die Hilfekontext-ID *HIDR_DOC1TYPE*. In der automatisch generierten Datei Ex18d.hpj wird dafür der Alias *HIDR_Ex18dTYPE* definiert.

5. **Fügen Sie die Hilfetexte für die Befehle *Neues Textfenster* und *Neues Hexfenster* aus dem Menü *Fenster* hinzu.** Diese Menübefehle wurden in Ex18d zusätzlich eingefügt und deshalb gibt es keinen zugehörigen Hilfetext. Fügen Sie die Themen in die Datei *AfxCore.rtf* ein, wie in der folgenden Abbildung gezeigt:

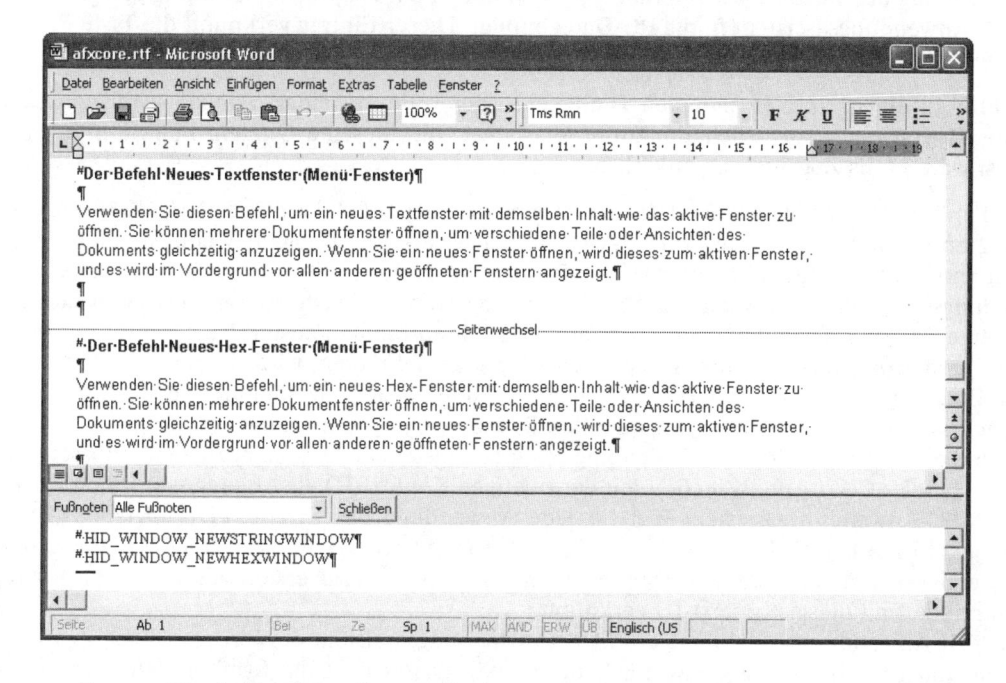

Sorgen Sie dafür, dass die #-Fußnoten, mit denen die beiden Seiten ihre Kontext-IDs erhalten, *HID_WINDOW_NEWSTRINGWINDOW* und *HID_WINDOW_NEWHEXWINDOW* lauten, wie in hlp\Ex18d.hm definiert. Die Befehls-ID des Programms für den Befehl *Neues Textfenster* lautet *ID_WINDOW_NEWSTRINGWINDOW*. Die Befehls-ID des Befehls *Neues Hexfenster* lautet *ID_WINDOW_NEWHEXWINDOW*.

6. **Erstellen Sie die Anwendung erneut und testen Sie das geänderte Hilfesystem.** Erstellen Sie die gesamte Anwendung neu, damit die Änderungen in den Hilfedateien erfasst werden. Probieren Sie die beiden neuen Verknüpfungen aus.

# Hilfebefehle verarbeiten

Sie haben die Bestandteile einer Hilfedatei kennen gelernt und wissen, welche Wirkung die Tasten **F1** und **Umschalt**+**F1** haben. Sie wissen außerdem, wie die Element-IDs der Anwendung den Hilfekontext-IDs zugeordnet werden. Was Sie noch nicht wissen, ist, wie das Anwendungsgerüst Hilfeanforderungen intern verarbeitet. Warum Sie sich damit beschäftigen sollten? Nehmen wir an, Sie möchten statt für das Rahmenfenster Hilfe für ein bestimmtes Ansichtsfenster bereitstellen. Wie gehen Sie vor, wenn Sie Hilfethemen mit bestimmten grafischen Elementen in einem Ansichtsfenster verknüpfen möchten? Diese und andere Problemstellungen lassen sich lösen, indem man den entsprechenden Hilfemeldungen in der Ansichtsklasse passende Handler zuordnet.

Wie Hilfebefehle verarbeitet werden, hängt davon ab, ob die Hilfe mit **F1** oder mit **Umschalt**+**F1** angefordert wurde. Diese beiden Arten von Hilfeanforderungen werden im Folgenden getrennt beschrieben.

## Hilfeanforderungen mit F1

Die Bearbeitung der Taste **F1** wird normalerweise durch einen Zugriffstasteneintrag geregelt, den der MFC-Anwendungsassistent in die RC-Datei einfügt. Dieser Eintrag verknüpft die Taste **F1** mit dem Befehl *ID_HELP*, der an die Funktion *CFrameWnd::OnHelp* gesendet wird.

**HINWEIS:** In einem aktiven modalen Dialogfeld oder während einer Menüauswahl wird die Taste **F1** von einer speziellen Funktion verarbeitet, die dieselbe *OnHelp*-Funktion aufruft. Sonst wäre **F1** als Zugriffstaste unwirksam.

Die Funktion *CFrameWnd::OnHelp* sendet eine von der MFC definierte *WM_COMMAND*-Meldung an das innerste Fenster, und das ist normalerweise die Ansicht. Wenn Sie diese Meldung in Ihrer Ansichtsklasse nicht bearbeiten oder der Handler *FALSE* zurückgibt, leitet das Anwendungsgerüst die Meldung an das nächste übergeordnete Fenster weiter, also entweder an das untergeordnete MDI-Rahmenfenster oder an das Hauptrahmenfenster. Falls Sie für die Meldung in Ihren abgeleiteten Rahmenklassen keine Handler definieren, wird sie in der MFC-Klasse *CFrameWnd* verarbeitet und der Handler zeigt die Hilfe zu dem Symbol an, das der MFC-Anwendungsassistent für die Anwendung oder den Dokumenttyp generiert hat.

Wenn Sie die *WM_COMMAND*-Meldung in einer abgeleiteten Klasse bearbeiten, müssen Sie in Ihrem Handler *CWinApp::WinHelp* mit der richtigen Kontext-ID als Argument aufrufen.

Der MFC-Anwendungsassistent fügt für jede Anwendung das Symbol *IDR_MAINFRAME* zum Projekt hinzu. Die HM-Datei definiert die Hilfekontext-ID *HIDR_MAINFRAME*, die in der HPJ-Datei den Aliasbezeichner *main_index* erhält. In der Standardversion von AfxCore.rtf wird der Hauptindex mit dieser Kontext-ID verknüpft.

Bei MDI-Anwendungen definiert der MFC-Anwendungsassistent ein weiteres Symbol. Wenn die Anwendung beispielsweise SAMPLE heißt, enthält das Projekt das Symbol *IDR_SAMPLETYPE*. Die HM-Datei definiert die Hilfekontext-ID *IDR_SAMPLETYPE*, für die in der HPJ-Datei der Alias *HIDR_DOC1TYPE* vergeben wird. In der Standardversion von AfxCore.rtf wird das Thema »Ändern des Dokuments« mit dieser Kontext-ID verknüpft.

## Hilfeanforderungen mit Umschalt+F1

Wenn der Benutzer die Tastenkombination **Umschalt**+**F1** drückt oder auf die Symbolleistenschaltfläche *Hilfe* klickt, wird eine Befehlsmeldung an die Funktion *CFrameWnd::OnContextHelp* gesendet. Wenn der Benutzer die Maustaste nochmals drückt, nachdem er den Mauszeiger auf das gewünschte Element gesetzt hat, wird eine von der MFC definierte *WM_HELPHITTEST*-Meldung an das innerste Fenster gesendet, in dem der Mausklick erkannt worden ist. Ab hier wird *WM_HELPHITTEST* genauso weitergeleitet wie die *WM_COMMAND*-Meldung, von der bereits im Abschnitt *Hilfeanforderungen mit F1* die Rede war.

Der Parameter *lParam* von *OnHelpHitTest* enthält die Mauskoordinaten in Geräteeinheiten, bezogen auf die obere linke Ecke des Clientbereichs des Fensters. Der *y*-Wert befindet sich in der oberen Hälfte, der *x*-Wert in der unteren Hälfte. Mit Hilfe dieser Koordinaten können Sie Hilfekontext-IDs für spezielle Elemente der Ansicht festlegen. Ihre Version von *OnHelpHitText* muss die korrekte Kontext-ID liefern. Das Anwendungsgerüst kümmert sich um den *WinHelp*-Aufruf.

# Das Beispielprogramm Ex19b: Verarbeitung von Hilfebefehlen

Ex19b basiert auf dem Beispielprogramm Ex18d aus Kapitel 18. Dabei handelt es sich um eine MDI-Anwendung mit zwei Ansichten und einer ansichtsbezogenen Hilfe. Beide Ansichtsklassen verfügen über eine eigene Version von *OnCommandHelp*, um Hilfeanforderungen mit **F1** bearbeiten zu können, und eine Version von *OnHelpHitTest* zur Bearbeitung von Hilfeanforderungen mit **Umschalt**+**F1**.

## Headerdateien

Der Compiler erkennt die hilfespezifischen Bezeichner nur, wenn die folgende *#include*-Anweisung vorhanden ist:

```
#include <afxpriv.h>
```

Beim Beispiel Ex19b befindet sich diese Anweisung in der Datei *StdAfx.h*.

## CStringView

Die Datei *StringView.h* muss um zwei Prototypen ergänzt werden, und zwar um die Meldungshandler für die Zugriffstasten **F1** und **Umschalt**+**F1**:

```
afx_msg LRESULT OnCommandHelp(WPARAM wParam, LPARAM lParam);
afx_msg LRESULT OnHelpHitTest(WPARAM wParam, LPARAM lParam);
```

Das sind die Meldungstabelleneinträge für StringView.cpp:

```
ON_MESSAGE(WM_COMMANDHELP, OnCommandHelp)
ON_MESSAGE(WM_HELPHITTEST, OnHelpHitTest)
```

Der Meldungshandler *OnCommandHelp* in StringView.cpp bearbeitet Hilfeanforderungen, die mit **F1** gegeben werden. Er reagiert auf die Nachricht, die vom MDI-Hauptrahmenfenster versendet wird, und zeigt das Hilfethema für das Textansichtsfenster an:

```
LRESULT CStringView::OnCommandHelp(WPARAM wParam, LPARAM lParam)
{
    if (lParam == 0) { // Kontext wurde noch nicht bestimmt.
        lParam = HID_BASE_RESOURCE + IDR_STRINGVIEW;
    }
    AfxGetApp()->WinHelp(lParam);
    return TRUE;
}
```

*OnHelpHitTest* schließlich kümmert sich um Hilfeanforderungen mit **Umschalt+F1**.

```
LRESULT CStringView::OnHelpHitTest(WPARAM wParam, LPARAM lParam)
{
    return HID_BASE_RESOURCE + IDR_STRINGVIEW;
}
```

In einer komplexeren Anwendung würden Sie den Hilfekontext in *OnHelpHitTest* auf der Basis der Mauszeigerposition ermitteln.

## CHexView

Die Klasse *CHexView* bearbeitet Hilfeanforderungen auf dieselbe Weise wie die Klasse *CStringView*. In die Datei HexView.h müssen folgende Prototypen eingefügt werden:

```
afx_msg LRESULT OnCommandHelp(WPARAM wParam, LPARAM lParam);
afx_msg LRESULT OnHelpHitTest(WPARAM wParam, LPARAM lParam);
```

Die Meldungstabelle in HexView.cpp erhält folgende zusätzliche Einträge:

```
ON_MESSAGE(WM_COMMANDHELP, OnCommandHelp)
ON_MESSAGE(WM_HELPHITTEST, OnHelpHitTest)
```

Und das ist der zusätzliche Implementierungscode für HexView.cpp:

```
LRESULT CHexView::OnCommandHelp(WPARAM wParam, LPARAM lParam)
{
    if (lParam == 0) { // Kontext wurde noch nicht bestimmt
        lParam = HID_BASE_RESOURCE + IDR_HEXVIEW;
    }
    AfxGetApp()->WinHelp(lParam);
    return TRUE;
}

LRESULT CHexView::OnHelpHitTest(WPARAM wParam, LPARAM lParam)
{
    return HID_BASE_RESOURCE + IDR_HEXVIEW;
}
```

## Ressourcen

In die zum Projekt gehörende Datei Resource.h wurden zwei neue Symbole eingefügt. Die Werte und die entsprechenden Hilfekontext-IDs können Sie der folgenden Aufstellung entnehmen:

| Symbol | Wert | Hilfekontext-ID | Wert |
|---|---|---|---|
| IDR_STRINGVIEW | 101 | HIDR_STRINGVIEW | 0x20065 |
| IDR_HEXVIEW | 102 | HIDR_HEXVIEW | 0x20066 |

# Hilfedateien

In die Datei AfxCore.rtf wurden zwei neue Themen mit den Hilfekontext-IDs *HIDR_STRING-VIEW* und *HIDR_HEXVIEW* eingefügt.

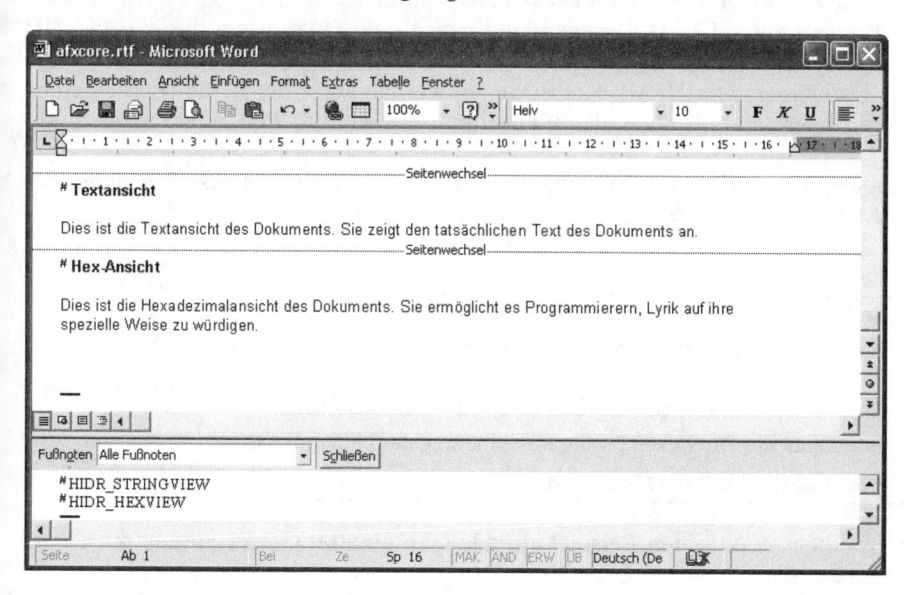

[Screenshot: afxcore.rtf geöffnet in Microsoft Word mit den Einträgen für Textansicht und Hex-Ansicht sowie den Fußnoten #HIDR_STRINGVIEW und #HIDR_HEXVIEW]

Die Datei Ex19b.hm, die im Unterverzeichnis \hlp des Projekts generiert wird, sollte ungefähr so aussehen:

```
// Befehle (ID_* und IDM_*)
HID_WINDOW_NEWSTRINGWINDOW          0x10082
HID_WINDOW_NEWHEXWINDOW             0x10083

// Eingabeaufforderungen (IDP_*)
HIDP_OLE_INIT_FAILED                0x30064

// Ressourcen (IDR_*)
HIDR_MANIFEST                       0x20001
HIDR_STRINGVIEW                     0x20065
HIDR_HEXVIEW                        0x20066
HIDR_MAINFRAME                      0x20080
HIDR_Ex19bTYPE                      0x20081

// Dialogfelder (IDD_*)
HIDD_ABOUTBOX                       0x20064

// Rahmensteuerelemente (IDW_*)
```

# Die Anwendung Ex19b testen

Öffnen Sie ein Text- und ein Hex-Fenster. Überprüfen Sie, was geschieht, wenn Sie in den beiden Fenstern **F1** und **Umschalt+F1** drücken.

# MFC und HTML Help

Wenn Sie Ihre Anwendung mit einem Hilfesystem ausrüsten möchten, bietet sich HTML Help als Alternative an. MFC-Anwendungen benutzen HTML Help praktisch in derselben Weise, wie sie auch auf WinHelp-Dateien zugreifen. Die Anwendung nennt dem Hilfesystem die passende ID und das Hilfesystem zeigt den dazugehörigen Text an. Allerdings werden HTML Help-Dateien anders als WinHelp-Dateien erstellt. HTML Help-Dateien werden aus einer Reihe von einzelnen HTML-Seiten zusammengesetzt, entstehen also nicht durch das Kompilieren einer einzigen großen RTF-Datei.

Die folgende Tabelle beschreibt die Dateien, die der MFC-Anwendungsassistent generiert, wenn Sie als Hilfesystem das *HTML-Hilfeformat* wählen.

| Datei | Beschreibung |
|---|---|
| HTMLDefines.h | Enthält die Kontext-IDs des gesamten Projekts. |
| HTML-Dokumente | HTML-Dateien mit dem gewünschten Hilfetext – normalerweise gibt es für jedes Thema eine eigene Datei. |
| *Projektname*.hhc | Angaben für den HTML Help Compiler, den Inhalt betreffend. |
| *Projektname*.hhp | Eine Datei mit Direktiven für die Kompilierung des Hilfeprojekts. |
| Main_index.htm | Hauptseite. Hier fügen Sie auch Ihre eigenen Themen ein. |

Sehen wir uns an einem praktischen Beispiel an, wie man eine MFC-Anwendung mit einem HTML-Hilfesystem ausstattet.

# Beispiel Ex19c: HTML Help

Auch Ex19c basiert auf dem Beispiel Ex18d. Es handelt sich um eine MDI-Anwendung, die von einem Dokument zwei verschiedene Darstellungen anzeigen kann und HTML Help benutzt. Das Beispiel wurde mit dem MFC-Anwendungsassistenten generiert, wobei auf der Seite *Erweiterte Features* das *HTML-Hilfeformat* gewählt wurde.

In der Datei hid_window_newstringwindow.htm finden Sie den aktualisierten Hilfetext für den Menübefehl *Neues Textfenster*. Das ist der Text, den das Hilfesystem anzeigt, wenn Sie die kontextbezogene Hilfe für den Befehl *Neues Stringfenster* anfordern. Beachten Sie bitte auch eine neue Datei (der MFC-Anwendungsassistent hat sie nicht generiert) namens hid_window_newhexwindow.htm. Sie enthält den Hilfetext für den Befehl *Neues Hexfenster*.

Wenn Sie gerne in anderer Leute Formatierungszeichen wühlen, können Sie die Hilfedateien im Windows-Editor (Notepad) bearbeiten. In den Dateien gibt es diverse Tags, die vom HTML-Hilfesystem benutzt werden, seien Sie also vorsichtig. Aber warum umständlich, wenn man die .HTM-Datei auch in Visual Studio .NET öffnen kann? Visual Studio .NET versteht HTML-Dateien und vereinfacht somit die Bearbeitung der Dateien.

Nun stellt sich die Frage, wie man ein neues Thema ins Hilfesystem aufnimmt. Am einfachsten geht man von einer vorhandenen HTM-Datei aus, gibt ihr den gewünschten Namen und schreibt den neuen Hilfetext hinein. Dann verknüpfen Sie die neue HTM-Datei mit der Befehls-ID, wie im Folgenden beschrieben.

Visual Studio .NET vergibt neue Hilfekontext-IDs, wenn Sie neue Menübefehle ins Programm aufnehmen und es neu kompilieren. Gegen Anfang der Datei HTMLDefines.h finden Sie folgende Zeilen, mit denen die Hilfekontexte für die Menübefehle *Neues Textfenster* und *Neues Hexfenster* definiert werden.

```
#define HID_WINDOW_NEWSTRINGWINDOW          0x10082
#define HID_WINDOW_NEWHEXWINDOW             0x10083
```

Neben den Hilfetexten für die Standardmenübefehle, die der MFC-Anwendungsassistent generiert hat, gibt es also auch schon den Hilfekontext für den Befehl *Neues Hexfenster*. Diese Hilfekontext-ID wurde von Visual Studio .NET großzügig generiert, als der Menüpunkt eingefügt wurde. Nun muss der Kontext aber noch mit der Datei hid_window_newhexwindow.htm verknüpft werden. Fügen Sie also folgende Zeile in die Datei Ex19c.hhp ein, unter der Überschrift *ALIAS*. Diese Zeile verknüpft die Hilfekontext-ID mit der dazugehörigen Hilfedatei:

```
hid_window_newhexwindow          = hid_window_newhexwindow.htm
```

Außerdem verlangt die Datei Ex19c.hhp auch noch den Eintrag der neuen HTML-Dateien unter der Überschrift *FILES*:

```
[FILES]
afx_hidd_color.htm
afx_hidd_fileopen.htm
afx_hidd_filesave.htm
⋮
hid_window_newstringwindow.htm
hid_window_newhexwindow.htm
hid_window_split.htm
⋮
```

Nachdem Sie die HTML-Dateien mit den entsprechenden Hilfekontext-IDs verknüpft haben, sind Sie praktisch schon fertig. Die MFC kümmert sich um den Rest. Wenn Sie sich davon überzeugen möchten, starten Sie das Beispiel Ex19c, wählen Sie einige Befehle aus und drücken Sie auf **F1**. Anschließend sollte jeweils der richtige Hilfetext auf dem Bildschirm zu sehen sein.

# 20 Dynamic Link Libraries (DLLs)

445 DLL-Grundlagen
450 MFC: Normale und Erweiterungs-DLLs
459 Eine DLL mit einem benutzerdefinierten Steuerelement

Dynamic Link Libraries (DLLs) sind sozusagen der Dreh- und Angelpunkt des Komponentenmodells von Microsoft Windows – auch im »Zeitalter« von Common Languange Runtime und .NET, das wohl gerade anbricht. DLLs sind binäre Module. Windows besteht selbst aus solchen DLLs. Binäre Modularität wird etwas anders definiert als Quellcodemodularität, wie sie zum Beispiel mit C++ möglich ist. Statt riesige EXE-Dateien zusammenzubauen, die Sie nach jeder kleinen Änderung neu kompilieren, linken und testen müssen, können Sie mit kleineren DLL-Modulen arbeiten und sie individuell testen. Sie können beispielsweise eine C++-Klasse in eine DLL auslagern, die nach dem Kompilieren und Linken nicht größer als 12 KB zu sein braucht. Clientprogramme können Ihre DLL zur Laufzeit sehr schnell laden und einbinden.

Das Schreiben von DLLs wird zunehmend einfacher. Mit Win32 wurde das Programmiermodell vereinfacht und die Unterstützung durch den MFC-DLL-Assistenten und die MFC-Bibliothek erweitert. In diesem Kapitel erfahren Sie, wie Sie in C++ DLLs schreiben und Clientprogramme entwickeln können, die auf DLLs zugreifen. Sie werden sehen, wie unter Win32 DLLs in Ihre Prozesse eingeblendet werden, und lernen die Unterschiede zwischen normalen und Erweiterungs-MFC-DLLs kennen. Zu jedem DLL-Typ wird ein einfaches Beispiel vorgestellt und in einem etwas komplexeren Beispiel werden Sie sich mit einer DLL befassen, mit der ein benutzerdefiniertes Steuerelement implementiert wird.

## DLL-Grundlagen

Bevor wir uns damit beschäftigen, was das Anwendungsgerüst für DLLs zu bieten hat, sollten wir kurz skizzieren, wie DLLs in einen Prozess eingebunden werden. Vielleicht möchten Sie nochmals Kapitel 10 durchlesen, um Ihre Kenntnisse über Prozesse und virtuellen Speicher aufzufrischen. Wie erwähnt ist ein Prozess das, was entsteht, wenn man eine EXE-Datei in den Speicher lädt und das enthaltene Programm dort zur Ausführung bringt.

Eine DLL ist im Wesentlichen eine separate Datei auf einem Datenträger, die normalerweise die Namenserweiterung DLL trägt, globale Daten, kompilierte Funktionen und Ressourcen enthält und sich in einen Prozess integrieren lässt. Sie wird für eine bevorzugte Basisadresse kompiliert und wenn kein Konflikt mit anderen DLLs auftritt, wird die Datei an dieser virtuellen Adresse in den Prozess eingebunden. Die DLL exportiert eine Reihe von Funktionen, und das Clientprogramm (das Programm, von dem die DLL geladen wird) importiert diese Funktionen. Windows gleicht beim Laden der DLL Importe und Exporte gegeneinander ab.

**HINWEIS:** Unter Win32 können DLLs nicht nur Funktionen, sondern auch globale Variablen exportieren.

Unter Win32 verfügt jeder Prozess über eine eigene Kopie der globalen DLL-Variablen, die zum Lesen und Schreiben freigegeben sind. Wenn Sie Arbeitsspeicher prozessübergreifend benutzen möchten, müssen Sie entweder eine Datei auf den Speicher abbilden, also eine Speicherbilddatei verwenden, oder einen gemeinsam genutzten Datenbereich deklarieren, wie es Jeffrey Richter in seinem Buch *Programming Applications for Microsoft Windows* (Microsoft Press, 1999) beschreibt. Wenn die DLL neue Speicherblöcke anfordert, werden diese Speicherblöcke auf dem Heap des Clientprozesses angelegt.

## Wie Importe und Exporte abgeglichen werden

Jede DLL enthält eine Tabelle, in der die exportierten Funktionen verzeichnet sind. Diese Funktionen werden gegenüber der Außenwelt anhand ihrer symbolischen Namen und (optional) über ganzzahlige Werte identifiziert, die man als Ordnungszahlen oder Ordinalzahlen bezeichnet. Die Funktionstabelle enthält außerdem die Adressen der Funktionen innerhalb der DLL. Wenn das Clientprogramm die DLL zum ersten Mal lädt, kennt es zwar nicht die Adressen der Funktionen, die es aufrufen muss, wohl aber deren symbolische Namen oder die Ordinalzahlen. Beim dynamischen Linken wird dann eine Tabelle erstellt, die den Funktionsaufrufen im Client die Funktionsadressen zuordnet, die in der DLL gelten. Wenn Sie die DLL bearbeiten und neu erstellen, müssen Sie das Clientprogramm nur dann neu erstellen, wenn Sie Funktionsnamen oder die Reihenfolge von Parametern verändert haben.

**HINWEIS:** In einer einfachen Welt gäbe es nur eine EXE-Datei, die Funktionen aus einer oder mehreren DLLs importiert. In der Wirklichkeit rufen viele DLLs Funktionen aus anderen DLLs auf. Eine DLL kann also gleichzeitig Funktionen importieren und exportieren. Das ist aber kein Problem, weil beim dynamischen Linken wechselseitige Abhängigkeiten berücksichtigt werden.

Im Quelltext der DLL müssen Sie jede exportierte Funktion explizit als solche deklarieren:

```
__declspec(dllexport) int MeineFunktion(int n);
```

Die Alternative besteht darin, die exportierten Funktionen in einer Moduldefinitionsdatei (DEF-Datei) aufzuführen, aber das ist normalerweise aufwendiger. Auf der Clientseite müssen Sie die entsprechenden Importe deklarieren:

```
__declspec(dllimport) int MeineFunktion(int n);
```

Wenn Sie in C++ programmieren, generiert der Compiler für eine Funktion wie *MeineFunktion* einen ergänzten Funktionsnamen, den andere Sprachen nicht verwenden können. Unter dem ergänzten Namen versteht man den langen Namen, den der Compiler auf der Basis des Klassennamens, des Funktionsnamens und der Parametertypen erstellt. Die ergänzten Namen werden in der MAP-Datei des Projekts aufgelistet. Wenn Sie nur den Namen *MeineFunktion* verwenden möchten, müssen Sie die Deklarationen wie folgt formulieren:

```
extern "C" __declspec(dllexport) int MeineFunktion(int n);
extern "C" __declspec(dllimport) int MeineFunktion(int n);
```

**HINWEIS:** Gemäß Voreinstellung verwendet der Compiler zur Übergabe von Argumenten die *__cdecl*-Aufrufkonvention. Das bedeutet, dass die aufrufende Funktion die Parameter vom Stapel nimmt. Manche Sprachen setzen die *__stdcall*-Konvention voraus, bei der die aufgerufene Funktion die Parameter vom Stapel nimmt (sie ersetzt die Pascal-Aufrufkonvention). Aus diesem Grund müssen Sie unter Umständen in Ihren DLL-Exportdeklarationen den Modifizierer *__stdcall* angeben.

Importdeklarationen reichen aber nicht aus, um eine DLL in ein Clientprogramm einzubinden. In der Projektdatei des Clientprogramms muss die Importdatei beim Linker angemeldet werden und zudem muss das Clientprogramm mindestens eine der importierten Funktionen tatsächlich aufrufen. Dieser Aufruf muss im Ausführungspfad des Programms liegen.

## Implizite und explizite Bindung

Im vorherigen Abschnitt wurde die *implizite Bindung* beschrieben, die Sie als C++-Programmierer wahrscheinlich für Ihre DLLs benutzen. Wenn Sie eine DLL erstellen, erzeugt der Linker dazu eine LIB-Datei, die alle exportierten Symbole und Ordinalzahlen (optional) der DLL enthält, aber keinen Code. Die LIB-Datei beschreibt die Programmierschnittstelle der DLL und wird ins Clientprojekt eingebunden. Wenn Sie den Client erstellen (statisch linken), werden die importierten Symbole mit den exportierten Symbolen der LIB-Datei abgeglichen und diese Symbole oder Ordinalzahlen werden in die EXE-Datei eingebunden. Die LIB-Datei enthält auch den Dateinamen der DLL, der ebenfalls in der EXE-Datei gespeichert wird, nicht aber den vollen Pfadnamen. Beim Programmstart des Clients sucht und lädt Windows die DLL und bindet sie über die Symbole oder Ordinalzahlen dynamisch in das Clientprogramm ein.

Die explizite Bindung eignet sich eher für interpretierte Sprachen wie Microsoft JScript, aber Sie können sie bei Bedarf auch in C++ einsetzen. Bei der expliziten Bindung verwenden Sie keine Importdatei. Stattdessen rufen Sie die Win32-Funktion *LoadLibrary* mit dem Pfadnamen der DLL auf. *LoadLibrary* gibt einen *HINSTANCE*-Wert zurück, mit dem Sie die Funktion *GetProcAddress* aufrufen können. Diese Funktion konvertiert ein Symbol (oder eine Ordinalzahl) in eine Adresse innerhalb der DLL.

Nehmen wir an, Sie haben eine DLL, die folgende Funktion exportiert:

```
extern "C" __declspec(dllexport) double SquareRoot(double d);
```

Ein Client könnte diese Funktion etwa auf folgende Weise explizit einbinden:

```
typedef double (SQRTPROC)(double);
HINSTANCE hInstance;
SQRTPROC* pFunction;
VERIFY(hInstance = ::LoadLibrary("c:\\winnt\\system32\\mydll.dll"));
VERIFY(pFunction = (SQRTPROC*)::GetProcAddress(hInstance, "SquareRoot"));
double d = (*pFunction)(81.0); // rufe die DLL-Funktion auf
```

Bei der impliziten Bindung werden alle DLLs zusammen mit dem Client geladen. Bei der expliziten Bindung können dagegen Sie festlegen, wann eine DLL geladen und wieder aus dem Speicher entfernt wird. Sie können bei Verwendung der expliziten Bindung zur Laufzeit entscheiden, welche DLLs geladen werden sollen. Beispielsweise können Sie eine DLL mit deutschen und eine andere mit englischen Zeichenfolgenressourcen verwenden. Ihre Anwendung lädt dann die passende DLL, nachdem der Benutzer eine Sprache ausgewählt hat.

## Symbolische und ordinale Bindung

Unter Win16 war die ordinale Bindung effizienter und die Methode der Wahl. In Win32 wurde die symbolische Bindung verbessert und Microsoft empfiehlt nun, der symbolischen Bindung gegenüber der ordinalen den Vorzug zu geben. Die DLL-Version der MFC-Bibliothek verwendet allerdings die ordinale Bindung.

Ein typisches MFC-Programm kann Hunderte von Funktionen aus der MFC-DLL einbinden. Durch die ordinale Bindung kann die EXE-Datei des Programms klein gehalten werden, weil keine langen symbolischen Namen für die Importe gespeichert werden müssen. Um eine eigene DLL mit ordinaler Bindung zu erstellen, müssen Sie die Ordinalzahlen in der DEF-Datei des Projekts angeben. (Das ist so ziemlich der einzige Zweck, den diese Datei unter Win32 erfüllt.) Wenn Sie C++-Funktionen exportieren, müssen Sie in der DEF-Datei die ergänzten Namen angeben oder Ihre Funktionen als *extern »C«* deklarieren.

Hier ist ein kurzer Auszug aus einer der DEF-Dateien der MFC-Bibliothek:

```
??0CRecentFileList@@QAE@IPBD0HH@Z @ 479 NONAME
??0CRecordset@@QAE@PAVCDatabase@@@Z @ 480 NONAME
??0CRecordView@@IAE@I@Z @ 481 NONAME
??0CRecordView@@IAE@PBD@Z @ 482 NONAME
??0CRectTracker@@QAE@PBUtagRECT@@I@Z @ 483 NONAME
??0CReObject@@QAE@PAVCRichEditCntrItem@@@Z @ 484 NONAME
??0CReObject@@QAE@XZ @ 485 NONAME
??0CResetPropExchange@@QAE@XZ @ 486 NONAME
??0CRichEditCntrItem@@QAE@PAU_reobject@@PAVCRichEditDoc@@@Z @ 487 NONAME
??0CRichEditDoc@@IAE@XZ @ 488 NONAME
??0CRichEditView@@QAE@XZ @ 489 NONAME
??0CScrollView@@IAE@XZ @ 490 NONAME
??0CSemaphore@@QAE@JJPBDPAU_SECURITY_ATTRIBUTES@@@Z @ 491 NONAME
??0CSharedFile@@QAE@II@Z @ 492 NONAME
```

Die Zahlen hinter den @-Symbolen sind die Ordinalzahlen. (Da wird Ihnen die symbolische Bindung doch gleich sympathischer, nicht wahr?)

## Der Eintrittspunkt in die DLL: *DllMain*

Gemäß Vorgabe legt der Linker *_DllMainCRTStartup* als Eintrittspunkt einer DLL fest. Wenn Windows die DLL lädt, wird diese Funktion aufgerufen, die wiederum zuerst die Konstruktoren der globalen Objekte und anschließend die globale Funktion *DllMain* aufruft, die Sie beisteuern müssen. Die Funktion *DllMain* wird nicht nur aufgerufen, wenn die DLL mit dem Prozess verbunden wird, sondern auch dann, wenn die Verbindung wieder gelöst wird, und überdies zu anderen Zeitpunkten.

Das Grundgerüst einer *DllMain*-Funktion sieht folgendermaßen aus:

```
HINSTANCE g_hInstance;
extern "C" int APIENTRY
    DllMain(HINSTANCE hInstance, DWORD dwReason, LPVOID lpReserved)
{
```

```
    if (dwReason == DLL_PROCESS_ATTACH)
    {
        TRACE0("Ex20a.DLL wird initialisiert!\n");
        // Hier Initialisierungen durchführen
    }
    else if (dwReason == DLL_PROCESS_DETACH)
    {
        TRACE0("Ex20a.DLL wird abgebrochen!\n");
        // Hier Aufräumarbeiten durchführen
    }
    return 1;    // ok
}
```

Wenn Sie für Ihre DLL keine *DllMain*-Funktion schreiben, wird eine Minimalversion dieser Funktion aus der Laufzeitbibliothek verwendet.

Die Funktion *DllMain* wird auch aufgerufen, wenn einzelne Threads gestartet und beendet werden. Der Grund für den jeweiligen Aufruf geht aus dem Parameter *dwReason* hervor. In Jeffrey Richters Buch finden Sie alles, was Sie über dieses komplexe Thema wissen müssen.

## Instanzhandles und das Laden von Ressourcen

Jede DLL eines Prozesses wird durch einen 32-Bit-Wert des Typs *HINSTANCE* identifiziert. Außerdem hat der Prozess selbst einen *HINSTANCE*-Wert. Diese Instanzhandles sind nur innerhalb eines bestimmten Prozesses gültig und enthalten die virtuelle Anfangsadresse der DLL oder der EXE-Datei. Unter Win32 sind *HINSTANCE*- und *HMODULE*-Werte identisch und können gegeneinander ausgetauscht werden. Das Instanzhandle des Prozesses (der EXE-Datei) lautet fast immer 0x400000. Das Handle einer DLL, die an der Standardadresse geladen wurde, ist 0x10000000. Wenn Sie in einem Programm mehrere DLLs verwenden, hat jede einen anderen *HINSTANCE*-Wert, weil entweder bei der Erstellung der DLL unterschiedliche Basisadressen angegeben wurden oder weil das Lademodul den DLL-Code an einer anderen Adresse abgelegt hat, damit sich die DLLs nicht überschneiden.

Instanzhandles haben beim Laden von Ressourcen eine besondere Bedeutung. Die Win32-Funktion *FindResource* hat einen Parameter des Typs *HINSTANCE*. EXE-Dateien und DLLs können jeweils über eigene Ressourcen verfügen. Wenn Sie eine Ressource aus einer DLL benötigen, geben Sie das Instanzhandle der DLL an. Möchten Sie auf eine Ressource aus der EXE-Datei zugreifen, geben Sie das Instanzhandle der EXE-Datei an.

Wie erhalten Sie das Instanzhandle? Wenn Sie das Handle der EXE-Datei brauchen, rufen Sie die Win32-Funktion *GetModuleHandle* mit dem Parameter *NULL* auf. Um das Handle einer DLL zu erhalten, übergeben Sie der Funktion *GetModuleHandle* den Namen der DLL als Argument. Sie werden noch sehen, dass die MFC-Bibliothek ein eigenes Verfahren zum Laden von Ressourcen verwendet, indem sie verschiedene Module der Reihe nach durchsucht.

## So findet das Clientprogramm eine DLL

Wenn Sie die DLL über die Funktion *LoadLibrary* explizit einbinden, können Sie den vollständigen Pfadnamen der DLL angeben. Falls Sie den Pfadnamen weglassen oder mit impliziter Bindung arbeiten, sucht Windows in folgender Reihenfolge nach der DLL:

1. im Verzeichnis, das die EXE-Datei enthält,
2. im aktuellen Verzeichnis des Prozesses,

*Dynamic Link Libraries (DLLs)*

3. im Windows-Systemverzeichnis,
4. im Windows-Verzeichnis,
5. in den Verzeichnissen, die in der Umgebungsvariablen *Path* angegeben sind.

Allerdings liegt hier ein kleiner Stein im Weg, über den Sie leicht stolpern können. Angenommen, Sie erstellen eine DLL als eigenes Projekt, kopieren die DLL in das Window-Systemverzeichnis und starten sie schließlich aus einem Clientprogramm heraus. So weit, so gut. Dann verändern Sie die DLL geringfügig, erstellen Sie neu, vergessen aber, die DLL in das Systemverzeichnis zu kopieren. Wenn Sie das Clientprogramm nun das nächste Mal ausführen, lädt es daher wieder die alte Version der DLL. Überprüfen Sie diesen Punkt als Erstes, falls sich die DLL »irgendwie seltsam« verhält.

### Eine DLL testen

In Visual C++ .NET ist die Fehlersuche in DLLs relativ einfach. Sie laden das DLL-Projekt und starten den Debugger. Wenn Sie dies das erste Mal tun, fordert der Debugger Sie zur Angabe des Pfadnamens der Client-EXE-Datei auf. Bei nachfolgenden Testläufen lädt der Debugger jedes Mal, wenn Sie diese DLL »starten«, die angegebene EXE-Datei. Die EXE-Datei hält sich jedoch an die oben angegebene Suchreihenfolge. Sie müssen also entweder den Suchpfad in der Umgebungsvariablen *Path* so einstellen, dass die DLL gefunden wird, oder die DLL in ein Verzeichnis kopieren, das bei der Suche berücksichtigt wird.

## MFC: Normale und Erweiterungs-DLLs

Bisher haben wir Win32-DLLs betrachtet, die eine *DllMain*-Funktion aufweisen und einige Funktionen exportieren. Nun werden wir uns in die Welt des MFC-Anwendungsgerüsts begeben, das die DLL-Unterstützung seitens Win32 um eine eigene Softwareschicht ergänzt. Im MFC-Anwendungsassistenten können Sie zwei Arten von DLLs mit MFC-Unterstützung erstellen: Erweiterungs-DLLs und normale DLLs. Sie müssen die Unterschiede zwischen diesen beiden Typen kennen, damit Sie entscheiden können, welcher für Ihre Anforderungen am besten geeignet ist.

**HINWEIS:** Natürlich können Sie mit Visual C++ .NET eine reine Win32-DLL ohne MFC-Bibliothek erstellen, so wie Sie bei Bedarf auch reine Windows-Anwendungen ohne MFC-Bibliothek entwickeln können.

Eine Erweiterungs-DLL hat eine C++-Schnittstelle. Eine solche DLL kann mit anderen Worten ganze Klassen exportieren. Das Clientprogramm kann Objekte dieser Klassen anlegen oder andere Klassen davon ableiten. Eine Erweiterungs-DLL bindet den Code der DLL-Version der MFC-Bibliothek dynamisch ein und setzt somit voraus, dass das Clientprogramm die MFC-Bibliothek ebenfalls dynamisch einbindet, wie es der Voreinstellung im MFC-Anwendungsassistenten entspricht. Außerdem müssen das Clientprogramm und die Erweiterungs-DLL auf dieselbe Version der MFC-DLLs abgestimmt sein (mfc70.dll, mfc70d.dll und so weiter). Erweiterungs-DLLs sind relativ klein. Eine einfache Erweiterungs-DLL könnte zum Beispiel 10 KB groß sein und wird entsprechend schnell geladen.

Wenn Sie eine DLL benötigen, die in jeder Win32-Programmierumgebung geladen werden kann, sollten Sie auf eine normale DLL zurückgreifen. Eine wichtige Einschränkung ist hier, dass normale DLLs nur Funktionen im C-Stil exportieren können. C++-Klassen, Memberfunktionen oder überladene Funktionen können nicht exportiert werden, weil jeder C++-Compiler sein eigenes Verfahren zur Namensergänzung verwendet. Innerhalb der DLL können Sie jedoch C++-Klassen verwenden, insbesondere auch MFC-Klassen verwenden. Die Implementierung einer COM-Schnittstelle für die DLL löst zudem das Problem der Integration in Visual Basic.

Bei der Erstellung einer normalen MFC-DLL können Sie wählen, ob die MFC-Bibliothek statisch oder dynamisch eingebunden werden soll. Beim dynamischen Linken erhält die resultierende DLL eine Kopie den benötigten Codes aus der MFC-Bibliothek und wird auf diese Weise einsetzbar. Eine typische statisch gelinkte DLL ohne Debuginformationen hat eine Größe von etwa 144 KB. Wenn Sie sich für das dynamische Linken entscheiden, verringert sich die Größe zwar auf etwa 17 KB, aber Sie müssen sicherstellen, dass die erforderlichen MFC-DLLs auf dem Zielrechner vorhanden sind. Das ist allerdings kein besonderes Problem, wenn das Clientprogramm bereits dieselbe Version der MFC-Bibliothek dynamisch einbindet.

Anhand Ihrer Angaben über den zu erstellenden Typ von DLL oder EXE deklariert der MFC-Anwendungsassistent DLL die folgenden *#define*-Konstanten für den Compiler:

|  | **Dynamisch gelinkte MFC-Bibliothek** | **Statisch gelinkte MFC-Bibliothek** |
|---|---|---|
| Normale DLL | _AFXDLL, _USRDLL | _USRDLL |
| Erweiterungs-DLL | _AFXEXT, _AFXDLL | Wird nicht unterstützt. |
| Normale EXE (Client-Programm) | _AFXDLL | Es werden keine Konstanten definiert. |

Wenn Sie sich den Quelltext der MFC-Bibliothek und die Headerdateien näher ansehen, werden Sie auf Unmengen von *#ifdef*-Anweisungen mit diesen Konstanten stoßen. Das bedeutet, dass der Quelltext der Bibliothek für die verschiedenen Projektarten ganz unterschiedlich kompiliert wird.

## Klassen aus Erweiterungs-MFC-DLLs exportieren

Wenn Ihre Erweiterungs-DLL nur exportierte C++-Klassen enthält, bereitet die Erstellung und Verwendung dieser DLL keine besonderen Schwierigkeiten. Aus der Anleitung zum Beispielprogramm Ex20a geht hervor, wie Sie den MFC-Anwendungsassistenten anweisen, das Grundgerüst einer Erweiterungs-DLL zu generieren. Diese rudimentäre Version enthält lediglich die Funktion *DllMain*. Anschließend fügen Sie Ihre C++-Klassen zum Projekt hinzu. Sie müssen allerdings auf eine Besonderheit achten: Nehmen Sie das Makro *AFX_EXT_CLASS* in die Klassendeklaration auf, wie im folgenden Beispiel:

```
class AFX_EXT_CLASS CStudent : public CObject
```

Diese Modifikation betrifft sowohl die Headerdatei des DLL-Projekts als auch die Headerdatei des Clientprogramms. Mit anderen Worten, die Headerdateien für Client und DLL sind identisch. Das Makro generiert je nach Situation unterschiedlichen Code: In der DLL wird die Klasse exportiert, im Clientprogramm wird sie importiert.

# Die Suchreihenfolge für Ressourcen in Programmen mit Erweiterungs-MFC-DLLs

Wenn Sie eine dynamisch gelinkte MFC-Clientanwendung erstellen, werden viele Standardressourcen der MFC-Bibliothek (Zeichenfolgen mit Fehlermeldungen, Dialogfeldvorlagen für die Seitenansicht usw.) in den MFC-DLLs gespeichert. Die Anwendung verfügt aber auch über eigene Ressourcen. Rufen Sie eine MFC-Funktion wie *CString::LoadString* oder *CBitmap::LoadBitmap* auf, schaltet sich das Anwendungsgerüst ein und durchsucht zunächst die Ressourcen der EXE-Datei und danach die Ressourcen der MFC-DLLs.

Falls Ihr Programm eine Erweiterungs-DLL enthält und das EXE-Programm eine Ressource benötigt, wird zunächst die EXE-Datei durchsucht, dann die Erweiterungs-DLL und schließlich die MFC-DLLs. Wenn Sie beispielsweise eine Zeichenfolge mit einer im Gesamtbestand aller Ressourcen eindeutigen ID suchen, dann wird die MFC-Bibliothek diese Zeichenfolge sicherlich finden. Kommt diese Zeichenfolgen-ID doppelt vor, sowohl in der EXE-Datei als auch in der Erweiterungs-DLL, lädt die MFC-Bibliothek die Zeichenfolge aus der EXE-Datei.

Wenn die Erweiterungs-DLL eine Ressource lädt, wird zuerst die Erweiterungs-DLL durchsucht, dann die MFC-DLLs und schließlich die EXE-Datei.

Bei Bedarf können Sie die Suchreihenfolge ändern. Nehmen wir an, der EXE-Code soll als Erstes die Ressourcen der Erweiterungs-DLL durchsuchen. Das können Sie mit folgenden Anweisungen erreichen:

```
// Instanzhandle der DLL verwenden.
AfxSetResourceHandle(::GetModuleHandle("mydllname.dll"));
CString strRes;
strRes.LoadString(IDS_MYSTRING);
// Instanzhandle des Clients wiederherstellen.
AfxSetResourceHandle(hInstResourceClient);
```

Es ist hier nicht möglich, statt *::GetModuleHandle* die Funktion *AfxGetInstanceHandle* zu verwenden. Bei einer Erweiterungs-DLL liefert die Funktion *AfxGetInstanceHandle* das Instanzhandle der EXE-Datei und nicht das der DLL.

## Beispiel Ex20a: Eine Erweiterungs-MFC-DLL

In diesem Beispiel erzeugen wir aus der Klasse *CPersistentFrame*, die Sie aus Kapitel 14 kennen, eine Erweiterungs-DLL. Wir erstellen zunächst die Datei Ex20a.dll. Anschließend verwenden wir die DLL in einem Testclient, dem Programm Ex20b.

Mit den folgenden Schritten erstellen Sie das Beispiel Ex20a:

1. **Generieren Sie mit dem MFC-Anwendungsassistenten das Projekt Ex20a.** Wählen Sie im Menü *Datei* von Visual C++ .NET den Befehl *Neu, Projekte*. Wählen Sie *Visual C++-Projekte* und dann *MFC-DLL* aus der Liste der Vorlagen. Auf der Seite *Anwendungseinstellungen* wählen Sie *MFC-Erweiterungs-DLL*, wie in der folgenden Abbildung:

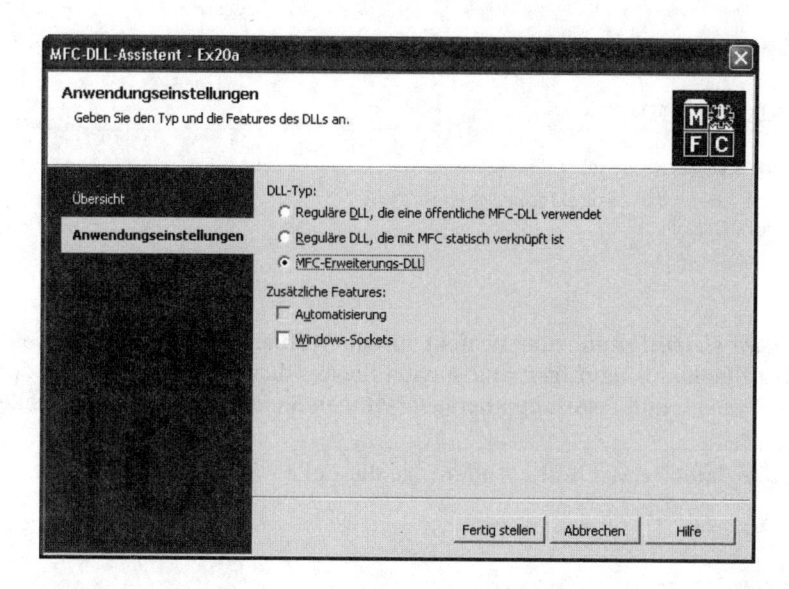

2. **Sehen Sie sich die Datei Ex20a.cpp an.** Der MFC-Anwendungsassistent generiert den folgenden Code, in dem auch die *DllMain* zu finden ist:

```
// Ex20a.cpp : Definiert die Initialisierungsroutinen für die DLL.
//

#include "stdafx.h"
#include <afxdllx.h>

#ifdef _DEBUG
#define new DEBUG_NEW
#endif

static AFX_EXTENSION_MODULE Ex20aDLL = { NULL, NULL };

extern "C" int APIENTRY
DllMain(HINSTANCE hInstance, DWORD dwReason, LPVOID lpReserved)
{
    // Entfernen Sie dies, wenn Sie lpReserved verwenden
    UNREFERENCED_PARAMETER(lpReserved);

    if (dwReason == DLL_PROCESS_ATTACH)
    {
        TRACE0("Ex20a.DLL wird initialisiert!\n");

        // One-Time-Initialisierung der Erweiterungs-DLL
        if (!AfxInitExtensionModule(Ex20aDLL, hInstance))
            return 0;

        // Diese DLL in Ressourcenkette einfügen
        // HINWEIS: Wird diese Erweiterungs-DLL implizit durch eine reguläre
        //   MFC-DLL (wie z.B. ein ActiveX-Steuerelement) anstelle einer
        //   MFC-Anwendung eingebunden, dann möchten Sie möglicherweise diese
        //   Zeile aus DllMain entfernen und eine eigene Funktion einfügen,
        //   die von dieser Erweiterungs-DLL exportiert wird. Die reguläre DLL,
        //   die diese Erweiterungs-DLL verwendet, sollte dann explizit die
        //   Initialisierungsfunktion der Erweiterungs-DLL aufrufen. Andernfalls
        //   wird das CDynLinkLibrary-Objekt nicht mit der Ressourcenkette der
        //   regulären DLL verbunden, was zu ernsthaften Problemen führen kann.
```

```
        new CDynLinkLibrary(Ex20aDLL);
    }
    else if (dwReason == DLL_PROCESS_DETACH)
    {
        TRACE0("Ex20a.DLL wird abgebrochen!\n");
        // Bibliothek vor dem Aufruf der Destruktoren schließen
        AfxTermExtensionModule(Ex20aDLL);
    }
    return 1;   // OK
}}
```

3. **Fügen Sie die Klasse *CPersistentFrame* zum Projekt hinzu.** Wählen Sie im Menü *Projekt* den Befehl *Vorhandenes Element hinzufügen* und suchen Sie aus dem Ordner Ex14a auf der Begleit-CD die Dateien Persist.h und Persist.cpp heraus. Nehmen Sie diese Klasse ins aktuelle Projekt auf.

4. **Bearbeiten Sie die Headerdatei Persist.h file.** Ändern Sie die Zeile
   
   class CPersistentFrame : public CFrameWnd
   
   wie folgt ab:
   
   class **AFX_EXT_CLASS** CPersistentFrame : public CFrameWnd

5. **Erstellen Sie das Projekt und kopieren Sie die DLL-Datei.** Kopieren Sie die Datei Ex20a.DLL aus dem Verzeichnis \vcppnet\ex20a\Debug in das Windows-Systemverzeichnis.

## Beispiel Ex20b: Ein Testclient für DLLs

Dieses Beispielprogramm soll zunächst als Client für Ex20a.dll dienen. Das Programm importiert die Klasse *CPersistentFrame* aus der DLL und verwendet sie als Basisklasse für das SDI-Rahmenfenster. Später werden wir das Programm ergänzen, um damit auch die anderen Beispiel-DLLs dieses Kapitels laden und testen zu können.

Mit den folgenden Schritten erstellen Sie das Beispielprogramm Ex20b:

1. **Starten Sie den MFC-Anwendungsassistenten und erstellen Sie das Projekt Ex20b.** Dies ist ein ganz gewöhnliches MFC-EXE-Programm. Wählen Sie die Option *Einfaches Dokument*. Übernehmen Sie die anderen Vorgaben. Achten Sie insbesondere darauf, dass auf der Seite *Anwendungstyp* die Option *MFC in einer gemeinsam genutzten DLL verwenden* markiert ist.

2. **Kopieren Sie die Datei Persist.h aus dem Verzeichnis \vcppnet\Ex20a.** Beachten Sie bitte, dass Sie die Headerdatei und nicht die CPP-Datei kopieren.

3. **Tauschen Sie die Basisklasse *CFrameWnd* wie in Ex14a gegen *CPersistentFrame* aus.** Ersetzen Sie in MainFrm.h und MainFrm.cpp alle Vorkommen von *CFrameWnd* durch *CPersistentFrame*. Fügen Sie außerdem folgende Zeile in MainFrm.h ein:
   
   #include "persist.h"

4. **Nehmen Sie die Importbibliothek Ex20a.lib in die Bibliotheksliste des Linkers auf.** Wählen Sie im Menü *Projekt* den Punkt *Vorhandenes Element hinzufügen*.

5. **Suchen Sie auf der Begleit-CD im Verzeichnis \vcppnet\Ex20a\Debug die Datei Ex20a.lib.**

6. **Erstellen und testen Sie das Programm Ex20b.** Wenn Sie das Programm aus dem Debugger starten und Windows die DLL Ex20a nicht findet, wird beim Start von Ex20b ein Meldungsfeld angezeigt. Wenn alles gut geht, erhalten Sie eine Anwendung mit persistentem Rahmen-

fenster, die genauso funktioniert wie das Beispiel Ex14a. Der einzige Unterschied besteht darin, dass sich der Code von *CPersistentFrame* jetzt in einer Erweiterungs-DLL befindet.

## Normale MFC-DLLs: Die Struktur *AFX_EXTENSION_MODULE*

Wenn der MFC-Anwendungsassistent eine normale DLL generiert, befindet sich die Funktion *DllMain* innerhalb des Anwendungsgerüsts. Sie haben es dann mit einer Struktur des Typs *AFX_EXTENSION_MODULE* (und einer globalen Instanz dieser Struktur) zu tun. *AFX_EXTENSION_MODULE* wird während der Initialisierung der MFC-Erweiterungs-DLL benutzt und gibt den Zustand des Erweiterungsmoduls an.

Normalerweise brauchen Sie sich nicht weiter um diese Struktur zu kümmern. Sie schreiben einfach die gewünschten C-Funktionen und exportieren sie mit dem Modifizierer *__declspec(dllexport)* (oder mit Hilfe entsprechender Einträge in der DEF-Datei des Projekts).

## Das Makro *AFX_MANAGE_STATE*

Wenn die Datei mfc70.dll als Teil eines Prozesses geladen wird, speichert sie gewisse Daten in einigen globalen Variablen. Wenn Sie MFC-Funktionen aus einem MFC-Programm oder aus einer Erweiterungs-DLL heraus aufrufen, ist die MFC-DLL mfc70.dll in der Lage, diese globalen Variablen für den aufrufenden Prozess zu ändern. Rufen Sie allerdings Funktionen der MFC-DLL mfc70.dll aus einer normalen DLL heraus auf, werden die globalen Variablen nicht synchronisiert – mit unabsehbaren Folgen. Um dieses Problem zu lösen, fügen Sie in Ihrer regulären DLL am Anfang jeder exportierten Funktion folgende Zeile ein:

```
AFX_MANAGE_STATE(AfxGetStaticModuleState());
```

Wenn der MFC-Code statisch eingebunden wird, hat das Makro keinerlei Wirkung.

## Die Suchreihenfolge für Ressourcen in Programmen mit normalen MFC-DLLs

Wenn eine normale DLL zu einer EXE-Datei gelinkt wird und eine Funktion der EXE-Datei eine Ressource lädt, dann wird die Ressource aus der EXE-Datei selbst geladen. In der DLL aufgerufene Funktionen zum Laden von Ressourcen greifen auf die Ressourcen der DLL zu.

Wenn der EXE-Code Ressourcen aus der DLL laden soll, können Sie mit Hilfe der Funktion *AfxSetResourceHandle* vorübergehend das Ressourcenhandle ändern. Wenn Sie eine Anwendung schreiben, die lokalisiert werden muss, können Sie sprachspezifische Zeichenfolgen, Dialogfelder, Menüs und so weiter in eine normale MFC-DLL auslagern. Sie könnten beispielsweise Module mit den Namen Englisch.dll, Deutsch.dll und Spanisch.dll bereitstellen. Ihr Clientprogramm würde dann die gewünschte DLL explizit laden und könnte mit den üblichen Anweisungen die Ressourcen laden, die in allen DLLs dieselbe ID hätten.

## Beispiel Ex20c: Eine normale MFC-DLL

In diesem Beispiel erstellen wir eine normale DLL, die eine einzige Funktion exportiert, nämlich eine Funktion zum Berechnen der Quadratwurzel. Als Erstes erstellen wir die Datei Ex20c.dll und anschließend modifizieren wir das Clienttestprogramm Ex20b, um die neue DLL testen zu können.

Mit den folgenden Schritten erstellen Sie das Beispielprojekt Ex20c:

1. **Generieren Sie mit dem MFC-Anwendungsassistenten das Projekt Ex20c.** Gehen Sie wie bei Ex20a vor. Diesmal wählen Sie aber keine MFC-Erweiterungs-DLL, sondern übernehmen auf der Seite *Anwendungseinstellungen* die Vorgabe *Reguläre DLL, die eine öffentliche MFC-DLL verwendet*.

2. **Sehen Sie sich die Datei Ex20c.cpp an.** Der MFC-Anwendungsassistent generiert folgenden Code:

```
// Ex20c.cpp : Definiert die Initialisierungsroutinen für die DLL.
//

#include "stdafx.h"
#include "Ex20c.h"

#ifdef _DEBUG
#define new DEBUG_NEW
#endif

//
//    Hinweis:
//
//        Wird diese DLL dynamisch an die MFC-DLLs gebunden,
//        muss bei allen von dieser DLL exportierten Funktionen,
//        die MFC-Aufrufe durchführen, das Makro AFX_MANAGE_STATE
//        direkt am Beginn der Funktion eingefügt sein.
//
//        Beispiel:
//
//        extern "C" BOOL PASCAL EXPORT ExportedFunction()
//        {
//            AFX_MANAGE_STATE(AfxGetStaticModuleState());
//            // Hier normaler Funktionsrumpf
//        }
//
//        Es ist sehr wichtig, dass dieses Makro in jeder Funktion
//        vor allen MFC-Aufrufen angezeigt wird. Dies bedeutet, dass es
//        als erste Anweisung innerhalb der Funktion ausgeführt werden
//        muss, sogar vor jeglichen Deklarationen von Objektvariablen,
//        da ihre Konstruktoren Aufrufe in die MFC-DLL generieren
//        könnten.
//
//        Siehe MFC Technical Notes 33 und 58 für weitere
//        Details.
//

// CEx20cApp

BEGIN_MESSAGE_MAP(CEx20cApp, CWinApp)
END_MESSAGE_MAP()

// CEx20cApp-Erstellung

CEx20cApp::CEx20cApp()
{
    // TODO: Hier Code zur Konstruktion einfügen
    // Alle wichtigen Initialisierungen in InitInstance positionieren
}
```

```
// Das einzige CEx20cApp-Objekt
CEx20cApp theApp;
// CEx20cApp Initialisierung
BOOL CEx20cApp::InitInstance()
{
    CWinApp::InitInstance();
    return TRUE;
}
```

3. **Implementieren Sie die exportierte Funktion *Ex20cSquareRoot*.** Es spricht nichts dagegen, diese Funktion in Ex20c.cpp einzufügen, aber Sie können sie auch in einer eigenen Datei speichern.

```
extern "C" __declspec(dllexport) double Ex20cSquareRoot(double d)
{
    AFX_MANAGE_STATE(AfxGetStaticModuleState());
    TRACE("Eintritt in Ex20cSquareRoot\n");
    if (d >= 0.0) {
        return sqrt(d);
    }
    AfxMessageBox("Quadratwurzel einer negativen Zahl kann nicht berechnet werden.");
    return 0.0;
}
```

Wie Sie sehen, lässt sich aus der DLL heraus mühelos ein Meldungsfeld oder ein anderes modales Dialogfeld anzeigen. Fügen Sie nun die Anweisung *#include <math.h>* in die Datei ein, in der sich diese Funktion befindet.

Sorgen Sie auch für den Prototyp der Funktion *Ex20cSquareRoot* in der Datei Ex20c.h, damit externe Clientprogramme diese Funktion sehen können.

4. **Erstellen Sie das Projekt und kopieren Sie die DLL-Datei.** Kopieren Sie die Datei Ex20c.dll aus dem Verzeichnis \vcppnet\Ex20c\Debug ins Windows-Systemverzeichnis.

## Eine Aktualisierung von Ex20b: Code zum Testen von Ex20c.dll

Die erste Version von Ex20b, die Sie erstellt haben, bindet die Erweiterungs-MFC-DLL Ex20a dynamisch ein. Nun erweitern Sie das Projekt so, dass auch die normale MFC-DLL Ex20c implizit eingebunden und die Wurzelfunktion aus der DLL aufgerufen wird.

So aktualisieren Sie das Beispielprogramm Ex20b:

1. **Fügen Sie eine neue Dialogressource und die dazugehörige Klasse ins Projekt Ex20b ein.** Gestalten Sie das Dialogfeld *IDD_EX20C* im Dialogeditor.

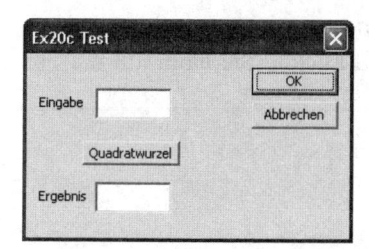

Klicken Sie das Dialogfeld im Editor mit der rechten Maustaste an und fügen Sie mit *Klasse hinzufügen* eine Klasse namens *CTest20cDialog* ins Projekt ein, die sich von *CDialog* ableitet. Die erforderlichen Steuerelemente, Datenelemente und Meldungshandler gehen aus der folgenden Tabelle hervor.

| Steuerelement-ID | Typ | Datenelement | Meldungshandler |
|---|---|---|---|
| IDC_INPUT | Eingabefeld | m_dInput (*double*) | |
| IDC_OUTPUT | Eingabefeld | m_dOutput (*double*) | |
| IDC_COMPUTE | Schaltfläche | | OnBnClickedCompute |

2. **Implementieren Sie die Funktion *OnBnClickedCompute*, in der die exportierte Funktion der DLL aufgerufen wird.** Bearbeiten Sie die generierte Funktion in Test20cDialog wie folgt:

```
void CTest20cDialog::OnBnClickedCompute()
{
    UpdateData(TRUE);
    m_dOutput = Ex20cSquareRoot(m_dInput);
    UpdateData(FALSE);
}
```

Sie müssen die Funktion *Ex20cSquareRoot* als importierte Funktion deklarieren. Fügen Sie die folgende Zeile in die Datei Test20cDialog.h ein:

```
extern "C" __declspec(dllimport) double Ex20cSquareRoot(double d);
```

3. **Integrieren Sie die Klasse *CTest20cDialog* ins Programm Ex20b.** Fügen Sie ein Menü *Test* mit dem Menüpunkt *Ex20c-DLL* und der ID *ID_TEST_EX20CDLL* ein. Ordnen Sie diesem Menübefehl im Eigenschaftenfenster der Klassenansicht einen Handler in der Klasse *CEx20bView* zu und codieren Sie diesen Handler in Ex20bView.cpp folgendermaßen:

```
void CEx20bView::OnTestEx20cdll()
{
    CTest20cDialog dlg;
    dlg.DoModal();
}
```

Natürlich müssen Sie noch die folgende Anweisung in die Datei Ex20bView.cpp einfügen:

```
#include "Test20cDialog.h"
```

4. **Nehmen Sie die Importbibliothek Ex20c.Lib in die Bibliotheksliste des Linkers auf.** Wählen Sie im *Projekt*-Menü von Visual Studio .NET *Vorhandenes Element hinzufügen* und fügen Sie \vcppnet\Ex20c\Debug\Ex20c.lib ins Projekt ein. Nun sollte das Programm die beiden DLLs Ex20a und Ex20c implizit einbinden. Wie Sie sehen, ist es aus der Sicht des Clients gleichgültig, ob es sich um eine normale oder eine Erweiterungs-DLL handelt. Sie geben einfach den Namen der LIB-Datei beim Linker an.

5. **Erstellen und testen Sie die aktualisierte Anwendung Ex20b.** Wählen Sie im *Test*-Menü *Ex20c-DLL*. Geben Sie im Eingangsfeld eine Zahl ein und klicken Sie dann auf die Schaltfläche *Quadratwurzel*. Das Ergebnis sollte im Ergebnisfeld erscheinen.

# Eine DLL mit einem benutzerdefinierten Steuerelement

Programmierer verwenden DLLs seit den Anfängen von Windows für benutzerdefinierte Steuerelemente, weil solche Steuerelemente in sich geschlossene Komponenten sind. Die ersten benutzerdefinierten Steuerelemente wurden in C geschrieben und als eigenständige DLLs konfiguriert. Heutzutage können Sie für benutzerdefinierte Steuerelemente die Möglichkeiten der MFC-Bibliothek nutzen und sich mit Hilfe der Assistenten die Programmierung erleichtern. Normale DLLs eignen sich für benutzerdefinierte Steuerelemente am besten, weil die Steuerelemente keine C++-Schnittstelle benötigen und auf diese Weise mit jedem Entwicklungssystem eingesetzt werden können, das benutzerdefinierte Steuerelemente zulässt (wie zum Beispiel der C++-Compiler von Borland). Sie werden wahrscheinlich auch die dynamische Bindung der MFC-Bibliothek nutzen, weil die resultierende DLL dann klein ist und schnell geladen wird.

## Was ist ein benutzerdefiniertes Steuerelement?

In Kapitel 7 haben Sie normale Steuerelemente von Microsoft Windows kennen gelernt, in Kapitel 8 allgemeine Steuerelemente und in Kapitel 9 ActiveX-Steuerelemente. Ein benutzerdefiniertes Steuerelement verhält sich insofern wie ein gewöhnliches Steuerelement, wie zum Beispiel das Eingabefeld, als es Benachrichtigungen in Form von *WM_COMMAND*-Meldungen an sein übergeordnetes Fenster sendet und benutzerdefinierte Meldungen empfängt. Mit dem Dialogeditor können Sie benutzerdefinierte Steuerelemente in Dialogfeldvorlagen einfügen. Dafür gibt es in der Toolbox die Option *Custom Control*.

Beim Entwurf benutzerdefinierter Steuerelemente haben Sie praktisch völlig freie Hand. Sie können nach Belieben in das Fenster des Steuerelements zeichnen (das von der Clientanwendung verwaltet wird) und nach Bedarf alle Arten von eingehenden und ausgehenden Meldungen definieren. Mit dem Eigenschaftenfenster der Klassenansicht können Sie dem Steuerelement Handler für normale Windows-Meldungen zuordnen. Die Zuordnung der benutzerdefinierten Meldungen und der Benachrichtigungen in der Klasse des übergeordneten Fensters müssen Sie dagegen von Hand vornehmen.

## Die Fensterklasse eines benutzerdefinierten Steuerelements

In einer Dialogressourcenvorlage werden benutzerdefinierte Steuerelemente durch den symbolischen Namen ihrer Fensterklasse identifiziert. Verwechseln Sie aber die Win32-Fensterklasse nicht mit der C++-Klasse. Außer dem Namen haben die beiden nichts gemeinsam. Eine Win32-Fensterklasse wird durch eine Struktur definiert, die folgende Informationen enthält:

- den Namen der Klasse,
- einen Zeiger auf die *WndProc*-Funktion, die letztlich die Meldungen empfängt, die an Fenster dieser Klasse gesendet werden,
- verschiedene Attribute, wie beispielsweise den Hintergrundpinsel.

Die Win32-Funktion *RegisterClass* kopiert diese Struktur in einen Speicherbereich, der dem Prozess gehört, sodass jede Funktion des Prozesses ein Fenster der Klasse erstellen kann. Bei der Initialisierung des Dialogfelds erstellt Windows die untergeordneten Fenster der benutzerdefinierten Steuerelemente, deren Fensterklassennamen in der Vorlage gespeichert sind.

Angenommen, die *WndProc*-Funktion des Steuerelements befindet sich in einer DLL. Wenn die DLL (durch einen Aufruf von *DllMain*) initialisiert wird, kann sie die Fensterklasse des Steuerelements mit *RegisterClass* registrieren. Weil die DLL zum Prozess gehört, kann das Clientprogramm danach untergeordnete Fenster mit der Fensterklasse des benutzerdefinierten Steuerelements anlegen. Kurz gesagt: Der Client verfügt über eine Zeichenfolge mit dem Namen der Fensterklasse des benutzerdefinierten Steuerelements und mit Hilfe dieses Klassennamens kann er das untergeordnete Fenster erzeugen. Der gesamte Code des Steuerelements einschließlich der *Wndproc*-Funktion liegt in der DLL. Um das untergeordnete Fenster erstellen zu können, muss der Client nur eines tun, nämlich zuvor die DLL laden.

## Die MFC-Bibliothek und die Funktion *WndProc*

Windows ruft also die *WndProc*-Funktion des Steuerelements für jede Meldung auf, die an dessen Fenster gesendet wird. Aber Sie möchten jetzt ganz bestimmt keine altmodische *switch-case*-Anweisung schreiben. Sie möchten diesen Meldungen C++-Memberfunktionen zuordnen, so wie Sie es bisher getan haben. Zu diesem Zweck müssen Sie für die Win32-Fensterklasse des Steuerelements in der DLL eine passende C++-Klasse definieren. Sobald Sie das getan haben, können Sie mit dem Eigenschaftenfenster der Klassenansicht Meldungen zuordnen.

Die C++-Klasse für das Steuerelement zu schreiben ist nicht so schwer. Sie erstellen einfach mit dem MFC-Klassen-Assistenten eine neue, von *CWnd* abgeleitete Klasse. Die Schwierigkeit besteht darin, die C++-Klasse mit der Funktion *WndProc* und der Meldungsschleife des Anwendungsgerüsts zu verbinden. Im Beispiel Ex20d werden Sie eine echte *WndProc* kennen lernen. An dieser Stelle reicht der Pseudocode einer typischen *WndProc*-Funktion für ein Steuerelement aus:

```
LRESULT MyControlWndProc(HWND hWnd, UINT message, WPARAM wParam, LPARAM lParam)
{
    if (dies ist die erste Meldung für dieses Fenster) {
        CWnd* pWnd = new CMyControlWindowClass();
        pWnd mit hWnd verknüpfen
    }
    return AfxCallWndProc(pWnd, hWnd, message, WParam, lParam);
}
```

Die MFC-Funktion *AfxCallWndProc* leitet Meldungen an das Anwendungsgerüst weiter, das sie wiederum an die Memberfunktionen verteilt, die in der Klasse *CMyControlWindowClass* den Meldungen zugeordnet sind.

## Benachrichtigungen von benutzerdefinierten Steuerelementen

Das Steuerelement kommuniziert mit seinem übergeordneten Fenster, indem es ihm spezielle *WM_COMMAND*-Meldungen mit folgenden Parametern sendet:

| Parameter | Zweck |
|---|---|
| *(HIWORD) wParam* | Benachrichtigungscode |
| *(LOWORD) wParam* | ID des untergeordneten Fensters |
| *lParam* | Handle des untergeordneten Fensters |

Die Bedeutung des Benachrichtigungscodes ist willkürlich und hängt vom jeweiligen Steuerelement ab. Das übergeordnete Fenster muss den Code anhand seiner Kenntnisse über das Steuerelement interpretieren. Zum Beispiel könnte der Wert 77 bedeuten, dass der Benutzer ein Zeichen eingegeben hat, während das Steuerelement den Fokus hatte.

Das Steuerelement könnte beispielsweise folgende Benachrichtigung senden:

```
GetParent()->SendMessage(WM_COMMAND,
    GetDlgCtrlID() | ID_NOTIFYCODE << 16, (LONG) GetSafeHwnd());
```

Auf der Clientseite können Sie der Meldung mit dem MFC-Makro *ON_CONTROL* einen Handler zuordnen:

```
ON_CONTROL(ID_NOTIFYCODE, IDC_MYCONTROL, OnClickedMyControl)
```

Den Handler deklarieren Sie dann wie folgt:

```
afx_msg void OnClickedMyControl();
```

## Benutzerdefinierte Meldungen an das Steuerelement senden

Sie haben bereits in Kapitel 7 benutzerdefinierte Meldungen kennen gelernt. Dieser Meldungstyp stellt das Mittel dar, mit dem das Clientprogramm mit dem Steuerelement kommuniziert. Weil eine Standardmeldung einen 32-Bit-Wert zurückgibt, wenn sie mit *SendMessage* statt mit *PostMessage* gesendet wird, kann der Client auf diese Weise Informationen vom Steuerelement erhalten.

## Das Beispielprogramm Ex20d: Ein benutzerdefiniertes Steuerelement

Das Beispielprogramm Ex20d besteht aus einer normalen MFC-DLL, mit der eine Verkehrsampel implementiert wird. Dieses Steuerelement kann die Zustände Abgeschaltet, Rot, Gelb und Grün annehmen. Wenn das Steuerelement mit der linken Maustaste angeklickt wird, sendet die DLL eine Benachrichtigung an sein übergeordnetes Fenster, und es reagiert auf zwei benutzerdefinierte Meldungen namens *RYG_SETSTATE* und *RYG_GETSTATE*. Der Zustand ist ein ganzzahliger Wert, der die Farbe repräsentiert. Ich verdanke dieses Beispiel Richard Wilton, der die ursprüngliche C-Version dieses Steuerelements in seinem Buch *Windows 3 Developer's Workshop* (Microsoft Press 1991) vorgestellt hat.

Das Projekt Ex20d wurde zunächst mit dem MFC-Anwendungsassistenten mit den gleichen Einstellungen für die gemeinsam genutzte MFC-DLL wie im Projekt Ex20c generiert. Der nachfolgende Code gehört zur Hauptdatei des Projekts, wobei der Code, der in die Funktion *InitInstance* eingefügt wurde, fett gedruckt ist. Die exportierte Funktion *Ex20dEntry* ist nur aus einem einzigen Grund vorhanden: Sie bewirkt, dass die DLL implizit eingebunden wird. Das Clientprogramm muss diese Funktion aufrufen und dieser Aufruf muss sich im Ausführungspfad des Programms befinden (ansonsten optimiert der Compiler diesen Aufruf weg). Alternativ könnte das Clientprogramm in seiner *InitInstance*-Funktion die Win32-Funktion *LoadLibrary* aufrufen und die DLL auf diese Weise explizit laden.

**Ex20d.cpp**

```cpp
// Ex20d.cpp : Definiert die Initialisierungsroutinen für die DLL.
//
#include "stdafx.h"
#include "Ex20d.h"
#include "rygwnd.h"

#ifdef _DEBUG
#define new DEBUG_NEW
#endif

extern "C" __declspec(dllexport) void Ex20dEntry() {} // Platzhalter
// Kommentare vom Anwendungsassistenten gelöscht
⋮
// CEx20dApp
BEGIN_MESSAGE_MAP(CEx20dApp, CWinApp)
END_MESSAGE_MAP()
// CEx20dApp-Erstellung
CEx20dApp::CEx20dApp()
{
    // TODO: Hier Code zur Konstruktion einfügen
    // Alle wichtigen Initialisierungen in InitInstance vornehmen
}
// Das einzige CEx20dApp-Objekt
CEx20dApp theApp;
// CEx20dApp Initialisierung
BOOL CEx20dApp::InitInstance()
{
    CRygWnd::RegisterWndClass(AfxGetInstanceHandle());
    CWinApp::InitInstance();
    return TRUE;
}
```

Der folgende Code zeigt die Klasse *CRygWnd* einschließlich der globalen Funktion *RygWnd-Proc*. Sie können diese Klasse mit dem MFC-Klassen-Assistenten erstellen, wenn Sie im Menü *Projekt* den Befehl *Klasse hinzufügen* wählen. Die Anweisungen, mit denen die Verkehrsampel dargestellt wird, sind nicht sehr interessant. Konzentrieren wir uns deshalb auf die Funktionen, die in den meisten benutzerdefinierten Steuerelementen zu finden sind. Die statische Memberfunktion *RegisterWndClass* registriert die Fensterklasse *RYG*. Sie muss sofort nach dem Laden der DLL aufgerufen werden. Der Meldungshandler *OnLButtonDown* wird aufgerufen, wenn der Benutzer mit der linken Maustaste in das Fenster des Steuerelements klickt. Er sendet eine entsprechende Benachrichtigung an das übergeordnete Fenster. Die Funktion *PostNcDestroy* wird überschrieben, weil sie das *CRygWnd*-Objekt beseitigen muss, wenn das Clientprogramm das Steuerelementfenster löscht. Die Funktionen *OnGetState* und *OnSetState* werden auf die benutzerdefinierten Meldungen hin aufgerufen, die der Client versendet. Vergessen Sie nicht, die DLL in das Windows-Systemverzeichnis zu kopieren.

## RygWnd.h

```cpp
#pragma once
#define RYG_SETSTATE WM_USER + 0
#define RYG_GETSTATE WM_USER + 1
LRESULT CALLBACK AFX_EXPORT
    RygWndProc(HWND hWnd, UINT message, WPARAM wParam, LPARAM lParam);
// CRygWnd
class CRygWnd : public CWnd
{
private:
    int m_nState; // 0=aus, 1=rot, 2=gelb, 3=grün
    static CRect   s_rect;
    static CPoint  s_point;
    static CRect   s_rColor[3];
    static CBrush  s_bColor[4];
public:
    static BOOL RegisterWndClass(HINSTANCE hInstance);
    DECLARE_DYNAMIC(CRygWnd)
public:
    CRygWnd();
    virtual ~CRygWnd();
private:
    void SetMapping(CDC* pDC);
    void UpdateColor(CDC* pDC, int n);
protected:
    afx_msg LRESULT OnSetState(WPARAM wParam, LPARAM lParam);
    afx_msg LRESULT OnGetState(WPARAM wParam, LPARAM lParam);
    DECLARE_MESSAGE_MAP()
public:
    afx_msg void OnLButtonDown(UINT nFlags, CPoint point);
    afx_msg void OnPaint();
protected:
    virtual void PostNcDestroy();
};
```

## RygWnd.cpp

```cpp
// RygWnd.cpp : Implementierungsdatei
//
#include "stdafx.h"
#include "Ex20d.h"
#include "RygWnd.h"
LRESULT CALLBACK AFX_EXPORT
    RygWndProc(HWND hWnd, UINT message, WPARAM wParam, LPARAM lParam)
{
    AFX_MANAGE_STATE(AfxGetStaticModuleState());
    CWnd* pWnd;
```

```
        pWnd = CWnd::FromHandlePermanent(hWnd);
        if (pWnd == NULL) {
            // Nimm an, der Client habe ein CRygWnd-Fenster angelegt
            pWnd = new CRygWnd();
            pWnd->Attach(hWnd);
        }
        ASSERT(pWnd->m_hWnd == hWnd);
        ASSERT(pWnd == CWnd::FromHandlePermanent(hWnd));
        LRESULT lResult = AfxCallWndProc(pWnd, hWnd, message,
                                         wParam, lParam);
        return lResult;
}
// statische Datenelemente
CRect  CRygWnd::s_rect(-500, 1000, 500, -1000); // äußeres Rechteck
CPoint CRygWnd::s_point(300, 300); // abgerundete Ecken
CRect  CRygWnd::s_rColor[] = {CRect(-250, 800, 250, 300),
                              CRect(-250, 250, 250, -250),
                              CRect(-250, -300, 250, -800)};
CBrush CRygWnd::s_bColor[] = {RGB(192, 192, 192),
                              RGB(0xFF, 0x00, 0x00),
                              RGB(0xFF, 0xFF, 0x00),
                              RGB(0x00, 0xFF, 0x00)};
BOOL CRygWnd::RegisterWndClass(HINSTANCE hInstance) // statische Memberfunktion
{
    WNDCLASS wc;
    wc.lpszClassName = "RYG"; // stimmt mit Klassennamen im Client überein
    wc.hInstance = hInstance;
    wc.lpfnWndProc = RygWndProc;
    wc.hCursor = ::LoadCursor(NULL, IDC_ARROW);
    wc.hIcon = 0;
    wc.lpszMenuName = NULL;
    wc.hbrBackground = (HBRUSH) ::GetStockObject(LTGRAY_BRUSH);
    wc.style = CS_GLOBALCLASS;
    wc.cbClsExtra = 0;
    wc.cbWndExtra = 0;
    return (::RegisterClass(&wc) != 0);
}
// CRygWnd
IMPLEMENT_DYNAMIC(CRygWnd, CWnd)
CRygWnd::CRygWnd()
{
    m_nState = 0;
    TRACE("CRygWnd-Konstruktor\n");
}
CRygWnd::~CRygWnd()
{
    TRACE("CRygWnd-Destruktor\n");
}
BEGIN_MESSAGE_MAP(CRygWnd, CWnd)
    ON_MESSAGE(RYG_SETSTATE, OnSetState)
    ON_MESSAGE(RYG_GETSTATE, OnGetState)
```

```
    ON_WM_PAINT()
    ON_WM_LBUTTONDOWN()
END_MESSAGE_MAP()
void CRygWnd::SetMapping(CDC* pDC)
{
    CRect clientRect;
    GetClientRect(clientRect);
    pDC->SetMapMode(MM_ISOTROPIC);
    pDC->SetWindowExt(1000, 2000);
    pDC->SetViewportExt(clientRect.right, -clientRect.bottom);
    pDC->SetViewportOrg(clientRect.right / 2, clientRect.bottom / 2);
}
void CRygWnd::UpdateColor(CDC* pDC, int n)
{
    if (m_nState == n + 1) {
        pDC->SelectObject(&s_bColor[n+1]);
    }
    else {
        pDC->SelectObject(&s_bColor[0]);
    }
    pDC->Ellipse(s_rColor[n]);
}
// CRygWnd Meldungshandler
void CRygWnd::OnPaint()
{
    int i;
    CPaintDC dc(this); // Gerätekontext für Anzeige
    SetMapping(&dc);
    dc.SelectStockObject(DKGRAY_BRUSH);
    dc.RoundRect(s_rect, s_point);
    for (i = 0; i < 3; i++) {
        UpdateColor(&dc, i);
    }
}
void CRygWnd::OnLButtonDown(UINT nFlags, CPoint point)
{
    // Benachrichtigungscode steht im HIWORD von wParam, in diesem Fall 0
    GetParent()->SendMessage(WM_COMMAND, GetDlgCtrlID(),
        (LONG) GetSafeHwnd()); // 0
}
void CRygWnd::PostNcDestroy()
{
    TRACE("CRygWnd::PostNcDestroy\n");
    delete this; // CWnd::PostNcDestroy tut nichts
}
LRESULT CRygWnd::OnSetState(WPARAM wParam, LPARAM lParam)
{
    TRACE("CRygWnd::SetState, wParam = %d\n", wParam);
    m_nState = (int) wParam;
    Invalidate(FALSE);
    return 0L;
}
```

```
LRESULT CRygWnd::OnGetState(WPARAM wParam, LPARAM lParam)
{
    TRACE("CRygWnd::GetState\n");
    return m_nState;
}
```

## Eine weitere Überarbeitung von Ex20b: Code zum Testen von Ex20d.dll

Das Programm Ex20b bindet bereits die DLLs Ex20a und Ex20c ein. Nun werden wir das Projekt so überarbeiten, dass auch das benutzerdefinierte Steuerelement Ex20d implizit eingebunden wird.

So aktualisieren Sie die Beispielanwendung Ex20b:

1. **Fügen Sie eine neue Dialogfeldressource und eine Dialogklasse in das Projekt Ex20b ein.** Erstellen Sie mit dem Dialogeditor die Vorlage *IDD_EX20D* und fügen Sie das benutzerdefinierte Steuerelement mit der ID *IDC_RYG* dort ein, wie in der folgenden Abbildung:

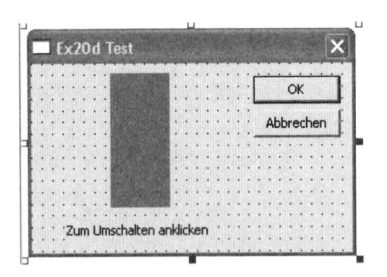

Geben Sie im Eigenschaftenfenster des Dialogeditors als Namen der Fensterklasse des benutzerdefinierten Steuerelements *RYG* an.

Erstellen Sie dann mit dem MFC-Klassen-Assistenten eine von *CDialog* abgeleitete Klasse namens *CTest20dDialog*.

2. **Bearbeiten Sie die Headerdatei Test20dDialog.h file.** Fügen Sie das folgende private Datenelement hinzu:

```
enum { OFF, RED, YELLOW, GREEN } m_nState;
```

Fügen Sie auch die folgende Importdeklaration hinzu und definieren Sie zwei IDs für benutzerdefinierte Meldungen:

```
extern "C" __declspec(dllimport) void Ex20dEntry(); // Platzhalter
#define RYG_SETSTATE WM_USER + 0
#define RYG_GETSTATE WM_USER + 1
```

3. **Bearbeiten Sie den Konstruktor in der Datei Test20dDialog.cpp, um das Statusdatenelement zu initialisieren.** Fügen Sie die fett gedruckten Anweisungen hinzu:

```
CTest20dDialog::CTest20dDialog(CWnd* pParent /*=NULL*/)
    : CDialog(CTest20dDialog::IDD, pParent)
{
    m_nState = OFF;
    Ex20dEntry(); // Sorge dafür, dass die DLL geladen wird
}
```

4. **Ordnen Sie der Meldung, die beim Anklicken des Steuerelements gesendet wird, einen Handler zu.** Da Ihnen das Eigenschaftenfenster der Klassenansicht in diesem Fall nicht weiterhilft, müssen Sie die Funktion von Hand in die Meldungstabelle und in die Datei Test20dDialog.cpp einfügen:

```
void CTest20dDialog::OnClickedRyg()
{
    switch(m_nState) {
    case OFF:
        m_nState = RED;
        break;
    case RED:
        m_nState = YELLOW;
        break;
    case YELLOW:
        m_nState = GREEN;
        break;
    case GREEN:
        m_nState = OFF;
        break;
    }
    GetDlgItem(IDC_RYG)->SendMessage(RYG_SETSTATE, m_nState);
    return;
}
BEGIN_MESSAGE_MAP(CTest20dDialog, CDialog)
    ON_CONTROL(0, IDC_RYG, OnClickedRyg) // Benachrichtigungscode ist 0
END_MESSAGE_MAP()
```

Wenn das Dialogfeld die Meldung empfängt, dass das Steuerelement angeklickt worden ist, sendet es die Meldung *RYG_SETSTATE* zurück, um die Farbe des Steuerelements zu ändern. Vergessen Sie nicht, den folgenden Prototyp in die Datei Test20dDialog.h einzufügen:

```
afx_msg void OnClickedRyg();
```

5. **Nehmen Sie die Klasse *CTest20dDialog* in die Anwendung Ex20b auf.**
6. **Fügen Sie einen zweiten Befehl in das Menü *Test* ein.** Nennen Sie den Befehl *Ex20d-DLL* und geben Sie ihm die ID *ID_TEST_EX20DLL*. Ordnen Sie den Menübefehl im Eigenschaftenfenster der Klassenansicht einer Memberfunktion von *CEx20bView* zu und implementieren Sie diesen Meldungshandler in der Datei Ex20bView.cpp wie folgt:

```
void CEx20bView::OnTestEx20dll()
{
    CTest20dDialog dlg;
    dlg.DoModal();
}
```

Natürlich müssen Sie noch die folgende Zeile in die Datei Ex20bView.cpp einfügen:

```
#include "Test20dDialog.h"
```

7. **Nehmen Sie die Importbibliothek Ex20d.Lib in die Bibliotheksliste des Linkers auf.** Wählen Sie im *Projekt*-Menü *Vorhandenes Element hinzufügen*. Nehmen Sie dann \vcppnet\Ex-20d\Debug\Ex20.lib ins Projekt auf. Nach dieser Ergänzung sollte das Programm alle drei DLLs implizit einbinden.

8. **Erstellen und testen Sie die aktualisierte Version der Anwendung Ex20b.** Wählen Sie im *Test*-Menü *Ex20d-DLL*. Klicken Sie die Verkehrsampel mit der linken Maustaste an. Die Ampel sollte auf eine andere Farbe umspringen.

# 21 MFC-Anwendungen ohne Dokument- und Ansichtsklassen

469   Das Beispielprogramm Ex21a: Eine Anwendung auf Dialogfeldbasis
473   Das Beispielprogramm Ex21b: Eine SDI-Anwendung
475   Das Beispielprogramm Ex21c: Eine MDI-Anwendung

Die Dokument/Ansicht-Architektur eignet sich für viele Anwendungen, aber gelegentlich genügt auch eine einfachere Programmstruktur. Dieses Kapitel beschreibt drei Anwendungen: eine Anwendung auf Dialogfeldbasis, eine SDI- und eine MDI-Anwendung. In keinem dieser Programme werden Dokument-, Ansicht- oder Dokumentvorlagenklassen verwendet, die Befehlsweiterleitung und andere Leistungen der MFC-Bibliothek werden dagegen schon genutzt. In Visual C++ .NET können alle drei Anwendungstypen mit dem MFC-Anwendungsassistenten erstellt werden.

Wir sehen uns bei jedem Beispiel an, wie der MFC-Anwendungsassistent Code generiert, der sich nicht auf die Dokument/Ansicht-Architektur stützt, und wie Sie diese Beispiele durch eigenen Programmcode erweitern können.

## Das Beispielprogramm Ex21a: Eine Anwendung auf Dialogfeldbasis

Für viele Anwendungen stellt ein Dialogfeld eine ausreichende Benutzeroberfläche dar. Das Dialogfeld wird gleich beim Anwendungsstart angezeigt. Der Benutzer kann das Dialogfeld minimieren und, sofern es nicht systemmodal ist, jederzeit zu anderen Anwendungen wechseln.

In diesem Beispiel enthält das Dialogfeld einen einfachen Rechner (siehe Abbildung 21.1). Der *Assistent zum Hinzufügen von Membervariablen* übernimmt die Aufgabe, die Datenelemente der Klasse zu definieren und die DDX-Funktionsaufrufe (Dialog Data Exchange) zu generieren. Nur die Berechnungsfunktion müssen Sie noch selbst schreiben. Das Ressourcenskript der Anwendung in der Datei Ex21a.rc definiert ein Symbol und das Dialogfeld, das in Abbildung 21.1 dargestellt ist.

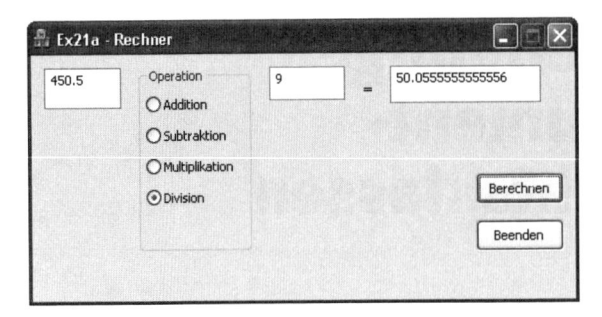

**Abbildung 21.1:** *Das Rechnerdialogfeld des Beispielprogramms Ex21a*

Im MFC-Anwendungsassistenten haben Sie die Möglichkeit, eine Anwendung auf Dialogfeldbasis zu generieren. Erstellen Sie das Beispielprogramm Ex21a mit folgenden Schritten:

1. **Starten Sie den MFC-Anwendungsassistenten und generieren Sie das Projekt Ex21a.** Wählen Sie auf der Seite *Anwendungstyp* die Option *Auf Dialogfeldern basierend*:

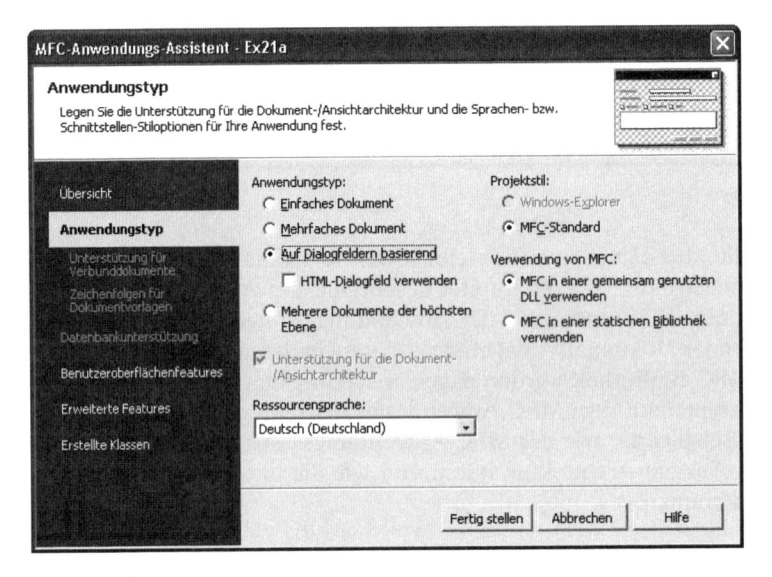

Geben Sie dem Dialogfeld auf der Seite *Benutzeroberflächenfeatures* den Titel *Ex21a – Rechner*.

2. **Bearbeiten Sie die Ressource *IDD_EX21A_DIALOG*.** Orientieren Sie sich an Abbildung 21.1. Weisen Sie mit Hilfe des Dialogeditors den Steuerelementen die IDs zu, die in nachfolgender Übersicht aufgeführt sind. Öffnen Sie dann das Eigenschaftenfenster des Dialogfelds. Setzen Sie die Eigenschaften *Systemmenü* und *Minimieren-Feld* auf *True*.

| Steuerelement | ID |
|---|---|
| Eingabefeld für linken Operanden | IDC_LEFT |
| Eingabefeld für rechten Operanden | IDC_RIGHT |
| Eingabefeld für Ergebnis | IDC_RESULT |
| Erstes Optionsfeld (Eigenschaft *Gruppe* aktiviert) | IDC_OPERATION |
| Schaltfläche *Berechnen* | IDC_COMPUTE |

3. **Fügen Sie mit Hilfe des *Assistenten zum Hinzufügen von Membervariablen* die erforderlichen Membervariablen ein und fügen Sie im Eigenschaftenfenster der Klassenansicht einen Befehlshandler ein.** Der MFC-Anwendungsassistent hat bereits eine Klasse namens *CEx21aDlg* generiert. Fügen Sie die folgenden Datenelemente hinzu:

| Steuerelement-ID | Membervariable | Typ |
|---|---|---|
| IDC_LEFT | m_dLeft | double |
| IDC_RIGHT | m_dRight | double |
| IDC_RESULT | m_dResult | double |
| IDC_OPERATION | m_nOperation | int |

Fügen Sie einen Meldungshandler mit dem Namen *OnBnClickedCompute* für die Schaltfläche *IDC_COMPUTE* hinzu.

4. **Implementieren Sie die Memberfunktion *OnBnClickedCompute* in der Datei Ex21aDlg.cpp.** Fügen Sie den folgenden fett gedruckten Code ein:

```
void CEx21aDlg::OnBnClickedCompute()
{
    UpdateData(TRUE);
    if(m_nOperation == 0) {
        m_dResult = m_dLeft + m_dRight;
    } else if(m_nOperation == 1) {
        m_dResult = m_dLeft - m_dRight;
    } else if(m_nOperation == 2) {
        m_dResult = m_dLeft * m_dRight;
    } else if(m_nOperation == 3) {
        if(m_dRight == 0) {
            AfxMessageBox("Division durch Null");
        } else {
            m_dResult = m_dLeft / m_dRight;
        }
    }
    UpdateData(FALSE);
}
```

5. **Erstellen und testen Sie die Anwendung Ex21.** Beachten Sie bitte, dass das Programmsymbol in der Taskleiste von Microsoft Windows angezeigt wird. Überprüfen Sie, ob Sie das Dialogfeld minimieren können.

## Die *InitInstance*-Funktion der Anwendungsklasse

Die wichtigste Komponente der Anwendung Ex21a ist die Funktion *CEx21aApp::InitInstance*, die vom MFC-Anwendungsassistenten erstellt worden ist. Eine gewöhnliche *InitInstance*-Funktion legt ein Hauptrahmenfenster an und gibt *TRUE* zurück, wonach die Meldungsschleife der Anwendung ausgeführt werden kann. Die Version aus Ex21a erstellt ein modales Dialogfeldobjekt, ruft *DoModal* auf und gibt *FALSE* zurück. Das bedeutet, dass die Anwendung beendet wird, wenn der Benutzer das Dialogfeld schließt. Die Funktion *DoModal* lässt zu, dass die Windows-Dialogprozedur wie gewöhnlich Meldungen empfängt und verteilt. Beachten Sie bitte, dass der MFC-Anwendungsassistent keinen Aufruf von *CWinApp::SetRegistryKey* erzeugt.

So sieht der generierte Quelltext von *InitInstance* aus der Datei Ex21a.cpp aus:

```
BOOL CEx21aApp::InitInstance()
{
    // InitCommonControls() ist für Windows XP erforderlich, wenn ein Anwendungsmanifest
    // die Verwendung von ComCtl32.dll Version 6 oder höher zum Aktivieren
    // von visuellen Stilen angibt. Ansonsten treten beim Erstellen von Fenstern Fehler auf.
    InitCommonControls();

    CWinApp::InitInstance();

    AfxEnableControlContainer();

    CEx21aDlg dlg;
    m_pMainWnd = &dlg;
    INT_PTR nResponse = dlg.DoModal();
    if (nResponse == IDOK)
    {
        // TODO: Fügen Sie hier Code ein, um das Schließen des
        //  Dialogfelds über OK zu steuern
    }
    else if (nResponse == IDCANCEL)
    {
        // TODO: Fügen Sie hier Code ein, um das Schließen des
        //  Dialogfelds über "Abbrechen" zu steuern
    }

    // Da das Dialogfeld geschlossen wurde, FALSE zurückliefern, sodass wir die
    //  Anwendung verlassen, anstatt das Nachrichtensystem der Anwendung zu starten.
    return FALSE;
}
```

## Die Dialogfeldklasse und das Programmsymbol

In der Meldungstabelle der automatisch generierten Klasse *CEx21aDlg* sind die folgenden beiden Einträge zu finden:

```
ON_WM_PAINT()
ON_WM_QUERYDRAGICON()
```

Die zugehörigen Handler haben die Aufgabe, das Anwendungssymbol anzuzeigen, wenn der Benutzer das Programm minimiert. Diese Anweisungen gelten nur für Microsoft Windows NT Version 3.51, da hier das Symbol auf dem Desktop angezeigt wird. Unter Windows 95/98/Me oder Windows NT 4.0/2000/XP sind diese Handler nicht erforderlich, weil das Programmsymbol bei diesen Windows-Versionen auf der Taskleiste angezeigt wird.

Etwas Code ist zur Darstellung des Programmsymbols aber doch erforderlich. Er befindet sich im *OnInitDialog*-Handler des Dialogfelds und wurde vom MFC-Anwendungsassistenten generiert. Achten Sie im unten gezeigten Quelltext von *OnInitDialog* auf die beiden Aufrufe von *SetIcon*. Wenn Sie die Anwendung mit einem *Info*-Dialogfeld generieren, fügt der MFC-Anwendungsassistent den Code ein, der für die Aufnahme des *Info*-Menübefehls ins Systemmenü erforderlich ist. Die Variable *m_hIcon* ist ein Datenelement der Dialogklasse und wird im Konstruktor initialisiert.

```
BOOL CEx21aDlg::OnInitDialog()
{
    CDialog::OnInitDialog();

    // Hinzufügen des Menübefehls "Info..." zum Systemmenü.

    // IDM_ABOUTBOX muss sich im Bereich der Systembefehle befinden.
    ASSERT((IDM_ABOUTBOX & 0xFFF0) == IDM_ABOUTBOX);
    ASSERT(IDM_ABOUTBOX < 0xF000);

    CMenu* pSysMenu = GetSystemMenu(FALSE);
    if (pSysMenu != NULL)
    {
        CString strAboutMenu;
        strAboutMenu.LoadString(IDS_ABOUTBOX);
        if (!strAboutMenu.IsEmpty())
        {
            pSysMenu->AppendMenu(MF_SEPARATOR);
            pSysMenu->AppendMenu(MF_STRING, IDM_ABOUTBOX, strAboutMenu);
        }
    }

    // Symbol für dieses Dialogfeld festlegen. Wird automatisch erledigt
    //  wenn das Hauptfenster der Anwendung kein Dialogfeld ist
    SetIcon(m_hIcon, TRUE);         // Großes Symbol verwenden
    SetIcon(m_hIcon, FALSE);        // Kleines Symbol verwenden

    // TODO: Hier zusätzliche Initialisierung einfügen

    return TRUE;  // Geben Sie TRUE zurück, außer ein Steuerelement soll den Fokus erhalten
}
```

# Das Beispielprogramm Ex21b: Eine SDI-Anwendung

Diese SDI-Variante des bekannten »Hello, World!«-Beispiels basiert auf dem Quelltext, den Sie bereits in Kapitel 2 gesehen haben. Die Anwendung hat nur ein Fenster, nämlich ein Objekt einer von *CFrameWnd* abgeleiteten Klasse. Alle Zeichenoperationen erfolgen innerhalb des Rahmenfensters und auch alle Meldungen werden hier bearbeitet.

1. **Generieren Sie mit dem MFC-Anwendungsassistenten das Projekt Ex21b.** Wählen Sie auf der Seite *Anwendungstyp* die Option *Einfaches Dokument* und löschen Sie die Markierung der Option *Unterstützung für die Dokument-/Ansichtarchitektur*, wie in der folgenden Abbildung:

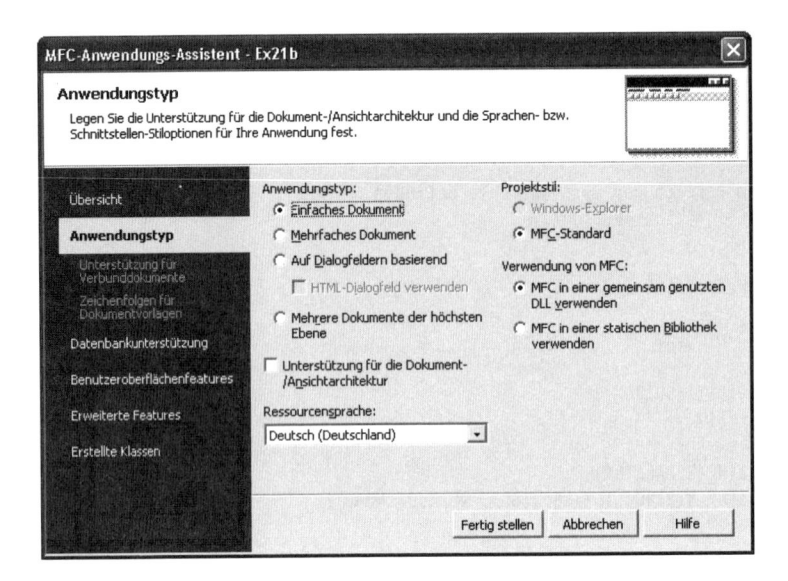

2. **Fügen Sie den Code für die Ausgabe in der Ansicht ein.** Fügen Sie in der Datei ChildView.cpp den im Folgenden fett gedruckten Code in die Funktion *CChildView::OnPaint* ein:

```
void CChildView::OnPaint()
{
    CPaintDC dc(this); // Gerätekontext zum Zeichnen
    dc.TextOut(0, 0, "Hello, world!");
    // Rufen Sie nicht CWnd::OnPaint() für Nachrichten zum Zeichnen auf
}
```

3. **Erstellen und starten Sie die Anwendung.** Sie haben nun eine vollständige kleine SDI-Anwendung, die keinerlei Abhängigkeiten von der Dokument/Ansicht-Architektur aufweist.

Der MFC-Anwendungsassistent löscht automatisch alle Abhängigkeiten zur Dokument/Ansicht-Architektur und erstellt eine Anwendung, die aus folgenden Elementen besteht:

- **Ein Hauptmenü:** Eine Windows-Anwendung braucht nicht unbedingt ein Menü – sie braucht nicht einmal ein Ressourcenskript. Ex21b hat beides. Das Anwendungsgerüst leitet Menübefehle an Meldungshandler in der Rahmenklasse weiter.

- **Ein Symbol:** Ein Symbol ist nützlich, wenn das Programm aus dem Windows-Explorer aufgerufen werden soll. Es ist außerdem von Nutzen, wenn das Hauptrahmenfenster der Anwendung minimiert wird. Das Symbol wird zusammen mit dem Menü in den Ressourcen gespeichert.

- **Einen Handler für die Meldung *WM_CLOSE*:** Viele Anwendungen müssen spezielle Vorkehrungen treffen, wenn ihr Hauptfenster geschlossen wird. Würden Sie Dokumente verwenden, könnten Sie die Funktion *CDocument::SaveModified* überschreiben. In diesem Beispiel generiert der MFC-Anwendungsassistent aber einen Meldungshandler für die Meldung *WM_CLOSE*, die durch Aktionen des Benutzers ausgelöst oder beim Herunterfahren des Systems verschickt wird.

- **Symbol- und Statusleiste:** Der MFC-Anwendungsassistent generiert automatisch eine Symbolleiste und eine Statusleiste und richtet den Mechanismus zur Weiterleitung der Meldungen entsprechend ein, auch wenn es keine Dokumentklassen und keine Ansichtsklassen gibt.

Diese SDI-Anwendung weist einige interessante Punkte auf, die in der Dokument/Ansicht-Architektur gar nicht berücksichtigt oder anders gelöst werden. Dazu gehören unter anderem:

- **Die Klasse *CChildView*:** Obwohl der Name auf eine Ansichtsklasse hinweist, wird diese Klasse von *CWnd* abgeleitet. Ihre Deklaration befindet sich in der Datei ChildView.h und ihre Implementierung in der Datei ChildView.cpp. Die Klasse *CChildView* implementiert lediglich die virtuelle Memberfunktion *OnPaint*, mit der festgelegt wird, was im Rahmenfenster dargestellt werden soll (wie in Schritt 2 des Beispielprogramms Ex21b geschehen).
- **Die Klasse *CMainFrame*:** Diese Klasse enthält ein Datenelement namens *m_wndView*, das von der Memberfunktion *CMainFrame::OnCreate* angelegt und initialisiert wird.
- **Die Funktion *CMainFrame::OnSetFocus*:** Mit dieser Funktion wird sichergestellt, dass das *CChildView*-Objekt den Fokus erhält:

```
void CMainFrame::OnSetFocus(CWnd* pOldWnd)
{
    // Fokus an das Ansichtsfenster weitergeben
    m_wndView.SetFocus();
}
```

- **Die Funktion *CMainFrame::OnCmdMsg*:** Diese Funktion gibt dem Ansichtsfenster die Möglichkeit, eintreffende Befehlsmeldungen zuerst zu bearbeiten:

```
BOOL CMainFrame::OnCmdMsg(UINT nID, int nCode, void* pExtra,
    AFX_CMDHANDLERINFO* pHandlerInfo)
{
    // Ansichtsfenster erhält den Befehl zuerst
    if (m_wndView.OnCmdMsg(nID, nCode, pExtra, pHandlerInfo))
        return TRUE;

    // andernfalls die Standardbehandlung durchführen
    return CFrameWnd::OnCmdMsg(nID, nCode, pExtra, pHandlerInfo);
}
```

# Das Beispielprogramm Ex21c: Eine MDI-Anwendung

Lassen Sie uns nun eine MDI-Anwendung erstellen, die sich nicht auf die Dokument/Ansicht-Architektur stützt.

1. **Generieren Sie mit dem MFC-Anwendungsassistenten das Projekt Ex21c.** Wählen Sie auf der Seite *Anwendungstyp* ein *Mehrfaches Dokument* und löschen Sie die Markierung der Option *Unterstützung für die Dokument-/Ansichtarchitektur*.
2. **Fügen Sie den Quelltext zur Datenausgabe im Ansichtsfenster ein.** Fügen Sie in der Datei ChildView.cpp den im Folgenden fett gedruckten Quelltext in die Funktion *CChildView::OnPaint* ein:

```
void CChildView::OnPaint()
{
    CPaintDC dc(this); // Gerätekontext zum Zeichnen
    dc.TextOut(0, 0, "Hello, world!");
    // Rufen Sie nicht CWnd::OnPaint() für Nachrichten zum Zeichnen auf
}
```

3. **Erstellen und starten Sie die Anwendung.** Sie verfügen nun über eine funktionsfähige MDI-Anwendung, die keinerlei Abhängigkeiten von der Dokument/Ansicht-Architektur aufweist.

   Wie im Beispielsprogramm Ex21b wird auch hier automatisch die Klasse *CChildView* erstellt. Die Beispiele Ex21b und Ex21c unterscheiden sich vor allem darin, dass das *CChildView*-Objekt im Beispiel Ex21c in der Funktion *CChildFrame::OnCreate* statt in der Klasse *CMainFrame* angelegt wird.

In diesem Kapitel haben Sie erfahren, wie man drei Anwendungstypen erstellt, die nicht auf der Dokument/Ansicht-Architektur beruhen. An diesen Beispielen können Sie sich einen Eindruck davon verschaffen, wie die MFC arbeitet. Vergleichen Sie die Ergebnisse mit ähnlichen Anwendungen, die der Dokument/Ansicht-Architektur folgen. Auf diese Weise erhalten Sie einen Eindruck davon, wie die Dokument/Ansichtsklassen mit dem Rest der MFC zusammenarbeiten.

# Teil IV
# COM, Automation, ActiveX und OLE

# 22 Das Komponentenobjektmodell COM

| | |
|---|---|
| 479 | Die Grundlagen von ActiveX |
| 480 | Was ist COM? |
| 491 | Das Beispiel Ex22a: Eine simulierte COM-Anwendung |
| 497 | COM-Anwendungen mit der MFC-Bibliothek erstellen |
| 508 | Das Beispiel Ex22b: Eine MFC-gestützte prozessinterne COM-Komponente |
| 513 | Einbettung und Aggregation im Vergleich zur Vererbung |

Das Component Object Model (COM) ist die Grundlage von Microsoft ActiveX und ein integraler Bestandteil von Microsoft Windows. Ein großer Teil der aktuellen Windows-Programmierung hat mit COM zu tun. Daher ist es wichtig, sich mit der COM-Architektur zu beschäftigen. Aber wo soll man anfangen? Sie könnten mit den MFC-Klassen für ActiveX-Steuerelemente, Automatisierung und OLE beginnen, aber diese Klassen, so nützlich sie auch sind, verbergen die tatsächliche COM-Architektur. Daher ist es besser, mit der zugrunde liegenden Theorie zu beginnen, und dazu gehören COM und eine Konstruktion, die *Schnittstelle* genannt wird.

Dieses Kapitel beschreibt die Grundlagen, die Sie für die nächsten sechs Kapitel brauchen. Sie erfahren, was man in COM unter Schnittstellen versteht und wie Schnittstellen in der MFC-Bibliothek mit Hilfe von Makros und Schnittstellentabellen implementiert werden.

## Die Grundlagen von ActiveX

Es ist nicht ganz einfach, die Begriffe *ActiveX* und *OLE* richtig zu verstehen. Sie können sich ActiveX als etwas vorstellen, das entstand, als das »alte« OLE internetfähig gemacht wurde. ActiveX umfasst nicht nur Leistungen, die auf COM beruhen (darüber erfahren Sie in diesem Abschnitt des Buchs mehr), sondern auch Leistungen aus dem Bereich der Internet Information Services (IIS) und die Programmierschnittstelle WinInet.

Der Begriff OLE existiert zwar noch, aber er bedeutet immer noch Object Linking and Embedding, wie schon in den Zeiten von OLE 1.0. Es ist einfach nur ein weiterer Bestandteil von ActiveX und zum Beispiel für Drag & Drop zuständig. Leider (oder zum Glück, falls Sie größere

Codebestände haben) sind der MFC-Quelltext und die Win32-Programmierschnittstelle nicht auf dem Laufenden, was die Namenskonventionen betrifft. Daher finden sich die Silben *OLE* und *Ole* noch sehr oft in den Klassen- und Funktionsnamen, selbst wenn die betreffenden Klassen und Funktionen weit über »Linking and Embedding« hinaus gehen. In diesem Teil des Buchs werden Sie in dem Code, den der MFC-Anwendungsassistent generiert, Hinweise auf einen »Server« finden. Microsoft beschränkt die Anwendung dieses Begriffs nun auf Datenbankserver und Internetserver. Die OLE-Server heißen jetzt »Komponenten«.

Die Computerabteilungen in den Bücherläden sind mittlerweile voll mit Büchern über OLE, COM und ActiveX. Wir können diese Themen hier zwar nicht so ausführlich behandeln, wie es in anderen Büchern möglich ist, aber Sie werden zumindest einen relativ guten Überblick über COM erhalten. Allerdings können wir intensiver auf die Verbindung zwischen COM und MFC-Bibliothek eingehen, als dies in manchen anderen Büchern geschieht, mit Ausnahme des Titels *MFC Internals* von George Shepherd und Scott Wingo (Addison-Wesley, 1996). Unter dem Strich sollten die folgenden Kapitel eine gute Vorbereitung zur Lektüre von Büchern sein, die eine wirklich gründliche Behandlung der ActiveX/COM-Thematik bieten, beispielsweise *Inside OLE*, Second Edition (Microsoft Press, 1995) von Kraig Brockschmidt und *COM* von Don Box (Addison Wesley, 1998). Ein gutes Buch mit mittlerem Anspruchsniveau ist *Inside COM* von Dale Rogerson (Microsoft Press, 1997).

Wie Sie im letzten Abschnitt dieses Buchs noch sehen werden, wirft COM aber ebenso viele Probleme auf, wie es löst. Ein Großteil dieser Technik wird vom .NET-Komponentenmodell abgelöst, das mit Assemblys und der Common Language Runtime arbeitet. Allerdings ist COM derzeit immer noch sehr wichtig. Also ran an die Theorie.

# Was ist COM?

COM ist eine Softwarearchitektur, die es ermöglicht, Softwaresysteme dynamisch zusammenzustellen. Das DLL-Konzept allein bietet allerdings noch keine gute Lösung für die Probleme, die sich ergeben, wenn im Lauf der Zeit mehrere Versionen der DLLs entstehen. Und der reine RPC-Mechanismus (Remote Procedure Call) ist nur mit erheblichem Aufwand zu beherrschen. COM versucht, diese Probleme besser zu lösen.

Das Hauptproblem besteht darin, dass es kein Standardverfahren gibt, mit dem Programmmodule unter Windows miteinander kommunizieren können. Und wie steht es mit den DLLs, mit den exportierten Funktionen, Dynamic Data Exchange (DDE), der Windows-Zwischenablage und der Windows-Programmierschnittstelle höchstselbst? Und was ist mit den vorhandenen Standards wie beispielsweise den benutzerdefinierten Visual Basic-Steuerelementen (VBXe) und OLE 1? Reicht das nicht aus? Nun, es reicht nicht. Im Gegenteil. Eine zu große Vielfalt an Standards macht die Integration zu einem Albtraum.

## Wesentliche Merkmale von COM

Was fehlt den alten Standards? Eine ganze Menge. Das Windows-API ist viel zu umfangreich – mehr als 350 einzelne Funktionen. VBX-Module funktionieren nicht in der 32-Bit-Welt. DDE bringt ein kompliziertes System von Anwendungen, Themen und Einzelpunkten mit sich. Der Aufruf einer DLL ist vollständig anwendungsspezifisch. Im Gegensatz dazu bietet COM ein einheitliches, erweiterbares, objektorientiertes Kommunikationsprotokoll für Windows, das mittlerweile folgende Merkmale aufweist:

- Ein sprachunabhängiges standardisiertes Verfahren, nach dem Win32-EXE-Clients eine Win32-DLL laden und aufrufen können.
- Ein allgemeines Verfahren, nach dem ein Programm ein anderes, auf demselben Computer ausgeführtes Programm steuern kann (DDE-Ersatz).
- ActiveX-Steuerelemente als Ersatz für VBX-Steuerelemente.
- Eine leistungsfähige neue Methode, nach der Anwendungsprogramme mit dem Betriebssystem zusammenarbeiten.
- Erweiterungsmöglichkeiten für die Aufnahme neuer Protokolle, beispielsweise die OLE DB-Datenbankschnittstelle von Microsoft.
- Die DCOM-Schnittstelle (Distributed COM), die es einem Programm ermöglicht, mit einem anderen, auf einem anderen Computer ausgeführten Programm zu kommunizieren, selbst wenn beide Computer Mikroprozessoren aus unterschiedlichen Prozessorfamilien benutzen.

Was also ist COM? Diese Frage lässt sich leichter stellen als beantworten. Bei DevelopMentor (einem Schulungsinstitut für Softwareentwickler) hielt sich jahrelang der Spruch: »COM is love.« COM ist eine sehr leistungsfähige Integrationstechnik, mit der es möglich ist, die verschiedensten Softwareteile zu einem großen Softwaresystem zu vereinen. COM macht es möglich, Software zu schreiben, die mit anderen Softwarekomponenten zusammenarbeiten kann, ohne an eine bestimmte Programmiersprache oder ein bestimmtes Threadmodell gebunden zu sein.

COM ist ein Protokoll, das eine Verbindung zwischen zwei Softwaremodulen herstellt und dann aus dem Blickfeld verschwindet. Nachdem die Verbindung hergestellt ist, können die beiden Module über einen als *Schnittstelle* bezeichneten Mechanismus miteinander kommunizieren. Schnittstellen benötigen außer den wenigen allgemeinen COM-Funktionen, die den Kommunikationsprozess einleiten, keine weiteren statisch oder dynamisch gelinkten Einsprungstellen oder fest codierte Adressen. Der Begriff der »Schnittstelle« (genauer »COM-Schnittstelle«) wird Ihnen im Folgenden häufiger begegnen und ist in dem Sinn gemeint, wie er in COM benutzt wird.

## Was ist eine COM-Schnittstelle?

Bevor wir uns näher mit dem Thema Schnittstellen beschäftigen, sollten wir kurz die Konzepte der Vererbung und Polymorphie in C++ wiederholen. Wir werden im Folgenden eine einfache Simulation der Planetenbewegungen verwenden, um die Wirkung der Vererbung und Polymorphie unter C++ zu demonstrieren. Stellen Sie sich ein Raumschiff vor, das sich unter dem Einfluss der Sonnenschwerkraft auf einer Reise durch unser Sonnensystem befindet. In C++ könnten Sie eine Klasse namens *CSpaceship* deklarieren und einen Konstruktor schreiben, der Anfangsposition und Beschleunigung des Raumschiffs festlegt. Dann könnten Sie eine nichtvirtuelle Memberfunktion *Fly* schreiben, die unter Berücksichtigung der Keplerschen Gesetze die Bewegung des Raumschiffs zwischen zwei Punkten berechnet, beispielsweise für eine Flugdauer von 0,1 Sekunden. Außerdem könnten Sie eine Funktion *Display* schreiben, die ein Bild des Raumschiffs in einem Fenster anzeigt. Der interessanteste Aspekt der Klasse *CSpaceship* ist, dass die Schnittstelle der C++-Klasse (die Art und Weise, in welcher der Client mit der Klasse kommuniziert) und die Implementierung eng miteinander verbunden sind. Eines der Hauptziele von COM besteht darin, die Schnittstelle der Klasse von ihrer Implementierung zu trennen.

Im COM-Kontext betrachtet würde der Quelltext des Raumschiffbeispiels ein separates EXE- oder DLL-Modul ergeben, das ein COM-Modul darstellt (die Komponente). Das Simulationsprogramm (das Clientprogramm) kann weder die Funktion *Fly* noch einen der *CSpaceship*-Konstruktoren direkt aufrufen. COM bietet eine globale Standardfunktion an, mit der sich der Client den Zugang zum *CSpaceship*-Objekt verschaffen kann. Anschließend können Client und Objekt über Schnittstellen kommunizieren.

Bevor wir ein echtes COM-Beispiel angehen, werden wir eine COM-Simulation erstellen, in der sowohl die Komponente als auch der Client beide statisch in dieselbe EXE-Datei gelinkt werden. Für die »globale Standardfunktion« erfinden wir eine Funktion mit dem Namen *GetClassObject*. In dieser COM-Simulation verwenden Clients diese eine globale abstrakte Funktion, um sich den Zugriff auf Objekte einer bestimmten Klasse zu verschaffen. In der Praxis würden Clients zuerst ein Klassenobjekt erhalten und dann das Klassenobjekt auffordern, das eigentliche Objekt zu erstellen. Dieser Vorgang lässt sich mit der dynamischen Objekterstellung der MFC vergleichen.

*GetClassObjects* hat drei Parameter:

```
BOOL GetClassObject(int nClsid, int nIid, void** ppvObj);
```

Der erste Parameter heißt *nClsid*. Es ist ein 32-Bit-Integerwert, der die Klasse *CSpaceship* eindeutig kennzeichnet. Der zweite Parameter *nIid* ist der eindeutige Bezeichner der gewünschten Schnittstelle und der dritte Parameter ist ein Zeiger auf eine Schnittstelle des Objekts (genauer gesagt, ein Zeiger auf einen Zeiger auf die Schnittstelle). Denken Sie daran, dass wir uns gerade mit Schnittstellen beschäftigen und nicht mit Klassen. Da eine Klasse mehrere Schnittstellen haben kann, dienen die letzten beiden Parameter zur Auswahl der Schnittstelle. Die Funktion gibt *TRUE* zurück, wenn sie erfolgreich ist.

Kehren wir nun zum Entwurf der Klasse *CSpaceship* zurück. Wir haben die Schnittstellen der Klasse *CSpaceship* noch nicht erläutert. Eine COM-Schnittstelle kann man sich als eine C++-Basisklasse vorstellen (genauer gesagt, als *struct*), die eine Gruppe von rein virtuellen Funktionen deklariert. Diese Funktionen steuern bestimmte Aspekte des Verhaltens der abgeleiteten Klassen. Für *CSpaceship* werden wir eine Schnittstelle *IMotion* entwerfen, mit der sich die Position des *CSpaceship*-Objekts ändern lässt. Der Einfachheit halber deklarieren wir nur zwei Funktionen, *Fly* und *GetPosition*, und verwenden als Positionswert eine ganze Zahl. Die Funktion *Fly* berechnet die neue Position des Raumschiffs, während die Funktion *GetPosition* einen Verweis auf die gegenwärtige Position zurückgibt. Und so sehen die Deklarationen aus:

```
struct IMotion
{
    virtual void Fly() = 0;
    virtual int& GetPosition() = 0;
};

class CSpaceship : public IMotion
{
protected:
    int m_nPosition;
public:
    CSpaceship() { m_nPosition = 0; }
    void Fly();
    int& GetPosition() { return m_nPosition; }
};
```

Der eigentliche Code für die Funktionen des *CSpaceship*-Objekts (einschließlich *GetClassObject*) befindet sich im Komponententeil des Programms. Der Clientteil ruft die Funktion *GetClassObject* auf, um ein *CSpaceship*-Objekt zu erstellen und einen Zeiger auf *IMotion* zu erhalten. Beide Programmteile können während der Kompilierung auf die Deklaration der Schnittstelle *IMotion* zugreifen. Ein Clientaufruf von *GetClassObject* sieht wie folgt aus:

```
IMotion* pMot;
GetClassObject(CLSID_CSpaceship, IID_IMotion, (void**) &pMot);
```

Nehmen Sie für den Augenblick an, dass COM die eindeutigen ganzzahligen Bezeichner *CLSID_CSpaceship* und *IID_IMotion* dazu verwenden kann, tatsächlich ein *CSpaceship*-Objekt anzulegen. Ist der Aufruf erfolgreich, so verweist *pMot* anschließend auf die Schnittstelle *IMotion* des *CSpaceship*-Objekts, das *GetClassObject* in einer geeigneten Weise zusammenbaut. Wie Sie sehen, implementiert die Klasse *CSpaceship* die Funktionen *Fly* und *GetPosition*. Unser Hauptprogramm kann diese Funktionen des einen *CSpaceship*-Objekts nach Bedarf aufrufen.

```
int nPos = 50;
pMot->GetPosition() = nPos;
pMot->Fly();
nPos = pMot->GetPosition();
TRACE("new position = %d\n", nPos);
```

Das Raumschiff ist nun unterwegs und wir steuern seine Reise allein durch den Zeiger *pMot*. Beachten Sie bitte, dass *pMot* genau genommen kein Zeiger auf ein *CSpaceship*-Objekt ist, aber im vorliegenden Fall sind Zeiger vom Typ *CSpaceship\** und *IMotion\** praktisch gleich, da *CSpaceship* von *IMotion* abgeleitet wurde. Sie können hier die Arbeitsweise von virtuellen Funktionen studieren. Ein Beispiel für die klassische C++-Polymorphie.

Machen wir die Dinge etwas komplizierter, indem wir eine zweite Schnittstelle *IVisual* hinzufügen, die für die visuelle Darstellung des *CSpaceship*-Objekts verantwortlich ist. Eine einzige Funktion reicht aus: *Display*. So sieht die entsprechende Basisklasse aus:

```
struct IVisual
{
    virtual void Display() = 0;
};
```

Haben Sie inzwischen die Vermutung, dass COM von Ihnen verlangt, Funktionen in Gruppen zusammenzufassen? Kaum zu glauben, nicht wahr? Aber aus welchem Grund? Nun, in Ihrer Weltraumsimulation werden Sie wahrscheinlich außer Raumschiffen noch andere Arten von Objekten verwenden wollen. Man könnte sich vorstellen, dass die Schnittstellen *IMotion* und *IVisual* noch für andere Klassen benutzt werden. Ein Klasse *CSun* könnte wohl etwas mit *IVisual* anfangen, hätte aber für *IMotion* keine Verwendung, während eine Klasse *CSpaceStation* auch noch andere Schnittstellen braucht. Wenn Sie Ihre Schnittstellen *IMotion* und *IVisual* veröffentlichen, würden andere Softwarefirmen, die Weltraumsimulationen produzieren, diese Schnittstellen unter Umständen übernehmen.

Sie können sich eine Schnittstelle als einen »Vertrag« zwischen zwei Softwaremodulen vorstellen. Der wesentliche Punkt dieser Analogie ist, dass sich Schnittstellendeklarationen niemals ändern. Wenn Sie den Quelltext Ihrer *CSpaceship*-Klasse erweitern möchten, ändern Sie auf keinen Fall die Schnittstellen *IMotion* oder *IVisual*. Bei Bedarf führen Sie stattdessen eine neue Schnittstelle ein, beispielsweise *ICrew*. Die vorhandenen *CSpaceship*-Clients können weiterhin mit den alten Schnittstellen arbeiten, während neue Clientprogramme außerdem die neue Schnittstelle *ICrew* verwenden können. Diese Clientprogramme können zur Laufzeit ermitteln, welche Schnittstellen von einer bestimmten Version der Raumschiffsoftware angeboten werden.

Man kann sich die Funktion *GetClassObject* als eine leistungsfähigere Alternative zum *new*-Operator von C++ und zu C++-Konstruktoren vorstellen. Der übliche *new*-Operator liefert ein Objekt, das Memberfunktionen enthält. Die Funktion *GetClassObject* liefert ein Objekt und eine Verfahrensweise für die Kommunikation mit dem Objekt (eine Schnittstelle). Später werden wir noch darauf zurückkommen, dass man eine Schnittstelle natürlich auch dazu benutzen kann, Zeiger auf die anderen Schnittstellen des Objekts anzufordern.

Wie lassen sich nun zwei verschiedene Schnittstellen für *CSpaceship* programmieren? Sie könnten die C++-Mehrfachvererbung benutzen. Aber dann ergeben sich Schwierigkeiten, wenn zwei Schnittstellen denselben Namen für eine Memberfunktion verwenden. Die MFC-Bibliothek verwendet stattdessen geschachtelte Klassen. Daher bedienen wir uns ebenfalls dieser Technik, um die Implementierung mehrerer Schnittstellen in der Klasse *CSpaceship* zu illustrieren. Es folgt ein erster Entwurf der Klasse *CSpaceship* unter Verwendung geschachtelter Klassen:

```
class CSpaceship
{
protected:
    int m_nPosition;
    int m_nAcceleration;
    int m_nColor;
public:
    CSpaceship()
        { m_nPosition = m_nAcceleration = m_nColor = 0; }
    class XMotion : public IMotion
    {
    public:
        XMotion() { }
        virtual void Fly();
        virtual int& GetPosition();
    } m_xMotion;

    class XVisual : public IVisual
    {
    public:
        XVisual() { }
        virtual void Display();
    } m_xVisual;

    friend class XVisual;
    friend class XMotion;
};
```

**HINWEIS:** Unter Umständen ist es sinnvoll, das Datenelement *m_nAcceleration* in die Klasse *XMotion* und das Datenelement *m_nColor* in die Klasse *XVisual* zu verlagern. Wir bringen beide Datenelemente direkt in der Klasse *CSpaceship* unter, da dieses Vorgehen besser zu den MFC-Makros passt (das wird später noch deutlich werden).

Beachten Sie bitte, dass die Implementierungen von *IMotion* und *IVisual* innerhalb der übergeordneten Klasse *CSpaceship* enthalten sind. In COM bezeichnet man diese übergeordnete Klasse als die Klasse mit der *Objektidentität*. Vergessen Sie nicht, dass *m_xMotion* und *m_xVisual* tatsächlich eingebettete Datenelemente von *CSpaceship* darstellen. Sie hätten *CSpaceship* natürlich auch unter ausschließlicher Verwendung der Einbettung implementieren können. Die Schachtelung hat allerdings zwei Vorteile: Erstens können die Memberfunktionen der geschachtelten Klassen auf die Datenelemente der übergeordneten Klasse zugreifen, ohne dazu Zeiger vom Typ *CSpaceship* verwenden zu müssen. Zweitens sind die geschachtelten Klassen sozusagen in der übergeordneten Klasse verpackt und deshalb außerhalb der übergeordneten Klasse nicht sichtbar. Betrachten Sie den folgenden Quelltext für die Memberfunktion *GetPosition*:

```
int& CSpaceship::XMotion::GetPosition()
{
    METHOD_PROLOGUE(CSpaceship, Motion) // generiert pThis
    return pThis->m_nPosition;
}
```

Achten Sie auch auf das doppelte Vorkommen des Bereichsauflösungsoperators, das zur Bezeichnung der Memberfunktionen der geschachtelten Klassen erforderlich ist. *METHOD_PROLOGUE* ist ein einzeiliges MFC-Makro, das unter Verwendung des C-Operators *offsetof* die Offsetadresse ermittelt, die zur Erzeugung des *this*-Zeigers *pThis* auf die übergeordnete Klasse benötigt wird. Der Compiler kennt die unterschiedlichen Anfangsadressen der Datenbereiche in der übergeordneten Klasse und in den geschachtelten Klassen. *GetPosition* kann deshalb auf das Datenelement *m_nPosition* der Klasse *CSpaceship* zugreifen.

Angenommen, Sie haben nun zwei Schnittstellenzeiger *pMot* und *pVis* für ein bestimmtes *CSpaceship*-Objekt. (Es spielt im Augenblick noch keine Rolle, wie Sie diese Zeiger erhalten haben.) Sie können dann die Funktionen der Schnittstelle in folgender Weise aufrufen:

```
pMot->Fly();
pVis->Display();
```

Was passiert nun hinter den Kulissen? In C++ hat jede Klasse (zumindest jede Klasse mit virtuellen Funktionen, die keine abstrakte Basisklasse ist) eine Tabelle, in der die virtuellen Funktionen eingetragen sind, die so genannte *vtable*. In diesem Beispiel gibt es also *vtables* für *CSpaceship::XMotion* und *CSpaceship::XVisual*. Für jedes Objekt gibt es einen Zeiger auf die Objektdaten, deren erstes Element ein Zeiger auf die vtable-Struktur der Klasse ist. Die Beziehungen zwischen den verschiedenen Zeigern werden in der nächsten Abbildung illustriert.

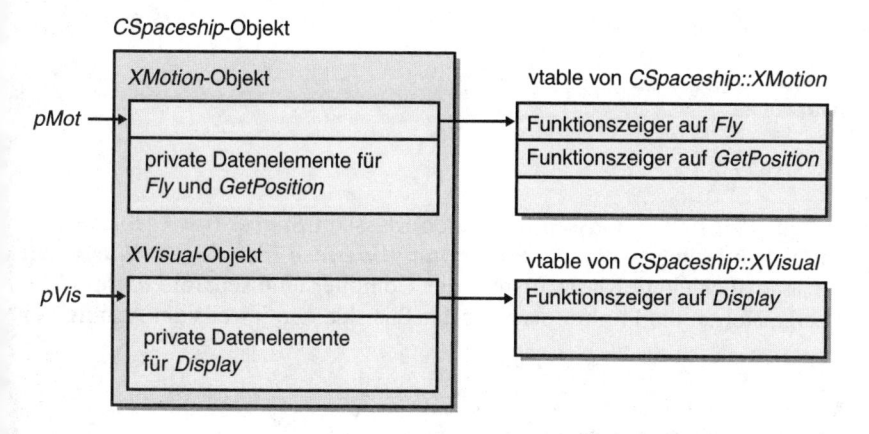

Theoretisch ist es möglich, COM-Mechanismen auch in C zu programmieren. In den Windows-Headerdateien können Sie Konstrukte der folgenden Art finden:

```
#ifdef __cplusplus
        // C++-spezifische Informationen
#else
        /* C-spezifische Informationen */
#endif
```

In C++ werden Schnittstellen als *structs* deklariert, oft unter Verwendung der Vererbung. In C werden sie mit *typedef struct* deklariert und müssen ohne Vererbung auskommen. In C++ stellt der Compiler die *vtables* für die abgeleiteten Klassen zusammen, in C müssen Sie Ihre eigenen *vtables* zusammenstellen, und das kann mühsam werden. Wichtig ist der Punkt, dass die Schnittstellen in keiner der beiden Sprachen über Datenelemente, Konstruktoren oder Destruktoren verfügen. Deshalb können Sie auch nicht davon ausgehen, dass Schnittstellen virtuelle Destruktoren haben. Allerdings ist das kein echtes Problem, da Sie niemals einen Destruktor einer Schnittstelle aufrufen werden.

## Die Schnittstelle *IUnknown* und die Memberfunktion *QueryInterface*

Kommen wir nun wieder auf das Problem zurück, woher die Anwendung die erforderlichen Schnittstellenzeiger erhält. In COM gibt es zu diesem Zweck eine spezielle Schnittstelle mit dem Namen *IUnknown*. Tatsächlich leiten sich alle Schnittstellen von *IUnknown* ab, die eine rein virtuelle Memberfunktion *QueryInterface* definiert. Diese Funktion erwartet eine Schnittstellen-ID als Argument und liefert einen Zeiger auf die entsprechende Schnittstelle.

Sobald der Schnittstellenmechanismus eingerichtet ist, benötigt der Client zumindest einen Zeiger auf *IUnknown*. So sieht die neue Schnittstellenhierarchie mit *IUnknown* an der Spitze aus:

```
struct IUnknown
{
    virtual BOOL QueryInterface(int nIid, void** ppvObj) = 0;
};
struct IMotion : public IUnknown
{
    virtual void Fly() = 0;
    virtual int& GetPosition() = 0;
};
struct IVisual : public IUnknown
{
    virtual void Display() = 0;
};
```

Um den Compiler zufrieden zu stellen, müssen wir in den Klassen *CSpaceship::XMotion* und *CSpaceship::XVisual* Implementierungen der Funktion *QueryInterface* hinzufügen. Wie sehen die *vtables* nun aus? Für jede abgeleitete Klasse erstellt der Compiler eine separate *vtable*. Wie die folgende Abbildung zeigt, stehen die Funktionszeiger der Basisklassen jeweils am Anfang der Tabelle.

vtable von *CSpaceship::XMotion*

| Funktionszeiger auf *QueryInterface* |
| Funktionszeiger auf *Fly* |
| Funktionszeiger auf *QueryInterface* |
| |

vtable von *CSpaceship::XVisual*

| Funktionszeiger auf *QueryInterface* |
| Funktionszeiger auf *Display* |
| |

Die Funktion *GetClassObject* ist nun in der Lage, den Schnittstellenzeiger für ein gegebenes *CSpaceship*-Objekt zu liefern, indem sie die Adresse des entsprechenden eingebetteten Objekts ermittelt. Es folgt der Quelltext der Funktion *QueryInterface* für die Klasse *XMotion*:

```
BOOL CSpaceship::XMotion::QueryInterface(int nIid, void** ppvObj)
{
    METHOD_PROLOGUE(CSpaceship, Motion)
    switch (nIid) {
    case IID_IUnknown:
    case IID_IMotion:
        *ppvObj = &pThis->m_xMotion;
        break;
    case IID_IVisual:
        *ppvObj = &pThis->m_xVisual;
        break;
    default:
        *ppvObj = NULL;
        return FALSE;
    }
    return TRUE;
}
```

Da *IMotion* von *IUnknown* abgeleitet wird, ist ein Zeiger auf *IMotion* zugleich ein gültiger Zeiger auf *IUnknown*.

**HINWEIS:** Der COM-Standard verlangt, dass *QueryInterface* für den Bezeichner *IID_IUnknown* immer denselben Zeiger auf *IUnknown* liefert, wobei es keine Rolle spielt, mit welchem Schnittstellenzeiger Sie die Suche beginnen. Wenn also zwei *IUnknown*-Zeiger übereinstimmen, können Sie davon ausgehen, dass beide Zeiger auf dasselbe Objekt verweisen. *IUnknown* wird gelegentlich das »*void**« von COM genannt, weil diese Schnittstelle die Identität des Objekts repräsentiert.

Der folgende Code zeigt die Funktion *GetClassObject*, die unter Verwendung der Adresse von *m_xMotion* den ersten Schnittstellenzeiger für das neu erstellte *CSpaceship*-Objekt berechnet:

```
BOOL GetClassObject(int& nClsid, int& nIid, void** ppvObj)
{
    ASSERT(nClsid == CLSID_CSpaceship);
    CSpaceship* pObj = new CSpaceship();
    IUnknown* pUnk = &pObj->m_xMotion;
    return pUnk->QueryInterface(nIid, ppvObj);
}
```

Ihr Clientprogramm kann nun *QueryInterface* aufrufen, um einen Zeiger auf *IVisual* anzufordern:

```
IMotion* pMot;
IVisual* pVis;
GetClassObject(CLSID_CSpaceship, IID_IMotion, (void**) &pMot);
pMot->Fly();
pMot->QueryInterface(IID_IVisual, (void**) &pVis);
pVis->Display();
```

Beachten Sie bitte, dass der Client zwar ein Objekt vom Typ *CSpaceship* verwendet, aber niemals über einen echten Zeiger auf ein *CSpaceship*-Objekt verfügt. Der Client kann also nicht direkt auf die Datenelemente von *CSpaceship* zugreifen, selbst wenn diese als öffentlich deklariert sind. Beachten Sie auch, dass wir noch nicht versucht haben, das *CSpaceship*-Objekt aus dem Speicher zu entfernen. Darum kümmern wir uns später noch.

Für Schnittstellen und COM-Klassen wird eine besondere Form der grafischen Darstellung verwendet. Schnittstellen werden durch kleine Kreise (bzw. Knotensymbole) dargestellt, die durch Linien mit ihrer Klasse verbunden sind. Das Symbol für die Schnittstelle *IUnknown*, die es in jeder COM-Klasse gibt, liegt oberhalb der Klassendarstellung, während die anderen Schnittstellensymbole auf der linken Seite angeordnet sind. Die Klasse *CSpaceship* lässt sich folgendermaßen darstellen:

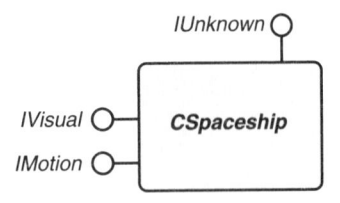

## Referenzzählung: Die Funktionen *AddRef* und *Release*

COM-Schnittstellen haben keine virtuellen Destruktoren. Es ist deshalb nicht empfehlenswert, Befehle der folgenden Art zu verwenden:

```
delete pMot; // Tun Sie's nicht - pMot ist ein Zeiger auf IMotion.
```

Zum Löschen von Objekten sieht COM ein strenges Verfahren vor. Den Schlüssel dazu bilden *AddRef* und *Release*, die beiden anderen virtuellen Funktionen von *IUnknown*. Jede COM-Klasse verfügt über ein bestimmtes Datenelement (in der MFC-Bibliothek heißt es $m\_dwRef$), in dem die Anzahl der »Benutzer« eines Objekts gespeichert wird. Jedes Mal, wenn das Komponentenprogramm einen neuen Schnittstellenzeiger (wie in *QueryInterface*) zurückgibt, ruft es *AddRef* auf, um den Wert von $m\_dwRef$ zu inkrementieren. Sobald das Clientprogramm den Zeiger nicht mehr benötigt, ruft es *Release* auf. Wenn der Wert von $m\_dwRef$ auf 0 fällt, veranlasst das Objekt seine eigene Entfernung aus dem Speicher. Die Funktion *Release* für die Klasse *CSpaceship::XMotion* könnte so aussehen:

```
DWORD CSpaceship::XMotion::Release()
{
    METHOD_PROLOGUE(CSpaceship, Motion) // generiert pThis
    if (pThis->m_dwRef == 0)
        return 0;
    if (--pThis->m_dwRef == 0) {
        delete pThis; // das Raumschiff-Objekt
        return 0;
    }
    return pThis->m_dwRef;
}
```

In COM-Programmen, die mit der MFC entwickelt wurden, setzt der Objektkonstruktor den zugehörigen Referenzzähler $m\_dwRef$ auf 1. Es ist deshalb nicht erforderlich, *AddRef* unmittelbar aufzurufen, nachdem das Objekt erstellt worden ist. Ein Clientprogramm sollte *AddRef* allerdings aufrufen, wenn es von einem Schnittstellenzeiger eine Kopie anfertigt.

# Klassenfactory

Die Begriffswelt ist in der objektorientierten Programmierung manchmal etwas verwirrend. Smalltalk-Programmierer reden über »Objekte« zum Beispiel in derselben Weise, in der C++-Programmierer über »Klassen« reden. Die COM-Dokumentation benutzt häufig den Begriff *Komponentenobjekt* und meint damit das Objekt und seinen Code. In COM gibt es den Begriff des *Klassenobjekts*, das auch Klassenfactory genannt wird. Genau genommen ist es eine *Objektfactory*. Ein COM-Klassenobjekt repräsentiert den globalen statischen Bereich einer bestimmten COM-Klasse. Die entsprechende MFC-Analogie ist die Klasse *CRuntimeClass*. Ein Klassenobjekt wird gelegentlich *Klassenfactory* genannt, weil es normalerweise eine spezielle COM-Schnittstelle namens *IClassFactory* implementiert. Diese Schnittstelle ist wie alle Schnittstellen von *IUnknown* abgeleitet. Die wichtigste Memberfunktion von *IClassFactory* ist *CreateInstance*, deren Deklaration in unserer COM-Simulation folgendermaßen lautet:

```
virtual BOOL CreateInstance(int& nIid, void** ppvObj) = 0;
```

Wofür braucht man eine Klassenfactory? Wir haben bereits gesehen, dass der Klassenkonstruktor nicht direkt aufrufbar ist. Die Entscheidung, wie die Objekte gebaut werden sollen, bleibt dem Komponentenmodul überlassen. Zu diesem Zweck stellt die Komponente die Klassenfactory zur Verfügung und kapselt auf diese Weise die Objekterstellung von der Außenwelt ab. So soll es auch sein. Die Suche nach einem Komponentenmodul und dessen Start – und somit die Einrichtung der Klassenfactory – ist zwar relativ teuer (in Rechenzeit bewertet), aber der Bau eines Objekts mit *CreateInstance* ist vergleichsweise billig. Daher können wir es uns leisten, wenn eine einzelne Klassenfactory mehrere Objekte erzeugt.

Was folgt daraus? Wir dürfen nicht zulassen, dass die Funktion *GetClassObject* das *CSpaceship*-Objekt direkt erstellt. Stattdessen müssen wir ein Klassenfactoryobjekt erstellen und anschließend die Funktion *CreateInstance* aufrufen, die ihrerseits die Klassenfactory (Objektfactory) veranlasst, das eigentliche *CSpaceship*-Objekt zu bauen.

Gehen wir also an die Arbeit und bauen die Simulation möglichst präzise auf. Zuerst deklarieren wir eine neue Klasse namens *CSpaceshipFactory*. Um die Dinge zu vereinfachen und weitere geschachtelte Klassen zu vermeiden, leiten wir die Klasse von *IClassFactory* ab. Außerdem brauchen wir noch den Code für die Referenzzählung.

```
struct IClassFactory : public IUnknown
{
    virtual BOOL CreateInstance(int& nIid, void** ppvObj) = 0;
};

class CSpaceshipFactory : public IClassFactory
{
private:
    DWORD m_dwRef;
public:
    CSpaceshipFactory() { m_dwRef = 1; }
    // IUnknown-Funktionen
    virtual BOOL QueryInterface(int& nIid,
                                void** ppvObj);
    virtual DWORD AddRef();
    virtual DWORD Release();
    // IClassFactory-Funktion
    virtual BOOL CreateInstance(int& nIid,
                                void** ppvObj);
};
```

Als Nächstes schreiben wir die Memberfunktion *CreateInstance*:

```
BOOL CSpaceshipFactory::CreateInstance(int& nIid, void** ppvObj)
{
    CSpaceship* pObj = new CSpaceship();
    IUnknown* pUnk = &pObj->m_xMotion;
    return pUnk->QueryInterface(nIid, ppvObj);
}
```

Die neue Funktion *GetClassObject* schließlich baut das Klassenfactoryobjekt auf und liefert einen Zeiger auf die Schnittstelle *IClassFactory*:

```
BOOL GetClassObject(int& nClsid, int& nIid,
                    void** ppvObj)
{
    ASSERT(nClsid == CLSID_CSpaceship);
    ASSERT((nIid == IID_IUnknown) || (nIid == IID_IClassFactory));
    CSpaceshipFactory* pObj = new CSpaceshipFactory();
    *ppvObj = pObj; // IUnknown* = IClassFactory* = CSpaceship*
}
```

Die Klassen *CSpaceship* und *CSpaceshipFactory* arbeiten zusammen und haben dieselbe Klassen-ID. Der Clientcode sieht nun so aus (ohne Fehlerprüfung):

```
IMotion* pMot;
IVisual* pVis;
IClassFactory* pFac;
GetClassObject(CLSID_CSpaceship, IID_IClassFactory, (void**) &pFac);
pFac->CreateInstance(IID_IMotion, &pMot);
pMot->QueryInterface(IID_IVisual, (void**) &pVis);
pMot->Fly();
pVis->Display();
```

Beachten Sie bitte, dass die Klasse *CSpaceshipFactory* die Funktionen *AddRef* und *Release* implementiert. Dies ist erforderlich, weil *AddRef* und *Release* innerhalb der Basisklasse *IUnknown* rein virtuelle Funktionen darstellen. In der nächsten Version unseres Beispielprogramms werden wir diese Funktionen benutzen.

## Die Klasse *CCmdTarget*

Wir sind zwar immer noch weit von echtem COM-Code entfernt, aber wir können die COM-Simulation noch einen Schritt weiter treiben, bevor wir zum Original übergehen. Wie Sie sicher schon vermuten, kann ein Teil des Codes und der Daten aus unserem Raumschiffbeispiel in eine eigene Basisklasse ausgegliedert werden. Genau das macht auch die MFC-Bibliothek. Die Basisklasse heißt hier *CCmdTarget* und ist die Standardbasisklasse für Dokument- und Fensterklassen. *CCmdTarget* wiederum ist von *CObject* abgeleitet. Wir definieren stattdessen die Klasse *CSimulatedCmdTarget*, in der wir nur die Programmlogik für die Referenzzählung und das Datenelement *m_dwRef* unterbringen. Die Funktionen *ExternalAddRef* und *ExternalRelease* der Klasse *CSimulatedCmdTarget* können in abgeleiteten Klassen aufgerufen werden. Da nur wir *CSimulatedCmdTarget* benutzen, bringen wir *CSpaceshipFactory* nicht in separaten Dateien unter. Für die Schnittstelle *IClassFactory* sehen wir eine geschachtelte Klasse vor.

Bei dieser Gelegenheit können wir auch unsere Klasse *CSpaceship* umstrukturieren. Die Funktion *QueryInterface* kann von den geschachtelten Klassen an die Hilfsfunktion *ExternalQueryInterface* der äußeren Klasse »delegiert« werden, die ihrerseits *ExternalAddRef* aufruft. Jeder Aufruf der Funktion *QueryInterface* inkrementiert also den Referenzzähler, während *Cre-*

*ateInstance* die Funktion *ExternalQueryInterface* und anschließend *ExternalRelease* aufruft. Wenn *CreateInstance* den ersten Schnittstellenzeiger zurückgibt, hat das *CSpaceship*-Objekt einen Referenzzähler von 1. Ein nachfolgender Aufruf von *QueryInterface* erhöht den Wert des Referenzzählers auf 2 und der Client muss in diesem Fall zweimal *Release* aufrufen, um das Raumschiffobjekt aus dem Speicher zu entfernen.

Als letzte Änderung definieren wir das Klassenfactoryobjekt als globales Objekt. Auf diese Weise sind wir nicht gezwungen, seinen Konstruktor aufzurufen. Ein Aufruf von *Release* durch den Client ist unproblematisch, da der Referenzzähler der Klassenfactory den Wert 2 hat, wenn der Client das Objekt erhält. (Der Konstruktor von *CSpaceshipFactory* setzt den Referenzzähler auf 1, und *ExternalQueryInterface*, von *GetClassObject* aufgerufen, setzt den Zähler dann auf 2.)

## Das Beispiel Ex22a: Eine simulierte COM-Anwendung

Die folgenden Listings zeigen den Quelltext des COM-Simulationsprogramms Ex22a. Es handelt sich um ein einfaches Konsolenprogramm, das ohne Rückgriff auf die MFC entwickelt wurde. Es erstellt mit Hilfe einer Klassenfactory ein *CSpaceship*-Objekt, ruft dessen Schnittstellenfunktionen auf und beseitigt das Objekt anschließend. Die Headerdatei Interface.h enthält die Basisklasse *CSimulatedCmdTarget* und die Deklarationen der Schnittstellen, die vom Client- und vom Komponentenprogramm benutzt werden. Die Headerdatei Spaceship.h enthält die Deklaration der Raumschiffklasse, die im Komponentenprogramm benutzt wird. Spaceship.cpp ist die Komponente, die *GetClassObject* implementiert, und Client.cpp ist der Client, der *GetClassObject* aufruft. Dass Client und Komponente zum Programm Exe22a.exe gelinkt werden, widerspricht natürlich den COM-Regeln. Daher ist unser simuliertes COM auch nicht gezwungen, zur Laufzeit die erforderlichen Verbindungen herzustellen. (Wie dies geht, werden Sie an späterer Stelle in diesem Kapitel erfahren.)

**Interface.h**
```
// Die folgenden Definitionen lassen unseren Code wie MFC-Code aussehen
#define BOOL      int
#define DWORD     unsigned int
#define TRUE      1
#define FALSE     0
#define TRACE     printf
#define ASSERT    assert
//----------Definitionen und Makros----------------------------
#define CLSID_CSpaceship      10
#define IID_IUnknown          0
#define IID_IClassFactory     1
#define IID_IMotion           2
#define IID_IVisual           3        // Dieses Makro ist nur für 16-Bit-Windows
#define METHOD_PROLOGUE(theClass, localClass) \
    theClass* pThis = ((theClass*)((char*)(this) - \
    offsetof(theClass, m_x##localClass))); \
BOOL GetClassObject(int nClsid, int nIid, void** ppvObj);
```

```
//----------Schnittstellendeklarationen--------------------------------
struct IUnknown
{
    IUnknown() { TRACE("Eintritt in IUnknown ctor %p\n", this); }
    virtual BOOL QueryInterface(int nIid, void** ppvObj) = 0;
    virtual DWORD Release() = 0;
    virtual DWORD AddRef() = 0;
};
struct IClassFactory : public IUnknown
{
    IClassFactory()
        { TRACE("Eintritt in IClassFactory ctor %p\n", this); }
    virtual BOOL CreateInstance(int nIid, void** ppvObj) = 0;
};
struct IMotion : public IUnknown
{
    IMotion() { TRACE("Eintritt in IMotion ctor %p\n", this); }
    virtual void Fly() = 0; // rein
    virtual int& GetPosition() = 0;
};
struct IVisual : public IUnknown
{
    IVisual() { TRACE("Eintritt in IVisual ctor %p\n", this); }
    virtual void Display() = 0;
};
class CSimulatedCmdTarget // 'simuliertes' CSimulatedCmdTarget
{
public:
    DWORD m_dwRef;
protected:
    CSimulatedCmdTarget() {
        TRACE("Eintritt in CSimulatedCmdTarget ctor %p\n", this);
        m_dwRef = 1; // implizierter erster AddRef-Aufruf
    }
    virtual ~CSimulatedCmdTarget()
        { TRACE("Eintritt in CSimulatedCmdTarget dtor %p\n", this); }
    DWORD ExternalRelease() {
    TRACE("Eintritt in CSimulatedCmdTarget::ExternalRelease--RefCount = %ld\n",
        m_dwRef);
        if (m_dwRef == 0)
            return 0;
        if(--m_dwRef == 0L) {
            TRACE("Lösche\n");
            delete this;
            return 0;
        }
        return m_dwRef;
    }
    DWORD ExternalAddRef() { return ++m_dwRef; }
};
```

## Spaceship.h

```cpp
class CSpaceship;
//----------Klassendeklarationen-----------------------------------
class CSpaceshipFactory : public CSimulatedCmdTarget
{
public:
    CSpaceshipFactory()
        { TRACE("Eintritt in CSpaceshipFactory ctor %p\n", this); }
    ~CSpaceshipFactory()
        { TRACE("Eintritt in CSpaceshipFactory dtor %p\n", this); }
    BOOL ExternalQueryInterface(int lRid, void** ppvObj);
    class XClassFactory : public IClassFactory
    {
    public:
        XClassFactory()
            { TRACE("Eintritt in XClassFactory ctor %p\n", this); }
        virtual BOOL QueryInterface(int lRid, void** ppvObj);
        virtual DWORD Release();
        virtual DWORD AddRef();
        virtual BOOL CreateInstance(int lRid, void** ppvObj);
    } m_xClassFactory;
    friend class XClassFactory;
};
class CSpaceship : public CSimulatedCmdTarget
{
private:
    int m_nPosition; // Zugriff von jeder Schnittstelle aus möglich
    int m_nAcceleration;
    int m_nColor;
public:
    CSpaceship() {
        TRACE("Eintritt in CSpaceship ctor %p\n", this);
        m_nPosition = 100;
        m_nAcceleration = 101;
        m_nColor = 102;
    }
    ~CSpaceship()
        { TRACE("Eintritt in CSpaceship dtor %p\n", this); }
    BOOL ExternalQueryInterface(int lRid, void** ppvObj);
    class XMotion : public IMotion
    {
    public:
        XMotion()
            { TRACE("Eintritt in XMotion ctor %p\n", this); }
        virtual BOOL QueryInterface(int lRid, void** ppvObj);
        virtual DWORD Release();
        virtual DWORD AddRef();
        virtual void Fly();
        virtual int& GetPosition();
    } m_xMotion;
    class XVisual : public IVisual
    {
```

```cpp
    public:
        XVisual() { TRACE("Eintritt in XVisual ctor\n"); }
        virtual BOOL QueryInterface(int lRid, void** ppvObj);
        virtual DWORD Release();
        virtual DWORD AddRef();
        virtual void Display();
    } m_xVisual;
    friend class XVisual;   // Müssen ganz am Ende stehen!
    friend class XMotion;
    friend class CSpaceshipFactory::XClassFactory;
};
```

## Spaceship.cpp

```cpp
#include <stdio.h>
#include <stddef.h> // für offsetof in METHOD_PROLOGUE
#include <ASSERT.h>
#include "Interface.h"
#include "Spaceship.h"
CSpaceshipFactory g_factory;
//----------Memberfunktionen-----------------------------------
BOOL CSpaceshipFactory::ExternalQueryInterface(int nIid,
                                               void** ppvObj) {
    TRACE(
        "Eintritt in CSpaceshipFactory::ExternalQueryInterface--nIid = %d\n",
        nIid);
    switch (nIid) {
    case IID_IUnknown:
    case IID_IClassFactory:
        *ppvObj = &m_xClassFactory;
        break;
    default:
        *ppvObj = NULL;
        return FALSE;
    }
    ExternalAddRef();
    return TRUE;
}
BOOL CSpaceshipFactory::XClassFactory::QueryInterface(int nIid,
                                                      void** ppvObj) {
    TRACE("Eintritt in CSpaceshipFactory::XClassFactory::\
          QueryInterface--nIid = %d\n", nIid);
    METHOD_PROLOGUE(CSpaceshipFactory, ClassFactory) // generiert pThis
    return pThis->ExternalQueryInterface(nIid,
        ppvObj); // delegieren an CSpaceshipFactory
}
BOOL CSpaceshipFactory::XClassFactory::CreateInstance(int nIid,
                                                     void** ppvObj) {
    TRACE("Eintritt in CSpaceshipFactory::XClassFactory::CreateInstance\n");
    METHOD_PROLOGUE(CSpaceshipFactory, ClassFactory) // generiert pThis
    CSpaceship* pObj = new CSpaceship();
```

```
        if (pObj->ExternalQueryInterface(nIid, ppvObj)) {
            pObj->ExternalRelease(); // Verweiszähler nachführen
            return TRUE;
        }
        return FALSE;
}
DWORD CSpaceshipFactory::XClassFactory::Release() {
    TRACE("Eintritt in CSpaceshipFactory::XClassFactory::Release\n");
    METHOD_PROLOGUE(CSpaceshipFactory, ClassFactory) // generiert pThis
    return pThis->ExternalRelease(); // delegieren an CSimulatedCmdTarget
}
DWORD CSpaceshipFactory::XClassFactory::AddRef() {
    TRACE("Eintritt in CSpaceshipFactory::XClassFactory::AddRef\n");
    METHOD_PROLOGUE(CSpaceshipFactory, ClassFactory) // generiert pThis
    return pThis->ExternalAddRef(); // delegieren an CSimulatedCmdTarget
}
BOOL CSpaceship::ExternalQueryInterface(int nIid, void** ppvObj) {
    TRACE("Eintritt in CSpaceship::ExternalQueryInterface--nIid = %d\n",
          nIid);
    switch (nIid) {
    case IID_IUnknown:
    case IID_IMotion:
        *ppvObj = &m_xMotion; // IMotion und IVisual werden beide von IUnknown
        break;                // abgeleitet. Beide Zeiger lassen sich verwenden.
    case IID_IVisual:
        *ppvObj = &m_xVisual;
        break;
    default:
        *ppvObj = NULL;
        return FALSE;
    }
    ExternalAddRef();
    return TRUE;
}
BOOL CSpaceship::XMotion::QueryInterface(int nIid, void** ppvObj) {
    TRACE("Eintritt in CSpaceship::XMotion::QueryInterface--nIid = %d\n",
          nIid);
    METHOD_PROLOGUE(CSpaceship, Motion) // generiert pThis
    return pThis->ExternalQueryInterface(nIid, ppvObj); // delegieren an
                                                        //   CSpaceship
}
DWORD CSpaceship::XMotion::Release() {
    TRACE("Eintritt in CSpaceship::XMotion::Release\n");
    METHOD_PROLOGUE(CSpaceship, Motion) // generiert pThis
    return pThis->ExternalRelease(); // delegieren an CSimulatedCmdTarget
}
DWORD CSpaceship::XMotion::AddRef() {
    TRACE("Eintritt in CSpaceship::XMotion::AddRef\n");
    METHOD_PROLOGUE(CSpaceship, Motion) // generiert pThis
    return pThis->ExternalAddRef(); // delegieren an CSimulatedCmdTarget
}
```

```
void CSpaceship::XMotion::Fly() {
    TRACE("Eintritt in CSpaceship::XMotion::Fly\n");
    METHOD_PROLOGUE(CSpaceship, Motion) // generiert pThis
    TRACE("this = %p, pThis = %p\n", this, pThis);
    TRACE("m_nPosition = %d\n", pThis->m_nPosition);
    TRACE("m_nAcceleration = %d\n", pThis->m_nAcceleration);
}
int& CSpaceship::XMotion::GetPosition() {
    TRACE("Eintritt in CSpaceship::XMotion::GetPosition\n");
    METHOD_PROLOGUE(CSpaceship, Motion) // generiert pThis
    TRACE("this = %p, pThis = %p\n", this, pThis);
    TRACE("m_nPosition = %d\n", pThis->m_nPosition);
    TRACE("m_nAcceleration = %d\n", pThis->m_nAcceleration);
    return pThis->m_nPosition;
}
BOOL CSpaceship::XVisual::QueryInterface(int nIid, void** ppvObj) {
    TRACE("Eintritt in CSpaceship::XVisual::QueryInterface--nIid = %d\n",
        nIid);
    METHOD_PROLOGUE(CSpaceship, Visual) // generiert pThis
    return pThis->ExternalQueryInterface(nIid, ppvObj); // delegieren an
                                                        // CSpaceship
}
DWORD CSpaceship::XVisual::Release() {
    TRACE("Eintritt in CSpaceship::XVisual::Release\n");
    METHOD_PROLOGUE(CSpaceship, Visual) // generiert pThis
    return pThis->ExternalRelease(); // delegieren an CSimulatedCmdTarget
}
DWORD CSpaceship::XVisual::AddRef() {
    TRACE("Eintritt in CSpaceship::XVisual::AddRef\n");
    METHOD_PROLOGUE(CSpaceship, Visual) // generiert pThis
    return pThis->ExternalAddRef(); // delegieren an CSimulatedCmdTarget
}
void CSpaceship::XVisual::Display() {
    TRACE("Eintritt in CSpaceship::XVisual::Display\n");
    METHOD_PROLOGUE(CSpaceship, Visual) // generiert pThis
    TRACE("this = %p, pThis = %p\n", this, pThis);
    TRACE("m_nPosition = %d\n", pThis->m_nPosition);
    TRACE("m_nColor = %d\n", pThis->m_nColor);
}
//----------simuliert eine COM-Komponente ----------------------------------
// In einer echten COM-Anwendung würde hier DllGetClassObject folgen und
// immer dann aufgerufen werden, wenn ein Client CoGetClassObject aufruft.
BOOL GetClassObject(int nClsid, int nIid, void** ppvObj)
{
    ASSERT(nClsid == CLSID_CSpaceship);
    ASSERT((nIid == IID_IUnknown) || (nIid == IID_IClassFactory));
    return g_factory.ExternalQueryInterface(nIid, ppvObj);
    // Der Verweiszähler steht auf 2. Das verhindert eine versehentliche Löschung.
}
```

**Client.cpp**

```cpp
#include <stdio.h>
#include <stddef.h>  // für offsetof in METHOD_PROLOGUE
#include <assert.h>
#include "interface.h"
//----------Hauptprogramm--------------------------------
int main() // simuliert ein OLE-Clientprogramm
{
    TRACE("Eintritt in client main\n");
    IUnknown* pUnk; // mit void* wäre die Deklaration nicht typsicher
    IMotion* pMot;
    IVisual* pVis;
    IClassFactory* pClf;
    GetClassObject(CLSID_CSpaceship, IID_IClassFactory,
                   (void**) &pClf);
    pClf->CreateInstance(IID_IUnknown, (void**) &pUnk);
    pUnk->QueryInterface(IID_IMotion, (void**) &pMot); // Alle drei Zeiger
    pMot->QueryInterface(IID_IVisual, (void**) &pVis); //  sollten funktionieren
    TRACE("main: pUnk = %p, pMot = %p, pDis = %p\n", pUnk,
          pMot, pVis);
    // Teste die virtuellen Schnittstellenfunktionen
    pMot->Fly();
    int nPos = pMot->GetPosition();
    TRACE("nPos = %d\n", nPos);
    pVis->Display();
    pClf->Release();
    pUnk->Release();
    pMot->Release();
    pVis->Release();
    return 0;
}
```

# COM-Anwendungen mit der MFC-Bibliothek erstellen

So viel zum Thema Simulation. Wir sind nun fast so weit, das Raumschiffbeispiel in ein echtes COM-Beispiel zu verwandeln. Allerdings brauchen Sie zuvor noch weitere Informationen. Sie müssen die Funktion *CoGetClassObject* kennen lernen und wissen, wie COM zum Laden einer Komponente die Windows-Registrierung benutzt. Weiterhin müssen Sie den Unterschied zwischen einer *prozessinternen Komponente* (eine DLL) und einer *prozessfremden Komponente* (eine EXE-Datei oder eine in einem Surrogatprozess laufende DLL) verstehen. Und Sie müssen sich auch noch mit den MFC-Makros für geschachtelte Klassen beschäftigen.

Am Ende steht eine normale MFC-Komponente (eine DLL), die den gesamten Code der Klasse *CSpaceship* einschließlich der Schnittstellen *IMotion* und *IVisual* enthält. Eine normale MFC-Anwendung dient als Client. Der Benutzer kann den Client durch Auswahl eines Menübefehls veranlassen, die Komponente in den Speicher zu laden und zu starten.

## Die COM-Funktion *CoGetClassObject*

In unserer Simulation haben wir eine Ersatzfunktion namens *GetClassObject* benutzt. In einer echten COM-Anwendung verwenden wir stattdessen die globale Funktion *CoGetClassObject*. (*Co* steht für »component object«.) Vergleichen Sie den folgenden Prototyp mit der Funktion *GetClassObject*, die Sie schon kennen:

```
STDAPI CoGetClassObject(REFCLSID rclsid, DWORD dwClsContext,
    COSERVERINFO* pServerInfo, REFIID riid, LPVOID* ppvObj)
```

Der Schnittstellenzeiger entspricht dem Parameter *ppvObj*, und *pServerInfo* ist ein Zeiger auf den Computer, auf dem sich die Instanz des Klassenobjekts befindet (mit einem Wert *NULL*, falls es sich um den lokalen Rechner handelt). Die Typen *REFCLSID* und *REFIID* sind Verweise auf 128-Bit-GUIDs (globally unique identifiers) für COM-Klassen und -Schnittstellen. *STDAPI* zeigt an, dass die Funktion einen 32-Bit-Wert vom Typ *HRESULT* zurückgibt.

Die Standard-GUIDs (z.B. die GUIDs von Schnittstellen, die von Microsoft erstellt wurden) sind in den Windows-Bibliotheken festgelegt, die dynamisch in Ihr Programm eingebunden werden. Die GUIDs für benutzerdefinierte Klassen und Schnittstellen, beispielsweise für die *CSpaceship*-Objekte, müssen Sie selbst definieren, und zwar nach folgendem Muster:

```
// {692D03A4-C689-11CE-B337-88EA36DE9E4E}
static const IID IID_IMotion =
    {0x692d03a4, 0xc689, 0x11ce, {0xb3, 0x37, 0x88, 0xea, 0x36,
    0xde, 0x9e, 0x4e}};
```

Falls für den Parameter *dwClsContext* der Wert *CLSCTX_INPROC_SERVER* übergeben wird, sucht das COM-Subsytem nach einer DLL. Enthält dieser Parameter den Wert *CLSCTX_LOCAL_SERVER*, sucht COM nach einer EXE-Datei. Die beiden Werte lassen sich kombinieren, sodass eine DLL geladen wird, wenn die DLL verfügbar ist, oder im anderen Fall eine EXE. Prozessinterne Server sind am schnellsten, da Aufrufer und Komponente im selben Adressraum liegen. EXE-Kommunikationsserver sind dagegen erheblich langsamer, weil für den prozessübergreifenden Aufruf Daten kopiert werden müssen und einige Kontextumschaltungen erforderlich sind. Die Funktion liefert einen Wert vom Typ *HRESULT* zurück. Dieser Wert ist 0 (*NOERROR*), wenn kein Fehler aufgetreten ist.

**HINWEIS:** Eine andere COM-Funktion namens *CoCreateInstance* vereint die Funktionalität von *CoGetClassObject* und *IClassFactory::CreateInstance*.

## COM und die Windows-Registrierung

Im Beispiel Ex22a wurden Komponente und Client statisch gebunden, was nicht den COM-Regeln entspricht. In einer echten COM-Anwendung ist die Komponente entweder ein DLL- oder ein separates EXE-Modul. Wenn der Client die Funktion *CoGetClassObject* aufruft, übernimmt COM die Kontrolle und sucht nach der passenden Komponente, die sich irgendwo auf der Festplatte befindet. Wie stellt COM die Verbindung zur Komponente her? COM sucht zu diesem Zweck in der Windows-Registrierung nach der eindeutigen 128-Bit-Klassen-ID. Daraus folgt, dass die *Klasse* dauerhaft auf Ihrem Computer registriert sein muss.

Beim Aufruf des Windows-Programms *Regedit* sehen Sie auf ihrem Bildschirm eine ähnliche Darstellung wie in der folgenden Abbildung. Diese Abbildung zeigt untergeordnete Ordner für vier Klassen-IDs, von denen drei mit DLLs verknüpft sind (*InprocServer32*) und die vierte mit einer EXE (*LocalServer32*). Die Funktion *CoGetClassObject* sucht in der Registrierung nach der Klassen-ID und lädt dann nach Bedarf die DLL bzw. EXE.

Ist es unbedingt nötig, diese unhandlichen Klassen-IDs in das Clientprogramm zu übernehmen? Keineswegs. COM erlaubt noch eine andere Art von Registrierungseinträgen, nämlich Programmbezeichnungen in Textform, die dann in die entsprechenden Klassen-IDs übersetzt werden. Abbildung 22.2 zeigt ein Beispiel für diese Art von Registrierungseinträgen. Die COM-Funktion *CLSIDFromProgID* liest diese Datenbankeinträge ein und führt die Übersetzung durch.

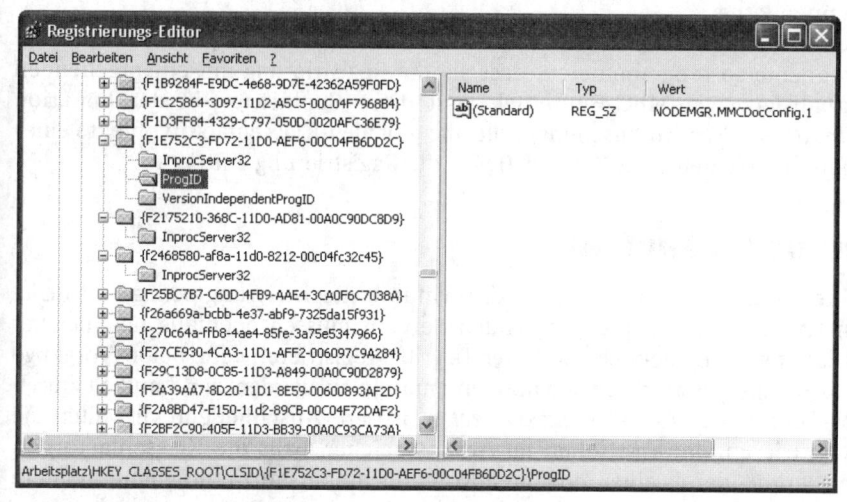

**Abbildung 22.1:** *Unterordner in der Windows-Registrierung mit vier Klassen-IDs*

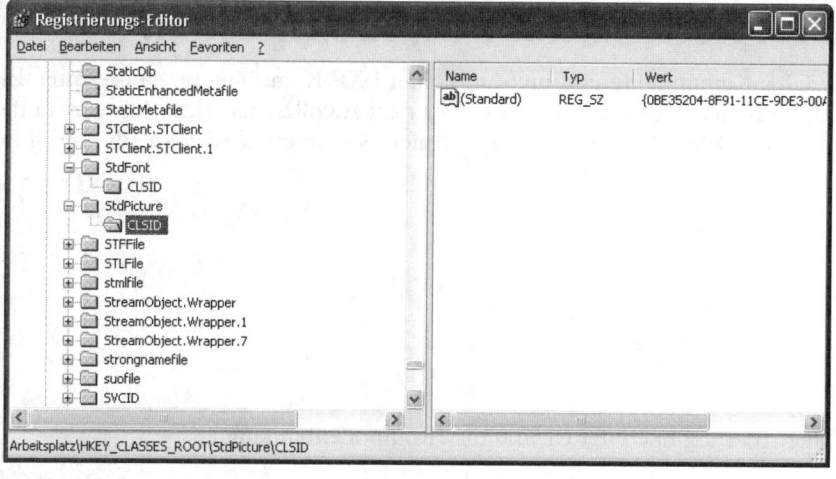

**Abbildung 22.2:** *Lesbare Programm-IDs in der Registrierung*

Der erste Parameter der Funktion *CLSIDFromProgID* ist eine Zeichenfolge mit der Programm-ID. Allerdings ist es keine gewöhnliche Zeichenfolge. Sie treffen hier im Zusammenhang mit COM vermutlich zum ersten Mal auf 2-Byte-Zeichenfolgen. Alle Zeichenfolgenparameter von COM-Funktionen (außer Datenzugriffsobjekten, DAO) sind Zeiger auf Unicode-Zeichenfolgen vom Typ *OLECHAR\**. Es werden wohl einige Komplikationen auf Sie zukommen angesichts der ständigen Notwendigkeit, zwischen 2-Byte- und gewöhnlichen Zeichenfolgen hin und her zu wechseln. Falls Sie eine 2-Byte-Konstante benötigen, können Sie der Zeichenfolge ein großes *L* voranstellen, wie im folgenden Beispiel:

```
CLSIDFromProgID(L"Spaceship", &clsid);
```

In Kapitel 23 werden Sie die Möglichkeiten der MFC-Bibliothek zur Umwandlung von Unicode-Zeichenfolgen kennen lernen.

Wie gelangen die Registrierungsinformationen in die Registrierung? Statt Regedit zu benutzen, können Sie Ihre Komponente so programmieren, dass sie die Registrierung mit entsprechenden Funktionsaufrufen aktualisiert. Die MFC-Bibliothek fasst diese Funktionen in der Funktion *COleObjectFactory::UpdateRegistryAll* zusammen, die alle globalen Klassenfactoryobjekte eines Programms ermittelt und ihre Namen samt Klassen-IDs in die Registrierung einträgt.

## Objektregistrierung zur Laufzeit

Sie haben gerade erfahren, wie die COM-Klassen in der Windows-Registrierung permanent registriert werden. Klassenfactoryobjekte in prozessfremden Servern müssen ebenfalls im Speicher registriert werden. Es ist etwas unglücklich, dass der Begriff »registrieren« für beide Vorgänge verwendet wird. Objekte in prozessfremden Komponentenmodulen werden zur Laufzeit durch einen Aufruf der COM-Funktion *CoRegisterClassObject* registriert. Anschließend verwalten die Windows-DLLs die Registrierungsinformationen im Arbeitsspeicher. Falls die Klassenfactory in einem Modus registriert wurde, der es einer einzelnen Komponenteninstanz ermöglicht, mehrere COM-Objekte zu erzeugen, kann COM auf einen bereits vorhandenen Prozess zurückgreifen, wenn ein Client *CoGetClassObject* aufruft.

## Wie ein COM-Client prozessinterne Komponenten aufruft

Wir beginnen mit einer DLL-Komponente und nicht mit einer EXE-Komponente, da die Interaktionen der beteiligten Programme in diesem Fall einfacher nachzuvollziehen sind. Ich verwende hier Pseudocode, da die MFC-Bibliotheksklassen, mit denen Sie arbeiten werden, die meisten Details verbergen.

Client
```
    CLSID clsid;
    IClassFactory* pClf;
    IUnknown* pUnk;
    CoInitialize(NULL);    // COM initialisieren
    CLSIDFromProgID(»Komponentenname«, &clsid);
```
COM
    COM sucht in der Registrierung nach der CLSID für »Komponentenname«.

Client
```
    CoGetClassObject(clsid, CLSCTX_INPROC_SERVER, NULL,IID_IClassFactory, (void**) &pClf );
```
COM
    COM sucht mit der CLSID nach einer im Speicher vorhandenen Komponente.
```
        if (Komponenten-DLL noch nicht in den Speicher geladen) {
            COM ermittelt den DLL-Dateinamen aus der Registrierung.
            COM lädt die Komponenten-DLL in den Prozess
        }
```

**DLL-Komponente**
```
if (Komponente neu geladen) {
    Globale Factory-Objekte werden erzeugt.
    Die Funktion InitInstance der DLL wird aufgerufen (nur bei MFC-DLLs).
}
```
**COM**
COM ruft die globale DLL-Funktion *DllGetClassObject* auf und übergibt ihr den *CLSID*-Wert, der zuvor an *CoGetClassObject* übergeben worden ist.

**DLL-Komponente**
*DllGetClassObject* liefert den Zeiger *IClassFactory\**.

**COM**
COM übergibt *IClassFactory\** an den Client.

**Client**
```
pClf->CreateInstance (NULL, IID_IUnknown, (void**) &pUnk);
```

**DLL-Komponente**
Die Funktion *CreateInstance* der Klassenfactory wird (direkt über die *vtable* der Komponente) aufgerufen.
Dabei wird ein Objekt der Klasse »Komponentenname« erzeugt.
Außerdem wird der angeforderte Schnittstellenzeiger zurückgegeben.

**Client**
```
pClf->Release();
pUnk->Release();
```

**DLL-Komponente**
Die Funktion *Release* der Klasse »Komponentenname« wird über die *vtable* aufgerufen.
```
if (refcount == 0) {
    Das Objekt beseitigt sich selbst.
}
```

**Client**
```
CoFreeUnusedLibraries();
```

**COM**
COM ruft die globale DLL-Funktion *DllCanUnloadNow* auf.

**DLL-Komponente**
*DllCanUnloadNow* wurde aufgerufen.
```
if (alle DLL-Objekte wurden entsorgt) {
    return TRUE
}
```

**Client**
```
CoUninitialize();  // COM gibt die DLL frei, falls DllCanUnloadNow
                   // den Wert TRUE zurückgibt
```

**COM**
COM gibt die Ressourcen frei.

**Client**
Client terminiert.

**DLL-Komponente**

Windows entfernt die DLL aus dem Speicher, sofern sie sich noch darin befindet und keine anderen Programme sie benutzen.

Einige wichtige Punkte sind hier zu beachten. Erstens wird als Reaktion auf den Clientaufruf der Funktion *CoGetClassObject* die exportierte DLL-Funktion *DllGetClassObject* aufgerufen. Zweitens ist die als Ergebnis gelieferte Schnittstellenadresse der Klassenfactory die tatsächliche Adresse des *vtable*-Zeigers der Klassenfactory in der DLL. Drittens erfolgt der Clientaufruf von *CreateInstance* oder irgendeiner anderen Schnittstellenfunktion direkt (über die *vtable*-Struktur der Komponente).

Die COM-Bindung zwischen einer Client-EXE und einer Komponenten-DLL ist recht effizient. Sie ist mindestens so effizient wie die Bindung zu irgendeiner virtuellen C++-Funktion innerhalb desselben Prozesses. Außerdem stehen hier alle üblichen, während der Kompilierung möglichen C++-Typüberprüfungen der Argumente und Rückgabewerte zur Verfügung. Der einzige Nachteil bei der Verwendung der gewöhnlichen DLL-Bindung liegt darin, dass nach dem erstmaligen Laden der DLL zusätzlich nach der Klassen-ID in der Registrierung gesucht werden muss.

## Wie ein COM-Client eine prozessfremde Komponente aufruft

Die COM-Bindung zu einer separaten EXE-Komponente ist komplizierter als die Bindung zu einer DLL-Komponente. Eine EXE-Komponente ist Bestandteil eines anderen Prozesses und kann sich unter Umständen auf einem anderen Computer befinden. Allerdings ist das kein Grund zur Sorge. Schreiben Sie Ihre Programme, als bestünde eine direkte Verbindung. COM kümmert sich um die Details und setzt bei Bedarf entsprechende RPCs ein.

Bei einem RPC-Aufruf wendet sich der Client an eine spezielle DLL, die *Proxy* genannt wird. Der Proxy kommuniziert über einen Datenstrom mit einem *Stub*, der sich im Komponentenprozess in einer DLL befindet. Wenn der Client eine Komponentenfunktion aufruft, wird der Stub vom Proxy durch eine entsprechende Meldung darüber informiert. Im Komponentenprogramm wird die Meldung mit Hilfe eines nicht sichtbaren Fensters bearbeitet. Die Weiterleitung der Aufrufe mitsamt den Argumenten über Datenströme wird Marshalling genannt.

Falls Sie Standardschnittstellen (d.h. von Microsoft definierte Schnittstellen) wie *IClassFactory* oder *IPersist* (darauf kommen wir später noch zurück) verwenden, wird der Code für Proxy und Stub, der für das Marshalling sorgt, von der Windows-DLL OLEAUT32.DLL bereitgestellt. Sofern Sie eigene Schnittstellen definieren (in unserem Beispiel heißen sie *IMotion* und *IVisual*), müssen Sie die Proxies und Stubs selbst schreiben. Zum Glück erfordert die Erstellung von Proxy- und Stubklassen lediglich, dass Sie die Schnittstellen in der Sprache IDL (Interface Definition Language) definieren und diesen Quelltext mit dem MIDL-Compiler (MIDL, Microsoft Interface Definition Language) kompilieren.

Die folgenden Zeilen beschreiben die Interaktion zwischen einem EXE-Client und einer EXE-Komponente als Pseudocode. Vergleichen Sie diese Darstellung mit den Vorgängen bei der Benutzung einer DLL-Komponente, die im Abschnitt »Wie ein COM-Client prozessinterne Komponenten aufruft« weiter oben beschrieben sind. Beachten Sie bitte, dass die Aktionen der Clientseite identisch sind.

Client
```
CLSID clsid;
IClassFactory* pClf;
IUnknown* pUnk;
CoInitialize(NULL);   // COM initialisieren
CLSIDFromProgID(»Komponentenname«, &clsid);
```

**COM**
COM benutzt die Registrierung zur Suche nach der CLSID für »Komponentenname«.

**Client**
```
CoGetClassObject(clsid, CLSCTX_LOCAL_SERVER, NULL, IID_IClassFactory, (void**) &pClf);
```

**COM**
COM sucht mit der Klassen-ID nach einer im Speicher vorhandenen Komponente.
```
if (Komponenten-EXE noch nicht in den Speicher geladen oder
    falls wir eine weitere Instanz benötigen) {
    COM ermittelt den EXE-Dateinamen aus der Registrierung.
    COM lädt die Komponenten-EXE in den Speicher
}
```

**EXE-Komponente**
```
if (Komponente neu geladen) {
    Globale Factory-Objekte werden erzeugt.
    Die Funktion InitInstance wird aufgerufen (nur bei MFC-EXEs).
    CoInitialize(NULL);
    für jedes Factory-Objekt {
        CoRegisterClassObject(...);
        COM übergibt IClassFactory* an COM.
    }
}
```

**COM**
COM gibt den angeforderten Schnittstellenzeiger an den Client weiter.
(Der Zeiger des Clients ist nicht mit dem Schnittstellenzeiger der Komponente identisch.)

**Client**
```
pClf->CreateInstance(NULL, IID_IUnknown, (void**) &pUnk);
```

**EXE-Komponente**
Die Funktion *CreateInstance* der Klassenfactory wird aufgerufen.
(Aufruf erfolgt indirekt durch Marshalling.)
Dabei wird ein Objekt der Klasse »Komponentenname« erzeugt.
Außerdem wird (ebenfalls indirekt) der angeforderte Schnittstellenzeiger zurückgegeben.

**Client**
```
pClf->Release();
pUnk->Release();
```

**EXE-Komponente**
Die Funktion *Release* der Klasse »Komponentenname« wird indirekt aufgerufen.
```
if (refcount == 0) {
    Das Objekt beseitigt sich selbst.
}
if (alle Objekte wurden entfernt) {
    Die Komponente terminiert ordnungsgemäß.
}
```

**Client**
```
CoUninitialize();  // unmittelbar vor Terminierung
```

**COM**
COM ruft *Release* für alle Objekte auf, die der Client nicht freigeben konnte.

EXE-Komponente
Komponente terminiert.

COM
COM gibt die Ressourcen frei.

Client
Client terminiert.

Wie Sie sehen, spielt COM bei der Kommunikation zwischen Client und Komponente eine wichtige Rolle. COM verwaltet im Speicher eine Liste der Klassenfactorys aller aktiven EXE-Komponenten, aber es hält nicht fest, welche COM-Objekte im Einzelnen existieren (beispielsweise Objekte vom Typ *CSpaceship*). Solche COM-Objekte sind selbst für die Aktualisierung der Referenzzähler und ihre eigene Entfernung aus dem Arbeitsspeicher verantwortlich. Beide Aufgaben werden mit Hilfe des *AddRef/Release*-Mechanismus gelöst. COM übernimmt die Kontrolle, sobald ein Client terminiert. Falls ein Client eine prozessfremde Komponente benutzt, überwacht COM die Kommunikation zwischen beiden und protokolliert die Änderungen der Referenzzähler für jedes Objekt. COM trennt bei Terminierung des Clients die Verbindung zur Komponente, und dies führt unter bestimmten Umständen zur Freigabe der entsprechenden Objekte. Sie sollten sich aber nicht darauf verlassen. Stellen Sie sicher, dass Ihr Clientprogramm alle seine Schnittstellenzeiger freigibt, bevor es terminiert.

## Die MFC-Schnittstellenmakros

Im Beispiel Ex22a haben Sie die Verwendung geschachtelter Klassen bei der Implementierung von Schnittstellen kennen gelernt. Die MFC-Bibliothek bietet eine Gruppe von Makros, mit denen sich dieser Prozess vereinfachen lässt. Bei der Deklaration der Klasse *CSpaceship*, die von der MFC-Klasse *CCmdTarget* abgeleitet wird, verwenden Sie folgende Makros:

```
BEGIN_INTERFACE_PART(Motion, IMotion)
    STDMETHOD_(void, Fly) ();
    STDMETHOD_(int&, GetPosition) ();
END_INTERFACE_PART(Motion)

BEGIN_INTERFACE_PART(Visual, IVisual)
    STDMETHOD_(void, Display) ();
END_INTERFACE_PART(Visual)

DECLARE_INTERFACE_MAP()
```

Die *INTERFACE_PART*-Makros erzeugen die geschachtelten Klassen. Dabei fügen sie dem ersten Parameter ein *X* hinzu, um den Klassennamen zu formen, und erzeugen auf ähnliche Weise den Namen des eingebetteten Objekts, indem sie dem Parameternamen *m_x* voranstellen. Außerdem generieren diese Makros Prototypen für die angegebenen Schnittstellenfunktionen und sorgen auch für die Prototypen von *QueryInterface*, *AddRef* und *Release*.

Das *DECLARE_INTERFACE_MAP*-Makro generiert die Deklarationen für eine Tabelle, in der die IDs aller Klassenschnittstellen enthalten sind. Die Funktion *CCmdTarget::ExternalQueryInterface* benutzt diese Tabelle zur Ermittlung der Schnittstellenzeiger.

In der Implementierungsdatei der Klasse *CSpaceship* können Sie die folgenden Makros einsetzen:

```
BEGIN_INTERFACE_MAP(CSpaceship, CCmdTarget)
    INTERFACE_PART(CSpaceship, IID_IMotion, Motion)
    INTERFACE_PART(CSpaceship, IID_IVisual, Visual)
END_INTERFACE_MAP()
```

Diese Makros erstellen die Schnittstellentabelle, die von *CCmdTarget::ExternalQueryInterface* benutzt wird. Eine typische Memberfunktion einer Schnittstelle sieht folgendermaßen aus:

```
STDMETHODIMP_(void) CSpaceship::XMotion::Fly()
{
    METHOD_PROLOGUE(CSpaceship, Motion)
    pThis->m_nPosition += 10;
    return;
}
```

Vergessen Sie nicht, dass Sie für jede Schnittstelle alle Funktionen implementieren müssen, einschließlich der Funktionen *QueryInterface*, *AddRef* und *Release*. Diese drei Funktionen können ihre Aufgaben aber an die gleichnamigen Funktionen in der Klasse *CCmdTarget* delegieren.

**HINWEIS:** Die Makros *STDMETHOD_* und *STDMETHODIMP_* deklarieren und implementieren Funktionen mit Hilfe der *__stdcall*-Aufrufkonvention, die von COM vorausgesetzt wird. Mit diesen Makros können Sie den Rückgabetyp im ersten Parameter angeben. Die Varianten *STDMETHOD* und *STDMETHODIMP* arbeiten dagegen mit Rückgabewerten vom Typ *HRESULT*.

## Die MFC-Klasse *COleObjectFactory*

Im Beispielprogramm mit der COM-Simulation gab es eine Klasse *CSpaceshipFactory*, die darauf beschränkt war, Objekte vom Typ *CSpaceship* zu erzeugen. Die MFC-Bibliothek bietet für dieses Problem eine dynamische Lösung. In diesem Sinne ist eine einzelne Klasse mit dem nahe liegenden Namen *COleObjectFactory* in der Lage, Objekte aller Klassen zu erzeugen, die zur Laufzeit angegeben werden. Sie brauchen dazu nur Makros der folgenden Art in der Klassendeklarationen zu benutzen:

```
DECLARE_DYNCREATE(CSpaceship)
DECLARE_OLECREATE(CSpaceship)
```

In der Implementierungsdatei verwenden Sie Makros wie die folgenden.

```
IMPLEMENT_DYNCREATE(CSpaceship, CCmdTarget)
// {692D03A3-C689-11CE-B337-88EA36DE9E4E}
IMPLEMENT_OLECREATE(CSpaceship, "Spaceship", 0x692d03a3, 0xc689, 0x11ce,
    0xb3, 0x37, 0x88, 0xea, 0x36, 0xde, 0x9e, 0x4e)
```

Die *DYNCREATE*-Makros bereiten den Standardmechanismus für die dynamische Objekterzeugung vor. Die *OLECREATE*-Makros deklarieren und definieren ein globales Objekt der Klasse *COleObjectFactory* mit der angegebenen eindeutigen CLSID. Im Fall einer DLL-Komponente sucht die exportierte Funktion *DllGetClassObject* nach dem angegebenen Klassenfactoryobjekt und liefert einen Zeiger darauf zurück. Dabei orientiert sich die Funktion an bestimmten globalen Variablen, deren Werte von den *OLECREATE*-Makros gesetzt wurden. Im Fall einer EXE-Komponente ruft der Initialisierungscode die statische Funktion *COleObjectFactory::Regis-*

*terAll* auf, die alle Klassenfactoryobjekte sucht und jedes von ihnen durch einen Aufruf von *CoRegisterClassObject* registriert. Die Funktion *RegisterAll* wird auch bei der Initialisierung einer DLL aufgerufen. In diesem Fall dient der Aufruf nur dazu, in jedem Factoryobjekt ein Flag zu setzen.

Wir sind hier nur sehr oberflächlich auf die COM-Unterstützung der MFC eingegangen. Falls Sie sich näher mit diesem Thema auseinander setzen möchten, empfehlen wir das Buch *MFC Internals* von Shepherd und Wingo (Addison-Wesley, 1996).

## Unterstützung für prozessinterne COM-Komponenten durch Assistenten

Obwohl der MFC-DLL-Assistent nicht für die Erstellung von COM-DLL-Komponenten optimiert wurde, können Sie ihn dennoch »überlisten«, indem Sie die Erstellung einer regulären DLL mit Automatisierungsunterstützung anfordern (Wählen Sie auf der Seite *Anwendungseinstellungen* den Punkt *Automatisierung*.) Die folgenden Funktionen in der generierten Hauptquelltextdatei des Projekts sind von Interesse:

```
BOOL CEx22bApp::InitInstance()
{
    CWinApp::InitInstance();

    // Alle OLE-Server (-fabriken) als aktiv registrieren. Dies aktiviert die
    // OLE-Bibliotheken, um Objekte von anderen Anwendungen zu erstellen.
    COleObjectFactory::RegisterAll();

    return TRUE;
}

// DllGetClassObject - Gibt eine Class Factory zurück

STDAPI DllGetClassObject(REFCLSID rclsid, REFIID riid, LPVOID* ppv)
{
    AFX_MANAGE_STATE(AfxGetStaticModuleState());
    return AfxDllGetClassObject(rclsid, riid, ppv);
}

// DllCanUnloadNow - Ermöglicht COM eine DLL zu entladen

STDAPI DllCanUnloadNow(void)
{
    AFX_MANAGE_STATE(AfxGetStaticModuleState());
    return AfxDllCanUnloadNow();
}

// DllRegisterServer - Fügt Einträge in die Systemregistrierung hinzu

STDAPI DllRegisterServer(void)
{
    AFX_MANAGE_STATE(AfxGetStaticModuleState());

    if (!AfxOleRegisterTypeLib(AfxGetInstanceHandle(), _tlid))
        return SELFREG_E_TYPELIB;
```

```
    if (!COleObjectFactory::UpdateRegistryAll())
        return SELFREG_E_CLASS;

    return S_OK;
}

// DllUnregisterServer - Entfernt Einträge aus der Systemregistrierung
STDAPI DllUnregisterServer(void)
{
    AFX_MANAGE_STATE(AfxGetStaticModuleState());

    if (!AfxOleUnregisterTypeLib(_tlid, _wVerMajor, _wVerMinor))
        return SELFREG_E_TYPELIB;

    if (!COleObjectFactory::UpdateRegistryAll(FALSE))
        return SELFREG_E_CLASS;

    return S_OK;
}
```

Die vier globalen Funktionen werden in der DEF-Datei des Projekts exportiert. Durch den Aufruf der MFC-Funktionen sorgen Sie dafür, dass die globalen Funktionen alle Arbeiten erledigen, die in einer prozessinternen COM-Komponente erledigt werden müssen. Die Funktionen *DllRegisterServer* und *DllUnregisterServer* können zur Aktualisierung der Registrierung auch von einem Hilfsprogramm aufgerufen werden.

Nach der Erstellung des Projektgerüsts können Sie im nächsten Schritt zum Projekt mit Hilfe des MFC-Klassenassistenten eine oder mehrere COM-Klassen hinzufügen. Geben Sie auf der Seite *Namen* den Klassennamen an, die Basisklasse und die Dateinamen für die neue Klasse, wie in der folgenden Abbildung:

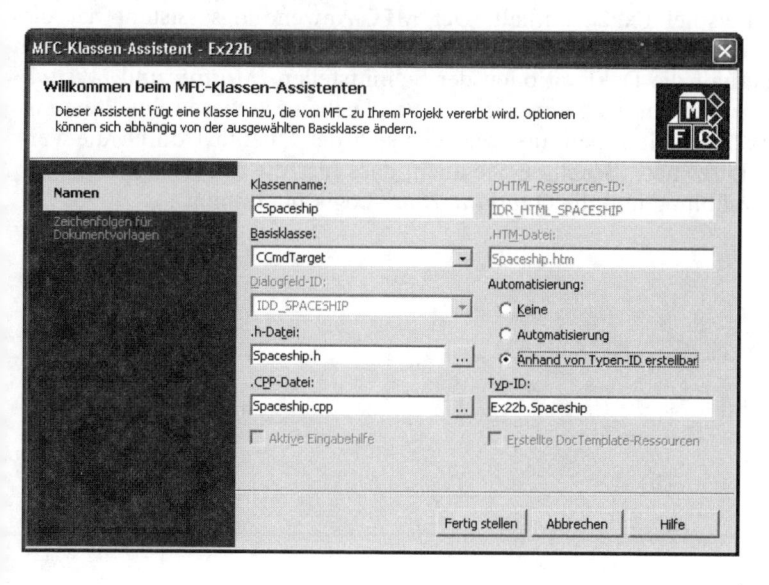

In der generierten Klasse werden Sie zwar einige Elemente für die Automatisierung vorfinden (beispielsweise Verteilertabellen), aber diese Teile des Quelltexts können Sie problemlos löschen. Auch die beiden folgenden Zeilen in der Headerdatei StdAfx.h können Sie löschen:

```
#include <afxodlgs.h>
#include <afxdisp.h>
```

## Clientprogramme für COM-MFC-Anwendungen

Es ist keine besondere geistige Kraftanstrengung nötig, ein Clientprogramm für eine MFC-gestützte COM-Anwendung zu schreiben. Sie brauchen dazu nur mit dem MFC-Anwendungsassistenten eine normale Anwendung zu erstellen. Anschließend fügen Sie die folgende Zeile in die Datei StdAfx.h ein:

```
#include <afxole.h>
```

Dann fügen Sie in der Anwendungsklasse am Anfang der Memberfunktion *InitInstance* folgende Zeile ein:

```
AfxOleInit();
```

Nun können Sie den Code hinzufügen, der *CoGetClassObject* aufruft.

# Das Beispiel Ex22b: Eine MFC-gestützte prozessinterne COM-Komponente

Das Beispiel Ex22b ist eine mit MFC erstellte reguläre DLL, die eine echte COM-Version der Klasse *CSpaceship* aus dem Beispiel Ex22a enthält. Der MFC-Anwendungsassistent hat die Dateien Ex22b.cpp und Ex22b.h generiert, wie bereits beschrieben. Die Datei Interface.h, die im Folgenden abgedruckt wird, enthält die Deklarationen der Schnittstellen *IMotion* und *IVisual*. Daran schließt sich der Code für die Klasse *CSpaceship* an. Vergleichen Sie diesen Quelltext mit dem Quelltext von Beispiel Ex22a. Fällt Ihnen auf, wie sehr sich der Quelltext durch die Verwendung der MFC-Makros verkürzt hat? Beachten Sie auch, dass hier die MCF-Klasse *CCmdTarget* die Aufgabe der Referenzzählung und die *QueryInterface*-Logik übernimmt.

**Interface.h**
```
struct IMotion : public IUnknown
{
    STDMETHOD_(void, Fly) () = 0;
    STDMETHOD_(int&, GetPosition) () = 0;
};
struct IVisual : public IUnknown
{
    STDMETHOD_(void, Display) () = 0;
};
```

## Spaceship.h

```cpp
#pragma once
void ITrace(REFIID iid, const char* str);
// CSpaceship-Befehlsziel
class CSpaceship : public CCmdTarget
{
    DECLARE_DYNCREATE(CSpaceship)
private:
    int m_nPosition; // Zugriff von allen Schnittstellen möglich
    int m_nAcceleration;
    int m_nColor;
public:
    CSpaceship();
    virtual ~CSpaceship();
    virtual void OnFinalRelease();
protected:
    DECLARE_MESSAGE_MAP()
    DECLARE_OLECREATE(CSpaceship)

    BEGIN_INTERFACE_PART(Motion, IMotion)
        STDMETHOD_(void, Fly) ();
        STDMETHOD_(int&, GetPosition) ();
    END_INTERFACE_PART(Motion)

    BEGIN_INTERFACE_PART(Visual, IVisual)
        STDMETHOD_(void, Display) ();
    END_INTERFACE_PART(Visual)
    DECLARE_INTERFACE_MAP()
};
```

## Spaceship.cpp

```cpp
// Spaceship.cpp : Implementierungsdatei
//
#include "stdafx.h"
#include "Ex22b.h"
#include "Interface.h"
#include "Spaceship.h"

// CSpaceship
// {692D03A4-C689-11CE-B337-88EA36DE9E4E}
static const IID IID_IMotion =
    { 0x692d03a4, 0xc689, 0x11ce,
      { 0xb3, 0x37, 0x88, 0xea, 0x36, 0xde, 0x9e, 0x4e } };
// {692D03A5-C689-11CE-B337-88EA36DE9E4E}
static const IID IID_IVisual =
    { 0x692d03a5, 0xc689, 0x11ce,
      { 0xb3, 0x37, 0x88, 0xea, 0x36, 0xde, 0x9e, 0x4e } };
IMPLEMENT_DYNCREATE(CSpaceship, CCmdTarget)
CSpaceship::CSpaceship()
{
    TRACE("CSpaceship ctor\n");
```

```
    m_nPosition = 100;
    m_nAcceleration = 101;
    m_nColor = 102;
    // Damit die Anwendung ausgeführt wird, solange das OLE-
    // Automatisierungs-Objekt aktiv ist, ruft der Konstruktor
    // AfxOleLockApp auf.
    AfxOleLockApp();
}
CSpaceship::~CSpaceship()
{
    TRACE("CSpaceship dtor\n");
    // Damit die Anwendung zusammen mit allen durch die OLE-Automatisierung
    // erstellten Objekte terminiert wird, ruft der Destruktor
    // AfxOleUnlockApp auf.
    AfxOleUnlockApp();
}
void CSpaceship::OnFinalRelease()
{
    // Nachdem der letzte Verweis auf ein Automatisierungsobjekt gelöscht
    // wurde, wird OnFinalRelease aufgerufen. Die Basisklasse beseitigt
    // das Objekt automatisch. Führen Sie alle zusätzlichen Aufräum-
    // arbeiten durch, die für Ihr Objekt erforderlich sind, bevor Sie
    // die Basisklasse aufrufen.
    delete this;
}
BEGIN_MESSAGE_MAP(CSpaceship, CCmdTarget)
END_MESSAGE_MAP()
// Bitte beachten: Wir fügen die Unterstützung für IDD_ISpaceship ein,
//  um eine typsichere Bindung in VBA zu ermöglichen. Diese IID muss mit
//  der GUID übereinstimmen, die in der .IDL-Datei mit der dispinterface
//  verknüpft wird.
// {E39B5EB0-A0DA-43F3-B9B0-206CF10890C1}
static const IID IID_ISpaceship =
    { 0xE39B5EB0, 0xA0DA, 0x43F3,
       { 0xB9, 0xB0, 0x20, 0x6C, 0xF1, 0x8, 0x90, 0xC1 } };
BEGIN_INTERFACE_MAP(CSpaceship, CCmdTarget)
    INTERFACE_PART(CSpaceship, IID_IMotion, Motion)
    INTERFACE_PART(CSpaceship, IID_IVisual, Visual)
END_INTERFACE_MAP()
// {13C4472C-84BB-4ED6-8164-83ED8EB136B5}
IMPLEMENT_OLECREATE_FLAGS(CSpaceship, "Ex22b.Spaceship",
    afxRegApartmentThreading, 0x13c4472c, 0x84bb, 0x4ed6, 0x81,
    0x64, 0x83, 0xed, 0x8e, 0xb1, 0x36, 0xb5)
STDMETHODIMP_(ULONG) CSpaceship::XMotion::AddRef()
{
    TRACE("CSpaceship::XMotion::AddRef\n");
    METHOD_PROLOGUE(CSpaceship, Motion)
    return pThis->ExternalAddRef();
}
```

```
STDMETHODIMP_(ULONG) CSpaceship::XMotion::Release()
{
    TRACE("CSpaceship::XMotion::Release\n");
    METHOD_PROLOGUE(CSpaceship, Motion)
    return pThis->ExternalRelease();
}
STDMETHODIMP CSpaceship::XMotion::QueryInterface(
    REFIID iid, LPVOID* ppvObj)
{
    ITrace(iid, "CSpaceship::XMotion::QueryInterface");
    METHOD_PROLOGUE(CSpaceship, Motion)
    return pThis->ExternalQueryInterface(&iid, ppvObj);
}
STDMETHODIMP_(void) CSpaceship::XMotion::Fly()
{
    TRACE("CSpaceship::XMotion::Fly\n");
    METHOD_PROLOGUE(CSpaceship, Motion)
    TRACE("m_nPosition = %d\n", pThis->m_nPosition);
    TRACE("m_nAcceleration = %d\n", pThis->m_nAcceleration);
    return;
}
STDMETHODIMP_(int&) CSpaceship::XMotion::GetPosition()
{
    TRACE("CSpaceship::XMotion::GetPosition\n");
     METHOD_PROLOGUE(CSpaceship, Motion)
    TRACE("m_nPosition = %d\n", pThis->m_nPosition);
    TRACE("m_nAcceleration = %d\n", pThis->m_nAcceleration);
    return pThis->m_nPosition;
}
STDMETHODIMP_(ULONG) CSpaceship::XVisual::AddRef()
{
    TRACE("CSpaceship::XVisual::AddRef\n");
    METHOD_PROLOGUE(CSpaceship, Visual)
    return pThis->ExternalAddRef();
}
STDMETHODIMP_(ULONG) CSpaceship::XVisual::Release()
{
    TRACE("CSpaceship::XVisual::Release\n");
    METHOD_PROLOGUE(CSpaceship, Visual)
    return pThis->ExternalRelease();
}
STDMETHODIMP CSpaceship::XVisual::QueryInterface(
    REFIID iid, LPVOID* ppvObj)
{
    ITrace(iid, "CSpaceship::XVisual::QueryInterface");
    METHOD_PROLOGUE(CSpaceship, Visual)
    return pThis->ExternalQueryInterface(&iid, ppvObj);
}
STDMETHODIMP_(void) CSpaceship::XVisual::Display()
{
    TRACE("CSpaceship::XVisual::Display\n");
    METHOD_PROLOGUE(CSpaceship, Visual)
```

```
    TRACE("m_nPosition = %d\n", pThis->m_nPosition);
    TRACE("m_nColor = %d\n", pThis->m_nColor);
}
void ITrace(REFIID iid, const char* str)
{
    OLECHAR* lpszIID;
    ::StringFromIID(iid, &lpszIID);
    CString strTemp(lpszIID);
    TRACE("%s - %s\n", (const char*) strTemp, (const char*) str);
    AfxFreeTaskMem(lpszIID);
}
```

## Das Beispiel Ex22c: Ein MFC-gestützter COM-Client

Das Beispiel Ex22c ist ein MFC-Programm, das eine echte COM-Version des Clientcodes enthält, den Sie aus dem Beispiel Ex22a kennen. Es handelt sich um eine SDI-Anwendung, die mit dem MFC-Anwendungsassistenten generiert wurde. Zum Quelltext wurden nachträglich eine #*include*-Anweisung für die MFC-COM-Headerdateien sowie ein Aufruf der Funktion *AfxOleInit* hinzugefügt. Letzterer initialisiert die DLL. Der Menübefehl *Spaceship* im neuen Menü *Test* ist mit dem Handler der Ansichtsklasse verknüpft, den Sie im folgenden Code sehen. Zu dem Projekt gehört außerdem eine Kopie der Datei Interface.h für die Komponente aus dem Beispiel Ex22b. Eine #*include*-Anweisung für diese Headerdatei befindet sich am Anfang von Ex22cView.cpp.

```
void CEx22cView::OnTestSpaceship()
{
    CLSID clsid;
    LPCLASSFACTORY pClf;
    LPUNKNOWN pUnk;
    IMotion* pMot;
    IVisual* pVis;

    HRESULT hr;
    if ((hr = ::CLSIDFromProgID(L"Ex22b.Spaceship", &clsid)) != NOERROR) {
        TRACE("Programm-ID nicht gefunden -- Fehler = %x\n", hr);
        return;
    }
    if ((hr = ::CoGetClassObject(clsid, CLSCTX_INPROC_SERVER,
        NULL, IID_IClassFactory, (void **) &pClf)) != NOERROR) {
        TRACE("CLSID nicht gefunden -- Fehler = %x\n", hr);
        return;
    }
    pClf->CreateInstance(NULL, IID_IUnknown, (void**) &pUnk);
    pUnk->QueryInterface(IID_IMotion, (void**) &pMot); // Alle drei Zeiger
    pMot->QueryInterface(IID_IVisual, (void**) &pVis); //   sollten funktionieren

    TRACE("main: pUnk = %p, pMot = %p, pDis = %p\n", pUnk, pMot, pVis);

    // Alle virtuellen Schnittstellenfunktionen testen
    pMot->Fly();
    int nPos = pMot->GetPosition();
    TRACE("nPos = %d\n", nPos);
    pVis->Display();
```

```
    pClf->Release();
    pUnk->Release();
    pMot->Release();
    pVis->Release();
    AfxMessageBox("Der Test war erfolgreich. Die Ausgaben erscheinen im Debug-Fenster.");
}
```

Um Client- und Komponentenprogramm zu testen, müssen Sie die Komponente zuerst registrieren. Dafür lassen sich verschiedene Hilfsprogramme einsetzen. Versuchen Sie es mit dem Programm REGCOMP aus dem Verzeichnis \*vcppnet\REGCOMP* der Begleit-CD. Dieses Programm fordert Sie auf, die entsprechende DLL- bzw. OCX-Datei auszuwählen, und ruft anschließend die exportierte Funktion *DllRegisterServer* des ausgewählten Moduls auf.

Client und Komponente dokumentieren den aktuellen Stand der Programmausführung durch *TRACE*-Aufrufe. Damit Sie die Ergebnisse sehen können, brauchen Sie den Debugger oder ein anderes geeignetes Programm. Sie können entweder den Client oder die Komponente im Visual Studio .NET-Debugger starten. Wenn Sie es mit der Komponente versuchen, werden Sie aufgefordert, den Pfadnamen des Clients einzugeben. Jedenfalls ist es nicht nötig, die DLL zu kopieren, da Windows die DLL mit Hilfe der Registrierung findet.

# Einbettung und Aggregation im Vergleich zur Vererbung

Bei der normalen C++-Programmierung verwenden Sie häufig die Technik der Vererbung, um allgemeines Objektverhalten in einer wiederverwendbaren Basisklasse zusammenzufassen. Die (in Kapitel 15 beschriebene) Klasse *CPersistentFrame* ist ein Beispiel für Wiederverwendbarkeit, die durch Vererbung ermöglicht wird.

COM benutzt statt der Vererbung die Techniken der Einbettung und Aggregation. Betrachten wir zunächst die Einbettung. Angenommen, Sie erweitern die Raumschiffsimulation und beziehen außer Raumschiffen auch noch Planeten ein. Wenn Sie sich auf C++ beschränken, definieren Sie vermutlich eine Basisklasse *COrbiter*, in der die Gesetzmäßigkeiten der Planetenbewegungen gekapselt werden. Bei Verwendung der COM-Mechanismen würden Sie zwei »äußere« Klassen *CSpaceship* und *CPlanet* sowie eine »innere« Klasse *COrbiter* benutzen. Die äußeren Klassen würden die Schnittstelle *IVisual* direkt implementieren, aber ihre *IMotion*-Schnittstellen an die innere Klasse delegieren. Das Ergebnis sähe ungefähr wie in der folgenden Abbildung aus:

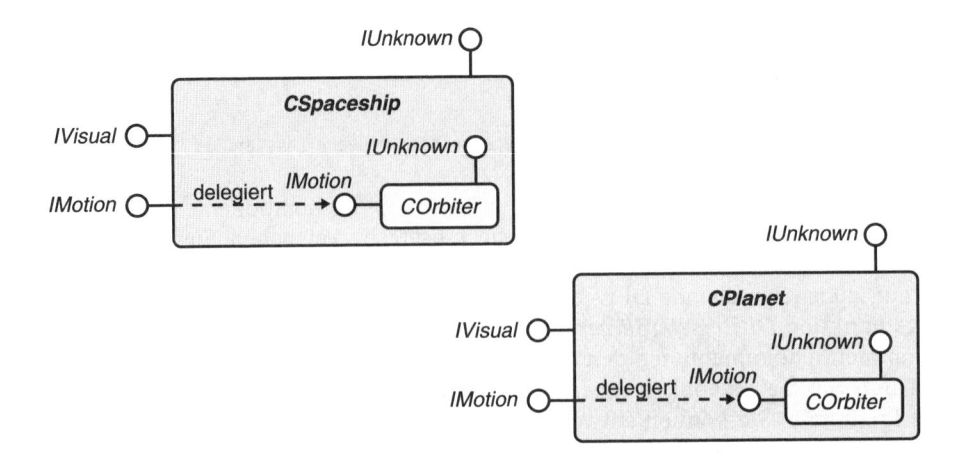

Beachten Sie bitte, dass dem *COrbiter*-Objekt nicht bekannt ist, dass es sich innerhalb eines Objekts vom Typ *CSpaceship* bzw. *CPlanet* befindet, wohingegen das äußere Objekt ganz sicher von dem eingebetteten *COrbiter*-Objekt weiß. Die äußere Klasse muss zwar alle Funktionen ihrer Schnittstellen implementieren, aber die Funktionen von *IMotion* (einschließlich *QueryInterface*) rufen einfach die entsprechenden *IMotion*-Funktionen der inneren Klasse auf.

Eine komplexere Alternative zur Einbettung ist die Aggregation. Bei der Aggregation kann der Client direkt auf die Schnittstellen des inneren Objekts zugreifen. Und so sieht die Raumschiffsimulation nach dem Aggregationsmodell aus:

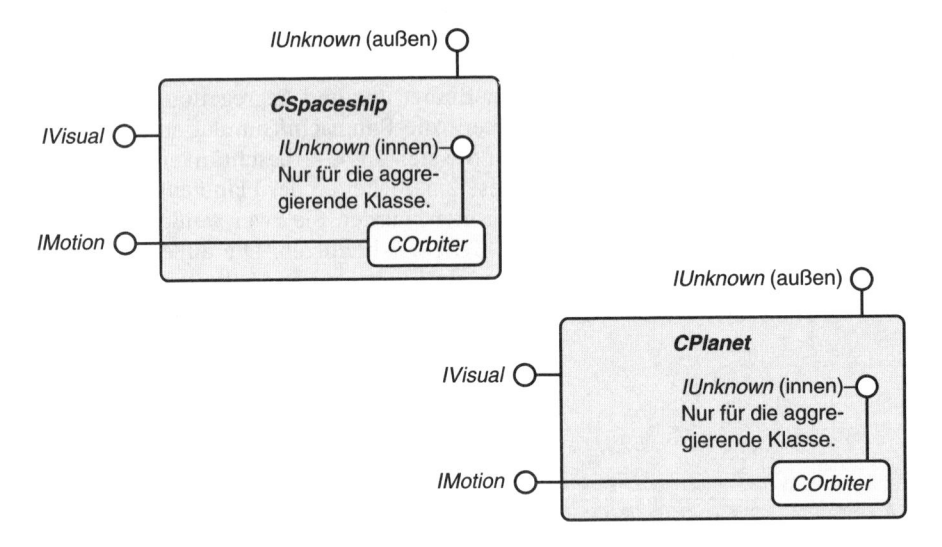

Das *COrbiter*-Objekt ist hier ebenso wie im Einbettungsbeispiel in die Raumschiff- und Planetenobjekte eingebettet. Nehmen wir an, dass der Client einen Schnittstellenzeiger für *IVisual* erhält und anschließend *QueryInterface* aufruft und einen Zeiger auf *IMotion* anfordert. Mit dem *IUnknown*-Zeiger der äußeren Klasse werden wir keinen Erfolg haben, da es in der Klasse *CSpaceship* keine *IMotion*-Schnittstelle gibt. Allerdings weiß die Klasse *CSpaceship* von dem inneren *IUnknown*-Zeiger (des eingebetteten *COrbiter*-Objekts) und kann deshalb diesen Zeiger benutzen, um den *IMotion*-Zeiger für das *COrbiter*-Objekt zu ermitteln.

Nehmen wir nun an, dass der Client einen *IMotion*-Zeiger erhält und anschließend über *QueryInterface* einen Zeiger auf *IVisual* anfordert. Das innere Objekt muss in der Lage sein, eine Verbindung zum äußeren Objekt herzustellen. Aber wie? Sehen Sie sich den Aufruf der Funktion *CreateInstance* im Beispiel Ex23c genauer an. Sie werden feststellen, dass für den ersten Parameter *NULL* als Argument übergeben wird. Beim Erstellen eines aggregierten (inneren) Objekts benutzen Sie diesen Parameter, um einen *IUnknown*-Zeiger für das bereits erstellte äußere Objekt zu übergeben. Dieser Zeiger wird als *kontrollierender Unknown-Zeiger* (»controlling unknown«) bezeichnet. Die Klasse *COrbiter* speichert diesen Zeiger in einem Datenelement und benutzt ihn später, um mit *QueryInterface*-Aufrufen nach Schnittstellen zu suchen, die es in der eigenen Klasse nicht gibt.

Die MFC-Bibliothek unterstützt die Aggregation von Objekten. Die Klasse *CCmdTarget* hat ein öffentliches Datenelement *m_pOuterUnknown*, das den *IUnknown*-Zeiger des äußeren Objekts speichert (sofern es sich um ein aggregiertes Objekt handelt). Die Memberfunktionen *ExternalQueryInterface*, *ExternalAddRef* und *ExternalRelease* der Klasse *CCmdTarget* delegieren ihre Aufrufe an die Schnittstelle *IUnknown* des äußeren Objekts, sofern es existiert. Die Memberfunktionen *InternalQueryInterface*, *InternalAddRef* und *InternalRelease* delegieren ihre Aufrufe nicht. Eine Beschreibung der MFC-Makros zur Unterstützung der Objektaggregation finden Sie in der *MFC Library Reference* in der *Technical Note #38*.

Obwohl die Aggregation in COM eine wichtige Rolle spielt, insbesondere im Proxymanager, wird sie in den üblichen COM-Anwendungen nicht sehr oft gebraucht.

# 23 Automatisierung

| | |
|---|---|
| 518 | Entwicklung von C++-Komponenten für VBA |
| 518 | Automatisierungsclients und Komponenten |
| 522 | Automatisierungsschnittstellen |
| 523 | Möglichkeiten der Programmierung |
| 525 | Eine MFC-Automatisierungskomponente |
| 526 | Ein MFC-Automatisierungsclient |
| 529 | Einen Automatisierungsclient mit der Compilerdirektive *#import* erstellen |
| 530 | Der Datentyp *VARIANT* |
| 531 | Die Klasse *COleVariant* |
| 534 | Beispiele für die Automatisierung |
| 535 | Das Beispiel Ex23a: Automatisierungsserver ohne Benutzeroberfläche |
| 575 | Frühe Bindung unter VBA |

Nach der Lektüre von Kapitel 22 sollten Sie wissen, was eine COM-Schnittstelle ist. Außerdem haben Sie bereits Bekanntschaft mit den beiden Standardschnittstellen *IUnknown* und *IClassFactory* gemacht. Es ist nun an der Zeit, sich mit der COM-Praxis zu beschäftigen. Zumindest mit einem ihrer Aspekte – der Automatisierung (die früher als OLE-Automatisierung bezeichnet wurde). Sie werden dabei die COM-Schnittstelle *IDispatch* kennen lernen, die es C++-Programmen ermöglicht, mit Microsoft VBA-Programmen (VBA, Visual Basic für Applikationen) und Programmen zu kommunizieren, die in anderen Skriptsprachen geschrieben sind. Zudem ist *IDispatch* der Schlüssel für die Integration von COM-Objekten in Webseiten. Sie werden die MFC-Implementierung von *IDispatch* verwenden, um Automatisierungskomponenten und Clientprogramme zu schreiben. Es werden sowohl prozessfremde als auch prozessinterne Komponenten behandelt.

Bevor Sie aber mit der C++-Programmierung von Automatisierungskomponenten beginnen, sollten Sie wissen, wie »der Rest der Welt« programmiert. In diesem Kapitel erfahren Sie einiges über VBA und dessen Implementierung in Microsoft Excel. Sie werden Ihre C++-Serverkomponenten aus Excel heraus und umgekehrt Excel aus einem C++-Clientprogramm heraus aktivieren und steuern.

# Entwicklung von C++-Komponenten für VBA

Nicht alle Entwickler von Microsoft Windows-Anwendungen möchten sich als C++-Programmierer hervortun. Schon gar nicht, wenn sie sich mit den Feinheiten der COM-Theorie abgeben müssen. In den letzten Jahren konnte man einen Trend dahingehend feststellen, dass C++-Programmierer wiederverwendbare Module produzieren. Programmierer, die mit anderen höheren Programmiersprachen arbeiten (z.B. VBA, Visual Basic, und Skriptsprachen für Webseiten), verwenden diese Module, indem sie die Module in ihre Anwendungen integrieren. Sie können diese sinnvolle Arbeitsteilung fördern, indem Sie lernen, wie Sie Ihre Software »skriptfreundlich« gestalten. Die Automatisierung ist dabei eines der bereits heute verfügbaren Mittel, das von der MFC-Bibliothek unterstützt wird. ActiveX-Steuerelemente bilden ein weiteres Instrument zur Integration von C++ und VBA und stellen gewissermaßen eine Obermenge der Automatisierungsfunktionen dar, da beide Werkzeuge die Schnittstelle *IDispatch* benutzen. Allerdings kann die Verwendung von ActiveX-Steuerelementen häufig »des Guten zu viel« sein. Viele Anwendungen (einschließlich Microsoft Excel) unterstützen sowohl Automatisierungskomponenten als auch ActiveX-Steuerelemente. Die beim Umgang mit der Automatisierung erworbenen Kenntnisse lassen sich übrigens auch bei der Entwicklung und dem Einsatz von ActiveX-Steuerelementen anwenden.

Zwei Faktoren sind für den Erfolg der Automatisierung ausschlaggebend. Erstens ist VBA (bzw. VBScript) heute in den meisten Microsoft-Anwendungen verfügbar, wie zum Beispiel in Microsoft Word, Microsoft Excel und Microsoft Access, nicht zu vergessen Microsoft Visual Basic selbst. Alle diese Anwendungen lassen sich mit anderen automatisierungsfähigen Komponenten kombinieren, insbesondere auch mit solchen, die in C++ und VBA programmiert worden sind. Sie können beispielsweise ein C++-Programm schreiben, das die Textverarbeitungsfunktionen von Word verwendet, oder eine C++-Komponente zur Matrixinvertierung entwickeln, die von einem VBA-Makro einer Excel-Tabelle aufgerufen werden kann.

Zum Zweiten statten Dutzende von Softwareunternehmen ihre Anwendungen mit Programmierschnittstellen für die Automatisierung aus. Meist sind diese Schnittstellen für VBA-Programmierer gedacht. Allerdings lassen sich solche Anwendungen mit relativ geringem Aufwand auch von C++ aus aufrufen. Es ist beispielsweise möglich, ein MFC-Programm zu schreiben, mit dem sich das Zeichenprogramm Microsoft Visio aufrufen und steuern lässt.

Die Automatisierung bietet nicht nur C++- und VBA-Programmierern Vorteile. Hersteller von Werkzeugen für die Softwareentwicklung bieten bereits Basic-ähnliche, die Automatisierung unterstützende Sprachen an, die Sie für Ihre eigenen programmierbaren Anwendungen lizenzieren können. Selbst eine der verfügbaren Versionen von Smalltalk unterstützt die Automatisierung.

# Automatisierungsclients und Komponenten

Eine klar definierte »Master/Slave«-Beziehung kennzeichnet jeden »Automatisierungsdialog«. Als »Master« dient der Automatisierungsclient, während die Automatisierungskomponente (Server) den »Slave« verkörpert. Der Client initiiert das Zusammenspiel, indem er ein Komponentenobjekt erstellt (und dabei gegebenenfalls das Komponentenprogramm laden muss) oder indem er eine Verbindung zu einem vorhandenen Objekt in einem bereits laufenden Komponentenprogramm herstellt. Dann ruft der Client Schnittstellenfunktionen der Komponente auf und gibt diese Schnittstellen wieder frei, sobald er sie nicht mehr benötigt.

Es folgen einige Beispiele für dieses Zusammenwirken von Client und Komponente:

- Ein C++-Automatisierungsclient benutzt als Komponente eine Microsoft-Anwendung oder ein Programm eines Fremdanbieters. Der Client könnte durch entsprechende Interaktion die Ausführung von VBA-Code in der Komponentenanwendung veranlassen.
- Eine C++-Automatisierungskomponente wird von einer Microsoft-Anwendung (oder einer Visual Basic-Anwendung) benutzt, die als Automatisierungsclient dient. Auf diese Weise kann der VBA-Code C++-Objekte erzeugen und verwenden.
- Ein C++-Automatisierungsclient benutzt eine C++-Automatisierungskomponente.
- Ein Visual Basic-Programm benutzt eine automatisierungsfähige Anwendung wie etwa Excel. In diesem Fall ist Visual Basic der Client, während Excel die Komponente darstellt.

## Microsoft Excel: Ein besseres Visual Basic als Visual Basic

Als die ersten drei Versionen dieses Buchs erschienen, war Visual Basic zwar in der Lage, als Automatisierungsclient zu dienen, konnte aber keine Automatisierungskomponenten erzeugen. Seit Version 5.0 von Visual Basic lassen sich damit nun auch Komponenten entwickeln, sogar ActiveX-Steuerelemente. Ursprünglich wurde in diesem Buch Excel statt Visual Basic verwendet, da Excel die erste Microsoft-Anwendung war, in der die VBA-Syntax verfügbar war und die sowohl als Client wie auch als Server dienen konnte. Wir haben uns nun dafür entschieden, bei Excel zu bleiben. Vielleicht können wir so manchen C++-Programmierer, der über Visual Basic nur die Nase rümpft, dazu bringen, es mit Excel zu versuchen (sei es auch nur, um die eigenen Einkünfte zu verwalten).

Ich kann Ihnen nur dringend raten, sich eine aktuelle Version von Microsoft Excel zu beschaffen. Excel ist eine echte 32-Bit-Anwendung und Bestandteil von Microsoft Office. Mit dieser Version von Excel können Sie den VBA-Quelltext separat erstellen und mit dem Code in objektorientierter Weise auf die Zellen des Arbeitsblatts zugreifen. Visuelle Programmelemente, beispielsweise Schaltflächen, lassen sich mühelos hinzufügen. Vergessen Sie also die alten Tabellenkalkulationsprogramme, bei denen Sie Makrocode in die Zellen hineinzwängen mussten.

Dieses Kapitel soll natürlich keine Einführung in Excel sein, aber wir werden eine einfache Excel-Arbeitsmappe behandeln. (Eine *Arbeitsmappe* ist eine Datei, die mehrere Tabellen und separaten VBA-Code enthalten kann.) Diese Arbeitsmappe enthält ein VBA-Makro, das durch einen Klick auf eine Schaltfläche ausgeführt wird. Sie können die Beispieldatei Demo.xls aus dem Unterverzeichnis \vcppnet\ex23a in Excel laden oder das Beispiel selbst neu eingeben. Abbildung 23.1 zeigt diese Excel-Tabelle mit der Schaltfläche und einigen Beispieldaten.

In dieser Tabelle markieren Sie die Zellen A4 bis A9 und klicken dann auf die Schaltfläche *Spalte berechnen*. Ein VBA-Programm durchläuft die Spalte und zeichnet ein schraffiertes Muster in den Zellen, die einen numerischen Wert enthalten, der größer als 10 ist.

Abbildung 23.2 zeigt den Makroquelltext, der sozusagen »hinter« der Tabelle steckt. In Excel wählen Sie im Menü *Extras* den Befehl *Makro* und klicken auf die Schaltfläche *Bearbeiten*, um den Visual Basic-Editor zu aktivieren. (**Alt+F11** ist die Tastenkombination für diesen Befehl.) Wie Sie der Abbildung entnehmen können, arbeiten Sie zu diesem Zeitpunkt in der VBA-Standardumgebung.

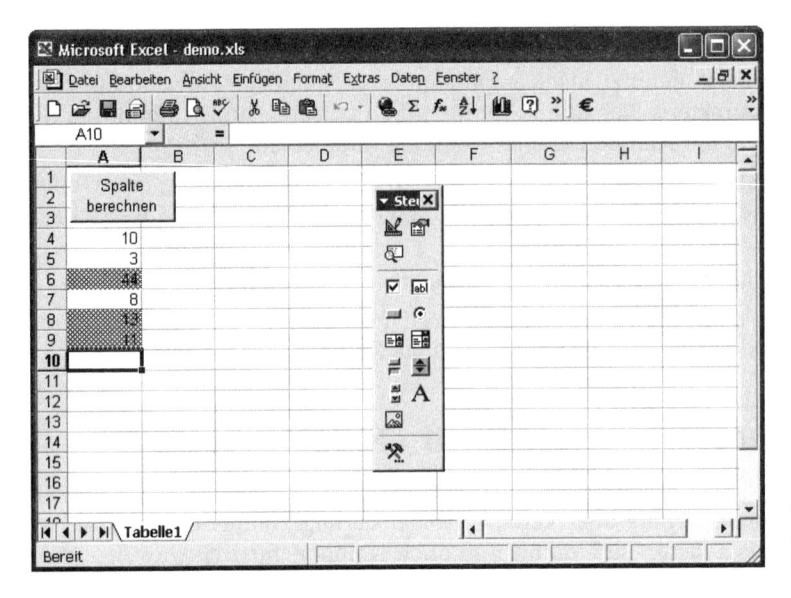

**Abbildung 23.1:** Eine Excel-Tabelle, die VBA-Code verwendet

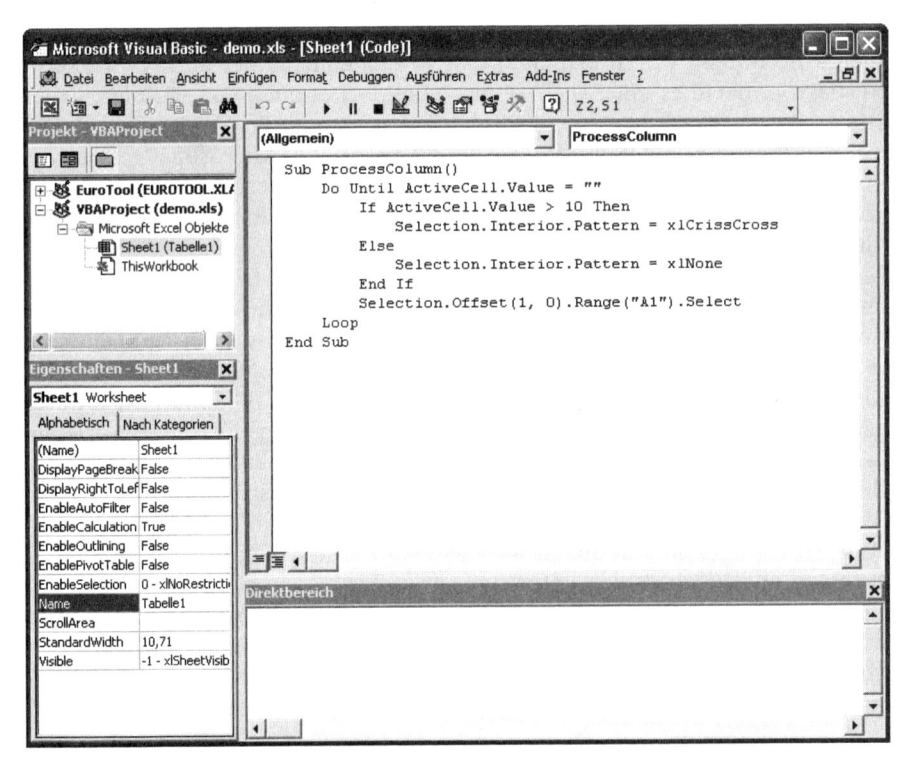

```
Sub ProcessColumn()
    Do Until ActiveCell.Value = ""
        If ActiveCell.Value > 10 Then
            Selection.Interior.Pattern = xlCrissCross
        Else
            Selection.Interior.Pattern = xlNone
        End If
        Selection.Offset(1, 0).Range("A1").Select
    Loop
End Sub
```

**Abbildung 23.2:** Der VBA-Code für die Excel-Tabelle

Falls Sie das Beispiel selbst neu erstellen möchten, gehen Sie folgendermaßen vor:
1. Starten Sie Excel mit einer neuen Arbeitsmappe, drücken Sie die Tastenkombination **Alt+F11** und klicken Sie *Tabelle1* im oberen linken Fenster mit einem Doppelklick an.
2. Geben Sie den in der Abbildung 23.2 gezeigten Makroquelltext ein.
3. Kehren Sie zum Excel-Fenster zurück, indem Sie *Schließen und zurück zu Microsoft Excel* wählen. Wählen Sie im Menü *Ansicht* den Befehl *Symbolleisten*. Klicken Sie auf den Eintrag *Steuerelement-Toolbox*, um die gleichnamige Symbolleiste anzuzeigen. (Die Liste der Symbolleisten wird auch angezeigt, wenn Sie mit der rechten Maustaste auf irgendeine sichtbare Symbolleiste klicken.)
4. Klicken Sie auf das Symbol für die Schaltfläche und erstellen Sie dann die Befehlsschaltfläche, indem Sie den Mauszeiger in die obere linke Ecke der Tabelle ziehen. Verknüpfen Sie die Schaltfläche mit dem Makro *Tabelle1.ProcessColumn*.
5. Geben Sie der Schaltfläche die gewünschte Größe und die Beschriftung *Spalte berechnen* ein, wie in Abbildung 23.1 gezeigt.
6. Geben Sie in der Spalte ab Zelle A4 einige Zahlen ein. Markieren Sie die Zellen mit diesen Zahlen und klicken Sie dann auf die Schaltfläche, um das VBA-Programm zu testen.

Ziemlich einfach, nicht wahr?
Sehen wir uns jetzt eine VBA-Anweisung aus dem obigen Makro etwas genauer an:
`Selection.Offset(1, 0).Range("A1").Select`

Das erste Element namens *Selection* ist eine Eigenschaft eines implizit vorhandenen Objekts, nämlich der Excel-Anwendung. In diesem Fall stellt die Eigenschaft *Selection* ein Objekt des Typs *Range* dar, das ein rechteckiges Feld von Zellen repräsentiert. Das zweite Element namens *Offset* ist eine Eigenschaft des *Range*-Objekts, die unter Berücksichtigung der beiden Parameter ein weiteres *Range*-Objekt liefert. Im vorliegenden Fall ist das zurückgegebene *Range*-Objekt ein einzelliger Bereich, der eine Zeile unterhalb des ursprünglichen Bereichs beginnt. Das dritte Element *Range* ist eine Eigenschaft des *Range*-Objekts, die ihrerseits wieder einen Zellenbereich liefert. Diesmal ist es die obere linke Zelle des zweiten Bereichs. Das letzte Element schließlich, die Methode *Select*, veranlasst Excel, die ausgewählte Zelle zu markieren und als neuen Wert der Eigenschaft *Selection* der Anwendung zu übernehmen.

Während das Programm die Schleife durchläuft, bewegt der gerade erläuterte Befehl die Zellenauswahl jeweils um eine Zeile nach unten. Diese Art der Programmierung ist zwar gewöhnungsbedürftig, aber mittlerweile schon weit verbreitet – insbesondere in Office-Umgebungen, die normalerweise sehr viel mit der Bearbeitung von Dokumenten zu tun haben. Der wirkliche Vorteil der VBA-Programmierung liegt darin, dass alle Funktionen, die Excel für die Tabellenkalkulation und die grafische Aufbereitung der Daten bietet, in einer integrierten Programmierumgebung zur Verfügung stehen.

## Eigenschaften, Methoden und Auflistungen

Die Unterscheidung zwischen Eigenschaften und Methoden ist in diesem Modell etwas willkürlich. Eine Eigenschaft ist im Wesentlichen ein Wert, der gesetzt und abgefragt werden kann. So können Sie beispielsweise für eine Excel-Anwendung die Eigenschaft *Selection* setzen und abfragen. Ein anderes Beispiel ist die Excel-Eigenschaft *Width*, die bei vielen Arten von Objekten Anwendung findet. Einige Excel-Eigenschaften können nur abgefragt werden, aber die meisten lassen sich sowohl abfragen als auch setzen.

Eigenschaften haben offiziell keine Parameter, aber einige Eigenschaften sind indiziert. Der Eigenschaftenindex funktioniert wie ein Parameter. Er muss keine ganze Zahl sein und kann aus mehr als einem Element bestehen (beispielsweise aus zwei Angaben für Spalte und Zeile). Sie werden viele indizierte Eigenschaften im Objektmodell von Excel antreffen und Excel VBA kann indizierte Eigenschaften in Automatisierungskomponenten handhaben.

Methoden sind flexibler als Eigenschaften. Sie können ohne und mit Parametern verwendet werden und Objektdaten sowohl setzen als auch abfragen. Meistens führen sie irgendeine Aktion durch und zeigen zum Beispiel ein Fenster an. Die Excel-Methode *Select* ist ein Beispiel für eine Methode, die eine bestimmte Aktion durchführt.

Das Excel-Objektmodell kennt auch Auflistungsobjekte. Wenn Sie beispielsweise die Eigenschaft *Worksheets* des Objekts *Application* abfragen, erhalten Sie eine Auflistung von *Sheets*-Objekten, die alle Tabellen der aktiven Arbeitsmappe repräsentiert. Mit der Eigenschaft *Item* (die einen ganzzahligen Index hat) können Sie nach einem bestimmten *Worksheet*-Objekt innerhalb einer *Sheets*-Auflistung suchen, oder Sie können direkt unter Verwendung eines ganzzahligen Indexwertes auf die Elemente der Auflistung zugreifen.

# Automatisierungsschnittstellen

Sie haben bereits erfahren, dass Windows-Programme durch COM-Schnittstellen die Möglichkeit erhalten, miteinander zu kommunizieren. Allerdings ist auch schon deutlich geworden, dass es in vielen Fällen nicht sinnvoll ist, eigene spezialisierte COM-Schnittstellen zu entwerfen. Die Automatisierung bedient sich einer allgemeinen Schnittstelle namens *IDispatch*, die gleichermaßen den Erfordernissen von C++- und VBA-Programmierern gerecht wird. Wie Sie nach dieser kurzen Begegnung mit Excel-VBA vielleicht schon vermuten, spielen Objekte, Methoden und Eigenschaften beim Umgang mit dieser Schnittstelle eine wesentliche Rolle.

Sie können COM-Schnittstellen entwickeln, deren Funktionen die Parametertypen und Ergebnistypen haben, die Sie brauchen. *IMotion* und *IVisual* (die beiden in Kapitel 22 vorgestellten Schnittstellen) sind Beispiele dafür. Falls Sie jedoch VBA-Programmierern den Zugriff auf Ihre Schnittstellen ermöglichen möchten, können Sie nicht mehr ausschließlich nach den eigenen Vorstellungen vorgehen. Das Kommunikationsproblem lässt sich aber durch eine Schnittstelle lösen, wenn diese Schnittstelle über eine Memberfunktion verfügt, die mit VBA-Methoden und Eigenschaften umgehen kann. *IDispatch* hat eine solche Funktion: *Invoke*. IDispatch::Invoke wird für COM-Objekte benutzt, die sowohl von C++- als auch von VBA-Programmen erzeugt und verwendet werden können.

Nun wird allmählich deutlich, was die Automatisierung eigentlich tut. Sie leitet die gesamte Kommunikation zwischen den verschiedenen Modulen über die Funktion *IDispatch::Invoke*. Wie stellt ein Client die erste Verbindung zu seiner Komponente her? Da *IDispatch* einfach nur eine weitere COM-Schnittstelle darstellt, kommt auch hier die gesamte Registrierungslogik von COM ins Spiel. Automatisierungskomponenten können DLL- oder EXE-Module sein und lassen sich unter Verwendung von DCOM (Distributed COM) auch über ein Netzwerk hinweg aktivieren.

## Die Schnittstelle *IDispatch*

Die Schnittstelle *IDispatch* ist das Herzstück der Automatisierung. Diese Schnittstelle verfügt wie alle anderen Standard-COM-Schnittstellen über uneingeschränkte Marshalling-Unterstützung (d.h. Microsoft hat bereits den Marshallingcode implementiert) und wird auch von der MFC-Bibliothek umfassend unterstützt. Auf der Komponentenseite benötigen Sie eine COM-Klasse mit einer *IDispatch*-Schnittstelle (natürlich auch mit der passenden Klassenfactory). Im Clientprogramm benutzen Sie Standard-COM-Techniken zur Beschaffung eines *IDispatch*-Schnittstellenzeigers. (Sie werden noch feststellen, dass sich die MFC-Bibliothek und die Assistenten weitgehend um die Details kümmern.)

Die wichtigste Memberfunktion von *IDispatch* ist *Invoke*. Wenn Sie sich in der Onlinedokumentation von Visual C++ .NET die entsprechenden Seiten über *IDispatch::Invoke* anschauen, werden Sie auf eine Unmenge von Parametern stoßen. Im Augenblick sollte Ihnen das aber kein Kopfzerbrechen bereiten. Die MFC-Bibliothek liefert auf beiden Seiten eines *Invoke*-Aufrufs Hilfestellung. Dabei verwendet sie zum Aufruf der Komponentenfunktionen ein datengesteuertes Verfahren auf der Grundlage einer Verteilertabelle, deren Zuordnungen Sie mit Hilfe von Makros festlegen.

*Invoke* ist nicht die einzige Memberfunktion von *IDispatch*. Ihr Clientprogramm wird vermutlich auch die Funktion *GetIDsOfNames* aufrufen. Aus der Sicht des VBA-Programmierers haben Eigenschaften und Methoden symbolische Namen, aber C++-Programmierer schätzen eher den effizienten Zugriff über einen ganzzahligen Index. *Invoke* benutzt zur Identifizierung der Eigenschaften und Methoden ganze Zahlen. Deshalb ist es nützlich, am Anfang eines Programms mit einem Aufruf von *GetIDsOfNames* die Namen in die entsprechenden Zahlen zu konvertieren, sofern diese beim Kompilieren noch nicht bekannt waren. Sie wissen bereits, dass *IDispatch* die Verwendung symbolischer Namen für Methoden ermöglicht. Außerdem lässt die Schnittstelle auch bei den Methodenparametern symbolische Namen zu. Die Funktion *GetIDsOfNames* liefert die Namen dieser Parameter zusammen mit dem Methodennamen. Leider unterstützt die MFC-Implementierung von *IDispatch* keine Parameternamen.

# Möglichkeiten der Programmierung

Angenommen, Sie entwickeln in C++ eine Automatisierungskomponente. Dann müssen Sie einige Entscheidungen treffen. Möchten Sie eine prozessinterne Komponente oder eher eine eigenständige Komponente? Welche Art von Benutzeroberfläche möchten Sie? Braucht die Komponente überhaupt eine Benutzeroberfläche? Sollen die Benutzer Ihre EXE-Komponente als eigenständiges Programm ausführen können? Wenn es eine EXE wird, erhält sie dann ein Single Document Interface (SDI) oder ein Multiple Document Interface (MDI)? Soll der Benutzer die Komponente direkt beenden können?

Bei einer DLL-Komponente ist die COM-Bindung effizienter als bei einer EXE-Komponente, da kein Marshalling erforderlich ist. In den meisten Fällen werden prozessinterne Automatisierungskomponenten außer modalen Dialogfeldern keine weiteren Elemente einer Benutzeroberfläche anbieten. Sofern Sie eine Komponente benötigen, die ihr eigenes untergeordnetes Fenster verwaltet, sollten Sie ein ActiveX-Steuerelement verwenden. Wenn Sie ein eigenes Hauptrahmenfenster brauchen, sollten Sie eine eigenständige (prozessfremde) Komponente implementieren. Wie jede 32-Bit-DLL wird auch eine Automatisierungs-DLL in den Adressraum des Clientprozesses integriert. Wenn zwei Clientprogramme dieselbe DLL anfordern, lädt und bindet Windows zwei verschiedene Instanzen der DLL. Keiner der Clients erfährt, dass der andere dieselbe Komponente benutzt.

Bei einer EXE-Komponente müssen Sie allerdings sorgfältig den Unterschied zwischen einem Komponentenprogramm und einem Komponentenobjekt beachten. Wenn ein Client die Funktion *IClassFactory::CreateInstance* aufruft, um ein Komponentenobjekt zu erzeugen, übernimmt die Klassenfactory der Komponente diese Aufgabe. Aber es steht nicht fest, ob das Komponentenprogramm noch gestartet werden muss oder nicht.

Es folgen einige Beispielszenarien:

- Die über COM-Funktionen erzeugbare Komponentenklasse wurde so programmiert, dass sie für jedes neu erzeugte Objekt einen neuen Prozess benötigt. In diesem Fall startet COM bei jedem weiteren *CreateInstance*-Aufruf einen neuen Prozess, für den jeweils ein neuer *IDispatch*-Zeiger übergeben wird.
- Es gibt einen Sonderfall des unter Punkt 1 beschriebenen Szenarios, der sich speziell auf MFC-Anwendungen bezieht. Die Komponentenklasse sei eine MFC-Dokumentklasse in einer SDI-Anwendung. Jedes Mal, wenn ein Client *CreateInstance* aufruft, wird ein neuer Komponentenprozess gestartet, mit eigenem Dokumentobjekt, Ansichtsobjekt und SDI-Hauptrahmenfenster.
- Die Komponentenklasse wurde so programmiert, dass mehrere Objekte im selben Prozess zulässig sind. Jedes Mal, wenn ein Client *CreateInstance* aufruft, wird ein neues Komponentenobjekt erstellt. Es gibt jedoch nur einen einzigen Komponentenprozess.
- Es gibt einen Sonderfall des unter Punkt 3 beschriebenen Szenarios, der sich speziell auf MFC-Anwendungen bezieht. Die Komponentenklasse sei eine MFC-Dokumentklasse in einer MDI-Anwendung. Es gibt einen Komponentenprozess mit einem MDI-Hauptrahmenfenster. Jedes Mal, wenn ein Client *CreateInstance* aufruft, wird ein neues Dokumentobjekt erzeugt, zusammen mit einem Ansichtsobjekt und einem untergeordneten MDI-Rahmenfenster.

Es gibt noch einen interessanten Fall. Angenommen, eine EXE-Komponente ist aktiv, bevor der Client sie benötigt, und der Client entscheidet sich dann, auf ein anderes, bereits vorhandenes Komponentenobjekt zuzugreifen. Dieser Fall lässt sich an Excel untersuchen. Wir nehmen an, der Benutzer hat Excel gestartet und dann auf dem Desktop minimiert. Der Client möchte auf das *Application*-Objekt von Excel zugreifen. In diesem Fall ruft der Client die COM-Funktion *GetActiveObject* auf, die einen Schnittstellenzeiger für ein vorhandenes Komponentenobjekt liefert. Sollte der Aufruf fehlschlagen, kann der Client das Objekt mit *CoCreateInstance* erstellen.

Bei der Entsorgung von Komponentenobjekten gelten die üblichen COM-Regeln. Automatisierungsobjekte haben Referenzzähler und sie veranlassen ihre eigene Beseitigung, wenn der Client *Release* aufruft und der Referenzzähler dabei auf Null fällt. Falls das Automatisierungsobjekt ein MFC-Dokument in einer MDI-Komponente ist, bewirkt seine Beseitigung, dass das zugehörige untergeordnete MDI-Fenster geschlossen wird. In einer SDI-Komponente führt die Beseitigung des Dokumentobjekts dazu, dass der Komponentenprozess terminiert. Der Client muss vor seiner Terminierung für jede *IDispatch*-Schnittstelle einmal die Funktion *Release* aufrufen. Bei EXE-Komponenten springt COM ein, falls der Client eine Schnittstelle nicht freigegeben hat, und ermöglicht dem Komponentenprozess auf diese Weise die Terminierung. Auf diese COM-Intervention können Sie sich allerdings nicht immer verlassen. Es ist deshalb besser, selbst dafür zu sorgen, dass der Client rechtzeitig seine Schnittstellen freigibt.

Bei normalen COM-Anwendungen erhält das Clientprogramm oft mehrere Schnittstellenzeiger für dasselbe Komponentenobjekt. Denken Sie beispielsweise an das Raumschiffbeispiel aus Kapitel 22 zurück, in dem die simulierte COM-Komponentenklasse sowohl einen *IMotion*-Zeiger als auch einen *IVisual*-Zeiger hatte. Bei der Automatisierung gibt es in der Regel jedoch nur einen einzigen Schnittstellenzeiger (*IDispatch*) pro Objekt. Wie immer bei der COM-Programmierung müssen Sie sorgfältig darauf achten, alle Schnittstellenzeiger auch wieder freizugeben. In Excel beispielsweise liefern viele Eigenschaften einen *IDispatch*-Zeiger auf neue oder vorhandene Objekte. Sollten Sie einen Zeiger auf eine prozessinterne COM-Komponente nicht freigeben, meldet sich die Debugversion der MFC-Bibliothek mit einem Hinweis auf ein mögliches Speicherleck, wenn das Clientprogramm endet.

## Die MFC-Implementierung von *IDispatch*

Ein Komponentenprogramm kann seine Schnittstelle *IDispatch* auf verschiedene Arten implementieren. Die gebräuchlichste Methode verlagert einen großen Teil der Arbeit auf die Windows COM-DLLs, sei es durch den Aufruf der COM-Funktion *CreateStdDispatch* oder durch die Delegierung des *Invoke*-Aufrufs an die Schnittstelle *ITypeInfo*. Dabei kommt die Typbibliothek der Komponente ins Spiel. Eine Typbibliothek ist eine über die Registrierung auffindbare Tabelle, mit deren Hilfe ein Client von der Komponente die symbolischen Namen von Objekten, Methoden und Eigenschaften erfahren kann. Ein Client könnte beispielsweise eine Browserfunktion bereitstellen, die es dem Benutzer ermöglicht, die Eigenschaften der Komponente zu untersuchen.

Die MFC-Bibliothek unterstützt Typbibliotheken, benutzt sie aber nicht zur eigenen Implementierung von *IDispatch*, sondern setzt dabei eine spezielle Verteilertabelle ein. MFC-Programme rufen weder *CreateStdDispatch* auf, noch benutzen sie eine Typbibliothek zur Implementierung von *IDispatch::GetIDsOfNames*. Daraus folgt, dass Sie die MFC-Bibliothek nicht zur Implementierung einer mehrsprachigen Automatisierungskomponente verwenden können – also einer Komponente, die beispielsweise englische und deutsche Namen für Eigenschaften und Methoden versteht. (*CreateStdDispatch* bietet ebenfalls keine Unterstützung für mehrsprachige Komponenten.)

Sie werden im Verlauf dieses Kapitels noch erfahren, wie ein Client eine Typbibliothek benutzen kann und wie die MFC-Assistenten Typbibliotheken erstellen und verwalten. Sobald Ihre Komponente über eine Typbibliothek verfügt, kann ein Client darauf zugreifen und die Komponente untersuchen, ohne sich um die jeweilige Implementierung von IDispatch kümmern zu müssen.

# Eine MFC-Automatisierungskomponente

Untersuchen wir nun, was sich in einer MFC-Automatisierungskomponente abspielt, und betrachten wir dazu eine vereinfachte Version des Programms Ex23c, das später noch besprochen wird. In der MFC-Bibliothek gehört die Implementierung von *IDispatch* zur Basisklasse *CCmdTarget*. Sie brauchen deshalb keine Schnittstellenmakros vom Typ *INTERFACE_MAP*. Angenommen, Sie schreiben für eine Automatisierungskomponente eine Klasse namens *CClock*, die sich von *CCmdTarget* ableitet. Die CPP-Datei für diese Klasse enthält folgende *DISPATCH_MAP*-Makros:

```
BEGIN_DISPATCH_MAP(CClock, CCmdTarget)
    DISP_PROPERTY(CClock, "Time", m_time, VT_DATE)
    DISP_PROPERTY_PARAM(CClock, "Figure", GetFigure,
                        SetFigure, VT_VARIANT, VTS_I2)
    DISP_FUNCTION(CClock, "RefreshWin", Refresh, VT_EMPTY, VTS_NONE)
    DISP_FUNCTION(CClock, "ShowWin", ShowWin, VT_BOOL, VTS_I2)
END_DISPATCH_MAP()
```

Sieht wie eine MFC-Meldungstabelle aus, nicht wahr? Die Headerdatei für die Klasse *CClock* enthält den folgenden Code:

```
public:
    DATE m_time;
    afx_msg VARIANT GetFigure(short n);
    afx_msg void SetFigure(short n, const VARIANT& vaNew);
    afx_msg void Refresh();
    afx_msg BOOL ShowWin(short n);
    DECLARE_DISPATCH_MAP()
```

Was bedeutet das? Es bedeutet, dass die Klasse *CClock* folgende Eigenschaften und Methoden hat:

| Name | Typ | Beschreibung |
|---|---|---|
| *Time* | Eigenschaft | Ist direkt mit dem Datenelement *m_time* der Klasse verknüpft. |
| *Figure* | Eigenschaft | Indizierte Eigenschaft, auf die durch die Memberfunktionen *GetFigure* und *SetFigure* zugegriffen wird: Der erste Parameter ist der Index, der zweite (von *SetFigure*) ist eine Zeichenfolge. (Dabei handelt es sich um die Beschriftungen XII, III, VI und IX, die auf dem Ziffernblatt der Uhr erscheinen.) |
| *RefreshWin* | Methode | Ist mit der Memberfunktion *Refresh* der Klasse verknüpft – hat keine Parameter und keinen Rückgabewert. |
| *ShowWin* | Methode | Ist mit der Memberfunktion *ShowWin* der Klasse verknüpft – hat einen Parameter vom Typ *short integer* und gibt einen Boolean-Wert zurück. |

In welcher Beziehung steht die MFC-Verteilertabelle zur Schnittstelle *IDispatch* und der Memberfunktion *Invoke*? Die Makros der Verteilertabelle erzeugen eine statische Datentabelle, die von der MFC-Implementierung der Funktion *Invoke* gelesen werden kann. Ein Client erhält einen *IDispatch*-Zeiger für *CClock* (über die Verbindung mit der Basisklasse *CCmdTarget*) und ruft *Invoke* mit einem Zeiger auf ein Array mit den Funktionsparametern auf. Die MFC-Implementierung von *Invoke*, die irgendwo in *CCmdTarget* versteckt ist, benutzt die Verteilertabelle von *CClock*, um die übergebenen Werte zu dekodieren und entweder eine Ihrer Memberfunktionen aufzurufen oder direkt auf *m_time* zuzugreifen.

Wie Sie in den folgenden Beispielprogrammen noch sehen werden, kann der MFC-Klassenassistent auch die Klasse für die Automatisierungskomponente generieren und ist Ihnen bei der Erstellung der Verteilertabelle behilflich.

# Ein MFC-Automatisierungsclient

Kommen wir nun zur Clientseite des Automatisierungsgeschehens. Wie ruft ein MFC-Automatisierungsclient *Invoke* auf? Die MFC-Bibliothek stellt zu diesem Zweck die Basisklasse *COleDispatchDriver* zur Verfügung. Diese Klasse enthält das Datenelement *m_lpDispatch*, in dem der *IDispatch*-Zeiger der entsprechenden Komponente gespeichert wird. Um Ihnen die Einzelheiten der *Invoke*-Parameterfolge zu ersparen, bietet *COleDispatchDriver* verschiedene Memberfunktionen an, unter anderem die Funktionen *InvokeHelper*, *GetProperty* und *SetProperty*. Diese drei Funktionen rufen die *Invoke*-Funktion über den *IDispatch*-Zeiger auf, der auf die Komponente verweist. Dieser *IDispatch*-Zeiger ist Teil des *COleDispatchDriver*-Objekts.

Angenommen, unser Clientprogramm verfügt über eine Klasse namens *CClockDriver*, die sich von *COleDispatchDriver* ableitet und Objekte des Typs *CClock* in einer Automatisierungskomponente steuert. Im Folgenden sehen Sie die Funktionen zum Setzen und Abfragen der Eigenschaft *Time*:

```
DATE CClockDriver::GetTime()
{
    DATE result;
    GetProperty(1, VT_DATE, (void*)&result);
    return result;
}
void CClockDriver::SetTime(DATE propVal)
{
    SetProperty(1, VT_DATE, propVal);
}
```

Es folgen die Funktionen für den Zugriff auf die indizierte Eigenschaft *Figure*:

```
VARIANT CClockDriver::GetFigure(short i)
{
    VARIANT result;
    static BYTE parms[] = VTS_I2;
    InvokeHelper(2, DISPATCH_PROPERTYGET, VT_VARIANT,
                 (void*)&result, parms, i);
    return result;
}
void CClockDriver::SetFigure(short i, const VARIANT& propVal)
{
    static BYTE parms[] = VTS_I2 VTS_VARIANT;
    InvokeHelper(2, DISPATCH_PROPERTYPUT, VT_EMPTY, NULL,
                 parms, i, &propVal);
}
```

Und so sehen die Funktionen für den Zugriff auf die Methoden der Komponente aus:

```
void CClockDriver::RefreshWin()
{
    InvokeHelper(3, DISPATCH_METHOD, VT_EMPTY, NULL, NULL);
}
BOOL CClockDriver::ShowWin(short i)
{
    BOOL result;
    static BYTE parms[] = VTS_I2;
    InvokeHelper(4, DISPATCH_METHOD, VT_BOOL,
                 (void*)&result, parms, i);
    return result;
}
```

Die Funktionsparameter benennen die Eigenschaft bzw. Methode, den zugehörigen Rückgabewert und die zugehörigen Parameter. Über die Parameter der Verteilerfunktionen werden Sie später noch weitere Einzelheiten erfahren, doch im Augenblick sollten Sie Ihre Aufmerksamkeit auf den ersten Parameter der Funktionen *InvokeHelper*, *GetProperty* und *SetProperty* richten. Er ist ein eindeutiger ganzzahliger Index (DISPID) zur Kennzeichnung der Eigenschaft oder Methode. Da Sie kompilierten C++-Code verwenden, können Sie diese IDs schon beim Kompilieren festlegen. Wenn Sie eine MFC-Automatisierungskomponente mit einer Verteilertabelle benutzen, werden die Indizes durch die Reihenfolge bestimmt, in der die Einträge in der Tabelle stehen. Die Zählung beginnt mit 1. Wenn Sie die Verteilerindizes einer Komponente nicht kennen, können Sie die Memberfunktion *GetIDsOfNames* von *IDispatch* aufrufen, um die symbolischen Namen von Eigenschaften oder Methoden in die entsprechenden Zahlen zu konvertieren.

Die folgende Illustration skizziert das Zusammenspiel von Client (oder Controller) und Komponente.

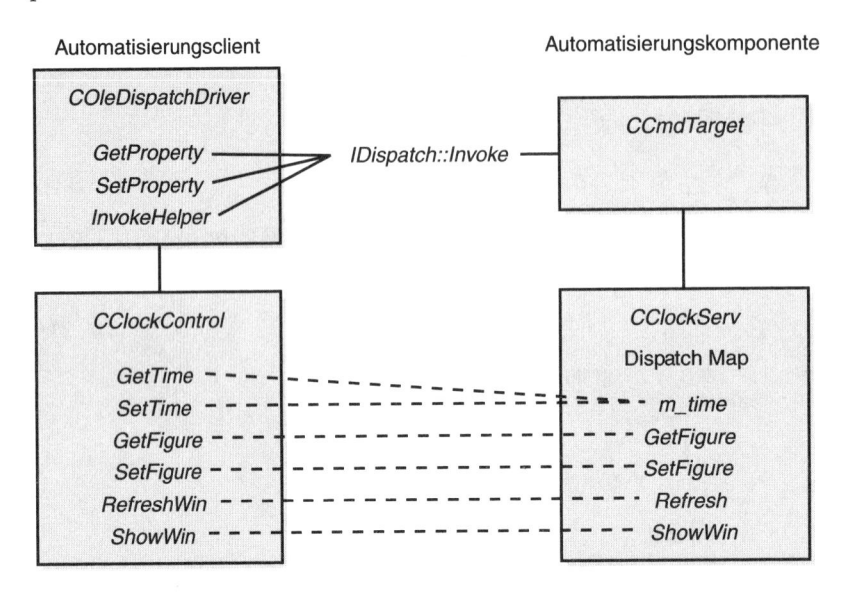

```
Automatisierungsclient                          Automatisierungskomponente

┌─────────────────────┐
│ COleDispatchDriver  │                         ┌──────────────┐
│                     │                         │  CCmdTarget  │
│   GetProperty  ─────┐                         │              │
│   SetProperty  ─────┼── IDispatch::Invoke ────│              │
│   InvokeHelper ─────┘                         │              │
│                     │                         └──────┬───────┘
└──────────┬──────────┘                                │
           │                                           │
┌──────────┴──────────┐                         ┌──────┴───────┐
│   CClockControl     │                         │  CClockServ  │
│                     │                         │ Dispatch Map │
│   GetTime   ─ ─ ─ ─ ┼ ─ ─ ─ ─ ─ ─ ─ ─ ─ ─ ─ ─ ┼─ ─ m_time    │
│   SetTime   ─ ─ ─ ─ ┼ ─ ─ ─ ─ ─ ─ ─ ─ ─ ─ ─ ─ ┤              │
│   GetFigure ─ ─ ─ ─ ┼ ─ ─ ─ ─ ─ ─ ─ ─ ─ ─ ─ ─ ┼─ ─ GetFigure │
│   SetFigure ─ ─ ─ ─ ┼ ─ ─ ─ ─ ─ ─ ─ ─ ─ ─ ─ ─ ┼─ ─ SetFigure │
│   RefreshWin ─ ─ ─ ─┼ ─ ─ ─ ─ ─ ─ ─ ─ ─ ─ ─ ─ ┼─ ─ Refresh   │
│   ShowWin   ─ ─ ─ ─ ┼ ─ ─ ─ ─ ─ ─ ─ ─ ─ ─ ─ ─ ┼─ ─ ShowWin   │
└─────────────────────┘                         └──────────────┘
```

Die durchgezogenen Linien zeigen die tatsächlichen Verbindungen zwischen den MFC-Basisklassen und der Funktion *Invoke*. Mit den gepunkteten Linien werden die resultierenden logischen Verbindungen zwischen den Elementen der Clientklasse und der Komponentenklasse dargestellt.

Die meisten Automatisierungskomponenten haben eine binäre Typbibliothek in Form einer TLB-Datei. Der Assistent zum Hinzufügen von Klassen kann auf diese Typbibliothek zugreifen, um eine von *COleDispatchDriver* abgeleitete Klasse zu generieren. Die auf diese Weise generierte Steuerklasse enthält Memberfunktionen für alle Methoden und Eigenschaften der Komponente, jeweils mit festcodierten DISPIDs. Manchmal muss der generierte Quelltext überarbeitet werden, aber das ist immer noch einfacher, als die Funktionen vollständig selbst zu schreiben.

Nach Generierung der Treiberklasse können Sie ein Objekt dieser Klasse in die Ansichtsklasse (oder eine andere Klasse) Ihrer Clientanwendung aufnehmen:

```
CClockDriver m_clock;
```

Mit der folgenden Anweisung fordern Sie COM auf, ein Komponentenobjekt zu erstellen:

```
m_clock.CreateDispatch("Ex23c.Document");
```

Anschließend können Sie die Treiberfunktionen aufrufen.

```
m_clock.SetTime(COleDateTime::GetCurrentTime());
m_clock.RefreshWin();
```

Wenn das Objekt *m_clock* den Gültigkeitsbereich verlässt, gibt sein Destruktor den *IDispatch*-Zeiger wieder ab.

# Einen Automatisierungsclient mit der Compilerdirektive #*import* erstellen

Neuerdings gibt es eine völlig andere Art, Programme für Automatisierungsclients zu erstellen. Statt mit dem Assistenten zum Hinzufügen von Klassen eine Klasse von *COleDispatchDriver* abzuleiten, lassen Sie den Compiler die Header- und Implementierungsdateien direkt aus der Typbibliothek der Komponente generieren. Im Beispiel der Uhrkomponente enthält Ihr Clientprogramm die folgende Anweisung:

```
#import"..\Ex23c\debug\Ex23c.tlb" rename_namespace("ClockDriv") using namespace ClockDriv;
```

Der Compiler erzeugt (und bearbeitet) dann die beiden Dateien Ex23c.tlh und Ex23c.tli im Unterverzeichnis Debug oder Release des Projekts. Die TLH-Datei enthält die Deklaration der Treiberklasse IEx23c sowie die folgende Deklaration eines »intelligenten Zeigers« (Smart Pointer):

```
_COM_SMARTPTR_TYPEDEF(IEx23c, __uuidof(IDispatch));
```

Das Makro *_COM_SMARTPTR_TYPEDEF* generiert den Zeigertyp *IEx23cPtr*, der den *IDispatch*-Zeiger der Komponente kapselt. Die TLI-Datei enthält Inline-Implementierungen der Memberfunktionen, von denen einige im nachfolgenden Quelltextfragment zu sehen sind:

```
inline HRESULT IEx23c::RefreshWin ( ) {
    return _com_dispatch_method(this, 0x4, DISPATCH_METHOD,
                    VT_EMPTY, NULL, NULL);
}
inline DATE IEx23c::GetTime ( ) {
    DATE _result;
    _com_dispatch_propget(this, 0x1, VT_DATE, (void*)&_result);
    return _result;
}
inline void IEx23c::PutTime ( DATE _val ) {
    _com_dispatch_propput(this, 0x1, VT_DATE, _val);
}
```

Beachten Sie die Ähnlichkeit zwischen diesen Funktionen und den Memberfunktionen von *COleDispatchDriver*, die Sie bereits kennen gelernt haben. Die Funktionen *_com_dispatch_method*, *_com_dispatch_propget* und *_com_dispatch_propput* gehören zur Laufzeitbibliothek.

In Ihrem Automatisierungsclient fügen Sie einen Smart Pointer als Datenelement in die Ansichtsklasse (oder in eine andere Klasse) ein, zum Beispiel so:

```
IEx23cPtr m_clock;
```

Dann legen Sie mit folgender Anweisung ein Uhrenkomponentenobjekt an:

```
m_clock.CreateInstance(__uuidof(Document));
```

Nun können Sie den überladenen Auswahloperator (->) der Klasse *IEx23cPtr* benutzen, um die in der TLI-Datei definierten Memberfunktionen aufzurufen.

```
m_clock->PutTime(COleDateTime::GetCurrentTime());
m_clock->RefreshWin();
```

Wenn das Zeigerobjekt *m_clock* den Gültigkeitsbereich verlässt, ruft sein Destruktor die COM-Funktion *Release* auf.

Die #*import*-Direktive deutet die weitere Entwicklung der COM-Programmierung an. Mit jeder neuen Version von Visual C++ übernimmt der Compiler (oder allgemeiner »das System«) mehr Arbeit, und zwar nicht nur aus dem COM-Bereich, sondern auch aus der Dokument/Ansicht-Architektur.

# Der Datentyp *VARIANT*

Sicherlich haben Sie den Datentyp *VARIANT* bemerkt, der im vorherigen Beispiel in den Funktionen des Automatisierungsclients und der Komponente verwendet wurde. *VARIANT* ist eine Art Allzweckdatentyp, der von *IDispatch::Invoke* zur Übermittlung von Parameter- und Rückgabewerten verwendet wird. Für den Austausch von Daten mit VBA-Programmen ist der *VARIANT*-Typ die nahe liegende Wahl. Betrachten wir zunächst eine vereinfachte Version der *VARIANT*-Definition aus den Windows-Headerdateien:

```
struct tagVARIANT {
  VARTYPE vt; // vorzeichenlose, kurze Ganzzahl für Typcode
  WORD wReserved1, wReserved2, wReserved3;
  union {
    short      iVal;         // VT_I2  kurze Ganzzahl
    long       lVal;         // VT_I4  lange Ganzzahl
    float      fltVal;       // VT_R4  4-Byte-Gleitkomma
    double     dblVal;       // VT_R8  8-Byte-IEEE-Gleitkomma
    DATE       date;         // VT_DATE Datum/Zeit
    CY         vtCY          // VT_CY 64-Bit-Ganzzahl
    BSTR       bstrVal;      // VT_BSTR
    IUnknown*  punkVal;      // VT_UNKNOWN
    IDispatch* pdispVal;     // VT_DISPATCH
    short*     piVal;        // VT_BYREF | VT_I2
    long*      plVal;        // VT_BYREF | VT_I4
    float*     pfltVal;      // VT_BYREF | VT_R4
    double*    pdblVal;      // VT_BYREF | VT_R8
    DATE*      pdate;        // VT_BYREF | VT_DATE
    CY*        pvtCY;        // VT_BYREF | VT_CY
    BSTR*      pbstrVal;     // VT_BYREF | VT_BSTR
  }
};
typedef struct tagVARIANT VARIANT;
```

Offensichtlich ist der *VARIANT*-Typ eine C-Struktur, die einen Typcode *vt*, einige Füllbytes und eine große *union*-Variable zur Aufnahme von Datentypen enthält, die Sie bereits kennen. Wenn *vt* beispielsweise den Wert *VT_I2* hat, können Sie den *VARIANT*-Wert aus dem Element *iVal* auslesen, das eine ganze 16-Bit-Zahl enthält. Hat *vt* den Wert *VT_R8*, so würden Sie den *VARIANT*-Wert aus *dblVal* auslesen. Diesmal handelt es sich um einen 8-Byte-Gleitkommawert.

Ein *VARIANT*-Objekt kann Daten oder einen Zeiger auf Daten enthalten. Falls in *vt* das Bit *VT_BYREF* gesetzt ist, liegt in einem der Elemente *piVal*, *plVal* usw. ein Zeiger, über den der Zugriff auf die Daten erfolgen kann. Beachten Sie, dass ein *VARIANT*-Objekt auch einen Zeiger auf eine *IUnknown*- oder *IDispatch*-Schnittstelle enthalten kann. Sie können also mit einem Automatisierungsaufruf ein vollständiges COM-Objekt übergeben, aber für eine Weiterverarbeitung durch VBA sollte die zugehörige Klasse eine *IDispatch*-Schnittstelle bereitstellen.

Zeichenfolgen sind ein Spezialfall. Der Typ *BSTR* ermöglicht eine andere Darstellung von Zeichenfolgen. Eine *BSTR*-Variable ist ein Zeiger auf ein nullterminiertes Zeichenarray, das am Anfang die Länge der Zeichenfolge speichert. Deshalb kann eine *BSTR*-Variable auch binäre Zeichen einschließlich Nullen enthalten. Ein *VARIANT*-Objekt mit einem Inhalt des Typs *vt* = *VT_BSTR* ist im Speicher folgendermaßen aufgebaut:

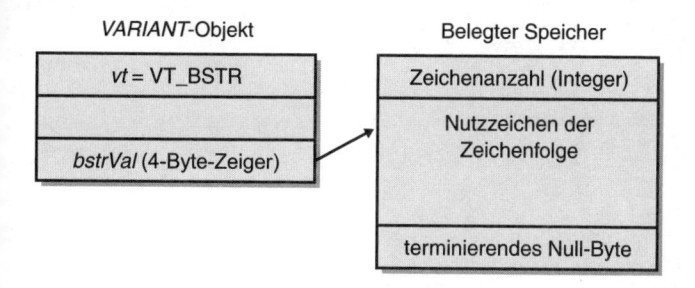

```
VARIANT-Objekt           Belegter Speicher
┌─────────────────┐      ┌─────────────────────────┐
│ vt = VT_BSTR    │      │ Zeichenanzahl (Integer) │
├─────────────────┤      ├─────────────────────────┤
│                 │      │   Nutzzeichen der       │
├─────────────────┤      │   Zeichenfolge          │
│ bstrVal (4-Byte-Zeiger)│                         │
└─────────────────┘      ├─────────────────────────┤
                         │ terminierendes Null-Byte│
                         └─────────────────────────┘
```

Da die Zeichenfolge durch eine Null terminiert wird, können Sie das Element *bstrVal* als gewöhnlichen *char*-Zeiger benutzen. Aber Sie müssen sehr umsichtig bei der Speicherfreigabe verfahren. Sie können nicht einfach den Zeiger auf die Zeichenfolge löschen. Für die Reservierung und Freigabe von *BSTR*-Objekten gibt es die Windows-Funktionen *SysAllocString* und *SysFreeString*.

**HINWEIS:** *SysAllocString* ist eine weitere COM-Funktion, die als Parameter einen Zeiger auf breite Zeichen hat. Das bedeutet, dass alle *BSTR*-Objekte breite Zeichen enthalten, selbst wenn Sie _UNICODE gar nicht definiert haben. Seien Sie vorsichtig!

Windows stellt einige nützliche Funktionen für *VARIANT*-Objekte zur Verfügung. Die nachfolgende Tabelle zeigt eine Auswahl dieser Funktionen. Falls ein *VARIANT*-Objekt eine *BSTR*-Zeichenfolge enthält, stellen diese Funktionen sicher, dass der benötigte Speicher ordnungsgemäß reserviert und freigegeben wird. Die Funktionen *VariantInit* und *VariantClear* setzen den Typcode *vt* auf den Wert VT_EMPTY. Alle diese Funktionen sind globale Funktionen und erwarten ein Argument vom Typ *VARIANT\**.

| Funktion | Beschreibung |
|---|---|
| VariantInit | Initialisiert ein *VARIANT*-Objekt. |
| VariantClear | Setzt ein *VARIANT*-Objekt zurück und gibt den reservierten Speicher frei. |
| VariantCopy | Gibt den mit dem *VARIANT*-Zielobjekt verknüpften Speicher frei und kopiert die *VARIANT*-Quellstruktur in das Zielobjekt. |
| VariantCopyInd | Gibt den mit dem *VARIANT*-Zielobjekt verknüpften Speicher frei und führt alle gegebenenfalls erforderlichen Zeigeroperationen durch, um die *VARIANT*-Quellstruktur zu kopieren. |
| VariantChangeType | Ändert den Typ des *VARIANT*s. |

# Die Klasse *COleVariant*

Es wäre sinnvoll, die *VARIANT*-Struktur in einer passenden C++-Klasse zu verpacken. Die Konstruktoren dieser Klasse könnten *VariantInit* aufrufen und der Destruktor könnte *VariantClear* aufrufen. Die Klasse könnte für jeden Standardtyp einen eigenen Konstruktor haben und ihre Kopierkonstruktoren und Zuweisungsoperatoren könnten *VariantCopy* aufrufen. Wenn ein *VARIANT*-Objekt den Gültigkeitsbereich verlässt, wird sein Destruktor aufgerufen und der zugehörige Speicher automatisch freigegeben.

Das MFC-Team hat eine solche Klasse entwickelt, die in Automatisierungsclients und Komponenten gut funktioniert. Die Deklaration sieht in etwas vereinfachter Form so aus:

```
class COleVariant : public tagVARIANT
{
// Konstruktoren
public:
    COleVariant();

    COleVariant(const VARIANT& varSrc);
    COleVariant(const COleVariant& varSrc);

    COleVariant(LPCTSTR lpszSrc);
    COleVariant(CString& strSrc);

    COleVariant(BYTE nSrc);
    COleVariant(short nSrc, VARTYPE vtSrc = VT_I2);
    COleVariant(long lSrc, VARTYPE vtSrc = VT_I4);

    COleVariant(float fltSrc);
    COleVariant(double dblSrc);
    COleVariant(const COleDateTime& dateSrc);
// Destruktor
    ~COleVariant(); // gibt BSTR frei
// Operationen
public:
    void Clear(); // gibt BSTR frei
    VARIANT Detach(); // (dazu später mehr)
    void ChangeType(VARTYPE vartype, LPVARIANT pSrc = NULL);
};
```

Außerdem haben die Klassen *CArchive* und *CDumpContext* Vergleichsoperatoren, Zuweisungsoperatoren, Typumwandlungsoperatoren sowie *friend*-Operatoren zum Einfügen und Extrahieren. In der Online-Dokumentation finden Sie eine vollständige Beschreibung dieser nützlichen MFC-Klasse *COleVariant*.

Untersuchen wir nun, ob uns die Klasse *COleVariant* bei der Implementierung der Komponentenfunktion *GetFigure* helfen kann, die Sie zuvor in der Verteilertabelle des Beispiels gesehen haben. Angenommen, die Komponente speichert Zeichenfolgen für vier Ziffern in einem Datenelement:

```
private:
    CString m_strFigure[4];
```

Bei direkter Benutzung der *VARIANT*-Struktur müßten wir folgendermaßen vorgehen:

```
VARIANT CClock::GetFigure(short n)
{
    VARIANT vaResult;
    ::VariantInit(&vaResult);
    vaResult.vt = VT_BSTR;
    // CString::AllocSysString erzeugt ein BSTR
    vaResult.bstrVal = m_strFigure[n].AllocSysString();
    return vaResult; // Kopiert vaResult, ohne den BSTR zu kopieren.
                     // Der BSTR muss später freigegeben werden.
}
```

Hier ist das Äquivalent mit einem *COleVariant*-Rückgabewert:

```
VARIANT CClock::GetFigure(short n)
{
    return COleVariant(m_strFigure[n]).Detach();
}
```

Entscheidend ist hier der Aufruf der Funktion *COleVariant::Detach*. Die Funktion *GetFigure* erzeugt ein temporäres Objekt, das einen Zeiger auf ein *BSTR*-Objekt enthält. Dieses Objekt wird bitweise in den Rückgabewert kopiert. Ohne den Aufruf von *Detach* würde der *COleVariant*-Destruktor den Speicher des *BSTR*-Objekts freigeben und das aufrufende Programm würde ein *VARIANT*-Objekt zurückerhalten, das einen ungültigen Zeiger enthält.

Die *VARIANT*-Parameter der Komponentenfunktionen werden als *const VARIANT&* deklariert. Innerhalb der Funktion lässt sich ein *VARIANT*-Zeiger jederzeit in einen *COleVariant*-Zeiger konvertieren. Betrachten Sie beispielsweise die Funktion *SetFigure*:

```
void CClock::SetFigure(short n, const VARIANT& vaNew)
{
    COleVariant vaTemp;
    vaTemp.ChangeType(VT_BSTR, (COleVariant*) &vaNew);
    m_strFigure[n] = vaTemp.bstrVal;
}
```

**HINWEIS:** Vergessen Sie nicht, dass alle *BSTR*-Zeichenfolgen breite Zeichen enthalten. Die Klasse *CString* hat einen Konstruktor und einen Zuweisungsoperator für den Typ *LPCWSTR* (Zeiger auf breite Zeichen). Deshalb enthält die Zeichenfolge in *m_strFigure* 8-Bit-Zeichen, selbst wenn *bstrVal* auf ein Feld mit breiten Zeichen verweist.

Auch die *VARIANT*-Parameter im Clientprogramm werden als *const VARIANT&* deklariert. Sie können diese Funktionen entweder mit einem *VARIANT*- oder mit einem *COleVariant*-Objekt aufrufen. Hier ist ein Beispiel für einen Aufruf der Funktion *CClockDriver::SetFigure*:

```
pClockDriver->SetFigure(0, COleVariant("XII"));
```

**HINWEIS:** Sie können für *BSTR* und *VARIANT* auch die Standardklassen *_bstr_t* und *_variant_t* benutzen. Diese Klassen sind von der MFC-Bibliothek unabhängig. Die Klasse *_bstr_t* kapselt den *BSTR*-Datentyp, während die Klasse *_variant_t* den Datentyp *VARIANT* kapselt. Beide Klassen übernehmen die Reservierung und Freigabe der erforderlichen Ressourcen. Weitere Informationen über diese Klassen finden Sie in der Onlinedokumentation.

## Typumwandlungen für Parameter und Rückgabewerte von *Invoke*

Alle Parameter und Rückgabewerte der Funktion *IDispatch::Invoke* werden intern als *VARIANT*-Objekte behandelt. Das dürfen Sie nicht vergessen! Die MFC-Implementierung von *Invoke* ist in der Lage, zwischen dem *VARIANT*-Typ und dem von Ihnen vorgegebenen Typ zu konvertieren (soweit das möglich ist). Sie haben deshalb bei der Deklaration der Parameter und Rückgabewerte eine gewisse Freiheit. Nehmen wir beispielsweise an, dass Ihre Clientfunktion *GetFigure* als Ergebnis ein Objekt des Typs *BSTR* festlegt. Solange eine Komponente ein *int* oder *long* zurückgibt, ist alles in Ordnung. COM und die MFC-Bibliothek konvertieren die Zahl in eine Zeichenfolge. Angenommen, Ihre Komponente deklariert einen *long*-Parameter und der Client übergibt einen *int*-Wert. Auch dies ist unproblematisch.

**HINWEIS:** Ein MFC-Automatisierungsclient gibt die erwarteten Ergebnistypen in den Aufrufen der *COleDispatchDriver*-Funktionen *GetProperty*, *SetProperty* und *InvokeHelper* als *VT_*-Werte an. Eine MFC-Automatisierungskomponente gibt die erwarteten Parametertypen in den Makros *DISP_PROPERTY* und *DISP_FUNCTION* als *VTS_*-Werte an.

VBA ist im Unterschied zu C++ keine Sprache mit starker Typisierung. VBA-Variablen werden intern oft als *VARIANT*-Objekte gespeichert. Nehmen wir als Beispiel den Wert einer Zelle in einer Excel-Tabelle. Der Benutzer kann einen Text, eine ganze Zahl, eine Gleitkommazahl oder eine Datums-/Zeitangabe in einer Zelle eingeben. VBA behandelt den Zellenwert als *VARIANT*-Objekt und liefert ihn in dieser Form an einen Automatisierungsclient zurück. Wenn Ihre Clientfunktion ein *VARIANT*-Ergebnis erwartet, kann sie *vt* testen und die Daten entsprechend verarbeiten.

Für Datum und Zeit benutzt VBA ein spezielles Format, das sich von demjenigen der MFC-Klasse *CTime* unterscheidet. Variablen vom Typ *DATE* speichern Datum und Zeit in einem einzigen Wert vom Typ *double*. Die Nachkommastellen stellen die Zeit dar (.25 ist 6:00 morgens), während die Ziffern vor dem Komma das Datum angeben (genauer gesagt, die Zahl der Tage seit dem 30. Dezember 1899). Die MFC-Bibliothek enthält eine Klasse *COleDateTime*, die den Umgang mit Datums- und Zeitangaben vereinfacht. Mit ihrer Hilfe können Sie ein Datumsobjekt folgendermaßen erstellen:

```
COleDateTime date(2001, 2, 11, 18, 0, 0);
```

Diese Deklaration initialisiert das Datumsobjekt mit dem 11. Februar 2001, 18.00 Uhr.

Die Klasse *COleVariant* hat einen Zuweisungsoperator für *COleDateTime* und in der Klasse *COleDateTime* gibt es Memberfunktionen zum Extrahieren des Datums- oder Zeitanteils eines Datumsobjekts. So könnten Sie die Zeit angeben:

```
TRACE("Zeit = %d:%d:%d\n",
    date.GetHour(),date.GetMinute(),date.GetSecond());
```

Wenn Sie ein *VARIANT*-Objekt mit einem *DATE*-Inhalt haben, benutzen Sie die Funktion *COleVariant::ChangeType* zur Konvertierung der Datumsangabe in eine Zeichenfolge:

```
COleVariant vaTimeDate = date;
COleVariant vaTemp;
vaTemp.ChangeType(VT_BSTR, &vaTimeDate);
CString str = vaTemp.bstrVal;
TRACE("date = %s\n", str);
```

Eine letzte Bemerkung zu den Parametern von *Invoke*: Die Funktionen in der Verteilertabelle können optionale Parameter haben. Falls die Komponente die letzten Parameter als *VARIANT*-Objekte deklariert, braucht der Client beim Aufruf der Funktion diese Parameter nicht anzugeben. In diesem Fall erhält die Komponente ein *VARIANT*-Objekt, dessen Element *vt* den Wert *VT_ERROR* enthält.

# Beispiele für die Automatisierung

Im restlichen Teil dieses Kapitels werden fünf Beispielprogramme vorgestellt. Die ersten drei Programme sind Automatisierungskomponenten: eine EXE-Komponente ohne Benutzeroberfläche, eine DLL-Komponente und eine EXE-Komponente auf SDI-Basis, die für jedes ihrer Objekte einen neuen Prozess startet. Zu jedem dieser Komponentenprogramme ist eine eigene Microsoft Excel-Arbeitsmappe vorhanden. Das vierte Beispielprogramm ist ein MFC-Automatisierungsclient, der die drei Komponentenprogramme steuert und außerdem Excel unter Verwendung der Klasse *COleDispatchDriver* ausführt. Das letzte Beispiel ist ein Clientprogramm, das statt der MFC-Klasse *COleDispatchDriver* die neue C++-Anweisung *#import* verwendet.

# Das Beispiel Ex23a: Automatisierungsserver ohne Benutzeroberfläche

Das Beispiel Ex23a zeigt die typische Anwendung der Automatisierung. Es ähnelt dem Autoclik-Beispiel von Visual C++ .NET, einer MDI-Anwendung mit dem Dokumentobjekt als Automatisierungsobjekt. (Sie finden das Autoclik-Beispiel in der Online-Dokumentation.) Im Gegensatz zu Autoclik hat das Beispiel Ex23a aber keine Benutzeroberfläche. Es enthält eine automatisierungsfähige Klasse und in der ersten Version des Programms ist ein Prozess für die Erstellung von mehreren Automatisierungsobjekten zuständig. In der zweiten Version wird jedes Mal ein neuer Prozess gestartet, wenn ein Automatisierungsclient ein neues Objekt anfordert.

Das Beispiel Ex23a bietet eine C++-Komponente für die Durchführung von Finanztransaktionen. VBA-Programmierer können sich bei der Entwicklung ihrer Anwendungen auf die Gestaltung der Benutzeroberfläche konzentrieren und die eigentliche Überwachung der Transaktionen der Automatisierungskomponente überlassen. Ein professionelles Komponentenprogramm würde vermutlich eine Datenbank benutzen, aber Ex23a ist einfacher angelegt. Es implementiert ein Bankkonto mit den zwei Methoden *Deposit* und *Withdrawal* und der schreibgeschützten Eigenschaft *Balance*. Die Methode *Withdrawal* darf keine Auszahlungen zulassen, die einen negativen Kontostand ergeben. Zur Steuerung der Komponente können Sie Excel verwenden, wie Abbildung 23.3 zeigt.

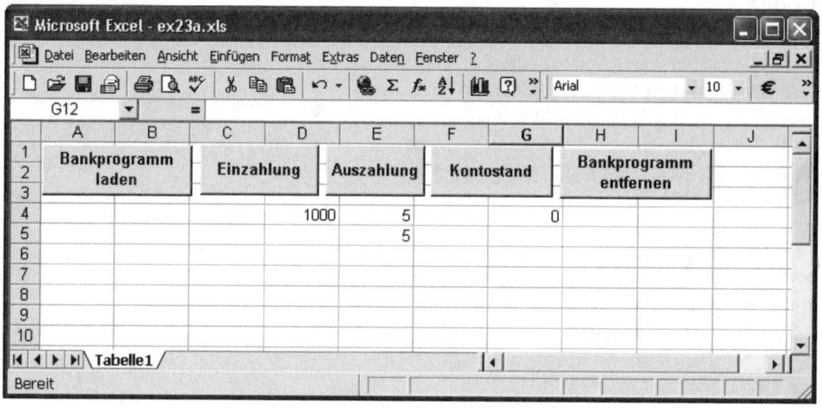

**Abbildung 23.5:** *Die Excel-Arbeitsmappe zur Steuerung der Ex23a-Komponente*

Die folgenden Schritte beschreiben, wie das Programm erstellt wird:

1. **Starten Sie den MFC-Anwendungsassistenten, und erstellen Sie das Projekt Ex23a.** Wählen Sie auf der Seite *Anwendungstyp* die Option *Auf Dialogfeldern basierend*. Wählen Sie auf den Seiten *Benutzeroberflächenfeatures* und *Erweiterte Features* alle Optionen ab, mit Ausnahme der Option *Automatisierung* auf der Seite *Erweiterte Features*. Diese Auswahl ergibt die einfachste Anwendung, die der MFC-Anwendungsassistent generieren kann.

2. **Entfernen Sie die Dialogklassen aus dem Projekt.** Verwenden Sie den Windows-Explorer (oder die MS-DOS-Eingabeaufforderung), um die Dateien Ex23aDlg.cpp, Ex23aDlg.h, DlgProxy.cpp und DlgProxy.h zu löschen. Entfernen Sie die Einträge für Ex23aDlg.cpp, Ex23aDlg.h, DlgProxy.cpp und DlgProxy.h aus dem Projekt, indem Sie diese Einträge im Projektmappenexplorer löschen. Bearbeiten Sie die Datei Ex23a.cpp. Löschen Sie die *#include-*

Anweisung für die Dialogklasse und in der Funktion *InitInstance* sämtlichen Code, der sich auf die Dialogklasse bezieht. Löschen Sie auf der *Ressourcenansicht* die Dialogvorlage *IDD_EX23A_DIALOG*.

3. **Fügen Sie den Code ein, der die Automatisierung ermöglicht.** Durch die Markierung der Option *Automatisierung* hat der Assistent folgende Zeile in StdAfx.h eingefügt:

```
#include <afxdisp.h>
```

Die *InitInstance*-Funktion (in Ex23a.cpp) enthält nun den erforderlichen COM-Initialisierungscode. Sorgen Sie dafür, dass die Anweisung *return TRUE* vorhanden ist, die im Folgenden fett gedruckt ist:

```
BOOL CEx23aApp::InitInstance()
{
    CWinApp::InitInstance();

    // OLE-Bibliotheken initialisieren
    if (!AfxOleInit())
    {
        AfxMessageBox(IDP_OLE_INIT_FAILED);
        return FALSE;
    }

    // Befehlszeile für die Automatisierung oder Registrierung bzw. das Aufheben der
    // Registrierung von Optionen verarbeiten.
    CCommandLineInfo cmdInfo;
    ParseCommandLine(cmdInfo);

    // Anwendung wurde mit /Embedding oder /Automation gestartet.
    // Führen Sie die Anwendung als Automatisierungsserver aus.
    if (cmdInfo.m_bRunEmbedded || cmdInfo.m_bRunAutomated)
    {
        // Klassenfactorys über CoRegisterClassObject() registrieren.
        COleTemplateServer::RegisterAll();
        return TRUE;
    }
    // Anwendung wurde mit /Unregserver oder /Unregister gestartet. Entfernen
    // Sie die Einträge aus der Registrierung.
    else if (cmdInfo.m_nShellCommand == CCommandLineInfo::AppUnregister)
    {
        COleObjectFactory::UpdateRegistryAll(FALSE);
        AfxOleUnregisterTypeLib(_tlid, _wVerMajor, _wVerMinor);
        return FALSE;
    }
    // Anwendung wurde als Standalone oder mit anderen Optionen gestartet (z.B. /Register
    // oder /Regserver). Aktualisieren Sie die Registrierungseinträge, einschl. der
    // Typenbibliothek.
    else
    {
        COleObjectFactory::UpdateRegistryAll();
        AfxOleRegisterTypeLib(AfxGetInstanceHandle(), _tlid);
        if (cmdInfo.m_nShellCommand == CCommandLineInfo::AppRegister)
            return FALSE;
    }
    return FALSE;
}
```

4. **Generieren Sie mit dem *MFC-Klassen-Assistent* die Klasse *CBank*, wie in der folgenden Abbildung:**

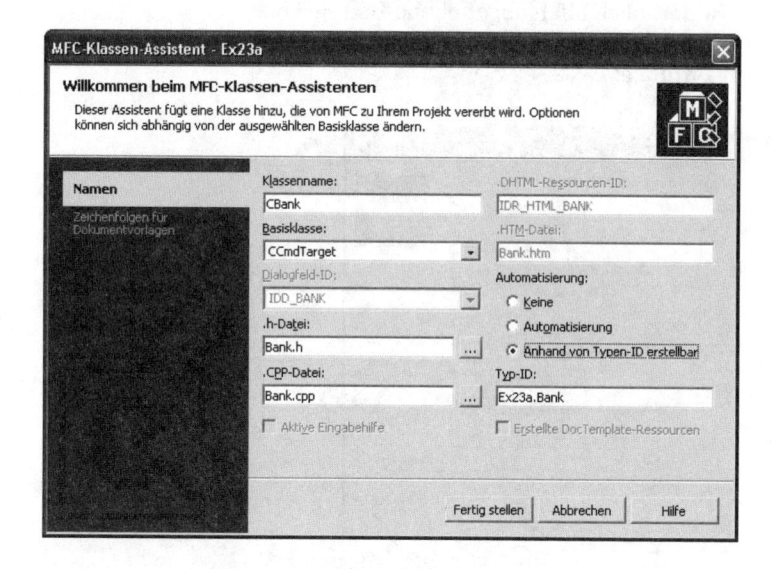

*[Screenshot: MFC-Klassen-Assistent - Ex23a mit Klassenname CBank, Basisklasse CCmdTarget, Dialogfeld-ID IDD_BANK, .h-Datei Bank.h, .CPP-Datei Bank.cpp, DHTML-Ressourcen-ID IDR_HTML_BANK, .HTM-Datei Bank.htm, Automatisierung: Anhand von Typen-ID erstellbar, Typ-ID Ex23a.Bank]*

Achten Sie auf die richtige Basisklasse und darauf, dass die Option *Anhand von Typen-ID erstellbar* gewählt ist.

5. **Fügen Sie mit dem *Assistenten zum Hinzufügen von Methoden* und dem *Assistenten zum Hinzufügen von Eigenschaften* zwei Methoden und eine Eigenschaft ein.** Sie erreichen die Assistenten, indem Sie in die Klassenansicht gehen, den Bibliotheksknoten einblenden und den Knoten *IBank* mit der rechten Maustaste anklicken. Dann sehen Sie zwei Befehle zum Hinzufügen, nämlich *Methode hinzufügen* und *Eigenschaft hinzufügen*. Zuerst bauen Sie die Methode *Withdrawal* ein, wie hier gezeigt:

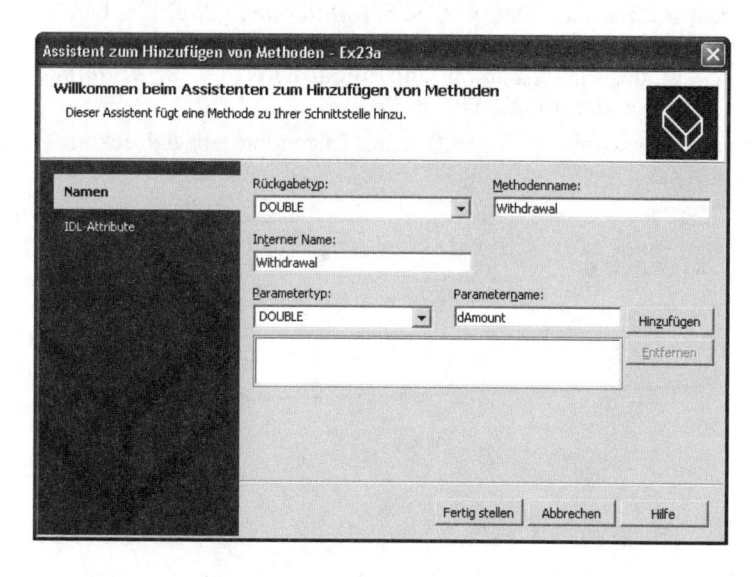

*[Screenshot: Assistent zum Hinzufügen von Methoden - Ex23a mit Rückgabetyp DOUBLE, Methodenname Withdrawal, Interner Name Withdrawal, Parametertyp DOUBLE, Parametername dAmount]*

*Automatisierung*

Der Parameter *dAmount* ist der abzuhebende Betrag und der Rückgabewert ist der tatsächlich abgehobene Betrag. Wenn Sie versuchen, € 100 von einem Konto abzuheben, auf dem sich nur € 60 befinden, ist der tatsächlich abgehobene Betrag € 60.

Fügen Sie die ähnliche Methode *Deposit* hinzu, die allerdings keinen Wert zurück gibt (*void*), sowie die Eigenschaft *Balance*:

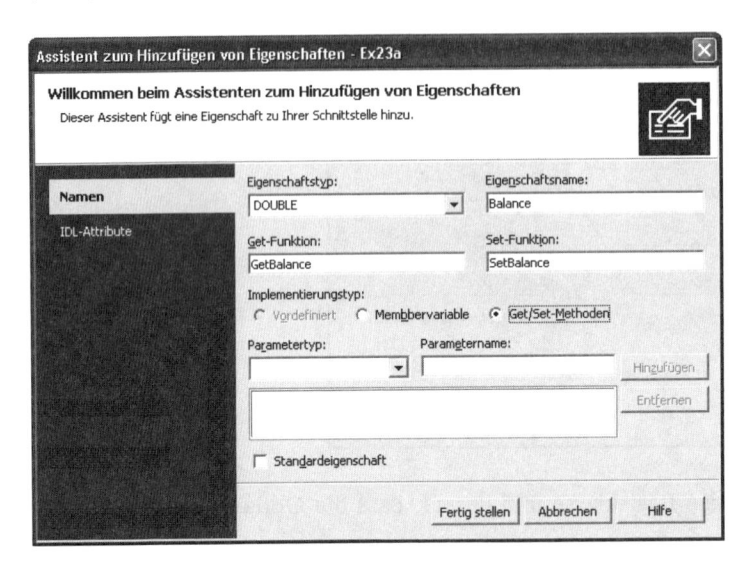

Wir hätten uns für den direkten Zugriff auf das Datenelement des Komponentenobjekts entscheiden können, aber dann wäre das Datenelement nicht schreibgeschützt. Stattdessen wählen wir die Option *Get/Set-Methoden* und können nun *SetBalance* als leere Funktion implementieren.

6. **Fügen Sie ein öffentliches Datenelement *m_dBalance* vom Typ *double* in die Klasse *CBank* ein.** Da wir für die Eigenschaft *Balance* die Option *Get/Set-Methoden* gewählt haben, generiert der *Assistent zum Hinzufügen von Eigenschaften* kein entsprechendes Datenelement. Deklarieren Sie *m_dBalance* in der Datei Bank.h und initialisieren Sie *m_dBalance* im *CBank*-Konstruktor (in der Datei Bank.cpp) mit 0.0.

7. **Bearbeiten Sie die generierten Funktionen.** Fügen Sie den folgenden fett gedruckten Code ein:

```
DOUBLE CBank::Withdrawal(DOUBLE dAmount)
{
    AFX_MANAGE_STATE(AfxGetAppModuleState());
    if (dAmount < 0.0) {
        return 0.0;
    }
    if (dAmount <= m_dBalance) {
        m_dBalance -= dAmount;
        return dAmount;
    }
    double dTemp = m_dBalance;
    m_dBalance = 0.0;
    return dTemp;
}
```

```
void CBank::Deposit(DOUBLE dAmount)
{
    AFX_MANAGE_STATE(AfxGetAppModuleState());
    if (dAmount < 0.0) {
        return;
    }
    m_dBalance += dAmount;
}
DOUBLE CBank::GetBalance(void)
{
    AFX_MANAGE_STATE(AfxGetAppModuleState());
    return m_dBalance;
}
void CBank::SetBalance(DOUBLE newVal)
{
    AFX_MANAGE_STATE(AfxGetAppModuleState());
    TRACE("Das kann ich nicht tun, Dave!\n");
}
```

8. **Erstellen Sie das Beispielprogramm Ex23a und starten Sie es einmal, damit die Komponente registriert wird.**

9. **Definieren Sie fünf Excel-Makros in einer neuen Arbeitsmappendatei namens Ex23a.xls.** Fügen Sie den folgenden Quelltext ein:

```
Dim Bank As Object
Sub LoadBank()
    Set Bank = CreateObject("Ex23a.Bank")
End Sub

Sub UnloadBank()
    Set Bank = Nothing
End Sub

Sub DoDeposit()
    Range("D4").Select
    Bank.Deposit (ActiveCell.Value)
End Sub

Sub DoWithdrawal()
    Range("E4").Select
    Dim Amt
    Amt = Bank.Withdrawal(ActiveCell.Value)
    Range("E5").Select
    ActiveCell.Value = Amt
End Sub

Sub DoInquiry()
    Dim Amt
    Amt = Bank.Balance()
    Range("G4").Select
    ActiveCell.Value = Amt
End Sub
```

10. **Richten Sie eine Excel-Tabelle ein, wie in Abbildung 23.3 gezeigt.** Verknüpfen Sie die Makros mit den Schaltflächen (indem Sie mit der rechten Maustaste auf die Schaltflächen klicken).

11. **Testen Sie die Beispielanwendung Ex23a.** Klicken Sie auf die Schaltfläche *Bankprogramm laden*, geben Sie einen Einzahlungsbetrag in die Zelle *D4* ein und klicken Sie dann auf *Ein-*

*Automatisierung*

*zahlung*. Klicken Sie auf die Schaltfläche *Kontostand* und prüfen Sie, ob der Kontostand in Zelle *G4* angezeigt wird. Geben Sie einen Auszahlungsbetrag in Zelle *E4* ein und klicken Sie dann auf *Auszahlung*. Um den neuen Kontostand zu sehen, müssen Sie auf die Schaltfläche *Kontostand* klicken.

**HINWEIS:** Sie müssen gelegentlich zweimal auf eine Schaltfläche klicken. Beim ersten Klicken wechselt der Fokus zur Tabelle und mit dem zweiten Klicken wird das Makro ausgeführt. Während der Ausführung des Makros wird der Mauszeiger als Sanduhrsymbol angezeigt.

Was geschieht in diesem Programm? Betrachten Sie die Funktion *CEx23aApp::InitInstance* genauer. Wenn Sie das Programm direkt von Windows aus starten, zeigt es ein Meldungsfeld an und terminiert dann, nachdem es die Registrierung aktualisiert hat. Die Funktion *COleObjectFactory::UpdateRegistryAll* sucht nach globalen Klassenfactoryobjekten. Das Makro IMPLEMENT_OLECREATE der Klasse *CBank* definiert ein solches Objekt. (Die Zeile mit dem Aufruf von IMPLEMENT_OLECREATE_FLAGS wurde generiert, weil wir beim Hinzufügen der Klasse *CBank* das Kontrollkästchen *Anhand von Typen-ID erstellbar* markiert haben.) Die eindeutige Klassen-ID und die Programm-ID *Ex23a.Bank* werden in die Registrierung eingetragen.

Wenn Excel nun *CreateObject* aufruft, lädt COM das Programm Ex23a, das die globale Klassenfactory für *CBank*-Objekte enthält. Anschließend ruft COM die Funktion *CreateInstance* der Klassenfactory auf, um das *CBank*-Objekt zu erzeugen, und gibt einen Zeiger auf *IDispatch* zurück. Die folgenden Zeilen zeigen die Deklaration der Klasse *CBank*, wie sie der *MFC-Klassen-Assistent* in der Datei Bank.h generiert hat, wobei ein paar Einzelheiten und die bereits vorgestellten Funktionen weggelassen wurden:

```
#pragma once
// CBank-Befehlsziel
class CBank : public CCmdTarget
{
    DECLARE_DYNCREATE(CBank)
public:
    CBank();
    virtual ~CBank();
    virtual void OnFinalRelease();
    DOUBLE m_dBalance;
protected:
    DECLARE_MESSAGE_MAP()
    DECLARE_OLECREATE(CBank)
    DECLARE_DISPATCH_MAP()
    DECLARE_INTERFACE_MAP()
    DOUBLE Withdrawal(DOUBLE dAmount);
    enum
    {
        dispidBalance = 3, dispidDeposit = 2L, dispidWithdrawal = 1L
    };
    void Deposit(DOUBLE dAmount);
    DOUBLE GetBalance(void);
    void SetBalance(DOUBLE newVal);
};
```

Der folgende Code wurde vom *MFC-Klassen-Assistenten* in Bank.cpp generiert:

```cpp
// Bank.cpp : Implementierungsdatei
//

#include "stdafx.h"
#include "Ex23a.h"
#include "Bank.h"

// CBank

IMPLEMENT_DYNCREATE(CBank, CCmdTarget)
CBank::CBank()
{
    EnableAutomation();

    // Um die Ausführung der Anwendung fortzusetzen, solange ein OLE-Automatisierungsobjekt
    //    aktiv ist, ruft der Konstruktor AfxOleLockApp auf.

    AfxOleLockApp();

    m_dBalance = 0.0;
}

CBank::~CBank()
{
    // Um die Anwendung abzubrechen, wenn alle Objekte
    //    mit OLE-Automatisierung erstellt wurden, ruft der Destruktor AfxOleUnlockApp auf.

    AfxOleUnlockApp();
}

void CBank::OnFinalRelease()
{
    // Wenn der letzte Verweis auf ein Automatisierungsobjekt freigegeben wird, wird OnFinalRelease
    // aufgerufen. Die Basisklasse löscht das Objekt automatisch. Fügen Sie zusätzlichen
    // Bereinigungscode für Ihr Objekt hinzu, bevor Sie die Basisklasse aufrufen.

    CCmdTarget::OnFinalRelease();
}

BEGIN_MESSAGE_MAP(CBank, CCmdTarget)
END_MESSAGE_MAP()

BEGIN_DISPATCH_MAP(CBank, CCmdTarget)
    DISP_FUNCTION_ID(CBank, "Withdrawal", dispidWithdrawal, Withdrawal, VT_R8, VTS_R8)
    DISP_FUNCTION_ID(CBank, "Deposit", dispidDeposit, Deposit, VT_EMPTY, VTS_R8)
    DISP_PROPERTY_EX_ID(CBank, "Balance", dispidBalance, GetBalance, SetBalance, VT_R8)
END_DISPATCH_MAP()

// Hinweis: Wir stellen Unterstützung für IID_IBank zur Verfügung, um typsicheres Binden
//  von VBA zu unterstützen. Diese IID muss mit der GUID übereinstimmen, die bei der
//  Disp-Schnittstelle in der .IDL-Datei angegeben ist.
// {57F10BDA-AF85-4E8C-B795-70039A1D0931}
static const IID IID_IBank =
{ 0x57F10BDA, 0xAF85, 0x4E8C, { 0xB7, 0x95, 0x70, 0x3, 0x9A, 0x1D, 0x9, 0x31 } };

BEGIN_INTERFACE_MAP(CBank, CCmdTarget)
    INTERFACE_PART(CBank, IID_IBank, Dispatch)
END_INTERFACE_MAP()
```

```
// {F621B584-FABC-4905-81EA-DA94F58FFE55}
IMPLEMENT_OLECREATE_FLAGS(CBank, "Ex23a.Bank", afxRegApartmentThreading, 0xf621b584, 0xfabc, 0x4905,
0x81, 0xea, 0xda, 0x94, 0xf5, 0x8f, 0xfe, 0x55)
// CBank Meldungshandler
:
```

## Fehlersuche in einer EXE-Komponente

Wenn ein Automatisierungsclient eine EXE-Komponente startet, übergibt er auf der Befehlszeile den Parameter /*Embedding*. Zur Fehlersuche in der Komponente müssen Sie dasselbe tun. Klicken Sie das Projekt im Projektmappenexplorer mit der rechten Maustaste an. Wählen Sie *Eigenschaften* und klicken Sie in den Eigenschaftenseiten dann *Debuggen* an. Geben Sie im Eingabefeld *Befehlsargumente* **/Automation** (oder **/Embedding**) ein, wie in der folgenden Abbildung:

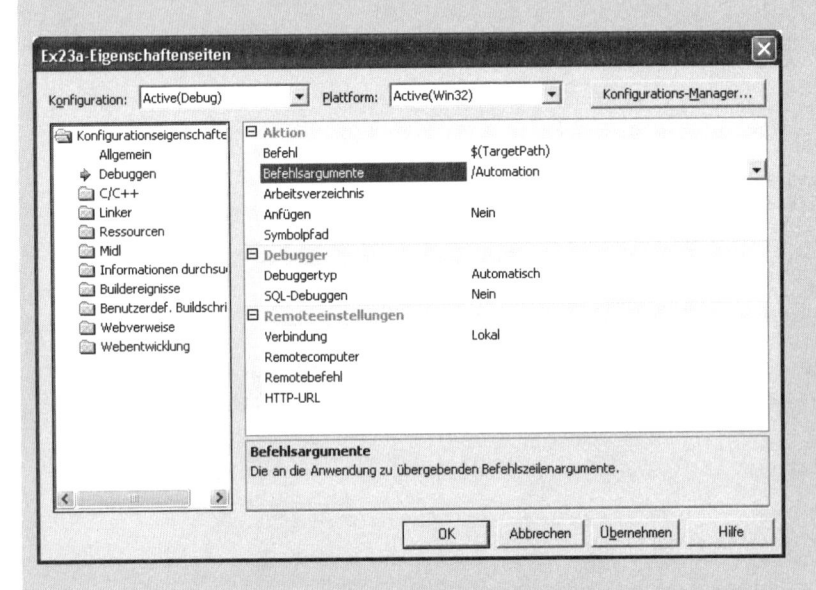

Wenn Sie im *Debug*-Menü *Start* wählen oder **F5** drücken, wird Ihr Programm gestartet und wartet darauf, von einem Client aktiviert zu werden. Zu diesem Zeitpunkt sollten Sie das Clientprogramm von Windows aus starten (sofern das noch nicht geschehen ist) und dann mit seiner Hilfe ein Komponentenobjekt erstellen. Ihr Komponentenprogramm unter Kontrolle des Debuggers sollte dann sein Objekt erstellen. Es könnte nützlich sein, eine *TRACE*-Anweisung in den Konstruktor des Komponentenobjekts aufzunehmen.

Allerdings muss Ihr Komponentenprogramm erst einmal registriert sein, bevor der Client es finden kann. Sie müssen das Komponentenprogramm also einmal ohne den Schalter */Automation* (oder */Embedding*) ausführen. Viele Clients führen keinen Abgleich mit den Änderungen in der Registrierung durch. Falls Ihr Clientprogramm gerade ausgeführt wird, während Sie die Komponente registrieren, müssen Sie gegebenenfalls den Client erneut starten.

Von dieser erste Version des Programms Ex23a wird wie beim Programm Autoclik immer nur eine einzige Instanz ausgeführt. Falls ein zweiter Automatisierungsclient ein neues *CBank*-Objekt anfordert, ruft COM die Funktion *CreateInstance* der Klassenfactory erneut auf und der bereits laufende Prozess erstellt ein weiteres *CBank*-Objekt. Sie können dies überprüfen, indem Sie eine Kopie der Arbeitsmappe Ex23a.xls (unter einem anderen Namen) erstellen und dann sowohl das Original als auch die Kopie laden. Klicken Sie in jeder Arbeitsmappe auf die Schaltfläche *Bank-Programm laden* und untersuchen Sie die Anzeigen im *Debug*-Fenster. *InitInstance* sollte nur einmal aufgerufen werden.

## Das Beispiel Ex23b: Automatisierungskomponente als DLL

Es wäre einfach, Ex23a von einer EXE in eine DLL umzuwandeln. Die Klasse *CBank* wäre genau dieselbe und die Excel-Steuerung würde ähnlich ausfallen. Allerdings ist es interessanter, eine neue Anwendung zu schreiben – diesmal mit einer minimalen Benutzeroberfläche. Wir werden ein modales Dialogfeld benutzen, weil es die komplizierteste Benutzeroberfläche darstellt, die wir ohne größeren Aufwand in einer Automatisierungs-DLL verwenden können.

Das Programm Ex23b ist recht simpel. Die Klasse der Automatisierungskomponente mit dem registrierten Namen *Ex23b.Auto* hat die folgenden Eigenschaften und Methoden:

| Name | Beschreibung |
|---|---|
| *LongData* | Eigenschaft vom Typ *long* |
| *TextData* | Eigenschaft vom Typ *VARIANT* |
| *DisplayDialog* | Methode – ohne Parameter, mit einem Rückgabewert vom Typ *BOOL* |

*DisplayDialog* zeigt das zur Dateneingabe bestimmte Dialogfeld von Ex23b an, das in der Abbildung 23.4 dargestellt ist. Ein Excel-Makro übergibt die Werte zweier Zellen an die DLL, übernimmt die aktualisierten Werte und speichert sie wieder in denselben Zellen.

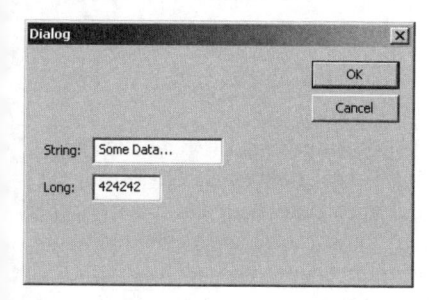

*Abbildung 23.10: Das Dialogfeld der DLL Ex23b während der Ausführung*

*Automatisierung* **543**

# Parameterübergabe per Verweis

Bisher haben Sie nur die Wertübergabe von VBA-Parametern kennen gelernt. VBA sieht recht seltsame Regeln für den Aufruf von Methoden vor. Falls die Methode nur einen Parameter hat, können Sie runde Klammern benutzen. Hat die Methode mehrere Parameter, so ist das nicht möglich (es sei denn, Sie verwenden das Funktionsergebnis – in diesem Fall müssen Sie Klammern verwenden). Es folgt ein VBA-Beispiel, in dem ein *String* als Wert übergeben wird:

```
Object.Method1 parm1, "text"
Object.Method2("text")
Dim s as String
s = "text"
Object.Method2(s)
```

Gelegentlich jedoch übergibt VBA nicht den Wert, sondern die Adresse eines Parameters, also einen Verweis. Im folgenden Beispiel wird der *String* per Verweis übergeben:

```
Dim s as String
s = "text"
Object.Method1 parm1, s
```

Das VBA-Verhalten lässt sich durch Kombination der Parameter mit einem Präfix *ByVal* oder *ByRef* ändern. Offensichtlich kann die Komponente niemals im Voraus wissen, ob sie einen Wert oder eine Referenz erhält. Sie muss sich also auf beide Fälle vorbereiten. Der Trick ist, in *vt* zu überprüfen, ob das Bit *VT_BYREF* gesetzt ist. Die folgende Methode kann eine Zeichenfolge (in Form eines *VARIANTs*) als Wert oder als Verweis annehmen:

```
void CMyComponent::Method(long nParm1, const VARIANT& vaParm2)
{
    CString str;
    if ((vaParm2.vt & 0x7f) == VT_BSTR) {
        if ((vaParm2.vt & VT_BYREF) != 0)
            str = *(vaParm2.pbstrVal); // byref
        else
            str = vaParm2.bstrVal; // byval
    }
    AfxMessageBox(str);
}
```

Falls Sie einen *BSTR*-Parameter deklarieren, erledigt die MFC-Bibliothek die Konvertierung für Sie. Angenommen, Ihr Clientprogramm übergibt einen Verweis auf einen *BSTR*-Parameter an eine prozessfremde Komponente und diese Komponente ändert den Wert. Da die Komponente nicht auf den Adressraum des Clientprozesses zugreifen kann, muss COM die Zeichenfolge zur Komponente kopieren, die Ausführung der Funktion abwarten und anschließend die Zeichenfolge wieder zum Client kopieren. Bevor Sie Verweisparameter definieren, sollten Sie also daran denken, dass sich die Übergabe von Verweisparametern über *IDispatch* von der Übergabe von Verweisen in C++ unterscheidet.

Das Beispiel wurde zunächst mit dem MFC-DLL-Assistenten als normale MFC-DLL generiert, wobei die Optionen *Reguläre DLL, die eine öffentliche MFC-DLL verwendet* und *Automatisierung* gewählt wurden. Mit den folgenden Schritten können Sie die Komponenten-DLL Ex23b nach ihrer Installation von der Begleit-CD kompilieren und testen.

1. **Öffnen Sie in Visual Studio .NET die Projektmappe \vcppnet\Ex23b\Ex23b.sln.** Erstellen Sie das Projekt.
2. **Registrieren Sie die DLL.** Sie können das Programm RegComp benutzen, das Sie auf der Begleit-CD im Verzeichnis \vcppnet\RegComp\Release finden. Ein Dialogfeld erleichtert die Auswahl der DLL-Datei. Natürlich können Sie auch Regsvr32.exe verwenden.
3. **Starten Sie Excel und laden Sie dann die Arbeitsmappe \vcppnet\ex23b\ex23b.xls.** Geben Sie eine ganze Zahl in die Zelle C3 ein und dann etwas Text in die Zelle D3, wie in der folgenden Abbildung:

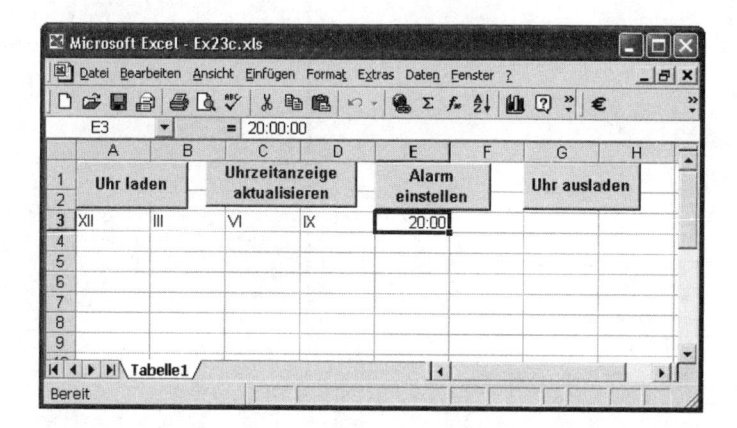

Klicken Sie auf die Schaltfläche *DLL laden* und dann auf die Schaltfläche *Daten erfassen*. Bearbeiten Sie die Daten, klicken Sie auf *OK* und überprüfen Sie die anschließend in der Tabelle angezeigten Werte.

4. **Klicken Sie auf die Schaltfläche *DLL entfernen*.** Sofern Sie die DLL (und Excel) vom Debugger aus gestartet haben, können Sie im *Debug*-Fenster überprüfen, ob die DLL-Funktion *ExitInstance* aufgerufen wird.

Kommen wir nun zum Quelltext des Beispielprogramms Ex23b. Wie eine MFC-EXE hat auch eine gewöhnliche MFC-DLL eine Anwendungsklasse (abgeleitet von *CWinApp*) und ein globales Anwendungsobjekt. Die überschriebene Memberfunktion *InitInstance* in der Datei Ex23b.cpp sieht folgendermaßen aus:

```
BOOL CEx23bApp::InitInstance()
{
    TRACE("CEx23bApp::InitInstance\n");
    CWinApp::InitInstance();

    // Alle OLE-Server (-fabriken) als aktiv registrieren. Dies aktiviert die
    // OLE-Bibliotheken, um Objekte von anderen Anwendungen zu erstellen.
    COleObjectFactory::RegisterAll();

    return TRUE;
}
```

*Automatisierung*

# Fehlersuche in einer DLL-Komponente

Zur Fehlersuche in einer DLL-Komponente müssen Sie dem Debugger mitteilen, welche EXE-Datei zu laden ist. Klicken Sie im Projektmappenexplorer den Projektnamen mit der rechten Maustaste an und wählen Sie *Eigenschaften*. Klicken Sie auf den *Eigenschaftenseiten Debuggen* an und geben Sie im Feld *Befehl* den vollständigen Pfadnamen des Clientprogramms ein, einschließlich der Dateinamenserweiterung EXE, wie in der folgenden Abbildung gezeigt:

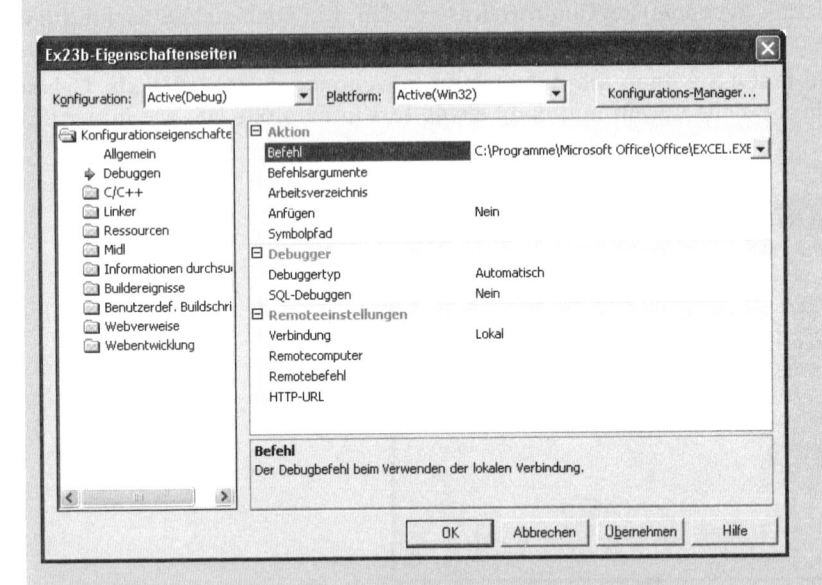

Wenn Sie dann **F5** drücken, wird das Clientprogramm gestartet. Sobald Sie die Komponente im Clientprogramm aktivieren, wird die DLL geladen.

Vielleicht ist es eine gute Idee, im Objektkonstruktor der Komponente eine entsprechende *TRACE*-Anweisung unterzubringen. Vergessen Sie nicht, dass die DLL registriert werden muss, bevor der Client sie laden kann.

Sofern Sie über den Quelltext des Clientprogramms verfügen, können Sie auch den Client im Debugger starten. Wenn der Client die Komponenten-DLL lädt, erscheinen auch die Texte von den *TRACE*-Anweisungen der Komponente im Ausgabefenster des Debuggers.

Die vier exportierten Standardfunktionen der COM-DLL sehen so aus:

```
// DllGetClassObject - Gibt eine Class Factory zurück
STDAPI DllGetClassObject(REFCLSID rclsid, REFIID riid, LPVOID* ppv)
{   AFX_MANAGE_STATE(AfxGetStaticModuleState());
    return AfxDllGetClassObject(rclsid, riid, ppv);
}
// DllCanUnloadNow - Ermöglicht COM eine DLL zu entladen
STDAPI DllCanUnloadNow(void)
{   AFX_MANAGE_STATE(AfxGetStaticModuleState());
    return AfxDllCanUnloadNow();
}
```

```cpp
// DllRegisterServer - fügt Einträge in die Systemregistrierung hinzu
STDAPI DllRegisterServer(void)
{
    AFX_MANAGE_STATE(AfxGetStaticModuleState());

    if (!AfxOleRegisterTypeLib(AfxGetInstanceHandle(), _tlid))
        return SELFREG_E_TYPELIB;

    if (!COleObjectFactory::UpdateRegistryAll())
        return SELFREG_E_CLASS;

    return S_OK;
}
// DllUnregisterServer - Entfernt Einträge aus der Systemregistrierung
STDAPI DllUnregisterServer(void)
{
    AFX_MANAGE_STATE(AfxGetStaticModuleState());

    if (!AfxOleUnregisterTypeLib(_tlid, _wVerMajor, _wVerMinor))
        return SELFREG_E_TYPELIB;

    if (!COleObjectFactory::UpdateRegistryAll(FALSE))
        return SELFREG_E_CLASS;

    return S_OK;
}
```

Die Datei PromptDlg.cpp enthält den Code der Klasse *CPromptDlg*. Aber das ist nur eine Standardklasse, die von *CDialog* abgeleitet wird. Die Datei PromptDlg.h ist die Headerdatei für *CPromptDlg*.

Die Klasse *CEx23bAuto* ist wesentlich interessanter. Es handelt sich um eine Automatisierungsklasse, die vom MFC-Klassen-Assistenten generiert wurde (mit der Option *Anhand von Typen-ID erstellbar*). Diese Klasse hat gegenüber COM die Programm-ID *Ex23b.Ex23bAuto*. Der folgende Code zeigt die Headerdatei Ex23bAuto.h:

**Ex23bAuto.h**
```cpp
#pragma once
// CEx23bAuto-Befehlsziel

class CEx23bAuto : public CCmdTarget
{
    DECLARE_DYNCREATE(CEx23bAuto)
public:
    CEx23bAuto();
    virtual ~CEx23bAuto();
    virtual void OnFinalRelease();
protected:
    DECLARE_MESSAGE_MAP()
    DECLARE_OLECREATE(CEx23bAuto)
    DECLARE_DISPATCH_MAP()
    DECLARE_INTERFACE_MAP()
    void OnLongDataChanged(void);
    LONG m_lData;
```

```cpp
    enum
    {
        dispidDisplayDialog = 3L,
        dispidTextData = 2,
        dispidLongData = 1
    };
    void OnTextDataChanged(void);
    VARIANT m_vaTextData;
    VARIANT_BOOL DisplayDialog(void);
};
```

Der folgende Code zeigt die Implementierungsdatei Ex23bAuto.cpp:

## Ex23bAuto.cpp

```cpp
// Ex23bAuto.cpp : Implementierungsdatei
//
#include "stdafx.h"
#include "Ex23b.h"
#include "Ex23bAuto.h"
#include "PromptDlg.h"

// CEx23bAuto

IMPLEMENT_DYNCREATE(CEx23bAuto, CCmdTarget)
CEx23bAuto::CEx23bAuto()
{
    EnableAutomation();

    ::VariantInit(&m_vaTextData); // erforderliche Initialisierung
    m_lData = 0;

    // Um die Ausführung der Anwendung fortzusetzen, solange ein OLE-Automatisierungsobjekt
    //     aktiv ist, ruft der Konstruktor AfxOleLockApp auf.

    AfxOleLockApp();
}

CEx23bAuto::~CEx23bAuto()
{
    // Um die Anwendung abzubrechen, wenn alle Objekte
    //     mit OLE-Automatisierung erstellt wurden, ruft der Destruktor AfxOleUnlockApp auf.

    AfxOleUnlockApp();
}

void CEx23bAuto::OnFinalRelease()
{
    // Wenn der letzte Verweis auf ein Automatisierungsobjekt freigegeben wird,
    // wird OnFinalRelease aufgerufen. Die Basisklasse löscht das Objekt
    // automatisch. Fügen Sie zusätzlichen Bereinigungscode für Ihr Objekt
    // hinzu, bevor Sie die Basisklasse aufrufen.

    CCmdTarget::OnFinalRelease();
}

BEGIN_MESSAGE_MAP(CEx23bAuto, CCmdTarget)
END_MESSAGE_MAP()
```

```cpp
BEGIN_DISPATCH_MAP(CEx23bAuto, CCmdTarget)
    DISP_PROPERTY_NOTIFY_ID(CEx23bAuto, "LongData", dispidLongData,
                            m_lData, OnLongDataChanged, VT_I4)
    DISP_PROPERTY_NOTIFY_ID(CEx23bAuto, "TextData", dispidTextData,
                            m_vaTextData, OnTextDataChanged, VT_VARIANT)
    DISP_FUNCTION_ID(CEx23bAuto, "DisplayDialog", dispidDisplayDialog, DisplayDialog,
                            VT_BOOL, VTS_NONE)
END_DISPATCH_MAP()
// Hinweis: Wir stellen Unterstützung für IID_IEx23bAuto zur Verfügung, um typsicheres Binden
// von VBA zu unterstützen. Diese IID muss mit der GUID übereinstimmen, die bei der
// Disp-Schnittstelle in der .IDL-Datei angegeben ist.
// {2BBD226D-C189-4BA2-BFA4-23D1A64D3B0E}
static const IID IID_IEx23bAuto =
{ 0x2BBD226D, 0xC189, 0x4BA2, { 0xBF, 0xA4, 0x23, 0xD1, 0xA6, 0x4D, 0x3B, 0xE } };
BEGIN_INTERFACE_MAP(CEx23bAuto, CCmdTarget)
    INTERFACE_PART(CEx23bAuto, IID_IEx23bAuto, Dispatch)
END_INTERFACE_MAP()
// {0CBF3909-496F-4849-B6DD-5763A0610BF4}
IMPLEMENT_OLECREATE_FLAGS(CEx23bAuto, "Ex23b.Ex23bAuto", afxRegApartmentThreading, 0xcbf3909, 0x496f,
0x4849, 0xb6, 0xdd, 0x57, 0x63, 0xa0, 0x61, 0xb, 0xf4)

// CEx23bAuto-Meldungshandler
void CEx23bAuto::OnLongDataChanged(void)
{
    AFX_MANAGE_STATE(AfxGetStaticModuleState());
    TRACE("CEx23bAuto::OnLongDataChanged\n");
}
void CEx23bAuto::OnTextDataChanged(void)
{
    AFX_MANAGE_STATE(AfxGetStaticModuleState());
    TRACE("CEx23bAuto::OnTextDataChanged\n");
}
VARIANT_BOOL CEx23bAuto::DisplayDialog(void)
{
    AFX_MANAGE_STATE(AfxGetStaticModuleState());
    VARIANT_BOOL bRet;
    TRACE("Eintritt in CEx23bAuto::DisplayDialog %p\n", this);
    bRet = TRUE;
    AfxLockTempMaps();   // Siehe MFC Tech Note #3
    CWnd* pTopWnd = CWnd::FromHandle(::GetTopWindow(NULL));
    try {
        CPromptDlg dlg /*(pTopWnd)*/;
        if (m_vaTextData.vt == VT_BSTR){
            dlg.m_strData = m_vaTextData.bstrVal; // 2-Byte-Zeichen werden in
                                                  // 1-Byte-Zeichen umgewandelt
        }
        dlg.m_lData = m_lData;
        if (dlg.DoModal() == IDOK) {
            m_vaTextData = COleVariant(dlg.m_strData).Detach();
            m_lData = dlg.m_lData;
            bRet = TRUE;
        }
```

```
        else {
            bRet = FALSE;
        }
    }
    catch (CException* pe) {
        TRACE("Ausnahme: Dialog kann nicht angezeigt werden\n");
        bRet = FALSE;
        pe->Delete();
    }
    AfxUnlockTempMaps();
    return bRet;
}
```

Die beiden Eigenschaften *LongData* und *TextData* werden durch die Datenelemente *m_lData* und *m_vaTextData* repräsentiert, die beide im Konstruktor initialisiert werden. Bei der Eingabe der Eigenschaft *LongData* im *Assistenten zum Hinzufügen von Eigenschaften* wurde die Benachrichtigungsfunktion *OnLongDataChanged* festgelegt. Diese Funktion wird aufgerufen, sobald sich der Wert der Eigenschaft im Clientprogramm ändert. Solche Benachrichtigungsfunktionen gibt es nur für Eigenschaften, die durch Datenelemente repräsentiert werden. Verwechseln Sie diese Benachrichtigungen aber nicht mit den Benachrichtigungen, die ActiveX-Steuerelemente an ihren Container schicken, wenn sich der Wert einer gebundenen Eigenschaft ändert.

Die Memberfunktion *DisplayDialog*, identisch mit der gleichnamigen Methode, entspricht dem Üblichen, außer dass sie die beiden Funktionen *AfxLockTempMaps* und *AfxUnlockTempMaps* benötigt, um temporäre Objektzeiger freizugeben, die andernfalls in der Leerlaufschleife eines EXE-Programms entfernt würden.

Wie steht es um den VBA-Code des Excel-Clients? Hier sind die drei Makros und die globalen Deklarationen:

```
Dim Dllcomp As Object
Private Declare Sub CoFreeUnusedLibraries Lib "OLE32" ()

Sub LoadDllComp()
    Set Dllcomp = CreateObject("Ex23b.Ex23bAuto")
    Range("C3").Select
    Dllcomp.LongData = Selection.Value
    Range("D3").Select
    Dllcomp.TextData = Selection.Value
End Sub

Sub RefreshDllComp() 'Schaltfläche Daten erfassen
    Range("C3").Select
    Dllcomp.LongData = Selection.Value
    Range("D3").Select
    Dllcomp.TextData = Selection.Value
    Dllcomp.DisplayDialog
    Range("C3").Select
    Selection.Value = Dllcomp.LongData
    Range("D3").Select
    Selection.Value = Dllcomp.TextData
End Sub
```

```
Sub UnloadDllComp()
    Set Dllcomp = Nothing
    Call CoFreeUnusedLibraries
End Sub
```

Die erste Zeile von *LoadDllComp* erzeugt ein Komponentenobjekt, dessen registrierter Name *Ex23b.Ex23bAuto* lautet. Das Makro *RefreshDllComp* greift auf die Eigenschaften *LongData* und *TextData* des Komponentenobjekts zu. Beim ersten Aufruf von *LoadDllComp* wird die DLL geladen und ein *Ex23b.Ex23bAuto*-Objekt erzeugt. Beim zweiten Aufruf von *LoadDllComp* geschieht etwas Seltsames: Ein zweites Objekt wird erzeugt und das ursprüngliche Objekt zerstört. Wenn Sie *LoadDllComp* von einer zweiten Kopie der Arbeitsmappe aus aufrufen, erhalten Sie ein zweites, separates Objekt des Typs *Ex23b.Ex23bAuto*. Natürlich gibt es in diesem Fall nur ein Speicherabbild der Datei Ex23b.dll, es sei denn, Sie verwenden dabei mehr als eine Excel-Instanz.

Betrachten Sie nun das Makro *UnloadDllComp* etwas genauer. Bei Ausführung des Befehls *Set Dllcomp = Nothing* wird die Verbindung zur DLL getrennt, aber die DLL wird nicht aus dem Adressraum von Excel ausgeblendet. Also wird die Funktion *ExitInstance* der Komponente nicht aufgerufen. Die Funktion *CoFreeUnusedLibraries* ruft die exportierte Funktion *DllCanUnloadNow* aller Komponenten-DLLs auf und gibt betreffende DLL frei, wenn das Ergebnis *TRUE* ist. MFC-Programme rufen *CoFreeUnusedLibraries* in der Leerlaufschleife auf (nach einer Minute Verzögerung). Aber bei Excel ist das nicht der Fall. Aus diesem Grund muss *UnloadDllComp* nach der Trennung von der Komponente die Funktion *CoFreeUnusedLibraries* aufrufen.

## Das Beispiel Ex23c: Automatisierungskomponente mit SDI-Benutzeroberfläche

Dieses Beispiel einer Automatisierungskomponente demonstriert die Verwendung einer Komponentenklasse auf Dokumentenbasis in einer SDI-Anwendung, die für jedes neue Komponentenobjekt einen neuen Prozess startet. Das Komponentenprogramm verwendet eine indizierte Eigenschaft und eine Methode, die ein neues COM-Objekt erzeugt.

Das erste Beispiel einer Automatisierungskomponente (Ex23a) hatte keine Benutzeroberfläche. Die globale Klassenfactory erzeugt ein *CBank*-Objekt, das die Aufgaben der Komponente ausführt. Was ist zu tun, wenn Ihre EXE-Komponente über ein Fenster haben soll? Falls Sie sich auf die MFC-Dokument/Ansicht-Architektur eingelassen haben, werden Sie die Elemente dieser Architektur (Dokumente, Ansichten und Rahmenfenster) mit all ihren Vorteilen nutzen wollen.

Angenommen, Sie haben eine reguläre MFC-Anwendung erstellt und dann eine durch COM erstellbare Klasse wie *CBank* hinzugefügt. Wie verknüpfen Sie das *CBank*-Objekt mit Dokument und Ansicht? Aus einer Memberfunktion der Klasse *CBank* heraus könnten Sie über das Anwendungsobjekt und das Hauptrahmenfenster zum aktuellen Dokument oder zur aktuellen Ansicht gelangen, aber in einer MDI-Anwendung mit mehreren Komponentenobjekten und mehreren Dokumenten hätten Sie ein hübsches Problem zu bewältigen. Es gibt eine bessere Methode. Sie nehmen die Dokumentklasse als Komponentenklasse und erhalten dabei umfassende Unterstützung durch den MFC-Anwendungsassistenten – sowohl bei MDI- als auch bei SDI-Anwendungen.

Das MDI-Beispiel Autoclik illustriert, wie COM die Erzeugung der neuen Dokument-, Ansicht- und Rahmenfensterobjekte veranlasst, wenn ein Automatisierungsclient ein neues Komponentenobjekt erstellt. Da das Beispiel Ex23c ein SDI-Programm ist, startet Windows jedes Mal einen neuen Prozess, wenn der Client ein Objekt erzeugt. Unmittelbar nach dem Start des Programms erzeugt COM mit Hilfe des MFC-Anwendungsgerüsts nicht nur das automatisierungsfähige Dokument, sondern auch die Ansicht und das Hauptrahmenfenster.

Experimentieren Sie etwas mit der Anwendung Ex23c, deren Gerüst vom MFC-Anwendungsassistenten erstellt wurde, wobei die Option *Automatisierung* ausgewählt war. Es handelt sich um die elektronische Form des gewöhnlichen »Weckers«, der sich mit einem Automatisierungsclient wie beispielsweise Excel steuern lässt. Ex23c hat die folgenden Eigenschaften und Methoden:

| Name | Beschreibung |
|---|---|
| *Time* | *DATE*-Eigenschaft zur Aufnahme eines Werts vom Typ *COM DATE (m_time)* |
| *Figure* | Indizierte *VARIANT*-Eigenschaft für die vier Zahlendarstellungen auf dem Uhrenzifferblatt (*m_strFigure[]*) |
| *RefreshWin* | Methode zur Aktualisierung des Ansichtsfensters, bringt das Hauptrahmenfenster in den Vordergrund (*Refresh*) |
| *ShowWin* | Methode zur Anzeige des Hauptrahmenfensters der Anwendung (*ShowWin*) |
| *CreateAlarm* | Methode zur Erstellung eines CAlarm-Objekts, liefert den zugehörigen IDispatch-Zeiger zurück (*CreateAlarm*) |

Mit folgenden Schritten können Sie das von der Begleit-CD installierte Beispielprogramm Ex23c kompilieren und testen:

1. **Öffnen Sie in Visual Studio .NET die Projektmappe \vcppnet\Ex23c\Ex23c.sln.** Erstellen Sie das Projekt, damit im Unterverzeichnis Debug die Datei Ex23c.exe entsteht.
2. **Führen Sie das Programm einmal aus, um es zu registrieren.** Das Programm ist so konzipiert, dass es als eigenständige EXE-Anwendung oder als Automatisierungskomponente ausgeführt werden kann. Wird das Programm von Windows oder von Visual C++ .NET aus gestartet, so aktualisiert es die Registrierungsdaten und zeigt das Ziffernblatt einer Uhr an. Dabei werden die Ziffernpositionen für 12, 3, 6, und 9 Uhr durch die Textelemente *XII, III, VI* und *IX* beschriftet. Beenden Sie das Programm.
3. **Laden Sie die Exel-Arbeitsmappe \vcppnet\Ex23c\Ex23c.xls.** Die Tabelle sollte ungefähr wie in der folgenden Abbildung aussehen:

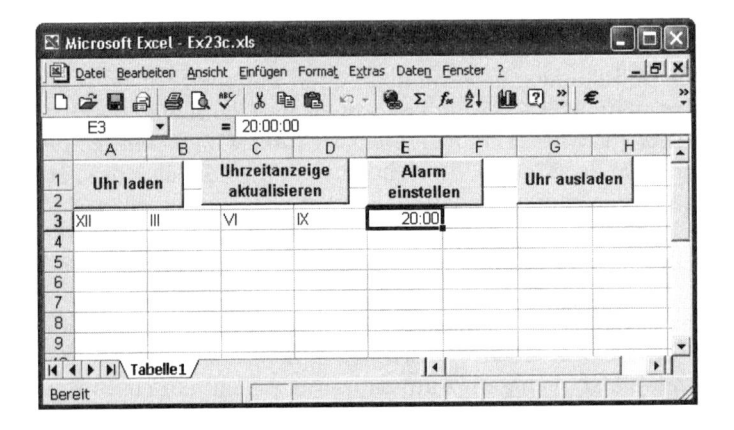

Klicken Sie auf die Schaltfläche *Uhr laden*. Klicken Sie dann die Schaltfläche *Alarm einstellen* mit einem Doppelklick an. (Abhängig von Ihrem System kann nach dem Klicken auf

*Uhr laden* eine deutliche Verzögerung auftreten.) Die Uhr sollte angezeigt werden und mit einem Buchstaben A die gesetzte Weckzeit angeben:

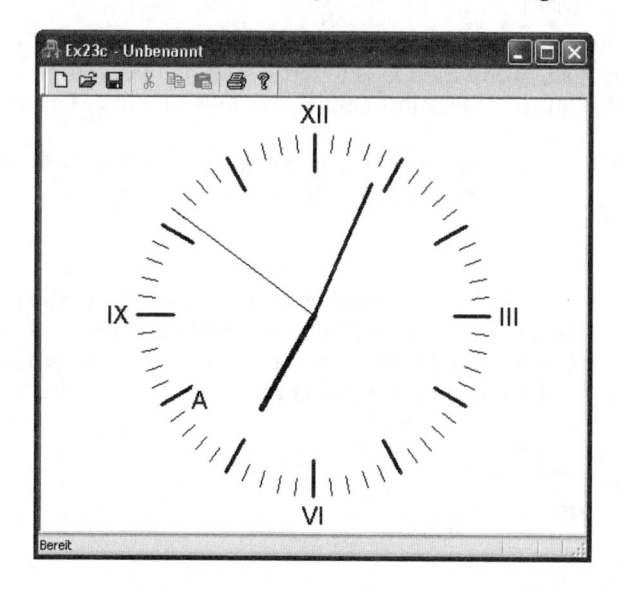

Wenn Sie das Komponentenprogramm im Debugger gestartet haben, können Sie im *Debug*-Fenster verfolgen, wie *InitInstance* aufgerufen und das Dokumentobjekt angelegt wird.

Falls Sie sich fragen, warum die Menüs fehlen: Das liegt an der folgenden Zeile in der Funktion *CMainFrame::PreCreateWindow*:

```
cs.hMenu = NULL;
```

4. **Schließen Sie das Uhrenprogramm und klicken Sie auf die Schaltfläche *Uhr ausladen*.** Oder klicken Sie nur die Schaltfläche *Uhr ausladen* an. Die Uhr verschwindet.

Einen großen Teil der Einrichtung des Dokuments als Automatisierungskomponente hat der MFC-Anwendungsassistent erledigt. In der abgeleiteten Anwendungsklasse *CEx23cApp* hat er ein Datenelement für die Komponente vorgesehen:

```
public:
    COleTemplateServer m_server;
```

Die MFC-Klasse *COleTemplateServer* ist von *COleObjectFactory* abgeleitet. Sie dient dem Zweck, ein COM-Dokument zu erzeugen, wenn ein Client *IClassFactory::CreateInstance* aufruft. Die Klassen-ID stammt von der globalen Variablen *clsid*, die in der Datei Ex23c.cpp definiert ist. Die lesbare Form der Programm-ID (*Ex23c.Document*) stammt aus der Zeichenfolgenressource *IDR_MAINFRAME*.

In der Funktion *InitInstance* (in Ex23c.cpp) generierte der MFC-Anwendungsassistent den folgenden Quelltext, der das Komponentenobjekt (das Dokument) mit der Dokumentvorlage der Anwendung verbindet:

```
CSingleDocTemplate* pDocTemplate;
pDocTemplate = new CSingleDocTemplate(
    IDR_MAINFRAME,
    RUNTIME_CLASS(CEx23cDoc),
    RUNTIME_CLASS(CMainFrame),     // Haupt-SDI-Rahmenfenster
    RUNTIME_CLASS(CEx23cView));
```

*Automatisierung*

```
AddDocTemplate(pDocTemplate);
⋮
m_server.ConnectTemplate(clsid, pDocTemplate, TRUE);
```

Nun kann COM in Verbindung mit dem Anwendungsgerüst das Dokument zusammen mit der Ansicht und dem Rahmenfenster erzeugen. Wenn die Objekte fertig sind, ist das Hauptrahmenfenster aber noch nicht sichtbar. Dafür müssen Sie selbst sorgen. Sie müssen eine Methode zur Anzeige des Fensters schreiben.

Der folgende Aufruf von *UpdateRegistry* in der Funktion *InitInstance* aktualisiert die Windows-Registrierung mit dem Inhalt der zum Projekt gehörigen Zeichenfolgenressource *IDR_MAINFRAME*:

```
m_server.UpdateRegistry(OAT_DISPATCH_OBJECT);
```

Die folgende Verteilertabelle in der Datei Ex23cDoc.cpp zeigt die Eigenschaften und Methoden der Klasse *CEx23cDoc*. Beachten Sie, dass die Eigenschaft *Figure* eine indizierte Eigenschaft ist, die der *Assistent zum Hinzufügen von Eigenschaften* generieren kann, sofern Sie einen Parameter dafür angeben. Wir werden den für die Funktionen *GetFigure* und *SetFigure* erforderlichen Quelltext später behandeln.

```
BEGIN_DISPATCH_MAP(CEx23cDoc, CDocument)
    DISP_PROPERTY_NOTIFY_ID(CEx23cDoc, "Time",
        dispidTime, m_time, OnTimeChanged, VT_DATE)
    DISP_FUNCTION_ID(CEx23cDoc, "ShowWin",
        dispidShowWin, ShowWin, VT_EMPTY, VTS_NONE)
    DISP_FUNCTION_ID(CEx23cDoc, "CreateAlarm",
        dispidCreateAlarm, CreateAlarm, VT_DISPATCH, VTS_DATE)
    DISP_FUNCTION_ID(CEx23cDoc, "RefreshWin",
        dispidRefreshWin, RefreshWin, VT_EMPTY, VTS_NONE)
    DISP_PROPERTY_PARAM_ID(CEx23cDoc, "Figure",
        dispidFigure, GetFigure, SetFigure, VT_VARIANT, VTS_I2)
END_DISPATCH_MAP()
```

Die Memberfunktionen *RefreshWin* und *ShowWin* sind nicht besonders interessant, aber die Methode *CreateAlarm* lohnt eine genauere Betrachtung. Hier ist die dazugehörige Memberfunktion *CreateAlarm*:

```
IDispatch* CEx23cDoc::CreateAlarm(DATE time)
{
    AFX_MANAGE_STATE(AfxGetAppModuleState());
    TRACE("Eintritt in CEx23cDoc::CreateAlarm, time = %f\n", time);
    // OLE beseitigt ein eventuell vorhandenes CAlarm-Objekt
    m_pAlarm = new CAlarm(time);
    return m_pAlarm->GetIDispatch(FALSE);    // ohne Aufruf von AddRef
}
```

Wir möchten, dass die Komponente ein *CAlarm*-Objekt erzeugt, wenn ein Client die Funktion *CreateAlarm* aufruft. *CAlarm* ist eine Automatisierungsklasse, die wir mit dem MFC-Klassen-Assistenten generiert haben. Allerdings ist sie nicht durch COM erstellbar, enthält also kein *IMPLEMENT_OLECREATE*-Makro und keine Klassenfactory. Die Funktion *CreateAlarm* erzeugt ein *CAlarm*-Objekt und liefert den zugehörigen *IDispatch*-Zeiger zurück. (Mit dem an *CCmdTarget::GetIDispatch* übergebenen Wert *FALSE* wird festgelegt, dass der Referenzzähler nicht inkrementiert wird, denn der Referenzzähler des *CAlarm*-Objekts hat bereits den Wert 1, wenn das Objekt erzeugt wird.)

Die Klasse *CAlarm* wird in der Datei alarm.h folgendermaßen deklariert:

```
#pragma once

// CAlarm-Befehlsziel
class CAlarm : public CCmdTarget
{   DECLARE_DYNAMIC(CAlarm)

public:
    CAlarm(DATE time);
    virtual ~CAlarm();

    virtual void OnFinalRelease();
    DATE m_time;

protected:
    DECLARE_MESSAGE_MAP()
    DECLARE_DISPATCH_MAP()
    DECLARE_INTERFACE_MAP()
    void OnTimeChanged(void);

    enum
    {   dispidTime = 1
    };
};
```

Beachten Sie das Fehlen des Makros *DECLARE_DYNCREATE*.

Die Datei Alarm.cpp enthält die folgende Verteilertabelle:

```
BEGIN_DISPATCH_MAP(CAlarm, CCmdTarget)
    DISP_PROPERTY_NOTIFY_ID(CAlarm, "Time", dispidTime, m_time, OnTimeChanged, VT_DATE)
END_DISPATCH_MAP()
```

Warum gibt es die Klasse *CAlarm*? Wir hätten die Klasse *CEx23cDoc* um eine Eigenschaft *AlarmTime* ergänzen können, aber dann hätten wir noch eine weitere Eigenschaft oder Methode benötigt, um den Alarm ein- und auszuschalten. Mit der Klasse *CAlarm* bereiten wir uns schon darauf vor, mehrere Alarmzeiten zu verwalten – eben eine Auflistung von *CAlarm*-Objekten.

Zur Implementierung einer Automatisierungsauflistung würden wir eine neue Klasse namens *CAlarms* mit den Methoden *Add*, *Remove* und *Item* definieren. *Add* und *Remove* sind wohl selbsterklärend. *Item* liefert einen *IDispatch*-Zeiger für ein Auflistungselement, das durch einen (numerischen oder sonstigen) Index bezeichnet wird. Wir würden außerdem eine schreibgeschützte Eigenschaft *Count* implementieren, von der wir die Zahl der vorhandenen Elemente erfahren würden. Die Dokumentklasse (der die Auflistung gehört) hätte eine Methode *Alarms* mit einem optionalen Parameter des Typs *VARIANT*. Ruft man die Methode ohne Argument auf, gibt sie den *IDispatch*-Zeiger für die Auflistung zurück. Ruft man diese Methode mit einem Indexwert auf, gibt sie den *IDispatch*-Zeiger des ausgewählten Alarmobjekts zurück.

**HINWEIS:** Falls unsere Auflistung in der VBA-Anweisung *For Each...Next* einsetzbar sein soll, müssten wir noch weitere Vorbereitungen treffen. Die *CAlarms*-Klasse bräuchte dann noch eine *IEnumVARIANT*-Schnittstelle, um die Aufzählung der Objekte zu ermöglichen. Mit der Memberfunktion *Next* dieser Schnittstelle könnte man auf die einzelnen Objekte zugreifen. Dann würden wir in der Klasse *CAlarms* eine Methode *_NewEnum* schreiben, die einen Schnittstellenzeiger auf *IEnumVARIANT* liefert. Sollte die Auflistung allgemein verwendbar sein, würden wir separate Aufzählungsobjekte (mit einer *IEnumVARIANT*-Schnittstelle) ermöglichen und auch die anderen Funktionen der Schnittstelle *IEnumVARIANT* implementieren – *Skip*, *Reset* und *Clone*.

Die Eigenschaft *Figure* ist eine indizierte Eigenschaft. Durch *Figure* werden die vier Schriftzüge auf dem Zifferblatt der Uhr bereitgestellt – XII, III, VI und IX. Es handelt sich um ein *CString*-Array. Daher können wir römische Zahlen anzeigen. Das Array wird in Ex23cDoc.h deklariert:

```
public:
    CString m_strFigure[4];
```

Und so sehen die Funktionen *GetFigure* und *SetFigure* in Ex23cDoc.cpp aus:

```
VARIANT CEx23cDoc::GetFigure(SHORT n)
{
    AFX_MANAGE_STATE(AfxGetAppModuleState());
    TRACE("Eintritt in CEx23cDoc::GetFigure -- n = %d m_strFigure[n] = %s\n",
        n, m_strFigure[n]);
    return COleVariant(m_strFigure[n]).Detach();
}
void CEx23cDoc::SetFigure(SHORT n, VARIANT FAR& newVal)
{
    AFX_MANAGE_STATE(AfxGetAppModuleState());
    TRACE("Eintritt in CEx23cDoc::SetFigure -- n = %d, vt = %d\n", n,
        newVal.vt);
    COleVariant vaTemp;
    vaTemp.ChangeType(VT_BSTR, (COleVariant*) &newVal);
    m_strFigure[n] = vaTemp.bstrVal; // breite Zeichen in einfache Zeichen umwandeln
    SetModifiedFlag();
}
```

Diese Funktionen wurden mit dem Makro *DISP_PROPERTY_PARAM* in die Verteilertabelle der Klasse *CEx23cDoc* eingetragen. Der erste Parameter ist jeweils die Indexnummer vom Typ *short*, wie im letzten Argument des Makros angegeben. Indizes von Eigenschaften brauchen keine ganzen Zahlen zu sein und können sich auch aus mehreren Teilen zusammensetzen, wie zum Beispiel aus Zeilen- und Spaltennummern. Der Aufruf von *ChangeType* in der Funktion *SetFigure* ist erforderlich, da die Komponente sonst vielleicht versucht, die Zeichenfolge als Zahl zu lesen.

Sie haben gerade einiges über Auflistungen als Eigenschaften und über indizierte Eigenschaften erfahren. Worin besteht der Unterschied? Ein Client kann keine Elemente aus einer indizierten Eigenschaft entfernen oder hinzufügen, aber er kann einer Auflistung Elemente hinzufügen und Elemente aus einer Auflistung entfernen.

Wer sorgt eigentlich für die Anzeige des Zifferblatts? Es ist natürlich die Memberfunktion *OnDraw* der Ansichtsklasse. Diese Funktion beschafft sich mit *GetDocument* einen Zeiger auf das Dokumentobjekt und liest anschließend nach Bedarf die Eigenschaften aus.

Die folgenden Zeilen zeigen den Code für die Excel-Makros:

```
Dim Clock As Object
Dim Alarm As Object

Sub LoadClock()
    Set Clock = CreateObject("Ex23c.Document")
    Range("A3").Select
    n = 0
    Do Until n = 4
        Clock.figure(n) = Selection.Value
        Selection.Offset(0, 1).Range("A1").Select
        n = n + 1
    Loop
```

```
    RefreshClock
    Clock.ShowWin
End Sub

Sub RefreshClock()
    Clock.Time = Now()
    Clock.RefreshWin
End Sub

Sub CreateAlarm()
    Range("E3").Select
    Set Alarm = Clock.CreateAlarm(Selection.Value)
    RefreshClock
End Sub

Sub UnloadClock()
    Set Clock = Nothing
End Sub
```

Beachten Sie bitte die *Set Alarm*-Anweisung im Makro *CreateAlarm*. Das Makro ruft die Methode *CreateAlarm* auf und speichert den *IDispatch*-Zeiger, den diese Methode liefert, in einer Objektvariablen. Bei der nächsten Ausführung des Makros wird ein neues *CAlarm*-Objekt erzeugt, während das ursprüngliche *CAlarm*-Objekt verschwindet, weil dessen Referenzzähler auf Null fällt.

**WARNUNG:** Sie haben ein modales Dialogfeld in einer als DLL implementierten Komponente (Beispiel Ex23b) und ein Hauptrahmenfenster in einer als EXE-Datei implementierten Komponente (Beispiel Ex23c) kennen gelernt. Seien Sie vorsichtig in der Verwendung modaler Dialoge in EXE-Komponenten. Ein *Info*-Dialogfeld, das direkt vom Komponentenprogramm aufgerufen wird, ist unproblematisch. Aber es ist nicht ratsam, ein modales Dialogfeld in einer Methode einer prozessfremden Komponente aufzurufen. Die Schwierigkeit besteht darin, dass der Benutzer zurück zum Clientprogramm wechseln kann, sobald das modale Dialogfeld auf dem Bildschirm erscheint. MFC-Clients handhaben diese Situation mit einem besonderen Meldungsfeld, das eine Meldung wie »Komponente nicht verfügbar« enthält und sofort angezeigt wird. Excel regelt das Problem ähnlich, wartet aber 30 Sekunden lang, was den Benutzer verwirren kann.

## Das Beispiel Ex23d: Ein Automatisierungsclient

Bisher haben Sie nur die Verwendung von C++ in den Automatisierungskomponenten gesehen. Nun lernen Sie einen C++-Automatisierungsclient kennen, der alle zuvor besprochenen Komponenten benutzen und auch Excel steuern kann. Das Grundgerüst des Beispielprogramms Ex23d wurde vom MFC-Anwendungsassistenten generiert, allerdings ohne irgendwelche COM-Optionen. Es war einfacher, den Quelltext um COM-Details zu ergänzen, als die komponentenspezifischen Teile zu entfernen. Falls Sie einen solchen Automatisierungsclient mit dem MFC-Anwendungsassistenten erstellen, müssen Sie die folgenden Zeile am Ende der Datei StdAfx.h einfügen:

```
#include <afxdisp.h>
```

Fügen Sie außerdem am Anfang der Funktion *InitInstance* folgenden Aufruf ein:

```
AfxOleInit();
```

Um das Beispiel Ex23d testen zu können, öffnen Sie die Projektmappendatei \vcppnet\Ex23d\Ex23d.sln. Erstellen und starten Sie die Anwendung. Wie Sie sehen, handelt es sich um eine normale SDI-Anwendung. Abbildung 23.5 zeigt die Menüstruktur.

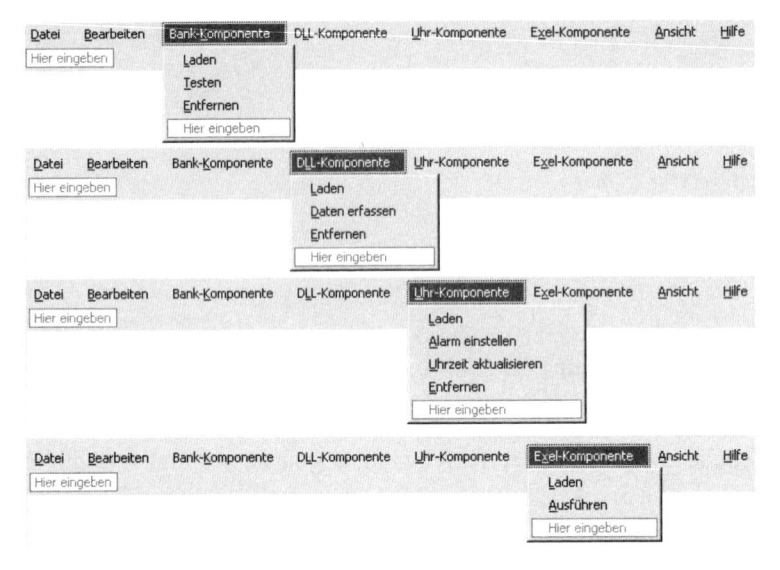

**Abbildung 23.5:** Die Menüstruktur des SDI-Beispielprogramms Ex23d

Sofern Sie alle Komponenten erstellt und registriert haben, können Sie die Komponenten mit dem Ex23d-Client testen. Die DLL braucht nicht in das Verzeichnis \Winnt\System32 kopiert zu werden, da Windows die DLL über die Registrierung finden kann. Bei einigen Komponenten müssen Sie das *Debug*-Fenster überwachen, um überprüfen zu können, ob die Testergebnisse korrekt sind. Das Programm ist recht modular. Menübefehle und Befehle zur Aktualisierung der Menüs werden durch Handler der Ansichtsklassen bearbeitet. Jedes Komponentenobjekt hat seine eigene C++-Steuerklasse und ein eingebettetes Datenelement in Ex23dView.h. Wir werden jeden Teil für sich untersuchen, nachdem wir uns mit den Typbibliotheken befasst haben.

### Typbibliotheken und IDL-Dateien

Ich habe Ihnen zwar erzählt, dass für die Implementierung der *IDispatch*-Schnittstelle nach MFC-Art keine Typbibliotheken erforderlich sind, aber Visual C++ .NET hat sie dennoch »in aller Stille« für alle Ihre Komponenten generiert. Wozu taugen diese Typbibliotheken? VBA erfährt von einer Typbibliothek bestimmte Informationen über die Methoden und Eigenschaften Ihrer Komponente und kann mit diesen Informationen den Zugriff auf jene Methoden und Eigenschaften optimieren. Dieser Vorgang wird *frühe Bindung* genannt und an späterer Stelle in diesem Kapitel beschrieben. Allerdings entwickeln wir hier ein C++-Clientprogramm und kein VBA-Programm. Aber auch der MFC-Klassen-Assistent kann die Typbibliothek einer Komponente auslesen und die Informationen zum Generieren des passenden C++-Quelltextes verwenden, mit dem das Clientprogramm die Automatisierungskomponente steuern kann.

**HINWEIS:** Der MFC-Anwendungsassistent initialisiert die IDL-Datei (Interface Definition Language) eines Projekts bei dessen Neuerstellung. Der *Assistent zum Hinzufügen von Eigenschaften* und der *Assistent zum Hinzufügen von Methoden* aktualisieren diese Datei jedes Mal, wenn Sie eine neue Automatisierungskomponentenklasse generieren oder eine vorhandene Klasse um neue Eigenschaften und Methoden erweitern.

Während Sie Ihre Komponentenklassen um neue Eigenschaften und Methoden erweitern, aktualisieren der *Assistent zum Hinzufügen von Methoden* und der *Assistent zum Hinzufügen von Eigenschaften* die IDL-Datei Ihres Projekts. Dabei handelt es sich um eine Textdatei, in der die Komponente in IDL beschrieben wird. (Sie werden andere GUID-Werte erhalten, wenn Sie das Projekt mit Hilfe des MFC-Anwendungsassistenten nachprogrammieren.) Die IDL-Datei für die Komponente Ex23a sieht so aus:

```
// Ex23a.idl : Typenbibliothekquelle für Ex23a.exe

// Diese Datei wird vom MIDL-Compiler verarbeitet, um die
// Typenbibliothek (Ex23a.tlb) zu erstellen.
#include "olectl.h"
[ uuid(9A7676C5-7CBA-4994-94EB-78160F902290), version(1.0) ]
library Ex23a
{
    importlib("stdole32.tlb");
    importlib("stdole2.tlb");

    // Primäre Verteilschnittstelle für CEx23aDoc

    [ uuid(3BF1B0E9-54FF-408F-8F47-9419E571E5C9) ]
    dispinterface IEx23a
    {
        properties:

        methods:
    };

    // Klasseninformationen für CEx23aDoc

    [ uuid(AD0A94C5-809A-4B5C-8AC0-AA753AD22958) ]
    coclass Ex23a
    {
        [default] dispinterface IEx23a;
    };
    // Primäre Dispatchschnittstelle für Bank

    [ uuid(57F10BDA-AF85-4E8C-B795-70039A1D0931) ]
    dispinterface IBank
    {
      properties:
        [id(3), helpstring("property Balance")] DOUBLE Balance;
      methods:
        [id(1), helpstring("method Withdrawal")] DOUBLE Withdrawal(DOUBLE dAmount);
        [id(2), helpstring("method Deposit")] void Deposit(DOUBLE dAmount);
    };

    // Klasseninformationen für Bank

    [ uuid(F621B584-FABC-4905-81EA-DA94F58FFE55) ]
    coclass Bank
    {
        [default] dispinterface IBank;
    };
};
```

Die IDL-Datei enthält einen eindeutigen GUID-Wert als Kennung für die Typbibliothek (*9A7676C5-7CBA-4994-94EB-78160F902290*), in der die Eigenschaften und Methoden der

Bankkomponente in der Schnittstelle *IBank* vollständig beschrieben werden. Außerdem enthält sie den GUID-Wert der Verteilerschnittstelle (*57F10BDA-AF85-4E8C-B795-70039A1D0931*), der mit dem GUID-Wert aus der Schnittstellentabelle für die Klasse *CBank* in der Beispielanwendung Ex23a übereinstimmt. Sie werden die Bedeutung dieses GUID-Werts erkennen, wenn Sie den Abschnitt *Frühe Bindung unter VBA* am Ende dieses Kapitels durchlesen. Die Klassen-ID *F621B584-FABC-4905-81EA-DA94F58FFE55* wird von VBA zum Laden Ihrer Komponente benutzt.

Während Sie Ihr Komponentenprojekt erstellen, ruft Visual C++ .NET den MIDL-Compiler auf. Dieser liest die IDL-Datei und generiert eine binäre TLB-Datei, die im Debug- oder Release-Unterverzeichnis Ihres Projekts gespeichert wird. Außerdem werden die Typinformationen in die Binärdatei aufgenommen. Bei der Entwicklung eines C++-Clientprogramms können Sie den MFC-Klassen-Assistenten veranlassen, aus der TLB-Datei des Komponentenprojekts eine entsprechende Steuer- oder Treiberklasse zu generieren.

Wenn Sie das tun möchten, wählen Sie im Menü *Projekt* den Befehl *Klasse hinzufügen* und die Vorlage *MFC-Klasse aus der Typenbibliothek (typelib)*. Sie suchen die TLB-Datei des Komponentenprojekts und anschließend präsentiert der Klassenassistent ein Dialogfeld wie das folgende:

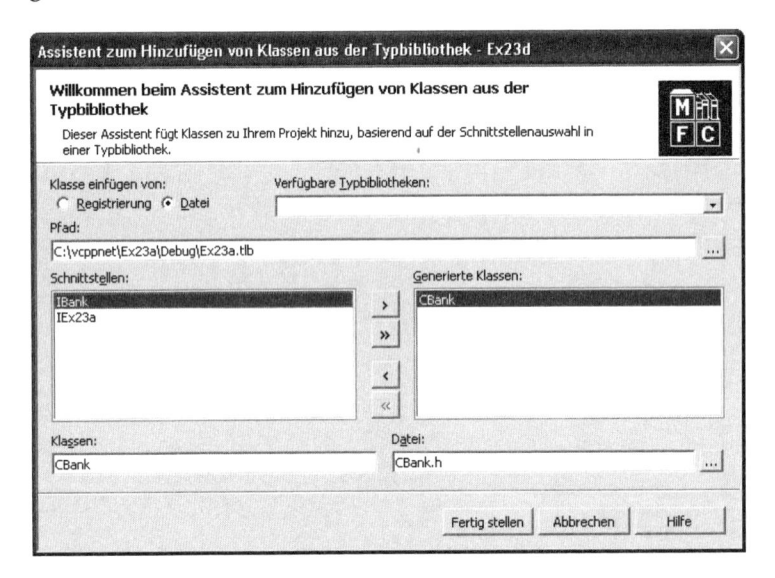

*IBank* ist die Verteilerschnittstelle aus der IDL-Datei. Sie können den vorgeschlagenen Namen für die Klasse beibehalten und den gewünschten Namen für die H-Datei angeben. Falls eine Typbibliothek mehrere Schnittstellen enthält, können Sie mehrere Auswahlen treffen. In den folgenden Abschnitten werden die generierten Steuerklassen vorgestellt.

### Steuerklasse für Ex23a.exe

Der Assistent *MFC-Klasse aus der Typenbibliothek (typelib)* hat von *COleDispatchDriver* die Klasse *CBank* abgeleitet, die im folgenden Quelltext zu sehen ist. Schauen Sie sich vor allem die Implementierungen der Memberfunktionen genau an. Beachten Sie die ersten Argumente in den Aufrufen von *GetProperty*, *SetProperty* und *InvokeHelper*. Es handelt sich um die fest vorgegebenen DISPIDs für die Eigenschaften und Methoden der Komponente, die sich aus den Positionen in der Verteilertabelle ergeben.

**BankDriver.h**

```
// Computergenerierte IDispatch-Wrapperklassen, die mit dem Assistenten zum Hinzufügen
// von Klassen aus der Typenbibliothek erstellt wurden
// CBank Wrapperklasse
class CBank : public COleDispatchDriver
{
public:
    CBank(){} // Ruft den COleDispatchDriver-Standardkonstruktor auf
    CBank(LPDISPATCH pDispatch) : COleDispatchDriver(pDispatch) {}
    CBank(const CBank& dispatchSrc) : COleDispatchDriver(dispatchSrc) {}

    // Attribute
public:
    // Vorgänge
public:
    // IBank Methoden
public:
    double Withdrawal(double dAmount)
    {
        double result;
        static BYTE parms[] = VTS_R8 ;
        InvokeHelper(0x1, DISPATCH_METHOD, VT_R8, (void*)&result, parms, dAmount);
        return result;
    }
    void Deposit(double dAmount)
    {
        static BYTE parms[] = VTS_R8 ;
        InvokeHelper(0x2, DISPATCH_METHOD, VT_EMPTY, NULL, parms, dAmount);
    }
    // IBank Eigenschaften
public:
    double GetBalance()
    {
        double result;
        GetProperty(0x3, VT_R8, (void*)&result);
        return result;
    }
    void SetBalance(double propVal)
    {
        SetProperty(0x3, VT_R8, propVal);
    }
};
```

Die Klasse *CEx23dView* hat ein Datenelement *m_bank* vom Typ *CBank*. Die Memberfunktionen von *CEx23dView* für die Komponente *Ex23a.Bank* werden weiter unten aufgelistet. Sie sind mit den Optionen des Bankmenüs von Ex23d verknüpft. Von besonderem Interesse ist die Funktion *OnBankoleLoad*. Die Funktion *COleDispatchDriver::CreateDispatch* lädt das Komponentenprogramm (indem sie *CoGetClassObject* und *IClassFactory::CreateInstance* aufruft).

Anschließend ruft sie *QueryInterface* auf, um einen *IDispatch*-Zeiger zu erhalten, den sie im Datenelement *m_lpDispatch* des Objekts speichert. Diesen Zeiger gibt die Funktion *COleDispatchDriver::ReleaseDispatch*, die in der Funktion *OnBankoleUnload* aufgerufen wird, mit *Release* frei.

```
void CEx23dView::OnBankoleLoad()
{
    if(!m_bank.CreateDispatch("Ex23a.Bank")) {
        AfxMessageBox("Ex23a.Bank-Komponente nicht gefunden");
        return;
    }
}
void CEx23dView::OnUpdateBankoleLoad(CCmdUI *pCmdUI)
{
    pCmdUI->Enable(m_bank.m_lpDispatch == NULL);
}
void CEx23dView::OnBankoleTest()
{
    m_bank.Deposit(20.0);
    m_bank.Withdrawal(15.0);
    TRACE("Neuer Kontostand = %f\n", m_bank.GetBalance());
}
void CEx23dView::OnUpdateBankoleTest(CCmdUI *pCmdUI)
{
    pCmdUI->Enable(m_bank.m_lpDispatch != NULL);
}
void CEx23dView::OnBankoleUnload()
{
    m_bank.ReleaseDispatch();
}
void CEx23dView::OnUpdateBankoleUnload(CCmdUI *pCmdUI)
{
    pCmdUI->Enable(m_bank.m_lpDispatch != NULL);
}
```

**Die Steuerklasse für Ex23b.dll**

Der folgende Code zeigt die Headerdatei, die der Assistent *MFC-Klasse aus der Typenbibliothek (typelib)* generiert hat:

**AutoDriver.h**

```
// Computergenerierte IDispatch-Wrapperklassen, die mit dem Assistenten zum Hinzufügen
// von Klassen aus der Typenbibliothek erstellt wurden
// CEx23bAuto Wrapperklasse
class CEx23bAuto : public COleDispatchDriver
{
public:
    CEx23bAuto(){} // Ruft den COleDispatchDriver-Standardkonstruktor auf
    CEx23bAuto(LPDISPATCH pDispatch) : COleDispatchDriver(pDispatch) {}
    CEx23bAuto(const CEx23bAuto& dispatchSrc) : COleDispatchDriver(dispatchSrc) {}
```

```
    // Attribute
public:
    // Vorgänge
public:
    // IEx23bAuto Methoden
public:
    BOOL DisplayDialog()
    {
        BOOL result;
        InvokeHelper(0x3, DISPATCH_METHOD, VT_BOOL, (void*)&result, NULL);
        return result;
    }
    // IEx23bAuto Eigenschaften
public:
    long GetLongData()
    {
        long result;
        GetProperty(0x1, VT_I4, (void*)&result);
        return result;
    }
    void SetLongData(long propVal)
    {
        SetProperty(0x1, VT_I4, propVal);
    }
    VARIANT GetTextData()
    {
        VARIANT result;
        GetProperty(0x2, VT_VARIANT, (void*)&result);
        return result;
    }
    void SetTextData(const VARIANT& propVal)
    {
        SetProperty(0x2, VT_VARIANT, &propVal);
    }
};
```

Beachten Sie bitte, dass jede Eigenschaft eigene *Get-* und *Set-*Funktionen in der Clientklasse benötigt, selbst wenn die Eigenschaft durch ein Datenelement in der Komponente repräsentiert wird.

In der Headerdatei der Ansichtsklasse gibt es die Deklaration eines Datenelements *m_auto* vom Typ *IEx23bAuto*. Es folgt der Quelltext einiger DLL-bezogener Befehlshandler aus der Datei Ex23dView.cpp:

```
void CEx23dView::OnDlloleGetdata()
{
    m_auto.DisplayDialog();
    COleVariant vaData = m_auto.GetTextData();
    ASSERT(vaData.vt == VT_BSTR);
    CString strTextData(vaData.bstrVal);
    long lData = m_auto.GetLongData();
    TRACE("CEx23dView::OnDlloleGetdata -- long = %ld, text = %s\n",
        lData, strTextData);
}
```

*Automatisierung* **563**

```cpp
void CEx23dView::OnUpdateDlloleGetdata(CCmdUI *pCmdUI)
{
    pCmdUI->Enable(m_auto.m_lpDispatch != NULL);
}
void CEx23dView::OnDlloleLoad()
{
    if(!m_auto.CreateDispatch("Ex23b.Ex23bAuto")) {
        AfxMessageBox("Ex23b.Ex23bAuto-Komponente nicht gefunden");
        return;
    }
    COleVariant va("test");
    m_auto.SetTextData(va);   // Test
    m_auto.SetLongData(79);   // Test
    // Überprüfe die Verteilerschnittstelle
    // {125FECB2-734D-49FD-95C7-FE44B77FDE2C}
    static const IID IID_IEx23bAuto =
        { 0x2BBD226D, 0xC189, 0x4BA2, { 0xBF, 0xA4, 0x23,
          0xD1, 0xA6, 0x4D, 0x3B, 0xE } };
    LPDISPATCH p;
    HRESULT hr = m_auto.m_lpDispatch->QueryInterface(IID_IEx23bAuto,
                                                    (void**) &p);
    TRACE("OnDlloleLoad -- QueryInterface-Ergebnis = %x\n", hr);
    p->Release();
}
void CEx23dView::OnUpdateDlloleLoad(CCmdUI *pCmdUI)
{
   pCmdUI->Enable(m_auto.m_lpDispatch == NULL);
}
void CEx23dView::OnDlloleUnload()
{
    m_auto.ReleaseDispatch();
}
void CEx23dView::OnUpdateDlloleUnload(CCmdUI *pCmdUI)
{
   pCmdUI->Enable(m_auto.m_lpDispatch != NULL);
}
```

**Die Steuerklasse für Ex23c.exe**

Der folgende Code zeigt die Headerdateien mit den Klassen *CEx23c* und *CAlarm*, mit denen die Automatisierungskomponente Ex23c gesteuert wird.

### ClockDriver.h

```cpp
// Computergenerierte IDispatch-Wrapperklassen, die mit dem Assistenten zum Hinzufügen
// von Klassen aus der Typenbibliothek erstellt wurden
// CEx23c Wrapperklasse
class CEx23c : public COleDispatchDriver
{
public:
    CEx23c(){} // Ruft den COleDispatchDriver-Standardkonstruktor auf
    CEx23c(LPDISPATCH pDispatch) : COleDispatchDriver(pDispatch) {}
    CEx23c(const CEx23c& dispatchSrc) : COleDispatchDriver(dispatchSrc) {}
```

```cpp
    // Attribute
public:
    // Vorgänge
public:
    // IEx23c Methoden
public:
    VARIANT get_Figure(short n)
    {
        VARIANT result;
        static BYTE parms[] = VTS_I2 ;
        InvokeHelper(0x2, DISPATCH_PROPERTYGET, VT_VARIANT, (void*)&result, parms, n);
        return result;
    }
    void put_Figure(short n, VARIANT newValue)
    {
        static BYTE parms[] = VTS_I2 VTS_VARIANT ;
        InvokeHelper(0x2, DISPATCH_PROPERTYPUT, VT_EMPTY, NULL, parms, n, &newValue);
    }
    void RefreshWin()
    {
        InvokeHelper(0x3, DISPATCH_METHOD, VT_EMPTY, NULL, NULL);
    }
    void ShowWin()
    {
        InvokeHelper(0x4, DISPATCH_METHOD, VT_EMPTY, NULL, NULL);
    }
    LPDISPATCH CreateAlarm(DATE Time)
    {
        LPDISPATCH result;
        static BYTE parms[] = VTS_DATE ;
        InvokeHelper(0x5, DISPATCH_METHOD, VT_DISPATCH, (void*)&result, parms, Time);
        return result;
    }
    // IEx23c Eigenschaften
public:
    DATE GetTime()
    {
        DATE result;
        GetProperty(0x1, VT_DATE, (void*)&result);
        return result;
    }
    void SetTime(DATE propVal)
    {
        SetProperty(0x1, VT_DATE, propVal);
    }
};
```

**CAlarm.h**

```
// Computergenerierte IDispatch-Wrapperklassen, die mit dem Assistenten zum Hinzufügen
// von Klassen aus der Typenbibliothek erstellt wurden
// CAlarm Wrapperklasse
class CAlarm : public COleDispatchDriver
{
public:
    CAlarm(){} // Ruft den COleDispatchDriver-Standardkonstruktor auf
    CAlarm(LPDISPATCH pDispatch) : COleDispatchDriver(pDispatch) {}
    CAlarm(const CAlarm& dispatchSrc) : COleDispatchDriver(dispatchSrc) {}

    // Attribute
public:

    // Vorgänge
public:

    // IAlarm Methoden
public:

    // IAlarm Eigenschaften
public:
    DATE GetTime()
    {
        DATE result;
        GetProperty(0x1, VT_DATE, (void*)&result);
        return result;
    }
    void SetTime(DATE propVal)
    {
        SetProperty(0x1, VT_DATE, propVal);
    }
};
```

Von besonderem Interesse ist hier die Memberfunktion *CEx23c::CreateAlarm* in der Datei ClockDriver.cpp. Diese Funktion kann erst dann aufgerufen werden, wenn das *CClock*-Objekt (Dokument) erzeugt worden ist. Sie veranlasst die Komponente Ex23c, ein *CAlarm*-Objekt zu erzeugen und einen *IDispatch*-Zeiger mit einem Referenzzähler von 1 zu liefern. Die Funktion *COleDispatchDriver::AttachDispatch* verknüpft diesen Zeiger mit dem Objekt *m_alarm* des Clients. Falls dieses Objekt bereits einen solchen Schnittstellenzeiger hat, wird der alte Zeiger freigegeben. Das ist auch der Grund, warum Sie beim Überwachen des *Debug*-Fensters feststellen können, dass die alte Ex23c-Instanz sofort terminiert, wenn Sie eine neue Instanz anfordern. Allerdings müssen Sie dieses Verhalten mit dem Excel-Client testen, da Ex23d den Menübefehl *Laden* sperrt, sobald die Komponente aktiv ist.

Die Ansichtsklasse verfügt über die Datenelemente *m_clock* und *m_alarm*. Es folgt der Quelltext für die entsprechenden Befehlshandler in der Ansichtsklasse:

```
void CEx23dView::OnClockoleCreatealarm()
{
    CAlarmDialog dlg;
    if (dlg.DoModal() == IDOK) {
        COleDateTime dt(2002, 12, 23, dlg.m_nHours, dlg.m_nMinutes,
                       dlg.m_nSeconds);
        LPDISPATCH pAlarm = m_clock.CreateAlarm(dt);
```

```
            m_alarm.AttachDispatch(pAlarm);  // vorheriges Objekt wird freigeben
            m_clock.RefreshWin();
        }
}
void CEx23dView::OnUpdateClockoleCreatealarm(CCmdUI *pCmdUI)
{
    pCmdUI->Enable(m_clock.m_lpDispatch != NULL);
}
void CEx23dView::OnClockoleLoad()
{
    if(!m_clock.CreateDispatch("Ex23c.Document")) {
        AfxMessageBox("Ex23c.Document-Komponente nicht gefunden");
        return;
    }
    m_clock.put_Figure(0, COleVariant("XII"));
    m_clock.put_Figure(1, COleVariant("III"));
    m_clock.put_Figure(2, COleVariant("VI"));
    m_clock.put_Figure(3, COleVariant("IX"));
    OnClockoleRefreshtime();
    m_clock.ShowWin();
}
void CEx23dView::OnUpdateClockoleLoad(CCmdUI *pCmdUI)
{
    pCmdUI->Enable(m_clock.m_lpDispatch == NULL);
}
void CEx23dView::OnClockoleRefreshtime()
{
    COleDateTime now = COleDateTime::GetCurrentTime();
    m_clock.SetTime(now);
    m_clock.RefreshWin();
}
void CEx23dView::OnUpdateClockoleRefreshtime(CCmdUI *pCmdUI)
{
    pCmdUI->Enable(m_clock.m_lpDispatch != NULL);
}
void CEx23dView::OnClockoleUnload()
{
    m_clock.ReleaseDispatch();
}
void CEx23dView::OnUpdateClockoleUnload(CCmdUI *pCmdUI)
{
    pCmdUI->Enable(m_clock.m_lpDispatch != NULL);
}
```

## Microsoft Excel steuern

Das Beispielprogramm Ex23d enthält Code, der Excel lädt, eine Arbeitsmappe erstellt und den Inhalt von Zellen der aktiven Tabelle liest oder schreibt. Excel wird auf dieselbe Weise gesteuert wie eine MFC-Automatisierungskomponente, aber es gibt einige Excel-Besonderheiten, die man kennen sollte.

Beim Studium von Excel VBA werden Sie feststellen, dass Sie mehr als 100 verschiedene »Objekte« in Ihren Programmen verwenden können. Alle diese Objekte sind über die Automatisierung zugänglich. Aber zur Entwicklung eines MFC-Automatisierungsclients müssen Sie die Eigenschaften und Methoden der Objekte kennen. Am besten wäre es, für jedes Objekt eine eigene C++-Klasse zu haben, deren Memberfunktionen automatisch die richtigen Methoden aufrufen.

Excel hat eine eigene Typbibliothek, die in der Registrierung zu finden ist. Der Assistent *MFC-Klasse aus der Typenbibliothek (typelib)* kann diese Typbibliothek lesen und für die gewünschten Excel-Objekte passende C++-Treiberklassen generieren. Es bietet sich an, die erforderlichen Objekte auszuwählen und die generierten Klassen jeweils in eigenen Dateien abzulegen, wie in Abbildung 23.6 gezeigt.

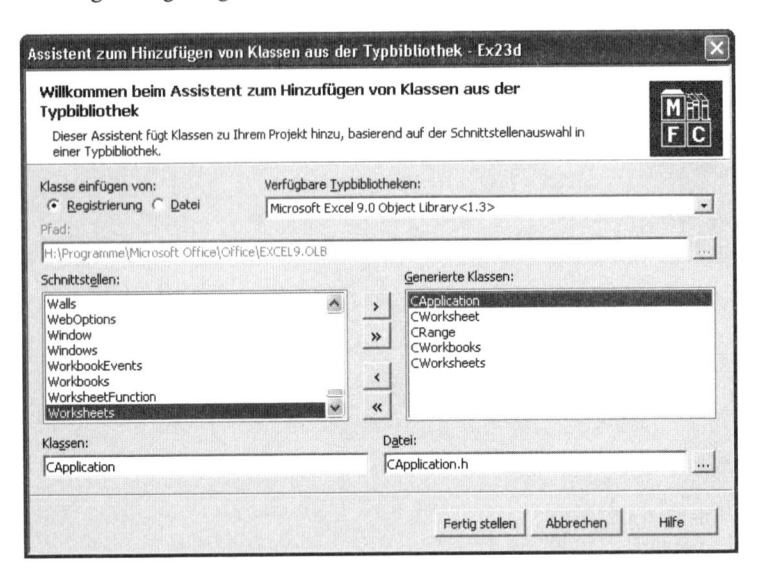

*Abbildung 23.6:* Der Assistent MFC-Klasse aus der Typenbibliothek (typelib) *kann C++-Klassen für die Excel-Objekte generieren, die in der Excel-Typbibliothek beschrieben werden*

Vermutlich müssen Sie den generierten Code bearbeiten und an die Erfordernisse anpassen. Betrachten wir ein Beispiel. Wenn Sie mit dem Assistenten *MFC-Klasse aus der Typenbibliothek (typelib)* eine Treiberklasse für das *Worksheet*-Objekt generieren, erhalten Sie eine *get_Range*-Memberfunktion wie die folgende:

```
LPDISPATCH get_Range(VARIANT Cell1, VARIANT Cell2)
{
    LPDISPATCH result;
    static BYTE parms[] = VTS_VARIANT VTS_VARIANT ;
    InvokeHelper(0xc5, DISPATCH_PROPERTYGET, VT_DISPATCH,
            (void*)&result, parms, &Cell1, &Cell2);
    return result;
}
```

Sie wissen (aus der VBA-Dokumentation von Excel), dass dieser Methode beim Aufruf entweder nur eine Zelle (ein Parameter) oder ein rechteckiger Bereich von Zellen übergeben wird, der durch zwei Zellen gekennzeichnet ist (zwei Parameter). Außerdem wissen Sie, dass optionale Parameter beim Aufruf von *InvokeHelper* weggelassen werden können. Es scheint nun sinnvoll, durch Überschreiben eine zweite Funktion *GetRange* hinzuzufügen, die nur einen einzigen Zellenparameter hat.

```
LPDISPATCH get_Range( VARIANT Cell1) // zusätzliche Überschreibung
{
    LPDISPATCH result;
    static BYTE parms[] = VTS_VARIANT;
    InvokeHelper(0xc5, DISPATCH_PROPERTYGET, VT_DISPATCH, (void*)&result, parms, &Cell1);
    return result;
}
```

Wie erfahren Sie, welche Funktionen zu ändern sind? Es sind genau die Funktionen, die Sie in Ihrem Programm benutzen möchten. In dem Referenzhandbuch zu Excel-VBA finden Sie die Informationen über die erforderlichen Parameter und Rückgabewerte. Vielleicht wird ja demnächst jemand eine Menge von C++-Treiberklassen für Excel entwickeln.

Das Beispielprogramm Ex23d verwendet die Excel-Objekte aus der unten gezeigten Tabelle und enthält die entsprechenden Klassen. Der Code für diese Objekte liegt in den Dateien CApplication.h, CRange.h, CWorksheet.h, CWorksheets.h und CWorkbooks.h.

| Klasse | Datenelement der Ansichtsklasse |
|---|---|
| CApplication | m_app |
| CRange | m_range[5] |
| CWorksheet | m_worksheet |
| CWorkbooks | m_workbooks |
| CWorksheets | m_worksheets |

Die folgende Memberfunktion *OnExceloleLoad* der Ansichtsklasse führt den Befehl *Laden* aus dem Menü *Excel-Komponente* aus. Diese Funktion muss auch dann ihre Aufgabe erfüllen, wenn der Benutzer Excel bereits gestartet hat. Die COM-Funktion *GetActiveObject* versucht, für Excel einen *IUnknown*-Zeiger zurückzugeben. *GetActiveObject* verlangt als Argument eine Klassen-ID. Wir müssen deshalb zuerst *CLSIDFromProgID* aufrufen. Wenn *GetActiveObject* erfolgreich ist, wird über *QueryInterface* ein *IDispatch*-Zeiger angefordert und mit dem Steuerobjekt *m_app* vom Typ *CApplication* in der Ansichtsklasse verknüpft. Falls *GetActiveObject* keinen Erfolg hat, wird wie bei den anderen Servern *COleDispatchDriver::CreateDispatch* aufgerufen.

```
void CEx23dView::OnExceloleLoad()
{   // Falls Excel bereits läuft, Verbindung herstellen. Andernfalls starten.
    LPDISPATCH pDisp;
    LPUNKNOWN pUnk;
    CLSID clsid;
    TRACE("Eintritt in CEx23dView::OnExcelLoad\n");
    BeginWaitCursor();
    // Geben Sie für Office 2000 "Excel.Application.9" an
    // Verwenden Sie für Office XP "Excel.Application.10"
    ::CLSIDFromProgID(L"Excel.Application.10", &clsid); // aus Registrierung
    if(::GetActiveObject(clsid, NULL, &pUnk) == S_OK) {
        VERIFY(pUnk->QueryInterface(IID_IDispatch,
            (void**) &pDisp) == S_OK);
        m_app.AttachDispatch(pDisp);
        pUnk->Release();
        TRACE(" Verknüpfung abgeschlossen\n");
    }
```

*Automatisierung*

```
    else {
        if(!m_app.CreateDispatch("Excel.Application.10")) {
            AfxMessageBox("Microsoft Excel nicht gefunden");
        }
        TRACE(" Erstellung abgeschlossen\n");
    }
    EndWaitCursor();
}
```

*OnExceloleExecute* ist der Handler für den Befehl *Ausführen* im Menü *Excel-Komponente*. Seine erste Aufgabe ist es, das Hauptfenster von Excel zu finden und in den Vordergrund zu bringen. Wir müssen hier einige Windows-Funktionen verwenden, da es anscheinend keine passende Methode für diesen Zweck gibt. Außerdem müssen wir noch eine Arbeitsmappe erstellen, falls noch keine geöffnet worden ist.

Zudem müssen wir die Rückgabewerte der Methoden sorgfältig überprüfen. Die Methode *Add* des *Workbooks*-Objekts liefert beispielsweise einen *IDispatch*-Zeiger für ein Objekt des Typs *Workbook* und inkrementiert natürlich den Referenzzähler. Hätten wir eine Klasse für *Workbook* generiert, so könnten wir *COleDispatchDriver::AttachDispatch* aufrufen und dafür sorgen, dass *Release* aufgerufen wird, sobald das *Workbook*-Objekt nicht mehr gebraucht wird. Da wir ansonsten keine *Workbook*-Klasse brauchen, geben wir den Zeiger einfach am Ende der Funktion frei. Wenn wir unsere Zeiger nicht ordnungsgemäß wieder freigeben, erhalten wir in der *Debug*-Version unseres MFC-Programms gegebenenfalls entsprechende Meldungen über ein Speicherleck angezeigt.

Der Rest der Funktion *OnExceloleExecute* arbeitet mit den Zellen der Tabelle. Es ist nicht schwer, Zahlen, Datumsangaben, Zeichenfolgen und Formeln zu lesen und zu schreiben. Der C++-Quelltext ähnelt dem VBA-Code, der zur Durchführung derselben Arbeit erforderlich wäre:

```
void CEx23dView::OnExceloleExecute()
{
    LPDISPATCH pRange, pWorkbooks;
    CWnd* pWnd = CWnd::FindWindow("XLMAIN", NULL);
    if (pWnd != NULL) {
        TRACE("Excel-Fenster gefunden\n");
        pWnd->ShowWindow(SW_SHOWNORMAL);
        pWnd->UpdateWindow();
        pWnd->BringWindowToTop();
    }
    m_app.put_SheetsInNewWorkbook(1);

    VERIFY(pWorkbooks = m_app.get_Workbooks());
    m_workbooks.AttachDispatch(pWorkbooks);

    LPDISPATCH pWorkbook = NULL;
    if (m_workbooks.get_Count() == 0) {
        // Add gibt einen Workbook-Zeiger zurück. Wir haben aber
        //   keine Workbook-Klasse.
        pWorkbook = m_workbooks.Add(COleVariant((short) 0));
        // Speichere den Zeiger für die spätere Freigabe
    }
    LPDISPATCH pWorksheets = m_app.get_Worksheets();
    ASSERT(pWorksheets != NULL);
    m_worksheets.AttachDispatch(pWorksheets);
    LPDISPATCH pWorksheet = m_worksheets.get_Item(COleVariant((short) 1));
```

```cpp
    m_worksheet.AttachDispatch(pWorksheet);
    m_worksheet.Select(COleVariant((short) 0));

    VERIFY(pRange = m_worksheet.get_Range(COleVariant("A1"), COleVariant("A1")));
    m_range[0].AttachDispatch(pRange);

    VERIFY(pRange = m_worksheet.get_Range(COleVariant("A2"), COleVariant("A2")));
    m_range[1].AttachDispatch(pRange);

    VERIFY(pRange = m_worksheet.get_Range(COleVariant("A3"), COleVariant("A3")));
    m_range[2].AttachDispatch(pRange);

    VERIFY(pRange = m_worksheet.get_Range(COleVariant("A3"), COleVariant("C5")));
    m_range[3].AttachDispatch(pRange);

    VERIFY(pRange = m_worksheet.get_Range(COleVariant("A6"), COleVariant("A6")));
    m_range[4].AttachDispatch(pRange);

    m_range[4].put_Value(COleVariant(COleDateTime(2002, 4, 24, 15, 47, 8)));
    // gespeichertes Datum abfragen und anzeigen
    COleVariant vaTimeDate = m_range[4].get_Value();
    TRACE("returned date type = %d\n", vaTimeDate.vt);
    COleVariant vaTemp;
    vaTemp.ChangeType(VT_BSTR, &vaTimeDate);
    CString str(vaTemp.bstrVal);
    TRACE("date = %s\n", (const char*) str);

    m_range[0].put_Value(COleVariant("Test-Text"));

    COleVariant vaResult0 = m_range[0].get_Value();
    if (vaResult0.vt == VT_BSTR) {
        CString str(vaResult0.bstrVal);
        TRACE("vaResult0 = %s\n", (const char*) str);
    }
    m_range[1].put_Value(COleVariant(3.14159));

    COleVariant vaResult1 = m_range[1].get_Value();
    if (vaResult1.vt == VT_R8) {
        TRACE("vaResult1 = %f\n", vaResult1.dblVal);
    }
    m_range[2].put_Formula(COleVariant("=$A2*2.0"));

    COleVariant vaResult2 = m_range[2].get_Value();
    if (vaResult2.vt == VT_R8) {
        TRACE("vaResult2 = %f\n", vaResult2.dblVal);
    }
    COleVariant vaResult2a = m_range[2].get_Formula();
    if (vaResult2a.vt == VT_BSTR) {
        CString str(vaResult2a.bstrVal);
        TRACE("vaResult2a = %s\n", (const char*) str);
    }
    m_range[3].FillRight();
    m_range[3].FillDown();
    // Aufräumen
    if (pWorkbook != NULL) {
        pWorkbook->Release();
    }
}
```

## Das Beispiel Ex23e: Ein weiterer Automatisierungsclient

Dieses Programm benutzt die C++-Anweisung *#import*, um intelligente Zeiger zu generieren. Es verhält sich wie das Beispielprogramm Ex23d, außer dass es Excel nicht ausführt. Die *#import*-Anweisungen befinden sich alle in der Datei StdAfx.h. Auf diese Weise werden überflüssige Generierungsläufe des Compilers für die Treiberklassen vermieden. Hier sehen Sie den zusätzlich eingefügten Quelltext:

```
#include <afxdisp.h>
#import "..\Ex23a\Debug\Ex23a.tlb" rename_namespace("BankDriv")
using namespace BankDriv;

#import "..\Ex23b\Debug\Ex23b.tlb" rename_namespace("Ex23bDriv")
using namespace Ex23bDriv;

#import "..\Ex23c\Debug\Ex23c.tlb" rename_namespace("ClockDriv")
using namespace ClockDriv;
```

Wenn Sie das Grundgerüst der Anwendung mit der Option *ActiveX-Steuerelemente* generieren, fügt der MFC-Anwendungsassistent einen *AfxOleInit*-Aufruf in die *InitInstance*-Memberfunktion der Anwendungsklasse ein. (Andernfalls müssen Sie ihn von Hand nachtragen.)

Der Header der Ansichtsklasse enthält folgende Smart Pointer:

```
IEx23bAutoPtr m_auto;
IBankPtr m_bank;
IEx23cPtr m_clock;
IAlarmPtr m_alarm;
```

Hier ist der Code für die Befehlshandler in der Ansichtsklasse:

```
void CEx23eView::OnBankoleLoad()
{
    if(m_bank.CreateInstance(__uuidof(Bank)) != S_OK) {
        AfxMessageBox("Bank-Komponente nicht gefunden");
        return;
    }
}
void CEx23eView::OnUpdateBankoleLoad(CCmdUI *pCmdUI)
{
    pCmdUI->Enable(m_bank.GetInterfacePtr() == NULL);
}

void CEx23eView::OnBankoleTest()
{
    try {
        m_bank->Deposit(20.0);
        m_bank->Withdrawal(15.0);
        TRACE("Neuer Kontostand = %f\n", m_bank->GetBalance());
    } catch(_com_error& e) {
        AfxMessageBox(e.ErrorMessage());
    }
}
void CEx23eView::OnUpdateBankoleTest(CCmdUI *pCmdUI)
{
    pCmdUI->Enable(m_bank.GetInterfacePtr() != NULL);
}
```

```cpp
void CEx23eView::OnBankoleUnload()
{
    m_bank.Release();
}
void CEx23eView::OnUpdateBankoleUnload(CCmdUI *pCmdUI)
{
    pCmdUI->Enable(m_bank.GetInterfacePtr() != NULL);
}
void CEx23eView::OnClockoleCreatealarm()
{
    CAlarmDlg dlg;
    try {
        if (dlg.DoModal() == IDOK) {
            COleDateTime dt(2001, 12, 23, dlg.m_nHours,
                            dlg.m_nMinutes, dlg.m_nSeconds);
            LPDISPATCH pAlarm = m_clock->CreateAlarm(dt);
            m_alarm.Attach((IAlarm*) pAlarm);  // voriges Objekt freigeben
            m_clock->RefreshWin();
        }
    } catch(_com_error& e) {
        AfxMessageBox(e.ErrorMessage());
    }
}
void CEx23eView::OnUpdateClockoleCreatealarm(CCmdUI *pCmdUI)
{
    pCmdUI->Enable(m_clock.GetInterfacePtr() != NULL);
}
void CEx23eView::OnClockoleLoad()
{
    if(m_clock.CreateInstance(__uuidof(CEx23cDoc)) != S_OK) {
        AfxMessageBox("Uhrkomponente nicht gefunden");
        return;
    }
    try {
        m_clock->PutFigure(0, COleVariant("XII"));
        m_clock->PutFigure(1, COleVariant("III"));
        m_clock->PutFigure(2, COleVariant("VI"));
        m_clock->PutFigure(3, COleVariant("IX"));
        OnClockoleRefreshtime();
        m_clock->ShowWin();
    } catch(_com_error& e) {
        AfxMessageBox(e.ErrorMessage());
    }
}
void CEx23eView::OnUpdateClockoleLoad(CCmdUI *pCmdUI)
{
    pCmdUI->Enable(m_clock.GetInterfacePtr() == NULL);
}
void CEx23eView::OnClockoleRefreshtime()
{
    COleDateTime now = COleDateTime::GetCurrentTime();
    try {
        m_clock->PutTime(now);
        m_clock->RefreshWin();
    }
```

*Automatisierung*

```cpp
    catch(_com_error& e) {
        AfxMessageBox(e.ErrorMessage());
    }
}
void CEx23eView::OnUpdateClockoleRefreshtime(CCmdUI *pCmdUI)
{
    pCmdUI->Enable(m_clock.GetInterfacePtr() != NULL);
}
void CEx23eView::OnClockoleUnload()
{
    m_clock.Release();
}
void CEx23eView::OnUpdateClockoleUnload(CCmdUI *pCmdUI)
{
    pCmdUI->Enable(m_clock.GetInterfacePtr() != NULL);
}
void CEx23eView::OnDlloleGetdata()
{
    try {
        m_auto->DisplayDialog();
        COleVariant vaData = m_auto->GetTextData();
        ASSERT(vaData.vt == VT_BSTR);
        CString strTextData(vaData.bstrVal);
        long lData = m_auto->GetLongData();
        TRACE("CEx23dView::OnDlloleGetdata - long = %ld, Text = %s\n",
            lData, strTextData);
    } catch(_com_error& e) {
        AfxMessageBox(e.ErrorMessage());
    }
}
void CEx23eView::OnUpdateDlloleGetdata(CCmdUI *pCmdUI)
{
    pCmdUI->Enable(m_auto.GetInterfacePtr() != NULL);
}
void CEx23eView::OnDlloleLoad()
{
    if(m_auto.CreateInstance(__uuidof(Ex23bAuto)) != S_OK) {
        AfxMessageBox("Ex23bAuto-Komponente nicht gefunden");
        return;
    }
    IEx23bAuto* pEx23bAuto = 0;
    m_auto.QueryInterface(__uuidof(IEx23bAuto), (void**)&pEx23bAuto);
    if(pEx23bAuto) {
        pEx23bAuto->PutLongData(42);
        pEx23bAuto->Release();
    }
}
void CEx23eView::OnUpdateDlloleLoad(CCmdUI *pCmdUI)
{
    pCmdUI->Enable(m_auto.GetInterfacePtr() == NULL);
}
void CEx23eView::OnDlloleUnload()
{
    m_auto.Release();
}
```

```
void CEx23eView::OnUpdateDlloleUnload(CCmdUI *pCmdUI)
{
    pCmdUI->Enable(m_auto.GetInterfacePtr() != NULL);
}
```

Beachten Sie bitte die Verwendung der *try/catch*-Blöcke in den Funktionen, in denen die Komponenten gesteuert werden. Diese Blöcke sind für die Bearbeitung von Fehlern erforderlich, die sich zum Beispiel durch die unvorhergesehene Terminierung eines Komponentenprogramms ergeben. Beim vorherigen Beispiel Ex23d hat sich die MFC-Klasse *COleDispatchDriver* darum gekümmert.

# Frühe Bindung unter VBA

Als Sie die Beispielkomponenten Ex23a, Ex23b und Ex23c von Excel-VBA aus gesteuert haben, benutzten Sie einen Mechanismus, der als *späte Bindung* bezeichnet wird. In der Regel ruft VBA bei jedem Zugriff auf eine Eigenschaft oder Methode die Funktion *IDispatch::GetIDsOfNames* auf, um die Verteiler-ID für den gegebenen symbolischen Namen zu ermitteln. Das ist nicht nur sehr ineffizient, sondern VBA kann auch keine Typüberprüfung vornehmen, solange es nicht wirklich auf eine Eigenschaft oder Methode zugreift. Angenommen, ein VBA-Programm versucht beispielsweise, den Wert einer Eigenschaft zu lesen, und erhält statt des erwarteten numerischen Werts eine Zeichenfolge zurück. In diesem Fall würde VBA erst einen Laufzeitfehler melden, wenn es den *Get*-Zugriff auf die Eigenschaft durchführt.

Bei Verwendung der *frühen Bindung* kann VBA das Visual Basic-Programm vorverarbeiten und die Namen von Eigenschaften und Methoden in DISPIDs konvertieren, bevor es das Komponentenprogramm startet. Auf diese Weise kann VBA Typüberprüfungen für Eigenschaften, Rückgabewerte und Parameter von Methoden durchführen und schon bei der Kompilierung diesbezügliche Fehlermeldungen ausgeben. Wie kommt VBA an die im Voraus benötigten Informationen? Natürlich über die Typbibliothek der Komponente. Zu diesem Zweck benutzt VBA dieselbe Typbibliothek, die auch von VBA-Programmierern zur Untersuchung der Eigenschaften und Methoden der Komponente verwendet wird. VBA liest die Typbibliothek, bevor das Komponentenprogramm geladen wird.

## Eine Typbibliothek registrieren

Sie wissen bereits, dass Visual C++ .NET für jede Komponente eine eigene TLB-Datei generiert. Damit VBA diese Bibliothek finden kann, muss deren Position in der Windows-Registrierung bekannt sein. Browser benutzen die Typbibliothekseinträge in der Registrierung und die COM-Laufzeitschicht benutzt die Schnittstelleneinträge während der Laufzeit zur Typüberprüfung und, im Falle einer EXE-Komponente, zum Marshalling der Verteilerschnittstelle.

## Wie eine Komponente ihre Typbibliothek registriert

Eine als eigenständiges Programm gestartete EXE-Komponente kann die MFC-Funktion *AfxOleRegisterTypeLib* aufrufen, um die erforderlichen Registrierungseinträge vorzunehmen:

```
VERIFY(AfxOleRegisterTypeLib(AfxGetInstanceHandle(), theTypeLibGUID,
    "Ex23b.tlb"));
```

Hier ist das Argument *theTypeLibGUID*, eine statische Variable des Typs *GUID*:

```
// {7492F95E-CEF0-4E4D-8610-B7B1FE4AF8A2}
static const GUID theTypeLibGUID =
    { 0x7492F95E, 0xCEF0, 0x4E4D, { 0x86, 0x10, 0xB7, 0xB1, 0xFE, 0x4A,
      0xF8, 0xA2 } };
```

Die Funktion *AfxOleRegisterTypeLib* wird in der Headerdatei afxwin.h definiert. Für deren Import muss _AFXDLL definiert sein. Sie können diese Funktion also nicht in einer normalen DLL benutzen, es sei denn, Sie kopieren den entsprechenden Teil aus den MFC-Quelltexten.

## Die IDL-Datei

Nun ist ein guter Zeitpunkt für einen etwas genaueren Blick auf die IDL-Datei aus demselben Projekt.

```
// Ex23b.idl : Die Typbibliothekquelle für die Ex23b.dll
// Diese Datei wird vom MIDL-Compiler verarbeitet, um
// die Typbibliothek (Ex23b.tlb) zu erstellen.

#include "olectl.h"
[ uuid(7492F95E-CEF0-4E4D-8610-B7B1FE4AF8A2), version(1.0) ]
library Ex23b
{
    importlib("stdole32.tlb");
    importlib("stdole2.tlb");
    //  Primäre Dispatchschnittstelle für Ex23bAuto

    [ uuid(2BBD226D-C189-4BA2-BFA4-23D1A64D3B0E) ]
    dispinterface IEx23bAuto
    {
        properties:
        [id(1), helpstring("property LongData")] LONG LongData;
        [id(2), helpstring("property TextData")] VARIANT TextData;
methods:
        [id(3), helpstring("method DisplayDialog")] VARIANT_BOOL DisplayDialog(void);
    };

    // Klasseninformationen für Ex23bAuto

    [ uuid(0CBF3909-496F-4849-B6DD-5763A0610BF4) ]
    coclass Ex23bAuto
    {
        [default] dispinterface IEx23bAuto;
    };
};
```

Offensichtlich gibt es zahlreiche Verbindungen zwischen der Registrierung, der Typbibliothek, der Komponente und dem VBA-Client.

**HINWEIS:** OLEVIEW ist ein nützliches Visual C++ .NET-Dienstprogramm, mit dem Sie registrierte Komponenten und ihre Typbibliotheken untersuchen können.

# Wie Excel eine Typbibliothek benutzt

Betrachten wir nun die Folge von Schritten, mit denen Excel die Nutzung Ihrer Typbibliothek vorbereitet:

1. Beim Start liest Excel die Typbibliothekseinträge aus der Registrierung und stellt eine Liste aller verfügbaren Typbibliotheken zusammen. Anschließend lädt Excel die Typbibliotheken für VBA und die Excel-Objektbibliothek.

2. Nachdem der Benutzer Excel gestartet, eine Arbeitsmappe geladen und zum Visual Basic-Editor gewechselt hat, wählt er im Menü *Extras* den Befehl *Verweise* und markiert die Zeile *Ex23b* (siehe Abbildung 23.18). Beim Speichern der Arbeitsmappe wird auch dieser Verweis mit abgespeichert.

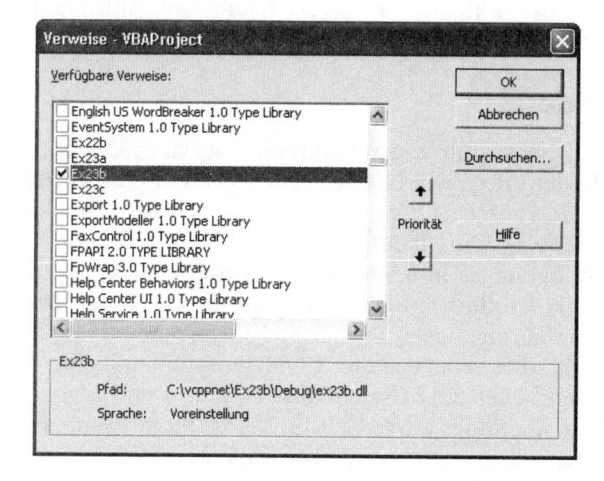

3. Der Excel-Anwender ist nun in der Lage, die Eigenschaften und Methoden der Serverkomponente Ex23b zu untersuchen, indem er im Menü *Ansicht* des Visual Basic-Editors den Befehl *Objektkatalog* gibt, um das gleichnamige Dialogfeld zu öffnen.

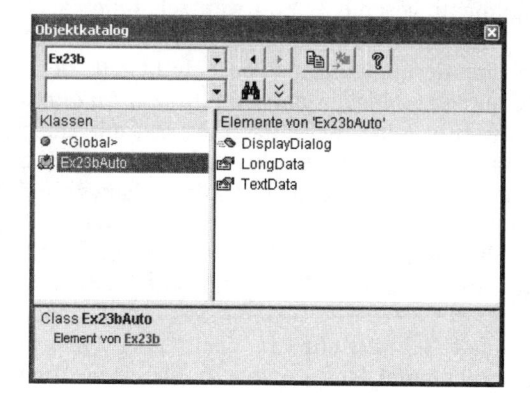

4. Um die Typbibliothek in Ihrem VBA-Programm nutzen zu können, müssen Sie nur die Zeile
```
Dim DllComp as Object
```

durch folgende Zeile ersetzen:
```
Dim DllComp as IEx23bAuto
```
Das VBA-Programm terminiert sofort, wenn es *IEx23bAuto* nicht in seiner Verweisliste finden kann.

5. Unmittelbar nach Ausführung der *CreateObject*-Anweisung und dem Laden des Komponentenprogramms ruft VBA *QueryInterface* für die Schnittstelle *IID_IEx23bAuto* auf. Diese Schnittstelle ist in der Registrierung, der Typbibliothek und der Schnittstellentabelle der Komponentenklasse definiert. (*IEx23bAuto* ist in Wirklichkeit eine Schnittstelle vom Typ *IDispatch*.) Es handelt sich um eine Art Sicherheitsvorkehrung. Falls die Komponente nicht mit der Schnittstelle dienen kann, terminiert das VBA-Programm. Theoretisch gesehen könnte Excel die CLSID aus der Typbibliothek benutzen, um das Komponentenprogramm zu laden, aber stattdessen benutzt Excel die CLSID aus der Registrierung (wie bei der späten Bindung).

## Warum frühe Bindung verwenden?

Vielleicht denken Sie, dass die frühe Bindung die Ausführungszeiten Ihrer Automatisierungskomponente verbessert. Allerdings dürften Sie in der Praxis wohl keine nennenswerten Geschwindigkeitsverbesserungen bemerken, da die Aufrufe von *IDispatch::Invoke* die eigentliche Schranke darstellen. Ein typischer MFC-Aufruf von *Invoke*, von einem kompilierten C++-Client an eine kompilierte C++-Komponente gerichtet, benötigt ungefähr 0,5 Millisekunden.

Die Bearbeitungsmöglichkeiten, die eine Typbibliothek bietet, sind vermutlich von größerem Wert als die frühe Bindung während der Kompilierung. Wenn Sie beispielsweise einen C++-Client entwickeln, können Sie die Typbibliothek mit Hilfe verschiedener COM-Funktionen laden, zum Beispiel durch *LoadTypeLib*, und anschließend über die Schnittstellen *ITypeLib* und *ITypeInfo* auf die geladenen Daten zugreifen. Sie sollten allerdings etwas Zeit für dieses Projekt einplanen, da die Schnittstellen der Typbibliothek durchaus ihre kniffeligen Ecken haben.

## Schnellere Verbindungen zwischen Client und Komponente

Microsoft ist sich der Grenzen der Schnittstelle *IDispatch* bewusst. Diese Schnittstelle ist natürlich langsam, da alle Daten durch *VARIANT*-Argumente geschleust und wahrscheinlich an beiden Enden konvertiert werden müssen. Es gibt jetzt eine neue Schnittstellenvariante, die als *duale Schnittstelle* bezeichnet wird. Bei der Implementierung einer dualen Schnittstelle definieren Sie Ihre eigene, von *IDispatch* abgeleitete Schnittstelle. Neben den Funktionen *Invoke* und *GetIDsOfNames* gehören noch andere Funktionen zu solchen Schnittstellen. Ein mit entsprechender »Intelligenz« ausgestatteter Client kann die ineffizienten *Invoke*-Aufrufe umgehen und stattdessen die spezialisierten Funktionen verwenden. Duale Schnittstellen können sowohl reine Standardtypen als auch beliebige andere Varianten der Automatisierung unterstützen. (Allerdings würde eine Behandlung dualer Schnittstellen den Rahmen dieses Buchs sprengen. Weitere Informationen zu diesem Thema finden Sie in dem Buch *Inside OLE,* Second Edition, von Kraig Brockschmidt, Microsoft Press, 1995.)

Es gibt keine direkte MFC-Unterstützung für duale Schnittstellen in Visual C++ .NET, aber das Visual C++-Beispiel ACDUAL sollte einen brauchbaren Ausgangspunkt für eigene Implementierungen bieten.

# 24 Vereinheitlichter Datenaustausch: Zwischenablage und OLE-Drag & Drop

579 Die Schnittstelle *IDataObject*
581 Die Strukturen *FORMATETC* und *STGMEDIUM*
583 MFC-Unterstützung für den vereinheitlichten Datenaustausch (UDT)
587 Die MFC-Klasse *CRectTracker*
589 Das Beispiel Ex24a: Datentransfer über die Zwischenablage
596 MFC-Unterstützung für Drag & Drop
599 Das Beispiel Ex24b: OLE-Drag & Drop

COM bietet einen leistungsfähigen Mechanismus zur Übertragung von Daten sowohl innerhalb eines Programms als auch zwischen unterschiedlichen Microsoft Windows-Anwendungen: Uniform Data Transfer (UDT). Wie Sie noch sehen werden, stellt UDT eine Vielzahl von Optionen zur Formatierung und Speicherung Ihrer übertragenen Daten zur Verfügung, die weit über das hinausgehen, was gewöhnliche Transferoperationen über die Zwischenablage leisten. Ein Schlüsselelement von UDT ist die COM-Schnittstelle *IDataObject*.

Die MFC-Bibliothek unterstützt den vereinheitlichten Datenaustausch zwar, aber nicht so umfassend, dass sie alles verbergen würde, was auf der Ebene der COM-Schnittstellen geschieht. Zu den nützlichen Anwendungen des vereinheitlichten Datenaustauschs gehört OLE-Drag & Drop. Viele Entwickler möchten Drag & Drop in ihren Anwendungen verwenden. Unter diesen Umständen bedeutet die Unterstützung von Drag & Drop, dass Programme über eine Standardmethode für den Datenaustausch verfügen. Diese Unterstützung von Drag & Drop durch die MFC-Bibliothek bildet zusammen mit dem Datentransfer über die Zwischenablage den Schwerpunkt dieses Kapitels.

## Die Schnittstelle *IDataObject*

Die Schnittstelle *IDataObject* wird für den Datenaustausch über die Zwischenablage und bei Drag & Drop-Operationen verwendet, aber auch in Verbunddokumenten, ActiveX-Steuerelementen und bei benutzerdefinierten OLE-Funktionen. In seinem Buch *Inside OLE*, Second Edition (Microsoft Press, 1995) gibt uns Kraig Brockschmidt den Rat: »Stellen Sie sich Objekte als kleine Materialstapel vor.« Mit Hilfe der Schnittstelle *IDataObject* können Sie solche Stapel hin und her schieben, wobei es keine Rolle spielt, welche Art von »Material« da verschoben wird.

Als Win32-Programmierer würden Sie den C++-Code schreiben, der zur Implementierung der Schnittstelle *IDataObject* erforderlich ist. Ihr Programm würde dann Datenobjekte dieser Klasse erzeugen, die Sie anschließend mit den Memberfunktionen der Schnittstelle *IDataObject* bearbeiten würden. In diesem Kapitel erfahren Sie, wie Sie das gleiche Ergebnis mit Hilfe der MFC-Implementierung von *IDataObject* erzielen. Wir wollen zuerst kurz untersuchen, warum die OLE-Zwischenablage eine Verbesserung gegenüber der normalen Windows-Zwischenablage darstellt.

## Verbesserte Nutzung der Zwischenablage durch *IDataObject*

Es hat niemals viel Unterstützung der Windows-Zwischenablage durch die MFC-Bibliothek gegeben. Wenn Sie Programme für die Zwischenablage entwickelt haben, dann haben Sie Win32-Funktionen benutzt, wie *OpenClipboard*, *CloseClipboard*, *GetClipboardData* und *SetClipboardData*. Ein Programm kopiert ein einzelnes Datenelement eines bestimmten Formats in die Zwischenablage und ein anderes Programm entnimmt die Daten in dem verfügbaren Format, das am besten passt, und fügt sie an der gewünschten Stelle ein. Zu den Standardformaten der Zwischenablage gehören globale Speicherblöcke (in Form einer *HGLOBAL*-Variablen) sowie verschiedene GDI-Objekte, beispielsweise Bitmaps und Metadateien (wieder in Form geeigneter Handles). Globale Speicherblöcke können sowohl Text als auch Daten eines benutzerdefinierten Formats enthalten.

Die Schnittstelle *IDataObject* setzt dort an, wo die bisherigen Möglichkeiten der Windows-Zwischenablage enden. Kurz gesagt geht es darum, dass beim Datentransfer statt einer Menge unterschiedlicher Formate nur ein einzelner *IDataObject*-Zeiger in die Zwischenablage gelegt und wieder herausgenommen wird. Das eigentliche Datenobjekt kann eine ganze Palette an verschiedenen Formaten verwenden. Die dazugehörigen Formatbeschreibungen können Informationen über die vorgesehenen Zielgeräte enthalten, zum Beispiel über den Drucker, und sie können Informationen über die Darstellung der Daten enthalten (zum Beispiel in normaler Form oder als Symbol).

Hervorzuheben ist auch, dass die Schnittstelle *IDataObject* das Speichermedium für ein Datenformat festlegt. Ein herkömmlicher Datentransfer über die Zwischenablage stützt sich ausschließlich auf den globalen Speicher. Mit der Schnittstelle *IDataObject* lässt sich (als Transportmedium) auch der Name einer Datei oder ein Zeiger auf einen strukturierten Speicher übertragen. Beim Transfer eines sehr großen Datenblocks, der bereits in einer Datei gespeichert ist, brauchen Sie also keine Zeit mehr darauf zu verwenden, die Daten in einem Speicherblock zwischenzuspeichern.

Die Verwendung von *IDataObject*-Zeigern ist übrigens mit den herkömmlichen Methoden des Datenaustauschs über die Zwischenablage vereinbar. Die Formatcodes sind identisch. Windows übernimmt die Konvertierung der Daten vom und zum Datenobjekt. Wenn allerdings ein OLE-fähiges Programm einen *IStorage*-Zeiger in einem Datenobjekt unterbringt und dieses Objekt zur Zwischenablage kopiert, wird ein herkömmliches Programm ohne OLE-Fähigkeiten dieses Datenformat nicht lesen können.

# Die Strukturen *FORMATETC* und *STGMEDIUM*

Bevor Sie sich mit den Memberfunktionen der Schnittstelle *IDataObject* beschäftigen, sollten Sie sich mit zwei wichtigen COM-Strukturen befassen, die als Parametertypen benutzt werden, nämlich mit *FORMATETC* und *STGMEDIUM*.

## *FORMATETC*

Die *FORMATETC*-Struktur wird anstelle von Zwischenablageformaten oft zur Beschreibung eines Datenformats benutzt. Anders als die Zwischenablageformate kann die *FORMATETC*-Struktur jedoch zusätzliche Informationen über ein Zielgerät, die Darstellung der Daten und ein Speichermedium enthalten. Die folgende Tabelle beschreibt die Elemente der *FORMATETC*-Struktur:

| Typ | Name | Beschreibung |
| --- | --- | --- |
| CLIPFORMAT | cfFormat | Eine Struktur, die Zwischenablageformate enthält, beispielsweise Standardformate (wie das Textformat *CF_TEXT* und *CF_DIB*, ein Format für komprimierte Bilddaten), benutzerdefiniert Formate (beispielsweise das Rich-Text-Format), und OLE-Formate, die zur Erstellung verknüpfter oder eingebetteter Objekte dienen. |
| DVTARGETDEVICE* | ptd | Eine Struktur, die Informationen über das Zielgerät für die Daten enthält, einschließlich des Namens des Gerätetreibers (kann *NULL* sein). |
| DWORD | dwAspect | Ein *enum*-Wert vom Typ *DVASPECT* (*DVASPECT_CONTENT*, *DVASPECT_THUMBNAIL* usw.). |
| LONG | lindex | Enthält in der Regel den Wert –1. |
| DWORD | tymed | Gibt die Art des Speichermediums an, das für den Transfer der Objektdaten benutzt wird (*TYMED_HGLOBAL*, *TYMED_FILE*, *TYMED_ISTORAGE* usw.). |

Ein einzelnes Datenobjekt kann mehrere *FORMATETC*-Elemente aufnehmen und die Schnittstelle *IDataObject* bietet ein Verfahren für den Zugriff auf diese Elemente. Das folgende Makro ist nützlich, um einer *FORMATETC*-Struktur die gewünschten Werte zu geben:

```
#define SETFORMATETC(fe, cf, asp, td, med, li)  \
    ((fe).cfFormat=cf, \
    (fe).dwAspect=asp, \
    (fe).ptd=td, \
    (fe).tymed=med, \
    (fe).lindex=li)
```

## Die Struktur *STGMEDIUM*

Die zweite wichtige Struktur für die Memberfunktionen von *IDataObject* ist *STGMEDIUM*. Diese Struktur dient als Handle für einen globalen Speicherblock, der beim Datenaustausch verwendet wird. Sie hat folgende Elemente:

| Typ | Name | Beschreibung |
|---|---|---|
| DWORD | tymed | Wert zur Bezeichnung eines Speichermediums, das bei Marshalling- und Unmarshalling-Routinen verwendet wird |
| **Union-Elemente** | | |
| HBITMAP | hBitmap | Handle für Bitmap* |
| HMETAFILEPICT | hMetaFilePict | Handle für Metadatei* |
| HENHMETAFILE | hEnhMetaFile | Handle* für erweiterte Metadatei |
| HGLOBAL | hGlobal | Handle* für globalen Speicherblock |
| LPOLESTR | lpszFileName | Name einer Datenträgerdatei (im 2-Byte-Format)* |
| ISTREAM* | pstm | Zeiger* auf die Schnittstelle *IStream* |
| ISTORAGE* | pstg | Zeiger* auf die Schnittstelle *IStorage* |
| IUNKNOWN* | pUnkForRelease | Wird von Clients für den *Release*-Aufruf verwendet, um Formate mit Schnittstellenzeigern freizugeben* |

\* Dieses Element ist Teil einer *union*. Das jeweilige Element in der *union* (Handle, Zeichenfolge, Schnittstellenzeiger) ermöglicht dem Empfängerprozess den Zugriff auf die übertragenen Daten.

Offensichtlich gibt die *STGMEDIUM*-Struktur an, wo die Daten gespeichert sind. Die Variable *tymed* gibt an, welches der *union*-Elemente zu verwenden ist.

## Die Memberfunktionen der Schnittstelle *IDataObject*

Diese Schnittstelle *IDataObject* umfasst eine ganze Reihe von Memberfunktionen, die sowohl von Brockschmidt als auch in der Online-Dokumentation ausführlich beschrieben werden. Im Folgenden sind die Funktionen aufgeführt, die für das Verständnis dieses Kapitels wichtig sind.

```
HRESULT EnumFormatEtc(DWORD dwDirection,
IEnumFORMATETC ppEnum);
```

Sofern Sie über den *IDataObject*-Zeiger eines Datenobjekts verfügen, können Sie mit der Funktion *EnumFormatEtc* alle Formate aufzählen, die das Datenobjekt bietet. Die MFC-Bibliothek erspart Ihnen die direkte Arbeit mit dieser Funktion. Wenn wir uns mit der Klasse *COleDataObject* beschäftigen, werden Sie Näheres hierzu erfahren.

```
HRESULT GetData(FORMATETC* pFEIn, STGMEDIUM* pSTM);
```

*GetData* ist die wichtigste Funktion der Schnittstelle. Irgendwo im Universum befindet sich ein Datenobjekt und Sie haben einen Zeiger auf die Schnittstelle *IDataObject* des Objekts. Sie geben in einer *FORMATETC*-Variablen das genaue Format an, das Sie beim Zugriff auf die Daten benutzen möchten, und Sie stellen eine leere *STGMEDIUM*-Variable für die Aufnahme der Ergebnisdaten bereit. Kann das Datenobjekt das von Ihnen gewünschte Format liefern, so überträgt *GetData* die für den Zugriff erforderlichen Daten in die *STGMEDIUM*-Struktur. Andernfalls erhalten Sie einen Rückgabewert, der einen Fehler anzeigt.

```
HRESULT QueryGetData(FORMATETC* pFE);
```

Die Funktion *QueryGetData* bietet sich an, wenn nicht sicher ist, ob das Datenobjekt Daten in dem Format liefern kann, das in der *FORMATETC*-Struktur angegeben ist. Ein Ergebniswert *S_OK* bedeutet eine Zusage, ein Fehlercode bedeutet eine Absage. Ein Aufruf dieser Funktion ist effizienter als die Bereitstellung einer *STGMEDIUM*-Variablen und der anschließende Aufruf von *GetData*.

```
HRESULT SetData(FORMATETC* pFEIn,
STGMEDIUM* pSTM, BOOL fRelease);
```

Die Funktion *SetData* wird nur selten von den Datenobjekten angeboten. Datenobjekte werden in der Regel zusammen mit den Formaten in ihrem eigenen Servermodul geladen. Clients greifen auf die Daten zu, indem sie *GetData* aufrufen. *SetData* dient zum Datentransfer in der umgekehrten Richtung – als würde man Wasser durch die Wasserleitung zurück zum Wasserwerk pumpen.

### Andere Memberfunktionen der Schnittstelle *IDataObject*: Hinweisverbindungen

Zu dieser Schnittstelle gehören noch andere wichtige Funktionen, mit denen Sie eine *Benachrichtigungs-* oder *Hinweisverbindung* einrichten können. Wenn das Clientprogramm, das ein Datenobjekt benutzt, über Änderungen an den Daten informiert werden möchte, hat es die Möglichkeit, dem Datenobjekt mit *IDataObject::DAdvise* einen Zeiger auf eine *IAdviseSink*-Schnittstelle zu übergeben. Das Datenobjekt kann dann die verschiedenen Memberfunktionen von *IAdviseSink* aufrufen, die vom Clientprogramm implementiert werden. Für Drag & Drop-Operationen brauchen Sie aber keine derartigen Hinweisverbindungen.

## MFC-Unterstützung für den vereinheitlichten Datenaustausch (UDT)

Die MFC-Bibliothek bietet einiges, um die Programmierung von Datenobjekten zu vereinfachen. Bei einem Blick auf die MFC-Datenobjektklassen wird Ihnen auffallen, dass die MFC-Unterstützung für COM einem bestimmten Muster folgt. Auf der Komponentenseite stellt die MFC-Bibliothek eine Basisklasse zur Verfügung, die eine oder mehrere OLE-Schnittstellen implementiert. Die Memberfunktionen der Schnittstellen rufen virtuelle Funktionen auf, die Sie in Ihren abgeleiteten Klassen überschreiben. Für die Clientseite bietet die MFC-Bibliothek eine Klasse, die einen Schnittstellenzeiger kapselt. Sie rufen einfach die Memberfunktionen der Klasse auf, die ihrerseits den Schnittstellenzeiger verwenden, um COM-Funktionen aufzurufen.

An dieser Stelle sind einige begriffliche Klarstellungen angebracht. Das *Datenobjekt*, von dem bisher die Rede war, ist das von Ihnen erstellte C++-Objekt. In diesem Sinn verwendet auch Brockschmidt den Begriff. In der MFC-Dokumentation steht Datenobjekt für ein COM-Objekt, das dem Client über einen Zeiger auf die Schnittstelle *IDataObject* zugänglich ist. Eine *Datenquelle* ist das Objekt, das Sie in einem Komponentenprogramm erstellen.

### Die Klasse *COleDataSource*

Um eine Datenquelle verwenden zu können, erstellen Sie ein Objekt der Klasse *COleDataSource*. Diese Klasse implementiert die Schnittstelle *IDataObject* (allerdings ohne Benachrichtigungsverbindungen). Außerdem verwaltet die Klasse in einem eigenen Cache eine Reihe von Datenformaten. Eine Datenquelle ist ein reguläres COM-Objekt mit einem Referenzzähler. In der Regel erstellen Sie die Datenquelle, versorgen sie mit Daten und übergeben sie an die Zwischenablage oder verschieben sie per Drag & Drop an eine andere Stelle, ohne sich noch weiter um sie zu kümmern. Falls Sie die Datenquelle aus irgendeinem Grund nicht weitergeben, können Sie den Destruktor aufrufen, der auch für die Beseitigung der enthaltenen Formate sorgt.

Im Folgenden werden einige der nützlicheren Memberfunktionen der Klasse *COleData-Source* beschrieben.

```
void CacheData(CLIPFORMAT cfFormat,
    LPSTGMEDIUM lpStgMedium,
    LPFORMATETC lpFormatEtc = NULL);
```

Diese Funktion stellt ein Element für den Datentransfer in den Cache des Datenobjekts. Der Parameter *lpStgMedium* zeigt auf die Daten, während der Parameter *lpFormatEtc* die Daten beschreibt. Wenn die *STGMEDIUM*-Struktur beispielsweise den Namen einer Datei angibt, wird dieser Dateiname innerhalb des Datenobjekts gespeichert. Wird für *lpFormatEtc* der Wert *NULL* übergeben, so füllt die Funktion eine *FORMATETC*-Struktur mit Standardwerten auf. Es ist allerdings sicherer, wenn Sie Ihre *FORMATETC*-Variable selbst initialisieren und den Parameter *tymed* auf einen geeigneten Wert setzen.

```
void CacheGlobalData(CLIPFORMAT cfFormat,
    HGLOBAL hGlobal, LPFORMATETC lpFormatEtc = NULL);
```

Mit dieser speziellen Variante der Funktion *CacheData* lassen sich Daten im globalen Speicher übergeben (über eine Variable vom Typ *HGLOBAL*). Die Datenquelle gilt als Besitzer des globalen Speicherblocks. Deshalb sollten Sie den Block nicht mehr freigeben, nachdem Sie ihn in den Cache gestellt haben. Normalerweise können Sie den Parameter *lpFormatEtc* weglassen. Die Funktion *CacheGlobalData* erzeugt keine Kopie der Daten.

```
DROPEFFECT DoDragDrop(DWORD dwEffects =
    DROPEFFECT_COPY|DROPEFFECT_MOVE|
    DROPEFFECT_LINK, LPCRECT lpRectStartDrag = NULL,
    COleDropSource* pDropSource = NULL);
```

Diese Funktion dient zur Ausführung von Drag & Drop-Operationen mit einer Datenquelle. Das Beispielprogramm Ex24b zeigt einen Anwendungsfall.

```
void SetClipboard(void);
```

Die Funktion *SetClipboard*, die im Beispiel Ex24a zur Anwendung kommt, ruft die Funktion *OleSetClipboard* auf, um eine Datenquelle in die Windows-Zwischenablage zu verschieben. Die Zwischenablage ist anschließend dafür zuständig, die Datenquelle zu beseitigen und den globalen Speicher freizugeben, den die Datenformate im Cache belegen. Wenn Sie ein *COleData-Source*-Objekt erzeugen und dann *SetClipboard* aufrufen, ruft COM die Funktion *AddRef* des Datenobjekts auf.

## Die Klasse *COleDataObject*

Diese Klasse wird auf der Empfängerseite der Datenübertragung eingesetzt. Sie hat übrigens keine Basisklasse. Aber sie hat ein öffentliches Datenelement namens *m_lpDataObject*, in dem ein Zeiger auf eine *IDataObject*-Schnittstelle gespeichert wird. Diesem Datenelement muss ein Wert zugewiesen werden, bevor das Objekt tatsächlich benutzt werden kann. Der Destruktor ruft für den *IDataObject*-Zeiger *Release* auf.

Im Folgenden werden einige der nützlicheren Memberfunktionen von *COleDataObject* beschrieben.

```
BOOL AttachClipboard(void);
```

Wie Brockschmidt ausführt, sind die internen Vorgänge bei der OLE-Verwendung der Zwischenablage ziemlich kompliziert. Aus Ihrer Sicht jedoch liegen die Dinge recht einfach, sofern Sie sich auf die Memberfunktionen von *COleDataObject* beschränken. Zuerst erzeugen Sie ein »leeres« *COleDataObject*-Objekt und rufen dann *AttachClipboard* auf. Diese Funktion ruft ihrerseits die globale Funktion *OleGetClipboard* auf. Anschließend verweist das Datenelement *m_lpDataObject* zurück auf das ursprüngliche Datenobjekt (zumindest scheint es so) und Sie können auf dessen Datenformate zugreifen.

Wenn Sie die Memberfunktion *GetData* aufrufen, um ein Format zu übernehmen, sollten Sie beachten, dass die Zwischenablage der Besitzer des Datenformats ist. Sie können dessen Inhalt also nicht ändern. Besteht das Format aus einem *HGLOBAL*-Zeiger, so dürfen Sie diesen Speicherbereich nicht freigeben. Andererseits können Sie diesen Zeiger auch nicht über einen längeren Zeitraum hinweg benutzen. Wenn Sie längerfristig Zugang zu den Daten brauchen, sollten Sie stattdessen *GetGlobalData* aufrufen.

Kopiert ein herkömmliches (nicht COM-fähiges) Programm Daten in die Zwischenablage, so ist die Funktion *AttachClipboard* trotzdem anwendbar. COM legt ein Datenobjekt mit Datenformaten an, die den regulären Datenformaten der Zwischenablage entsprechen.

```
void BeginEnumFormats(void);
BOOL GetNextFormat(LPFORMATETC lpFormatEtc);
```

Diese beiden Funktionen ermöglichen die Aufzählung der Formate, die im Datenobjekt enthalten sind. Sie rufen zunächst *BeginEnumFormats* auf und anschließend in einer Schleife *GetNextFormat*, bis diese Funktion den Wert *FALSE* zurückgibt.

```
BOOL GetData(CLIPFORMAT cfFormat,
    LPSTGMEDIUM lpStgMedium
    LPFORMATETC lpFormatEtc = NULL);
```

Diese Funktion ruft im Wesentlichen *IDataObject::GetData* auf. Sie gibt den Wert *TRUE* zurück, falls die Datenquelle das angeforderte Format enthält. In der Regel brauchen Sie kein Argument für den Parameter *lpFormatEtc* anzugeben.

```
HGLOBAL GetGlobalData(CLIPFORMAT cfFormat,
    LPFORMATETC lpFormatEtc = NULL);
```

Benutzen Sie die Funktion *GetGlobalData*, wenn Sie sicher sind, dass Ihr gewünschtes Format mit dem globalen Speicher vereinbar ist. Diese Funktion erzeugt eine Kopie des Speicherbereichs, in dem das ausgewählte Format gespeichert ist, und liefert ein *HGLOBAL*-Handle, das Sie später freigeben müssen. Normalerweise können Sie den Parameter *lpFormatEtc* weglassen.

```
BOOL IsDataAvailable(CLIPFORMAT cfFormat,
    LPFORMATETC lpFormatEtc = NULL);
```

Die Funktion *IsDataAvailable* überprüft, ob das Datenobjekt das angegebene Format enthält.

## MFC-Datenaustausch über die Zwischenablage

Nachdem Sie nun die Klassen *COleDataObject* und *COleDataSource* kennen gelernt haben, dürfte es kein Problem mehr für Sie sein, Datenobjekte mit Hilfe der Zwischenablage zu übertragen. Aber warum nicht einfach nach der herkömmlichen Methode mit *GetClipboardData* und *SetClipboardData* verfahren? Das wäre für die meisten gebräuchlichen Datenformate zwar möglich, aber sobald Sie Funktionen schreiben, die Datenobjekte verarbeiten, können Sie dieselben MFC-Funktionen auch für Drag & Drop-Operationen einsetzen.

Abbildung 24.1 illustriert die Beziehungen zwischen der Zwischenablage und den beiden Klassen *COleDataSource* und *COleDataObject*. Auf der Quellenseite erzeugen Sie ein Objekt vom Typ *COleDataSource* und füllen dessen Cache mit Datenformaten. Mit dem Aufruf von *SetClipboard* werden die Formate in die Zwischenablage kopiert. Auf der Seite des Einfügeziels rufen Sie *AttachClipboard* auf, um einen *IDataObject*-Zeiger mit einem *COleDataObject*-Objekt zu verknüpfen. Anschließend können Sie einzelne Formate abrufen.

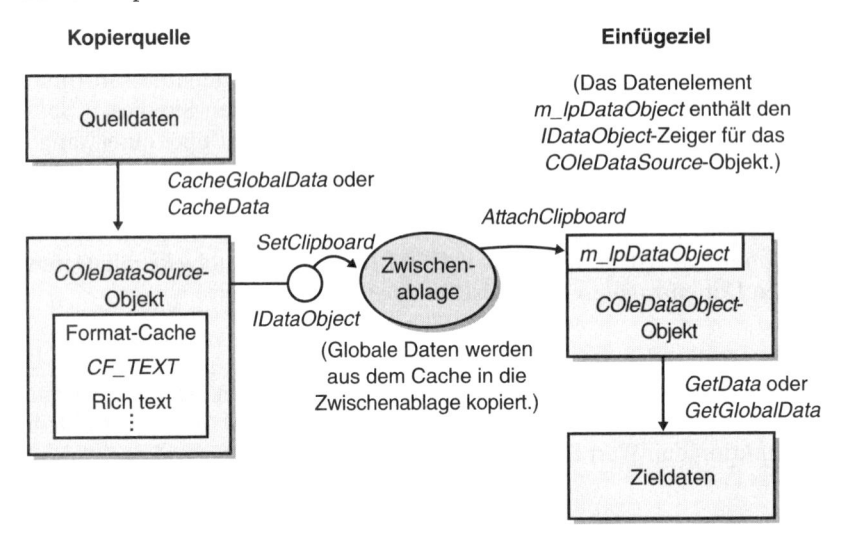

*Abbildung 24.1: So läuft die Datenübertragung über die Zwischenablage nach MFC-Art*

Angenommen, Sie entwickeln eine Anwendung nach dem Dokument/Ansicht-Modell. Das Dokumentobjekt enthält ein Datenelement *m_strText* vom Typ *CString*. Sie möchten die Ansichtsklasse mit Befehlshandlern ausstatten, mit denen Daten zur Zwischenablage kopiert oder aus der Zwischenablage entnommen und ins Dokument eingefügt werden können. Bevor Sie diese Funktionen schreiben, sollten Sie zwei Hilfsfunktionen implementieren. Die erste Funktion namens *SaveText* baut mit dem Inhalt von *m_strText* ein Datenquellenobjekt. Zuerst legt sie ein *COleDataSource*-Objekt an und kopiert dann den Inhalt von *m_strText* in einen globalen Speicherbereich. Danach legt sie das *HGLOBAL*-Handle mit *CacheGlobalData* in die Datenquelle. Und so sieht *SaveText* aus:

```
COleDataSource* CMyView::SaveText()
{   CEx24fDoc* pDoc = GetDocument();
    if (!pDoc->m_strtext.IsEmpty()) {
        COleDataSource* pSource = new COleDataSource();
        int nTextSize = GetDocument()->m_strText.GetLength() + 1;
        HGLOBAL hText = ::GlobalAlloc(GMEM_SHARE, nTextSize);
        LPSTR pText = (LPSTR) ::GlobalLock(hText);
        ASSERT(pText);
        strncpy(pText, GetDocument()->m_strText, nTextSize - 1);
        ::GlobalUnlock(hText);
        pSource->CacheGlobalData(CF_TEXT, hText);
        return pSource;
    }
    return NULL;
}
```

Die zweite Hilfsfunktion namens *DoPasteText* füllt das Datenelement *m_strText* mit Daten aus einem Datenobjekt, das ihr als Argument übergeben wird. Wir benutzen hier *COleDataObject::GetData* anstelle von *GetGlobalData*, weil *GetGlobalData* eine Kopie des globalen Speicherblocks anfertigt. Dieser Kopiervorgang ist überflüssig, da wir den Text sowieso in das *CString*-Objekt kopieren. Wir geben den ursprünglichen Speicherblock nicht frei, weil das Datenobjekt als Besitzer des Blocks dafür zuständig ist. Hier sehen Sie den Quelltext für *DoPasteText*:

```
BOOL CMyView::DoPasteText(COleDataObject* pDataObject)
{
  STGMEDIUM stg;
  FORMATETC fmt;
  // Der Aktualisierungshandler des entsprechenden Menüpunkts sollte verhindern,
  // dass wir hier landen, wenn keine Daten im CF_TEXT-Format vorliegen.
  if (!pDataObject->IsDataAvai_Àlable(CF_TEXT)) {
    TRACE("CF_TEXT: Format ist nicht verfügbar\n");
    return FALSE;
  }
  // Speicher ist MOVEABLE, deshalb müssen wir GlobalLock verwenden!
  SETFORMATETC(fmt, CF_TEXT, DVASPECT_CONTENT, NULL, TYMED_HGLOBAL, -1);
  VERIFY(pDataObject->GetData(CF_TEXT, &stg, &fmt));
  HGLOBAL hText = stg.hGlobal;
  GetDocument->m_strText = (LPSTR) ::GlobalLock(hText);
  ::GlobalUnlock(hText);
  return TRUE;
}
```

Und das sind die beiden Befehlshandler:

```
void CMyView::OnEditCopy()
{
    COleDataSource* pSource = SaveText();
    if (pSource) {
        pSource->SetClipboard();
    }
}
void CMyView::OnEditPaste()
{
    COleDataObject dataObject;
    VERIFY(dataObject.AttachClipboard());
    DoPasteText(&dataObject);
    // dataObject wird freigegeben
}
```

# Die MFC-Klasse *CRectTracker*

Die Klasse *CRectTracker* ist nicht nur für OLE-Programme nützlich, sondern lässt sich auch in Programmen verwenden, die keine OLE-Funktionen einsetzen. Mit Hilfe dieser Klasse kann der Benutzer ein rechteckiges Objekt in einem Ansichtsfenster verschieben und ihm die gewünschte Größe geben. Es gibt zwei wichtige Datenelemente: *m_nStyle* definiert den Objektrahmen, die Ziehpunkte für Größenränderungen und andere Eigenschaften, während *m_rect* die *Gerätekoordinaten* des Rechtecks speichert.

Im Folgenden werden die wichtigsten Memberfunktionen beschrieben.

```
void Draw(CDC* pDC) const;
```

Die Funktion *Draw* zeichnet den Rahmen des Rechtecks und die Ziehpunkte für die Größeneinstellung, aber nicht den Inhalt des Rechtecks. Letzteres ist Ihre Aufgabe.

```
BOOL Track(CWnd* pWnd, CPoint point, BOOL bAllowInvert = FALSE, CWnd* pWndClipTo = NULL);
```

Sie rufen diese Funktion in einem *WM_LBUTTONDOWN*-Handler auf. Falls sich der Mauszeiger auf dem Rechteckrahmen befindet, kann der Benutzer die Größe des Rechtecks ändern, indem er die Maustaste gedrückt hält und die Maus bewegt. Befindet sich der Mauszeiger über dem Inneren des Rechtecks, so kann der Benutzer das Rechteck verschieben. Befindet sich der Mauszeiger außerhalb des Rechtecks, so gibt *Track* unmittelbar den Wert *FALSE* zurück. Andernfalls liefert *Track* den Wert *TRUE*, sobald der Benutzer die Maustaste loslässt. *Track* arbeitet also ähnlich wie *CDialog::DoModal*. Die Funktion hat daher auch einen eigenen Meldungsverteiler.

```
int HitTest(CPoint point) const;
```

Rufen Sie *HitTest* auf, wenn Sie wissen möchten, wo genau ein Mausklick erfolgt ist. Die Funktion gibt einen Code für die relative Position zurück.

```
BOOL SetCursor(CWnd* pWnd, UINT nHitTest) const;
```

Rufen Sie diese Funktion im *WM_SETCURSOR*-Handler der Ansicht auf, um sicherzustellen, dass der Mauszeiger sein Aussehen während der Rechteckverschiebung ändert. Falls *SetCursor* den Wert *FALSE* zurückgibt, rufen Sie die Funktion *OnSetCursor* der Basisklasse auf. Liefert *SetCursor* den Wert *TRUE*, geben Sie ebenfalls *TRUE* zurück.

## Koordinaten eines *CRectTracker*-Objekts konvertieren

Sie müssen den Umstand berücksichtigen, dass *CRectTracker::m_rect* die Koordinaten als Gerätekoordinaten speichert. Sollten Sie eine bildlauffähige Ansicht verwenden oder auf andere Weise das Koordinatensystem oder den Ursprung des sichtbaren Ausschnitts geändert haben, müssen Sie eine entsprechende Koordinatenumwandlung durchführen. Dabei können Sie folgendermaßen vorgehen:

1. Definieren Sie in Ihrer Ansichtsklasse ein Datenelement vom Typ *CRectTracker*. Geben Sie ihm den Namen *m_tracker*.

2. Definieren Sie ein weiteres Datenelement in Ihrer Ansichtsklasse, das die logischen Koordinaten des Rechtecks speichern soll. Geben Sie ihm den Namen *m_rectTracker*.

3. Weisen Sie in der Funktion *OnDraw* Ihrer Ansichtsklasse dem Datenelement *m_rect* die aktuellen Gerätekoordinaten zu, und zeichnen Sie dann das Rechteck. Auf diese Weise werden alle Bildlaufverschiebungen seit dem letzten Aufruf von *OnDraw* berücksichtigt. Im Quelltext könnten diese Schritte folgendermaßen aussehen:

```
m_tracker.m_rect = m_rectTracker;
pDC->LPtoDP(m_tracker.m_rect); // Rechteck benötigt Gerätekoordinaten
m_tracker.Draw(pDC);
```

4. Rufen Sie *Track* im Mausklickhandler auf und weisen Sie dem Datenelement *m_rectTracker* die aktuellen logischen Koordinaten zu. Rufen Sie anschließend *Invalidate* auf:

```
if (m_tracker.Track(this, point, FALSE, NULL)) {
    CClientDC dc(this);
    OnPrepareDC(&dc);
    m_rectTracker = m_tracker.m_rect;
    dc.DPtoLP(m_rectTracker);
    Invalidate();
}
```

# Das Beispiel Ex24a: Datentransfer über die Zwischenablage

Das Beispielprogramm benutzt die Klasse *CDib* aus dem Beispiel Ex06d. Hier soll das DIB-Bild unter Verwendung eines Größenänderungsrechtecks verschoben und in der Größe verändert werden können. Außerdem soll es möglich sein, die DIB-Daten in die Zwischenablage zu kopieren bzw. eine Kopie der DIB-Daten aus der Zwischenablage in das Ansichtsfenster einzufügen. Dabei soll ein COM-Datenobjekt zum Einsatz kommen. Zu dem Beispiel gehören unter anderem auch Funktionen zur Konvertierung von DIBs in BMP-Dateien und umgekehrt.

Wenn Sie eine solche Anwendung neu erstellen möchten, verwenden Sie den MFC-Anwendungsassistenten ohne ActiveX- oder Automatisierungsoptionen und fügen in die folgende Zeile in die generierte Datei StdAfx.h ein:

```
#include <afxole.h>
```

Fügen Sie am Anfang der *InitInstance*-Funktion des Anwendungsobjekts folgende Zeile ein:

```
AfxOleInit();
```

Wenn Sie das Beispielprogramm von der Begleit-CD testen möchten, öffnen Sie die Projektmappendatei \vcppnet\Ex24a\Ex24a.sln und erstellen dann das Projekt. Starten Sie die Anwendung und fügen Sie mit dem Befehl *Einfügen* aus dem Menü *Bearbeiten* eine Bitmap in das Rechteck ein. Das Programm sollte auch bei Ihnen ungefähr so aussehen wie in Abbildung 24.2.

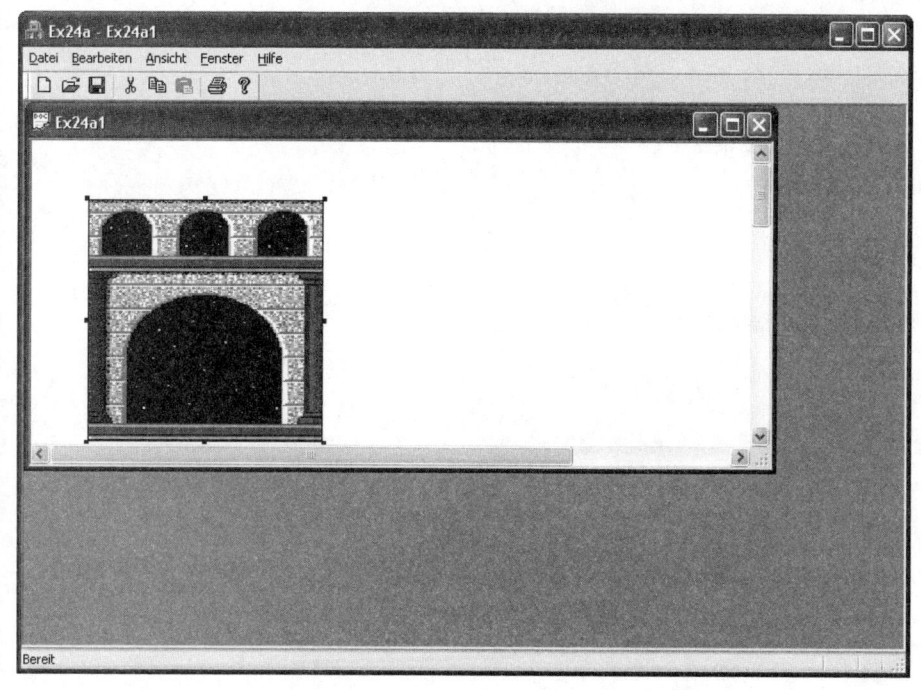

*Abbildung 24.2:* Das Programm Ex24a während der Ausführung

## Die Klasse *CMainFrame*

Diese Klasse enthält die Handler *OnQueryNewPalette* und *OnPaletteChanged* für die Windows-Meldungen *WM_QUERYNEWPALETTE* und *WM_PALETTECHANGED*. Diese Meldungshandler senden die benutzerdefinierte Meldung *WM_VIEWPALETTE_CHANGED* an alle Ansichtsobjekte. Der für diese Meldung zuständige Handler des Ansichtsobjekts ruft *CDib::UsePalette* auf, um die DIB-Palette zu aktivieren. Der Wert des Parameters *bBackground* entscheidet, ob die Ansicht die Palette im Vordergrundmodus oder im Hintergrundmodus aktiviert.

## Die Klasse *CEx24aDoc*

Diese Klasse ist recht einfach. Sie enthält ein eingebettetes Objekt *m_dib* vom Typ *CDib* und einen Handler für den Befehl *Alles löschen*. Die überschriebene Memberfunktion *DeleteContents* ruft die Funktion *CDib::Empty* auf.

## Die Klasse *CEx24aView*

Diese Klasse enthält die Handler für die Menübefehle, die auf die Zwischenablage zugreifen, den Bildverschiebungscode, den DIB-Anzeigecode und Handler für Palettenmeldungen. Der von Hand eingefügte Code ist im folgenden Abdruck der Ansichtsklasse fett gedruckt:

**Ex24aView.h**
```
// Ex24aView.h : Schnittstelle der Klasse CEx24aView
//
#pragma once
#define WM_VIEWPALETTECHANGED  WM_USER + 5
class CEx24aView : public CScrollView
{
    // für die Bildverschiebung
    CRectTracker m_tracker;
    CRect m_rectTracker; // logische Koordinaten
    CSize m_sizeTotal;   // Dokumentgröße

protected: // Nur aus Serialisierung erstellen
    CEx24aView();
    DECLARE_DYNCREATE(CEx24aView)
// Attribute
public:
    CEx24aDoc* GetDocument() const;
// Operationen
public:
// Überschreibungen
    public:
    virtual void OnDraw(CDC* pDC);  // Überladen, um diese Ansicht darzustellen
    virtual BOOL PreCreateWindow(CREATESTRUCT& cs);
protected:
    virtual BOOL OnPreparePrinting(CPrintInfo* pInfo);
    virtual void OnBeginPrinting(CDC* pDC, CPrintInfo* pInfo);
    virtual void OnEndPrinting(CDC* pDC, CPrintInfo* pInfo);
```

```
// Implementierung
public:
    virtual ~CEx24aView();
#ifdef _DEBUG
    virtual void AssertValid() const;
    virtual void Dump(CDumpContext& dc) const;
#endif
protected:
// Generierte Funktionen für die Meldungstabellen
protected:
    DECLARE_MESSAGE_MAP()
public:
    afx_msg void OnEditCopy();
    afx_msg void OnUpdateEditCopy(CCmdUI *pCmdUI);
    afx_msg void OnEditCut();
    afx_msg void OnEditPaste();
    afx_msg void OnUpdateEditPaste(CCmdUI *pCmdUI);
    afx_msg void OnEditCopyto();
    afx_msg void OnEditPastefrom();
    afx_msg void OnLButtonDown(UINT nFlags, CPoint point);
    afx_msg BOOL OnSetCursor(CWnd* pWnd, UINT nHitTest, UINT message);
    afx_msg void OnSetFocus(CWnd* pOldWnd);
    virtual void OnPrepareDC(CDC* pDC, CPrintInfo* pInfo = NULL);
    virtual void OnInitialUpdate();
    afx_msg LONG OnViewPaletteChanged(UINT wParam, LONG lParam);
    BOOL DoPasteDib(COleDataObject* pDataObject);
    COleDataSource* SaveDib();
};
#ifndef _DEBUG  // Debugversion Ex24aView.cpp
inline CEx24aDoc* CEx24aView::GetDocument() const
    { return reinterpret_cast<CEx24aDoc*>(m_pDocument); }
#endif
```

## Ex24aView.cpp

```
// Ex24aView.cpp : Implementierung der Klasse CEx24aView
//
#include "stdafx.h"
#include "Ex24a.h"
#include "Ex24aDoc.h"
#include "Ex24aView.h"
#ifdef _DEBUG
#define new DEBUG_NEW
#endif
// CEx24aView
IMPLEMENT_DYNCREATE(CEx24aView, CScrollView)
BEGIN_MESSAGE_MAP(CEx24aView, CScrollView)
    // Standarddruckbefehle
    ON_COMMAND(ID_FILE_PRINT, CScrollView::OnFilePrint)
    ON_COMMAND(ID_FILE_PRINT_DIRECT, CScrollView::OnFilePrint)
    ON_COMMAND(ID_FILE_PRINT_PREVIEW, CScrollView::OnFilePrintPreview)
    ON_COMMAND(ID_EDIT_COPY, OnEditCopy)
    ON_UPDATE_COMMAND_UI(ID_EDIT_COPY, OnUpdateEditCopy)
```

```
    ON_COMMAND(ID_EDIT_CUT, OnEditCut)
    ON_COMMAND(ID_EDIT_PASTE, OnEditPaste)
    ON_UPDATE_COMMAND_UI(ID_EDIT_PASTE, OnUpdateEditPaste)
    ON_COMMAND(ID_EDIT_COPYTO, OnEditCopyto)
    ON_COMMAND(ID_EDIT_PASTEFROM, OnEditPastefrom)
    ON_WM_LBUTTONDOWN()
    ON_WM_SETCURSOR()
    ON_WM_SETFOCUS()
    ON_UPDATE_COMMAND_UI(ID_EDIT_CUT, OnUpdateEditCopy)
    ON_UPDATE_COMMAND_UI(ID_EDIT_COPYTO, OnUpdateEditCopy)
    ON_MESSAGE(WM_VIEWPALETTECHANGED, OnViewPaletteChanged)
END_MESSAGE_MAP()
// CEx24aView Erstellung/Zerstörung
CEx24aView::CEx24aView() : m_sizeTotal(800, 1050), // 8 x 10.5 Zoll beim Drucken verwenden
m_rectTracker(50, 50, 250, 250)
{
}
CEx24aView::~CEx24aView()
{
}
BOOL CEx24aView::PreCreateWindow(CREATESTRUCT& cs)
{
    // TODO: Ändern Sie hier die Fensterklasse oder die Darstellung, indem Sie
    //   CREATESTRUCT cs modifizieren.

    return CScrollView::PreCreateWindow(cs);
}
// CEx24aView-Zeichnung
void CEx24aView::OnDraw(CDC* pDC)
{
    CDib& dib = GetDocument()->m_dib;
    m_tracker.m_rect = m_rectTracker;
    pDC->LPtoDP(m_tracker.m_rect); // der Bilderschieber braucht Gerätekoordinaten
    m_tracker.Draw(pDC);
    dib.Draw(pDC, m_rectTracker.TopLeft(), m_rectTracker.Size());
}
// CEx24aView drucken
BOOL CEx24aView::OnPreparePrinting(CPrintInfo* pInfo)
{
    pInfo->SetMaxPage(1);
    return DoPreparePrinting(pInfo);
}
void CEx24aView::OnBeginPrinting(CDC* /*pDC*/, CPrintInfo* /*pInfo*/)
{
    // TODO: Zusätzliche Initialisierung vor dem Drucken hier einfügen
}
void CEx24aView::OnEndPrinting(CDC* /*pDC*/, CPrintInfo* /*pInfo*/)
{
    // TODO: Bereinigung nach dem Drucken einfügen
}
```

```cpp
// CEx24aView Diagnose
#ifdef _DEBUG
void CEx24aView::AssertValid() const
{
    CScrollView::AssertValid();
}
void CEx24aView::Dump(CDumpContext& dc) const
{
    CScrollView::Dump(dc);
}
CEx24aDoc* CEx24aView::GetDocument() const // Nicht-Debugversion ist inline
{
    ASSERT(m_pDocument->IsKindOf(RUNTIME_CLASS(CEx24aDoc)));
    return (CEx24aDoc*)m_pDocument;
}
#endif //_DEBUG
// Hilfsfunktionen für Drag & Drop via Zwischenablage
BOOL CEx24aView::DoPasteDib(COleDataObject* pDataObject)
{
    // Der Aktualisierungshandler des entsprechenden Menüpunkts sollte verhindern,
    // dass wir hier landen, wenn keine Daten im CF_TEXT-Format vorliegen
    if (!pDataObject->IsDataAvailable(CF_DIB)) {
        TRACE("CF_DIB: Format ist nicht verfügbar\n");
        return FALSE;
    }
    CEx24aDoc* pDoc = GetDocument();
    // Es scheint sich um MOVEABLE-Speicher zu handeln. Also müssen wir GlobalLock benutzen!
    // (hDib != lpDib) GetGlobalData kopiert den Speicher. Also können wir ihn so lange
    // behalten, bis wir das CDib-Objekt entsorgen.
    HGLOBAL hDib = pDataObject->GetGlobalData(CF_DIB);
    ASSERT(hDib != NULL);
    LPVOID lpDib = ::GlobalLock(hDib);
    ASSERT(lpDib != NULL);
    pDoc->m_dib.AttachMemory(lpDib, TRUE, hDib);
    pDoc->SetModifiedFlag();
    pDoc->UpdateAllViews(NULL);
    return TRUE;
}
COleDataSource* CEx24aView::SaveDib()
{
    CDib& dib = GetDocument()->m_dib;
    if (dib.GetSizeImage() > 0) {
        COleDataSource* pSource = new COleDataSource();
        int nHeaderSize = dib.GetSizeHeader();
        int nImageSize = dib.GetSizeImage();
        HGLOBAL hHeader = ::GlobalAlloc(GMEM_SHARE,
            nHeaderSize + nImageSize);
        LPVOID pHeader = ::GlobalLock(hHeader);
        ASSERT(pHeader != NULL);
        LPVOID pImage = (LPBYTE) pHeader + nHeaderSize;
        memcpy(pHeader, dib.m_lpBMIH, nHeaderSize);
        memcpy(pImage, dib.m_lpImage, nImageSize);
```

```cpp
        // Vom Empfänger wird erwartet, dass er den globalen Speicher freigibt
        ::GlobalUnlock(hHeader);
        pSource->CacheGlobalData(CF_DIB, hHeader);
        return pSource;
    }
    return NULL;
}
// CEx24aView Meldungshandler
void CEx24aView::OnEditCopy()
{
    COleDataSource* pSource = SaveDib();
    if (pSource) {
        pSource->SetClipboard(); // OLE beseitigt die Datenquelle
    }
}
void CEx24aView::OnUpdateEditCopy(CCmdUI *pCmdUI)
{
    // für Kopieren, Ausschneiden und "Kopieren nach"
    CDib& dib = GetDocument()->m_dib;
    pCmdUI->Enable(dib.GetSizeImage() > 0L);
}
void CEx24aView::OnEditCut()
{
    OnEditCopy();
    GetDocument()->OnEditClearall();
}
void CEx24aView::OnEditPaste()
{
    CEx24aDoc* pDoc = GetDocument();
    COleDataObject dataObject;
    VERIFY(dataObject.AttachClipboard());
    DoPasteDib(&dataObject);
    CClientDC dc(this);
    pDoc->m_dib.UsePalette(&dc);
    pDoc->SetModifiedFlag();
    pDoc->UpdateAllViews(NULL);
}
void CEx24aView::OnUpdateEditPaste(CCmdUI *pCmdUI)
{
    COleDataObject dataObject;
    BOOL bAvail = dataObject.AttachClipboard() &&
        dataObject.IsDataAvailable(CF_DIB);
    pCmdUI->Enable(bAvail);
}
void CEx24aView::OnEditCopyto()
{
    CDib& dib = GetDocument()->m_dib;
    CFileDialog dlg(FALSE, "bmp", "*.bmp");
    if (dlg.DoModal() != IDOK) return;

    BeginWaitCursor();
    dib.CopyToMapFile(dlg.GetPathName());
    EndWaitCursor();
}
```

```cpp
void CEx24aView::OnEditPastefrom()
{
    CEx24aDoc* pDoc = GetDocument();
    CFileDialog dlg(TRUE, "bmp", "*.bmp");
    if (dlg.DoModal() != IDOK) return;
    if (pDoc->m_dib.AttachMapFile(dlg.GetPathName(), TRUE)) { // gemeinsam
        CClientDC dc(this);
        pDoc->m_dib.SetSystemPalette(&dc);
        pDoc->m_dib.UsePalette(&dc);
        pDoc->SetModifiedFlag();
        pDoc->UpdateAllViews(NULL);
    }
}
void CEx24aView::OnLButtonDown(UINT nFlags, CPoint point)
{
    if (m_tracker.Track(this, point, FALSE, NULL)) {
        CClientDC dc(this);
        OnPrepareDC(&dc);
        m_rectTracker = m_tracker.m_rect;
        dc.DPtoLP(m_rectTracker); // logische Koordinaten aktualisieren
        Invalidate();
    }
}
BOOL CEx24aView::OnSetCursor(CWnd* pWnd, UINT nHitTest, UINT message)
{
    if (m_tracker.SetCursor(pWnd, nHitTest)) {
        return TRUE;
    }
    else {
        return CScrollView::OnSetCursor(pWnd, nHitTest, message);
    }
}
void CEx24aView::OnSetFocus(CWnd* pOldWnd)
{
    CScrollView::OnSetFocus(pOldWnd);
    AfxGetApp()->m_pMainWnd->SendMessage(WM_PALETTECHANGED,
        (UINT) GetSafeHwnd());
}
void CEx24aView::OnPrepareDC(CDC* pDC, CPrintInfo* pInfo)
{
    // benutzerdefinierter Modus MM_LOENGLISH, umgekehrte y-Achse
    if (pDC->IsPrinting()) {
        int nHsize = pDC->GetDeviceCaps(HORZSIZE) * 1000 / 254;
        int nVsize = pDC->GetDeviceCaps(VERTSIZE) * 1000 / 254;
        pDC->SetMapMode(MM_ANISOTROPIC);
        pDC->SetWindowExt(nHsize, nVsize);
        pDC->SetViewportExt(pDC->GetDeviceCaps(HORZRES),
                            pDC->GetDeviceCaps(VERTRES));
    }
    else {
        CScrollView::OnPrepareDC(pDC, pInfo);
    }
}
```

```
void CEx24aView::OnInitialUpdate()
{
    SetScrollSizes(MM_TEXT, m_sizeTotal);
    m_tracker.m_nStyle = CRectTracker::solidLine |
        CRectTracker::resizeOutside;
    CScrollView::OnInitialUpdate();
}
LONG CEx24aView::OnViewPaletteChanged(UINT wParam, LONG lParam)
{
    TRACE("CEx24aView::OnViewPaletteChanged, HWND = %x, code = %d\n",
        GetSafeHwnd(), wParam);
    CClientDC dc(this);
    GetDocument()->m_dib.UsePalette(&dc, wParam);
    Invalidate();
    return 0;
}
```

Die Ansichtsklasse weist einige interessante Details auf. In der Hilfsfunktion *DoPasteDib* können wir die Funktion *GetGlobalData* aufrufen, da es möglich ist, den Rückgabewert der *HGLOBAL*-Variablen mit dem *CDib*-Objekt des Dokuments zu verknüpfen. Beim Aufruf von *GetData* müssten wir den Speicherblock selbst kopieren. Die Handler für die Befehle *Einfügen aus* und *Kopieren nach* sind auf die Fähigkeit der Klasse *CDib* im Umgang mit Speicherbilddateien (Memory Mapped Files) angewiesen. Die Funktion *OnPrepareDC* definiert ein spezielles Koordinatensystem für die Druckausgabe, das sich von dem Koordinatensystem des Abbildungsmodus *MM_LOENGLISH* nur dadurch unterscheidet, dass die positiven Werte der y-Achse nach unten hin wachsen. Ein Pixel auf dem Bildschirm entspricht 0,01 Zoll in der Druckausgabe.

# MFC-Unterstützung für Drag & Drop

Der eigentliche Grund unseres bisherigen Interesses für Datenobjekte und ihre Handhabung war Drag & Drop. OLE unterstützt diesen Mechanismus mit den Schnittstellen *IDropSource* und *IDropTarget* und mit einigen Bibliotheksfunktionen, die den Prozess des Ziehens und Ablegens von Objekten steuern. Die MFC-Bibliothek stellt auf Ansichtsebene eine brauchbare Unterstützung für Drag & Drop zur Verfügung. Wir werden deshalb darauf zurückgreifen. Beachten Sie, dass Drag & Drop-Übertragungen unmittelbar und unabhängig von der Zwischenablage stattfinden. Falls der Benutzer die Operation abbricht, bleiben keine »Spuren« zurück, die einen Hinweis auf das gerade gezogene Objekt geben.

Der Datenaustausch über Drag & Drop sollte zwischen Anwendungen, zwischen verschiedenen Fenstern derselben Anwendung und innerhalb eines Fensters immer in derselben Weise ablaufen. Sobald der Benutzer die Operation startet, sollte der Mauszeiger sein Aussehen ändern und als Kombination aus Rechteck- und Pfeilsymbol angezeigt werden. Wenn der Benutzer während der Operation zusätzlich die Taste **Strg** drückt, wird neben dem Mauszeigersymbol noch ein Pluszeichen (+) angezeigt, das darauf hinweist, dass das Objekt nicht verschoben, sondern kopiert wird.

Die MFC-Bibliothek unterstützt außerdem Drag & Drop-Operationen für Objekte innerhalb von Verbunddokumenten. Das ist aber schon die nächste Stufe der MFC-Unterstützung für OLE und nicht mehr das Thema dieses Kapitels. Sehen Sie sich hierzu in der Online-Dokumentation von Visual C++ das Beispiel OCLIENT an.

## Die Seite der Datenquelle

Wenn Ihr Programm eine Drag & Drop-Operation für ein Datenobjekt startet, ruft es *COleDataSource::DoDragDrop* auf. Diese Funktion erzeugt intern ein Objekt der MFC-Klasse *COleDropSource*, welche die Schnittstelle *IDropSource* implementiert. *DoDragDrop* ist eine jener Funktionen, die eine Zeit lang die Kontrolle behalten und nicht zum Aufrufer zurückkehren. Die Funktion terminiert, wenn der Benutzer das Objekt im Ziel ablegt oder die Operation abbricht, oder nach Ablauf einer festgelegten Anzahl von Millisekunden.

Bei der Programmierung von Drag & Drop-Operationen für ein *CRectTracker*-Objekt sollten Sie *DoDragDrop* nur dann aufrufen, wenn der Benutzer auf ein Ziel *innerhalb* des Rechtecks klickt und nicht auf den Rahmen des Rechtecks. *CRectTracker::HitTest* liefert Ihnen die erforderlichen Informationen. Wenn Sie *DoDragDrop* aufrufen, müssen Sie ein Flag setzen, dem Sie später entnehmen können, ob der Benutzer das Objekt auf derselben Ansicht (bzw. demselben Dokument) ablegt, von der aus das Objekt gezogen wurde.

## Die Seite des Ziels

Falls Sie die Ansichtsklasse der MFC-Bibliothek verwenden und auf die entsprechende MFC-Unterstützung für Drag & Drop-Operationen zurückgreifen möchten, müssen Sie zu Ihrer abgeleiteten Klasse ein Datenelement des Typs *COleDropTarget* hinzufügen. Diese Klasse implementiert die Schnittstelle *IDropTarget* und verwaltet einen Zeiger auf *IDropSource*, der eine Verbindung zurück zum *COleDropSource*-Objekt herstellt. In der Funktion *OnInitialUpdate* Ihrer Ansichtsklasse rufen Sie die Memberfunktion *Register* des eingebetteten *COleDropTarget*-Objekts auf.

Da Ihr Ansichtsobjekt nun das Ziel einer Drop-Aktion werden kann, müssen Sie vier virtuelle Funktionen von *CView* überschreiben. Diese Funktionen ruft das Anwendungsgerüst während der Drag & Drop-Operation auf. Es folgt eine Zusammenfassung der Aufgaben, die diese Funktionen erfüllen müssen (die Verwendung eines *CRectTracker*-Objekts wird vorausgesetzt):

| Funktion | Beschreibung |
| --- | --- |
| *OnDragEnter* | Sorgt für die Nachführung des Fokusrechtecks und ruft *OnDragOver* auf. |
| *OnDragOver* | Verschiebt das (durch eine Punktlinie kenntliche) Fokusrechteck und signalisiert den Zustand des Drop-Vorgangs (durch entsprechende Veränderungen der Mauszeigerform). |
| *OnDragLeave* | Bricht den Transfervorgang ab und stellt die ursprüngliche Lage und Größe des Rechtecks wieder her. |
| *OnDrop* | Sorgt für die Nachführung des Fokusrechtecks und ruft die Hilfsfunktion *DoPaste* auf, um Formatinformationen vom Datenobjekt einzuholen. |

## Ablauf einer Drag & Drop-Operation

Abbildung 24.3 illustriert den Drag & Drop-Prozess nach Art der MFC-Bibliothek.

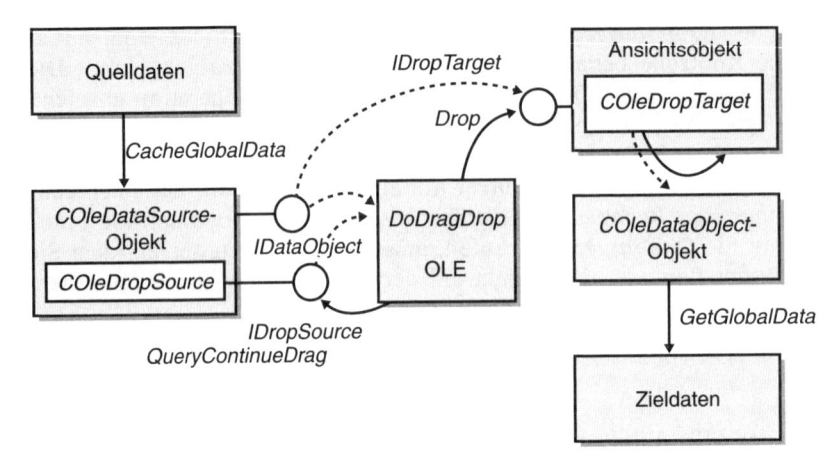

**Abbildung 24.3:** *Ablaufschema von MFC-gestützten OLE-Drag & Drop-Operationen*

Es folgt eine Zusammenfassung des Ablaufs:

1. Der Benutzer drückt auf die linke Maustaste, während sich der Mauszeiger im Ansichtsfenster der als Quelle dienenden Anwendung befindet.
2. Der Handler für Maustastenereignisse ruft *CRectTracker::HitTest* auf und stellt fest, dass sich der Mauszeiger im Rechteck befand.
3. Der Handler speichert Datenformate in einem *COleDataSource*-Objekt ab.
4. Der Handler ruft die Funktion *COleDataSource::DoDragDrop* der Datenquelle auf.
5. Der Benutzer verschiebt den Mauszeiger in das Ansichtsfenster der Zielanwendung.
6. OLE ruft die Funktionen *IDropTarget::OnDragEnter* und *OnDragOver* des *COleDropTarget*-Objekts auf. Diese Funktion ruft ihrerseits die entsprechenden virtuellen Funktionen der Zielansicht auf. Der Funktion *OnDragOver* wird ein *COleDataObject*-Zeiger auf das Quellobjekt übergeben. Das Zielobjekt untersucht, ob das Quellobjekt ein Format anbietet, das es verwenden kann.
7. *OnDragOver* liefert einen speziellen Code zur Beschreibung des Drop-Status zurück, den OLE zur Anpassung des Mauszeigersymbols benutzt.
8. OLE ruft die Funktion *IDataSource::QueryContinueDrag* der Quellenanwendung auf, um herauszufinden, ob die Drag-Operation noch läuft. Die MFC-Klasse *COleDataSource* übermittelt eine entsprechende Antwort.
9. Der Benutzer löst die Maustaste, um das Objekt im Ansichtsfenster der Zielanwendung abzulegen.
10. OLE ruft die Funktion *IDropTarget::OnDrop* auf, die ihrerseits *OnDrop* für die Zielansicht aufruft. *OnDrop* erhält dabei einen *COleDataObject*-Zeiger, mit dem die Funktion das gewünschte Datenformat vom Datenobjekt anfordern kann.
11. Nachdem die *OnDrop*-Funktion der Zielanwendung zum Aufrufer zurückkehrt, kann auch die Funktion *DoDragDrop* in der Quellanwendung zurückkehren.

# Das Beispiel Ex24b: OLE-Drag & Drop

Dieses Beispielprogramm ist eine Fortsetzung des vorherigen Beispiels Ex24a. Das neue Beispiel ergänzt das alte um Drag & Drop-Unterstützung unter Verwendung der bereits vorhandenen Hilfsfunktionen *SaveDib* und *DoPasteDib*. Der gesamte Quelltext zur Handhabung der Zwischenablage bleibt unverändert. Es sollte Ihnen möglich sein, Ex24b als Vorlage für andere Anwendungen zu verwenden, die Drag & Drop für Datenobjekte benötigen.

Um das Beispiel Ex24b zu testen, öffnen Sie die Projektmappendatei \vcppnet\Ex24b\Ex24b.sln und erstellen dann das Projekt. Starten Sie die Anwendung und testen Sie die Drag & Drop-Funktionalität zwischen untergeordneten Fenstern derselben Instanz sowie zwischen Fenstern verschiedener Instanzen der Anwendung.

## Die Klasse *CEx24bDoc*

Diese Klasse entspricht der Version des Beispiels Ex24a, enthält aber ein zusätzliches Flag-Datenelement *m_bDragHere*. Dieses Flag hat den Wert *TRUE*, solange eine Drag & Drop-Operation läuft. Das Flag ist sinnvollerweise Teil des Dokumentobjekts und nicht Teil der Ansicht, da es möglich ist, mehrere Ansichten mit demselben Dokument zu verknüpfen. Es bringt nicht viel, ein DIB-Bild von einer Ansicht zu einer anderen zu ziehen, wenn beide Ansichten dasselbe Element *m_dib* des Dokuments anzeigen.

## Die Klasse *CEx24bView*

Diese Klasse enthält drei zusätzliche Datenelemente und einen Konstruktor, der die Datenelemente initialisiert:

```
CRect m_rectTrackerEnter; // logische Anfangskoordinaten
COleDropTarget m_dropTarget;
CSize m_dragOffset; // Gerätekoordinaten

CEx24bView::CEx24bView() : m_sizeTotal(800, 1050), // 8 x 10.5 Zoll beim Druck
    m_rectTracker(50, 50, 250, 250),
    m_dragOffset(0, 0),
    m_rectTrackerEnter(50, 50, 250, 250)
{
}
```

Die Funktion *OnInitialUpdate* benötigt eine zusätzliche Zeile zur Registrierung des Drop-Zielobjekts.

```
m_dropTarget.Register(this); // Wichtig!
```

Im Folgenden sind die überschriebenen Versionen der virtuellen Drag & Drop-Funktionen aufgeführt. Beachten Sie, dass *OnDrop* die DIB-Daten nur dann ersetzt, wenn das Flag *m_bDragHere* des Dokuments den Wert *TRUE* hat. Falls der Benutzer das DIB-Bild im selben oder in einem anderen Ansichtsfenster ablegt, das mit demselben Dokument verknüpft ist, passiert überhaupt nichts.

```
DROPEFFECT CEx24bView::OnDragEnter(COleDataObject* pDataObject,
                    DWORD dwKeyState, CPoint point)
{
    TRACE("Eintritt in CEx24bView::OnDragEnter, point = (%d, %d)\n", point.x, point.y);
    m_rectTrackerEnter = m_rectTracker; // Anfangskoordinaten des Rechtecks speichern
```

*Vereinheitlichter Datenaustausch: Zwischenablage und OLE-Drag & Drop*

```
        CClientDC dc(this);
        OnPrepareDC(&dc);
        dc.DrawFocusRect(m_rectTracker); // wird in OnDragOver gelöscht
        return OnDragOver(pDataObject, dwKeyState, point);
}
void CEx24bView::OnDragLeave()
{
        TRACE("Eintritt in CEx24bView::OnDragLeave\n");
        CClientDC dc(this);
        OnPrepareDC(&dc);
        dc.DrawFocusRect(m_rectTracker);
        m_rectTracker = m_rectTrackerEnter; // Es ist nichts passiert...
}
DROPEFFECT CEx24bView::OnDragOver(COleDataObject* pDataObject, DWORD
                                  dwKeyState, CPoint point)
{
        if (!pDataObject->IsDataAvailable(CF_DIB)) {
            return DROPEFFECT_NONE;
        }
        MoveTrackRect(point);
        if((dwKeyState & MK_CONTROL) == MK_CONTROL) {
            return DROPEFFECT_COPY;
        }
        // Prüfung auf erzwungene Verschiebung
        if ((dwKeyState & MK_ALT) == MK_ALT) {
            return DROPEFFECT_MOVE;
        }
        // Normalfall - empfohlene Aktion ist Verschieben
        return DROPEFFECT_MOVE;
}
BOOL CEx24bView::OnDrop(COleDataObject* pDataObject,
                        DROPEFFECT dropEffect, CPoint point)
{
        TRACE("Eintritt in CEx24bView::OnDrop -- dropEffect = %d\n", dropEffect);
        BOOL bRet;
        CEx24bDoc* pDoc = GetDocument();
        MoveTrackRect(point);
        if(pDoc->m_bDragHere) {
            pDoc->m_bDragHere = FALSE;
            bRet = TRUE;
        }
        else {
            bRet = DoPasteDib(pDataObject);
        }
        return bRet;
}
```

Der Handler für die Meldung *WM_LBUTTONDOWN* ist gründlich überholt worden. Er muss nun *DoDragDrop* aufrufen, falls sich der Mauszeiger im Rechteck befindet, und *Track*, falls er sich auf dem Rechteckrahmen befindet. Der geänderte Code sieht so aus:

```
void CEx24bView::OnLButtonDown(UINT nFlags, CPoint point)
{
        CEx24bDoc* pDoc = GetDocument();
        if(m_tracker.HitTest(point) == CRectTracker::hitMiddle) {
            COleDataSource* pSource = SaveDib();
```

```
        if(pSource) {
            // DoDragDrop kehrt erst zurück, wenn der Drop-Vorgang abgeschlossen ist
            CClientDC dc(this);
            OnPrepareDC(&dc);
            CPoint topleft = m_rectTracker.TopLeft();
            dc.LPtoDP(&topleft);
            // "point" ist hier nicht dasselbe wie der "point"-Parameter in
            // OnDragEnter. Wir benutzen diesen, um den Abstand zu berechnen
            m_dragOffset = point - topleft;   // Gerätekoordinaten
            pDoc->m_bDragHere = TRUE;
            DROPEFFECT dropEffect = pSource->DoDragDrop(
                DROPEFFECT_MOVE|DROPEFFECT_COPY, CRect(0, 0, 0, 0));
            TRACE("Nach DoDragDrop -- dropEffect = %ld\n", dropEffect);
            if (dropEffect == DROPEFFECT_MOVE && pDoc->m_bDragHere) {
                pDoc->OnEditClearall();
            }
            pDoc->m_bDragHere = FALSE;
            delete pSource;
        }
    }
    else {
        if(m_tracker.Track(this, point, FALSE, NULL)) {
            CClientDC dc(this);
            OnPrepareDC(&dc);
            // Man sollte irgendwie verhindern, dass die Grenzen überschritten werden.
            m_rectTracker = m_tracker.m_rect;
            dc.DPtoLP(m_rectTracker); // logische Koordinaten aktualisieren
        }
    }
    Invalidate();
}
```

Schließlich gibt es noch eine neue Hilfsfunktion *MoveTrackRect*, die bei jedem Aufruf von *OnDragOver* das Fokusrechteck verschiebt. Im Beispiel Ex24a wurde diese Aufgabe von der Funktion *CRectTracker::Track* wahrgenommen.

```
void CEx24bView::MoveTrackRect(CPoint point)
{
    CClientDC dc(this);
    OnPrepareDC(&dc);
    dc.DrawFocusRect(m_rectTracker);
    dc.LPtoDP(m_rectTracker);
    CSize sizeTrack = m_rectTracker.Size();
    CPoint newTopleft = point - m_dragOffset;   // Gerätekoordinaten
    m_rectTracker = CRect(newTopleft, sizeTrack);
    m_tracker.m_rect = m_rectTracker;
    dc.DPtoLP(m_rectTracker);
    dc.DrawFocusRect(m_rectTracker);
}
```

Ich habe das Beispielprogramm Ex24b zusammen mit den Anwendungen von Microsoft Office XP getestet. Dabei habe ich Datenübertragungen sowohl per Drag & Drop als auch unter Verwendung der Zwischenablage durchgeführt. Das Format *CF_DIB* wird noch nicht berücksichtigt. Wenn Sie Bilder von Microsoft Excel übernehmen möchten, müssen Sie Ex24b so erweitern, dass auch Metadateien korrekt bearbeitet werden.

# 25 Einführung in die ATL-Bibliothek

| | |
|---|---|
| 603 | COM-Konzepte |
| 606 | COM-Code schreiben |
| 608 | Die COM-Infrastruktur |
| 610 | Überblick über die ATL |
| 612 | Clientseitige ATL-Programmierung |
| 626 | Serverseitige ATL-Programmierung |
| 649 | Programmieren mit Attributen |

Dieses Kapitel handelt von der Active Template Library (ATL), dem zweiten Anwendungsgerüst von Microsoft Visual C++ .NET (das erste ist die MFC). Wir beginnen mit einem kurzen Rückblick auf das Component Object Model (COM) und untersuchen dann eine andere Methode zur Entwicklung eines *CSpaceship*-Objekts, wie Sie es aus Kapitel 22 kennen. Dabei wird deutlich werden, dass man COM-Klassen auf verschiedene Weise erstellen kann. (Dies wird dann wichtig, wenn Sie sich mit den Methoden zur Bildung von ATL-Klassen beschäftigen.) Anschließend untersuchen wir die ATL-Bibliothek, wobei wir uns auf C++-Vorlagenklassen und C++-Smart-Pointer-Klassen und ihren Einsatz in der COM-Programmierung konzentrieren. Wir werden auf die Clientseite der ATL-Programmierung eingehen und einige Smart-Pointer-Klassen der ATL betrachten. Schließlich befassen wir uns mit der Serverseite der ATL-Programmierung und implementieren das Beispiel aus Kapitel 24 unter Verwendung der ATL, um uns mit der ATL-Architektur vertraut zu machen.

## COM-Konzepte

Für das Verständnis der COM-Programmierung ist das Konzept der Schnittstellen am wichtigsten. Wie Sie in Kapitel 22 gesehen haben, brauchen Sie eigentlich keine zusätzliche Unterstützung durch COM oder die Laufzeitschicht, um mit Schnittstellen programmieren zu können. Sie brauchen lediglich etwas Disziplin.

Denken Sie an das Beispiel aus Kapitel 22 zurück. Wir begannen mit einer Klasse namens *CSpaceship*, die verschiedene Funktionen hatte. Erfahrene C++-Programmierer setzen sich an den Rechner und beginnen ungefähr wie folgt:

```
class CSpaceship {
    void Fly();
    int& GetPosition();
};
```

In der schnittstellenorientierten Programmierung geht man jedoch etwas anders an diese Aufgabe heran. Statt die Klasse und ihre Funktionen direkt zu definieren, definiert man erst einmal eine Schnittstelle, bevor man diese implementiert. In Kapitel 22 wurden die Funktionen *Fly* und *GetPosition* in eine abstrakte Basisklasse namens *IMotion* verlagert.

```
struct IMotion {
    virtual void Fly() = 0;
    virtual int& GetPosition() = 0;
};
```

Dann wurde die Klasse *CSpaceship* von der Schnittstelle *IMotion* abgeleitet:

```
class CSpaceship : IMotion {
    void Fly();
    int& GetPosition();
};
```

Beachten Sie, dass die Schnittstelle *IMotion* zu diesem Zeitpunkt von ihrer Implementierung getrennt ist. Wenn Sie die schnittstellenorientierte Entwicklung ernst nehmen, kommt die Schnittstelle immer zuerst. Sie können die Schnittstelle während der Entwicklungsphase noch verändern, um sicherzustellen, dass die Schnittstelle einerseits vollständig, andererseits aber nicht zu überladen ist. Sobald eine Schnittstelle aber veröffentlicht worden ist (d.h. sobald andere Entwickler die Schnittstelle verwenden und implementieren), darf sie nicht mehr verändert werden.

Dieser kleine Unterschied zwischen der klassenorientierten und der schnittstellenorientierten Programmierung scheint einen gewissen Mehraufwand nach sich zu ziehen. Allerdings handelt es sich um eines der Schlüsselkonzepte von COM. Durch die Zusammenfassung der Funktionen *Fly* und *GetPosition* zu einer Schnittstelle entsteht eine binäre Signatur. Wenn die Schnittstelle zuerst definiert wird und die Kommunikation mit der Klasse über die Schnittstelle erfolgt, verfügt der Client über eine potentiell sprachunabhängige Möglichkeit, mit der Klasse zu kommunizieren.

Die Zusammenfassung der Funktionen zu Schnittstellen ist schon ein sehr leistungsfähiger Ansatz. Stellen Sie sich vor, Sie möchten etwas anderes als ein Raumschiff beschreiben, z.B. ein Flugzeug. Es ist durchaus vorstellbar, dass auch ein Flugzeug über die Funktionen *Fly* und *GetPosition* verfügt. Die Schnittstellenprogrammierung bietet eine weiterentwickelte Form der Polymorphie, nämlich Polymorphie auf der Schnittstellenebene, statt auf der Ebene einzelner Funktionen.

Die Schnittstelle von ihrer Implementierung zu trennen, stellt die Grundlage schnittstellenorientierter Programmierung dar. In COM steht die Schnittstelle im Mittelpunkt. COM erzwingt die Unterscheidung zwischen Schnittstelle und Implementierung. In COM können Clients nur über Schnittstellen mit Objekten kommunizieren. Es genügt allerdings nicht, lediglich die gewünschten Funktionen zu Schnittstellen zusammenzufassen. Es wird auch ein Mechanismus gebraucht, mit dem sich das Funktionsangebot eines Objekts zur Laufzeit ermitteln lässt.

## Die zentrale Schnittstelle: *IUnknown*

Das Kernelement, durch das sich COM von der üblichen Schnittstellenprogrammierung unterscheidet, besteht in der folgenden Regel: Die ersten drei Funktionen jeder COM-Schnittstelle sind gleich. Daraus ergibt sich die Basisschnittstelle *IUnknown* von COM. Sie sieht so aus:

```
struct IUnknown {
    virtual HRESULT QueryInterface(REFIID riid, void** ppv) = 0;
    virtual ULONG AddRef() = 0;
    virtual ULONG Release() = 0;
};
```

Jede COM-Schnittstelle wird von dieser Schnittstelle abgeleitet (daher heißen die ersten drei Funktionen jeder COM-Schnittstelle *QueryInterface*, *AddRef* und *Release*). Wenn man die Schnittstelle *IMotion* in eine COM-Schnittstelle verwandeln möchte, muss sie natürlich ebenfalls von *IUnknown* abgeleitet werden:

```
struct IMotion : IUnknown {
    void Fly();
    int& GetPosition();
};
```

**HINWEIS:** Wenn diese Schnittstellen in prozessfremden Komponenten funktionieren sollen, muss jede Funktion einen Rückgabewert vom Typ *HRESULT* liefern. (Wir werden später noch darauf zurückkommen.)

*AddRef* und *Release* verdienen eine nähere Betrachtung, da sie Bestandteile der Schnittstelle *IUnknown* sind. *AddRef* und *Release* ermöglichen es einem Objekt, seine eigene Lebensdauer zu kontrollieren. Als Regel gilt, dass Clients Schnittstellenzeiger wie Ressourcen behandeln sollen: Clients fordern Schnittstellenzeiger an, verwenden diese und geben sie frei, sobald sie die Zeiger nicht mehr benötigen. Objekte erfahren über die Methode *AddRef*, wenn ein neues Objekt auf sie Bezug nimmt. Objekte erfahren es auch, wenn diese Verweise über die Funktion *Release* freigegeben wurden. Objekte verwenden diese Informationen häufig zur Steuerung ihrer Lebensdauer. Beispielsweise zerstören sich viele Objekte selbst, wenn ihr Referenzzähler Null erreicht.

Das folgende Beispiel zeigt, wie die Klasse *CSpaceship* von einem Client verwendet werden könnte:

```
void UseSpaceship() {
  IMotion* pMotion = NULL;

  pMotion = GetASpaceship(); // Dies ist ein Element des hypothetischen
                             // Spaceship-API. Es handelt sich vermutlich
                             // um einen Eintrittspunkt in eine DLL.
                             // Liefert ein IMotion* und bewirkt einen
                             // impliziten AddRef-Aufruf.
  If(pMotion) {
     pMotion->Fly();
     int i = pMotion->GetPosition();
     pMotion->Release();   // Diese Instanz von CSpaceship wird nicht
                           // mehr benötigt.
  }
}
```

Eine andere (und wichtigere) Funktion der Schnittstelle *IUnknown* ist *QueryInterface*. *QueryInterface* ist der COM-Mechanismus, mit dem die gebotene Funktionalität zur Laufzeit ermittelt wird. Wenn Ihnen jemand einen COM-Schnittstellenzeiger für ein Objekt übergibt und

Sie diesen Zeiger nicht verwenden möchten, können Sie diesen Zeiger benutzen, um vom Objekt eine andere Schnittstelle anzufordern. Dieser Mechanismus und die Tatsache, dass Schnittstellen nach ihrer Veröffentlichung nicht verändert werden, sind die Hauptfaktoren, die es ermöglichen, dass COM-Software über Jahre hinweg mit einer gewissen Planungssicherheit für die technische Seite weiterentwickelt werden kann. Infolgedessen können Sie Ihre COM-Software um Funktionen erweitern, ohne ältere Versionen von Clients zu beeinträchtigen, die diese Software benutzen. Zudem steht es den Clients natürlich frei, sich der neuen Funktionen zu bedienen, sobald sie davon erfahren.

Sie können beispielsweise den Funktionsumfang von *CSpaceship* erweitern, indem Sie eine neue Schnittstelle namens *IVisual* hinzufügen. Die Aufnahme dieser Schnittstelle scheint sinnvoll, da es im dreidimensionalen Raum Objekte gibt, die sich innerhalb und außerhalb der Sichtweite bewegen können. Es mag auch unsichtbare Objekte im dreidimensionalen Raum geben (z.B. ein Schwarzes Loch). Die Schnittstelle *IVisual* ist wie folgt definiert:

```
struct IVisual : IUnknown {
    virtual void Display() = 0;
};
```

Ein Client könnte die Schnittstelle *IVisual* so verwenden:

```
void UseSpaceship() {
    IMotion* pMotion = NULL;

    pMotion = GetASpaceship(); // Impliziter AddRef-Aufruf
    if(pMotion) {
        pMotion->Fly();
        int i = pMotion->GetPosition();

        IVisual* pVisual = NULL;
        PMotion->QueryInterface(IID_IVisual, (void**) &pVisual);
        // Impliziter AddRef-Aufruf in QueryInterface

        if(pVisible) {
            pVisual->Display(); // anzeigen
            pVisual->Release(); // Diese Schnittstelle wird nicht
                                // mehr benötigt.
        }
    }
    pMotion->Release(); // Diese Instanz von IMotion wird nicht
                        // mehr benötigt.
}
```

Beachten Sie, wie vorsichtig die Schnittstellenzeiger im vorstehenden Code eingesetzt werden: Sie werden nur verwendet, wenn die Schnittstelle korrekt ermittelt wurde, und die Schnittstellenzeiger werden freigegeben, sobald sie nicht mehr gebraucht werden. Dies ist die reine COM-Programmierung auf der untersten Ebene. Man fordert einen Schnittstellenzeiger an, verwendet ihn und gibt ihn nach Gebrauch wieder ab.

## COM-Code schreiben

Wie Sie gesehen haben, unterscheidet sich das Schreiben von COM-Clients nicht grundsätzlich vom Schreiben gewöhnlichen C++-Codes. Allerdings handelt es sich bei den C++-Klassen, mit denen der Client kommuniziert, um abstrakte Basisklassen. Statt wie in C++ *operator new* aufzurufen, erstellen Sie COM-Objekte und fordern COM-Schnittstellen an, indem Sie eine Art von

API-Funktion aufrufen. Und statt das Objekt direkt zu beseitigen, befolgen Sie einfach die COM-Schnittstellenregel, dass die Anzahl der *AddRef*-Aufrufe der Anzahl der *Release*-Aufrufe entsprechen muss.

Wie erstellt man eine funktionierende COM-Klasse? In Kapitel 22 wurde gezeigt, wie man dies mit Hilfe der MFC erreicht. Es folgt ein weiteres Beispiel, in dem *CSpaceship* als COM-Klasse implementiert wird. In diesem Beispiel wird das Konzept der Mehrfachvererbung zur Erstellung von COM-Klassen eingesetzt. Das bedeutet, dass die C++-Klasse verschiedene Schnittstellen beerbt und dann die Vereinigung aller Funktionen implementiert (*IUnknown* natürlich eingeschlossen).

```
struct CSpaceship : IMotion, IDisplay {
    ULONG m_cRef;
    int m_nPosition;

    CSpaceship() : m_cRef(0),
                   m_nPosition(0) {
    }

    HRESULT QueryInterface(REFIID riid,
                           void** ppv);
    ULONG AddRef() {
        return InterlockedIncrement(&m_cRef);
    }
    ULONG Release() {
        ULONG cRef = InterlockedIncrement(&m_cRef);
        if(cRef == 0){
            delete this;
            return 0;
        } else
            return m_cRef;
    }
// IMotion-Funktionen:
    void Fly() {
        // tu hier alles, was man tun muss, um zu fliegen
    }
    int GetPosition() {
        return m_nPosition;
    }

    // IVisual-Funktionen:
    void Display() {
        // anzeigen
    }
};
```

## COM-Klassen, die Mehrfachvererbung verwenden

Wenn Sie reinen C++-Code gewohnt sind, mag der vorstehende Code etwas seltsam aussehen. Hier wurde eine weniger gebräuchliche Form der Mehrfachvererbung eingesetzt, nämlich die *Schnittstellenvererbung*. Die meisten C++-Programmierer sind an die *Implementierungsvererbung* gewöhnt, bei der die abgeleitete Klasse sämtliche Elemente der Basisklasse erbt, auch die Implementierung. Schnittstellenvererbung bedeutet einfach, dass die abgeleitete Klasse die

Schnittstellen der Basisklasse erbt. Mit dem obigen Code werden der Klasse *CSpaceship* im Endeffekt zwei Datenelemente hinzugefügt, nämlich jeweils ein *vptr* für jede implizierte *vtable*.

Wenn Schnittstellen auf diese Weise mit Hilfe der Mehrfachvererbung implementiert werden, weist jede Schnittstelle die *IUnknown*-Implementierung von *CSpaceship* auf. Diese gemeinsame Nutzung der *IUnknown*-Implementierung führt zu einem etwas schwierigen, aber wichtigen Konzept, nämlich zur *COM-Identität*. Hinter diesem Konzept steht die Vorstellung, dass *IUnknown* sozusagen das *void\** von COM ist. *IUnknown* ist die eine Schnittstelle, die garantiert bei jedem Objekt zu finden ist und auf die man immer zugreifen kann.

Gemäß dem Konzept der COM-Identität gilt im obigen Beispiel zudem, dass der Client die Methode *QueryInterface* über die Schnittstelle *IMotion* der Klasse *CSpaceship* aufrufen kann, wenn er die Schnittstelle *IVisual* braucht. Umgekehrt kann der Client *QueryInterface* auch über die Schnittstelle *IVisual* von *CSpaceship* aufrufen, um die Schnittstelle *IMotion* zu erhalten. Schließlich kann der Client *QueryInterface* über *IUnknown* aufrufen, um die Schnittstelle *IMotion* oder die Schnittstelle *IVisual* anzufordern, und der Client kann *QueryInterface* sowohl über *IMotion* als auch über *IVisual* aufrufen, um einen Zeiger auf die Schnittstelle *IUnknown* zu erhalten. Falls Sie sich eingehender mit dem Konzept der COM-Identität beschäftigen möchten, empfehlen wir die Titel *COM* von Don Box (Addison-Wesley-Longman, Bonn, 1998) und *Inside COM* von Dale Rogerson (Microsoft Press, 1997).

COM-Klassen werden häufig mit Hilfe spezieller Diagramme dargestellt, die zeigen, welche Schnittstellen eine COM-Klasse implementiert. Ein Beispiel für ein solches Diagramm finden Sie in Kapitel 22 in der Abbildung 22.3.

Die Implementierung der Klasse *CSpaceship* mit Hilfe der Mehrfachvererbung entspricht automatisch den Regeln der COM-Identität. Beachten Sie, dass alle Aufrufe von *QueryInterface*, *AddRef* und *Release* an derselben Stelle in der C++-Klasse ankommen, ungeachtet dessen, über welche Schnittstelle diese Methoden aufgerufen werden.

Dies ist im Großen und Ganzen das Wesen von COM. Als COM-Programmierer fällt Ihnen die Aufgabe zu, sinnvolle Dienste zu entwickeln und über COM-Schnittstellen anzubieten. Das bedeutet in einfachsten Fall, dass man Funktionstabellen so anlegt, dass sie den Regeln der COM-Identität entsprechen. Sie haben bislang zwei Wege zur Implementierung kennen gelernt. (Kapitel 22 hat gezeigt, wie man es mit geschachtelten Klassen und MFC erreicht. In diesem Kapitel wurde gerade gezeigt, wie man eine COM-Klasse in C++ schreibt, ohne MFC, aber unter Verwendung der Mehrfachvererbung.) Die Schnittstellenprogrammierung und das Schreiben der Implementierungsklassen sind jedoch nicht die einzigen Teilchen im COM-Puzzle.

# Die COM-Infrastruktur

Wenn Sie das Konzept der schnittstellenorientierten Programmierung so weit verstanden haben, sind im nächsten Schritt noch einige Dinge zu implementieren, damit sich die Klasse ins System einfügt. Wie so oft sind es wieder die Details, die ein ebenso elegantes wie schlichtes Grundprinzip in den Hintergrund drängen.

Erstens müssen COM-Klassen in einer EXE- oder einer DLL-Datei unterbracht werden. Darüber hinaus braucht jede COM-Klasse, die Sie schreiben, ein zugehöriges Klassenobjekt (häufig Klassenfactory genannt). Die Art und Weise, in der das Klassenobjekt eines COM-Servers angeboten wird, hängt von der Verpackung der COM-Klasse ab (DLL oder EXE). Zudem muss die Lebensdauer des Servers berücksichtigt werden. Der Server soll im Speicher bleiben, solange er benötigt wird, und entfernt werden, sobald er nicht mehr benötigt wird. Um dies zu erreichen, verwalten Server globale Zähler, die angeben, wie viele Objekte noch benutzt werden. Schließlich tragen ordentliche Server die notwendigen Werte in die Windows-Registrierung ein, damit sie von der Clientsoftware mühelos aktiviert werden können.

Wir haben der MFC in diesem Buch einen breiten Raum eingeräumt. Wie Sie in Kapitel 22 gesehen haben, kümmert sich die MFC um viele COM-Details. Beispielsweise verfügt die Klasse *CCmdTarget* über eine Implementierung von *IUnknown*. Die MFC bietet auch C++-Klassen und Makros zur Implementierung von Klassenobjekten (z.B. *COleObjectFactory, COleTemplate-Server, DECLARE_OLECREATE* und *IMPLEMENT_OLECREATE*), die schon die meisten erforderlichen Einträge in der Registrierung vornehmen. Die MFC enthält die am einfachsten zu implementierende und kompakteste Version der Schnittstelle *IDispatch* – Sie brauchen lediglich ein Objekt vom Typ *CCmdTarget* und die Entwicklungsumgebung von Visual Studio .NET (genauer gesagt, den *Assistent zum Hinzufügen von Eigenschaften* und den *Assistent zum Hinzufügen von Methoden*). Wenn Sie mit OLE-Drag&Drop arbeiten möchten, bietet die MFC eine Standardimplementierung des Drag & Drop-Protokolls. Schließlich stellt die MFC nach wie vor die einfachste Möglichkeit zur Entwicklung von ActiveX-Steuerelementen dar. (Sie können ActiveX-Steuerelemente zwar auch in Microsoft Visual Basic schreiben, verfügen dort aber nicht über das gleiche Maß an Flexibilität.) Allerdings hat die Verwendung der MFC auch einen Nachteil.

Um nämlich in den Genuss der oben genannten Vorteile zu kommen, müssen Sie sich voll und ganz der MFC verschreiben. Das ist nicht grundsätzlich schlecht. Sie müssen sich lediglich über die Folgen im Klaren sein. Die MFC ist groß. Sie muss einfach groß sein, da es sich um ein Anwendungsgerüst mit vielen Funktionen handelt.

Wie Sie aus den bisher besprochenen Beispielen ersehen können, muss man eine Menge Code schreiben, wenn man COM-Klassen implementiert und sie Clients gegenüber anbietet – Code, der bei jeder neuen Klassenimplementierung in praktisch derselben Form wiederholt werden muss. Die Implementierungen von *IUnknown* sind im Allgemeinen bei allen COM-Klassen gleich. Sie unterscheiden sich hauptsächlich durch die Schnittstellen, die von den verschiedenen Klassen angeboten werden.

Sehen wir uns nun kurz an, wie COM und die ATL ins Bild passen.

## ActiveX, OLE und COM

COM bildet einfach die Infrastruktur und die Grundlage für eine Reihe von Verfahren zur Anwendungsintegration, zu denen zum Beispiel ActiveX-Steuerelemente und OLE-Drag & Drop gehören. Zu den betreffenden Konzepten gehören auch die entsprechenden Protokolle, die auf COM-Schnittstellen beruhen. Sie möchten ein Konzept wie Drag & Drop oder ActiveX-Steuerelemente vielleicht von Grund auf selbst implementieren. Allerdings können Sie Ihre Zeit effizienter nutzen, wenn Sie die Routinearbeit an ein Anwendungsgerüst delegieren. Genau das ist natürlich der Grund für die Existenz der MFC-Bibliothek.

**HINWEIS:** Nähere Information darüber, wie man anspruchsvollere Funktionen in reinem C++ implementiert, finden Sie im Buch *Inside OLE*, Second Edition, von Kraig Brockschmidt (Microsoft Press, 1995).

## ActiveX, MFC und COM

Obwohl die Infrastruktur von COM recht interessant ist (es ist einfach faszinierend, wie die Aufrufe von Funktionen erfolgen, die in anderen Prozessen oder auf anderen Maschinen liegen), ist für den Verkauf natürlich entscheidend, wie der Benutzer die Anwendung wahrnimmt. Die MFC ist ein umfangreiches Gerüst, das auf die Erstellung vollständiger Windows-Anwendungen zugeschnitten ist. Sie finden in der MFC Unmengen von Hilfsklassen, einen Mechanismus zur Verwaltung und Anzeige von Daten (die Dokument/Ansicht-Architektur) sowie Unterstützung für Drag & Drop, Automatisierung und ActiveX-Steuerelemente. Sie werden eine OLE-Drag & Drop-Anwendung wahrscheinlich kaum von Grund auf neu schreiben, da die Verwendung der MFC viel vorteilhafter ist. Wenn Sie allerdings einen kleinen oder mittelgroßen COM-Dienst entwickeln müssen, suchen Sie vielleicht eine andere Lösung, damit der Dienst nicht den ganzen Ballast mitschleppen muss, den die MFC mit sich bringt.

Sie können COM-Komponenten natürlich auch in reinem C++ schreiben, wobei allerdings die Erstellung der stets wiederkehrenden Grundbestandteile (z.B. *IUnknown* und Klassenobjekte) eine Menge Zeit in Anspruch nimmt. COM-Anwendungen mit Hilfe der MFC zu entwickeln, erweist sich als weniger aufwendige Möglichkeit, die Anwendung zum Laufen zu bringen. Aber es ist schwierig, mit der MFC kleine, kompakte COM-Klassen zu erstellen. Die ATL ist als Möglichkeit zur Implementierung von COM-Software zwischen reinem C++ und der MFC angesiedelt, wobei Sie weder den Code für die Grundbestandteile immer wieder von Hand eingeben noch das gesamte MFC-Paket einbauen müssen. Die ATL ist im Wesentlichen eine Sammlung von C++-Vorlagen und anderen Hilfsmitteln zum Schreiben von COM-Klassen.

# Überblick über die ATL

Wenn Sie den Quelltext der ATL betrachten, werden Sie feststellen, dass die ATL aus einer Sammlung von Headerdateien und C++-Quelltextdateien besteht. Der Großteil dieser Dateien befindet sich im Include-Verzeichnis der ATL. Es folgt ein Überblick über die ATL-Dateien und ihren Inhalt.

## AtlBase.H

Diese Datei enthält:

- *typedefs* der ATL-Funktionen,
- Definitionen von Strukturen und Makros,
- Smart-Pointer-Klassen zur Verwaltung von COM-Schnittstellenzeigern,
- Klassen zur Threadsynchronisierung,
- Definitionen von *CComBSTR*, *CComVariant*, Threading- und Apartment-Unterstützung.

## AtlCom.H

Diese Datei enthält:

- Vorlagenklassen für Klassenobjekte/Klassenfactoryobjekte,
- *IUnknown*-Implementierungen,
- Unterstützung für Tear-Off-Schnittstellen,
- Unterstützung für Typinformationen,
- *IDispatch*-Implementierung der ATL,
- Vorlagen für COM-Aufzählungen,
- Unterstützung für Verbindungspunkte.

## AtlConv.cpp und AtlConv.h

Diese beiden Quelltextdateien enthalten Hilfsfunktionen für die Unicode-Konvertierung.

## AtlCtl.cpp und AtlCtl.h

Diese beiden Dateien enthalten:

- den Quelltext für die Clientseite der ATL-Version von *IDispatch* und für die Auslösung von Ereignissen,
- *CComControlBase*,
- Unterstützung für das OLE-Einbettungsprotokoll für Steuerelemente,
- Unterstützung für Eigenschaftenseiten.

## AtlIFace.idl und AtlIFace.h

Die Datei AtlIFace.idl (aus der AtlIFace.h generiert wird) enthält eine ATL-eigene Schnittstelle namens *IRegistrar*.

## AtlImpl.cpp

AtlImpl.cpp implementiert Klassen wie *CComBSTR*, die in AtlBase.H deklariert ist.

## AtlWin.cpp und AtlWin.h

Diese Dateien bieten Unterstützung für die Fensterverwaltung und für die Benutzeroberfläche, wie unter anderem:

- einen Mechanismus zur Meldungszuordnung,
- eine Fensterverwaltungsklasse,
- Unterstützung für Dialogfelder.

### StatReg.cpp und StatReg.h

Zur ATL gehört eine COM-Komponente namens *Registrar*, die für die Einträge in der Registrierung zuständig ist. Der Quelltext zur Implementierung dieser Komponente befindet sich in den Dateien StatReg.h und StatReg.cpp.

Nach diesem kurzen Überblick wollen wir nun die ATL-Unterstützung für die clientseitige COM-Programmierung näher betrachten.

## Clientseitige ATL-Programmierung

Die ATL hat im Grunde genommen zwei Seiten: Unterstützung für Clients und Unterstützung für Objekte. Wegen der Menge des zur Implementierung von ActiveX-Steuerelementen erforderlichen Quelltexts betrifft der bei weitem größte Teil dieser Unterstützung die Objektseite. Allerdings erweist sich auch die ATL-Unterstützung für Clients als hilfreich und interessant. Wir sehen uns nun die Clientseite der ATL an. Allerdings ist zuvor ein kleiner Exkurs zum Thema C++-Vorlagen angebracht, da diese den Eckpfeiler der ATL bilden.

### C++-Vorlagen

Der Schlüssel zum Verständnis der Active Template Library liegt in den C++-Vorlagen. Trotz der etwas einschüchternden Vorlagensyntax ist das Konzept der Vorlagenklassen recht einfach. C++-Vorlagen werden gelegentlich als eine Art »vom Compiler empfohlene Makros« beschrieben. Überlegen Sie einmal, was während der Ausführung von Makros geschieht: Wenn der Präprozessor auf ein Makro trifft, sieht er sich das Makro an und erweitert es zu regulärem C++-Code. Bei Makros ist jedoch problematisch, dass sie gelegentlich fehleranfällig und nie typsicher sind. Wenn Sie ein Makro verwenden und ihm ein unzulässiges Argument übergeben, meldet der Compiler nicht zwangsläufig einen Fehler, obwohl das Programm möglicherweise deswegen abstürzt. Vorlagen könnte man mit typsicheren Makros vergleichen. Wenn der Compiler auf eine Vorlage trifft, erweitert der Compiler die Vorlage ebenso, wie er ein Makro erweitern würde. Da Vorlagen jedoch typsicher sind, weist der Compiler wenigstens auf die Fehler hin, die er erkennen kann, bevor der Benutzer damit in Berührung kommt.

Vorlagen als Mittel zur Wiederverwendung von Code unterscheiden sich von den konventionellen Praktiken der C++-Programmierung. Bei Komponenten, die unter Verwendung von Vorlagen geschrieben wurden, erfolgt die Wiederverwendung des Codes durch Vorlagensubstitution und nicht durch die Vererbung von Funktionen von Basisklassen. Der gesamte in Vorlagen enthaltene Code wird buchstäblich in das Projekt eingebaut.

Das typische Beispiel für die Verwendung von Vorlagen ist ein dynamisches Array. Nehmen wir an, Sie brauchen ein Array zum Speichern von ganzen Zahlen. Statt ein Array fester Größe zu deklarieren, soll die Größe des Arrays nach Bedarf festgelegt werden. Sie entwickeln daher das Array als C++-Klasse. Irgendwann erfährt einer Ihrer Kollegen von Ihrer neuen Klasse und sagt Ihnen, er (oder sie) bräuchte genau die gleiche Funktionalität. Diese Person möchte jedoch Gleitkommazahlen in dem Array speichern. Statt nochmal genau den gleichen Code zu produzieren (abgesehen von der Verwendung eines anderen Datentyps), können Sie Ihre Klasse auch in eine C++-Vorlage umwandeln.

Das gerade beschriebene Problem ließe sich zum Beispiel in der folgenden Weise lösen. Der Code zeigt ein dynamisches Array, das als Vorlage implementiert ist:

```
template <class T> class DynArray {
public:
  DynArray();
  ~DynArray();              // Aufräumarbeiten und Speicherverwaltung
  int Add(T Element);       // Elemente hinzufügen und Speicher verwalten
  void Remove(int nIndex)   // Element löschen und Speicher verwalten
  T GetAt(nIndex) const;
  int GetSize();
private:
  T* TArray;
  int m_nArraysize;
};
void UseDynArray() {
   DynArray<int> intArray;
   DynArray<float> floatArray;

   intArray.Add(4);
   floatArray.Add(5.0);

   intArray.Remove(0);
   floatArray.Remove(0);

   int x = intArray.GetAt(0);
   float f = floatArray.GetAt(0);
}
```

Wie Sie sich vorstellen können, eignen sich solche Vorlagen gut zur Implementierung der COM-Grundkomponenten, und Vorlagen sind der Mechanismus, der in der ATL für die COM-Unterstützung verwendet wird. Die vorstehende Beispiel zeigt nur eine der vielen Einsatzmöglichkeiten von Vorlagen. Vorlagen sind nicht nur nützlich, wenn Typinformationen auf eine bestimmte Art von Datenstruktur angewendet werden sollen, sondern auch zur Kapselung von Algorithmen. In welcher Weise, wird noch deutlich, wenn wir die ATL näher untersuchen.

## Smart Pointer

Vorlagen werden häufig für Smart Pointer eingesetzt. In der traditionellen C++-Literatur werden die normalen Zeiger von C++ »dumme« Zeiger genannt. Das ist kein besonders hübscher Name, aber normale C++-Zeiger leisten eben auch nicht viel, außer auf etwas zu zeigen. Es bleibt dem Client überlassen, sich selbst um die Details zu kümmern, zum Beispiel um die korrekte Initialisierung der Zeiger.

Lassen Sie uns als Beispiel zwei Typen von Softwareentwicklern als C++-Klassen beschreiben. Beginnen wir einfach mit der Definition der Klassen *CVBProgrammierer* und *CCPPProgrammierer*.

```
class CVBProgrammierer {
public:
  CVBProgrammierer() {
  }
  ~CVBProgrammierer() {
    AfxMessageBox("Ich verwende VB, damit ich schneller fertig bin.");
  }
```

```
  virtual void AndieArbeit() {
    AfxMessageBox("Formulare erstellen");
  }
};
class CCPPProgrammierer {
public:
  CCPPProgrammierer() {
  }
  ~CCPPProgrammierer() {
    AfxMessageBox("Ich bleibe im Büro und löse Zeigerprobleme.");
  }
  virtual void AndieArbeit() {
    AfxMessageBox("C++-Code schreiben);
  }
};
```

Sowohl der Visual Basic-Programmierer als auch der C++-Programmierer verfügen über die erforderlichen Funktionen. Nehmen wir nun an, es gibt einen Client mit folgendem Code.

```
//UseProgrammierer.CPP

void UseProgrammierer() {
  CVBProgrammierer* pVBProgrammierer;
  ...
  // Der Zeiger pVBProgrammierer muss irgendwann
  // initialisiert werden. Was passiert, wenn
  // Sie die Initialisierung vergessen und ihn
  // später wie folgt verwenden:
  if(pVBProgrammierer) {
    // Wir müssen uns auf ein kleines Feuerwerk
    // gefasst machen. Da pVBProgrammierer per
    // Zufall nicht NULL ist, weiß niemand so genau,
    // wohin der Zeiger eigentlich verweist.
    c->AndieArbeit();
  }
}
```

In diesem Fall wurde im Clientcode vergessen, den Zeiger *pVBProgrammierer* mit *NULL* zu initialisieren. (Im richtigen Leben passiert so etwas natürlich niemals!) Da *pVBProgrammierer* mit hoher Wahrscheinlichkeit einen Wert ungleich *NULL* enthält (der Zeiger enthält den Wert, der sich gerade an der entsprechenden Position auf dem Stapel befindet), ist die Prüfung, ob der Zeiger einen gültigen Wert hat, erfolgreich, obwohl das Gegenteil der Fall ist. Der Client fährt in der Annahme fort, alles sei in Ordnung. Der Client wird irgendwann abstürzen, da er »ins Dunkle ruft«. (Wer weiß, auf was *pVBProgrammierer* zeigt – wahrscheinlich auf nichts, was auch nur im Entferntesten Ähnlichkeit mit einem VB-Programmierer hätte). Natürlich wäre es schön, wenn es einen Mechanismus gäbe, mit dem sich die korrekte Initialisierung aller Zeiger sicherstellen ließe. Hier kommen die Smart Pointer ins Spiel.

Stellen Sie sich nun ein anderes Szenario vor. Sie möchten vielleicht etwas zusätzlichen Code in die Programmiererklassen aufnehmen, um einige Operationen ausführen zu lassen, die für alle Programmierer gelten. Vielleicht möchten Sie zum Beispiel, dass sich die Programmierer erst einmal mit dem Design beschäftigen, bevor sie mit dem Codieren beginnen. Betrachten Sie nochmals das Beispiel mit den Klassen für VB- und C++-Programmierer. Wenn der Client *AndieArbeit* aufruft, beginnt der Programmierer sofort mit dem Codieren, ohne über einen durchdachten Entwurf zu verfügen, und lässt den armen Client wahrscheinlich im (virtuellen) Regen stehen. Wir brauchen hier eine verbindliche Vorschrift für die Programmiererklassen, mit der wir sicherstellen können, dass der Entwurf erledigt wird, bevor die Codierung beginnt.

Als Lösung bietet sich in C++ ein Smart Pointer an.

## Intelligente C++-Zeiger

Ein Smart Pointer ist eine C++-Verpackung für Zeiger. Wenn Zeiger in eine passende Klasse verpackt werden (genau gesagt, in eine Vorlage), kann man dafür sorgen, dass bestimmte Operationen automatisch ausgeführt werden. Der Client braucht sich dann gar nicht mehr explizit darum zu kümmern. Ein gutes Beispiel für eine solche Operation ist die korrekte Initialisierung aller Zeiger, damit keine Abstürze mehr durch Zeiger verursacht werden, die versehentlich nicht initialisiert wurden. Ein weiteres Beispiel ist die Ausführung bestimmter Vorarbeiten, bevor Funktionsaufrufe über den betreffenden Zeiger erfolgen.

Lassen Sie uns nun solch einen »schlauen Zeiger« für das oben beschriebene Programmierermodell erfinden. Sehen Sie sich die folgende Vorlagenklasse namens *SchlauerProgrammierer* an:

```cpp
template<class T>
class SchlauerProgrammierer {
  T* m_pProgrammierer;
public:
  SchlauerProgrammierer(T* pProgrammierer) {
    ASSERT(pProgrammierer != NULL);
    m_pProgrammierer = pProgrammierer;
  }
  ~SchlauerProgrammierer() {
    AfxMessageBox("Warum raten, wenn man testen kann?");
  }
  SchlauerProgrammierer &
    operator=(const SchlauerProgrammierer& rProgrammierer) {
      return *this;
  }
  T* operator->() const {
    AfxMessageBox("Zeiger sollen benutzt werden."
                  " Prüfen, ob alles in Ordnung ist.");
    return m_pProgrammierer;
  }
};
```

Die Vorlage *SchlauerProgrammierer* dient als Verpackung für beliebige Zeiger. Da die Klasse *SchlauerProgrammierer* auf einer Vorlage basiert, kann sie ihre Funktionen in einer Form zur Verfügung stellen, die sich für alle vorgesehenen Typen eignet. Sie können sich Vorlagen als »vom Compiler empfohlene Makros« vorstellen. Oder als Deklarationen von Klassen (oder Funktionen), die sich auf jeden Datentyp anwenden lassen – zumindest auf jeden dafür vorgesehenen Datentyp.

Wir brauchen eine Smart-Pointer-Klasse, die sich auf alle Programmierer anwenden lässt, wie z.B. Programmierer, die mit VB, Visual C++ .NET, Java und Delphi arbeiten (um nur einige zu nennen). Mit der Anweisung *template <class T>* wird dies erreicht. Die Vorlage *SchlauerProgrammierer* enthält einen Zeiger *m_pProgrammierer* auf den Typ von Programmierer, für den die Klasse definiert wird. Dem Konstruktor von *SchlauerProgrammierer* wird als Argument ein Zeiger auf diesen Typ übergeben und der Konstruktor speichert den Zeiger in *m_pProgrammierer*.

*Einführung in die ATL-Bibliothek*

Beachten Sie, dass der Konstruktor eine Annahme generiert, wenn der Client dem Konstruktor von *SchlauerProgrammierer* ein Argument mit dem Wert *NULL* übergibt.

Die Klasse *SchlauerProgrammierer* kapselt nicht nur Zeiger, sondern implementiert auch verschiedene Operatoren. Am wichtigsten ist der Operator -> (der Operator zur Elementauswahl). Dieser Operator ist das Arbeitspferd jeder Smart-Pointer-Klasse. Eine reguläre Klasse wird durch das Überladen des Elementauswahloperators zu einer Smart-Pointer-Klasse. Wenn der Elementauswahloperator auf einen normalen »dummen« C++-Zeiger angewendet wird, wird der Compiler damit normalerweise angewiesen, ein Element auszuwählen, das zu der Klasse oder der Struktur gehört, auf die der Zeiger bei korrekter Anwendung verweist. Durch das Überschreiben des Elementauswahloperators erhält der Client die Möglichkeit, sich einzumischen und bei jedem Funktionsaufruf, der via Zeiger erfolgt, irgendeine Standardoperation auszuführen. Im Beispiel der Klasse *SchlauerProgrammierer* wird sichergestellt, dass die Arbeitsumgebung in Ordnung ist, bevor der Programmierer an die Arbeit geht. (Dieses Beispiel ist natürlich etwas an den Haaren herbeigezogen. In der Praxis könnte man zum Beispiel einen Einsprungpunkt für die Fehlersuche vorsehen.)

Das Hinzufügen des Operators -> zur Klasse bewirkt, dass sie sich wie ein gewöhnlicher C++-Zeiger verhält. Um sich auch in anderer Hinsicht wie ein normaler C++-Zeiger verhalten zu können, muss die Smart-Pointer-Klasse auch die anderen Standardoperatoren implementieren, z.B. den Dereferenzierungs- und den Zuweisungsoperator.

## Smart Pointer verwenden

Smart Pointer werden wie die normalen C++-Zeiger verwendet. Ein Client kann die konventionellen Programmiererklassen zum Beispiel in der folgenden Weise benutzen:

```
void UseProgrammierer() {
  CVBProgrammierer VBProgrammierer;
  CCPPProgrammierer CPPProgrammierer;

  VBProgrammierer.AndieArbeit();
  CPPProgrammierer.AndieArbeit();
}
```

Hier gibt es keine Überraschungen. Der Code bewirkt einfach, dass die Programmierer kommen und an die Arbeit gehen. Es ist jedoch ratsamer, mit den intelligenten Programmierern zu arbeiten – denjenigen, die sicherstellen, dass das Design steht, bevor sie mit dem Schreiben von Code anfangen. Es folgt der Code, mit dem die VB-Programmierer- und C++-Programmierer-Objekte in eine Smart-Pointer-Klasse gehüllt werden:

```
void UseSchlauerProgrammierer {
  CVBProgrammierer VBProgrammierer;
  CCPPProgrammierer CPPProgrammierer;

  SchlauerProgrammierer<CVBProgrammierer> schlauerVBProgrammierer(&VBProgrammierer);
  SchlauerProgrammierer<CCPPProgrammierer> schlauerCPPProgrammierer(&CPPProgrammierer);

  schlauerVBProgrammierer->AndieArbeit();
  schlauerCPPProgrammierer->AndieArbeit();
}
```

Statt die etwas planlosen Programmierer dazu zu bringen, gute Arbeit abzuliefern (wie im vorigen Beispiel), fordert der Client die intelligenten Programmierer auf, die Arbeit zu erledigen. Diese Programmierer kümmern sich automatisch um das Design, bevor sie Code schreiben.

# Smart Pointer und COM

Obwohl es im letzten Beispiel eher darum ging, eine interessante Geschichte zu erzählen, lassen sich Smart-Pointer-Klassen selbstverständlich sinnvoll einsetzen. Zum Beispiel können sie die clientseitige COM-Programmierung erleichtern.

Smart Pointer werden häufig zur Implementierung der Referenzzählung verwendet. Da die Referenzzählung eine sehr allgemein gültige Grundoperation ist, ist es sinnvoll, den clientseitigen Anteil der Referenzzählung einer Smart-Pointer-Klasse zu übertragen.

Da Sie inzwischen mit COM vertraut sind, wissen Sie, dass COM-Objekte Schnittstellen anbieten. Für C++-Programmierer sind Schnittstellen ganz einfach abstrakte Basisklassen und C++-Clients behandeln Schnittstellen im Wesentlichen wie normale C++-Objekte. Wie Sie in den vorangegangenen Kapiteln jedoch feststellen konnten, sind COM-Objekte etwas anders geartet als normale C++-Objekte. Die Erstellung und Beseitigung von COM-Objekten ist nicht an eine bestimmte Programmiersprache gebunden. COM-Objekte werden durch Aufrufe von API-Funktionen erstellt. Die meisten COM-Objekte verwenden einen Referenzzähler, um herauszufinden, wann sie sich selbst aus dem Speicher entfernen müssen. Sobald ein COM-Objekt angelegt wurde, kann ein Clientobjekt auf verschiedene Weise darauf zugreifen, indem er mehrere Schnittstellen dieses COM-Objekts anfordert. Das COM-Objekt muss so lange erhalten bleiben, wie noch ein Client einen gültigen Zeiger auf eine seiner Schnittstellen hat. Die meisten COM-Objekte entsorgen sich selbst, wenn alle Verweise seitens der Clients freigegeben wurden. Dieser Selbstzerstörungsmechanismus der COM-Objekte stützt sich auf die Referenzzählung.

Zur Unterstützung dieses Referenzzählungsschemas definiert COM eine Reihe von Regeln für die Verwaltung von COM-Schnittstellen seitens der Clients. Die erste Regel besagt, dass der Referenzzähler eines Objekts um 1 erhöht werden muss, wenn eine neue Instanz einer COM-Schnittstelle angelegt wird. Die zweite Regel ist, dass Clients Schnittstellenzeiger freigeben müssen, wenn sie die Zeiger nicht mehr benötigen. Die Referenzzählung ist einer der Aspekte von COM, dessen korrekte Implementierung recht schwierig ist, insbesondere was die Clientseite betrifft. Die Verwaltung der Referenzzähler für COM-Schnittstellen ist eine hervorragende Einsatzmöglichkeit für Smart-Pointer-Klassen.

Beispielsweise kann man dem Konstruktor einer Smart-Pointer-Klasse einen aktiven Schnittstellenzeiger als Argument übergeben, der von diesem in einem internen Zeiger gespeichert wird. Der Destruktor kann dann über den Schnittstellenzeiger deren *Release*-Methode aufrufen, um die Schnittstelle freizugeben. Der Schnittstellenzeiger wird also automatisch freigegeben, sobald der schlaue Zeiger entsorgt wird oder den Gültigkeitsbereich verlässt. Zudem kann die Smart-Pointer-Klasse bei der Verwaltung von COM-Schnittstellen hilfreich sein, die kopiert werden.

Stellen Sie sich beispielsweise vor, Sie haben ein COM-Objekt angelegt und halten einen Zeiger auf die Schnittstelle. Angenommen, Sie möchten den Schnittstellenzeiger kopieren (vielleicht um ihn als Argument zu übergeben). Auf der reinen COM-Ebene müssten Sie dazu mehrere Schritte ausführen. Zuerst müssen Sie den alten Schnittstellenzeiger freigeben. Danach müssen Sie den alten Zeiger in einen neuen Zeiger kopieren. Schließlich müssen Sie *AddRef* für die neue Kopie des Schnittstellenzeigers aufrufen. Da diese Schritte unabhängig davon ausgeführt werden müssen, ob die Schnittstelle verwendet wird, eignet sich dieser Vorgang hervorragend dafür, in einem Codebaustein zusammengefasst zu werden. Um diesen Vorgang in einer Smart-Pointer-Klasse zu implementieren, brauchen Sie nur den Zuweisungsoperator zu überschreiben. Der Client kann dann den alten Zeiger einfach dem neuen Zeiger zuweisen. Die Smart-Pointer-Klasse kümmert sich um die Verwaltung des Schnittstellenzeigers und nimmt dem Client diese Aufgabe ab.

## Die Smart Pointer der ATL

Ein Großteil der ATL-Unterstützung für clientseitige COM-Programmierung findet sich in zwei Smart-Pointer-Klassen der ATL: *CComPtr* und *CComQIPtr*. *CComPtr* ist eine einfache Smart-Pointer-Klasse, die COM-Schnittstellenzeiger kapselt. *CComQIPtr* weist dem Smart Pointer überdies eine GUID zu (die als Schnittstellen-ID verwendet wird). Ein Großteil der Funktionalität von *CComPtr* wurde in eine Klasse namens *CComPtrBase* verlagert. Beginnen wir also mit *CComPtrBase*.

## Die Klasse *CComPtrBase*

*CComPtrBase* dient als Basis für Smart-Pointer-Klassen, die mit Speicherfunktionen auf COM-Basis arbeiten. Und so sieht die Klasse aus:

```
template <class T>
class CComPtrBase
{
protected:
    CComPtrBase() throw()
    {
        p = NULL;
    }
    CComPtrBase(int nNull) throw()
    {
        ATLASSERT(nNull == 0);
        (void)nNull;
        p = NULL;
    }
    CComPtrBase(T* lp) throw()
    {
        p = lp;
        if (p != NULL)
            p->AddRef();
    }
public:
    typedef T _PtrClass;
    ~CComPtrBase() throw()
    {
        if (p)
            p->Release();
    }
    operator T*() const throw()
    {
        return p;
    }
    T& operator*() const throw()
    {
        ATLASSERT(p!=NULL);
        return *p;
    }
    // Meldet sich das Assert in operator&, ist dies normalerweise ein Hinweis
    // auf einen Fehler. Wenn das gewünscht ist, ermitteln Sie explizit die
    // Adresse des Datenelements p.
```

```cpp
T** operator&() throw()
{
    ATLASSERT(p==NULL);
    return &p;
}
_NoAddRefReleaseOnCComPtr<T>* operator->() const throw()
{
    ATLASSERT(p!=NULL);
    return (_NoAddRefReleaseOnCComPtr<T>*)p;
}
bool operator!() const throw()
{
    return (p == NULL);
}
bool operator<(T* pT) const throw()
{
    return p < pT;
}
bool operator==(T* pT) const throw()
{
    return p == pT;
}
// Gib die Schnittstelle frei und setze den Zeiger auf NULL
void Release() throw()
{
    T* pTemp = p;
    if (pTemp)
    {
        p = NULL;
        pTemp->Release();
    }
}
// Vergleiche zwei Objekte auf Gleichheit
bool IsEqualObject(IUnknown* pOther) throw()
{
    if (p == pOther)
        return true;

    if (p == NULL || pOther == NULL)
        return false; // einer ist Null, der andere nicht

    CComPtr<IUnknown> punk1;
    CComPtr<IUnknown> punk2;
    p->QueryInterface(__uuidof(IUnknown), (void**)&punk1);
    pOther->QueryInterface(__uuidof(IUnknown), (void**)&punk2);
    return punk1 == punk2;
}
// Mit vorhandener Schnittstelle verbinden (führt kein AddRef durch)
void Attach(T* p2) throw()
{
    if (p)
        p->Release();
    p = p2;
}
```

```cpp
        // Von Schnittstelle trennen (führt kein Release durch)
        T* Detach() throw()
        {
            T* pt = p;
            p = NULL;
            return pt;
        }
        HRESULT CopyTo(T** ppT) throw()
        {
            ATLASSERT(ppT != NULL);
            if (ppT == NULL)
                return E_POINTER;
            *ppT = p;
            if (p)
                p->AddRef();
            return S_OK;
        }
        HRESULT SetSite(IUnknown* punkParent) throw()
        {
            return AtlSetChildSite(p, punkParent);
        }
        HRESULT Advise(IUnknown* pUnk, const IID& iid, LPDWORD pdw) throw()
        {
            return AtlAdvise(p, pUnk, iid, pdw);
        }
        HRESULT CoCreateInstance(REFCLSID rclsid,
                            LPUNKNOWN pUnkOuter = NULL,
                            DWORD dwClsContext = CLSCTX_ALL) throw()
        {
            ATLASSERT(p == NULL);
            return ::CoCreateInstance(rclsid, pUnkOuter, dwClsContext,
                                __uuidof(T), (void**)&p);
        }
        HRESULT CoCreateInstance(LPCOLESTR szProgID,
                            LPUNKNOWN pUnkOuter = NULL,
                            DWORD dwClsContext = CLSCTX_ALL) throw()
        {
            CLSID clsid;
            HRESULT hr = CLSIDFromProgID(szProgID, &clsid);
            ATLASSERT(p == NULL);
            if (SUCCEEDED(hr))
                hr = ::CoCreateInstance(clsid, pUnkOuter, dwClsContext,
                                __uuidof(T), (void**)&p);
            return hr;
        }
        template <class Q>
        HRESULT QueryInterface(Q** pp) const throw()
        {
            ATLASSERT(pp != NULL);
            return p->QueryInterface(__uuidof(Q), (void**)pp);
        }
        T* p;
};
```

*CComPtrBase* ist ein ziemlich einfacher schlauer Zeiger. Beachten Sie bitte das Datenelement *p* vom Typ *T\** (der Typ *T* wird mit dem Vorlagenparameter eingeführt). Der Konstruktor von *CComPtrBase* ruft über den Zeiger *AddRef* auf, während der Konstruktor die Schnittstelle wieder freigibt. Hier gibt es also keine Überraschungen. *CComPtrBase* verfügt auch über die Operatoren, die für die Kapselung eines COM-Schnittstellenzeigers erforderlich sind. Nur der Zuweisungsoperator bedarf wohl einer besonderen Beschreibung. Bei der Zuweisung wird der alte Schnittstellenzeiger dem neuen zugewiesen. Der Zuweisungsoperator ruft eine Funktion namens *AtlComPtrAssign* auf:

```
ATLINLINE ATLAPI_(IUnknown*) AtlComPtrAssign(IUnknown** pp, IUnknown* lp)
{
    if (lp != NULL)
        lp->AddRef();
    if (*pp)
        (*pp)->Release();
    *pp = lp;
    return lp;
}
```

*AtlComPtrAssign* führt die Zuweisung sozusagen blind durch und ruft über den neuen Schnittstellenzeiger *AddRef* auf, bevor sie über den alten Schnittstellenzeiger *Release* aufruft. Bald wird Ihnen eine Version dieser Funktion begegnen, die *QueryInterface* aufruft.

Die Bedeutung der Klasse *CComPtrBase* liegt darin, dass sie Ihnen im gewissen Umfang die Referenzzählung für einen Zeiger abnimmt. Die nächste Klasse in der Hierarchie ist *CComPtr* – das ist die Klasse, die Sie tatsächlich in einer Anwendung benutzen.

## Die Klasse *CComPtr*

Da *CComPtr* von *CComPtrBase* abgeleitet wird, erbt sie auch die Fähigkeiten im Umgang mit Zeigern von *CComPtrBase*. *CComPtr* kann Ihnen dabei helfen, den Überblick über die *AddRef*- und *Release*-Aufrufe zu behalten und den Code zu vereinfachen. Ein kleines Beispiel zeigt schnell, wie nützlich *CComPtr* ist. Stellen Sie sich vor, Ihr Client braucht drei Zeiger, um seine Arbeit zu erledigen:

```
void GetLottaPointers(LPUNKNOWN pUnk){
    HRESULT hr;
    LPPERSIST pPersist;
    LPDISPATCH pDispatch;
    LPDATAOBJECT pDataObject;
    hr = pUnk->QueryInterface(IID_IPersist, (LPVOID *)&pPersist);
    if(SUCCEEDED(hr)) {
        hr = pUnk->QueryInterface(IID_IDispatch, (LPVOID *) &pDispatch);
        if(SUCCEEDED(hr)) {
            hr = pUnk->QueryInterface(IID_IDataObject, (LPVOID *) &pDataObject);
            if(SUCCEEDED(hr)) {
                DoIt(pPersist, pDispatch, pDataObject);
                pDataObject->Release();
            }
            pDispatch->Release();
        }
        pPersist->Release();
    }
}
```

Sie könnten die umstrittene *goto*-Anweisung verwenden (und damit riskieren, abfällige Kommentare von Ihren Kollegen zu erhalten), um den Code etwas übersichtlicher zu gestalten:

```
void GetLottaPointers(LPUNKNOWN pUnk){
    HRESULT hr;
    LPPERSIST pPersist;
    LPDISPATCH pDispatch;
    LPDATAOBJECT pDataObject;

    hr = pUnk->QueryInterface(IID_IPersist, (LPVOID *)&pPersist);
    if(FAILED(hr)) goto cleanup;

    hr = pUnk->QueryInterface(IID_IDispatch, (LPVOID *) &pDispatch);
    if(FAILED(hr)) goto cleanup;

    hr = pUnk->QueryInterface(IID_IDataObject, (LPVOID *) &pDataObject);
    if(FAILED(hr)) goto cleanup;

    DoIt(pPersist, pDispatch, pDataObject);
cleanup:
    if (pDataObject) pDataObject->Release();
    if (pDispatch) pDispatch->Release();
    if (pPersist) pPersist->Release();
}
```

Dies ist vielleicht nicht die elegante Lösung, die Sie sich vorstellen. Durch den Einsatz von *CComPtr* wird der gleiche Code viel ansehnlicher und leichter lesbar:

```
void GetLottaPointers(LPUNKNOWN pUnk){
    HRESULT hr;
    CComPtr<IUnknown> persist;
    CComPtr<IUnknown> dispatch;
    CComPtr<IUnknown> dataobject;

    hr = pUnk->QueryInterface(IID_IPersist, (LPVOID *)&persist);
    if(FAILED(hr)) return;

    hr = pUnk->QueryInterface(IID_IDispatch, (LPVOID *) &dispatch);
    if(FAILED(hr)) return;

    hr = pUnk->QueryInterface(IID_IDataObject, (LPVOID *) &dataobject);
    if(FAILED(hr)) return;

    DoIt(pPersist, pDispatch, pDataObject);

    // Destruktoren rufen Release auf...
}
```

Sie fragen sich jetzt wahrscheinlich, warum *CComPtr* nicht auch *QueryInterface* kapselt. Schließlich spielt *QueryInterface* eine wichtige Rolle bei der Referenzzählung. Wenn man eine Smart-Pointer-Klasse mit Funktionen für *QueryInterface* ausstatten will, muss man auf irgendeine Art und Weise dem Smart Pointer eine GUID zuordnen können. *CComPtr* wurde bereits in der ersten ATL-Version vorgestellt. Um den mittlerweile entwickelten Codebestand nicht zu beeinträchtigen, gab Microsoft der überarbeiteten, leistungsfähigeren Version von *CComPtr* den Namen *CComQIPtr*.

# Die Klasse *CComQIPtr*

Hier folgt die Definition von *CComQIPtr*:

```cpp
template <class T, const IID* piid = &__uuidof(T)>
class CComQIPtr : public CComPtr<T>
{
public:
    CComQIPtr() throw()
    {
    }
    CComQIPtr(T* lp) throw() :
        CComPtr<T>(lp)
    {
    }
    CComQIPtr(const CComQIPtr<T,piid>& lp) throw() :
        CComPtr<T>(lp.p)
    {
    }
    CComQIPtr(IUnknown* lp) throw()
    {
        if (lp != NULL)
            lp->QueryInterface(*piid, (void **)&p);
    }
    T* operator=(T* lp) throw()
    {
        return static_cast<T*>(AtlComPtrAssign((IUnknown**)&p, lp));
    }
    T* operator=(const CComQIPtr<T,piid>& lp) throw()
    {
        return static_cast<T*>(AtlComPtrAssign((IUnknown**)&p, lp.p));
    }
    T* operator=(IUnknown* lp) throw()
    {
        return static_cast<T*>(AtlComQIPtrAssign((IUnknown**)&p,
                                lp, *piid));
    }
};
//Spezialisierung, damit die Sache funktioniert
template<>
class CComQIPtr<IUnknown, &IID_IUnknown> : public CComPtr<IUnknown>
{
public:
    CComQIPtr() throw()
    {
    }
    CComQIPtr(IUnknown* lp) throw()
    {
        // Ermittle die Identität mit QueryInterface
        if (lp != NULL)
            lp->QueryInterface(__uuidof(IUnknown), (void **)&p);
    }
```

```
        CComQIPtr(const CComQIPtr<IUnknown,&IID_IUnknown>& lp) throw() :
            CComPtr<IUnknown>(lp.p)
        {
        }
        IUnknown* operator=(IUnknown* lp) throw()
        {
            // Ermittle die Identität mit QueryInterface
            return AtlComQIPtrAssign((IUnknown**)&p, lp,
                                    __uuidof(IUnknown));
        }
        IUnknown* operator=(const CComQIPtr<IUnknown,&IID_IUnknown>& lp)
            throw()
        {
            return AtlComPtrAssign((IUnknown**)&p, lp.p);
        }
};
```

*CComQIPtr* unterscheidet sich von *CComPtr* vor allem durch den zweiten Vorlagenparameter namens *piid:* die GUID der Schnittstelle. Diese Smart-Pointer-Klasse verfügt über mehrere Konstruktoren: einen Standardkonstruktor, einen Kopierkonstruktor, einen Konstruktor, der einen untypisierten Schnittstellenzeiger akzeptiert, und einen Konstruktor, dem ein *IUnknown*-Schnittstellenzeiger als Parameter übergeben wird. Wird der letzte Konstruktor verwendet, um ein Objekt dieses Typs zu erstellen und mit einem *IUnknown*-Zeiger zu initialisieren, dann ruft *CComQIPtr* die Methode *QueryInterface* mit dem GUID-Vorlagenparameter auf. Beachten Sie zudem, dass im Fall der Zuweisung eines *IUnknown*-Zeigers *AtlComQIPtrAssign* zur Durchführung dieser Zuweisung aufgerufen wird. Wie Sie sich denken können, führt *AtlComQIPtrAssign* insgeheim *QueryInterface* aus und verwendet hierzu den GUID-Vorlagenparameter.

### CComQIPtr verwenden

Es folgt ein Beispiel für die Verwendung von *CComQIPtr* in einem COM-Client:

```
void GetLottaPointers(ISomeInterface* pSomeInterface){
    HRESULT hr;
    CComQIPtr<IPersist, &IID_IPersist> persist;
    CComQIPtr<IDispatch, &IID_IDispatch> dispatch;
    CComPtr<IDataObject, &IID_IDataObject> dataobject;

    dispatch = pSomeInterface;   // impliziter QueryInterface-Aufruf
    persist = pSomeInterface;    // impliziter QueryInterface-Aufruf
    dataobject = pSomeInterface; // impliziter QueryInterface-Aufruf

    DoIt(persist, dispatch, dataobject); // Einer Funktion übergeben, die IPersist*, IDispatch*,
                                         // und IDataObject* benötigt

    // Destruktoren rufen Release auf...
}
```

*CComQIPtr* ist nützlich, wenn Sie Typumwandlungen im Stil von Java oder Visual Basic möchten. Beachten Sie, dass im oben angeführten Code keine expliziten Aufrufe von *QueryInterface* oder *Release* erforderlich waren. Diese Aufrufe wurden automatisch durchgeführt.

## Nachteile der Smart-Pointer-Klassen

Smart-Pointer-Klassen können in bestimmten Situationen sehr hilfreich sein (wie im *CComPtr*-Beispiel, in dem wir die tiefe Schachtelung und die *goto*-Anweisung beseitigt haben). Leider sind Smart-Pointer-Klassen von C++ nicht das Allheilmittel, das sich Programmierer zur Lösung ihrer Probleme mit der Referenzzählung und der Zeigerverwaltung wünschen. Smart Pointer verlagern dieses Problem einfach auf eine andere Ebene.

Vorsicht ist zum Beispiel im Umgang mit Smart-Pointer-Klassen geboten, wenn man den Altbestand an Code auf Smart Pointer umstellt. Die Schwierigkeit besteht darin, dass die Smart-Pointer-Klassen der ATL die *AddRef*- und *Release*-Aufrufe nicht vollständig verbergen. Dies bedeutet, dass Sie genau wissen müssen, wie die Smart-Pointer-Klasse arbeitet, statt lediglich darauf zu achten, ob *AddRef* und *Release* korrekt aufgerufen werden.

Sehen Sie sich beispielsweise folgenden Quelltext an:

```
void UseAnInterface(){
    IDispatch* pDispatch = NULL;

    HRESULT hr = GetTheObject(&pDispatch);
    if(SUCCEEDED(hr)) {
        DWORD dwTICount;
        pDispatch->GetTypeInfoCount(&dwTICount);
        pDispatch->Release();
    }
}
```

Stellt man den Code ohne genaue Analyse auf Smart Pointer um, könnte das Ergebnis so aussehen:

```
void UseAnInterface() {
    CComPtr<IDispatch> dispatch = NULL;

    HRESULT hr = GetTheObject(&dispatch);
    if(SUCCEEDED(hr)) {
        DWORD dwTICount;
        dispatch->GetTypeInfoCount(&dwTICount);
        dispatch->Release();
    }
}
```

Da *CComPtr* und *CComQIPtr* die Aufrufe von *AddRef* und *Release* nicht vollständig verbergen, führt diese blinde Konvertierung zu Problemen, wenn *Release* über den Zeiger *dispatch* aufgerufen wird. Der schlaue Zeiger *dispatch* ruft *Release* selbst auf, sodass im obigen Code *Release* zweimal aufgerufen wird, einmal explizit über den Aufruf *dispatch->Release()* und ein zweites Mal implizit, wenn *dispatch* wegen der Rückkehr der Funktion zum Aufrufer ungültig wird.

Zudem enthalten die Smart-Pointer-Klassen der ATL den impliziten Typumwandlungsoperator, der es ermöglicht, dass Zeiger vom Typ der Smart-Pointer-Klasse untypisierten Zeigern zugewiesen werden. In diesem Fall wird die Referenzzählung sehr verwirrend.

Kurz gesagt, Smart Pointer erleichtern zwar einige Aspekte der clientseitigen COM-Programmierung, sind aber nicht narrensicher. Sie müssen wenigstens zu einem gewissen Grad verstehen, wie Smart Pointer funktionieren, um sie sicher verwenden zu können.

# Serverseitige ATL-Programmierung

Obwohl ein beträchtlicher Teil der ATL aus Hilfsmitteln für die Entwicklung von Clients besteht (wie zum Beispiel Smart Pointer und BSTR-Wrapper), dient der Großteil der ATL zur Entwicklung von COM-Servern. Im Folgenden erhalten Sie einen kurzen Überblick über die ATL, damit Sie verstehen, wie die einzelnen Teile zusammenpassen. Anschließend werden wir die Beispielklasse *CSpaceship* mit der ATL implementieren und uns den ATL-Objekt-Assistenten ansehen, um einen Eindruck davon zu gewinnen, wie man mit Hilfe der ATL COM-Klassen schreibt.

## Die ATL und COM-Klassen

Als Programmierer von COM-Klassen ist es Ihre Aufgabe, die Funktionstabellen mit den Implementierungen zu verbinden und sicherzustellen, dass *QueryInterface*, *AddRef* und *Release* wie vorgesehen funktionieren. Wie Sie diese Aufgabe erledigen, bleibt Ihnen überlassen. Den Anwendern ist es völlig gleichgültig, welche Methode Sie verwenden. Sie haben bislang zwei Ansätze kennen gelernt: die Verwendung von reinem C++ mit der Mehrfachvererbung von Schnittstellen sowie den MFC-Ansatz mit Makros und geschachtelten Klassen. Der ATL-Ansatz zur Implementierung von COM-Klassen unterscheidet sich etwas von diesen beiden Ansätzen.

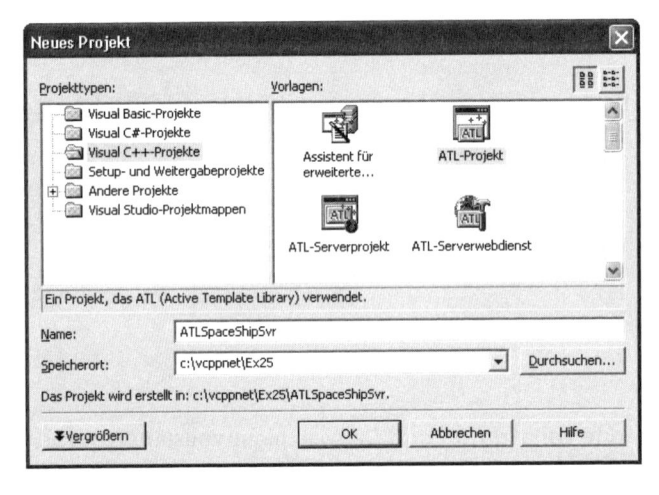

***Abbildung 25.1:*** *Wählen Sie im Dialogfeld* Neues Projekt *das ATL-Projekt*

Vergleichen Sie den C++-Ansatz mit dem MFC-Ansatz. Wie Sie wissen, besteht ein Weg zur Entwicklung von COM-Klassen in reinem C++ darin, die gewünschte C++-Klasse von wenigstens einer COM-Schnittstelle abzuleiten und dann den Code für die C++-Klasse zu schreiben. Sämtliche Aspekte der Klasse, wie zum Beispiel die *IDispatch*-Schnittstelle oder die COM-Aggregation, müssen Sie von Hand einbauen. Der MFC-Ansatz zur Erstellung von COM-Klassen besteht darin, jede gewünschte Schnittstelle durch eine eigene geschachtelte Klasse zu implementieren, wobei die Definition der geschachtelten Klassen durch entsprechende Makros vereinfacht wird. Die MFC unterstützt *IDispatch* und COM-Aggregation – Sie brauchen kaum etwas zu tun, damit diese Dinge funktionieren. Allerdings ist die Aufnahme einer neuen Schnittstelle mit relativ viel Schreibarbeit verbunden. (Wie Sie in Kapitel 22 gesehen haben, sind manche Namen in der MFC doch recht lang.)

Der ATL-Ansatz zur Bildung von COM-Klassen erfordert, dass eine C++-Klasse von mehreren Vorlagenklassen abgeleitet wird. Allerdings hat Microsoft Ihnen die Implementierung von *IUnknown* bereits durch die Klassenvorlagen der ATL abgenommen.

Lassen Sie uns gleich mit einer praktischen Übung beginnen und die Beispielklasse *CSpaceship* als COM-Klasse erstellen. Wie immer beginnen wir, indem wir im Menü *Datei* von Visual C++ .NET den Befehl *Neu, Projekt* auswählen. Im Dialogfeld *Neues Projekt* (Abbildung 25.1) wählen Sie die Vorlage *ATL-Projekt*. Geben Sie dem Projekt einen sinnvollen Namen, wie zum Beispiel ATLSpaceShipSvr, und klicken Sie auf *OK*. Der ATL-Projekt-Assistent wird gestartet.

## ATL-Projektoptionen

Auf der Seite *Anwendungseinstellungen* des *ATL-Projekt-Assistenten*, die in Abbildung 25.2 zu sehen ist, können Sie die gewünschte Serverart für das Projekt festlegen. Der Assistent lässt Ihnen die Wahl zwischen einer Dynamic Link Library (DLL), einer normalen ausführbaren Datei (EXE) und einem Dienst (EXE). Wenn Sie die DLL wählen und die Markierung der Option *Attributiert* löschen, werden die Optionen für den Einbau des Proxy-/Stubcodes in die DLL und für die Einbindung der MFC freigeschaltet. Außerdem gibt es eine Option für die Unterstützung von COM+ 1.0.

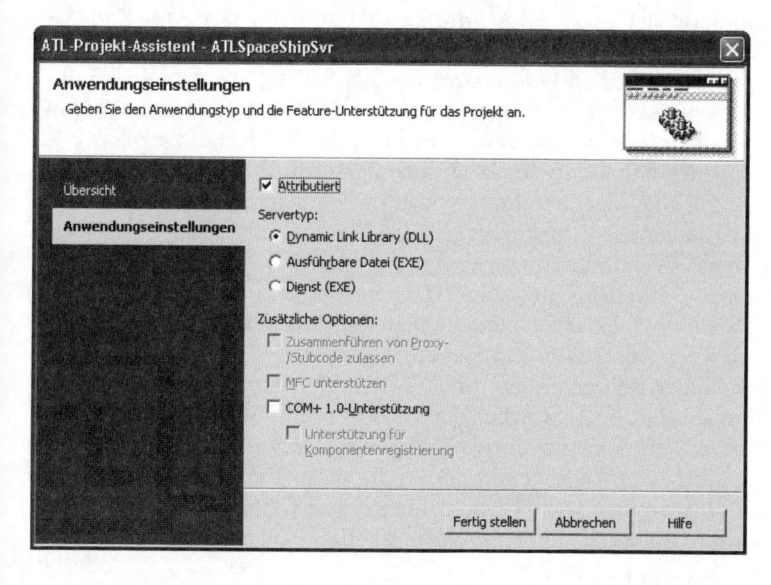

*Abbildung 25.2: Die Seite* Anwendungseinstellungen *des* ATL-Projekt-Assistenten

Nach der Wahl einer DLL als Servertyp werden alle erforderlichen Bestandteile generiert, damit die Server-DLL in das COM-Milieu passt. Zu diesen Bestandteilen gehören die folgenden bekannten COM-Funktionen: *DllGetClassObject*, *DllCanUnloadNow*, *DllRegisterServer* und *DllUnregisterServer*. Zudem werden die korrekten Mechanismen zur Steuerung der Serverlebensdauer implementiert.

Wenn Sie beschließen, dass die DLL in einem Surrogatprozess laufen soll, wählen Sie die Option *Zusammenführung von Proxy-/Stubcode zulassen*, damit alle Bestandteile in einer einzigen Binärdatei untergebracht werden. (Normalerweise wird der Proxy-/Stubcode als separate DLL ausgeliefert.) Sie brauchen dann nur eine einzige DLL weiterzugeben. Falls Sie zu dem Schluss kommen, dass Sie die MFC brauchen, wählen Sie die Option *MFC unterstützen*. Zur

MFC-Unterstützung gehört die Einbindung der Dateien AfxWin.h und AfxDisp.h in die Datei StdAfx.h und das Linken des Projekts mit der aktuellen Version der MFC-Importbibliothek. Obwohl der Einsatz der MFC sehr praktisch ist und äußerst verlockend sein kann, sollten Sie sich der Abhängigkeiten bewusst sein, die mit der Einbindung der MFC verbunden sind. Außerdem können Sie die Option *COM+ 1.0-Unterstützung* wählen, wenn Sie Unterstützung für die COM+ 1.0-Laufzeitdienste wünschen.

Falls Sie sich für einen EXE-Server entscheiden, produziert der ATL-Projekt-Assistent ein Programmgerüst, das sich zu einer EXE-Datei kompilieren lässt. Diese EXE-Datei meldet die Klassenobjekte mit Hilfe von *CoRegisterClassObject* und *CoRevokeClassObject* korrekt beim Betriebssystem an. Es wird auch der korrekte Code zur Verwaltung der Serverlebensdauer ins Projekt aufgenommen. Falls Sie schließlich die Option *Dienst (EXE)* wählen, fügt der ATL-Projekt-Assistent auch den erforderlichen dienstspezifischen Code ein.

## Attributiertes ATL und klassisches ATL

Ich habe die Option *Attributiert* auf der Seite *Anwendungseinstellungen* des *ATL-Projekt-Assistenten* erwähnt. Diese Art von Attributen wurden mit Visual C++ .NET eingeführt und hat die Aufgabe, die COM-Programmierung und die Programmentwicklung für die .NET-Laufzeitumgebung zu erleichtern. In gewisser Weise sind Attibute wie Fußnoten, die man in den Quelltext einfügt. Durch solche Attribute geben Sie dem Compiler zum Beispiel die Anweisung, bestimmte Codeteile einzufügen oder den Code etwas anders als sonst üblich zu generieren. Die Attribute helfen Visual C++ .NET bei der Erstellung von IDL-Dateien, Schnittstellen, Typbibliotheken und anderen COM-Elementen. Attribute werden auch von den Visual C++ .NET-Assistenten und den Eigenschaftsfenstern unterstützt.

Wenn Sie sich mit der Internet Definition Language (IDL) auskennen, werden Sie solche Attribute leicht durchschauen. Viele der Deklarationen, die man sonst in IDL vornimmt, lassen sich nun in Form von Attributen direkt im Quelltext angeben.

C++ wurde bereits vor recht langer Zeit erfunden, noch bevor sich Windows als Programmierplattform durchsetzen konnte. Wie Sie schon bei der COM-Programmierung festgestellt haben, ist C++ nicht das einfachste Werkzeug zur Entwicklung von DLLs und Komponenten – insbesondere, wenn man an die vielen Schwierigkeiten denkt, die diese komplexe Sprache mit sich bringt. Deswegen gibt es COM. In gewisser Hinsicht übernimmt COM die Art, wie C++ virtuelle Funktionen implementiert (nämlich mit Hilfe von Tabellen), und macht C++-DLLs vertriebsfähig. Attribute gehen noch einen Schritt weiter.

Attribute stellen eine Erweiterung von C++ dar, ohne die klassische Struktur der Sprache zu stören. Mit Hilfe von Attributen lässt sich der Funktionsumfang der Sprache erweitern, wobei der entsprechende Code zum Beispiel in zusätzlichen DLLs liegt. Die wichtigste Aufgabe der Attribute ist die Vereinfachung der Programmentwicklung für COM. Sie können die meisten C++-Konstrukte mit Attributen versehen, wie zum Beispiel Klassen, Datenelemente und Memberfunktionen.

Wir fahren nun mit der herkömmlichen ATL-Programmierung fort und beschäftigen uns später noch mit Attributen.

Wenn Sie den ATL-Projekt-Assistenten einsetzen, um einen schlanken COM-Server zu entwickeln, erhalten Sie auch eine Projektdatei, mit der sich das Projekt kompilieren lässt. Diese Projektdatei fasst die zum Projekt gehörigen Quelltextdateien zusammen und enthält für jede dieser Dateien die entsprechenden Anweisungen, die für die Kompilierung erforderlich sind.

## Entwicklung einer klassischen COM-Klasse

Sobald Sie das Grundgerüst des COM-Servers generiert haben, können Sie die gewünschten COM-Klassen in den Server einfügen. Mit Hilfe des *ATL-Assistenten für einfache Objekte*, der in Abbildung 25.3 zu sehen ist, geht das recht einfach. Geben Sie im *Projekt*-Menü den Befehl *Klasse hinzufügen* und wählen Sie die Vorlage *Einfaches ATL-Objekt*.

**HINWEIS:** Achten Sie bei der Entwicklung einer herkömmlichen COM-DLL darauf, dass die Option *Attributiert* auf der Seite *Anwendungseinstellungen* des *ATL-Projekt-Assistenten* nicht markiert ist.

Wenn Sie mit dem *ATL-Assistenten für einfache Objekte* ein neues Objekt generieren, werden eine C++-Quelltextdatei mit der Implementierung der neuen Klasse und eine Headerdatei mit ihrer Deklaration ins Projekt aufgenommen. Zudem fügt der Assistent eine Schnittstelle in die IDL-Datei ein. Obwohl der Assistent eine IDL-Datei generiert, müssen Sie über einige IDL-Kenntnisse verfügen, wenn Sie effiziente COM-Schnittstellen schreiben möchten (das wird später noch deutlich werden).

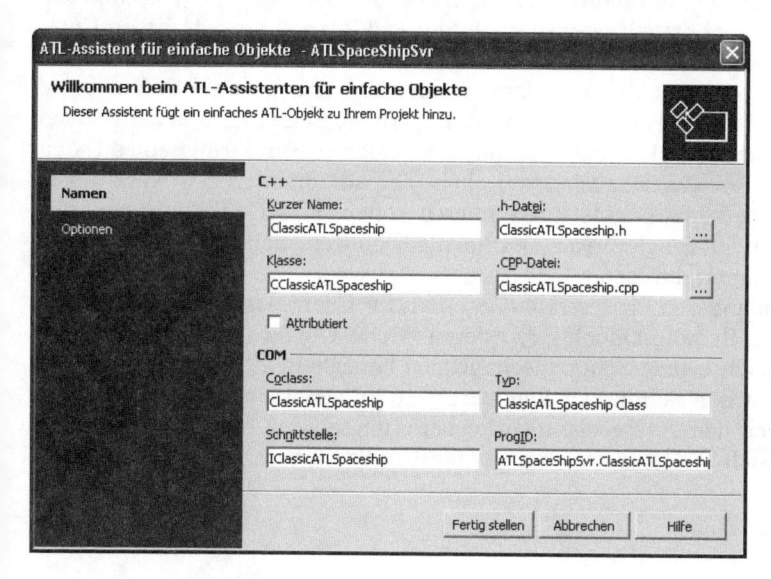

*Abbildung 25.3:* Der ATL-Assistent für einfache Objekte *fügt eine neue COM-Klasse auf ATL-Basis ins Projekt ein*

Die Seite *Optionen* des *ATL-Assistenten für einfache Objekte* ermöglicht die Wahl des gewünschten Threadmodells für die COM-Klasse und die Wahl zwischen einer dualen Schnittstelle (auf *IDispatch*-Basis) und einer benutzerdefinierten Schnittstelle. Außerdem können Sie entscheiden, ob die Klasse die Aggregation unterstützt. Der Assistent ermöglicht auch den Einbau einer *ISupportErrorInfo*-Schnittstelle. Sie können Verbindungspunkte vorsehen und die Einbindung des Internet Explorers vorbereiten. Und schließlich können Sie den Freethreaded Marshaller aggregieren, sofern die Klasse das Threadmodell *Beide* oder *Neutral* benutzt.

*Einführung in die ATL-Bibliothek*

## Apartments und Threadmodelle

Zum Verständnis von COM muss man wissen, dass dem Konzept der *Abstraktion* in COM ein zentraler Stellenwert zukommt. Anders gesagt, es sollen so viele Details wie möglich vor dem Client verborgen bleiben. Eine Information, die COM vor dem Client verbirgt, ist zum Beispiel die Angabe, ob die Klasse threadsicher ist. Der Client soll ein Objekt verwenden können, ohne sich darum kümmern zu müssen, ob das Objekt Zugriffe korrekt serialisiert – anders gesagt, ob es seine internen Daten korrekt vor gleichzeitigen Zugriffen schützt. Um in diesem Zusammenhang eine geeignete Abstraktion zu ermöglichen, führt COM den Begriff des *Apartments* ein.

Ein Apartment definiert einen Ausführungskontext (oder Thread), der Schnittstellenzeiger beherbergt. Ein Thread betritt ein Apartment durch den Aufruf einer Funktion aus der *CoInitialize*-Familie: *CoInitialize*, *CoInitializeEx* oder *OleInitialize*. COM erfordert nun, dass alle Methodenaufrufe, die über einen Schnittstellenzeiger erfolgen, in dem Apartment ausgeführt werden, das den Zeiger initialisiert hat (mit anderen Worten auf dem Thread, der *CoCreateInstance* aufgerufen hat). COM definiert zwei Arten von Apartments: Singlethread-Apartments (STA) und Multithread-Apartments (MTA). Singlethread-Apartments können nur einen Thread beherbergen, während in Multithread-Apartments mehrere Threads untergebracht werden können. Während ein Prozess nur ein einziges Multithread-Apartment enthalten kann, können mehrere Singlethread-Apartments im selben Prozess liegen. Ein Apartment kann eine beliebige Zahl von COM-Objekten aufnehmen.

Ein Singlethread-Apartment garantiert, dass alle Methodenaufrufe, die sich an die in ihm erstellten Objekte richten, von der Remoteschicht serialisiert werden. Das ist bei COM-Objekten, die in einem Multithread-Apartment erstellt werden, nicht der Fall. Man kann sich diesen Unterschied zwischen den Apartments auch wie folgt veranschaulichen: Die Erstellung eines COM-Objekts in einem Multithread-Apartment lässt sich damit vergleichen, dass man ein Datenelement global sichtbar macht, sodass mehrere Threads gleichzeitig darauf zugreifen können. Die Erstellung eines COM-Objekts in einem Singlethread-Apartment ist mit der Einführung eines Datenelements vergleichbar, das nur im Gültigkeitsbereich eines Threads definiert ist. Kurz gesagt, COM-Klassen, die in Multithread-Apartments funktionieren sollen, müssen threadsicher sein, während COM-Klassen, die sich mit Singlethread-Apartments begnügen, sich nicht um gleichzeitige Zugriffe auf ihre Daten kümmern müssen.

COM-Objekte, die in einem anderen Prozessraum liegen als ihr Client, lassen ihre Methodenaufrufe automatisch durch die Remoteschicht serialisieren. COM-Objekte, die in einer DLL untergebracht sind, sollten jedoch eigene Schutzmechanismen bereitstellen (z.B. mit Hilfe kritischer Abschnitte), statt sich auf den Schutz der Remoteschicht zu verlassen. Eine COM-Klasse gibt ihre Threadsicherheit durch den entsprechenden Registrierungseintrag bekannt. Der betreffende benannte Wert befindet sich in der Registrierung unter dem Schlüssel *CLSID* unter *HKEY_CLASSES_ROOT*.

```
[HKCR\CLSID\{eine GUID …}\InprocServer32]
@="C:\EinServer.DLL"
ThreadingModel=<Threadmodell>
```

Der Eintrag *ThreadingModel* kann einen der fünf Werte *Single*, *Both*, *Free*, *Apartment* oder *Neutral* haben oder leer sein. Die ATL unterstützt alle aktuellen Threadmodelle. Nachfolgend wird die Bedeutung dieser Werte erläutert:

- Der Wert *Single* oder ein leerer Eintrag zeigt an, dass die Klasse nur im Hauptthread ausgeführt wird (dem ersten Single-Thread, der vom Client angelegt wird).

- *Both* zeigt an, dass die Klasse threadsicher ist und sowohl in Singlethread- als auch Multithread-Apartments ausgeführt werden kann. Dieser Wert bedeutet für COM, dass die Klasse den gleichen Apartmenttyp wie der Client verwenden soll.
- *Free* zeigt an, dass die Klasse threadsicher ist. Dieser Wert bedeutet für COM, dass das Objekt im Multithread-Apartment verwendet werden muss.
- *Apartment* zeigt an, dass die Klasse nicht threadsicher ist und daher in einem Singlethread-Apartment untergebracht werden muss.
- *Neutral* bedeutet, dass die Klasse in einem threadneutralen Apartment liegen kann. Sie folgt denselben Regeln wie eine Multithread-Klasse, kann aber auf jedem Thread laufen.

Wenn Sie im *ATL-Assistenten für einfache Objekte* ein Threadmodell auswählen, fügt der Assistent je nach Ihrer Wahl unterschiedlichen Code in die Klasse ein. Wenn Sie beispielsweise die Option *Apartment* wählen, leitet der Objekt-Assistent die neue Klasse von *CComObjectRootEx* ab und fügt *CComSingleThreadModel* als Vorlagenparameter hinzu, wie das folgende Beispiel zeigt:

```
class ATL_NO_VTABLE CClassicATLSpaceship :
    public CComObjectRootEx<CComSingleThreadModel>,
    public CComCoClass<CClassicATLSpaceship,
                  &CLSID_ClassicATLSpaceship>,
    public IDispatchImpl<IClassicATLSpaceship,
                  &IID_IClassicATLSpaceship,
                  &LIBID_SPACESHIPSVRLib>
{
  :
};
```

Der Vorlagenparameter *CComSingleThreadModel* führt die effizienteren Inkrementierungs- und Dekrementierungsoperationen für *IUnknown* ein (da der Zugriff auf die Klasse automatisch serialisiert wird). Zudem veranlasst der *ATL-Assistent für einfache Objekte* die Klasse, den korrekten *ThreadingModel*-Wert in die Registrierung einzutragen. Wenn Sie im Assistenten die Option *Einfach* wählen, verwendet die Klasse zwar den Vorlagenparameter *CComSingleThreadModel*, lässt den *ThreadingModel*-Eintrag in der Registrierung jedoch leer.

Die Optionen *Beide* oder *Frei* führen dazu, dass die Klasse den Vorlagenparameter *CComMultiThreadModel* verwendet, sodass die threadsicheren Win32-Inkrementierungs- und Dekrementierungsoperationen *InterlockedIncrement* und *InterlockedDecrement* eingesetzt werden. Bei Auswahl der *Threadmodell*-Option *Frei* wird die Klasse beispielsweise wie folgt definiert:

```
class ATL_NO_VTABLE CClassicATLSpaceship :
    public CComObjectRootEx<CComMultiThreadModel>,
    public CComCoClass<CClassicATLSpaceship,
                  &CLSID_ClassicATLSpaceship>,
    public IDispatchImpl<IClassicATLSpaceship,
                  &IID_IClassicATLSpaceship,
                  &LIBID_SPACESHIPSVRLib>
{
  :
};
```

Bei Auswahl der *Threadmodell*-Option *Beide* wird *Both* als Wert für *ThreadingModel* in die Registrierung eingetragen, während *ThreadingModel* bei Auswahl der Option *Frei* den Wert *Free* erhält.

## Verbindungspunkte und *ISupportErrorInfo*

Verbindungspunkte zu einer COM-Klasse hinzuzufügen, ist denkbar einfach. Wenn Sie die Option *Verbindungspunkte* markieren, wird die Klasse von *IConnectionPointImpl* abgeleitet. Bei Auswahl dieser Option wird zudem eine leere Verbindungspunkttabelle in die Klasse eingefügt. Sie fügen Verbindungspunkte zu einer Klasse hinzu (z.B. eine Ereignismenge), indem Sie die folgenden vier Schritte ausführen:

1. Sie definieren die Rückrufschnittstelle in der IDL-Datei.
2. Sie verwenden den ATL-Proxy-Generator, um eine Proxy-Klasse zu erstellen.
3. Sie fügen die Proxy-Klasse zur COM-Klasse hinzu.
4. Sie tragen die Verbindungspunkte in die Verbindungspunkttabelle ein.

Die ATL unterstützt auch die Schnittstelle *ISupportErrorInfo*. Die Schnittstelle *ISupportErrorInfo* stellt sicher, dass Fehlerinformationen in der Aufrufkette korrekt weitergeleitet werden. OLE-Automatisierungsobjekte, die Schnittstellen zur Fehlerbearbeitung verwenden, müssen die Schnittstelle *ISupportErrorInfo* implementieren. Wenn Sie im *ATL-Assistenten für einfache Objekte* die Option *ISupportErrorInfo* wählen, wird die neue Klasse von *ISupportErrorInfo* abgeleitet.

## Der Freethreaded Marshaller

Die Auswahl der Option *Freethreaded Marshaller* bewirkt, dass der Freethreaded Marshaller von COM in die Klasse aggregiert wird. Wie erwähnt, steht diese Option nur für Klassen zur Verfügung, die *Both* oder *Neutral* als Threadmodell verwenden. Die generierte Klasse ruft zu diesem Zweck in ihrer Funktion *FinalConstruct* die Funktion *CoCreateFreeThreadedMarshaler* auf. Dieser Marshaller ermöglicht es threadsicheren Objekten, das Standardmarshalling zu umgehen, das beim Aufruf von Schnittstellenmethoden über Apartmentgrenzen hinweg ausgeführt wird. Zu einem Apartment gehörige Threads können auf diese Weise Schnittstellenmethoden aus anderen Apartments so aufrufen, als würden sich diese im selben Apartment befinden.

Dadurch werden Aufrufe zwischen Apartments ungeheuer beschleunigt. Der Freethreaded Marshaller erreicht dies durch die Implementierung der Schnittstelle *IMarshal*. Wenn der Client von einem Objekt eine Schnittstelle anfordert, ruft die Remoteschicht *QueryInterface* auf und fordert *IMarshal* an. Sofern das Objekt *IMarshal* implementiert (in diesem Fall implementiert das Objekt *IMarshal*, da der *ATL-Assistenten für einfache Objekte* die entsprechenden Vorbereitungen trifft) und die Marshalling-Anforderung bearbeitet wird, kopiert der Marshaller den Zeiger in das Marshalling-Paket. Auf diese Weise erhält der Client tatsächlich einen Zeiger auf das Objekt. Der Client kommuniziert direkt mit dem Objekt, ohne Proxy- und Stub-Objekte bemühen zu müssen. Wenn Sie die Option *Freethreaded Marshaller* wählen, müssen selbstverständlich alle Daten des Objekts threadsicher sein. Beim Einsatz dieser Option ist äußerste Vorsicht geboten.

## Implementierung der Klasse *CSpaceship* mit klassischem ATL-Code

Wir erstellen die Klasse *CSpaceship* unter Verwendung der Voreinstellungen des *ATL-Assistenten für einfache Objekte*. Die Klasse *CSpaceship* soll z.B. über eine duale Schnittstelle verfügen, damit sie auch in Skriptumgebungen zugänglich ist, wie zum Beispiel in Webseiten. Zudem wird die *CSpaceship*-Klasse das Apartmentmodell benutzen, sodass sich COM um die meisten Synchronisationsprobleme kümmert. Die einzige Angabe, die Sie im *ATL-Assistenten für einfache Objekte* machen müssen, ist ein brauchbarer Name. Geben Sie auf der Seite *Namen* einen Namen wie *ClassicATLSpaceship* ins Feld *Kurzer Name* ein.

Sie können zum gegenwärtigen Zeitpunkt die übrigen Optionen unverändert lassen. Beispielsweise brauchen Sie die Option *Verbindungspunkte* nicht zu wählen, da wir erst im nächsten Kapitel auf Verbindungspunkte eingehen werden. Sie können Verbindungspunkte jederzeit von Hand nachtragen.

So sieht die Klassendeklaration aus, die der Assistent generiert hat:

```
// CClassicATLSpaceship

class ATL_NO_VTABLE CClassicATLSpaceship :
    public CComObjectRootEx<CComSingleThreadModel>,
    public CComCoClass<CClassicATLSpaceship,
                    &CLSID_ClassicATLSpaceship>,
    public IDispatchImpl<IClassicATLSpaceship,
        &IID_IClassicATLSpaceship,
        &LIBID_ATLSpaceShipSvrLib, /*wMajor =*/ 1, /*wMinor =*/ 0>
{
public:
    :
};
```

Obwohl die ATL eine ganze Menge C++-Klassen für COM bietet, reichen die in der obigen Vererbungsliste der Klasse *CSpaceship* aufgeführten Klassen aus, um einen Eindruck von der Arbeitsweise der ATL zu erhalten.

Die meisten generischen COM-Objekte, die mit der ATL implementiert werden, leiten sich von folgenden drei Basisklassen ab: *CComObjectRootEx*, *CComCoClass* und *IDispatchImpl*. *CComObjectRootEx* implementiert *AddRef* und *Release* und die Einbindung in den *QueryInterface*-Mechanismus der ATL. *CComCoClass* ist für das Klassenobjekt der COM-Klasse und die allgemeine Fehlermeldung verantwortlich. In der obigen Klassendefinition sorgt *CComCoClass* für ein Klassenobjekt, das weiß, wie man *CClassicATLSpaceship*-Objekte anlegt. Schließlich gehört auch noch eine Implementierung von *IDispatch* zu dem Code, den der *ATL-Assistent für einfache Objekte* generiert hat. Sie beruht auf der Typbibliothek, die durch das Kompilieren des IDL-Codes entsteht. Die Standardschnittstelle *IDispatch* basiert auf einer dualen Schnittstelle (d.h. einer *IDispatch*-Schnittstelle, der die in der IDL-Datei definierten Funktionen folgen).

Wie Sie sehen, werden COM-Klassen mit der ATL etwas anders implementiert als mit reinem C++. Man betrachtet das Projekt auch ganz anders, wenn man mit der ATL arbeitet. In klassischem ATL-Code ist die Schnittstelle der wichtigste Teil des Projekts. Sie wird in IDL beschrieben. Indem Sie die Schnittstellen im IDL-Code durch zusätzliche Funktionen erweitern, fügen Sie automatisch auch die entsprechenden Funktionsdeklarationen in die konkreten Klassen ein, die diese Schnittstellen implementieren. Die Funktionen werden automatisch in die Klassen aufgenommen, weil die Projekte so eingerichtet sind, dass beim Kompilieren der IDL-Datei auch eine C++-Headerdatei mit den entsprechenden Funktionen generiert wird. Nachdem Sie die Funktionen in die Schnittstellen eingetragen haben, brauchen Sie diese Funktionen nur noch in der C++-Klasse zu implementieren. Die IDL-Datei ermöglicht auch die Erstellung einer Typbibliothek, sodass die COM-Klasse *IDispatch* implementieren kann. Die ATL eignet sich jedoch nicht nur zur Implementierung schlanker COM-Dienste und -Objekte, sondern stellt auch ein neues Werkzeug zur Erstellung von ActiveX-Steuerelementen dar, wie Sie im nächsten Kapitel sehen werden.

## Die grundlegende ATL-Architektur

Wenn Sie die ATL schon einmal ausprobiert haben, konnten Sie sich bereits davon überzeugen, wie die ATL die Implementierung von COM-Klassen erleichtert. Die Unterstützung durch Dienstprogramm ist recht gut. Daher lassen sich mit Visual Studio .NET fast genauso einfach COM-Klassen entwickeln wie MFC-Programme. Sie generieren einfach mit dem *ATL-Projekt-Assistent* einen Server und mit dem *ATL-Assistent für einfache Objekte* eine neue ATL-Klasse. Wie bei der Arbeit mit der MFC fügen Sie neue Funktionen mit Hilfe der Klassenansicht in eine Schnittstelle ein. Anschließend ergänzen Sie einfach den von der Klassenansicht generierten C++-Code. Der Anwendungsassistent generiert den gesamten Code, der zur Implementierung der Klasse erforderlich ist, einschließlich einer Implementierung von *IUnknown*, eines Servermoduls für die COM-Klasse und eines Klassenobjekts, das die Schnittstelle *IClassFactory* implementiert.

COM-Objekte auf die gerade beschriebene Weise zu schreiben ist sicherlich bequemer als die meisten anderen Verfahren. Aber was geschieht eigentlich, wenn der *ATL-Projekt-Assistent* den Code für Sie generiert? Die Funktionsweise der ATL zu verstehen wird insbesondere dann wichtig, wenn Sie Ihre ATL-COM-Klassen und -Server über den Funktionsumfang hinaus erweitern möchten, der vom *ATL-Projekt-Assistent* und der Klassenansicht geboten wird. Die ATL unterstützt zum Beispiel fortschrittliche Schnittstellentechniken wie Tear-Off-Schnittstellen. Leider ist kein Assistent zur Implementierung von Tear-Off-Schnittstellen verfügbar. Obwohl die ATL solche Schnittstellen unterstützt, müssen Sie doch einiges von Hand programmieren, um eine Tear-Off-Schnittstelle zu implementieren. In solch einer Situation ist es wichtig, die *IUnknown*-Implementierung der ATL zu verstehen.

Sehen wir uns die Klasse *CClassicATLSpaceship* nun etwas genauer an. Es folgt die vollständige Klassendefinition:

```
// CClassicATLSpaceship
class ATL_NO_VTABLE CClassicATLSpaceship :
    public CComObjectRootEx<CComSingleThreadModel>,
    public CComCoClass<CClassicATLSpaceship,
                &CLSID_ClassicATLSpaceship>,
    public IDispatchImpl<IClassicATLSpaceship,
        &IID_IClassicATLSpaceship,
        &LIBID_ATLSpaceShipSvrLib, /*wMajor =*/ 1, /*wMinor =*/ 0>
{
public:
    CClassicATLSpaceship()
    {
    }

DECLARE_REGISTRY_RESOURCEID(IDR_CLASSICATLSPACESHIP)

BEGIN_COM_MAP(CClassicATLSpaceship)
    COM_INTERFACE_ENTRY(IClassicATLSpaceship)
    COM_INTERFACE_ENTRY(IDispatch)
END_COM_MAP()

    DECLARE_PROTECT_FINAL_CONSTRUCT()

    HRESULT FinalConstruct()
    {
        return S_OK;
    }
```

```
    void FinalRelease()
    {
    }
public:
};

OBJECT_ENTRY_AUTO(__uuidof(ClassicATLSpaceship), CClassicATLSpaceship)
```

Obwohl dies ganz einfacher C++-Quelltext ist, unterscheidet er sich in verschiedener Hinsicht vom normalen, alltäglichen C++-Quelltext zur Implementierung einer COM-Klasse. Zum Beispiel wird diese Klasse von verschiedenen Vorlagen abgeleitet, wogegen viele herkömmliche COM-Klassenimplementierungen ausschließlich von COM-Schnittstellen abgeleitet werden. Zudem verwendet diese C++-Klasse einige seltsam aussehende Makros. Bei genauerer Betrachtung werden Ihnen die ATL-Implementierung von *IUnknown* sowie einige andere interessante Dinge auffallen, wie zum Beispiel der Umgang mit der *vtable* und eine ungewöhnliche Anwendung von Vorlagen. Beginnen wir mit dem ersten Symbol, das der Assistent generiert hat: *ATL_NO_V-TABLE*.

## VTBL-Verwaltung

COM-Schnittstellen lassen sich in C++ mühelos als abstrakte Basisklassen ausdrücken. Wenn man COM-Klassen unter Verwendung der Mehrfachvererbung schreibt (es gibt andere Möglichkeiten, COM-Klassen zu entwickeln), braucht man lediglich die Basisklassen der COM-Schnittstelle zur Vererbungsliste hinzuzufügen und die Gesamtmenge all dieser Funktionen implementieren. Natürlich hat das zur Folge, dass die *vtable* des COM-Servers für jede von der Klasse implementierte Schnittstelle entsprechend viele Einträge erhält. Dies stellt kein Problem dar, wenn Sie nur einige wenige Schnittstellen haben und die C++-Klassenhierarchie nicht sehr tief geht. Allerdings bringt diese Art der Schnittstellenimplementierung einen gewissen Verwaltungsaufwand mit sich, der unaufhaltsam zunimmt, wenn Schnittstellen hinzukommen und die Hierarchie komplexer wird. Die ATL bietet eine Möglichkeit, den Verwaltungsaufwand zu reduzieren, der durch die große Zahl an virtuellen Funktionen verursacht wird. Zu diesem Zweck definiert die ATL das folgende Symbol:

```
#define ATL_NO_VTABLE   __declspec(novtable)
```

Die Angabe von *ATL_NO_VTABLE* verhindert, dass die *vtable* eines Objekts im Konstruktor initialisiert wird. Dadurch verschwindet manchmal auch der einzige Verweis auf die *vtable*. In diesem Fall lässt der Linker die Tabelle samt der eingetragenen Funktionen weg und der COM-Server wird vielleicht etwas kleiner. Wichtig ist, dass *__declspec(novtable)* nur in reinen Schnittstellenklassen angegeben werden darf, von denen keine eigenen Objekte angelegt werden sollen. In der zuletzt abgeleiteten Klasse darf *__declspec(novtable)* also nicht mehr angegeben werden. Der Größenunterschied wird sich bei Klassen mit langen Ableitungslisten bemerkbar machen. Allerdings darf man nicht vergessen, dass der Aufruf von virtuellen Funktionen im Konstruktor eines Objekts, dessen Klasse mit dieser *declspec* deklariert wurde, verboten ist, denn der *vptr* ist nicht initialisiert.

Die zweite Zeile der weiter vorn abgedruckten Klassendeklaration zeigt, dass *CClassicATLSpaceship* von *CComObjectRootEx* abgeleitet ist. Damit kommen wir zur ATL-Version von *IUnknown*.

## Die ATL-Version von *IUnknown*: *CComObjectRootEx*

Die Klasse *CComObjectRootEx* steht zwar nicht an der Spitze der ATL-Hierarchie, befindet sich aber weit oben. In der ATL ist die eigentliche Basisklasse für COM-Objekte eine Klasse namens *CComObjectRootBase*. (Beide Klassendefinitionen finden sich in ATLCOM.H.) Der Quelltext der Klasse *CComObjectRootBase* sieht so aus, wie man es von einer in C++ geschriebenen COM-Klasse erwartet. *CComObjectRootBase* enthält ein Datenelement namens *m_dwRef* vom Typ *DWORD* für die Referenzzählung. Sie enthält zudem die Methoden *OuterAddRef*, *OuterRelease* und *OuterQueryInterface* zur Unterstützung von COM-Aggregation und Tear-Off-Schnittstellen. Wenn Sie die Klasse *CComObjectRootEx* betrachten, finden Sie die Methoden *InternalAddRef*, *InternalRelease* und *InternalQueryInterface*, die zur regulären Referenzzählung dienen, und einen *QueryInterface*-Mechanismus für Klasseninstanzen mit Objektidentität.

Beachten Sie bitte, dass aus der Definition von *CClassicATLSpaceship* hervorgeht, dass die Klasse von *CComObjectRootEx* abgeleitet wird und dass *CComObjectRootEx* eine parametrisierte Vorlagenklasse ist. Der nachfolgende Quelltext zeigt die Definition der Klasse *CComObjectRootEx*:

```
template <class ThreadModel>
class CComObjectRootEx : public CComObjectRootBase
{
public:
    typedef ThreadModel _ThreadModel;
    typedef _ThreadModel::AutoCriticalSection _CritSec;
    typedef CComObjectLockT<_ThreadModel> ObjectLock;

    ULONG InternalAddRef()
    {
        ATLASSERT(m_dwRef != -1L);
        return _ThreadModel::Increment(&m_dwRef);
    }
    ULONG InternalRelease()
    {
#ifdef _DEBUG
        LONG nRef = _ThreadModel::Decrement(&m_dwRef);
        if (nRef < -(LONG_MAX / 2))
        {
            ATLASSERT(0 && _T("Release called on a pointer "
                              "that has already been released"));
        }
        return nRef;
#else
        return _ThreadModel::Decrement(&m_dwRef);
#endif
    }

    void Lock() {m_critsec.Lock();}
    void Unlock() {m_critsec.Unlock();}
private:
    _CritSec m_critsec;
};
```

*CComObjectRootEx* ist eine Vorlagenklasse, deren Typ von der Threadmodellklasse abhängt, die im Vorlagenparameter angegeben wird. Die ATL unterstützt verschiedene Threadmodelle: Singlethread-Apartments (STAs), Multithread-Apartments (MTAs) und Freethreading. Die ATL stellt drei Präprozessorsymbole zur Festlegung des Threadmodells für Ihr Projekt zur Verfügung: _ATL_SINGLE_THREADED, _ATL_APARTMENT_THREADED und _ATL_FREE_THREADED.

Wird das Präprozessorsymbol _ATL_SINGLE_THREADED in Stdafx.h angegeben, wird das Standardthreadmodell geändert und lediglich ein STA-basierter Thread unterstützt. Diese Option ist bei prozessfremden Servern nützlich, die keine zusätzlichen Threads erzeugen. Da der Server dann nur einen Thread betreibt, muss der globale Zustand nicht durch kritische Abschnitte geschützt werden und der Server arbeitet daher effizienter. Dass der Server nur einen Thread unterstützt, ist gleichzeitig auch der Nachteil dieses Modells. Die Angabe des Präprozessorsymbols _ATL_APARTMENT_THREADED bewirkt, dass das Standardthreadmodell des Projekts mehrere STA-Threads erlaubt. Diese Einstellung eignet sich für prozessinterne Server, die das Apartment-Threadmodell verwenden (Server mit dem Registrierungseintrag *ThreadingModel=Apartment*). Da Server, die mit diesem Threadmodell arbeiten, mehrere Threads betreiben können, schützt die ATL den globalen Zustand des Servers durch die Verwendung kritischer Abschnitte. Schließlich kann man durch die Angabe des Präprozessorsymbols _ATL_FREE_THREADED Server erstellen, die zu jeder Threading-Umgebung kompatibel sind. In diesem Fall schützt die ATL den globalen Zustand mit Hilfe kritischer Abschnitte und jedes Objekt des Servers erhält einen eigenen kritischen Abschnitt, um die Sicherheit der Daten zu gewährleisten.

Diese Präprozessorsymbole legen einfach fest, welche Threadmodellklasse *CComObjectRootEx* als Vorlagenparameter benutzt wird. Die ATL stellt drei Threadmodellklassen zur Verfügung. Diese Klassen bieten Unterstützung für das in den oben beschriebenen Kontexten jeweils effizienteste threadsichere Verhalten. Diese drei Klassen heißen *CComMultiThreadModelNoCS*, *CComMultiThreadModel* und *CComSingleThreadModel*. Der folgende Quelltextabschnitt zeigt die drei Threadmodellklassen aus der ATL:

```
class CComMultiThreadModelNoCS
{
public:
    static ULONG WINAPI Increment(LPLONG p) throw()
        {return InterlockedIncrement(p);}
    static ULONG WINAPI Decrement(LPLONG p) throw()
        {return InterlockedDecrement(p);}
    typedef CComFakeCriticalSection AutoCriticalSection;
    typedef CComFakeCriticalSection CriticalSection;
    typedef CComMultiThreadModelNoCS ThreadModelNoCS;
};

class CComMultiThreadModel
{
public:
    static ULONG WINAPI Increment(LPLONG p) throw()
        {return InterlockedIncrement(p);}
    static ULONG WINAPI Decrement(LPLONG p) throw()
        {return InterlockedDecrement(p);}
    typedef CComAutoCriticalSection AutoCriticalSection;
    typedef CComCriticalSection CriticalSection;
    typedef CComMultiThreadModelNoCS ThreadModelNoCS;
};
```

```
class CComSingleThreadModel
{
public:
    static ULONG WINAPI Increment(LPLONG p) throw() {return ++(*p);}
    static ULONG WINAPI Decrement(LPLONG p) throw() {return --(*p);}
    typedef CComFakeCriticalSection AutoCriticalSection;
    typedef CComFakeCriticalSection CriticalSection;
    typedef CComSingleThreadModel ThreadModelNoCS;
};
```

Beachten Sie bitte, dass jede dieser Klassen zwei statische Funktionen – *Increment* und *Decrement* – und verschiedene Aliasbezeichner für kritische Abschnitte exportiert.

Sowohl *CComMultiThreadModel* als auch *CComMultiThreadModelNoCS* implementieren *Increment* und *Decrement* mit Hilfe der threadsicheren Win32-Funktionen *InterlockedIncrement* und *InterlockedDecrement*. *CComSingleThreadModel* implementiert *Increment* und *Decrement* mit Hilfe der konventionellen Operatoren ++ und --.

In den drei Threadmodellen werden nicht nur Inkrementierung und Dekrementierung unterschiedlich implementiert, sondern auch kritische Abschnitte auf unterschiedliche Weise verwaltet. Die ATL stellt Hüllklassen für zwei kritische Abschnitte zur Verfügung: *CComCriticalSection* (kapselt einfach die Win32-Funktionen für kritische Abschnitte) und *CComAutoCriticalSection* (wie *CComCriticalSection*, kann aber zusätzlich kritische Abschnitte automatisch initialisieren und beseitigen). Die ATL definiert zudem eine »Dummy«-Klasse für kritische Abschnitte namens *CComFakeCriticalSection*. Sie hat die gleiche binäre Signatur wie die anderen Klassen für kritische Abschnitte, erledigt jedoch keine Arbeit. Wie Sie aus den Klassendefinitionen ersehen können, verwendet die Klasse *CComMultiThreadModel* kritische Abschnitte, während die Klassen *CComMultiThreadModelNoCS* und *CComSingleThreadModel* die Klasse *CComFakeCriticalSection* verwenden.

Die minimale ATL-Klassendefinition wird nun verständlicher. *CComObjectRootEx* erwartet bei jeder Anwendung in einer Klassendefinition eine Threadmodellklasse als Argument. Die Klasse *CClassicATLSpaceship* wurde mit der Klasse *CComSingleThreadModel* definiert und verwendet daher die Methoden der Klasse *CComSingleThreadModel* zum Inkrementieren und Dekrementieren und die Dummy-Klasse für kritische Abschnitte. Infolgedessen weist die Klasse *CClassicATLSpaceship* das effizienteste Verhalten auf, da sie sich nicht um den Schutz von Daten kümmern muss. Sie sind allerdings nicht für alle Zeit an dieses Modell gebunden. Wenn die Klasse *CClassicATLSpaceship* auch in anderen Threading-Umgebungen sicher einsetzbar sein soll, können Sie *CClassicATLSpaceship* beispielsweise anpassen, indem Sie bei der Ableitung der Klasse von *CComObjectRootEx* das Argument *CComMultiThreadModel* für den Vorlagenparameter angeben. *AddRef*- und *Release*-Aufrufe werden automatisch mit den richtigen *Increment*- und *Decrement*-Funktionen arbeiten.

## Die ATL und *QueryInterface*

Es sieht so aus, als hätte sich die ATL-Implementierung von *QueryInterface* nach der MFC gerichtet: Die ATL verwendet eine ähnliche Nachschlagetabelle wie die MFC. Sehen Sie sich den Mittelteil der Definition von *CClassicATLSpaceship* an. Sie finden hier ein Konstrukt, das auf Makros basiert und als *Schnittstellentabelle* bezeichnet wird. Die Schnittstellentabellen der ATL bilden den *QueryInterface*-Mechanismus.

Clients verwenden *QueryInterface*, um die Verbindung zu einem Objekt in der gewünschten Weise auszuweiten. Das heißt, wenn ein Client eine neue Schnittstelle benötigt, ruft er *Query-*

*Interface* über einen vorhandenen Schnittstellenzeiger auf. Das Objekt vergleicht den Namen der angeforderten Schnittstelle mit den Namen aller Schnittstellen, die von ihm implementiert werden. Sofern das Objekt die Schnittstelle implementiert, übergibt es dem Client einen Zeiger auf diese Schnittstelle. Andernfalls gibt *QueryInterface* einen Fehlercode zurück, der anzeigt, dass die Schnittstelle nicht gefunden wurde.

Herkömmliche *QueryInterface*-Implementierungen bestehen in der Regel aus langen *if-else*-Anweisungen. Die Standardimplementierung von *QueryInterface* für eine durch Mehrfachvererbung gebildete COM-Klasse könnte beispielsweise wie folgt aussehen:

```
class CClassicATLSpaceship: public IDispatch, IClassicATLSpaceship {
    HRESULT QueryInterface(RIID riid, void** ppv) {
        if(riid == IID_IDispatch)
            *ppv = (IDispatch*) this;
        else if(riid == IID_IClassicATLSpaceship || riid == IID_IUnknown)
            *ppv = (IClassicATLSpaceship *) this;
        else {
            *ppv = 0;
            return E_NOINTERFACE;
        }

        ((IUnknown*)(*ppv))->AddRef();
        return NOERROR;
    }
    // AddRef, Release und andere Funktionen
};
```

Wie Sie gleich sehen werden, verwendet die ATL eine Nachschlagetabelle statt dieser konventionellen *if-else*-Anweisung.

Die Nachschlagetabelle der ATL beginnt mit einem Makro namens *BEGIN_COM_MAP*. Es folgt die vollständige Definition des Makros *BEGIN_COM_MAP*:

```
#define BEGIN_COM_MAP(x) public: \
    typedef x _ComMapClass; \
    static HRESULT WINAPI _Cache(void* pv, \
        REFIID iid, void** ppvObject, \
        DWORD_PTR dw) throw() \
    { \
        _ComMapClass* p = (_ComMapClass*)pv; \
        p->Lock(); \
        HRESULT hRes = \
            ATL::CComObjectRootBase::_Cache(pv, iid, ppvObject, dw); \
        p->Unlock(); \
        return hRes; \
    } \
    IUnknown* _GetRawUnknown() throw() \
    { ATLASSERT(_GetEntries()[0].pFunc == _ATL_SIMPLEMAPENTRY); \
        return (IUnknown*)((INT_PTR)this+_GetEntries()->dw); } \
    _ATL_DECLARE_GET_UNKNOWN(x) \
    HRESULT _InternalQueryInterface(REFIID iid, \
        void** ppvObject) throw() \
    { return InternalQueryInterface(this, \
        _GetEntries(), iid, ppvObject); } \
    const static ATL::_ATL_INTMAP_ENTRY* WINAPI _GetEntries() \
        throw() { \
    static const ATL::_ATL_INTMAP_ENTRY _entries[] = \
        { DEBUG_QI_ENTRY(x)
```

*Einführung in die ATL-Bibliothek*

Jede Klasse, die *IUnknown* mit Hilfe der ATL implementiert, definiert eine Schnittstellentabelle für *InternalQueryInterface*. Die ATL-Schnittstellentabellen bestehen aus Strukturen, die aus Schnittstellen-ID (GUID), *DWORD* und Funktionszeiger zusammengesetzte Tupel enthalten. Der folgende Quelltext zeigt die Definition des Typs *_ATL_INTMAP_ENTRY*, der diese Tupel aufnimmt:

```
struct _ATL_INTMAP_ENTRY
{
    const IID* piid;          // die Schnittstellen-ID (IID)
    DWORD_PTR dw;
    _ATL_CREATORARGFUNC* pFunc; //NULL:Ende, 1:Offset, n:Zeiger
};
```

Das erste Element ist die Schnittstellen-ID (eine GUID) und das zweite Element zeigt an, welche Aktion auszuführen ist, wenn die Schnittstelle angefordert wird. Das dritte Element kann auf dreierlei Weise interpretiert werden. Falls *pFunc* gleich der Konstanten *_ATL_SIMPLEMAP-ENTRY* (Wert 1) ist, dann ist *dw* ein Offset in Bezug auf das Objekt. Hat *pFunc* einen Wert ungleich 0 und ungleich 1, gibt *pFunc* eine Funktion an, die aufgerufen werden muss, wenn die Schnittstelle angefordert wird. Falls *pFunc* gleich *NULL* ist, bezeichnet *dw* das Ende der *QueryInterface*-Nachschlagetabelle.

Beachten Sie bitte, dass *CClassicATLSpaceship* das Makro *COM_INTERFACE_ENTRY* verwendet. Das ist der Schnittstellentabelleneintrag für reguläre Schnittstellen. Dieses Makro ist wie folgt definiert:

```
#define offsetofclass(base, derived) \
    ((DWORD_PTR) \
    (static_cast<base*>((derived*)_ATL_PACKING))-_ATL_PACKING)

#define COM_INTERFACE_ENTRY(x) \
    {&_ATL_IIDOF(x), \
    offsetofclass(x, _ComMapClass), \
    _ATL_SIMPLEMAPENTRY}
```

*COM_INTERFACE_ENTRY* trägt die GUID der Schnittstelle in *_ATL_INTMAP_ENTRY* ein. Zudem wird durch *offsetofclass* dem *this*-Zeiger der korrekte Schnittstellentyp und dem Datenelement *dw* dieser Wert zugewiesen. Schließlich trägt *COM_INTERFACE_ENTRY* den Wert *_ATL_SIMPLEMAPENTRY* in das letzte Feld ein und zeigt damit an, dass *dw* auf eine bestimmte Position in der Klasse verweist (*dw* ist in diesem Fall ein Offset).

Die Schnittstellentabelle der Klasse *CClassicATLSpaceship* sieht z.B. wie folgt aus, nachdem sie vom Präprozessor verarbeitet wurde:

```
const static _ATL_INTMAP_ENTRY* __stdcall _GetEntries() {
    static const _ATL_INTMAP_ENTRY _entries[] = {
        {&IID_IClassicATLSpaceship,
            ((DWORD)(static_cast<IClassicATLSpaceship*>
                ((_ComMapClass*)8))-8),
            ((_ATL_CREATORARGFUNC*)1)},
        {&IID_IDispatch,
            ((DWORD)(static_cast<IDispatch*>((_ComMapClass*)8))-8),
            ((_ATL_CREATORARGFUNC*)1)},
        {0, 0, 0}
    };
    return _entries;
}
```

Bislang implementiert die Klasse *CClassicATLSpaceship* lediglich die Schnittstellen *IClassicATLSpaceship* und *IDispatch*. Daher gibt es in der Schnittstellentabelle auch nur zwei Einträge.

Die *InternalQueryInterface*-Implementierung in der Klasse *CComObjectRootEx* benutzt die Funktion *_GetEntries* als zweiten Parameter. *ComObjectRootEx::InternalQueryInterface* verwendet eine globale ATL-Funktion namens *AtlInternalQueryInterface*, um die Schnittstelle in der Tabelle zu suchen. Die Funktion *AtlInternalQueryInterface* prüft einfach nacheinander die einzelnen Tabelleneinträge und vergleicht sie mit der gesuchten Schnittstelle.

Neben dem Makro *COM_INTERFACE_ENTRY* enthält die ATL weitere 16 Makros zur Implementierung anderer Mechanismen, die von Tear-Off-Schnittstellen bis zur COM-Aggregation reichen. Sehen wir uns nun an, wie man die Schnittstelle *IClassicATLSpaceship* ausbauen und durch die Schnittstellen *IMotion* und *IVisual* erweitern kann. Sie werden im Folgenden auch das seltsame COM-Gebilde kennen lernen, das man gemeinhin als duale Schnittstelle kennt.

## Die Klasse *CSpaceship* erweitern

Nachdem wir etwas ATL-Code generiert haben, stellt sich die Frage, was man damit anfangen kann. Da wir ein COM-Objekt vor uns haben, beginnen wir bei der IDL-Datei. Wenn Sie ein erfahrener C++-Programmierer sind, mag dieser Aspekt der Softwareentwicklung vielleicht etwas überraschend sein und nicht Ihrer gewohnten Arbeitsweise entsprechen. Aber denken Sie daran, dass Softwaredistribution und -Integration heute sehr wichtig sind. In der Vergangenheit konnte man im stillen Kämmerlein C++-Klassen programmieren und zum Projekt zusammenbauen, da man als Programmierer noch den Überblick über das gesamte Projekt hatte. Mit der Einführung der Programmierung auf Komponentenbasis, wie sie zum Beispiel durch COM möglich wird, hat sich dies grundlegend geändert. Als Programmierer hat man nicht mehr den Überblick über das gesamte Projekt. Häufig haben Sie nur eine Komponente – und nicht einmal den Quelltext für diese Komponente. Die einzige Möglichkeit, in Erfahrung zu bringen, wie man mit dieser Komponente kommunizieren kann, bieten die Schnittstellen, die von der Komponente angeboten werden.

Vergessen Sie nicht, dass moderne Softwareentwickler heute mit vielen verschiedenen Entwicklungswerkzeugen arbeiten und nicht nur mit C++. Es gibt Visual Basic-Entwickler, Java-Entwickler, Delphi-Entwickler und C-Entwickler. Bei COM geht es im Grunde genommen darum, dafür zu sorgen, dass die Kanten bündig zueinander passen, damit die unterschiedlichsten Komponenten reibungslos zusammen arbeiten. Zudem erfordert die Tendenz zur Entwicklung verteilter Systeme (ein Teil der Komponenten liegt entweder auf demselben Rechner in einem anderen Prozess oder gar auf einer anderen Maschine) einen Mechanismus, der die Kommunikation zwischen Prozessen ermöglicht. Aus diesen Gründen wurde die Sprache IDL (Interface Definition Language) erfunden. Es folgt der Quelltext der IDL-Datei, die vom ATL-Projekt-Assistenten für die neue Klasse CSpaceship angelegt wurde:

```
import "oaidl.idl";
import "ocidl.idl";

[   object,
    uuid(45896187-46FF-4A07-A9DC-557377380535),
    dual,
    nonextensible,
    helpstring("IClassicATLSpaceship-Schnittstelle"),
    pointer_default(unique)
]
```

```
interface IClassicATLSpaceship : IDispatch{
};
[
    uuid(F5FD4043-22AE-470D-8C43-1AC904D2E8E0),
    version(1.0),
    helpstring("ATLSpaceShipSvr 1.0 Typbibliothek")
]
library ATLSpaceShipSvrLib
{
    importlib("stdole2.tlb");
    [
        uuid(E485E21E-A23C-413F-A93B-909318565113),
        helpstring("ClassicATLSpaceship Class")
    ]
    coclass ClassicATLSpaceship
    {
        [default] interface IClassicATLSpaceship;
    };
};
```

IDL ist eine rein deklarative Sprache. Diese Sprache definiert, wie andere Clients mit einem Objekt kommunizieren. Vergessen Sie bitte nicht, dass der IDL-Quelltext mit dem MIDL-Compiler kompiliert wird. Der Compiler generiert eine abstrakte Basisklasse (hilfreich für C++-Clients) und eine Typbibliothek (nützlich für Visual Basic- und Java-Clients sowie andere Clients). Wenn Sie C-Quelltext lesen können, werden Sie mit IDL kaum Schwierigkeiten haben. Sie können sich IDL als eine Art C mit Fußnoten vorstellen. Die IDL-Syntax schreibt vor, dass Attribute immer vor dem Element stehen müssen, das sie beschreiben. Attribute können zum Beispiel vor Elementen wie Schnittstellendeklarationen, Bibliotheksdeklarationen und Methodenparametern stehen.

Wie ein Blick auf die IDL-Datei zeigt, beginnt sie mit dem Import der Dateien oaidl.idl und ocidl.idl. Der Import dieser Dateien ist mit dem Einbinden von windows.h in eine C- oder C++-Datei vergleichbar. Diese IDL-Dateien enthalten Definitionen für die grundlegende COM-Infrastruktur (einschließlich Definitionen von *IUnknown* und *IDispatch*).

Nach den *import*-Anweisungen folgt eine linke eckige Klammer ([). In IDL werden Attribute stets in eckige Klammern eingeschlossen. Das erste Element, das in dieser IDL-Datei beschrieben wird, ist die Schnittstelle *IClassicATLSpaceship*. Bevor jedoch die Beschreibung der eigentlichen Schnittstelle beginnt, müssen die erforderlichen Attribute angegeben werden. Zum Beispiel braucht die Schnittstelle einen Namen (eine GUID). Außerdem müssen Sie dem MIDL-Compiler mitteilen, dass es sich um eine COM-Schnittstelle handelt und nicht etwa um eine Schnittstelle, die für Standard-RPCs verwendet wird, und dass dies eine duale Schnittstelle ist (duale Schnittstellen werden in Kürze näher behandelt). Dann folgt die Schnittstellendefinition, die starke Ähnlichkeit mit einer normalen C-Struktur hat.

Nachdem die Schnittstelle in IDL beschrieben wurde, ist es häufig sinnvoll, diese Informationen in einer Typbibliothek zusammenzufassen. Dies geschieht im nächsten Abschnitt der IDL-Datei. Beachten Sie, dass auch der Typbibliotheksabschnitt mit einer linken eckigen Klammer beginnt, also mit der Angabe der Attribute. Die Typbibliothek ist in COM eine diskrete »Sache« und muss als solche einen Namen (GUID) erhalten. Aus der Anweisung *library* ersieht der MIDL-Compiler, dass diese Bibliothek eine COM-Klasse namens *ClassicATLSpaceship* enthält und dass Clients dieser Klasse die Schnittstelle *IClassicATLSpaceship* anfordern können.

# Methoden zu einer Schnittstelle hinzufügen

Bislang ist die Schnittstelle *IClassicATLSpaceship* recht mager. Sie sieht aus, als könnte sie noch ein oder zwei Methoden vertragen. Bauen wir also eine neue Methode ein. Bei der MFC-COM-Programmierung haben wir neue Eigenschaften mit Hilfe der Klassenansicht eingefügt. Bei der ATL-Programmierung machen wir es genauso. Beachten Sie bitte, dass *CClassicATLSpaceship* von einem Gebilde namens *IClassicATLSpaceship* abgeleitet ist. *IClassicATLSpaceship* ist natürlich eine COM-Schnittstelle. Wenn Sie *IClassicATLSpaceship* in der Klassenansicht mit einem Doppelklick anklicken, wird der entsprechende Abschnitt der IDL-Datei im Editorfenster angezeigt.

Sie könnten nun die Definition der COM-Schnittstelle in die IDL-Datei eingeben. Wenn Sie auf diese Weise Funktionen und Methoden hinzufügen, also durch direkte Eingabe in die IDL-Datei, müssen Sie auch die Dateien ClassicATLSpaceship.h und ClassicATLSpaceship.cpp bearbeiten und die Methoden hier von Hand nachtragen. Effizienter ist es, Funktionen mit Hilfe der Klassenansicht einzubauen. Genauer gesagt, mit dem *Assistenten zum Hinzufügen von Methoden* (Abbildung 25.4). Klicken Sie die Schnittstelle in der Klassenansicht mit der rechten Maustaste an. Daraufhin öffnet sich das Kontextmenü, in dem unter anderem die Befehle *Methode hinzufügen* und *Eigenschaft hinzufügen* zu finden sind. Lassen Sie uns eine Methode namens *CallStarFleet* einbauen.

Geben Sie den Namen der Methode ins Feld *Methodenname* ein und legen Sie dann die Parameter mit Hilfe der Felder *Parametertyp* und *Parametername* fest. Dabei ist es hilfreich, ein wenig von IDL zu verstehen.

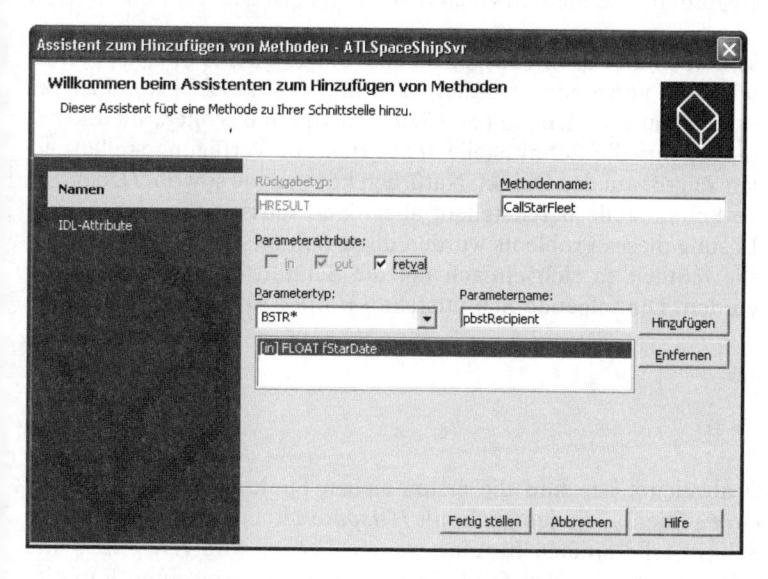

*Abbildung 25.4: Eine Schnittstelle erhält eine neue Methode*

Vergessen Sie nicht, dass IDL vollständige und eindeutige Informationen darüber liefern soll, wie Methoden aufgerufen werden können. In Standard-C++ wurden Mehrdeutigkeiten wie Arrays ohne genau definierte Größe häufig toleriert, da die aufrufende und die aufgerufene Routine denselben Stapel benutzten und meistens genug Platz zur Verfügung stand (meistens, wohlgemerkt). Da Methodenaufrufe heutzutage möglicherweise über Fernverbindungen erfolgen, ist es wichtig, der Remoteschicht genau mitzuteilen, was sie von einer COM-Schnittstelle zu erwarten hat. Dies geschieht durch entsprechende Attribute, die den Methodenparametern vorangestellt werden (noch mehr eckige Klammern).

Die Methode *CallStarFleet*, die in Abbildung 25.4 zu sehen ist, hat zwei Parameter: eine Gleitkommazahl, die das Datum angibt, und einen *BSTR*-Wert, der den Kommunikationspartner bezeichnet. Beachten Sie, dass aus der Methodendefinition hervorgeht, ob es sich um Ein- oder Ausgabeparameter handelt. Das Datum (*fStardate*) wird im Methodenaufruf als Argument übergeben, was durch das Attribut *[in]* angezeigt wird. Der *BSTR*-Wert, der den Empfänger angibt, wird über einen *BSTR*-Zeiger zurückgegeben. Das Attribut *[out]* zeigt an, dass das Objekt diesen Wert an den Client übergibt. Das Attribut *[retval]* bedeutet, dass das Ergebnis dieses Methodenaufrufs in einer höheren Sprache, die mit solchen Schnittstellen und Methoden umgehen kann, einer Variablen zugewiesen werden kann.

## Duale Schnittstellen

In Kapitel 23 haben Sie schon Bekanntschaft mit der Schnittstelle *IDispatch* gemacht. Die Schnittstelle *IDispatch* ermöglicht es, die Funktionen einer Komponente auch Skriptsprachen wie VBScript gegenüber anzubieten, in denen es das Konzept der *vtables* gar nicht gibt. Damit *IDispatch* funktioniert, muss der Client aber einige Vorbereitungen treffen, bevor er *Invoke* aufrufen kann. Der Client muss sich zuerst die erforderlichen Aufruftoken beschaffen. Dann muss er die *VARIANT*-Argumente vorbereiten. Der Empfänger auf der Objektseite muss die VARIANT-Parameter dekodieren, ihre Gültigkeit prüfen, sie zum erwarteten Stapelrahmen zusammensetzen und dann den Funktionsaufruf ausführen. Wie Sie sich vorstellen können, ist das recht kompliziert und zeitaufwendig.

Wenn Sie ein COM-Objekt schreiben und davon ausgehen, dass einige Clients Skriptsprachen und andere Clients Sprachen wie C++ verwenden werden, sind Sie in einer Zwickmühle. Sie müssen *IDispatch* implementieren, wenn Sie nicht solche Clients aussperren wollen, die Skriptsprachen verwenden. Wenn Sie aber nur die Schnittstelle *IDispatch* zur Verfügung stellen, erschweren Sie den C++-Clients den Zugriff auf das Objekt. Natürlich können Sie sowohl *IDispatch* als auch eine benutzerdefinierte Schnittstelle bereitstellen, aber dann müssen Sie eine Menge Verwaltungsarbeit leisten. Zur Lösung dieses Problems wurden duale Schnittstellen eingeführt.

Bei einer dualen Schnittstelle handelt es sich einfach um die Schnittstelle *IDispatch*, der einige Funktionen angehängt wurden. Die folgende Schnittstelle *IMotion* ist beispielsweise eine gültige duale Schnittstelle:

```
interface IMotion : public IDispatch {
    virtual HRESULT Fly() = 0;
    virtual HRESULT GetPosition() = 0;
};
```

Da *IMotion* von *IDispatch* abgeleitet ist, sind die ersten sieben Funktionen von *IMotion* identisch mit denen von *IDispatch*. Clients, die lediglich mit *IDispatch* kommunizieren können (z.B. VBScript), halten diese Schnittstelle einfach für eine weitere Version von *IDispatch* und rufen die Funktion *Invoke* mit den entsprechenden DISPIDs auf, um die gewünschten Funktionen aufzurufen. Clients, die mit Schnittstellen nach *vtable*-Art umgehen können, ignorieren die mittleren vier Funktionen (die *IDispatch*-Funktionen) und konzentrieren sich auf die ersten drei (*IUnknown*) sowie auf die letzten beiden Funktionen (diejenigen, die in diesem Fall die Kernfunktionen der Schnittstelle darstellen). Abbildung 25.5 zeigt schematisch die *vtable* von *IMotion*.

| QueryInterface |
| AddRef |
| Release |                — IUnknown
| GetTypeInfoCount |
| GetTypeInfo |
| GetIDsOfNames |           — IDispatch
| Invoke |
| Fly |
| GetPosition |             — Die duale Schnittstelle

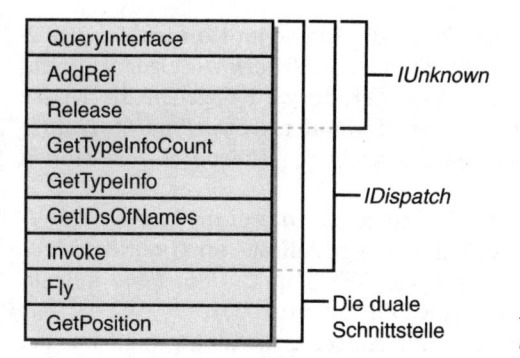

**Abbildung 25.5:** *Der Aufbau der dualen Schnittstelle* IMotion

Die meisten reinen C++-Implementierungen laden sofort die Typbibliothek und delegieren die lästige Aufgabe der Implementierung von *Invoke* und *GetIDsOfNames* an *ITypeInfo*. Falls Sie sich eingehender darüber informieren wollen, wie dies funktioniert, empfehlen wir die Bücher *Inside OLE*, Second Edition, von Kraig Brockschmidt (Microsoft Press, 1995) und *Inside COM* von Dale Rogerson (Microsoft Press, 1997).

## Die ATL und IDispatch

Die ATL-Implementierung von *IDispatch* ist in der Klasse *IDispatchImpl* untergebracht. Objekte, die eine duale Schnittstelle implementieren sollen, werden von der Vorlagenklasse *IDispatchImpl* abgeleitet, wie das folgende Beispiel zeigt:

```
class ATL_NO_VTABLE CClassicATLSpaceship :
    public CComObjectRootEx<CComSingleThreadModel>,
    public CComCoClass<CClassicATLSpaceship, &CLSID_ClassicATLSpaceship>,
    public IDispatchImpl<IClassicATLSpaceship, &IID_IClassicATLSpaceship,
                        &LIBID_ATLSpaceShipSvrLib>,
    public IDispatchImpl<IVisual, &IID_IVisual,
                        &LIBID_ATLSpaceShipSvrLib>,
    public IDispatchImpl<IMotion, &IID_IMotion,
                        &LIBID_ATLSpaceShipSvrLib>
{
    :
};
```

Außer der Ableitung von der Vorlagenklasse *IDispatchImpl* sind auch noch die entsprechenden Einträge für die duale Schnittstelle und für *IDispatch* in der Schnittstellentabelle erforderlich, damit *QueryInterface* korrekt funktioniert:

```
BEGIN_COM_MAP(CClassicATLSpaceship)
    COM_INTERFACE_ENTRY(IClassicATLSpaceship)
    COM_INTERFACE_ENTRY2(IDispatch)
END_COM_MAP()
```

Wie Sie sehen, umfassen die Parameter der Vorlagenklasse *IDispatchImpl* die duale Schnittstelle, die GUID für die Schnittstelle und die GUID der Typbibliothek, die sämtliche Informationen über die Schnittstelle enthält. Außer diesen Vorlagenparametern verfügt die Klasse *IDispatchImpl* über einige optionale Parameter, die in Abbildung 25.5 nicht dargestellt sind. Die Vorlagenparameterliste sieht auch eine Versionsnummer vor (*wMajor, wMinor*). Beim letzten Vorlagenparameter handelt es sich um eine Klasse zur Verwaltung der Typinformationen. Dafür stellt die ATL eine Standardklasse namens *CComTypeInfoHolder* zur Verfügung.

In den meisten C++-Implementierungen von *IDispatch* ruft die Klasse im Konstruktor *LoadTypeLib* und *ITypeLib::GetTypeInfoOfGuid* auf und speichert den *ITypeInfo*-Zeiger während der gesamten Lebensdauer der Klasse. In der ATL-Implementierung wird dagegen die Klasse *CComTypeInfoHolder* zur Verwaltung des *ITypeInfo*-Zeigers verwendet. *CComTypeInfoHolder* hat einen *ITypeInfo*-Zeiger als Datenelement und kapselt die wichtigen *IDispatch*-Funktionen *GetIDsOfNames* und *Invoke*.

Clients erhalten einen Zeiger auf die duale Schnittstelle, indem sie *QueryInterface* für *IID_IClassicATLSpaceship* aufrufen. (Der Client erhält auch durch den Aufruf von *QueryInterface* für *IDispatch* einen Zeiger auf die duale Schnittstelle.) Falls ein Client *CallStarFleet* aufruft, greift er direkt auf diese Funktion zu (wie bei jeder anderen COM-Schnittstelle).

Wenn ein Client *IDispatch::Invoke* aufruft, landet dieser Aufruf erwartungsgemäß bei der *Invoke*-Funktion von *IDispatchImpl*. *IDispatchImpl::Invoke* delegiert den Aufruf an die Klasse *CComTypeInfoHolder*, sodass die *Invoke*-Funktion von *CComTypeInfoHolder* ausgeführt wird. Die Klasse *CComTypeInfoHolder* ruft erst dann die Funktion *LoadTypeLib* auf, wenn ein Aufruf von *Invoke* oder *GetIDsOfNames* erfolgt. *CComTypeInfoHolder* verfügt über eine Memberfunktion namens *GetTI*, die in der Registrierung die Typinformationen nachschlägt (unter Verwendung der an die Vorlage übergebenen GUID und Haupt- und Nebenversionsnummer). Anschließend ruft *CComTypeInfoHolder* die Funktion *ITypeLib::GetTypeInfo* auf, um Informationen über die Schnittstelle einzuholen. Und dann delegiert *CComTypeInfoHolder* den Aufruf an den Typinformationszeiger. *IDispatchImpl* implementiert *IDispatch::GetIDsOfNames* auf die gleiche Weise.

## Die Schnittstellen *IMotion* und *IVisual*

Damit diese COM-Klasse den anderen Versionen (der C++-Version und der MFC-Version, die in Kapitel 22 beschrieben wurde) das Wasser reichen kann, müssen Sie dem Projekt und der Klasse die Schnittstellen *IMotion* und *IVisual* hinzufügen. Leider sind in Visual Studio .NET derzeit keine Assistenten oder andere Werkzeuge hierfür verfügbar, sodass Sie die Schnittstellen von Hand einbauen müssen. (Oder Sie fügen mit dem *ATL-Assistenten für einfache Objekte* ein einfaches Objekt ein.) Öffnen Sie die IDL-Datei, und gehen Sie mit dem Cursor an eine geeignete Stelle (irgendwo unter den #*import*-Anweisungen, aber vor der *library*-Anweisung). Geben Sie die Schnittstellendefinitionen wie im nachfolgenden Abschnitt beschrieben ein.

Sobald Sie mit IDL etwas vertrauter sind, werden Sie zuerst eine linke eckige Klammer eingeben, wenn Sie eine Schnittstelle beschreiben wollen. Denken Sie daran, dass verschiedene Elemente in IDL Attribute erhalten. Eines der wichtigsten Attribute von Schnittstellen ist der Name (die GUID). Zudem muss die Schnittstelle zumindest über das Attribut *object* verfügen, damit der MIDL-Compiler erfährt, dass Sie hier mit COM arbeiten (also nicht mit regulären RPCs). Diese Schnittstellen sollen überdies duale Schnittstellen werden. Dies wird durch das Schlüsselwort *dual* in den Schnittstellenattributen angezeigt. Die Angabe des Schlüsselworts *dual* bewirkt auch, dass bestimmte Registrierungseinträge vorgenommen werden, damit das allgemeine Marshalling korrekt funktioniert. Die Attributeliste wird durch eine rechte eckige Klammer abgeschlossen und das nachfolgende Schlüsselwort *interface* leitet die Schnittstellenbeschreibung ein.

Wir definieren *IMotion* als duale Schnittstelle und *IVisual* als einfache benutzerdefinierte Schnittstelle, um zu zeigen, wie man die Klasse *CSpaceship* mit Schnittstellen unterschiedlichen Typs ausstatten kann. Es folgen die IDL-Definitionen der Schnittstellen *IMotion* und *IVisual*:

```
[
    object,
    uuid(692D03A4-C689-11CE-B337-88EA36DE9E4E),
    dual,
    helpstring("IMotion-Schnittstelle")
]
interface IMotion : IDispatch
{
    HRESULT Fly();
    HRESULT GetPosition([out,retval]long* nPosition);
};

[
    object,
    uuid(692D03A5-C689-11CE-B337-88EA36DE9E4E),
    helpstring("IVisual-Schnittstelle")
]
interface IVisual : IUnknown
{
    HRESULT Display();
};
```

Nachdem Sie die Schnittstellen in IDL beschrieben haben, kompilieren Sie die IDL-Datei erneut mit dem MIDL-Compiler. Der MIDL-Compiler produziert eine neue Version der Datei Spaceshipsvr.h, die abstrakte Basisklassen für *IMotion* und *IVisual* enthält.

Nun brauchen Sie diese Schnittstellen nur noch in der Klasse *CSpaceship* zu implementieren. Dafür sind zwei Schritte erforderlich. Zuerst muss der Schnittstellenteil der COM-Klassenidentität eingerichtet werden. Beginnen wir mit der Schnittstelle *IMotion*. Die Schnittstelle *IMotion* lässt sich sehr leicht in die Klasse *CSpaceship* einbauen. Den größten Teil der Arbeit überlassen Sie der Vorlagenklasse *IDispatchImpl*, die für eine Implementierung der dualen Schnittstelle sorgt:

```
class ATL_NO_VTABLE CClassicATLSpaceship :
    public CComObjectRootEx<CComSingleThreadModel>,
    public CComCoClass<CClassicATLSpaceship,
                       &CLSID_ClassicATLSpaceship>,
    public IDispatchImpl<IClassicATLSpaceship,
                         &IID_IClassicATLSpaceship,
                         &LIBID_ATLSpaceShipSvrLib>,
    public IDispatchImpl<IMotion, &IID_IMotion,
                         &LIBID_ATLSpaceShipSvrLib>
{
    ⋮
};
```

Im zweiten Schritt wird die Schnittstellentabelle ergänzt, damit Clients die Schnittstelle *IMotion* anfordern können. Da wir eine einzelne COM-Klasse mit zwei dualen Schnittstellen haben, stellt sich ein interessantes Problem. Wenn ein Client *QueryInterface* für *IMotion* aufruft, sollte er zweifellos einen Zeiger auf *IMotion* erhalten. Wenn der Client allerdings *QueryInterface* für *IDispatch* aufruft, stellt sich die Frage, welche *IDispatch*-Schnittstelle der Client erhält, die von *IClassicATLSpaceship* oder die von *IMotion*.

*Einführung in die ATL-Bibliothek*

## Mehrere duale Schnittstellen

Wie Sie wissen, beginnen alle duale Schnittstellen mit den sieben Funktionen von *IDispatch*. Nun ergibt sich ein Problem, wenn *QueryInterface* für *IID_IDispatch* aufgerufen wird. Als Programmierer müssen Sie entscheiden, welche Version von *IDispatch* übergeben werden soll.

In der Schnittstellentabelle wird festgelegt, wie ein *QueryInterface*-Aufruf für *IID_IDispatch* beantwortet wird. Die ATL stellt ein spezielles Makro zur Lösung dieses Problems zur Verfügung. Sehen Sie sich zunächst einmal die bisherige Schnittstellentabelle von *CClassicATLSpaceship* an:

```
BEGIN_COM_MAP(CClassicATLSpaceship)
    COM_INTERFACE_ENTRY(IClassicATLSpaceship)
    COM_INTERFACE_ENTRY(IDispatch)
END_COM_MAP()
```

Wenn Clients *QueryInterface* aufrufen, durchsucht die ATL die Tabelle nach einer Schnittstellen-ID, die der angeforderten Schnittstelle entspricht. Die oben gezeigte Tabelle berücksichtigt zwei Schnittstellen, nämlich *IClassicATLSpaceship* und *IDispatch*. Wenn Sie eine weitere duale Schnittstelle in die Klasse *CClassicATLSpaceship* einbauen möchten, brauchen Sie ein anderes Makro.

Das Makro, das sich zum Einbau mehrerer *IDispatch*-Schnittstellen eignet, heißt *COM_INTERFACE_ENTRY2*. Damit *QueryInterface* korrekt arbeitet, müssen Sie lediglich entscheiden, welche Version von *IDispatch* dem Client übergeben werden soll, wenn er *IDispatch* anfordert:

```
BEGIN_COM_MAP(CClassicATLSpaceship)
    COM_INTERFACE_ENTRY(IClassicATLSpaceship)
    COM_INTERFACE_ENTRY(IMotion)
    COM_INTERFACE_ENTRY2(IDispatch, IClassicATLSpaceship)
END_COM_MAP()
```

In diesem Beispiel erhalten Clients, die nach *IDispatch* fragen, einen Zeiger auf die Schnittstelle *IClassicATLSpaceship* (deren ersten sieben Funktionen denen von *IDispatch* entsprechen).

Eine benutzerdefinierte Schnittstelle in eine auf der ATL basierenden COM-Klasse einzubauen, ist sogar noch einfacher. Sie nehmen die Schnittstelle einfach in die Vererbungsliste auf:

```
class ATL_NO_VTABLE CClassicATLSpaceship :
    public CComObjectRootEx<CComSingleThreadModel>,
    public CComCoClass<CClassicATLSpaceship,
                &CLSID_ClassicATLSpaceship>,
    public IDispatchImpl<IClassicATLSpaceship,
                &IID_IClassicATLSpaceship,
                &LIBID_ATLSpaceShipSvrLib>,
    public IDispatchImpl<IMotion, &IID_IMotion,
                &LIBID_ATLSpaceShipSvrLib>,
    public IDispatchImpl<IVisual, &IID_IVisual,
                &LIBID_ATLSpaceShipSvrLib>
{
    ⋮
};
```

Anschließend tragen Sie die Schnittstelle in die Schnittstellentabelle ein:

```
BEGIN_COM_MAP(CClassicATLSpaceship)
    COM_INTERFACE_ENTRY(IClassicATLSpaceship)
    COM_INTERFACE_ENTRY(IMotion)
    COM_INTERFACE_ENTRY2(IDispatch, IClassicATLSpaceship)
    COM_INTERFACE_ENTRY(IVisual)
END_COM_MAP()
```

Nun verfügen Sie über einen kompilierbaren und lauffähigen COM-Server, der sich selbst registriert und in der Lage ist, am COM-Spiel der Komponentensoftware teilzunehmen. Mit der »attributierten Programmierung« gibt es aber noch einen weiteren Weg zur Implementierung von COM-Servern mit Visual C++ .NET.

# Programmieren mit Attributen

Statt den COM-Code durch C++-Templates ins Programm einzubinden, können Sie einen etwas deklarativeren Lösungsansatz wählen und zur »attributierten Programmierung« greifen. Während man die gewünschte *IUnknown*-Einbindung bei der herkömmlichen ATL-Programmierung durch Templates und Schnittstellenmakros erreicht, deklariert man bei der attributierten Programmierung eine Klasse direkt im Quelltext als COM-Klasse.

Lassen Sie uns den guten, alten Raumschiffserver nun mit dieser Art der Programmierung erstellen. Zuerst legen Sie ein neues ATL-Projekt an und wählen diesmal auf der Seite *Anwendungseinstellungen* die Option *Attributiert*. Dann fügen Sie mit dem *ATL-Assistenten für einfache Objekte* eine attributierte Klasse ein. Nennen Sie die Klasse *AttributedATLSpaceship*. Auf der Seite *Optionen* können Sie sich davon überzeugen, dass dieselben Optionen wie zuvor zur Verfügung stehen. Ihre Klasse kann also die Threadmodelle *Einfach, Apartment, Beide, Frei* oder *Neutral* verwenden. Sie können *ISupportErrorInfo* einbeziehen und Verbindungspunkte vorbereiten. Der generierte Code unterscheidet sich allerdings etwas vom herkömmlichen ATL-Code. So sieht er aus:

```
// IAttributedATLSpaceShip
[
    object,
    uuid("4B8685BD-00F1-4D38-AFC1-3012C786480D"),
    dual,    helpstring("IAttributedATLSpaceShip-Schnittstelle"),
    pointer_default(unique)
]
__interface IAttributedATLSpaceShip : IDispatch
{
};
// CAttributedATLSpaceShip
[
    coclass,
    threading("apartment"),
    vi_progid("AttributedATLSpaceShipSvr.AttributedATL"),
    progid("AttributedATLSpaceShipSvr.AttributedA.1"),
    version(1.0),
    uuid("CE07EBA4-0858-4A81-AD1C-C12710B4A1A2"),
    helpstring("AttributedATLSpaceShip Class")
]
```

```
class ATL_NO_VTABLE CAttributedATLSpaceShip :
    public IAttributedATLSpaceShip
{
public:
    CAttributedATLSpaceShip()
    {
    }
    DECLARE_PROTECT_FINAL_CONSTRUCT()
    HRESULT FinalConstruct()
    {
        return S_OK;
    }
    void FinalRelease()
    {
    }
public:
};
```

Die gesamte COM-Unterstützung, die im herkömmlichen ATL-Code durch C++-Templates eingeführt wird, erfährt der ATL-Server nun durch spezielle Anbieter-DLLs. Die Attribute in den rechteckigen Klammern am Anfang der Datei weisen den Compiler an, die Klasse *CAttributed-ATLSpaceShip* mit dem erforderlichen COM-Code auszustatten. Das ist viel einfacher, als Klassen wie *CComObjectRootEx* und *CComCoClass* und Makros wie *BEGIN_COM_MAP* korrekt anzuwenden.

Auch die Weiterentwicklung der COM-Klasse ist ähnlich einfach. Nehmen wir zum Beispiel an, Sie wollen die Klasse mit den Schnittstellen *IMotion* und *IVisible* ausstatten. Im attributierten ATL schreiben Sie die Schnittstellen einfach direkt in den ATL-Quelltext. Zum Beispiel so:

```
[
    object,
    uuid("692D03A4-C689-11CE-B337-88EA36DE9E4E"),
    dual,
    helpstring("IMotion-Schnittstelle")
]
__interface IMotion : IDispatch
{
    HRESULT Fly();
    HRESULT GetPosition([out,retval]long* nPosition);
};
[
    object,
    uuid("692D03A5-C689-11CE-B337-88EA36DE9E4E"),
    helpstring("IVisual-Schnittstelle")
]
__interface IVisual : IUnknown
{
    HRESULT Display();
};
// ... hier folgt noch mehr Code...
```

Die Attribute vor dem Schlüsselwort *__interface* beschreiben die Schnittstellen als COM-Schnittstellen. Als duale Schnittstellen, um genau zu sein. Sobald die Schnittstellen im Quelltext beschrieben sind, können Sie die Schnittstellen in die Klasse einfügen. Dazu klicken Sie den Klassennamen in der Klassenansicht mit der rechten Maustaste an, wählen *Hinzufügen* und dann *Schnittstelle implementieren*. Sie können die Schnittstellen aus den registrierten Typbibliotheken auswählen oder aus den Schnittstellen, die im Projekt angegeben werden (*IMotion* und *IVisual*). Visual Studio .NET generiert die Grundgerüste der Funktionen für Sie. Sie brauchen nur noch den gewünschten Code einzufügen.

Die resultierende DLL ist eine vollwertige COM-DLL, die selbstverständlich auch die üblichen Eintrittspunkte aufzuweisen hat: *DllMain*, *DllGetClassObject*, *DllCanUnloadnow*, *DllRegisterServer* und *DllUnregisterServer*.

# 26 ATL und ActiveX-Steuerelemente

| | |
|---|---|
| 654 | Was sind ActiveX-Steuerelemente? |
| 655 | Steuerelemente mit der ATL entwickeln |
| 692 | Ein attributiertes Steuerelement erstellen |

Wenn Sie die letzten Kapitel über COM und die ATL gelesen haben und sich immer noch fragen, wie COM in Ihren Programmieralltag passt, sind Sie nicht der einzige, dem es so geht. Es ist auf den ersten Blick oft nicht erkennbar, wie man COM in der Praxis einsetzen kann. Schließlich muss eine Menge zusätzlicher Code produziert werden, damit ein COM-Objekt funktioniert. Es gibt allerdings eine Anwendung von COM, der man täglich begegnet, nämlich ActiveX-Steuerelemente. ActiveX-Steuerelemente sind kleine Softwarebausteine (normalerweise für die Benutzeroberfläche), die auf dem Komponentenobjektmodell basieren.

In Kapitel 9 wurde der Einsatz von ActiveX-Steuerelementen in einer MFC-Anwendung besprochen. In Kapitel 25 wurde die Erstellung von COM-Klassen mit Hilfe der ATL behandelt. In diesem Kapitel erfahren Sie, wie man ActiveX-Steuerelemente mit der ATL erstellt. Nun ist es an der Zeit, selbst ActiveX-Steuerelemente zu schreiben.

Die Erstellung eines ActiveX-Steuerelements mit Hilfe der ATL erfolgt in mehreren Schritten, zu denen unter anderem folgende gehören:

- Entscheidung, was auf dem Bildschirm dargestellt werden soll
- Entwicklung der Eingangsschnittstellen des Steuerelements
- Entwicklung der Ausgangsschnittstellen (Ereignisse) des Steuerelements
- Implementierung eines Persistenzmechanismus für das Steuerelement
- Bereitstellung einer Benutzeroberfläche zur Bearbeitung der Steuerelementeigenschaften.

In diesem Kapitel werden diese Schritte erläutert. Sie werden bald in der Lage sein, selbst mit der ATL ActiveX-Steuerelemente zu entwickeln, die Sie (und andere Programmierer) in anderen Programmen verwenden können.

# Was sind ActiveX-Steuerelemente?

Sogar heute ist noch immer nicht ganz klar, was eigentlich ein ActiveX-Steuerelement ausmacht. 1994 fügte Microsoft zu seinem OLE-Protokoll (Object Linking and Embedding) einige neue Schnittstellen hinzu, packte die Objekte in DLLs und nannte sie OLE-Steuerelemente. Ursprünglich implementierten OLE-Steuerelemente fast das gesamte OLE-Dokumenteinbettungsprotokoll. Darüber hinaus boten OLE-Steuerelemente Folgendes:

- dynamische Aktivierung (Automatisierung),
- Eigenschaftenseiten (damit der Benutzer die Steuerelementeigenschaften verändern konnte),
- nach außen gerichtete Rückrufschnittstellen (Ereignismengen),
- Verbindungen (ein Standardverfahren für Clients und Steuerelemente zur Einrichtung der Ereignisschnittstellen).

Als das Internet in den Marketingplänen von Microsoft zum dominanten Faktor wurde, gab Microsoft seine Absicht bekannt, ActiveX-Steuerelemente in Webseiten zu integrieren. Zu diesem Zeitpunkt wurde die Größe dieser Komponenten zum potentiellen Problem. Microsoft nahm seine Spezifikation für OLE-Steuerelemente, änderte den Namen von OLE-Steuerelemente in ActiveX-Steuerelemente und gab bekannt, dass die oben aufgeführten Leistungsmerkmale optional wären. Dies bedeutet, dass ein ActiveX-Steuerelement nach der neuen Definition lediglich die Anforderung erfüllen muss, via COM benutzbar zu sein und die Schnittstelle *IUnknown* zu implementieren. Natürlich muss ein Steuerelement die meisten der oben genannten Leistungsmerkmale implementieren, wenn es einen praktischen Nutzwert haben soll. Daher bezeichnen die Begriffe ActiveX-Steuerelement und OLE-Steuerelement im Grunde dieselbe Sache.

Derzeit favorisiert Microsoft .NET (und insbesondere ASP.NET) HTML-Code, der in einem Browser läuft, als wichtigste Webschnittstelle. Dahinter steht die Idee, die Abhängigkeiten zwischen den Websites und bestimmten Browsern zu verringern. Allerdings funktionieren ActiveX-Steuerelemente noch so, wie sie schon immer funktioniert haben. Und wenn Sie wissen, dass der Browser am anderen Ende der Leitung ein Microsoft Internet Explorer ist, bieten ActiveX-Steuerelemente immer noch eine umfangreiche Benutzeroberfläche für den Client.

Programmierer konnten etwa seit dem Sommer 1994 die MFC zur Entwicklung von ActiveX-Steuerelementen einsetzen. Ein Nachteil der Erstellung von ActiveX-Steuerelementen mit der MFC besteht allerdings darin, dass die ActiveX-Steuerelemente dann an die MFC gebunden sind. Gelegentlich benötigen Sie Steuerelemente, die kleiner sind oder die auch dann funktionieren, wenn die MFC-DLLs nicht auf dem Rechner des Anwenders verfügbar sind. Zudem zwingt der Einsatz der MFC Ihnen bestimmte Designentscheidungen auf. Wenn Sie beispielsweise beschließen, ein ActiveX-Steuerelement unter Verwendung der MFC-Bibliothek zu schreiben, versperren Sie sich damit mehr oder weniger den Einsatz dualer Schnittstellen (sofern Sie nicht gewillt sind, viel zusätzlichen Code zu schreiben). Die Verwendung der MFC hat auch zur Folge, dass das ActiveX-Steuerelement und seine Eigenschaftenseiten über die Schnittstelle *IDispatch* miteinander kommunizieren müssen.

Um die oben beschriebenen Probleme zu umgehen, können Programmierer nun die ATL zur Entwicklung von ActiveX-Steuerelementen einsetzen. Die ATL enthält jetzt die Elemente, die zur Erstellung von anspruchsvollen, vollwertigen ActiveX-Steuerelementen erforderlich sind. Zu den Leistungsmerkmalen gehören zum Beispiel Eingangsschnittstellen, persistente Eigenschaften, Eigenschaftenseiten und Verbindungspunkte. Falls Sie schon einmal ein ActiveX-Steuerelement mit der MFC-Bibliothek geschrieben haben, werden Sie feststellen, dass sich die ATL sehr viel flexibler einsetzen lässt.

# Steuerelemente mit der ATL entwickeln

Obwohl die Erstellung von ActiveX-Steuerelementen mit der ATL ein recht geradliniger Prozess ist, gestaltet sich die Arbeit mit der ATL letztlich etwas mühsamer als mit der MFC, weil die ATL nicht so viele Annehmlichkeiten bietet. Beispielsweise enthält die ATL keine Gerätekontextklassen. Wenn Sie auf einem Gerätekontext zeichnen, müssen Sie mit dem Gerätekontexthandle arbeiten.

Trotz dieser Schwierigkeiten ist die Erstellung eines ActiveX-Steuerelements mit Hilfe der ATL viel einfacher, als ein ActiveX-Steuerelement von Grund auf selbst zu schreiben. Zudem gibt Ihnen die ATL ein Maß an Flexibilität, das Ihnen beim Einsatz der MFC-Bibliothek nicht zur Verfügung steht. Beispielsweise ist es mit der MFC recht mühsam, Steuerelemente mit dualen Schnittstellen auszustatten, wogegen die ATL diese automatisch generiert. Der ATL-Objekt-Assistent erleichtert es zudem, weitere COM-Klassen zu einem Projekt hinzuzufügen (auch Klassen, die keine Steuerelemente repräsentieren), während es etwas schwieriger ist, neue Steuerelemente in eine auf der MFC-Bibliothek basierenden DLL einzufügen.

Im Beispielprogramm dieses Kapitels implementieren wir mit der ATL zwei kleine Würfel als ActiveX-Steuerelement. Anhand dieses Steuerelements erläutern wir die wichtigsten Aspekte von ActiveX-Steuerelementen, wie z.B. die Darstellung des Steuerelements auf dem Bildschirm, die Eingangsschnittstellen, Eigenschaftenseiten und Ereignisse. Zudem sehen wir uns die klassische ATL-Version dieses Steuerelements an und die attributierte Version.

## Ein Steuerelement erstellen

Der einfachste Weg, mit der ATL einen COM-Server zu erstellen, ist wie immer die Aufnahme einer entsprechenden ATL-Klasse ins Projekt, und zwar mit Hilfe des ATL-Steuerelement-Assistenten. Wenn Sie ein neues ATL-Projekt anlegen möchten, geben Sie im *Datei*-Menü den Befehl *Neu, Projekt* und wählen aus den Projektvorlagen *ATL-Projekt* aus. Geben Sie dem Projekt einen passenden Namen, zum Beispiel *ClassicATLDiceSvr*. Übernehmen Sie die Vorgaben des *ATL-Projekt-Assistenten* mit Ausnahme der Option *Attributiert*. Wählen Sie diese Option ab.

Nachdem das Grundgerüst der Server-DLL generiert wurde, führen Sie die folgenden Schritte aus:

1. Wählen Sie im *Projekt*-Menü *Klasse hinzufügen*. Wählen Sie die Klassenvorlage *ATL-Steuerelement*.

2. Mit seiner *Namen*-Seite ermöglicht der ATL-Steuerelement-Assistent die passende Benennung des Steuerelements (Abbildung 26.1). Geben Sie dem Steuerelement im Eingabefeld *Kurzer Name* einen Namen (zum Beispiel *ClassicATLDiceControl*).

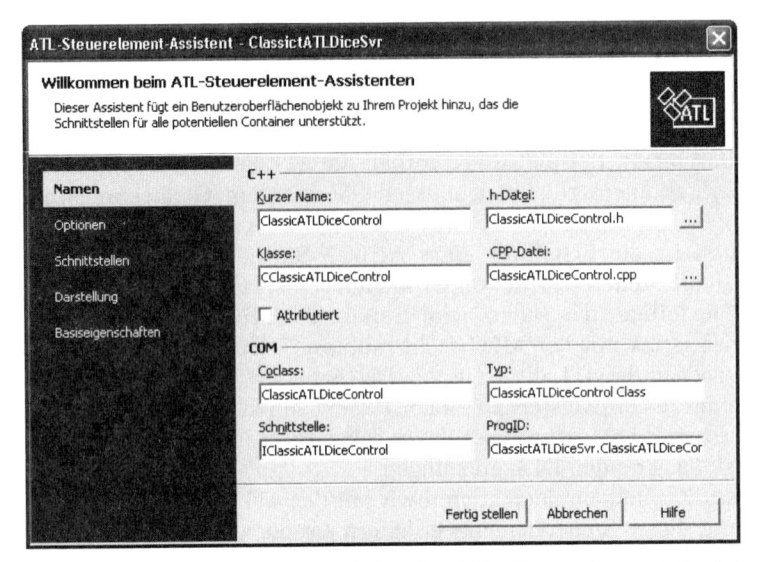

***Abbildung 26.1:*** *Die* Namen-*Seite des* ATL-Steuerelement-Assistenten

3. Auf der Seite *Optionen* können Sie das Steuerelement konfigurieren. Sie können zum Beispiel:
   - ein Standardsteuerelement wählen, ein zusammengesetztes Steuerelement oder ein DHTML-Steuerelement (oder eine Minimalversion des gewählten Steuerelements),
   - das Threadmodell für das Steuerelements festlegen,
   - angeben, ob eine duale oder eine benutzerdefinierte Schnittstelle die primäre Schnittstelle bilden soll,
   - festlegen, dass das Steuerelement die Aggregation unterstützt,
   - angeben, ob das Steuerelement Verbindungspunkte oder Lizenzierung einsetzt.

4. Wählen Sie die Option *Verbindungspunkte*. (Damit sparen Sie später etwas Zeit.) Übernehmen Sie ansonsten die Vorgaben. Abbildung 26.2 zeigt, wie die Seite *Optionen* jetzt aussehen sollte.

5. Auf der Seite *Schnittstellen* geben Sie die COM-Schnittstellen an, die das Steuerelement unterstützen soll. Nehmen Sie *IPropertyNotifySink* in die Liste der unterstützten Schnittstellen auf.

6. Auf der Seite *Darstellung* können Sie verschiedene Eigenschaften des Steuerelements festlegen (Abbildung 26.3). Zum Beispiel können Sie einstellen, dass sich das Steuerelement wie ein Standardsteuerelement von Microsoft Windows verhalten soll, wie beispielsweise eine Schaltfläche oder ein Eingabefeld. Sie können hier auch festlegen, dass das Steuerelement zur Laufzeit unsichtbar sein oder über einen undurchsichtigen Hintergrund verfügen soll.

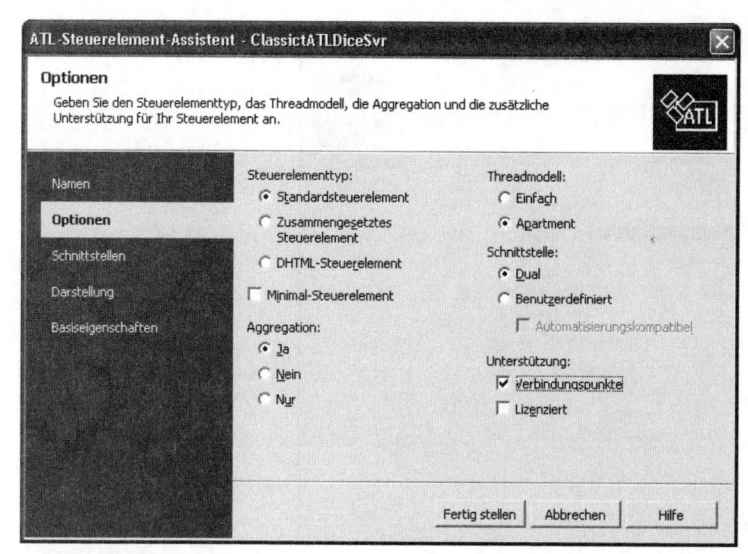

*Abbildung 26.2: Die Seite* Optionen *des ATL-Steuerelement-Assistenten*

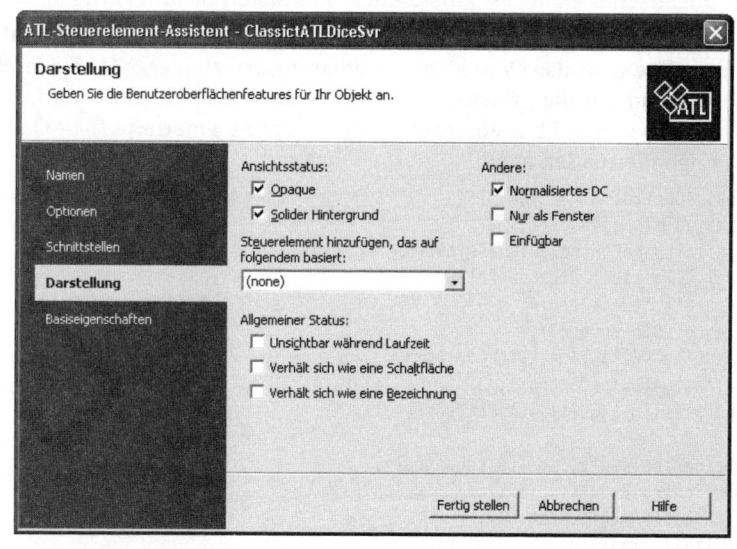

*Abbildung 26.3: Die Seite* Darstellung *des ATL-Steuerelement-Assistenten*

7. Wählen Sie schließlich auf der Seite *Basiseigenschaften* die gewünschten Grundeigenschaften. Grundeigenschaften sind solche Eigenschaften, die in der Regel von jedem Steuerelement erwartet werden, wie z.B. Hintergrundfarbe, Rahmenfarbe, Vordergrundfarbe und Titel.

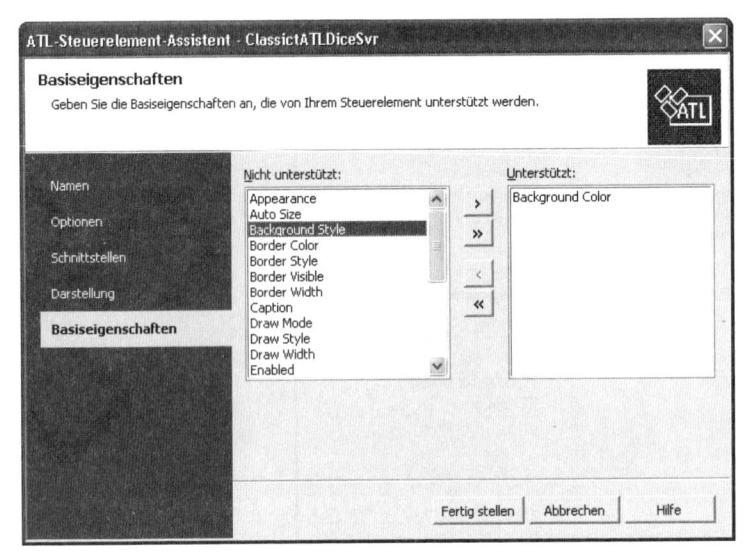

**Abbildung 26.4:** *Die Seite* Basiseigenschaften *des ATL-Steuerelement-Assistenten*

8. Wenn Sie die Auswahl der Eigenschaften abgeschlossen haben, klicken Sie auf *Fertig stellen*.

Der ATL-Steuerelement-Assistent fügt daraufhin eine Headerdatei und eine Quelltextdatei, die das neue Steuerelement definieren, in das Projekt ein. Zudem reserviert der ATL-Steuerelement-Assistent in der IDL-Datei Raum für die primäre Schnittstelle des Steuerelements und weist der Schnittstelle eine GUID zu. Die vom ATL-Steuerelement-Assistenten generierte C++-Definition des Steuerelements sieht folgendermaßen aus:

```
class ATL_NO_VTABLE CClassicATLDiceControl :
    public CComObjectRootEx<CComSingleThreadModel>,
    public CStockPropImpl<CClassicATLDiceControl, IClassicATLDiceControl>,
    public IPersistStreamInitImpl<CClassicATLDiceControl>,
    public IOleControlImpl<CClassicATLDiceControl>,
    public IOleObjectImpl<CClassicATLDiceControl>,
    public IOleInPlaceActiveObjectImpl<CClassicATLDiceControl>,
    public IViewObjectExImpl<CClassicATLDiceControl>,
    public IOleInPlaceObjectWindowlessImpl<CClassicATLDiceControl>,
    public ISupportErrorInfo,
    public IConnectionPointContainerImpl<CClassicATLDiceControl>,
    public CProxy_IClassicATLDiceControlEvents<CClassicATLDiceControl>,
    public IPersistStorageImpl<CClassicATLDiceControl>,
    public ISpecifyPropertyPagesImpl<CClassicATLDiceControl>,
    public IQuickActivateImpl<CClassicATLDiceControl>,
    public IDataObjectImpl<CClassicATLDiceControl>,
    public IProvideClassInfo2Impl<&CLSID_ClassicATLDiceControl,
        &__uuidof(_IClassicATLDiceControlEvents), &LIBID_ClassicATLDiceSvrLib>,
    public IPropertyNotifySinkCP<CClassicATLDiceControl>,
    public CComCoClass<CClassicATLDiceControl,
        &CLSID_ClassicATLDiceControl>,
    public CComControl<CClassicATLDiceControl>
{
    ⋮
}
```

Dies ist eine recht lange Vererbungsliste. Sie kennen bereits die Vorlagenimplementierungen für *IUnknown* und für Klassenobjekte. Diese befinden sich in *CComObjectRootEx* und *CComCoClass*. Sie haben auch erfahren, wie die ATL die Schnittstelle *IDispatch* in der Vorlage *IDispatchImpl* implementiert. Ein einfaches Steuerelement erfordert aber elf weitere Schnittstellen, damit alles funktioniert. Diese Schnittstellen lassen sich in verschiedene Kategorien einteilen, wie die folgende Tabelle zeigt.

| Kategorie | Schnittstelle |
| --- | --- |
| Die Selbstbeschreibung des Objekts | *IProvideClassInfo2* |
| Persistenz | *IPersistStreamInit, IPersistStorage* |
| Aktivierung | *IQuickActivate* (und ein Teil von *IOleObject*) |
| Schnittstelle aus der ursprünglichen Spezifikation für OLE-Steuerelemente | *IOleControl* |
| Schnittstelle aus der Spezifikation für OLE-Dokumente | *IOleObject* |
| Darstellung des Objekts | *IOleInPlaceActiveObject, IViewObject, IOleInPlaceObjectWindowless, IDataObject* |
| Verwaltung von Eigenschaftenseiten durch den Container | *ISpecifyPropertyPages* |
| Verbindungen | *IPropertyNotifySinkCP, IConnectionPointContainer* |

**HINWEIS:** Hierbei handelt es sich im Wesentlichen um Standardschnittstellen, also Schnittstellen, die eine COM-Klasse implementieren muss, um sich als ActiveX-Steuerelement zu qualifizieren. Diese Schnittstellen werden von den meisten Steuerelementen in gleicher Weise implementiert. Die ATL hat den Vorteil, dass sie dieses Standardverhalten implementiert und Anknüpfungspunkte zur Verfügung stellt, an denen Sie Ihren benutzerdefinierten Code einfügen können. Sie brauchen sich daher nicht direkt mit dem COM-Code zu beschäftigen und können funktionierende Steuerelemente entwickeln, ohne im Detail verstehen zu müssen, wie diese Schnittstellen funktionieren. Falls Sie sich jedoch näher mit der internen Funktionsweise von ActiveX-Steuerelementen beschäftigen möchten, sollten Sie sich die folgenden Titel ansehen: *Inside OLE* von Kraig Brockschmidt (Microsoft Press, 1995) und *ActiveX-Steuerelemente* von Adam Denning (Microsoft Press, 1997).

## Die Steuerelementarchitektur der ATL

Grob gesagt, weisen ActiveX-Steuerelemente zwei Aspekte auf: einen externen Zustand (wie es sich auf dem Bildschirm darstellt) und einen internen Zustand (seine Eigenschaften). Sobald sich ein ActiveX-Steuerelement in irgendeinem Container befindet (z.B. einem Microsoft Visual Basic-Formular oder einem MFC-Dialogfeld), unterhält es eine enge Beziehung zu diesem Container. Der Client kommuniziert mit dem Steuerelement über COM-Eingangsschnittstellen wie *IDispatch* und OLE-Dokumentschnittstellen wie *IOleObject* und *IDataObject*.

Das Steuerelement hat auch die Möglichkeit, mit dem Client zu kommunizieren. Eine Methode zur Implementierung solch einer bidirektionalen Kommunikation besteht darin, dass der Client eine *IDispatch*-Schnittstelle für die Ereignisse implementiert, die das Steuerelement meldet. Der Container unterhält eine Reihe von Eigenschaften, die so genannten *Ambient-Eigenschaften*, mit deren Hilfe das Steuerelement Informationen über seinen Host erhalten kann. Ein

Steuerelement kann sich beispielsweise im Container verstecken, da der Container die in den Eigenschaften gespeicherten Informationen über eine spezielle *IDispatch*-Schnittstelle zur Verfügung stellt. Der Container kann die Schnittstelle *IPropertyNotifySink* implementieren, um in Erfahrung zu bringen, wann sich die Eigenschaften eines Steuerelements ändern. Schließlich implementiert der Container wegen des Einbettungsprotokolls auch die Schnittstellen *IOleClientSite* und *IOleControlSite*.

Die in der obigen Tabelle aufgeführten Schnittstellen ermöglichen es dem Client und dem Steuerelement, sich so zu verhalten, wie man es von einem ActiveX-Steuerelement erwartet. Wir werden uns im weiteren Verlauf dieses Kapitels noch mit einigen dieser Schnittstellen beschäftigen. Eine Untersuchung von Steuerelementen, die mit der ATL entwickelt wurden, beginnt man am besten bei der Klasse *CComControl* und deren Basisklassen.

**Die Klasse *CComControl***

Sie finden die Definition der Klasse *CComControl* in der Datei AtlCtl.H im Include-Verzeichnis unter Atlmfc. *CComControl* ist eine Vorlagenklasse mit zwei Klassenparametern, nämlich *CComControlBase* und die Basisfensterklasse *WinBase*.

```
template <class T, class WinBase = CWindowImpl< T > >
class ATL_NO_VTABLE CComControl : public CComControlBase,
                                  public WinBase
{
 ⋮
};
```

*CComControl* ist eine recht kleine Klasse, die kaum eigene Funktionen einführt. Sie erbt ihre Funktionalität hauptsächlich von *CComControlBase* und *WinBase*. *WinBase* ist die Basisklasse, die für die Fensterfunktionen zuständig ist. Normalerweise wird dafür *CWindowImpl* verwendet. *CComControl* erwartet, dass es sich bei dem Vorlagenparameter um ein auf der ATL basierendes COM-Objekt handelt, das von *CComObjectRootEx* abgeleitet ist. Die Klasse *CComControl* erfordert aus verschiedenen Gründen die Angabe des Vorlagenparameters. Der wichtigste Grund besteht darin, dass die Steuerelementklasse gelegentlich den Vorlagenparameter verwendet, um die Funktion *InternalQueryInterface* des Steuerelements aufzurufen.

Die Klasse *CComControl* implementiert einige Funktionen, die es dem Steuerelement erleichtern, Funktionen des Clients aufzurufen. Beispielsweise implementiert *CComControl* eine Funktion namens *FireOnRequestEdit*, die es Steuerelementen ermöglicht, dem Client mitzuteilen, dass sich eine bestimmte Eigenschaft ändern wird. Diese Funktion ruft den Client über die von ihm implementierte Schnittstelle *IPropertyNotifySink* auf. *FireOnRequestEdit* informiert alle verbundenen *IPropertyNotifySink*-Schnittstellen, dass die durch einen bestimmten DISPID-Wert bezeichnete Eigenschaft verändert wird.

Zudem implementiert die Klasse *CComControl* die Funktion *FireOnChanged*. Die Funktion *FireOnChanged* ähnelt *FireOnRequestEdit* insofern, als Sie den Client über die Schnittstelle *IPropertyNotifySink* aufruft. Diese Funktion benachrichtigt die Clients, die das Steuerelement verwenden (alle über *IPropertyNotifySink* mit dem Steuerelement verbundenen Clients), darüber, dass die durch einen bestimmten DISPID-Wert bezeichnete Eigenschaft bereits verändert worden ist.

Neben der Zuordnung der Schnittstelle *IPropertyNotifySink* zu einigen leichter verständlichen Funktionen implementiert die Klasse *CComControl* eine Funktion namens *ControlQueryInterface*, die Aufrufe einfach an die *IUnknown*-Schnittstelle des Steuerelements weiterleitet. (Auf diese Weise lässt sich aus dem Steuerelement heraus ein Zeiger auf die Schnittstelle *IUnknown* anfordern.) Außerdem finden Sie nun eine Implementierung von *MessageBox* in *CCom-*

*Control*. Schließlich implementiert *CComControl* auch eine Funktion namens *CreateControlWindow*. Normalerweise ruft diese Funktion *CWindowImpl::Create* auf. Es steht Ihnen frei, die Funktion zu überschreiben, sodass sie etwas anderes tut, als ein einzelnes Fenster zu erstellen. Sie können bei Bedarf zum Beispiel mehrere Fenster für das Steuerelement anlegen.

Der größte Teil der Funktionalität von *CComControl* stammt aus den beiden anderen Klassen *CComControlBase* und *CWindowImpl*. Sehen wir uns diese Klassen nun etwas genauer an.

## Die Klasse *CComControlBase*

*CComControlBase* ist eine viel umfangreichere Klasse als *CComControl*. Die Klasse *CComControlBase* verwaltet alle Zeiger, die vom Steuerelement zur Kommunikation mit dem Client verwendet werden. *CComControlBase* verwendet die ATL-Smart-Pointer-Klasse *CComPtr* zur Definition von Membervariablen, mit denen sie die folgenden Schnittstellen kapselt, die für den Rückruf vom Steuerelement an den Client implementiert werden:

- eine Membervariable für *IOleInPlaceSite* (*m_spInPlaceSite*),
- einen Hinweisgeber für den Daten-Hinweisempfänger im Client (*m_spDataAdviseHolder*),
- einen OLE-Hinweisgeber für den OLE-Hinweisempfänger im Client (*m_spOleAdviseHolder*),
- eine Membervariable für *IOleClientSite* (*m_spClientSite*),
- eine Membervariable *IAdviseSink* (*m_spAdviseSink*).

Die Klasse *CComControlBase* verwendet zudem die ATL-Klasse *CComDispatchDriver* zur Kapselung der Verteilerschnittstelle des Clients, mit der dieser seine *Ambient*-Eigenschaften zugänglich macht.

Sie finden in der Klasse *CComControlBase* auch Datenelemente für die Größen- und Positionsangaben des Steuerelements: *m_sizeNatural*, *m_sizeExtent* und *m_rcPos*. Ein weiteres wichtiges Datenelement der Klasse *CComControlBase* ist das Fensterhandle des Steuerelements. Die meisten ActiveX-Steuerelemente zeigen sich auf dem Bildschirm und verfügen somit über ein Fenster. Die Klassen *CWindowImpl* und *CWindowImplBaseT* sind für die Fensterverwaltung des ActiveX-Steuerelements auf ATL-Basis zuständig.

## Die Klassen *CWindowImpl* und *CWindowImplBaseT*

*CWindowImpl* leitet sich von der Klasse *CWindowImplBaseT* ab, die von *CWindowImplRoot* abstammt, die wiederum *TBase* und *CMessageMap* als Basisklassen hat. Als Vorlagenklasse erwartet *CWindowImpl* bei der Anlage eines Objekts drei Argumente. Der erste Vorlagenparameter legt den Typ des anzulegenden Steuerelements fest. *CWindowImpl* braucht diese Angabe, weil *CWindowImpl* während der Erstellung des Fensters Rückrufe ins Steuerelement vornimmt. Der zweite Vorlagenparameter ist die Fensterbasisklasse. Vorgegeben ist *CWindow*. Der dritte Parameter legt einige Eigenschaften des Steuerelements fest. Es geht insbesondere um die Eigenschaften WS_CHILD, WS_VISIBLE, WS_CLIPCHILDREN und WS_CLIPSIBLINGS. Sehen wir uns einmal etwas genauer an, wie die ATL mit Fenstern umgeht.

## ATL-Fensterverwaltung

Ebenso wie die Klasse *CComControl* ist auch die Klasse *CWindowImpl* recht klein. *CWindowImpl* kümmert sich mehr oder weniger ausschließlich um die Erstellung von Fenstern. In der Tat ist dies die einzige Funktion, die explizit in der Klasse *CWindowImpl* definiert wird. *CWindowImpl::Create* legt ein neues Fenster an, und zwar nach den Vorgaben zur betreffenden Fensterklasse, die von einer Struktur namens *_ATL_WNDCLASSINFO* verwaltet werden. Von der Struktur ist eine ASCII-Version und eine Version für breite Zeichen verfügbar.

```
struct _ATL_WNDCLASSINFOA
{
    WNDCLASSEXA m_wc;
    LPCSTR m_lpszOrigName;
    WNDPROC pWndProc;
    LPCSTR m_lpszCursorID;
    BOOL m_bSystemCursor;
    ATOM m_atom;
    CHAR m_szAutoName[5+sizeof(void*)*CHAR_BIT];
    ATOM Register(WNDPROC* p)
    {
        return AtlWinModuleRegisterWndClassInfoA(&_AtlWinModule,
            &_AtlBaseModule, this, p);
    }
};

struct _ATL_WNDCLASSINFOW
{
    WNDCLASSEXW m_wc;
    LPCWSTR m_lpszOrigName;
    WNDPROC pWndProc;
    LPCWSTR m_lpszCursorID;
    BOOL m_bSystemCursor;
    ATOM m_atom;
    WCHAR m_szAutoName[5+sizeof(void*)*CHAR_BIT];
    ATOM Register(WNDPROC* p)
    {
        return AtlWinModuleRegisterWndClassInfoW(&_AtlWinModule,
            &_AtlBaseModule, this, p);
    }
};
```

Die ATL definiert diese Struktur dann mit *typedef* als *CWndClassInfo*:

```
typedef _ATL_WNDCLASSINFOA CWndClassInfoA;
typedef _ATL_WNDCLASSINFOW CWndClassInfoW;
#ifdef UNICODE
#define CWndClassInfo CWndClassInfoW
#else
#define CWndClassInfo CWndClassInfoA
#endif
```

Mit einem Makro namens *DECLARE_WND_CLASS* erhält die von *CWindowImpl* abgeleitete Klasse einige Informationen, die für eine Fensterklasse wichtig sind. *DECLARE_WND_CLASS* fügt auch eine Funktion namens *GetWndClassInfo* in die Klasse ein. Und so sieht das Makro *DECLARE_WND_CLASS* aus:

```
#define DECLARE_WND_CLASS(WndClassName) \
static ATL::CWndClassInfo& GetWndClassInfo() \
{ \
    static ATL::CWndClassInfo wc = \
    { \
        { sizeof(WNDCLASSEX), \
            CS_HREDRAW | CS_VREDRAW | CS_DBLCLKS, StartWindowProc, \
            0, 0, NULL, NULL, NULL, (HBRUSH)(COLOR_WINDOW + 1), \
```

```
          NULL, WndClassName, NULL }, \
    NULL, NULL, IDC_ARROW, TRUE, 0, _T("") \
  }; \
  return wc; \
}
```

Dieses Makro liefert bei der Erweiterung eine *CWndClassInfo*-Struktur für die Steuerelementklasse. Da *CWndClassInfo* die Informationen für die ganze Fensterklasse verwaltet, gehören alle Fenster, die von einer bestimmten Instanz von *CWindowImpl* erzeugt werden, zur selben Fensterklasse.

Die Klasse *CWindowImpl* ist von *CWindowImplBaseT* abgeleitet, die wiederum von *CWindowImplRoot* abgeleitet ist, die in folgender Weise eine Spezialisierung der Klassen *CWindow* und *CControlWinTraits* darstellt:

```
template <class TBase = CWindow, class TWinTraits = CControlWinTraits>
class ATL_NO_VTABLE CWindowImplBaseT : public CWindowImplRoot< TBase >
{
  ⋮
};
```

Die Klasse *CWindowImplRoot* wird von *CWindow* (Voreinstellung) und *CMessageMap* abgeleitet. Die Klasse *CWindowImplBaseT* verwaltet die Fensterprozedur einer von *CWindowImpl* abgeleiteten Klasse. *CWindow* ist eine kompakte Klasse, die Fensterhandles in der gleichen Weise kapselt, wie die MFC-Klasse *CWnd* (nur weniger aufwendig). Bei *CMessageMap* handelt es sich um eine winzige Klasse, die eine einzige virtuelle Funktion namens *ProcessWindowMessage* definiert. Der Meldungszustellungsmechanismus der ATL setzt das Vorhandensein dieser Funktion voraus. Daher müssen mit der ATL entwickelte Klassen, die Meldungstabellen verwenden sollen, von *CMessageMap* abgeleitet werden. Sehen wir uns kurz die ATL-Meldungstabellen an.

## ATL-Meldungstabellen

Das Herzstück der Meldungsmaschinerie der ATL bildet die Klasse *CMessageMap*. ATL-Steuerelemente verfügen dank der indirekten Ableitung von *CWindowImplBaseT* über Meldungstabellen. Bei der MFC-Bibliothek ermöglicht dagegen die Ableitung von *CCmdTarget* die Zustellung von Meldungen. Wie bei der MFC genügt es aber nicht, eine Klasse von einer Basisklasse abzuleiten, die mit Meldungstabellen umgehen kann. Auch die Meldungstabellen müssen noch implementiert werden. Und dafür gibt es spezielle Makros.

Diese Makros verwenden Sie zur Implementierung der Meldungstabelle. Zuerst muss das ATL-Makro BEGIN_MSG_MAP in die Headerdatei der Steuerelementklasse eingefügt werden. BEGIN_MSG_MAP kennzeichnet den Anfang der Meldungstabelle. *CWindowImpl::WindowProc* verwendet diese Tabelle zur Bearbeitung von Meldungen, die an das Fenster gesendet werden. Mit Hilfe der Meldungstabelle werden Meldungen entweder an einen geeigneten Handler oder an eine andere Meldungstabelle weitergeleitet. Die ATL definiert ein weiteres Makro namens END_MSG_MAP, mit dem das Ende der Meldungstabelle gekennzeichnet wird. Zwischen BEGIN_MSG_MAP und END_MSG_MAP befinden sich andere Makros, mit denen die vorgesehenen Meldungen mit den zuständigen Memberfunktionen des Steuerelements verknüpft werden.

Eine typische Meldungstabelle könnte so aussehen:

```
BEGIN_MSG_MAP(CAFullControl)
  CHAIN_MSG_MAP(CComControl<CAFullControl>)
  DEFAULT_REFLECTION_HANDLER()
  MESSAGE_HANDLER(WM_TIMER, OnTimer);
```

```
   MESSAGE_HANDLER(WM_LBUTTONDOWN, OnLButton);
END_MSG_MAP()
```

Diese Meldungstabelle delegiert den Großteil der Arbeit an das Makro *CHAIN_MSG_MAP* und handhabt die Meldungsreflexion über das Makro *DEFAULT_REFLECTION_HANDLER*. Durch diese Meldungstabelle werden zudem zwei Meldungen explizit mit den vorgesehenen Handlern verknüpft, nämlich *WM_TIMER* und *WM_LBUTTONDOWN*. Dies sind Standardmeldungen, die mit Hilfe des Makros *MESSAGE_HANDLER* zugeordnet werden. Die Makros generieren einfach eine Tabelle, in der Windows-Meldungen den Memberfunktionen der Klasse zugeordnet werden. Neben den Standardmeldungen können mit Meldungstabellen auch andere Arten von Ereignissen erfasst und bearbeitet werden. Die folgende Tabelle zeigt die Makros, die zur Verknüpfung von Meldungen mit den zuständigen Bearbeitungsfunktionen dienen.

| Makro | Beschreibung |
| --- | --- |
| *MESSAGE_HANDLER* | Ordnet eine Windows-Meldung einem Handler zu. |
| *MESSAGE_RANGE_HANDLER* | Ordnet einen zusammenhängenden Bereich von Windows-Meldungen einem Handler zu. |
| *COMMAND_HANDLER* | Ordnet die Meldung *WM_COMMAND* einem Handler zu, basierend auf dem Bezeichner (ID) und dem Benachrichtigungscode des Menübefehls, des Steuerelements oder der Zugriffstaste. |
| *COMMAND_ID_HANDLER* | Ordnet die Meldung *WM_COMMAND* einem Handler zu, basierend auf dem Bezeichner (ID) des Menübefehls, des Steuerelements oder der Zugriffstaste. |
| *COMMAND_CODE_HANDLER* | Ordnet die Meldung *WM_COMMAND* anhand des Benachrichtigungscodes einem Handler zu. |
| *COMMAND_RANGE_HANDLER* | Ordnet einen zusammenhängenden Bereich von *WM_COMMAND*-Meldungen einem Handler zu, basierend auf dem Bezeichner (ID) des Menübefehls, des Steuerelements oder der Zugriffstaste. |
| *NOTIFY_HANDLER* | Ordnet die Meldung *WM_NOTIFY* einem Handler zu, basierend auf dem Benachrichtigungscode und dem Bezeichner (ID) des Steuerelements. |
| *NOTIFY_ID_HANDLER* | Ordnet die Meldung *WM_NOTIFY* anhand des Steuerelementbezeichners (ID) einem Handler zu. |
| *NOTIFY_CODE_HANDLER* | Ordnet die Meldung *WM_NOTIFY* anhand des Benachrichtigungscodes einem Handler zu. |
| *NOTIFY_RANGE_HANDLER* | Ordnet einen zusammenhängenden Bereich von *WM_NOTIFY*-Meldungen anhand des Steuerelementbezeichners (ID) einem Handler zu. |
| *NOTIFY_RANGE_CODE_HANDLER* | Ordnet die Meldung *WM_NOTIFY* anhand des Benachrichtigungscodes und eines kontinuierlichen Steuerelementbezeichnerbereichs einem Handler zu. |

Intern funktioniert die Zustellung von Meldungen weit gehend so wie in der MFC. Die ATL enthält eine Fensterprozedur, die bei der Weiterleitung von Meldungen eine wichtige Rolle spielt. Sie können in der Praxis durchaus effiziente Steuerelemente entwickeln, ohne alle Aspekte des Aufbaus von ATL-Steuerelementen genau zu verstehen. Allerdings sind solche Kenntnisse bei der Entwicklung von Steuerelementen hilfreich und bei der Fehlersuche praktisch unverzichtbar.

# Entwicklung eines Steuerelements

Nachdem Sie das Steuerelement in den Server eingebaut haben, müssen Sie noch den erforderlichen Quelltext hinzufügen, damit das Steuerelement irgendetwas tut. Wenn Sie das ATL-Steuerelement kompilieren, das der Assistent generiert hat, und es in einen Container laden, ist das Ergebnis nicht gerade interessant. In unserem Beispiel hätten Sie dann einfach ein leeres Rechteck mit dem Text »ATL 7.0 : ClassicATLDiceControl« vor sich. Sie müssen noch den Code hinzufügen, der das Steuerelement auf dem Bildschirm darstellt, seinen internen Zustand berücksichtigt, auf Ereignisse reagiert und Ereignisse an den Container meldet.

## Wie soll das Steuerelement aussehen?

Die Darstellung des Steuerelements auf dem Bildschirm ist immer ein guter Einstieg in die Entwicklung. Auf diese Weise erhält man schnell eine sichtbare Rückmeldung über den Stand der Dinge. In unserem Beispiel handelt es sich um ein Steuerelement, das zwei Würfel darstellen soll. Die einfachste Möglichkeit zur Darstellung des Steuerelements besteht darin, Bitmaps zu zeichnen, die jeweils eine Würfelseite repräsentieren, und diese Bitmaps auf dem Bildschirm anzuzeigen. Dies setzt voraus, dass das Steuerelement einige Variablen verwalten muss, die seinen internen Zustand repräsentieren. Das Steuerelement muss beispielsweise die Bitmaps zur Würfeldarstellung sowie zwei Zahlen verwalten, die festlegen, welche Zahl bei jedem Würfel zuerst angezeigt wird. Der folgende Code stammt aus der Datei ClassicATLDiceControl.h und dient zur Verwaltung der Zustände der Würfel:

```
#define MAX_DIEFACES 6

HBITMAP m_dieBitmaps[MAX_DIEFACES];
unsigned short m_nFirstDieValue;
unsigned short m_nSecondDieValue;
```

Bevor wir uns mit der Anzeige des Steuerelements beschäftigen, müssen wir noch einige Vorbereitungen treffen. Die Bitmaps müssen geladen werden. Es ist anzunehmen, dass jeder der beiden Würfel jede der möglichen Seiten zeigen können soll. Daher benötigt das Steuerelement für jede Würfelseite eine Bitmap. Abbildung 26.5 zeigt, wie eine dieser Würfel-Bitmaps aussieht.

**Abbildung 26.5:** *Eine Bitmap für die Würfel*

Wenn Sie die Bitmaps nacheinander malen, erhalten sie in der Datei Resource.h aufeinander folgende IDs. Durch diese aufeinander folgenden IDs sind die Bitmaps auch sehr einfach zu laden. Vielleicht müssen Sie die Datei Resource.h bearbeiten, damit die IDs in der gewünschten Weise vergeben werden:

```
#define IDB_DICE1        220
#define IDB_DICE2        221
#define IDB_DICE3        222
#define IDB_DICE4        223
#define IDB_DICE5        224
#define IDB_DICE6        225
```

Das Laden der Bitmaps ist sehr einfach. Sie gehen in einer Schleife über das Bitmaparray und laden die Bitmapressourcen. Wenn die Bitmaps wie in diesem Beispiel in einem Array gespeichert werden, lassen sie sich einfacher verwalten und anzeigen. Die folgende Funktion lädt die Bitmaps ins Array:

```
BOOL CClassicATLDiceControl::LoadBitmaps() {
    int i;
    BOOL bSuccess = TRUE;
    for(i=0; i<MAX_DIEFACES; i++) {
        DeleteObject(m_dieBitmaps[i]);
        m_dieBitmaps[i] = LoadBitmap(_AtlBaseModule.m_hInst,
                                     MAKEINTRESOURCE(nID+i));
        if(!m_dieBitmaps[i]) {
            ::MessageBox(NULL,
                         "Die Bitmaps wurden nicht geladen",
                         NULL,
                         MB_OK);
            bSuccess = FALSE;
        }
    }
    return bSuccess;
}
```

Die beste Stelle für den Aufruf von *LoadBitmaps* ist der Konstruktor des Steuerelements, wie der folgende Quelltextabschnitt zeigt. Zur Simulation des Wurfs wird der Zustand des Steuerelements so eingestellt, dass die beiden Würfel jeweils einen Zufallswert zwischen 1 und 6 anzeigen:

```
class ATL_NO_VTABLE CClassicATLDiceControl : // lange Ableitungsliste {
    CClassicATLDiceControl () {
        LoadBitmaps();
        srand((unsigned)time(NULL));
        m_nFirstDieValue = (rand() % (MAX_DIEFACES)) + 1;
        m_nSecondDieValue = (rand() % (MAX_DIEFACES)) + 1;
        ⋮
    }
    ⋮
}
```

Sobald die Bitmaps geladen sind, können sie angezeigt werden. Das Würfelsteuerelement sollte eine Funktion erhalten, die abhängig vom aktuellen internen Zustand des Würfels die verschiedenen Würfelseiten anzeigt. Hier machen Sie erstmals mit den Zeichen- oder Ausgabefunktionen der ATL Bekanntschaft.

Einer der größten Vorteile bei der Entwicklung von Steuerelementen mit der ATL (und der MFC) besteht darin, dass alle Zeichenoperationen in einer einzigen Funktion zusammengefasst werden können, nämlich in der Funktion *OnDraw* des Steuerelements. *OnDraw* ist eine virtuelle Funktion der Klasse *CComControlBase*, die wie folgt definiert ist:

```
virtual HRESULT OnDraw(ATL_DRAWINFO& di);
```

Der einzige Parameter der Funktion *OnDraw* ist ein Zeiger auf die Struktur *ATL_DRAWINFO*. Die Struktur *ATL_DRAWINFO* enthält unter anderem den Gerätekontext, in dem das Steuerelement dargestellt werden soll. Die Struktur *ATL_DRAWINFO* ist wie folgt definiert:

```
struct ATL_DRAWINFO {
    UINT cbSize;
    DWORD dwDrawAspect;
    LONG lindex;
    DVTARGETDEVICE* ptd;
    HDC hicTargetDev;
    HDC hdcDraw;
    LPCRECTL prcBounds;   // Rechteck, in dem die Ausgabe erfolgt
```

```
    LPCRECTL prcWBounds; // WindowOrg und Ext, falls es eine Metadatei ist
    BOOL bOptimize;
    BOOL bZoomed;
    BOOL bRectInHimetric;
    SIZEL ZoomNum;        //ZoomX = ZoomNum.cx/ZoomNum.cy
    SIZEL ZoomDen;
};
```

Wie Sie sehen, enthält diese Struktur weit mehr als nur einen Gerätekontext. Sie können sich zwar darauf verlassen, dass die Struktur vom Anwendungsgerüst mit den korrekten Werten versehen wird, aber es ist trotzdem gut zu wissen, woher diese Daten stammen und welche Bedeutung sie haben.

ActiveX-Steuerelemente sind interessant, da sie in zwei verschiedenen Situationen auf dem Bildschirm dargestellt werden. Zum einen werden sie angezeigt, wenn sie im Programm eingesetzt werden und aktiv sind. Zum anderen werden sie während der Entwurfsphase angezeigt (z.B. wenn sich ein ActiveX-Steuerelement in einem Visual Basic-Formular befindet). Im ersten Fall stellen sich die ActiveX-Steuerelemente in einem konkreten Bildschirmgerätekontext selbst dar. Im zweiten, weniger offensichtlichen Fall stellen sich die ActiveX-Steuerelemente in einem Metadateigerätekontext dar.

Viele (aber nicht alle) ATL-Steuerelemente haben mindestens ein Fenster. Daher müssen sich die ActiveX-Steuerelemente während der Meldung *WM_PAINT* darstellen. Sobald das Steuerelement die Meldung *WM_PAINT* erhält, übergibt die Meldungsarchitektur die Kontrolle an *CComControlBase::OnPaint*. (Wie erwähnt, ist *CComControlBase* eine der Basisklassen des Steuerelements.) *CComControlBase::OnPaint* führt mehrere Arbeitsschritte aus. Die Funktion richtet zuerst mit Hilfe von *BeginPaint* einen Gerätekontext ein. Dann erstellt *OnPaint* auf dem Stapel eine *ATL_DRAWINFO*-Struktur und initialisiert die Felder der Struktur. *OnPaint* richtet die *ATL_DRAWINFO*-Struktur so ein, dass der gesamte Inhalt angezeigt wird (das Feld *dwDrawAspect* erhält den Wert *DVASPECT_CONTENT*). Außerdem setzt *OnPaint* das Feld *lindex* auf -1 und den Gerätekontext (*hdcDraw*) auf den neu angelegten Gerätekontext. *OnPaint* richtet das Begrenzungsrechteck so ein, dass es dem Clientbereich des Steuerelementfensters entspricht. Anschließend ruft *OnPaint* die Funktion *OnDrawAdvanced* auf.

Die Standardfunktion *OnDrawAdvanced* richtet für die Ausgabeoperationen einen normalisierten Gerätekontext ein. Sie können diese Funktion überschreiben, wenn Sie den vom Container übergebenen Gerätekontext verwenden möchten, ohne diesen zu normalisieren. Dann ruft die ATL die Methode *OnDraw* des Steuerelements auf.

Der zweite Zusammenhang, in dem die Funktion *OnDraw* aufgerufen wird, ist die Ausgabe des Steuerelements in eine Metadatei. Das Steuerelement zeichnet sich selbst in eine Metadatei, sobald *IViewObjectEx::Draw* aufgerufen wird. (*IViewObjectEx* ist eine der Schnittstellen, die vom ActiveX-Steuerelement implementiert werden.) Die ATL implementiert die Schnittstelle *IViewObjectEx* durch die Vorlagenklasse *IViewObjectExImpl*. *IViewObjectExImpl::Draw* wird aufgerufen, wann immer der Container eine Momentaufnahme der aktuellen Steuerelementdarstellung speichern soll. In diesem Fall erstellt der Container einen Metadateigerätekontext und übergibt diesen an das Steuerelement. *IViewObjectExImpl* legt eine *ATL_DRAWINFO*-Struktur auf dem Stapel ab und initialisiert sie. Das Begrenzungsrechteck, der Index, das Seitenverhältnis und die Gerätekontexte werden vom Client als Parameter übergeben. Ansonsten entspricht diese Zeichenoperation der oben beschriebenen: Das Steuerelement ruft *OnDrawAdvanced* auf, die wiederum Ihre Version von *OnDraw* aufruft.

Nachdem Sie dies wissen, ist es nicht allzu schwierig, Funktionen zur Anzeige der Bitmaps zu schreiben. Um die erste Würfelseite anzuzeigen, erstellen Sie einen Speichergerätekontext, tragen die Bitmap in diesen Gerätekontext ein und bilden mit *BitBlt* den Speichergerätekontext auf den realen Gerätekontext ab. Der Quelltext für diese Operation sieht so aus:

```
void CClassicATLDiceControl::ShowFirstDieFace(ATL_DRAWINFO& di) {

    BITMAP bmInfo;
    GetObject(m_dieBitmaps[m_nFirstDieValue-1],
              sizeof(bmInfo), &bmInfo);

    SIZE size;

    size.cx = bmInfo.bmWidth;
    size.cy = bmInfo.bmHeight;

    HDC hMemDC;
    hMemDC = CreateCompatibleDC(di.hdcDraw);

    HBITMAP hOldBitmap;
    HBITMAP hbm = m_dieBitmaps[m_nFirstDieValue-1];
    hOldBitmap = (HBITMAP)SelectObject(hMemDC, hbm);

    if (hOldBitmap == NULL)
        return;    // Die Destruktoren erledigen die Aufräumarbeiten

    BitBlt(di.hdcDraw,
           di.prcBounds->left+1,
           di.prcBounds->top+1,
           size.cx,
           size.cy,
           hMemDC, 0,
           0,
           SRCCOPY);

    SelectObject(di.hdcDraw, hOldBitmap);
    DeleteDC(hMemDC);
}
```

Die Anzeige des zweiten Würfels erfolgt auf die gleiche Weise. Sie müssen lediglich sicherstellen, dass die Würfel getrennt dargestellt werden. Sie sollten z.B. den Aufruf von *BitBlt* wie folgt verändern, damit die beiden Würfel-Bitmaps nebeneinander angezeigt werden.

```
void CClassicATLDiceControl::ShowSecondDieFace(ATL_DRAWINFO& di) {
    //
    // Diese Funktion unterscheidet sich nur dadurch von ShowFirstDieFace,
    // dass der zweite Würfel neben dem ersten angezeigt wird.
    //
    BitBlt(di.hdcDraw,
           di.prcBounds->left+size.cx + 2,
           di.prcBounds->top+1,
           size.cx,
           size.cy,
           hMemDC, 0,
           0, SRCCOPY);
    // Die übrigen Anweisungen entsprechen denen von ShowFirstDieFace.
}
```

Sorgen Sie anschließend dafür, dass diese beiden Funktionen aufgerufen werden, sobald das Steuerelement aufgefordert wird, sich selbst darzustellen – in der *OnDraw*-Funktion des Steuerelements. *ShowFirstDieFace* und *ShowSecondDieFace* zeigen anhand der Zustände von *m_nFirstDieValue* und *m_nSecondDieValue* die richtigen Bitmaps an:

```
HRESULT OnDraw(ATL_DRAWINFO& di)
{
    RECT& rc = *(RECT*)di.prcBounds;

    HBRUSH hBrush = CreateSolidBrush(m_clrBackColor);
    HBRUSH hOldBrush = (HBRUSH)SelectObject(di.hdcDraw, hBrush);

    Rectangle(di.hdcDraw, rc.left, rc.top, rc.right, rc.bottom);

    SelectObject(di.hdcDraw, hOldBrush);
    DeleteObject(hBrush);

    ShowFirstDieFace(di);
    ShowSecondDieFace(di);

    return S_OK;
}
```

Beachten Sie bitte, dass die Hintergrundfarbe berücksichtigt wird. Wir werden die Hintergrundfarbe später noch ändern.

Wenn Sie dieses Steuerelement jetzt kompilieren und in einen ActiveX-Steuerelementcontainer (z.B. ein Visual Basic-Formular oder ein MFC-Dialogfeld) laden, werden die beiden Würfel angezeigt. Es ist nun an der Zeit, das Steuerelement etwas zu beleben und eine Runde zu würfeln.

## Auf Meldungen reagieren

Sich zwei starre Würfel anzusehen ist nicht sehr unterhaltsam. Die Würfel sollen rollen. Eine hervorragende Möglichkeit, diesen Eindruck zu erwecken, besteht darin, mit einem Zeitgeber entsprechende Meldungen zu generieren und nach jeder dieser Meldungen neue Würfelseiten anzuzeigen. Für die Anwendung des Zeitgebers im Steuerelement brauchen wir eine entsprechende Funktion, die mit den *WM_TIMER*-Meldungen umgehen kann, und ein Verknüpfungsmakro für die Meldungstabelle. Beginnen wir mit dem Einbau eines Handlers für *WM_TIMER*. Das erfolgt im Eigenschaftenfenster der Klassenansicht. Dadurch erhalten Sie das Grundgerüst der *OnTimer*-Funktion. Außerdem nimmt der Assistent den erforderlichen Eintrag für die Meldung *WM_TIMER* in der Meldungstabelle vor. Fügen Sie dann den Code für die Bearbeitung der *WM_TIMER*-Meldungen in *OnTimer* ein. *OnTimer* sollte daraufhin so aussehen:

```
LRESULT CClassicATLDiceControl::OnTimer(UINT uMsg, WPARAM wParam,
    LPARAM lParam, BOOL& bHandled) {
    if(m_nTimesRolled > 15) {
        m_nTimesRolled = 0;
        KillTimer(1);
    } else {
        m_nFirstDieValue = (rand() % (MAX_DIEFACES)) + 1;
        m_nSecondDieValue = (rand() % (MAX_DIEFACES)) + 1;
        FireViewChange();
        m_nTimesRolled++;
    }
    bHandled = TRUE;
    return 0;
}
```

Diese Funktion generiert zwei Zufallszahlen und weist diese Zufallszahlen den Datenelementen zu, die den internen Steuerelementstatus repräsentieren. Dann fordert sie durch den Aufruf von *FireViewChange* das Steuerelement auf, seine Anzeige zu aktualisieren. Beachten Sie, dass diese Funktion den Zeitgeber löscht, wenn eine bestimmte Anzahl von Würfen erfolgt ist. Der

Meldungshandler gibt dem Anwendungsgerüst überdies bekannt, dass er erfolgreich war, indem er die Variable *bHandled* auf *TRUE* setzt.

Beachten Sie bitte, dass die Meldungstabelle des Steuerelements einen Eintrag für *WM_TIMER* enthält. Da *WM_TIMER* eine einfache Windows-Meldung ist, wird sie wie folgt durch das Standardmakro *MESSAGE_HANDLER* berücksichtigt:

```
BEGIN_MSG_MAP(CClassicATLDiceControl)
    MESSAGE_HANDLER(WM_TIMER, OnTimer)
    CHAIN_MSG_MAP(CComControl<CClassicATLDiceControl>)
    DEFAULT_REFLECTION_HANDLER()
END_MSG_MAP()
```

Sie können aus dieser Meldungstabelle ersehen, dass das Würfelsteuerelement bereits einen Großteil der Windows-Meldungen durch das Makro *CHAIN_MSG_MAP* abhandelt. Das Steuerelement ist nun jedoch zusätzlich mit der Fähigkeit ausgestattet, durch die Reaktion auf die *WM_TIMER*-Meldung den Vorgang des Würfelns zu simulieren. Die Einstellung des Zeitgeberobjekts bewirkt, dass sich das Steuerelement etwa jede Viertelsekunde mit einer anderen Würfelzahl neu anzeigt. Natürlich muss dieser Vorgang irgendwie gestartet werden. Da es sich um ein ActiveX-Steuerelement handelt, ist es sinnvoll, dem Client zu gestatten, den Würfelvorgang über den Aufruf einer Funktion einer Eingangsschnittstelle in Gang zu setzen. Fügen Sie mit dem Eigenschaftenfenster der Klassenansicht die Funktion *RollDice* in die Hauptschnittstelle ein. Klicken Sie die Schnittstelle *IClassicATLDiceControl* in der Klassenansicht mit der rechten Maustaste an und geben Sie im Kontextmenü den Befehl *Methode hinzufügen*. Tragen Sie dann die Funktion *RollDice* ein. Visual C++ .NET fügt die Funktion *RollDice* in Ihr Steuerelement ein. Setzen Sie den Zeitgeber in *RollDice* auf ein kurzes Zeitintervall und geben Sie den Wert *S_OK* zurück. Fügen Sie den fett gedruckten Code ins Funktionsgerüst ein:

```
STDMETHODIMP CClassicATLDiceControl::RollDice(void)
{
    if(::IsWindow(m_hWnd)) {
        SetTimer(1, 250);
    }
    return S_OK;
}
```

Wenn Sie das Steuerelement nun in einen ActiveX-Container laden, können Sie die Methoden des Steuerelements aufrufen und mit dem Würfeln beginnen.

Es ist anzunehmen, dass die Benutzer erwarten, den Würfelvorgang nicht nur über den Aufruf einer Methode einer Eingangsschnittstelle, sondern auch per Doppelklick auf das Steuerelement starten zu können. Um dies zu ermöglichen, bauen Sie einen Handler für die Meldung *WM_LBUTTONDBLCLK* ein.

```
LRESULT CClassicATLDiceControl::OnLButtonDblClick(UINT uMsg,
                                                   WPARAM wParam,
                                                   LPARAM lParam,
                                                   BOOL& bHandled) {
    RollDice();
    bHandled = TRUE;
    return 0;
}
```

Vergessen Sie nicht, die Verknüpfung für die Meldung *WM_LBUTTONDBLCLK* in die Meldungstabelle einzutragen:

```
BEGIN_MSG_MAP(CClassicATLDiceControl)
    // Andere Verknüpfungen
    MESSAGE_HANDLER(WM_LBUTTONDBLCLK, OnLButtonDblClick)
END_MSG_MAP()
```

Wenn Sie das Würfelsteuerelement in einen Container laden und mit einem Doppelklick anklicken, zeigen die Würfel nacheinander unterschiedliche Punktzahlen an. Nachdem Sie nun den Code für die Bildschirmdarstellung und eine »Würfelfunktion« hinzugefügt haben, ist es an der Zeit, einige Eigenschaften zu definieren.

## Eigenschaften und Eigenschaftenseiten hinzufügen

Wie Sie gesehen haben, sind ActiveX-Steuerelemente in einem bestimmten externen Zustand, wenn sie dargestellt werden. (Dieser Zustand wird auf dem Bildschirm sichtbar.) Darüber hinaus haben die meisten Steuerelemente auch einen internen Zustand. Der interne Zustand des Steuerelements wird durch eine Reihe von Variablen festgelegt, die von der Außenwelt nur indirekt geändert werden, zum Beispiel über Schnittstellenfunktionen. Diese internen Variablen werden (vereinfacht) als *Eigenschaften* bezeichnet.

Stellen Sie sich beispielsweise eine als ActiveX-Steuerelement implementierte Kalkulationstabelle vor. Die Tabelle hat einen externen, sichtbaren Zustand und einen Satz interner Variablen, die den Zustand der Tabelle beschreiben. Zu den Eigenschaften dieses Tabellensteuerelements würden wahrscheinlich die Zeilenzahl der Tabelle, die Spaltenzahl der Tabelle, die Farbe der Tabellenrasterlinien, die verwendete Schriftart usw. gehören.

Wie Sie in Kapitel 25 gesehen haben, definiert man für eine ATL-basierte Klasse Eigenschaften, indem man der Klasse Membervariablen hinzufügt und dann *get*- und *put*-Funktionen für den Zugriff auf diese Eigenschaften anlegt. Sie können beispielsweise die Würfelfarbe und die maximale Anzahl von Würfelrunden als Membervariablen implementieren. Diese beiden Eigenschaften lassen sich problemlos als Variablen vom Typ *short* darstellen, wie der nachfolgende Quelltext zeigt:

```
class ATL_NO_VTABLE CClassicATLDiceControl :
    ⋮
{
    ⋮
    short m_nDiceColor;
    short m_nTimesToRoll;
    ⋮
};
```

Damit der Client auf diese Eigenschaften zugreifen kann, müssen Sie die entsprechenden *get*- und *put*-Funktionen vorsehen. Klicken Sie das Schnittstellensymbol in der Klassenansicht mit der rechten Maustaste an und geben Sie im Kontextmenü den Befehl *Eigenschaft hinzufügen*. Wenn Sie nun die Eigenschaften *DiceColor* und *TimesToRoll* definieren, erhält das Steuerelement vier neue Funktionen, nämlich *get_DiceColor*, *put_DiceColor*, *get_TimesToRoll* und *put_TimesToRoll*.

Die Funktion *get_DiceColor* soll den Zustand von *m_nDiceColor* liefern:

```
STDMETHODIMP CClassicATLDiceControl::get_DiceColor(short * pVal)
{
    *pVal = m_nDiceColor;
    return S_OK;
}
```

Um das Steuerelement etwas interessanter zu gestalten, soll *put_DiceColor* die Farbe der Würfelbitmaps ändern und das Steuerelement sofort neu anzeigen. In diesem Beispiel stehen rote, blaue und die alten schwarzweißen Würfel zur Auswahl. Damit das Steuerelement sofort nach der Farbauswahl durch den Client die neue Würfelfarbe zeigt, soll die Funktion *put_DiceColor* die Bitmaps der gewünschten Farbe laden und das Steuerelement neu anzeigen:

```
STDMETHODIMP ClassicATLDiceControl::put_DiceColor(short newVal)
{
    if(newVal < 3 && newVal >= 0)
        m_nDiceColor = newVal;
    LoadBitmaps();
    FireViewChange();
    return S_OK;
}
```

Natürlich bedeutet dies, dass die Funktion *LoadBitmaps* beim Laden der Bitmaps den Wert des Datenelements *m_nDiceColor* berücksichtigen muss. Fügen Sie daher noch den folgenden fett gedruckten Code in die Funktion *LoadBitmaps* ein:

```
BOOL CClassicATLDiceControl::LoadBitmaps() {
    int i;
    BOOL bSuccess = TRUE;
    int nID = IDB_WHITE1;

    switch(m_nDiceColor) {
        case 0:
            nID = IDB_WHITE1;
            break;

        case 1:
            nID = IDB_BLUE1;
            break;

        case 2:
            nID = IDB_RED1;
            break;
    }

    for(i=0; i<MAX_DIEFACES; i++) {
        DeleteObject(m_dieBitmaps[i]);
        m_dieBitmaps[i] = LoadBitmap(_AtlBaseModule.m_hInst,
                            MAKEINTRESOURCE(nID+i));
        if(!m_dieBitmaps[i]) {
            ::MessageBox(NULL,
                        "Die Bitmaps wurden nicht geladen",
                        NULL,
                        MB_OK);
            bSuccess = FALSE;
        }
    }
    return bSuccess;
}
```

So wie die Eigenschaft *DiceColor* die Würfelfarbe repräsentiert, so wird die Anzahl der möglichen Würfelrunden durch die Eigenschaft *TimesToRoll* begrenzt. Die Funktion *get_TimesToRoll* muss das Datenelement *m_nTimesToRoll* lesen und die Funktion *put_TimesToRoll* muss den

Wert des Datenelements *m_nTimesToRoll* ändern. Fügen Sie den fett gedruckten Code in die Funktionen ein:

```
STDMETHODIMP CClassicATLDiceControl::get_TimesToRoll(short * pVal)
{
    *pVal = m_nTimesToRoll;
    return S_OK;
}

STDMETHODIMP CClassicATLDiceControl::put_TimesToRoll(short newVal)
{
    m_nTimesToRoll = newVal;
    return S_OK;
}
```

Schließlich ermitteln wir anhand des Werts der Variablen *m_nTimesToRoll*, wann der Zeitgeber mit *KillTimer* ausgeschaltet werden soll:

```
LRESULT CClassicATLDiceControl::OnTimer(UINT uMsg, WPARAM wParam,
                                        LPARAM lParam, BOOL& bHandled)
{
    if(m_nTimesRolled > m_nTimesToRoll) {
        m_nTimesRolled = 0;
        KillTimer(1);
    } else {
        m_nFirstDieValue = (rand() % (MAX_DIEFACES)) + 1;
        m_nSecondDieValue = (rand() % (MAX_DIEFACES)) + 1;
        FireViewChange();
        m_nTimesRolled++;
    }
    bHandled = TRUE;
    return 0;
}
```

Nun sind diese beiden Eigenschaften für die Außenwelt zugänglich. Wenn der Client die Würfelfarbe ändert, lädt das Steuerelement eine neue Auswahl an Bitmaps und stellt sich damit auf dem Bildschirm dar. Wenn der Client die Anzahl der Würfelrunden ändert, erfährt das Würfelsteuerelement, wie viele *WM_TIMER*-Meldungen es nun bei jedem Wurf verarbeiten soll. Nun stellt sich die Frage, wie der Client auf die Eigenschaften von Steuerelementen zugreift. Ein Weg führt über die Eigenschaftenseiten des Steuerelements.

### Eigenschaftenseiten

Da ActiveX-Steuerelemente in der Regel Oberflächenelemente sind, die in größere Anwendungen eingebettet werden, finden sie sich häufig in Visual Basic-Formularen und MFC-Formularansichten und Dialogfeldern. Während der Initialisierung eines Steuerelements kann der Client in der Regel auf das Steuerelement zugreifen und durch den Aufruf bestimmter Funktionen der Eingangsschnittstelle des Steuerelements dessen Eigenschaften festlegen. Für den Entwurf eines Dialogfelds ist es aber sehr unpraktisch, nur über Schnittstellenfunktionen auf die Eigenschaften zugreifen zu können. Es wäre den Entwicklern gegenüber nicht fair, wenn man sie zwingen würde, Schnittstellenfunktionen aufzurufen, nur weil sie einige Steuerelementeigenschaften ändern wollen. Warum sollte der Entwickler des Clients gezwungen sein, extra ein Steuerprogramm für den Zugriff auf die Steuerelementeigenschaften zu schreiben? Aus diesem Grund wurden Eigenschaftenseiten erfunden. Eigenschaftenseiten sind zusammengehörige Dialogfelder, die vom Steuerelement implementiert werden, um die Bearbeitung seiner Eigenschaften zu ermöglichen. Daher braucht kein Entwickler die entsprechenden Dialogfelder selbst zu erstellen, wenn er die Eigenschaften eines ActiveX-Steuerelements ändern möchte.

## Wie Eigenschaftenseiten verwendet werden

Eigenschaftenseiten werden normalerweise auf zwei unterschiedliche Arten verwendet. Der erste Weg führt über die Schnittstelle *IOleObject* des Steuerelements. Der Client kann die Funktion *DoVerb* der Schnittstelle *IOleObject* aufrufen und ihr die ID des Eigenschaftsverbs übergeben (diese ID heißt OLEIVERB_PROPERTIES und hat den Wert –7), um das Steuerelement zur Anzeige seiner Eigenschaftenseiten aufzufordern. Das Steuerelement zeigt dann ein Dialogfeld (auch Eigenschaftenrahmen genannt) an, das die Eigenschaftenseiten des Steuerelements enthält. Abbildung 26.6 zeigt z.B. das Dialogfeld *Eigenschaften von Kalender-Steuerelement* des Kalender-Steuerelements 9.0.

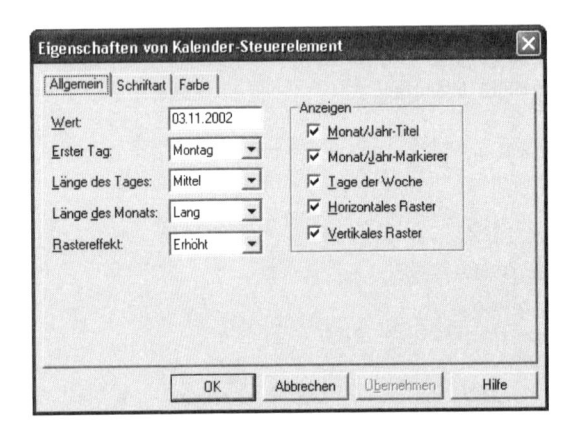

*Abbildung 26.6: Das Kalender-Steuerelement 9.0 zeigt seine Eigenschaftenseiten*

Die Eigenschaftenseiten sind ein Beweis für die Leistungsfähigkeit von COM. Es handelt sich bei den einzelnen Eigenschaftenseiten jeweils um eigene COM-Objekte (die wie jede andere COM-Klasse durch eine GUID benannt und auf dem System registriert werden). Wenn der Client ein ActiveX-Steuerelement auffordert, seine Eigenschaftenseiten anzuzeigen, übergibt das Steuerelement seine Liste mit Eigenschaftenseiten-GUIDs an eine Systemfunktion namens *OleCreatePropertyFrame*. Die Funktion *OleCreatePropertyFrame* geht durch die GUIDs und ruft für jede Eigenschaftenseite *CoCreateInstance* auf. Der Eigenschaftenrahmen erhält eine Kopie der Schnittstelle, damit er die Eigenschaften des Steuerelements ändern kann. Die Funktion *OleCreatePropertyFrame* kehrt zum aufrufenden Steuerelement zurück, sobald der Benutzer auf *OK* oder *Übernehmen* klickt.

Die zweite Möglichkeit für Clients, auf die Eigenschaftenseiten eines Steuerelements zuzugreifen, besteht darin, vom Steuerelement eine Liste der Eigenschaften-GUIDs anzufordern. Der Client ruft dann für jede Eigenschaftenseite *CoCreateInstance* auf und installiert die Eigenschaftenseiten in seinem eigenen Rahmen. Abbildung 26.7 zeigt ein Beispiel dafür, wie Visual C++ .NET die Eigenschaftenseiten des Kalender-Steuerelements 9.0 in seinem eigenen Eigenschaftsrahmen verwendet. Sie können die Eigenschaftenseiten öffnen, indem Sie das Steuerelement im Dialogfeld markieren und dann im Menü *Ansicht* den Befehl *Eigenschaftenseiten* geben.

Die zweite Methode wird weitaus häufiger als die erste verwendet. Beachten Sie bitte, dass das Eigenschaftsblatt in Abbildung 26.7 dieselbe Seite *Allgemein* wie in Abbildung 26.6 enthält. (Mit dem Ausdruck *Eigenschaftsblatt* ist die Sammlung von Eigenschaftenseiten gemeint.) Die Seite *Allgemein* aus Abbildung 26.7 gehört zu Visual C++ .NET. Die Seiten *Schriftart* und *Farbe* kommen aus den MFC-Bibliotheken, mit denen das Steuerelement verknüpft ist (auch wenn sie im Kontext von Visual C++ .NET angezeigt werden).

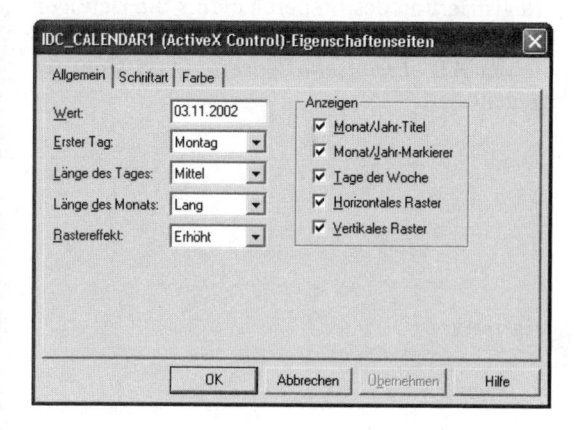

*Abbildung 26.7:* Visual C++ .NET zeigt die Eigenschaftenseiten des Kalender-Steuerelements 9.0 in seinem eigenen Eigenschaftenrahmen an

Damit eine Eigenschaftenseite korrekt funktioniert, muss das Steuerelement die Schnittstelle *ISpecifyPropertyPages* und das Eigenschaftenseitenobjekt die Schnittstelle *IPropertyPage* implementieren. Sehen wir uns nun an, wie die ATL Eigenschaftenseiten implementiert.

### Das Steuerelement mit einer Eigenschaftenseite ausstatten

In einem ATL-Projekt können Sie den *ATL-Eigenschaftenseiten-Assistenten* von Visual Studio zur Erstellung von Eigenschaftenseiten verwenden. Zur Erstellung einer Eigenschaftenseite führen Sie die folgenden Schritte aus:

1. Geben Sie im Menü *Projekt* den Befehl *Klasse hinzufügen*.
2. Wählen Sie aus der Vorlagenliste die *ATL-Eigenschaftenseite*. Machen Sie auf den Seiten des *ATL-Eigenschaftenseiten-Assistenten* die erforderlichen Angaben und klicken Sie dann auf *Fertig stellen*.

Der *ATL-Eigenschaftenseiten-Assistent* generiert eine Dialogvorlage und nimmt sie ins Projekt auf. Im Fall unseres Würfelsteuerelements geht es um die Würfelfarbe und um die Zahl der Würfelrunden. Die vom *ATL-Eigenschaftenseiten-Assistent* erzeugte Dialogvorlage ist leer. Sie müssen daher einige Steuerelemente für diese Eigenschaften einfügen. In unserem Beispiel kann der Benutzer die Würfelfarbe in einem Kombinationsfeld auswählen und in ein Eingabefeld eintragen, wie viele Würfelrunden gespielt werden sollten (siehe Abbildung 26.8).

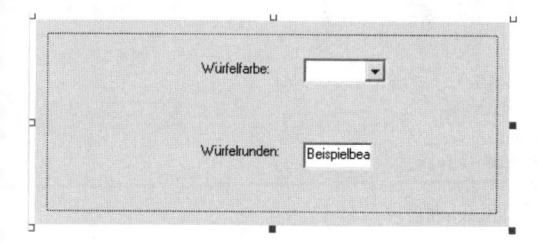

*Abbildung 26.8:* Die Dialogvorlage für die Eigenschaftenseite

Der *ATL-Eigenschaftenseiten-Assistent* generiert auch eine C++-Klasse mit der erforderlichen Schnittstelle. Außerdem nimmt der Assistent diese Klasse ins Projekt auf. Und er trägt die neue Eigenschaftenseitenklasse in den *coclass*-Abschnitt der IDL-Datei ein. Zudem hängt der *ATL-*

*Eigenschaftenseiten-Assistent* die Eigenschaftenseite an die Objekttabelle an, damit *DllGet-ClassObject* die Eigenschaftenseitenklasse findet. Schließlich fügt der Assistent noch ein neues Registrierungsskript hinzu, damit die DLL bei der Registrierung des Steuerelements die richtigen Einträge vornimmt.

Nachfolgend ist die Headerdatei abgedruckt, die der *ATL-Eigenschaftenseiten-Assistent* für eine Eigenschaftenseite namens *DiceMainPropPage* generiert:

```cpp
#pragma once

#include "resource.h"       // Hauptsymbole
#include "ClassicATLDiceSvr.h"

// CDiceMainPropPage
class ATL_NO_VTABLE CDiceMainPropPage :
    public CComObjectRootEx<CComSingleThreadModel>,
    public CComCoClass<CDiceMainPropPage, &CLSID_DiceMainPropPage>,
    public IPropertyPageImpl<CDiceMainPropPage>,
    public CDialogImpl<CDiceMainPropPage>
{
public:
    CDiceMainPropPage()
    {
        m_dwTitleID = IDS_TITLEDiceMainPropPage;
        m_dwHelpFileID = IDS_HELPFILEDiceMainPropPage;
        m_dwDocStringID = IDS_DOCSTRINGDiceMainPropPage;
    }

    DECLARE_PROTECT_FINAL_CONSTRUCT()

    HRESULT FinalConstruct()
    {
        return S_OK;
    }

    void FinalRelease()
    {
    }

    enum {IDD = IDD_DICEMAINPROPPAGE};

DECLARE_REGISTRY_RESOURCEID(IDR_DICEMAINPROPPAGE)

BEGIN_COM_MAP(CDiceMainPropPage)
    COM_INTERFACE_ENTRY(IPropertyPage)
END_COM_MAP()

BEGIN_MSG_MAP(CDiceMainPropPage)
    CHAIN_MSG_MAP(IPropertyPageImpl<CDiceMainPropPage>)
END_MSG_MAP()

// Handler prototypes:
//  LRESULT MessageHandler(UINT uMsg, WPARAM wParam, LPARAM lParam,
//                         BOOL& bHandled);
//  LRESULT CommandHandler(WORD wNotifyCode, WORD wID, HWND hWndCtl,
//                         BOOL& bHandled);
//  LRESULT NotifyHandler(int idCtrl, LPNMHDR pnmh, BOOL& bHandled);
```

```
    STDMETHOD(Apply)(void)
    {
        ATLTRACE(_T("CDiceMainPropPage::Apply\n"));
        for (UINT i = 0; i < m_nObjects; i++)
        {
            // Fügen Sie hier interessanten Code ein.
            // ICircCtl* pCirc;
            // m_ppUnk[i]->QueryInterface(IID_ICircCtl, (void**)&pCirc);
            // pCirc->put_Caption(CComBSTR("something special"));
            // pCirc->Release();
        }
        m_bDirty = FALSE;
        return S_OK;
    }
};
OBJECT_ENTRY_AUTO(__uuidof(DiceMainPropPage), CDiceMainPropPage)
```

Wie eine nähere Betrachtung dieses Quelltextes zeigt, setzen sich ATL-Eigenschaftenseitenklassen aus mehreren ATL-Vorlagen zusammen: *CComObjectRootEx* (zur Implementierung von *IUnknown*), *CComCoClass* (das Klassenobjekt für die Eigenschaftenseite), *IPropertyPageImpl* (zur Implementierung von *IPropertyPage*) und *CDialogImpl* (zur Implementierung des für Dialogfelder typischen Verhaltens).

Wie die meisten ATL-Assistenten generiert der *ATL-Eigenschaftenseiten-Assistent* größtenteils Standardcode. Beachten Sie, dass die Klasse neben dem Konstruktor und einigen Tabellen nur eine weitere Funktion enthält, nämlich *Apply*.

Bevor wir uns mit der Implementierung der Eigenschaftenseite befassen, ist ein kurzer Blick auf die Architektur angebracht. Dann werden Sie den Code besser verstehen.

Wenn der Client die Eigenschaftenseiten anfordert, muss ein modales Dialogfeld als Rahmen erstellt werden. Der Rahmen wird entweder vom Client oder vom Steuerelement selbst angelegt. Falls die Eigenschaftenseiten über die Funktion *DoVerb* angezeigt werden, legt das Steuerelement den Rahmen selbst an. Werden die Eigenschaftenseiten im Kontext einer anderen Anwendung angezeigt (z.B. wenn Visual C++ .NET die Eigenschaftenseiten innerhalb der IDE anzeigt), dann erstellt der Client den Rahmen. Wichtig an diesem Rahmen ist, dass er für jede Eigenschaftenseite eine »Site« enthält, ein kleines Objekt, das die Schnittstelle *IPropertyPageSite* implementiert.

Der Clientcode (hier der modale Dialogfeldrahmen) durchläuft die GUID-Liste, ruft für jede GUID *CoCreateInstance* auf und fordert die Schnittstelle *IPropertyPage* an. Falls es sich bei dem von *CoCreateInstance* erstellten Objekt um eine Eigenschaftenseite handelt, implementiert das Objekt die Schnittstelle *IPropertyPage*. Der Dialograhmen kommuniziert über die Schnittstelle *IPropertyPage* mit der Eigenschaftenseite. Es folgt die (vereinfachte) Definition der Schnittstelle *IPropertyPage*:

```
interface IPropertyPage : public IUnknown {
    HRESULT SetPageSite(IPropertyPageSite *pPageSite) = 0;
    HRESULT Activate(HWND hWndParent,
                     LPCRECT pRect,
                     BOOL bModal) = 0;
    HRESULT Deactivate( void ) = 0;
    HRESULT GetPageInfo(PROPPAGEINFO *pPageInfo) = 0;
    HRESULT SetObjects(ULONG cObjects,
                       IUnknown **ppUnk) = 0;
    HRESULT Show(UINT nCmdShow) = 0;
    HRESULT Move(LPCRECT pRect) = 0;
```

```
    HRESULT IsPageDirty( void) = 0;
    HRESULT Apply( void) = 0;
    HRESULT Help(LPCOLESTR pszHelpDir) = 0;
    HRESULT TranslateAccelerator(MSG *pMsg) = 0;
};
```

Nachdem das Eigenschaftenseitenobjekt angelegt wurde, müssen die Seite und der Client irgendwie mit dem Steuerelement kommunizieren können. Sobald der Eigenschaftenrahmen mit *QueryInterface* erfolgreich die Schnittstelle *IPropertyPage* von den Eigenschaftenseitenobjekten angefordert hat, ruft der Rahmen über jeden seiner *IPropertyPage*-Schnittstellenzeiger die Funktion *IPropertyPage::SetPageSite* auf und übergibt bei jedem dieser Aufrufe einen *IPropertyPageSite*-Schnittstellenzeiger. Über die Sites im Eigenschaftenseitenrahmen hat jede Eigenschaftenseite die Möglichkeit, mit dem Rahmen zu kommunizieren. Die Eigenschaftenseiten-Site liefert der Eigenschaftenseite Informationen und empfängt von der Seite Benachrichtigungen über Änderungen. Die Schnittstelle *IPropertyPageSite* ist wie folgt definiert:

```
interface IPropertyPageSite : public IUnknown {
    public:
        virtual HRESULT OnStatusChange(DWORD dwFlags) = 0;
        virtual HRESULT GetLocaleID(LCID *pLocaleID) = 0;
        virtual HRESULT GetPageContainer(IUnknown **ppUnk) = 0;
        virtual HRESULT TranslateAccelerator(MSG *pMsg) = 0;
};
```

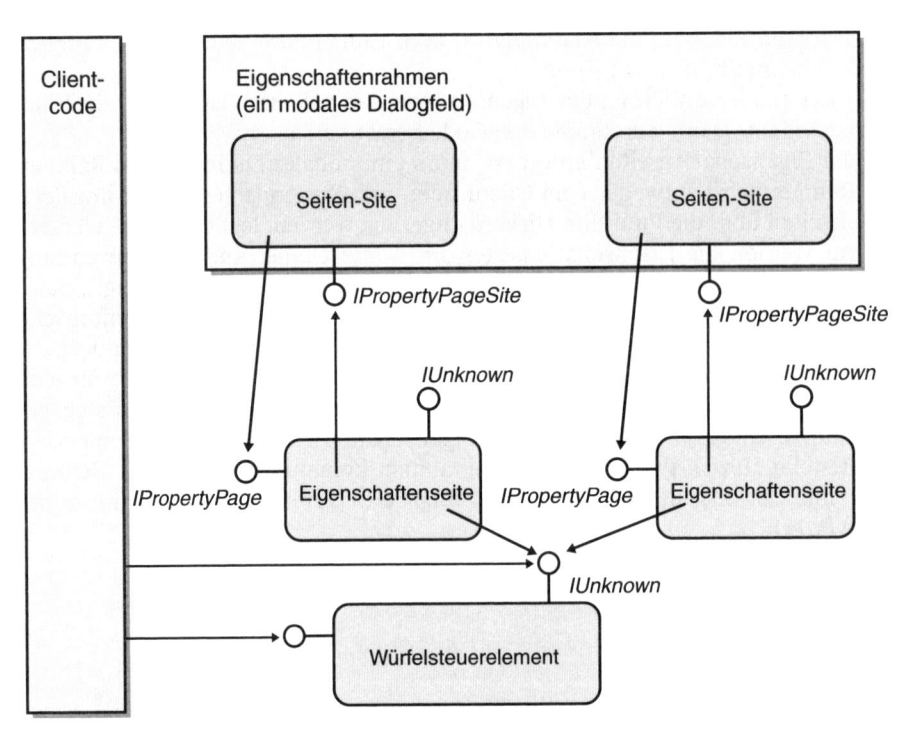

*Abbildung 26.9:* So kommunizieren Eigenschaftenseiten, -rahmen und -sites

Neben der Verbindung zwischen Rahmen und Steuerelement durch die Schnittstellen *IPropertyPage* und *IPropertyPageSite* muss auch jede Eigenschaftenseite in der Lage sein, mit dem Steuerelement zu kommunizieren. Dies wird in der Regel dadurch erreicht, dass der Dialograhmen die Funktion *IPropertyPage::SetObjects* aufruft und einen Zeiger auf die *IUnknown*-Schnittstelle des Steuerelements übergibt. Abbildung 26.9 veranschaulicht die Architektur der Eigenschaftenseiten.

Nach diesem Überblick über die allgemeine Funktionsweise der Eigenschaftenseiten von ActiveX-Steuerelementen lässt sich auch ihre Arbeitsweise in der ATL einfacher erklären. Sie können sich ansehen, wie ATL-Eigenschaftenseiten funktionieren, wenn ein Client sie mit dem Eigenschaftsverb öffnet, und wie sie arbeiten, wenn eine Umgebung wie Visual C++ .NET die Eigenschaftenseiten des Steuerelements in die IDE einbindet.

### Die ATL und das Eigenschaftsverb

Ein ActiveX-Steuerelement zeigt seine Eigenschaftenseiten an, wenn der Client die Funktion *IOleObject::DoVerb* aufruft und ihr die Konstante *OLEIVERB_PROPERTIES* übergibt. Wenn der Client in einem auf der ATL basierenden Steuerelement *DoVerb* aufruft, endet dieser Aufruf in der Funktion *CComControlBase::DoVerbProperties*, die einfach *OleCreatePropertyFrame* aufruft und ihren eigenen *IUnknown*-Zeiger und die Liste der Eigenschaftenseiten-GUIDs übergibt. *OleCreatePropertyFrame* nimmt die Liste der GUIDs, ruft für jede GUID *CoCreateInstance* auf, um die Eigenschaftenseiten zu erstellen, und bringt die Seiten im Dialograhmen unter. *OleCreatePropertyFrame* verwaltet die verschiedenen Eigenschaftenseiten über deren *IPropertyPage*-Schnittstellen.

### ATL-Eigenschaftentabellen

Der Aufruf von *OleCreatePropertyFrame* innerhalb des ATL-Steuerelements wirft natürlich die Frage auf, woher die Liste der Eigenschaftenseiten eigentlich stammt. Die ATL verwendet Makros zur Generierung dieser Listen von Eigenschaftenseiten, die auch Eigenschaftentabellen genannt werden. Sobald Sie eine neue Eigenschaftenseite zu einem ATL-Steuerelement hinzufügen, müssen Sie mit Hilfe dieser Makros die Liste der Eigenschaftenseiten einrichten. Die ATL enthält verschiedene Makros zur Implementierung von Eigenschaftentabellen: *BEGIN_PROPERTY_MAP*, *PROP_ENTRY*, *PROP_ENTRY_EX*, *PROP_PAGE* und *END_PROPERTY_MAP*. Diese Makros sind wie folgt definiert:

```
struct ATL_PROPMAP_ENTRY
{
    LPCOLESTR szDesc;
    DISPID dispid;
    const CLSID* pclsidPropPage;
    const IID* piidDispatch;
    DWORD dwOffsetData;
    DWORD dwSizeData;
    VARTYPE vt;
};

#define BEGIN_PROPERTY_MAP(theClass) \
    __if_not_exists(__ATL_PROP_NOTIFY_EVENT_CLASS) \
    { \
        typedef ATL::_ATL_PROP_NOTIFY_EVENT_CLASS \
            __ATL_PROP_NOTIFY_EVENT_CLASS; \
    } \
```

```
        typedef theClass _PropMapClass; \
        static ATL::ATL_PROPMAP_ENTRY* GetPropertyMap()\
        {\
            static ATL::ATL_PROPMAP_ENTRY pPropMap[] = \
            { \
                {OLESTR("_cx"), 0, &CLSID_NULL, NULL, offsetof(_PropMapClass, \
                    m_sizeExtent.cx), sizeof(long), VT_UI4}, \
                {OLESTR("_cy"), 0, &CLSID_NULL, NULL, offsetof(_PropMapClass, \
                    m_sizeExtent.cy), sizeof(long), VT_UI4},
// Dieses kann in jeder Objektart eingesetzt werden, enthält aber kein
// implizites m_sizeExtent
#define BEGIN_PROP_MAP(theClass) \
    __if_not_exists(__ATL_PROP_NOTIFY_EVENT_CLASS) \
    { \
        typedef ATL::_ATL_PROP_NOTIFY_EVENT_CLASS \
            __ATL_PROP_NOTIFY_EVENT_CLASS; \
    } \
    typedef theClass _PropMapClass; \
    static ATL::ATL_PROPMAP_ENTRY* GetPropertyMap()\
    {\
        static ATL::ATL_PROPMAP_ENTRY pPropMap[] = \
        {
#define PROP_ENTRY(szDesc, dispid, clsid) \
        {OLESTR(szDesc), dispid, &clsid, &__uuidof(IDispatch), 0, 0, 0},
#define PROP_ENTRY_EX(szDesc, dispid, clsid, iidDispatch) \
        {OLESTR(szDesc), dispid, &clsid, &iidDispatch, 0, 0, 0},
#define PROP_PAGE(clsid) \
        {NULL, NULL, &clsid, &IID_NULL, 0, 0, 0},
#define PROP_DATA_ENTRY(szDesc, member, vt) \
        {OLESTR(szDesc), 0, &CLSID_NULL, NULL, offsetof(_PropMapClass, \
            member), sizeof(((_PropMapClass*)0)->member), vt},
#define END_PROPERTY_MAP() \
            {NULL, 0, NULL, &IID_NULL, 0, 0, 0} \
        }; \
        return pPropMap; \
    }
#define END_PROP_MAP() \
            {NULL, 0, NULL, &IID_NULL, 0, 0, 0} \
        }; \
        return pPropMap; \
    }
```

Wenn Sie unter Verwendung dieser ATL-Makros Eigenschaftenseiten in eine COM-Klasse einbauen, schreibt die ATL-Dokumentation vor, dass Sie diese Makros in der Headerdatei der Klasse anwenden. Angenommen, Sie möchten das Würfelsteuerelement mit Eigenschaftenseiten ausstatten, dann müssen Sie den folgenden Code in die C++-Klasse einfügen:

```
class ATL_NO_VTABLE CClassicATLDiceControl :
    ⋮
{
    ⋮
```

```
BEGIN_PROP_MAP(CClassicATLDiceControl)
    PROP_DATA_ENTRY("_cx", m_sizeExtent.cx, VT_UI4)
    PROP_DATA_ENTRY("_cy", m_sizeExtent.cy, VT_UI4)
        PROP_ENTRY("Hier Titel einfügen...", 2,
                   CLSID_MainPropPage)
        PROP_ENTRY_EX("Hier Titel einfügen...", 3,
                   CLSID_SecondPropPage,
                   DIID_SecondDualInterface)
    PROP_PAGE(CLSID_StockColorPage)
END_PROPERTY_MAP()
};
```

Die ATL-Makros für Eigenschaftentabellen richten die Liste mit den GUIDs der Eigenschaftenseiten ein. Eine ATL-Eigenschaftentabelle hat die Form eines Arrays mit *ATL_PROPMAP_ENTRY*-Elementen. Das Makro *BEGIN_PROPERTY_MAP* deklariert eine statische Variable dieses Typs. Die *PROP_DATA_ENTRY*-Makros verknüpfen die äußeren Namen mit den internen Datenelementen (in diesem Fall die x- und y-Ausdehnungen). Das Makro *PROP_PAGE* fügt eine GUID in die Liste der Eigenschaftenseiten ein. Das Makro *PROP_ENTRY* fügt eine Eigenschaftenseiten-GUID in die Liste ein und ordnet der Eigenschaftenseite eine spezielle Steuerelementeigenschaft zu. Mit dem Makro *PROP_ENTRY_EX* können Sie der Eigenschaftenseite eine bestimmte duale Schnittstelle zuordnen. Wenn der Client die Funktion *DoVerb* mit dem Eigenschaftsverb aufruft, durchsucht das Steuerelement einfach seine GUID-Liste und übergibt diese Liste der Funktion *OleCreatePropertyFrame*, damit der Eigenschaftenrahmen die Eigenschaftenseite erstellen kann.

### Eigenschaftenseiten und Entwicklungswerkzeuge

Die Ausführung des Eigenschaftsverbs (nach dem entsprechenden *DoVerb*-Aufruf) ist nicht der einzige Weg für ein ActiveX-Steuerelement, seine Eigenschaftenseiten anzuzeigen.

Wie bereits erwähnt, möchten natürlich auch Programmierer, die zum Beispiel mit Visual Basic.NET und Visual C++ .NET arbeiten, auf die Eigenschaftenseiten eines Steuerelements zugreifen. Wenn man beispielsweise ein ActiveX-Steuerelement im Dialogfeldeditor anklickt und dann im Menü *Ansicht* den Befehl *Eigenschaftenseiten* gibt, öffnet Visual Studio .NET einen eigenen Dialograhmen (im Gegensatz zu dem Dialograhmen, den *OleCreatePropertyFrame* erzeugt).

Visual C++ .NET ruft über die Schnittstelle *ISpecifyPropertyPages* des Steuerelements die Liste der GUIDs ab (die Liste, die von den Eigenschaftenseitenmakros generiert wurde). Die Schnittstelle *ISpecifyPropertyPages* ist wie folgt definiert:

```
interface ISpecifyPropertyPages : public IUnknown {
    HRESULT GetPages(CAUUID *pPages);
};
typedef struct tagCAUUID
{
    ULONG     cElems;
    GUID FAR* pElems;
} CAUUID;
```

Die ATL implementiert die Funktion *ISpecifyPropertyPages::GetPages*, die diese Liste der GUIDs abarbeitet, die von den Eigenschaftenseitenmakros generiert wurde, und die GUIDs in einer *CAUUID*-Struktur zurückgibt. Umgebungen wie Visual C++ .NET rufen die Funktion *CoCreateInstance* jeweils mit den einzelnen GUIDs auf, um eine neue Eigenschaftenseite zu erstellen. Die Eigenschaftenseiten-Site und die Eigenschaftenseite tauschen Schnittstellenzeiger aus. Die Eigenschaftenseiten-Site hält einen Zeiger auf die Schnittstelle *IPropertyPage* der Eigenschaftenseite und die Eigenschaftenseite hält einen Zeiger auf die Schnittstelle *IPropertyPageSite* der Eigenschaftenseite. Nachdem der Dialograhmen die Eigenschaftenseiten erstellt hat, muss er den aktuellen Zustand des ActiveX-Steuerelements in den Steuerelementen des Eigenschaftsblatts widerspiegeln. Aus diesem Grund muss die Methode *Activate* der Eigenschaftenseiten überschrieben werden.

**Die Eigenschaftenseite anzeigen**

Die Methode *Activate* der Eigenschaftenseite wird aufgerufen, wenn die Eigenschaftenseite angezeigt werden soll. Zu diesem Zeitpunkt sollte die Eigenschaftenseite die aktuellen Werte vom ActiveX-Steuerelement abfragen und diese Werte den eigenen Steuerelementen zuweisen. Vergessen Sie nicht, dass die Eigenschaftenseite ein Array mit *IUnknown*-Zeigern besitzt. (Diese Zeiger werden im Array *m_ppUnk* von *IPropertyPageImpl* gespeichert.) Um auf die Eigenschaften eines ActiveX-Steuerelements zugreifen zu können, müssen Sie *QueryInterface* über die *IUnknown*-Zeiger aufrufen und die Schnittstelle anfordern, in der Sie Zugriff auf die gewünschten Eigenschaften erhalten. In unserem Beispiel ist dies die Schnittstelle *IClassicATLDiceControl*. Sobald die Eigenschaftenseite einen Zeiger auf diese Schnittstelle besitzt, kann sie über diese Schnittstelle die Eigenschaftenwerte abrufen und den Dialogfeldsteuerelementen zuweisen. Die überschriebene Methode *Activate* sieht wie folgt aus:

```
#include "ClassicATLDiceSvr.h"

class ATL_NO_VTABLE CDiceMainPropPage :
    public CComObjectRootEx<CComSingleThreadModel>,
    public CComCoClass<CDiceMainPropPage, &CLSID_DiceMainPropPage>,
    public IPropertyPageImpl<CDiceMainPropPage>,
    public CDialogImpl<CDiceMainPropPage>
{
    ⋮
    STDMETHOD(Activate)(HWND hWndParent, LPCRECT prc, BOOL bModal)
    {
        // Wenn wir keine Objekte haben, sollte diese Methode nicht aufgerufen werden
        // Beachten Sie, dass OleCreatePropertyFrame Activate sogar aufruft, wenn ein
        // Aufruf von SetObjects fehlschlägt. Daher ist dieser Test erforderlich.
        if (!m_ppUnk)
            return E_UNEXPECTED;

        // Benutze Activate, um die Informationen in den Eigenschaftenseiten mit den
        // Daten der Objekte aus dem Array m_ppUnk zu aktualisieren.

        // Wir aktualisieren die Seite, damit sie die Eigenschaften Name und ReadOnly
        // des Dokuments anzeigt.

        // Ruf die Basisklasse auf
        HRESULT hr;
        hr = IPropertyPageImpl<CDiceMainPropPage>::Activate(hWndParent, prc, bModal);
        if (FAILED(hr))
            return hr;
```

```
    for (UINT i = 0; i < m_nObjects; i++)
    {
        CComQIPtr<IClassicATLDiceControl, &IID_IClassicATLDiceControl>
            pClassicATLDiceControl(m_ppUnk[i]);
        short nColor = 0;

        if FAILED(pClassicATLDiceControl->get_DiceColor(&nColor))
        {
            return E_FAIL;
        }
        HWND hWndComboBox = GetDlgItem(IDC_COLOR);
        ::SendMessage(hWndComboBox,
                    CB_SETCURSEL,
                    nColor, 0);

        short nTimesToRoll = 0;
        if FAILED(pClassicATLDiceControl->get_TimesToRoll
            (&nTimesToRoll))
        {
            return E_FAIL;
        }
        SetDlgItemInt(IDC_TIMESTOROLL, nTimesToRoll, FALSE);
    }
    return S_OK;
}
```

Sie müssen nicht nur den Quelltext zur Anzeige des Dialogfelds hinzufügen, sondern auch dafür sorgen, dass der Benutzer die Eigenschaften des Steuerelements ändern kann. Sobald ein Benutzer eine Eigenschaft ändert, schaltet das Eigenschaftsblatt die Schaltfläche *Übernehmen* frei und weist somit darauf hin, dass der Benutzer auch dafür sorgen kann, dass die neuen Werte wirksam werden. Wenn der Benutzer auf die Schaltfläche *Übernehmen* klickt, ruft das Steuerelement die Funktion *Apply* der Eigenschaftenseite auf. Damit die Schaltfläche *Übernehmen* funktioniert, müssen Sie daher für den entsprechenden *Apply*-Code sorgen.

## Die Schaltfläche *Übernehmen*

Nachdem der Benutzer die Eigenschaften bearbeitet hat, klickt er auf die Schaltfläche *Übernehmen* oder auf die Schaltfläche *OK*, um die Änderungen zu speichern. Daraufhin fordert der Client die Eigenschaftenseite auf, die neuen Eigenschaftenwerte auf das Steuerelement zu übertragen. Vergessen Sie nicht, dass das ActiveX-Steuerelement und die Eigenschaftenseiten getrennte COM-Objekte sind und dass sie daher über Schnittstellen miteinander kommunizieren müssen.

Wenn Sie mit dem *ATL-Eigenschaftenseiten-Assistent* eine Eigenschaftenseite erstellen, dann überschreibt der Assistent die Funktion *Apply* der Schnittstelle *IPropertyPage* für Sie. Die Eigenschaftenseiten-Site verwendet diese Funktion, um die Eigenschaftenseite darüber zu informieren, dass Änderungen am Steuerelement vorgenommen werden müssen. Wenn die Funktion *Apply* aufgerufen wird, muss der Zustand der Eigenschaftenseite mit dem Zustand des Steuerelements synchronisiert werden. Wie erwähnt, wurde der Eigenschaftenseite zuvor über einen Aufruf von *IPropertyPage::SetObjects* ein Zeiger auf die *IUnknown*-Schnittstelle des Steuerelements übergeben. (Schnittstellenzeiger werden im Array *m_ppUnk* der Eigenschaftenseite gespeichert.) Die meisten Eigenschaftenseiten reagieren auf den Aufruf der Funktion *Apply*, indem sie die Eigenschaften des ActiveX-Steuerelements über die angegebene Schnittstelle aktualisieren. Im Fall unserer ATL-basierten Eigenschaftenseite bedeutet dies, dass wir die Werte des Kombinationsfelds und des Eingabefelds prüfen und die neuen Werte dem Würfelsteuerelement zuweisen müssen, wie nachfolgender Quelltext zeigt:

```
#include "ClassicATLDiceSvr.h"

class ATL_NO_VTABLE CDiceMainPropPage :
    public CComObjectRootEx<CComSingleThreadModel>,
    public CComCoClass<CDiceMainPropPage, &CLSID_DiceMainPropPage>,
    public IPropertyPageImpl<CDiceMainPropPage>,
    public CDialogImpl<CDiceMainPropPage>
{
    :
    STDMETHOD(Apply)(void)
    {
        USES_CONVERSION;
        ATLTRACE(_T("CDiceMainPropPage::Apply\n"));

        for (UINT i = 0; i < m_nObjects; i++)
        {
            CComQIPtr<IClassicATLDiceControl,
                &IID_IClassicATLDiceControl>
                pClassicATLDiceControl(m_ppUnk[i]);
            HWND hWndComboBox = GetDlgItem(IDC_COLOR);
            short nColor  = (short)::SendMessage(hWndComboBox,
                                                 CB_GETCURSEL,
                                                 0, 0);
            if(nColor >= 0 && nColor <= 2) {
                if FAILED(pClassicATLDiceControl->put_DiceColor(nColor))
                {
                    CComPtr<IErrorInfo> pError;
                    CComBSTR            strError;
                    GetErrorInfo(0, &pError);
                    pError->GetDescription(&strError);
                    MessageBox(OLE2T(strError),
                               _T("Fehler"),
                               MB_ICONEXCLAMATION);
                    return E_FAIL;
                }
            }
            short nTimesToRoll = (short)GetDlgItemInt(IDC_TIMESTOROLL);
            if FAILED(pClassicATLDiceControl->put_TimesToRoll(nTimesToRoll))
            {
                CComPtr<IErrorInfo> pError;
                CComBSTR            strError;
                GetErrorInfo(0, &pError);
                pError->GetDescription(&strError);
                MessageBox(OLE2T(strError), _T("Fehler"), MB_ICONEXCLAMATION);
                return E_FAIL;
            }
        }
        m_bDirty = FALSE;
        return S_OK;
    }
}
```

## Eigenschaftenpersistenz

Nachdem Sie ein Steuerelement mit Eigenschaften ausgestattet haben, sollen diese Eigenschaften ebenfalls abgespeichert werden, wenn der Container in einer Datei gespeichert wird. Anders gesagt, auch die Eigenschaften sollen persistent sein. Stellen Sie sich beispielsweise vor, eine Firma kauft Ihr Würfelsteuerelement, um es in ein neues Windows-Spiel einzubauen. Der Spielehersteller verwendet Ihr Würfelsteuerelement in einem der Dialogfelder und konfiguriert es so, dass die Würfel blau sind und 23-mal rollen, bevor sie mit den endgültigen Werten liegen bleiben. Hätte das Würfelsteuerelement eine *Sound*-Eigenschaft, könnten die Spielautoren das Steuerelement zum Beispiel so konfigurieren, dass bei jeder Würfelrunde ein Pieps erzeugt wird. Wenn jemand das Spiel dann spielt und würfelt, sieht diese Person blaue Würfel, die 23-mal rollen, bevor sie liegen bleiben, und er hört die Piepser, solange die Würfen rollen. Vergessen Sie nicht, dass diese Eigenschaften alles Eigenschaften des Steuerelements sind. Wenn Sie das Steuerelement in einer Anwendung einsetzen, ist es in der Regel wünschenswert, dass seine Eigenschaften zusammen mit der Anwendung gespeichert werden.

Wenn Sie die Eigenschaftenmakros der ATL verwenden, erhalten Sie die gewünschte Persistenz ohne große Mühe. Sie haben bereits gesehen, wie man mit Hilfe der Tabellenmakros Eigenschaftenseiten in die Steuerelement-DLL einfügt. Diese Makros verleihen den Eigenschaften auch Persistenz.

Sie finden den ATL-Code für die Eigenschaftenpersistenz in der Klasse *CComControlBase*. Die Klasse *CComControlBase* hat eine Memberfunktion namens *IPersistStreamInit_Save*, die für die Speicherung der Eigenschaftswerte in einem vom Client bereitgestellten Stream zuständig ist. Wenn der Container *IPersistStreamInit::Save* aufruft, ruft die ATL schließlich die Funktion *IPersistStreamInit_Save* auf, um die Eigenschaftswerte zu speichern. Die Funktion *IPersistStreamInit_Save* ruft die Eigenschaftentabelle des Steuerelements ab – die Eigenschaftsliste, die vom Steuerelement verwaltet wird. (Sie erinnern sich, dass das Makro *BEGIN_PROPERTY_MAP* eine Funktion *GetPropertyMap* ins Steuerelement eingebaut hat.) Die ersten Werte, die von *IPersistStreamInit_Save* gespeichert werden, beschreiben die Maße des Steuerelements (seine Bildschirmgröße). *IPersistStreamInit_Save* geht dann der Reihe nach durch die Einträge der Eigenschaftentabelle und schreibt die Einträge in den Datenstrom. Für jede Eigenschaft fordert das Steuerelement bei Bedarf mit *QueryInterface* einen Zeiger auf seine eigene *IDispatch*-Schnittstelle an. Während *IPersistStreamInit_Save* die Eigenschaftsliste abarbeitet, ruft das Steuerelement *IDispatch::Invoke* mit der *DISPID* einer seiner Eigenschaften auf, um deren Wert zu erfahren. (Die DISPID einer Eigenschaft wird in der Eigenschaftentabelle vermerkt.) Der aktuelle Wert der Eigenschaft wird von *IDispatch::Invoke* als *Variant* zurückgegeben. Und *IPersistStreamInit_Save* schreibt den Wert in den vom Client bereitgestellten Datenstrom.

## Bidirektionale Kommunikation (Ereignisse)

Nachdem das Würfelsteuerelement über Eigenschaften und Eigenschaftenseiten verfügt und sich auch selbst auf einem Gerätekontext darstellt, fehlen nur noch einige Ereignisse. Mit »Ereignissen« ist in diesem Zusammenhang ein Mechanismus gemeint, der dem Steuerelement die Möglichkeit gibt, den Client über das Auftreten bestimmter Ereignisse zu informieren.

Angenommen, ein Benutzer würfelt. Wenn die Würfel anhalten, kann die Clientanwendung die Werte der Würfel vom Steuerelement abfragen. Man könnte das Steuerelement aber auch so implementieren, dass es der Clientanwendung ein entsprechendes Ereignis meldet, wenn gewürfelt wird. Das werden wir auch tun. Lassen Sie uns zuvor aber einen Blick auf den Ereignismechanismus werfen.

## Wie Ereignisse funktionieren

Wenn ein Steuerelement in einem Container eingebettet ist (zum Beispiel in einem Visual Basic-Formular oder in einem MFC-Dialogfeld), dann richtet der Client unter anderem eine Verbindung zur Ereignismenge des Steuerelements ein. Anders gesagt, der Client implementiert eine Schnittstelle, die vom Steuerelement vorgegeben worden ist, und stellt dem Steuerelement diese Schnittstelle zur Verfügung. Auf diese Weise kann das Steuerelement mit dem Container kommunizieren.

Zur Entwicklung von Steuerelementen gehört auch die Definition einer Schnittstelle, die das Steuerelement zur Kommunikation mit dem Client verwenden kann. Wenn Sie ein Steuerelement mit der MFC erstellen, definieren die Assistenten die Schnittstelle und einige Funktionen, die vom Steuerelement aufgerufen werden können, um dem Client Ereignisse zu melden. Wenn Sie das Steuerelement mit der ATL entwickeln, erreichen Sie dasselbe Ergebnis, indem Sie in der IDL-Datei des Steuerelements diese Rückrufschnittstelle für Ereignisse definieren und mit der Klassenansicht einige Proxy-Funktionen für die Weiterleitung der Ereignismeldungen an den Container erstellen. Nachdem die Rückrufschnittstelle vom Steuerelement definiert wurde, muss der Client diese Schnittstelle definieren und dem Steuerelement einen entsprechenden Zeiger zukommen lassen. Dafür verwenden Client und Steuerelement die Schnittstellen *IConnectionPointContainer* und *IConnectionPoint*.

Durch die Implementierung der Schnittstelle *IConnectionPointContainer* zeigt ein COM-Objekt an, dass es bestimmte Verbindungen herstellen kann. Die Schnittstelle *IConnectionPointContainer* stellt die Menge der Verbindungen dar, die für den Client verfügbar sind. Bei ActiveX-Steuerelementen bezieht sich eine dieser Verbindungen für gewöhnlich auf die Ereignismenge. Die Schnittstelle *IConnectionPointContainer* ist wie folgt definiert:

```
interface IConnectionPointContainer : IUnknown {
    HRESULT EnumConnectionPoints(IEnumConnectionPoints **ppec) = 0;
    HRESULT FindConnectionPoint(REFIID riid,
                                IConnectionPoint **ppcp) = 0;
};
```

Über die Schnittstelle *IConnectionPointContainer* sind die verfügbaren *IConnectionPoint*-Schnittstellen zugänglich. Die Schnittstelle *IConnectionPoint* ist wie folgt definiert:

```
interface IConnectionPoint : IUnknown {
    HRESULT GetConnectionInterface(IID *pIID) = 0;
    HRESULT GetConnectionPointContainer(
        IConnectionPointContainer **ppCPC) = 0;
    HRESULT Advise(IUnknown *pUnkSink, DWORD *pdwCookie) = 0;
    HRESULT Unadvise(dwCookie) = 0;
    HRESULT EnumConnections(IEnumConnections **ppEnum) = 0;
}
```

Der Container erstellt das Steuerelement, indem er über den Schnittstellenzeiger des Steuerelements die Funktion *CoCreateInstance* aufruft. Da das Steuerelement und der Container untereinander Schnittstellenverbindungen einrichten, fordert der Container unter anderem die Schnittstelle *IConnectionPointContainer* an (der Container ruft *QueryInterface* auf und fordert *IID_IConnectionPointContainer* an). Falls das Steuerelement Verbindungspunkte einrichten kann (das Steuerelement beantwortet die Anfrage nach *IConnectionPointContainer* positiv), beschafft sich der Container mit der Funktion *IConnectionPointContainer::FindConnectionPoint* einen Zeiger auf die Schnittstelle *IConnectionPoint*, die für die Hauptereignismenge zuständig ist. Der Container erfährt die GUID der Hauptereignismenge aus den Typinformationen des Steuerelements, wenn das Steuerelement in den Container eingefügt wird.

Sofern das Steuerelement einen Verbindungspunkt für die Hauptereignismenge des Steuerelements einrichten kann (in diesem Fall liefert *IConnectionPointContainer::FindConnectionPoint* einen *IConnectionPoint*-Schnittstellenzeiger), meldet sich der Container über *IConnectionPoint::Advise* als Empfänger von Rückrufen seitens des Steuerelements an. Natürlich muss dieser Container dann die vom Steuerelement definierte Rückrufschnittstelle implementieren. Informationen über diese Schnittstelle findet der Container wiederum in der Typbibliothek des Steuerelements. Sobald die Verbindung eingerichtet ist, kann das Steuerelement den Container aufrufen, sobald es ein Ereignis auslöst. Sehen wir uns nun an, wie man mit der ATL Ereignisse implementiert.

### Ereignisse zum Würfelsteuerelement hinzufügen

Damit ein Steuerelement Ereignisse melden kann, sind mehrere Arbeitsschritte erforderlich. Einige davon werden von intelligenten Assistenten übernommen. Zuerst beschreiben Sie die Ereignisse in IDL. Dann erstellen Sie eine Proxy-Klasse zur Kapselung der Verbindungspunkte und Ereignisfunktionen. Und schließlich stellen Sie die Verbindungstabelle des Steuerelements zusammen, damit Client und Objekt in der Lage sind, eine Verbindung herzustellen. Sehen wir uns diese Schritte nun etwas genauer an.

Wenn Sie ein ActiveX-Steuerelement mit Hilfe der ATL schreiben, beginnt die Implementierung von Ereignissen in der IDL-Datei. Die Rückrufschnittstelle für Ereignisse wird in der IDL beschrieben, damit der Client weiß, wie er diese Schnittstelle implementieren muss. Die IDL-Datei wird zu einer Typbibliothek kompiliert, in der sich der Client über die Rückrufschnittstelle informieren kann. Am einfachsten können Sie die Ereignisfunktionen in die IDL-Datei eintragen, wenn Sie in der Klassenansicht die Ereignisschnittstelle wählen und dann Ereignismethoden hinzufügen. Wenn Sie beispielsweise als Ereignis melden wollen, dass die Würfel gefallen sind (*DiceRolled*), dass die beiden Würfel den gleichen Wert haben (*Doubles*, Pasch) oder dass beide Würfel den Wert 1 haben (*SnakeEyes*), dann beschreiben Sie die Rückrufschnittstelle mit den entsprechenden Methoden. Im Grunde läuft es nicht anders als bei der Definition der Methoden für die Hauptschnittstelle. Und so sieht die IDL-Datei des Steuerelements anschließend aus:

```
[
    uuid(D66265FF-D959-47FB-BC36-585AFC4FFB49),
    version(1.0),
    helpstring("ClassicATLDiceSvr 1.0 Typbibliothek")
]
library ClassicATLDiceSvrLib
{
    importlib("stdole2.tlb");
    [
        uuid(2FECDCBE-D2C8-46EF-A4A1-E86CDC63B321),
        helpstring("_IClassicATLDiceControlEvents-Ereignisschnittstelle")
    ]
    dispinterface _IClassicATLDiceControlEvents
    {
        properties:
        methods:
            [id(1)]void Doubles(short n);
            [id(2)]void SnakeEyes();
            [id(3)]void DiceRolled(short x, short y);
    };
```

```
[
    uuid(75E15528-7E89-431F-B170-D6991C26F944),
    helpstring("ClassicATLDiceControl Class")
]
coclass ClassicATLDiceControl
{
    [default] interface IClassicATLDiceControl;
    [default, source] dispinterface _IClassicATLDiceControlEvents;
};
[
    uuid(7A91E3F2-21BB-4286-B02E-4F067FD48DB3),
    helpstring("CDiceMainPropPage Class")
]
};
```

Die Rückrufschnittstelle des Steuerelements ist als Verteilerschnittstelle definiert (beachten Sie das Schlüsselwort *dispinterface*), da dies der allgemeinste verfügbare Schnittstellentyp ist. Die meisten Umgebungen können nur mit *IDispatch* umgehen, was Rückrufschnittstellen betrifft. Der oben angegebene IDL-Code beschreibt die Rückrufschnittstelle, die vom Client implementiert werden muss (sofern der Client Rückrufe empfangen möchte).

**Den Verbindungspunkt implementieren**

Nachdem Sie die Rückrufschnittstelle in der IDL-Datei beschrieben und das Steuerelement kompiliert haben, gibt es in den Typinformationen des Steuerelements eine Beschreibung der Rückrufschnittstelle, sodass Clients wissen, wie sie diese Schnittstelle implementieren müssen. Es ist allerdings kein bequemes Verfahren zur Übermittlung der Ereignismeldungen verfügbar. Sie können Rückrufe an den Client definieren, indem Sie von Hand Aufrufe von *IDispatch::Invoke* einfügen. Es ist allerdings empfehlenswert, dies von einer Proxy-Klasse (eine Sammlung von Funktionen, die *IDispatch* aufrufen) erledigen zu lassen. Bei der Erstellung der Funktionen, mit denen das Steuerelement die Ereignisse melden kann, hilft Ihnen der *Assistent zum Implementieren von Verbindungspunkten*, der über die Klassenansicht zugänglich ist.

Klicken Sie das Symbol *CClassicATLDiceControl* in der Klassenansicht mit der rechten Maustaste an. Daraufhin wird das Kontextmenü für *CClassicATLDiceControl* angezeigt. Wählen Sie *Hinzufügen* und dann *Verbindungspunkt hinzufügen*. Dadurch öffnet sich der *Assistent zum Implementieren von Verbindungspunkten*, der nun von Ihnen erwartet, dass Sie den Ort angeben, an dem die Typinformationen mit der Beschreibung der Schnittstelle zu finden sind, die Sie beim Rückruf in den Container benutzen möchten (in diesem Fall handelt es sich um die Schnittstelle *_IClassicATLDiceControlEvents*). Der Assistent liest die Typbibliothek des Steuerelements ein und zeigt die darin beschriebenen Schnittstellen an. Wählen Sie *_IClassicATLDiceControlEvents* und klicken Sie dann auf *Fertig stellen*, damit der Assistent eine C++-Klasse zur Kapselung der Ereignisschnittstelle generiert. Im Fall der obigen Schnittstellendefinition generiert der *Assistent zum Implementieren von Verbindungspunkten* folgenden Code:

```
#pragma once
template<class T>
class CProxy_IClassicATLDiceControlEvents :
    public IConnectionPointImpl<T,
        &__uuidof(_IClassicATLDiceControlEvents)>
{
```

```cpp
public:
    HRESULT Fire_Doubles(short n)
    {
        HRESULT hr = S_OK;
        T * pThis = static_cast<T *>(this);
        int cConnections = m_vec.GetSize();

        for (int iConnection = 0; iConnection < cConnections;
            iConnection++)
        {
            pThis->Lock();
            CComPtr<IUnknown> punkConnection = m_vec.GetAt(iConnection);
            pThis->Unlock();

            IDispatch * pConnection =
                static_cast<IDispatch *>(punkConnection.p);

            if (pConnection)
            {
                CComVariant avarParams[1];
                avarParams[0] = n;
                DISPPARAMS params = { avarParams, NULL, 1, 0 };
                hr = pConnection->Invoke(1, IID_NULL, LOCALE_USER_DEFAULT,
                    DISPATCH_METHOD, &params, NULL, NULL, NULL);
            }
        }
        return hr;
    }
    HRESULT Fire_SnakeEyes()
    {
        HRESULT hr = S_OK;
        T * pThis = static_cast<T *>(this);
        int cConnections = m_vec.GetSize();

        for (int iConnection = 0; iConnection < cConnections; iConnection++)
        {
            pThis->Lock();
            CComPtr<IUnknown> punkConnection = m_vec.GetAt(iConnection);
            pThis->Unlock();

            IDispatch * pConnection =
                static_cast<IDispatch *>(punkConnection.p);

            if (pConnection)
            {
                DISPPARAMS params = { NULL, NULL, 0, 0 };
                hr = pConnection->Invoke(2, IID_NULL, LOCALE_USER_DEFAULT,
                    DISPATCH_METHOD, &params, NULL, NULL, NULL);
            }
        }
        return hr;
    }
    HRESULT Fire_DiceRolled(short x, short y)
    {
        HRESULT hr = S_OK;
        T * pThis = static_cast<T *>(this);
        int cConnections = m_vec.GetSize();
```

```
    for (int iConnection = 0; iConnection < cConnections; iConnection++)
    {
        pThis->Lock();
        CComPtr<IUnknown> punkConnection = m_vec.GetAt(iConnection);
        pThis->Unlock();

        IDispatch * pConnection =
            static_cast<IDispatch *>(punkConnection.p);

        if (pConnection)
        {
            CComVariant avarParams[2];
            avarParams[1] = x;
            avarParams[0] = y;
            DISPPARAMS params = { avarParams, NULL, 2, 0 };
            hr = pConnection->Invoke(3, IID_NULL, LOCALE_USER_DEFAULT,
                DISPATCH_METHOD, &params, NULL, NULL, NULL);
        }
    }
    return hr;
}
};
```

Diese vom Verbindungspunktgenerator generierte C++-Klasse hat zwei Aufgaben. Erstens dient sie als Verbindungspunkt für das Steuerelement. (Beachten Sie, dass die Klasse von *IConnectionPointImpl* abgeleitet ist.) Zweitens dient sie als Proxy-Klasse für die Schnittstelle, die vom Container implementiert wird. Wenn Sie beispielsweise einem Client mitteilen möchten, dass zwei gleiche Zahlen gewürfelt wurden, rufen Sie einfach die Funktion *Fire_Doubles* der Proxy-Klasse auf. Diese Proxy-Klasse kapselt den *IDispatch*-Aufruf, sodass Sie sich nicht selbst um die *Variant*-Werte kümmern müssen.

### Eine Verbindung einrichten und Ereignisse melden

Der letzte Schritt in der Einrichtung der Ereignismenge besteht darin, den Verbindungspunkt ins Würfelsteuerelement einzubauen und die Schnittstelle *IConnectionPointContainer* zu aktivieren. Der *Assistent zum Implementieren von Verbindungspunkten* hat bereits die Klasse *CProxy_IClassicATLDiceControlEvents* in die Ableitungsliste des Würfelsteuerelements aufgenommen, die das Steuerelement mit einer *IConnectionPoint*-Implementierung versorgt. Eine ATL-Klasse namens *IConnectionPointContainerImpl* enthält die Implementierung der Schnittstelle *IConnectionPointContainer*. Diese beiden Schnittstellen müssen in die Vererbungsliste des Würfelsteuerelements aufgenommen werden:

```
class ATL_NO_VTABLE CClassicATLDiceControl :
    public CComObjectRootEx<CComSingleThreadModel>,
    public CStockPropImpl<CClassicATLDiceControl, IClassicATLDiceControl>,
    public IPersistStreamInitImpl<CClassicATLDiceControl>,
    public IOleControlImpl<CClassicATLDiceControl>,
    public IOleObjectImpl<CClassicATLDiceControl>,
    public IOleInPlaceActiveObjectImpl<CClassicATLDiceControl>,
    public IViewObjectExImpl<CClassicATLDiceControl>,
    public IOleInPlaceObjectWindowlessImpl<CClassicATLDiceControl>,
    public ISupportErrorInfo,
    public IConnectionPointContainerImpl<CClassicATLDiceControl>,
    public CProxy_IClassicATLDiceControlEvents<CClassicATLDiceControl>,
    public IPersistStorageImpl<CClassicATLDiceControl>,
```

```
    public ISpecifyPropertyPagesImpl<CClassicATLDiceControl>,
    public IQuickActivateImpl<CClassicATLDiceControl>,
    public IDataObjectImpl<CClassicATLDiceControl>,
    public IProvideClassInfo2Impl<&CLSID_ClassicATLDiceControl,
        &__uuidof(_IClassicATLDiceControlEvents),
        &LIBID_ClassicATLDiceSvrLib>,
    public IPropertyNotifySinkCP<CClassicATLDiceControl>,
    public CComCoClass<CClassicATLDiceControl, &CLSID_ClassicATLDiceControl>,
    public CComControl<CClassicATLDiceControl>
{
  ⋮
}
```

Mit diesen Klassen in der Vererbungsliste verfügt das Steuerelement über die Mechanismen, die erforderlich sind, damit Verbindungspunkte funktionieren. Wenn Sie ein Ereignis an den Container melden möchten, müssen Sie lediglich eine der Funktionen der Proxy-Klasse aufrufen. Beispielsweise eignet sich die Methode *OnTimer* des Steuerelements hervorragend, um die Kette der Ereignisse in Gang zu setzen und die Ergebnisse zu melden. So soll das Ereignis *DiceRolled* gemeldet werden, wenn der Zeitgeber stoppt, und das Ereignis *SnakeEyes*, wenn beide Würfel den Wert 1 haben. Das Ereignis *Doubles* ist zu melden, wenn beide Würfel denselben Wert haben:

```
LRESULT CClassicATLDiceControl::OnTimer(UINT uMsg, WPARAM wParam,
                                        LPARAM lParam, BOOL& bHandled)
{
    if(m_nTimesRolled > m_nTimesToRoll) {
        m_nTimesRolled = 0;
        KillTimer(1);

        Fire_DiceRolled(m_nFirstDieValue, m_nSecondDieValue);

        if(m_nFirstDieValue == m_nSecondDieValue) {
            Fire_Doubles(m_nFirstDieValue);
        }

        if(m_nFirstDieValue == 1 &&
            m_nSecondDieValue == 1) {
            Fire_SnakeEyes();
        }

    } else {
        m_nFirstDieValue = (rand() % (MAX_DIEFACES)) + 1;
        m_nSecondDieValue = (rand() % (MAX_DIEFACES)) + 1;
        FireViewChange();
        m_nTimesRolled++;
    }
    bHandled = TRUE;
    return 0;
}
```

Beachten Sie bitte, dass die Verbindungspunkttabelle entsprechende Einträge für die Verbindungspunkte des Steuerelemente enthält:

```
BEGIN_CONNECTION_POINT_MAP(CClassicATLDiceControl)
    CONNECTION_POINT_ENTRY(__uuidof(_IClassicATLDiceControlEvents))
END_CONNECTION_POINT_MAP()
```

Das Steuerelement verwendet diese Tabelle, um dem Client auf Anforderung den gewünschten Verbindungspunkt zu übergeben.

**Das Steuerelement einsetzen**

Wie lässt sich dieses Steuerelement nun verwenden? Ein Vorteil von COM besteht darin, dass der Client und das Objekt weiter nichts voneinander wissen müssen, sofern sie sich einmal auf die von ihnen gemeinsam benutzten Schnittstellen geeinigt haben. Die Schnittstellen, die vom Würfelsteuerelement implementiert werden, sind auch in einer Reihe von Programmierumgebungen einsetzbar. Sie wissen bereits, wie man ein ActiveX-Steuerelement in einem MFC-Dialogfeld verwendet. Das Steuerelement, das Sie gerade entwickelt haben, funktioniert auch in einem MFC-Dialogfeld. Mit dem Dialogfeld *Toolbox anpassen* können Sie neue Steuerelemente in die Toolbox aufnehmen.

Wenn Sie in Ihrem neuen Projekt mit der Komponente *ClassicATLDiceControl* arbeiten möchten, öffnen Sie im Menü *Extras* mit dem Befehl *Toolbox anpassen* das Dialogfeld *Toolbox anpassen*. Auf der Seite *COM-Steuerelemente* markieren Sie das Kontrollkästchen *ClassicATLDiceControl Class*. Visual C++ .NET liest die Typinformationen des Würfelsteuerelements und fügt den COM-Code ein, der für die Kommunikation zwischen Dialogfeld und Steuerelement erforderlich ist. (Dazu gehören die OLE-Einbettungsschnittstellen wie auch die Verbindungspunkt- und Ereignisschnittstellen.) Sie könnten dieses Steuerelement ebenso einfach in ein Visual Basic .NET-Formular einfügen. Wenn Sie ein Visual Basic .NET-Projekt bearbeiten, wählen Sie im Menü *Projekt* den Befehl *Verweis hinzufügen* und fügen das Würfelsteuerelement in das Visual Basic .NET-Projekt ein.

# Ein attributiertes Steuerelement erstellen

Neben der herkömmlichen ATL-Programmierung von ActiveX-Steuerelementen ermöglicht Visual Studio .NET auch die Arbeit mit attributiertem ATL-Code. Wie in den Kapiteln 22 und 25 beschrieben, gehört zur COM-Programmierung relativ viel Standardcode, also solche Codeabschnitte, die in den meisten Projekten mehr oder weniger identisch implementiert werden. Bei der attributierten Programmierung wird dieser COM-Standardcode (die *IUnknown*-Implementierungen, DLL-Eintrittspunkte und so weiter) aus den C++-Templates herausgenommen und in den Attributcode verlagert. Anders gesagt, durch die Deklaration einiger Attribute vor dem betreffenden C++-Code können Sie den Standardcode sozusagen ins Programm »injizieren«. Compiler und Linker kümmern sich um den Rest.

Wenn Sie sich noch einmal den Code der Klasse *ClassicATLDiceControl* ansehen, finden Sie in der Deklaration die Templates *CComObjectRootEx* und *CComCoClass*. Der folgende Code zeigt die attributierte Version desselben Steuerelements (das Würfelsteuerelement).

```
// IAttributedATLDiceControl
[
    object,
    uuid(5321A066-9E3A-4412-A11A-32D5ED060146),
    dual,
    helpstring("IAttributedATLDiceControl-Schnittstelle"),
    pointer_default(unique)
]
__interface IAttributedATLDiceControl : public IDispatch
{
    [propput, bindable, requestedit, id(DISPID_BACKCOLOR)]
    HRESULT BackColor([in]OLE_COLOR clr);
    [propget, bindable, requestedit, id(DISPID_BACKCOLOR)]
    HRESULT BackColor([out,retval]OLE_COLOR* pclr),
```

```
    [propget, id(1), helpstring("property DiceColor")]
    HRESULT DiceColor([out, retval] SHORT* pVal);
    [propput, id(1), helpstring("property DiceColor")]
    HRESULT DiceColor([in] SHORT newVal);
    [propget, id(2), helpstring("property TimesToRoll")]
    HRESULT TimesToRoll([out, retval] SHORT* pVal);
    [propput, id(2), helpstring("property TimesToRoll")]
    HRESULT TimesToRoll([in] SHORT newVal);
    [id(3), helpstring("method RollDice")] HRESULT RollDice(void);
};
// _IAttributedATLDiceControlEvents
[
    uuid("4AB0D205-044E-4641-A0A5-B606D8685FE5"),
    dispinterface,
    helpstring("_IAttributedATLDiceControlEvents Interface")
]
__interface _IAttributedATLDiceControlEvents
{
    [id(1), helpstring("method Doubles")] HRESULT Doubles(SHORT n);
    [id(2), helpstring("method SnakeEyes")] HRESULT SnakeEyes(void);
    [id(3), helpstring("method DiceRolled")] HRESULT DiceRolled
        (SHORT x, SHORT y);
};
// CAttributedATLDiceControl
[
    coclass,
    threading("apartment"),
    vi_progid("AttributedATLDiceSvr.AttributedATLDiceC"),
    progid("AttributedATLDiceSvr.AttributedATLDic.1"),
    version(1.0),
    uuid("48350572-BE82-4FBB-AA6F-B4691E30173A"),
    helpstring("AttributedATLDiceControl Class"),
    event_source("com"),
    support_error_info(IAttributedATLDiceControl),
    registration_script("control.rgs")
]
class ATL_NO_VTABLE CAttributedATLDiceControl :
    public CStockPropImpl<CAttributedATLDiceControl,
        IAttributedATLDiceControl>,
    public IPersistStreamInitImpl<CAttributedATLDiceControl>,
    public IOleControlImpl<CAttributedATLDiceControl>,
    public IOleObjectImpl<CAttributedATLDiceControl>,
    public IOleInPlaceActiveObjectImpl<CAttributedATLDiceControl>,
    public IViewObjectExImpl<CAttributedATLDiceControl>,
    public IOleInPlaceObjectWindowlessImpl<CAttributedATLDiceControl>,
    public IPersistStorageImpl<CAttributedATLDiceControl>,
     public ISpecifyPropertyPagesImpl<CAttributedATLDiceControl>,
    public IQuickActivateImpl<CAttributedATLDiceControl>,
    public IDataObjectImpl<CAttributedATLDiceControl>,
    public CComControl<CAttributedATLDiceControl>
{
public:
    :
    __event __interface _IAttributedATLDiceControlEvents;
```

```
//Ereignisse melden:
   HRESULT Fire_Doubles(short x)
   {
     __raise Doubles(x);
     return S_OK;
   }
   HRESULT Fire_DiceRolled(short x, short y)
   {
     __raise DiceRolled(x, y);
     return S_OK;
   }
   HRESULT Fire_SnakeEyes()
   {
     __raise SnakeEyes();
     return S_OK;
   }
   ⋮
}
```

Die Vorlagenklassen *CComCoClass* und *CComObjectRootEx* fehlen in der attributierten Version des Steuerelements. An COM-Standardcode wird durch die Attribute unter anderem noch eine Implementierung von *ISupportErrorInfo* in die Klasse eingeführt, die Unterstützung von Verbindungspunkten und eine Implementierung von *IProvideClassInfo2*. Der Rest des Steuerelements gleicht mit Ausnahme des Ereigniscodes dem vorigen Beispiel.

## Ereignisse im attributierten ATL-Code

Sehen Sie sich den oben gezeigten Code für das Steuerelement an, das mit Attributen programmiert wurde. Neben der Hauptschnittstelle deklariert der Code auch eine Ereignisschnittstelle (das ist die Schnittstelle mit den Methoden, die den Client über den neuen Wurf, die Dubletten oder die doppelte Eins informiert). Zur Deklaration der Schnittstelle *_IAttributedATLDiceControlEvents* verwendet man im attributierten ATL-Code die Schlüsselwörter *__event* und *__interface*.

Leider schreiben die Codeassistenten, die im Eigenschaftenfenster der Klassenansicht verfügbar sind, nicht die Ereignisproxies für Sie. Das müssen Sie also von Hand tun. Beachten Sie im obigen Codebeispiel bitte die handcodierten Methoden *Fire_DiceRolled*, *Fire_Doubles* und *Fire_SnakeEyes*. Um dem Clientcode ein Ereignis zu melden, müssen Sie dem Compiler mit dem Schlüsselwort *__raise* mitteilen, dass es sich um ein Ereignis handelt, bevor Sie die Ereignismethode aufrufen.

# 27 Die OLE DB-Vorlagen

| | |
|---|---|
| 695 | Warum OLE DB? |
| 697 | Grundlegende OLE DB-Architektur |
| 697 | Grundlegende Architektur der OLE DB-Vorlagen |
| 705 | Einen OLE DB-Consumer erstellen |
| 709 | Den Code des OLE DB-Consumers verwenden |
| 710 | Einen OLE DB-Provider erstellen |
| 718 | OLE DB-Programmierung mit Attributen |

Die moderne Art des Zugriffs auf Datenbanken erfolgt über OLE DB. Dieses Kapitel beschreibt die OLE DB-Vorlagen – das ist der Mechanismus, den Visual C++ .NET für den Zugriff auf Daten über OLE DB vorsieht. OLE DB bietet den Zugriff auf alle Datentypen eines Systems und erreicht dies mit Hilfe des Komponentenobjektmodells (Component Object Model). OLE DB ist recht flexibel. Es umfasst die wichtigste SQL-Funktionalität und definiert überdies Schnittstellen, die den Zugriff auf andere Datentypen ermöglichen..

Der Datenzugriff via OLE DB lässt sich in zwei Bereiche aufteilen: *Consumer* und *Provider*. Wir sehen uns die grundlegende OLE DB-Architektur an und untersuchen dann, wie Consumervorlagen funktionieren. Anschließend erläutern wir Providervorlagen.

## Warum OLE DB?

OLE DB soll ein einheitliches Verfahren für den Zugriff auf alle mögliche Arten von Datenquellen zur Verfügung stellen. Stellen Sie sich beispielsweise vor, welche verschiedenen Arten von Datenquellen in einem typischen Unternehmen vorhanden sein können. Dazu gehören so unterschiedliche Datenquellen wie Fertigungssysteme, Dateisysteme, Personaldatenbanken (wie z.B. Xbase und Btrieve) und E-Mail. Das Problem besteht darin, dass jede dieser Datenquellen ein spezielles Protokoll erfordert. Wenn Sie auf Daten einer bestimmten Quelle zugreifen möchten, müssen Sie das Protokoll zur Verwaltung dieser Datenquelle kennen. OLE DB bildet die Mittelschicht, die den Zugriff auf Daten unterschiedlicher Quellen vereinheitlicht. Bei OLE DB müssen sich die Entwickler von Clientanwendungen nur auf einige wenige Details konzentrieren, um Zugriff auf die Daten zu erhalten (statt Unmengen verschiedener Protokolle für den Datenbankzugriff kennen zu müssen).

Zum Verständnis von OLE DB ist vor allem wichtig, dass dieses Konzept auf COM aufbaut. Mit anderen Worten, OLE DB stellt eine bestimmte Menge von Schnittstellen für den Datenzugriff über COM dar. Die OLE DB-Schnittstellen reichen in der Regel aus, um eine einheitliche Datenzugriffsmethode bereitzustellen, und zwar unabhängig davon, auf welche Weise die Daten gespeichert wurden. So arbeiten die Programmierer zum Beispiel immer mit denselben OLE DB-Schnittstellen, ohne sich darum kümmern zu müssen, ob die Daten in einer Datenbank (DBMS) oder einer anderen Datenquelle gespeichert sind. Gleichzeitig ermöglicht OLE DB den Programmierern, die Vorteile der zugrunde liegenden Datenbanktechnik zu nutzen (wie Geschwindigkeit und Flexibilität), ohne Daten verschieben zu müssen, nur um in den Genuss dieser Vorteile zu kommen.

Wie bereits erwähnt, kann man die OLE DB-Architektur auf der höchsten Ebene in Consumer und Provider aufteilen. Ein Consumer ist System- oder Anwendungscode, der eine OLE DB-Schnittstelle verwendet. Dazu gehören auch die OLE DB-Komponenten selbst. Ein Provider ist eine Softwarekomponente, die eine OLE DB-Schnittstelle anbietet.

Es gibt zwei Arten von OLE DB-Providern: *Datenprovider* und *Dienstprovider*. Datenprovider besitzen Daten und stellen diese Daten in tabellarischer Form als *Rowset* zur Verfügung. (Mit *Rowset* ist einfach eine Abstraktion für die Anordnung von Daten in tabellarischer Form gemeint.) Beispiele für Datenprovider sind unter anderem relationale Datenbankmanagementsysteme (DBMS), Speichermanager, Tabellenkalkulationen und ISAM-Datenbanken (Indexed Sequential Access Method).

Ein Dienstprovider ist eine OLE DB-Komponente, die zwar keine Daten besitzt, aber als Dienstleistung Daten über OLE DB-Schnittstellen überträgt. In gewissem Sinn ist eine Dienstkomponente sowohl Consumer als auch Provider. Eine heterogene Abfragekomponente ist beispielsweise eine Dienstkomponente. Wenn ein Consumer Daten von Tabellen aus zwei Datenquellen zu verknüpfen versucht, ruft die Abfragekomponente als Consumer Zeilen aus Rowsets ab, die für die beiden Basistabellen erstellt wurden. Als Provider erstellt die Abfragekomponente aus diesen beiden Zeilen ein Rowset und übergibt es dem Consumer.

Auf diese Daten kann in der Praxis auf unterschiedlichste Weise zugegriffen werden. Und viele Programmierer wissen, wie man Daten mit Hilfe der üblichen Datenbankmethoden bearbeitet. OLE DB definiert eine Architektur, die den Datenzugriff über Komponenten ermöglicht. Als Komponenten-DBMS ist OLE DB effizienter als herkömmliche Datenbankverwaltungssysteme, da die Datenbankfunktionalität in die Rollen Consumer und Provider aufgeteilt wird. Da Datenconsumer in der Regel nur einen Teil der Datenbankfunktionalität benötigen, trennt OLE DB diese Funktionalität und reduziert damit den clientseitigen Ressourcenbedarf.

In ähnlicher Weise reduziert OLE DB die Last auf der Providerseite, da die Provider sich nur um die Bereitstellung der Daten kümmern brauchen. OLE DB ermöglicht es einem einfachen Provider tabellarischer Daten, eine für den Datenspeicher spezifische Funktionalität zu implementieren und gleichzeitig ein einheitliches Protokoll für den Datenzugriff zur Verfügung zu stellen. Daher ist es möglich, dass eine minimale Providerimplementierung nur die Schnittstellen verwendet, die Daten in Form von Tabellen darstellen. Damit eröffnet sich die Möglichkeit, vollkommen neuartige Abfragekomponenten zu entwickeln, die tabellarische Daten von allen Providern verarbeiten können, die den Datenzugriff über OLE DB erlauben. Zudem können SQL-Datenbankmanagementsysteme ihre Funktionalität durch den Einsatz von OLE DB differenzierter anbieten.

# Grundlegende OLE DB-Architektur

Neben der Definition der grundlegenden Beziehung zwischen Consumern und Providern definiert OLE DB die folgenden Komponenten, die für die OLE DB-Architektur maßgeblich sind (jede Komponente ist ein COM-Objekt):

- **Enumeratorobjekte:** Enumeratorobjekte suchen nach verfügbaren Datenquellen. Consumer, die nicht fest mit einer bestimmten Datenquelle verknüpft sind, suchen mit Hilfe von Enumeratorobjekten nach einer verfügbaren Datenquelle.
- **Datenquellenobjekte:** Datenquellenobjekte enthalten die für eine Verbindung mit einer Datenquelle (z.B. eine Datei oder ein DBMS) erforderliche Funktionalität. Ein Datenquellenobjekt leitet eine *Sitzung* ein.
- **Sitzungsobjekte:** Sitzungsobjekte repräsentieren Verbindungen zu einer Datenbank. Sitzungen stellen z.B. den Kontext für Datenbanktransaktionen zur Verfügung. Ein Datenquellenobjekt kann mehrere Sitzungen einleiten. Aus Sitzungen entstehen Transaktionen, Befehle und Rowsets.
- **Transaktionsobjekte:** Transaktionsobjekte werden zur Verwaltung von Datenbanktransaktionen verwendet, um die Datenbanksicherheit zu gewährleisten.
- **Befehlsobjekte:** Befehlsobjekte führen Textbefehle aus, wie z.B. SQL-Anweisungen. Falls der Textbefehl ein Rowset beinhaltet, wie z.B. die SQL-Anweisung *SELECT*, dann generiert der Befehl Rowsets. Eine Sitzung kann mehrere Befehlsobjekte erzeugen.
- **Rowsetobjekte:** Rowsets stellen die Daten in einem tabellarischen Format zur Verfügung. Ein Index ist ein spezieller Fall eines Rowsets. Rowsets können von einer Sitzung oder durch einen Befehl erstellt werden.
- **Fehlerobjekte:** Fehlerobjekte können von einer Schnittstelle oder einem OLE DB-Objekt erstellt werden. Sie enthalten zusätzliche Informationen über einen Fehler, optional auch ein benutzerdefiniertes Fehlerobjekts.

Es folgt ein Beispiel dafür, wie Sie diese Komponenten zur Erstellung eines OLE DB-Consumers einsetzen. Falls Sie den Speicherort der Datenquelle nicht kennen, müssen Sie zuerst mit Hilfe eines Aufzählungsobjekts die Datenquelle suchen. Sobald Sie die Datenquelle gefunden haben, leiten Sie eine Sitzung mit ihr ein. Die Sitzung ermöglicht Ihnen, auf die Daten zuzugreifen (als Rowsets) und Befehle zu geben, die zu Rowsets führen.

Der Vorteil der OLE DB-Architektur besteht darin, dass sie eine homogene Methode bietet, auf heterogene Datenquellen zuzugreifen. Der Nachteil ist, dass Sie eine Menge COM-Schnittstellen implementieren müssen, um in den Genuss der Vorteile zu gelangen. Aus diesem Grund wurden OLE DB-Vorlagen erfunden.

# Grundlegende Architektur der OLE DB-Vorlagen

Da Sie nun die grundlegende Architektur von OLE DB kennen, können wir uns eine Implementierung der OLE DB-Schnittstellen ansehen, die mit den neuen OLE DB-Vorlagen für Consumer und Provider realisiert wird. Wie die meisten auf COM basierenden Lösungen erfordert auch OLE DB die Implementierung mehrerer Schnittstellen. Wie bei den ActiveX-Steuerelementen können Sie auch diese Schnittstellen natürlich von Hand implementieren (was häufig nicht sehr effizient ist, sofern Sie die Vorgehensweise nicht in- und auswendig beherrschen), oder Sie finden jemanden, der Ihnen diese Arbeit abnimmt. OLE DB ist zwar eine leistungsfähige Technik für den Datenzugriff, aber leider ist es etwas mühsam, von Hand den erforderlichen Code zu schreiben.

So wie Visual C++ .NET mit der Active Template Library (ATL) eine Vorlagenbibliothek für die Implementierung von ActiveX-Steuerelementen zur Verfügung stellt, bietet es auch eine Vorlagenbibliothek für OLE DB. Die OLE DB-Vorlagen umfassen Klassen, die viele der gebräuchlichsten OLE DB-Schnittstellen implementieren. Zudem stellt Visual C++ .NET einige Assistenten zur Verfügung, mit denen sich der Code für einige gängige Szenarien generieren lässt.

Man kann die Klassen dieser Vorlagenbibliothek grob in die zwei Gruppen einteilen, die durch OLE DB selbst definiert werden: die Consumerklassen und die Providerklassen. Die Consumerklassen unterstützen Sie bei der Implementierung von Datenbank-Clientanwendungen (Consumer), während die Providerklassen die Entwicklung von Datenbank-Serveranwendungen (Provider) erleichtern. Wie Sie wissen, handelt es sich bei OLE DB-Consumern um Anwendungen, die COM-Schnittstellen aufrufen, die von OLE DB-Dienstprovidern (oder regulären Providern) für den Datenzugriff angeboten werden. OLE DB-Provider sind COM-Server, die Daten und Dienste für Consumer zur Verfügung stellen.

## Die Architektur der OLE DB-Consumervorlagen

Microsoft hat sich bei der Definition der obersten Ebene der OLE DB-Consumervorlagen so eng wie möglich an die OLE DB-Spezifikationen gehalten. OLE DB-Vorlagen definieren also kein anderes Objektmodell, sondern kapseln einfach nur das vorgegebene OLE DB-Objektmodell. Für jede Consumerkomponente, die im vorigen Abschnitt beschrieben wurde, gibt es eine entsprechende C++-Vorlagenklasse. Dieser Designansatz macht sich die Flexibilität von OLE DB zunutze und kann auch anspruchsvollere Funktionen – wie z.B. mehrere Zugriffsobjekte für Rowsets – in Form von OLE DB-Vorlagen zur Verfügung stellen.

Die OLE DB-Vorlagen sind klein und flexibel. Sie wurden unter Verwendung von C++-Vorlagen und Mehrfachvererbung erstellt. Da die OLE DB-Vorlagen nur die bestehende OLE DB-Architektur kapseln, spiegelt jede Klasse eine OLE DB-Komponente wider. Zum Beispiel entspricht die Klasse *CDataSource* dem Datenquellenobjekt von OLE DB.

Die Architektur der OLE DB-Consumervorlagen lässt sich in drei Teile einteilen: die allgemeinen Datenzugriffsklassen, die Klassen zur Unterstützung von Datenzugriffs- und Rowsetoperationen sowie die Klassen zur Verwaltung von Tabellen und Befehlen. Die nachfolgenden Abschnitte geben einen knappen Überblick über diese Klassen.

## Allgemeine Unterstützung für Datenquellen

Das grundlegende Konzept des Datenzugriffs über OLE DB stellt die Datenquelle dar. Natürlich bieten die OLE DB-Vorlagen Unterstützung für Datenquellen. Die allgemeine Unterstützung für Datenquellen umfasst drei Klassen, die in der nachfolgenden Tabelle aufgeführt sind.

| Klasse | Verwendung |
| --- | --- |
| CDataSource | Diese Klasse repräsentiert eine Datenquellenkomponente und verwaltet die Verbindung zu einer Datenquelle. |
| CEnumerator | Diese Klasse ermöglicht die Auswahl eines Providers aus einer Providerliste. Sie verfügt über eine ähnliche Funktionalität wie die Funktionen *SQLBrowseConnect* und *SQLDriverConnect*. |
| CSession | Diese Klasse verwaltet Transaktionen. Sie können diese Klasse verwenden, um Rowsets, Befehle und viele andere Objekte zu erzeugen. Ein *CDataSource*-Objekt erzeugt mit Hilfe der Methode *CSession::Open* ein *CSession*-Objekt. |

## Unterstützung für den Datenzugriff und Rowsets

Die OLE DB-Vorlagen bieten durch mehrere Klassen ihre Unterstützung für den Datenzugriff und für Rowsets. Die Accessorklassen kommunizieren mit der Datenquelle, während die Rowsetklassen die Daten in Form von Tabellen verwalten. Die Datenzugriffs- und Rowsetkomponenten werden durch die Klasse *CAccessorRowset* implementiert. *CAccessorRowset* ist eine Vorlagenklasse, die für einen bestimmten Accessor und ein Rowset definiert wird. Diese Klasse kann mehrere Accessoren unterschiedlichen Typs repräsentieren.

Die OLE DB-Vorlagenbibliothek definiert die in folgender Tabelle aufgeführten Klassen für Datenzugriffskomponenten.

| Klasse | Verwendung |
| --- | --- |
| CAccessor | Diese Klasse wird verwendet, wenn ein Datensatz fest an eine Datenquelle gebunden ist. Sie enthält den vorhandenen Datenpuffer und unterstützt das Datenformat. Sie verwenden die Klasse *CAccessor*, wenn Sie die Struktur und den Typ der Datenbank bereits kennen. |
| CDynamicAccessor | Diese Klasse wird zum Abruf von Daten aus einer Datenquelle verwendet, deren Struktur zum Entwurfszeitpunkt nicht bekannt ist. Diese Klasse ruft mit Hilfe von *IColumnsInfo::GetColumnInfo* Informationen zu den Datenbankspalten ab. Die Klasse *CDynamicAccessor* erstellt und verwaltet den Datenpuffer. |
| CDynamicParameterAccessor | Diese Klasse unterscheidet sich von der Klasse *CDynamicAccessor* nur dadurch, dass sie mit Befehlen verwendet wird. Wenn sie zur Vorbereitung von Befehlen verwendet wird, kann die Klasse *CDynamicParameterAccessor* über die Schnittstelle *ICommandWithParameters* Parameterdaten beziehen, was insbesondere bei der Verarbeitung unbekannter Befehlstypen nützlich ist. |
| CManualAccessor | Diese Klasse ermöglicht den Zugriff auf beliebige Datentypen, sofern der Provider den Datentyp konvertieren kann. *CManualAccessor* verwaltet sowohl die Ergebnisspalten als auch die Befehlsparameter. |

Neben den Datenzugriffsklassen definieren die OLE DB-Vorlagen drei Arten von Rowsets: Einzelabruf-, Sammelabruf- und Array-Rowsets. Die Bezeichnungen sprechen für sich selbst. Clients wählen mit Hilfe der Funktion *MoveNext* Daten aus. Einzelabruf-, Sammelabruf und Array-Rowsets unterscheiden sich durch die Anzahl von Zeilenhandles, die beim Aufruf von *MoveNext* angefordert werden. Einzelabruf-Rowsets fordern mit jedem Aufruf von *MoveNext* eine einzige Rowsetzeile an, während Sammelabruf-Rowsets mehrere Zeilen anfordern. Array-Rowsets stellen eine praktische Arraysyntax für den Datenabruf zur Verfügung. Die OLE DB-Vorlagen arbeiten standardmäßig mit Einzelabruf-Rowsets.

### Unterstützung für Tabellen und Befehle

Die letzte Schicht der OLE DB-Vorlagenarchitektur für Consumer umfasst Tabellen- und Befehlsklassen (*CTable* und *CCommand*). Diese Klassen werden verwendet, um Rowsets zu öffnen, Befehle auszuführen und Bindungen herzustellen. Beide Klassen sind von *CAccessorRowset* abgeleitet.

Die Klasse *CTable* öffnet eine Tabelle einer Datenquelle (die Sie über den Programmcode angeben können). Verwenden Sie diese Klasse, wenn Sie einfach nur auf eine Datenquelle zugreifen müssen. *CTable* ist für einfache Provider konzipiert, die keine Befehle ausführen können.

Andere Datenquellen können auch Befehle ausführen. Sie sollten für solche Datenquellen die OLE DB-Vorlagenklasse *CCommand* verwenden. Wie der Name schon sagt, wird die Klasse vorwiegend eingesetzt, um Befehle zu geben. Diese Klasse hat eine Funktion namens *Open*, mit der einzelne Befehle gegeben werden können. Die Klasse verfügt auch über die Funktion *Prepare*, mit der ein mehrfach auszuführender Befehl konfiguriert werden kann.

Sie geben für die Klasse *CCommand* drei Vorlagenargumente an: einen Accessor, ein Rowset und ein drittes Argument, für das per Voreinstellung *CNoMultipleResults* eingesetzt wird. Wenn Sie als drittes Argument *CMultipleResults* angeben, unterstützt die Klasse *CCommand* die Schnittstelle *IMultipleResults* für Befehle, die mehrere Rowsets zurückgeben.

## Aufbau der OLE DB-Vorlagen für Provider

Vergessen Sie nicht, dass OLE DB eigentlich nur eine Sammlung von Schnittstellen ist, die ein Protokoll für die Verwaltung von Daten festlegen. OLE DB definiert verschiedene Schnittstellen (einige obligatorisch und einige optional) für die folgenden Objektarten: Datenquelle, Sitzung, Rowset und Befehl. Im Folgenden werden diese Objekte kurz beschrieben und jeweils durch ein Quelltextbeispiel veranschaulicht, das zeigt, wie die Vorlagen die objektspezifische Funktionalität implementieren.

### Das Datenquellenobjekt

Ein Datenquellenobjekt kapselt die meisten Aspekte des Datenzugriffs. Eine Datenquelle besteht beispielsweise aus den eigentlichen Daten und dem zugehörigen Datenbanksystem (DBMS), der Plattform, auf der das DMBS läuft, und dem Netzwerk, über das auf diese Plattform zugegriffen wird. Eine Datenquelle ist einfach ein COM-Objekt, das eine Reihe von Schnittstellen implementiert (siehe Tabelle 27.1 ).

**HINWEIS:** Die folgenden Tabellen wurden aus der MSDN-Onlinehilfe von Visual Studio .NET zusammengestellt.

| Schnittstelle | Erforderlich? | Implementiert? |
|---|---|---|
| IDBInitialize | Obligatorisch | Ja |
| IDBCreateSession | Obligatorisch | Ja |
| IDBProperties | Obligatorisch | Ja |
| IPersist | Obligatorisch | Ja |
| IDBDataSourceAdmin | Optional | Nein |
| IDBInfo | Optional | Nein |
| IPersistFile | Optional | Nein |
| ISupportErrorInfo | Optional | Nein |

*Tabelle 27.1:* Anforderungen bezüglich der Schnittstellen von Datenquellenobjekten

Es folgt ein Quelltextfragment aus dem Code, den der *ATL-OLE DB-Provider-Assistent* generiert, wenn Sie eine Datenquelle für einen OLE DB-Provider erstellen:

```
class ATL_NO_VTABLE CAProviderSource :
    public CComObjectRootEx<CComSingleThreadModel>,
    public CComCoClass<CAProviderSource, &CLSID_AProvider>,
    public IDBCreateSessionImpl<CAProviderSource, CAProviderSession>,
    public IDBInitializeImpl<CAProviderSource>,
    public IDBPropertiesImpl<CAProviderSource>,
    public IPersistImpl<CAProviderSource>,
    public IInternalConnectionImpl<CAProviderSource>
{
    :
};
```

Beachten Sie bitte, dass es sich um eine normale COM-Klasse (mit der *IUnknown*-Implementierung der ATL) handelt. Das OLE DB-Datenquellenobjekt bringt über die Vererbung Implementierungen der Schnittstellen *IDBCreateSession*, *IDBInitialize*, *IDBProperties* und *IPersist* ein. Beachten Sie, dass die Vorlagen auf die Klassen *CAProviderSource* und *CAProviderSession* zugeschnitten werden. Wenn Sie der Klasse weitere Schnittstellen geben möchten, leiten Sie die Klasse von einer weiteren OLE DB-Klasse ab, die Schnittstellen implementiert.

## Das Befehlsobjekt

Provider, die Abfragen ausführen können, bieten ein entsprechendes Befehlsobjekt an. Befehlsobjekte dienen dazu, eine DML-Abfrage (Database Manipulation Language) oder eine DDL-Definition (Data Definition Language) und die zugehörigen Eigenschaften zu definieren, einzurichten und auszuführen. Befehlsobjekte übersetzen z.B. einen SQL-artigen Befehl in eine Operation, die von der Datenquelle ausgeführt werden kann. Einer Sitzung können mehrere Befehle zugeordnet werden. Tabelle 27.2 zeigt die Schnittstellen, die in Befehlsobjekten zum Einsatz kommen.

Das folgende Quelltextfragment zeigt den Code, der vom *ATL-OLE DB-Provider-Assistent* zur Implementierung eines Befehlsobjekts generiert wird, wenn Sie einen OLE DB-Provider entwickeln:

```
class ATL_NO_VTABLE CAProviderCommand :
    public CComObjectRootEx<CComSingleThreadModel>,
    public IAccessorImpl<CAProviderCommand>,
    public ICommandTextImpl<CAProviderCommand>,
```

```
        public ICommandPropertiesImpl<CAProviderCommand>,
        public IObjectWithSiteImpl<CAProviderCommand>,
        public IConvertTypeImpl<CAProviderCommand>,
        public IColumnsInfoImpl<CAProviderCommand>,
        public IInternalCommandConnectionImpl<CAProviderCommand>
{
    ⋮
};
```

Ebenso wie bei der Datenquelle handelt es sich hier um eine einfache COM-Klasse. Sie erhält die erforderlichen Schnittstellen durch Vererbung. (Die Schnittstelle *IAccessor* stammt z.B. aus der Vorlage *IAccessorImpl*.) Ein Befehlsobjekt legt mit Hilfe der Schnittstelle *IAccessor* Parameterbindungen fest. Consumer rufen die Funktion *IAccessor::CreateAccessor* auf und übergeben ein Array mit *DBBINDING*-Strukturen. Die Struktur *DBBINDING* enthält Informationen über die Spaltenbindungen (Typ, Länge usw.). Der Provider empfängt diese Strukturen und legt fest, wie die Daten übertragen werden sollen und ob Typumwandlungen erforderlich sind.

Die Schnittstelle *ICommandText* bietet die Möglichkeit, einen bestimmten Textbefehl anzugeben. Die Schnittstelle *ICommandProperties* ist für die Befehlseigenschaften zuständig.

Die Befehlsklasse bildet das Kernstück des Datenproviders. Ein Großteil der Aktionen spielen sich in dieser Klasse ab.

| Schnittstelle | Erforderlich? | Implementiert? |
|---|---|---|
| IAccessor | Obligatorisch | Ja |
| IColumnsInfo | Obligatorisch | Ja |
| ICommand | Obligatorisch | Ja |
| ICommandProperties | Obligatorisch | Ja |
| ICommandText | Obligatorisch | Ja |
| IConvertType | Obligatorisch | Ja |
| IColumnsRowset | Optional | Nein |
| ICommandPrepare | Optional | Nein |
| ICommandWithParameters | Optional | Nein |
| ISupportErrorInfo | Optional | Nein |

*Tabelle 27.2: Anforderungen bezüglich der Schnittstellen von Befehlsobjekten*

**Das Sitzungsobjekt**

Sitzungsobjekte definieren den Gültigkeitsbereich einer Transaktion und erstellen aus den Daten der Datenquelle Rowsets. Sitzungsobjekte können auch Befehlsobjekte erzeugen. Das Befehlsobjekt führt Befehle mit dem Rowset aus. Bei Providern, die Befehle ausführen können, dient die Sitzung als eine Art »Befehlsfabrik«. Mit dem Aufruf der Funktion *IDBCreateSession::CreateSession* wird unter Verwendung des Datenquellenobjekts eine Sitzung erstellt. Ein Datenquellenobjekt kann mehreren Sitzungen zugeordnet sein. Tabelle 27.3 gibt einen Überblick über die Schnittstellen der Sitzungsobjekte.

| Schnittstelle | Erforderlich? | Implementiert? |
|---|---|---|
| IGetDataSource | Obligatorisch | Ja |
| IOpenRowset | Obligatorisch | Ja |
| ISessionProperties | Obligatorisch | Ja |
| IDBCreateCommand | Optional | Ja |
| IDBSchemaRowset | Optional | Ja |
| IIndexDefinition | Optional | Nein |
| ISupportErrorInfo | Optional | Nein |
| ITableDefinition | Optional | Nein |
| ITransactionJoin | Optional | Nein |
| ITransactionLocal | Optional | Nein |
| ITransactionObject | Optional | Nein |

*Tabelle 27.3: Anforderungen bezüglich der Schnittstellen von Sitzungsobjekten*

Der folgende Quelltextausschnitt zeigt den Code, der vom *ATL-OLE DB-Provider-Assistent* zur Implementierung eines Sitzungsobjekts eingefügt wird, wenn Sie einen OLE DB-Provider erstellen:

```
class ATL_NO_VTABLE CAProviderSession :
    public CComObjectRootEx<CComSingleThreadModel>,
    public IGetDataSourceImpl<CAProviderSession>,
    public IOpenRowsetImpl<CAProviderSession>,
    public ISessionPropertiesImpl<CAProviderSession>,
    public IObjectWithSiteSessionImpl<CAProviderSession>,
    public IDBSchemaRowsetImpl<CAProviderSession>,
    public IDBCreateCommandImpl<CAProviderSession, CAProviderCommand>
{
    ⋮
};
```

## Das Rowsetobjekt

Ein Rowsetobjekt stellt eine Tabelle dar. Auf der reinen OLE DB-Ebene werden Rowsets durch den Aufruf der Funktion *IOpenRowset::OpenRowset* des Sitzungsobjekts generiert. Provider, die Befehle ausführen können, verwenden Rowsets zur Unterbringung solcher Abfrageergebnisse, die in Form von Datenzeilen anfallen. OLE DB verfügt neben der Funktion *IOpenRowset::OpenRowset* über eine Reihe anderer Funktionen, die Rowsets liefern. Beispielsweise geben Schemafunktionen Rowsets zurück. Einzelne Sitzungen können mit mehreren Rowsets verbunden sein. Zudem können einzelne Befehlsobjekte mehreren Rowsets zugeordnet sein. Tabelle 27.4 zeigt die Schnittstellen für Rowsetobjekte.

| Schnittstelle | Erforderliche? | Implementiert? |
|---|---|---|
| IAccessor | Obligatorisch | Ja |
| IColumnsInfo | Obligatorisch | Ja |
| IConvertType | Obligatorisch | Ja |
| IRowset | Obligatorisch | Ja |
| IRowsetInfo | Obligatorisch | Ja |
| IColumnsRowset | Optional | Nein |
| IConnectionPointContainer | Optional | Ja, über ATL |
| IRowsetChange | Optional | Nein |
| IRowsetIdentity | Erforderlich für Level 0 | Ja |
| IRowsetLocate | Optional | Nein |
| IRowsetResynch | Optional | Nein |
| IRowsetScroll | Optional | Nein |
| IRowsetUpdate | Optional | Nein |
| ISupportErrorInfo | Optional | Nein |

*Tabelle 27.4: Anforderungen bezüglich der Schnittstellen von Rowsetobjekten*

Der folgende Quelltextausschnitt zeigt den Code, der vom *ATL-OLE DB-Provider-Assistent* zur Implementierung eines Rowsetobjekts eingefügt wird, wenn Sie einen OLE DB-Provider erstellen:

```
class CAProviderWindowsFile:
    public WIN32_FIND_DATA
{
public:

BEGIN_PROVIDER_COLUMN_MAP(CAProviderWindowsFile)
    PROVIDER_COLUMN_ENTRY("FileAttributes", 1, dwFileAttributes)
    PROVIDER_COLUMN_ENTRY("FileSizeHigh", 2, nFileSizeHigh)
    PROVIDER_COLUMN_ENTRY("FileSizeLow", 3, nFileSizeLow)
    PROVIDER_COLUMN_ENTRY_STR("FileName", 4, cFileName)
    PROVIDER_COLUMN_ENTRY_STR("AltFileName", 5, cAlternateFileName)
END_PROVIDER_COLUMN_MAP()
};

class CAProviderRowset :
    public CRowsetImpl< CAProviderRowset,
                        CAProviderWindowsFile,
                        CAProviderCommand>
{
    ⋮
};
```

Das vom Assistenten generierte Rowsetobjekt implementiert unter anderem die Schnittstellen *IAccessor*, *IRowset* und *IRowsetInfo*. *IAccessorImpl* bindet beide Ausgabespalten. Die Schnittstelle *IRowset* ruft Zeilen und Daten ab. Die Schnittstelle *IRowsetInfo* verwaltet die Rowseteigenschaften. Die Klasse *CProviderWindowsFile* repräsentiert die Datensatzklasse. Die Klasse, die der Assistent generiert, ist eigentlich nur ein Platzhalter. Wenn Sie das Spaltenformat Ihres Datenproviders festlegen möchten, müssen Sie diese Klasse entsprechend überarbeiten.

## Wie die Bestandteile des Providers zusammenarbeiten

Die Verwendung des ersten Teils der Architektur – der Datenquelle – sollte offensichtlich sein. Jeder Provider muss ein Datenquellenobjekt enthalten. Wenn die Consumeranwendung Daten benötigt, ruft der Consumer die Funktion *CoCreateInstance* auf, um ein Datenquellenobjekt anzulegen und den Provider zu starten. Auf Seiten des Providers ist das Datenquellenobjekt dafür verantwortlich, mit Hilfe der Schnittstelle *IDBCreateSession* ein Sitzungsobjekt zu erstellen. Der Consumer verwendet diese Schnittstelle, um eine Verbindung zum Datenquellenobjekt herzustellen.

Das Befehlsobjekt erledigt den Großteil der Arbeit. Damit der Datenprovider tatsächlich etwas tut, müssen Sie die Funktion *Execute* des Befehlsobjekts abändern.

Wie bei den meisten COM-Protokollen werden die Vorzüge des OLE DB-Protokolls wohl erst deutlich, wenn man sich eine Weile damit beschäftigt hat. Und das OLE DB-Protokoll erfordert wie die meisten COM-Protokolle auch eine Menge Quellcode – Code, der sich eigentlich durch eine Art Anwendungsgerüst implementieren ließe. Genau darum geht es bei den Vorlagen für Datenconsumer und Datenprovider. Im restlichen Teil dieses Kapitels wird erläutert, wie Sie Datenconsumer und Datenprovider erstellen können.

# Einen OLE DB-Consumer erstellen

Die Entwicklung eines OLE DB-Consumers ist recht einfach, da ein Großteil der Arbeit vom *ATL-OLE DB-Consumer-Assistenten* übernommen wird. Sie finden ein Beispiel für einen Consumer im Ordner Ex27 auf der Begleit-CD. Im Folgenden werden die Arbeitsschritte beschrieben, die Sie ausführen müssen, um mit dem *ATL-OLE DB-Consumer-Assistenten* einen OLE DB-Consumer zu erstellen.

1. Erstellen Sie eine Anwendung oder ein Steuerelement, das die Daten benutzt. Sie können beispielsweise ein ActiveX-Steuerelement erstellen.

2. Verwenden Sie den *ATL-OLE DB-Consumer-Assistenten* (Abbildung 27.1), um einen Datenconsumer ins Projekt aufzunehmen (Geben Sie im Menü *Projekt* den Befehl *Klasse hinzufügen* und wählen Sie dann die Klassenvorlage *ATL-OLEDB-Consumer*.)

3. Geben Sie der Klasse auf der einzigen Seite des Assistenten einen Namen, wählen Sie eine Datenquelle, wählen Sie zwischen Tabelle und Befehl und legen Sie die Art der Aktualisierungen fest, die der Consumer durchführen soll (*Ändern*, *Einfügen* und *Löschen*).

4. Klicken Sie auf die Schaltfläche *Datenquelle*, um die Datenquelle auszuwählen. Nachdem Sie eine Datenquelle angegeben haben, klicken Sie auf *OK*. Der Assistent generiert eine funktionsfähige OLE DB-Consumervorlage für Sie.

*Die OLE DB-Vorlagen*

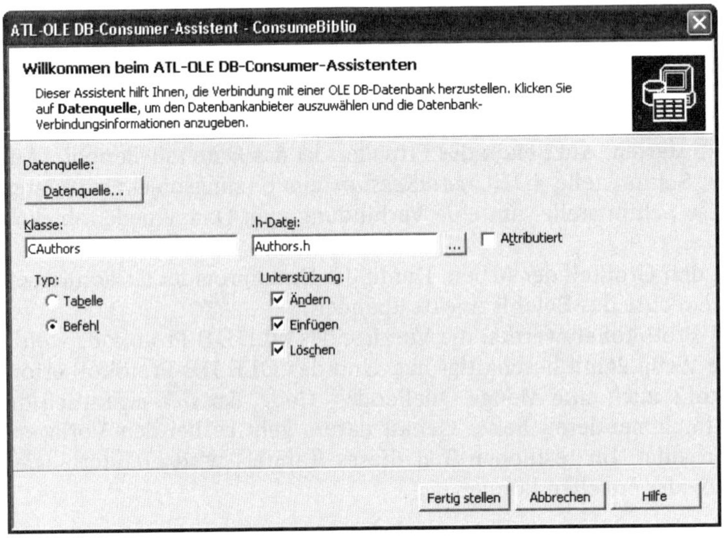

**Abbildung 27.1:** *Der ATL-OLE DB-Consumer-Assistent*

Wir haben als Beispiel eine Microsoft Access-Datenbank namens Biblio.mdb benutzt und einen Datenconsumer generiert. Die Datenbank Biblio enthält die Titel und Autoren verschiedener Titel zum Thema Programmierung. Wenn man mit dem *ATL-OLE DB-Consumer-Assistenten* eine OLE DB-Consumervorlage für die Tabelle *Authors* aus der Datenbank Biblio generiert, erhält man folgende Klassen:

```
// Authors.h : Deklaration von CAuthors
#pragma once

// Code generiert auf Mittwoch, 17. April 2002, 10:25
class CAuthorsAccessor
{
public:
    LONG m_Au_ID;
    TCHAR m_Author[51];
    SHORT m_YearBorn;

    // Folgende vom Assistenten generierte Datenmember enthalten Statuswerte
    // für die entsprechenden Felder in der Spaltenzuordnung. Sie können
    // diese Werte als Null-Werte, die von der Datenbank zurückgegeben
    // werden, oder für vom Compiler ausgegebene Fehlerinformationen verwenden.
    // Weitere Informationen finden Sie in der Visual C++-Dokumentation unter Datenmember.
    // Hinweis: Diese Felder müssen vor dem Einfügen von Daten initialisiert werden.

    DBSTATUS m_dwAu_IDStatus;
    DBSTATUS m_dwAuthorStatus;
    DBSTATUS m_dwYearBornStatus;

    // Folgende vom Assistenten generierte Datenmember enthalten Längenwerte
    // für die entsprechenden Felder in der Spaltenzuordnung.
    // Hinweis: Für Spalten mit variablen Längen müssen diese
    //          Felder vor dem Einfügen von Daten initialisiert werden.
```

```cpp
    DBLENGTH m_dwAu_IDLength;
    DBLENGTH m_dwAuthorLength;
    DBLENGTH m_dwYearBornLength;

    void GetRowsetProperties(CDBPropSet* pPropSet)
    {   pPropSet->AddProperty(DBPROP_CANFETCHBACKWARDS,
            true, DBPROPOPTIONS_OPTIONAL);
        pPropSet->AddProperty(DBPROP_CANSCROLLBACKWARDS,
            true, DBPROPOPTIONS_OPTIONAL);
        pPropSet->AddProperty(DBPROP_IRowsetChange,
            true, DBPROPOPTIONS_OPTIONAL);
        pPropSet->AddProperty(DBPROP_UPDATABILITY,
            DBPROPVAL_UP_CHANGE | DBPROPVAL_UP_INSERT
            | DBPROPVAL_UP_DELETE);
    }

    HRESULT OpenDataSource()
    {   CDataSource _db;
        HRESULT hr;
        // Hier folgt der _db.OpenFromInitializationString
        ⋮
        if (FAILED(hr))
        {
#ifdef _DEBUG
            AtlTraceErrorRecords(hr);
#endif
            return hr;
        }
        return m_session.Open(_db);
    }

    void CloseDataSource()
    {   m_session.Close();
    }

    operator const CSession&()
    {   return m_session;
    }

    CSession m_session;
    DEFINE_COMMAND_EX(CAuthorsAccessor, L" \
     SELECT \
        Au_ID, \
        Author, \
        'Year Born' \
        FROM Authors")

    BEGIN_COLUMN_MAP(CAuthorsAccessor)
        COLUMN_ENTRY_LENGTH_STATUS(1, m_Au_ID,
            m_dwAu_IDLength, m_dwAu_IDStatus)
        COLUMN_ENTRY_LENGTH_STATUS(2,
            m_Author, m_dwAuthorLength, m_dwAuthorStatus)
        COLUMN_ENTRY_LENGTH_STATUS(3,
            m_YearBorn, m_dwYearBornLength, m_dwYearBornStatus)
    END_COLUMN_MAP()
};
```

*Die OLE DB-Vorlagen*

```cpp
class CAuthors : public CCommand<CAccessor<CAuthorsAccessor> >
{
public:
    HRESULT OpenAll()
    {
        HRESULT hr;
        hr = OpenDataSource();
        if (FAILED(hr))
            return hr;
        __if_exists(GetRowsetProperties)
        {
            CDBPropSet propset(DBPROPSET_ROWSET);
            __if_exists(HasBookmark)
            {
                propset.AddProperty(DBPROP_IRowsetLocate, true);
            }
            GetRowsetProperties(&propset);
            return OpenRowset(&propset);
        }
        __if_not_exists(GetRowsetProperties)
        {
            __if_exists(HasBookmark)
            {
                CDBPropSet propset(DBPROPSET_ROWSET);
                propset.AddProperty(DBPROP_IRowsetLocate, true);
                return OpenRowset(&propset);
            }
        }
        return OpenRowset();
    }

    HRESULT OpenRowset(DBPROPSET *pPropSet = NULL)
    {
        HRESULT hr = Open(m_session, L"Authors", pPropSet);
#ifdef _DEBUG
        if(FAILED(hr))
            AtlTraceErrorRecords(hr);
#endif
        return hr;
    }

    void CloseAll()
    {
        Close();
        ReleaseCommand();
        CloseDataSource();
    }
};
```

Die Klasse *CAuthorsAccessor* definiert die Struktur eines Autorendatensatzes. Beachten Sie bitte, dass die Klasse je ein Datenelement für die ID, den Namen und das Geburtsjahr des Autors enthält.

Die Klasse *CAuthors* stellt den eigentlichen Datenconsumer dar, der eine Verbindung zur Datenbank herstellt. Diese Klasse ist von der Klasse *CCommand* abgeleitet. Denken Sie daran, dass Befehlsobjekte einen Befehl darstellen (z.B. eine SQL-Anweisung) und Rowsets generieren.

Die *COLUMN_MAP*-Tabelle definiert den Aufbau des gelieferten Rowsets. Die Parameterdaten für einen Befehl werden in einer *PARAM_MAP*-Tabelle übergeben.

Die Spaltentabellen und die Parametertabellen stellen den Accessor so dar, wie der Benutzer ihn sieht. Wie viele andere Datenstrukturen in der ATL und der MFC werden auch diese Tabellen mit Hilfe passender Makros zusammengestellt. Die Tabellen funktionieren folgendermaßen: Die Daten, die von der Datenbank geliefert werden, liegen in einem zusammenhängenden Speicherblock. OLE DB-Vorlagen lesen die Daten aus diesem Speicherblock aus. Die Datenelemente in den Tabelleneinträgen ermöglichen die Berechnung der Positionen, an denen die jeweiligen Datenelemente im Speicherblock liegen. Mit Hilfe dieser Einträge lassen sich die Daten automatisch extrahieren und wieder in die gewünschte Form bringen. Auf diese Weise bleibt es dem Programmierer erspart, die Daten zum Beispiel mit Zeigeroperationen aus dem Speicherblock extrahieren zu müssen.

## Den Code des OLE DB-Consumers verwenden

Die Verwendung der Datenbankconsumerklasse ist fast genauso einfach wie ihre Erstellung. So nutzen Sie die Vorteile der Datenbankconsumerklasse:

1. Deklarieren Sie an der gewünschten Stelle eine Instanz der Klasse *CAuthors*:

```
class CUseAuthors : public CDialog {
    CAuthors m_authors;
    :
};
```

2. Öffnen Sie die Autorentabelle, indem Sie die Methode *Open* des Datenbankconsumerobjekts aufrufen:

```
CUseAuthors::OnInitDialog() {
    m_authors.Open();
}
```

3. Verwenden Sie zur Navigation in der Datenbank und zur Bearbeitung der Daten die entsprechenden Memberfunktionen. Die folgenden Zeilen zeigen einige Beispiele für die Operationen, die Sie durchführen können:

```
CUseAuthors::OnNext() {
    m_authors.MoveNext();
}
CUseAuthors::OnFirst() {
    m_authors.MoveFirst();
}
CUseAuthors::OnLast() {
    m_authors.MoveLast();
}
CUseAuthors::OnInsert() {
    m_authors.Insert();
}
```

4. Während Sie die Datenbank bearbeiten, werden die Daten automatisch in den entsprechenden Datenelementen gespeichert. Wenn Sie z.B. den Namen des nächsten Autors in der Datenbank suchen, schreiben Sie hierzu Code wie den folgenden:

```
m_authors.MoveNext();
m_strAuthorName = m_authors.m_Author;
```

Wie Sie sehen, vereinfacht die Verwendung von Vorlagen den Abruf von Daten ungemein. Sie müssen lediglich die Datenbank finden, den *ATL-OLE DB-Consumer-Assistenten* darauf ansetzen und ihn den erforderlichen Code generieren lassen. Die Accessorklasse verfügt über Funktionen, mit denen Sie Daten in der Datenbank auswählen und abrufen können. Im Folgenden werden wir erläutern, wie die andere Seite von OLE DB funktioniert, nämlich die OLE DB-Provider.

# Einen OLE DB-Provider erstellen

Es ist recht einleuchtend, warum OLE DB-Consumer nützlich sind. Sie fordern einfach einen Assistenten auf, ein Objekt zu erstellen, und erhalten auf diese Weise recht bequem die Möglichkeit, auf die Daten einer Datenbank zuzugreifen. Nicht ganz so offensichtlich ist dagegen, warum man auf die Idee kommen könnte, einen OLE DB-Provider zu entwickeln.

OLE DB-Provider ermöglichen es Ihnen, eine Softwareschicht zwischen den Consumer von Daten und die eigentlichen Daten zu legen. Im Folgenden werden einige Gründe aufgeführt, warum es sinnvoll sein kann, einen Provider zu schreiben.

- Ein OLE DB-Provider bedeutet, dass Clients nicht direkt mit den Daten in Berührung kommen. Daher können Sie zusätzliche Funktionen einführen, zum Beispiel Abfragefunktionen.
- In einigen Fällen gibt Ihnen die Entwicklung eines OLE DB-Providers die Möglichkeit, den Datenzugriff zu beschleunigen, indem Sie die Datenverarbeitung entsprechend steuern.
- Durch die Einführung einer OLE DB-Providerschicht wird die potentielle Zielgruppe der Daten vergrößert. Wenn Sie beispielsweise mit einem proprietären Datenformat arbeiten, auf das nur unter Verwendung einer bestimmten Programmiersprache zugegriffen werden kann, ist dies eine eindeutige Schwachstelle. OLE DB-Provider geben Ihnen die Möglichkeit, dieses proprietäre Datenformat für einen größeren Kreis von Programmierern verfügbar zu machen, unabhängig von der Programmiersprache, die von diesen verwendet wird.

Die Erstellung von OLE DB-Providern ähnelt der von Consumern. Die Assistenten nehmen Ihnen eine Menge Arbeit ab. Sie brauchen eigentlich nur noch zu wissen, wie man die generierten Klassen verwendet. Ein OLE DB-Provider entsteht in folgenden Arbeitsschritten:

1. Zuerst müssen Sie entscheiden, was der Provider leisten soll. Bedenken Sie, welches Konzept hinter OLE DB steckt: Es soll eine einheitliche Möglichkeit bieten, auf Daten unterschiedlicher Quellen zuzugreifen. Sie können beispielsweise einen Provider schreiben, der den Inhalt einer Verbunddatei auflistet. Sie können aber auch einen Provider erstellen, der E-Mail-Ordner verarbeitet und Clients einen datenbankähnlichen Zugriff auf das E-Mail-System gibt. Die Möglichkeiten sind nahezu endlos.

2. Generieren Sie den Provider mit dem *ATL-OLE DB-Provider-Assistenten*. (Geben Sie im Menü *Projekt* den Befehl *Klasse hinzufügen* und wählen Sie dann die Klassenvorlage *ATL-OLEDB-Provider*.) Der Assistent fordert Sie auf, dem Objekt einen Namen zu geben. Sie können die vorgegebenen Dateinamen ändern.

3. Nachdem Sie auf *Fertig stellen* geklickt haben, erstellt der *ATL-OLE DB-Provider-Assistent* den Code für den Provider, einschließlich einer Datenquelle, eines Rowsets und einer Sitzung. Neben diesen Objekten hat der Provider auch noch eine oder mehrere Eigenschaften, die der Assistent in den Dateien in entsprechenden Eigenschaftentabellen definiert. Wenn der Assistent die Dateien generiert, fügt er Tabellen für die Eigenschaften ein, die zu der OLE DB-Eigenschaftengruppe gehören, die für das Objekt oder die Objekte in den betreffenden Dateien

definiert wurden. Beispielsweise enthält die Headerdatei des Datenquellenobjekts eine Eigenschaftentabelle für die Datenquelleneigenschaften. Die Headerdatei des Sitzungsobjekts enthält eine Eigenschaftentabelle für die Sitzungseigenschaften. Das Rowset- und das Befehlsobjekt sind in einer gemeinsamen Headerdatei definiert, die auch Eigenschaften des Befehlsobjekts enthält.

Sehen Sie sich zum Beispiel einmal an, was der *ATL-OLE DB-Provider-Assistent* für einen OLE DB-Provider namens *AProvider* generiert. Zuerst erstellt der Assistent ein Datenquellenobjekt, das er in einer Datei namens AProviderDS.h unterbringt:

```
class ATL_NO_VTABLE CAProviderSource :
    public CComObjectRootEx<CComSingleThreadModel>,
    public CComCoClass<CAProviderSource, &CLSID_AProvider>,
    public IDBCreateSessionImpl<CAProviderSource, CAProviderSession>,
    public IDBInitializeImpl<CAProviderSource>,
    public IDBPropertiesImpl<CAProviderSource>,
    public IPersistImpl<CAProviderSource>,
    public IInternalConnectionImpl<CAProviderSource>
{
public:
    DECLARE_PROTECT_FINAL_CONSTRUCT()

    HRESULT FinalConstruct()
    {
        return FInit();
    }

    void FinalRelease()
    {
    }

DECLARE_REGISTRY_RESOURCEID(IDR_APROVIDER)
BEGIN_COM_MAP(CAProviderSource)
    COM_INTERFACE_ENTRY(IDBCreateSession)
    COM_INTERFACE_ENTRY(IDBInitialize)
    COM_INTERFACE_ENTRY(IDBProperties)
    COM_INTERFACE_ENTRY(IPersist)
    COM_INTERFACE_ENTRY(IInternalConnection)
END_COM_MAP()

BEGIN_PROPSET_MAP(CAProviderSource)
    BEGIN_PROPERTY_SET(DBPROPSET_DATASOURCEINFO)
        PROPERTY_INFO_ENTRY(ACTIVESESSIONS)
        PROPERTY_INFO_ENTRY(DATASOURCEREADONLY)
        PROPERTY_INFO_ENTRY(BYREFACCESSORS)
        PROPERTY_INFO_ENTRY(OUTPUTPARAMETERAVAILABILITY)
        PROPERTY_INFO_ENTRY(PROVIDEROLEDBVER)
        PROPERTY_INFO_ENTRY(DSOTHREADMODEL)
        PROPERTY_INFO_ENTRY(SUPPORTEDTXNISOLEVELS)
        PROPERTY_INFO_ENTRY(USERNAME)
    END_PROPERTY_SET(DBPROPSET_DATASOURCEINFO)
    BEGIN_PROPERTY_SET(DBPROPSET_DBINIT)
        PROPERTY_INFO_ENTRY(AUTH_PASSWORD)
        PROPERTY_INFO_ENTRY(AUTH_PERSIST_SENSITIVE_AUTHINFO)
        PROPERTY_INFO_ENTRY(AUTH_USERID)
        PROPERTY_INFO_ENTRY(INIT_DATASOURCE)
        PROPERTY_INFO_ENTRY(INIT_HWND)
```

```
        PROPERTY_INFO_ENTRY(INIT_LCID)
        PROPERTY_INFO_ENTRY(INIT_LOCATION)
        PROPERTY_INFO_ENTRY(INIT_MODE)
        PROPERTY_INFO_ENTRY(INIT_PROMPT)
        PROPERTY_INFO_ENTRY(INIT_PROVIDERSTRING)
        PROPERTY_INFO_ENTRY(INIT_TIMEOUT)
    END_PROPERTY_SET(DBPROPSET_DBINIT)
    CHAIN_PROPERTY_SET(CAProviderSession)
    CHAIN_PROPERTY_SET(CAProviderCommand)
END_PROPSET_MAP()

public:
};
```

Neben dem Datenquellenobjekt erstellt der *ATL-OLE DB-Provider-Assistent* ein Befehlsobjekt und ein Rowsetobjekt, die beide in der Datei AProviderRS.h liegen:

```
class ATL_NO_VTABLE CAProviderCommand :
    public CComObjectRootEx<CComSingleThreadModel>,
    public IAccessorImpl<CAProviderCommand>,
    public ICommandTextImpl<CAProviderCommand>,
    public ICommandPropertiesImpl<CAProviderCommand>,
    public IObjectWithSiteImpl<CAProviderCommand>,
    public IConvertTypeImpl<CAProviderCommand>,
    public IColumnsInfoImpl<CAProviderCommand>,
    public IInternalCommandConnectionImpl<CAProviderCommand>

{
public:

BEGIN_COM_MAP(CAProviderCommand)
    COM_INTERFACE_ENTRY(ICommand)
    COM_INTERFACE_ENTRY(IObjectWithSite)
    COM_INTERFACE_ENTRY(IAccessor)
    COM_INTERFACE_ENTRY(ICommandProperties)
    COM_INTERFACE_ENTRY2(ICommandText, ICommand)
    COM_INTERFACE_ENTRY(IColumnsInfo)
    COM_INTERFACE_ENTRY(IConvertType)
    COM_INTERFACE_ENTRY(IInternalConnection)
END_COM_MAP()

// ICommand
public:

    HRESULT FinalConstruct()
    {
        HRESULT hr = CConvertHelper::FinalConstruct();
        if (FAILED (hr))
            return hr;
        hr = IAccessorImpl<CAProviderCommand>::FinalConstruct();
        if (FAILED(hr))
            return hr;
        return CUtlProps<CAProviderCommand>::FInit();
    }
    void FinalRelease()
    {
        IAccessorImpl<CAProviderCommand>::FinalRelease();
    }
```

```cpp
    HRESULT WINAPI Execute(IUnknown * pUnkOuter,
      REFIID riid, DBPARAMS * pParams,
      LONG * pcRowsAffected, IUnknown ** ppRowset);

    static ATLCOLUMNINFO* GetColumnInfo(CAProviderCommand* pv,
                                        ULONG* pcInfo)
    {
        return CAProviderWindowsFile::GetColumnInfo(pv, pcInfo);
    }
BEGIN_PROPSET_MAP(CAProviderCommand)
    BEGIN_PROPERTY_SET(DBPROPSET_ROWSET)
        PROPERTY_INFO_ENTRY(IAccessor)
        PROPERTY_INFO_ENTRY(IColumnsInfo)
        PROPERTY_INFO_ENTRY(IConvertType)
        PROPERTY_INFO_ENTRY(IRowset)
        PROPERTY_INFO_ENTRY(IRowsetIdentity)
        PROPERTY_INFO_ENTRY(IRowsetInfo)
        PROPERTY_INFO_ENTRY(IRowsetLocate)
        PROPERTY_INFO_ENTRY(BOOKMARKS)
        PROPERTY_INFO_ENTRY(BOOKMARKSKIPPED)
        PROPERTY_INFO_ENTRY(BOOKMARKTYPE)
        PROPERTY_INFO_ENTRY(CANFETCHBACKWARDS)
        PROPERTY_INFO_ENTRY(CANHOLDROWS)
        PROPERTY_INFO_ENTRY(CANSCROLLBACKWARDS)
        PROPERTY_INFO_ENTRY(LITERALBOOKMARKS)
        PROPERTY_INFO_ENTRY(ORDEREDBOOKMARKS)
    END_PROPERTY_SET(DBPROPSET_ROWSET)
END_PROPSET_MAP()
};

class CAProviderRowset :
    public CRowsetImpl< CAProviderRowset,
                        CAProviderWindowsFile, CAProviderCommand>
{
public:

    HRESULT Execute(DBPARAMS * pParams, LONG* pcRowsAffected)
    {
        USES_CONVERSION;
        BOOL bFound = FALSE;
        HANDLE hFile;

        LPTSTR  szDir =
            (m_strCommandText == _T("")) ? _T("*.*") :
                OLE2T(m_strCommandText);

        CAProviderWindowsFile wf;
        hFile = FindFirstFile(szDir, &wf);
        if (hFile == INVALID_HANDLE_VALUE)
            return DB_E_ERRORSINCOMMAND;
        LONG cFiles = 1;
        BOOL bMoreFiles = TRUE;
```

*Die OLE DB-Vorlagen*

```
        while (bMoreFiles)
        {
            _ATLTRY
            {
                m_rgRowData.Add(wf);
            }
            _ATLCATCH( e )
            {
                _ATLDELETEEXCEPTION( e )
                return E_OUTOFMEMORY;
            }
            bMoreFiles = FindNextFile(hFile, &wf);
            cFiles++;
        }
        FindClose(hFile);
        if (pcRowsAffected != NULL)
            *pcRowsAffected = cFiles;
        return S_OK;
    }
};
```

Der ATL-Objekt-Assistent erzeugt in der Datei AProviderSess.h mit folgendem Code ein Sitzungsobjekt:

```
class ATL_NO_VTABLE CAProviderSession :
    public CComObjectRootEx<CComSingleThreadModel>,
    public IGetDataSourceImpl<CAProviderSession>,
    public IOpenRowsetImpl<CAProviderSession>,
    public ISessionPropertiesImpl<CAProviderSession>,
    public IObjectWithSiteSessionImpl<CAProviderSession>,
    public IDBSchemaRowsetImpl<CAProviderSession>,
    public IDBCreateCommandImpl<CAProviderSession, CAProviderCommand>
{
public:
    CAProviderSession()
    {
    }

    DECLARE_PROTECT_FINAL_CONSTRUCT()

    HRESULT FinalConstruct()
    {
        return FInit();
    }
    void FinalRelease()
    {
    }
    STDMETHOD(OpenRowset)(IUnknown *pUnk, DBID *pTID,
                    DBID *pInID, REFIID riid,
                    ULONG cSets, DBPROPSET rgSets[],
                    IUnknown **ppRowset)
    {
        CAProviderRowset* pRowset;
        return CreateRowset(pUnk, pTID, pInID, riid, cSets,
                    rgSets, ppRowset, pRowset);
    }
```

```
    void SetRestrictions(ULONG cRestrictions,
        GUID* rguidSchema, ULONG* rgRestrictions)
    {
        for (ULONG l=0; l<cRestrictions; l++)
        {
            // Es werden nur Einschränkungen im Tabellennamen unterstützt
            if (InlineIsEqualGUID(rguidSchema[l], DBSCHEMA_TABLES))
                rgRestrictions[l] = 0x04;
            else if (InlineIsEqualGUID(rguidSchema[l], DBSCHEMA_COLUMNS))
                rgRestrictions[l] = 0x04;
            else if (InlineIsEqualGUID(rguidSchema[l],
                    DBSCHEMA_PROVIDER_TYPES))
                rgRestrictions[l] = 0x00;
        }
    }
BEGIN_PROPSET_MAP(CAProviderSession)
    BEGIN_PROPERTY_SET(DBPROPSET_SESSION)
        PROPERTY_INFO_ENTRY(SESS_AUTOCOMMITISOLEVELS)
    END_PROPERTY_SET(DBPROPSET_SESSION)
END_PROPSET_MAP()

BEGIN_COM_MAP(CAProviderSession)
    COM_INTERFACE_ENTRY(IGetDataSource)
    COM_INTERFACE_ENTRY(IOpenRowset)
    COM_INTERFACE_ENTRY(ISessionProperties)
    COM_INTERFACE_ENTRY(IObjectWithSite)
    COM_INTERFACE_ENTRY(IDBCreateCommand)
    COM_INTERFACE_ENTRY(IDBSchemaRowset)
END_COM_MAP()

BEGIN_SCHEMA_MAP(CAProviderSession)
    SCHEMA_ENTRY(DBSCHEMA_TABLES, CAProviderSessionTRSchemaRowset)
    SCHEMA_ENTRY(DBSCHEMA_COLUMNS, CAProviderSessionColSchemaRowset)
    SCHEMA_ENTRY(DBSCHEMA_PROVIDER_TYPES,
                CAProviderSessionPTSchemaRowset)
END_SCHEMA_MAP()
};
⋮
```

## Den Providercode überarbeiten

Wie die meisten Assistenten generiert der ATL-Objekt-Assistent für den OLE DB-Provider nur ein Codegrundgerüst. Sie müssen einige Arbeitsschritte durchführen, um diesen Code zu einem echten OLE DB-Provider auszubauen. Zwei wichtige Elemente, die Sie zum Provider hinzufügen müssen, sind der Benutzerdatensatz und Code, der zur Bearbeitung der Datenmenge dient und die Daten in Tabellenform bringt.

Der *ATL-OLE DB-Provider-Assistent* erstellt standardmäßig einen Benutzerdatensatz namens *CAProviderWindowsFile*. Sie sollten diesen Benutzerdatensatz aber eigentlich nicht verwenden, sondern durch etwas Sinnvolleres ersetzen. Angenommen, Sie möchten einen OLE DB-Provider schreiben, der die Elemente einer Verbunddatei auflistet. Ihr Benutzerdatensatz könnte dann wie folgt aussehen:

```
struct CStgInfo {
BEGIN_PROVIDER_COLUMN_MAP(CStgInfo)
    PROVIDER_COLUMN_ENTRY("StgName", 1, szName)
    PROVIDER_COLUMN_ENTRY("Size", 2, cbSizeLow)
    PROVIDER_COLUMN_ENTRY("Size", 2, cbSizeHigh)
END_PROVIDER_COLUMN_MAP()

    OLECHAR szName[256];
    long cbSizeLow;
    long cbSizeHigh;
};
```

Diese Struktur enthält Datenfelder für die Namen und die Größe der Dateikomponenten. Die Spaltentabellenmakros teilen die Daten in die gewünschten Spalten auf. Sie könnten die Struktur tatsächlich von einer *STATSTG*-Struktur ableiten (sie dient zur Auflistung von strukturierten Speichern). Sie brauchen lediglich die erforderlichen Einträge in die Spaltentabelle einfügen, um die Datenelemente zuzuordnen.

Die nächste wichtige Ergänzung ist der Code, mit dem die Datenmenge geöffnet wird. Dies geschieht in der *Execute*-Funktion des Rowsetobjekts. Sie können hier viele verschiedene Dinge implementieren. Wenn Sie beispielsweise die in einer Verbunddatei enthaltenen Hauptspeicher auflisten möchten, dann öffnen Sie die Verbunddatei und listen deren Inhalt auf, wie das folgende Quelltextfragment zeigt:

```
class RStgInfoProviderRowset :
    public CRowsetImpl<RStgInfoProviderRowset,
                      CStgInfo,
                      CStgInfoProviderCommand>
{
public:
    HRESULT Execute(DBPARAMS * pParams, LONG* pcRowsAffected)
    {
        USES_CONVERSION;
        LPTSTR  szFile =
            m_strCommandText == _T("")) ? _T("") :
                OLE2T(m_strCommandText);

        IStorage* pStg = NULL;

        HRESULT hr = StgOpenStorage(szFile, NULL,
                              STGM_READ|STGM_SHARE_EXCLUSIVE,
                              NULL, NULL, &pStg);

        if(FAILED(hr))
            return DB_E_ERRORSINCOMMAND;

        LONG cStgs = 0;

        IEnumSTATSTG* pEnumSTATSTG;

        hr = pStg->EnumElements(0, 0, 0, &pEnumSTATSTG);

        if(pEnumSTATSTG) {

            STATSTG rgSTATSTG[100];
            ULONG nFetched;

            hr = pEnumSTATSTG->Next(100, rgSTATSTG, &nFetched);
```

```
        for(ULONG i = 0; i < nFetched; i++) {
            CStgInfo stgInfo;
            stgInfo.cbSizeLow = rgSTATSTG[i].cbSize.LowPart;
            stgInfo.cbSizeHigh = rgSTATSTG[i].cbSize.HighPart;

            wcsncpy(stgInfo.szName,
                    rgSTATSTG[i].pwcsName,
                    255);

            CoTaskMemFree(rgSTATSTG[i].pwcsName);

            if (!m_rgRowData.Add(stgInfo))
                return E_OUTOFMEMORY;
            cStgs++;
        }
        pEnumSTATSTG->Release();
    }
    if(pStg)
        pStg->Release();

    if (pcRowsAffected != NULL)
        *pcRowsAffected = cStgs;
    return S_OK;
}
```

Wenn ein Client versucht, den OLE DB-Datenprovider zu öffnen, endet der Aufruf in dieser Funktion. Diese Funktion öffnet einfach die Verbunddatei, die im Befehlstext angegeben wurde, und verwendet das Standardaufzählungsobjekt, um die Storageobjekte der obersten Ebene zu finden. Die Funktion *Execute* speichert dann den Namen des Storageobjekts und dessen Größe in einem Array. Der OLE DB-Provider verwendet dieses Array, um die Datenanforderung zu erfüllen.

## Den Provider verbessern

Natürlich lässt sich dieser OLE DB-Provider in vielerlei Hinsicht verbessern. Wir sind nur sehr oberflächlich darauf eingegangen, wie Datenprovider eingesetzt werden können. Der *ATL-OLE DB-Provider-Assistent* wirft standardmäßig einen Provider aus, der nur Lesezugriffe zulässt, sodass die Benutzer den Dateninhalt nicht ändern können. Zudem bieten die OLE DB-Vorlagen Unterstützung für die Suche nach Rowsets und das Setzen von Textmarken. In den meisten Fällen bedeutet eine Erweiterung des Providers, die in den OLE DB-Vorlagen definierten COM-Schnittstellen zu implementieren.

# OLE DB-Programmierung mit Attributen

So wie man ActiveX-Steuerelemente mit attributiertem ATL schreiben kann, so kann man auch OLE DB-Vorlagen mit Attributen verwenden. Sechs Attribute gibt es für OLE DB-Consumervorlagen. Sie werden in Tabelle 27.5 beschrieben.

| Attribut | Beschreibung |
| --- | --- |
| *db_accessor* | Bindet Spalten in einem Rowset an die entsprechenden Accessortabellen. |
| *db_column* | Bindet eine bestimmte Spalte an das Rowset. |
| *db_command* | Führt einen OLE DB-Befehl aus. |
| *db_param* | Verknüpft die angegebene Membervariable mit einem Eingangs- oder Ausgangsparameter. |
| *db_source* | Erstellt und kapselt eine Verbindung über einen Provider zu einer Datenquelle. |
| *db_table* | Öffnet eine OLE DB-Tabelle. |

*Tabelle 27.5: OLE DB-Consumerattribute*

Datenbankprogrammierung ist ein weiterer Bereich, in dem es sehr viel Standardcode gibt – ein ausgezeichneter Kandidat für die attributierte Programmierung. Wie erwähnt, deklarieren Sie bei dieser Art der Programmierung bestimmte Programmteile mit Attributen. Der Compiler und der Linker sorgen dann dafür, dass der entsprechende Code ins Programm aufgenommen wird. Der folgende Code ist zum Beispiel eine OLE DB-Consumervorlage für die Titeltabelle aus der Datenbank Biblio.mdb:

```
// // Titles.h : Deklaration von CTitles
#pragma once
[
    db_source(
        ⋮
    ),
    db_table(L"Titles")
]
class CTitles
{
public:
// Tabelle/Befehl enthält Spalten, auf die über eine ISequentialStream-Schnittstelle
// zugegriffen werden kann. Dieses Feature wird jedoch nicht von allen
// Anbietern unterstützt. Die Anbieter, die das Feature unterstützen, sind oft auf
// einen ISequentialStream pro RowSet beschränkt.
// Um Streams in diesem Accessor zu verwenden, geben Sie die Beispielcodezeilen
// ein, und setzen Sie die RowSet-Eigenschaft DBPROP_ISequentialStream auf True.
// Sie können die Read()-Methode verwenden, um die Daten
// zu lesen. Weitere Informationen über die
// ISequentialStream-Bindung finden Sie in der Dokumentation
// [ db_column(8, status=m_dwCommentsStatus,
//    length=m_dwCommentsLength) ] ISequentialStream* m_Comments;

   [ db_column(8, status=m_dwCommentsStatus,
            length=m_dwCommentsLength) ] TCHAR m_Comments[8000];

   [ db_column(5, status=m_dwDescriptionStatus,
            length=m_dwDescriptionLength) ] TCHAR m_Description[51];
```

```
[ db_column(3, status=m_dwISBNStatus,
        length=m_dwISBNLength) ] TCHAR m_ISBN[21];

[ db_column(6, status=m_dwNotesStatus,
        length=m_dwNotesLength) ] TCHAR m_Notes[51];

[ db_column(4, status=m_dwPubIDStatus,
        length=m_dwPubIDLength) ] LONG m_PubID;

[ db_column(7, status=m_dwSubjectStatus,
        length=m_dwSubjectLength) ] TCHAR m_Subject[51];

[ db_column(1, status=m_dwTitleStatus,
        length=m_dwTitleLength) ] TCHAR m_Title[256];

[ db_column(2, status=m_dwYearPublishedStatus,
        length=m_dwYearPublishedLength) ] SHORT m_YearPublished;

// Folgende vom Assistenten generierte Datenmember enthalten Statuswerte
// für die entsprechenden Felder. Sie können diese Werte als Null-Werte,
// die von der Datenbank zurückgegeben werden, oder für vom Compiler
// ausgegebene Fehlerinformationen verwenden.
// Weitere Informationen finden Sie in der Visual C++-Dokumentation unter Datenmember.
// Hinweis: Diese Felder müssen vor dem Einfügen von Daten initialisiert werden.

DBSTATUS m_dwCommentsStatus;
DBSTATUS m_dwDescriptionStatus;
DBSTATUS m_dwISBNStatus;
DBSTATUS m_dwNotesStatus;
DBSTATUS m_dwPubIDStatus;
DBSTATUS m_dwSubjectStatus;
DBSTATUS m_dwTitleStatus;
DBSTATUS m_dwYearPublishedStatus;

// Folgende vom Assistenten generierte Datenmember enthalten Längenwerte
// für die entsprechenden Felder.
// Hinweis: Für Spalten mit variablen Längen müssen diese
//          Felder vor dem Einfügen von Daten initialisiert werden.

DBLENGTH m_dwCommentsLength;
DBLENGTH m_dwDescriptionLength;
DBLENGTH m_dwISBNLength;
DBLENGTH m_dwNotesLength;
DBLENGTH m_dwPubIDLength;
DBLENGTH m_dwSubjectLength;
DBLENGTH m_dwTitleLength;
DBLENGTH m_dwYearPublishedLength;

void GetRowsetProperties(CDBPropSet* pPropSet)
{
    pPropSet->AddProperty(DBPROP_CANFETCHBACKWARDS, true, DBPROPOPTIONS_OPTIONAL);
    pPropSet->AddProperty(DBPROP_CANSCROLLBACKWARDS, true, DBPROPOPTIONS_OPTIONAL);
    // pPropSet->AddProperty(DBPROP_ISequentialStream, true);
    pPropSet->AddProperty(DBPROP_IRowsetChange,
        true, DBPROPOPTIONS_OPTIONAL);
    pPropSet->AddProperty(DBPROP_UPDATABILITY,
        DBPROPVAL_UP_CHANGE | DBPROPVAL_UP_INSERT | DBPROPVAL_UP_DELETE);
}
};
```

Diese C++-Klasse stellt die Tabelle *Titles* aus der Biblio-Datenbank dar. Durch die Attribute wird der Code etwas kürzer. Beachten Sie bitte, dass es die *COLUMN_MAP* aus der herkömmlichen ATL OLE DB-Consumervorlage nicht mehr gibt. Sie wurde durch Datenelemente der *CTitles*-Klasse ersetzt, denen jeweils ein *db_column*-Attribut vorausgeht. Beachten Sie bitte auch, dass es keine *CTitlesAccessor*-Klasse gibt. (Im Beispiel mit der herkömmlichen OLE DB-Consumervorlage sind die Klassen *CAuthorsAccessor* und *CAuthors* separate Elemente.) Die Accessordaten und die Klasse *CTitels* wurden in der Klasse *CTitles* zusammengefasst. Beachten Sie bitte auch, dass die Informationen für die Datenbankverbindung ebenfalls in Form von Attributen angegeben wurden, und zwar vor der Klasse *CTitles*. (Im Beispiel mit der herkömmlichen OLE DB-Consumervorlage mit der Autorentabelle wurden die Verbindungsdaten fest in die Memberfunktion *OpenDataSource* einprogrammiert.)

Die Arbeit mit der attributierten Klasse *CTitles* lässt sich mit *CAuthors* vergleichen, wie die folgende Beschreibung zeigt:

1. Deklarieren Sie eine *CTitles*-Instanz dort, wo Sie das Objekt brauchen:

```
class CUseTitles : public CDialog {
    CTitles m_titles;
    ⋮
};
```

2. Öffnen Sie die Datenbank mit der Memberfunktion *Open* des Datenbankconsumerobjekts:

```
CUseTitles::OnInitDialog() {
    m_titles.Open();
}
```

3. Benutzen Sie die Memberfunktionen zur Navigation in der Datenbank und zur Bearbeitung der Daten. Die folgenden Zeilen zeigen einige Beispiele für die Operationen, die Sie durchführen können:

```
CUseTitles::OnNext() {
    m_titles.MoveNext();
}
CUseTitles::OnFirst() {
    m_titles.MoveFirst();
}
CUseTitles::OnLast() {
    m_titles.MoveLast();
}
CUseTitles::OnInsert() {
    m_titles.Insert();
}
```

4. Während Sie auf den gewünschten Datensatz gehen, werden die Daten automatisch in den entsprechenden Datenelementen gespeichert. Wenn Sie z.B. den nächsten Titel in der Datenbank suchen, schreiben Sie hierzu Code wie den folgenden:

```
m_titles.MoveNext();
m_strTitle = m_titles.m_Title;
```

Die attributierten OLE DB-Consumervorlagen vereinfachen den Programmcode.

# Teil V
# Programmierung für das Internet

# 28 Internet-Grundlagen

| | |
|---|---|
| 724 | Internet-Einführung |
| 734 | Ein eigenes Mini-Intranet einrichten |
| 736 | Winsock-Programmierung |
| 748 | Einen Webserver mit *CHttpBlockingSocket* erstellen |
| 751 | Einen Webclient mit *CHttpBlockingSocket* erstellen |
| 752 | WinInet |
| 757 | Mit den MFC-WinInet-Klassen einen Webclient entwickeln |
| 759 | Asynchrone Monikerdateien |

Es gab eine Zeit, in der sich auch noch jemand Entwickler nennen konnte, der sich nicht um den Unterschied zwischen Desktop und Internet kümmerte. Inzwischen wächst das Internet selbst zur Entwicklungsplattform heran (besonders mit Microsoft .NET, das uns im Teil VI dieses Buchs beschäftigen wird). Um als moderner Entwickler Erfolg zu haben, müssen Sie die Arbeitsweise des Internets verstehen und wissen, wie man Programme schreibt, die via Internet auf andere Computer zugreifen. Irgendwo und irgendwann in naher Zukunft wird Ihre Software vermutlich mit dem Internet zu tun haben. Natürlich wird die herkömmliche Desktop-Programmierung nicht abrupt verschwinden. Aber das Internet bietet eine überragende Verbindungsmöglichkeit, die Sie auch nutzen wollen.

Dieses Kapitel beginnt mit einer knappen Einführung in die TCP/IP-Protokolle (Transmission Control Protocol/Internet Protocol), die im gesamten Internet verwendet werden. Anschließend sehen wir uns die nächsthöhere Ebene an und untersuchen die Arbeitsweise des Protokolls HTTP (Hypertext Transfer Protocol). Danach ist es an der Zeit, sich praktische Beispiele anzusehen. Sie werden Ihr eigenes Intranet aufbauen (eine lokale Version des Internets) und ein HTTP-Client/ Server-Programm studieren, das auf Winsock basiert, der grundlegenden Programmierschnittstelle für TCP/IP. Und dann geht es mit WinInet weiter, einer etwas höheren Programmierschnittstelle als Winsock.

# Herkömmliche Internet-Entwicklung und .NET-Entwicklung

Die Internet-Entwicklung lässt sich grob in zwei Bereiche aufteilen: herkömmliche Internet-Entwicklung und Internet-Entwicklung mit .NET: Dieser Teil des Buchs, Teil V, handelt von der herkömmlichen Internet-Entwicklung. In diesem Kapitel geht es um Internet-Grundlagen. In Kapitel 29 sehen wir uns Dynamic HTML (DHTML) an, das die Gestaltung interaktiver Webanwendungen wesentlich erleichtert. Kapitel 30 handelt vom ATL Server – das sind Vorlagen für den C++-Zugriff auf Internet-Protokolle.

Teil VI, der letzte Teil dieses Buchs, handelt von der .NET-Technik, die in gewisser Weise den bisherigen Höhepunkt von vielen Jahren Forschung und Entwicklung mit dem Schwerpunkt auf der Internet-Entwicklung darstellt. Die Grundlagen der Internet-Entwicklung bleiben zwar überall dieselben (selbst wenn man mit UNIX und Apache-Servern arbeitet), aber es ist schon erstaunlich, wie viel Code erforderlich ist, um eine Website einzurichten und zum Laufen zu bringen (genauso erstaunlich wie die Codemenge, die erforderlich ist, um eine einfache SDK-Anwendung zum Laufen zu bringen). .NET bietet eine ganze Reihe von nützlichen Abstraktionen, in denen man die vielen Details der Webentwicklung verbergen kann, ähnlich wie die MFC und Microsoft Visual Basic .NET die komplexe Win32-Programmierschnittstelle verbergen.

# Internet-Einführung

Es ist unmöglich, gute Winsock-Programme zu schreiben, wenn man das Konzept der *Sockets* nicht kennt. Sockets dienen zum Senden und Empfangen von Datenpaketen, die im Netzwerk übertragen werden. Zum Verständnis von Sockets sind aber wiederum gründliche Kenntnisse der Internet-Protokolle erforderlich. Dieser Abschnitt enthält eine kurze Einführung in die Internet-Theorie. Für den Anfang sollte das genügen. Falls Sie sich jedoch eingehender mit der Theorie beschäftigen möchten, sollten Sie sich unter den TCP/IP-Büchern umsehen.

## Netzwerkprotokolle und das Schichtenmodell

Praktisch alle Netzwerke arbeiten mit mehrschichtigen Übertragungsprotokollen, wobei die Summe dieser Schichten auch *Stapel* oder *Protokollstapel* genannt wird. Das Anwendungsprogramm kommuniziert mit der obersten Schicht des Stapels und die unterste Schicht kommuniziert mit dem Netzwerk. Abbildung 28.1 skizziert den Stapel für ein lokales Netzwerk (LAN), auf dem TCP/IP eingesetzt wird. Jede Schicht ist logisch mit der entsprechenden Schicht des Partners am anderen Ende des Kommunikationskanals verbunden. Das Serverprogramm, das in dieser Abbildung rechts dargestellt ist, überwacht ununterbrochen ein Ende des Kommunikationskanals, und das Clientprogramm, das hier links dargestellt ist, stellt in regelmäßigen Abständen eine Verbindung zum Server her, um Daten auszutauschen. Man kann sich den Server als einen World Wide Web-Server auf HTTP-Basis vorstellen und den Client als ein Browserprogramm auf dem lokalen Rechner.

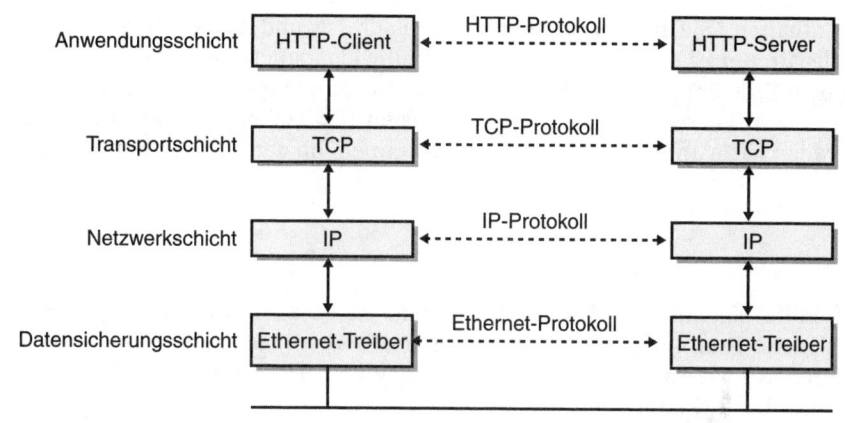

**Abbildung 28.1:** *TCP/IP-Protokollstapel in einem LAN*

# IP

Die IP-Schicht ist der beste Ausgangspunkt, wenn man mehr über TCP/IP erfahren möchte. Das IP-Protokoll definiert Dateneinheiten, die als *Datagramme* bezeichnet werden und die grundlegende Einheit in der Internet-Kommunikation darstellen. Diese Datagramme, die für gewöhnlich kleiner als 1 KB sind, schwirren in der ganzen Welt umher, wenn Sie eine Webseite öffnen, eine Datei herunterladen oder eine E-Mail versenden. Abbildung 28.2 zeigt in einer vereinfachten Darstellung, wie IP-Datagramme aufgebaut sind.

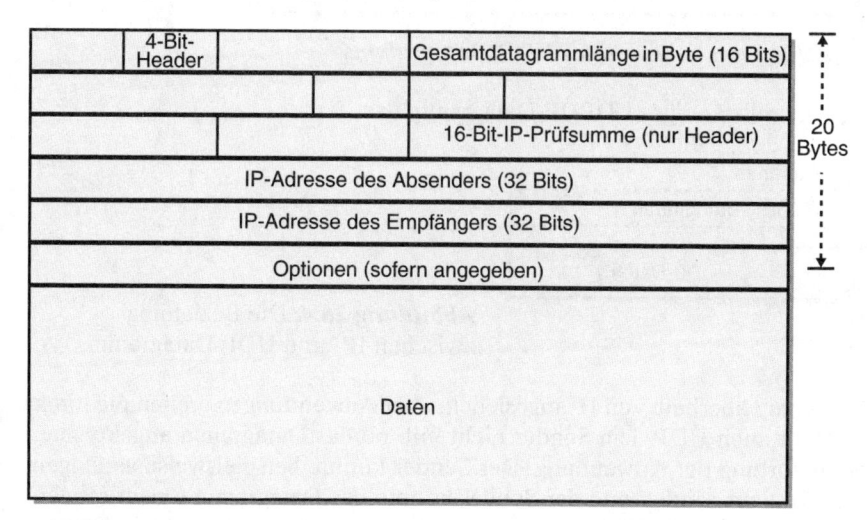

**Abbildung 28.2:** *Vereinfachte Darstellung eines IP-Datagramms*

Beachten Sie bitte, dass das IP-Datagramm die 32-Bit-Adressen des Absenders und des Empfängers enthält. Diese IP-Adressen identifizieren Computer im Internet eindeutig und werden von *Routern* (spezielle Rechner, die ähnlich wie Telefonvermittlungsanlagen arbeiten) zur Weiterleitung der Datagramme an den Empfänger verwendet. Die Router kümmern sich nicht darum,

*Internet-Grundlagen*

was die Datagramme enthalten. Sie interessiert nur die Zieladresse und die Gesamtlänge des Datagramms. Aufgabe der Router ist es, Datagramme so schnell wie möglich weiterzuleiten.

Die IP-Schicht teilt dem Programm, das die Datagramme sendet, nicht mit, ob die Datagramme ihr Ziel sicher erreicht haben. Diese Aufgabe fällt der nächsten Schicht im Protokollstapel zu. Das empfangende Programm kann anhand der Prüfsumme erkennen, ob der IP-Datagrammheader fehlerhaft ist.

## UDP

Das TCP/IP-Protokoll sollte eigentlich TCP/UDP/IP heißen, da es auch das in der gleichen Schicht wie TCP angesiedelte Protokoll UDP (User Datagram Protocol) umfasst. Alle IP-Transportprotokolle speichern ihre eigenen Header und Daten in einem IP-Datenblock. Abbildung 28.3 stellt den Aufbau eines UDP-Datagramms dar.

| 16 Bit lange Portnummer des Absenders | 16 Bit lange Portnummer des Empfängers |
|---|---|
| 16 Bit lange Länge (UDP-Header + Daten) | 16 Bit lange Prüfsumme (UDP-Header + Daten) |
| Daten (sofern vorhanden) ||

***Abbildung 28.3:*** *Vereinfachte Darstellung eines UDP-Datagramms*

Abbildung 28.4 stellt ein vollständiges UDP/IP-Datagramm dar.

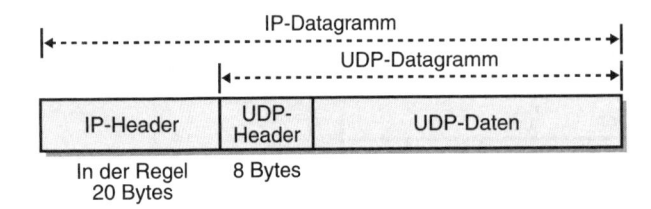

***Abbildung 28.4:*** Die Beziehung zwischen IP- und UDP-Datagramm

UDP ist nur ein klein wenig oberhalb von IP angesiedelt, aber Anwendungen greifen nie direkt auf IP-Daten zu. Wie IP teilt auch UDP dem Sender nicht mit, ob das Datagramm angekommen ist, das liegt in der Verantwortung der Anwendung. Der Sender könnte beispielsweise verlangen, dass der Empfänger eine Antwort sendet, und der Sender könnte das Datagramm erneut senden, wenn nicht innerhalb einer bestimmten Zeitspanne eine Antwort eingegangen ist (zum Beispiel innerhalb von 20 Sekunden). UDP eignet sich für einfache, direkte Meldungen und wird vom Internet Domain Name System (DNS) verwendet, das später in diesem Kapitel erläutert wird. (UDP wird zur Übertragung von Echtzeittondaten und Echtzeitbilddaten eingesetzt, bei denen es normalerweise nicht so kritisch ist, wenn einige Datagramme verloren gehen oder nicht genau in der Reihenfolge eingehen, in der sie gesendet worden sind.)

Aus Abbildung 28.3 geht hervor, dass der UDP-Header tatsächlich einige zusätzliche Daten enthält, nämlich die Anschlussnummern des Senders und des Empfängers. Diese 16 Bit langen Zahlen werden vom Sender und vom Empfänger verwendet. Ein Clientprogramm kann beispielsweise ein Datagramm an den Anschluss 1700 des Servers schicken und dabei den Anschluss 1701 als Absender angeben. Das Serverprogramm überwacht den Datenverkehr nach Datagrammen, die 1700 als Empfängeranschlussnummer enthalten. Und wenn der Server ein solches Datagramm findet, kann er entsprechend reagieren und ein weiteres Datagramm zurück an den Client schicken, der nach Datagrammen Ausschau hält, die an einen Empfänger mit der Anschlussnummer 1701 gerichtet sind.

## IP-Adressenformat

Sie wissen, dass IP-Adressen 32 Bit lang sind. Man könnte daher annehmen, dass $2^{32}$ (mehr als 4 Milliarden) Computer mit eindeutigen Adressen im Internet existieren können. Aber leider stimmt das nicht. Ein Teil der Adresse identifiziert das LAN, in dem sich der Computer befindet, und ein anderer Teil identifiziert den Computer innerhalb des Netzwerks. Die meisten IP-Adressen sind Adressen der Klasse C, die das in Abbildung 28.5 dargestellte Format haben.

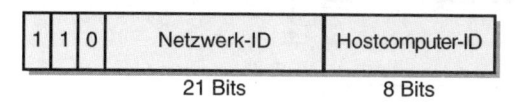

| 1 | 1 | 0 | Netzwerk-ID | Hostcomputer-ID |
|---|---|---|---|---|
|   |   |   | 21 Bits | 8 Bits |

***Abbildung 28.5:*** *Aufbau* einer IP-Adresse der Klasse C

Daraus folgt, dass etwas über zwei Millionen Netzwerke adressiert werden können und dass jedes dieser Netzwerke über $2^8$ (256) adressierbare Hostcomputer verfügen kann. Sämtliche IP-Adressen der Klassen A und B, die eine größere Anzahl von Hostcomputern innerhalb eines Netzwerks zulassen, sind bereits vergeben.

**HINWEIS:** Die »offiziellen Internet-Verantwortlichen« haben den Mangel an IP-Adressen erkannt und einen neuen Standard vorgeschlagen, das Protokoll IPv6 (gelegentlich auch *IP Next Generation* oder IPng genannt). IPv6 definiert ein neues IP-Datagrammformat mit 128-Bit-Adressen anstelle von 32-Bit-Adressen. Mit IPng werden Sie beispielsweise in der Lage sein, jedem Lichtschalter in Ihrem Haus eine eigene IP-Adresse zu geben, sodass Sie mit Ihrem Notebook praktisch von jedem beliebigen Ort der Welt aus in Ihrer Küche das Licht ausschalten können.

Gemäß Konvention werden IP-Adressen in einem bestimmten Dezimalformat in Punktnotation angegeben. Die vier Teile der Adresse beziehen sich auf einzelne Bytewerte. Eine IP-Adresse der Klasse C könnte beispielsweise 194.128.198.201 lauten. Von einem Computer mit einer Intel-CPU werden die Bytes der Adresse in einer Reihenfolge gespeichert, bei der das niederwertigste Byte an der kleineren Adresse im Speicher steht. Bei den meisten anderen Computern einschließlich UNIX-Rechnern, die zuerst das Internet unterstützten, werden die Bytes in einer Reihenfolge gespeichert, bei der das höherwertige Byte an der kleineren Adresse im Speicher steht. Da das Internet einen rechnerunabhängigen Standard für den Datenaustausch erfordert, müssen alle mehrere Byte umfassenden Zahlen in dieser zweiten Form übertragen werden, also mit dem höherwertigen Byte an der kleineren Adresse (bei der üblichen Darstellung steht das höchstwertige Byte also ganz links). Folglich müssen Programme, die auf Rechnern mit Intel-Prozessoren ausgeführt werden, Daten zwischen der *Netzwerkbytereihenfolge* (höchstes Byte »ganz links«) und der *Hostbytereihenfolge* (niedrigstes Byte ganz links) konvertieren. Dies gilt sowohl für die 2 Byte langen Anschlussnummern wie auch für die 4 Byte langen IP-Adressen.

## TCP

Sie haben nun die Einschränkungen von UDP kennen gelernt. Eigentlich braucht man ein Protokoll, das die fehlerfreie Übertragung großer Datenblöcke ermöglicht. Natürlich soll das empfangende Programm in der Lage sein, die Bytes in genau derselben Reihenfolge zusammenzusetzen, in der sie übertragen worden sind, auch wenn die einzelnen Datagramme nicht in dieser Reihenfolge ankommen. TCP ist ein solches Protokoll, und es ist das wichtigste Transportprotokoll für alle Internet-Anwendungen, einschließlich HTTP und FTP (File Transfer Protocol). In Abbildung 28.6 ist der Aufbau eines TCP-Segments dargestellt. (Hier spricht man nicht von Datagrammen.) Das TCP-Segment lässt sich in einem IP-Datagramm unterbringen, wie Sie Abbildung 28.7 entnehmen können.

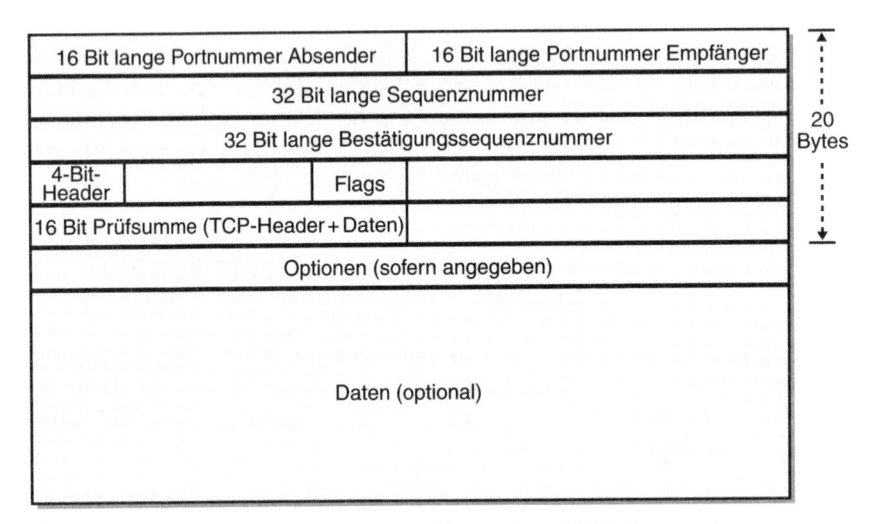

| 16 Bit lange Portnummer Absender | 16 Bit lange Portnummer Empfänger | |
|---|---|---|
| 32 Bit lange Sequenznummer | | 20 Bytes |
| 32 Bit lange Bestätigungssequenznummer | | |
| 4-Bit-Header | Flags | |
| 16 Bit Prüfsumme (TCP-Header + Daten) | | |
| Optionen (sofern angegeben) | | |
| Daten (optional) | | |

*Abbildung 28.6:* Vereinfachte Darstellung eines TCP-Segments

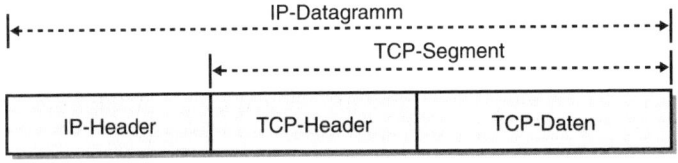

*Abbildung 28.7:* Die Beziehung zwischen einem IP-Datagramm und einem TCP-Segment

Das TCP-Protokoll richtet eine Vollduplexverbindung zwischen zwei Computern ein und die Programme an den Enden dieser Verbindung benutzen jeweils ihre eigenen Anschlussnummern. Die Kombination aus IP-Adresse und Anschlussnummer bezeichnet man als *Socket*. Die Verbindung wird mit einer dreistufigen Begrüßungsfloskel eingerichtet. Das Programm, das die Verbindung einleitet, sendet ein Segment mit gesetztem *SYN*-Flag, und das Empfängerprogramm antwortet mit einem Segment, in dem die Flags *SYN* und *ACK* gesetzt sind. Daraufhin sendet das erste Programm ein Segment mit gesetztem *ACK*-Flag.

Nachdem die Verbindung hergestellt ist, kann jedes der beiden Programme Daten (Byteströme) an das andere Programm senden. TCP verwendet die Sequenznummernfelder und die *ACK*-Flags zur Steuerung dieses Datenflusses. Das sendende Programm wartet nicht auf die Empfangsbestätigung für jedes Segment, sondern sendet eine Reihe von Segmenten zusammen ab und wartet dann auf die erste Bestätigung. Falls das Empfängerprogramm über Daten verfügt, die an das Absenderprogramm gesendet werden sollen, kann es die Bestätigung sozusagen »huckepack« mit den ausgehenden Daten in denselben Segmenten verschicken.

Bei den Sequenznummern des Absenderprogramms handelt es sich nicht um Segmentindizes, sondern um Indizes auf den Bytestrom. Das Empfängerprogramm sendet in der Bestätigung die Sequenznummern (im Feld für die Bestätigungssequenznummer) zurück an das Absenderprogramm, womit sichergestellt werden kann, dass alle Bytes empfangen und in der geforderten Reihenfolge zusammengesetzt worden sind. Das Absenderprogramm sendet die Segmente erneut, die nicht bestätigt worden sind.

Beide Programme schließen jeweils ihren Anschluss der TCP-Verbindung, indem Sie ein Segment mit einem gesetzten *FIN*-Flag senden. Der Empfang dieser Segmente muss wiederum jeweils vom anderen Programm bestätigt werden. Ein Programm kann über eine Verbindung, die vom anderen Teilnehmer geschlossen worden ist, keine Bytes mehr empfangen.

Sie brauchen sich aber nicht weiter mit den Eigenheiten des TCP-Protokolls zu beschäftigen. Die Winsock- und WinInet-APIs verbergen die meisten Details, und daher brauchen Sie sich nicht um *ACK*-Flags und Sequenznummern zu kümmern. Ihr Programm ruft eine Funktion auf, um einen Datenblock zu übertragen, und Windows sorgt dafür, dass dieser Block in Segmente aufgeteilt wird und die Segmente in IP-Datagramme verpackt werden. Windows kümmert sich auch auf der Empfängerseite um die Zustellung der Bytes. Aber das ist eine etwas knifflige Angelegenheit, wie Sie im Verlauf des Kapitels noch sehen werden.

# DNS

Wenn Sie im Web surfen, verwenden Sie keine IP-Adressen, sondern lesbare Namen wie *microsoft.com* oder *www.cnn.com*. Ein beträchtlicher Teil der Internet-Ressourcen wird durch die Übersetzung von Hostnamen (wie beispielsweise *microsoft.com*) in IP-Adressen verbraucht, die für TCP/IP erforderlich sind. In einem verteilten Netzwerk mit Namensservern (Domänenservern) erfolgt diese Übersetzung durch die Verarbeitung von DNS-Abfragen. Der gesamte Internet-Namensbereich ist in hierarchisch gegliederte Domänen aufgeteilt, die unter einer unbenannten Stammdomäne angesiedelt sind. Direkt unter dieser Stammdomäne liegen eine Reihe von Hauptdomänen wie *com*, *edu*, *gov* und *org*.

**HINWEIS:** Verwechseln Sie Internet-Domänen nicht mit den Microsoft Windows NT/2000/XP-Domänen. Letztere stellen logische Gruppen vernetzter Rechner dar, die gemeinsam dieselbe Sicherheitsdatenbank benutzen.

### Server und Domänennamen

Sehen wir uns zuerst die Serverseite an. Angenommen, eine Firma namens Consolidated Messenger ist über zwei Computer mit dem Internet verbunden, nämlich einem Rechner für WWW-Dienste (World Wide Web) und einem anderen für FTP-Dienste. Gemäß Konvention wurden diese Computer *www.consolidatedmessenger.com* und *ftp.consolidatedmessenger.com* genannt, und beide Rechner gehören zur Domäne *consolidatedmessenger* (eine Domäne der zweiten Ebene), die Consolidated Messenger bei einer Organisation namens InterNIC registriert hat. (Siehe *http://ds.internic.net*.)

Nun muss Consolidated Messenger zwei (oder mehr) Computer als Namensserver einrichten. Jeder Namensserver für die Domäne *com* enthält jeweils einen Datenbankeintrag für die Domäne *consolidatedmessenger*. Dieser Eintrag umfasst die Namen und IP-Adressen der beiden Namensserver von Consolidated Messenger. Jeder der beiden Namensserver der Domäne *consolidatedmessenger* verfügt über Datenbankeinträge für die beiden Hostcomputer von Consolidated Messenger. Diese Server können auch Datenbankeinträge von Hosts aus anderen Domänen haben und auch Einträge für Namensserver aus Domänen der dritten Ebene. Wenn ein Namensserver also die IP-Adresse eines Hosts nicht selbst liefern kann, kann er die Anfrage an einen Namensserver einer untergeordneten Domäne weiterleiten. Abbildung 28.8 stellt die Domänenkonfiguration der Beispielfirma Consolidated Messenger dar.

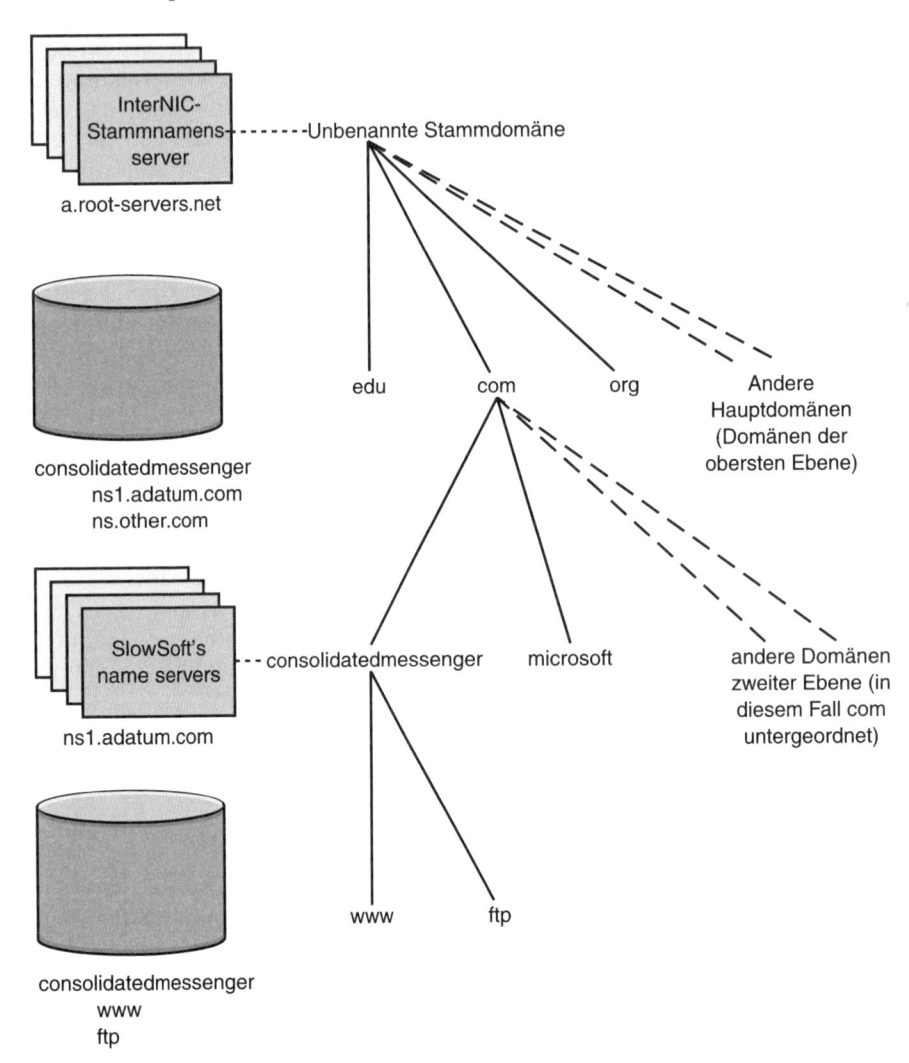

*Abbildung 28.8:* Die Domänenkonfiguration von Consolidated Messenger

**HINWEIS:** Als Namensserver für die oberste Ebene wird ein eigener Hostcomputer verwendet. InterNIC verfügte bei der letzten Zählung über 13 Computer für die Verwaltung der Stammdomäne und der Hauptdomäne (top-level). Bei den Namensservern untergeordneter Domänen kann es sich um Programme handeln, die auf Hostcomputern irgendwo im Internet laufen. A.Datum, der Internet-Dienstanbieter (Internet Service Provider, ISP) von Consolidated Messenger, kann einen Namensserver für Consolidated Messenger bereitstellen. Falls der ISP mit Windows NT/2000 Server arbeitet, wird als Namensserver für gewöhnlich das DNS-Programm verwendet, das zum Lieferumfang des Betriebssystems gehört. Dieser Namensserver könnte beispielsweise *ns1.adatum.com* genannt werden.

### Clients und Domänennamen

Sehen wir uns jetzt die Clientseite an. Ein Benutzer gibt in seinem Internet-Browser *http://www.consolidatedmessenger.com* ein. (Am Präfix *http://* erkennt der Browser, dass er das HTTP-Protokoll verwenden soll, wenn er den Hostcomputer schließlich gefunden hat.) Der Browser muss nun die Adresse *www.consolidatedmessenger.com* in eine IP-Adresse übersetzen und verwendet daher TCP/IP, um eine DNS-Abfrage an die IP-Adresse des *Standardgateways* zu senden, für das TCP/IP konfiguriert ist. Diese Standard-Gatewayadresse bezeichnet einen lokalen Namensserver, der möglicherweise die benötigte Host-IP-Adresse in seinem Cache gespeichert hat. Ist dies nicht der Fall, leitet der lokale Namensserver die DNS-Abfrage an einen der Namensserver der Stammdomäne weiter. Der Namensserver der Stammdomäne sucht in seiner Datenbank nach *consolidatedmessenger* und sendet die Abfrage weiter nach unten zu einem der designierten Namensserver von Consolidated Messenger. Im Zuge dieses Prozesses wird die IP-Adresse von *www.consolidatedmessenger.com* zur späteren Verwendung im Cache gespeichert, sofern sie sich nicht bereits im Cache befindet. Sie können auch den umgekehrten Weg wählen, da Namensserver auch in der Lage sind, IP-Adressen in Namen zu übersetzen.

# HTTP

Wir werden bald zur Winsock-Programmierung kommen, aber einfach nur Byteströme zu verschicken, ist nicht besonders interessant. Sie müssen ein Protokoll höherer Ebene verwenden, um zu den existierenden Internet-Servern und Browsern kompatibel zu sein. HTTP ist hierfür eine guter Ausgangspunkt, da dieses Protokoll im World Wide Web verwendet wird und es zudem ziemlich einfach ist.

HTTP setzt auf TCP auf und arbeitet etwa wie folgt: Ein Serverprogramm überwacht Anschluss 80. Dann stellt ein Clientprogramm (normalerweise ein Browser) eine Verbindung zum Server her (in unserem Beispiel *www.consolidatedmessenger.com*), nachdem es die IP-Adresse des Servers von einem Namensserver erfahren hat. Unter Verwendung seiner eigenen Anschlussnummer richtet der Client eine TCP-Verbindung zum Server ein, die Übertragungen in beide Richtungen ermöglicht. Sobald die Verbindung steht, sendet der Client eine Anforderung an den Server, die etwa wie folgt aussehen kann:

```
GET /customers/newproducts.html HTTP/1.0
```

Der Server erkennt die Anforderung als eine *GET*-Anforderung, der gebräuchlichste Typ, und schließt daraus, dass der Client eine Datei namens newproducts.html haben möchte, die sich in einem Serververzeichnis befindet, das unter dem Namen /customers bekannt ist (auf der Festplatte des Servers kann dieses Verzeichnis auch ganz anders heißen). Unmittelbar anschließend folgen *Anforderungsheader*, die im Wesentlichen die Fähigkeiten des Clients beschreiben.

```
Accept: image/gif, image/x-xbitmap, image/jpeg, image/pjpeg,
    image/x-jg, */*
Accept-Language: en
UA-pixels: 1024x768
UA-color: color8
UA-OS: Windows NT 5.0
UA-CPU: x86
User-Agent: Mozilla/4.0 (compatible; MSIE 6.0; AK; Windows NT 5.0)
Host: www.consolidatedmessenger.com
Connection: Keep-Alive
If-Modified-Since: Wed, 24 Apr 2002 20:23:04 GMT
(Leerzeile)
```

Der Header *If-Modified-Since* weist den Server an, die Datei newproducts.html nur dann zu übertragen, wenn sie nach dem 24. April 2002 geändert worden ist. Daraus kann man schließen, dass der Browser bereits eine veraltete Kopie dieser Datei in seinem Cache gespeichert hat. Die Leerzeile am Ende der Anforderung ist äußerst wichtig. Da die TCP/IP-Verbindung geöffnet bleibt, kann der Server auf keine andere Weise erkennen, ob das Anforderungsende erreicht ist und er den Empfang von Daten beenden und mit dem Versenden von Daten beginnen soll.

Jetzt kommt der Server an die Reihe. Er sendet die Datei newproducts.html im Anschluss an die Antwort *OK*:

```
HTTP/1.0 200 OK
```

Daran schließen sich ein paar Zeilen des Antwortheaders an:

```
Server: Microsoft-IIS/6.0
Date: Thu, 25 Apr 2002 17:33:12 GMT
Content-Type: text/html
Accept-Ranges: bytes
Last-Modified: Wed, Apr 24 2002 20:23:04 GMT
Content-Length: 407
(Leerzeile)
```

Der Inhalt der Datei newproducts.html folgt unmittelbar nach der Leerzeile:

```
<html>
<head><title>Consolidated Messenger's New Products</title></head>
<body><body background="/images/clouds.jpg">
<h1><center>Welcome to Consolidated Messenger's New Products List
</center></h1><p>
Unfortunately, budget constraints have prevented Consolidated Messenger
 from introducing any new products this year. We suggest you keep
 enjoying the old products.<p>
<a href="default.htm">Consolidated Messenger's Home Page</a><p>
</body>
</html>
```

Sie haben hier einfachsten HTML-Code vor sich und die daraus resultierende Webseite wird sicher keinen Preis gewinnen. Wir gehen nicht näher auf HTML ein, da es bereits Dutzende von Büchern zu diesem Thema gibt. Sie können in diesen Büchern lernen, dass HTML-Anweisungen (sie werden »Tags« genannt) in spitzen Klammern stehen und dass diese Tags oft paarweise auftreten. Zu jedem Anfangstag gibt es dann einen entsprechenden Abschlusstag (dasselbe Wort mit einem vorangestellten Schrägstrich, zum Beispiel *<html></html>*). Einige Tags wie *<a>* (Hypertextverknüpfung) haben Attribute. Im obigen Beispiel wird mit der Zeile

```
<a href="default.htm">Consolidated Messenger's Home Page</a><p>
```

eine Verknüpfung zu einer anderen HTML-Datei definiert. Wenn der Benutzer auf *Consolidated Messenger's Home Page* klickt, fordert der Browser die Datei default.htm vom Consolidated Messenger-Server an.

Die Datei newproducts.html verweist auf zwei Serverdateien, nämlich auf default.htm und /images/clouds.jpg. Die Datei clouds.jpg ist eine JPEG-Datei, die das Hintergrundbild der Seite enthält. Der Browser lädt diese Dateien jeweils in einer eigenen Transaktion, wobei jedes Mal eine TCP-Verbindung eingerichtet und geschlossen wird.

Der Server serviert einfach die Dateien, die ein Client von ihm anfordert. In diesem Fall weiß der Server gar nicht, dass die Dateien newproducts.html und clouds.jpg vom selben Client angefordert worden sind, und es interessiert ihn auch gar nicht. Für den Server sind Clients einfach IP-Adressen und Anschlussnummern. In der Tat kann ein Client bei jeder Anfrage eine andere Anschlussnummer haben. Wenn beispielsweise zehn Programmierer Ihres Unternehmens über den Proxyserver (mehr dazu später) im Web surfen, haben für den Server alle Clients dieselbe IP-Adresse.

**HINWEIS:** In Webseiten werden die beiden Grafikformate *GIF* und *JPEG* verwendet. Eine GIF-Datei enthält ein komprimiertes Bild, das über dieselbe Auflösung wie das Originalbild verfügt, aber normalerweise auf 256 Farben beschränkt ist. Dieses Format unterstützt transparente Bereiche und Animation. JPEG-Dateien sind kleiner, aber sie enthalten nicht sämtliche Detaildaten des ursprünglichen Bilds. GIF-Dateien werden häufig für kleine Grafiken verwendet, zum Beispiel für Schaltflächen. JPEG-Dateien werden häufig für Fotografien verwendet, bei denen die detailgetreue Darstellung nicht so wichtig ist. Visual C++ .NET kann sowohl GIF- als auch JPEG-Dateien lesen, schreiben und konvertieren, aber das Win32-API kann diese Formate nicht verarbeiten, sofern Sie kein spezielles Modul zum Komprimieren und Dekomprimieren bereitstellen.

Zum HTTP-Standard gehört auch der Anforderungstyp *PUT*, der ein Clientprogramm in die Lage versetzt, Dateien an den Server hochzuladen. *PUT* wird von Client- und von Serverprogrammen nur selten implementiert.

## FTP

Das FTP-Protokoll (File Transfer Protocol) ist für das Laden von Dateien zum und vom Server und für die Verzeichnis- und Dateisuche zuständig. Über ein Windows-Programm namens ftp, das von der Eingabeaufforderung aus gestartet wird (und nicht mit Webproxyservern einsetzbar ist), können Sie eine Verbindung zu einem FTP-Server herstellen, wobei Sie UNIX-artige Tastaturbefehle verwenden. Browser unterstützen für gewöhnlich das FTP-Protokoll (nur zum Herunterladen von Dateien) in einer etwas benutzerfreundlicheren Weise. Sie können die Verzeichnisse eines FTP-Servers durch eine Benutzername/Kennwort-Kombination schützen, aber beide Zeichenfolgen werden als reine Textdaten durch das Internet geschickt. FTP beruht auf TCP. Zwischen Server und Client werden zwei getrennte Verbindungen eingerichtet, wobei eine zur Steuerung und die andere zum Datentransfer dient.

## Internet und Intranet

Bislang sind wir davon ausgegangen, dass Client- und Servercomputer mit dem Internet verbunden sind. Sie können jedoch die gleiche Client- und Serversoftware in einem lokalen Intranet verwenden. Intranets werden häufig in lokalen Netzwerken von Unternehmen implementiert und für verteilte Anwendungen verwendet. Die Benutzer bekommen an ihren Clientrechnern vertraute Browser-Oberflächen zu Gesicht und die Servercomputer liefern einfache Seiten, die Webseiten ähneln, oder führen auf Benutzereingaben hin komplexe Datenverarbeitungsaufgaben durch.

Intranets bieten große Flexibilität. Wenn Sie beispielsweise wissen, dass alle Ihre Computer mit Intel-Prozessoren arbeiten, können Sie ActiveX-Steuerelemente und ActiveX-Dokumentserver einsetzen, die ActiveX-Dokumente unterstützen. Bei Bedarf können Ihre Server- und Clientcomputer auf Ihre Erfordernisse zugeschnittene TCP/IP-Software ausführen, deren Kommunikationsfähigkeiten über HTTP und FTP hinausgehen. Um Ihre Unternehmensdaten zu schützen, können Sie Ihr Intranet völlig gegen das Internet abschotten oder es über einen so genannten *Firewall* mit dem Internet verbinden (das ist ein Sicherheitssystem, mit dem das Firmennetz vor externen Gefahren geschützt werden soll).

## Ein eigenes Mini-Intranet einrichten

Unter Microsoft Windows ein Intranet einzurichten ist einfach und preiswert. Windows 95/98/Me und Windows NT/2000/XP verfügen über die erforderlichen Netzwerkfähigkeiten. Sie können auch mühelos ein Intranet mit einem einzelnen Computer aufbauen, falls Sie nicht das Geld für ein komplexeres Netz ausgeben möchten. Der gesamte Beispielcode dieses Kapitels läuft unter dieser Ein-Computer-Konfiguration.

### Das NT-Dateisystem und die Dateizuordnungstabelle (FAT)

Unter Windows 95/98/ME sind Sie auf ein Dateisystem beschränkt, nämlich die Dateizuordnungstabelle oder FAT (File Allocation Table) – für lange Dateinamen eigentlich VFAT (Virtual File Allocation Table). Unter Windows NT/2000/XP erhalten Sie das NT-Dateisystem (NTFS, NT File System). Ihr Intranet wird sehr viel sicherer, wenn Sie NTFS wählen, da es damit möglich ist, Benutzerrechte für einzelne Dateien und Verzeichnisse festzulegen. Die Benutzer melden sich an einem Windows-Server an (oder bei einem damit verbundenen Arbeitsplatzrechner) und müssen einen Benutzernamen und ein Kennwort eingeben.

Intranet- und Internet-Clients sind diesem Sicherungsschema des Betriebssystems gleichermaßen unterworfen, da der Server ihre Anmeldung wie die Anmeldung lokaler Benutzer behandeln kann. Sie können den Zugriff auf beliebige Serververzeichnisse oder Dateien auf bestimmte Benutzer beschränken, die nach der Eingabe eines Kennworts Zugriff erhalten. Wenn es sich bei den Arbeitsplatzrechnern dieser Benutzer um Windows-Netzwerkclients handelt (wie im Fall eines Intranets innerhalb eines LAN), werden Benutzername und Kennwort aus der Netzanmeldung übernommen.

### Netzwerk-Hardware

Offensichtlich braucht man mehrere Computer für ein Netzwerk. Als Hauptentwicklungsrechner werden Sie wahrscheinlich einen PC mit einem relativ schnellen Prozessor verwenden. Vermutlich steht aber noch mindestens ein älterer Computer irgendwo herum. Wenn er nicht zu alt ist (es wäre schon gut, wenn er wenigstens einen Pentium-Prozessor hätte), kann es durchaus sinnvoll sein, ihn mit dem Hauptrechner zu vernetzen, zum Beispiel für Intranet-Tests und zur Datensicherung.

Sie benötigen zwar für jeden Computer eine Netzwerkkarte, aber Ethernet-Karten sind inzwischen ziemlich billig. Wählen Sie eine Karte, die mit eigenen Treibern für Windows 95/98/Me und Windows NT/2000/XP ausgeliefert wird oder schon von Haus aus von den vorgesehenen Betriebssystemen unterstützt wird. Die Liste der unterstützten Netzwerkkarten wird unter Windows NT und Windows 95/98/Me angezeigt, wenn Sie in der Systemsteuerung das Netzwerksymbol anklicken und dann die Schaltfläche *Hinzufügen* anklicken, um eine neue Karte zu installieren. Wenn Sie die Liste unter Windows 2000 und Windows XP sehen möchten, klicken Sie in der Systemsteuerung auf das Symbol *Netzwerk- und Internetverbindungen*, klicken dann mit der rechten Maustaste auf eine lokale Netzverbindung, klicken dann auf *Eigenschaften* und dann auf *Installieren*, um eine Karte zu installieren.

Die meisten Netzwerkkarten verfügen über Anschlüsse für dünnes Koaxialkabel und 10Base-Twisted-Pair. Wenn Sie sich für 10BaseT entscheiden, müssen Sie außerdem einen *Hub* kaufen. Beim dünnen Koaxialkabel brauchen Sie nur das Koaxialkabel, das es fertig konfektioniert gibt (also in einer bestimmten Länge und an den Enden jeweils mit einem Stecker versehen), und zwei Terminatorstecker. Beim Koaxialkabel verketten Sie die zu vernetzenden Computer und schließen die beiden Enden der Kette jeweils mit einem Terminator ab.

Befolgen Sie die Anweisungen des Netzwerkkartenherstellers, die der Netzwerkkarte beiliegen. In den meisten Fällen müssen Sie ein MS-DOS-Programm ausführen, das Daten in den EEPROM-Baustein (Electrically Erasable Programmable Read-Only Memory) der Karte schreibt. Schreiben Sie sich auf, welche Werte Sie bei der Karteninstallation gewählt haben, Sie brauchen diese Angaben später.

## Windows für den Netzwerkbetrieb konfigurieren

Das Netzwerkprogramm in der Systemsteuerung ermöglicht die Konfiguration der Karte und der Netzeinbindung. Wenn Sie ein Intranet betreiben möchten, müssen Sie während der Konfiguration TCP/IP als eines der Protokolle wählen. Sie müssen auch die Windows-Treiber für Ihre Netzwerkkarte installieren und sicherstellen, dass die IRQ- und E/A-Adresseinstellungen den Einstellungen entsprechen, die Sie während der Netzkarteninstallation in den EEPROM geschrieben haben. Zudem müssen Sie Ihren Netzwerkkarten IP-Adressen zuweisen. Wenn Sie nicht direkt mit dem Internet verbunden sind, können Sie eine beliebige eindeutige Adresse verwenden.

Für ein Intranet reicht diese Konfiguration eigentlich schon aus. Wahrscheinlich werden Sie Ihr Netzwerk aber auch zur gemeinsamen Nutzung von Druckern und Dateien benutzen. Für Windows NT installieren Sie die Client- und Serverdienste und binden sie an TCP/IP. Für Windows 95/98/Me installieren Sie den *Client für Microsoft-Netzwerke* und *Datei- und Druckerfreigabe für Microsoft-Netzwerke*. Unter Windows 2000/XP wird die Komponente *Datei- und Druckerfreigabe für Microsoft-Netzwerke* automatisch installiert und eingerichtet. Falls Sie bereits ein Netzwerk mit einem anderen Protokoll installiert haben (zum Beispiel Novell IPX/SPX oder Microsoft NetBEUI), können Sie dieses Protokoll weiterhin neben TCP/IP in Ihrem Netzwerk verwenden. In diesem Fall verwenden die Drucker- und Dateidienste von Windows das vorhandene Protokoll und das Intranet verwendet TCP/IP. Wenn Sie von einem Rechner aus auf die Daten eines anderen Computers zugreifen möchten, müssen Sie im Microsoft Windows Explorer die entsprechenden Verzeichnisse und Drucker freigeben.

## Hostnamen für ein Intranet: Die Datei hosts

Sowohl Internet- als auch Intranet-Anwender erwarten, dass ihr Browser mit Hostnamen und nicht mit IP-Adressen arbeitet. Es gibt verschiedene Methoden, Namen in Adressen zu konvertieren. Eine Möglichkeit bietet der DNS-Server, eine installierbare Komponente von Windows NT/2000 Server. Am einfachsten lassen sich Internet-Hostnamen jedoch mit Hilfe der Datei hosts auf IP-Adressen abbilden. Unter Windows NT/2000/XP ist dies eine Textdatei im Verzeichnis \Winnt\ System32\drivers\etc. Unter Windows 95/98/Me wird diese Datei im Verzeichnis \Windows abgelegt, das bereits einen Prototyp namens *hosts.sam* enthält. Kopieren Sie diese Datei einfach auf hosts und tragen Sie mit dem Windows-Editor (Notepad) die erforderlichen Angaben ein. Kopieren Sie die bearbeitete Datei hosts auf alle Computer dieses Netzwerks.

## Das Intranet testen: Ping

Sie können mit dem Windows-Programm Ping Ihr Intranet testen. Geben Sie dazu an der Eingabeaufforderung *ping* und die IP-Adresse (in Punktnotation) oder den Hostnamen eines anderen Netzwerkcomputers ein. Falls Sie eine positive Antwort erhalten, wissen Sie, dass TCP/IP korrekt konfiguriert ist. Falls Sie keine Antwort oder eine Fehlermeldung erhalten, versuchen Sie es nicht weiter. Sie müssen in diesem Fall Ihre Netzwerkverbindungen und die Netzwerkkonfiguration noch einmal überprüfen.

## Ein Intranet mit einem Computer: Die TCP/IP-Adresse für den Schleifenbetrieb

Die erste Zeile der Datei hosts sollte folgenden Eintrag enthalten:

```
127.0.0.1       localhost
```

Es handelt sich dabei um die IP-Standardadresse für den Schleifenbetrieb. Wenn Sie ein Serverprogramm diese Adresse überwachen lassen, können Clients, die auf diesem Rechner ausgeführt werden, eine Verbindung zu localhost herstellen, um eine TCP/IP-Verbindung zum Serverprogramm einzurichten. Das funktioniert mit und ohne Netzwerkkarte.

# Winsock-Programmierung

Winsock ist die unterste Windows-Schnittstelle für die TCP/IP-Programmierung. Teile des Codes befinden sich in der Datei wsock32.dll (die exportierten Funktionen, die Ihr Programm aufruft), andere Teile liegen im Windows-Kern. Sie können mit dem Winsock-API sowohl Internet-Server- als auch Internet-Clientprogramme schreiben. Dieses API basiert auf dem Berkeley Sockets API für UNIX. Eine neue und viel komplexere Version namens Winsock 2 wurde mit Windows NT 4.0 vorgestellt. Wir werden jedoch bei der alten Version bleiben, da diese auf allen Windows-Versionen verfügbar ist.

## Synchrone und asynchrone Winsock-Programmierung

Winsock wurde ursprünglich für Win16 entwickelt, auf dem es kein Multithreading gab. Folglich haben die meisten Entwickler Winsock im asynchronen Modus verwendet. In diesem Modus versetzen alle möglichen Arten von verborgenen Fenstern und *PeekMessage*-Aufrufen ein Singlethreadprogramm in die Lage, über Winsock ohne Blockaden Aufrufe zu senden und zu empfangen, sodass die Benutzeroberfläche aktiv bleiben kann. Asynchrone Winsock-Programme waren komplex und zur Bearbeitung der Rückrufe meistens auf endliche Automaten angewiesen, die anhand des aktuellen Zustands herausfinden sollten, was als Nächstes zu tun ist. Nun, wir haben die 16-Bit-Welt wohl hinter uns gelassen und können daher moderne Multithreadprogrammierung betreiben. Falls dieser Gedanke Sie verunsichert, sollten Sie sich noch einmal mit Kapitel 11 beschäftigen. Wenn Sie sich erst an die Multithreadprogrammierung gewöhnt haben, werden Sie sie mögen.

In diesem Kapitel werden wir die meisten Winsock-Funktionen auf Arbeitsthreads aufrufen, sodass sich der Hauptprogrammthread weiterhin um die Verwaltung der Benutzeroberfläche kümmern kann. Die Arbeitsthreads halten sich an eine einfache sequentielle Logik mit blockierenden Winsock-Aufrufen.

## Die Winsock-Klassen der MFC-Bibliothek

Wir haben versucht, MFC-Klassen zu verwenden, wo dies sinnvoll erschien. Aber von den MFC-Entwicklern hörten wir, dass sich die Klassen *CAsyncSocket* und *CSocket* nicht für die Entwicklung synchroner 32-Bit-Programme eignen. Die Onlinehilfe von Visual C++ .NET besagt, dass man *CSocket* für die synchrone Programmierung einsetzen kann. Wenn Sie sich jedoch den entsprechenden Code ansehen, werden Sie einige hässliche Überbleibsel aus der meldungsorientierten Win16-Ära finden.

## Die blockierenden Socketklassen

Da wir die MFC-Bibliothek nicht verwenden konnten, mussten wir unsere eigenen Winsock-Klassen schreiben. *CBlockingSocket* ist nur für den synchronen Einsatz in einem Arbeitsthread konzipiert. Diese Klasse zeichnet sich nur dadurch aus, dass sie Ausnahmen meldet, wenn Fehler oder Zeitüberschreitungen beim Senden oder Empfangen von Daten auftreten. Diese Ausnahmen ermöglichen es Ihnen, bessere Anwendungen zu entwickeln, da Sie nicht nach jedem Winsock-Aufruf Fehlertests durchführen müssen. Die Zeitlimits (die mit der Winsock-Funktion *select* implementiert werden) verhindern, dass ein Thread durch Kommunikationsfehler unendlich lange blockiert wird.

Die Klasse *CHttpBlockingSocket* ist von *CBlockingSocket* abgeleitet und enthält Funktionen zum Lesen von HTTP-Daten. *CSockAddr* und *CBlockingSocketException* sind Hilfsklassen.

### Die Hilfsklasse *CSockAddr*

Viele Winsock-Funktionen haben Socketadressen als Parameter. Wie Sie sich erinnern, besteht eine Socketadresse aus einer 32 Bit breiten IP-Adresse plus eine 16 Bit breite Anschlussnummer. Winsock arbeitet mit einer 16 Byte langen Struktur namens *sockaddr_in*, die folgendermaßen aussieht:

```
struct sockaddr_in {
    short    sin_family;
    u_short  sin_port;
    struct   in_addr sin_addr;
    char     sin_zero[8];
};
```

*Internet-Grundlagen*

Die IP-Adresse wird in einer *in_addr*-Struktur gespeichert, die folgendermaßen aussieht:

```
struct in_addr {
    union {
        struct { u_char s_b1,s_b2,s_b3,s_b4; } S_un_b;
        struct { u_short s_w1,s_w2; } S_un_w;
        u_long S_addr;
    } S_un;
}
```

Diese Strukturen sind etwas unhandlich. Daher haben wir von *sockaddr_in* eine etwas übersichtlichere C++-Klasse abgeleitet. Das Ergebnis sehen Sie in der Datei \vcppnet\Ex28a\BlockSock.h auf der Begleit-CD:

```
class CSockAddr : public sockaddr_in {
public:
    // Konstruktoren
    CSockAddr()
    {
        sin_family = AF_INET;
        sin_port = 0;
        sin_addr.s_addr = 0;
    } // Standardwerte
    CSockAddr(const SOCKADDR& sa) { memcpy(this, &sa,
        sizeof(SOCKADDR)); }
    CSockAddr(const SOCKADDR_IN& sin) { memcpy(this, &sin,
        sizeof(SOCKADDR_IN)); }
    CSockAddr(const ULONG ulAddr, const USHORT ushPort = 0)
    // Parameter in Hostbytefolge
    {
        sin_family = AF_INET;
        sin_port = htons(ushPort);
        sin_addr.s_addr = htonl(ulAddr);
    }
    CSockAddr(const char* pchIP, const USHORT ushPort = 0)
    // Zeichenfolge mit IP-Adresse in Punktnotation
    {
        sin_family = AF_INET;
        sin_port = htons(ushPort);
        sin_addr.s_addr = inet_addr(pchIP);
    } // Bereits in Netzwerkbytefolge
    // Adresse in Punktnotation zurückgeben
    CString DottedDecimal()
        { return inet_ntoa(sin_addr); }
    // neues CString-Objekt anlegen
    // Anschluss und Adresse ermitteln (obwohl sie öffentlich sind)
    USHORT Port() const
        { return ntohs(sin_port); }
    ULONG IPAddr() const
        { return ntohl(sin_addr.s_addr); }
    // Operatoren zur Effizienzsteigerung
    const CSockAddr& operator=(const SOCKADDR& sa)
    {
        memcpy(this, &sa, sizeof(SOCKADDR));
        return *this;
    }
```

```
    const CSockAddr& operator=(const SOCKADDR_IN& sin)
    {
        memcpy(this, &sin, sizeof(SOCKADDR_IN));
        return *this;
    }
    operator SOCKADDR()
        { return *((LPSOCKADDR) this); }
    operator LPSOCKADDR()
        { return (LPSOCKADDR) this; }
    operator LPSOCKADDR_IN()
        { return (LPSOCKADDR_IN) this; }
};
```

Wie Sie sehen, enthält diese Klasse einige nützliche Konstruktoren und Konvertierungsoperatoren, sodass Objekte vom Typ *CSockAddr* mit dem Typ *sockaddr_in* und den äquivalenten *SOCKADDR_IN*, *sockaddr* und *SOCKADDR* gegeneinander austauschbar sind. Es ist ein Konstruktor und eine Memberfunktion für IP-Adressen in dezimaler Punktnotation vorhanden. Die interne Socketadresse wird in der Netzwerkbytereihenfolge angegeben, aber sämtliche Memberfunktionen arbeiten mit der Hostbytereihenfolge und geben Werte in dieser Form zurück. Die Winsock-Funktionen *htonl*, *htons*, *ntohs* und *ntohl* erledigen die Konvertierung zwischen Netzwerk- und Hostbytereihenfolge.

### Die Klasse *CBlockingSocketException*

Sämtliche *CBlockingSocket*-Funktionen übergeben ein Objekt vom Typ *CBlockingSocketException*, wenn ein Winsock-Fehler auftritt. Diese Klasse ist von der MFC-Klasse *CException* abgeleitet und überschreibt daher die Funktion *GetErrorMessage*. Diese Funktion liefert eine Winsock-Fehlernummer und eine Zeichenfolge, die von *CBlockingSocket* bei der Meldung der Ausnahme übergeben wurde.

### Die Klasse *CBlockingSocket*

Der folgende Code ist ein Auszug aus der Headerdatei der Klasse *CBlockingSocket*:

**Blocksock.h**
```
class CBlockingSocket : public CObject
{
    DECLARE_DYNAMIC(CBlockingSocket)
public:
    SOCKET m_hSocket;
    CBlockingSocket();   { m_hSocket = NULL; }
    void Cleanup();
    void Create(int nType = SOCK_STREAM);
    void Close();
    void Bind(LPCSOCKADDR psa);
    void Listen();
    void Connect(LPCSOCKADDR psa);
    BOOL Accept(CBlockingSocket& s, LPSOCKADDR psa);
    int Send(const char* pch, const int nSize, const int nSecs);
    int Write(const char* pch, const int nSize, const int nSecs);
    int Receive(char* pch, const int nSize, const int nSecs);
    int SendDatagram(const char* pch, const int nSize, LPCSOCKADDR psa,
        const int nSecs);
```

```
    int ReceiveDatagram(char* pch, const int nSize, LPCSOCKADDR psa, const int nSecs);
    void GetPeerAddr(LPCSOCKADDR psa);
    void GetSockAddr(LPCSOCKADDR psa);
    static CSockAddr GetHostByName(const char* pchName, const USHORT ushPort = 0);
    static const char* GetHostByAddr(LPCSOCKADDR psa);
    operator SOCKET();
        { return m_hSocket; }
};
```

Nachfolgend werden die Memberfunktionen von *CBlockingSocket* kurz beschrieben:

- **Konstruktor:** Der Konstruktor von *CBlockingSocket* erzeugt ein nicht initialisiertes Objekt. Sie müssen die Memberfunktion *Create* aufrufen, um einen Windows-Socket zu erstellen und mit einem C++-Objekt zu verknüpfen.
- *Create:* Diese Funktion ruft die Winsock-Funktion *socket* auf und weist dann dem Datenelement *m_hSocket* das zurückgelieferte 32 Bit breite *SOCKET*-Handle zu.

| Parameter | Beschreibung |
|---|---|
| nType | Sockettyp; sollte SOCK_STREAM (Standardwert) oder SOCK_DGRAM sein |

- *Close:* Diese Funktion schließt einen geöffneten Socket über einen Aufruf der Winsock-Funktion *closesocket*. Die Funktion *Create* muss zuvor aufgerufen worden sein. Der Destruktor ruft diese Funktion nicht auf, da es nicht möglich wäre, die Ausnahmen von einem globalen Objekt abzufangen. Ihr Serverprogramm kann jederzeit *Close* für einen Socket aufrufen, der diesen Anschluss überwacht.
- *Bind:* Diese Funktion ruft die Winsock-Funktion *bind* auf, um zuvor erstellte Sockets mit einer gegebenen Socketadresse zu verbinden. Vor dem Aufruf von *Listen* ruft Ihr Serverprogramm *Bind* mit einem Socketadressenobjekt auf, aus dem die zu überwachende Anschlussnummer und die IP-Adresse des Servers hervorgeht. Wenn Sie *INADDR_ANY* als IP-Adresse übergeben, benutzt Winsock die IP-Adresse Ihres Computers.

| Parameter | Beschreibung |
|---|---|
| psa | Ein *CSockAddr*-Objekt oder ein Zeiger auf eine Variable vom Typ *sockaddr* |

- *Listen:* Diese TCP-Funktion ruft die Winsock-Funktion *listen* auf. Ihr Serverprogramm ruft *Listen* auf, um mit der Überwachung des im vorausgegangenen *Bind*-Aufruf genannten Anschlusses zu beginnen. Diese Funktion kehrt sofort wieder zum Aufrufer zurück.
- *Accept:* Diese Funktion ruft die Winsock-Funktion *accept* auf. Ihr Serverprogramm ruft *Accept* unmittelbar nach *Listen* auf. *Accept* kehrt zurück, wenn ein Client eine Verbindung zu diesem Socket herstellt, und beschreibt den neuen Socket in einem *CBlockingSocket*-Objekt, das Sie bereitgestellt haben.

| Parameter | Beschreibung |
|---|---|
| s | Ein Verweis auf ein bestehendes *CBlockingSocket*-Objekt, für das *Create* nicht aufgerufen worden ist |
| psa | Ein *CSockAddr*-Objekt oder ein Zeiger auf eine Variable vom Typ *sockaddr* mit der Socketadresse der Verbindung |
| Rückgabewert | TRUE, falls erfolgreich |

- **Connect:** Diese TCP-Funktion ruft die Winsock-Funktion *connect* auf. Ihr Clientprogramm ruft *Connect* nach *Create* auf. *Connect* kehrt zum Aufrufer zurück, sobald die Verbindung hergestellt ist.

  | Parameter | Beschreibung |
  |---|---|
  | psa | Ein *CSockAddr*-Objekt oder ein Zeiger auf eine Variable vom Typ *sockaddr* |

- **Send:** Diese Funktion ruft die Winsock-Funktion *send* nach einem Aufruf von *select* auf, um das Zeitlimit zu aktivieren. Die Anzahl der tatsächlich mit jedem *Send*-Aufruf übermittelten Bytes hängt davon ab, wie schnell das Programm am anderen Ende der Verbindung die Bytes annehmen kann. *Send* meldet eine Ausnahme, wenn das Programm am anderen Ende den Socket schließt, bevor es alle Bytes gelesen hat.

  | Parameter | Beschreibung |
  |---|---|
  | pch | Ein Zeiger auf einen Puffer, der die zu sendenden Bytes enthält |
  | nSize | Die Größe (in Byte) des zu sendenden Blocks |
  | nSecs | Das Zeitlimit in Sekunden |
  | Rückgabewert | Die Anzahl der tatsächlich gesendeten Bytes |

- **Write:** Diese TCP-Funktion ruft *Send* so lange wiederholt auf, bis alle Bytes gesendet worden sind oder der Empfänger den Socket schließt.

  | Parameter | Beschreibung |
  |---|---|
  | pch | Ein Zeiger auf einen Puffer, der die zu sendenden Bytes enthält |
  | nSize | Die Größe (in Byte) des zu sendenden Blocks |
  | nSecs | Das Zeitlimit in Sekunden |
  | Rückgabewert | Die Anzahl der tatsächlich gesendeten Bytes |

- **Receive:** Diese TCP-Funktion ruft die Winsock-Funktion *recv* auf, nachdem durch einen Aufruf von *select* das Zeitlimit gesetzt worden ist. Diese Funktion gibt die Anzahl der empfangenen Bytes zurück. Weitere Informationen hierzu finden Sie in der Beschreibung der Klasse *CHttpBlockingSocket* im nächsten Abschnitt.

  | Parameter | Beschreibung |
  |---|---|
  | pch | Ein Zeiger auf einen bestehenden Puffer, der die ankommenden Bytes aufnehmen soll |
  | nSize | Die maximale Anzahl der zu empfangenden Bytes |
  | nSecs | Das Zeitlimit in Sekunden |
  | Rückgabewert | Die Anzahl der tatsächlich empfangenen Bytes |

- **SendDatagram:** Diese UDP-Funktion ruft die Winsock-Funktion *sendto* auf. Das Programm am anderen Ende der Verbindung muss *ReceiveDatagram* aufrufen. Für Datagramme müssen die Funktionen *Listen*, *Accept* und *Connect* nicht aufgerufen werden. Sie müssen aber zuvor *Create* mit dem Argument *SOCK_DGRAM* aufgerufen haben.

| Parameter | Beschreibung |
|---|---|
| *pch* | Ein Zeiger auf einen Puffer, der die zu sendenden Bytes enthält |
| *nSize* | Die Größe (in Byte) des zu sendenden Blocks |
| *psa* | Die Empfängeradresse des Datagramms; ein *CSockAddr*-Objekt oder ein Zeiger auf eine Variable vom Typ *sockaddr* |
| *nSecs* | Das Zeitlimit in Sekunden |
| Rückgabewert | Die Anzahl der tatsächlich gesendeten Bytes |

○ *ReceiveDatagram:* Diese UDP-Funktion ruft die Winsock-Funktion *recvfrom* auf. Die Funktion kehrt zum Aufrufer zurück, wenn das Programm am anderen Ende der Verbindung *SendDatagram* aufruft. Zuvor muss die Funktion *Create* mit dem Argument *SOCK_DGRAM* aufgerufen worden sein.

| Parameter | Beschreibung |
|---|---|
| *pch* | Ein Zeiger auf einen Puffer, der die zu sendenden Bytes enthält |
| *nSize* | Die Größe (in Byte) des zu sendenden Blocks |
| *psa* | Die Empfängeradresse des Datagramms (ein *CSockAddr*-Objekt oder ein Zeiger auf eine Variable vom Typ *sockaddr*) |
| *nSecs* | Das Zeitlimit in Sekunden |
| Rückgabewert | Die Anzahl der tatsächlich empfangenen Bytes |

○ *GetPeerAddr:* Diese Funktion ruft die Winsock-Funktion *getpeername* auf. Sie gibt die Anschlussnummer und IP-Adresse des Sockets am anderen Ende der Verbindung zurück. Falls Sie über einen Webproxyserver mit dem Internet verbunden sind, wird die IP-Adresse des Proxyservers zurückgegeben.

| Parameter | Beschreibung |
|---|---|
| *psa* | Ein *CSockAddr*-Objekt oder ein Zeiger auf eine Variable vom Typ *sockaddr* |

○ *GetSockAddr:* Diese Funktion ruft die Winsock-Funktion *getsockname* auf. Sie gibt die Socketadresse zurück, die Winsock dieser Seite der Verbindung zugewiesen hat. Sofern es sich bei dem anderen Programm um einen Server in einem LAN handelt, entspricht die IP-Adresse der Adresse, die der Netzwerkkarte dieses Rechners zugewiesen worden ist. Falls es sich bei dem anderen Programm um einen Server im Internet handelt, wird die IP-Adresse von Ihrem Internet-Dienstanbieter vergeben, sobald Sie sich einwählen. In beiden Fällen weist Winsock die Anschlussnummer zu, die von Verbindung zu Verbindung verschieden sein kann.

| Parameter | Beschreibung |
|---|---|
| *psa* | Ein *CSockAddr*-Objekt oder ein Zeiger auf eine Variable vom Typ *sockaddr* |

○ *GetHostByName:* Diese statische Funktion ruft die Winsock-Funktion *gethostbyname* auf. Sie fragt einen Namensserver ab und gibt die Socketadresse zurück, die dem Hostnamen entspricht. Die Funktion setzt sich selbst ein Zeitlimit.

| Parameter | Beschreibung |
|---|---|
| *pchName* | Ein Zeiger auf ein Zeichenarray, das den Hostnamen enthält |
| *ushPort* | Die Anschlussnummer (Standardwert 0), die in die zurückgegebene Socketadresse aufgenommen wird |
| Rückgabewert | Die Socketadresse mit der vom DNS gelieferten IP-Adresse und der Anschlussnummer *ushPort* |

- *GetHostByAddr:* Diese statische Funktion ruft die Winsock-Funktion *gethostbyaddr* auf. Sie fragt einen Namensserver ab und gibt den ermittelten Hostnamen zurück. Diese Funktion setzt sich selbst ein Zeitlimit.

| Parameter | Beschreibung |
|---|---|
| *psa* | Ein *CSockAddr*-Objekt oder ein Zeiger auf eine Variable vom Typ *sockaddr* |
| Rückgabewert | Ein Zeiger auf ein Zeichenfeld, das den Hostnamen enthält. Der Aufrufer darf diesen Speicherblock nicht freigeben |

- *Cleanup:* Diese Funktion schließt den Socket, sofern er geöffnet ist. Sie meldet keine Ausnahmen und lässt sich daher auch in einem *catch*-Block einsetzen.
- *operator SOCKET:* Dieser überladene Operator ermöglicht die Verwendung eines *CBlockingSocket*-Objekts bei *SOCKET*-Parametern.

### Die Klasse *CHttpBlockingSocket*

Bei einem Aufruf von *CBlockingSocket::Receive* ist es schwer zu bestimmen, wann die Übertragung abgeschlossen ist. Jeder Aufruf liefert die Bytes, die sich bis zu diesem Zeitpunkt an Ihrem Ende der Verbindung neu angesammelt haben. Falls keine Bytes vorhanden sind, blockiert der Aufruf. Wenn der Sender den Socket jedoch schließt, liefert diese Funktion natürlich keine Bytes mehr an den Aufrufer.

Im Abschnitt über HTTP am Anfang dieses Kapitels haben Sie erfahren, dass der Client eine Anforderung sendet, die durch eine Leerzeile abgeschlossen wird. Der Server soll die Antwortheader und Daten senden, sobald er die Leerzeile liest. Aber der Client muss den Antwortheader analysieren, bevor er die Daten liest. Kurz gesagt, solange eine TCP-Verbindung geöffnet ist, muss das empfangende Programm die eingehenden Daten sofort verarbeiten. Eine einfache, aber nicht sehr effiziente Möglichkeit bestünde darin, *Receive* immer nur für jeweils ein Byte aufzurufen. Effizienter ist allerdings die Verwendung eines Puffers.

Die Klasse *CHttpBlockingSocket* ergänzt die Klasse *CBlockingSocket* durch einen Datenpuffer und stellt zwei neue Memberfunktionen zur Verfügung. Hier ist der entsprechende Ausschnitt aus der Headerdatei \vcppnet\Ex28a\BlockSock.h:

```
class CHttpBlockingSocket : public CBlockingSocket
{
public:
    DECLARE_DYNAMIC(CHttpBlockingSocket)
    enum {nSizeRecv = 1000}; // maximale Größe des Eingangspuffers
                             // (> Headerzeilenlänge)
    CHttpBlockingSocket();
    ~CHttpBlockingSocket();
    int ReadHttpHeaderLine(char* pch, const int nSize, const int nSecs);
    int ReadHttpResponse(char* pch, const int nSize, const int nSecs);
```

```
private:
    char* m_pReadBuf;  // Lesepuffer
    int m_nReadBuf;    // Zahl der Bytes im Lesepuffer
};
```

Konstruktor und Destruktor kümmern sich um die Beschaffung und Rückgabe eines Puffers für 1000 Zeichen. Die beiden Memberfunktionen werden nachfolgend beschrieben.

- *ReadHttpHeaderLine:* Diese Funktion gibt eine einzelne Headerzeile zurück, die durch die Zeichenkombination <cr><lf> abgeschlossen ist. *ReadHttpHeaderLine* hängt eine abschließende Null an das Zeilenende an. Wenn der Zeilenpuffer voll ist, wird die terminierende Null an der letzten Position gespeichert.

| Parameter | Beschreibung |
|---|---|
| pch | Ein Zeiger auf einen vorhandenen Puffer, der die eingehende (nullterminierte) Zeile aufnehmen soll |
| nSize | Die Größe des durch *pch* bezeichneten Puffers |
| nSecs | Das Zeitlimit in Sekunden |
| Rückgabewert | Die Anzahl der tatsächlich empfangenen Bytes, die terminierende Null nicht mitgezählt |

- *ReadHttpResponse:* Diese Funktion liefert den restlichen Teil der empfangenen Serverantwort, wenn der Socket geschlossen wird oder der Puffer voll ist. Gehen Sie nicht davon aus, dass der Puffer eine abschließende Null enthält.

| Parameter | Beschreibung |
|---|---|
| pch | Ein Zeiger auf einen vorhandenen Puffer, der die eingehenden Daten aufnimmt |
| nSize | Die maximale Anzahl der zu empfangenden Bytes |
| nSecs | Das Zeitlimit in Sekunden |
| Rückgabewert | Die Anzahl der tatsächlich empfangenen Bytes |

## Ein vereinfachtes HTTP-Serverprogramm

Es ist nun an der Zeit, ein HTTP-Serverprogramm zu schreiben. Der Code sieht zwar nicht gerade aufregend aus, arbeitet aber mit einem Browser zusammen. Dieser Server gibt nur einige fest vorgegebene Header und HTML-Anweisungen zurück, wenn er eine *GET*-Anforderung erhält. (Im nachfolgenden Programm Ex28a wird ein etwas anspruchsvollerer HTTP-Server implementiert.)

### Winsock initialisieren

Bevor Winsock-Aufrufe erfolgen können, muss das Programm die Winsock-Bibliothek initialisieren. Dies wird durch die folgenden Anweisungen in der Memberfunktion *InitInstance* erreicht:

```
WSADATA wsd;
WSAStartup(0x0101, &wsd);
```

### Den Server starten

Der Server wird auf eine Aktion des Anwenders hin gestartet, zum Beispiel durch die Auswahl eines Menübefehls. Hier ist der Befehlshandler:

```
CBlockingSocket g_sListen; // ein und nur ein globaler Socket
void CSocketView::OnInternetStartServer()
{
    try {
        CSockAddr saServer(INADDR_ANY, 80);
        g_sListen.Create();
        g_sListen.Bind(saServer);
        g_sListen.Listen();
        AfxBeginThread(ServerThreadProc, GetSafeHwnd());
    }
    catch(CBlockingSocketException* e) {
        g_sListen.Cleanup();
        // Tu etwas wegen der Ausnahmen.
        e->Delete();
    }
}
```

Ziemlich einfach, nicht wahr? Dieser Meldungshandler erstellt einen Socket, beginnt mit der Überwachung dieses Sockets und startet dann einen Arbeitsthread, der darauf wartet, dass irgendein Client eine Verbindung zum Anschluss 80 herstellt. Falls ein Fehler auftritt, wird dieser Fehler mit einer Ausnahme gemeldet. Das globale Objekt *g_sListen*, das während der gesamten Programmausführung aktiv ist, kann gleichzeitig mehrere Verbindungen herstellen, die jeweils von einem eigenen Thread verwaltet werden.

## Der Serverthread

Sehen wir uns nun die Funktion *ServerThreadProc* an:

```
UINT ServerThreadProc(LPVOID pParam)
{
    CSockAddr saClient;
    CHttpBlockingSocket sConnect;
    char request[100];
    char headers[] = "HTTP/1.0 200 OK\r\n"
        "Server: Inside Visual C++ .NET SOCK01\r\n"
        "Date: %s\r\n"
        "Content-Type: text/html\r\n"
        "Accept-Ranges: bytes\r\n"
        "Content-Length: 187\r\n"
        "\r\n"; // die wichtige Leerzeile
    char html[] =
        "<html><head><title>Inside Visual C++ Server</title></head>\r\n"
        "<body><body background=\"/samples/images/usa1.jpg\">\r\n"
        "<h1><center>This is a custom home page</center></h1><p>\r\n"
        "</body></html>\r\n\r\n";
    try {
        if(!g_sListen.Accept(sConnect, saClient)) {
            // Der Handler in der Ansichtsklasse hat den Socket geschlossen
            return 0;
        }
        AfxBeginThread(ServerThreadProc, pParam);
        // lies die Anforderung vom Client
        sConnect.ReadHttpHeaderLine(request, 100, 10);
        TRACE("SERVER: %s", request); // Zeige den ersten Header
```

```
            if(strnicmp(request, "GET", 3) == 0) {
                do { // Bearbeite die restlichen Anforderungsheader
                    sConnect.ReadHttpHeaderLine(request, 100, 10);
                    TRACE("SERVER: %s", request); // Zeige die anderen Header
                } while(strcmp(request, "\r\n"));
                sConnect.Write(headers, strlen(headers), 10); // Antwortheader
                sConnect.Write(html, strlen(html), 10); // HTML-Code
            }
            else {
                TRACE("SERVER: das ist kein GET\n");
                // na toll... und nun?
            }
            sConnect.Close(); // Der Destruktor schließt ihn nicht
        }
        catch(CBlockingSocketException* e) {
            // tue etwas wegen der Ausnahme
            e->Delete();
        }
        return 0;
}
```

Hier ist der Aufruf der Funktion *Accept* am wichtigsten. Der Thread blockiert, bis ein Client eine Verbindung zum Anschluss 80 des Servers herstellt, woraufhin *Accept* zum Aufrufer zurückkehrt und in *sConnect* einen neuen Socket zurückgibt. Der aktuelle Thread startet dann sofort einen weiteren Thread.

Zwischenzeitlich muss der aktuelle Thread die Anforderung des Clients bearbeiten, die gerade über *sConnect* eingegangen ist. Er liest zuerst die Anforderungsheader, indem er so lange *ReadHttpHeaderLine* aufruft, bis er eine Leerzeile erkennt. Dann ruft er *Write* auf, um die Antwortheader und die HTML-Anweisungen zu senden. Schließlich ruft der aktuelle Thread *Close* auf, um den Verbindungssocket zu schließen. Damit gehört diese Verbindung der Vergangenheit an. Der nächste Thread steht schon bereit (blockiert im *Accept*-Aufruf) und wartet auf die nächste Verbindung.

**Aufräumroutinen**

Um Speicherverluste zu verhindern, muss das Programm dafür sorgen, dass alle Arbeitsthreads beim Ende des Programms beendet sind. Am einfachsten erreicht man dies, indem man den überwachenden Socket schließt. Damit wird erreicht, dass alle noch anhängigen *Accept*-Aufrufe den Wert *FALSE* zurückgeben, wodurch wiederum die Threads beendet werden.

```
try {
    g_sListen.Close();
    Sleep(340);    // Warte auf das Ende des Threads
    WSACleanup(); // Beende Winsock
}
catch(CUserException* e) {
    e->Delete();
}
```

Es können unter Umständen Probleme auftreten, wenn ein Thread gerade mit der Erfüllung einer Clientanforderung beschäftigt ist. In diesem Fall sollte der Hauptthread überprüfen, ob alle Threads beendet sind, bevor er terminiert.

# Ein einfaches HTTP-Clientprogramm

Sehen wir uns nun die Clientseite der Medaille an – ein einfaches Programm, das blind eine *GET*-Anforderung sendet. Wenn ein Server eine *GET*-Anforderung mit einem Schrägstrich erhält, wie unten gezeigt, wird von ihm erwartet, dass er seine Standard-HTML-Datei schickt:

```
GET / HTTP/1.0
```

Wenn Sie in einem Browser **http://www.consolidatedmessenger.com** eingeben, sendet der Browser diese blinde *GET*-Anforderung.

Das Clientprogramm kann die gleiche Klasse *CHttpBlockingSocket* verwenden, die Sie bereits kennen gelernt haben, und es muss Winsock auf dieselbe Weise initialisieren wie das Serverprogramm. Ein Befehlshandler startet einfach einen Clientthread mit einem Aufruf wie diesem:

```
AfxBeginThread(ClientSocketThreadProc, GetSafeHwnd());
```

Der Code für den Thread sieht hier folgendermaßen aus:

```
CString g_strServerName = "localhost"; // oder ein passender Hostname
UINT ClientSocketThreadProc(LPVOID pParam)
{
    CHttpBlockingSocket sClient;
    char* buffer = new char[MAXBUF];
    int nBytesReceived = 0;
    char request[] = "GET / HTTP/1.0\r\n";
    char headers[] = // Anforderungsheader
        "User-Agent: Mozilla/1.22 (Windows; U; 32bit)\r\n"
        "Accept: */*\r\n"
        "Accept: image/gif\r\n"
        "Accept: image/x-xbitmap\r\n"
        "Accept: image/jpeg\r\n"
        "\r\n"; // wichtig
    CSockAddr saServer, saClient;
    try {
        sClient.Create();
        saServer = CBlockingSocket::GetHostByName(g_strServerName, 80);
        sClient.Connect(saServer);
        sClient.Write(request, strlen(request), 10);
        sClient.Write(headers, strlen(headers), 10);
        do { // Lies die Antwortheader des Servers
            nBytesReceived = sClient.ReadHttpHeaderLine(buffer, 100, 10);
        } while(strcmp(buffer, "\r\n")); // bis zur ersten Leerzeile
        nBytesReceived = sClient.ReadHttpResponse(buffer, 100, 10);
        if(nBytesReceived == 0) {
            AfxMessageBox("Keine Antwort erhalten");
        }
        else {
            buffer[nBytesReceived] = '\0';
            AfxMessageBox(buffer);
        }
    }
    catch(CBlockingSocketException* e) {
        // protokolliere die Ausnahme
        e->Delete();
    }
```

```
    sClient.Close();
    delete [] buffer;
    return 0; // Ende des Threads
}
```

Dieser Thread ruft zuerst *CBlockingSocket::GetHostByName* auf, um die IP-Adresse des Servercomputers zu ermitteln. Dann erstellt er einen Socket und ruft *Connect* für diesen Socket auf. Nun gibt es einen bidirektionalen Kommunikationskanal zum Server. Der Thread sendet seine *GET*-Anforderung und anschließend einige Anforderungsheader, liest die Antwortheader des Servers und dann die eigentliche Antwortdatei, von der angenommen wird, dass sie als Textdatei vorliegt. Nachdem der Thread den Text in einem Meldungsfeld angezeigt hat, terminiert er.

# Einen Webserver mit *CHttpBlockingSocket* erstellen

Wenn Sie einen Webserver brauchen, sollten Sie am besten einen kaufen oder die Microsoft Internet Information Services (IIS) verwenden, die zum Lieferumfang von Windows NT Server gehören. Sie können die IIS auch auf Windows 2000 Professional und auf Windows XP installieren. Natürlich lernen Sie mehr, wenn Sie Ihren eigenen Server entwickeln, und Sie verfügen dann auch über ein nützliches Diagnosewerkzeug. Und was ist, wenn Sie Funktionen brauchen, die es in den IIS nicht gibt? Angenommen, Sie möchten eine vorhandene Windows-Anwendung als Webserver verwenden und mit den entsprechenden Fähigkeiten ausstatten, oder Sie haben ein benutzerdefiniertes ActiveX-Steuerelement, das seine eigene TCP-Verbindung mit dem Server einrichtet, aber nicht HTTP verwendet. Sehen Sie sich den Servercode im Beispiel Ex28a genauer an. Er könnte möglicherweise als Ausgangspunkt für Ihre nächste Serveranwendung dienen.

## Serverbeschränkungen im Beispiel Ex28a

Die Serverkomponente des Programms Ex28a kann *GET*-Anforderungen nach Dateien und *POST*-Anforderungen verarbeiten. Dies sind die beiden gebräuchlichsten HTTP-Anforderungstypen. Ex28a kann jedoch weder CGI-Skripts (Common Gateway Interface) starten noch ISAPI-DLLs laden (Internet Server Application Programming Interface). Ex28a kennt keine Sicherheitsvorkehrungen und auch kein FTP. Ansonsten ist es ein hervorragender Server. Wenn Sie die fehlenden Leistungsmerkmale benötigen, müssen Sie den entsprechenden Code selbst schreiben.

## Architektur des Ex28a-Servers

Sie werden bald feststellen, dass Ex28a einen HTTP-Server, einen Winsock HTTP-Client und zwei WinInet-HTTP-Clients in sich vereint. Alle drei Clients können mit dem integrierten Server oder mit einem beliebigen Server im Internet kommunizieren. Beliebige Clientprogramme, einschließlich des Telnet-Dienstprogramms und Standard-Browser wie Microsoft Internet Explorer 4.0 können mit dem Ex28a-Server kommunizieren. Wir werden die Clientkomponenten im Verlauf dieses Kapitels noch näher untersuchen.

Ex28a ist eine gewöhnliche MFC-SDI-Anwendung mit einer von *CEditView* abgeleiteten Ansichtsklasse. Das Hauptmenü enthält die Befehle *Server starten* (Start Server) und *Server anhalten* (Stop Server) sowie den Befehl *Konfiguration* (Configuration), mit dem ein mehrseitiges Dialogfeld aufgerufen wird, in dem das Stammverzeichnis, die Standarddatei für *GET* und die zu überwachende Anschlussnummer (für gewöhnlich 80) festgelegt werden können.

Der Handler für den Befehl *Server starten* bereitet die Überwachung des Übertragungskanals mit einem globalen Socket vor und startet dann einen Thread, wie im vorigen Abschnitt für den vereinfachten HTTP-Server beschrieben. Sehen Sie sich die Funktion *ServerThreadProc* an, die auf der Begleit-CD in der Datei \vcppnet\Ex28a\ServerThread.cpp zu finden ist. Der Serverthread protokolliert alle von ihm bearbeiteten Anforderungen, indem er eine entsprechende Meldung an das *CEditView*-Fenster sendet. Er sendet auch Meldungen, wenn es zu Ausnahmen kommt, zum Beispiel zu Bindungsfehlern.

Die Hauptaufgabe des Servers besteht darin, Dateien zu liefern. Er öffnet eine Datei, speichert einen Zeiger vom Typ *CFile* in *pFile*, liest dann 5 KB große Blöcke (*SERVERMAXBUF*) ein und schreibt sie auf den Socket *sConnect*. Die entsprechenden Anweisungen sehen wie folgt aus:

```
char* buffer = new char[SERVERMAXBUF];
DWORD dwLength = pFile->GetLength();
nBytesSent = 0;
DWORD dwBytesRead = 0;
UINT uBytesToRead;
while(dwBytesRead < dwLength) {
    uBytesToRead = min(SERVERMAXBUF, dwLength - dwBytesRead);
    VERIFY(pFile->Read(buffer, uBytesToRead) == uBytesToRead);
    nBytesSent += sConnect.Write(buffer, uBytesToRead, 10);
    dwBytesRead += uBytesToRead;
}
```

Der Server ist dazu programmiert, auf eine *GET*-Anforderung nach einer imaginären Datei namens Custom zu antworten. Er generiert etwas HTML-Code, der die IP-Adresse des Clients, die Anschlussnummer und eine sequentielle Verbindungsnummer anzeigt. Hier ergibt sich eine Möglichkeit zur Anpassung des Servers.

Der Server überwacht normalerweise einen Socket, der an die Adresse *INADDR_ANY* gebunden ist. Es handelt sich hierbei um die Standard-IP-Adresse des Servers, die durch die Ethernet-Karte festgelegt oder vom ISP während der Einrichtung der Verbindung zugewiesen wird. Falls Ihr Servercomputer mehrere IP-Adressen hat, können Sie den Server dazu bringen, eine dieser Adressen zu überwachen, indem Sie diese Adresse im Feld *Server-IP-Adresse* (Server IP Address) auf der Registerkarte *Weitere Einstellungen* (Advanced) angeben. Sie können auch die Anschlussnummer auf der Registerkarte *Server* ändern. Wenn Sie hier beispielsweise Anschluss 90 wählen, würden Browser-Benutzer die Verbindung zu *http://localhost:90* aufnehmen.

Im ersten Indikatorabschnitt der Statusleiste wird der Text *Listening* angezeigt, solange der Server im Betrieb ist.

## Die Win32-Funktion *TransmitFile* verwenden

Sofern Sie mit Windows NT/2000/XP arbeiten, können Sie Ihren Server verbessern, indem Sie im obigen Codeauszug statt der *CFile::Read*-Schleife die Win32-Funktion *TransmitFile* verwenden. *TransmitFile* ist eine optimierte Funktion, die Bytes aus einer geöffneten Datei direkt an einen Socket sendet. Die Funktion *ServerThreadProc* aus Ex28a enthält die folgende Zeile:

```
if (::TransmitFile(sConnect, (HANDLE) pFile >m_hFile, dwLength, 0,
    NULL, NULL, TF_DISCONNECT))
```

*Internet-Grundlagen*

Falls Sie unter Windows NT/2000/XP arbeiten, entfernen Sie die Kommentarzeichen vor der Zeile

#define USE_TRANSMITFILE

am Anfang der Datei ServerThread.cpp, um den Codeabschnitt mit der Funktion *TransmitFile* zu aktivieren.

## Die Anwendung Ex28a erstellen und testen

Öffnen Sie das Projekt \vcppnet\Ex28a\Ex28a in Visual C++ .NET und erstellen Sie das Programm. Ein dem Projektverzeichnis Ex28a untergeordnetes Verzeichnis namens *Website* enthält einige HTML-Dateien und wird als Stammverzeichnis des Servers Ex28a eingerichtet. Clients sehen dieses Verzeichnis dann als Stammverzeichnis des Servers.

**HINWEIS:** Wenn auf Ihrem Rechner bereits ein anderer HTTP-Server läuft, beenden Sie ihn jetzt. Falls Sie Windows NT/2000 Server zusammen mit den IIS installiert haben, werden die IIS wahrscheinlich laufen. Daher müssen Sie die IIS nun anhalten. Das Programm Ex28a meldet einen Bindungsfehler (10048), falls ein anderer Server bereits Anschluss 80 überwacht.

Starten Sie das Programm im Debugger und wählen Sie dann im Menü *Internet* den Befehl *Server starten* (Start Server). Wechseln Sie nun zu Ihrem Webbrowser und geben Sie *localhost* ein. Daraufhin sollte die Startseite mit dem Titel *Willkommen bei Inside Visual C++ .NET* (Welcome To The Inside Visual C++ .NET Home Page) samt allen Grafiken angezeigt werden. Das Anwendungsfenster des Serverprogramms Ex28a sollte etwa so aussehen:

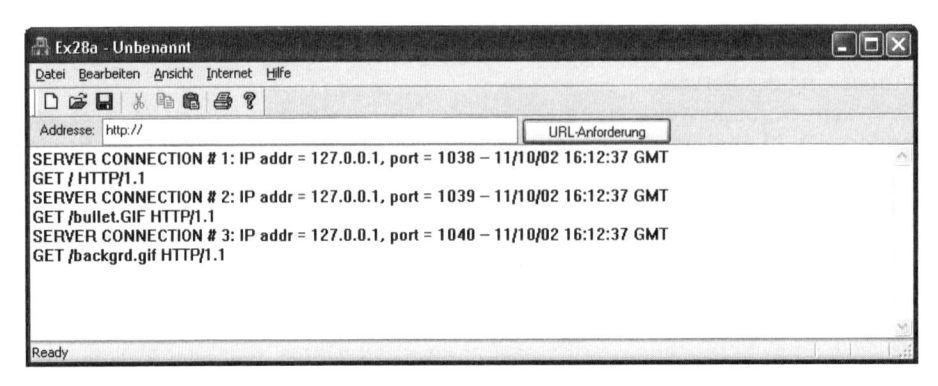

Sehen Sie sich das Ausgabefenster des Visual C++ .NET-Debuggers an. Dort werden die Anforderungsheader des Clients angezeigt.

Wenn Sie in Ihrem Browser auf die Schaltfläche *Aktualisieren* klicken, erhalten Sie vielleicht eine Fehlermeldung wie die folgende vom Server Ex28a:

WINSOCK ERROR - SERVER: Send error #10054 - 10/05/02 04:34:10 GMT

Man kann daraus ablesen, dass der Browser das im Antwortheader der Servers enthaltene Änderungsdatum der Datei gelesen und festgestellt hat, dass er die Daten nicht braucht, weil sich diese Datei bereits in seinem Cache befindet. Der Browser hat daraufhin den Socket geschlossen und der Server hat einen Fehler erkannt. Wäre der EX28A-Server intelligenter, hätte er vor dem Senden der Datei den *If-Modified-Since*-Anforderungsheader des Clients gelesen.

Natürlich können Sie diesen Server auch in ihrem Mini-Intranet testen. Starten Sie den Server auf einem Computer und den Browser auf einem anderen. Geben Sie den Hostnamen des Servers so ein, wie er in der Datei hosts angegeben ist.

# Einen Webclient mit *CHttpBlockingSocket* erstellen

Wenn Sie vor ein paar Jahren ein eigenes Internet-Browserprogramm geschrieben hätten, wären Sie heute wahrscheinlich um einige Millionen Mark reicher. Heute erhält man Browser jedoch kostenlos im Internet. Daher ist es ziemlich sinnlos, jetzt noch einen Browser selbst zu entwickeln. Es ist jedoch durchaus sinnvoll, vorhandene Windows-Anwendungen mit Internet-Funktionen auszustatten. Winsock ist zwar nicht das beste Werkzeug, wenn Sie nur auf HTTP- oder FTP-Dienste zugreifen möchten, aber für den Einstieg in dieses Thema ist es ausgezeichnet.

## Der Winsock-Client Ex28a

Das Programm Ex28a implementiert einen Winsock-Client, dessen Quelltext auf der Begleit-CD in der Datei \vcppnet\Ex28a\ClientSockThread.cpp zu finden ist. Der Quelltext ähnelt dem bereits besprochenen vereinfachten HTTP-Client. Der Clientthread verwendet globale Variablen, die ihre Werte aus dem Konfigurationsdialogfeld erhalten. Dazu gehören unter anderem der Serverdateiname, der Hostname des Servers, die IP-Adresse und Anschlussnummer des Servers sowie die IP-Adresse des Clients. Die IP-Adresse des Clients muss nur dann angegeben werden, wenn Ihr Computer mehrere IP-Adressen hat. Wenn Sie den Client starten, stellt er eine Verbindung zum angegebenen Server her und generiert eine *GET*-Anforderung für die von Ihnen angegebene Datei. Der Winsock-Client gibt seine Fehlermeldungen im Hauptanwendungsfenster von Ex28a aus.

## Ex28a-Unterstützung für Proxyserver

Wenn Ihr Rechner innerhalb eines Unternehmens in ein LAN eingebunden ist, ist es relativ wahrscheinlich, dass er nicht direkt mit dem Internet verbunden ist, sondern über einen Proxyserver. Es gibt zwei Arten von Proxyservern: Web- und Winsock-Server. Webproxyserver, die gelegentlich auch als CERN-Proxies bezeichnet werden, lassen nur die Protokolle HTTP, FTP und Gopher zu. (Das Gopher-Protokoll, das HTTP vorausging, ermöglicht textorientierten Terminals den Zugriff auf Internet-Dateien.) Ein Winsock-Clientprogramm muss für die Kombination mit einem Webproxyserver besonders angepasst werden. Ein Winsock-Proxyserver ist flexibler und kann daher auch Protokolle wie RealAudio zulassen. Statt den Quelltext Ihres Clientprogramms abzuändern, binden Sie eine spezielle DLL ein, die mit einem Winsock-Proxyserver kommunizieren kann.

Der Clientcode des Programms Ex28a kann über einen Webproxyserver kommunizieren, wenn Sie auf der Seite *Client* des Konfigurationsfelds die Option *Webproxy verwenden* (Use Web Proxy) markieren. In diesem Fall müssen Sie den Namen des Proxyservers kennen und eingeben. Anschließend stellt der Client keine direkte Verbindung mit dem gewünschten Server her, sondern wendet sich an den Proxyserver. Alle *GET*- und *POST*-Anforderungen müssen den vollständigen URL der Datei enthalten.

Wenn Sie direkt mit dem Server von Consolidated Messenger verbunden wären, würde eine *GET*-Anforderung beispielsweise wie folgt aussehen:

```
GET /customers/newproducts.html HTTP/1.0
```

Erfolgt die Verbindung dagegen über einen Webproxyserver, müsste diese *GET*-Anforderung so lauten:

```
GET http://consolidatedmessenger.com/customers/newproducts.html HTTP/1.0
```

### Den Ex28a-Winsock-Client testen

Am einfachsten lässt sich der Winsock-Client mit dem integrierten Winsock-Server testen. Sie starten den Server wie oben beschrieben und wählen dann im Menü *Internet* den Befehl *Request (Winsock)*. Es sollte daraufhin HTML-Code in einem Meldungsfeld angezeigt werden. Sie können den Client auch mit anderen Servern testen, zum Beispiel mit den IIS, mit dem Server in einem anderen Ex28a-Prozess auf demselben Computer, mit dem Ex28a-Server auf einem anderen Computer im Netz oder mit einem Internet-Server. Ignorieren Sie vorerst die URL-Adresse in der Dialogleiste (sie ist für einen der WinInet-Clients vorgesehen). Sie müssen aber den Servernamen und den Dateinamen auf der Seite *Client* des Konfigurationsdialogfelds eingeben.

# WinInet

WinInet ist eine Programmierschnittstelle, die auf höherer Ebene angesiedelt ist als Winsock, aber nur für HTTP-, FTP- und Gopher-Clientprogramme im asynchronen und synchronen Modus einsetzbar ist. Sie können mit WinInet keine Server entwickeln. Die WININET-DLL ist unabhängig von der WINSOCK32-DLL. Der Internet Explorer benutzt WinInet, ebenso die ActiveX-Steuerelemente.

## Vorteile von WinInet gegenüber Winsock

WinInet bietet für die Entwicklung professioneller Clientprogramme weit mehr Unterstützung als Winsock. Im Folgenden sind nur einige Vorteile von WinInet aufgeführt:

- **Zwischenspeicherung:** Genau wie der Internet Explorer legt Ihr WinInet-Clientprogramm HTML-Dateien und andere Internet-Dateien in einem Cache ab. Sie brauchen dafür nichts Besonderes zu tun. Wenn der Client eine bestimmte Datei ein zweites Mal anfordert, wird sie von der lokalen Festplatte statt aus dem Internet geladen.
- **Sicherheit:** WinInet unterstützt eine einfache Echtheitsbestätigung, die Echtheitsprüfung nach dem Anforderung/Antwort-Prinzip von Windows NT/2000/XP und die SSL (Secure Sockets Layer).
- **Zugriff auf das Internet über Proxyserver:** Sie können in der Systemsteuerung Daten über einen Proxyserver eingeben, die dann in der Registrierung gespeichert werden. WinInet liest die Registrierung und verwendet bei Bedarf den Proxyserver.
- **E/A-Pufferung:** Die Lesefunktion von WinInet kehrt erst dann zum Aufrufer zurück, wenn sie die geforderte Anzahl von Bytes liefern kann. (Sie kehrt natürlich sofort zurück, wenn der Server den Socket schließt.) Sie können bei Bedarf auch einzelne Textzeilen lesen.

- **Einfaches API:** Es sind Rückruffunktionen für die Aktualisierung der Oberfläche und für den Abbruch verfügbar. Die Funktion *CInternetSession::OpenURL* sucht die IP-Adresse des Servers, öffnet die Verbindung und bereitet die Datei zum Lesen vor – alles mit nur einem Aufruf. Einige Funktionen kopieren sogar ganze Dateien vom Internet auf die Festplatte und umgekehrt.

- **Benutzerfreundlich:** WinInet interpretiert und formatiert Header für Sie. Wenn ein Server eine Datei an einen anderen Ort verschoben hat, sendet er den neuen URL in einem HTTP-Location-Header. WinInet greift nahtlos auf den neuen Server zu. Zudem kann WinInet das Änderungsdatum einer Datei in den Anforderungsheader einfügen.

## Die WinInet-Klassen der MFC

WinInet ist ein modernes, nur für Win32 verfügbares API. Die MFC-Umsetzung ist relativ gut, sodass wir nicht gezwungen waren, unsere eigene WinInet-Klassenbibliothek zu schreiben. (Jawohl, die WinInet-Klassen der MFC ermöglichen in Multithreadprogrammen blockierende Aufrufe. Und wie Sie inzwischen wissen, macht uns das glücklich.)

Die MFC-Klassen spiegeln die zugrunde liegende WinInet-Architektur wider und ermöglichen zudem die Verarbeitung von Ausnahmen. Die folgenden Abschnitte geben einen Überblick über diese Klassen.

### CInternetSession

Sie benötigen nur ein *CInternetSession*-Objekt für jeden Thread, der auf das Internet zugreift. Nachdem das *CInternetSession*-Objekt erzeugt worden ist, können Sie HTTP-, FTP- oder Gopher-Verbindungen einrichten oder über einen Aufruf der Memberfunktion *OpenURL* entfernte Dateien direkt öffnen. Sie können die Klasse *CInternetSession* direkt anwenden oder eine Klasse von ihr ableiten und die gewünschten Rückruffunktionen für die Zustandskontrolle einrichten.

Der Konstruktor von *CInternetSession* ruft die WinInet-Funktion *InternetOpen* auf. Sie gibt ein Sitzungshandle vom Typ *HINTERNET* zurück, das im *CInternetSession*-Objekt gespeichert wird. Die Funktion initialisiert die Anwendung für die Verwendung der WinInet-Bibliothek und das Sitzungshandle wird intern als Parameter für weitere WinInet-Aufrufe verwendet.

### CHttpConnection

Ein Objekt der Klasse *CHttpConnection* repräsentiert eine »permanente« HTTP-Verbindung zu einem bestimmten Host. Sie wissen bereits, dass HTTP keine permanenten Verbindungen unterstützt und dass dies auch für FTP gilt. (Die Verbindungen werden nur für die Dauer einer Dateiübertragung aufrechterhalten.) WinInet vermittelt den Eindruck einer permanenten Verbindung, da der Hostname gespeichert wird.

Nachdem Sie ein *CInternetSession*-Objekt erstellt haben, rufen Sie die Memberfunktion *GetHttpConnection* auf, die einen Zeiger auf ein *CHttpConnection*-Objekt zurückgibt. (Vergessen Sie nicht, dieses Objekt zu beseitigen, wenn Sie es nicht mehr brauchen.)

Die Memberfunktion *GetHttpConnection* ruft die WinInet-Funktion *InternetConnect* auf. Diese Funktion gibt ein Verbindungshandle vom Typ *HINTERNET* zurück, das im *CHttpConnection*-Objekt gespeichert und in nachfolgenden WinInet-Aufrufen verwendet wird.

### CFtpConnection und CGopherConnection

Diese Klassen ähneln der Klasse *CHttpConnection*, unterstützen jedoch das Protokoll FTP bzw. Gopher. Die *CFtpConnection*-Memberfunktionen *GetFile* und *PutFile* erlauben Ihnen, Dateien direkt auf die Festplatte bzw. von der Festplatte zu übertragen.

### CInternetFile

Clientprogramme lesen und schreiben Byteströme, wenn die Protokolle HTTP, FTP und Gopher verwendet werden. Die WinInet-Klassen der MFC-Bibliothek lassen diese Byteströme wie gewöhnliche Dateien aussehen. Wie ein Blick auf die Klassenhierarchie zeigt, wird die Klasse *CInternetFile* von *CStdioFile* abgeleitet, die wiederum von *CFile* abgeleitet ist. Daher überschreiben *CInternetFile* und die davon abgeleiteten Klassen bekannte *CFile*-Funktionen wie *Read* und *Write*. Beim FTP-Dateitransfer arbeiten Sie direkt mit *CInternetFile*-Objekten. Beim Dateitransfer über HTTP und Gopher verwenden Sie jedoch Objekte der abgeleiteten Klassen *CHttpFile* und *CGopherFile*. Sie erstellen *CInternetFile*-Objekte nicht direkt, sondern fordern von *CFtpConnection::OpenFile* einen *CInternetFile*-Zeiger an.

Gewöhnliche *CFile*-Objekte haben ein 32 Bit breites *HANDLE*-Datenelement, das die betreffende Datei repräsentiert. *CInternetFile*-Objekte verwenden dasselbe Datenelement *m_hFile*. Allerdings enthält dieses Datenelement hier ein 32 Bit breites *Internet-Dateihandle* vom Typ *HINTERNET*, das nicht mit *HANDLE* austauschbar ist. Die überschriebenen Memberfunktionen von *CInternetFile* verwenden dieses Handle in Aufrufen von WinInet-Funktionen wie *InternetReadFile* und *InternetWriteFile*.

### CHttpFile

Diese Internet-Dateiklasse verfügt über Memberfunktionen, die nur mit HTTP-Dateien einsetzbar sind, wie beispielsweise *AddRequestHeaders*, *SendRequest* und *GetFileURL*. Sie legen *CHttpFile*-Objekte nicht direkt an, sondern rufen die Funktion *CHttpConnection::OpenRequest* auf, die wiederum die WinInet-Funktion *HttpOpenRequest* aufruft und einen *CHttpFile*-Zeiger zurückgibt. Sie können in diesem Aufruf eine *GET*- oder *POST*-Anforderung angeben.

Sobald Sie im Besitz eines *CHttpFile*-Zeigers sind, können Sie die Anforderung mit der Memberfunktion *CHttpFile::SendRequest* an den Server senden. Danach rufen Sie *Read* auf.

### CFtpFileFind und CGopherFileFind

Mit Hilfe dieser Klassen können Ihre Clientprogramme FTP- und Gopher-Verzeichnisse durchsuchen.

### CInternetException

Die WinInet-Klassen der MFC-Bibliothek erzeugen zur Meldung einer Ausnahme *CInternetException*-Objekte, die mit *try/catch*-Anweisungen abgefangen werden können.

## Rückruffunktionen für Internet-Sitzungen

Sowohl WinInet als auch die MFC-Bibliothek ermöglichen im Verlauf einer WinInet-Sitzung den Versand von Rückmeldungen über den Zustand der Übertragung. Die entsprechenden Meldungen sind sowohl im sychronen (blockierend) als auch im asynchronen Modus verfügbar. Im synchronen Modus (den wir hier ausschließlich verwenden) werden WinInet-Aufrufe auch dann blockiert, wenn Sie mit solchen Rückmeldungen arbeiten.

Die entsprechenden Rückruffunktionen sind in C++ einfach zu implementieren. Sie leiten einfach eine Klasse ab und überschreiben die gewünschten virtuellen Funktionen. *CInternetSession* ist die Basisklasse für WinInet. Im folgenden Beispiel leiten wir davon eine Klasse namens *CCallbackInternetSession* ab:

```cpp
class CCallbackInternetSession : public CInternetSession
{
public:
    CCallbackInternetSession( LPCTSTR pstrAgent = NULL,
        DWORD dwContext = 1,
        DWORD dwAccessType = PRE_CONFIG_INTERNET_ACCESS,
        LPCTSTR pstrProxyName = NULL, LPCTSTR pstrProxyBypass = NULL,
        DWORD dwFlags = 0 ) { EnableStatusCallback() }
protected:
    virtual void OnStatusCallback(DWORD dwContext,
        DWORD dwInternalStatus,
        LPVOID lpvStatusInformation,
        DWORD dwStatusInformationLength);
};
```

Man braucht nur für den Konstruktor und die überschriebene Funktion *OnStatusCallback* Code zu schreiben. Der Konstruktor ruft die Funktion *CInternetSession::EnableStatusCallback* auf, um Statusrückrufe zu aktivieren. Ihr WinInet-Clientprogramm führt seine blockierenden Internet-Aufrufe durch und sobald sich der Zustand ändert, wird *OnStatusCallback* aufgerufen. Die überschriebene Funktion aktualisiert die Benutzeroberfläche und kehrt zurück. Dann wird die Internet-Operation fortgesetzt. Bei HTTP gehen die meisten Rückrufe von der Funktion *CHttpFile::SendRequest* aus.

Welche Art von Ereignissen lösen Rückrufe aus? Die folgende Tabelle zeigt die Codes, die im Parameter *dwInternalStatus* übergeben werden.

| Übergebener Code | Aktion |
| --- | --- |
| INTERNET_STATUS_RESOLVING_NAME | Es soll nach der IP-Adresse des angegebenen Namens gesucht werden. Der Name ist in *lpvStatusInformation* enthalten. |
| INTERNET_STATUS_NAME_RESOLVED | Die IP-Adresse wurde gefunden und in *lpvStatusInformation* gespeichert. |
| INTERNET_STATUS_CONNECTING_TO_SERVER | Es soll eine Verbindung zum Socket eingerichtet werden. |
| INTERNET_STATUS_CONNECTED_TO_SERVER | Es wurde eine Verbindung zum Socket hergestellt. |
| INTERNET_STATUS_SENDING_REQUEST | Es soll eine Anforderung an den Server gesendet werden. |
| INTERNET_STATUS_REQUEST_SENT | Die Anforderung wurde fehlerfrei an den Server gesendet. |
| INTERNET_STATUS_RECEIVING_RESPONSE | Das Programm wartet darauf, dass der Server eine Antwort auf eine Anforderung sendet. |
| INTERNET_STATUS_RESPONSE_RECEIVED | Es wurde eine Antwort vom Server empfangen. |
| INTERNET_STATUS_CLOSING_CONNECTION | Die Verbindung zum Server kann geschlossen werden. |
| INTERNET_STATUS_CONNECTION_CLOSED | Die Verbindung zum Server wurde erfolgreich geschlossen. |

| Übergebener Code | Aktion |
| --- | --- |
| INTERNET_STATUS_HANDLE_CREATED | Das Programm kann das Handle nun schließen. |
| INTERNET_STATUS_HANDLE_CLOSING | Dieses Handle wurde fehlerfrei terminiert. |
| INTERNET_STATUS_REQUEST_COMPLETE | Die asynchrone Operation wurde erfolgreich abgeschlossen. |

Sie können mit Hilfe der Statusrückruffunktion WinInet-Operationen unterbrechen. Beispielsweise könnten Sie ein bestimmtes Ereignisobjekt überprüfen, das im Hauptthread gesetzt wird, sobald der Benutzer eine Operation abbricht.

## Ein vereinfachtes WinInet-Clientprogramm

Nun wollen wir uns das WinInet-Gegenstück zu unserem Winsock-Clientprogramm ansehen, das eine einfache *GET*-Anforderung implementiert. Da WinInet im blockierenden Modus arbeitet, müssen Sie diesen Code in einem Arbeitsthread unterbringen. Dieser Thread wird von einem Befehlshandler des Hauptthreads gestartet:

```
AfxBeginThread(ClientWinInetThreadProc, GetSafeHwnd());
```

Der entsprechende Code des Clientprogramms sieht wie folgt aus:

```
CString g_strServerName = "localhost"; // oder ein anderer Hostname
UINT ClientWinInetThreadProc(LPVOID pParam)
{
    CInternetSession session;
    CHttpConnection* pConnection = NULL;
    CHttpFile* pFile1 = NULL;
    char* buffer = new char[MAXBUF];
    UINT nBytesRead = 0;
    try {
        pConnection = session.GetHttpConnection(g_strServerName, 80);
        pFile1 = pConnection->OpenRequest(1, "/"); // blinde GET-Anforderung
        pFile1->SendRequest();
        nBytesRead = pFile1->Read(buffer, MAXBUF - 1);
        buffer[nBytesRead] = '\0'; // für Meldungsfeld erforderlich
        char temp[10];
        if(pFile1->Read(temp, 10) != 0) {
            // damit die Zwischenspeicherung funktioniert, wenn der Lesevorgang abgeschlossen ist
            AfxMessageBox("File overran buffer - not cached");
        }
        AfxMessageBox(buffer);
    }
    catch(CInternetException* e) {
        // Ausnahme protokollieren
        e->Delete();
    }
    if(pFile1)
        delete pFile1;
    if(pConnection)
        delete pConnection;
    delete [] buffer;
    return 0;
}
```

Das zweite *Read* erfordert eine nähere Erläuterung. Dieser Aufruf hat zwei Aufgaben. Falls mit dem ersten *Read*-Aufruf nicht die gesamte Datei gelesen wird, heißt dies, dass die Datei länger ist als *MAXBUF – 1*. Mit dem zweiten *Read*-Aufruf werden einige Bytes eingelesen, und damit werden Sie auf den Überlauf aufmerksam. Auch wenn die gesamte Datei mit dem ersten *Read*-Aufruf eingelesen wird, brauchen Sie den zweiten *Read*-Aufruf, um WinInet zu zwingen, die Datei im *Cache* auf Ihrer Festplatte abzulegen. Denken Sie daran, dass WinInet versucht, alle geforderten Bytes zu lesen – bis zum Dateiende. Sie müssen trotzdem danach 0 Byte einlesen.

# Mit den MFC-WinInet-Klassen einen Webclient entwickeln

Sie können mit WinInet auf zweierlei Weise einen Webclient erstellen. Zum einen können Sie mit der Klasse *CHttpConnection* arbeiten, wobei das Vorgehen dem ähnelt, das oben für den WinInet-Client beschrieben wurde. Zum anderen können Sie *CInternetSession::OpenURL* verwenden. Wir beginnen mit der *CHttpConnection*-Variante.

## Ex28a: Erster WinInet-Client mit CHttpConnection

Das Programm Ex28a implementiert einen WinInet-Client, der auf der Begleit-CD in der Datei \vcppnet\Ex28a\ClientInetThread.cpp zu finden ist. Er lässt nicht nur die Verwendung von IP-Adressen sowie Hostnamen zu, sondern verwendet auch eine Statusrückruffunktion. Diese Funktion namens *CCallbackInternetSession::OnStatusCallback* in der Datei: \vcppnet\Ex28a\utility.cpp speichert eine Textzeichenfolge in der globalen Variablen *g_pchStatus*, wobei sie zur Synchronisation des Zugriffs einen kritischen Abschnitt benutzt. Die Funktion sendet dann eine benutzerdefinierte Meldung an das Hauptanwendungsfenster. Diese Meldung bewirkt, dass eine Funktion zur Oberflächenaktualisierung (von *CWinApp::OnIdle*) aufgerufen wird, die den Text im zweiten Textfeld der Statuszeile anzeigt.

## Den WinInet-Client Nr. 1 testen

Sie testen den WinInet-Client Nr. 1 auf die gleiche Weise wie den Winsock-Client. Beachten Sie, dass hier keine Statuszeilenmeldungen angezeigt werden, wenn die Verbindung hergestellt ist. Beachten Sie zudem, dass die Datei schneller angezeigt wird, wenn Sie sie ein zweites Mal anfordern.

## Ex28a: Zweiter WinInet-Client mit OpenURL

Das Programm Ex28a implementiert einen weiteren WinInet-Client, der auf der Begleit-CD in der Datei ClientUrlThread.cpp zu finden ist. Dieser Client verwendet die URL-Adresse, die Sie eingeben, für den Zugriff auf die gewünschte Website. Und hier ist der Code:

```
CString g_strURL = "http:// ";

UINT ClientUrlThreadProc(LPVOID pParam)
{
    char* buffer = new char[MAXBUF];
    UINT nBytesRead = 0;
```

```
CInternetSession session; // keine Statusrückrufe für OpenURL
CStdioFile* pFile1 = NULL; // könnte mit ReadString eine Zeile lesen
try {
    pFile1 = session.OpenURL(g_strURL, 0,
        INTERNET_FLAG_TRANSFER_BINARY
        |INTERNET_FLAG_KEEP_CONNECTION);
    // Schlägt OpenURL fehl, hängen wir hier fest
    nBytesRead = pFile1->Read(buffer, MAXBUF - 1);
    buffer[nBytesRead] = '\0'; // für Meldungsfeld erforderlich
    char temp[100];
    if(pFile1->Read(temp, 100) != 0) {
        // damit die Zwischenspeicherung funktioniert, wenn der Lesevorgang
        // abgeschlossen ist
        AfxMessageBox("File overran buffer  -  not cached");
    }
    ::MessageBox(::GetTopWindow(::GetDesktopWindow()), buffer,
        "URL CLIENT", MB_OK);
}
catch(CInternetException* e) {
    LogInternetException(pParam, e);
    e->Delete();
}
if(pFile1)
    delete pFile1;
delete [] buffer;
return 0;
}
```

Beachten Sie bitte, dass *OpenURL* einen Zeiger auf das *CStdioFile*-Objekt zurückgibt. Sie können diesen Zeiger verwenden, um, wie oben gezeigt, *Read* aufzurufen, oder Sie können über einen Aufruf von *ReadString* eine einzelne Zeile einlesen. Die Dateiklasse kümmert sich um die Pufferung der Daten. Wie beim vorigen WinInet-Client muss *Read* ein zweites Mal aufgerufen werden, damit die Datei im Cache gespeichert wird. Das *OpenURL*-Argument INTERNET_FLAG_KEEP_CONNECTION wird für die Windows NT/2000/XP-Authentifizierung nach dem Anforderung/Antwort-Prinzip benötigt. Wenn Sie das Flag INTERNET_FLAG_RELOAD hinzufügen, ignoriert das Programm den Cache (wie es auch der Browser tut, wenn Sie die Schaltfläche *Aktualisieren* anklicken).

## Den WinInet-Client Nr. 2 testen

Sie können den WinInet-Client Nr. 2 mit jedem HTTP-Server testen. Sie rufen diesen Client über die URL-Adresseneingabe und nicht über das Menü auf. Sie müssen das zu verwendende Protokoll (http:// oder ftp://) in der URL-Adresse angeben. Geben Sie *http://localhost* ein. Es sollte wieder der gleiche HTML-Code in einem Meldungsfeld angezeigt werden. Diesmal werden keine Statusmeldungen angezeigt, da Statusrückruffunktionen nicht mit *OpenURL* eingesetzt werden können.

# Asynchrone Monikerdateien

Falls Sie nun vermuten, Sie hätten bereits alle Verfahren zum Herunterladen von Dateien aus dem Internet kennen gelernt, muss ich Sie enttäuschen. Bei asynchronen Monikerdateien bringen Sie den Programmcode auf dem Hauptthread Ihrer Anwendung unter, ohne dadurch die Aktualisierung der Benutzeroberfläche zu blockieren. Das klingt wie Zauberei, nicht wahr? Die Magie steckt in der Windows-DLL URLMON, die auf WinInet aufbaut und vom Microsoft Internet Explorer verwendet wird. Die MFC-Klasse *CAsyncMonikerFile* erleichtert zwar die Programmierung, aber zuvor sollten Sie etwas über die unvermeidliche Theorie erfahren.

## Moniker

Ein *Moniker* ist eine Art »Ersatz« für ein COM-Objekt und enthält den Namen (URL) des »echten« Objekts. Dieses Objekt kann eine eingebettete Komponente sein, ist aber weit häufiger einfach eine Internet-Datei (HTML, JPEG, GIF usw.). Moniker implementieren die Schnittstelle *IMoniker*, die zwei wichtige Memberfunktionen namens *BindToObject* und *BindToStorage* enthält. Die Funktion *BindToObject* versetzt ein Objekt in den Ausführungszustand und die Funktion *BindToStorage* liefert einen *IStream*- oder *IStorage*-Zeiger, über den die Daten des Objekts gelesen werden können. Ein Moniker verfügt zudem über eine Schnittstelle *IBindStatusCallback*, die Memberfunktionen wie *OnStartBinding* und *OnDataAvailable* hat. Diese Memberfunktionen werden aufgerufen, während Daten aus einem URL gelesen werden.

Die Rückruffunktionen werden auf dem Thread aufgerufen, der den Moniker erstellt hat. Infolgedessen muss die URLMON-DLL auf dem aufrufenden Thread ein unsichtbares Fenster anlegen und dem aufrufenden Thread Meldungen von einem anderen Thread senden, der mit Hilfe der WinInet-Funktionen den URL liest. Die Meldungshandler des Fensters rufen die Rückruffunktionen auf.

## Die MFC-Klasse *CAsyncMonikerFile*

Glücklicherweise kann die MFC-Bibliothek Sie von den oben genannten COM-Schnittstellen abschirmen. Die Klasse *CAsyncMonikerFile* ist (indirekt) von der Klasse *CFile* abgeleitet und verhält sich daher wie eine normale Dateiklasse. Statt eine Datenträgerdatei zu öffnen, erhält die Memberfunktion *Open* dieser Klasse einen *IMoniker*-Zeiger und kapselt die *IStream*-Schnittstelle, die von einem *BindToStorage*-Aufruf zurückgegeben wurde. Zudem verfügt diese Klasse über virtuelle Funktionen, die mit den Memberfunktionen von *IBindStatusCallback* verknüpft sind. Diese Klasse ist einfach zu handhaben. Sie erstellen ein Objekt oder eine abgeleitete Klasse und rufen die Memberfunktion *Open* auf, die sofort wieder zum Aufrufer zurückkehrt. Dann warten Sie auf Aufrufe von überschriebenen virtuellen Funktionen wie *OnProgress* und *OnDataAvailable*, die nicht zufälligerweise nach ihren Gegenstücken aus der Schnittstelle *IBindStatusCallback* benannt sind.

## Die Klasse *CAsyncMonikerFile* in einem Programm verwenden

Nehmen wir an, Ihre Anwendung lädt Daten von einem Dutzend URLs, verfügt aber nur über eine von *CAsyncMonikerFile* abgeleitete Klasse. Die überschriebenen Rückruffunktionen müssen herausfinden, wo die Daten gespeichert werden sollen. Sie müssen daher jedem Objekt der abgeleiteten Klasse irgendein Element von der Benutzeroberfläche Ihres Programms zuordnen.

Die folgenden Schritte beschreiben einen der vielen Wege, auf denen man das erreichen kann. Angenommen, Sie möchten den Text einer HTML-Datei in einem Eingabefeld anzeigen, das sich in einer Formularansicht befindet. Gehen Sie dazu wie folgt vor:

1. Leiten Sie eine Klasse von *CAsyncMonikerFile* ab.
2. Definieren Sie ein Datenelement namens *m_buffer* als Zeiger auf ein Zeichenarray. Rufen Sie im Konstruktor *new* für diesen Zeiger auf und im Destruktor *delete*.
3. Fügen Sie das öffentliche *CEdit*-Datenelement *m_edit* ein.
4. Überschreiben Sie die Funktion *OnDataAvailable* wie folgt

   ```
   void CMyMonikerFile::OnDataAvailable(DWORD dwSize, DWORD bscfFlag)
   {
       try {
           while (dwSize > 0){
               UINT nBytesRead = Read(m_buffer, MAXBUF - 1);
               dwSize -= nBytesRead;
           }
       }
       catch(CFileException* pe) {
           TRACE(_T("File exception %d\n"), pe->m_cause);
           pe->Delete();
       }
   }
   ```

5. Betten Sie ein Objekt Ihrer Monikerklasse in Ihre Ansichtsklasse ein.
6. Verknüpften Sie in der *OnInitialUpdate*-Funktion der Ansicht das *CEdit*-Element mit dem Eingabefeld, etwa wie folgt:

   ```
   m_myEmbeddedMonikerFile.m_edit.SubClassDlgItem(ID_MYEDIT, this);
   ```

7. Öffnen Sie in Ihrer Ansichtsklasse die Monikerdatei mit einer Anweisung wie der folgenden:

   ```
   m_myEmbeddedMonikerFile.Open("http://host/filename");
   ```

Bei einer großen Datei wird *OnDataAvailable* mehrere Male aufgerufen, wobei jeweils Text in das Eingabefeld eingefügt wird. Wenn Sie die Funktion *OnProgress* oder *OnStopBinding* in Ihrer abgeleiteten Monikerdateiklasse überschreiben, kann Ihr Programm auf das Übertragungsende aufmerksam gemacht werden. Sie können auch mit Hilfe des Werts von *bscfFlag* in *OnDataAvailable* feststellen, ob der Datentransfer abgeschlossen ist. Beachten Sie, dass sämtliche Operationen im Hauptthread ausgeführt werden. Wichtiger noch, das Monikerdateiobjekt muss während des gesamten Übertragungsvorgangs verfügbar sein. Aus diesem Grund haben wir es als Datenelement der Ansichtsklasse deklariert.

## Asynchrone Monikerdateien im Vergleich mit WinInet-Programmierung

In den WinInet-Beispielen am Anfang dieses Kapitels haben Sie einen Arbeitsthread gestartet, der blockierende Aufrufe durchgeführt und eine Meldung an den Hauptthread gesendet hat, wenn die Datenübertragung beendet war. Bei asynchronen Monikerdateien geschieht dasselbe: Die Übertragung erfolgt auf einem anderen Thread, der Meldungen an den Hauptthread sendet, nur dass man den anderen Thread einfach nicht sieht. Es gibt allerdings einen wichtigen Unterschied zwischen asynchronen Monikerdateien und der WinInet-Programmierung: Bei blockierenden WinInet-Aufrufen brauchen Sie für jede Übertragung einen eigenen Thread. Bei asynchronen Monikerdateien kann ein zusätzlicher Thread sämtliche Übertragungen verwalten. Wenn Sie beispielsweise einen Browser schreiben, der gleichzeitig 50 Bitmaps laden muss, sparen Sie bei der Verwendung asynchroner Monikerdateien 49 Threads. Das Programm wird damit effizienter.

Natürlich verfügen Sie bei der Verwendung von WinInet über zusätzliche Steuerungsmöglichkeiten und es ist hier leichter, Informationen aus den Antwortheadern abzurufen, wie beispielsweise die Dateilänge. Die Wahl der Programmiertechnik ist daher von der Anwendung abhängig. Je mehr Sie über diese Verfahren wissen, desto besser wird Ihre Entscheidung ausfallen.

# 29 Einführung in Dynamic HTML

| | |
|---|---|
| 764 | Das DHTML-Objektmodell |
| 768 | Visual C++ .NET und DHTML |
| 769 | Das Beispiel Ex29a: MFC und DHTML |
| 770 | Das Beispiel Ex29b: DHTML und MFC |
| 773 | Das Beispiel Ex29c: ATL und DHTML |

Dynamic HTML (DHTML) wurde mit dem Microsoft Internet Explorer 4.0 vorgestellt und bietet für Webmaster und Entwickler zahlreiche Vorteile. Warum wurde und wird um DHTML so viel Wirbel gemacht? Wer als Browser der Wahl den Internet Explorer benutzt, erfährt das Web durch DHTML in einer völlig anderen Weise.

Es begann mit der »HTML Display Engine« von Internet Explorer 4.0, die in der Microsoft-Literatur gelegentlich auch Trident genannt wird. Im Rahmen des Entwicklungskonzepts des Internet Explorers 4.0 hat Microsoft Trident als COM-Komponente implementiert, die zahlreiche ihrer internen Objekte zugänglich macht, die im Internet Explorer 4 zur Anzeige von HTML-Seiten dienen. Diese Komponente ermöglicht Ihnen, die Bestandteile einer HTML-Seite mit Skriptcode oder Programmcode so anzusteuern, als wäre die HTML-Seite eine Datenstruktur. Die Zeiten, in denen man den HTML-Code analysieren oder groteske CGI-Skripts (Common Gateway Interface) schreiben musste, um die in einem Formular enthaltenen Daten zu erhalten, gehören der Vergangenheit an. Die eigentliche Stärke von DHTML besteht allerdings nicht in der Fähigkeit, auf die HTML-Objekte zuzugreifen, sondern vielmehr in der Fähigkeit, die HTML-Seite im laufenden Programm zu ändern und zu bearbeiten. Daher der Name Dynamic HTML.

Wenn man das Konzept von DHTML einmal verstanden hat, fallen einem unzählige Anwendungsmöglichkeiten ein. Für Webmaster bedeutet DHTML, dass ein Großteil der Logik zur Bearbeitung einer Webseite in Skripts untergebracht sein kann, die zum Client heruntergeladen werden. C++-Entwickler können DHTML in ihre Anwendungen einbauen und als eingebetteten Webclient oder als superflexibles dynamisches »Formular« verwenden, das von ihren Anwendungen während der Laufzeit verändert werden kann.

DHTML ist aber so leistungsfähig und umfangreich, dass ein eigenes Buch erforderlich wäre, wollte man sämtliche Einzelheiten erläutern. Wenn Sie wirklich alle Vorteile von DHTML nutzen möchten, müssen Sie alle möglichen Elemente einer HTML-Seite kennen: Formulare, Listen,

Formatvorlagen und so weiter. *Inside Dynamic HTML* von Scott Isaacs (Microsoft Press, 1997) ist ein empfehlenswertes Buch, wenn man DHTML genauer kennen lernen möchte.

Statt auf alle Aspekte von DHTML einzugehen, möchte ich Ihnen kurz das Objektmodell von DHTML vorstellen und Ihnen dann zeigen, wie man aus der Perspektive des Skriptcodes (als Referenz) mit diesem Modell arbeitet und wie Sie das Modell ausgehend von der Microsoft Foundation Class Library (MFC) und der Active Template Library (ATL) verwenden können. Möglich wird dies durch die ausgezeichnete DHTML-Unterstützung in Visual C++ .NET.

## Das DHTML-Objektmodell

Wenn Sie sich bislang ausschließlich auf Visual C++ .NET-Projekte konzentriert haben und noch keine Zeit hatten, sich mit HTML zu beschäftigen, sollten Sie zuerst einmal wissen, dass HTML eine Sprache zur Formatierung von ASCII-Texten ist. Es folgt der Quelltext einer sehr simplen HTML-Seite:

```
<html>
<head>
<title>
Dies ist ein Beispiel für eine einfache HTML-Seite!
</title>
</head>
<body>
<h1>Dies ist Text im Format H1!
</h1>
<h3>
Dies ist Text im Format H3!
</h3>
</body>
</html>
```

Dieses einfache HTML-»Dokument« besteht aus den folgenden Elementen:

- **Kopf (head):** In diesem Beispiel enthält der Kopf den Titel »Dies ist ein Beispiel für eine einfache HTML-Seite!«.
- **Textkörper (body):** Im obigen Beispiel enthält der Textkörper zwei Textelemente. Das erste Textelement hat das Format für Überschriften erster Ebene (h1) und lautet »Dies ist Text im Format H1!«. Das zweite Textelement hat das Format für Überschriften dritter Ebene (h3) und lautet »Dies ist Text im Format H3!«.

Das Ergebnis ist eine HTML-Seite, die im Internet Explorer wie in Abbildung 29.1 aussieht.

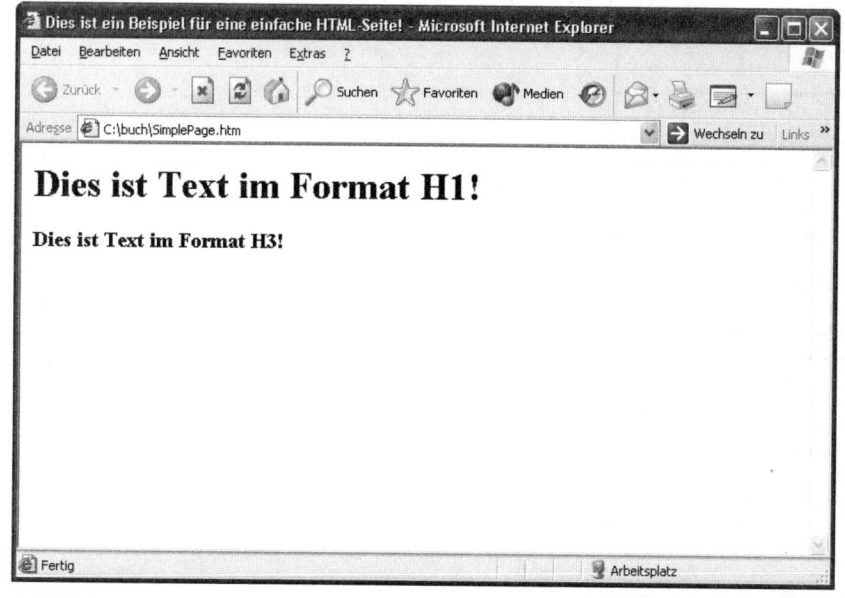

***Abbildung 29.1:*** *So präsentiert sich die einfache HTML-Seite im Internet Explorer*

Wenn der Internet Explorer diese HTML-Seite lädt, legt er eine interne Repräsentation an, die Sie mit Hilfe des DHTML-Objektmodells durchsuchen, lesen und bearbeiten können. Abbildung 29.2 zeigt die grundlegende Hierarchie des DHTML-Objektmodells.

An der Wurzel des Objektmodells befindet sich das *window*-Objekt. Dieses Objekt kann in einem Skript eingesetzt werden, um eine Aktion auszuführen, wie zum Beispiel die Anzeige eines Dialogfelds. Es folgt ein Beispiel für ein JScript, das auf das *window*-Objekt zugreift:

```
<SCRIPT LANGUAGE="JScript">
function about()
{
    window.showModalDialog("about.htm","",
        "dialogWidth:25em;dialogHeight13em")
}
</SCRIPT>
```

Wenn die Skriptfunktion *about* aufgerufen wird, ruft sie die Funktion *showModalDialog* des DHMTL-Objekts *window* auf, um das Dialogfeld anzuzeigen. Dieses Beispiel veranschaulicht auch, wie Skriptcode auf das Objektmodell zugreifen kann, nämlich über allgemein verfügbare Objekte, die sozusagen die Implementierung des DHTML-Objektmodells darstellen.

Das *window*-Objekt hat verschiedene »Unterobjekte«, die es Ihnen ermöglichen, weitere Elemente des Internet Explorers zu bearbeiten. Wir werden uns in diesem Kapitel vor allem mit dem *document*-Objekt beschäftigen, da es den Zugriff auf die verschiedenen Elemente des aktuell geladenen HTML-Dokuments ermöglicht. Der folgende JScript-Code zeigt, wie man in einem Dokument das *document*-Objekt während der Laufzeit ändern kann.

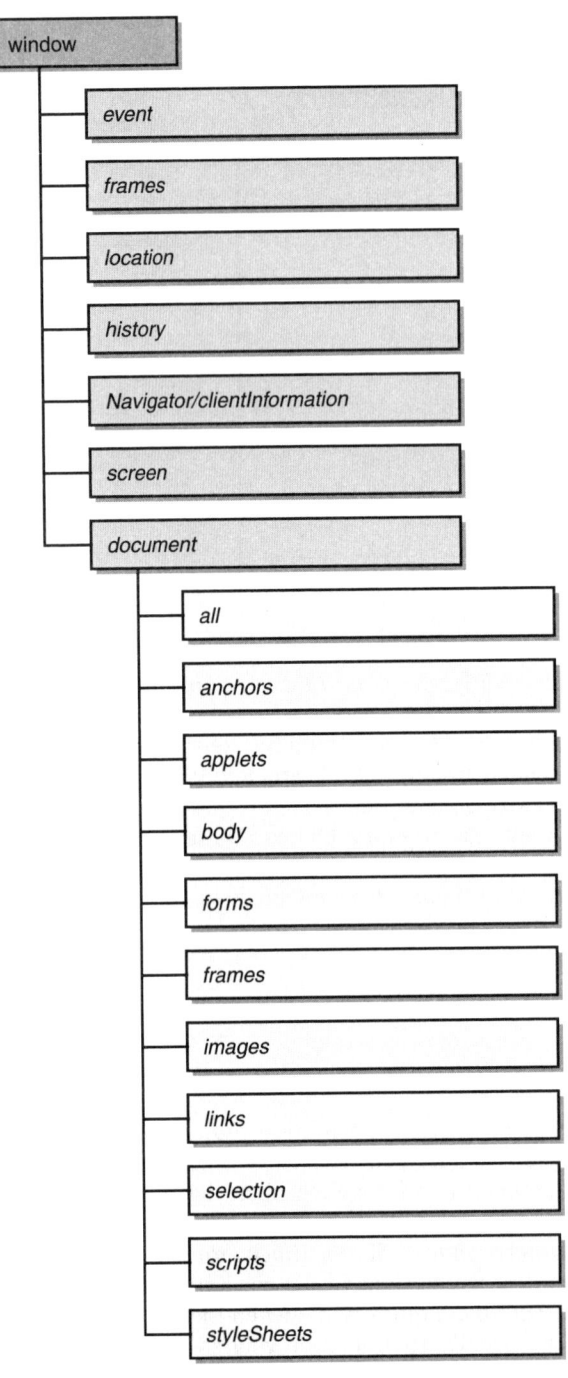

- window
  - event
  - frames
  - location
  - history
  - Navigator/clientInformation
  - screen
  - document
    - all
    - anchors
    - applets
    - body
    - forms
    - frames
    - images
    - links
    - selection
    - scripts
    - styleSheets

***Abbildung 29.2:*** *Grundlegende Hierarchie des DHTML-Objektmodells*

```
<HTML>
<HEAD>
<TITLE>Willkommen!</TITLE>
<SCRIPT LANGUAGE="JScript">
function changeMe() {
    document.all.MyHeading.outerHTML =
        "<H1 ID=MyHeading>Dynamic HTML ist zauberhaft!</H1>";
    document.all.MyHeading.style.color = "green";
    document.all.MyText.innerText = "Schnell ändern! ";
    document.all.MyText.align = "center";
    document.body.insertAdjacentHTML("BeforeEnd",
        "<P ALIGN=\"center\">Sesam öffne dich!</P>");
}
</SCRIPT>
<BODY onclick="changeMe()">
<H3 ID=MyHeading> Dynamic HTML-Demo!</H3>
<P ID=MyText>Klicken Sie in das Fenster, um den Zauber von DHTML zu erleben!</P>
</BODY>
</HTML>
```

Dieses Skript ändert die in den HTML-Dokumenten enthaltenen Objekte *MyHeading* und *MyText* während der Ausführung. Hier werden nicht nur der Text, sondern auch die Eigenschaften dieser Elemente geändert, wie z.B. Farbe und Ausrichtung. Wenn Sie sich ansehen möchten, wie dieses Skript ausgeführt wird, laden Sie die Datei Ex29_1.html von der Begleit-CD.

Bevor wir das DHTML-Objektmodell weiter untersuchen, möchte ich kurz das DHTML-Konzept der *Auflistung* erläutern. In DHTML sind solche »Auflistungen« mit bestimmten C++-Datenstrukturen vergleichbar, wie z.B. verketteten Listen. In der Tat erfolgt der Zugriff auf das DHTML-Objektmodell sehr oft in der Form, dass man in Auflistungen nach einem bestimmten HTML-Element sucht. Daran schließt sich ebenfalls sehr oft die Suche in einer untergeordneten Auflistung an, in der man dann nach einem anderen Element sucht. Elemente enthalten verschiedene Methoden, wie z.B. *contains* und *length*, die Sie zur Untersuchung der Elemente verwenden können. Eines der untergeordneten Elemente des *document*-Objekts ist zum Beispiel eine Auflistung namens *all*, die alle Elemente des Dokuments enthält. Tatsächlich handelt es sich bei den meisten untergeordneten Objekten des *document*-Objekts um Auflistungen. Das folgende Skript (Ex29_2.html) zeigt, wie man *all* durchläuft und die verschiedenen Elemente eines Dokuments auflistet.

```
<HTML>
<HEAD>
<TITLE>Die Elemente der all-Auflistung anzeigen.</TITLE>
<SCRIPT LANGUAGE="JScript">
function listAllElements() {
    var tag_names = "";
    for (i=0; i<document.all.length; i++)
        tag_names = tag_names + document.all(i).tagName + " ";
    alert("Dieses Dokument enthält: "+ tag_names);
}
</SCRIPT>
</HEAD>
<BODY onload="listAllElements()">
<H1>DHTML ist stark!</H1>
<P>Dieses Dokument ist <B>sehr</B> kurz.
</BODY>
</HTML>
```

*Einführung in Dynamic HTML*

Sie sehen, wie einfach es ist, mit einem Skript Elemente abzufragen. (Die Syntax verlangt zwar nach runden Klammern, aber davon abgesehen erfolgt der Zugriff so ähnlich wie bei einem C++-Array.) Beachten Sie zudem, dass jedes Element eines HTML-Dokuments bestimmte Eigenschaften hat, wie z.B die Eigenschaft *tagName*, die man im Skript zur »Suche« nach verschiedenen Elementen verwenden kann. Wenn Sie beispielsweise ein Skript schreiben möchten, das alle in Fettschrift dargestellten Elemente herausfiltert, würden Sie die *all*-Auflistung nach Elementen durchsuchen, deren Eigenschaft *tagName* den Wert *B* hat.

Damit haben Sie einen Eindruck vom Aufbau des DHTML-Objektmodells und wissen zudem schon, wie man aus der Sicht des Webmasters auf die Objekte zugreifen kann. Sehen wir uns nun an, wie sich die Arbeit mit DHTML in Visual C++ .NET aus der Sicht des Anwendungsentwicklers darstellt.

## Visual C++ .NET und DHTML

Visual C++ .NET unterstützt DHTML durch die MFC-Bibliothek und durch die ATL. Sowohl die MFC als auch die ATL bieten beide uneingeschränkten Zugriff auf das DHTML-Objektmodell. Leider erfolgt der Zugriff auf das Objektmodell in Sprachen wie C++ über die OLE-Automatisierung (*IDispatch*). Und das ist in vielen Fällen nicht so einfach wie die Skriptbeispiele, die wir uns zuvor angesehen haben.

Das DHTML-Objektmodell wird C++-Entwicklern über eine Reihe von COM-Objekten zugänglich gemacht, deren Schnittstellennamen mit dem Präfix *IHTML* beginnen (*IHTMLDocument*, *IHTMLWindow*, *IHTMLElement*, *IHTMLBodyElement* usw.). Sobald Sie in C++ einen Zeiger auf die Dokumentschnittstelle besitzen, können Sie jede Methode der Schnittstelle *IHTMLDocument2* verwenden, um die Eigenschaften des Dokuments abzufragen oder zu verändern.

Sie greifen auf die *all*-Auflistung zu, indem Sie die Methode *IHTMLDocument2::get_all* aufrufen. Diese Methode liefert die Auflistungsschnittstelle *IHTMLElementCollection*, die sämtliche im Dokument befindlichen Elemente enthält. Sie können dann mit Hilfe der Methode *IHTMLElementCollection::item* die einzelnen Elemente bearbeiten (ähnlich wie mit Hilfe der Klammern im obigen Skript). Die Methode *IHTMLElementCollection::item* liefert einen *IDispatch*-Zeiger, über den Sie *QueryInterface* aufrufen können, um die Schnittstelle *IID_IHTMLElement* anzufordern. Dieser Aufruf von *QueryInterface* liefert einen *IHTMLElement*-Schnittstellenzeiger, den Sie verwenden können, um Daten des HTML-Elements abzurufen oder zu bearbeiten.

Die meisten Elemente stellen auch eine Schnittstelle bereit, die zur Bearbeitung des speziellen Elementtyps vorgesehen ist. Die Namen dieser elementspezifischen Schnittstellen haben das Format *IHTMLXXXXElement*, wobei XXXX für den Namen des Elements steht (z.B. *IHTMLBodyElement*). Den Zeiger auf die elementspezifische Schnittstelle fordern Sie mit *QueryInterface* von der *IHTMLElement*-Schnittstelle an. Dies mag vielleicht etwas verwirrend klingen (und es kann auch ziemlich verwirrend sein!). Aber machen Sie sich keine Gedanken, die Abschnitte über die Beziehungen zwischen DHTML und der MFC- und ATL-Bibliothek in diesem Kapitel demonstrieren, wie die Dinge zusammenpassen. Sie werden im Nu DHTML-Code schreiben können.

# Das Beispiel Ex29a: MFC und DHTML

Die MFC-Unterstützung von DHTML beginnt mit einer neuen von *CView* abgeleiteten Klasse namens *CHtmlView*. *CHtmlView* ermöglicht die Einbettung einer HTML-Ansicht in Rahmenfenster oder geteilte Fenster, wo sie sich mit dem entsprechenden DHTML-Code wie ein dynamisches Formular verhalten kann. Beispiel Ex29a zeigt, wie Sie die neue Klasse *CHtmlView* in einer einfachen SDI-Anwendung verwenden.

Erstellen Sie das Beispiel Ex29a in folgenden Schritten:

1. **Erstellen Sie das Projekt Ex29a mit dem MFC-Anwendungsassistenten.** Machen Sie das Projekt zu einer SDI-Anwendung. Übernehmen Sie alle anderen Vorgaben, mit Ausnahme von *CHtmlView* als Basisklasse auf der Seite *Erstellte Klassen*.

2. **Bearbeiten Sie den zu ladenden URL.** In der Funktion *CEx29aView::OnInitialUpdate* finden Sie folgende Zeile:

   ```
   Navigate2(_T("http://www.msdn.microsoft.com/visualc/"),NULL,NULL);
   ```

   Sie können diese Zeile so ändern, dass die Anwendung eine lokale Seite oder einen anderen URL als die Visual C++ .NET-Seite lädt.

3. **Erstellen und starten Sie die Anwendung.** Abbildung 29.3 zeigt die Anwendung mit der Standard-Webseite.

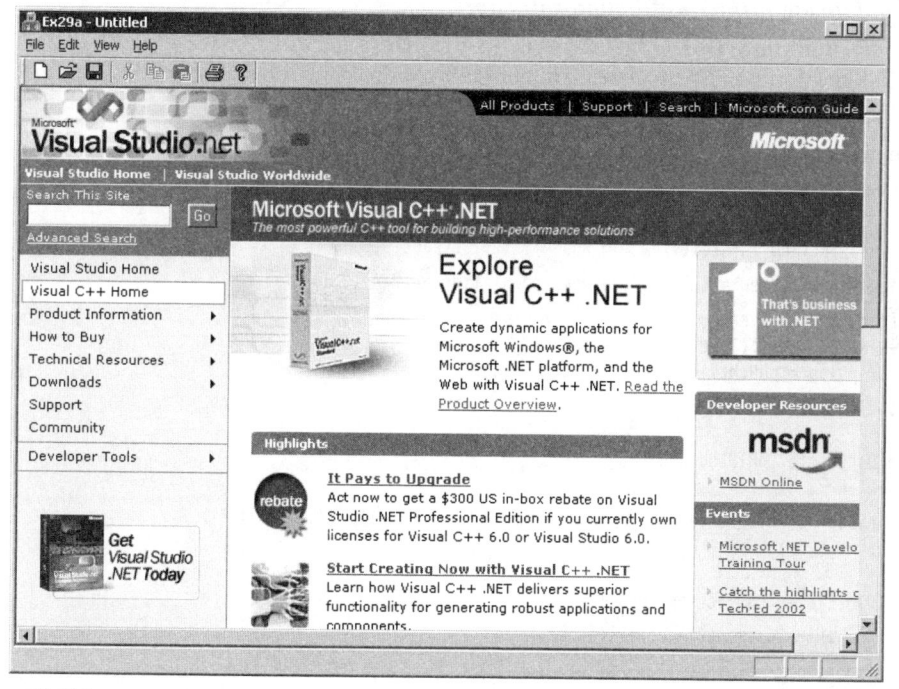

*Abbildung 29.3:* Das Beispiel Ex29a

# Das Beispiel Ex29b: DHTML und MFC

Lassen Sie uns nun ein Beispiel programmieren, das zeigt, wie man in MFC-Anwendungen mit DHTML arbeitet. Das Programm Ex29b erstellt ein *CHtmlView*-Objekt und ein *CListView*-Objekt, die in geteilten Fenstern angezeigt werden. In diesem Beispielprogramm wird DHTML verwendet, um die HTML-Elemente aufzuzählen, die im *CHtmlView*-Objekt enthalten sind, und das Ergebnis im *CListView*-Objekt anzuzeigen. Sie erhalten damit eine Art DHTML-Explorer, den Sie einsetzen können, um das DHTML-Objektmodell beliebiger HTML-Dateien anzuzeigen.

So erstellen Sie das Beispielprogramm Ex29b:

1. **Erstellen Sie mit dem MFC-Anwendungsassistenten das Projekt Ex29b.** Nehmen Sie mit drei Ausnahmen alle Vorgaben an: Wählen Sie auf der Seite *Anwendungstyp* die Optionen *Einfaches Dokument* und *Windows-Explorer* und sorgen Sie auf der Seite *Erstellte Klassen* dafür, dass die Ansichtsklasse von *CHtmlView* abgeleitet wird.

2. **Geben Sie *CLeftView* die Basisklasse *CListView*.** Der MFC-Anwendungsassistent leitet die Klasse *CLeftView*, die für den linken Teil des geteilten Fensters zuständig ist, von der Klasse *CTreeView* ab. Öffnen Sie die Datei LeftView.h und ersetzen Sie alle Vorkommen von *CTreeView* durch *CListView*. Öffnen Sie die Datei LeftView.cpp und nehmen Sie auch hier dieselben Ersetzungen vor.

3. **Bearbeiten Sie den zu ladenden URL.** Ändern Sie den URL in der Funktion *CEx29bView::OnInitialUpdate* auf *http://msdn.microsoft.com*.

4. **Fügen Sie die Funktion *DoDHTMLExplore* in die Klasse *CMainFrame* ein.** Ergänzen Sie zuerst die Deklaration von *CMainFrame* in der Datei MainFrm.h durch folgende Deklaration:

   ```
   virtual void DoDHTMLExplore(void);
   ```

   Implementieren Sie dann die Funktion *DoHTMLExplore* in *MainFrm.cpp*.

   ```
   void CMainFrame::DoDHTMLExplore(void)
   {
       CLeftView *pListView = (CLeftView *)m_wndSplitter.GetPane(0,0);
       CEx29bView * pDHTMLView = (CEx29bView *)m_wndSplitter.GetPane(0,1);
       // Listenansicht löschen
       pListView->GetListCtrl().DeleteAllItems();
       IDispatch* pDisp = pDHTMLView->GetHtmlDocument();
       if (pDisp != NULL )
       {
           IHTMLDocument2* pHTMLDocument2;
           HRESULT hr;
           hr = pDisp->QueryInterface( IID_IHTMLDocument2, (void**)&pHTMLDocument2 );
           if (hr == S_OK)
           {
               IHTMLElementCollection* pColl = NULL;
               hr = pHTMLDocument2->get_all( &pColl );
               if (hr == S_OK && pColl != NULL)
               {
                   LONG celem;
                   hr = pColl->get_length( &celem );
                   if ( hr == S_OK )
                   {
   ```

```cpp
for ( int i=0; i<celem; i++ )
{
    VARIANT varIndex;
    varIndex.vt = VT_UINT;
    varIndex.lVal = i;
    VARIANT var2;
    VariantInit( &var2 );
    IDispatch* pDisp;
    hr = pColl->item( varIndex, var2, &pDisp );
    if ( hr == S_OK )
    {
        IHTMLElement* pElem;
        hr = pDisp->QueryInterface(
            IID_IHTMLElement,
            (void **)&pElem);
        if ( hr == S_OK )
        {
            BSTR bstr;
            hr = pElem->get_tagName(&bstr);
            CString strTag (bstr);
            IHTMLImgElement* pImgElem;
             //Ist es ein Bild?
            hr = pDisp->QueryInterface(
                IID_IHTMLImgElement,
                (void **)&pImgElem );
            if ( hr == S_OK )
            {
                pImgElem->get_href(&bstr);
                strTag += " - ";
                strTag += bstr;
                pImgElem->Release();
            }
            else
            {
                IHTMLAnchorElement* pAnchElem;
                //Ist es ein Anker?
                hr = pDisp->QueryInterface(
                    IID_IHTMLAnchorElement,
                    (void **)&pAnchElem );
                if ( hr == S_OK )
                {
                    pAnchElem->get_href(&bstr);
                    strTag += " - ";
                    strTag += bstr;
                    pAnchElem->Release();
                }
            }//Ende von else
            pListView->GetListCtrl().InsertItem(
                pListView->GetListCtrl()
                .GetItemCount(), strTag);
            pElem->Release();
        }
```

```
                    pDisp->Release();
                }
            }
        }
                pColl->Release();
        }
        pHTMLDocument2->Release();
    }
    pDisp->Release();
}
}
```

Zur »Erforschung« des HTML-Dokuments mit DHTML beschafft sich *DoHTMLExplore* zuerst Zeiger auf die *CListView*- und *CHtmlView*-Ansichten im geteilten Fenster. Dann beschafft sich die Funktion mit *GetHtmlDocument* einen *IDispatch*-Zeiger auf das *document*-Objekt von DHTML. Anschließend fordert *DoHTMLExplore* einen Zeiger auf die Schnittstelle *IHTMLDocument2* an, greift auf die *all*-Auflistung zu und zählt deren Elemente in einer Schleife auf. *DoHTMLExplore* überprüft den Typ jedes einzelnen Elements. Handelt es sich um ein Bild (*image*) oder um eine Verknüpfung (*anchor*), fordert *DoHTMLExplore* zusätzliche Informationen an, wie zum Beispiel den Speicherort des Bilds. Anschließend bringt *DoHTMLExplore* eine Beschreibung des HTML-Elements in Textform im *CListView*-Objekt unter.

5. **Sorgen Sie dafür, dass Mainfrm.cpp die Datei mshtml.h einbindet.** Fügen Sie am Anfang der Datei Mainfrm.cpp die folgende Zeile ein, damit die Funktion *DoHTMLExplore* korrekt kompiliert wird.

   ```
   #include <mshtml.h>
   ```

6. **Sorgen Sie dafür, dass *DoHTMLExplore* aufgerufen wird.** In diesem Beispiel ändern wir einfach die Funktion *CEx29bApp::OnAppAbout* in der Datei Ex29.cpp so ab, dass sie *DoDHTMLExplore* aufruft. Ersetzen Sie den vorhandenen Code durch den unten fett gedruckten Code:

   ```
   void CEx29bApp::OnAppAbout()
   {
       CMainFrame * pFrame = (CMainFrame*)AfxGetMainWnd();
       pFrame->DoDHTMLExplore();
   }
   ```

7. **Passen Sie die Listenansicht an.** Fügen Sie folgende Zeile in die Funktion *CLeftView::PreCreateWindow* ein (in LeftView.cpp):

   ```
   cs.style |= LVS_LIST;
   ```

8. **Erstellen und starten Sie die Anwendung.** Zum Aufruf der »Erkundungsfunktion« klicken Sie auf der Symbolleiste das Fragezeichen an oder geben im Menü *Hilfe* den Befehl *Info über Ex29b*.

Abbildung 29.4 zeigt das Beispiel Ex29b in Aktion.

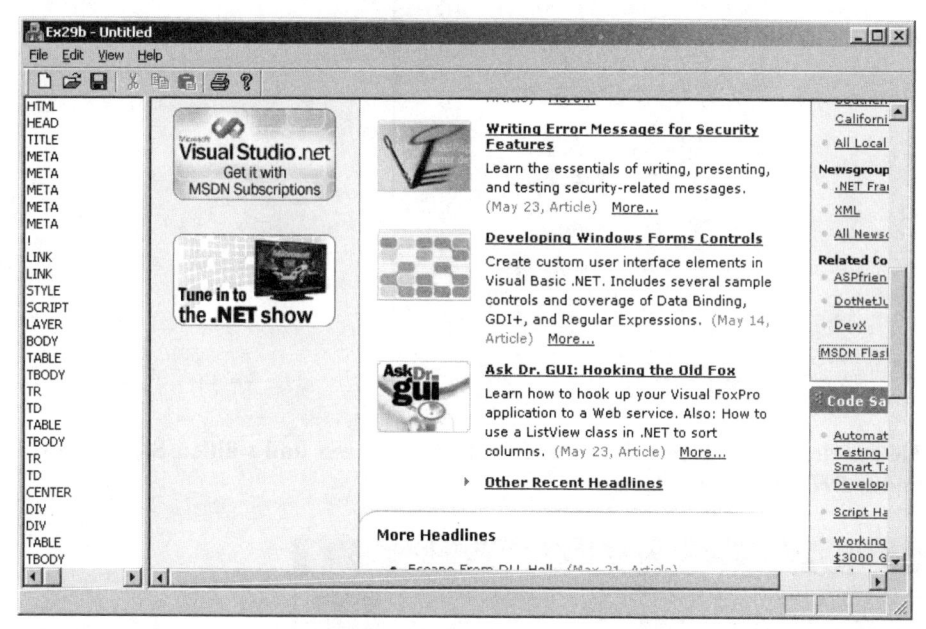

*Abbildung 29.4:* Das Beispiel Ex29b listet die HTML-Elemente des Dokuments auf

Nachdem wir an einem Beispiel gesehen haben, wie sich DHTML in MFC-Anwendungen einsetzen lässt, wird es Zeit für ein ATL-Beispiel.

# Das Beispiel Ex29c: ATL und DHTML

Die ATL bietet für DHTML ein HTML-Objekt an, das in jedes ATL-ActiveX-Steuerelement eingebettet werden kann. Das Beispielprogramm Ex29c erstellt ein ATL-Steuerelement, das die DHTML-Unterstützung der ATL veranschaulicht.

Erstellen Sie das Beispiel in folgenden Schritten:

1. **Legen Sie mit dem ATL-Anwendungsassistenten das Projekt Ex29c an.** Wählen Sie auf der Seite *Anwendungseinstellungen* den Servertyp *Ausführbare Datei (EXE)*.
2. **Fügen Sie ein HTML-Steuerelement ein.** Geben Sie im Menü *Projekt* den Befehl *Klasse hinzufügen*. Wählen Sie die Vorlage *ATL-Steuerelement*.

*Einführung in Dynamic HTML*

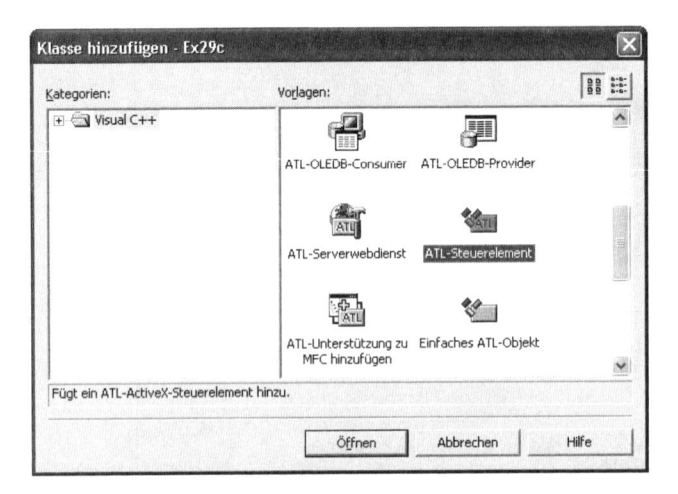

3. **Tragen Sie auf der Seite *Namen* den kurzen C++-Namen ein und wählen Sie auf der Seite *Optionen* das *DHTML-Steuerelement*:**

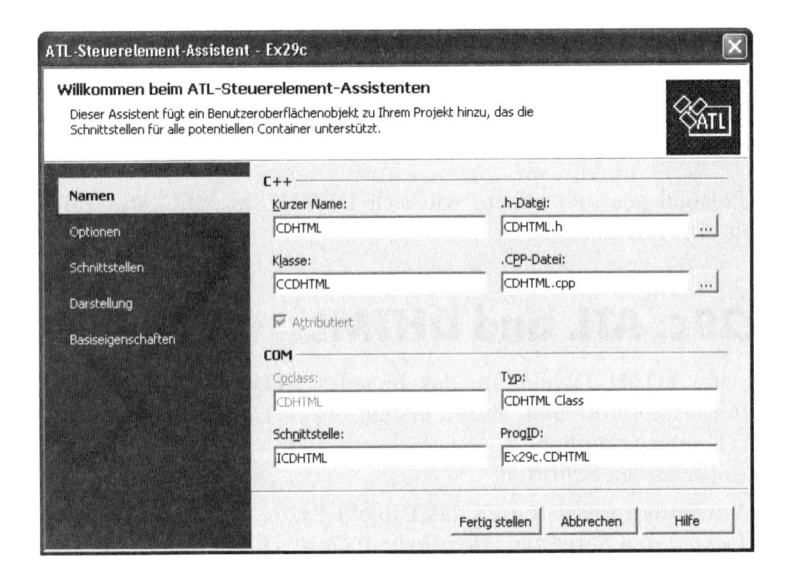

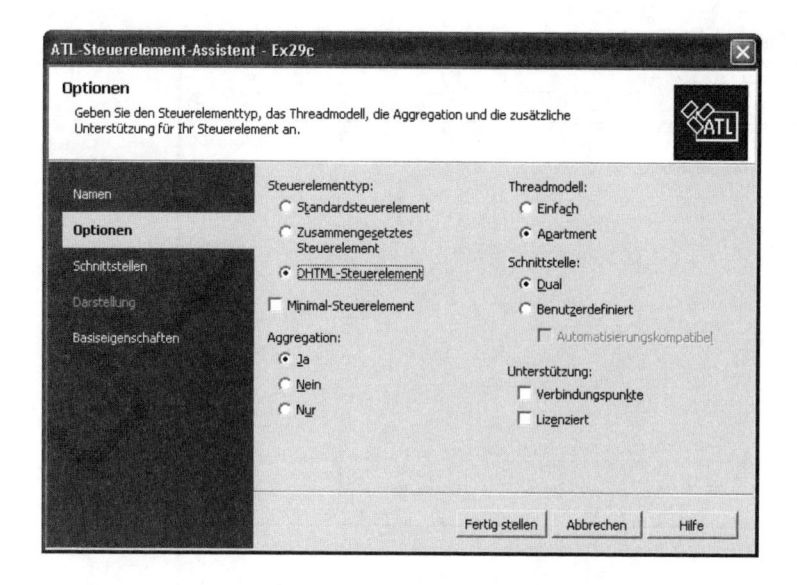

**HINWEIS:** Wenn Sie sich die Klasse *CCDHTMLUI* ansehen, werden Sie die folgende Standardimplementierung für den *OnClick*-Handler vorfinden:

```
STDMETHOD(OnClick)(IDispatch* pdispBody, VARIANT varColor)
{
    CComQIPtr<IHTMLBodyElement> spBody(pdispBody);
    if (spBody != NULL)
        spBody->put_bgColor(varColor);
    return S_OK;
}
```

Der Standardhandler *OnClick* ruft über den *IDispatch*-Zeiger *QueryInterface* auf und fordert einen *IHTMLBodyElement*-Zeiger an. Anschließend ändert er mit der Methode *put_bgColor* die Hintergrundfarbe.

4. **Kompilieren Sie das Projekt, laden und starten Sie das Steuerelement.** Rufen Sie nach der Erstellung des Projekts im Menü *Extras* den *Testcontainer für ActiveX-Steuerelemente* auf. Geben Sie im *Bearbeiten*-Menü des Testcontainers den Befehl *Neues Steuerelement einfügen* und wählen Sie in der Liste das *CCDHTML Object* aus. Abbildung 29.5 zeigt das resultierende ActiveX-Steuerelement, das die Hintergrundfarbe mit DHTML ändert, sobald der Benutzer eine der Farbschaltflächen anklickt.

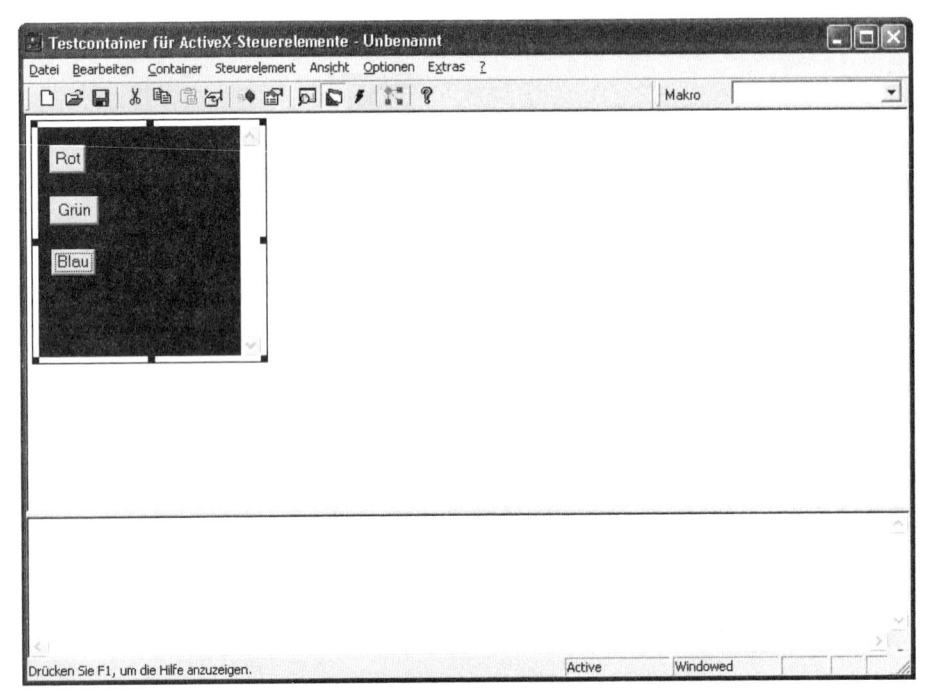

*Abbildung 29.5:* Das ActiveX-Steuerelement aus Beispiel Ex29c

## Weitere Informationen

Es gibt nahezu endlos viele Möglichkeiten, DHTML sinnvoll in Visual C++ .NET-Anwendungen einzusetzen. Sie können vollständig dynamische Anwendungen entwickeln oder Anwendungen, die über das Internet aktualisiert werden, Client/Server-ActiveX-Steuerelemente und so weiter und so fort. Wenn Sie sich näher mit DHTML beschäftigen möchten, finden Sie in folgenden Quellen weitere Informationen:

- *Inside Dynamic HTML* von Scott Isaacs (Microsoft Press, 1997)
- *Dynamic HTML in Action* von William J. Pardi und Eric M. Schurman (Microsoft Press, 1998)
- Das Platform SDK (eine exzellente Quelle zu DHTML und anderen Microsoft-Technologien)
- *www.microsoft.com* (DHTML wird in verschiedenen Bereichen behandelt)

# 30 ATL Server

| | |
|---|---|
| 777 | IIS |
| 782 | ISAPI-Servererweiterungen |
| 785 | Auftritt ATL Server |
| 792 | Das Beispiel Ex30a: Eine ATL Server-Website |

In Kapitel 28 haben Sie ein »Selbstbau-Intranet« auf der Basis der Winsock-Funktionen eingesetzt. In diesem Kapitel erfahren Sie, wie man die Internet-Informationsdienste (IIS, Internet Information Services) benutzt und erweitert, die zum Lieferumfang von Microsoft Windows 2000 und Windows XP gehören. Hinter den Internet-Informationsdiensten stehen eigentlich drei separate Dienste – einer für HTTP (für das World Wide Web), einer für FTP und einer für SMTP/NNTP.

Außerdem werden Sie in diesem Kapitel erfahren, wie man mit ATL Server HTTP-Servererweiterungen schreibt. Hinter ATL Server stehen einige C++-Klassen, die bei der Entwicklung von ISAPI-DLLs einen großen Teil der Arbeit abnehmen können. Es kommt eine Kombination von ISAPI-DLLs und Erweiterungs-DLLs zum Einsatz, die zur Anpassung der Seiten C++-Vorlagen und substituierbare Tags einsetzen. Sie werden sich selbst überzeugen können, in welcher Weise ATL Server die Bearbeitung von HTTP-Anforderungen erleichtert. Damit lässt sich eine interaktive Website schneller als durch die herkömmliche Programmierung entwickeln.

In diesem Kapitel wird vorausgesetzt, dass Sie Windows 2000/XP zur Verfügung haben und die IIS installiert sind. Lassen Sie uns mit den IIS beginnen.

## IIS

Die IIS bilden einen sehr leistungsfähigen Internet/Intranet-Server, der die Vorteile des zugrunde liegenden Betriebssystems nutzt, wie zum Beispiel E/A-Komplettierungsanschlüsse, die Win32-Funktion *TransmitFile* und die Prozessorskalierung für Threads.

Bei der Installation von Windows 2000/XP wird Ihnen angeboten, die IIS ebenfalls zu installieren. Wenn Sie im Setup-Programm diese Option wählen, wird der Server bei jedem Start von Windows ebenfalls gestartet.

Die IIS gehören zu einem besonderen Typ von Win32-Programmen, den *Diensten*, die nicht in der Taskleiste angezeigt werden. (Eigentlich handelt es sich um drei Dienste – HTTP, FTP und SMTP/NNTP – in einem einzigen Programm namens inetinfo.exe.) Sie können die IIS über das Symbol *Dienste* in der Systemsteuerung steuern (*Systemsteuerung, Leistung und Wartung, Verwaltung*), aber wahrscheinlich werden Sie den Internetdienste-Manager bevorzugen.

# Internetdienste-Manager

Sie finden den Internetdienste-Manager in der Systemsteuerung unter den Verwaltungsprogrammen. Wählen Sie im Startmenü von Windows XP *Systemsteuerung*. In der Systemsteuerung wählen Sie *Leistung und Wartung* und dann *Verwaltung*. Wählen Sie dann *Internet-Informationsdienste*.

**HINWEIS:** Sie können auch eine HTML-Version des Internetdienste-Managers in einen Browser laden, zum Beispiel von einem anderen Rechner aus. Mit Hilfe dieser Version können Sie eine Reihe von Dienstparametern ändern, aber keine Dienste ein- oder ausschalten.

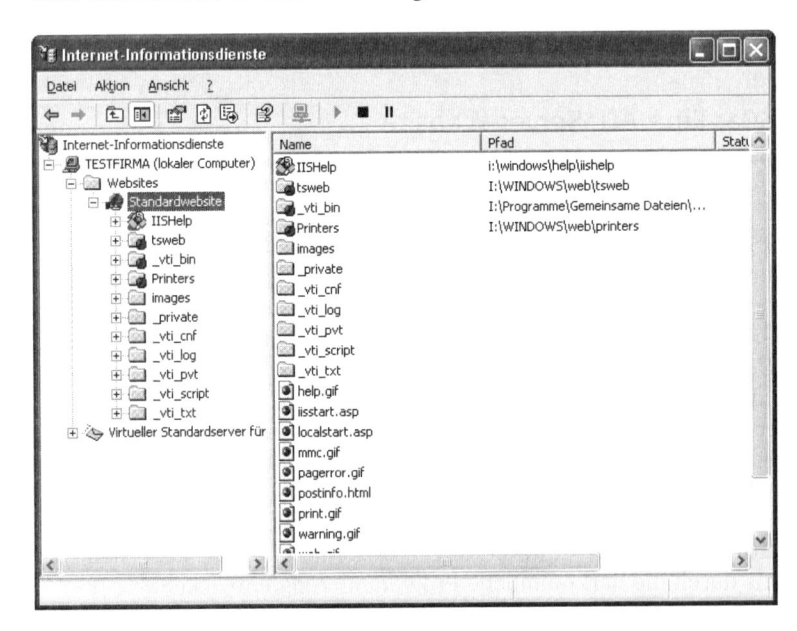

Abbildung 30.1 zeigt das Hauptfenster des Internetdienste-Managers. Die Standardwebsite läuft und der FTP-Dienst wurde angehalten.

*Abbildung 30.1:* Das Hauptfenster des Internetdienste-Managers

Sie können einen Dienst auswählen, indem Sie auf der linken Seite auf das entsprechende Symbol klicken. Mit den Schaltflächen *Startet das Element* und *Beendet das Element* (das Dreieck und das Quadrat) auf der Symbolleiste lässt sich der ausgewählte Dienst ein- und ausschalten.

# IIS-Sicherheit

In Zeiten, in denen sich praktisch die gesamte Welt via Internet auf Ihrer Website treffen kann, darf man das Thema Sicherheit nicht vernachlässigen.

Zur Konfiguration der IIS-Sicherheit klicken Sie die gewünschte Website im Internetdienste-Manager mit der rechten Maustaste an und wählen im Kontextmenü, das sich dann öffnet, den Befehl *Eigenschaften*, um das Eigenschaftsblatt der Website zu öffnen. Dann schlagen Sie die Seite *Verzeichnissicherheit* auf, die in Abbildung 30.2 zu sehen ist. Klicken Sie dann im Abschnitt *Steuerung des anonymen Zugriffs und der Authentifizierung* auf die Schaltfläche *Bearbeiten*. Dadurch öffnet sich das Dialogfeld *Authentifizierungsmethoden* (siehe Abbildung 30.3). Wenn ein Clientbrowser eine Datei anfordert, übernimmt der Server für die Dauer der Anforderung die

Rolle eines lokalen Benutzers. Der Name dieses »imitierten Benutzers« legt (nach den Vorgaben durch die konfigurierten Benutzer) fest, auf welche Dateien der Client Zugriff erhält. Welchen lokalen Benutzer ahmt der Server nach? Normalerweise denjenigen, den Sie im Feld *Benutzername* sehen, wie in Abbildung 30.4 gezeigt. (Klicken Sie im Dialogfeld *Authentifizierungsmethoden* auf die Schaltfläche *Durchsuchen*, um das Dialogfeld *Benutzer wählen* zu öffnen.)

*Abbildung 30.2:* Die IIS-Eigenschaftenseite Verzeichnissicherheit

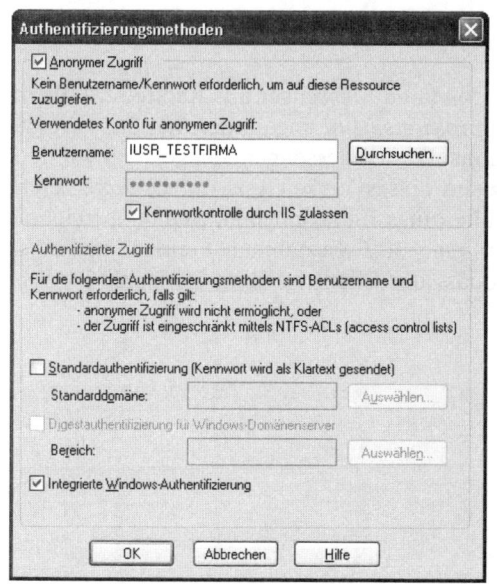

*Abbildung 30.3:* Die IIS-Eigenschaftenseite Authentifizierungsmethoden

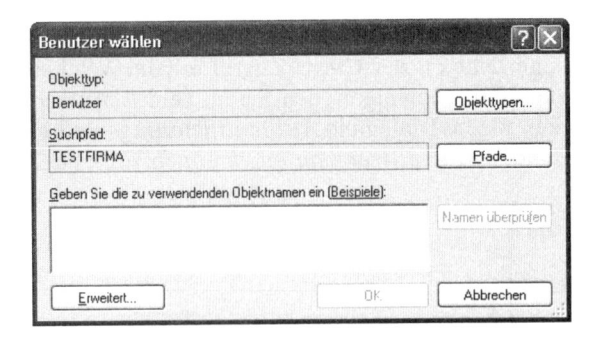

**Abbildung 30.4:** *Das Dialogfeld für anonyme Benutzer*

Die meisten Besucher einer Webseite geben weder Benutzernamen noch Kennwort an, sie gelten also als *anonyme Benutzer*. Diese Benutzer erhalten dieselben Rechte, die sie auch hätten, wenn sie sich lokal am Server unter dem Namen IUSR_<RECHNERNAME> anmelden würden. Das heißt, dass IUSR_<RECHNERNAME> in der Liste der Benutzernamen vorkommen muss, die in der *Computerverwaltung* angezeigt wird (*Systemsteuerung, Leistung und Wartung, Verwaltung, Computerverwaltung, Benutzer*), und dass die Kennwörter übereinstimmen müssen. Das Setup-Programm der IIS richtet normalerweise diesen anonymen Benutzer für Sie ein. Sie können auch einen eigenen anonymen WWW-Benutzer definieren, aber dann müssen Sie sicherstellen, dass der Eintrag auf der Seite *Benutzer wählen* mit dem Eintrag in der Benutzerliste des Computers oder der Windows NT-Domäne übereinstimmt.

Beachten Sie auch die Optionen für den *Authentifizierten Zugriff* im Eigenschaftsblatt *Authentifizierungsmethoden*. Die IIS benutzen diesen *Benutzernamen*, um ein Sicherheitstoken anzufordern, wenn die Website einen anonymen Zugriff erlaubt. Behalten Sie die Einstellung *Anonymer Zugriff* einstweilen bei. Sie bewirkt, dass alle Benutzer aus dem Web unter dem Namen IUSR_<RECHNERNAME> angemeldet werden.

## IIS-Verzeichnisse

Erinnern Sie sich noch an die Website der Firma Consolidated Messenger aus Kapitel 28? Wenn Sie den URL *http://consolidatedmessenger.com/newproducts.html* angefordert hätten, wäre die Datei newproducts.html aus dem Stammverzeichnis consolidatedmessenger.com geladen worden. Jeder Server braucht ein Stammverzeichnis, selbst wenn dieses Verzeichnis nur Unterverzeichnisse enthalten sollte. Das Stammverzeichnis muss allerdings nicht mit dem Stammverzeichnis des Serverrechners identisch sein. Wie Sie der Abbildung 30.5 entnehmen können, heißt das WWW-Stammverzeichnis eigentlich C:\WebHome, sodass der Client letztlich die Datei C:\WebHome\newproducts.html liest.

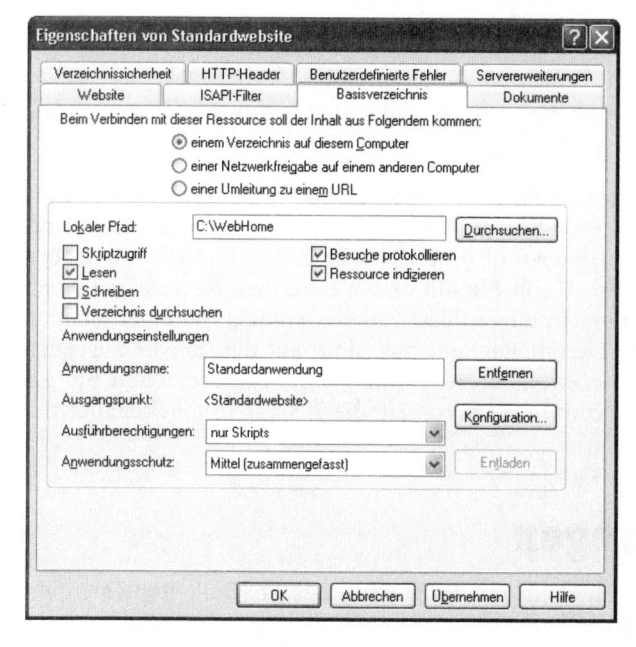

**Abbildung 30.5:** *Auf dieser Eigenschaftenseite wird das WWW-Stammverzeichnis C:\WebHome festgelegt*

Ihr Server kommt vielleicht mit einem einzigen Stammverzeichnis aus, aber in bestimmten Situationen können sich die virtuellen Verzeichnisse der IIS als nützlich erweisen. Nehmen wir an, Consolidated Messenger möchte Webzugriffe auf das Verzeichnis \BF auf Laufwerk D: ermöglichen. Mit den IIS ist es möglich, ein virtuelles Verzeichnis anzulegen, zum Beispiel /Bugs-Fixed, und es auf ein reales Verzeichnis abzubilden, beispielsweise auf D:\BF. Clients können dann mit einem URL wie http://consolidatedmessenger.com/BugsFixed/ file1.html auf die Dateien zugreifen, die im Verzeichnis D:\BF liegen.

**HINWEIS:** Falls Ihr Computer für mehrere IP-Adressen konfiguriert ist (was Sie in der Systemsteuerung herausfinden), können Sie mit den IIS virtuelle Webserver definieren. Jeder virtuelle Server hätte dann ein eigenes Stammverzeichnis und eigene virtuelle Verzeichnisse, die einer bestimmten IP-Adresse zugeordnet sind. Von außen sieht das so aus, als hätten Sie mehrere Servercomputer. Leider nimmt der IIS-Webserver alle IP-Adressen des Computers in Beschlag, sodass Sie ihn nicht gleichzeitig mit dem Server Ex28a ausführen können, da beide Anschluss 80 verwenden.

Wie in Kapitel 28 beschrieben wurde, können Browser eine Blindanfrage senden. Auf der Seite *Dokumente* des Eigenschaftsblatts, das in Abbildung 30.5 zu sehen ist, können Sie die Datei angeben, die bei einer Blindanfrage ausgegeben wird (normalerweise Default.htm). Wenn Sie auf der Seite *Basisverzeichnis* der Eigenschaftsseiten der Website die Option *Verzeichnis durchsuchen* wählen, können Browserclients stattdessen eine Hypertextliste der Dateien sehen, die im Verzeichnis des Servers verfügbar sind.

## IIS-Protokolle

Die IIS können über alle Verbindungen ein Protokoll führen. Ob und wie protokolliert wird, legen Sie auf der Seite *Website* des Eigenschaftsblatts der Website fest. Als Protokollformat können Sie *W3C erweitert* angeben, *Microsoft IIS* oder *NCSA allgemein*. Die Protokolleinträge bestehen aus dem Datum, der Uhrzeit, der IP-Adresse des Clients, der angeforderten Datei, dem Anforderungstext und so weiter.

## Die IIS testen

Es ist einfach, die IIS mit einem Browser oder einem der Clients von Ex30a zu testen. Sorgen Sie nur dafür, dass die IIS laufen und dass der Ex30a-Server nicht läuft. Das vorgegebene Stammverzeichnis der IIS ist \Winnt\System32\inetsrv\wwwroot (unter Windows XP \inetpub\wwwroot). Einige HTML-Dateien werden hier installiert. Wenn Sie mit einem einzelnen Rechner arbeiten, können Sie den Namen *localhost* verwenden. In einem Netzwerk verwenden Sie einen Namen aus der Datei hosts. Falls Sie von einem anderen Rechner aus nicht auf den Server zugreifen können, überprüfen Sie mit ping, ob das Netzwerk korrekt konfiguriert ist. Versuchen Sie gar nicht erst, ISAPI-DLLs zu erstellen und auszuführen, bevor Sie die IIS auf Ihrem Rechner mit Erfolg getestet haben.

# ISAPI-Servererweiterungen

Unter einer ISAPI-Servererweiterung versteht man ein Programm, das als DLL implementiert und vom IIS geladen wird und das der IIS als Reaktion auf eine *GET*- oder *POST*-Anforderung eines Clientprogramms (Browsers) ausführt. Der Browser kann dem Programm Parameter vorgeben. Häufig handelt es sich dabei um Werte, die der Browserbenutzer beispielsweise in Eingabefelder eingegeben oder aus Listenfeldern ausgewählt hat. Die ISAPI-Servererweiterung sendet normalerweise HTML-Code zurück, der auf diesen Parameterwerten basiert. Sie werden diesen Vorgang besser verstehen, sobald Sie ein Beispiel gesehen haben.

## CGI und ISAPI

Die ersten Internet-Server, die entwickelt wurden, waren für UNIX-Rechner gedacht, sodass die Standards schon lange feststanden, als Microsoft den IIS vorstellte. Die Schnittstelle Common Gateway Interface (CGI), die zum HTTP-Standard gehört, wurde entwickelt, damit Browserprogramme mit Skripts oder separaten ausführbaren Programmen auf dem Server kommunizieren können. Ohne die HTTP/CGI-Spezifikationen zu ändern, hat Microsoft die IIS so konzipiert, dass jeder beliebige Browser eine Server-DLL laden kann. Diese DLLs laufen in einem IIS-Prozess und sind damit schneller als Skripts, für die unter Umständen zusätzliche ausführbare Programme geladen werden müssen. In diesem Kapitel werden wir eine ISAPI-DLL entwickeln, und zwar in C++ mit ATL Server. Es gibt auch andere Wege zur Entwicklung von Webseiten, zum Beispiel PERL, Active Server Pages (ASP) und ASP.NET.

Die CGI-Schnittstelle verschiebt die Last der Programmierung auf den Server. Über die CGI-Parameter sendet der Browser kleine Informationsmengen an den Serverrechner. Der Server kann mit diesen Informationen absolut beliebig verfahren. Er kann beispielsweise auf eine Datenbank zugreifen, Bilder generieren oder Peripheriegeräte ansteuern. Der Server sendet eine Datei (in HTML oder einem anderen Format) an den Browser zurück. Die Datei kann von der Festplatte des Servers gelesen oder vom Programm generiert werden. ActiveX-Steuerelemente sind nicht erforderlich und es spielt praktisch keine Rolle, auf welcher Art von Computer der Browser läuft.

# Eine einfache ISAPI-Servererweiterung

Nehmen wir an, eine HTML-Datei enthält das folgende Tag:

```
<a href="scripts/maps.dll?State=Idaho">Idaho Weather Map</a><p>
```

Wenn der Benutzer auf *Idaho Weather Map* klickt, sendet der Browser eine *GET*-Anforderung wie die folgende an den Server:

```
GET scripts/maps.dll?State=Idaho HTTP/1.0
```

Die IIS laden dann die Datei maps.dll aus dem (virtuellen) Verzeichnis *scripts*, rufen eine Standardfunktion auf (die häufig *Default* heißt) und übergibt für *State*-Parameter den Wert *Idaho*. Die DLL generiert nun eine JPG-Datei mit der aktuellen Satellitenwetterkarte von Idaho und schickt sie zum Client.

Wenn maps.dll mehr als eine Funktion enthält, kann im Tag der Name der gewünschten Funktion angegeben werden, wie im folgenden Beispiel:

```
<a href="scripts/maps.dll?GetMap?State=Idaho&Res=5">Idaho Weather Map</a><p>
```

In diesem Fall wird die Funktion *GetMap* mit zwei Argumenten aufgerufen, nämlich mit *Idaho* für den Parameter *State* und mit dem Wert *5* für den Parameter *Res*.

Sie werden gleich erfahren, wie man einen ISAPI-Server wie maps.dll schreibt. Aber dazu müssen Sie etwas über HTML-Formulare wissen, weil Sie nur selten reinen CGI-*GET*-Anforderungen begegnen werden.

# HTML-Formulare: *GET* und *POST*

Im obigen HTML-Quelltext für die CGI-*GET*-Anweisung wurde der Name des Bundeslands fest im Tag codiert. Sollte der Benutzer das Bundesland nicht besser aus einer Liste auswählen können? Zu diesem Zweck benötigen wir ein entsprechendes Formular. Es kann ganz einfach sein:

```
<html>
<head><title>HTML-Wetterkartenformular</title>
</head>
<body>
<h1><center>Willkommen beim Wetterkartendienst</center></h1>
<form action="scripts/maps.dll?GetMap" method=GET>
    <p>Wählen Sie Ihr Bundesland:
    <select name="State">
        <option> Alabama
        <option> Alaska
        <option> Idaho
        <option> Washington
    </select>
<p><input type="submit"><input type="reset">
</form>
</body></html>
```

Wenn Sie diesen HTML-Code in einen Browser laden, wird das Formular ungefähr wie in Abbildung 30.6 dargestellt.

***Abbildung 30.6:*** *So präsentiert sich das HTML-Wetterkartenformular*

Mit Hilfe des Tags *select* ist es möglich, das Bundesland aus einer Liste von vier Namen auszuwählen. Das entscheidende Tag *input type=submit* zeigt die Schaltfläche an, mit der die Formulardaten über eine CGI-*GET*-Anforderung an den Server gesendet werden. Diese Anforderung sieht etwa folgendermaßen aus:

```
GET scripts/maps.dll?GetMap?State=Idaho HTTP/1.0
(verschiedene Anforderungsheader)
(Leerzeile)
```

Leider lassen einige frühe Versionen des Netscape-Browsers beim Generieren einer *GET*-Anforderung aus einem Formular den Funktionsnamen weg, sodass Sie zwei Alternativen haben: Sie definieren in Ihrer ISAPI-DLL als einzige Funktion nur eine Standardfunktion oder Sie verwenden innerhalb von Formularen anstatt der *GET*-Methode nur die *POST*-Methode.

Wenn Sie mit *POST* arbeiten möchten, brauchen Sie in dem oben gezeigten HTML-Formular nur eine Zeile zu ändern:

```
<form action="scripts/maps.dll?GetMap" method=POST>
```

Nun schickt der Browser Folgendes an den Server:

```
POST scripts/maps.dll?GetMap
(verschiedene Anforderungsheader)
(Leerzeile)
State=Idaho
```

Beachten Sie bitte, dass der Parameterwert in der letzten Zeile steht, also nicht mehr in der Anforderungszeile.

**HINWEIS:** ISAPI-DLLs werden normalerweise in einem eigenen virtuellen Verzeichnis auf dem Server gespeichert, weil diese DLLs die Ausführungsberechtigung brauchen, aber auf eine Leseberechtigung verzichten können. Sie können das betreffende Verzeichnis im Internetdienste-Manager mit einem Doppelklick anklicken und dann dessen Eigenschaften ändern.

Sie können mit der Programmierschnittstelle der Internetdienste sehr leistungsfähige Webanwendungen entwickeln, die unter der Kontrolle der IIS laufen. Sie schreiben mit C/C++ eine

DLL und die IIS benutzen die DLL zur Filterung oder Bearbeitung der eintreffenden Anforderungen. Diese beiden Arten von ISAPI-DLLs werden *Filter* und *Erweiterungen* genannt.

Ein ISAPI-Filter ist eine DLL, die von den IIS zur Bearbeitung einer vom Client geschickten Anforderung geladen wird. Der Filter kann dann das Standardverhalten der IIS ändern. Filter eignen sich zum Beispiel zur Komprimierung, zur Verschlüsselung, zur Protokollierung und für benutzerdefinierte Authentifizierungsmethoden.

Eine ISAPI-Erweiterung ist eine DLL, die Anforderungen von Clients erhalten und beantworten kann. Solch eine DLL kann meistens HTML-Code generieren, der zum Client geschickt wird. Die Erweiterungs-DLL muss die Eintrittspunkte *GetExtensionVersion* und *HttpExtensionProc* exportieren (der Eintrittspunkt *TerminateExtension* ist optional). Bei jeder Clientanfrage übergeben die IIS eine *EXTENSION_CONTROL_BLOCK*-Struktur an den Eintrittspunkt *HttpExtensionProc* der ISAPI-Erweiterung. Diese Struktur dient zur Abfrage der HTTP-Headerinformationen, zum Aufruf von IIS-Hilfsfunktionen und zum Lesen und Schreiben der Clientdatenströme.

ATL Server verpackt diesen Erweiterungskontrollblock (ECB oder *EXTENSION_CONTROL_BLOCK*; wie im vorigen Absatz definiert) in einer Weise in Klassen, die eher dem entspricht, was C++-Entwickler gewohnt sind. Wie bei den C++-Bibliotheken von Microsoft meistens üblich, ist der *ECB* auch in ATL-Server noch direkt zugänglich.

Da ISAPI-DLLs so tief in den Ablauf eingreifen, bringen die ISAPI-DLLs auch eine gewisse Verantwortung mit sich. Nützliche ASP-Objekte wie *Session* und *Response* sind nicht in ISAPI verfügbar, auch wenn letztlich ähnliche Funktionen zur Verfügung stehen. Die Programmierung des *ECBs* in normalem C oder C++ bedeutet den Umgang mit Puffern und anderen Grundelementen der Softwareentwicklung. Außerdem legt man bei der Entwicklung einer ISAPI-Erweiterung meistens einen Threadvorrat an, der für die Bearbeitung der eintreffenden Anforderungen bereitsteht. Weitere Informationen über ISAPI finden Sie im MSDN-Online-Artikel »Developing ISAPI Extensions and Filters«.

# Auftritt ATL Server

Die MFC enthält einige Klassen zur Entwicklung von ISAPI-DLLs. Dazu gehören *CHttpServer*, *CHttpServerContext* und *CHtmlStream*. Sie sind immerhin so gut, dass manche Websitebetreiber die ISAPI-DLLs für ihre Site mit der MFC entwickeln.

Die Entwicklung von ISAPI-DLLs mit der MFC ist allerdings schon in vielen Publikationen beschrieben worden, zum Beispiel auch in älteren Ausgaben dieses Buchs. Daher möchte ich mich an dieser Stelle auf den Hinweis beschränken, dass die Entwicklung von ISAPI-DLLs mit C++ ein ganz normales C++-Projekt ist und dementsprechend auch die typischen C++-Probleme mit sich bringt, wie zum Beispiel eine gewisse Anfälligkeit für Speicherlecks und Nullzeiger. Die MFC-Klassen erleichtern die Arbeit etwas. Und ATL Server erleichtert die Arbeit noch weiter.

Der moderne Weg zur Entwicklung von ISAPI DLLs führt über ATL Server. ATL Server eignet sich nicht nur zur Gestaltung der Benutzerschnittstelle von Webanwendungen, sondern auch zur Entwicklung von Webdiensten (programmierbare Websites). Beginnen wir mit einem Blick auf die Architektur von ATL Server.

## ATL und ATL Server

In Kapitel 25 haben wir uns mit der ATL als COM-Entwicklungswerkzeug beschäftigt. Man kann die ATL als eine Klassenbibliothek betrachten, mit der man die Komplexität von COM leichter bewältigen kann. In diesem Kapitel geht es um ATL Server, der eigentlich nichts mit COM zu tun hat. Die COM-Programmierung mit der ATL und die ISAPI-Entwicklung mit ATL Server sind zwei völlig verschiedene Themen.

## Wo passt ATL Server ins Bild?

Es gibt viele Wege zur Bearbeitung einer HTTP-Anforderung auf der Windows-Plattform. Das fängt mit der Entwicklung von ISAPI-DLLs auf herkömmlichem Weg an (also von Hand) und geht über das Schreiben von ASP-Code und von PERL-Skripts weiter bis hin zur Entwicklung von ASP.NET-Code. Jede Methode hat ihre Vor- und Nachteile. Wenn Sie zum Beispiel von Hand eine ISAPI-DLL entwickeln, haben Sie die völlige Kontrolle darüber, wie jede Anforderung bearbeitet wird. Allerdings nimmt Ihnen bei der Zusammenstellung der Antwort niemand die Arbeit ab. (Sie müssen also jedes einzelne Teil der Antwort mit eigenem Programmcode zusammenbauen.) Außerdem bedeutet die Entwicklung von ISAPI-DLLs wieder, in jedem Projekt einen beträchtlichen Teil an Standardcode zu reproduzieren. Am anderen Ende des Spektrums steht ASP. Eine typische ASP-Seite ist eine Mischung aus HTML, etwas Skriptcode und vielleicht noch dem einen oder anderen COM-Objekt.

ATL Server versucht, eine sinnvolle Position zwischen diesen beiden Extremen einzunehmen. Die Entwicklung von Webinhalten und Benutzerschnittstellen bringt normalerweise den Umgang mit HTML-Tags mit sich (oder im Fall der Webdienste vielleicht etwas XML) und die Entwicklung der Logik für die Anzeige der dynamischen Inhalte. Der ausführbare Teil einer ATL Server-Anwendung liegt in einigen C++-Klassen. Daher lässt sich die Leistung der ATL Server-Anwendung mit C++-Code vergleichen. Außerdem bietet er einige der Fähigkeiten im Umgang mit HTML, die höhere Entwicklungswerkzeuge aufzuweisen haben, wie zum Beispiel ASP.NET. Die ATL Server-Klassen kapseln die Anforderung, die Antwort, Cookies, Formulare und den Ausführungskontext. Unter dem Strich wird die Bearbeitung von Anforderungen mit ATL Server wesentlich einfacher als bei der herkömmlichen Programmierung mit dem *ECB*.

Neben der Grundarchitektur für den ausführbaren ISAPI-Code und HTML hat ATL Server auch noch andere Dinge zu bieten, zum Beispiel einen Cache und einen Threadpool.

## Die Architektur von ATL Server

Wenn das Ergebnis der Arbeit fertig ist, bleibt Ihnen als Webentwickler (und wer ist heutzutage kein Webentwickler, zumindest in gewissem Umfang) nichts weiter übrig, als HTTP-Anforderungen zu beantworten und die Clients, die Verbindung mit Ihrem Server aufnehmen, mit dem gewünschten Inhalt zu versorgen.

Die Entwicklung eines Servers mit Sockets und den MFC-Socketklassen haben wir bereits besprochen. Microsoft hat einen großen Teil der Arbeit bereits erledigt, die beim Umgang mit Anschluss 80 anfällt, und einen Dienst entwickelt, der diesen Anschluss für Sie überwacht: IIS. Als Anwendungsentwickler müssen Sie die IIS nun dazu bringen, etwas Sinnvolles zu tun, nämlich wohlgeformtes HTML für den Client zu generieren. Dabei werden Sie von ATL Server unterstützt.

ATL Server-Anwendungen lassen sich grob in zwei Teile aufteilen, nämlich in eine Sammlung von DLLs (ISAPI-Erweiterungs-DLLs und herkömmliche DLLs, wie sie bei der Anwendungsentwicklung anfallen), und in HTML-Generatorvorlagen, die Serverantwortdateien genannt werden (Server Response Files, SRF). In der ATL Server-Architektur gibt es eine klare Trennung zwischen der Präsentation und der Logik. Der Inhalt einer Seite (die Präsentation) wird in SRF-

Dateien beschrieben. Dann benutzt der ATL Server die DLLs der Anwendung, um genau gekennzeichnete HTML-Teile in den SRF-Dateien (HTML mit eingebettetem Code, den der ATL Server versteht) durch den entsprechenden HTML-Text zu ersetzen. Eine SRF-Datei besteht aus dem HTML-Inhalt, der von genau definierten Ersetzungstags durchsetzt ist. Die SRF-Datei wird von den ISAPI-Erweiterungen und ATL Server-DLLs verarbeitet (die Anwendungslogik), wobei die Ersetzungstags gegen den gewünschten Inhalt ausgetauscht werden.

Aus der Sicht von C++ setzt sich ein ATL Server-Projekt aus einigen DLLs zusammen: einer ISAPI-Erweiterungs-DLL und einer oder mehreren ATL Server-Anwendungs-DLLs. Die ISAPI-Erweiterungs-DLL puffert die geladenen ATL Server-DLLs und die verarbeiteten SRF-Dateien. Die ISAPI-DLL hält auch einen Vorrat an Threads, von denen die Anforderungen der Clients bearbeitet werden sollen. Die ATL Server-Anwendungs-DLL ist in der Lage, die SRF-Dateien zu analysieren und die SRF-Ersetzungstags gegen HTML auszutauschen.

Die ISAPI-DLL ist für die Einbindung in die IIS zuständig und die Anwendungs-DLLs enthalten den Code für die Bearbeitung der Anforderungen. In ATL Server werden die Klassen zur Bearbeitung der Anforderungen von *CRequestHandlerT* abgeleitet und enthalten die Methoden, die für den Austausch der SRF-Ersetzungstags gegen HTML erforderlich sind. In vieler Hinsicht ähnelt ATL Server den Anwendungsassistenten, die wir in Kapitel 4 besprochen haben.

ATL Server-Handlerklassen enthalten Wörterbücher für die Verknüpfung der Anforderungshandlerklassen mit den Anforderungshandler-DLLs und für die Verknüpfung der Austauschmethoden mit den SRF-Tags. Neben den Austauschwörterbüchern enthält *CRequestHandlerT* auch Methoden und Datenelemente, mit denen der Zugriff auf die üblichen Webanwendungselemente erfolgen kann, wie Formularvariablen, Cookies, Anforderungsdatenströme und Antwortdatenströme. Abbildung 30.7 zeigt schematisch, wie ein ATL Server einen Client bedient. Es kommen mehrere Anwendungs-DLLs und eine einzelne ISAPI-Erweiterungs-DLL zum Einsatz.

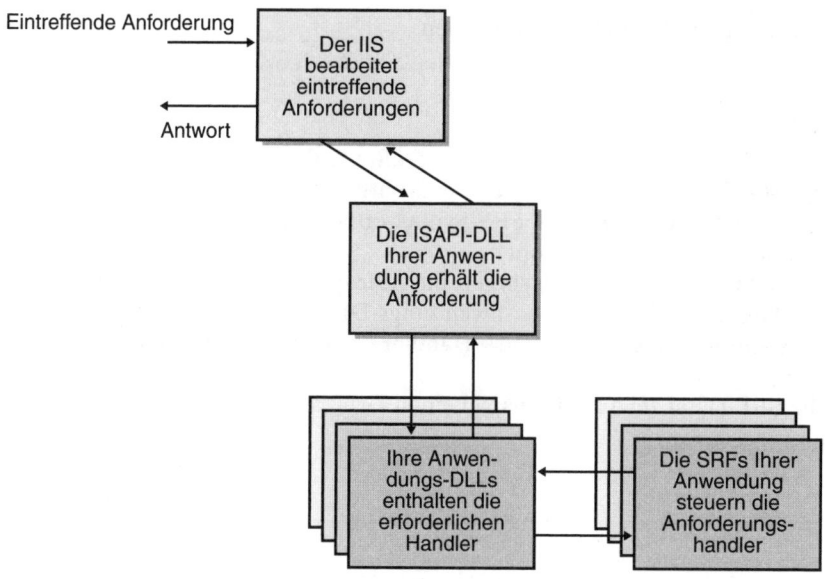

***Abbildung 30.7:*** *Die ATL Server-Architektur*

Die Anforderung geht in einer ATL Server-Anwendung folgenden Weg:

1. Der Client fordert via HTTP eine SRF-Datei an (zum Beispiel *http://www.consolidatedmessenger.com/default.srf*).
2. Die IIS nehmen die Anforderung an und schließen aus der Erweiterung auf eine ISAPI-DLL. Im Fall einer ATL Server-Anwendung ist dies die ISAPI-DLL der Anwendung (sie implementiert *HttpExtensionProc*).
3. Die ISAPI-DLL enthält einen Threadpool und zwei Zwischenspeicher, nämlich einen DLL-Cache und einen Stencilcache für die geladenen und analysierten SRF-Dateien. Die ISAPI-DLL gibt die Anforderung an den Threadpool weiter. (Die Zwischenpuffer werden gleich benutzt.)
4. Einer der Arbeitsthreads aus dem Pool kümmert sich um die Anforderung aus der Warteschlange. Er öffnet die SRF-Datei, um herauszufinden, welche Anwendungs-DLL die Anforderung bearbeiten soll. (Auf das Format der SRF-Datei gehen wir später ein.)
5. Der Arbeitsthread erwartet in der SRF-Datei eine Zeile, aus der hervorgeht, welche Anwendungs-DLL zu laden ist. Falls die DLL noch nicht geladen wurde, lädt der Arbeitsthread die DLL. Dann gibt die Anwendung die Anforderung an die vorgegebene Anforderungshandlerklasse weiter.
6. Die SRF-Datei wird analysiert, bei Bedarf in »Token« zerlegt und als HTML ausgegeben. Sobald die Anwendung auf ein Token trifft, das ein Ersetzungstag darstellt, ruft sie die entsprechende Ersetzungsmethode in einer Handlerklasse auf, die in einer der Anwendungs-DLLs liegt. Die Ersetzungsmethode generiert dynamisch die geforderte Ausgabe für den Browser.
7. Die IIS schicken die gesamte Antwort an den Client.

   Sehen wir uns nun an, wie diese SRF-Dateien aussehen.

## SRF-Dateien

Im Wesentlichen bestehen SRF-Dateien aus HTML. Der größte Teil einer Antwort besteht normalerweise aus dem HTML-Code, der in einer SRF-Datei enthalten ist. Die SRF-Datei enthält auch einfache Steuertags wie *if* und *while*. Die SRF-Syntax ermöglicht auch Aufrufe von C++-Methoden und die Zuordnung von DLL-Funktionen.

Die SRF-Tags, die wir uns ansehen werden, sorgen für Aufrufe von C++-Methoden. Normalerweise enthält die SRF-Datei eine Liste mit den Anwendungs-DLLs, die sie benutzt. Sie erscheinen in der SRF-Datei als *handler*-Tags (hier sind »Handler« also DLLs und keine einzelnen Funktionen).

Die folgende einfache SRF-Datei zeigt zum Beispiel einen Gruß an:

```
{{handler MyFirstApplication.dll/Default}}
<html>
<head>
</head>
<body>
{{HelloHandler}}<br>
</body>
</html>
```

Beachten Sie bitte die erste Zeile der Datei, die die Anwendungs-DLL benennt, in welcher der Handler zu finden ist (in diesem Fall MyFirstApplication.dll). Die Handlertabelle verknüpft die Tags mit dem entsprechenden C++-Code, der für die Ausführung zuständig ist. Diese Zeile gibt die Handlerklasse und die DLL an, in der die Klasse zu finden ist.

Die nächste interessante Zeile hat doppelte geschweifte Klammern. Damit werden die serverseitigen Tags gekennzeichnet, die zu interpretieren oder zu ersetzen sind. Das Tag *HelloHandler* benennt die aufzurufende Methode. Die Ausgabe von der Methode, die im Tag genannt wird, wird in den HTML-Puffer übernommen. Auf diese Weise erfolgt also die Trennung von Benutzerschnittstelle und Code. Webdesigner können den HTML-Code ändern, der die Handlertags umgibt, ohne mit dem C++-Code in Berührung zu kommen.

### Mehrere Anwendungs-DLLs

Wie man nach einiger Überlegung erkennt, ist es in einer dynamischen Umgebung nicht sinnvoll, mit einer starren 1:1-Abbildung zwischen Anwendungs-DLLs und SRF-Dateien zu arbeiten. Eine bestimmte SRF-Datei lässt sich nämlich auf verschiedene Weise bearbeiten, je nach den Fähigkeiten des Servers. Zur Förderung dieser Flexibilität lässt ATL Server es zu, dass eine SRF-Datei von mehreren Anwendungs-DLLs und von mehreren Handlern bedient wird. Die SRF-Datei geht von einer Standard-DLL aus. Die anderen DLLs werden benannt. Benannte DLLs erhalten im Anforderungskommentarblock entsprechende IDs. Die SRF-Datei benutzt diese IDs in den Ersetzungstags zur genauen Angabe der DLL und der aufzurufenden Methode.

Das folgende Codefragment zeigt eine SRF-Datei mit zwei Handler-DLLs:

```
{{handler HandlerOne.dll/Default}}
{{id=AlternateHandler handler=HandlerTwo.dll/OtherHandler}}
<html>
<body>
{{MainHandlerMethod}}<br>
{{AlternateHandler.AlternateMethod}}
</body>
</html>
```

Dieser Code besagt, dass die Standardanforderungshandlerklasse in der Datei HandlerOne.dll liegt und dass es in einer zweiten DLL namens HandlerTwo.dll eine weitere Handlerklasse namens *OtherHandler* gibt.

Ein Tag kann zur Steuerung des Ablaufs auch SRF-Schlüsselwörter enthalten (wie *if* und *endif*), auf die wir später noch eingehen. Wenn es sich bei dem Text im Tag *nicht* um ein SRF-Schlüsselwort handelt, wird der Text zum Austausch an die Handler-DLL übergeben. Sehen Sie sich das Beispiel noch einmal genauer an. Ersetzungstags ohne IDs werden vom Standardhandler bearbeitet. Tags mit IDs werden von der angegebenen DLL bearbeitet. HandlerOne.dll interpretiert das Tag *MainHandlerMethod*, indem sie es mit der Standardanforderungshandlerklasse verknüpft. HandlerTwo.dll interpretiert das Tag *AlternateHandler.AlternateMethod*, indem sie es mit der Anforderungshandlerklasse namens *AlternateHandler* verknüpft, und sie ruft die Ersetzungsmethode auf, die mit dem Tag *AlternateMethod* verknüpft ist.

### Taghandler

Taghandler sind Memberfunktionen einer Handlerklasse, die in einer Anwendungs-DLL liegt. Die Handlerklasse leitet sich von *CRequestHandlerT* ab, wie im folgenden Codeausschnitt gezeigt. Die Klasse enthält eine Tabelle mit Ersetzungsmethoden. Beachten Sie bitte, dass in dem Codeauszug auch eine Handlertabelle zu sehen ist (auf DLL-Ebene), die diese Klasse mit dem Austauschtext verknüpft.

```
class CMainHandler : public CRequestHandlerT<CMainHandler>
{
    public:
        DWORD ValidateAndExchange();
        DWORD OnMainHandlerMethod();
        BEGIN_REPLACEMENT_METHOD_MAP(CMainHandler)
            REPLACEMENT_METHOD_ENTRY("MainHandlerMethod",
                OnMainHandlerMethod)
        END_REPLACEMENT_METHOD_MAP()
};
BEGIN_HANDLER_MAP()
    HANDLER_ENTRY("Default", CMainHandler)
    // Andere Handler aus der DLL werden hier eingetragen.
END_HANDLER_MAP()
```

Eine Tagersetzungsmethode sieht ungefähr so aus:

```
HTTP_CODE OnMainHandlerMethod()
{
    CWriteStreamHelper os(m_pStream);
    os << "Dieser Text wurde von der Anwendungs-DLL generiert." << endl;
    return HTTP_SUCCESS;
}
```

Die Klasse *CWriteStreamHelper* kapselt den Ausgabepuffer, der irgendwann zum Browser geschickt wird. Als MFC-Entwickler sind Sie wahrscheinlich mit der Syntax vertraut, mit der Texte in C++ in einen Datenstrom übertragen werden. Der gezeigte Code schreibt einfach den Text »Dieser Text wurde von der Anwendungs-DLL generiert« in den Datenstrom, der an den Browser zurückgeschickt wird.

### Ablaufsteuerung

SRF-Dateien enthalten Ersetzungstags wie diejenigen, die gerade besprochen wurden. Sie lassen aber auch Schlüsselwörter zur Steuerung des Ablaufs zu.

Die Schlüsselwörter *if*, *else* und *endif* ermöglichen Einschübe, die an bestimmte Bedingungen geknüpft sind. In einer SRF-Datei kann das zum Beispiel so aussehen:

```
{{handler MyFirstApplication.dll/Default}}
<html>
<head>
</head>
<body>
{{if IsUserRegistered}}
{{HelloHandler}}<br>
</body>
</html>
```

Bei der Bearbeitung des Tags mit dem Text *if IsUserRegistered* wird die entsprechende Methode in der MyFirstApplication.dll aufgerufen (sie dürfte *OnIsUserRegistered* oder ähnlich heißen). Diese Methode gibt entweder *HTTP_SUCCESS* oder *HTTP_S_FALSE* zurück.

Die Ersetzungsmethode für *IsUserRegistered* könnte zum Beispiel so aussehen:

```
// Diese Funktion gehört zur Standardhandlerklasse
HTTP_CODE OnIsUserRegistered()
{
    if (LookupUserInDatabase())
        return HTTP_SUCCESS;
    else
        return HTTP_S_FALSE;
}
```

Diese Methode kommt anhand des Zustands der Datenbank zu einem Ergebnis. Mit den Schlüsselwörtern *while* und *endwhile* lassen sich Schleifen konstruieren. Das Schlüsselwort *while* benutzt den Rückgabewert der Ersetzungsmethode für die Entscheidung, ob ein weiterer Schleifendurchlauf stattfindet oder nicht. Ein Beispiel:

```
{{handler MyFirstApplication.dll/Default}}
<html>
<head>
</head>
<body>
{{while CustomersInDatabase}}
{{ShowNextCustomerHandler}}<br>
{{endwhile}}
</body>
</html>
```

## Includedateien

SRF-Dateien können auch andere Dateien einbinden (SRF- und HTML-Dateien). Man könnte dies als eine gewisse Art der Wiederverwendung betrachten. Das Schlüsselwort *include* bindet die genannte Datei ein. Der Dateipfad wird mit einem URL angegeben. Solche Includedateien eignen sich zum Beispiel hervorragend dafür, bestimmte einheitliche Elemente der Benutzerschnittstelle einzubinden, wie Kopf- und Fußzeilen. Die folgenden Zeilen zeigen, wie man die *include*-Anweisung in einer SRF-Datei einsetzen kann:

```
{{handler MyFirstApplication.dll/Default}}
{{include menu.srf}}
<html>
<head>
</head>
<body>
{{while CustomersInDatabase}}
{{ShowNextCustomerHandler}}<br>
{{endwhile}}
</body>
</html>
```

Beachten Sie bitte, dass die Arbeit mit ATL Server weitgehend deklarativ erfolgt. Es gibt nur HTML und Ersetzungstags. Es gibt keine Skriptblöcke, keine *CreateObject*-Aufrufe und ganz allgemein keinen ausführbaren Code in der Seite. Solche Dinge sind alle in dem Code zu finden, der hinter der Seite steht.

# Das Beispiel Ex30a: Eine ATL Server-Website

Lassen Sie uns an einem Beispiel untersuchen, wie ATL Server funktioniert. Ex30a ist ein einfaches Beispiel mit einigen Formularelementen auf der Seite. Erstellen Sie das Beispiel in folgenden Schritten:

1. Legen Sie ein neues ATL Server-Projekt an. Wählen Sie im *Datei*-Menü *Neu* und als Projektart *ATL-Serverprojekt*. Geben Sie als Projektnamen **Ex30a** ein. Wählen Sie auf der Seite *Serveroptionen* den Punkt *Im Speicher gesicherte Sitzungsstatusdienste* und übernehmen Sie die anderen vorgewählten Optionen ohne Änderung.

2. Sehen Sie sich den generierten Code an. Beachten Sie bitte, dass sich das ATL Server-Projekt aus zwei Unterprojekten zusammensetzt: Ex30a und Ex30aIsapi. Das erste Projekt ist die Anwendungs-DLL, das zweite die ISAPI-DLL, die von den IIS benutzt wird. Im Projekt Ex30a gibt es eine Datei namens Ex30a.srf. Das ist die SRF-Datei, die zur Erstellung der Webseite dient. Sie enthält in diesem Beispiel folgenden Code:

```
<html>
{{// Unter "ATL Server-Antwortdatei" in MSDN finden Sie Informationen über SRF-Dateien.}}
{{handler Ex30a.dll/Default}}
<head>
</head>
<body>
This is a test: {{Hello}}<br>
</body>
</html>
```

Der Handlercode liegt in der Ex30a.dll. Diese DLL enthält eine Klasse namens *CEx30a-Handler*, die in der Datei *Ex30a.h* deklariert wird. Der (etwas gekürzte) Standardquelltext für den Handler sieht so aus:

```
[ request_handler("Default") ]
class CEx30aHandler
{
// ... hier wurden einige Dinge gekürzt...
protected:
    // Beispiel, wie ein Ersetzungstag mit dem Stencilprozessor verwendet wird
    [ tag_name(name="Hello") ]
    HTTP_CODE OnHello(void)
    {
        m_HttpResponse << "Hello World!";
        return HTTP_SUCCESS;
    }
}; // class CEx30aHandler
```

In diesem Code erscheinen keine Vorlagen, weil der ATL-Serverprojekt-Assistent von Haus aus die attributierte Programmierung unterstützt. Zu den Optionen, die nach Bedarf zur Auswahl stehen, gehört auch die *Weitergabeunterstützung*. Wird diese Option gewählt, richtet Visual Studio .NET beim Kompilieren des Projekts ein virtuelles Verzeichnis namens Ex30a ein. Sie können es sehen, wenn Sie die IIS öffnen und den Knoten *Standardwebsite* erweitern. Die Liste mit den virtuellen Verzeichnissen steht auf der linken Seite. Wählen Sie Ex30a, damit auf der rechten Seite eine Liste mit den Anwendungsdateien angezeigt wird. Klicken Sie Ex30a.srf mit der rechten Maustaste an und wählen Sie im Kontextmenü *Durchsuchen*. Der Microsoft Internet Explorer öffnet sich und sollte einen kleinen Gruß anzeigen: »This is a test: Hello World!«

3. Fügen Sie einige Formularelemente in die SRF-Datei ein. Öffnen Sie Ex30a.srf in Visual Studio und zeigen Sie den Code im HTML-Modus an. (Am unteren Rand des Editorfensters gibt es Schaltflächen für die Umschaltung zwischen *Entwurf* und *HTML*.) Fügen Sie den fett gedruckten Code in die Datei ein:

```html
<html>
{{// Unter "ATL Server-Antwortdatei" in MSDN finden Sie Informationen über SRF-Dateien.}}
{{handler Ex30a.dll/Default}}
<head>
</head>
<body>
<p>{{handler Ex30a.dll/Default}}
</p>
<p>{{Hello}}
</p>
<p>{{PersonalGreeting}}
</p>
<form action="Ex30a.srf" method="post" id="Form1">
<div id="DIV1" ms_positioning="FlowLayout">
<table height="15" cellSpacing="0" cellPadding="0" width="70"
       border="0" ms_1d_layout="TRUE" id="Table1">
<tr>
<td>Name:</td>
</tr>
</table>
</div>
<input id="Name" type="text" name="Name">
<p><input id="Submit" type="submit" value="Button" name="Submit"></p>
</form>
</body>
</html>
```

Dieser Code setzt ein Texteingabefeld und eine Schaltfläche ins Formular ein. Wenn Sie auf die Entwurfsdarstellung zurückschalten, sollten Sie diese Steuerelemente sehen.

Erstellen Sie die Anwendung erneut (oder kopieren Sie die neue SRF-Datei ins neue virtuelle Verzeichnis) und steuern Sie wieder diese Seite an. Die Steuerelemente sollten auf der Seite zu sehen sein.

4. Fügen Sie einen Handler ein, der die Begrüßung etwas persönlicher gestaltet. Setzen Sie den folgenden Handler in die Taghandlerklasse ein:

```cpp
[ tag_name(name="PersonalGreeting") ]
HTTP_CODE OnPersonalGreeting(void)
{
    const CHttpRequestParams& FormFields =
        m_HttpRequest.GetFormVars();
    CString szName = FormFields.Lookup("Name");
    if (szName.Compare("") != 0) {
        m_HttpResponse << "Sie sind " << szName;
    } else {
        m_HttpResponse << "Ich kenne Sie nicht.";
    }
    return HTTP_SUCCESS;
}
```

Dieser Handler überprüft, ob im Namensfeld ein Eintrag erfolgt ist. Falls ja, wird der eingegebene Namen im angezeigten Gruß benutzt. Wenn nicht, sagt der Browser einfach: »Ich kenne Sie nicht.«

Sorgen sie durch den Eintrag eines *PersonalGreeting*-Tags in der SRF-Datei für den Aufruf von *OnPersonalGreeting*. Das können Sie im Entwurfsmodus tun. Erstellen Sie die Anwendung erneut und steuern Sie die Datei im Browser an. Geben Sie einen Namen ins Textfeld ein und klicken Sie die Schaltfläche *Button* an. Dann sollte ein entsprechender Gruß erscheinen, wie in Abbildung 30.8.

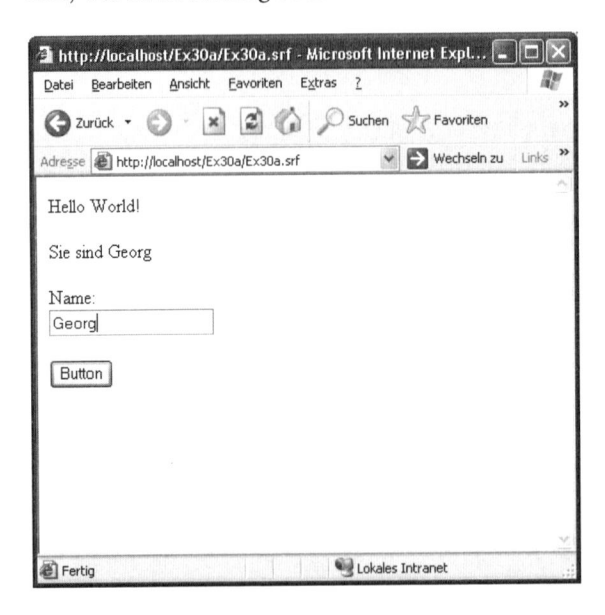

***Abbildung 30.8:*** *Die ATL Server-Anwendung bei der Arbeit*

# Teil VI
# .NET

# 31 Microsoft .NET

797 Komponententechnik
801 Die Common Language Runtime

Wahrscheinlich haben Sie schon einiges über Microsoft .NET gehört. Wenn Sie für Windows Software entwickeln, kommt man an diesem Thema einfach nicht vorbei. .NET kann man als eine Art umfangreiches Grundgerüst für die Softwareentwicklung betrachten, dessen wichtigste Aufgabe es ist, die Softwareentwicklung für den PC wesentlich zu vereinfachen, insbesondere die Verbindung über das Internet.

Kernstück von .NET ist die Common Language Runtime (CLR). Dieses Kapitel beschreibt, wie die CLR funktioniert und welche Probleme sie löst. Wir beginnen mit einer kurzen Neubewertung von COM und DLLs (im Prinzip also der Komponententechnologie von Microsoft Windows) und weisen auf einige Probleme hin, die es immer noch in COM gibt. In Kapitel 22 wurden zwar die technischen Grundlagen von COM besprochen, aber es fehlt noch ein kurzer Überblick über die Entwicklungsgeschichte. Wenn man die Entwicklungsgeschichte der Komponentensoftware kennt, lässt sich die Bedeutung der CLR besser verstehen. Wir werden uns damit beschäftigen, welche COM-Probleme die CLR löst. Bei dieser Gelegenheit kommen natürlich wichtige Aspekte von .NET zur Sprache, wie zum Beispiel die sprachübergreifende Integration, die Versionsverwaltung von Komponenten, die Installation und Verteilung von Komponenten und die Systembibliothek der Laufzeitschicht.

## Komponententechnik

Wie schon in Kapitel 10 deutlich wurde, in dem von DLLs die Rede war, ist die Entwicklung der Komponentenarchitektur einer der wichtigsten Evolutionsschritte in der Softwareentwicklung. Eine Aufteilung in entsprechende Komponenten macht die Softwareentwicklung überschaubarer. Durch die Aufteilung einer größeren Anwendung in Komponenten kann man die Probleme leichter isolieren und schneller entsprechende Lösungen finden. Sehen wir uns die Komponententechnik einmal aus der »historischen« Perspektive an.

### Zur Geschichte der Komponenten

In der herkömmlichen Softwareentwicklung für Windows ist die Bezeichnung »DLL« praktisch ein Synonym für »Komponenten« und »die gemeinsame Nutzung bestimmter Codeteile durch mehrere Anwendungen«. Vor der Einführung des dynamischen Linkens konnte man Codemodule nur durch statisches Linken wiederverwenden. Die ersten PC-Anwendungen wurden in Form einer großen ausführbaren Datei eingesetzt. Der Vertrieb einer Anwendung bedeutete im Normalfall, diese ausführbare Datei und vielleicht noch einige Treiber auf Disketten zu kopieren, zu verpacken und zu verschicken. Von anderen Entwicklern zugekaufter Code lag normalerweise als Quelltext vor oder als vorkompilierter Binärcode, der vom Linker in die Anwendung eingebaut wurde. Das statische Linken erlaubte zwar die Aufteilung der Anwendung in mehrere Segmente, hatte aber einen entscheidenden Nachteil bei der Fehlersuche: Um einen Fehler zu beseitigen, musste die Anwendung neu kompiliert und vollständig neu gelinkt werden. Auch wenn ein Fehler in einer Bibliothek beseitigt werden sollte, musste die gesamte Anwendung neu gelinkt, vertrieben und installiert werden. Das dynamische Linken bietet eine Lösung für dieses Problem.

Wie in Kapitel 20 beschrieben, ist zum dynamischen Linken nur eine einzige Kopie der fraglichen Bibliothek erforderlich, die als Datei an einer geeigneten Stelle auf dem Laufwerk liegt. Zur Laufzeit wird die Bibliothek nach Bedarf von den Clientanwendungen geladen. Sollte bereits eine Kopie der Bibliothek geladen sein, blendet Windows einfach die Codeseiten in den Adressraum des Clients ein. Auch wenn mehrere Clients dieselbe DLL benutzen, wird also trotzdem nur eine einzige Kopie geladen.

DLLs enthalten ladbaren ausführbaren Code und Windows-Ressourcen. Wie in Kapitel 20 beschrieben, werden die DLLs auf zwei unterschiedliche Arten geladen, nämlich implizit oder explizit. Zum impliziten Laden gehört, dass Sie Ihre Clientanwendung mit der Importbibliothek der DLL linken. Wenn der Linker eine Importbibliothek einbindet, baut er für jede von der DLL exportierte Funktion den erforderlichen Adressenkorrekturcode in die Anwendung ein. Wird der Client schließlich gestartet und lädt er die DLL, führt er zuerst die Adressenkorrekturen aus der Importbibliothek durch. Das explizite Laden einer DLL ist für den Entwickler wesentlich aufwendiger. Zum expliziten Laden der DLL müssen die Clients explizit *LoadLibrary*, *GetProcAddress* und *FreeLibrary* aufrufen.

Obwohl DLLs versprechen, echte Komponenten zu sein – separate Binärdateien, die zur Laufzeit gelinkt werden können –, sehen sie bei der Erfüllung dieses Versprechens nicht besonders gut aus.

## Was stimmt mit den DLLs nicht?

Eine der größten Schwierigkeiten, die herkömmliche DLLs mit sich bringen, besteht darin, den Clients jeweils die DLL-Versionen zugänglich zu machen, die sie brauchen. Bei Anwendungen, die als unteilbare Einheit entwickelt, vertrieben und installiert werden, ist das kein Problem. Windows höchstselbst ist ein schönes Beispiel, denn es umfasst eine ganze Reihe von DLLs, die nicht einzeln vertrieben werden: user32.dll, gdi32.dll, kernel32.dll und so weiter. Allerdings ergeben sich aus dem dynamischen Linken Probleme, wenn solche Module unabhängig voneinander entwickelt und installiert werden.

Die Bedeutung der DLLs als Komponenten liegt in der Möglichkeit, das Softwaresystem dynamisch an die Erfordernisse anzupassen, nämlich durch den Wechsel der Komponenten bei laufendem Programm. Solange die Funktionssignaturen in der DLL mit denen übereinstimmen, die der Client erwartet, ergeben sich daraus keine Probleme. Sobald sich aber die Signaturen ändern, zum Beispiel durch einen zusätzlichen Parameter oder durch den Wegfall einer Funktion, muss die Clientanwendung neu gelinkt werden. Im einfachsten Fall lässt sie sich sonst vielleicht nicht laden – oder sie stürzt ab. Es kann sich auch die Situation ergeben, dass eine ältere Version von einer sehr gebräuchlichen Bibliothek über eine neue kopiert wird. Dann werden manche Clients, die zuvor tadellos liefen, nicht mehr die Funktionen vorfinden, die sie in der DLL erwarten.

Das Grundproblem besteht darin, dass es beim normalen Ladevorgang von DLLs keine Typen gibt. Typen werden in den Headerdateien beschrieben, die sich Client und DLL teilen. Aber nirgendwo sonst. Werden Client und DLL mit verschiedenen Headern kompiliert, so wird die Anwendung später nicht richtig arbeiten. Einer der Vorteile, die COM bietet, ist also die formale Typüberprüfung beim Laden der DLLs.

## COM

Wir haben COM in Kapitel 22 ausführlicher besprochen. Durch die Anwendung der schnittstellenorientierten Programmierung führt COM eine zusätzliche Umlenkungsschicht zwischen dem Client und dem eigentlichen Komponentencode ein. COM-Schnittstellen sind Auflistungen von Funktionen und werden durch eine GUID eindeutig bezeichnet. Die Schnittstellen sind besser berechenbar oder vorhersagbar als gewöhnliche DLL-Eintrittspunkte, weil sie sich nicht in derselben Weise ändern, wie es normale DLL-Eintrittspunkte können. Tatsächlich schreibt COM sogar vor, dass sich Schnittstellen nach ihrer Veröffentlichung nicht mehr verändern dürfen. Eine normale Windows-DLL kann viele Eintrittspunkte haben. Aber eine COM-DLL hat nur vier standardisierte Eintrittspunkte, nämlich *DllGetClassObject*, *DllCanUnloadNow*, *DllRegisterServer* und *DllUnregisterServer*. Die Funktionalität der DLL wird durch eine oder mehrere COM-Schnittstellen angeboten. COM macht das Laden einer DLL zu einem typisierten Vorgang. Der Code wird anhand eines Typs geladen. Und dieser Typ ist eine Schnittstelle.

Eine ausführlichere Beschreibung von COM finden Sie in Kapitel 22. An dieser Stelle reicht aber eine kurze Wiederholung folgender Punkte aus:

- COM-Schnittstellen sind Auflistungen von Funktionssignaturen, die in Visual C++ normalerweise als *struct* beschrieben werden. Alle COM-Schnittstellen beginnen mit denselben drei Funktionen: *QueryInterface*, *AddRef* und *Release*. Aus diesen drei Funktionen besteht die Schnittstelle *IUnknown*. Schnittstellen haben eindeutige Namen, die GUIDs genannt werden. Nachdem eine Schnittstelle veröffentlicht wurde und möglicherweise schon in größerem Stil eingesetzt wird, darf sie nicht mehr geändert werden.

- COM-Implementierungen geben diesen Schnittstellen Leben und die gewünschte Wirkung.

- COM-Klassenobjekte (oder Klassenfactorys) machen die COM-Implementierungen im System verfügbar. COM-Klassenobjekte erhalten GUID-Namen und erscheinen in der Registrierung.

- COM-DLLs enthalten häufig Typinformationen als Ressource. Dadurch erhalten Clients die Möglichkeit, sich darüber zu informieren, was die DLL zu bieten hat.

- COM-Clients können mit Hilfe der entsprechenden API-Funktionen COM-Objekte anlegen (*CoCreateInstance*, *CoGetClassObject/IClassFactory::CreateObject* oder *CoCreateInstanceEx*). Visual Basic-Clients wenden einfach das Schlüsselwort *New* an. Hinter der Bühne verwendet Visual Basic natürlich ebenfalls die entsprechenden Funktionen der Win32-Programmierschnittstelle.

- COM-Clients sind für die Verwaltung der Schnittstellenzeiger verantwortlich, die sie anfordern. Das bedeutet, dass sie *AddRef* aufrufen müssen, wenn sie einen Schnittstellenzeiger duplizieren. Und sie müssen *Release* aufrufen, um die Schnittstelle nach Gebrauch wieder abzugeben. Um diese »Buchhalterregeln« brauchen sich Visual Basic-Entwickler nicht zu kümmern, weil ihnen die Laufzeitschicht diese Dinge abnimmt.

## Die Vorteile von COM

COM ist für die Zusammenstellung von Softwaresystemen aus Komponenten geeignet wesentlich besser als einfache DLLs. Tatsächlich haben viele Firmen ihre Kernsysteme mit COM entwickelt. So wurde zum Beispiel das Backend von Nasdaq.com mit COM geschrieben. COM arbeitet aus einer Reihe von Gründen in so vielen Fällen ausgezeichnet.

Einer der Schlüssel für den Erfolg von COM liegt in der Betonung der Schnittstellen. Die Entkopplung der Clients von den Implementierungen fördert eine Architektur auf Komponentenbasis. Wenn Ihr Programm durch spezielle Schnittstellen auf die Objekte zugreift, statt über deren Methoden, können Sie die Implementierungen später bei Bedarf ändern, ohne die Clients unbrauchbar zu machen.

COM lädt Dienste anhand von Typen, die Namen haben. Der Name ist die GUID und der Typ ist das Ergebnis der Schnittstellendefinition. Wie Sie in Kapitel 22 gesehen haben, rufen COM-Anwendungen *CoCreateInstance* auf und übergeben dabei die Schnittstellen-ID und die Klassen-ID – mit dem Ergebnis, dass ein Objekt der betreffenden Klassen angelegt wird und anschließend ein Zeiger auf eine Schnittstelle dieses Objekts zur Verfügung steht.

Außerdem können Sie die Verbindung zur Laufzeit ausweiten und mit *QueryInterface* noch weitere Typen anfordern. COM ersetzt die herkömmlichen *LoadLibrary/GetProcAddress*-Aufrufe durch eine Funktion (*CoCreateInstance*) und durch genau definierte, erweiterbare Schnittstellen zum Code in der DLL. Anders gesagt, COM führt das Konzept des Typs in den DLL-Ladevorgang ein.

Neben der schnittstellenorientierten Programmierung führt COM auch das Konzept der Reflektion ein – die Fähigkeit der DLL, sich selbst zu beschreiben. Denken Sie nur daran, wie die Funktionalität einer herkömmlichen DLL angeboten wird. Die einzige Möglichkeit, etwas über den Inhalt einer herkömmlichen DLL zu erfahren, besteht darin, eine entsprechende Dokumentation oder die Headerdatei zu lesen. COM-DLLs enthalten binäre Typinformationen. Diese Typinformationen veröffentlichen die Typen (Datentypen und Schnittstellentypen) und die Implementierungen (Klassen-IDs), die in der DLL verfügbar sind. Visual Basic und Visual C++ benutzen diese Typinformationen zur Implementierung von IntelliSense und die COM-Laufzeitschicht benutzt die Typinformationen zur Einrichtung des Proxy/Stub-Paares.

## Die Nachteile von COM

Obwohl COM viele Vorteile hat, bringt es auch seine eigenen Probleme mit sich. Einige der Mängel sind nur Kleinigkeiten. So werden die Namen der COM-DLLs und die dazugehörigen Konfigurationsdaten zum Beispiel alle in die Registrierung eingetragen, was irgendwann zu einer sehr überfrachteten Registrierung führt. Bei den heutigen Speicher- und Festplattengrößen ist das nicht zwangsläufig ein Problem. Allerdings gibt es keine Möglichkeit, private Komponenten vor der »Öffentlichkeit« zu verbergen, da COM selbst die Registrierung benutzt, und die Registrierung ist für alle Anwendungen sichtbar. Wenn eine neue Version einer Komponente auf dem System installiert wird, wird auch diese neue Version für alle sichtbar, sogar für Clients, die vielleicht gar kein Interesse an einer Änderung haben. Das zweite Problem mit der Registrierung liegt darin, dass sie die Installation und die spätere Entfernung einer Anwendung komplizierter macht.

Ein weiteres kleines Problem mit COM besteht darin, dass die Clients und DLLs strenge Regeln befolgen müssen, damit COM funktioniert. Manche dieser Regeln (wie der Aufruf von *AddRef* und *Release*) dienen dazu, Ressourcenlecks zu vermeiden. Wenn sich der Entwickler des Clients nicht an diese Regeln hält, kann es geschehen, dass dem Client irgendwann die Ressourcen ausgehen. Noch wichtiger ist die Regel, dass sich eine Schnittstelle nach ihrer Veröffentlichung nicht mehr ändern darf. Die Änderung einer Schnittstelle nach ihrer Veröffentlichung macht die Zuverlässigkeit und Vorhersagbarkeit zunichte, die man mit einer typisierten Schnittstelle erreichen will. Seit es COM gibt, haben die meisten Entwickler sich Mühe gegeben, diese Regeln einzuhalten. Allerdings ist es schnell einmal geschehen, dass man die Freigabe eines Schnittstellenzeigers vergisst. Dadurch werden die Regeln für den Umgang mit Schnittstellen verletzt, was auch schon zu fehlerhaften Anwendungen geführt hat. Diese Probleme sind an sich schon schwerwiegend. Noch wichtiger in ihrer Wirkung dürfte aber die Angst vor solchen Problemen sein.

COM hat zudem das große Problem, dass nicht jeder Client alle zugelassenen Datentypen versteht. Als MFC/C++-Entwickler sind Sie den Umgang mit Zeigern gewohnt und wahrscheinlich auch mit komplexeren Objektgraphen, wie zum Beispiel verketteten Listen. Die COM Interface Definition Language (IDL) unterstützt solche komplexen Programmkonstrukte. Wenn allerdings auch Visual Basic-Programmierer zu Ihren Kunden gehören, können Sie solche Konstruke nicht verwenden. In Kapitel 23 haben wir uns mit *IDispatch* und skriptfähigen Komponenten beschäftigt, die eine Programmierung für das Web ermöglichen. Die Verwendung von *IDispatch* beschränkt die Auswahl der zur Verfügung stehenden Datentypen auf diejenigen, die in ein *VARIANT* hineinpassen. Wenn Sie Ihre Komponente also für den Einsatz in Skriptcode konzipieren, schrumpft die Auswahl der zur Verfügung stehenden Datentypen drastisch zusammen. Außerdem gibt die Beschreibung in der Typbibliothek in manchen Fällen den Inhalt der betreffenden DLL nicht vollständig wieder.

Letztlich werden COM-Anwendungen immer noch mit DLLs erstellt, die zudem häufig in verschiedenen Entwicklungsumgebungen entstanden sind. Und es wird zwischen dem Client und dem Objekt immer eine mehr oder weniger ausgeprägte Grenze geben. Die passenden Funktionssignaturen sollen bei der Überschreitung dieser Grenze helfen. COM führt beim Laden das Konzept des Datentyps ein, was den Ladevorgang einheitlicher und zuverlässiger macht. Allerdings verwendet COM ein eigenes Typsystem und führt einige komplexe Regeln ein. Daher lässt sich das Ende von COM als wichtigster Komponententechnik für Windows schon absehen. Die Aufgabe der Common Language Runtime ist es unter anderem, diese Probleme zu lösen.

## Die Common Language Runtime

COM hat im Lauf der Jahre die Entwicklung von hervorragender Software und von sehr nützlichen Systemen ermöglicht. Allerdings sind in dieser Zeit immer wieder einmal die Probleme aufgetaucht, von denen gerade die Rede war (und die Probleme, die DCOM mit sich bringt, haben wir noch gar nicht besprochen). Die anfängliche treibende Kraft hinter COM war die Frage: »Wie können wir Softwaremodule kombinieren, die bereits kompiliert sind, also in Binärform vorliegen, und die in verschiedenen Sprachen und mit verschiedenen Werkzeugen entwickelt wurden?« Die Antwort lautete: »Sorge für zuverlässige, vorhersagbare Verbindungen zwischen den verschiedenen Komponenten.« COM hat sich auf eine wohlbekannte Grenze konzentriert, nämlich auf die Grenze zwischen Client und Objekt. COM sorgt dafür, dass die Übergänge wohldefiniert und eindeutig benannt sind, damit es zwischen Client und Objekt keine Missverständnisse gibt.

Irgendwann wurde deutlich, dass es die Grenze zwischen Client und Objekt eigentlich gar nicht geben muss. Was wäre, wenn es eine Laufzeitumgebung gäbe, in der die Grenze zwischen Client und Objekt verschwände? Genau darum geht es in der Common Language Runtime – die Aufhebung der Grenzen zwischen den Komponenten. Mit der Common Language Runtime steht die gesamte Komponentenentwicklung in einem ganz anderen Licht da.

## Keine Grenzen

Eines der größten Probleme, die COM mit sich bringt, hat seine Ursache darin, dass die verschiedenen Entwicklungsumgebungen mit verschiedenen Datentypen arbeiten. Dieser Unterschied in den Datentypen verstärkt die Grenze zwischen Client und DLL.

Wie erwähnt, steht hinter der Common Language Runtime die Grundidee, diese Grenzen zwischen den Komponenten verschwinden zu lassen. Das erreicht die Common Language Runtime auf zwei Wegen, nämlich durch eine gemeinsame Laufzeitumgebung für die Komponenten und durch die Einführung eines gemeinsamen Typsystems (CTS, Common Type System). Alle Komponenten, die für die CLR vorgesehen sind, müssen sich an das CTS halten. (Auf das CTS gehen wir später noch genauer ein.)

Abbildung 31.1 stellt schematisch dar, wie COM-Komponenten die DLL-Grenzen überwinden. Abbildung 31.2 zeigt, dass die CLR-Objekte alle in derselben Umgebung leben und keine Grenzen zu überwinden brauchen.

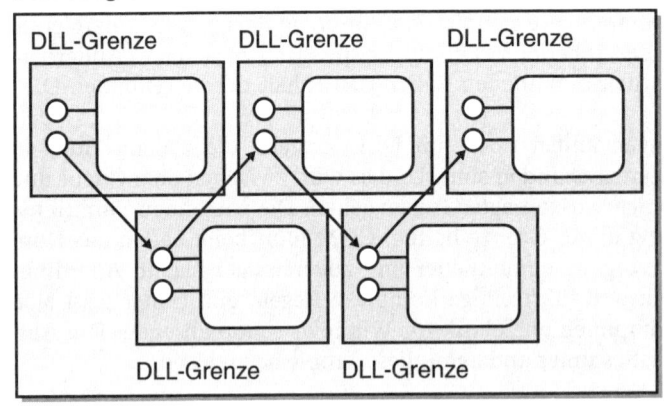

*Abbildung 31.1:* COM-Grenzübergänge

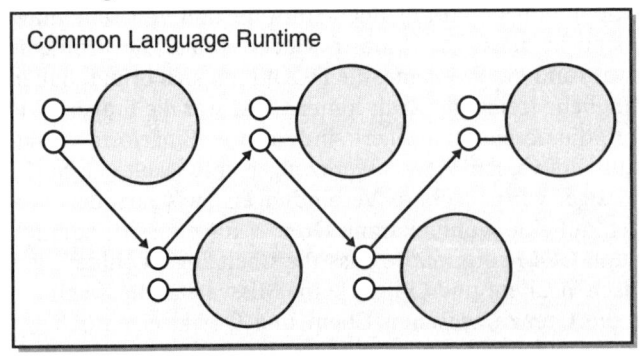

*Abbildung 31.2:* Common Language Runtime-Komponenten brauchen sich nicht um Grenzübergänge zu kümmern

Für COM-Komponenten liegen zwar in gewissem Umfang Typinformationen vor, aber wegen der Unterschiede zwischen den Entwicklungsumgebungen sind diese Angaben nicht immer vollständig. Dieses Problem wird durch die Common Language Runtime und die .NET-Entwicklungswerkzeuge gelöst. Mit der CLR und ihrem allgegenwärtigen Typsystem können die Komponenten präziser über sich Auskunft geben. Sie können bei der Entwicklung und zur Laufzeit alles über den Code herausfinden, was Sie wissen wollen.

Wie Sie später noch sehen werden, kümmert sich die CLR um die Garbage Collection, die Speicherverwaltung und um die Sicherheit. Um diese Dienste effizient ausführen zu können, muss die CLR *alles* über den Code wissen, den sie beherbergt. Tatsächlich werden die Typen, die in der neuen Umgebung leben, deswegen »verwaltete Typen« genannt, weil sich die Laufzeitschicht um alle Aspekte ihrer Entstehung und ihrer Arbeitsbedingungen kümmert.

Die Grundfunktionalität der CLR liegt in der Datei Mscoree.dll. Eine weitere DLL namens Mscorlib.dll enthält die Laufzeitbibliothek. Die Mscoree.dll ist eine unverwaltete DLL, die für Ladevorgänge und Laufzeitdienste zuständig ist. Bei der Mscorlib.dll handelt es sich um eine verwaltete DLL mit den Kerntypen, die im gesamten System eingesetzt werden. Ihre eigenen verwalteten Anwendungen werden beide DLLs benutzen, Mscoree.dll und Mscorlib.dll.

## Es dreht sich alles um Typen

In den Anfängen der C-Entwicklung war die Unterscheidung zwischen den verschiedenen Datentypen nur schwach ausgeprägt. Alles war im Grunde eine Variante einer ganzen Zahl, die man mehr oder weniger in alle gewünschten Typen umwandeln konnte. C++ hob die Messlatte gewaltig an. Allerdings konnte man das Typsystem von C++ durch eine entsprechende Typkonvertierung immer noch umgehen.

In .NET stehen Typen im Mittelpunkt. Alles hat einen genau definierten Typ – von der simpelsten ganzen Zahl bis hin zu den Objekten der kompliziertesten Klassen. Alle Typen in der CLR werden von einem Grundtyp namens *System.Object* abgeleitet. Darin unterscheidet sich .NET ein wenig von klassischen Programmierumgebungen wie zum Beispiel C++, in denen die Grundtypen (wie *int*, *long* und *char*) in erster Linie den Speicherbedarf abgrenzen. CLR-Typen sind zur Reflektion fähig und verfügen über die Fähigkeiten des Typs *System.Object*. *System.Object* lässt sich in gewisser Weise mit den *VARIANT*s vergleichen, die in den Skriptschnittstellen von COM verwendet werden, weil ein *VARIANT* nicht nur die reinen Nutzdaten enthält, sondern auch die Angabe des entsprechenden Datentyps. Sie können ein *VARIANT* immer direkt befragen, wenn Sie herausfinden möchten, welche Art von Daten er repräsentiert. *System.Object* ähnelt auch der MFC-Klasse *CObject*, weil *System.Object* einige Grundfunktionen definiert, die sowohl für die Laufzeitschicht als auch für die Entwickler von Nutzen sind. Zu den wichtigeren Funktionen von *System.Object* gehören *Equals*, *GetType*, *ToString*, *Finalize* und *MemberwiseClone*.

*Equals* überprüft, ob zwei Instanzen eines Typs gleich sind. *GetType* ermittelt zur Laufzeit den Typ einer Instanz und lässt sich mit der MFC-Memberfunktion *CObject::IsKindOf* vergleichen. *ToString* liefert eine Zeichenfolge, die den Objekttyp benennt. *Finalize* weist das Objekt an, seine Ressourcen ans System zurückzugeben und alle erforderlichen Aufräumarbeiten durchzuführen, bevor es dem Garbage Collector überlassen wird. *MemberwiseClone* ähnelt dem Kopierkonstruktor von C++ und führt eine tiefe Kopie der angegebenen Instanz des CLR-Typs durch.

In C++ können Sie eigene Typen mit *typedef* definieren oder durch die Definition von Strukturen oder Klassen. Wenn Sie in C++ einen Typ definieren, schreiben Sie dem Compiler auch den Aufbau des Typs vor.

Auch in der CLR können Sie eigene Typen definieren. Da auch solche benutzerdefinierten Typen von *System.Object* abgeleitet sind, umfassen auch sie automatisch Typinformationen und die anderen Dienste, die von *System.Object* bereitgestellt werden.

*Microsoft .NET*

Unter dem Strich bleibt festzuhalten, dass es eines der wichtigsten Ziele bei der Entwicklung der CLR war, eine sprachenübergreifende Programmierung zu ermöglichen und zu erleichtern. Um dieses Ziel zu erreichen, treibt die CLR das Konzept des Typs wesentlich weiter, als es in C++ oder COM üblich ist. So sind Typen in C++ zum Beispiel auf die Sprache beschränkt. In Visual Basic bleiben die Typen auf die Visual Basic-Laufzeitschicht beschränkt. In der CLR müssen sich Typen an die Regeln halten, die das Common Type System vorgibt.

## Typen der Common Language Runtime

Als C++-Entwickler sind Sie es gewöhnt, C++-Typen durch die entsprechenden Schüsselwörter anzugeben, wie *long*, *float* und *class*. Wenn Sie aber irgendwo einem Visual Basic 6.0-Entwickler beggnen und anfangen, von C++-Typen zu erzählen, werden Sie feststellen, dass Ihr Gegenüber die Dinge, von denen Sie reden, völlig anders sieht. Unterschiedliche Entwicklungsumgebungen definieren auch ihre Datentypen sehr unterschiedlich. Die .NET-Lösung besteht darin, Typen im Kontext einer gemeinsamen Laufzeitumgebung zu definieren.

Mitte der 90er Jahre hatte praktisch jede Softwareentwicklungsumgebung ihre eigene Laufzeitunterstützung. So hatte auch Visual Basic 6.0 zum Beispiel ein eigenes Laufzeitmodul namens Vbrun.dll. Die Datentypen von Visual Basic 6.0 werden von Vbrun.dll verwaltet. Auch die MFC verfügt über ihre eigenen Laufzeit-DLL MFC*xxx*.dll (wobei das *xxx* für die jeweilige Version steht). Dasselbe gilt für die ATL, die ebenfalls ihre eigene Unterstützungs-DLL hat. Statt sich nun von einer bestimmten Sprache oder von der Laufzeitunterstützung durch eine spezielle DLL abhängig zu machen, stützt sich der .NET-Code auf ein einheitliches Typsystem, eine gemeinsame Laufzeitschicht und eine gemeinsame Klassenbibliothek. Die Integration der Komponenten wird dadurch wesentlich einfacher, weil alle Komponenten einer Anwendung nun mit denselben Datentypen arbeiten. Die alten Probleme, die durch die Kombination unterschiedlicher Komponenten entstanden, sind praktisch verschwunden.

Die Grundlage für diese erstaunliche Entwicklung ist, dass die Datentypen für alle Komponenten, die unter der Aufsicht der CLR laufen, dieselben sind. Damit die gewünschte Typkompatibilität zwischen den Komponenten erreicht wird, müssen sich alle Typen, die für die CLR entwickelt werden, zur Laufzeit an das CTS halten. Das CTS definiert die Regeln, die von den verschiedenen Sprachimplementierungen eingehalten werden müssen.

Das CTS definiert eine ganze Reihe von Typen, nämlich Werttypen, Verweistypen, Enumerationen, Arrays, Delegaten, Schnittstellen und Klassen. Außerdem definiert es einen Zeigertyp für die Zusammenarbeit mit unverwaltetem Code (also mit Code, der nicht unter der Aufsicht der CLR läuft). Sehen wir uns die einzelnen Gruppen kurz etwas genauer an.

### Werttypen

Werttypen repräsentieren einfache Werte, Daten, die direkt eine bestimmte Menge an Speicher belegen, im Gegensatz zu Verweistypen, die auf die eigentlichen Daten »verweisen«. Wenn Werttypen im Zug eines Funktionsaufrufs als Argumente übergeben werden, dann werden sie tatsächlich vom Kontext des Aufrufers in den Kontext des Aufgerufenen kopiert. Die .NET-CLR kennt zwei Arten von Werttypen, nämlich die vom System vorgegebenen Werttypen und die benutzerdefinierten Werttypen. Zu den vorgegebenen Werttypen gehören Typen wie *System.Int32* und *System.Boolean*. Benutzerdefinierte Typen werden nach Bedarf aus Grundtypen und anderen benutzerdefinierten Typen zusammengesetzt. Stellen Sie sich als Beispiel für einen benutzerdefinierten Typ einen Typ vor, der die Koordinaten der Eckpunkte einer Figur oder eines Umrisses aufnehmen kann. Da Werttypen einfach nur die Verwendung des belegten Speicherbereichs definieren, kommen sie ohne den Verwaltungsaufwand aus, der für eine Klasse getrieben werden muss. Werttypen sind auch in der CLR sehr effizient.

**Verweistypen**

Während eine Variable mit einem Werttyp direkt einen Wert dieses Typs enthält, hat eine Variable eines Verweistyps eine gewisse Ähnlichkeit mit einem C++-Zeiger und enthält einen Verweis auf diesen Wert. Verweistypen werden von der Laufzeitschicht verwaltet. Die im Verweistyp enthaltenen Daten liegen irgendwo auf dem Heap, wo der Garbage Collector auf seine Chance wartet.

**Boxing und Unboxing**

Wegen des unterschiedlichen Aufbaus von Werttypen und Verweistypen müssen Werttypen manchmal in Verweistypen umgewandelt werden. Dieser Vorgang wird *Boxing* genannt. Nehmen wir also an, Sie möchten eine Funktion aufrufen, die einen Verweistyp erwartet. Ihnen steht aber nur ein Werttyp zur Verfügung. Wenn Sie diesen Werttyp an einer Stelle übergeben, an der ein Verweistyp verlang wird, kommt es zu einer Fehlermeldung. Sie können das Objekt aber in einen Verweistyp verpacken. Genau das ist mit dem *Boxing* gemeint. Bei diesem *Boxing* wird das Objekt kopiert und ein Verweis auf das Objekt erstellt. Wird das so verpackte Objekt wieder in die Wertinstanz zurück kopiert, nennt man diesen Vorgang *Unboxing* (anders gesagt, man packt den Werttyp einfach wieder aus seiner Verweistypverpackung aus). Im verwalteten C++ gibt es für diese Vorgänge entsprechende Schlüsselwörter, die Ihnen in Kapitel 32 begegnen werden.

**Enumerationen**

Als erfahrener C++-Entwickler kennen Sie natürlich das C++-Schlüsselwort *enum*, mit dem eine bestimmte Wertefolge im C++-Typsystem als Typ definiert wird. Enumerationen werden vom CTS als Sonderform des Wertetyps betrachtet und von *System.Enum* abgeleitet. Enumerationen eigenen sich zur Beschreibung von bestimmten Wertemengen, wie zum Beispiel die Tage einer Woche (Monday, Tuesday, Wednesday und so weiter) oder die Monate eines Jahrs (January, February, March und so weiter). Bei der klassischen C-Programmierung würden Sie den Monaten wahrscheinlich die Werte 1 bis 12 zuweisen, zum Beispiel so:

```
enum Months {
    January = 1,
    February,
    March,
    April,
    May,
    June,
    July,
    August,
    September,
    October,
    November,
    December
};
```

Sie können nun Variablen vom Typ *Month* anlegen, aber der Datentyp, der diesen Variablen zugrunde liegt, bleibt eine ganze Zahl. Sie können also ebenso leicht die Zahl 2 übergeben, wo der Monat *February* erwartet wird. Die sinnvolle Anwendung von Enumerationen statt einfacher Zahlen erhöht die Lesbarkeit und damit auch die Zuverlässigkeit des Codes. In C++ gibt es zum Beispiel das Problem, dass man die Zahlen nur durch zusätzlichen Code mit den Namen der

Monate verknüpfen kann. Die streng typisierten Aufzählungen von .NET lösen dieses Problem. Wenn Sie eine Instanz einer .NET-Enumeration definieren, können Sie ihr einen Wert aus der Enumeration zuweisen. In Kapitel 32 wird Ihnen noch ein Beispiel für eine Enumeration begegnen. Zu den Methoden, die für .NET-Enumerationen verfügbar sind, gehören alle Methoden von *System.Object* und die Methoden, die von *System.Enum* definiert werden. Zu den *System.Enum*-Funktionen gehören *Format*, *GetName*, *GetNames*, *GetUnderlyingType*, *GetValues*, *IsDefined*, *Parse* und *ToObject*.

## Arrays

Arrays sind homogen und können jeweils nur Elemente eines bestimmten Typs aufnehmen. In der unverwalteten Welt, die wir bisher gewohnt waren, sind Arrays einfach Speicherblöcke. Sprachen wie C und C++ bieten eine Syntax für den indizierten Zugriff auf Arrays. Klassenbibliotheken wie die MFC und die Standard Template Library (STL) enthalten nützliche Klassen für die Verwaltung von Arrays, die dem Benutzer die Arbeit mit Zeigern ersparen. So gibt es in der MFC zum Beispiel eine Klasse *CObArray*, die Methoden für die Aufnahme von Objekten ins Array und für ihre Beseitigung daraus hat. Auch Visual Basic 6.0-Entwickler kennen Arrays. Allerdings wird aus einem Visual Basic-Array immer ein *SafeArray*, wenn es mit Typinformationen beschrieben wird. Als C++-Entwickler kann man sich den Visual Basic 6.0-Leuten nähern, indem man Arrays mit der COM-Struktur *SAFEARRAY* definiert (dahinter verbirgt sich ein selbstbeschreibendes mehrdimensionales Array vom Typ *VARIANT*).

Das CTS definiert einen Arraytyp, der überall gleich funktioniert, in welcher Umgebung man auch arbeitet. .NET-Arrays werden von *System.Array* abgeleitet und ähneln den STL-Arrays und den *CObArrays* der MFC. Sie wachsen nach Bedarf und bieten Funktionen zur Aufnahme und Entfernung von Elementen, zum Zählen der Elemente und zur Beschaffung der Elemente von bestimmten Positionen des Arrays. In Kapitel 32 wird Ihnen noch ein Beispiel für ein verwaltetes Array begegnen.

## Delegaten

Jeder C++-Entwickler, der bereits einige Zeit mit Windows arbeitet, hat sich auch schon mit Funktionszeigern beschäftigt. Wenn Sie in C++ Funktionszeigertypen definieren, beschreiben Sie im Grunde einen Aufrufmechanismus, den der Compiler versteht. Auf diese Weise können sich verschiedene Codeabschnitte gegenseitig aufrufen.

Delegaten werden von *System.Delegate* abgeleitet. Im Kontext des CTS haben Delegaten ähnliche Aufgaben wie Funktionszeiger. Delegaten verweisen auf .NET-Methoden, sodass Sie diese Methoden indirekt aufrufen können. Es handelt sich um verwaltete Typen, sie sind also typsicher. Delegaten unterscheiden sich aber von C++-Funktionszeigern. Viele Funktionszeiger erfordern in C++ eine spezielle Behandlung. Zum Beispiel haben normale C++-Memberfunktionen einen verborgenen ersten Parameter, den *this*-Parameter. Es handelt sich um einen Zeiger auf die Instanz der Klasse, für die der Funktionsaufruf erfolgt ist. Statische und globale Funktionen haben diesen verborgenen Zeiger aber nicht. .NET-Delegaten können auf alle möglichen Arten von Methoden verweisen: statische, virtuelle und Instanzmethoden. Delegaten werden hauptsächlich im Zusammenhang mit der Bearbeitung von Ereignissen eingesetzt und für Rückrufe in .NET-Anwendungen. Jede Instanz eines Delegaten kann einen Aufruf an eine oder mehrere Methoden mit passender Signatur weiterleiten. Anders gesagt, Delegaten lassen sich auch für »Rundrufe« einsetzen. In Kapitel 32 werden Sie auf ein Beispiel für einen verwalteten C++-Delegaten stoßen.

## Interfaces

Bis Mitte der 90er Jahre hat sich kaum jemand für die schnittstellenorientierte Programmierung interessiert. Wie schon bei der Besprechung von COM deutlich geworden ist, sind Schnittstellen einer der wichtigsten Beiträge, die COM geleistet hat. Durch die schnittstellenorientierte Programmierung können Sie zwischen verschiedenen Implementierungen für die gewünschte Typkompatibilität sorgen. Zum Beispiel können Sie eine Schnittstelle *shape* definieren, die verschiedene Methoden zur Beschreibung von geometrischen Figuren hat. Anschließend können Sie mit der Schnittstelle *shape* einige verschiedene Figuren implementieren – zum Beispiel ein Quadrat, einen Kreis und eine Linie. Jede dieser Figuren hat ihre eigenen Verhaltensweisen und Eigenschaften. Durch die Abstraktion des allgemeinen Verhaltens einer geometrischen Figur zu einer Schnittstelle kann ein Client, der sich ausschließlich an diese Schnittstelle hält, mit allen Figuren umgehen. Die Schnittstelle *shape* sorgt also für die Typkompatibilität. Schnittstellen werden von .NET umfassend unterstützt. .NET-Schnittstellen haben in erster Linie die Aufgabe, für die Typkompatibilität der Objekte zu sorgen.

In Kapitel 32 werden Sie auf ein Beispiel für eine verwaltete Schnittstelle stoßen.

## Klassen

.NET-Klassen haben große Ähnlichkeit mit den Klassen, die Sie von C++ her kennen. Sie haben Datenelemente und Methoden. Die Datenelemente einer Klasse werden in .NET *Felder* genannt. .NET-Klassen können virtuelle und nichtvirtuelle Methoden haben. Virtuelle Methoden erfüllen die Aufgabe, die man von ihnen erwartet – sie stellen sicher, dass in einer Klassenhierarchie die richtige Version einer Funktion aufgerufen wird. .NET-Klassen können auch Schnittstellen implementieren, wie C++-Klassen. Sämtlicher Code, der auf der CLR läuft, muss in irgendeiner Form zu einer Klasse gehören.

Was Klassen betrifft, bietet .NET eine größere Flexibilität als C++. .NET-Klassen lassen sich an der gewünschten Stelle versiegeln, sodass sich keine weiteren Klassen von ihnen ableiten lassen. Außerdem kann man ganze Klassen als abstrakt kennzeichnen. Das bedeutet, dass zuerst eine neue Klasse von dieser abstrakten Klasse abgeleitet werden muss, bevor sie zur Erstellung eines Objekts benutzt werden kann. In .NET gelten für die Bestandteile einer Klasse und für die Klasse selbst bestimmte Sichtbarkeitsregeln. Die Datenelemente und Methoden einer Klasse können *public*, *private* oder *protected* sein. Diese Sichtbarkeitsmodifizierer haben in .NET dieselbe Bedeutung wie in C++. Außerdem kann man die Sichtbarkeit der Datenelemente und Methoden auf die Assembly begrenzen, in der die Klasse definiert wird, oder dafür sorgen, dass sie auch außerhalb dieser Assembly sichtbar sind.

In den nächsten drei Kapiteln werden Sie auf einige Beispiele für .NET-Klassen stoßen.

## Zeiger

Der letzte Typ schließlich, der in .NET verfügbar ist, ist der Zeigertyp. Die .NET-Laufzeitschicht verbirgt einen großen Teil der Einzelheiten, die sich im Zusammenhang mit Zeigern ergeben. Sie brauchen sich eigentlich nie direkt mit einer Speicheradresse zu beschäftigen, wenn Sie in .NET arbeiten. Allerdings stehen Ihnen auch im verwalteten C++ Zeiger zur Verfügung, falls Sie welche brauchen. Wenn Sie in der üblichen Weise mit verwaltetem Code arbeiten (mit C#, Visual Basic .NET oder verwaltetem C++), arbeitet die CLR mit verwalteten Zeigern. Wenn zum Beispiel Verweistypen als Argumente an Funktionen übergeben oder von Methoden zurückgegeben werden, benutzt die CLR verwaltete Zeiger. Nur verwaltete Zeiger sind zur Common Language Specification (CLS) konform.

Die .NET-Laufzeitschicht bietet aus Gründen der Abwärtskompatibilität zum unverwalteten C++ unverwaltete Zeiger an. Als C++-Entwickler sind Sie den Umgang mit unverwalteten Zeigern gewöhnt – es sind im Prinzip einfach nur Speicheradressen.

Meistens werden Zeiger für den Zugriff auf Daten benutzt. Wenn Sie verwaltete Verweise und verwaltete Zeiger benutzen, sehen Sie den Speicher nicht, mit dem Sie arbeiten. Wenn Sie tatsächlich den unverstellten, direkten Zugang zum Speicher brauchen, sind Sie mit unverwalteten Zeigern auf dem richtigen Weg.

## Die Common Language Specification

Einer der großen Vorteile von .NET ist die Vielfalt an Sprachen, mit denen sich die gewünschte Funktionalität in .NET-Anwendungen formulieren lässt. Zu den offiziellen .NET-Sprachen aus dem Hause Microsoft gehören verwaltetes C++, C# und Visual Basic .NET. Und es gibt noch weitere Firmen, die .NET-konforme Sprachen anbieten. Es gibt zum Beispiel eine PERL-Version für .NET, und Fujitsu hat sogar einen COBOL-Compiler für .NET!

Wie Sie sehen, definiert das .NET Framework ein umfassendes Typsystem, das im gesamten Code gilt, der unter der CLR läuft. Es gehört, wie bereits erwähnt, zu den erklärten Zielen der .NET-Entwicklung, eine möglichst reibungslose Zusammenarbeit der Komponenten zu ermöglichen, und zwar unabhängig von der benutzten Sprache. Das CTS garantiert die Verfügbarkeit von einheitlichen Typen in den Komponenten. Die CLS wiederum sorgt dafür, dass sich die Sprachen ans CTS halten.

Die CLS definiert eine Reihe von Regeln für das Verhalten von Elementen, die nach außen sichtbar werden. Diese Regeln sind erforderlich, damit die Zusammenarbeit der Softwarekomponenten in der CLR funktioniert. Vergessen Sie bitte nicht, dass die Laufzeitschicht sämtliche Daten und allen Code in derselben Weise behandeln möchte. Typen, die sich an die CLS halten, sind austauschbar. Mit *System.CLSCompliantAttribute* können Sie Typen als CLS-konform kennzeichnen.

## Assemblys

Das reicht erst mal zum Thema Typen. Die nächste Frage lautet: Wo liegt eigentlich dieser tolle CLR-Code? Gibt es in dieser neuen Welt immer noch DLLs? Wie sehen die ausführbaren Dateien aus? DLLs und ausführbare Dateien gibt es in .NET Framework immer noch. Allerdings werden sie nun *Assemblys* genannt und enthalten Intermediate Language (IL) – keinen Maschinencode.

Wir haben uns in diesem Buch bereits mit normalen ausführbaren Dateien beschäftigt, mit herkömmlichen DLLs und mit COM-DLLs. Beim Kompilieren hat der Compiler den Code direkt in eine geeignete Form des Maschinencodes umgewandelt. Ausführbare .NET-Dateien und DLLs funktionieren etwas anders, sie werden zu Assemblys kompiliert. Aus technischer Sicht kann man eine Assembly einfach als eine Sammlung von Typdefinitionen beschreiben. Diese Typdefinitionen umfassen alles, was wir bereits besprochen haben: Code, der in Klassen gekapselt wird, Enumerationen, benutzerdefinierte Typen und so weiter. Assemblys können auch Ressourcen enthalten, wie zum Beispiel Bitmaps, JPEG-Dateien und Ressourcendateien.

In der herkömmlichen Windows-Entwicklung wird relativ streng zwischen DLLs und EXEs unterschieden. Bei einer .NET-Assembly kann es sich dagegen um eine DLL oder um eine EXE handeln. Assemblys sind die Grundeinheit für die Installation und enthalten den Code, der später auf der Laufzeitschicht laufen soll. Aller .NET-Code, der von der Laufzeitschicht ausgeführt werden soll, muss in einer Assembly liegen. Assemblys haben nur einen Eintrittspunkt, nämlich *DllMain*, *WinMain* oder *Main*.

Jeder Typ, der in einer .NET-Anwendung definiert wird, muss irgendwo in einer Assembly liegen. Er wird durch den Namen der Assembly und den Namen des Typs bezeichnet. Sobald Sie in einer Entwicklungsumgebung wie Visual Studio arbeiten, kümmert sich normalerweise die Entwicklungsumgebung um die Verwaltung des Assemblynamens.

Die bereits besprochenen .NET-Typen (wie *System.Object* und *System.ValueType*) liegen in der Assembly *System*. Da Assemblys in .NET eine Grenze für die Gültigkeit eines Typs darstellen, bedeutet ein Typ im Gültigkeitsbereich einer Assembly nicht dasselbe wie ein Typ, der im Gültigkeitsbereich einer anderen Assembly liegt, selbst wenn er denselben Namen hat.

Die Assembly ist die kleinste Einheit, die in .NET eine eigene Versionsnummer erhalten kann. Assemblys enthalten Typinformationen und einen Abschnitt, der *Manifest* genannt wird. Das Manifest enthält Versionsinformationen und beschreibt die Abhängigkeiten von anderen Assemblys.

### Typinformationen

Die verfügbaren Typinformationen waren einer der wichtigsten Beiträge von COM zur Windows-Programmierung. Den Mechanismus zur Typabfrage nennt man auch *Reflektion*. DLLs und ausführbare Dateien, die Typinformationen enthalten, beschreiben sich selbst. Dadurch werden Werkzeuge und Laufzeitumgebungen in die Lage versetzt, sich über die Inhalte der Module zu informieren. Wenn Sie zum Beispiel im Editorfenster von Visual C++ einen COM-Aufruf formulieren, wird sofort IntelliSense aktiv und zeigt Ihnen die Signatur der Funktion. IntelliSense kann nur funktionieren, weil die Komponente die erforderlichen Typinformationen enthält. Die MTS- und COM+-Laufzeitschichten benutzen die Typinformationen, um nach Bedarf Proxies und Stubs zu erstellen.

Der übliche Weg, um die entsprechenden Typinformationen in einer DLL unterzubringen, führt bei der COM-Programmierung mit C++ über eine IDL-Datei. Die IDL wird zu einer binären Typbibliothek kompiliert und diese Typbibliothek wird als Ressource ins Modul aufgenommen. In .NET werden die Typinformationen automatisch in die Assembly aufgenommen. Es gibt keinen Grund mehr, über eine IDL-Datei zu gehen. Wenn ein .NET-Compiler Ihren Code kompiliert, generiert er auch die Typinformationen und fügt sie in die Assembly ein.

### Das Manifest

Neben den Typinformationen enthält jede Assembly auch einen Abschnitt, der Manifest genannt wird. .NET-Assemblymanifeste beschreiben die Abhängigkeiten von anderen Assemblys und enthalten Informationen über die Versionsnummer, über den Kulturkreis und die Sprache, für welche die Assembly vorgesehen ist. Ein Assemblymanifest ist eine Art Hauptverzeichnis für die Assembly.

Wie Typinformationen sind auch Manifeste ein integraler Bestandteil der .NET-Entwicklung. Aus dem Manifest erfährt der Lader, wenn er eine Anwendung lädt, welche Assemblys zu laden sind, welche Version der Assembly und so weiter. Manifeste werden automatisch generiert. Es gibt keine Zwischenschritte, die der Entwickler zur Erstellung eines Manifests einlegen müsste.

Durch die Einbindung der Abhängigkeitsinformationen löst .NET ein Problem, das es schon länger in COM gibt. In COM gibt es keine einfache Lösung, was die Ermittlung der DLL-Abhängigkeiten betrifft. Im Plattform-SDK gibt es ein Hilfsprogramm namens Depends.exe, mit dem man die Importliste einer DLL oder EXE untersuchen und so auf DLL-Abhängigkeiten schließen kann. Da COM die Funktionalität aber durch Schnittstellen anbietet (statt durch die sonst üblichen DLL-Eintrittspunkte) und weil die Ladeinformationen von COM-DLLs überwiegend in der Registrierung stehen, ist es nicht einfach, tatsächlich alle DLL-Abhängigkeiten zu erfassen. .NET-Manifeste nennen hingegen die Abhängigkeiten. Da die Assembly Abhängigkeitsinformationen enthält, kann der Lader aus der Common Language Runtime dafür sorgen, dass tatsächlich alle erforderlichen Assemblys geladen sind, bevor der Code aus der Assembly ausgeführt wird.

**Private und öffentliche Assemblys**

In der Blütezeit von COM war mit *IUnknown* noch die Hoffnung verbunden, diese Schnittstelle ermögliche die abzusehende Weiterentwicklung der Komponenten und der Anwendung, wobei sich durchaus unterschiedliche Versionsnummern ergeben können. Die Komponenten eines Softwareprojekts, das sich mehr oder weniger dynamisch entwickelt, können nicht fest miteinander verdrahtet werden. Es muss eine gewisse Flexibilität im Verbindungsmechanismus geben. COM zwingt die Anwendungen dazu, ihre Komponenten nach den gewünschten Schnittstellen zu fragen (statt einfach davon auszugehen, die Schnittstellen seien verfügbar). Wenn in der Anwendung eine neue Version von einer Komponente benutzt wird (oder versehentlich eine ältere Version von einer Komponente installiert wird), erhält die Anwendung zumindest einen Hinweis auf diese Änderung. Das Problem bestand darin, dass dieser Mechanismus zwar eine große Flexibilität für die Einbindung der Komponenten mit sich brachte, aber von Zeit zu Zeit versagte. Wenn Sie zum Beispiel eine ältere Version einer Komponente installieren, werden die Clients sehr enttäuscht sein, die eine neuere Version der Komponente erwarten.

Der wichtigste Grund für dieses Problem ist die Tatsache, dass COM-Komponenten für jede Anwendung auf dem PC sichtbar sind. Sie sind sozusagen von Haus aus global. Anders gesagt, wenn Sie eine Komponente ersetzen, sind davon alle Anwendungen betroffen, die diese Komponente benutzen, wie in einer Wellenbewegung. Alle COM-Komponenten werden in der Registrierung erfasst – und die Registrierung ist allen Anwendungen zugänglich. Die Common Language Runtime löst dieses Problem, indem sie zwischen öffentlichen und privaten Assemblys unterscheidet.

Das .NET-Komponentenmodell bevorzugt private Assemblys. Wenn Sie die gewünschte Funktionalität in einer bestimmten Komponente unterbringen und diese Komponente nur für den Client sichtbar machen, der sie braucht, dann sind Sie die Welleneffekte los, die sich sonst beim späteren Ersatz der Komponente ergeben. Nur die Clients dieser speziellen Assembly sind betroffen. Eines der Ziele bei der Konzeption von .NET war, die Installation einer Anwendung durch einfaches Kopieren zu ermöglichen. Man nimmt den Inhalt eines Verzeichnisses und bringt ihn mit einem geeigneten Kopiermechanismus (wie xcopy oder FTP) in ein neues Verzeichnis, womöglich auf einer anderen Maschine. Da COM-Komponenten so stark von der Registrierung abhängig sind, ist die Installation und die vollständige Entfernung einer Anwendung ein größeres Problem.

Die Versionsverwaltung der .NET-Komponenten wird durch eine geeignete Verzeichnisstruktur ermöglicht. Das Verzeichnis, in dem die Anwendung liegt, ist dann das Installationsverzeichnis (AppBase) der Anwendung. Die Suche nach der gewünschten Assembly wird »Testen« genannt (probing). Auf der Suche nach der Assembly führt die Laufzeitschicht eine ganze Reihe von Schritten durch. Zuerst sucht sie im Installationsverzeichnis und dann in einem Unterverzeichnis des Installationsverzeichnisses, das denselben Namen wie die Assembly hat. Wenn Sie die Assembly nicht sofort findet, überprüft sie noch das Kulturunterverzeichnis. Die Laufzeitschicht sucht zuerst nach DLLs und dann nach EXEs. Bei der ersten Übereinstimmung bricht sie die Suche ab. Beim Laden ist .NET relativ flexibel. Sie können den Suchmechanismus anpassen, indem Sie die Konfigurationsdatei der Anwendung ändern (eine XML-Datei, die zur Konfiguration der Anwendung benutzt wird).

Auch in .NET ist es möglich, dass mehrere Anwendungen bestimmte Komponenten gemeinsam benutzen. Gemeinsam genutzte Komponenten werden im globalen Assemblycache (GAC) abgelegt. Der GAC ist ein spezielles Verzeichnis auf Ihrer Maschine, das die gemeinsam genutzten Assemblys aufnimmt. Der GAC kann auch mehrere Versionen derselben DLL enthalten und trägt somit zur Lösung des Versionsverwaltungsproblems bei.

In COM können Sie Komponenten mit GUIDs eindeutig benennen. Wenn Sie eine Komponente mit ihrer GUID anfordern, erhalten Sie die aktuellste installierte Version der Komponente. In .NET erhalten die Komponenten zur eindeutigen Bezeichnung *starke Namen*.

Der Name einer Assembly setzt sich aus vier Teilen zusammen: einem einfachen Namen in Textform, einer Versionsnummer, der Kulturangabe und einem starken Namen. Für einen starken Namen wird ein Schlüsselpaar gebraucht, das aus einem öffentlichen und einem geheimen Schlüssel besteht. Der eindeutige Name einer Assembly ist die Kombination aus dem einfachen Namen in Textform und dem öffentlichen Schlüssel. In Kapitel 32 werden Sie noch ein Beispiel dafür sehen, wie man eine Assembly signiert.

## .NET und das Versionsproblem

Wie gerade beschrieben, zieht .NET private Komponenten den öffentlichen Komponenten vor. Allerdings ist es manchmal unvermeidlich, eine Komponente für mehrere Anwendungen verfügbar zu machen. Sobald mehrere Anwendungen eine Komponente gemeinsam benutzen, wird die genaue Überwachung der Version sehr wichtig. COM hat dieses Problem nicht gelöst. Statt einfach davon auszugehen, dass auf einer Maschine immer nur die neuste Version einer Komponente installiert wird, lässt .NET mehrere Versionen derselben Komponente nebeneinander zu. Natürlich ist bei dieser Lösung auch eine bestimmte Form der Versionsüberwachung erforderlich. .NET-Assemblys, die im GAC installiert werden, sind auf präzise Versionsangaben im Manifest angewiesen. Das ist aber nicht besonders schwierig. Sorgen Sie einfach dafür, dass im Quelltext die richtigen Attribute angegeben werden. Die Verweise des Clients auf die gewünschten Assemblys enthalten auch die Angabe der jeweils benötigten Version. Davon können Sie sich in Kapitel 32 überzeugen, wenn wir uns mit einem ungemein nützlichen Werkzeug namens ILDASM einige Assemblys ansehen. Statt zu hoffen, dass die Kompatibilität schon durch den Namen gesichert ist, baut .NET die Versionsnummer in den Namen der DLL ein. Clients binden sich an eine bestimmte DLL, indem sie sich auch an die betreffende Versionsnummer binden.

## Das (virtuelle) Leben in der Common Language Runtime

Wir haben uns im ersten Teil dieses Buchs mit der Entwicklung von herkömmlichen Windows-Anwendungen beschäftigt, wobei der Code vom Compiler direkt auf Maschinencode umgesetzt wird. Der Maschinencode gibt den Anwendungen die erforderliche Geschwindigkeit und der Compiler lässt dem Entwickler bei der Formulierung des Codes viele Freiheiten. Allerdings erwächst dem Entwickler daraus eine gewisse Verantwortung, was die Ressourcenverwaltung und die Typsicherheit betrifft. Wenn der Code unter der Common Language Runtime läuft, brauchen Sie sich um viele Dinge nicht mehr zu kümmern, mit denen Sie bei der herkömmlichen Windows-Entwicklung ständig beschäftigt sind. Zum Beispiel kümmert sich die CLR um die Vermeidung von Speicherüberschreibungen bei Arrayzugriffen und um die Speicherverwaltung, um die Vermeidung von Deadlocks (Verklemmungen) und um Sicherheitsaspekte. Das sind Vorteile, die

Visual Basic-Entwickler schon seit Jahren genießen. Nun steht es auch den C++-Entwicklern frei, gewisse Aspekte der Codeverwaltung an das Laufzeitsystem zu delegieren.

### Intermediate Language und Just-in-Time-Kompilierung

Die herkömmlichen Windows-Anwendungen, die wir in diesem Buch bisher gebaut haben, wurden direkt zu Intel-Maschinencode kompiliert und laufen praktisch »direkt auf dem Chip«. .NET und die CLR handhaben die Dinge etwas anders. .NET-Code wird normalerweise erst einmal zu IL kompiliert. Die Laufzeitschicht kompiliert den IL-Code unmittelbar vor dessen Ausführung zu Maschinencode. Dieser Vorgang wird Just-in-Time-Kompilierung (JIT) genannt. Auf diese Weise entsteht zwischen dem Quelltext und dem Maschinencode eine zusätzliche Abstraktionsschicht, die einige Vorteile mit sich bringt.

Einer der wichtigsten Vorteile besteht darin, dass sich sehr viele Sprachen zur Entwicklung von .NET-Code einsetzen lassen. Solange der Compiler daraus korrektes IL machen kann, spielt es keine Rolle, mit welcher Programmiersprache Sie arbeiten oder welche Entwicklungsumgebung Sie bevorzugen. In diesem Buch halten wir uns natürlich an verwaltetes C++. Es sind aber schon viele .NET-Sprachen verfügbar, zum Beispiel C# und Visual Basic .NET von Microsoft. Und es gibt sogar eine COBOL-Version.

Ein weiterer Vorteil von IL ist die Typsicherheit. Wie oft sind Sie einem streunenden Zeiger gefolgt, haben sich mit falsch indizierten Arrays herumgeschlagen oder bei der Übergabe von falschen Argumenttypen die seltsamsten Fehler erlebt? Wie oft hat der Compiler schon eine falsche Typkonvertierung akzeptiert, die Ihnen viele »unterhaltsame Stunden« im Debugger beschert hat? In C++ sind die Verhältnisse zwar überschaubarer geworden, aber bei der älteren C-Programmierung waren das alles sehr verbreitete Standardfehler. Wenn Sie zwischen dem Quelltext und dem ausführbaren Maschinencode nun eine IL-Schicht einführen, kann die Laufzeitschicht den Code noch einmal überprüfen, wenn sie ihn von der IL-Form in Maschinencode kompiliert. Die CLR überprüft den Code, um sicherzustellen, dass er keine potentiell gefährlichen Dinge in Gang setzt (wie zum Beispiel direkte Speicherzugriffe). Die IL-Schicht zwischen dem Quellcode und dem resultierenden Maschinencode ermöglicht einen besseren Schutz als die direkte Kompilierung zu Maschinencode.

Als letzter Vorteil von IL sei darauf hingewiesen, dass es Ihre EXEs und DLLs vom Betriebssystem und der Hardwareplattform entkoppelt. Wenn eine EXE oder DLL nur Zwischencode enthält (also keinen Maschinencode), ist sie tatsächlich plattformunabhängig. Derzeit verfügt Microsoft über eine Version der CLR, die unter Windows 2000 läuft, unter Windows NT und Windows 98. IL macht es möglich, die Assemblys zur Laufzeit auf anderen Plattformen einzusetzen, die weder Windows fahren noch Intel-Prozessoren haben.

### .NET Garbage Collection

Das Leben unter der Aufsicht der Common Language Runtime bedeutet auch, dass der Code viele Dinge nicht mehr selbst aufzuräumen braucht. Wer als Entwickler mit dem üblichen C++ arbeitet, muss sich penibel um die Ressourcenverwaltung kümmern, wenn er keine Lecks riskieren will. .NET-Entwickler sind dieses Problem weitgehend los, da es in .NET einen Garbage Collector gibt.

Eine ausführlichere Beschreibung der Garbage Collection finden Sie in anderen Publikationen, zum Beispiel in *Microsoft .NET Framework-Programmierung* von Jeffrey Richter (Microsoft Press, 2002). An dieser Stelle kann ich nur kurz skizzieren, wie die Speicherverwaltung in .NET funktioniert.

Als C++-Entwickler wissen Sie ziemlich genau, wie ein Programm Speicher anfordert und verwaltet, weil Sie diese Arbeit praktisch noch von Hand erledigen. Sie fordern den Speicher für ein Objekt mit dem Operator *new* an und geben den Speicher nach Gebrauch wieder frei. Wahrscheinlich ist Ihnen auch bewusst, dass es noch andere Speicherbereiche in der Anwendung gibt. Irgendwo müssen die globalen und die statischen Variablen schließlich bleiben. Außerdem gibt es in den meisten Programmen auch lokale Variablen, die bei einem typischen C++-Compiler auf dem Stapel untergebracht werden. Diese Varianten der Speicherzuweisung gibt es auch in .NET-Anwendungen.

Der Unterschied in .NET besteht darin, dass die Common Language Runtime über alle diese Ressourcenanforderungen Buch führt. Alle Speicheranforderungen werden erfasst. Die Common Language Runtime überwacht diese Speicheranforderungen und erkennt, wenn es keine Verweise auf die betreffenden Speicherblöcke mehr gibt. Sobald es keinen Verweis mehr auf einen bestimmten Speicherblock gibt, kann er vom Garbage Collector eingesammelt werden. Das erleichtert die Programmierung ungemein.

Ein Vorteil von IL ist, dass der JIT-Compiler die Listen mit den Verweisen auf die Speicherblöcke kennt. Der JIT-Compiler stellt eine Liste mit Verweisen zusammen und verwaltet sie (mit der Hilfe der Common Language Runtime), während das Programm läuft. Sobald der Garbage Collector herausfinden muss, welche Speicherblöcke nicht mehr gebraucht werden, beginnt er seine Arbeit mit diesen Listen.

Während des Programmlaufs kann es in verschiedenen Situationen zur Garbage Collection kommen, zum Beispiel wenn eine Speicheranforderung aus Speichermangel fehlschlägt oder wenn die Methode *GC.Collect* aufgerufen wird. Wenn eine Garbage Collection ausgelöst wird, hält die Common Language Runtime alle Threads des Prozesses an bestimmten sicheren Punkten an (das sind Punkte im ausführbaren Code, an denen die Laufzeitschicht einen Thread ohne Schaden anhalten kann). Der Garbage Collector sammelt die nicht mehr benutzten Speicherblöcke ein und schiebt die restlichen Objekte so weit zusammen, dass die Leerräume möglichst verschwinden.

Solange die Threads angehalten sind, beginnt der Garbage Collector mit der Bearbeitung der Verweislisten und durchläuft die Objektgraphen des Systems, um herauszufinden, welche Objekte noch benutzt werden und welche nicht. Der Garbage Collector der Laufzeitschicht ist effizient und schlau genug, mit Hilfe von internen Listen auch zyklische Verweise zu erkennen.

Sobald er herausgefunden hat, welche Objekte verschiebbar sind, verschiebt er die lebenden Objekte nach unten, um im oberen Bereich des Heaps Platz zu schaffen. Dadurch werden die späteren Speicheranforderungen schneller bearbeitet, weil ein freier Block in der geforderten Größe immer schnell gefunden ist. Im Gegensatz dazu führt die typische Speicherverwaltung nach C++-Art dazu, dass der Heap irgendwann fragmentiert, weil ständig Speicherblöcke in den unterschiedlichsten Größen angefordert und wieder freigegeben werden.

Die Laufzeitschicht lässt die Threads dann weiterlaufen. Der Garbage Collector aktualisiert alle Verweise auf lebende Objekte, die verschoben worden sind. Der Anwendung fällt es nach der Wiederaufnahme des Betriebs gar nicht auf, dass manche Objekte den Ort gewechselt haben. Meistens ist gar nicht zu erkennen, dass eine Garbage Collection stattfindet.

Der größte Teil dieser Speicheranforderungen und Rückgaben erfolgt hinter der Bühne und Sie brauchen sich kaum darum zu kümmern. Selbst bei tief geschachtelten Verweisen lässt Sie der Garbage Collector nicht im Stich und Sie können sich ganz dem sorglosen Leben widmen – zumindest, was die Speicherverwaltung betrifft.

### Finalisierung

In C++ sind wir es gewohnt, die Aufräumarbeiten im Destruktor durchzuführen, weil wir davon ausgehen, dass ein Objekt beseitigt wird, sobald es nicht mehr gebraucht wird. Für die Beseitigung der Objekte ist der Programmierer selbst verantwortlich. In .NET ist der Garbage Collector dafür zuständig, dass die ausgedienten Objekte verschwinden. Und er tritt seinen Dienst an, wann er es für richtig hält. Man kann nicht vorhersagen, wann (oder ob) ein Objekt beseitigt wird. Daher verlässt sich die Laufzeitschicht nicht auf die Destruktoren, sondern führt »Finalisierer« ein. Wenn ein Objekt darüber informiert werden muss, dass sein baldiges Ende bevorsteht, kann eine Klasse die virtuelle Methode *Finalize* überschreiben, die sie von *System.Object* erbt. Wenn der Collector ein Objekt als Abfall einstuft, ruft die Laufzeitschicht die *Finalize*-Methode des Objekts auf, bevor der Speicher an den Heap zurückgeht.

Der Garbage Collector wurde von Microsoft bereits auf optimale Leistung getrimmt. Wenn man ihm nicht ins Handwerk pfuscht, fällt es kaum auf, wenn er aktiv wird. Überschreibt man *Finalize* aber zu oft, wird der Garbage Collector irgendwann in seiner Arbeit behindert. Sobald der Garbage Collector auf ein Objekt mit *Finalize* trifft, zeichnet er den Verweis für einen späteren Aufruf auf. Dadurch wird der Gesamtvorgang verlangsamt. Der Garbage Collector muss die Finalisierungsliste überprüfen und mit der Rücknahme des Speichers warten, bis *Finalize* aufgerufen worden ist. Dadurch wird die Sammlung verlangsamt. Vergessen Sie bitte nicht, dass *Finalize* nur überschrieben werden muss, wenn ein Objekt unverwaltete Ressourcen angefordert hat. Die Common Language Runtime kümmert sich auch um geschachtelte Verweise auf verwaltete Objekte. Die Finalisierung gibt es in erster Linie deswegen, damit die Klassen auch Dateien und andere unverwaltete Ressourcen sauber wieder ans System zurückgeben können.

## Threads und die Common Language Runtime

Threads gibt es in Windows seit der ersten Version von Windows NT. Natürlich wäre die Common Language Runtime nur eine unvollständige Plattform, gäbe es kein zeitscheibengesteuertes Multitasking. Threads sind in der Common Language Runtime etwas einfacher zu handhaben als mit den Win32-Funktionen. In der Common Language Runtime gibt es Typen für den Start, das Stoppen und das zeitweilige Anhalten von Threads.

## Anwendungsdomänen

Die grundlegende Ausführungs- und Ressourcengrenze ist der Prozessraum. Prozesse haben ihre eigenen Heaps und andere Ressourcen. Windows-Prozesse definieren auch unter Sicherheitsaspekten eine Grenze – und für die Ausführung des Codes. Den Prozessraum gibt es für Anwendungen, die unter der Common Language Runtime laufen, immer noch. Allerdings lässt sich der Prozessraum noch weiter aufteilen, und zwar in Anwendungsdomänen, die ebenfalls unter Sicherheitsaspekten und für die Codeausführung als Grenze dienen.

Anwendungsdomänen bilden innerhalb des tatsächlichen Adressraums eine Art logischen Adressraum. Assemblys dienen als logisches Installationsmodell (also nicht als reale Einzelstücke). Ein realer Prozess kann mehrere logische Anwendungsdomänen aufnehmen, die innerhalb des Prozesses separate »Fehlerkäfige« bilden. Auf diese Weise können Sie die einzelnen Teile Ihres Prozesses voreinander schützen (zum Beispiel, weil Sie der einen oder anderen Komponente nicht so recht trauen). Eine Anwendungsdomäne gibt Ihnen im Wesentlichen dieselben Vorteile, die Sie auch bei der Unterbringung des Codes in einem separaten Prozess hätten, aber ohne den Verwaltungsaufwand für einen Prozess. Abbildung 31.1 zeigt schematisch einige Komponenten, die in einem einzigen Prozess auf zwei Anwendungsdomänen verteilt wurden.

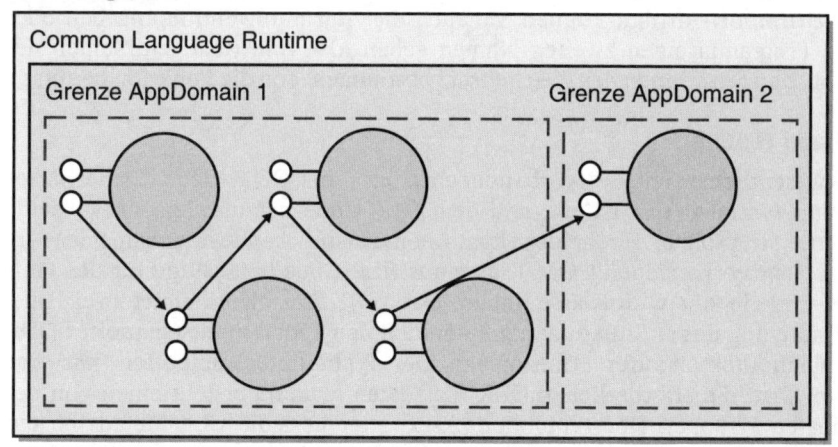

*Abbildung 31.3:* Dieser Prozess wurde in zwei Anwendungsdomänen aufgeteilt, in denen jeweils eine oder mehrere Komponenten liegen

## Interoperabilität

Eine der Lektionen, die wohl jeder irgendwann »auf die harte Tour« lernt, ist die Bedeutung der Abwärtskompatibilität und der Möglichkeit, eine Verbindung zum vorhandenen älteren Codebestand herzustellen. Tatsächlich dürfte die Abwärtskompatibilität ein wesentlicher Aspekt der Erfolgsgeschichte von Windows sein. Wenn die Leute viel Geld in Anwendungen investieren, sind sie wohl kaum bereit, die teuer erstandenen Anwendungen wegzuwerfen, nur weil ein neues Betriebssystem verfügbar wird. Windows hat auch die älteren Anwendungsversionen immer weitestgehend unterstützt. Den vorhandenen Code weiter betriebsbereit zu halten, ist ungeheuer wichtig – fragen Sie einfach einen COO oder CTO. Keine Firma wird ihren gesamten Codebestand umstellen wollen, nur weil es .NET gibt. Oft genug ist gerade der entscheidende Kern einer Anwendung eine sehr alte Komponente, die schon jahrelang von niemandem mehr angefasst wurde. Daher ist die Fähigkeit von .NET extrem wichtig, den neuen Code zur Zusammenarbeit mit älterem Code zu bewegen.

.NET bietet drei Grundmechanismen für die Zusammenarbeit zwischen neuem Code und altem Code an: Plattformaufruf (P/Invoke), »von COM aufrufbare Hüllen« für die Aufrufe, die von COM-Code in den CLR-Code hinein erfolgen, und »von der Laufzeitschicht aufrufbare Hüllen« für die Aufrufe aus der Laufzeitschicht in COM-Komponenten hinein.

### Plattformaufruf

Wie bereits beschrieben, brauchen Clientanwendungen eine Möglichkeit zum dynamischen Laden des Bibliothekscodes und zur Ermittlung der Eintrittspunkte. In Windows gibt es dafür die Funktionen *LoadLibrary* und *GetProcAddress*. Wenn Sie nach einem Weg suchen, in einer bestimmten älteren DLL Funktionen aufzurufen, ist P/Invoke die Methode der Wahl.

Wenn Sie diesen Mechanismus benutzen möchten, geben Sie den betreffenden Funktionen in Ihrem verwalteten Code passende Prototypen und kennzeichnen sie mit dem Attribut *DllImport*. Wenn der Code zu einer Assembly kompiliert wird, geht der Compiler davon aus, dass diese Funktionen in einer externen DLL liegen. Die CLR ruft automatisch *LoadLibrary/GetProcAddress* auf. Mit dem *DllImport*-Attribut können Sie auch die Aufrufkonvention angeben oder der Funktion in Ihrem Programm einen zweiten Namen geben, der vom richtigen Namen der DLL-Funktion abweicht. Und Sie können den Zeichensatz bestimmen, den die Funktion benutzt.

**COM Interop: TLBIMP und TLBEXP**

Natürlich besteht ein wesentlicher Teil des vorhandenen Codes aus COM-Code. Daher ist es wichtig, eine Verbindung zwischen COM-Code und dem CLR-Code herzustellen, die in beide Richtungen funktioniert. .NET bietet für beide Situationen entsprechende Mechanismen an, nämlich für den Aufruf einer vorhandenen COM-Klasse aus CLR-Code heraus und für den Aufruf aus externem COM-Code in eine CLR-Klasse hinein. Das .NET Framework bietet zwei Hilfsprogramme für die Bewältigung dieser Situationen an, nämlich den Typbibliotheksimporter (Tlbimp.exe) und den Typbibliotheksexporter (Tlbexp.exe). Der Typbibliotheksimporter liest eine COM-Typbibliothek ein, wirft die erforderlichen CLR-Metadaten aus und erstellt einen von der Laufzeitschicht aufrufbaren Wrapper. Der Typbibliotheksexporter liest die CLR-Metadaten ein und generiert eine Typbibliothek und einen von COM aufrufbaren Wrapper. Der Umgang mit diesen Dienstprogrammen ist ziemlich einfach.

# 32 Managed C++

| | |
|---|---|
| 817 | Die Common Language Runtime ist Ihre Verbündete |
| 818 | Warum C++ |
| 820 | Verwaltete C++-Erweiterungen |
| 821 | Visual C++ .NET und die Managed Extensions |
| 821 | Das Beispiel Ex32a: Eine verwaltete C++-DLL |
| 827 | So macht man die Assembly einsatzbereit |
| 828 | Das Beispiel Ex32b: Ein eigenständiger verwalteter Client |
| 830 | Umstellung vorhandenen Codes auf verwaltetes C++ |

Im vorigen Kapitel haben wir uns mit dem Herz von Microsoft .NET beschäftigt, nämlich mit der Common Language Runtime. Eine der wichtigsten Aufgaben der Common Language Runtime besteht darin, einige der Grenzen verschwinden zu lassen, mit denen wir uns in der kurzen Geschichte der Microsoft-Plattform bisher herumschlagen mussten. Die Entwicklung von Code für .NET bedeutet, verwalteten Code zu schreiben, der zur Intermediate Language (IL) kompiliert wird und erst später in Maschinencode umgesetzt wird. Dieses Kapitel handelt davon, wie man C++-Code mit Hilfe der Managed Extensions für C++ auf der CLR zum Laufen bringt.

## Die Common Language Runtime ist Ihre Verbündete

Als Microsoft damit begann, über die Pläne für .NET und für die Common Language Runtime zu sprechen, reagierten viele Entwickler aus dem C++-Lager mit hochgezogenen Augenbrauen. Tja, so sind wir, die C++-Entwickler: von Anfang an darauf getrimmt, alles aus der Plattform herauszuwringen, was das ziselierte Silizium hergibt. Wir wollen natürlich auch die höchstmögliche Kontrolle. Daher verwalten wir den Speicher selbst und wir können unglaublich dicht an der Hardware programmieren – falls wir es wollen. Auf den ersten Blick wirkt die Common Language Runtime daher so, als wolle uns jemand den Teppich unter den Füßen wegziehen. Nein, nicht nur den Teppich – das gesamte Fundament unseres Daseins! Diese Perspektive scheint zumindest für jemanden völlig selbstverständlich zu sein, der darauf trainiert ist, solide, marktfähige Anwendungen zu erstellen (sei es für den Handel oder für den firmeninternen Einsatz). Dazu zählen natürlich auch die modernen C++-Windows-Entwickler.

Anscheinend will .NET aber aus einer anderen Perspektive betrachtet werden, nämlich aus dem Blickwinkel der Entwickler, die Software für einen hohen Datendurchsatz erstellen, die sich rasch installieren lässt und ständig in Betrieb sein kann. Das beschreibt den heutigen Markt für Webanwendungen ziemlich genau, nicht wahr? Moderne weborientierte Software soll sich schnell weiterentwickeln, nach sehr kurzen Entwicklungszeiten (höchstens ein paar Monate) einsatzbereit sein und 24 Stunden am Tag laufen, 7 Tage die Woche. Sie könnten solche Anwendungen mit C++ entwickeln. Aber es muss doch auch einfacher gehen – um nicht zu sagen: besser. Der bessere Weg ist, was .NET betrifft, die Common Language Runtime.

Der Laufzeitschicht die Verwaltung des Codes zu überlassen, ist eine Vorgehensweise, die Visual Basic-Entwickler nun schon jahrelang praktizieren. Wir C++-Entwickler haben den Visual Basic-Leuten wohl schon den einen oder anderen sehnsüchtigen Blick nachgeworfen (die gehen tatsächlich ab und zu nach Hause!) – oder vielleicht auch einen verächtlichen (»die wissen doch überhaupt nicht, was Softwareentwicklung ist!«). Sehen Sie sich einmal genauer an, was eine Laufzeitschicht dieser Art Ihnen bietet. Allem voran: keine verlorenen Zeiger mehr. Jemand kümmert sich darum und räumt bei Bedarf auf. Und wie steht's mit den falsch konvertierten Zeigern (wenn Sie zum Beispiel der Meinung sind, ein Zeiger verweise auf eine bestimmte Struktur, während er in Wirklichkeit auf irgendein anderes Ding zeigt)? Wenn sich eine Laufzeitschicht um den Code kümmert, kann sie auch dafür sorgen, dass die Zeiger kompatibel sind. Eine verwaltete Laufzeitschicht versetzt Ihren Code (wegen der Metadaten) zudem in die Lage, über sich selbst Auskunft zu geben. In C++ müssen Sie mit *<dynamic_cast>* arbeiten. In der Common Language Runtime rufen Sie einfach *GetType* auf, wenn Sie den Typ eines Objekts ermitteln wollen – *System.Object* lässt grüßen.

Solche Dienstleistungen sind praktisch die Voraussetzung für die Entwicklung von Software, die sich rasch verändert und ständig im Einsatz bleiben muss. Wir haben versucht, solche Websoftware mit COM zu entwickeln, aber COM ist aus Gründen, die wir bereits im letzten Kapitel erläutert haben, nicht der optimale Kandidat. Einer der Gründe liegt in den unterschiedlichen Typsystemen in den verschiedenen COM-Entwicklungsumgebungen. Ein weiterer Grund, der gegen COM spricht, ist die aufwendige Verwaltung der Komponenten im System. Und wenn Sie jemals versucht haben, eine Website mit COM-Komponenten zu betreiben, dann wissen Sie selbst, wie oft Sie die Website heruntergefahren haben, nur weil Sie ein paar Komponenten austauschen wollten. Die Common Language Runtime löst alle diese Probleme.

Der Vorteil, den wir als C++-Entwickler gegenüber den Visual Basic-Leuten haben, liegt darin, dass wir einerseits in der Lage sind, CLR-konformen Code zu schreiben (dazu gleich mehr), und andererseits jederzeit aus Leistungsgründen oder wegen der höheren Kontrolle auf normalen, unverwalteten C++-Code zurückgehen können.

Unter dem Strich bleibt festzuhalten, dass die CLR Ihre Verbündete ist, nicht Ihre Feindin. Sie sind nicht gezwungen, nur noch Code zu schreiben, der unter der CLR läuft. Sie können auch weiterhin herkömmlichen C++-Code schreiben. Und beides nach Bedarf kombinieren.

## Warum C++

Im letzten Kapitel wurde gesagt, dass es in .NET nun als zusätzliche Abstraktionsschicht IL gibt. Solange Sie eine Sprache benutzen, für die es einen IL-Compiler gibt, können Sie in der .NET-Arena auftreten. Die Einführung von IL bedeutet, dass es auf derselben Plattform eine Vielzahl von Sprachen nebeneinander geben kann. Und wie Sie in diesem Kapitel noch sehen werden, ist C++ natürlich der perfekte Weg, um Code für .NET zu entwickeln. Außerdem können Sie nach Bedarf auf andere Sprachen ausweichen. Zweifellos haben Sie schon vom Neuling in der Szene gehört, der sich C# nennt. C# ist eine Sprache, die heftig mit geschweiften Klammern arbeitet, die präzise Ausdrucksweise von C++ erlaubt und die Bequemlichkeit einer zeigerlosen Syntax wie Visual Basic verordnet. Auch mit Visual Basic .NET lässt sich sehr schön .NET-Software entwickeln. Warum sollte man bei solch einer Auswahl auf die Idee kommen, .NET-Software mit C++ zu entwickeln? Tatsächlich gibt es eine Reihe von Gründen, wie Sie gleich sehen werden.

Die Managed Extensions für C++ sehen wir uns ebenfalls noch genauer an. Grob gesagt, handelt es sich im Wesentlichen um spezielle Deklarationen und Schlüsselwörter, die den Compiler anweisen, statt des üblichen Maschinencodes IL auszuwerfen. Aus den folgenden Gründen kann es sinnvoll sein, zu den Managed Extensions für C++ zu greifen:

- **Zur Portierung von unverwalteten C++-Anwendungen auf .NET.** Die meisten Hochleistungsanwendungen für Windows wurden in C++ geschrieben. Und zwar in herkömmlichem, unverwaltetem C++. Die Managed Extensions für C++ lassen sich mit der Tastatur leicht in den Code einfügen und bieten einen nahtlosen Übergang ins .NET Framework. Unverwalteter und verwalteter Code kann in derselben Anwendung kombiniert werden, sogar in derselben Datei. Sobald die Anwendung in .NET läuft, können Sie die vorgesehenen Codeteile nach Bedarf überarbeiten (sofern es der Zeitplan zulässt), um die Vorteile des .NET Frameworks zu nutzen. Als Alternative bietet es sich an, den Code als normalen unverwalteten C++-Code zu betreiben und eine spezielle verwaltete Hülle zu erstellen, damit Sie den C++-Code vom CLR-Code aus aufrufen können.

- **Für den Zugriff auf .NET-Klassen aus dem unverwalteten Code heraus.** Mit den Managed Extensions für C++ können Sie in Ihrem C+++-Code direkt Objekte einer .NET Framework-Klasse anlegen und aufrufen. Sie können auch C++-Code schreiben, der eine .NET Framework-Komponente wie jede andere verwaltete C++-Klasse behandelt.

- **Für den Zugriff aus einer CLR-kompatiblen Sprache heraus auf eine C++-Komponente.** Die Managed Extensions ermöglichen von jeder .NET Framework-kompatiblen Sprache aus den Aufruf einer C++-Klasse. Das wird möglich, indem man mit den Managed Extensions eine einfache Wrapperklasse schreibt, die nichts weiter zu tun braucht, als die unverwaltete C++-Klasse und ihre Methoden als verwaltete Klasse anzubieten. Der Wrapper ist eine verwaltete Klasse und kann daher von jeder .NET Framework-kompatiblen Sprache aus aufgerufen werden. Die Wrapperklasse dient als Verbindungsschicht zwischen der verwalteten Klasse und der unverwalteten C++-Klasse. Sie gibt Methodenaufrufe einfach an die unverwaltete Klasse weiter. Die Managed Extensions unterstützen Aufrufe in jede unverwaltete DLL oder Bibliothek, wie auch in unverwaltete Klassen.

- **Für den Zugriff auf CLR-Code aus COM heraus.** C++ ist auch nützlich, wenn in COM-Komponenten CLR-Code aufgerufen werden soll. Sie können für den Zugriff auf CLR-Komponenten entweder die Unterstützung in Anspruch nehmen, die für unverwaltetes COM verfügbar ist, oder die Managed Extensions.

- **Zur Kombination von verwaltetem und unverwaltetem Code in derselben ausführbaren Datei.** Der Visual C++ .NET-Compiler übersetzt Daten, Zeiger, Ausnahmen und die Übergänge zwischen den verwalteten und unverwalteten Kontexten automatisch und transparent. Dadurch wird es möglich, dass verwalteter und unverwalteter C++-Code nahtlos zusammenarbeiten.

Die Managed Extensions für C++ sind recht flexibel und lassen sich auf verschiedenste Weise einsetzen. Sie können diese verwalteten Erweiterungen zum Beispiel auch auf Elementbasis einsetzen (wie zum Beispiel Klasse für Klasse).

# Verwaltete C++-Erweiterungen

Die Common Language Runtime definiert zwei Arten von verwalteten Elementen, nämlich *verwalteten Code* und *verwaltete Daten*. Der verwaltete Code kooperiert eng mit der Common Language Runtime. Das bedeutet einfach nur, dass der verwaltete Code die Metadaten bereitstellt, die von der Laufzeitschicht gefordert werden, damit sie ihre Arbeit tun kann. Wie erwähnt, sorgt die Laufzeitschicht für die Speicherverwaltung, für eine sprachübergreifende Integration, für die Codezugriffssicherheit und für eine automatische Lebensdauersteuerung für die Objekte. Die Laufzeitschicht muss alles über den Code wissen, den sie beherbergt, damit sie diese Dienste anbieten kann.

Die Common Language Runtime verwaltet auch die Daten der Anwendung. Anders gesagt, die Laufzeitschicht entscheidet, wie die Objekte im Speicher aussehen. Sie verwaltet auch die Objektverweise in Ihren Anwendungen und gibt sie frei, sobald sie nicht mehr gebraucht werden. Diese Objekte sind gemeint, wenn man von verwalteten Daten spricht.

Und wie schreibt man nun solchen verwalteten Code? Mit einigen Schlüsselwörtern und etwas Überlegung. Sinnvoll eingesetzt lassen diese Schlüsselwörter alle Probleme mit Zeigern, mit der Speicherverwaltung und mit versehentlich falsch benutzten Typen verschwinden.

Die Entwicklung von .NET-Code mit C++ ist ein ziemlich geradliniger Prozess. Sie brauchen nur an den richtigen Stellen einige neue Schlüsselwörter und Symbole anzuwenden. Tabelle 32.1 beschreibt die Managed Extensions für C++.

| Schlüsselwort | Bedeutung |
| --- | --- |
| __abstract | Von Typen, die mit __abstract deklariert werden, können keine Instanzen angelegt werden. |
| __box | Von __value-Klassen, die __box benutzen, wird auf dem CLR-Heap eine Kopie angelegt. |
| __delegate | Typen, die mit __delegate deklariert werden, verweisen auf eine bestimmte Methode einer verwalteten Klasse (wie Funktionszeiger). |
| __event | Typen, die mit __event deklariert werden, definieren eine Ereignismethode einer verwalteten Klasse. |
| __finally | Der Code in einem __finally-Block wird mit dem vorhergehenden *try*-Block verknüpft. |
| __gc | Typen, die mit __gc deklariert werden, liegen auf dem verwalteten Heap. |
| __identifier | Ermöglicht die Verwendung von C++-Schlüsselwörtern als Namen (oder Bezeichner). |
| __interface | Typen, die das Schüsselwort __interface anwenden, werden als verwaltete Schnittstellen deklariert. |
| __nogc | Herkömmliche C++-Klassen mit dem Schlüsselwort __nogc unterliegen nicht der Garbage Collection. |
| __pin | Objekte, die mit dem Schlüsselwort __pin definiert werden, werden während der Garbage Collection nicht im Speicher verschoben. |
| __property | Felder mit dem Schlüsselwort __property werden in der verwalteten Klasse als Eigenschaft benutzt. |
| *public*, *protected*, und *private* | Typen mit diesen Schlüsselwörtern definieren ihre Sichtbarkeit außerhalb der Assembly. Felder (Membervariablen und Memberfunktionen) mit diesen Schlüsselwörtern definieren ihre Sichtbarkeit innerhalb der Assembly. |
| __sealed | __gc-Klassen mit dem Schlüsselwort __sealed können nicht als Basisklasse verwendet werden. Dieses Schlüsselwort schützt zudem Methoden vor der Überschreibung in einer abgeleiteten Klasse. ▶ |

| Schlüsselwort | Bedeutung |
|---|---|
| __try_cast | Die Erweiterung __try_cast bedeutet, dass die angegebene Konvertierung versucht wird. Kommt es zu einem Fehlschlag, wird eine Ausnahme gemeldet. |
| __typeof | Diese Erweiterung beschafft den *System::Type* einer Typinstanz. |
| __value | Typen mit der Erweiterung __value sind Werttypen. |

*Tabelle 32.1: Verwaltete Erweiterungen für C++*

# Visual C++ .NET und die Managed Extensions

Assemblys können Sie immer noch von Hand entwickeln, mit dem Windows-Editor (Notepad) und Makedateien. Aber Visual Studio .NET ermöglicht Ihnen mit seinen Assistenten einen wesentlich einfacheren Einstieg ins neue Projekt. Wenn Sie ein neues Projekt anlegen, bietet Ihnen Visual Studio vier Vorlagen für verwaltete C++-Anwendungen an:

- **Verwaltete C++-Anwendung:** Generiert das Grundgerüst einer eigenständigen C++-Anwendung, in der die Managed Extensions eingesetzt werden. (Zum Beispiel werden die richtigen Befehlszeilenschalter zur Unterstützung des verwalteten C++ eingeschaltet.) Benutzen Sie diesen Projekttyp für Anwendungen, die auf dem Client laufen, wie zum Beispiel eine Windows Forms-Anwendung.
- **Verwaltete C++-Klassenbibliothek:** Generiert den Code für eine C++-DLL, in der die Managed Extensions eingesetzt werden. Wählen Sie diese Vorlage, wenn Sie verwaltete Komponenten erstellen möchten, die in .NET Framework-Anwendungen eingesetzt werden.
- **Verwaltetes leeres C++-Projekt:** Generiert ein leeres Projekt, wobei die Compiler- und Linkerschalter schon für die verwalteten C++-Erweiterungen gesetzt wurden. Das ist eine ausgezeichnete Option, wenn es darum geht, vorhandenen C++-Code in eine verwaltete Umgebung zu bringen.
- **Verwalteter C++-Webdienst:** Generiert einen verwalteten C++-Webdienst. (Webdienste ermöglichen den Zugriff auf eine Website per Programmcode.)

In den Beispielen aus dem SDK gibt es noch zwei weitere Assistenten für verwaltetes C++, nämlich einen zur Erstellung von Windows Forms-Anwendungen und einen zur Erstellung von verwalteten Konsolenanwendungen. In Kapitel 4 war von einem Assistenten zur Erstellung von ASP.NET-Anwendungen mit verwaltetem C++ die Rede.

# Das Beispiel Ex32a: Eine verwaltete C++-DLL

Damit Sie einen Eindruck davon erhalten, wie verwaltete C++-Typen funktionieren, enthält dieses Kapitel ein Beispiel mit einem Potpourri an verwalteten Typen. Dieses Beispielprogramm heißt Ex32a und wird mit der Projektvorlage *Verwaltete C++-Klassenbibliothek* generiert. Wie es in C++ üblich ist, generiert der Assistent eine Headerdatei namens Ex32a.h und eine C++-Implementierungsdatei namens Ex32a.cpp. Obwohl der Assistent also eine C++-Datei auswirft, in der eigentlich die Implementierung erfolgen sollte, wurden die interessanten Punkte in diesem Beispiel in der Headerdatei untergebracht. Hier ist der Quelltext, der zeigt, wie man die verwalteten Typen in C++ formuliert. Die Bibliothek umfasst eine verwaltete Schnittstelle, eine verwaltete Klasse, eine verwaltete Struktur, eine verwaltete Enumeration und einen verwalteten Delegaten.

**Ex32a.h**

```cpp
#pragma once
#using <System.DLL>
#using <System.Drawing.DLL>
#using <System.Windows.Forms.DLL>
#using <System.Runtime.Remoting.DLL>

using namespace System;
using namespace System::Collections;

namespace Ex32a
{ // Eine C++-Assembly mit einigen verwalteten Typen...
public __value enum DaysOfTheWeek {
    Monday,
    Tuesday,
    Wednesday,
    Thursday,
    Friday,
    Saturday,
    Sunday
};
public __value struct AManagedValueStruct {
    int m_n;
    double m_x;
    String* m_str;

    AManagedValueStruct() {
        m_n = 0;
        m_x = 1.1;
        m_str=new String("Hallihallo aus AManagedValueStruct");
    }

    void Method1() {
        Console::WriteLine("Aufgerufen: AManagedValueStruct::Method1()");
    }
};
public __gc struct AManagedGcStruct {
    AManagedGcStruct() {
        m_str=new String("Hallihallo aus AManagedGcStruct");
    }
    ~AManagedGcStruct() {
        System::Console::WriteLine("AManagedStruct verschwindet\n");
    }
    void Method1() {
        Console::WriteLine("Aufgerufen: AManagedGcStruct::Method1()");
    }
    int m_n;
    double m_x;
    String* m_str;
};
public __gc __interface IPerson {
    void Eat();
    void Sleep();
    void Work();
};
```

```cpp
public __gc class SoftwareDeveloper : public IPerson{
    ~SoftwareDeveloper() {
        System::Console::WriteLine
            ("Finalize für SoftwareDeveloper aufgerufen");
    }
    void Eat() {
        System::Console::WriteLine("Iss Pizza");
    }
    void Sleep() {
        System::Console::WriteLine("Schlafe am Tag");
    }
    void Work() {
        System::Console::WriteLine("Arbeite in der Nacht");
    }
};
public __gc class DotCOMVP : public IPerson {
    ~DotCOMVP() {
        System::Console::WriteLine("Finalize für DotCOMVP aufgerufen");
    }
    void Eat() {
        System::Console::WriteLine("Zelebriere Essen als Kunstform");
    }
    void Sleep() {
        System::Console::WriteLine("Schlafe nie");
    }
    void Work() {
        System::Console::WriteLine("Schaffe Venture Capital herbei");
    }
};
public __gc class Bum : public IPerson {
    ~Bum() {
        System::Console::WriteLine("Finalize für Bum aufgerufen");
    }
    void Eat() {
        System::Console::WriteLine("Iss gelegentlich");
    }
    void Sleep() {
        System::Console::WriteLine("Schlafe, wann immer möglich");
    }
    void Work() {
        System::Console::WriteLine("Arbeiten?");
    }
};
public __delegate void AManagedDelegate(String* strMessage);
public __gc __interface IAManagedInterface {
    void MethodA();
    int MethodB();
};
public __gc class AManagedClass : public IAManagedInterface {
    int m_n;
    int m_nSize;
    double m_f;
    String *m_str;
```

```cpp
    DaysOfTheWeek m_DayOfWeek;
    ArrayList *m_rgManagedArray;
public:
    AManagedClass() {
        m_str = new String("Dies ist AManagedClass\n");
        m_DayOfWeek = Friday;
    }
    ~AManagedClass() {
        System::Console::WriteLine("AManagedClass verschwindet\n");
    }
    __property int get_Size() {
        return m_nSize;
    }
    __property void set_Size(int value) {
        m_nSize = value;
    }
    void MethodA() {
        Console::WriteLine
            ("Dies ist verwalteter Code. Dies ist MethodA.");
    }
    int MethodB() {
        Console::WriteLine
            ("Dies ist verwalteter Code. Dies ist MethodB.");
        return 0;
    }
    void FillArray() {
        m_rgManagedArray = new ArrayList();

        Console::WriteLine("Erstelle einen DotCOMVP");
        m_rgManagedArray->Add(new DotCOMVP());
        Console::WriteLine("Erstelle einen Bum");
        m_rgManagedArray->Add(new Bum());
        Console::WriteLine("Erstelle einen Software Developer");
        m_rgManagedArray->Add(new SoftwareDeveloper());
    }
    void ShowArray() {
        Console::WriteLine();
        if(m_rgManagedArray) {
            for(int i = 0; i < m_rgManagedArray->Count; i++) {
                Console::Write("Typ: ");
                Console::WriteLine(
        (m_rgManagedArray->get_Item(i))->GetType()->ToString());
                IPerson* person;
                person = __try_cast<IPerson*>
                    (m_rgManagedArray->get_Item(i));
                person->Eat();
                person->Work();
                person->Sleep();
                Console::WriteLine();
            }
        }
    }
```

```
    void UseDelegate(AManagedDelegate *d) {
        d->Invoke("Dieser Code wurde von einem Delegaten aufgerufen...");
    }
};
}
```

Das Ergebnis nach der Erstellung dieses Projekts ist eine Assembly, die ein paar verwaltete Typen enthält. Im .NET Framework SDK gibt es ein Werkzeug namens Intermediate Language Disassembler (ILDASM), mit dessen Hilfe Sie sich den Inhalt einer Assembly ansehen können. Abbildung 32.1 zeigt, wie die Assembly Ex32a.dll im ILDASM aussieht.

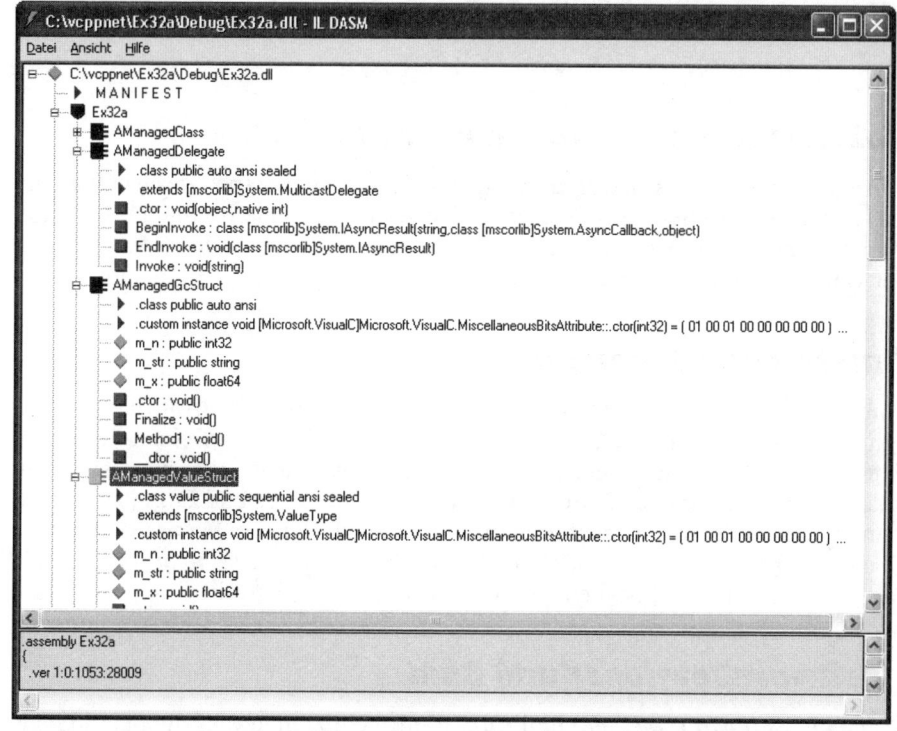

*Abbildung 32.1: So präsentiert sich die Assembly Ex32a im ILDASM*

Der ILDASM zeigt den inneren Aufbau einer Assembly. Wie Sie wissen, stehen in einer Assembly praktisch alle Typinformationen zur Verfügung. Die Common Language Runtime enthält auch Klassen und Methoden, mit denen man den Inhalt einer Assembly durchsuchen kann. Das geht sogar ziemlich einfach. Auch die Entwicklung eines Browsers nach Art des ILDASM ist nicht allzu schwer. (Es ist in .NET zum Beispiel viel einfacher, als es für COM mit den Schnittstellen *ITypeLib* und *ITypeInfo* wäre.) In den folgenden Abschnitten sehen wir uns die Typen aus der Assembly Ex32a etwas genauer an.

## DaysOfTheWeek

In C und C++ gibt es schon ziemlich lange das Schlüsselwort *enum*, mit dem die einzelnen Werte aus einer Wertemenge Namen erhalten können (zum Beispiel Wochentage, Monate oder die Karten aus einem Kartenspiel). Die Grundstruktur, die in C und C++ hinter einem *enum* steht, ist immer eine ganze Zahl. Das bedeutet, dass man im Quelltext die Enumerationswerte (*Monday, Tuesday, Wednesday* und so weiter) mit einfachen ganzen Zahlen mischen kann. Das Typsystem der Common Language Runtime ermöglicht die Definition einer Enumeration als Typ und der Compiler sorgt für die Durchsetzung dieser Vorgabe, wie im folgenden Beispiel:

```
Void Afunction() {
    DaysOfTheWeek dow;
    dow = 3; // Würde in C und C++ funktionieren, aber nicht im verwalteten C++.
    dow = Wednesday; // Das ist die einzige Syntax, die im verwalteten C++ zugelassen ist.
}
```

## AManagedValueStruct und AManagedGcStruct

*AManagedValueStruct* ist eine Wertestruktur, deren Instanzen auf dem Stapel angelegt werden. Die Struktur selbst gibt dem betreffenden Speicherbereich eben dies, eine bestimmte Struktur. *AManagedGcStruct* ist eine Verweisstruktur, deren Instanzen auf dem verwalteten Heap liegen und somit auch der Garbage Collection unterliegen.

## IAManagedInterface und IPerson

*IAManagedInterface* und *IPerson* beschreiben zwei verwaltete Schnittstellen. *IAManagedInterface* hat zwei Methoden, nämlich *MethodA* und *MethodB*. *IPerson* beschreibt einen Personentyp, der isst, schläft und arbeitet. Schnittstellen eignen sich sehr gut zur Beschreibung einer abstrakten Grundfunktionalität. Die Klassen *DotComVP*, *SoftwareDeveloper* und *Bum* (sie werden im nächsten Abschnitt beschrieben) implementieren die Schnittstelle *IPerson*. Verwaltete Schnittstellen unterscheiden sich insofern von COM-Schnittstellen, als sie keine *IUnknown*-Funktionen enthalten. Außerdem werden die Schnittstellen von der Laufzeitschicht verwaltet.

## DotCOMVP, SoftwareDeveloper und Bum

Die Klassen *DotCOMVP*, *SoftwareDeveloper* und *Bum* implementieren jeweils die Schnittstelle *IPerson*, allerdings auf verschiedene Weise. Da ein wichtiger Teil der Funktionalität dieser Klassen als Schnittstelle formuliert wurde, lassen sie sich überall dort einsetzen, wo sich eine Person einsetzen lässt. (Diese Klassen sind typkompatibel zu *IPerson*.) Das sieht man zum Beispiel in der Methode *FillArray* von *AManagedClass*.

## AManagedDelegate

*AManagedDelegate* stellt eine Funktionssignatur dar, die als Typ herumgereicht werden kann. Dafür haben Sie in den C- und C++-Beispielen dieses Buchs viele Beispiele gesehen. In der Common Language Runtime sind solche Funktionszeiger (Delegaten) allerdings verwaltete Typen. Da der Compiler eine strenge Typüberprüfung durchführt, ist die Möglichkeit eines Programmierfehlers wegen der Übergabe einer falschen Funktionssignatur oder eines falschen Artumenttyps praktisch nicht mehr vorhanden.

## *AManagedClass*

Der letzte Typ, der in der Headerdatei von Ex32a beschrieben wird, ist *AManagedClass*. Dieser Typ implementiert die Schnittstelle *IAManagedInterface*. Beachten Sie bitte, dass *AManagedClass* mehrere Datenelemente hat (einige ganze Zahlen, einen Gleitkommatyp, einen *String*, einen *DayOfTheWeek*-Typ und eine *ArrayList*). Außerdem implementiert *AManagedClass IAManagedInterface* und benutzt die Klassen *DotCOMVP*, *SoftwareDeveloper* und *Bum*. Beachten Sie bitte auch die Methode *UseDelegate*, die einen Delegaten übergibt (ein Funktionssignaturtyp).

# So macht man die Assembly einsatzbereit

Nach dem Kompilieren enthält die Assembly alle Typen, die im Quelltext definiert werden. Sie können die Assembly auf unterschiedliche Art einsetzen. Der erste Weg besteht darin, sie als private Assembly zu installieren. Das bedeutet, dass jede Clientanwendung, die mit dieser Assembly arbeiten will, eine eigene Kopie der Assembly erhält (sie liegt dann irgendwo im Installationsverzeichnis der Anwendung oder in einem der untergeordneten Verzeichnisse). Wenn Sie Ex32a als private Assembly benutzen möchten, brauchen Sie nichts weiter zu tun. Sorgen Sie einfach nur dafür, dass die Clientanwendungen die Assembly finden können.

Der zweite Weg ist der Einsatz der Assembly als globale Assembly. Dazu müssen Sie die Assembly signieren und dann im Global Assembly Cache (GAC) installieren. Zum Signieren der Assembly rufen Sie das Programm SN.exe mit folgender Befehlszeile auf:

```
sn -k InsideVCNET.snk
```

Das Dienstprogramm SN generiert eine Signaturschlüsseldatei mit geheimen und öffentlichen Schüsseln, durch welche die Assembly einen starken Namen erhält (deswegen die Bezeichnung SN.exe). Damit die Assembly die Signatur erhält, weisen Sie in der Datei AssemblyInfo.cpp auf diese Schlüsseldatei hin:

```
[assembly:AssemblyKeyFileAttribute("InsideVCNET.snk")];
```

Durch diese Zeile werden die öffentlichen und privaten Schlüssel in die Assembly aufgenommen. Anschließend können Sie die Assembly mit dem Dienstprogramm GACUTIL in den Cache stellen:

```
gacutil -i ex32a.dll
```

Als letzter Punkt sei zu Ex32a noch erwähnt, dass der Standardcode, der vom Assistenten generiert wird, bei jedem Kompilieren die Versionsnummer der Assembly aktualisiert. Dafür ist die folgende Zeile in der Datei AssemblyInfo.cpp verantwortlich:

```
// Sie können alle Werte oder die standardmäßige Revision und Buildnummer
// mit '*' angeben:
[assembly:AssemblyVersionAttribute("1.0.*")];
```

Sie können diese Direktive so abändern, dass eine bestimmte Versionsnummer benutzt wird. Oder Sie lassen den Compiler den neuen Versionen auch neue Nummern geben. Wenn Sie für die Felder *Build* und *Revision* der Versionssignatur (das dritte und vierte Feld der Signatur) ein Sternchen angeben, benutzt der Compiler für die *Build*- und *Revision*-Werte das Datum und die Zeit.

# Das Beispiel Ex32b: Ein eigenständiger verwalteter Client

Lassen Sie uns ein kleines verwaltetes C++-Testprogramm für die Bibliothek schreiben. Wie Sie an diesem Beispiel sehen, ist die Entwicklung eines C++-Clients, der mit verwalteten Typen arbeitet, kaum schwieriger als die Entwicklung eines herkömmlichen C++-Programms. Das folgende Listing der Datei Ex32b.cpp zeigt eine einfache Konsolenanwendung, die mit den Typen aus der DLL Ex32a arbeitet:

```cpp
// Die Hauptprojektdatei für ein VC++-Anwendungsprojekt,
// das mit dem Anwendungs-Assistenten generiert wurde.

#include "stdafx.h"

#using <mscorlib.dll>
#using <..\Ex32a\debug\ex32a.dll>
#include <tchar.h>

using namespace System;
using namespace Ex32a;

__gc class CDelegateHolder {
public:
    static void DelegateFn(String* str) {
        Console::WriteLine(str);
    }
};

void UseValueStruct() {
    Console::WriteLine("Arbeite mit AManagedValueStruct");
    AManagedValueStruct amvs;
    Console::WriteLine(amvs.m_str);
    amvs.Method1();
}

void UseGcStruct() {
    Console::WriteLine("Arbeite mit AManagedGcStruct");
    AManagedGcStruct *amgcs;
    amgcs = new AManagedGcStruct();
    Console::WriteLine(amgcs->m_str);
    amgcs->Method1();
}

// Dies ist der Einstiegspunkt für die Anwendung
int _tmain(void)
{
    Console::WriteLine(
        "Erstelle und teste eine Instanz von AManagedClass");
    AManagedClass *amc = new AManagedClass();
    Console::WriteLine("Fülle das Array");
    amc->FillArray();
    amc->ShowArray();

    Console::WriteLine();

    Console::WriteLine("Erstelle und benutze einen Delegaten");
    CDelegateHolder *dh;
```

```
    dh = new CDelegateHolder();
    AManagedDelegate *amd;
    amd = new AManagedDelegate(dh, dh->DelegateFn);
    amc->UseDelegate(amd);
    Console::WriteLine();

    Console::WriteLine(
            "Spreche via IAManagedInterface mit dem Objekt");
    IAManagedInterface *ami;
    ami = amc;
    ami->MethodA();
    ami->MethodB();
    Console::WriteLine();
    UseGcStruct();

    Console::WriteLine();
    UseValueStruct();

    GC::Collect();

    return 0;
}
```

Sehen Sie sich noch einmal den Anfang des Codes an, bevor es an die Einzelheiten geht. Dort gibt es eine #include-Direktive für stdafx.h. Das soll natürlich so sein. Die Datei stdafx.h enthält einen Verweis auf die Datei mscorlib.dll. An diese #include-Direktive schließen sich einige #using-Direktiven an. Die erste verweist auf die Kernbibliothek der Laufzeitschicht. Die zweite auf die Assembly Ex32a. Der Verweis auf Ex32a macht die Typen aus dieser Assembly in der Anwendung verfügbar. An die #using-Direktiven schließen sich zwei using-Anweisungen an, mit denen Namespaces festgelegt werden. Sie dienen eigentlich nur der Bequemlichkeit: Sie brauchen nicht mehr jede Variable und jedes Objekt, das Sie benutzen, vollständig anzugeben.

Die entscheidende Grundstruktur aller Konsolenanwendungen in .NET ist gleich. Die Assembly braucht nur eine einzige Klasse zu enthalten. (Sie können der Klasse einen beliebigen Namen geben.) Die Klasse braucht nur eine einzige Methode zu haben, nämlich eine statische Methode namens *Main*. Das ist der Eintrittspunkt der Anwendung.

Der Hauptthread der Anwendung legt dann die gewünschten Variablen mit den Typen aus der Ex32a.dll an und benutzt sie. Das erste Objekt ist eine Instanz von *AManagedClass*. Beachten Sie bitte die Aufrufe von *FillArray* und *ShowArray*. Diese Methoden füllen eine *ArrayList* (ein Datenelement in *AManagedClass*, es stellt ein Array mit *IPerson*-Elementen dar). *ShowArray* fragt jedes Element des Arrays, von welchem Typ es ist. Und dann ruft sie die *IPerson*-Methoden *Eat*, *Work* und *Sleep* des Elements auf.

Beachten Sie bitte die Klasse *CDelegateHolder* gegen Anfang der Datei. Diese Klasse hat eine Funktion mit derselben Signatur wie *AManagedDelegate*. Die Anwendung Ex32b übergibt eine Instanz dieser Methode an die Methode *UseDelegate* der *AManagedClass*-Variablen, um den Umgang mit Delegaten zu demonstrieren.

Dann konvertiert Ex32b das *AManagedClass*-Objekt nach *IAManagedInterface* und benutzt das Objekt über diese Schnittstelle. Das zeigt, wie man eine Objektinstanz auf eine ihrer Schnittstellen reduzieren und sie über diesen Schnittstellentyp benutzen kann.

Zum Schluss legt der Hauptthread noch Instanzen von *AManagedGcStruct* und *AManagedValueStruct* an, um zu zeigen, wie verwaltete Wert- und Verweistypen arbeiten. Beachten Sie bitte, dass die Struktur als Werttyp einfach auf dem Stapel liegt, während der Verweistyp auf dem Heap angelegt wird, wo er der Garbage Collection unterliegt (Verweistypen werden mit dem Operator *new* angelegt).

Die letzte Aktion des Beispielprogramms Ex32b ist der Aufruf des Garbage Collectors mit *GC::Collect*. Beachten Sie bitte, dass die *Finalize*-Methoden der Objekte aufgerufen werden, während die Garbage Collection läuft.

Abbildung 32.2 zeigt, welche Meldungen das Beispiel Ex32b während seines Laufs auswirft.

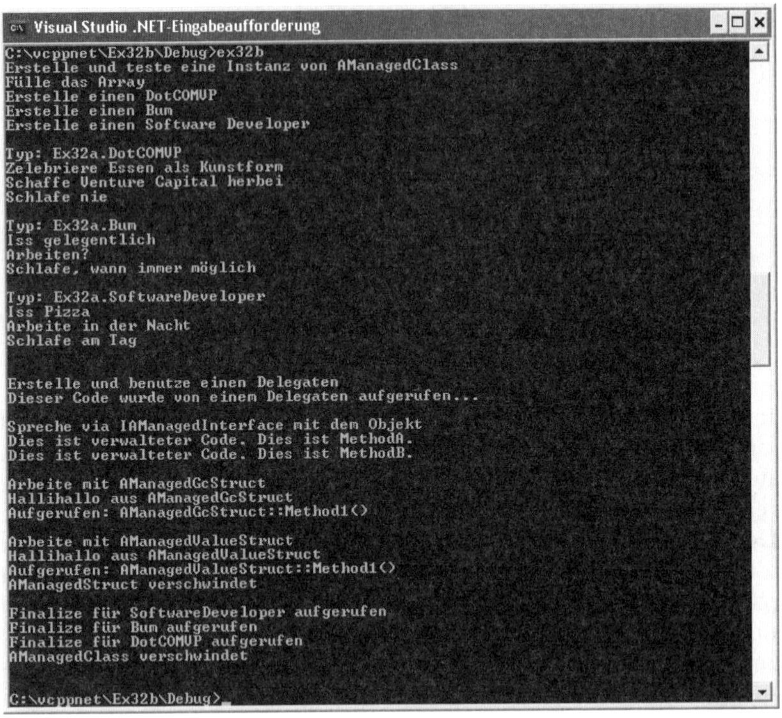

```
C:\vcppnet\Ex32b\Debug>ex32b
Erstelle und teste eine Instanz von AManagedClass
Fülle das Array
Erstelle einen DotCOMVP
Erstelle einen Bum
Erstelle einen Software Developer

Typ: Ex32a.DotCOMVP
Zelebriere Essen als Kunstform
Schaffe Venture Capital herbei
Schlafe nie

Typ: Ex32a.Bum
Iss gelegentlich
Arbeiten?
Schlafe, wann immer möglich

Typ: Ex32a.SoftwareDeveloper
Iss Pizza
Arbeite in der Nacht
Schlafe am Tag

Erstelle und benutze einen Delegaten
Dieser Code wurde von einem Delegaten aufgerufen...
Spreche via IAManagedInterface mit dem Objekt
Dies ist verwalteter Code. Dies ist MethodA.
Dies ist verwalteter Code. Dies ist MethodB.
Arbeite mit AManagedGcStruct
Hallihallo aus AManagedGcStruct
Aufgerufen: AManagedGcStruct::Method1()
Arbeite mit AManagedValueStruct
Hallihallo aus AManagedValueStruct
Aufgerufen: AManagedValueStruct::Method1()
AManagedStruct verschwindet

Finalize für SoftwareDeveloper aufgerufen
Finalize für Bum aufgerufen
Finalize für DotCOMVP aufgerufen
AManagedClass verschwindet

C:\vcppnet\Ex32b\Debug>
```

***Abbildung 32.2:*** *Die Konsolenanwendung Ex32b*

# Umstellung vorhandenen Codes auf verwaltetes C++

Wie Sie an den bisherigen Beispielen sehen, ist der Umgang mit verwalteten Typen in C++ ziemlich einfach. Verwaltete Typen sehen wie normale C++-Typen aus, sie schmecken so – und sie fühlen sich auch so an. Allerdings machen sie wesentlich weniger Probleme.

Die Neuentwicklung von C++-Assemblys wird durch die Visual C++-Projektassistenten erleichtert. Allerdings wird es gelegentlich erforderlich sein, vorhandenen Code nachträglich auf verwaltetes C++ umzustellen. Sehen wir uns daher an, wie man eine normale C++-Anwendung in eine verwaltete C++-Anwendung umwandelt.

Zuerst ändern Sie die Projektkonfiguration. Den C++-Standardprojekten fehlen die entsprechenden Compiler- und Linkerschalter, damit der Code für die CLR kompiliert und gelinkt wird. Sie müssen den Schalter */clr* hinzufügen. Er schaltet die Unterstützung für die Managed Extensions frei und sorgt dafür, dass beim Linken die richtige Bibliothek benutzt wird. Zur Änderung der Projektkonfiguration klicken Sie den Projektknoten im Projektmappenexplorer mit der rechten Maustaste an und wählen *Eigenschaften*. Klicken Sie auf der linken Seite der *Eigenschaftenseiten* den Ordner *C/C++* an und dann den Ordner *Allgemein* unter *C/C++*. Wählen Sie für den Punkt *Als verwaltet kompilieren* die Option *Assemblyunterstützung (/CLR)*. Wenn es sich bei Ihrer Anwendung um eine MFC-Anwendung handelt, müssen Sie wahrscheinlich auch noch einige der anderen Optionen ändern. So müssen Sie zum Beispiel die Option *Programmdatenbank zum Bearbeiten und Fortfahren (/ZI)* abschalten.

Normalerweise ist die Compileroption */clr* abgeschaltet. Wird sie eingeschaltet, so werden für den gesamten Code Metadaten generiert (wow!). Jeder Code, der sich zu verwaltetem Code kompilieren lässt, wird auch entsprechend kompiliert. Natürlich gibt es einige C++-Konstrukte, bei denen dies nicht möglich ist. Die folgenden Codeteile werden automatisch als unverwalteter Code kompiliert:

- *__asm*-Blöcke.
- Funktionen mit einer variablen Zahl von Parametern.
- Vom Compiler generierte Thunks oder Hilfsfunktionen. Für jeden Aufruf einer Funktion über einen Zeiger wird ein Thunk generiert, auch für Aufrufe virtueller Funktionen.
- Funktionen, die *setjmp* aufrufen.
- Funktionen, die direkt auf Maschinenressourcen zugreifen. So führt die Anwendung von *__enable/__disable* und *_ReturnAddress/_AddressOfReturnAddress* zum Beispiel dazu, dass eine Funktion zu unverwaltetem Code kompiliert wird.
- Code, der nach einer *#pragma unmanaged*-Direktive folgt.
- Funktionen, die auf speziell ausgerichtete Typen zugreifen (Typen, die mit *__declspec(align(...)* deklariert werden).

Die Anwendung der Compileroption */clr* bedingt, dass die Option */MT* nicht angegeben wird. Das veranlasst Compiler und Linker dazu, die Multithreadversionen der CRT-Laufzeitfunktionen zu verwenden. Das ist erforderlich, weil der Garbage Collector die *Finalize*-Methoden der Objekte auf einem Thread aufruft, der vom Hauptthread der Anwendung unabhängig ist.

Sobald die Zielanwendung mit den verwalteten Erweiterungen kompiliert wurde, können Sie auf alle Teile des .NET Frameworks zugreifen, einschließlich ihrer eigenen verwalteten Typen und der gemeinsamen .NET-Bibliothek. Beachten Sie bitte, dass in den Programmbeispielen aus diesem Kapitel vordefinierte Systemtypen (wie *String*, *ArrayList* und *Console*) und Typen eingesetzt werden, die in einer benutzerdefinierten Assembly definiert werden.

Natürlich sind einige Dinge zu beachten, wenn man verwaltete Typen und unverwaltete Typen kombiniert. So dürfen Sie zum Beispiel keine verwalteten Typen in unverwaltete Typen schachteln. Das ist durchaus nachvollziehbar, denn wie soll sich der Destruktor einer unverwalteten Klasse verhalten, die verwaltete Typen enthält? Sie können von einem unverwalteten Typ keinen verwalteten Typ ableiten. Wenn eine Klasse verwaltet ist, muss sie es vollständig sein. Das bedeutet, dass es im Allgemeinen nicht sehr sinnvoll ist, die Managed Extensions in einer MFC-Anwendung einzusetzen. Sie können keinen verwalteten Typ in einer unverwalteten Klasse als Datenelement einsetzen. Allerdings können Sie für die Dauer eines Methodenaufrufs eine Instanz von einem verwalteten Typ anlegen. Die folgenden Zeilen legen zum Beispiel in unverwaltetem Code eine verwaltete *ArrayList* an:

```
void UseAManagedType() {
    ArrayList* al;
    al = new ArrayList();
}
```

Vergessen Sie bitte nicht, dass die MFC in der Debugversion den Operator *new* neu definieren, um den Speicher überprüfen zu können. Das bedeutet, dass Sie nicht mit der verwalteten Version von *new* arbeiten können. Sie erhalten sonst die Fehlermeldung C3828: »Positionierungsargumente sind während des Erstellens von Instanzen von verwalteten Klassen nicht erlaubt.« Um diese Meldung loszuwerden, können Sie die Neudefinition des *new*-Operators mit den folgenden Pragmas zeitweilig aufheben:

```
void UseAManagedType() {
#pragma push_macro("new")
#undef new
    ArrayList* al;
    al = new ArrayList();
#pragma pop_macro("new")
}
```

Auf diese Weise können Sie in einer unverwalteten Anwendung verwaltete Typen einsetzen. Allerdings werden die meisten Client-Neuentwicklungen über kurz oder lang wohl mit Windows Forms und ASP.NET durchgeführt, das wir uns in den nächsten beiden Kapiteln ansehen werden.

# 33 Windows Forms-Programmierung mit verwaltetem C++

833 Windows Forms
854 Was in Windows Forms noch fehlt

Im vorigen Kapitel haben wir uns mit den Grundlagen des verwalteten Codes in C++ beschäftigt. Nun können wir diese Informationen in die Praxis umsetzen. Die Common Language Runtime kann erstaunlich viel und hat eine ganze Reihe von Diensten zu bieten. Zu den wichtigsten Dingen dürfte wohl Windows Forms zur Entwicklung von Desktopanwendungen und ASP.NET zur Entwicklung von Webanwendungen gehören. Beginnen wir mit Windows Forms. Ein weiterer wichtiger Aspekt ist der verwaltete Datenzugriff. Auf den verwalteten Datenzugriff mit ADO.NET kommen wir in Kapitel 35 zu sprechen.

## Windows Forms

Die herkömmliche Softwareentwicklung für Microsoft Windows wurde in diesem Buch bereits ausführlich besprochen. Im Wesentlichen ging es um die Microsoft Foundation Classes (MFC) als schnellste Methode zur Entwicklung von Hochleistungsanwendungen für Windows. Über Jahre hinweg waren die MFC der beste Weg, um leistungsfähige, umfassende Desktopanwendungen zu entwickeln. Das Microsoft .NET führt ein neues Anwendungsgerüst ein. Es heißt Windows Forms.

Obwohl sich .NET derzeit natürlich hauptsächlich am Internet orientiert, wird die Entwicklung von normalen Clientanwendungen immer ein zentrales Thema bleiben. Die Benutzerschnittstelle von Windows gibt es nun schon geraume Zeit. Und was sich so lange hält, wird auch nicht so schnell verschwinden.

Einige wesentliche Teile der Softwareentwicklung für Windows werden sich auf absehbare Zeit wahrscheinlich nicht ändern. Es wird vermutlich immer möglich sein, Windows-Anwendungen mit einer *WndProc*-Funktion zu schreiben und den Code nach Art von Petzold zu formulieren oder die Anwendung mit der MFC zu entwickeln. Windows Forms bietet den Windows-Entwicklern aber die höchste verfügbare Abstraktionsebene. Es fördert eine Entwicklung, die sich an Formularen orientiert, ähnlich wie Microsoft Visual Basic. Allerdings macht Windows Forms die Benutzerschnittstelle nun in einer Weise für alle Entwickler verfügbar (auch für Leute, die mit verwaltetem C++ arbeiten), wie sie Visual Basic-Entwickler schon seit Jahren genießen durften.

## Hinter der Fassade

Als MFC-Programmierer sind Sie es gewohnt, mit einer einzigen Klassenbibliothek zu arbeiten, die es zudem nur für C++ gibt. Die .NET Windows Forms-Bibliothek ist etwas anders. Die Windows Forms-Klassen gehören zur .NET Common Language Runtime. Wir haben uns bereits damit beschäftigt, wie sich die MFC als dünne Softwareschicht über die API-Ebene legt. Wenn Sie sich den MFC-Quelltext ansehen, stoßen Sie auf eine *WinMain*-Funktion und auf einige Meldungsschleifen – das Herz jedes Windows-Programms. Unter der Haube arbeiten alle Windows-Anwendungen im Wesentlichen in derselben Weise. Windows-Anwendungen registrieren Fensterklassen, die eine *WndProc* mit einer bestimmten Fenstergestaltung verbinden. Windows-Anwendungen benutzen Fensterklassen, um die Elemente der Windows-Benutzerschnittstelle zu erstellen. Windows definiert selbst schon einige Standardfensterklassen (wie zum Beispiel die Klassen *BUTTON* und *COMBOBOX*).

In den Anfangstagen der Windows-Programmierung wurden die Anwendungen praktisch von Grund auf neu entwickelt und die Entwickler verbrachten einen beträchtlichen Teil ihrer Zeit damit, das Grundgerüst zum Laufen zu bringen. Sobald das Grundgerüst stand, konnte man sich um die Ereignisse kümmern, die bearbeitet werden sollten, indem man eine relativ umfangreiche *switch*-Anweisung durch immer neue *case*-Abschnitte ergänzte. Die MFC sorgte dafür, dass die Entwickler nicht immer wieder bei *WinMain* und *WndProc* anfangen mussten. Windows Forms setzt diese Entwicklung fort und lässt noch mehr Details verschwinden, sodass Sie sich nicht ständig mit immer wieder demselben Standardcode beschäftigen müssen.

## Die Struktur von Windows Forms

Windows Forms-Anwendungen sind ungefähr wie Visual Basic-Anwendungen strukturiert und die Arbeit mit Windows Forms ähnelt der Entwicklung mit Visual Basic. Anwendungen, die mit dem SDK entwickelt werden, benutzen direkt die Win32-Programmierschnittstelle. Wir haben bereits besprochen, dass die MFC eigentlich nur eine hauchdünne Verblendung der Win32-Programmierschnittstelle ist, die ihr gegenüber dem C++-Code der Anwendung einen objektorientierten Anstrich gibt. Windows Forms verbirgt noch mehr von den üblichen Details der Windows-Programmierung als die MFC. Windows Forms-Anwendungen haben dieselben allgemeinen Eigenschaften, die eine normale Windows-Anwendung hat. Sie reagieren auf die üblichen Ereignisse, wie zum Beispiel auf eine Bewegung der Maus oder auf eine Menüauswahl. Windows Forms kann auch Daten im Clientbereich anzeigen. Allerdings ist die Syntax zur Programmierung dieser Mechanismen etwas abstrakter als die Syntax eines SDK- oder MFC-Programms.

Windows Forms eignet sich sehr schön zur Erstellung der üblichen Windows-Anwendungen, mit denen wir uns bis jetzt beschäftigt haben, nämlich für Single Document Interface-Anwendungen (SDI), Multiple Document Interface-Anwendungen (MDI) und Anwendungen auf Dialogfeldbasis. Ein großer Teil der Windows Forms-Entwicklung betrifft den Umgang mit Formularen und die Definition einer Benutzerschnittstelle mit den üblichen Steuerelementen (Kombinationsfelder, Beschriftungen, Eingabefelder und so weiter). Diese Steuerelemente finden sich alle in der Common Language Runtime. Allerdings ist Windows Forms nicht nur auf Formulare beschränkt. Es kann auch eine Leinwand hervorzaubern, auf der Sie alles malen können, was Sie möchten – wie beim gewohnten GDI-Gerätekontext.

Windows Forms erleichtert die Programmierung von Desktop-Benutzerschnittstellen in vielfältiger Weise. So definiert Windows Forms zum Beispiel das Erscheinungsbild der Schnittstelle mit Hilfe von Eigenschaften. Wenn Sie beispielsweise ein Fenster mit dem entsprechenden Programmcode auf dem Bildschirm verschieben möchten, ändern Sie mit dem Programmcode den Wert der Eigenschaft *Location* des Fensters. Bei der MFC-Programmierung verschieben Sie ein Fenster dagegen durch den Aufruf von *CWnd::MoveWindow*. Das Verhalten der Windows Forms-Formulare wird durch ihre Methoden bestimmt und sie reagieren auch auf Ereignisse, sodass natürlich auch eine Interaktion mit dem Benutzer möglich ist.

Die Klassen, die für die Erstellung einer Windows Forms-Anwendung erforderlich sind, werden von der Common Language Runtime angeboten. Die wichtigste Ausgangsklasse aller Windows Forms-Anwendungen ist die Klasse *System::Windows::Forms::Form*. Die Entwicklung eines Windows Forms-Fensters bedeutet, so lange die Eigenschaften des Fensters zu verändern, bis es so aussieht, wie es aussehen soll. Dann richtet man die Ereignishandler für Mausbewegungen, Menüs und Befehle ein. Da eine Windows Forms-Klasse eine ganz normale, vererbbare CLR-Klasse ist, können Sie auch mit Windows Forms-Klassen in der OOP-üblichen Weise Hierarchien aufbauen. Derzeit bietet die CLR aber nur die wichtigsten Klassen zur Erstellung von Anwendungen an. Allerdings sind viele andere Firmen schon eifrig dabei, neue Windows Forms-Komponenten und Steuerelemente zu entwickeln.

## Ein Windows Forms-Assistent

In Microsoft Visual Studio .NET gibt es einen Assistenten, der Windows Forms-Anwendungen generieren kann. Allerdings hat er sich relativ gut versteckt. Sie finden ihn in der Online-Hilfe unter »Beispiele für benutzerdefinierte Assistenten.« Klicken Sie die Verknüpfung *ManagedCWinFormWiz* an und befolgen Sie die Anweisungen zur Installation des Assistenten. (Falls die Installation nach den Angaben der Online-Hilfe nicht funktioniert, finden Sie die Dateien vermutlich auch direkt auf dem Datenträger von Visual Studio .NET – wahrscheinlich im Verzeichnis samples\extensibility\appwizards\managedcwinformwiz.) Wir benutzen diesen Assistenten zur Erstellung einer einfachen Windows Forms-Anwendung, damit wir uns einen Eindruck davon verschaffen können, wie Windows Forms funktioniert.

### Das Beispiel Ex33a: Eine einfache Windows Forms-Anwendung mit Menü und Statusleiste

Sie können sich einfach das Beispielprogramm Ex33a auf der Begleit-CD dieses Buchs ansehen oder Sie lassen den *Managed C++ Windows Forms Projekt-Assistenten* den Code generieren. Damit Sie den Assistenten benutzen können, muss er natürlich installiert sein. (Informationen darüber, wie man den Assistenten installiert, erhalten Sie beim Herunterladen des Assistenten.) Wählen Sie im Menü *Datei* den Befehl *Neu*, *Projekt* und dann das *Managed C++ Windows Forms Project*. Geben Sie als Projektnamen **Ex33a** ein und klicken Sie auf *OK*.

Der Assistent wirft folgenden Code aus:

**Source.cpp**

```cpp
#using <mscorlib.dll>
using namespace System;

// erforderliche dlls für Windows Forms
#using "System.dll"
#using "System.Windows.Forms.dll"
#using "System.Drawing.dll"

// erforderliche Namespaces für Windows Forms
using namespace System::ComponentModel;
using namespace System::Windows::Forms;
using namespace System::Drawing;

__gc class WinForm: public Form
{
private:
    StatusBar   *statusBar;
    Button      *closeButton;
    MainMenu    *mainMenu;
    MenuItem    *fileMenu;
    Label       *todoLabel;

    String      *caption;       // Beschriftung des Windows Form
    int         width;          // Breite des Windows Form
    int         height;         // Höhe des Windows Form
public:
    WinForm()
    {
        // Beschriftung und Größe des Windows Form festlegen
        caption = "Standardmäßiges Windows Form-Beispiel";
        width = 400;
        height = 500;

        InitForm();
    }
    void Dispose(bool disposing)
    {
        // Das Formular wird zerstört. Nehmen Sie hier alle notwendigen Bereinigungen vor.
        Form::Dispose(disposing);
    }
    void InitForm()
    {
        // Steuerelemente hier einrichten

        // Grundlegende Windows Form-Einstellungen
        Text = caption;
        Size = Drawing::Size(width, height);

        // Menü einrichten
        mainMenu = new MainMenu();
        fileMenu = new MenuItem("&Datei");
        mainMenu->MenuItems->Add(fileMenu);
        fileMenu->MenuItems->Add(new MenuItem("&Beenden",
                        new EventHandler(this, &WinForm::OnFileExit)));
        Menu = mainMenu;
```

```
        // Beschriftung
        todoLabel = new Label();
        todoLabel->Text = "TODO: Platzieren Sie die Steuerelemente hier.";
        todoLabel->Size = Drawing::Size(150, 100); // (wichtige Änderung)
        todoLabel->Location = Point (100, 100);
        Controls->Add(todoLabel);
        // Statusleiste festlegen
        statusBar = new StatusBar();
        statusBar->Text = "Statusleiste hier";
        Controls->Add(statusBar);
        // Schaltfläche zum Schließen einrichten
        closeButton = new Button();
        closeButton->Text = "&Schließen";
        closeButton->Size = Drawing::Size(75, 23);
        closeButton->TabIndex = 0;
        closeButton->Location = Drawing::Point(width/2 - (75/2), height - 23 - 75);
        closeButton->Click += (new EventHandler(this, &WinForm::OnCloseButtonClick));
        Controls->Add(closeButton);
    }
    void OnCloseButtonClick(Object *sender, EventArgs *e)
    {
        Close();
    }
    void OnFileExit(Object *sender, EventArgs *e)
    {
        Close();
    }
};
void main()
{
    // ds
    // Mit dieser Zeile wird eine Windows Form-Instanz erstellt und
    // als Hauptfenster der Anwendung verwendet.
    Application::Run(new WinForm());
}
```

Der oben gezeigte Code wurde allerdings etwas geändert. In der Form, wie ihn der Assistent auswirft, verdeckt der »TODO«-Kommentar die Schaltfläche *Schließen*. In der oben gezeigten Form beansprucht der Kommentar etwas weniger Platz. Wir werden uns die *Form*-Klasse im nächsten Abschnitt etwas genauer ansehen.

Abbildung 33.1 zeigt, wie sich das Windows Forms- Beispiel Ex33a auf dem Bildschirm präsentiert.

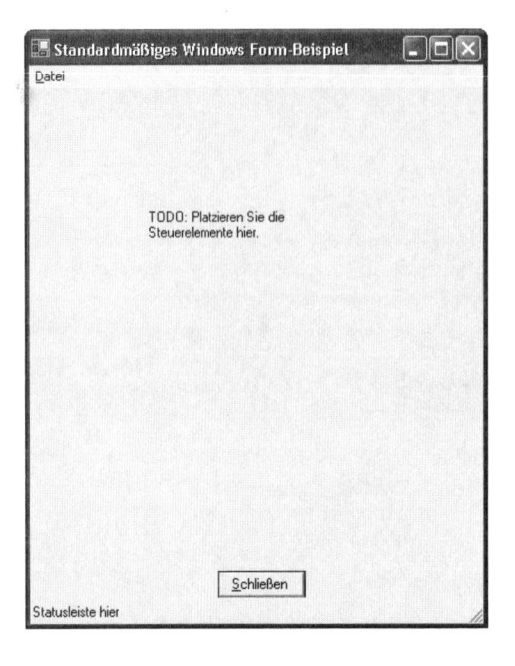

***Abbildung 33.1:*** *Das einfache Windows Forms-Beispiel Ex33a*

# Die *Form*-Klasse

Windows Forms-Anwendungen beruhen auf einer Klasse, die von der CLR-Klasse *Form* abgeleitet wird. Wie die MFC als C++-Klassenbibliothek viele Details vor dem Programmierer verbirgt, die zum Betrieb einer Windows-Anwendung erforderlich sind, so verbergen auch die CLR-Klassen viele Details. Das bedeutet, dass Sie keine *WndProc*-Funktionen mehr definieren, keine Fensterklassen registrieren und keine Meldungsschleifen mehr einrichten brauchen.

Beachten Sie die #*using*-Direktive am Anfang der Datei Source.cpp von Ex33a. Diese Direktive bindet die CLR ein, die in der Datei mscorlib.dll liegt. Die *namespace*-Anweisungen erleichtern die Schreibarbeit beim Codieren. Durch sie ist es nicht mehr erforderlich, jede einzelne Variable vollständig anzugeben.

Da dieses Beispiel in verwaltetem C++ geschrieben wurde, beginnt die Deklaration der Klasse *WinForm* mit einem __*gc*. Vergessen Sie bitte nicht, dass Windows Forms-Anwendungen ganz normale CLR-Anwendungen sind. Die Objekte ihrer Verweisklassen liegen daher auf dem Heap und unterliegen der Garbage Collection.

Mit den *Form*-Klassen lässt sich jedes Standardfenster darstellen. Sie brauchen nur darauf zu achten, dass Sie die richtige Basisklasse wählen und die Eigenschaften so festlegen, dass das Fenster so aussieht, wie Sie es sich vorstellen. (So gibt es für MDI-Anwendungen zum Beispiel eine Klasse *MdiClient*.) Das geht im Allgemeinen viel einfacher als mit dem Windows-SDK oder sogar mit der MFC. Im Eigenschaftenfenster von Visual Studio .NET können Sie diese Fenstereigenschaften schon beim Entwurf festlegen. Oder Sie richten die Eigenschaften mit dem entsprechenden Programmcode zur Laufzeit ein.

Windows Forms-Anwendungen bieten den Entwicklern, die für die CLR arbeiten, die Einfachheit der Visual Basic-Entwicklung. Irgendwann wird es auch für den Betrachter deutlich werden, dass die Anwendungen einheitlicher aussehen, weil die Entwickler dasselbe Grundgerüst benutzen. Das bedeutet, dass Unterschiede wie zwischen MFC-Anwendungen, Visual Basic-Anwendungen, Windows SDK-Anwendungen und so weiter verschwinden werden.

## Ereignisse

Windows ist ein ereignisgesteuertes Betriebssystem. Unter diesem Gesichtspunkt hat jedes Windows-Programm die Aufgabe, sich um die auftretenden Ereignisse zu kümmern. Wir haben bereits MFC-Code für die verschiedensten Ereignisse geschrieben, zum Beispiel für Mausbewegungen, den Druck auf eine Maustaste und Tastatureingaben. Windows Forms sieht zur Bearbeitung der meisten Ereignisse vor, das jedes Ereignis, um welches sich die Anwendung kümmern soll, ein passender Ereignishandler installiert wird. Beachten Sie bitte, wie das Beispielprogramm Ex33a die Ereignismeldungen abfängt, die vom Menüpunkt *Beenden* aus dem Menü *Datei* und von der Schaltfläche *Schließen* verschickt werden, die vom Programm dynamisch angelegt werden. Vergleichen Sie das mit der Art und Weise, wie MFC-Anwendungen Ereignismeldungen erhalten und mit Hilfe der Meldungstabellen durch eine recht komplexe Befehlsausführungsarchitektur leiten. Windows Forms benutzt für Befehle und Windows-Meldungen denselben Bearbeitungsmechanismus. Die *Form*-Klasse nimmt die Meldungen an und wenn es einen Handler für die betreffende Meldung gibt, wird er aufgerufen.

## Ausgaben auf dem Bildschirm

Jedes Anwendungsgerüst für Windows lässt Ausgaben auf dem Bildschirm zu. Die Klasse *Form* definiert eine Ereignisfunktion namens *OnPaint*, die für *WM_PAINT*-Meldungen zuständig ist. Die Klasse *Form* fängt diese Meldungen ab und Sie können einen Handler installieren, der für die gewünschte Darstellung auf dem Bildschirm sorgt. Die Ausgabe mit Windows Forms ist im Allgemeinen einfacher als mit der GDI. Die Ausgabeoperationen werden von einem *Graphics*-Objekt gekapselt, das als Argument an *OnPaint* übergeben wird.

Das Beispielprogramm Ex33a zeigte einfach eine Beschriftung und eine Schaltfläche im Formular an. Das nächste Beispiel demonstriert, was aus den vielen Grafikoperationen von Windows geworden ist.

### Das Beispiel Ex33b: Bearbeitung des *Paint*-Ereignisses

Ex33b zeigt, wie man mit dem *Paint*-Ereignis umgeht. Das Grundgerüst für dieses Programm wurde wieder vom Assistenten *Managed C++ Windows Forms Project* generiert. Hier ist der Code für Ex33b:

**Source.cpp**

```cpp
#using <mscorlib.dll>
using namespace System;

// erforderliche dlls für Windows Forms
#using "System.dll"
#using "System.Windows.Forms.dll"
#using "System.Drawing.dll"

// erforderliche Namespaces für Windows Forms
using namespace System::ComponentModel;
using namespace System::Windows::Forms;
using namespace System::Drawing;

__gc class Shape
{
public:
    Rectangle m_rect;
    Color m_PenColor;

    Shape()
    {
        m_rect.set_X(0);
        m_rect.set_Y(0);
        m_rect.set_Height(0);
        m_rect.set_Width(0);

        m_PenColor = Color::Black;
    }
    Shape(Rectangle r)
    {
        m_rect=r;
        m_PenColor = Color::Black;
    }
    virtual void Draw(System::Drawing::Graphics* g)
    {
    }
};
__gc class Line : public Shape
{
public:
    Line(Rectangle r) :
        Shape(r)
    {
        m_rect=r;
    }
    Line():
        Shape()
    {
    }
    void Draw(System::Drawing::Graphics* g)
    {
        g->DrawLine(new Pen(m_PenColor), m_rect.Left,
            m_rect.Top, m_rect.Right, m_rect.Bottom);
    }
};
__gc class Circle : public Shape
```

```cpp
__gc class Circle : public Shape
{
public:
    Circle(Rectangle r) :
        Shape(r)
    {
        m_rect=r;
    }
    Circle():
        Shape()
    {
    }
    void Draw(System::Drawing::Graphics* g)
    {
        g->DrawEllipse(new Pen(m_PenColor), m_rect.Left,
            m_rect.Top, m_rect.Right, m_rect.Bottom);
    }
};
__gc class Rect : public Shape
{
public:
    Rect(Rectangle r) :
        Shape(r)
    {
        m_rect=r;
    }
    Rect():
        Shape()
    {
    }
    void Draw(System::Drawing::Graphics* g)
    {
        g->DrawRectangle(new Pen(m_PenColor),
            m_rect.Left, m_rect.Top,
            m_rect.Right, m_rect.Bottom);
    }
};
__gc class WinForm: public Form
{
private:
    MainMenu  *mainMenu;
    MenuItem  *fileMenu;

    String    *caption;     // Beschriftung des Windows Form
    int       width;        // Breite des Windows Form
    int       height;       // Höhe des Windows Form

    Shape*    l;  // Line
    Shape*    c;  // Kreis
    Shape*    r;  // Rechteck

    Shape*    l2; // Linie
    Shape*    c2; // Kreis
    Shape*    r2; // Rechteck
```

*Windows Forms-Programmierung mit verwaltetem C++*

```cpp
public:
    WinForm()
    {   // Beschriftung und Größe des Windows Form festlegen
        caption = "Standardmäßiges Windows Form-Beispiel";
        width = 400;
        height = 500;

        InitForm();
    }

    void Dispose(bool disposing)
    {
        // Das Formular wird zerstört. Nehmen Sie hier alle notwendigen Bereinigungen vor.
        Form::Dispose(disposing);
    }

    void CreateShapes()
    {
        int x = 10;
        int y = 30;

        l = new Line(Rectangle(x, y, 30, 60));
        x = x + 50;

        c = new Circle(Rectangle(x, y, 30, 60));
        x = x + 170;

        r = new Rect(Rectangle(x, y, 60, 60));

        y = 160;
        x = 10;
        l2 = new Line(Rectangle(x, y, 30, 60));
        l2->m_PenColor = Color::Red;
        x = x + 50;

        c2 = new Circle(Rectangle(x, y, 30, 60));
        c2->m_PenColor = Color::Blue;
        x = x + 170;

        r2 = new Rect(Rectangle(x, y, 60, 60));
        r2->m_PenColor = Color::Green;
    }

    void DrawShapes(System::Drawing::Graphics* g)
    {
        l->Draw(g);
        c->Draw(g);
        r->Draw(g);

        l2->Draw(g);
        c2->Draw(g);
        r2->Draw(g);
    }

    void InitForm()
    {
        CreateShapes();

        // Steuerelemente hier einrichten
        // Grundlegende Windows Form-Einstellungen
        Text = caption;
        Size = Drawing::Size(width, height);
```

```
        // Menü einrichten
        mainMenu = new MainMenu();
        fileMenu = new MenuItem("&Datei");
        mainMenu->MenuItems->Add(fileMenu);
        fileMenu->MenuItems->Add(new MenuItem("&Beenden",
            new EventHandler(this, &WinForm::OnFileExit)));
        Menu = mainMenu;
        //Paint-Handler
        Paint += new PaintEventHandler(this, OnPaint);
    }
    void OnPaint(Object* sender, PaintEventArgs* e)
    {
        SolidBrush* b;
        b = new SolidBrush(Color::Black);

        e->Graphics->DrawString("Hello World",
            this->Font, b, System::Drawing::PointF(10, 10));
        DrawShapes(e->Graphics);
    }
    void OnFileExit(Object *sender, EventArgs *e)
    {   Close();
    }
};
void main()
{
    // Mit dieser Zeile wird eine Windows Form-Instanz erstellt und
    // als Hauptfenster der Anwendung verwendet.
    Application::Run(new WinForm());
}
```

## Grafikausgabe

Der Beispielcode, den der Assistent generiert, kümmert sich eigentlich nicht um Grafik. Daher demonstriert Ex33b, wie man eine Grafik aufbauen kann. Der Anzeigecode von Ex33b benutzt GDI+, eine Erweiterung der normalen GDI, die wir schon bei der Arbeit mit der MFC kennen gelernt haben. Beachten Sie bitte, dass gegen Anfang der Datei Source.cpp drei geometrische Figuren definiert werden, nämlich ein Strich, ein Quadrat und ein Kreis. Die drei Klassen werden von einer Klasse namens *Shape* abgeleitet. Die *Shape*-Klasse hat einige Attribute (eine Farbe und ein Begrenzungsrechteck) und eine *Draw*-Methode.

Die Klasse *Shape* und ihre Abkömmlinge werden als __gc-Klassen definiert. Daher liegen ihre Objekte auf dem Heap und unterliegen der Garbage Collection. Die *Draw*-Methode hat einen Parameter vom Typ *System::Drawing::Graphics*. Dieser Typ kapselt das Gerätekontexthandle der GDI und hat Funktionen wie *LineTo*, *Ellipse* und *Rectangle*.

In der Klasse *Form* gibt es ein Ereignis namens *Paint*, für das Sie einen Handler bereitstellen können. Installiert wird der Handler in der Methode *InitForm*. Beachten Sie bitte, dass *InitForm* einige Instanzen der von *Shape* abgeleiteten Klassen anlegt. Wenn Windows das Fenster anzeigt, geht der *Paint*-Handler von *Shape*-Objekt zu *Shape*-Objekt und fordert jedes durch den Aufruf der betreffenden *Draw*-Methode auf, sich auf dem Bildschirm darzustellen.

Die Methode *Draw* übernimmt das *Graphics*-Objekt als Argument und stellt die Figur dann mit dem passenden GDI+-Aufruf dar. Die entsprechende Funktion befindet sich im *Graphics*-

Objekt. Der Strich (das *Line*-Objekt) benutzt *Graphics::DrawLine*, das Rechteck benutzt *Graphics::DrawRectangle* und der Kreis *Graphics::DrawEllipse*. Im Allgemeinen ist die Darstellung eines Objekts mit GDI+ einfacher als mit der GDI.

Abbildung 33.2 zeigt Ex33b bei der Arbeit.

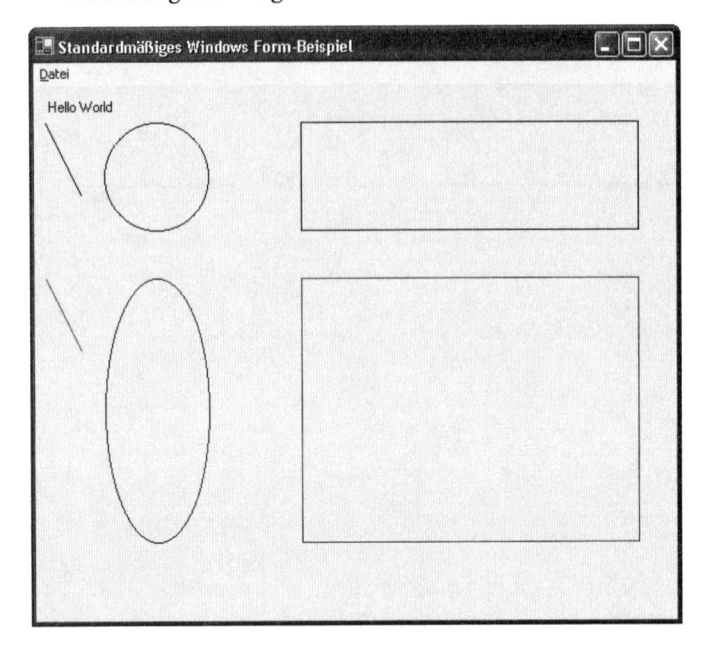

***Abbildung 33.2:*** *Das Beispielprogramm Ex33b*

### Das Beispiel Ex33c: Ein interaktives Zeichenprogramm

Das nächste Beispielprogramm zeigt, wie die Interaktion mit dem Benutzer unter Windows Forms funktioniert. Ex33c ist eine Variante von Ex33b. Allerdings berücksichtigt Ex33c nun auch Mausbewegungen und es ändert den Gerätekontext im *Graphics*-Objekt etwas ab.

Wie bei Ex33a und Ex33b wurde auch das Grundgerüst von Ex33c mit dem Assistenten *Managed C++ Windows Forms Project* generiert. Ich habe die »TODO«-Beschriftung und die Schaltfläche *Schließen* entfernt. Im Prinzip handelt es sich um Standardcode. So sieht die Datei Source.cpp aus:

**Source.cpp**
```
#include "stdafx.h"
#include <math.h>
#using <mscorlib.dll>
using namespace System;

// erforderliche dlls für Windows Forms
#using "System.dll"
#using "System.Windows.Forms.dll"
#using "System.Drawing.dll"

// erforderliche Namespaces für Windows Forms
using namespace System::ComponentModel;
using namespace System::Collections;
```

```
using namespace System::Windows::Forms;
using namespace System::Drawing;
using namespace System::Drawing::Drawing2D;
using namespace System::Diagnostics;
__value enum DrawingTypes
{
    None, Line, Circle, Rect
};
//
//
// die Shape-Hierarchie wird später noch gezeigt...
//
//
__gc class WinForm: public Form
{
private:
    StatusBar   *statusBar;
    MainMenu    *mainMenu;
    MenuItem    *fileMenu;
    MenuItem    *drawingMenu;
    MenuItem    *circleMenu;
    MenuItem    *lineMenu;
    MenuItem    *rectMenu;
    MenuItem    *helpMenu;

    DrawingTypes drawingtype;

    ArrayList   *shapes;

    String      *caption;      // Beschriftung des Windows Form
    int         width;         // Breite des Windows Form
    int         height;        // Höhe des Windows Form

    Shape       *currentShape;
public:
    WinForm()
    {
        // Beschriftung und Größe des Windows Form festlegen
        caption = "Standardmäßiges Windows Form-Beispiel";
        width = 600;
        height = 500;

        InitForm();
    }
    void Dispose(bool disposing)
    {
        // Das Formular wird zerstört.  Nehmen Sie hier alle notwendigen Bereinigungen vor.
        Form::Dispose(disposing);
    }
    void InitForm()
    {
        // Steuerelemente hier einrichten

        // Grundlegende Windows Form-Einstellungen
        this->set_BackColor(Color::White);
```

```cpp
    Text = caption;
    Size = Drawing::Size(width, height);

    drawingtype = DrawingTypes::Line;

    // Menü einrichten
    mainMenu = new MainMenu();
    fileMenu = new MenuItem("&Datei");
    mainMenu->MenuItems->Add(fileMenu);
    fileMenu->MenuItems->Add(
     new MenuItem("&Beenden",
         new EventHandler(this, &WinForm::OnFileExit)));
    Menu = mainMenu;

    drawingMenu = new MenuItem("&Zeichnen");
    circleMenu =
        new MenuItem("&Kreis",
            new EventHandler(this, OnDrawCircle));
    lineMenu = new MenuItem("&Strich",
        new EventHandler(this, OnDrawLine));
    rectMenu =
        new MenuItem("&Rechteck",
            new EventHandler(this, OnDrawRect));
    drawingMenu->MenuItems->Add(lineMenu);
    drawingMenu->MenuItems->Add(circleMenu);
    drawingMenu->MenuItems->Add(rectMenu);
    mainMenu->MenuItems->Add(drawingMenu);

    helpMenu = new MenuItem("&Hilfe");
    mainMenu->MenuItems->Add(helpMenu);
    helpMenu->MenuItems->Add(
        new MenuItem("&Info",
            new EventHandler(this, OnHelpAbout)));

    // Statusleiste festlegen
    statusBar = new StatusBar();
    statusBar->Text = "Hier ist die Statusleiste";
    Controls->Add(statusBar);

    MouseDown += new MouseEventHandler(this,
        MouseDownHandler);
    MouseMove += new MouseEventHandler(this,
        MouseMoveHandler);
    MouseUp += new MouseEventHandler(this,
        MouseUpHandler);

    Paint += new PaintEventHandler(this, OnPaint);

    shapes = new ArrayList();
    UIUpdate();
}
void UIUpdate()
{
    // entferne alle Marken
    lineMenu->Checked = false;
    rectMenu->Checked = false;
    circleMenu->Checked = false;
```

```cpp
    switch(drawingtype)
    {
    case DrawingTypes::Line:
        lineMenu->Checked = true;
        break;
    case DrawingTypes::Rect:
        rectMenu->Checked = true;
        break;
    case DrawingTypes::Circle:
        circleMenu->Checked = true;
        break;
    }
}
void OnDrawLine(Object* sender, EventArgs* e)
{
    drawingtype = DrawingTypes::Line;
    UIUpdate();
}
void OnDrawCircle(Object* sender, EventArgs* e)
{
    drawingtype = DrawingTypes::Circle;
    UIUpdate();
}
void OnDrawRect(Object* sender, EventArgs* e)
{
    drawingtype = DrawingTypes::Rect;
    UIUpdate();
}
void OnFileExit(Object *sender, EventArgs *e)
{
    Close();
}
void OnHelpAbout(Object* sender, EventArgs* e)
{
    ::MessageBox(NULL,
        "WinForms-Zeichenprogramm (ein kleines Beispiel)",
        "Info über das WinForms-Zeichenprogramm", MB_OK);
}
void MouseDownHandler(Object* sender, MouseEventArgs* e)
{
    if(!this->Capture)
        return;
    switch(drawingtype)
    {
    case DrawingTypes::Line :
        currentShape = new Line();
        break;
    case DrawingTypes::Circle:
        currentShape = new Circle();
        break;
```

```
        case DrawingTypes::Rect:
            currentShape = new Rect();
            break;
        default:
            return;
    };
    try{
        currentShape->m_topLeft.X = e->X;
        currentShape->m_topLeft.Y = e->Y;
        currentShape->m_bottomRight.X = e->X;
        currentShape->m_bottomRight.Y = e->Y;

        this->Capture = true; // Fang die Maus ein
                              //  bis Taste losgelassen wird
    }
    catch(Exception* ex) {
        Debug::WriteLine(ex->ToString());
    }
}
void MouseMoveHandler(Object* sender, MouseEventArgs* e)
{
    if(!this->Capture)
        return;
    try{
        Graphics* g = CreateGraphics();
        Pen *p = new Pen(this->BackColor);
        currentShape->Erase(g);

        currentShape->m_bottomRight.X = e->X;
        currentShape->m_bottomRight.Y = e->Y;

        currentShape->Draw(g);
    }
    catch (Exception* ex) {
        Debug::WriteLine(ex->ToString());
    }
}
void MouseUpHandler(Object* sender, MouseEventArgs* e)
{
    if(!currentShape)
            return;
    try{
        shapes->Add(currentShape);
        currentShape = 0;
        this->Invalidate();
         Capture = false;
        }
    catch (Exception* ex) {
        Debug::WriteLine(ex->ToString());
    }
}
```

```
    void DrawShapes(System::Drawing::Graphics* g)
    {
        for(int i = 0; i < shapes->Count; i++)
        {
            Shape* s = dynamic_cast<Shape*>(shapes->get_Item(i));
            s->Draw(g);
        }
    }
    void OnPaint(Object* sender, PaintEventArgs* e)
    {
        Graphics* g = e->Graphics;
        DrawShapes(g);
    }
};
void main()
{
    TextWriterTraceListener * myWriter = new
        TextWriterTraceListener(System::Console::Out);
    Debug::Listeners->Add(myWriter);
    // Mit dieser Zeile wird eine Windows Form-Instanz erstellt und
    // als Hauptfenster der Anwendung verwendet.
    Application::Run(new WinForm());
}
```

Wenn Sie eine der Figuren zeichnen möchten, wählen Sie im Menü *Zeichnen* die entsprechende Figur aus, klicken ins Fenster, halten die Maustaste gedrückt, ziehen die Maus an eine andere Position und lassen dort die Maustaste los. Die Figur wird während der Bewegung der Maus neu angezeigt und entsprechend größer oder kleiner.

Dieses Beispielprogramm benutzt eine Variante der *Shape*-Hierarchie aus Ex33b. Es führt in einer *ArrayList* eine Liste mit *Shape*-Objekten (die *ArrayList* wird in *WinForm* deklariert). Außerdem werden einige *MenuItem*-Objekte deklariert und benutzt. Beginnen wir mit den Menübefehlen.

**Ausführung der Befehle**

In der MFC werden Windows-Nachrichten in den entsprechenden C++-Klassen mit Hilfe einer Meldungstabelle mit den zuständigen Handlern verknüpft. Im Windows Forms-Modell werden Ereignisse mit Hilfe von Delegaten bearbeitet. Die erste Ereignisart, die wir uns nun etwas näher ansehen, ist das Befehlsereignis. Die entsprechende Ereignismeldung kommt von einer Schaltfläche oder einem Menübefehl.

In diesem Beispiel wird das Menü noch per Programmcode zusammengestellt. Jeder Menübefehl wird einzeln eingefügt. Leider kann Visual Studio .NET derzeit noch nicht in dem Umfang mit Assistenten für Windows Forms und verwaltetes C++ aufwarten, wie wir es von den MFC-Anwendungen her gewohnt sind. Die Hauptmenübefehle (*Datei*, *Zeichnen* und *Hilfe*) werden ins Hauptmenü eingefügt und die einzelnen Befehle, um die es später geht, in die entsprechenden Untermenüs. Wir brauchen jeweils nur den Text anzugeben, der später im Menü erscheint, und einen Verweis auf eine Methode, die sich um das Menüereignis kümmert.

In diesem Beispiel gibt es ein *Datei*-Menü, mit dem das Programm beendet wird, ein Menü *Zeichnen* für die Auswahl der Figur und ein Menü *Hilfe*. Das Menü *Zeichnen* führt dazu, dass eine spezielle interne Variable gesetzt wird, aus der hervorgeht, welcher Befehl gegeben wurde (welche Figur als nächste gezeichnet wird). Beachten Sie bitte, wie die Handler für die Befehle des Menüs *Zeichnen* dafür sorgen, dass der richtige Menüpunkt gekennzeichnet wird, damit der Benutzer sieht, welches Objekt als nächstes gezeichnet wird.

### Mausbewegungen

Neben Menübefehlen fangen Windows Forms-Anwendungen normalerweise auch noch andere Meldungen ab, wie zum Beispiel Meldungen über Mausbewegungen. Die Klasse *Form* kennt die typischen Mausereignisse, wie zum Beispiel »Maustaste gedrückt«, »die Maus bewegt sich« und »Maustaste losgelassen«.

Der Druck auf die linke Maustaste veranlasst Ex33c dazu, die Maus einzufangen und eine Instanz der ausgewählten Figur anzulegen. Sobald die Maus von der Anwendung eingefangen wird, werden alle weiteren Mausmeldungen an das betreffende Fenster geschickt, das die Maus gefangen hat. Der Handler für die Mausbewegungen löscht die aktuelle Figur (dazu im nächsten Abschnitt mehr) und berechnet dann die aktuellen Koordinaten der aktuellen Figur anhand der Bildschirmkoordinaten, die dem Handler als Argumente übergeben wurden. Der Handler, der für das Loslassen der Maustaste zuständig ist, stellt die Figur dann abschließend auf dem Bildschirm dar und trägt das *Shape*-Objekt in die interne Objektliste ein.

### Interaktive Grafikanzeige

Wie ein Blick auf die *Shape*-Hierarchie von Ex33c zeigt, weicht der Code von der Hierarchie ab, die in Ex33b eingesetzt wurde. Die Änderung war erforderlich, weil Ex33b nicht ständig das aktuelle Grafikobjekt neu anzeigen musste, während seine Größe noch mit der Maus verändert wurde. Ex33c reagiert auf die Mausbewegungen, indem es nach jeder Positionsänderung der Maus die geometrische Figur löscht und sie dann mit den neuen Koordinaten anzeigt. Für ein Zeichenprogramm ist das sicherlich eine sinnvolle Lösung. Wenn Sie die Maustaste loslassen, müssen die zurückgebliebenen Teilstriche verschwinden. Und so sieht die *Shape*-Hierarchie von Ex33c aus, die das geänderte Verhalten ermöglicht:

```
__gc class Shape
{
public:
    Point m_topLeft;
    Point m_bottomRight;

    Color m_PenColor;

    Shape()
    {
        m_topLeft.X = 0;
        m_topLeft.Y = 0;
        m_bottomRight.X = 0;
        m_bottomRight.Y = 0;

        m_PenColor = Color::Black;
    }
    Shape(Point topLeft, Point bottomRight)
    {
        m_topLeft = topLeft;
        m_bottomRight = bottomRight;
        m_PenColor = Color::Black;
    }
```

```
    virtual void Draw(System::Drawing::Graphics* g)
    {
    }
    virtual void Erase(System::Drawing::Graphics* g)
    {
    }

    int SetROP(HDC hdc)
    {
        int nOldRop = ::SetROP2(hdc, R2_NOTXORPEN);
        return nOldRop;
    }

    void ResetROP(HDC hdc, int nOldRop)
    {
        ::SetROP2(hdc, nOldRop);
    }
};
__gc class Line : public Shape
{
public:
    Line(Point topLeft, Point bottomRight) :
        Shape(topLeft, bottomRight)
    {
    }
    Line():
        Shape()
    {
    }
    void Draw(System::Drawing::Graphics* g)
    {
        System:IntPtr hdc;
        hdc = g->GetHdc();

        ::MoveToEx((HDC)hdc.ToInt32(), m_topLeft.X,
            m_topLeft.Y, NULL);
        LineTo((HDC)hdc.ToInt32(), m_bottomRight.X,
            m_bottomRight.Y);
        g->ReleaseHdc(hdc);
    }

    void Erase(System::Drawing::Graphics* g)
    {
        System:IntPtr hdc;
        hdc = g->GetHdc();

        int nOldROP = SetROP((HDC)hdc.ToInt32());
        ::MoveToEx((HDC)hdc.ToInt32(), m_topLeft.X,
            m_topLeft.Y, NULL);
        LineTo((HDC)hdc.ToInt32(), m_bottomRight.X,
            m_bottomRight.Y);
        ResetROP((HDC)hdc.ToInt32(), nOldROP);
        g->ReleaseHdc(hdc);
    }
};
```

*Windows Forms-Programmierung mit verwaltetem C++*

```cpp
__gc class Circle : public Shape
{
public:
    Circle(Point topLeft, Point bottomRight) :
      Shape(topLeft, bottomRight)
    {

    }
    Circle():
        Shape()
    {
    }
    void Draw(System::Drawing::Graphics* g)
    {
        // Dies sind absolute Koordinaten. Umrechnen

        System:IntPtr hdc;
        hdc = g->GetHdc();

         ::Ellipse((HDC)hdc.ToInt32(),
            m_topLeft.X,
            m_topLeft.Y,
            m_bottomRight.X,
            m_bottomRight.Y);
        g->ReleaseHdc(hdc);

    }
    void Erase(System::Drawing::Graphics* g)
    {
        System:IntPtr hdc;
        hdc = g->GetHdc();

        int nOldROP = SetROP((HDC)hdc.ToInt32());
        ::Ellipse((HDC)hdc.ToInt32(),
            m_topLeft.X, m_topLeft.Y,
            m_bottomRight.X,
            m_bottomRight.Y);
        ResetROP((HDC)hdc.ToInt32(), nOldROP);
        g->ReleaseHdc(hdc);
    }
};
__gc class Rect : public Shape
{
public:
    Rect(Point topLeft, Point bottomRight) :
      Shape(topLeft, bottomRight)
    {

    }
    Rect():
        Shape()
    {
    }
    void Draw(System::Drawing::Graphics* g)
    {
        System:IntPtr hdc;
        hdc = g->GetHdc();
```

```
        ::Rectangle((HDC)hdc.ToInt32(), m_topLeft.X,
            m_topLeft.Y, m_bottomRight.X, m_bottomRight.Y);
        g->ReleaseHdc(hdc);
    }
    void Erase(System::Drawing::Graphics* g)
    {
        System:IntPtr hdc;
        hdc = g->GetHdc();

        int nOldROP = SetROP((HDC)hdc.ToInt32());
        ::Rectangle((HDC)hdc.ToInt32(), m_topLeft.X, m_topLeft.Y,
            m_bottomRight.X, m_bottomRight.Y);
        ResetROP((HDC)hdc.ToInt32(), nOldROP);
        g->ReleaseHdc(hdc);
    }
};
```

Damit das »Gummiband« funktioniert, mit dem die aktuelle geometrische Figur scheinbar dargestellt wird (der Vorgang wirkt, als seien die Eckpunkte der neuen Figur durch ein Gummiband verbunden), müssen Sie einige GDI-Standardfunktionen aufrufen, die es in GDI+ nicht gibt. Insbesondere müssen Sie die gewünschten Rasteroperationen mit *SetROP2* festlegen. Wenn Sie eine Figur über eine andere ziehen, sorgt Windows normalerweise einfach mit roher Gewalt dafür, dass der Schreibstift seine Linie malen kann. Mit der entsprechenden Rasteroperation können Sie dafür sorgen, dass die aktuelle Darstellung auf dem Bildschirm (sie stammt von den vorhergehenden Aktionen) nicht gelöscht wird, wenn Sie neue Figuren malen.

Jede *Shape*-Klasse (der Strich, der Kreis und das Rechteck) hat eine *Erase*-Methode und eine *Draw*-Methode. Die *Erase*-Methode legt die gewünschten Rasteroperationen mit Hilfe des Gerätekontextes fest, den es tief im *System::Drawing::Graphics*-Objekt verborgen noch gibt. Von *Graphics::GetHdc* erhalten Sie im Prinzip denselben Gerätekontext, den Ihnen auch die Win32-Funktion *GetDC* liefert. Allerdings liefert Ihnen *Graphics::GetHdc* einen verwalteten Systemtyp (ein *Int32Ptr*). Um an das Handle des Gerätekontextes heranzukommen, müssen Sie mit *ToInt32* den ganzzahligen Wert ermitteln. Anschließend können Sie den Gerätekontext (in Form seines Handles) an alle Funktionen übergeben, die ihn brauchen (zum Beispiel an die Methode *SetROP2*).

Wie ein Blick auf die *Draw*-Methoden der *Shape*-Klassen zeigt, werden die Striche, Ellipsen und Rechtecke mit den Win32-Standardfunktionen angezeigt. Allerdings hat die Kombination von GDI+ und klassischer GDI gelegentlich unvorhersehbare Nebenwirkungen. Was die Rasteroperationen betrifft, löscht der Zeichencode zum Beispiel die alten Linien nicht richtig.

Abbildung 33.3 zeigt Ex33c bei der Arbeit.

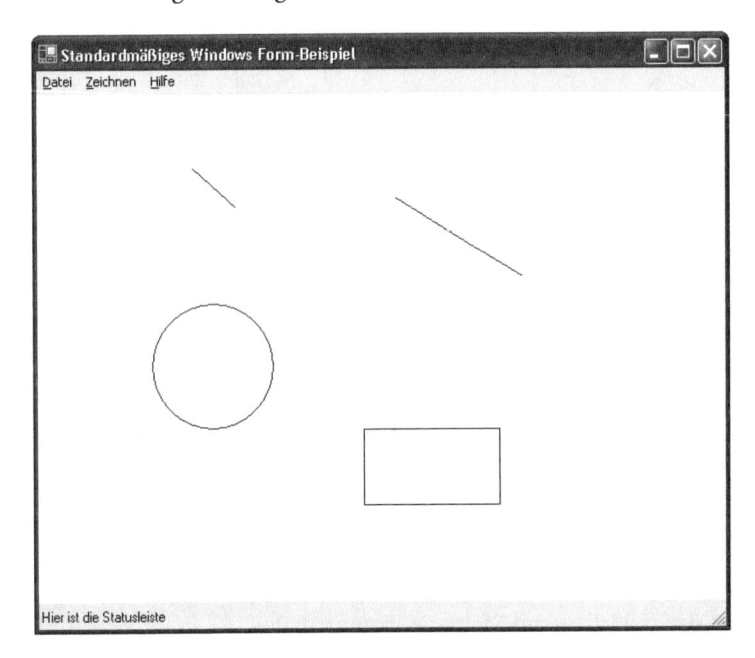

*Abbildung 33.3:* Das Beispiel Ex33c, ein simples Zeichenprogramm

# Was in Windows Forms noch fehlt

Windows Forms ist eigentlich gerade erst den Windeln entwachsen. Die wichtigsten Werkzeuge, die man zur Erstellung einer Anwendung auf Formularbasis für die CLR braucht, sind zwar alle da, aber so mancher Luxus, an den man sich als MFC-Entwickler gewöhnt hat, fehlt einfach noch. Windows Forms bietet zwar alles, was man für eine Symbolleiste und für die Statusleiste braucht, aber Sie müssen die Einzelteile noch von Hand zusammenbauen (ungefähr so, wie wir es in den Beispielprogrammen mit den Menüs gemacht haben).

Außerdem fehlt noch so etwas wie die Dokument/Ansicht-Architektur. Wir haben zwar eine in der MFC-Bibliothek, aber leider nicht in der Common Language Runtime. Allerdings lassen sich Dokument/Ansicht-Komponenten trotzdem relativ einfach bauen. Wenn Sie Anregungen dafür suchen, wie man so etwas bewerkstelligen kann, sehen Sie sich das Scribble-Beispiel von Visual Studio .NET an (unter den Programmbeispielen für Windows Forms und verwaltetes C++).

# 34 ASP.NET-Programmierung mit verwaltetem C++

| | |
|---|---|
| 855 | Das Internet als Entwicklungsplattform |
| 856 | Die Entwicklung von ASP.NET |
| 858 | Die Rolle der IIS |
| 858 | Das Kompilierungsmodell von ASP.NET |
| 859 | Die *Page*-Klasse |
| 869 | Die HTTP-Pipeline |
| 875 | Webdienste |

Seit der offiziellen Einführung (und sogar schon ein wenig vorher) ist das Interesse an Microsoft .NET geradezu schwindelerregend. Nach der Beteiligung an Seminaren, der Rückmeldung in .NET-Listen und der Zahl der Interessierten zu urteilen, wird .NET eine große Sache. Einer der wichtigsten Gründe für die Beschäftigung mit .NET dürfte wohl die Tatsache sein, dass es derzeit die einfachste Möglichkeit ist, eine Website schnell hochzuziehen und zu betreiben.

Einer der wichtigsten Bestandteile von .NET ist ASP.NET, das sich aus einer Reihe von CLR-Klassen zusammensetzt. In den Kapiteln 28 und 30 wurde Microsoft Windows als Plattform für Internet-Server vorgestellt, wobei die Programmierung mit dem Sockets-API, dem WinInet-API und mit ATL Server erfolgte (für ISAPI-DLLs). ASP.NET stellt einen weiteren Weg zur Annahme und Bearbeitung von HTTP-Anforderungen dar. In diesem Kapitel werden wir uns mit der Architektur von ASP.NET beschäftigen. Dazu gehört zum Beispiel auch der Weg, den eine Anforderung von dem Zeitpunkt an nimmt, an dem sie von den Microsoft Internet Information Services (IIS) angenommen und an ASP.NET übergeben werden, bis hin zu dem Zeitpunkt, an dem die ASP.NET-Anwendung die Daten ausgibt. Außerdem werden Sie an einigen kleinen Beispielen sehen, wie man ASP.NET-Websites mit verwalteten C++-Komponenten schreibt.

## Das Internet als Entwicklungsplattform

Wenn Sie sich ansehen, wie sich die verteilten Systeme entwickelt haben, wird deutlich, dass die nächste Entwicklungsplattform das Internet selbst sein wird. In den 70er Jahren des vorigen Jahrhunderts war das Symbol für »Datenübertragung« ein Mainframe, der mit mehreren Terminals verbunden war. Während der PC-Revolution in den 80er Jahren kamen Systeme auf, mit denen PCs und ganze Büros untereinander vernetzt werden konnten. Wer über genügend Geld verfügte, konnte also Dateien und Ressourcen »gemeinsam nutzen«. Während der 90er Jahre versprach DCOM »echte« verteilte Systeme.

Die Webrevolution in den späten 90er Jahren verband auch die Computerbenutzer in den verschiedenen Firmen miteinander, wobei die Websites eine nicht unwesentliche Rolle spielten. Während Büros und Firmen (Unternehmen) in der Lage waren, ihre Computer untereinander zu verbinden, gab es aber keine Möglichkeit, vom laufenden Programm aus die Computer beliebiger anderer Firmen anzusprechen. Das Hauptproblem, das DCOM daran hinderte, ein universelles Verbindungsprotokoll zu werden, bestand und besteht einfach darin, dass DCOM nicht auf allen Computern verfügbar ist. (DCOM ist nicht das einzige Verbindungsprotokoll in dieser Welt.) Allerdings gibt es ein Verbindungsprotokoll, auf das sich die Welt inzwischen anscheinend geeinigt hat: HTTP. Außerdem gibt es noch XML, das sehr gut eingeführt und weithin verfügbar ist.

Damit das Internet als Entwicklungsplattform funktioniert, ist ein standardisiertes und zuverlässiges Modell für die Benutzerschnittstelle erforderlich und ein allgemein verfügbares Verbindungsprotokoll, das sich auch für programmierbare Websites eignet. Das Modell für die Web-Benutzerschnittstelle – HTML auf HTTP – hat sich als zuverlässig erwiesen und wird gut verstanden. Zur Programmierung der Computer über das Internet hinweg gehört der Versand von XML auf HTTP, in einem Format, das SOAP genannt wird. Dieses Protokoll wird oft »web services« genannt.

Diese beiden Kommunikationsstandards und Protokolle (HTML und XML auf HTTP) haben sich allgemein durchgesetzt. Was noch fehlt, ist die praktische Implementierung dieser Standards. Da kommt nun ASP.NET ins Spiel. Es bietet praktikable Weblösungen für die Benutzerschnittstelle und Methodenaufrufe.

# Die Entwicklung von ASP.NET

Wir haben in diesem Buch bereits die Grundlagen der Internet-Verbindung und einige Entwicklungsstrategien besprochen. Um die Bedeutung von ASP.NET zu verstehen, muss man sich mit der Entwicklung beschäftigen, die das Web in den letzten Jahren durchlaufen hat. Das Web des Jahres 1993 unterschied sich sehr vom heutigen Web. Damals bot eine Website einfach nur verknüpfte Dateien und Grafik. Heutzutage stellt das Web eine voll ausgebaute, interaktive Rechnerplattform dar.

Als es den Leuten langsam zu langweilig wurde, sich im Web ständig die Photoalben von anderen Leuten anzusehen, begann sich »Formatierungssprache« HTML in eine Sprache zu entwickeln, die Steuerelemente und interaktive Benutzerschnittstellen beschreiben konnte, nicht nur simple Formatierungen. Dadurch wurde der Weg für dynamische Inhalte vorbereitet. Was eine Website anbietet, kann nun zur Laufzeit dynamisch geändert werden, zum Beispiel anhand der Auswahl, die der Besucher trifft, oder anhand von Datenbankinformationen und so weiter.

Die ersten dynamischen Websites wurden mit dem Common Gateway Interface (CGI) geschrieben. Das CGI startete für jede eintreffende HTTP-Anforderung einen neuen Prozess. Dieser Prozess bearbeitete die Anforderung und antwortete mit entsprechendem HTML-Code. CGI war zwar relativ brauchbar, hatte aber den Nachteil, dass für jede eintreffende HTTP-Anforderung ein neuer Prozess gestartet werden musste, was für den Server viel Arbeit bedeutet. (Die Erstellung eines neuen Prozesses für jede eintreffende Anfrage ist eine ziemlich teure Lösung.)

Um die Abläufe in Webservern auf Windows-Basis zu beschleunigen, implementierte Microsoft eine Programmierschnittstelle namens Internet Server Application Programming Interface

(ISAPI), von der bereits in Kapitel 30 die Rede war. Wie im genannten Kapitel beschrieben, legen die IIS eine neue Instanz der ISAPI-DLL an, die mit der angegebenen Dateinamenserweiterung verknüpft ist. Diese DLL beantwortet die Anforderung mit dem entsprechenden HTML-Code. Leider konnte man ISAPI-DLLs zum Zeitpunkt ihrer Einführung nur mit C++ schreiben.

Außerdem führte Microsoft die Active Server Pages (ASP) ein, um die Entwicklung von Webseiten zu erleichtern. Das herkömmliche ASP wird von einer einzigen DLL namens Asp.dll interpretiert. Die Asp.dll liest ASP-Dateien ein, die eine Kombination von Skript und HTML-Code darstellen, und schickt den entsprechenden HTML-Code an den Client zurück. Der Code in den Skriptblöcken entscheidet darüber, welcher Inhalt von der ASP-Seite beim Client sichtbar wird. Die Skriptblöcke steuern normalerweise COM-Objekte, die Operationen wie Datenbankzugriffe oder die Bearbeitung von Transaktionen übernehmen. Das ASP-Objektmodell enthält leicht zugängliche Objekte, die HTTP-Anforderungen und Antworten darstellen. Wenn Sie zum Beispiel möchten, dass der Browser, der mit Ihrem Server verbunden ist, den Text »Hello, World!« anzeigt, rufen Sie im serverseitigen Skriptblock einfach *Response.Write("Hello, World!")* auf.

Als ASP in den späten 90er Jahren herauskam, wurde die Entwicklung von Websites auch für Programmierer möglich, die kein C++ beherrschten. ISAPI-DLLs waren nicht mehr der einzige Weg, einen Clientbrowser mit Inhalten zu versorgen. Allerdings offenbarte das herkömmliche ASP auch einige Schwächen, als es von den Entwicklern immer intensiver eingesetzt wurde. Erstens haben viele ASP-Seiten eine sehr chaotische Struktur. Auf einer ASP-Seite können Sie nach Belieben Schnittstellencode und auszuführenden Code mischen. So sehen die fertigen Seiten dann auch aus. (Die Bezeichnung »Spagetti-Code« wäre noch eine vornehme Umschreibung.)

Zweitens ist das ASP-Objektmodell nicht sehr gut strukturiert. In ASP gibt es zahlreiche eingebaute oder globale Objekte, die scheinbar »irgendwie aus dem Nichts« auftauchen. Wenn Sie zum Beispiel den Skriptcode zur Beantwortung einer HTTP-Anforderung schreiben, müssen Sie sich an das *Response*-Objekt halten. Mit seinen Methoden können Sie den gewünschten Text zum Client schicken. Leider ist ASP auch in der Zustandsverwaltung nicht sehr überzeugend. Das sind nur einige der Probleme, mit denen es ASP-Entwickler zu tun haben. Es gibt noch mehr. Zum Beispiel neigt der herkömmliche ASP-Code dazu, dass der Schnittstellencode mit dem auszuführenden Code vermischt wird. Die resultierenden Seiten sind nur sehr schwer zu verstehen und zu warten. Wenn Sie eine ASP-Website mit einer Webfarm betreiben möchten, müssen Sie die Zustände unter den einzelnen Servern selbst verwalten. Die Verwaltung der Zustände von der Benutzerschnittstelle einer Anwendung erfordert sehr viel langweiligen Code, mit dem die Zustände der Benutzerschnittstelle zwischen den Sendungen überprüft werden. ASP.NET wurde entwickelt, um einige der gängigen Probleme zu lösen, mit denen sich Websiteentwickler herumschlagen müssen.

Die meisten Verbesserungen, die ASP.NET gegenüber dem herkömmlichen ASP aufzuweisen hat, kann man als evolutionäre Schritte verstehen. So gibt es in ASP.NET zum Beispiel ähnlich benannte Objekte (*Response*, *Request* und *Server*) zur Bearbeitung der Anforderungen. Allerdings bietet ASP.NET eine überschaubare Architektur für diese Objekte, sie kommen nicht mehr aus dem Nichts. (Die eingebauten Objekte von ASP sind an den Kontext eines Threads gebunden.) Die syntaktische Ähnlichkeit zwischen ASP und ASP.NET bedeutet, dass sich viele ASP-Seiten leicht als ASP.NET-Seiten benutzen lassen, wenn man sie umbenennt, mit der Erweiterung ASPX. ASP.NET installiert in den IIS einige Dateitypen (ASPX, ASMX, ASCX und ASHX), die zur Bearbeitung an ASP.NET weitergeleitet werden.

Allerdings ist ASP.NET gegenüber herkömmlichem ASP mehr als nur der nächste evolutionäre Schritt. Während das herkömmliche ASP auf viele Dienstleistungen der IIS angewiesen ist, bedient sich ASP.NET nur zur Annahme der HTTP-Anforderung der IIS. Dienstleistungen wie zum Beispiel Sicherheit und die Isolation der Prozesse, die von den IIS und dem WAM (Web Application Manager) angeboten werden, werden nun von der ASP.NET-Infrastruktur und von Klassen aus der Common Language Runtime übernommen.

ASP.NET-Anwendungen werden nicht mehr interpretiert wie herkömmliche ASP-Anwendungen, sondern zu CLR-Assemblys kompiliert. Da ASP.NET-Anwendungen kompiliert werden, können Sie zur Entwicklung des auszuführenden Teils einer Seite jede .NET-Sprache benutzen. Und weil die ASP.NET-Anwendungen für die Common Language Runtime kompiliert werden, ist die Integration der Komponenten in der .NET-Anwendung wesentlich einfacher als in herkömmlichen ASP-Anwendungen, die noch auf COM als Basis für Komponenten angewiesen sind.

Darüber hinaus hat ASP.NET einiges zu bieten, was es im herkömmlichen ASP gar nicht gibt, zum Beispiel serverseitige Steuerelemente, Datenbindung und Webdienste. Serverseitige Steuerelemente vereinfachen die Programmierung einer Webbenutzerschnittstelle, weil sie sich um die Verwaltung der Zustände zwischen den einzelnen Übermittlungen kümmern. Auch durch die Datenbindung wird die Programmierung der Benutzerschnittstelle einfacher, weil sie sich um die Einzelheiten der Anzeige von auflistungsorientierten Benutzerschnittstellenelementen wie Kombinationsfeldern, Listenfeldern und Tabellen kümmert. Und schließlich stellt das ASP.NET ein Grundgerüst für den Empfang und die Zuweisung von SOAP-Anforderungen an die zuständigen Methoden der Anwendung dar.

## Die Rolle der IIS

Zur Webprogrammierung gehört die Bearbeitung von HTTP-Anforderungen und ihre Beantwortung. ASP.NET eignet sich sehr gut zur Bearbeitung von HTTP-Anforderungen. Seine Hauptaufgabe ist die Bearbeitung und Beantwortung von HTTP-Anforderungen. HTTP-Anforderungen lassen sich zwar mit ASP und ASP.NET bearbeiten und beantworten, aber ASP.NET ist wesentlich weniger auf die IIS angewiesen als ASP. Die IIS-Architektur ist nun schon einige Zeit im Einsatz und wird so schnell auch nicht verschwinden. Immerhin werden die IIS noch für die Annahme der HTTP-Anforderungen gebraucht. Wenn die IIS aber eine ASP.NET-Dateinamenserweiterung in der Anforderung entdecken, leiten sie die Anforderung einfach an die ISAPI-DLL von ASP.NET weiter (Aspnet_isapi.dll) und nicht an die übliche ASP-DLL (Asp.dll). Darauf kommen wir noch zurück, wenn wir die HTTP-Pipeline näher untersuchen.

## Das Kompilierungsmodell von ASP.NET

Wenn die IIS eine HTTP-Anforderung an ASP.NET weiterleiten, kompiliert die ASP.NET-Laufzeitschicht die Datei zu einer Assembly und kopiert die Assembly in ein temporäres Verzeichnis (unter Windows 2000 heißt das Verzeichnis \Winnt\Microsoft.NET\Framework\v1.0.3705\Temporary ASP.NET Files.) Sobald ASP.NET erkennt, dass die Quelldateien jünger sind als die bereits kompilierte Assembly, kompiliert es die Assembly erneut.

Wenn Sie bereits mit ASP gearbeitet haben, dann haben Sie vielleicht auch schon vor der Situation gestanden, dass Sie die gesamte Site herunterfahren mussten, um ein paar Komponenten ersetzen zu können – nur weil die Komponenten gerade benutzt wurden. Dieses Problem löst ASP.NET durch das gerade erwähnte Kopieren in ein temporäres Verzeichnis. Sie können den neuen Quellcode und die neuen Komponenten einfach über den alten Code und die alten Komponenten kopieren, weil die Dateien im Installationsverzeichnis nicht mehr gesperrt werden. ASP.NET kompiliert den neuen Quellcode zu einer neuen Assembly, kopiert diese Assembly ins temporäre Verzeichnis und benutzt zur Bearbeitung der nachfolgenden Anfragen dann diese neue Assembly.

Sehen wir uns nun die häufigste Anforderung an, nämlich die Anforderung von einer Datei mit einer ASPX-Namenserweiterung.

# Die *Page*-Klasse

Die meisten Anforderungen an ASP.NET beginnen als URL, in dem eine Datei mit der Namenserweiterung ASPX angegeben wird. Die Common Language Runtime-Klasse, die sich um diese Art von Anforderung kümmert, heißt *System::Web::UI::Page*. Beginnen wir mit einer simplen »Hello World«-Seite, die in der Datei HelloWorld.aspx liegt:

```
<%@ Page %>
Hello World von ASP.NET
```

Zu dieser Seite gibt's eigentlich nicht viel zu sagen. Sie sorgt einfach dafür, dass der Browser, der die Datei anfordert, den Text »Hello World von ASP.NET« anzeigt. Allerdings demonstriert sie auch die Seitenarchitektur, die hinter ASP.NET steht. Wenn Sie diese Datei in ein geeignetes virtuelles Verzeichnis kopieren und sie mit einem Browser ansteuern, generiert ASP.NET anhand der ASP.NET-Syntax eine Assembly. Mit dem Disassembler ILDASM können Sie sich diese Assembly genauer ansehen, die von ASP.NET generiert wird.

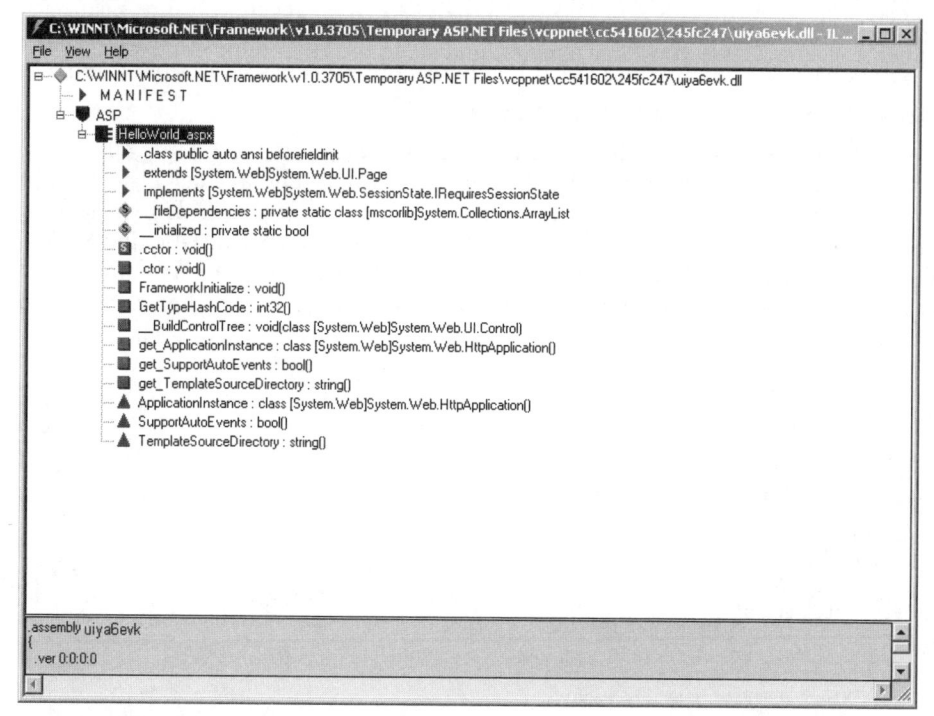

*Abbildung 34.1: So sieht eine sehr einfache ASPX-Seite im ILDASM aus*

Unter Windows 2000 landet sie im Verzeichnis Winnt\Microsoft.NET\Framework\v1.0.3705\ Temporary ASP.NET Files. Wenn Sie nach dem virtuellen Verzeichnis suchen, in dem die Datei liegt, sehen Sie so etwas wie \vcppnet\cc541602\245fc247\uiya6evk.dll. Das ist die Assembly, die von ASP.NET kompiliert wurde, als die Anforderung nach der Seite eintraf. Abbildung 34.1 zeigt, wie sich diese Seite im ILDASM darstellt.

Wenn Sie die Knoten im ILDASM öffnen, werden Sie feststellen, dass die Assembly einen Namespace namens *ASP* und eine Klasse namens *HelloWorld_aspx* hat. Wie eine genauere Untersuchung zeigt, erweitert diese Klasse die Klasse *System::Web::UI::Page*. Sie hat einige Memberfunktionen, die anscheinend für die Anzeige der Seite erforderlich sind.

Diese kleine Übung zeigt, dass das ASP.NET automatisch für Sie eine Klasse generiert und eine Assembly erstellt, wenn Sie eine ASPX-Seite ansteuern, und dass diese Klasse von *System:: Web::UI::Page* abgeleitet wird. Diese Klasse ist für die Ausgabe des HTML-Codes an den Client verantwortlich. Gibt es eigentlich die Möglichkeit, die Klasse *System::Web::UI::Page* durch eine eigene Klasse zu ersetzen, sodass man mehr Einfluss auf die Bearbeitung hat? Ja, es gibt sie. Und diese Technik hat den formalen Namen *Code-Behind*.

## Code-Behind

Jede ASPX-Datei generiert eine entsprechende Assembly, sobald die Datei von einem Client angefordert wird. In der Syntax von ASP.NET gibt es eine Direktive, mit der man die Klasse definieren kann, die von der ASPX-Seite benutzt wird. Wie Sie bereits gesehen haben, benutzt eine ASPX-Seite normalerweise eine Klasse, die von *System::Web::UI::Page* abgeleitet wird. Allerdings können Sie auch eine eigene Klasse von *Page* ableiten und sie in die Hierarchie einfügen.

### Das Beispiel Ex34a: Definition einer Code-Behind-Seite

Dieses Beispielprojekt enthält Code, mit dem eine Code-Behind-Seite definiert wird. Zur Erstellung des Projekts wählen Sie im Menü *Datei* den Befehl *Neu*, *Projekt* und aus der Liste mit den Projektvorlagen dann *Verwaltete C++-Klassenbibliothek* aus. (Sie können auch den Assistenten aus Kapitel 4 benutzen, er generiert eine einfache ASPX-Datei und eine Code-Behind-Seitenklasse.) Der Assistent generiert ein Klassenbibliotheksprojekt, das sich zu einer Assembly generieren lässt. Diese Assembly ähnelt den Assemblys, die wir in Kapitel 32 besprochen haben. Und so sieht der Code aus:

**Ex34a.h**
```
#pragma once
#using <system.dll>
#using <system.web.dll>
using namespace System;
using namespace System::Web;
using namespace System::Web::UI;
using namespace System::Collections;
namespace Ex34a
{
    public __gc class ManagedCPPPage : public Page
    {
    protected:
        ArrayList* m_arrayList;
```

```
    void AssembleChoices()
    {
        m_arrayList = new ArrayList();
        String* str = "Just-in-time Compiling";
        m_arrayList->Add(str);
        str = "Common runtime environment";
        m_arrayList->Add(str);
        str = "Multiple language support";
        m_arrayList->Add(str);
        str = "Simplified component model";
        m_arrayList->Add(str);
        str = "Excellent backwards compatibility";
        m_arrayList->Add(str);
        str = "ASP.NET";
        m_arrayList->Add(str);
    }
    void DisplayFeatures()
    {
        for(int i = 0; i < m_arrayList->Count; i++)
        {
            Response->Write("<li>");
            Response->Write(m_arrayList->get_Item(i));
            Response->Write("</li>");
            Response->Write("</br>");
        }
    }
    void Page_Load(Object* o, EventArgs* ea)
    {
        AssembleChoices();
    }
    :
};
}
```

Wie Sie wissen, liegen die Verweisobjekte im verwalteten .NET-Code auf dem Heap und unterliegen der Garbage Collection. Die Klasse *ManagedCPPPage* wird als __gc-Klasse definiert und von *System::Web::UI::Page* abgeleitet. Die Seite reagiert auf das *Page_Load*-Ereignis, indem sie eine Liste mit den beliebtesten .NET-Eigenschaften zu einer *ArrayList* zusammenstellt (das ist ebenfalls eine CLR-Klasse). Beachten Sie bitte auch die Funktion *DisplayFeatures*, die einfach nur das Array mit der Beschreibung der Eigenschaften durchläuft und die Liste dann mit *Page. Response.Write* an den Browser schickt, von dem die Anforderung kam.

**WICHTIG:** Die Code-Behind-Assembly muss im Unterverzeichnis \bin des virtuellen Verzeichnisses liegen, in dem die Seite liegt.

Wenn Sie die Code-Behind-Assembly benutzen möchten, verweisen Sie mit der *Inherits*-Direktive in der Seite auf die Assembly. Eine ASP.NET-Seite, die mit der Klasse *ManagedCPP-Page* arbeitet, könnte so aussehen:

```
<%@ Page Language="c#" Inherits="Ex34a.ManagedCPPPage" %>
<html>
<body>

<h3> Favorite .NET Features </h3>

<% DisplayFeatures(); %>

</body>
</html>
```

Abbildung 34.2 zeigt das Ergebnis im Browser.

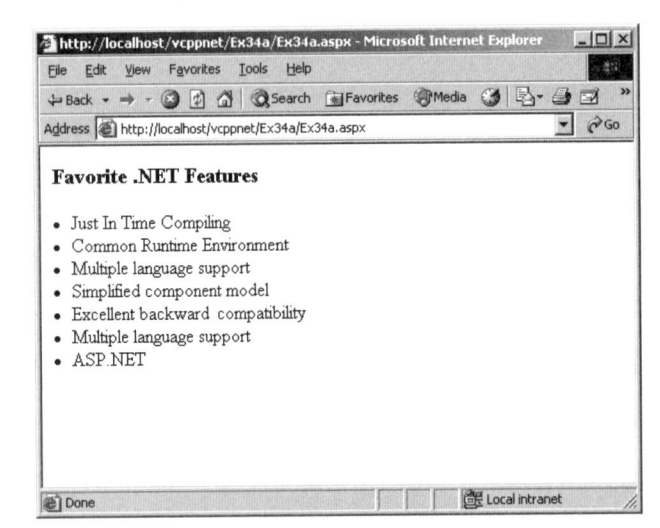

**Abbildung 34.2:** *So präsentiert die Code-Behind-Seite ihre Ausgabe*

Zur Bestätigung, dass ASP.NET tatsächlich Ihre Klasse eingebunden hat, können Sie sich wieder die resultierende Assembly im Verzeichnis »Temporary ASP.NET Files« ansehen. Abbildung 34.3 zeigt die resultierende Assembly, die ASP.NET generiert hat, im Disassembler ILDASM. Beachten Sie bitte, dass die Klasse, die zur Definition der Seite benutzt wurde, von *Ex34a.ManagedCPPPage* abgeleitet wird.

Wir können die *Page*-Klasse hier aus Platzgründen nicht umfassender besprechen. Allerdings sollten Sie wissen, dass die Klasse *Page* die Grundlage für zwei der leistungsfähigsten und interessantesten Aspekte von ASP.NET bildet: Web Forms und serverseitige Steuerelemente.

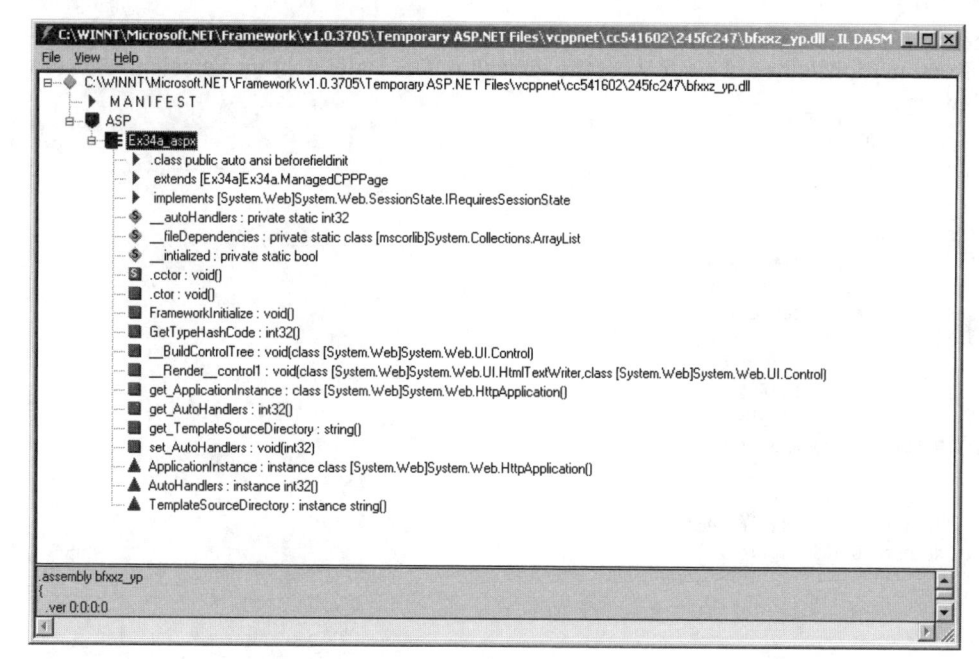

*Abbildung 34.3: Die Code-Behind-DLL ist auch im ILDASM zu erkennen*

## Web Forms

Die ASP-Entwicklung ging immer mit ziemlich unübersichtlichem Code für die Benutzerschnittstelle einher. Die wesentliche Schwierigkeit einer Benutzerschnittstelle, die über das Web aufgebaut wird, besteht in der Verwaltung der Zustände der Benutzerschnittstelle zwischen den Sendungen. Als MFC-Entwickler sind Sie es gewohnt, dass der Code für die Benutzerschnittstelle der Anwendung in einem einzigen Adressraum liegt. Das bedeutet zum Beispiel, dass ein Kombinationsfeld immer in seinem korrekten Zustand angezeigt wird, wenn Sie ein Kombinationsfeld in einem Fenster oder einem Dialogfeld definieren. Wenn Sie zum Beispiel in einem Kombinationsfeld, das Bundesstaaten auflistet, Oregon auswählen, wird es auch weiterhin Oregon anzeigen, bis Sie einen anderen Staat auswählen. (Das Kombinationsfeld zeigt also nicht plötzlich Alabama an.) Windows kümmert sich um den Zustand des Steuerelements.

Das Web funktioniert aber anders. HTTP ist ein verbindungsloses Protokoll. Das bedeutet, dass die Verbindung (und mit ihr alle Zustandsinformationen, die damit verbunden sind) verschwindet, sobald der Server dem Client eine Antwort geschickt hat. (In einer Desktopanwendung unter Windows verschwinden die Zustandsinformationen nicht.) Anders gesagt, der Browser sieht also höchstens einen Schnappschuss des Serverzustands. Daher wird die Programmierung von Benutzerschnittstellen, die über das Web hinweg betrieben werden, ziemlich schwierig, weil man dazu HTML-Code über eine Verbindung an den Browser schicken muss, die nicht bestehen bleibt. Der HTML-Code, der an den Browser geschickt wurde, kann Tags enthalten, die irgendwann als Steuerelemente nach Windows-Art dargestellt werden (zum Beispiel als Kombinationsfelder oder als Listenfelder). Also muss der Zustand des Steuerelements (zum Beispiel die aktuelle Auswahl in einem Kombinationsfeld) von Hand verwaltet werden.

Das folgende Listing zeigt ein Beispiel für typischen herkömmlichen ASP-Code, der den Zustand eines Kombinationsfelds auf einer Webseite verwaltet. Die Datei liegt im Verzeichnis Ex34a und heißt Raw.asp.

```
<%@ Language="javascript" %>
<html>
    <body>
    Feature: <select name="Feature">
        <option
            <% if (Request("Feature") == "Garbage collection") {
            Response.Write("selected");
            }%> >Garbage collection</option>
        <option
            <% if (Request("Feature") == "Multiple languages") {
                Response.Write("selected");
            }%> >Multiple languages</option>
        <option
            <% if (Request("Feature") == "No more GUIDS") {
                Response.Write("selected");
            }%> >No more GUIDS</option>

    </select>

    </body>
</html>
```

Dieser Code überprüft die Anforderung, die vom Client geschickt wurde, und ermittelt, welcher Eintrag im Kombinationsfeld ausgewählt wurde. Dann sorgt er dafür, dass dieser Eintrag im Kombinationsfeld erscheint, in dem er *selected* zur Option hinzufügt. Wenn der Browser den resultierenden HTML-Code vom Server zurückerhält, gibt er das Kombinationsfeld mit dem richtigen ausgewählten Eintrag aus. Das ist zwar nur ein einfaches Beispiel, aber es zeigt, welche Anstrengungen ASP-Entwickler unternehmen mussten, um selbst relativ einfache Benutzerschnittstellen zum Laufen zu bringen.

Es stellte sich heraus, dass sich der größte Teil des Codes, der erforderlich ist, um eine Benutzerschnittstelle über ein verbindungsloses Protokoll zu betreiben, in der Laufzeitschicht unterbringen lässt. Genau dafür wurden die ASP.NET-Web Forms entwickelt – um Ihnen die Zustandsverwaltung der Steuerelemente durch den Einsatz von serverseitigen Steuerelementen abzunehmen.

Was die ASP.NET-Syntax betrifft, lassen sich serverseitige Steuerelemente am einfachsten einsetzen, indem man im Tag das Attribut *runat=server* angibt, wie im folgenden Listing:

```
<html><body>
<form runat=server>
    Feature: <select name="Feature" runat=server>
        <option>Garbage collection</option>
        <option>Multiple languages</option>
        <option>No more GUIDS</option>
    </select>
</form>
</body></html>
```

Hier sind noch zwei weitere wichtige Punkte anzumerken. Erstens steht das *select*-Tag, das auf dem Server läuft, unter einem *form*-Tag, das ebenfalls auf dem Server läuft. Zweitens hat die Datei die Erweiterung ASPX. Es handelt sich um die Datei SelectMe.aspx aus dem Verzeichnis Ex34a von der Begleit-CD.

Wenn ASP.NET die ASPX-Seite bearbeitet, legt es eine Instanz der .NET Framework-Klasse *System::Web::UI::HtmlControls::HtmlSelect* an. Das *HtmlSelect*-Steuerelement kümmert sich zwischen den Sendungen um den Zustand des Kombinationsfelds. (Sie können die Klasse im Hilfesystem nachschlagen. Dort werden Sie feststellen, dass es sich einfach um eine weitere .NET Framework-Klasse handelt.) Es gibt in ASP.NET zwei Arten von serverseitigen Steuerelementen, nämlich HTML-Steuerelemente und Websteuerelemente. Wir konzentrieren uns hier auf die Websteuerelemente, weil sie einheitlicher und flexibler sind. Vergessen Sie bitte nicht, dass etwas HTML-Code alles ist, was der Browser tatsächlich sieht. Bei den HTML-Steuerelementen und den Websteuerelementen handelt es sich um Klassen, die auf dem Server liegen und für die Ausgabe des HTML-Codes an den Client zuständig sind. Die *Page*-Architektur und die serverseitigen Steuerelemente sind gemeint, wenn man von Web Forms spricht.

Mit dem Programmiermodell von Web Forms hat man den Eindruck, eine lokale Benutzerschnittstelle zu gestalten (wie bei der MFC-Programmierung). Tatsächlich programmiert man aber eine »verteilte« Benutzerschnittstelle, die praktisch vollständig durch die Übermittlung entsprechender HTML-Tags vom Server an den Clientbrowser aufgebaut wird. ASP.NET kümmert sich für Sie um die Zustände der Steuerelemente.

Das folgende Listing zeigt die Datei Ex34a.aspx nach der Umstellung auf serverseitige Steuerelemente:

```
<%@ Page Language="c#" Inherits="Ex34a.ManagedCPPPage" %>
<html>
<body>
<form runat=server>
<h3> Favorite .NET Features </h3>
<% DisplayFeatures(); %>
    </br>
    <asp:Label text="Type your name:" runat=server />
    <asp:TextBox id="m_name" runat=server/> </br> </br>
    <asp:Label Text="Select your favorite .NET feature:" runat=server /> </br>
    <asp:CheckBoxList id="m_cblFeatureList" runat=server/> </br></br>
    <asp:Button id="Submit" OnClick="SubmitInfo" Text="Submit" runat=server />
    </br>
    <asp:Label id="m_labelInfo" runat=server />
</form>
</body>
</html>
```

Auf der Seite gibt es mehrere Websteuerelemente, nämlich drei *asp:Label*-Steuerelemente, ein *asp:TextBox*-Steuerelement, ein *asp:CheckBoxList*-Steuerelement und ein *asp:Button*-Steuerelement. Beachten Sie bitte, dass diese Steuerelemente alle auf dem Server laufen und dass die Schaltfläche offensichtlich mit einem passenden Handler verknüpft ist. Die Ex34a-Code-Behind-Klasse sieht nach der Anpassung an die neuen Steuerelemente so aus:

**Ex34a.h**

```cpp
#pragma once
#using <system.dll>
#using <system.web.dll>
using namespace System;
using namespace System::Web;
using namespace System::Web::UI;
using namespace System::Web::UI::WebControls;
using namespace System::Collections;
using namespace System::ComponentModel;
namespace Ex34a
{
    public __gc class ManagedCPPPage : public Page
    {
    protected:
        ArrayList* m_arrayList;
        CheckBoxList* m_cblFeatureList;
        Label* m_labelInfo;
        TextBox* m_name;
        void AssembleChoices()
        {
            m_arrayList = new ArrayList();
            String* str = "Just-in-time compiling";
            m_arrayList->Add(str);
            str = "Common runtime environment";
            m_arrayList->Add(str);
            str = "Multiple language support";
            m_arrayList->Add(str);
            str = "Simplified component model";
            m_arrayList->Add(str);
            str = "Excellent backwards compatibility";
            m_arrayList->Add(str);
            str = "ASP.NET";
            m_arrayList->Add(str);
        }
        void DisplayFeatures()
        {
            for(int i = 0; i < m_arrayList->Count; i++)
            {
                Response->Write("<li>");
                Response->Write(m_arrayList->get_Item(i));
                Response->Write("</li>");
            }
        }
        void Page_Load(Object* o, EventArgs* ea)
        {
            AssembleChoices();
            if(!this->IsPostBack)
            {   m_cblFeatureList->DataSource = m_arrayList;
                m_cblFeatureList->DataBind();
            }
        }
```

```
void SubmitInfo(Object* o, EventArgs* ea)
{
    String* s;
    s = s->Concat(S"Hello ", m_name->Text);
    s = s->Concat(s, S". You selected ");
    for(Int32 i = 0;
        i < m_cblFeatureList->Items->get_Count(); i++)
    {
        if(m_cblFeatureList->Items->get_Item(i)->get_Selected())
        {
            s = s->Concat(s, S"<li>");
            s = s->Concat(s, m_cblFeatureList->Items->
                get_Item(i)->get_Text());
            s = s->Concat(s, S"</li>");
        }
    }
    s = s->Concat(s, S"</br>");
    s = s->Concat(s, S" as your favorite .NET feature");
    m_labelInfo->Text=s;
}
};
}
```

Es wird dieselbe Liste mit Eigenschaften angezeigt wie in der ersten Version dieses Beispiels. Beachten Sie bitte, dass es nun eine Kontrollkästchenliste gibt, aus der Sie Ihre Lieblingseigenschaft auswählen können, und eine Schaltfläche für die Rücksendung der Auswahl zum Server. Die Kontrollkästchenliste (*m_cblFeatureList*) wird beim *Page_Load*-Ereignis zusammengestellt. Beachten Sie bitte auch, dass das Objekt *m_cblFeatureList* eine Eigenschaft *DataSource* hat, der die *ArrayList* mit den Eigenschaften zugewiesen wird. Dies ist ein Beispiel für ein Steuerelement mit Datenbindung. Die Kontrollkästchenliste gibt für jedes Element aus der Datenquelle ein Kontrollkästchen-Tag aus. Das erspart dem Programmierer einiges an Schreibarbeit.

Der HTML-Code, der von dieser ASPX-Seite generiert wird, führt im Browser zur Anzeige von etwas Text, einem Eingabefeld, einigen Kontrollkästchen und einer Schaltfläche. Ein Klick auf die Schaltfläche *Submit* führt zur Rücksendung des Formulars zum Server und die Ausführung wird in der Methode *SubmitInfo* der Seite fortgesetzt. (*SubmitInfo* ist eine Memberfunktion der Code-Behind-Seite.) Abbildung 34.4 zeigt, wie sich die Seite im Browser darstellt.

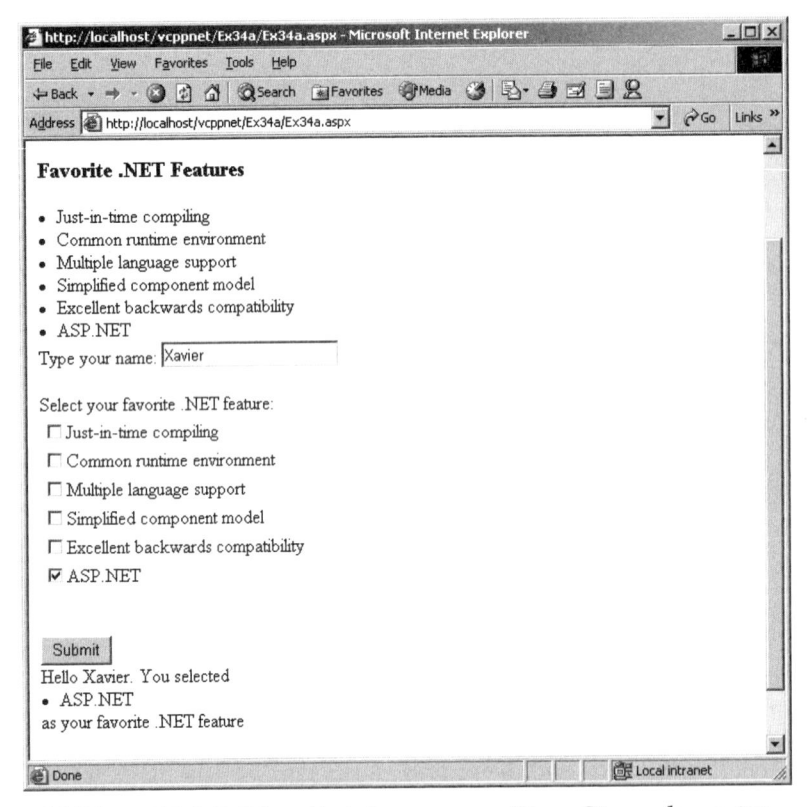

*Abbildung 34.4: Ex34a mit einigen serverseitigen Steuerelementen*

## Und wo bleibt ActiveX?

An diesem Punkt werden sich viele Leser fragen, warum die Bearbeitung auf den Server zurückverlegt wurde. Beschränkt das nicht die Möglichkeiten zur Erstellung von umfangreichen interaktiven Sites? Auf solche Fragen folgt meistens noch eine weitere: »Was geschieht mit ActiveX?« Die Antworten zu diesen Fragen folgen aus dem Problem, das ASP.NET zu lösen versucht, nämlich die Software für so viele Leute wie möglich zugänglich zu machen, und zwar mit dem Leitungsnetz, das heute vorhanden ist.

Berücksichtigen Sie bitte, wo die umfangreiche Benutzerschnittstelle ihren Ursprung hat – nämlich auf dem normalen Desktop. Die Benutzer sind eine umfassende GUI-Schnittstelle gewöhnt. Ähnlichen Komfort zu bieten, ist für eine Site praktisch eine existenzielle Voraussetzung. Eine Firma kann sich glücklich schätzen, wenn ihre Kunden freiwillig ihre Zeit auf der Firmenwebsite verbringen. Natürlich möchten sich die Firmen auch im Web im besten Licht darstellen. Daher brauchen Webbenutzer ausgefeilte Steuerelemente, mit denen sie ihre Aktionen auf der Site steuern können.

Die meisten Browser können mit Standardsteuerelementen umgehen, wie zum Beispiel mit Schaltflächen und Listenfeldern. Allerdings kommt man mit Standardsteuerelementen nicht sehr weit. Die ersten Versuche zur Erstellung von ausgefeilten Anwendungen, die im Browser gefahren werden, drehten sich auf der Microsoft-Plattform um ActiveX-Steuerelemente.

Sobald der Benutzer auf eine Seite trifft, die ein ActiveX-Steuerelement enthält, lädt der Browser erst einmal die betreffende ActiveX-DLL herunter. Wie ActiveX-Steuerelemente arbeiten, haben Sie bereits in den Kapiteln 9 und 26 erfahren. Der Browser erstellt das Objekt mit *CoCreateInstance*, besorgt sich die erforderlichen Schnittstellen und zeigt das Steuerelement in der Hostanwendung an. (Im diesem Fall ist die Hostanwendung der Browser.)

Die Lösung mit ActiveX-Steuerelementen hat bestimmte Vorteile. Einer der wichtigsten Vorteile dürfte wohl sein, dass die Kommunikation mit der Website in einer Weise erfolgt, die der Benutzer gewohnt ist.

Allerdings bringt die Erweiterung des Browsers durch eine umfangreiche Benutzerschnittstelle mit einer clientseitigen Technik wie beispielsweise ActiveX auch ein Problem mit sich: Clientbrowser müssen diese Technik beherrschen. Wenn Sie im Browser zum Beispiel für die Kommunikation mit der Website ActiveX-Steuerelemente einsetzen möchten, muss der Browser auch die Infrastruktur für ActiveX-Steuerelemente aufweisen. Und die ist recht komplex.

Es lässt sich unmöglich sicherstellen, dass auf allen Clientmaschinen eine bestimmte Schnittstellentechnik (wie die COM-Infrastruktur) verfügbar ist. Das gilt insbesondere seit der Einführung von webfähigen »persönlichen digitalen Assistenten« (PDAs) und von Webtelefonen. Eine Vielzahl von unterschiedlichen Browsern ist weltweit im Einsatz. Und nicht jeder Browser beherrscht die spezielle Schnittstellentechnik, die Ihre Website voraussetzt. Wenn Sie die Fähigkeit zum Umgang mit ActiveX-Steuerelementen quasi als »Zugangsberechtigung« für Ihre Site einführen, schließen Sie bestimmte Kundengruppen aus.

Deswegen verlagert ASP.NET einen großen Teil der Arbeit, die eine Benutzerschnittstelle leisten muss, auf den Server. Das eröffnet Ihnen die Möglichkeit, die Seiten so zu gestalten, dass Sie einen möglichst großen Kundenkreis erreichen, weil Ihre Website (nach Möglichkeit) nicht mehr von bestimmten Browsern abhängig ist. Der Server kann herauszufinden versuchen, mit welcher Art von Browser er angesteuert wurde, und nach den Informationen aus den Anforderungsheadern den entsprechenden HTML-Code generieren. Außerdem wird es mit dieser Technik wesentlich einfacher, mit HTML-Tags eine ausgefeilte Benutzerschnittstelle zu entwickeln.

Sehen wir uns nun die HTTP-Pipeline und die Lebensdauer einer Anforderung an. Bei dieser Gelegenheit werden Sie auch einige sehr nützliche Erweiterungspunkte kennen lernen, die ASP.NET bereitstellt.

# Die HTTP-Pipeline

Wie die meisten HTTP-Anforderungen, die auf einer Microsoft-Plattform bearbeitet werden, machen auch ASP.NET-Anforderungen ihren ersten Halt bei den IIS. Die IIS untersuchen die angegebene Dateinamenserweiterung. Die IIS führen eine Liste mit Dateinamenserweiterungen und den zuständigen ISAPI-DLLs, von denen die entsprechenden Anforderungen bearbeitet werden sollen. Sobald eine Erweiterung wie ASPX auftaucht, leiten die IIS die Anforderung an die DLL Aspnet_isapi.dll weiter. Diese DLL leitet die Anforderung einfach an den ASP.NET-Arbeitsprozess Aspnet_wp.exe weiter. ASP.NET untersucht die Datei und ermittelt, ob die Datei kompiliert werden muss (und kompiliert sie natürlich bei Bedarf).

## Das *HttpContext*-Objekt

Dann legt ASP.NET eine Instanz der .NET Framework-Klasse *HttpContext* an. *HttpContext* repräsentiert die aktuelle Anforderung und enthält praktisch alle Informationen, die man über die Anforderung wissen muss. In *HttpContext* finden Sie den URL, mit dem die Seite angesteuert wurde, den Dateipfad der Datei, Informationen über die Authentifizierung des Benutzers, über die Sicherheit der Verbindung und so weiter. Der Kontext enthält auch Verweise auf die *Request*- und *Response*-Objekte. Auf die Anwendung des Kontextobjekts kommen wir später noch zurück.

## Das *HttpApplication*-Objekt

Nach der Verpackung der Informationen über die Anforderung in einem Kontextobjekt gibt ASP.NET die Anforderung an eine Instanz von *HttpApplication* weiter. Erinnern Sie sich noch an die MFC-Klasse *CWinApp*? *CWinApp* ist in einer MFC-Anwendung ein Singleton. Es ist sozusagen ein Treffpunkt für globale, anwendungsweit gültige Daten und Ereignisse. *HttpApplication* spielt in einer ASP.NET-Anwendung dieselbe Rolle. Während die Anforderung bearbeitet wird, meldet das *HttpApplication*-Objekt nach Bedarf Ereignisse an alle wartenden HTTP-Module.

## Das *HttpModule*-Objekt

HTTP-Module bieten die Möglichkeit zur Vor- und Nachbearbeitung von Anforderungen. Zu den Ereignissen, die ein Anwendungsobjekt meldet, gehören *BeginRequest*, *EndRequest*, *AuthenticateRequest* und *AuthorizeRequest*. Eine Webanwendung, die über diese Ereignisse informiert werden möchte, kann ein HTTP-Modul installieren. Ein HTTP-Modul verknüpft sich selbst mit dem Anwendungsobjekt und wartet auf Ereignismeldungen.

### Das Beispiel Ex34b: ein HTTP-Modul

Ex34b wartet auf das Ereignis *BeginRequest* und wirft am Anfang jeder Anforderung einige Kontextinformationen aus. Außerdem weist das Modul ungefähr jede zweite Anforderung zurück, ein Verhalten, das in der Praxis nicht unbedingt geschäftsfördernd sein dürfte. An diesem Beispiel können Sie sehen, wie man Anforderungen abfängt, sei es, um eigene Überprüfungen durchzuführen, oder aus anderen Gründen. Hier ist das Listing von Ex34b:

**Ex34b.h**
```
// Ex34b.h
#pragma once
#using <system.dll>
#using <system.web.dll>
using namespace System;
using namespace System::Web;
namespace Ex34b
{
public __gc class RejectRequestModule :
    public IHttpModule
    {
        bool m_bRejectRequest;
    public:
        RejectRequestModule()
        {
            m_bRejectRequest = false;
        }
```

```
void Init(HttpApplication* httpApp) {
    httpApp->
        add_BeginRequest(new EventHandler(this, OnBeginRequest));
    httpApp->
        add_EndRequest(new EventHandler(this, OnEndRequest));
}
void Dispose() {
    // Normalerweise geschieht hier nichts. Wenn Sie aber Aufräum-
    // arbeiten durchführen müssen, ist dies der richtige Ort.
    // Dispose wird aufgerufen, bevor das Modul verschwindet.
}
// Event handlers
void OnBeginRequest(Object* o, EventArgs* ea) {
    // Zeige, wie man einen Verweis auf die Anwendung ermittelt
    HttpApplication* httpApp = dynamic_cast<HttpApplication*>(o);
    // Beschaffe den aktuellen Kontext
    HttpContext* ctx;
    ctx = HttpContext::Current;
    ctx->Response->Write("Beginning Request <br>");
    ctx->Response->Write("URL Used to surf here: ");
    ctx->Response->Write(ctx->Request->Url);
    ctx->Response->Write("<br>");
    ctx->Response->Write("Authenticated? ");
    ctx->Response->Write
        (ctx->Request->IsAuthenticated.ToString());
    ctx->Response->Write("<br>");
    ctx->Response->Write("Using secure connection? ");
    ctx->Response->Write
        (ctx->Request->IsSecureConnection.ToString());
    ctx->Response->Write("<br>");
    if(m_bRejectRequest) {
        ctx->Response->Write
            ("<br>Stopping every other request...<br>");
        httpApp->CompleteRequest();
        ctx->Response->StatusCode = 500;
        ctx->Response->StatusDescription = "Server Error";
    }
    m_bRejectRequest = !m_bRejectRequest;
}
void OnEndRequest(Object* o, EventArgs* ea) {
    HttpApplication* httpApp = dynamic_cast<HttpApplication*>(o);
    HttpContext* ctx = HttpContext::Current;
    ctx->Response->Write("<br>");
    ctx->Response->Write("Ending Request <br>");
}
};
}
```

Module implementieren *IHttpModule*, eine Schnittstelle, die von der ASP.NET-Infrastruktur benutzt wird, um Module zur Initialisierung aufzufordern. Module werden in der Datei Web.config aufgelistet, die zur Anwendung gehört, wie im folgenden Listing:

```
<configuration>
    <system.web>
        <httpModules>
            <add type="Ex34b.RejectRequestModule, Ex34b"
                 name="RejectRequestModule" />
        </httpModules>
    </system.web>
</configuration>
```

Diese Konfigurationsdatei weist ASP.NET an, nach einer Implementierung von *IHttpModule* zu suchen. Die Datei sollte in dem virtuellen Verzeichnis abgelegt werden, in dem die Anwendung liegt. Der Name der Modulklasse lautet *Ex34b.RejectRequestModule* und die Klasse liegt in der Assembly Ex34b.dll. Der Systemname schließlich, unter dem das Modul bekannt ist, lautet *RejectRequestModule*. Module eignen sich sehr gut zur Implementierung von Vor- und Nacharbeiten für die verschiedensten Phasen in einer Anwendung. Tatsächlich wurden die Verwaltung der ASP.NET-Sitzungszustände, die Zwischenpufferung der Ausgaben und verschiedene Überprüfungsmechanismen in ASP.NET mit Hilfe von *HttpModule* implementiert. Abbildung 34.5 zeigt das *HttpModule* bei der Arbeit.

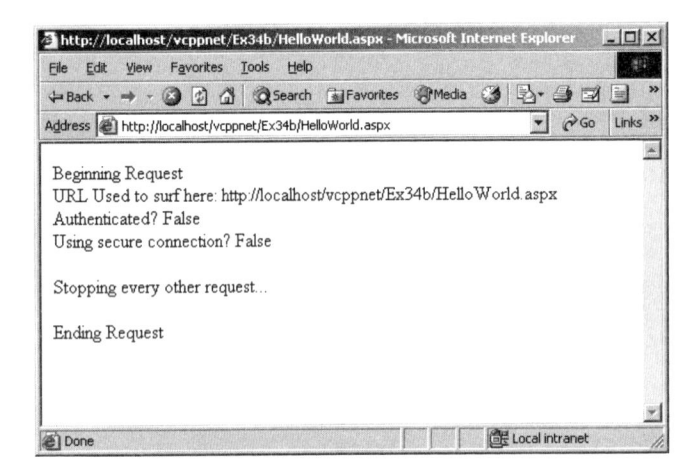

***Abbildung 34.5:*** *Das Modul Ex34b zeigt Kontextinformationen an und weist jede zweite Anforderung ab*

Nachdem die Anforderung eine Pipeline aus HTTP-Modulen durchlaufen hat, wird sie letztlich an einen HTTP-Handler weitergegeben.

## Das *HttpHandler*-Objekt

Sie haben bereits die Klasse *System::Web::UI::Page* mit der Infrastruktur für die Anzeige von normalen Webseiten kennen gelernt, unterstützt durch serverseitige Steuerelemente. Allerdings ist ASP.NET flexibel genug, auch noch andere Wege für die Bearbeitung von Anforderungen anzubieten.

Stellen Sie sich zum Beispiel vor, Sie hätten eine kleine Datei (zum Beispiel eine Protokolldatei oder einen kurzen Quelltext), deren Inhalt Sie Ihren Kunden auf Ihrer Website zur Verfügung stellen wollen. Allerdings machen Sie sich durchaus Gedanken über die Gesamtleistung des Systems und über die Skalierbarkeit Ihrer Anwendung. Wie ein Blick auf die Klasse *System::Web::UI::Page* zeigt, ist sie vollgepackt bis obenhin. Es ist eben keine Fliegengewichtsklasse. Mit ihrem Einsatz ist ein gewisser Aufwand verbunden. Als Alternative bietet es sich also an, einen einfachen, kleinen Handler zu schreiben, der für die betreffenden Anforderungen zuständig sein soll.

*HttpHandler* ist einfach eine CLR-Klasse, die *IHttpHandler* implementiert. Sie wird in der Web.config-Datei der Anwendung genannt (wie *HttpModule*).

### Das Beispiel Ex34c: ein einfacher HTTP-Handler

Dieses Beispiel implementiert einen einfachen Handler für die Ausgabe von Dateien mit der Namenserweiterung CPP. Hier ist das Listing:

```
Ex34c.h
#pragma once
#using <system.dll>
#using <system.web.dll>
using namespace System;
using namespace System::Web;
using namespace System::IO;
namespace Ex34c
{
public __gc class SourceCodeHandler :
    public IHttpHandler
    {
        void ProcessRequest(HttpContext* context)
        {
            context->Response->Write("Viewing file: ");
            context->Response->Write(context->Request->PhysicalPath);
            context->Response->Write("<br>");
            try
            {
                StreamReader* sr;
                sr = new StreamReader(context->Request->PhysicalPath);
                String* str;
                do
                {   str = sr->ReadLine();
                    context->Response->Write("<p>");
                    context->Response->Write(str);
                    context->Response->Write("</p>");
                } while (str != 0);
            }
            catch (FileNotFoundException* )
            {   context->Response->Write("<h2>Sorry -");
                context->Response->Write("the file you ");
                context->Response->Write("requested is not");
                context->Response->Write(" available</h2>");
            }
        }
        __property bool get_IsReusable()
        {
            return true;
        }
    };
}
```

Wenn eine Anforderung ins ASP.NET gelangt, sieht ASP.NET in der Konfigurationsdatei der Anwendung nach, welche Komponente die Anforderung bearbeiten soll. Falls der Dateityp nicht in der Web.config-Datei der Anwendung aufgeführt wird, sieht ASP.NET in der systemweit gültigen Datei Machine.config nach. Kann ASP.NET den zuständigen Handler für eine bestimmte Dateinamenserweiterung ermitteln, lädt es den Handler und implementiert *IHttpHandler::ProcessRequest*. Dieser Handler bearbeitet die Anforderung, indem er die angeforderte Datei öffnet und ihren Inhalt zum Browser am anderen Ende der Leitung schickt.

Wenn dieser Quellcode kompiliert und gelinkt wird, muss er im \bin-Verzeichnis des virtuellen Verzeichnisses installiert werden, in dem die Site liegt, und in der Web.config-Datei aufgeführt werden, wie im folgenden Listing. Sehen Sie sich den *httpHandlers*-Abschnitt in dieser Datei an. Das *add*-Element nimmt einen Handler in die Liste der Handler für diese Anwendung auf. *Verb* definiert, welche Art von HTTP-Anforderung (*GET*, *PUT*, *POST* oder *) vom Handler bearbeitet werden soll. Beachten Sie bitte, dass im *path*-Attribut die Dateinamenserweiterung angegeben wird, für die der Handler zuständig ist. Das *type*-Attribut gibt den CLR-Typ des Handlers an und den Namen der Assembly, in welcher die Klasse zu finden ist:

```
<configuration>
    <system.web>
        <httpHandlers>
            <add verb="*" path="*.cpp"
                type="Ex34c.SourceCodeHandler, Ex34c" />
        </httpHandlers>
    </system.web>
</configuration>
```

Die letzte Arbeit, die nach der Installation noch zu erledigen ist, damit dieser Handler funktioniert, ist die Benachrichtigung der IIS. Die IIS müssen erfahren, welche Dateinamenserweiterung die Dateien haben, die Sie mit diesem Handler anzeigen wollen. Klicken Sie in den IIS das gewünschte virtuelle Verzeichnis mit der rechten Maustaste an und wählen Sie *Eigenschaften*. Klicken Sie die Schaltfläche *Konfiguration* an. Dann erscheint eine Liste mit Dateiverknüpfungen, wie in Abbildung 34.6 gezeigt.

Klicken Sie die Schaltfläche *Hinzufügen* an und tragen Sie eine neue Erweiterung ein. Es erscheint ein Dialogfeld wie in Abbildung 34.7.

Tragen Sie **.cpp** als Erweiterung ein und als ausführbare Datei Aspnet_isapi.dll (mit vollständigem Pfad; unter Windows 2000 liegt diese DLL in \Winnt\Microsoft.net\Framework\v1.0.3705). Wenn Sie nun in diesem virtuellen Verzeichnis eine Datei mit der Namenerweiterung .cpp ansteuern, lädt ASP.NET den angegebenen Handler. Der Handler öffnet die Datei und schickt den Inhalt an den Browser.

ASP.NET benutzt übrigens einen speziellen Handler für die anwendungsweite Ablaufverfolgung. Wenn Sie sich die Datei Machine.config ansehen und nach *httpHandlers* suchen, werden Sie auf eine Datei trace.axd stoßen, die mit einer Systemklasse namens *System.Web.Handlers. TraceHandler* verknüpft ist.

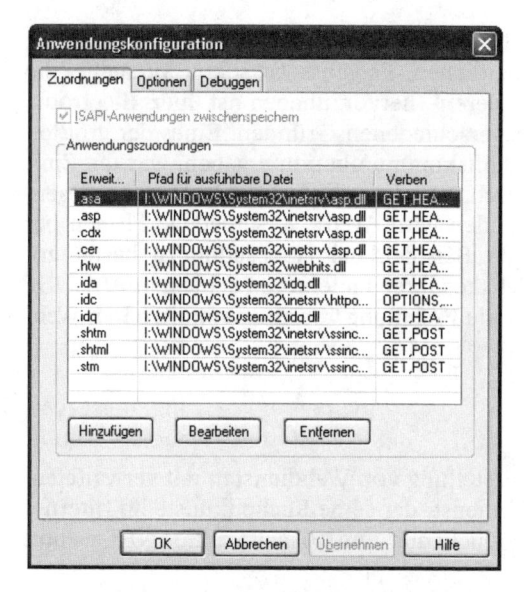

*Abbildung 34.6: Das Eigenschaftsblatt Anwendungskonfiguration in den IIS zeigt eine Liste mit den Verknüpfungen zwischen Dateinamenserweiterungen und den zuständigen ISAP-DLLs*

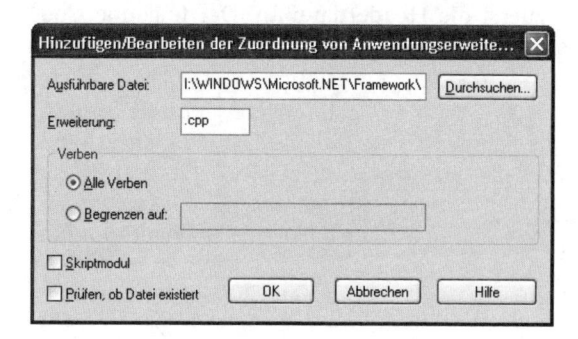

*Abbildung 34.7: Eine neue Dateinamenserweiterung wird in die Liste der Datei-zu-ISAPI-DLL-Abbildungen eingetragen*

# Webdienste

Der größte Teil dieses Kapitels handelte vom Einsatz von .NET als Werkzeug für die Entwicklung von Websites mit Benutzerschnittstellen, die von Menschen benutzt werden. Allerdings zeichnet sich bereits eine weitere Nutzung des Internets am Horizont ab, nämlich programmierbare Websites, auch Webdienste genannt.

COM und die Common Object Request Broker Architecture (CORBA) konnten die Welt nicht miteinander verbinden, weil DCOM und CORBA sehr spezielle Verbindungsprotokolle benutzen. Während der Entwicklung des Internets bildete sich HTTP als wichtigstes Verbindungsprotokoll heraus, das auf fast allen Geräten verfügbar ist, von Desktop-PCs über Laptops und PDAs bis hin zu Telefonen. Die Grundidee hinter den Webdiensten besteht darin, dass eine Website mehr als nur HTML-Anforderungen nach irgendwelchen Dokumenten annehmen kann: Sie sollte in der Lage sein, SOAP-Anfragen anzunehmen (das ist speziell formatiertes XML), den Inhalt der Anfrage auf einen Aufrufstapel abzubilden und die angegebenen Methoden aufzurufen.

Webdienste werden in dieser Dekade eine wichtige Rolle spielen, weil sie die kommerzielle Kommunikation durch allgemeine Standards vereinheitlichen. Es gab zwar schon Versuche, die Geschäftskommunikation und Dienste zu automatisieren (hervorzuheben ist hier Electronic Data Interchange oder EDI), aber sie scheiterten aus verschiedenen Gründen. Eines der größten Probleme, die sich bei der Automatisierung der Geschäftskommunikation ergaben, war die Einigung auf ein bestimmtes Format für den Datenaustausch. Webdienste sind auf XML angewiesen, das es auf vielen Plattformen gibt und das gut verstanden wird. Wenn verschiedene Firmen per Programm miteinander kommunizieren müssen (zum Beispiel, um Nachschub zu bestellen), können Sie entsprechende SOAP-Aufträge an die Websites ihrer Lieferanten schicken. ASP.NET dürfte derzeit die einfachste Lösung sein, wenn es um die Erstellung von programmierbaren Websites geht.

## Webdienste und verwaltetes C++

In Visual Studio .NET gibt es einen Assistenten zur Erstellung von Webdiensten mit verwaltetem C++. Beispiel Ex34d zeigt einen verwalteten C++-Webdienst, der seine Rechenkünste im Internet anbietet. Der Assistent generiert den erforderlichen Quellcode und Visual Studio .NET richtet ein virtuelles Verzeichnis für Ihren Webdienst ein.

Ein verwalteter C++-Webdienst hat drei wichtige Bestandteile: eine Headerdatei, eine Quellcodedatei und eine ASMX-Datei. Sehen wir uns zuerst die Headerdatei an. Der folgende Code zeigt die Standardklasse namens *Class1*, die der Assistent generiert hat, mit den zusätzlichen Methoden *Add* und *Subtract*.

**Ex34d.h**
```
#pragma once
#using <System.Web.Services.dll>
using namespace System;
using namespace System::Web;
using namespace System::Web::Services;
namespace Ex34d
{
    public __gc
        class Class1 : public WebService
        {
        public:
            [System::Web::Services::WebMethod]
            String __gc* HelloWorld();
            [System::Web::Services::WebMethod]
            int Add(int x, int y);
            [System::Web::Services::WebMethod]
            int Subtract(int x, int y);
        };
}
```

Die wichtigsten Angaben in diesem Code sind die *WebMethod*-Attribute vor den Funktionsdeklarationen. *HelloWorld*, das vom Assistenten stammt, sowie *Add* und *Subtract* wurden als *Webmethoden* deklariert. Das bedeutet, dass sie der Außenwelt als Webdienste angeboten werden. Die Implementierungsdatei für *Class1* sieht so aus:

```
#include "stdafx.h"
#include "Ex34d.h"
#include "Global.asax.h"

namespace Ex34d
{
    String _gc* Class1::HelloWorld()
    {
        // TODO: Fügen Sie hier die Implementierung Ihres Webdienstes hinzu
        return S"Hello World!";
    }

    int Class1::Add(int x, int y)
    {
        return x+y;
    }

    int Class1::Subtract(int x, int y)
    {
        return x-y;
    }
};
```

Diese Methoden sind zwar zugegebenermaßen ziemlich simpel, zeigen aber trotzdem sehr schön, wie Webdienste funktionieren. Beachten Sie bitte, dass die Entwicklung eines Webdienstes sehr stark der Entwicklung einer normalen Desktop-Komponente ähnelt. Der letzte Bestandteil eines ASP.NET-Webdienstes ist die ASMX-Datei (das *M* steht hier für Methode). In diesem Fall ist das Listing sehr kurz. Es hat nur die Aufgabe, den Webdienst an die bereits gezeigte Klasse *Class1* zu binden:

```
<%@ WebService Class=Ex34d.Class1 %>
```

Die *WebService*-Direktive weist ASP.NET an, *Class1* als Webdienstklasse zu benutzen. Nun ist der Webdienst zwar verfügbar, aber wie benutzt man ihn? Indem man sich mit der Web Services Description Language (WSDL) über die Fähigkeiten des Webdienstes informiert.

## WSDL und ASP.NET

Clients können anhand der WSDL-Beschreibung herausfinden, über welche Fähigkeiten ein Webdienst verfügt. Ein ASP.NET-Client kann eine Kopie des WSDL-Codes vom Webdienst anfordern, indem er die Dienstdatei anfordert (die ASMX-Datei) und *WSDL* im Anforderungstext angibt. Abbildung 34.8 zeigt einen Browser, der Ex34d ansteuert und den Dienst nach seiner Beschreibung befragt.

Sobald Sie den WSDL-Code von einem Webdienst haben, ist es relativ leicht, einen Clientproxy zu schreiben, der den Webdienst aufruft.

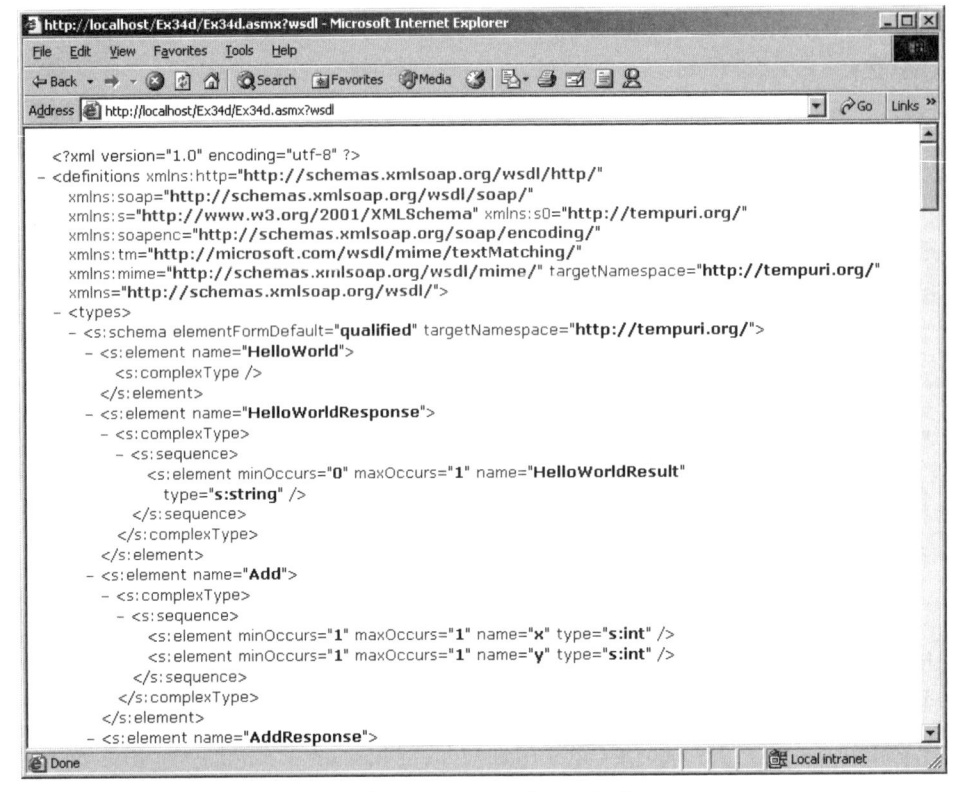

```
<?xml version="1.0" encoding="utf-8" ?>
- <definitions xmlns:http="http://schemas.xmlsoap.org/wsdl/http/"
    xmlns:soap="http://schemas.xmlsoap.org/wsdl/soap/"
    xmlns:s="http://www.w3.org/2001/XMLSchema" xmlns:s0="http://tempuri.org/"
    xmlns:soapenc="http://schemas.xmlsoap.org/soap/encoding/"
    xmlns:tm="http://microsoft.com/wsdl/mime/textMatching/"
    xmlns:mime="http://schemas.xmlsoap.org/wsdl/mime/" targetNamespace="http://tempuri.org/"
    xmlns="http://schemas.xmlsoap.org/wsdl/">
  - <types>
    - <s:schema elementFormDefault="qualified" targetNamespace="http://tempuri.org/">
      - <s:element name="HelloWorld">
          <s:complexType />
        </s:element>
      - <s:element name="HelloWorldResponse">
        - <s:complexType>
          - <s:sequence>
              <s:element minOccurs="0" maxOccurs="1" name="HelloWorldResult"
                 type="s:string" />
            </s:sequence>
          </s:complexType>
        </s:element>
      - <s:element name="Add">
        - <s:complexType>
          - <s:sequence>
              <s:element minOccurs="1" maxOccurs="1" name="x" type="s:int" />
              <s:element minOccurs="1" maxOccurs="1" name="y" type="s:int" />
            </s:sequence>
          </s:complexType>
        </s:element>
      - <s:element name="AddResponse">
```

*Abbildung 34.8: Der von Ex34d generierte WSDL-Code*

## Der Aufruf von Webmethoden

Clientseitige Proxies für einen Webdienst lassen sich auf unterschiedlichste Weise erstellen. Ein Weg führt zum Beispiel über einen passenden Webverweis, der in Visual Studio .NET angegeben wird. Wenn Sie mit Visual Basic .NET oder C# eine Anwendung erstellen (eine Beschreibung würde den Rahmen dieses Buchs sprengen), können Sie das Projekt im Projektmappenexplorer mit der rechten Maustaste anklicken und im Kontextmenü dann den Punkt *Webverweis hinzufügen* wählen. Im Prinzip sagen Sie Visual Studio, unter welchem URL der gewünschte Webdienst zu finden ist. Visual Studio generiert dann einen Proxy für Sie, der sich um die Details des SOAP-Aufrufs kümmert.

Der zweite Weg zur Erstellung eines passenden Proxies führt über das WSDL-Dienstprogramm. Sie füttern es mit der WSDL-Beschreibung des Dienstes, an dem Sie interessiert sind. Mit folgender Befehlszeile lässt sich zum Beispiel ein Proxy für den Webdienst Ex34d generieren:

```
WSDL /language:CS Ex34d.wsdl
```

Das WSDL-Dienstprogramm generiert dann den gewünschten C#-Code. (Sie können auch JScript oder Visual Basic .NET-Code anfordern.) Den generierten Code können Sie zu einer Assembly kompilieren und dann mit den Aufrufen des Webdienstes beginnen. Da es sich bei der resultierenden Assembly um eine CLR-Assembly handelt, können Sie die Aufrufe auch problemlos mit verwaltetem C++-Code durchführen.

# 35 ADO.NET-Programmierung mit verwaltetem C++

| | |
|---|---|
| 879 | Verwaltete Datenanbieter |
| 881 | Mit den Datenanbietern arbeiten |
| 886 | ADO.NET-Datasets |

In den letzten Jahren hat die Entwicklung der Akronyme, mit der die verschiedenen Datenzugriffsverfahren bezeichnet werden, auf der Microsoft-Plattform eine gewisse inflationäre Tendenz gezeigt. Es gab ODBC (Open Database Connectivity), DAO (Data Access Objects), OLE DB (OLE Database) und ADO (ActiveX Data Objects), das bis vor kurzem noch die bevorzugte Datenzugriffsmethode für die Microsoft-Plattform war. Mit .NET hat sich dies geändert.

Für moderne Anwendungen, die auf .NET laufen, wird ADO.NET zweifellos die Datenzugriffstechnik der Wahl sein. ADO.NET ist die verwaltete Alternative zum herkömmlichen ADO. Dieses Kapitel handelt vom Datenzugriff unter .NET. Wir werden uns die Verbindung zu den Datenbanken ansehen, den Datenbanken Befehle geben, Daten aus Datenbanken auslesen und Datasets verwalten. Alles mit ADO.NET.

## Verwaltete Datenanbieter

Wie in Kapitel 31 beschrieben, läuft die gesamte .NET-Anwendungssoftware auf der Common Language Runtime. Die CLR kümmert sich intensiv um Ihren Code. Sie verwaltet den Speicher für Sie, sie bietet Ihnen Interop-Dienste an und sie sorgt dafür, dass Ihr Code sicher und geschützt laufen kann.

Die Laufzeitschicht bietet zwar keine Datenzugriffsfunktionalität an, aber zum Lieferumfang von .NET gehören einige verwaltete Datenbankprovider. Diese verwalteten Anbieter liegen in Form von einigen Klassen vor, die zur CLR-Klassenbibliothek gehören. Die Gruppe der Datenzugriffsklassen wird ADO.NET genannt.

Die *DataReader*-Klassen von ADO.NET ermöglichen das Einlesen eines Datenstroms von einer Datenbank (nur vorwärts, nur lesen). Die *DataSet*-Klasse sorgt im Speicher für eine Strukturierung der Daten, die von einer Datenbank angefordert wurden. Man kann sich ein *DataSet*-Objekt wie einen unverbundenen Recordset von ADO vorstellen. Derzeit gibt es in ADO.NET keine Vorkehrungen für serverseitige Cursor. Einige Anwendungen sind nicht darauf angewiesen.

Anwendungen, die unbedingt serverseitige Cursor brauchen, können über die COM-Interop-Schicht mit herkömmlichen ADO-Recordsets arbeiten. Unter den Beispielprogrammen von Visual Studio .NET gibt es auch ein ADO-Interop-Beispiel. Es liegt im Verzeichnis »...\Microsoft Visual Studio .NET\FrameworkSDK\Samples\Technologies\Interop\Einfach\ASPXToADO«.

## Verwaltete Anbieter in .NET

Soweit es ADO.NET betrifft, gibt es im Prinzip nur zwei Arten von Datenbanken, nämlich Microsoft SQL Server-Datenbanken und die anderen Datenbanken, die OLE DB implementieren. Die verwalteten Anbieterklassen für den SQL Server laufen auf der Common Language Runtime, während die verwalteten OLE DB-Anbieter die Verbindung zum Datenspeicher mit herkömmlichem OLE DB und der COM-Interop-Schicht herstellen.

ADO.NET umfasst folgende Grundfunktionen für die Arbeit mit Datenbanken: die Erstellung von Datasets, die Aufnahme einer Verbindung zur Datenbank, die Übermittlung von Befehlen, das Einlesen von Datenströmen und die Anwendung von Datenadaptern für den Datenaustausch zwischen einer Datenquelle und einem Dataset. ADO.NET trennt die Funktionalität in Schnittstellen und Implementierungen. Anders gesagt, es gibt eine Verbindungsschnittstelle, eine Befehlsschnittstelle und eine Datenadapterschnittstelle. Allerdings bietet ADO.NET für jede dieser Schnittstellen verschiedene Implementierungen an. Die verwalteten Datenprovider werden auf die Namespaces *System::Data::SqlClient* und *System::Data::OleDb* aufgeteilt. Tabelle 35.1 zeigt die ADO.NET-Schnittstellen und ihre verschiedenen Implementierungen.

| Schnittstelle | SQL Server-Implementierung | OLE DB-Implementierung |
|---|---|---|
| *IDbConnection* | *SqlConnection* | *OleDbConnection* |
| *IDataAdapter* | *SqlDataAdapter* | *OleDbDataAdapter* |
| *IDbCommand* | *SqlCommand* | *OleDbCommand* |
| *IDataReader* | *SqlDataReader* | *OleDbDataReader* |
| *IDataRecord* | *SqlDataReader* | *OleDbDataReader* |
| *IDataParameter* | *SqlDataParameter* | *OleDbDataParameter* |

*Tabelle 35.1: ADO.NET-Schnittstellen und ihre Implementierungen*

Abbildung 35.1 skizziert die Beziehungen zwischen den verwalteten SQL Server- und OLE DB-Providern und COM.

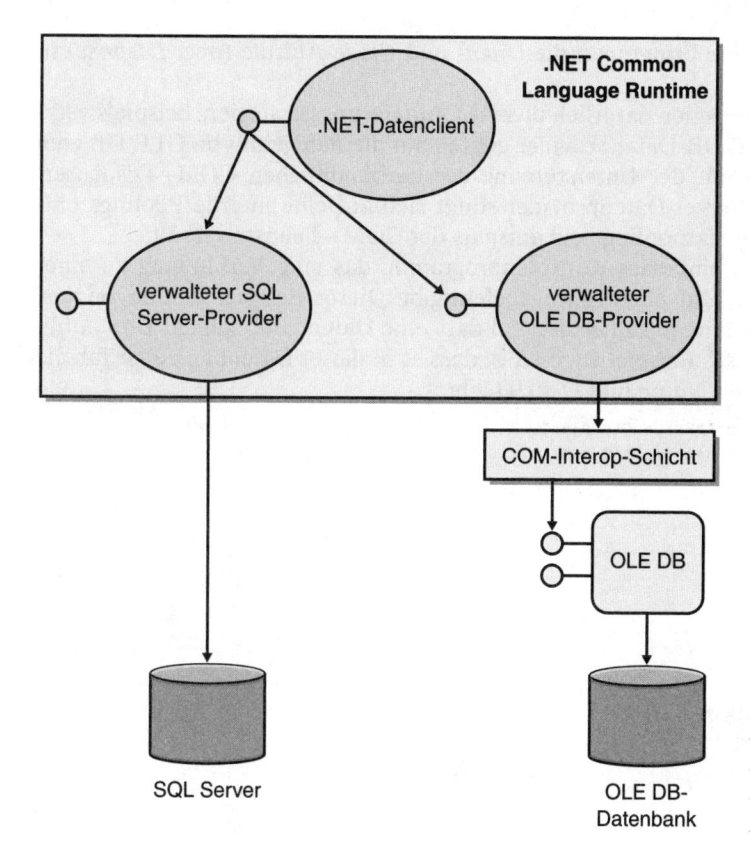

*Abbildung 35.1:* Die Beziehungen zwischen .NET, SQL Server-Providern, OLE DB-Providern und COM

# Mit den Datenanbietern arbeiten

Sehen wir uns einmal an, wie man mit ADO.NET und verwaltetem C++ eine Verbindung zu einer Datenbank herstellt und Daten anfordert. Die übliche Vorgehensweise in ADO.NET besteht darin, die Verbindung zur gewünschten Datenbank herzustellen, ihr einen Befehl zu geben und dann die gelieferten Daten zu benutzen. Beginnen wir mit der Verbindung zur Datenbank.

## Aufnahme einer Verbindung zur Datenbank

Die Klassen *SqlConnection* und *OleDbConnection* implementieren die Schnittstelle *IDbConnection*, die Methoden zur Öffnung einer Datenbankverbindung und zur Einleitung lokaler Transaktionen enthält.

In Kapitel 31 war bereits die Rede davon, dass die Garbage Collection nicht deterministisch verläuft. Anders gesagt, man kann nicht vorhersagen, wann ein bestimmter Speicherblock eingesammelt wird und ob dies überhaupt geschieht. Daher sollten Sie eine ADO.NET-Verbindung explizit wieder schließen, sobald die Verbindung nicht mehr gebraucht wird. (Schließen Sie die Verbindung also nicht irgendwo im Destruktor.) Dafür gibt es die Methode *IDbConnection::Close*. Sie können auch die Methode *Dispose* des Verbindungsobjekts aufrufen, die ebenfalls die

Verbindung schließt. Normalerweise bringt man die *Open-* und *Close*-Aufrufe (oder *Dispose*) in einem *try/catch*-Block unter.

Die verwalteten Anbieter beherrschen natürlich diverse Optimierungsstrategien, beispielsweise das Verbindungspooling. Die OLE DB-Datenprovider greifen auf die Fähigkeit von OLE DB zum Verbindungspooling zurück, das mit der Unterstützung der herkömmlichen COM+-Dispenser-Manager funktioniert. Der SQL Server-Datenprovider stützt sich auf eine interne Poolingarchitektur, die sich ähnlich wie der Objektpoolingmechanismus der COM+-Dienste verhält.

Das folgende Listing zeigt ein einfaches Konsolenprogramm, das eine Verbindung zu einer Datenbank herstellt und ihr einen einfachen Abfragebefehl gibt. Dieses Beispiel geht davon aus, dass der SQL Server auf der Maschine installiert ist und dass eine Datenbank namens *CompanyDB* verfügbar ist. Außerdem geht das Beispiel davon aus, dass es in dieser Datenbank eine Tabelle namens *Employees* mit den Spalten *Name* und *DeptID* gibt.

```
// Die Hauptprojektdatei für ein VC++-Anwendungsprojekt,
// das mit dem Anwendungs-Assistenten generiert wurde.

#include "stdafx.h"

#using <mscorlib.dll>
#using <system.dll>
#using <system.data.dll>
#include <tchar.h>

using namespace System;
using namespace System::Data;
using namespace System::Data::SqlClient;
using namespace System::ComponentModel;

// // Dies ist der Einstiegspunkt für die Anwendung
int _tmain(void)
{
    // Lege ein Verbindungsobjekt an
    SqlConnection* conn;
    conn = new SqlConnection
        (S"server=localhost;uid=sa;pwd=;database=CompanyDB");

    SqlCommand* command;
    command = new SqlCommand("select * from Employees", conn);
    IDataReader* rdr;

    try
    {
        conn->Open();
        rdr = command->ExecuteReader();

        while(rdr->Read())
        {
            Console::Write("Name: ");
            Console::Write(rdr->get_Item("Name"));
            Console::Write("Dept: ");
            Console::WriteLine(rdr->get_Item("DeptID"));
        }
    }
    catch (Exception* e)
    {
        System::Console::WriteLine(e->ToString());
    }
```

```
    __finally
    {
        conn->Dispose();
    }
    return 0;
}
```

Beachten Sie bitte, dass der Code je eine Instanz der Klassen *SqlConnection* und *SqlCommand* anlegt. Beachten Sie bitte auch, dass der Code die *SqlCommand*-Instanz mit dem Verbindungsobjekt und einem einfachen Abfragebefehl initialisiert.

Solange das Verbindungsobjekt und das Befehlsobjekt richtig arbeiten, können Sie mit *SqlCommand::ExecuteReader* einen Datenleser erstellen. Der Datenleser liest in einer Schleife jeweils eine einzelne Zeile ein. Mit der Methode *get_Item* des Datenlesers können Sie den Wert aus einer bestimmten Spalte der betreffenden Zeile ermitteln. (Auf Datenleser gehen wir später noch genauer ein.)

Die Öffnung der Verbindung und die Übermittlung des Befehls erfolgen in einem *try*-Block, um etwaige Fehler abzufangen. Potentielle Fehlerquellen gibt es mehrere. Zum Beispiel:

- Ungültige Verbindungszeichenfolge (falsches Konto oder falsches Kennwort oder falscher Datenbankname)
- Falscher Tabellenname
- Falsche Spaltennamen

Wenn es während der Herstellung der Verbindung zur Datenbank oder der Ausführung des Befehls zu einem Fehler kommen sollte, meldet ADO.NET diesen Fehler. Im obigen Beispiel wird einfach eine entsprechende Meldung auf dem Bildschirm angezeigt.

## Datenbankabfrage

Die Aufnahme einer Verbindung zur Datenbank und die Durchführung einer einfachen Abfrage ist relativ einfach. In der Praxis ist der Aufwand für die Beschaffung der Daten aber meistens größer. Die Befehlsklassen (*SqlCommand* und *OleDbCommand*) der verwalteten Provider sind recht leistungsfähig. Mit ihnen können Sie jeden gültigen SQL-Befehl oder jede gültige Abfrage an die Datenbank übermitteln. (Sie können auch eine andere Befehlssprache verwenden, die von einem OLE DB-Provider verstanden wird.)

*SqlCommand* und *OleDbCommand* implementieren beide die Schnittstelle *IDbCommand*. Sie können den Befehl angeben, wenn Sie das Befehlsobjekt anlegen, oder Sie legen den Befehl nachträglich mit der Eigenschaft *CommandText* fest. Wie aus dem vorigen Listing hervorgeht, ist das Befehlsobjekt mit einem bestimmten Verbindungsobjekt verknüpft. Der folgende Code zeigt, wie man ein *SqlCommand* mit einer bestehenden Verbindung initialisiert. Beachten Sie bitte, dass bei diesem Lösungsansatz die Programmierung mit den Schnittstellen im Vordergrund steht, also nicht die Programmierung mit den Objektklassen.

```
IDbConnection* conn = dynamic_cast<IDbConnection*>(new SqlConnection(
    "server=localhost;uid=sa;pwd=;database=CompanyDB"));
IDbCommand* cmd2 = new SqlCommand(
    "select * from Depts",
    dynamic_cast<SqlConnection*>(conn));
```

Im ersten Beispiel haben Sie bereits gesehen, wie *IDbCommand::ExecuteReader* den Befehl übermittelt und die Ergebnisse in Form eines *DataReader*-Objekts ans Programm zurückgibt.

*IDbCommand* hat auch eine Methode namens *ExecuteNonQuery*, die nur die Zahl der betroffenen Zeilen ermittelt.

Zur Festlegung des Befehls kann die Anwendung einen SQL-Befehl oder den Namen einer gespeicherten Prozedur in die Eigenschaft *CommandText* eintragen (oder bei Bedarf einen Befehl in einer anderen Sprache, die von einer OLE DB-Datenbank verstanden wird). Aus der Eigenschaft *CommandType* geht hervor, ob es sich bei dem Text in *CommandText* um einen direkten Befehl oder um den Namen einer gespeicherten Prozedur handelt.

## Gespeicherte Prozeduren

Sie können ein Befehlsobjekt auch zum Aufruf von gespeicherten Prozeduren verwenden, um die Datenbank in einer bestimmten Weise zu bearbeiten. *SqlCommand* und *OleDbCommand* implementieren die Schnittstelle *IDbCommand* und ermöglichen mit Hilfe der Eigenschaft *Parameters* auch parametrierte Anweisungen. Die Klassen *SqlParameter* und *OleDbParameter* kapseln die Parameterfunktionalität, die für gespeicherte Prozeduren erforderlich ist. Sowohl *OleDbCommand* als auch *SqlCommand* haben Parameterauflistungen – *OleDbParameterCollection* und *SqlParameterCollection*, je nach Typ. Das folgende Listing zeigt, wie man eine *SqlConnection* öffnet und mit einem *SqlCommand*-Objekt verknüpft, das eine gespeicherte Prozedur aufruft, die Parameter hat. Der Code setzt voraus, dass eine Datenbank namens *CompanyDB* verfügbar ist, in der es eine gespeicherte Prozedur namens *getByDeptID* mit einem einzigen Parameter gibt (eine Zeichenkette mit der Department-ID).

```
void RunStoredProc()
{
    // Rufe eine gespeicherte Prozedur auf
    SqlConnection* conn = new SqlConnection(
        "server=localhost;uid=sa;pwd=;database=CompanyDB");
    SqlCommand* cmd = new SqlCommand("getByDeptID", conn);
    IDataReader* reader;

    try
    {
        conn->Open();
        cmd->Parameters->Add(
            new SqlParameter("@dept_id", SqlDbType::VarChar, 11));
        cmd->Parameters->get_Item("@dept_id")->Value = S"Engineering";

        cmd->CommandType = CommandType::StoredProcedure;
        reader = cmd->ExecuteReader();

        // Untersuche die Ergebniszeilen mit dem Leser
    }
    catch(Exception* e)
    {
        Console::WriteLine(e->ToString());
    }
     __finally
    {
        conn->Dispose();
    }
}
```

Wenn Sie die Parameter vorbereiten, können Sie auch die Übertragungsrichtung der einzelnen Parameter auf *Input*, *Output*, *InputOutput* oder *ReturnValue* setzen. Natürlich müssen die Parameter, die Sie auf diese Weise im aufrufenden Programm beschreiben, mit dem tatsächlichen Format der Parameter der gespeicherten Prozedur übereinstimmen (auch wenn keine strenge Typüberprüfung der Parameter stattfindet).

## Einlesen der Daten mit Datenlesern

Sie können mit Datenlesern Datenströme einlesen, allerdings nur vorwärts und ohne Schreibzugriff auf den Datenstrom. Wie erwähnt, können Sie nach der Vorbereitung des Befehlsobjekts *IDbCommand::ExecuteReader* aufrufen, um einen Datenleser zum Einlesen der gewünschten Datensätze aus der Datenquelle anzufordern. Die meisten SQL-Befehle und gespeicherten Prozeduren liefern Ergebnisse, die sich als Tabellen darstellen lassen. Wenn Sie zum Beispiel den Befehl *Select * from Employees* geben, fordern Sie alles an, was in der Tabelle *Employees* steht. Die Ergebnisdatenmenge, die Sie zurückerhalten, besteht aus einheitlich aufgebauten Zeilen, die Sie mit einer Implementierung von *IDataReader* untersuchen können. Die einzelnen Spalten der Tabelle können in Übereinstimmung mit dem relationalen Modell nur Grundtypen enthalten.

Sie haben in diesem Kapitel bereits ein Beispiel dafür gesehen, wie man das Ergebnis einer Datenbankabfrage mit einem Datenleser einlesen kann. Allerdings hat das Beispielprogramm nur eine einfache Datensatzmenge angefordert. Die *IDataReader*-Implementierungen von ADO.NET (*SqlDataReader* und *OleDbDataReader*) bieten einen schnellen Lesezugriff auf die Datensatzmenge. Wenn Sie das Ergebnis mit dem Leser einlesen, achtet der Leser immer nur auf die jeweils aktuelle Zeile (also auf den aktuellen Datensatz). Bei jedem *Read*-Aufruf liefert der Leser eine neue Zeile. *Read* gibt *false* zurück, wenn alle Zeilen gelesen sind. Die Datenleser von ADO.NET können aber auch mit mehreren Datensatzmengen umgehen. *IDataReader::NextResult* stellt den Leser auf das nächste Ergebnisset um. Hier ist ein Beispiel für die Anforderung von mehreren Ergebnissets mit einem einzigen Aufruf:

```
void MultipleResultSets()
{
    SqlConnection* conn = new SqlConnection("server=localhost;uid=sa;pwd=;database=CompanyDB");
    SqlCommand* cmd = new SqlCommand("select * from Employees;select * from Depts", conn);
    IDataReader* rdr;

    try
    {
        conn->Open();
        rdr = cmd->ExecuteReader();

        bool more = true;
        while (more)
        {
            while (rdr->Read())
            {
                Console::Write("Column 0 = ");
                // Lies die erste Spalte aus.
                Console::WriteLine(rdr->get_Item(0));
                // Lies die zweite Spalte aus.
                Console::Write("Column 1 = ");
                Console::WriteLine(rdr->get_Item(1));
            }
```

```
            Console::WriteLine("Ende des Ergebnissets");
            more = rdr->NextResult();
        }
    }
    catch(Exception* e)
    {
        e->ToString();
    }
    __finally
    {
        conn->Dispose();
    }
}
```

## Der Umgang mit Fehlern

Der bisher gezeigte Datenzugriffscode wurde jeweils durch *try/catch*-Blöcke abgesichert. Für eine einfache Fehlerbehandlung reicht das meistens aus. Allgemeine Fehler werden durch die Klasse für allgemeine Ausnahmen abgefangen. Gelegentlich liefern Datenbanken aber zusätzliche Angaben über den aufgetretenen Fehler oder sogar mehrere Fehlermeldungen. Um mit solchen Fehlerhäufungen umgehen zu können, leiten die verwalteten Datenanbieter für SQL Server und OLE DB eigene Ausnahmeklassen ab, die Fehlermeldungen als Auflistungen liefern können.

Die *OleDbException*-Klasse des OLE DB-Datenanbieters hat eine *Errors*-Auflistung, die der ADO-Auflistung *Errors* ähnelt (sie ist über die *IErrorRecords*-Schnittstelle von OLE DB zugänglich). Für jeden gemeldeten Fehler gibt es eine Fehlerbeschreibung, den Fehlercode des Providers und optional einen *SQLState*. *OleDbException* wurde von *ExternalException* abgeleitet.

Der Datenanbieter für SQL Server bietet eine *SqlException* an, die sich von *SystemException* ableitet. Sie kapselt eine *SqlErrorCollection*-Auflistung, die eine Obermenge der ADO-Fehlerdaten bereitstellt. Dazu gehören auch SQL Server-spezifische Fehlerdaten. *SqlError* wird vom SQL Server-Provider zusammengestellt, sobald ein Fehler auftritt. Zu den Daten gehört die Angabe der SQL Server-Instanz, der Schweregrad des Fehlers und optional der Name einer gespeicherten Prozedur und eine Zeilennummer.

Ein Problem beim herkömmlichen ADO besteht darin, dass nicht nur ernste Fehler (Showstopper), sondern auch SQL-Warnungen (keine Showstopper) in der *Errors*-Auflistung auftauchen. Eine dieser Meldungen könnte zum Beispiel bedeuten, dass sich eine Datenbanksprache geändert hat. Die Kombination wirkt sich vielleicht auf das Ergebnis aus, hindert die Abfrage aber nicht am Lauf. ADO.NET macht Warnungen als Ereignisse bekannt, nicht als Showstopper-Fehler. Sie können sich die Warnungen ansehen oder sie ignorieren.

# ADO.NET-Datasets

Ein Datenstrom, der sich nur vorwärts lesen lässt, kann zwar für Datenmengen sinnvoll sein, die nicht allzu groß sind, aber er stellt nicht immer die beste Zugriffsmethode dar. Besonders dann nicht, wenn es um große Datenmengen geht oder der wahlfreie Zugriff auf den Inhalt einer Datenbank gefordert ist. Die Datasets von ADO.NET werden solchen Ansprüchen gerecht. Die ADO.NET-Klasse *DataSet* verwaltet eine Auflistung von Tabellen, die im Speicher liegen und ein Ergebnisset darstellen. Das Dataset ähnelt dem herkömmlichen unverbundenen Recordset von ADO, bietet aber eine umfassendere Funktionalität.

Ein Dataset stellt im Prinzip eine Momentaufnahme des Ergebnissets dar (vielleicht auch von mehreren Ergebnissets). Ein Dataset ist nicht mit einer bestimmten Datenbank verbunden. Es enthält eine oder mehrere Instanzen der Klasse *DataTable*. Und jede dieser Tabellen kann von einer anderen Datenquelle stammen. Das Dataset kann Datentabellen von verschiedenen Quellen beschaffen, natürlich auch von Datenbanken und von XML-Dateien. Sie können Datentabellen und Datasets auch mit dem entsprechenden Programmcode zusammenstellen, wie Sie im folgenden Abschnitt noch sehen werden. Abbildung 35.2 zeigt die Architektur eines ADO.NET-*DataSets*.

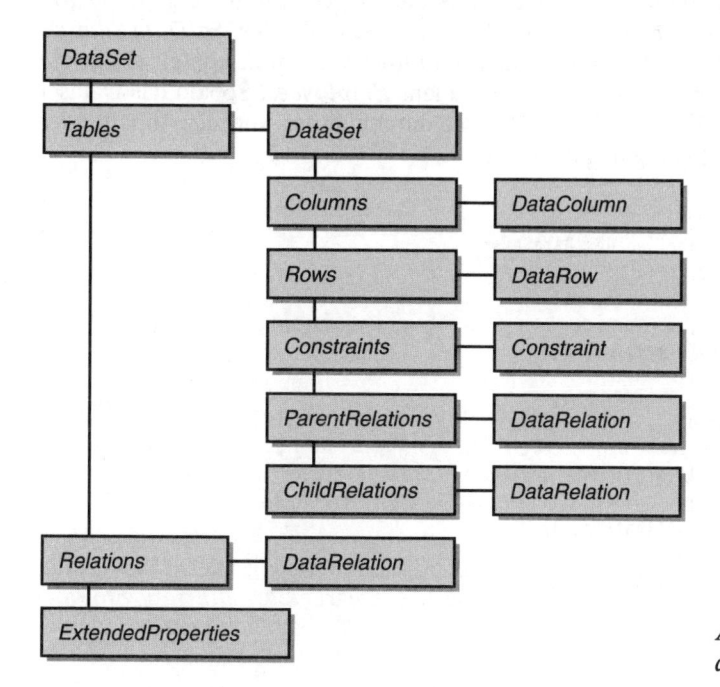

**Abbildung 35.2:** Die Architektur der ADO.NET-Klasse DataSet

Der Zugriff auf die Tabellen, Spalten und Zeilen eines *Datasets* erfolgt mit einer recht überschaubaren Syntax und ist mit wiederholten Aufrufen der *get_Item*-Methoden der *DataTable-Collection*, der *DataColumnCollection* und der *DataRowCollection* verbunden. Für den Zugriff können Sie entweder den entsprechenden Namen oder eine Ordinalzahl verwenden.

## Datasets und Datenadapter

Im ADO.NET gibt es Klassen, die *IDataAdapter* implementieren. Diese Schnittstelle erweist sich als nützlich, wenn es darum geht, Datasets mit Daten zu versorgen. Die Datenadapterklasse kapselt ein Verbindungsobjekt und einige Befehlsobjekte. Sie kann für Sie die Aufgabe übernehmen, Verbindung zur Datenbank herzustellen und ein Dataset zusammenzustellen. Der folgende Code zeigt, wie man mit *SqlDataAdapter* ein Dataset mit Daten versorgt.

```
void UseDataAdapter()
{
    SqlDataAdapter* da = new SqlDataAdapter(
        "select * from Employees",
        "server=localhost;uid=sa;database=CompanyDB");
    DataSet* ds = new DataSet();
    da->Fill(ds, "Employees");
}
```

Der Code geht wieder davon aus, dass es eine Datenbank namens *CompanyDB* gibt, die von SQL Server verwaltet wird und eine Tabelle namens *Employees* enthält. Der *SqlDataAdapter* wählt einfach jede Zeile und jede Spalte aus der Tabelle *Employees* aus und kopiert sie in ein Dataset. In diesem Dataset gibt es eine einzelne Tabelle namens *Employees*. Sobald das Dataset mit Daten versorgt ist, können Sie die Tabellen im Dataset durchblättern und den Inhalt jeder Zeile untersuchen, wie das folgende Listing demonstriert:

```
void EnumDataSet(DataSet* ds)
{
    Console::WriteLine("Gehe durch die Tabellen des DataSets:");
    for(int i = 0; i < ds->Tables->Count; i++)
    {
        Console::Write("Tabellenname: ");
        DataTable* dt = ds->Tables->get_Item(i);
        Console::WriteLine(dt->TableName);

        for(int j = 0; j < dt->Rows->Count; j++)
        {
            DataRow* dr = dt->Rows->get_Item(j);
            Console::Write("Spalte 1: ");
            Console::Write(dr->get_Item(0)->ToString());
            Console::Write("  Spalte 2: ");
            Console::WriteLine(dr->get_Item(1)->ToString());
        }
    }
}
```

Datenadapter stellen nicht die einzige Möglichkeit zur Konstruktion von Datasets dar. Sie können Datasets auch im Speicher zusammenbauen.

## Erstellung von Datasets im Speicher

Die meisten Daten, mit denen Ihre Anwendungen hantieren, werden vermutlich irgendwo in Datenbanken liegen. Gelegentlich ist es aber nützlich, Datasets dynamisch zusammenzustellen. Nehmen wir zum Beispiel an, Sie hätten sich ein kleines Testszenario ausgedacht, für das aber keine passende Datenbank zur Verfügung steht. Datasets sind in gewisser Weise einfach nur Tabellen, die im Speicher liegen. Sie haben Auflistungen für Zeilen und Spalten und lassen sich auch von Hand zusammenbauen. Das folgende Listing zeigt, wie man ein Dataset von Hand im Speicher zusammenstellt, und zwar ohne Unterstützung durch eine Datenbank:

```
DataSet* ManufactureDataSet()
{
    DataSet* ds;
    ds = new DataSet();
    DataTable* dt = new DataTable();
```

```
    String* strType = S"Name";
    Int32 n = 0;
    __box Int32* int32Type = __box(n);

    dt->Columns->Add("Name", strType->GetType());
    dt->Columns->Add("DeptID", int32Type->GetType());

    ds->Tables->Add(dt);

    DataRow* dr = dt->NewRow();
    dr->set_Item(0, S"George Shepherd");
    n = 132;
    int32Type = __box(n);
    dr->set_Item(1, int32Type);
    dt->Rows->Add(dr);

    dr = dt->NewRow();
    dr->set_Item(0, S"Helge Hoeing");
    n = 132;
    int32Type = __box(n);
    dr->set_Item(1, int32Type);
    dt->Rows->Add(dr);

    dr = dt->NewRow();
    dr->set_Item(0, S"Lisa Jacobson");
    n = 115;
    int32Type = __box(n);
    dr->set_Item(1, int32Type);
    dt->Rows->Add(dr);

    dr = dt->NewRow();
    dr->set_Item(0, S"Brian Burk");
    n = 115;
    int32Type = __box(n);
    dr->set_Item(1, int32Type);
    dt->Rows->Add(dr);

    dr = dt->NewRow();
    dr->set_Item(0, S"Michael Allen");
    n = 115;
    int32Type = __box(n);
    dr->set_Item(1, int32Type);
    dt->Rows->Add(dr);

    return ds;
}
```

Hier legt der Code auf ganz normalem Weg ein neues Dataset an. An diesem Punkt ist das Dataset noch leer. Datasets sind Auflistungen von Datentabellen. Das Erste, was das Dataset also braucht, ist eine neue Tabelle. Die Datentabelle wird in der üblichen Weise angelegt und dann in die Tabellenauflistung des Datasets aufgenommen. Sobald das Dataset seine Tabelle hat, baut der Code zwei Spalten in diese Tabelle ein. Die beiden Spalten werden jeweils mit einem Spaltennamen und einem Datentyp definiert. Das verwaltete C++ ist unerwartet pingelig, was die *GetType*-Aufrufe betrifft (obwohl es eigentlich eine statische Methode ist). Der obige Code umgeht dieses Problem, indem er tatsächlich Instanzen der Typen anlegt, aus denen diese Spalten bestehen. Der restliche Code trägt einige Zeilen in die Tabelle des Datasets ein.

Sobald das Dataset fertig ist, können Sie sich seinen Inhalt ansehen – wie bei jedem anderen Dataset:

```
void UseDataSet()
{
    DataSet* ds = ManufactureDataSet();

    Console::WriteLine("Gehe durch die Tabellen des DataSets:");
    for(int i = 0; i < ds->Tables->Count; i++)
    {
        Console::Write("Tabellenname: ");
        DataTable* dt = ds->Tables->get_Item(i);
        Console::WriteLine(dt->TableName);

        for(int j = 0; j < dt->Rows->Count; j++)
        {
            DataRow* dr = dt->Rows->get_Item(j);
            Console::Write("Spalte 1: ");
            Console::Write(dr->get_Item(0)->ToString());
            Console::Write("   Spalte 2: ");
            Console::WriteLine(dr->get_Item(1)->ToString());
        }
    }
}
```

## Umwandlung von Datasets in XML

Die Abfrage von Daten aus einer Datenbank ist in modernen Anwendungen eine der häufigsten Operationen. Gelegentlich werden Sie Ihre Daten auch für andere Anwendungen exportieren. In den späten 80er und den frühen 90er Jahren des letzten Jahrhunderts führte der übliche Weg für den Export und Import über ASCII-Dateien, wobei jeder Datensatz eine eigene Textzeile bildete und ein Komma als Trennzeichen für die einzelnen Werte eines Datensatzes diente (»comma-delimited« nannte sich das).

Irgendwann waren diese Dateien aus der Mode und wurden von XML-Dateien abgelöst. XML hat sich zum Standard für die Beschreibung von Daten in einem universellen, von vielen Plattformen verstandenen Format entwickelt. Das Dataset von ADO.NET wirft wohlgeformte XML-Dateien aus, optional auch ein XML-Schema. Um den Inhalt eines Datasets als XML zu exportieren, rufen Sie einfach die *WriteXML*-Methode des *DataSet*-Objekts auf, wie im folgenden Listing:

```
void UseDataSet()
{
    DataSet* ds = ManufactureDataSet();

    ds->WriteXml(S"C:\\CompanyDB.xml", XmlWriteMode::IgnoreSchema);
    ds->WriteXmlSchema(S"C:\\CompanyDB.xsd");
}
```

Wandelt man das Dataset in XML um, das im vorigen Abschnitt konstruiert wurde, erhält man folgende XML-Datei:

```xml
<?xml version="1.0" standalone="yes"?>
<NewDataSet>
    <Table1>
        <Name>George Shepherd</Name>
        <DeptID>132</DeptID>
    </Table1>
    <Table1>
        <Name>Helge Hoeing</Name>
        <DeptID>132</DeptID>
    </Table1>
    <Table1>
        <Name>Lisa Jacobson</Name>
        <DeptID>115</DeptID>
    </Table1>
    <Table1>
        <Name>Brian Burk</Name>
        <DeptID>115</DeptID>
    </Table1>
    <Table1>
        <Name>Michael Allen</Name>
        <DeptID>115</DeptID>
    </Table1>
</NewDataSet>
```

Das ADO.NET-Dataset wirft nicht nur XML-Dateien aus, sondern kann auch das Schema abspeichern, sodass Sie (oder andere Datennutzer) verstehen können, aus welchen Typen sich die Tabellen im Dataset zusammensetzen.

```xml
<?xml version="1.0" standalone="yes"?>
<xs:schema id="NewDataSet" xmlns=""
    xmlns:xs="http://www.w3.org/2001/XMLSchema"
    xmlns:msdata="urn:schemas-microsoft-com:xml-msdata">
    <xs:element name="NewDataSet" msdata:IsDataSet="true">
        <xs:complexType>
            <xs:choice maxOccurs="unbounded">
                <xs:element name="Table1">
                    <xs:complexType>
                        <xs:sequence>
                            <xs:element name="Name"
                                type="xs:string" minOccurs="0" />
                            <xs:element name="DeptID"
                                type="xs:int" minOccurs="0" />
                        </xs:sequence>
                    </xs:complexType>
                </xs:element>
            </xs:choice>
        </xs:complexType>
    </xs:element>
</xs:schema>
```

Sie ahnen sicher schon, was jetzt kommt: Wir konnten ADO.NET in diesem Kapitel nur sehr oberflächlich behandeln. ADO.NET hat enorm viel für den Datenzugriff zu bieten. Eine umfassendere Beschreibung von ADO.NET finden Sie in *Microsoft ADO.NET (Core Reference)* von David Sceppa (Microsoft Press, 2002).

# A Meldungshandler der MFC-Bibliothek

Die MFC benutzt zur Verbesserung der Typüberprüfung nun *static_cast* in den Meldungstabellenmakros. Die Typüberprüfung sorgt für die Einhaltung der korrekten Rückgabe- und Parametertypen. Wenn Meldungshandler eingesetzt werden, die sich bei der Typüberprüfung als problematisch erweisen, wirft der Compiler entsprechende Fehlermeldungen aus. Das Makro ON_COMMAND sieht beispielsweise so aus:

```
#define ON_COMMAND(id, memberFxn) \
    { WM_COMMAND, CN_COMMAND, (WORD)id, (WORD)id, AfxSigCmd_v, \
        static_cast<AFX_PMSG> (memberFxn) }
```

Die folgenden Tabellen listen die Meldungstabellenmakros der MFC-Bibliothek auf, einschließlich der Handler für *WM_COMMAND*-Meldungen, Benachrichtigungsmeldungen für untergeordnete Fenster, Fensterbenachrichtigungen und benutzerdefinierte Meldungscodes.

### Handler für *WM_COMMAND*-Meldungen

| Tabelleneintrag | Funktionsprototyp |
| --- | --- |
| ON_COMMAND (<id>, <memberFxn>) | afx_msg void memberFxn(); |
| ON_COMMAND_EX (<id>, <memberFxn>) | afx_msg BOOL memberFxn(UINT); |
| ON_COMMAND_EX_RANGE (<id>,<idLast>, <memberFxn>) | afx_msg BOOL memberFxn(UINT); |
| ON_COMMAND_RANGE (<id>, <idLast>, <memberFxn>) | afx_msg void memberFxn(UINT); |
| ON_UPDATE_COMMAND_UI (<id>, <memberFxn>) | afx_msg void memberFxn(CCmdUI*); |
| ON_UPDATE_COMMAND_UI_RANGE (<id>, <idLast>, <memberFxn>) | afx_msg void memberFxn(CCmdUI*); |
| ON_UPDATE_COMMAND_UI_REFLECT (<memberFxn>) | afx_msg void memberFxn(CCmdUI*); |

### Handler für Benachrichtigungen untergeordneter Fenster

| Tabelleneintrag | Funktionsprototyp |
| --- | --- |
| **Allgemeine Benachrichtigungscodes von Steuerelementen** | |
| ON_CONTROL(<wNotifyCode>, <id>, <memberFxn>) | afx_msg void memberFxn(); |
| ON_CONTROL_RANGE(<wNotifyCode>, <id>, <idLast>, <memberFxn>) | afx_msg void memberFxn(UINT); |
| ON_CONTROL_REFLECT(<wNotifyCode>, <memberFxn>) | afx_msg void memberFxn(); |
| ON_CONTROL_REFLECT_EX (<wNotifyCode>, <memberFxn>) | afx_msg BOOL memberFxn(); |

| Tabelleneintrag | Funktionsprototyp |
|---|---|
| ON_NOTIFY(<wNotifyCode>, <id>, <memberFxn>) | afx_msg void memberFxn(NMHDR*, LRESULT*); |
| ON_NOTIFY_EX(<wNotifyCode>, <id>, <memberFxn>) | afx_msg BOOL memberFxn(UINT, NMHDR*, LRESULT*); |
| ON_NOTIFY_EX_RANGE(<wNotifyCode>, <id>, <idLast>, <memberFxn>) | afx_msg BOOL memberFxn(UINT, NMHDR*, LRESULT*); |
| ON_NOTIFY_RANGE(<wNotifyCode>, <id>, <idLast>, <memberFxn>) | afx_msg void memberFxn(UINT, NMHDR*, LRESULT*); |
| ON_NOTIFY_REFLECT(<wNotifyCode>, <memberFxn>) | afx_msg void memberFxn(NMHDR*, LRESULT*); |
| ON_NOTIFY_REFLECT_EX(<wNotifyCode>, <memberFxn>) | afx_msg BOOL memberFxn(NMHDR*, LRESULT*); |
| **Benachrichtigungscodes von Schaltflächen** | |
| ON_BN_CLICKED(<id>, <memberFxn>) | afx_msg void memberFxn(); |
| ON_BN_DOUBLECLICKED(<id>, <memberFxn>) | afx_msg void memberFxn(); |
| ON_BN_KILLFOCUS(<id>, <memberFxn>) | afx_msg void memberFxn(); |
| ON_BN_SETFOCUS(<id>, <memberFxn>) | afx_msg void memberFxn(); |
| **Benachrichtigungscodes von Kombinationsfeldern** | |
| ON_CBN_CLOSEUP(<id>, <memberFxn>) | afx_msg void memberFxn(); |
| ON_CBN_DBLCLK(<id>, <memberFxn>) | afx_msg void memberFxn(); |
| ON_CBN_DROPDOWN(<id>, <memberFxn>) | afx_msg void memberFxn(); |
| ON_CBN_EDITCHANGE(<id>, <memberFxn>) | afx_msg void memberFxn(); |
| ON_CBN_EDITUPDATE(<id>, <memberFxn>) | afx_msg void memberFxn(); |
| ON_CBN_ERRSPACE(<id>, <memberFxn>) | afx_msg void memberFxn(); |
| ON_CBN_KILLFOCUS(<id>, <memberFxn>) | afx_msg void memberFxn(); |
| ON_CBN_SELCHANGE(<id>, <memberFxn>) | afx_msg void memberFxn(); |
| ON_CBN_SELENDCANCEL(<id>, <memberFxn>) | afx_msg void memberFxn(); |
| ON_CBN_SELENDOK(<id>, <memberFxn>) | afx_msg void memberFxn(); |
| ON_CBN_SETFOCUS(<id>, <memberFxn>) | afx_msg void memberFxn(); |
| **Benachrichtigungscodes von Optionsfeldern** | |
| ON_CLBN_CHKCHANGE(<id>, <memberFxn>) | afx_msg void memberFxn(); |
| **Benachrichtigungscodes von Eingabefeldern** | |
| ON_EN_CHANGE(<id>, <memberFxn>) | afx_msg void memberFxn(); |
| ON_EN_ERRSPACE(<id>, <memberFxn>) | afx_msg void memberFxn(); |
| ON_EN_HSCROLL(<id>, <memberFxn>) | afx_msg void memberFxn(); |
| ON_EN_KILLFOCUS(<id>, <memberFxn>) | afx_msg void memberFxn(); |
| ON_EN_MAXTEXT(<id>, <memberFxn>) | afx_msg void memberFxn(); |
| ON_EN_SETFOCUS(<id>, <memberFxn>) | afx_msg void memberFxn(); |
| ON_EN_UPDATE(<id>, <memberFxn>) | afx_msg void memberFxn(); |
| ON_EN_VSCROLL(<id>, <memberFxn>) | afx_msg void memberFxn(); |
| **Benachrichtigungscodes von Listenfeldern** | |
| ON_LBN_DBLCLK(<id>, <memberFxn>) | afx_msg void memberFxn(); |
| ON_LBN_ERRSPACE(<id>, <memberFxn>) | afx_msg void memberFxn(); |
| ON_LBN_KILLFOCUS(<id>, <memberFxn>) | afx_msg void memberFxn(); |

| Tabelleneintrag | Funktionsprototyp |
|---|---|
| ON_LBN_SELCANCEL(<id>, <memberFxn>) | afx_msg void memberFxn(); |
| ON_LBN_SELCHANGE(<id>, <memberFxn>) | afx_msg void memberFxn(); |
| ON_LBN_SETFOCUS(<id>, <memberFxn>) | afx_msg void memberFxn(); |

**Benachrichtigungscodes von statischen Textfeldern**

| | |
|---|---|
| ON_STN_CLICKED(<id>, <memberFxn>) | afx_msg void memberFxn(); |
| ON_STN_DBLCLK(<id>, <memberFxn>) | afx_msg void memberFxn(); |
| ON_STN_DISABLE(<id>, <memberFxn>) | afx_msg void memberFxn(); |
| ON_STN_ENABLE(<id>, <memberFxn>) | afx_msg void memberFxn(); |

## Handler für Fensterbenachrichtigungen

| Tabelleneintrag | Funktionsprototyp |
|---|---|
| ON_WM_ACTIVATE() | afx_msg void OnActivate(UINT, CWnd*, BOOL); |
| ON_WM_ACTIVATEAPP() | afx_msg void OnActivateApp(BOOL, HTASK); |
| ON_WM_ASKCBFORMATNAME() | afx_msg void OnAskCbFormatName(UINT, LPTSTR); |
| ON_WM_CANCELMODE() | afx_msg void OnCancelMode(); |
| ON_WM_CAPTURECHANGED() | afx_msg void OnCaptureChanged(CWnd*); |
| ON_WM_CHANGECBCHAIN() | afx_msg void OnChangeCbChain(HWND, HWND); |
| ON_WM_CHAR() | afx_msg void OnChar(UINT, UINT, UINT); |
| ON_WM_CHARTOITEM() | afx_msg int OnCharToItem(UINT, CListBox*, UINT); |
| ON_WM_CHARTOITEM_REFLECT() | afx_msg int CharToItem(UINT, UINT); |
| ON_WM_CHILDACTIVATE() | afx_msg void OnChildActivate(); |
| ON_WM_CLOSE() | afx_msg void OnClose(); |
| ON_WM_COMPACTING() | afx_msg void OnCompacting(UINT); |
| ON_WM_COMPAREITEM() | afx_msg int OnCompareItem(int, LPCOMPAREITEMSTRUCT); |
| ON_WM_COMPAREITEM_REFLECT() | afx_msg int CompareItem (LPCOMPAREITEM STRUCT); |
| ON_WM_CONTEXTMENU() | afx_msg void OnContextMenu(CWnd*, CPoint); |
| ON_WM_COPYDATA() | afx_msg BOOL OnCopyData(CWnd*, COPYDATASTRUCT*); |
| ON_WM_CREATE() | afx_msg int OnCreate(LPCREATESTRUCT); |
| ON_WM_CTLCOLOR() | afx_msg HBRUSH OnCtlColor(CDC*, CWnd*, UINT); |
| ON_WM_CTLCOLOR_REFLECT() | afx_msg HBRUSH CtlColor(CDC*, UINT); |
| ON_WM_DEADCHAR() | afx_msg void OnDeadChar(UINT, UINT, UINT); |
| ON_WM_DELETEITEM() | afx_msg void OnDeleteItem(int, LPDELETEITEMSTRUCT); |
| ON_WM_DELETEITEM_REFLECT() | afx_msg void DeleteItem (LPDELETEITEMSTRUCT); |
| ON_WM_DESTROY() | afx_msg void OnDestroy(); |
| ON_WM_DESTROYCLIPBOARD() | afx_msg void OnDestroyClipboard(); |
| ON_WM_DEVICECHANGE() | afx_msg BOOL OnDeviceChange(UINT, DWORD); |
| ON_WM_DEVMODECHANGE() | afx_msg void OnDevModeChange(LPTSTR); |
| ON_WM_DRAWCLIPBOARD() | afx_msg void OnDrawClipboard(); |
| ON_WM_DRAWITEM() | afx_msg void OnDrawItem(int, LPDRAWITEMSTRUCT); |
| ON_WM_DRAWITEM_REFLECT() | afx_msg void DrawItem (LPDRAWITEMSTRUCT); |

| Tabelleneintrag | Funktionsprototyp |
| --- | --- |
| ON_WM_DROPFILES() | afx_msg void OnDropFiles(HDROP); |
| ON_WM_ENABLE() | afx_msg void OnEnable(BOOL); |
| ON_WM_ENDSESSION() | afx_msg void OnEndSession(BOOL); |
| ON_WM_ENTERIDLE() | afx_msg void OnEnterIdle(UINT, CWnd*); |
| ON_WM_ENTERMENULOOP() | afx_msg void OnEnterMenuLoop(BOOL); |
| ON_WM_ERASEBKGND() | afx_msg BOOL OnEraseBkgnd(CDC*); |
| ON_WM_EXITMENULOOP() | afx_msg void OnExitMenuLoop(BOOL); |
| ON_WM_FONTCHANGE() | afx_msg void OnFontChange(); |
| ON_WM_GETDLGCODE() | afx_msg UINT OnGetDlgCode(); |
| ON_WM_GETMINMAXINFO() | afx_msg void OnGetMinMaxInfo (MINMAXINFO*); |
| ON_WM_HELPINFO() | afx_msg BOOL OnHelpInfo(HELPINFO*); |
| ON_WM_HSCROLL() | afx_msg void OnHScroll(UINT, UINT, CScrollBar*); |
| ON_WM_HSCROLL_REFLECT() | afx_msg void HScroll(UINT, UINT); |
| ON_WM_HSCROLLCLIPBOARD() | afx_msg void OnHScrollClipboard(CWnd*, UINT, UINT); |
| ON_WM_ICONERASEBKGND() | afx_msg void OnIconEraseBkgnd(CDC*); |
| ON_WM_INITMENU() | afx_msg void OnInitMenu(CMenu*); |
| ON_WM_INITMENUPOPUP() | afx_msg void OnInitMenuPopup(CMenu*, UINT, BOOL); |
| ON_WM_KEYDOWN() | afx_msg void OnKeyDown(UINT, UINT, UINT); |
| ON_WM_KEYUP() | afx_msg void OnKeyUp(UINT, UINT, UINT); |
| ON_WM_KILLFOCUS() | afx_msg void OnKillFocus(CWnd*); |
| ON_WM_LBUTTONDBLCLK() | afx_msg void OnLButtonDblClk(UINT, CPoint); |
| ON_WM_LBUTTONDOWN() | afx_msg void OnLButtonDown(UINT, CPoint); |
| ON_WM_LBUTTONUP() | afx_msg void OnLButtonUp(UINT, CPoint); |
| ON_WM_MBUTTONDBLCLK() | afx_msg void OnMButtonDblClk(UINT, CPoint); |
| ON_WM_MBUTTONDOWN() | afx_msg void OnMButtonDown(UINT, CPoint); |
| ON_WM_MBUTTONUP() | afx_msg void OnMButtonUp(UINT, CPoint); |
| ON_WM_MDIACTIVATE() | afx_msg void OnMDIActivate(BOOL, CWnd*, CWnd*); |
| ON_WM_MEASUREITEM() | afx_msg void OnMeasureItem(int, LPMEASUREITEMSTRUCT); |
| ON_WM_MEASUREITEM_REFLECT() | afx_msg void MeasureItem(LPMEASUREITEMSTRUCT); |
| ON_WM_MENUCHAR() | afx_msg LRESULT OnMenuChar(UINT, UINT, CMenu*); |
| ON_WM_MENUSELECT() | afx_msg void OnMenuSelect(UINT, UINT, HMENU); |
| ON_WM_MOUSEACTIVATE() | afx_msg int OnMouseActivate(CWnd*, UINT, UINT); |
| ON_WM_MOUSEMOVE() | afx_msg void OnMouseMove(UINT, CPoint); |
| ON_WM_MOUSEWHEEL() | afx_msg BOOL OnMouseWheel(UINT, short, CPoint); |
| ON_WM_MOVE() | afx_msg void OnMove(int, int); |
| ON_WM_MOVING() | afx_msg void OnMoving(UINT, LPRECT); |
| ON_WM_NCACTIVATE() | afx_msg BOOL OnNcActivate(BOOL); |
| ON_WM_NCCALCSIZE() | afx_msg void OnNcCalcSize(BOOL, NCCALCSIZE_PARAMS*); |
| ON_WM_NCCREATE() | afx_msg BOOL OnNcCreate (LPCREATESTRUCT); |
| ON_WM_NCDESTROY() | afx_msg void OnNcDestroy(); |
| ON_WM_NCHITTEST() | afx_msg UINT OnNcHitTest(CPoint); |

| Tabelleneintrag | Funktionsprototyp |
|---|---|
| ON_WM_NCLBUTTONDBLCLK() | afx_msg void OnNcLButtonDblClk(UINT, CPoint); |
| ON_WM_NCLBUTTONDOWN() | afx_msg void OnNcLButtonDown(UINT, CPoint); |
| ON_WM_NCLBUTTONUP() | afx_msg void OnNcLButtonUp(UINT, CPoint); |
| ON_WM_NCMBUTTONDBLCLK() | afx_msg void OnNcMButtonDblClk(UINT, CPoint); |
| ON_WM_NCMBUTTONDOWN() | afx_msg void OnNcMButtonDown(UINT, CPoint); |
| ON_WM_NCMBUTTONUP() | afx_msg void OnNcMButtonUp(UINT, CPoint); |
| ON_WM_NCMOUSEMOVE() | afx_msg void OnNcMouseMove(UINT, CPoint); |
| ON_WM_NCPAINT() | afx_msg void OnNcPaint(); |
| ON_WM_NCRBUTTONDBLCLK() | afx_msg void OnNcRButtonDblClk(UINT, CPoint); |
| ON_WM_NCRBUTTONDOWN() | afx_msg void OnNcRButtonDown(UINT, CPoint); |
| ON_WM_NCRBUTTONUP() | afx_msg void OnNcRButtonUp(UINT, CPoint); |
| ON_WM_PAINT() | afx_msg void OnPaint(); |
| ON_WM_PAINTCLIPBOARD() | afx_msg void OnPaintClipboard(CWnd*, HGLOBAL); |
| ON_WM_PALETTECHANGED() | afx_msg void OnPaletteChanged(CWnd*); |
| ON_WM_PALETTEISCHANGING() | afx_msg void OnPaletteIsChanging(CWnd*); |
| ON_WM_PARENTNOTIFY() | afx_msg void OnParentNotify(UINT, LPARAM); |
| ON_WM_PARENTNOTIFY_REFLECT( ) | afx_msg void ParentNotify(UINT, LPARAM); |
| ON_WM_QUERYDRAGICON() | afx_msg HCURSOR OnQueryDragIcon(); |
| ON_WM_QUERYENDSESSION() | afx_msg BOOL OnQueryEndSession(); |
| ON_WM_QUERYNEWPALETTE() | afx_msg BOOL OnQueryNewPalette(); |
| ON_WM_QUERYOPEN() | afx_msg BOOL OnQueryOpen(); |
| ON_WM_RBUTTONDBLCLK() | afx_msg void OnRButtonDblClk(UINT, CPoint); |
| ON_WM_RBUTTONDOWN() | afx_msg void OnRButtonDown(UINT, CPoint); |
| ON_WM_RBUTTONUP() | afx_msg void OnRButtonUp(UINT, CPoint); |
| ON_WM_RENDERALLFORMATS() | afx_msg void OnRenderAllFormats(); |
| ON_WM_RENDERFORMAT() | afx_msg void OnRenderFormat(UINT); |
| ON_WM_SETCURSOR() | afx_msg BOOL OnSetCursor(CWnd*, UINT, UINT); |
| ON_WM_SETFOCUS() | afx_msg void OnSetFocus(CWnd*); |
| ON_WM_SETTINGCHANGE() | afx_msg void OnSettingChange(UINT, LPCTSTR); |
| ON_WM_SHOWWINDOW() | afx_msg void OnShowWindow(BOOL, UINT); |
| ON_WM_SIZE() | afx_msg void OnSize(UINT, int, int); |
| ON_WM_SIZECLIPBOARD() | afx_msg void OnSizeClipboard(CWnd*, HGLOBAL); |
| ON_WM_SIZING() | afx_msg void OnSizing(UINT, LPRECT); |
| ON_WM_SPOOLERSTATUS() | afx_msg void OnSpoolerStatus(UINT, UINT); |
| ON_WM_STYLECHANGED() | afx_msg void OnStyleChanged(int, LPSTYLESTRUCT); |
| ON_WM_STYLECHANGING() | afx_msg void OnStyleChanging(int, LPSTYLESTRUCT); |
| ON_WM_SYSCHAR() | afx_msg void OnSysChar(UINT, UINT, UINT); |
| ON_WM_SYSCOLORCHANGE() | afx_msg void OnSysColorChange(); |
| ON_WM_SYSCOMMAND() | afx_msg void OnSysCommand(UINT, LPARAM); |
| ON_WM_SYSDEADCHAR() | afx_msg void OnSysDeadChar(UINT, UINT, UINT); |
| ON_WM_SYSKEYDOWN() | afx_msg void OnSysKeyDown(UINT, UINT, UINT); |

| Tabelleneintrag | Funktionsprototyp |
|---|---|
| ON_WM_SYSKEYUP() | afx_msg void OnSysKeyUp(UINT, UINT, UINT); |
| ON_WM_TCARD() | afx_msg void OnTCard(UINT, DWORD); |
| ON_WM_TIMECHANGE() | afx_msg void OnTimeChange(); |
| ON_WM_TIMER() | afx_msg void OnTimer(UINT); |
| ON_WM_VKEYTOITEM() | afx_msg int OnVKeyToItem(UINT, CListBox*, UINT); |
| ON_WM_VKEYTOITEM_REFLECT() | afx_msg int VKeyToItem(UINT, UINT); |
| ON_WM_VSCROLL() | afx_msg void OnVScroll(UINT, UINT, CScrollBar*); |
| ON_WM_VSCROLL_REFLECT() | afx_msg void VScroll(UINT, UINT); |
| ON_WM_VSCROLLCLIPBOARD() | afx_msg void OnVScrollClipboard(CWnd*, UINT, UINT); |
| ON_WM_WINDOWPOSCHANGED() | afx_msg void OnWindowPosChanged(WINDOWPOS*); |
| ON_WM_WINDOWPOSCHANGING() | afx_msg void OnWindowPosChanging(WINDOWPOS*); |
| ON_WM_WININICHANGE() | afx_msg void OnWinIniChange(LPCTSTR); |

## Benutzerdefinierte Meldungscodes

| Tabelleneintrag | Funktionsprototyp |
|---|---|
| ON_MESSAGE(<message>,<memberFxn>) | afx_msg LRESULT memberFxn(WPARAM, LPARAM); |
| ON_REGISTERED_MESSAGE (<nMessageVariable>,<memberFxn>) | afx_msg LRESULT memberFxn(WPARAM, LPARAM); |
| ON_REGISTERED_THREAD_MESSAGE (<nMessageVariable>, <memberFxn>) | afx_msg void memberFxn(WPARAM, LPARAM); |
| ON_THREAD_MESSAGE (<message>, <memberFxn>) | afx_msg void memberFxn(WPARAM, LPARAM); |

# B MFC-Klassenidentifikation und dynamische Objekterstellung

Lange bevor die Sprachspezifikation von C++ um RTTI (Runtime Type Information) erweitert wurde, haben die Entwickler der MFC-Bibliothek erkannt, dass man zur Laufzeit auf die Klassennamen der Objekte und die Position der Klasse in der Klassenhierarchie zugreifen können muss. Auch die Dokument/Ansicht-Architektur (und später die Klassenfactorys von COM) erforderten, dass man Objekte einer Klasse erstellen konnte, die erst zur Laufzeit bekannt wurde. Daher hat das MFC-Team ein auf Makros basierendes System zur Identifikation von Klassen und zur dynamischen Erstellung von Objekten integriert, das auf der universellen Basisklasse *CObject* beruht. Obwohl der Visual C++ .NET-Compiler die ANSI-RTTI-Syntax beherrscht, verwendet die MFC-Bibliothek weiterhin das ursprüngliche System, da es mehr Möglichkeiten bietet.

In diesem Anhang wird erklärt, wie das System zur Klassenidentifikation und dynamischen Objekterstellung in der MFC-Bibliothek implementiert ist. Sie erfahren, wie die Makros *DECLARE_DYNAMIC*, *DECLARE_DYNCREATE* und die dazugehörigen Makros arbeiten. Und Sie lernen das Makro *RUNTIME_CLASS* und die *CRuntimeClass*-Struktur kennen.

## Den Namen der Objektklasse zur Laufzeit ermitteln

Wenn Sie lediglich am Namen einer Objektklasse interessiert sind, ist das Problem praktisch schon gelöst – vorausgesetzt, Ihre Objektklassen sind alle von der gemeinsamen Basisklasse *CObject* abgeleitet. Mit folgendem Code können Sie den Klassennamen ermitteln:

```
class CObject
{
public:
    virtual char* GetClassName() const { return NULL; }
};

class CMeineKlasse : public CObject
{
public:
    static char s_lpszClassName[];
    virtual char* GetClassName() const { return s_lpszClassName; }
};
char CMeineKlasse::s_szClassName[] = "CMeineKlasse";
```

Jede abgeleitete Klasse überschreibt die virtuelle Funktion *GetClassName*, die einen Zeiger auf den Namen zurückgibt (der Name wird einfach in einem statischen Array gespeichert). Sie erhalten sogar den richtigen Klassennamen eines Objekts, wenn Sie einen *CObject*-Zeiger für den Aufruf von *GetClassName* benutzen. Falls Sie diesen Mechanismus zur Ermittlung des Klassennamens in vielen Klassen benötigen, können Sie sich mit einem Makro etwas Arbeit sparen. Sie könnten mit einem *DECLARE_CLASSNAME*-Makro das statische Datenelement und die Funktion *GetClassName* in die Klassendeklaration einfügen und mit einem *IMPLEMENT_CLASSNAME*-Makro in der Implementierungsdatei den Klassennamen implementieren.

## Die MFC-Struktur *CRuntimeClass* und das Makro *RUNTIME_CLASS*

In einem richtigen MFC-Programm würde man anstelle des oben genannten statischen Datenelements *s_lpszClassName* eine Instanz der Struktur *CRuntimeClass* verwenden. Diese Struktur verfügt über Datenelemente für den Klassennamen und die Objektgröße. Sie enthält zudem einen Zeiger auf eine spezielle statische Funktion namens *CreateObject*, die in der Zielklasse implementiert werden soll. Es folgt der Code einer vereinfachten Version von *CRuntimeClass*:

```
struct CRuntimeClass
{
    // Attribute
    LPCSTR m_lpszClassName;
    int m_nObjectSize;
    UINT m_wSchema; // Schemanummer der geladenen Klasse
    CObject* (PASCAL* m_pfnCreateObject)(); // NULL => abstrakte Klasse
#ifdef _AFXDLL
    CRuntimeClass* (PASCAL* m_pfnGetBaseClass)();
#else
    CRuntimeClass* m_pBaseClass;
#endif

    // Operationen
    CObject* CreateObject();
    BOOL IsDerivedFrom(const CRuntimeClass* pBaseClass) const;

    // Dynamische Objekterstellung und Ermittlung des Namens
    static CRuntimeClass* PASCAL FromName(LPCSTR lpszClassName);
    static CRuntimeClass* PASCAL FromName(LPCWSTR lpszClassName);
    static CObject* PASCAL CreateObject(LPCSTR lpszClassName);
    static CObject* PASCAL CreateObject(LPCWSTR lpszClassName);

    // Implementierung
    void Store(CArchive& ar) const;
    static CRuntimeClass* PASCAL Load(CArchive& ar, UINT* pwSchemaNum);

    // CRuntimeClass-Objekte bilden eine einfache Liste
    CRuntimeClass* m_pNextClass;   // Verkettete Liste der registrierten Klassen
    const AFX_CLASSINIT* m_pClassInit;
};
```

**HINWEIS:** Die echte MFC-Struktur *CRuntimeClass* verfügt über zusätzliche Datenelemente und Funktionen für die Navigation in der Klassenhierarchie. Diese Navigation wird in der offiziellen RTTI-Implementierung von C++ nicht unterstützt.

Diese Struktur ermöglicht nicht nur die Ermittlung von Klassennamen, sondern auch die dynamische Erstellung von Objekten. Jede von *CObject* abgeleitete Klasse weist ein statisches *CRuntimeClass*-Datenelement auf, sofern Sie in der Deklaration das Makro DECLARE_DYNAMIC, DECLARE_DYNCREATE oder DECLARE_SERIAL und in der Implementierung das zugehörige *IMPLEMENT*-Makro verwendet haben. Gemäß Konvention wird dieses statische Datenelement mit *class<Klassenname>* benannt. Wenn Sie Ihre Klasse beispielsweise *CMeineKlasse* nennen, würde das *CRuntimeClass*-Datenelement *classCMeineKlasse* heißen.

Wenn Sie einen Zeiger auf das statische *CRuntimeClass*-Objekt einer Klasse erhalten möchten, verwenden Sie das MFC-Makro *RUNTIME_CLASS*, das wie folgt definiert ist:

```
#define _RUNTIME_CLASS(class_name)\
((CRuntimeClass*)(&class_name::class##class_name))
#ifdef _AFXDLL
#define RUNTIME_CLASS(class_name) (class_name::GetThisClass())
#else
#define RUNTIME_CLASS(class_name) _RUNTIME_CLASS(class_name)
#endif
```

Mit Hilfe dieses Makros können Sie den Namen einer Klasse ermitteln:

```
ASSERT(RUNTIME_CLASS(CMeineKlasse)->m_lpszClassName == "CMeineKlasse");
```

Wenn Sie den Klassennamen eines *Objekts* ermitteln wollen, können Sie die virtuelle Funktion *CObject::GetRuntimeClass* aufrufen. Diese Funktion gibt einfach einen Zeiger auf das statische *CRuntimeClass*-Objekt der Klasse zurück, ähnlich wie im obigen Beispiel. Hier ist die entsprechende Funktion für *CMeineKlasse*:

```
virtual CRuntimeClass* GetRuntimeClass()
    const { return &classCMeineKlasse; }
```

Und so wird sie aufgerufen:

```
ASSERT(pMyObject->GetRuntimeClass()->m_lpszClassName == "CMeineKlasse");
```

## Dynamische Erstellung

Wie bereits erwähnt, bauen die *DECLARE*- und *IMPLEMENT*-Makros ein statisches *CRuntimeClass*-Objekt in die Klasse ein. Wenn Sie das Makro DECLARE_DYNCREATE oder DECLARE_SERIAL (und die entsprechenden *IMPLEMENT*-Makros) verwenden, wird zusätzlich eine statische Memberfunktion namens *CreateObject* (nicht zu verwechseln mit *CRuntimeClass::CreateObject*) in Ihre Klasse eingefügt. Ein Beispiel hierzu:

```
CObject* CMeineKlasse::CreateObject()
{
    return new CMeineKlasse;
}
```

Offensichtlich braucht *CMeineKlasse* einen Standardkonstruktor. Dieser Konstruktor wird in Klassen, die von Assistenten erstellt werden und die dynamische Erstellung bieten, als geschützter Konstruktor deklariert.

Sehen Sie sich nun den (etwas verkürzten) Code der Funktion *CRuntimeClass::CreateObject* an:

```
CObject* CRuntimeClass::CreateObject()
{
    return (*m_pfnCreateObject)();
}
```

Diese Funktion führt einen indirekten Aufruf der *CreateObject*-Funktion der Zielklasse durch. Mit folgenden Anweisungen würden Sie dynamisch ein Objekt der Klasse *CMeineKlasse* erstellen:

```
CRuntimeClass* pRTC = RUNTIME_CLASS(CMyObject);
CMeineKlasse* pMyObject = (CMeineKlasse*)pRTC->CreateObject();
```

Nun können Sie wahrscheinlich auch nachvollziehen, wie Dokumentvorlagen funktionieren. Ein Dokumentvorlagenobjekt verfügt über drei Datenelemente vom Typ *CRuntimeClass\**, die vom Konstruktor mit Zeigern auf die statischen *CRuntimeClass*-Datenelemente der Dokument-, Rahmen- und Ansichtsklassen initialisiert werden. Sobald *CWinApp::OnFileNew* aufgerufen wird, ruft das Anwendungsgerüst die *CreateObject*-Funktionen über diese drei gespeicherten Zeiger auf.

# Ein Beispielprogramm

Nachfolgend ist der Code eines Befehlszeilenprogramms abgedruckt, das dynamisch Objekte zweier Klassen erstellt. Allerdings handelt es sich hier nicht um echten MFC-Code. Die Klasse *CObject* ist eine stark vereinfachte Variante der gleichnamigen MFC-Klasse. Sie finden den Code im Verzeichnis \vcppnet\appendb auf der Begleit-CD dieses Buchs, und zwar in der Datei dyncreat.cpp.

```
// dyncreat.cpp : Definiert den Eintrittspunkt der Konsolenanwendung.
//

#include <stdio.h>

#define RUNTIME_CLASS(class_name) (&class_name::class##class_name)

class CObject;

struct CRuntimeClass
{
    char m_lpszClassName[21];
    int m_nObjectSize;
    CObject* (*m_pfnCreateObject)();
    CObject* CreateObject();
};

// Keine wirklich abstrakte Klasse, da es keine rein virtuellen Funktionen
// gibt. Aber der Benutzer kann keine CObject-Objekte erstellen, da der
// Konstruktor geschützt ist.
class CObject
{
public:
    // Nicht rein virtuell (pure), da sie von abgeleiteten Klassen nicht
    // implementiert zu werden braucht.
    virtual CRuntimeClass* GetRuntimeClass() const { return NULL; }
```

```cpp
    // Wir legen nie Objekte der Klasse CObject an. Aber in der MFC
    //   verwenden wir dies zur Ermittlung der Informationen über
    //   die Klassenhierarchie.
    static CRuntimeClass classCObject;         // DYNAMIC
     virtual ~CObject() {};  // ... es muss einfach sein...
protected:
    CObject() { printf("CObject-Konstruktor\n"); }
};

CRuntimeClass CObject::classCObject = { "CObject",
    sizeof(CObject), NULL };

CObject* CRuntimeClass::CreateObject()
{
    return (*m_pfnCreateObject)(); // indirekter Funktionsaufruf
}

class CAlpha : public CObject
{
public:
    virtual CRuntimeClass* GetRuntimeClass()
        const { return &classCAlpha; }
    static CRuntimeClass classCAlpha;          // DYNAMIC
    static CObject* CreateObject();            // DYNCREATE
protected:
    CAlpha() { printf("CAlpha-Konstruktor\n"); }
};

CRuntimeClass CAlpha::classCAlpha = { "CAlpha",
    sizeof(CAlpha), CAlpha::CreateObject };

CObject* CAlpha::CreateObject() // statische Funktion
{
    return new CAlpha;
}

class CBeta : public CObject
{
public:
    virtual CRuntimeClass* GetRuntimeClass()
        const { return &classCBeta; }
    static CRuntimeClass classCBeta;           // DYNAMIC
    static CObject* CreateObject();            // DYNCREATE
protected:
    CBeta() { printf("CBeta-Konstruktor\n"); }
};

CRuntimeClass CBeta::classCBeta = { "CBeta",
   sizeof(CBeta), CBeta::CreateObject };

CObject* CBeta::CreateObject() // statische Funktion
{
    return new CBeta;
}
```

```
int main()
{
    printf("Eintritt in main\n");

    CRuntimeClass* pRTCAlpha = RUNTIME_CLASS(CAlpha);
    CObject* pObj1 = pRTCAlpha->CreateObject();
    printf("Klasse von pObj1 = %s\n",
        pObj1->GetRuntimeClass()->m_lpszClassName);

    CRuntimeClass* pRTCBeta = RUNTIME_CLASS(CBeta);
    CObject* pObj2 = pRTCBeta->CreateObject();
    printf("Klasse von pObj2 = %s\n",
        pObj2->GetRuntimeClass()->m_lpszClassName);

    delete pObj1;
    delete pObj2;
    return 0;
}
```

# Stichwortverzeichnis

#import, Automatisierung 529
.NET
  Anwendungsdomänen 814
  ASP.NET 855
  Assemblys 808
  Aufgabe 797
  CLR 801
  COM-Interop 816
  Common Language Runtime 801
  Datenzugriff 879
  Finalisierung 814
  Garbage Collector 812
  Gründe für C++ 818
  IL 812
  Interoperabilität 815
  JIT-Kompilierung 812
  Managed C++ 817
  Mscoree.dll 803
  Mscorlib.dll 803
  Threads 814
  Typen 803
  Versionskontrolle 811
  verwaltete C++-Erw. 820
  verwaltete Typen 803
  Web Forms 863
  Windows Forms 833
/Automation 542
/clr-Compilerschalter 830
/Embedding 542
__event-Schlüsselwort 694
__interface 694
_ATL_WNDCLASSINFO-Struktur 662
_bstr_t-Klasse 533
_com_dispatch_method 529
_com_dispatch_propget 529
_com_dispatch_propput 529
_COM_SMARTPTR_TYPEDEF-Makro 529
_heapmin-Funktion (CRT) 223
_UNICODE 301
_variant_t-Klasse 533
<< (Schreiboperator) 319, 351
>> (Leseoperator) 351

## A

Abbildungsmodi
  Bsp. mit MM_ANISOTROPIC 94
  Bsp. mit MM_HIMETRIC 73
  einstellen 93
  einstellen für Seitenansicht 395
  feste Skalierung 69

Abbildungsmodi *(Fortsetzung)*
  Gerätekoordinaten 68
  Koordinatensysteme 68
  Koordinatenumwandlung 71
  MM_ANISOTROPIC 69, 90
  MM_HIENGLISH 69
  MM_HIMETRIC 68, 69
  MM_ISOTROPIC 69
  MM_LOENGLISH 69, 97
  MM_LOMETRIC 69
  MM_TEXT 67, 68
  MM_TWIPS 69, 88
  MMLOENGLISH 72
  Skalierungsfaktor ändern 70
  variable Skalierung 69
Ablaufsteuerung
  Beispiel, Zeitgeber 231
  Leerlaufroutinen 234
  Win32 230
  Zeitgeber 231
Abstraktion 630
accept-Funktion 740
Accept-Memberfkt. (CBlockingSocket) 740
ActivateFrame-Memberfkt. (CFrameWnd) 299, 366
Active Server Pages 857
Active Template Library 603
ActiveX
  Grundlagen 479
  und Web Forms 868
ActiveX Template Library *Siehe* ATL
ActiveX-Steuerelemente
  Änderungsbenachrichtigungen 212
  Auf HTML-Seiten 207
  bindbare Eigenschaften 212
  Bitmaps laden 665
  Bsp. mit Dialogfeld 200
  Bsp., attributierter ATL-Code 692
  Bsp., Webbrowser 208
  C++-Klassen für 196
  Container 191
  Containerdialog 198
  Container-Sites 206
  CPictureHolder-Klasse 211
  Darstellung auf Bildschirm 665
  Datenelemente verwenden 198
  dynamisch erstellen 207
  Eigenschaften 191, 671
  Eigenschaftenseiten 673, 674

ActiveX-Steuerelemente *(Forts.)*
  Eigenschaftenseiten anzeigen 679, 681, 682
  Eigenschaftenseiten hinzufügen 675
  Eigenschaftswerte speichern, ATL 685
  Ereignisse 191
  Ereignisse implementieren 686
  Ereignisse impl., ATL 687
  Ereignisse verarbeiten 199
  Ereignisse, ATL 685
  erstellen mit ATL 15, 653, 655
  erstellen mit ATL-Steuerelement-Assistent 655, 656
  erstellen mit MFC-Bibliothek 654
  Fensterverwaltung, ATL 661
  Installation 192
  Kalender 193
  Kommunikation mit Client 659
  Meldungsbearbeitung 669
  Meldungstabellen, ATL 664
  Methoden 191
  Picture-Eigenschaft 211
  Registrierung 192
  Schnittstellen 659
  Spezifikation 654
  und OLE-Spezifikation 654
  VARIANT, Beschränkungen bei DDX 199
  Verbindungspunkte implementieren 688, 690
  Vergleich mit normalen Steuerelementen 190
  verwenden in Entwicklungsumgebungen 692
  Vorbereitung in InitInstance 198
  Werte von Eigenschaftenseiten übernehmen 683
  wichtigste Merkmale 191
  Zeichenoperationen 666, 668
ActiveX-Steuerelemente 202
AddDocTemplate-Memberfkt. 358
  Bsp., Mehrfachansichten 419
AddDocTemplate-Memberfkt. (CWinApp) 356, 378
AddPage-Memberfkt. (CPropertySheet) 261
AddRef-Memberfkt. 488
AddRef-Memberfkt. (IUnknown) 605
AddTail-Memberfkt. (CObList) 331

**905**

ADO, COM-Interop-Beispiel 880
ADO.NET 879
  Beschreibung 879
  Cursor, serverseitig 879
  DataReader-Klassen 879
  DataSet-Klasse 879
  Datasets 886
  Datenadapter 887
  Datenbankabfrage 883
  Datenbankverbindung 881
  Datenleser 885
  Fehlerbehandlung 886
  gespeicherte Prozeduren 884
  Schnittstellen (Tabelle) 880
AFX_EXT_CLASS-Makro 451
AFX_EXTENSION_MODULE-Struktur 455
AfxBeginThread-Funktion 236
AfxCallWndProc-Funktion 460
AfxCore.rtf 435
afxDump (MFC) 319
AfxGetApp-Funktion 279, 302
AfxGetInstanceHandle-Funktion 452
AfxInitRichEdit-Funktion 255
AfxLockTempMaps-Funktion 550
AfxMessageBox-Funktion 149, 303, 435
AfxOleLockControl-Funktion 199
AfxOleRegisterTypeLib-Funktion 575
AfxOleUnlockControl-Funktion 200
AfxPrint.rtf 435
AfxSetResourceHandle-Funktion 455
AfxUnlockTempMaps-Funktion 550
Aggregation, Beschreibung 514
Aktualisierungshandler 252
allgemeine Steuerelemente 159
AllocSysString-Memberfkt. (CString) 301
Ansicht, Begriffsdefinition 32
Ansichtsfenster 26
  Abbildungsmodus festlegen 75, 100, 397
  aktualisieren 38, 59, 315, 347
  anpassen an Inhalt 101
  Ansichtsklasse 27
  Ausgabebereich festlegen 74
  Benutzereingaben verarbeiten 59
  Berechnungen 60
  Bildlauf 74
  Bildlaufleisten einfügen 75
  Bsp. mit Bildlauf 75
  Bsp., Anzeige mit Bildlauf 97
  Bsp., Dokumentanzeige 316
  Bsp., Dokumentenanzeige 323
  Bsp., Mehrfachansichten 416, 418
  Clientbereich 60, 61, 82
  Daten in Dokument übernehmen 260
  Datenanzeige in 38
  Datenaustausch mit Steuerelement 256
  Dokumente zuordnen 314

Ansichtsfenster *(Fortsetzung)*
  Dokumentobjekte 249
  Druckausgaben anzeigen 398
  Druckseiten darstellen 393
  Ereignisverarbeitung 58
  Größe festlegen 75
  Hauptrahmenfenster ermitteln 279
  initialisieren 316
  Interaktion mit Dokument 314
  Mauszeigerposition ermitteln 60
  Menübefehle verarbeiten 255
  SDI-Anwendungen 248
  Skalierungsfaktor berechnen 70
  Trefferprüfung 61
  Ursprung festlegen 100
  Zeichenoperationen 59, 300
  Zustand speichern 58, 59
  Zustandsvariablen 60
Ansichtsklassen
  Behandlungsroutinen für Menübefehle 263
  Datenelemente 58
  Datenelemente initialisieren 59
  Verknüpfung mit Dialogressource 134
Anwendungen
  Ansichtsfenster 26, 32
  Ansichtsoptionen 410
  ausführen 36
  ausführen in Entwicklungsumgebung 45
  beenden 25
  Benutzereingaben verarbeiten 57
  bildlauffähige Fenster implementieren 97
  Dateinamenserweiterungen 9
  dialogbasierende initialisieren 471
  dialogbasierende 469
  dialogbasierende, Beispiel 469
  dialogbasierende, Programmsymbol 472
  Dokument/Ansicht-Architektur 26
  dynamisch linken 5
  Ereignisverarbeitung 59
  erstellen 67
  Erstellungsprozess 7
  Hardware-Unterstützung 4
  Hauptrahmenfenster 299
  Hauptrahmenfenster erstellen 24
  Headerdateien 43
  InitInstance-Memberfkt. 24
  kompilieren 35, 67
  mehrere Ansichten 329
  mehrere Instanzen ausführen 355
  Mehrfachansichten 409
  Meldungsverarbeitung 24, 25
  Meldungszuordnung 58
  MS-DOS 3
  registrieren 371
  Registrierungsschlüssel definieren 309
  Ressourcen aus normalen DLLs laden 455
  Ressourcen bearbeiten 42

Anwendungen *(Fortsetzung)*
  Ressourcendateien 9
  Ressourcentypen 40
  Run-Memberfkt. 24
  Startparameter festlegen 372
  Tastatureingaben verarbeiten 75
  teilbare Fenster 409
  Trefferprüfung 73
  Unicode-Unterstützung 301
  Windows 3
  Windows-Meldungen 4
  WinMain (Funktion) 24
  WinMain-Funktion 3
Anwendungsdomänen 814
Anwendungsgerüst *Siehe auch* MFC-Bibliothek
  Ansichtsklassen 32
  Begriffsdefinition 22
  Bsp. Hello, World 23
  Vergleich mit Klassenbibliothek 22
Anwendungsobjekt 355
Anzeigeoperationen *Siehe* Zeichenoperationen
Apartments 630
API 6
Application Programming Interface *Siehe* API
Archive 350
  eingebettete Objekte 352, 353
  lesen und schreiben 351
  lesen, Zeiger 353
Array-Klasse, .NET 806
Arrays, in .NET 806
ASMX-Dateinamenserweiterung 876
ASP 857
ASP.NET 855
  Bsp., Code-Behind-Seite 860
  Bsp., ein HTTP-Modul 870
  Bsp., einf. HTTP-Handler 873
  Code-Behind 860
  Entwicklung 856
  HTTP-Pipeline 869
  IIS 858
  Kompilierungsmodell 858
  Konfigurationsdateien 872
  Page-Klasse 859
  und die Abhängigkeit von bestimmten Browsern 868
  Webdienste 875
ASPX-Dateinamenserweiterung 857
Assemblys 808
  einsatzbereit machen 827
  GACUTIL 827
  global 827
  Manifeste 809
  öffentliche 810
  private 810, 827
  Reflektion 809
  signieren 827
  starke Namen 811
  Typinformationen 809
Assistenten 47
  Arbeitsweise 48
  Benutzerdefinierter Assistent 49

Assistenten *(Fortsetzung)*
  default.htm 51
  Entwicklung 49
  für verwaltetes C++ 821
  generierte Dateien 49
  Installation 55
  lokalisieren 55
  ManagedCWebFormWizard-Beispiel 50
  ManagedCWinFormWiz 835
  mit u. ohne Benutzeroberfläche 47
  Quellcode 56
  Templates.inf 54
  von Visual C++ .NET, Quellcode 48
ATL 6, 15
ActiveX-Steuerelemente 653, 655
AtlBase.H 610
AtlCom.H 611
AtlConv.h 611
AtlCtl.H 611
AtlIFace.idl 611
AtlImp.cpp 611
AtlWin.h 611
Bsp., COM-DLL 627
Bsp., COM-Objekt erweitern 641
Bsp., COM-Objekt mit mehreren dualen Schnittstellen 648
Bsp., einfaches COM-Objekt 634
CComObjectRootBase-Klasse 636
CComObjectRootEx-Klasse 636
COM-Clients erstellen 612
COM-Klassen implementieren 626
COM-Unterstützung 603
DECLARE_WND_CLASS-Makro 662
DHTML 768
DHTML-Beispiel 773
Eigenschaftenpersistenz 685
Eigenschaftentabellen 681
Eigenschaftentabellen implementieren 679
IDispatch-Implementierung 645
Klassen mit mehreren dualen Schnittstellen 646
Makros für Meldungstabellen 664
Meldungstabellen 663
Methoden zu einer Schnittstelle hinzufügen 643
QueryInterface-Implementierung 638
Schnittstellenfunktionen definieren 633
Schnittstellentabellen 638
Smart Pointer, Nachteile 625
Smart-Pointer-Klassen 613, 614, 618
StatReg.h 612
Steuerelementklassen 660
Threadmodellklassen 637
Threadmodellsymbole 637
Überblick 610, 611
Vorteile gegenüber MFC 610
vtbl-Verwaltung 635
Zeichenfunktionen 666

ATL Server 777, 785
  Ablaufsteuerung (SRF-Dateien) 790
  Architektur 786
  Bearbeitung einer Anforderung 788
  Beschreibung 786
  Bsp., Website 792
  mehrere Anwendungs-DLLs 789
  SRF-Dateien 786
  Taghandler 789
ATL_DRAWINFO-Struktur 666
ATL_PROPMAP_ENTRY-Struktur 679
ATL-Assistent für einf. Objekte 629
  ISupportErrorInfo unterstützen 632
  Threadmodell auswählen 631
  Verbindungspunkte unterstützen 632
ATL-Eigenschaftenseiten-Assistent 675
AtlInternalQueryInterface-Funktion 641
ATL-OLE DB-Consumer-Assistent
  OLE DB-Consumer erstellen 705
ATL-OLE DB-Provider-Assistent
  OLE DB-Provider erstellen 701, 710
ATL-Projekt-Assistent 627
  COM-Server erstellen 629
  Generierung von IDL-Dateien 641
  neues Projekt anlegen 655
ATL-Steuerelement-Assistent
  ActiveX-Steuerelemente erstellen 655
  Steuerelementattribute festlegen 656
AttachClipboard-Memberfkt. (COleDataObject) 585
AttachDispatch-Memberfkt. (COleDispatchDriver) 566
AttachMapFile-Memberfkt. (CDib) 109
AttachMemory-Memberfkt. (CDib) 109
Attribute, programmieren mit 649
Auflistungen
  DHTML 767
Diagnosefunktionen 333
Dumps 333
serialisieren 354
Serialisierung vorlagenbasierter 402
vorlagenbasierte 402
Ausrichtung von Steuerelementen 127
AutoLoad-Memberfkt. (CBitmapButton) 119
Automatisierung
  #import 529
  Beispielszenarien 524
  Benachrichtigungsfunktionen 550
  Bsp., C++-Client 557
  Bsp., Komponente als DLL 543

Automatisierung *(Fortsetzung)*
  Bsp., ohne Benutzeroberfl. 535
  C++-Client mit Smart Pointer 572
  Clients 518
  Fehlersuche 542
  frühe Bindung 575
  Funktionsaufruf in MFC-Client 526
  Gründe für Erfolg 518
  IDispatch-Schnittstelle 522
  Komponenten 518
  MFC-Client 526
  OLEVIEW-Dienstprogramm 576
  Programmierung 523
  Schnittstellen 522
  SDI-Beispiel 551
  Typbibliothek registrieren 575
  VARIANT-Typ 530

**B**

Befehlsausführung 250
Befehlsbearbeitung
  Beispiel 255
  benutzerdefinierte Steuerelemente 460
  Dialogfelder 252
  erweiterte 273
  in abgeleiteten Klassen 251
  ON_COMMAND-Makro 251
  reflektierte Meldungen 322
Befehlsobjekte
  Schnittstellen (OLE DB) 702
Befehlsweiterleitung
  Dialogfelder 252
BEGIN_COM_MAP-Makro 639
BEGIN_MSG_MAP-Makro 663
BeginEnumFormats-Memberfkt. (COleDataObject) 585
Beispielprogramme
  Systemanforderungen 32
Benutzerdefinierter Assistent 49
Benutzeroberfläche
  aktualisieren 252
  Befehlsverarbeitung 278
  QuickInfo 279
  Statusleiste 284
  Symbolleisten 276
  Symbolleistendarstellung aktualisieren 279
  Windows-Standarddialogfelder 142
Bildlauf 74
Bildlaufleiste
  Einbindung in Dialogfeld 139
Bildlaufleiste-Steuerelement implementieren 74
Bildliste
  Zusammenstellung 168
Bildschirm
  logische Größe berechnen 89
  physische Größe berechnen 89
Bildschirmausgabe
  Gerätekontext 82, 84, 86
  Schriften 87, 88, 94
  Schriften anzeigen 91

Bildschirmausgabe *(Fortsetzung)*
  Schriften festlegen 96
  Schrift- und Bildschirmgröße 89
  Zeichenhöhe berechnen 90
  Zeichenhöhe festlegen 91
bind-Funktion 740
Bind-Memberfkt. (CBlockingSocket) 740
Bindung
  explizite 447
  frühe 558
  frühe, in VBA 575
  implizite 447
  ordinale 448
  symbolische 448
BitBlt-Memberfkt. (CDC) 102
BITMAPFILEHEADER 106
BITMAPINFOHEADER 106
Bitmaps
  auf Schaltflächen benutzen 117
  Beschreibung 102
  Dateiformate 103
  Farbdarstellung 103
  Farben invertieren 118
  Farbpaletten 103
  Farbpaletten programmieren 104
  für Schaltflächen laden 117
  für Symbolleisten 276
  Klassen 107
  monochrome 103
  Ressourcen bearbeiten 118
  Vergleich zw. GDI und DIB 102
  Zugriffsfunktionen 106
BMP-Dateien 105
  Aufbau 105
  Struktur 106
Boxing 805
BSTR 530
  _bstr_t-Klasse 533

# C

C++
  auf verwaltetes C++ umstellen 830
  verwaltete Erweiterungen 820
  Vorlagen 612
  warum C++? 818
CAccessor-Klasse (OLE DB) 699
CacheData-Memberfkt. (COleData-Source) 584
CacheGlobalData-Memberfkt. (COleDataSource) 584
CArchive-Klasse 350, 351
  IsStoring-Memberfkt. 351
CArray-Klasse 402
CAsyncMonikerFile-Klasse 759
  Beispielanwendung 759
CAsyncSocket-Klasse 737
CBitmapButton-Klasse 102, 117
  AutoLoad-Memberfkt. 119
CBitmap-Klasse 84
CBlockingSocket-Klasse 740–742
CBrush-Klasse 84
CChildFrame-Klasse 376
CClientDC-Klasse 82
  Konstruktor 83

CCmdTarget-Klasse 490
  Bsp., Referenzzählung 508
  ExternalQueryInterface-Memberfkt. 504
  Memberfunktionen 515
CCmdUI-Klasse
  Enable-Memberfkt. 278
  SetCheck-Memberfkt. 278
CColorDialog-Klasse 143
CComAutoCriticalSection-Klasse 638
CComboBoxEx-Klasse 176
  SetImageList-Memberfkt. 186
CComCoClass-Klasse 633
CComControlBase-Klasse
  Beschreibung 661
  OnDraw-Memberfkt. 666
  OnPaint-Memberfkt. 667
CComControl-Klasse
  Beschreibung 660
  Memberfunktionen 660
CComCriticalSection-Klasse 638
CComFakeCriticalSection-Klasse 638
CCommonDialog-Klasse 142
CComMultiThreadModel-Klasse 638
CComMultiThreadModelNoCS-Klasse 638
CComObjectRootBase-Klasse 636
CComObjectRootEx-Klasse 636
  Definition 636
  Memberfunktionen 636
CComPtrBase-Klasse 618
CComPtr-Klasse 621
  Bsp., Referenzzählung 622
CComQIPtr-Klasse 623, 624
CComSingleThreadModel-Klasse 631, 638
CComTypeInfoHolder-Klasse 645
CControlBar-Klasse 275
CCriticalSection-Klasse 242
CDataExchange-Klasse
  Fail-Memberfkt. 165
CDataSource-Klasse (OLE DB) 699
CDateTimeCtrl-Klasse 175
CDC-Klasse 39, 82, 394
  BitBlt-Memberfkt. 102
  CreateCompatibleDC-Memberfkt. 102
  GetClipBox-Memberfkt. 59
  GetDeviceCaps-Memberfkt. 89
  GetTextExtent-Memberfkt. 406
  GetTextMetrics-Memberfkt. 90
  IsPrinting-Memberfkt. 395
  Memberfunktionen 39
  SelectObject-Memberfkt. 85
  SetViewportOrg-Memberfkt. 68
  SetWindowOrg-Memberfkt. 68
  StretchBlt-Memberfkt. 102
CDialog-Klasse 121, 150
  Create-Memberfkt. 150
  DoModal-Memberfkt. 123
  EndDialog-Memberfkt. 137, 155
  OnCancel-Memberfkt. 139

CDialog-Klasse *(Fortsetzung)*
  OnInitDialog-Memberfkt. 133
  OnOK-Memberfkt. 137
CDib-Klasse 103, 107
  AttachMapFile-Memberfkt. 109
  AttachMemory-Memberfkt. 109
  Beispielprogramm 113
  Compress-Memberfkt. 109
  CopyToMapFile-Memberfkt. 110
  CreateBitmap-Memberfkt. 110
  CreateSection-Memberfkt. 110
  Deklaration 107
  Destruktor 109
  DrawDib-Memberfkt. 116
  Draw-Memberfkt. 110
  Empty-Memberfkt. 110
  GetDimensions-Memberfkt. 110
  GetSizeHeader-Memberfkt. 111
  GetSizeImage-Memberfkt. 111
  ImageLoad-Memberfkt. 115
  Konstruktor für DIB-Abschnitte 108
  MakePalette-Memberfkt. 111
  Memberfunktionen 108
  Read-Memberfkt. 111
  ReadSection-Memberfkt. 111
  Serialize-Memberfkt. 111
  SetSystemPalette-Memberfkt. 111
  Standardkonstruktor 108
  UsePalette-Memberfkt. 112
  Write-Memberfkt. 112
CDocTemplate-Klasse 356
  GetFirstDocPosition-Memberfkt. 378
  GetNextDoc-Memberfkt. 378
CDocument-Klasse
  DeleteContents-Memberfkt. 330, 340, 360
  GetDocTemplate-Memberfkt. 375
  GetNextView-Memberfkt. 314
  IsModified-Memberfkt. 361
  OnFileSaveAs-Memberfkt. 360
  OnFileSave-Memberfkt. 360
  OnNewDocument-Memberfkt. 316, 359
  OnOpenDocument-Memberfkt. 360
  SaveModified-Memberfkt. 361, 474
  SetModifiedFlag-Memberfkt. 361
  UpdateAllViews-Memberfkt. 315, 316, 329
CDumpContext-Klasse 319
  SetDepth-Memberfkt. 333
CDynamicAccessor-Klasse (OLE DB) 699
CDynamicParameterAccessor-Klasse (OLE DB) 699
CEditView-Klasse
  Textmenge 254
CEnumerator-Klasse (OLE DB) 699
CEvent-Klasse 239
  SetEvent-Memberfkt. 239
CEx16cApp-Klasse
  OnFileNewFrame-Memberfkt. 389

CFileDialog-Klasse 143
  anpassen 149
  Bsp., Dateien löschen 144
  direkt verwenden 143
  GetPathName-Memberfkt. 143
CFile-Klasse 350
CFindReplaceDialog-Klasse 143
CFontDialog-Klasse 143
CFont-Klasse 84
CFormView-Klasse
  Beschreibung 317
  Memberfunktionen 318
  Verhältnis zu CDialog 318
CFrameWnd-Klasse 24, 299
  ActivateFrame-Memberfkt. 299
  LoadBarState-Memberfkt. 305
  OnContextHelp-Memberfkt. 439
  OnCreateClient-Memberfkt. 412
  OnHelp-Memberfkt. 438
  SaveBarState-Memberfkt. 305
CFtpConnection-Klasse 754
CFtpFileFind-Klasse 754
CGdiObject-Klasse 84, 85
CGI 782, 856
CGopherConnection-Klasse 754
CGopherFileFind-Klasse 754
ChangeType-Memberfkt. (COle-Variant) 534
CHARFORMAT-Struktur (Rich Text) 270
CHMS-Klasse 243
CHtmlView-Klasse 769
CHttpConnection-Klasse 753
  OpenRequest-Memberfkt. 754
CHttpFile-Klasse 754
CImageList-Klasse 185
CInternetException-Klasse 754
CInternetFile-Klasse 754
CInternetSession-Klasse
  GetHttpConnection-Memberfkt. 753
  OnStatusCallback-Memberfkt. 755
  OpenURL-Memberfkt. 753
CIPAddressCtrl-Klasse
  GetAddress-Memberfkt. 183
  SetAddress-Memberfkt. 176
CListCtrl-Klasse
  InsertItem-Memberfkt. 161
Close-Memberfkt. (CBlocking-Socket) 740
closesocket-Funktion 740
CLR
  als Verbündete 817
  Beschreibung 801
  Finalisierung 814
  Garbage Collector 812
  IL 812
  JIT-Kompilierung 812
  Typen 803
  Überwindung der Grenzen 802
CLS 807, 808
CLSIDFromProgID-Funktion 499
CLSIDs 206

CMainFrame-Klasse
  Bsp., SDI-Anwendung ohne Ansichts- u. Dokumentklasse 475
  OnCmdMsg-Memberfkt. 475
  OnPaletteChanged-Memberfkt. 590
  OnQueryNewPalette-Memberfkt. 590
  OnSetFocus-Memberfkt. 475
CManualAccessor-Klasse (OLE DB) 699
CMDIFrameWnd-Klasse
  OnWindowNew-Memberfkt. 378
CMenu-Klasse 272
CMessageMap-Klasse 663
CMonthCalCtrl-Klasse
  GetCurSel-Memberfkt. 182
  SetToday-Memberfkt. 175
CMultiDocTemplate-Klasse
  GetFirstDocPosition-Memberfkt. 375
  GetNextDoc-Memberfkt. 375
CNT-Dateien 431
CObject-Klasse 318
  Dump-Memberfkt. 320
CObList
  POSITION 332
CObList-Klasse 330–332
CoCreateFreeThreadedMarshaler-Funktion 632
CoCreateInstance-Funktion 498, 630
Code, verwaltet 4, 820
Code-Behind (ASP.NET) 860
CoFreeUnusedLibraries-Funktion (Excel) 551
CoGetClassObject-Funktion 497, 498, 502
CoInitialize-Funktion 630
COleDataObject-Klasse 585
  Memberfunktionen 584
COleDataSource-Klasse 583, 584
COleDateTime-Klasse 175, 534
COleDialog-Klasse 143
COleDispatchDriver-Klasse 526
  AttachDispatch-Memberfkt. 566
  Memberfunktionen 526
COleDropSource-Klasse 597
COleDropTarget-Klasse 597
COleObjectFactory-Klasse 505
  UpdateRegistryAll-Memberfkt. 500, 540
COleTemplateServer-Klasse 553
COleVariant-Klasse 531
  ChangeType-Memberfkt. 534
  Detach-Memberfkt. 533
COM 189, 479
  ActiveX-Steuerelemente mit der ATL entwickeln 653
  ATL-basierte Objekte erstellen 633
  Automatisierung 517
  Bindung 502
  Bsp., MFC-Client 512

COM (Fortsetzung)
  Bsp., Module testen 513
  Bsp., prozessint. Komponente 508
  Bsp., simulierte COM-Anw. 491
  Client-Programme erstellen 508
  CoCreateInstance-Funktion 498
  CoGetClassObject-Funktion 498
  COleObjectFactory-Klasse 505
  COM-Interop (.NET) 816
  DLL-Eintrittspunkte 799
  DLL-Ladevorgang mit Typen 799
  Grundkonzepte (Wiederholung) 603
  GUID-Werte definieren 498
  IClassFactory-Klassen 489
  Identitätskonzept 608
  Infrastruktur 608
  IUnknown-Schnittstelle 486, 605
  Klassen definieren 607
  Klassen durch Mehrfachvererbung definieren 608
  Klassen implementieren 626
  Klassen mit ATL-Assistent für einfache Objekte erstellen 629
  Klassen mit mehreren dualen Schnittstellen 646
  Klassenobjekte 608
  Komponenten erstellen 506
  Merkmale 480
  MFC-Makros 485
  Nachteile 800
  Objektidentität 484
  Objektregistrierung zur Laufzeit 500
  prozessfremde Komponenten 502
  prozessinterne Komponenten 500
  Referenzzählung 488, 605
  Regeln zur Referenzzählung 617
  Registrierung 498
  Schnittstellen 481
  Schnittstellendefinition 483
  Schnittstellenkonzept 481, 604
  Schnittstellenmakros 504
  Schnittstellenvererbung 607
  Schnittstellenzeiger 486
  Schnittstellenzeiger anfordern 487, 605
  Smart-Pointer-Klassen 617
  Textparameter 499
  Threadmodelle 630
  Vergleich zu Vererbung 513
  Verhältnis zu OLE und ActiveX 609
  Verhältnis zur MFC 610
  Vorteile 799, 800
  Vorzüge 480
  Was ist COM? 480
  Zeichenfolgen 499
COM_INTERFACE_ENTRY 640
COMBOBOXEXITEM-Struktur
  Beschreibung 176
COM-Clients 500, 502, 606, 612
COMCTL32.DLL 159
COM-Interop 816
  ADO-Beispiel 880

COMMAND_CODE_HANDLER-Makro 664
COMMAND_HANDLER-Makro 664
COMMAND_ID_HANDLER-Makro 664
COMMAND_RANGE_HANDLER-Makro 664
common controls 159
Common Gateway Interface 782, 856
   GET-Anforderung 783, 784
Common Language Runtime 4, 16, *Siehe* CLR
Common Language Specification 807, 808
Common Object Request Broker Architecture 875
Common Type System 802
Component Object Model 189, 479
Compress-Memberfkt. (CDib) 109
COM-Schnittstellen
   als Vertrag 483
   CSpaceship-Beispiel 482
   Kurzbeschreibung 799
connect-Funktion 741
Connect-Memberfkt. (CBlockingSocket) 741
ConstructElements-Memberfkt. 403
Container 191
   Sites (ActiveX) 206
CopyToMapFile-Memberfkt. (CDib) 110
CORBA 875
CoRegisterClassObject-Funktion 500
CPageSetupDialog-Klasse 143
CPaintDC-Klasse 84
CPalette-Klasse 84
CPen-Klasse 84
CPersistentFrame-Klasse 298
   Datenelemente 305
   Deklaration 306
   Implementierung 306–308
   Quelltext 306
CPictureHolder-Klasse 211
CPicture-Klasse (ActiveX-Steuerelemente) 211
CPoint-Klasse
   Datenelemente 60
   Operatoren 60
CPrintDialogEx-Klasse 143
CPrintDialog-Klasse 143
CPrintInfo-Struktur 394
   SetMaxPage-Memberfkt. 395
   SetMinPage-Memberfkt. 395
CProgressCtrl-Klasse
   SetPos-Memberfkt. 160
   SetRange-Memberfkt. 160
   StepIt-Memberfkt. 295
CPropertyPage-Klasse 260, 261
CPropertySheet-Klasse 260, 261
CPtrList-Klasse 330
CreateBitmap-Memberfkt. (CDib) 110

CreateCompatibleDC-Memberfkt. (CDC) 102
CreateDIBitmap-Funktion 107
CreateDIBSection-Funktion 102, 106–108
CreateEllipticRgnIndirect-Memberfkt. (CRgn) 61
CreateFile-Funktion 350
CreateFileMapping-Funktion 225
CreateFont-Memberfkt. 93
CreateHalftonePalette-Funktion 105
CreateInstance-Memberfkt. Beispiel 490
CreateInstance-Memberfkt. (IClassFactory) 489
Create-Memberfkt. (CBlockingSocket) 740
Create-Memberfkt. (CSplitterWnd) 412
CreateSection-Memberfkt. (CDib) 110
CreateStatic-Memberfkt. (CSplitterWnd) 415
CreateStdDispatch-Funktion 525
CREATESTRUCT-Struktur 299
CreateView-Memberfkt. (CSplitterWnd) 415
CreateWindowExW-Memberfkt. 301
CReBarCtrl-Klasse 292
CReBar-Klasse 291
CRect-Klasse 39, 305
   Datenelemente 60
   LPCRECT-Operator 61
   NormalizeRect-Memberfkt. 72
   Operatoren 60
   PtInRect-Memberfkt. 60
CRectTracker-Klasse 587
   Draw-Memberfkt. 588
   HitTest-Memberfkt. 588
   Koordinatenumwandlung 588
   Memberfunktionen 587
   SetCursor-Memberfkt. 588
   Track-Memberfkt. 588
CRequestHandlerT-Klasse (ATL Server) 787
CRgn-Klasse 61, 85
   CreateEllipticRgnIndirect-Memberfkt. 61
   PtInRegion-Memberfkt. 61
CRichEditCtrl-Klasse 254
   Create-Memberfkt. 255
   GetModify-Memberfkt. 255
   GetSel-Memberfkt. 255
   GetWindowText-Memberfkt. 255
   Memberfunktionen 254
   SetDefaultCharFormat-Memberfkt. 255
   SetModify-Memberfkt. 255
   SetSelectionCharFormat-Memberfkt. 255
   SetWindowPos-Memberfkt. 255
   SetWindowText-Memberfkt. 255
CRichEditView-Klasse 254
CRuntimeClass-Struktur 900

CScrollBar-Klasse 139
CScrollView-Klasse 57, 74, 75, 101
   OnPrepareDC-Memberfkt. 78
   SetScrollSizes-Memberfkt. 75
CSession-Klasse (OLE DB) 699
CSharedFile-Klasse 225
CSingleDocTemplate-Klasse 356
CSingleLock-Klasse 239
CSize-Klasse 60
CSliderCtrl-Klasse 160
CSocket-Klasse 737
CSpaceship-Klasse 481, 482
CSpinButtonCtrl-Klasse 161
CSplitterWnd-Klasse 410
   Create-Memberfkt. 412
   CreateStatic-Memberfkt. 415
   CreateView-Memberfkt. 415
CStatusBar-Klasse 276
   Create-Memberfkt. 286
   SetIndicators-Memberfkt. 285
   SetPaneText-Memberfkt. 285
CString-Klasse 302
   AllocSysString-Memberfkt. 301
   const char*() 303
   Format-Memberfkt. 303
   GetBuffer-Memberfkt. 303
   ReleaseBuffer-Memberfkt. 303
   Speicheranforderungen 226
   verwenden 303, 304
CSyncObject-Klasse 239
CTime-Klasse 175
CToolBar-Klasse 275
CTranscript-Klasse 352
CTreeCtrl-Klasse
   GetItem-Memberfkt. 172
   InsertItem-Memberfkt. 162
CTS 802
   Arrays 806
   Delegaten 806
   Enumerationen 805
   Interoperabilität 815
   Klassen 807
   Schnittstellen 807
   Verweistypen 805
   Werttypen 804
   Zeiger 807
CTypedPtrList-Klasse 333
CView-Klasse 32, 38
   Druckfunktionen 395
   GetDocument-Memberfkt. 314, 329
   OnBeginPrinting-Memberfkt. 395
   OnDragEnter-Memberfkt. 597
   OnDragLeave-Memberfkt. 597
   OnDragOver-Memberfkt. 597
   OnDraw-Memberfkt. 38, 59
   OnDrop-Memberfkt. 597
   OnEndPrinting-Memberfkt. 395
   OnInitialUpdate-Memberfkt. 316
   OnPrepareDC-Memberfkt. 73, 395
   OnPreparePrinting-Memberfkt. 395
   OnPrint-Memberfkt. 394
   OnUpdate-Memberfkt. 315, 329
CW_USEDEFAULT 305

CWinApp-Klasse
　AddDocTemplate-Memberfkt.
　　356, 378
　EnableShellOpen-Memberfkt. 371
　GetFirstDocTemplatePosition-
　　Memberfkt. 378
　GetNextDocTemplate-Memberfkt.
　　378
　GetProfileInt-Memberfkt. 302
　GetProfileString-Memberfkt. 302
　LoadStdProfileSettings-Member-
　　fkt. 360
　OnFileNew-Memberfkt. 358, 377
　OnFileOpen-Memberfkt. 360
　OnIdle-Memberfkt. 234
　ParseCommandLine-Memberfkt.
　　372
　ProcessShellCommand-Member-
　　fkt. 372
　Run-Memberfkt. 355
　SetRegistryKey-Memberfkt. 302
　WinHelp-Memberfkt. 432, 438
　WriteProfileInt-Memberfkt. 302
　WriteProfileString-Memberfkt. 302
CWindowDC-Klasse 82
CWindowImplBaseT-Klasse 661
CWindowImpl-Klasse
　Beschreibung 661
CWindowImplRoot-Klasse 661
CWin-Klasse
　DoDataExchange-Memberfkt. 136
CWinThread-Klasse 235, 244
CWndClassInfo-Struktur 662
CWnd-Klasse 38
　DefWindowProc-Memberfkt. 322
　DestroyWindow-Memberfkt. 155
　DragAcceptFiles-Memberfkt. 372
　EnableWindow-Memberfkt. 233
　GetClientRect-Memberfkt. 60
　GetDlgCtrlID-Memberfkt. 141
　GetDlgItem-Memberfkt. 140
　GetMenu-Memberfkt. 272
　GetParentFrame-Memberfkt. 279
　GetWindowPlacement-Memberfkt.
　　304
　GetWindowRect-Memberfkt. 304
　GetWindowText-Memberfkt. 190
　KillTimer-Memberfkt. 231
　OnCtlColor-Memberfkt. 141
　OnDropFiles-Memberfkt. 372
　OnHelpFinder-Memberfkt. 433
　PostNcDestroy-Memberfkt. 462
　PreCreateWindow-Memberfkt.
　　299
　PtInRect-Memberfkt. 61
　ScrollWindow-Memberfkt. 74
　SetCapture-Memberfkt. 100
　SetMenu-Memberfkt. 272
　SetTimer-Memberfkt. 231
　SetWindowOrg-Memberfkt. 74
　SetWindowPlacement-Memberfkt.
　　299, 304
　ShowWindow-Memberfkt. 299
　SubclassDlgItem-Memberfkt. 322
　UpdateData-Memberfkt. 155, 198

CWriteStreamHelper-Klasse (ATL
　Server) 790

**D**

DAdvise-Memberfkt. (IDataObject)
　583
Datagramme, Beschreibung 725
DataReader-Klassen 879
DataSet-Klasse 879, 886
Datasets
　ADO.NET 886
　Datenadapter 887
　Erstellung im Speicher 888
　in XML umwandeln 890
DataTable-Klasse 887
Dateien
　Änderungen speichern 361
　E/A-Operationen 350
　öffnen 360
　speichern 360
　Zugriffsverfahren 350
Dateizuordnungstabelle (FAT) 734
Daten, verwaltet 820
Datenadapter
　im ADO.NET 887
Datenbanken
　Abfrage 883
　Fehlerbehandlung 886
　gespeicherte Prozeduren 884
　Verbindung herstellen 881
　Verbindung schließen 881
Datenbankprovider
　OLE DB 880
　SQL Server 880
Datenelemente 58
　in .NET 807
　in Dialogklasse einfügen 131
　initialisieren 59
　Namenskonvention 59
Datenleser 885
Datenobjekt 583
Datenquelle 583
Datenquellenobjekte
　Schnittstellen (OLE DB) 701
Datentypen
　Übersicht, für Serialisierung 351
Datenzugriff in .NET 879
Datums-/Zeitauswahl 174
　kurzes Datumsformat wählen 179
　langes Datumsformat wählen 179
　programmieren 180
　Zeitanzeige wählen 180
DDV-Funktionen 137
DDX 133, 198
DDX-Funktionen 137
Debugger
　Automatisierungskomponente 542
　DLL-Komponenten 546
Debugger 11
　Ausgabefenster 12
　Bearbeiten und Fortfahren 11
　Debug-Konfiguration
　Dumps 321
DECLARE_DYNAMIC-Makro 320,
　323, 901

DECLARE_DYNCREATE-Makro
　354, 505, 901
DECLARE_INTERFACE_MAP-
　Makro 504
DECLARE_OLECREATE-Makro
　505
DECLARE_SERIAL-Makro 351,
　354, 901
DECLARE_WND_CLASS-Makro
　662
DEF-Dateinamenserweiterung 446
DefWindowProc-Memberfkt.
　(CWnd) 322
Delegate-Klasse, .NET 806
Delegaten 806
delete (Operator) 223
DeleteContents-Memberfkt. 330
　Bsp., SDI-Anwendung 369
DeleteContents-Memberfkt. (CDocu-
　ment) 340, 360
Desktop-Anwendungen
　mit Windows Forms 833
DestroyWindow-Memberfkt. (CWnd)
　155
DestructElements-Memberfkt. 403
Detach-Memberfkt. (COleVariant)
　533
Devenv-Schalter 8
device independent bitmaps 102
DHTML
　all-Auflistung bearbeiten 767
　Auflistungen 767
　Beschreibung 763
　Bsp., ATL-HTML-Steuerelem. 773
　Bsp., MFC-Anwendung 769
　MFC-Bsp., HTML-Explorer 770
　Microsoft Internet Explorer 4.x
　　763
　Objektmodell 766
　Schnittstellen in C++ 768
　und Visual C++ .NET 763
　Vorteile 763
Diagnosewerkzeuge 15
　afxDump 319
　CDumpContext-Objekte 319
　Debug-Konfiguration 321
　Dump-Memberfkt. 320, 328
　Dumps 318
　Dumps, automatische 321
　TRACE-Makro 319
Dialog Data Exchange 133
Dialogeinheiten 126
Dialogfelder 121
　Anwendungsbeispiel, Rechner 469
　bearbeiten 42
　Befehls-IDs 252
　Befehlsverarbeitung 149, 252
　benutzerdefinierte Meldungen 150
　Besitzer 151
　Bildlaufleiste 128
　Bild-Steuerelement 128
　Bsp. mit modalem Dialog 124
　Bsp., nichtmodales Dialogfeld 151
　Bsp., verschachtelte Dialogfelder
　　144

Dialogfelder *(Fortsetzung)*
　Datenaustausch 198
　Datenelemente hinzufügen 131
　Datums-/Zeitauswahl 174
　DDX 133
　Dialogeinheiten 126
　Dialogklasse erstellen 130
　DLUs 126
　Drehfeld 161
　Eingabefeld 126
　Eingabefeld, mehrzeilig 127
　erweitertes Kombinationsfeld 176
　Funktionen für Schaltflächen definieren 147
　Gruppenfeld 127
　Hintergrundfarbe festlegen 141
　Info-Dialog 42
　IP-Adressensteuerelement 176
　Kalender 193
　Kombinationsfeld 127
　Konstruktor für verschachtelte 147
　Kontrollkasten 127
　Listenfeld 128
　Listensteuerelement 161
　Membervariablen hinzufügen 131
　modal 121
　modal, Erweiterung des Beispiels 137
　modale, programmieren 122
　Monatskalender 175
　Nachrichtbearbeitung nichtmodaler 154
　nichtmodal 121
　nichtmodale 150
　nichtmodale erstellen 150, 151
　nichtmodale mit Ansicht verknüpfen 155
　nichtmodale schließen 156
　nichtmodale, Schaltfläche Abbrechen 155
　nichtmodale, Schaltfläche OK 155
　nichtmodaler Konstruktor 154
　Öffnen (Standarddialog) 143
　Optionsfeld 127
　Registerkarten benennen 261
　Ressource erstellen 151
　Schaltfläche 128
　Schaltflächen einfügen 118
　Schieberegler 160
　Standardschaltfläche 138
　statisches Textfeld 126
　Statuskontrolle 160
　Steuerelemente ausrichten 127
　Steuerelemente einfügen 125
　Strukturansicht 161
　Tabelle, Vergleich modal, nichtmodal 150
　Titel festlegen 147
　Verhältnis zur Ansicht 151
　Verknüpfung mit Ansicht 134
　verschachteln 144
　verschachtelte initialisieren 147
　Windows-Standard- 142
Dialogklasse, generieren 130

DIBs 102, 103
　Aufbau BMP-Datei 105
　ausgeben 107
　Bildschirmdarstellung 112
　Bsp., Anzeige und Druck 113
　Bsp., Schaltflächen mit Bild darstellen 118
　CreateDIBitmap-Funktion 107
　CreateDIBSection-Funktion 107
　DIB-Abschnitte erstellen 107
　direkte Ausgabe 107
　DrawDibDraw-Funktion 116
　erstellen aus GDI-Bitmap 107
　Farbdarstellung 104, 105
　Farbpaletten 104
　Farbtabellen 105
　Farbtiefe 105
　GetDIBits-Funktion 107
　laden 115
　LoadImage-Funktion 115
　monochrome 105
　Pixeldarstellung 105
　SetDIBitsToDevice-Funktion 107
　StretchDIBits-Funktion 107
　Struktur 105
　umwandeln in GDI-Bitmap 107
　Vergleich mit GDI-Bitmaps 102
　Vorteile gegenüber GDI-Bitmaps 103
　Zugriffsfunktionen 106
DISPATCH_MAP-Makros 525
DispatchMessage-Funktion 230
DllCanUnloadNow-Funktion 546
Excel 551
DLL-Dateinamenserweiterung 446
DllGetClassObject-Funktion 546
DllImport-Attribut (.NET) 816
DllMain-Funktion 448, 453
DllRegisterServer-Funktion 507, 547
DLLs 5, 445
　Abhängigkeiten 809
　AFX_EXT_CLASS-Makro 451
　AFX_EXTENSION_MODULE-Struktur 455
　benutzerdefinierte Steuerelemente 459
　Beschreibung 445
　Bsp., benutzerdefiniertes Steuerelement 461
　Bsp., DLL testen 457
　Bsp., Erweiterungs-MFC-DLL 452
　Bsp., normale MFC-DLL 455
　Bsp., Testclient 454, 466
　DllMain-Funktion 448
　einbinden 447
　Eintrag in MAP-Dateien 447
　Eintrittspunkt 448
　ergänzte Funktionsnamen 446
　erstellen normaler MFC- 451
　Erweiterungs- 450
　Erweiterungs-MFC- 451
　explizite Bindung 447
　exportierte Funktionen 446
　globale Variablen ändern 455
　implizite Bindung 447

DLLs *(Fortsetzung)*
　Instanzhandles 449
　Klassen exportieren 451
　laden, Suchreihenfolge 449
　LIB-Dateien 447
　Optionen, MFC-Anwendungsassistent 451
　ordinale Bindung 448
　Ordinalzahlen exportierter Funktionen 446
　Probleme 798
　Ressourcen laden aus Erweiterungs-DLLs 452
　Ressourcen laden aus normalen DLLs 455
　symbolische Bindung 448
　testen 450
　Typüberprüfung beim Laden 799
　Vergleich normale, Erweiterungs- 450
　Vorteile normaler 450
　Win32 446
DllUnregisterServer-Funktion 507, 547
DLUs 126
DNS
　Domänenserver 729
document-Objekt (DHTML) 765
DoDataExchange-Memberfkt. (CWin) 136
DoDragDrop-Memberfkt. (COleDataSource) 584, 597
Dokument/Ansicht-Architektur 26
　Anwendungen mit mehreren Ansichten 329
　Anwendungsdaten verwalten 313
　Beispiel 316
　Beziehungen zwischen Klassen 357
　Beziehungen zwischen Objekten 357
　Ereignisfolge 317
Dokumente
　Änderungen speichern 361
　Änderungsflag 361
　Änderungs-Flag 361
　Ansicht aktualisieren 315
　Ansichtsfenster aktualisieren 315
　Ansichtsoptionen 310
　Bsp., Interaktion mit Ansicht 316, 323
　Bsp., Mehrfachansicht 334–336, 339, 346
　Druckausgabe anzeigen 393
　drucken 393
　Druckseiten auswählen 393
　erstellen 316
　Inhalt löschen 330
　Interaktion mit Ansicht 314
　leeres erstellen 358
　mehrere Ansichten 358
　mehrere Ansichten, MDI 378
　öffnen aus Windows-Explorer 371, 379
　öffnen in MDI-Anwendung 378

Dokumente *(Fortsetzung)*
   schließen 397
   Seitenansicht 393, 394
   serialisieren 354
   speichern 360
   speichern in MDI-Anwendung 378
   Vorlagen auswählen 379
   zugehörige Ansicht ermitteln 314
   Zugriffsfunktionen 314
Dokumentklassen
   Memberfunktionen bearbeiten 258
Dokumentvorlagen 356
   Beschreibung 356
   CSingleDocTemplate-Klasse 356
   erstellen 356
   MDI-Anwendungen 374
   mehrere verwenden 378
   Ressourcen 358
Domänen 729
Domänenserver 729
DoModal-Memberfkt. (CDialog) 123, 150
DPtoLP-Memberfkt. 72
Drag & Drop 596
   Aufruffolge 598
   Beispiel 599
   Funktionen, Datenquelle 597
   Funktionen, Zielobjekt 597
   MFC-Unterstützung 596
   Objekt kopieren 596
   Unterstützung durch Ansichtsklasse 597
DragAcceptFiles-Memberfkt. (CWnd) 372
DrawDibDraw-Funktion (Win32/VFW) 116
DrawDib-Memberfkt. (CDib) 116
Draw-Memberfkt. (CDib) 110
Draw-Memberfkt. (CRectTracker) 588
Drehfeld 161
   programmieren 166
Druckausgabe, Schriften 88
Drucken 391
   Bsp., mehrseitiges Dokument 403
   Bsp., WYSIWYG-Seitenansicht 396
   Dokumentseiten auswählen 393
   Druckauftrag vorbereiten 399
   Druckaufträge beenden 395
   Druckaufträge starten 395
   Druckbereich ermitteln 401
   Gerätekontext vorbereiten 394, 395
   Kopf- und Fußzeilen definieren 406
   OnDraw-Memberfkt. 394
   OnPrint-Memberfkt. 394
   Seitenauswahl durch Anwender 393
   Seitenbereich festlegen 395
   Standarddialogfelder 392
Druckerschriften 88

Dump-Memberfkt. (CObject) 320
Dump-Memberfkt. (CObList) 333
Dumps 318
   Auflistungsobjekte 333
   automatische erstellen 321
   erstellen 328
Dynamic HTML *Siehe* DHTML
Dynamic Link Libraries 445, *Siehe* DLLs
DYNCREATE-Makros 505

**E**

E/A-Operationen, Dateien 350
Eigenschaften
   bindbar 212
   in ATL-Steuerelementen 671
   indizieren 556
   Werte speichern 685
Eigenschaftenseiten 260
   ActiveX-Steuerelemente 674
   anzeigen 679, 681, 682
   ATL_PROPMAP_ENTRY-Struktur 679
   ATL-Eigenschaftentabellen 679, 681
   ATL-Makros 679
   Beschreibung 673
   Bsp., Würfelsteuerelement 675
   erstellen mit Assistent 675
   Schaltfläche Übernehmen 683
   Zugriff durch Clients 674
Eigenschaftsblätter
   Beispiel 262
   Beschreibung 260
   Datenaustausch 261
   Datenelemente initialisieren 269
   erstellen 260
   Klassen definieren 264
   Registerkarten benennen 261
   Übernahme eingegebener Daten 261
   Übernehmen (Schaltfläche) 271
Einbettung, Beschreibung 513
Eingabefelder, Beschreibung 254
Empty-Memberfkt. (CDib) 110
EnableShellOpen-Memberfkt. 379
EnableShellOpen-Memberfkt. (CWinApp) 371
EnableWindow-Memberfkt. (CWnd) 233
END_MSG_MAP-Makro 663
EndDialog-Memberfkt. (CDialog) 137, 155
Enumerationen
   Enum-Klasse (.NET) 806
   in .NET 805
EnumFormatEtc-Memberfkt. (IDataObject) 582
Enum-Klasse
   Methoden 806
Equals-Methode (Object) 803
Ereignisse
   auslösen 191
   Beschreibung 239
   Bsp., ATL-Steuerelement 690

Ereignisse *(Fortsetzung)*
   generieren 240
   in ATL 686
   in ATL-Steuerelementen 687
   in Windows Forms 839
   melden 191
   Zustand 239
Ersetzungstags 787
Erweitertes Kombinationsfeld
   Elemente dynamisch eintragen 186
   Grafiken hinzufügen 184
   programmieren 184
EXTENSION_CONTROL_BLOCK-Struktur (ISAPI) 785
ExternalQueryInterface-Memberfkt. (CCmdTarget) 504

**F**

F1-Taste 434
Fail-Memberfkt. (CDataExchange) 165
Farbdarstellung
   Bitmaps 103
   geräteunabhängige Bitmaps 105
   Paletten programmieren 104
   Systempalette 104
Farbpaletten 104
FAT 734
Fenster
   Clientbereich 248
   CSplitterWnd-Klasse 410
   dynamisch teilbare 411
   dynamisch teilbare, Beispiel 411
   Formate 299
   Hauptrahmen- 248
   maximieren 304
   Position speichern 304
   Rahmenfenster 299
   Standardanordnung 305
   statisch geteilte 411
   statisch geteilte definieren 414
   statisch geteilte, Beispiel 413
   teilbare 410
Fensterklassen
   benutzerdefinierte Steuerelemente 459
   Unterklassen bilden 321
Fensterteilung
   Fensterausschnitte definieren 412
FIFO-Listen 331
FinalConstruct-Funktion 632
Finalisierung (Objekte) 814
Finalize-Methode (Object) 803, 814
FindResource-Funktion 449
FindWindow-Funktion 244, 355
FORMATETC-Struktur
   Elemente 581
   Initialisierungsmakro 581
Format-Memberfkt. (CString) 303
Form-Klasse (Windows Forms) 838
Formularansicht 317
   Ansichtsfenster aktualisieren 318
   Befehlsbearbeitung 317
   Ressourcen 317

Freethreaded Marshaler 632
FTP 733

## G

GAC 827
GACUTIL-Dienstprogramm 827
Garbage Collector 812
    Collect (GC) 830
GDI 4, 81
    Gerätekontext 81
    Objektklassen 84
    Umrechnung in Geräteeinheiten 72
    vordefinierte Objekte 86
GDI+ 4
GDI-Bitmaps 107
GDI-Objekte 84–87
Gerätekontext 4, 39, 81
    Bildschirmausgaben 82, 84, 86
    Druckausgaben 394
    Eigenschaften festlegen 83
    freigeben 83
    GDI-Objekte 86
    GDI-Objekte zuordnen 83
    HDC (Handle) 82
    Objekt mit Zeiger verknüpfen 82
    OnDraw-Memberfkt. 40
    Rückgabe ans System 82
    Zustand 83
Gerätekontexte
    in Windows Forms 853
Gerätekontextklassen 82
Gerätekoordinaten 68
    log. Einheiten umrechnen in 70
    Ursprung festlegen 68
GetActiveObject-Funktion 569
GET-Anforderung 752
GetAt-Memberfkt. (CObList) 332
GetBuffer-Memberfkt. (CString) 303
getchar-Funktion 3
GetClientRect-Memberfkt. (CWnd) 60, 70
GetClipboardData-Funktion 585
GetClipBox-Memberfkt. 59
GetCurSel-Memberfkt. (CMonthCalCtrl) 182
GetData-Memberfkt. (COleDataObject) 585
GetData-Memberfkt. (IDataObject) 582
GetDC-Memberfkt. 83
GetDeviceCaps-Memberfkt. 89
    Rückgabewerte 89
GetDIBits-Funktion 107
GetDimensions-Memberfkt. (CDib) 110
GetDlgCtrlID-Memberfkt. (CWnd) 141
GetDlgItem-Memberfkt. (CWnd) 140
GetDocTemplate-Memberfkt. (CDocument) 375
GetDocument-Memberfkt. (CView) 314, 329

GetExtensionVersion-Funktion (ISAPI) 785
GetFirstDocPosition-Memberfkt. (CDocTemplate) 378
GetFirstDocPosition-Memberfkt. (CMultiDocTemplate) 375
GetFirstDocTemplatePosition-Memberfkt. (CWinApp) 378
GetGlobalData-Memberfkt. (COleDataObject) 585
GetHdc-Methode (Graphics) 853
gethostbyaddr-Funktion 743
GetHostByAddr-Memberfkt. (CBlockingSocket) 743
gethostbyname-Funktion 742
GetHostByName-Memberfkt. (CBlockingSocket) 742
GetHttpConnection-Memberfkt. (CInternetSession) 753
GetIDsOfNames-Memberfkt. (IDispatch) 523
GetItem-Memberfkt. (CTreeCtrl) 172
GetMenu-Memberfkt. (CWnd) 272
GetMessage-Funktion 230
GetModuleHandle-Funktion 449
GetNextDoc-Memberfkt. (CDocTemplate) 378
GetNextDoc-Memberfkt. (CMultiDocTemplate) 375
GetNextDocTemplate-Memberfkt. (CWinApp) 378
GetNextFormat-Memberfkt. (COleDataObject) 585
GetNext-Memberfkt.
    Beschreibung 332
GetNext-Memberfkt. (CObList) 332
GetNextView-Memberfkt. (CDocument) 314
GetParentFrame-Memberfkt. (CWnd) 279
GetPathName-Memberfkt. (CFileDialog) 143
GetPeerAddr-Memberfkt. (CBlockingSocket) 742
getpeername-Funktion 742
GetPos-Memberfkt. (CSliderCtrl) 160
GetProcAddress-Funktion 447
GetProfileInt-Memberfkt. (CWinApp) 302
GetProfileString-Memberfkt. (CWinApp) 302
GetSafeHandle-Memberfkt. 87
GetSizeHeader-Memberfkt. (CDib) 111
GetSizeImage-Memberfkt. (CDib) 111
GetSockAddr-Memberfkt. (CBlockingSocket) 742
getsockname-Funktion 742
GetSystemMetrics-Funktion 304
GetTargetName-Funktion 54
GetTextExtent-Memberfkt. (CDC) 406

GetTextMetrics-Memberfkt. 90
GetTime-Memberfkt. (CDateTimeCtrl) 175
GetTypeInfoOfGuid-Memberfkt. (ITypeLib) 646
GetType-Methode (Object) 803
GetWindowPlacement-Memberfkt. (CWnd) 304
GetWindowRect-Memberfkt. (CWnd) 304
GetWindowText-Memberfkt. (CWnd) 190
Global Assembly Cache 827
GlobalAlloc-Funktion 222
GlobalLock-Funktion 223
GlobalReAlloc-Funktion 223
GlobalUnlock-Funktion 223
Gopher 751
Graphics Device Interface *Siehe* GDI
Graphics-Klasse
    GetHdc-Methode 853
Graphics-Objekt (Windows Forms) 839
Graphics-Typ (Windows Forms) 843
GUID 498

## H

Handler
    Taghandler (ATL Server) 789
HCRTF-Dienstprogramm 429
Headerdateien 43
Heap *Siehe* Speicherverwaltung
HeapAlloc-Funktion 222
HeapCompact-Funktion 223
HeapFree-Funktion 222
HGLOBAL (Handle) 223
HHCtrl.ocx-Steuerelement 425
HIDR_MAINFRAME 438
Hilfe
    Alias-Abschnitt, Projektdatei 433
    Aufruf mit F1 434, 438
    Aufruf mit Umschalt+F1 434, 439
    Befehlsverarbeitung 438
    Bsp., Befehlsbearbeitung 439
    Bsp., einfaches Hilfesystem 426
    Bsp., kontextbezogen 436
    CNT-Dateien 431
    Dateiaufbau 426
    Hilfedatei erstellen 426
    Hilfekonstanten 434
    Hilfekontext bestimmen 433
    HPJ-Dateien 428, 433
    HTML Help 423, 442
    HTML Help-Beispiel 442
    Index 430
    Inhaltsverzeichnis 430
    Inhaltsverzeichnis definieren 426
    kompilieren 429
    kontextabhängige, Standardthemen 435
    kontextbezogene 431
    Kontext-ID festlegen 435
    Kontext-IDs definieren 433
    laden in WinHelp 429

Hilfe *(Fortsetzung)*
  MAP-Abschnitt 432
  Meldungsfeld 435
  MFC-Anwendungsassistent 431
  OnContextHelp-Memberfkt. 439
  Projektdatei anlegen 428
  RTF-Format 425
  Schlüsselwörter definieren 432
  Strukturansicht des Inhalts 431
  Suchalgorithmus 430
  Suche über Schlüsselwörter 432
  Themen verknüpfen 430
  verknüpfen mit Menübefehlen 433
  WinHelp 423
  Winhlp32.hlp 433
  Zugriffsverfahren 434
Hilfesystem 423
HINSTANCE 449
HitTest-Memberfkt. (CRectTracker) 588
Hostbytereihenfolge 727
hosts-Datei 736
HPJ (Dateinamenserweiterung) 428, 432
HTML 732
  Formulare, Beispiel 783
  Grafikformate 733
  Grundelemente 764
HTML Help 423, 442
HTML-Dateien
  in Visual Studio .NET 442
htonl-Funktion 739
htons-Funktion 739
HTTP 731
  Anforderungsheader 731
  Bsp., einfacher Handler 873
  Bsp., Server 744
  Bsp., Serverkomponente 748
  GET 731
  GET-Anforderung 747
  Pipeline 869
  PUT 733
HttpApplication-Klasse (ASP.NET) 870
HttpContext-Klasse (ASP.NET) 869
HttpExtensionProc-Funktion (ISAPI) 785
HttpHandler-Objekte (ASP.NET) 872
HttpModule-Objekte (ASP.NET) 870
HttpOpenRequest-Funktion 754

## I

IClassFactory-Schnittstelle 489
  Memberfunktionen 489
IConnectionPointContainer-Schnittstelle
  Definition 686
IConnectionPointImpl-Klasse 632
IConnectionPoint-Schnittstelle
  Definition 686
IDataAdapter-Schnittstelle 887
IDataObject-Schnittstelle 579–583
IDataReader-Schnittstelle 885

IDbCommand-Schnittstelle 883
IDbConnection-Schnittstelle 881
IDCANCEL 137
IDispatchImpl-Klasse 633, 645
IDispatch-Schnittstelle 522, 644
  ATL-Implementierung 645, 646
  GetIDsOfNames-Memberfkt. 523
  Grenzen 578
  Implementierung 525
  Invoke-Memberfkt. 522, 533
  MFC-Implementierung 523, 525
  VARIANT-Typ 530
IDL 502
  Beschreibung 642
  Bsp., ATL-COM-Objekt 641
  Bsp., duale Schnittstelle 646
  Schnittstellendefinition erweitern 643
IDL (Interface Definition Language)
  Attribute 642
IDL-Dateinamenserweiterung 558
IDOK 133, 137
IDR_MAINFRAME
  Bitmap 276
  Dialogleiste 293
  Menü 256
  Programmsymbol 129
  Symbol (Icon) 438
  Symbolleiste 278
  Zugriffstasten 257
IDropSource-Schnittstelle 596
IDropTarget-Schnittstelle 596
IEnumVARIANT-Schnittstelle 555
IHTMLElementCollection-Schnittstelle 768
IHttpHandler-Schnittstelle (ASP.NET) 873
IHttpModule-Schnittstelle (ASP.NET) 871
IIS
  Basisverzeichnis festlegen 780
  CGI 782
  Installation 777
  Internetdienste-Manager 778
  ISAPI-DLLs 784
  ISAPI-Servererweiterungen 782
  Protokolle 781
  Sicherheitsfunktionen 778
  testen 782
  und ASP.NET 858
  Verzeichnisse 780
  virtuelle Verzeichnisse 781
  virtuelle Webserver 781
IL (MSIL) 812
ILDASM-Disassembler (.NET) 825
ImageLoad-Memberfkt. (CDib) 115
IMarshal-Schnittstelle 632
IMoniker-Schnittstelle 759
  BindToObject-Memberfkt. 759
  BindToStorage-Memberfkt. 759
IMPLEMENT_DYNAMIC-Makro 320, 323
IMPLEMENT_DYNCREATE-Makro 354, 505

IMPLEMENT_OLECREATE_FLAGS-Makro 540
IMPLEMENT_OLECREATE-Makro 505
IMPLEMENT_SERIAL-Makro 351, 354
Implementierungsvererbung 607
in_addr-Struktur 738
Infoleisten 291–293
INI (Dateinamenserweiterung) 300
InitInstance-Memberfkt. 24
  Beispiel 471
InsertItem-Memberfkt. (CListCtrl) 161
InsertItem-Memberfkt. (CTreeCtrl) 162
Interface Definition Language 502, 558
INTERFACE_PART-Makro 504
InterlockedIncrement-Funktion 237
Intermediate Language 812
  Disassembler 825
Internet
  als Entwicklungsplattform 855
  Domänenkonfiguration 731
  Domänennamen 729
  Grundlagen 723
  HTTP 731
  IP-Adressen 727
  Webclient implementieren 751
Internet Information Services/Server *Siehe* IIS
InternetConnect-Funktion 753
Internetdienste-Manager 778
Internet-Informationsdienste *Siehe* IIS
InternetOpen-Funktion 753
Internet-Protokolle 723
  FTP 733
  Gopher 751
  HTTP 731
InternetReadFile-Funktion 754
InternetWriteFile-Funktion 754
Interoperabilität, .NET 815
Intranet
  Beschreibung 733
  einrichten 734
  Hostnamen 736
  testen 736
Invalidate-Memberfkt. 38
InvalidateRect-Memberfkt. 59, 101
Invoke-Memberfkt. (IDispatch) 522, 533
Invoke-Memberfkt. (ITypeInfo) 525
IP 725, 727
  Adressenformat 727
  Next Generation 727
IP-Adressen
  Definition 176
IP-Adressensteuerelement 176, 182
IPropertyPage-Schnittstelle
  Definition 677
  SetObjects-Memberfkt. 679
  SetPageSite-Memberfkt. 678
IPropertyPageSite-Schnittstelle 678

*Stichwortverzeichnis* **915**

IPv6 727
ISAPI
  Erweiterungen 785
  Filter 785
  MFC-Klassen 785
ISAPI-Erweiterungen 782
  Bsp., CGI-GET-Anforderung 783
  Servererweiterung 782
  Verhältnis zu CGI 782
IsDataAvailable-Memberfkt. (COleDataObject) 585
IsModified-Memberfkt. (CDocument) 361
ISpecifyPropertyPages-Schnittstelle
  Definition 681
IsPrinting-Memberfkt. (CDC) 395
IsStoring-Memberfkt. (CArchive) 351
ISupportErrorInfo-Schnittstelle 632
ITypeInfo-Schnittstelle 578
  Invoke-Memberfkt. 525
ITypeLib-Schnittstelle 578
  GetTypeInfoOfGuid-Memberfkt. 646
IUnknown-Schnittstelle 486
  AddRef-Memberfkt. 605
  Beschreibung 605
  Memberfunktionen 605
  QueryInterface-Memberfkt. 605
  Release-Memberfkt. 605
IViewObjectExImpl-Klasse 667
IViewObjectEx-Schnittstelle 667

**J**

JIT-(Just-in-Time)-Kompilierung 812

**K**

Kalender-Steuerelement 193
CCalendar-Klasse 198
KillTimer-Memberfkt. (CWnd) 231
Klassen
  ableiten von Standarddialogklassen 143
  Ansicht 314
  ATL, Threadmodell 637
  Auflistungsklassen 354
  Bitmaps 107
  Dateiklassen 350
  Dialogfelder 150
  Dokumentvorlagen 356
  Eigenschaftendialogseiten 264
  Fensterklassen 410
  geräteunabhängige Bitmaps 103
  geschachtelt 484
  in .NET 807
  Laufzeitklassen 320
  Listen 330
  MDI-Dokumentvorlagen 374
  Namen zur Laufzeit ermitteln 899
  nichtmodale Dialogfelder 154
  Objekte dynamisch erstellen 901, 902
  OLE DB 698
  persistente Rahmenfenster 298
  serialisieren 351

Klassen *(Fortsetzung)*
  Smart Pointer 613–616
  Standarddialogfelder 142
  Steuerelemente, ATL 660
  Threadsicherheit 630
  Unterklassen bilden 321
  Unterklassen dynamisch ableiten 322
  vorlagenbasierte Auflistungen 402
  Vorlagenklassen 612
  wiederverwendbare 298
  WinInet 753
  Zeichenfolgen- 302
Klassenansicht
  Meldungshandler erstellen 66, 77
  Meldungszuordnung 26
Kombinationsfeld, erweitertes 176
Komponente
  Typbibliothek registrieren 575
Komponenten
  Bedeutung 797
  C++-Komponenten für VBA 518
Komponentenobjektmodell *Siehe* COM
Kontextmenüs 272 273
Koordinaten *Siehe* Abbildungsmodi
  71
  umrechnen 588
kritische Abschnitte 242

**L**

Laufzeitklassen 320
Leerlaufroutinen 234
LIB-Dateinamenserweiterung 447
Linker 10
Listen 330
  auf Vorlagen basierende 333
  Bsp., FIFO-Liste 331
  Diagnosefunktionen 333
  iterieren 332
  Zugriff auf Elemente 332
listen-Funktion 740
Listen-Memberfkt. (CBlockingSocket) 740
Listensteuerelement 161
  programmieren 170
LoadBarState-Memberfkt. (CFrameWnd) 305
LoadCursor-Funktion 100
LoadImage-Funktion 115
LoadLibrary-Funktion 447, 449
LoadMenu-Memberfkt. (CMenu) 272
LoadResource-Funktion 226
LoadStdProfileSettings-Memberfkt. (CWinApp) 360
LoadTypeLib-Funktion 578, 646
LPCRECT-Operator 61
LPCTSTR 303
LPtoDP-Memberfkt. 72
LVN_ITEMCHANGED-Benachrichtigung 170

**M**

main_index-Alias 438
main-Funktion 3
MakePalette-Memberfkt. (CDib) 111
Make-Programm 8
Makros
  typsicher 612
  Unicode- 301
  Zeichenkonvertierung 301
malloc-Funktion 224
Managed C++ 817
managed code 4
Managed Extensions
  Client-Beispiel 828
  DLL-Beispiel 821
  Umstellung auf 830
ManagedCWebFormWizard-Bsp. 50
ManagedCWinFormWiz-Assistent 835
Manifeste 809
MAP (Dateinamenserweiterung) 447
MapViewOfFile-Funktion 225
Marshalling 502
  Freethreaded-Marshaler 632
Mauszeiger
  Darstellung festlegen 100
MDI-Anwendungen 373
  Ansichten erstellen 378
  Ansichten initialisieren 376
  Anwendungsklasse, Beispiel 380
  Anwendungsobjekt 374
  Begriffsdefinition 32
  Beispiel 374
  Beispiel ohne Ansichts- und Dokumentklasse 475
  Beispiel, Datensätze anzeigen 380
  Beispiel, mehrere Ansichtsklassen 418
  Dokumente anlegen 374
  Dokumente drucken 396
  Dokumente erstellen 377
  Dokumente laden und speichern 349
  Dokumente öffnen 378
  Dokumente speichern 378
  Dokumenttypen 375
  Dokumentvorlagen 374, 378
  Dokumentvorlagen auswählen 379
  Fensterhierarchie 375
  Fenstermenü 374
  Hauptrahmenfenster 310
  Hauptrahmenfenster ermitteln 279
  Hauptrahmenklassen, Beispiel 383
  Meldungsbearbeitung, Menübefehle 251
  Menü Fenster erweitern 419
  nichtmodale Dialogfelder 157
  Rahmenfensterklassen 375
  Ressourcen, Dokumentvorlagen 376
  Ressourcen, Hauptrahmenfenster 376

MDI-Anwendungen *(Fortsetzung)*
  starten 374
  starten aus Windows-Explorer 379
  starten mit leerem Rahmenfenster 374
  untergeordnete Rahmenfenster, Beispiel 386
  Vergleich mit SDI-Anwendungen 373
  Verhältnis Rahmen/Ansicht 376
Meldungen
  Bearbeiter definieren 152
  Befehlsmeldungen 250
  benutzerdefinierte 150, 269, 461
  benutzerdefinierte definieren 153
  benutzerdefinierte Steuerelemente 460
  Handler für benutzerdefinierte 270
  reflektierte bearbeiten 322
  Symbolleisten 277
  virtuelle Tastencodes 75
Meldungsbearbeitung 24
  ATL-basierter Steuerelemente 669
  ATL-Makros 664
  benutzerdefinierte Steuerelemente 467
  dialogfeldbasierende Anwendungen 471
  DispatchMessage-Funktion 230
  GetMessage-Funktion 230
  Mausereignisse 97
  Memberfunktionen 25
  Menüs 250
  Multitasking-Umgebung 230
  PeekMessage-Funktion 230
  Single-Thread 230
  TranslateMessage-Funktion 230
  Win32 229
Meldungsfeld, erstellen 149
Meldungshandler, Tabellen 893
Meldungszuordnung 58
MEM_COMMIT (Speicherbelegungstyp) 222
MEM_RESERVE (Speicherbelegungstyp) 222
Membervariablen
  in Dialogklasse einfügen 131
MemberwiseClone-Methode (Object) 803
Menüs 247
  aktualisieren 251
  Aktualisierungshandler 252
  bearbeiten 281
  Befehle 249
  Befehle einfügen 257
  Befehle sperren 253
  Befehlsbearbeitung 259
  Befehlsbeschreibung definieren 257
  Befehlshandler 251
  Befehlsverarbeitung 250
  Beschreibung 249
  Ebenen 249
  IDs 249

Menüs *(Fortsetzung)*
  MFC-Bibliothek 250
  Ressourcen 249
  verknüpfen mit Rahmenfenster 272
  vordefinierte 253
  Zugriffstasten 250
MESSAGE_HANDLER-Makro 664
MESSAGE_RANGE_HANDLER-Makro 664
METHOD_PROLOGUE-Makro 485
MFC
  DHTML 769
  IDispatch-Schnittstelle 525
  ISAPI-DLLs 785
  Typbibliotheken 558
MFC-Anwendungsassistent 12
  Beispielanwendung erstellen 33
  Compileroptionen 43
  dialogfeldbasierende Anwendungen 470
  DLL-Wahl 451
  Hilfemenü generieren 433
  kontextbezogene Hilfe 431
  SDI-Anwendungen erstellen 32
  starten 33
  Steuerleisten 276
  Symbolleisten erzeugen 278
  und Klassenansicht 65
  vordefinierte Hilfethemen 435
  vorkompilierte Headerdateien 43
MFC-Bibliothek 4
  ActiveX-Steuerelemente 654
  Anwendungsstruktur 18
  Auflistungsklassen 330
  Befehlsausführung 250
  Befehlsweiterleitung 250
  Bitmapklassen 102
  Bsp., dynamische Objekterstellung 902
  COM-Klassen 505
  COM-Schnittstellenmakros 504
  Datenaustausch über Zwischenablage 585
  DHTML 768
  Dokument/Ansicht-Architektur 26
  Drag & Drop 596
  Drucken 391
  dynamische Objekterstellung 356, 357, 899, 901
  Eigenschaftsblätter 260
  Einarbeitungszeit 21
  Gerätekontextklassen 82
  Hilfefunktionen 431
  Hilfekontext 433
  Klassenidentifikation zur Laufzeit 899
  Kontextmenüs 272
  Leistungsmerkmale 19–21
  MDI-Anwendungen 373
  Meldungshandler 58
  Meldungszuordnung 25, 58
  Menübefehle sperren 253
  Menüs 249

MFC-Bibliothek *(Fortsetzung)*
  Monikerklassen 759
  Namenskonvention 23
  Namenskonvention, Datenelemente 59
  Ressourcen einbinden 41
  Seitenansicht 394
  Serialisierungsfunktionen 350, 354
  Standardmenüs 253
  Statusleisten 275
  Steuerleisten 275
  Symbolleisten 276
  vereinheitlichter Datenaustausch 583
  vereinheitlichter Datenaustausch (UDT) 579
  Version 7 15
  vorlagenbasierte Auflistungsklassen 403
  Vorteile 17, 18, 19
  Windows-Meldungen 58
  WinInet-Klassen 753
  Winsock-Klassen 737
MFC-DLL-Assistent
  COM-Unterstützung 506
MFC-Klassenassistent
  öffnen 130
Microsoft Excel 519
  Auflistungen 522
  Bsp., VBA-Programmierung 521
  Eigenschaften 522
  Entfernung geladener DLLs 551
  Methoden 522
  mit C++-Client steuern 567
  Steuerung bereits laufender Instanz 569
  Typbibliotheken 577
Microsoft Foundation Class Library *Siehe* MFC-Bibliothek
Microsoft Help Workshop 429
Microsoft Internet Explorer 4.x
  DHTML 763
  Microsoft Trident 763
Microsoft Visual Studio
  MDSN Library 423
Microsoft Windows
  Ablaufsteuerung 230
  Bildschirmschrift einstellen 90
  DIB-Engine 112
  Domänen 729
  Druckerunterstützung 391
  GDI-Objekte 86
  Gerätekontext 82
  Hilfesystem 423
  Menüelemente 249
  Schriften 87
  Speicherverwaltung 216
  Textverarbeitungselemente 254
  Zugriffstasten 250
  Zwischenablage *Siehe* Zwischenablage
Microsoft Windows 2000
  Bildschirmmaße berechnen 89
  Schriftgröße berechnen 89

*Stichwortverzeichnis*

Microsoft Windows 95
   Auslagerungsdatei 219
   Prozessadressraum 217
   Prozesse verwalten 220
Microsoft Windows Explorer Siehe
   Windows-Explorer 370
Microsoft Windows NT
   Auslagerungsdateien 219
   Prozessadressraum 217
   Prozesse verwalten 220
Microsoft Windows XP
   Bildschirmmaße berechnen 89
   Schriftgröße berechnen 89
MIDL-Compiler 502
Monatskalender 175
   Eigenschaften festlegen 180
   programmieren 182
Moniker 759
MSCal.ocx 193
Mscoree.dll (.NET) 803
Mscorlib.dll (.NET) 803
MSDN Document Explorer 14
MSDN Library 14
MS-DOS 3
MSIL 812
MTI-Anwendungen
   Begriffsdefinition 32
   Beispiel 388
   Beschreibung 388
   Dokumente laden und speichern
      349
Multiple Document Interface 349
Multiple Top-Level Interface 349,
   388
Mutexobjekte
   Beschreibung 244

# N

Namen, starke (.NET) 811
Namensserver 729
namespace-Anweisung (.NET) 838
Netzwerkbytereihenfolge 727
Netzwerke
   Dateisysteme 734
   Dateizuordnungstabelle (FAT) 734
   Domänenkonfiguration 731
   einrichten unter Windows 735
   Hardware 734
   hosts-Datei 736
   Namensserver 731
   NTFS 734
   Proxyserver 751
   testen mit Ping 736
Netzwerkprotokolle
   Beschreibung 724
   Beziehung zwischen IP-Data-
      gramm und TCP-Segment 728
   IP 725
   TCP 728
   TCP/IP 724
   TCP/IP, IP-Adressen 727
   UDP 726
new (Operator) 223
   verwaltet – unverwaltet 832
NMAKE.EXE (Make-Programm) 8

NMHDR-Struktur 162
NMTREEVIEW-Struktur 162
NormalizeRect-Memberfkt. 72
NOTIFY_CODE_HANDLER-Makro
   664
NOTIFY_HANDLER-Makro 664
NOTIFY_ID_HANDLER-Makro
   664
NOTIFY_RANGE_CODE_HANDLE
   R-Makro 664
NOTIFY_RANGE_HANDLER-
   Makro 664
NTFS 734
ntohl-Funktion 739
ntohs-Funktion 739

# O

Object-Klasse 803
Objektbrowser 13
Objekte, Finalisierung (.NET) 814
Objektidentität 484
OCX 189
OK-Schaltfläche 137
OLE DB
   Architektur 696, 697
   Befehlsobjekte 697
   Beschreibung 695
   Consumer 696
   Consumer erstellen 705
   Datenquellenobjekte 697
   Enumeratorobjekte 697
   Fehlerobjekte 697
   Provider 696
   Provider erstellen 710
   Rowsetobjekte 697
   Rowsets, Beschreibung 700
   Sitzungsobjekte 697
   Transaktionsobjekte 697
   Vorlagen 695, 697
OLE DB-Consumer
   Befehlsobjekte 700
   Beschreibung 696
   CAccessor-Klasse 699
   CCommand-Klasse 700
   CDataSource-Klasse 699
   CDynamicAccessor-Klasse 699
   CDynamicParameterAccessor-
      Klasse 699
   CEnumerator-Klasse 699
   CManualAccessor-Klasse 699
   CSession-Klasse 699
   CTable-Klasse 700
   Datenquellen 699
   Datenzugriffsklassen 699
   erstellen mit Assistent 705
   Rowsetklassen 699
   verwenden 709
   Vorlagen 698
OLE DB-Provider
   Befehlsobjekt 701
   Beschreibung 696
   Bsp., Befehlsobjekt 712
   Bsp., Datenquellenobjekt 711
   Bsp., Rowsetobjekt 712
   Bsp., Sitzungsobjekt 714

OLE DB-Provider *(Fortsetzung)*
   Datenprovider 696
   Datenquellenobjekt 700, 701
   Dienstprovider 696
   erstellen mit Assistent 710
   implementieren 715
   Schnittstellen, Befehlsobjekt 702
   Schnittstellen, Datenquellenobjekt
      700
   Schnittstellen, Rowset 703
   Schnittstellen, Sitzung 702
   Sitzungsobjekt 702
   Verwendungszwecke 710
   Vorlagen 700
OLEAUT32.DLL 502
OLECREATE-Makros 505
OleCreatePropertyFrame-Funktion
   674
OleDbCommand-Klasse 883
OleDbConnection-Klasse 881
OleDbDataReader-Klasse 885
OleDbException-Klasse 886
OleDbParameterCollection-Klasse
   884
OleDbParameter-Klasse 884
OleGetClipboard-Funktion 585
OleSetClipboard-Funktion 584
OLE-Steuerelemente 189
   Spezifikation 654
OLEVIEW-Dienstprogramm 576
ON_COMMAND_EX-Makro 273
ON_COMMAND-Makro 251, 273
ON_CONTROL-Makro 461
ON_UPDATE_COMMAND_UI 253
ON_WM_HELPINFO-Makro 201
OPENFILENAME-Struktur 147
OpenRequest-Memberfkt. (CHttp-
   Connection) 754
OpenURL-Memberfkt. (CInternet-
   Session) 753

# P

Page-Klasse (ASP.NET) 859
Parameter
   VBA, Verweisparameter 544
Parameterübergabe
   VBA, per Verweis 544
ParseCommandLine-Memberfkt.
   (CWinApp) 372
PCH (Dateinamenserweiterung) 44
PeekMessage-Funktion 230, 233
Persistenz
   Begriffsdefinition 350
   von Eigenschaften, ATL 685
Ping-Dienstprogramm 736
Plattformaufrufe (.NET) 815
Portierung nach .NET 830
PostMessage-Funktion 151
PostNcDestroy-Memberfkt. (CWnd)
   80, 462
PreCreateWindow-Memberfkt.
   (CWnd) 299
PrintPageFooter-Memberfkt. 406
PrintPageHeader-Memberfkt. 406

ProcessShellCommand-Memberfkt.
(CWinApp) 372, 374
Programmierung
Multithread- 229
Multithreading 235
ressourcengestützte 5
schnittstellenorientierte 604
Softwarekomponenten 298
Win16- XXXIV
Windows-Modell 3
Programmsymbol
dialogfeldbasierende Anwendungen 472
Projekte
Bitmapressourcen bearbeiten 118
Browsedatenbank generieren 36
Dateien hinzufügen 113
Debugkonfiguration 42
Definition 8
kompilieren 35
neu anlegen 33
Releasekonfiguration 42
Ressourcendateien 9
Ressourcensymbole 153
Ressourcensymbole anzeigen 145
vorkompilierte Headerdateien 43
Vorlagen für verwaltetes C++ 821
Zielkonfiguration festlegen 42
Projektmappe, Dateitypen 9
Projektmappenexplorer 13
Protokollstapel 724
Proxy 502
Prozeduren, gespeicherte 884
Prozesse 216
Adressraum 216
Adressraum Windows 95 217
Adressraum unter Windows NT/2000/XP 217
Heapspeicher zuweisen 222
Speicherbereiche 216
Speicherverwaltung 220
PtInRect-Memberfkt. 60
PtInRegion-Memberfkt. 61

**Q**

Quelltext-Editor, automatische Vervollständigung von Anweisungen 10
QueryGetData-Memberfkt. (IDataObject) 582
QueryInterface-Memberfkt. 486
ATL-Implementierung 638
Beispiel 486
QueryInterface-Memberfkt.
(IUnknown) 605
QUERYNEWPALETTE 104
QuickInfo, Beschreibung 279

**R**

Rahmenfenster
Ansichtsklasse ändern 416
Bsp. mit gesp. Position 306
Gerätekontext 82
teilbare erstellen 412
teilbare Fenster 410

Rasteroperation 853
Raumschiff
ATL 632
herkömmlich (C++) 491
RC (Dateinamenserweiterung) 9
Read-Memberfkt. (CDib) 111
ReadSection-Memberfkt. (CDib) 111
RealizePalette-Funktion 104
ReceiveDatagram-Memberfkt.
(CBlockingSocket) 742
Receive-Memberfkt. (CBlockingSocket) 741
Recent File List 302
recvfrom-Funktion 742
Referenzzählung 488
AddRef-Memberfkt. 488
durch Smart-Pointer-Klassen 617
Einsatz von CComPtr-Klasse 622
Nachteile der ATL-Smart-Pointer 625
Regeln 617
REGCOMP-Hilfsprogramm 513
RegComp-Programm 192
Regedit-Dienstprogramm 498, 500
RegisterClass-Funktion 459
Register-Memberfkt. (COleDropTarget) 597
Registrar 612
Registrierung
COM-Klassen, Threadmodell 630
COM-Komponenten 498
Objekte registrieren 500
ThreadingModel-Eintrag 630
Registrierungsdatenbank
Anwendungsschlüssel 371
Regsvr32-Programm 192
ReleaseBuffer-Memberfkt. (CString) 303
ReleaseCapture-Funktion 100
ReleaseDC-Memberfkt. 83
Release-Memberfkt. 488
Release-Memberfkt. (IUnknown) 605
RemoveHead-Memberfkt. (CObList) 331
RES (Dateinamenserweiterung) 10
Ressourcen
Ansicht 9
bearbeiten 40
Bitmaps bearbeiten 118
Bitmaps importieren 118
Dialog 40
Dialogfelder bearbeiten 42
Dokumentvorlagen 358
Editoren 9
Hauptrahmenfenster, MDI 376
Instanzhandles 449
kompilieren 42
laden 449
laden aus Erweiterungs-DLLs 452
laden aus normalen DLLs 455
Manifest 40
Mauszeiger 100
MDI-Anwendungen 376

Ressourcen *(Fortsetzung)*
Menü 249
Menü 40
Symbol 40
Symbolleiste 40
Toolbar.bmp 276
Typen, Übersicht 40
Version 40
Zeichenfolgen 376
Zeichenfolgentabelle 40, 287
Zugriffstaste 40
Zugriffstasten 250
Zugriffstasten definieren 257
Ressourcencompiler 10, 42
Verarbeitung von Zeichenfolgen 377
Ressourcen-Editoren
Eigenschaftsblätter erstellen 260
Kontextmenüs erstellen 272
Menü bearbeiten 281
Ressourcen bearbeiten 40
Symbolleisten bearbeiten 278
Ressourcensymbole
bearbeiten 288
Rich Text Format 425
Rich-Edit-Steuerelement 254
anpassen an Ansichtsfenster 259
Bsp., Schriften ändern 262
erstellen in Ansichtsfenster 259
in Dialogfeldern 255
Router 725
Rowsetobjekte
Schnittstellen (OLE DB) 704
RPC
Proxy 502
Stub 502
RTF 425
runat-Attribut (Web Forms) 864
Run-Memberfkt. (CWinApp) 24, 355
RUNTIME_CLASS-Makro 356, 901

**S**

SaveBarState-Memberfkt. (CFrameWnd) 305
SaveModified-Memberfkt. (CDocument) 79, 361, 474
Schaltflächen
Bitmaps laden 117
Bitmaps zuordnen 117
Zugriffstasten 277
Zustand 277
Schieberegler 160
programmieren 165
SchlauerProgrammierer-Klasse 615
Schleifenbetrieb 736
Schnittstellen *Siehe* COM-Schnittstellen
ADO.NET (Tabelle) 880
COM-Konzept 604
DHTML 768
dual 578
duale 644
in .NET 807, 826
Schnittstellentabellen
ATL 638

Schriften 87
  anzeigen 88
  auswählen 93
  Bildschirmausgabe 88, 91
  Bsp. Schriftanzeige 90, 94
  drucken 88
  Druckerschriften auswählen 88
  geräteabhängige 88
  geräteunabhängige 88
  Größe der Bildschirmdarstellung 90
  Laufweiten festlegen 96
  TrueType- 88
  Zeichenhöhe berechnen 90
  Zeichenhöhe festlegen 93
SDI-Anwendungen
  Ansicht ändern 416
  Ansichtsfenster 248
  Ansichtsfenster aktualisieren 347
  Ansichtsklassen 314
  Anwendungsobjekt 355
  Begriffsdefinition 32
  Bsp. mit zwei Ansichtsklassen 413
  Bsp. ohne Dokument- und Ansichtsklasse 473
  Bsp., dynamische Fensterteilung 411
  Bsp., Mehrfachansicht 334–336, 339, 346
  Bsp., Mehrfachansichten 416
  Bsp., Serialisierung 355, 362
  Bsp., statische Fensterteilung 413
  Dateien öffnen 360
  Dokumentänderungen speichern 361
  Dokumente drucken 403
  Dokumente erstellen 316
  Dokumente laden und speichern 349
  Dokumente löschen 360
  Dokumente speichern 360
  Dokumentklassen 314
  Dokumentobjekt erstellen 358
  Dokumentobjekte initialisieren 359
  Dokumentvorlagen 356
  Hauptrahmenfenster ermitteln 279
  Hauptrahmenfenster erstellen 475
  Hauptrahmenfensterklasse 366
  Mehrfachansichten 358
  Meldungsbearbeitung, Menübefehle 251
  neues Dokument erstellen 359
  persistentes Rahmenfenster 298
  Rahmenfenster 248
  starten 355
  teilbare Fenster 410
Segmente, TCP 728
Seitenansicht
  Abbildungsmodus ändern 400
  Abbildungsmodus einstellen 394
  bedruckbaren Bereich darstellen 398
SelectObject-Memberfkt. 83, 86
SelectPalette-Memberfkt. 104
SelectStockObject-Memberfkt. 86
Semaphore, Beschreibung 244
SendDatagram-Memberfkt. (CBlockingSocket) 741
send-Funktion 741
Send-Memberfkt. (CBlockingSocket) 741
SendMessage-Funktion 141, 151
sendto-Funktion 741
Serialisierung 350
  Archive 350
  Auflistungen 354
  Bsp., eingebettete Objekte 352
  Bsp., SDI-Anwendung 362
  DECLARE_SERIAL-Makro 353
  Dokumentobjekte 354
  IMPLEMENT_SERIAL 353
  Klassen 351
  persistente Objekte 350
  Vorlagenklassen 402
  Zeichenfolgen 397
SerializeElements-Memberfkt. 402
Serialize-Memberfkt. 350, 354
  Bsp., SDI-Anwendung 369
  CStudent-Beispiel 351
Serialize-Memberfkt. (CDib) 111
Server
  Antwortdateien (SRF) 786
  Domänenserver 729
  Namensserver 729
Server Response Files 786
SetAccel-Memberfkt. (CSpinButtonCtrl) 161
SetAddress-Memberfkt. (CIPAddressCtrl) 176
SetBrushOrg-Memberfkt. 101
SetClipboardData-Funktion 585
SetClipboard-Memberfkt. (COleDataSource) 584
SetCursor-Funktion 100
SetCursor-Memberfkt. (CRectTracker) 588
SetData-Memberfkt. (IDataObject) 583
SetDepth-Memberfkt. (CDumpContext) 333
SetDIBitsToDevice-Funktion 107
SetEvent-Memberfkt. (CEvent) 239
SetFormat-Memberfkt. (CDateTimeCtrl) 175
SetIndicators-Memberfkt. (CStatusBar) 285
SetMenu-Memberfkt. (CWnd) 272
SetModifiedFlag-Memberfkt. (CDocument) 361
SetObjects-Memberfkt. (IPropertyPage) 679
SetPageSite-Memberfkt. (IPropertyPage) 678
SetPaneText-Memberfkt. (CStatusBar) 285
SetPos-Memberfkt. (CProgressCtrl) 160
SetRange-Memberfkt. (CProgressCtrl) 160

SetRange-Memberfkt. (CSpinButtonCtrl) 161
SetRegistryKey-Memberfkt. (CWinApp) 302, 371
SetROP2-Funktion 853
SetScaleToFitSize-Memberfkt. 101
SetScrollPos-Memberfkt. (CScrollBar) 139
SetSystemPalette-Memberfkt. (CDib) 111
SetTime-Memberfkt. (CDateTimeCtrl) 175
SetTimer-Memberfkt. (CWnd) 231
SetTitle-Memberfkt. (CPropertySheet) 261
SetToday-Memberfkt. (CMonthCalCtrl) 175
SetViewportExt-Memberfkt. (CDC) 70
SetViewportOrg-Memberfkt. (CDC) 70
SetWindowExt-Memberfkt. (CDC) 70
SetWindowPlacement-Memberfkt. (CWnd) 299, 304
Shape-Klasse (Beispiel) 843
Shdocvw.dll 208
ShowFont-Memberfkt. 93
ShowWindow-Memberfkt. (CWnd) 299
Single Document Interface 349, *Siehe* SDI-Anwendungen
Sitzungsobjekte
  Schnittstellen (OLE DB) 703
Sleep-Funktion 241
Smart Pointer 529
  Beispiel 616
  Beschreibung 613–615
  CComPtr-Klasse 622
  CComQIPtr-Klasse 623
  Elementauswahloperator 616
  in ATL definierte 618
  Nachteile der ATL-Klassen 625
  verwenden 616
  verwenden zur Referenzzählung 617
  Verwendung in COM 617
SN.exe-Dienstprogramm (.NET) 827
sockaddr_in-Struktur 737
socket-Funktion 740
Sockets
  Begriffsdefinition 724, 728
Solution Explorer 13
Speicher
  belegen 222
  Belegung aufheben 222
  Heap 222
  reservieren 222
Speicherbilddateien
  CreateFileMapping-Funktion 225
  verwenden 224
Speicherverwaltung 5, 216–227
SPY++ 15
SPYXX-Programm 216
SqlCommand-Klassen 883

SqlConnection-Klasse 881
SqlDataAdapter-Klasse 887
SqlDataReader-Klasse 885
SqlException-Klasse 886
SqlParameterCollection-Klasse 884
SqlParameter-Klasse 884
SRF-Dateien 786
  Ablaufsteuerung 790
  Beschreibung 788
  Includedateien 791
Standarddialogfelder
  Anpassungsmöglichkeiten 149
  Befehlsverarbeitung 149
  Beispiel 144
  CCommonDialog-Klassen 142
  Drucken 392
  initialisieren 147
  Klassen ableiten von 143
  Öffnen 143
  Tabelle 143
Standardschaltfläche 138
Stapel, Protokollstapel 724
Statuskontrolle 160
  programmieren 164
Statusleisten 275, 284–289
StepIt-Memberfkt. (CProgressCtrl) 295
Steuerelementcontainer
  Programmierung 195
Steuerelemente 122
  Active-X 189
  allgemeine 159
  asp-Steuerelemente 865
  Ausrichtung in Dialogfeld 127
  benutzerdefinierte 459–466
  Bild 128
  Bildlaufleiste 128, 139
  Bildliste 161
  Bsp., allg. Steuerelemente 162
  Bsp., weitere allg. Steuerelemente 177
  Button 128
  Check Box 127
  Combo Box 127
  DateTimePicker 174
  Datums-/Zeitauswahl 174
  Drehfeld 161
  Edit Control 126
  Eingabefeld 126
  Eingabefeld, mehrzeilig 127
  Eingabefelder 254
  erweitertes Kombinationsfeld 176
  Group Box 127
  Gruppenfeld 127
  Hintergrundfarbe festlegen 141
  Identifizierung 140
  IDOK 133
  image list 161
  in Dialog einfügen 125
  IP-Adressensteuerelement 176
  Kalender 193
  Kombinationsfeld 127
  können mehr 142
  Kontrollkasten 127
  List Box 128

Steuerelemente *(Fortsetzung)*
  list control 161
  Listenfeld 128
  Listensteuerelement 161
  Monatskalender 175
  OLE-Steuerelemente 189
  Optionsfeld 127
  Picture Control 128
  progress control 160
  Radio Button 127
  Rich-Edit 254
  Schaltfläche 128
  Schieberegler 160
  Scroll Bar 128
  serverseitig – wieso? 869
  slider control 160
  spin control 161
  Static Text 126
  statisches Textfeld 126
  Statuskontrolle 160
  Strukturansicht 161
  tree view 161
  vordefiniertes Verhalten ändern 321
  zur Laufzeit einbauen 142
STGMEDIUM-Struktur 581
  Elemente 582
StretchBlt-Memberfkt. (CDC) 102
StretchDIBits-Funktion 107
Strukturansicht 161
  programmieren 171
Stub 502
SubclassDlgItem-Memberfkt. (CWnd) 322
Symbole 169
  Bearbeitung 169
  Farbauswahl 169
  Import ins Projekt 168
Symbolleisten
  bearbeiten in Ressourcen-Editor 278
  Befehlsmeldungen 277
  Befehlsmeldungen bearbeiten 283
  Beschreibung 275, 276
  Bitmaps 276
  Bsp., Schaltflächen-Bitmaps 280, 281
  Fensterzuordnung 279
  Position angedockter speichern 305
  QuickInfo definieren 279
  Ressource bearbeiten 281
  Ressourcentyp 278
  Schaltflächen 276
  Schaltflächen aktivieren 284
  Schaltflächen bearbeiten 282
  Schaltflächen freischalten 284
  Schaltflächenstatus festlegen 278
  Schaltflächenzustände 277
  SEPARATOR-Konstante 278
  suchen 279
  Toolbar.bmp 276
  Trennlinie definieren 278
  Zustand speichern 305
SysAllocString-Funktion 531

SysFreeString-Funktion 531
System.Object-Typ 803

**T**

Taghandler (ATL Server) 789
Tags, Ersetzungs- (ATL Server) 789
TBase-Klasse 661
TCP 728
TCP/IP 723
  Adresse für Schleifenbetrieb 736
  Beziehung zwischen IP und UDP 726
  Beziehung zwischen IP-Datagramm und TCP-Segment 728
  Datagramme 725
  IP-Adressen, Schreibweise 727
  IP-Adressenformat 727
  Übertragungssequenz 728, 729
template <class T> 615
Templates *Siehe* Vorlagen
TerminateExtension-Funktion (ISAPI) 785
TerminateThread-Funktion 242
Text, Schriftart festlegen 96
Textverarbeitung
  Bsp., Texteditor 255
  CEditView-Klasse 254
  CRichEditCtrl-Klasse 254
  CRichEditView-Klasse 254
  Eingabefelder 254
ThreadingModel-Registrierungseintrag 630
Threadmodelle
  Apartments 630
  Beschreibung 630
  Multithread-Apartments 630
  Präprozessorsymbole (ATL) 637
  Registrierung 630
  Singlethread-Apartments 630
Threads 229
  .NET 814
  AfxBeginThread-Funktion 236
  Arbeitsthread starten 238
  Arbeitsthreads 235
  Benutzeroberflächenthreads 235, 244
  Beschreibung 235
  blockieren 241
  Bsp., Kommunikation 238
  Bsp., Threadsynchronisation 240, 241
  InterlockedIncrement-Funktion 237
  Kommunikation zwischen 236, 237
  kritische Abschnitte 242
  Meldungsaustausch 237
  Priorität festlegen 238
  Starten von Arbeitsthreads 236
  Synchronisation 239
  Synchronisation über Ereignisse 239
  TerminateThread-Funktion 242
  Verwenden von Arbeitsthreads 235

*Stichwortverzeichnis* **921**

Timer Siehe Zeitgeber
Tlbexp-Dienstprogramm 816
Tlbimp-Dienstprogramm 816
Toolbox 125
ToString-Methode (Object) 803
TRACE-Makro
   verwenden 319
TraceMetrics-Memberfkt. 94
Track-Memberfkt. (CRectTracker) 588
TrackPopupMenu-Memberfkt. (CMenu) 272
TranslateMessage-Funktion 230
TransmitFile-Funktion 749
TrueType-Schriften 87
   Beispielprogramm, Anzeige 90
   Bildschirmanzeige 88
   Bsp., verschiedene Schriften 94
Twips 69, 399
   logische 90
Typbibliotheken 558
   Exporter (.NET) 816
   Importer (.NET) 816
   in Excel 577
   registrieren 575
Typen 803–807

## U

UDP 726
UDT 579
UML-Werkzeuge 14
Umschalt+F1 434
Unboxing 805
Unicode (Zeichensatz) 301
Unified Modeling Language 14
Uniform Data Transfer (UDT) *Siehe* Vereinheitlichter Datenaustausch
UpdateAllViews-Memberfkt. (CDocument) 315, 329
UpdateData-Memberfkt. (CWnd) 155, 198
UpdateRegistryAll-Memberfkt. (COleObjectFactory) 500, 540
UsePalette-Memberfkt. (CDib) 112

## V

VARIANT
   _variant_t-Klasse 533
   Beschränkungen bei DDX 199
   COleVariant-Klasse 531
   Funktionen 531
   Typ 530
VariantChangeType-Funktion 531
VariantClear-Funktion 531
VariantCopy-Funktion 531
VariantCopyInd-Funktion 531
VariantInit -Funktion 531
VBA
   Datum 534
   frühe Bindung 575
   Methodenaufruf 544
   Parameterübergabe 544
   Zeit 534
VCWizCtrl-Steuerelement 48
Verbindungspunkte 688, 690

Vereinheitlichter Datenaustausch
   Benachrichtigungsverbindung 583
   IDataObject-Schnittstelle 580
   MFC-Bibliothek 583
Vererbung 513
   Implementierungsvererbung 607
   Schnittstellenvererbung 607
VERIFY-Makro 119
verwaltet
   C++-Erweiterungen 820
   Code 820
   Daten 820
verwalteter Code 4
Verweistypen
   in .NET 805
VFW 116
Video für Windows 116
VirtualAlloc-Funktion 221
VirtualFree-Funktion 222
Visio 14
Visual C++ .NET 6
   Anwendung ausführen 36
   Compiler 10
   Compileroptionen 44
   Dateitypen 9
   Debugger 11
   DHTML 768
   Diagnosewerkzeuge 15
   Dialogressourcen bearbeiten 42
   Dienstprogramme 15
   Erstellungsprozess 7
   Hilfesystem 423
   Komponenten 6
   Linker 10
   Managed Extensions 821
   MFC-Anwendungsassistent 12
   MFC-Klassenansicht 13
   MSDN Library 14
   Objektbrowser 13
   Onlinehilfe 7, 14
   Programme ausführen 45
   Projektmappe 9
   Projektmappenexplorer 13
   Quelltext-Editor 10
   Ressourcencompiler 10
   Ressourcen-Editoren 5, 9
   Ressourcensymbole 153
   Steuerelementpalette 42
   vorkompilierte Header 43, 44
   Zielkonfiguration 42
Visual Studio .NET
   Entwicklungsumgebung 7
   HTML-Dateien 442
Vorlagen, Listenklassen 333
Vorlagenklassen 612
vtable 25, 485

## W

WaitForMultipleObjects-Funktion 241
WaitForSingleObject-Funktion 240
Web Forms 863
   Bsp., serverseitige Steuerelemente 865
   und ActiveX 868

Web Services Description Language 877
Webanwendungen, passenden Assistenten entwickeln 50
Webbrowser, als Steuerelement 208
Webdienste 875
   Bsp., verwaltetes C++ 876
WebMethod-Attribut (ASP.NET) 876
Webmethoden 876
Webserver
   Basisverzeichnis festlegen 780
   Beispielanwendung 748
Werttypen
   Boxing 805
   in .NET 804
   Unboxing 805
Win32
   Ablaufsteuerung 230
   Bitmap-Verarbeitung 102
   Datenaustausch über Zwischenablage 580
   Deskriptortabelle 221
   DLLs 446
   Ereignisobjekt 239
   Hilfesystem 431
   Instanzhandles 449
   Multithread-Programmierung 229
   Segmentregister 221
   Speicherverwaltung 215
   Windows-Registrierung 300
Win32-Funktionen
   aufrufen 100
window-Objekt (DHTML) 765
Windows Forms 833
   Assistent 835
   Bildschirmausgaben 839
   Bsp., einfache Anwendung 835
   Bsp., Grafik und Paint 839
   Bsp., Interaktion 844
   Ereignisse 839
   Form-Klasse 838
   Struktur 834
   was fehlt 854
Windows-Anwendungsobjekt 355
Windows-Explorer
   Anwendungen starten 370
   Dokumente laden 370
   Drag & Drop 372
   Drag & Drop von MDI-Dokumenten 379
   MDI-Anwendungen starten 379
Windows-Meldungen 4
Windows-Registrierung
   Einträge definieren 302
   Schlüssel suchen 310
   Schlüsseleintrag definieren 309
   Struktur 300
Windows-Registrierung Siehe auch Registrierungsdatenbank 371
WinHelp 423
   aufrufen 432
WinHelp-Memberfkt. (CWinApp) 432, 438
Winhlp32.hlp 433

WinInet
  Beschreibung 752
  Beispiele 756–758
  CGopherConnection-Klasse 754
  CHttpConnection-Klasse 753, 754
  CHttpFile-Klasse 754
  CInternetException-Klasse 754
  CInternetFile-Klasse 754
  CInternetSession-Klasse 753
  FTP-Unterstützung 754
  Gopher-Unterstützung 754
  HTTP-Verbindung einrichten 753
  Internet-Verbindung einrichten 753
  MFC-Klassen 753
  Proxyserver 752
  Rückruffunktionen zur Zustandskontrolle 754
  und asynchrone Monikerdateien 760
  Vorteile 752
  Zustand-Callback-Funktionen, Statuscodes 755
WinMain-Funktion 3, 24, 355
Winsock
  asynchroner Modus 736
  Beispielklassen 737, 739
  Beispielklassen, CBlockingSocket 740, 741
  Beispielklassen, CHttpBlockingSocket 751
  Beispielklassen, CHttpBlockingSocket 743, 744
  Beschreibung 736
  Bsp., Client 751
  Bsp., HTTP-Client 747, 748
  Bsp., HTTP-Server 744, 745
  Bytereihenfolge 739
  Datagramme empfangen 742
  initialisieren durch HTTP-Server 744
  MFC-Klassen 737
  Proy-Server 751
  Sockets schließen 746
  Sockets verbinden 740
  synchroner Modus 736
  Verbindung einrichten 740
  Webserver implementieren 748
WM_CHAR 4, 75
WM_CLOSE 4, 79
WM_COMMAND 4
WM_CONTEXTMENU 273
WM_COPYDATA 225
WM_CREATE 4, 79

WM_CTLCOLOR 141
  allgemeine Steuerelemente 170
WM_DESTROY 79
WM_DROPFILES 366, 372
WM_ENTERIDLE 235
WM_HELPHITTEST 439
WM_HELP 201
WM_HSCROLL 75, 139
WM_KEYDOWN 75
WM_KEYUP 75
WM_LBUTTONDOWN 4, 58
  Beispielhandler 78
  Memberfunktion definieren 66
WM_NCDESTROY 80
WM_NOTIFY 162
WM_PAINT 40
WM_PALETTECHANGED 104, 590
WM_QUERYENDSESSION 79
WM_QUERYNEWPALETTE 590
WM_RBUTTONDOWN 156
WM_SIZE 209
WM_TIMER 231
WM_USER-Konstante 153
WM_VSCROLL 75, 139
WndProc-Funktion 18, 460
Write-Memberfkt. (CBlockingSocket) 741
Write-Memberfkt. (CDib) 112
WriteProfileInt-Memberfkt. (CWinApp) 302
WriteProfileString-Memberfkt. (CWinApp) 302
WSDL 877
WSDL-Dienstprogramm 878
WYSIWYG 391

**X**

XML
  aus Datasets 890

**Z**

Zeichenfolgen
  als Parameter 304
  BSTR 530
  Darstellung 303
  Klassen 302
  serialisieren 397
  Unicode- 301
Zeichenfolgentabelle
  bearbeiten 287
Zeichenoperationen
  Abbildungsmodus 67
  Abbildungsmodus festlegen 73, 100

Zeichenoperationen *(Fortsetzung)*
  ATL-basierter Steuerelemente 668
  ATL-Steuerelemente 666
  Beispiel 61
  Beispielprogramm 39
  Bildschirmmaße berechnen 89
  Gerätekontext 39, 83
  Gerätekoordinaten 68
  im Ansichtsfenster 38, 59, 61
  in Ansichtsfenster 299
  Koordinaten umrechnen 101
  Koordinatensystem festlegen 68
  Koordinatenumwandlung 71, 72
  Kreis zeichnen 283
  logische Bildschirmgröße 89
  logische Koordinaten 68
  Mauszeigerbewegung erfassen (capture) 100
  Mauszeigerdarstellung festlegen 100
  Mauszeigerposition speichern 100
  Objekte in Fenster zentrieren 70
  Objekte mit Maus verschieben 98
  Objektgröße speichern 99
  OnDraw-Memberfkt. 77
  physische Koordinaten 72
  Seitenverhältnis 1
  1 beibehalten 70
  Skalierung basierend auf Clientbereich 70
  Skalierung und Ursprung verändern 69
  Ursprung festlegen 100
  Ursprung verschieben 68
Zeichensätze
  ANSI 301
  DBCS 301
  Unicode 301
Zeichnen
  mit Windows Forms 839
Zeiger
  in .NET 807
  intelligente 529
  Smart Pointer 529
Zeitgeber
  Anzeige aktualisieren 233
  Beispiel 231
  Beschreibung 231
  starten 232, 238
Zugriffstasten 250
  definieren 257
  Ressourcendefinition 250
Zwischenablage 580–589

# Der Autor

Wenn **George Shepherd** keine .NET-Komponenten für Syncfusion schreibt (*http://www.syncfusion.com*), führt er bei DevelopMentor Schulungen durch (*http://www.develop.com*). George veröffentlicht regelmäßig Beiträge im MSDN-Magazine und ist Koautor einiger Bücher, die sich mit verschiedenen Microsoft-Technologien beschäftigen.

Inzwischen spielt George zwischen den Compilerläufen gerne seine Hamer Artist – auch wenn der neue JIT-Compiler von .NET kaum noch Zeit dafür lässt.